C0-BJJ-520

ESTRUCTURA ECONÓMICA Y SOCIAL DE MÉXICO

LA POBLACIÓN DE MÉXICO

LA POBLACIÓN DE MÉXICO

Tendencias y perspectivas sociodemográficas hacia el siglo XXI

JOSÉ GÓMEZ DE LEÓN CRUCES y CECILIA RABELL ROMERO
(coordinadores)

Ensayos de
Adrián Guillermo Aguilar / Marina Ariza / Julio Boltvinik / Rosario Cárdenas / Manuel Ángel Castillo / Rodolfo Corona / Fernando Cortés Marcela Eternod / Brígida García / Gustavo Garza / José Gómez de León Cruces / Boris Graizbord / Daniel Hernández / María de la Paz López Robert McCaa / Marta Mier y Terán / Orlandina de Oliveira / Edith Pacheco / Virgilio Partida / Julieta Quilodrán / Cecilia Rabell / Rosa María Rubalcava / Fernando Saavedra / Vania Salles / Patricio Solís Ivonne Szasz / Rodolfo Tuirán / María Eugenia Zavala

CONSEJO NACIONAL DE POBLACIÓN

FONDO DE CULTURA ECONÓMICA
MÉXICO

Primera edición, 2001

Comentarios y sugerencias: editor@fce.com.mx
Conozca nuestro catálogo: www.fce.com.mx

ISBN 968-16-6001-3

Impreso en México

PRÓLOGO

Esta obra se inició hace ya varios años, cuando José Gómez de León (†) me propuso que coordináramos un libro que contuviera los resultados de las investigaciones más recientes sobre la población mexicana.

En las primeras discusiones, en las que también participó Rodolfo Tuirán, definimos los objetivos del libro que ahora presentamos, y el proyecto fue tomando forma. Queríamos una obra que fuera resultado de investigaciones de especialistas en población, pero que también sirviera como obra de referencia y de consulta para personas de diversas formaciones, interesados en la dinámica de la población mexicana y en sus consecuencias en ámbitos tan diversos como proceso de formación de la familia, la expansión de la educación básica, el proceso de urbanización, para citar sólo algunos.

Tenía que ser un trabajo de equipo, y lo fue. El Instituto de Investigaciones Sociales nos ofreció su apoyo y allí tuvieron lugar largas y animadas reuniones, en las que los autores de los 26 trabajos que incluye este libro, exponían sus planteamientos y presentaban sus avances. Quizá el hecho de ser resultado de un intenso trabajo en grupo es el rasgo más interesante de este largo proyecto.

Desde las primeras discusiones en torno al contenido de la obra, nos resultó claro que era necesaria una mirada de largo plazo para comprender los cambios demográficos recientes; de hecho, el escenario de estas transformaciones fue el siglo xx. Además, intentamos un recorte de la realidad que pusiera en evidencia las condiciones de grupos de población vulnerables, como los niños, los ancianos, los migrantes, y un último objetivo, no menos importante, fue el de que esta obra contuviera propuestas de políticas públicas sólidamente fundamentadas en resultados de investigaciones rigurosas.

José Gómez de León (†) tuvo gran entusiasmo por llevar a buen término esta obra. No pudo estar con nosotros, los amigos y colegas, hasta ver terminado el libro. La última vez que charlamos sobre el asunto, unos días antes de su muerte, eligió la portada. Creo que este libro, con todo el trabajo de quienes participamos con nuestras investigaciones y discusiones, es el modo en que a él le hubiera gustado ser recordado

CECILIA RABELL ROMERO

México, 2001

PRÓLOGO

INTRODUCCIÓN: EL CAMBIO DEMOGRÁFICO EN LAS SOCIEDADES MODERNAS

Cecilia Andrea Rabell Romero

Durante el siglo XX, la población mexicana ha tenido una profunda transformación. Algunas cifras nos pueden dar una idea de la magnitud de los cambios: el censo de 1895 registró 12.6 millones de habitantes[1] y 105 años después, en 2000, la población censada fue de cerca de 100 millones.[2] En consecuencia, la población mexicana se multiplicó casi ocho veces en algo más de un siglo, a pesar del decrecimiento causado por la Revolución y de la continua y cada vez mayor emigración a los Estados Unidos. Este largo ciclo de crecimiento, sólo interrumpido entre 1910 y 1920, tuvo un ritmo semejante al del conjunto de países de América Latina y el Caribe durante el siglo XX.[3]

La esperanza de vida al nacimiento (e_0) de los mexicanos pasó de cerca de 27 años en 1895 a más de 75 años en 2000; eso significa que en cada año del siglo XX se ganaron casi cinco meses y medio, en promedio. El cambio en la fecundidad también ha sido muy acentuado: el régimen de fecundidad natural, en el que las mujeres tenían entre cinco y seis hijos, se ha transformado en un régimen en el que la mayoría de las mujeres controla su descendencia y, como resultado, las mexicanas tenían, en promedio, 2.4 hijos en 2000. Actualmente, la tasa de crecimiento de la población es aún elevada (1.4 %), pero la tendencia a largo plazo es descendente.

La población mexicana está avanzando, así pues, en el proceso de transición demográfica, al igual que los demás países de la región latinoamericana.

El primer paso de la transición demográfica fue el descenso sostenido de la mortalidad que se registró, en la mayor parte de los países de la región, a partir de 1930.[4] Sólo tres países, Argentina, Uruguay y Cuba, tenían en ese año niveles muy bajos de mortalidad; en estos países la

[1] Los datos del censo de 1895 fueron tomados de Mier y Terán, 1982.

[2] Los datos del año 2000 fueron tomados del Consejo Nacional de Población, 2000.

[3] Para tener una idea de la magnitud del crecimiento de las poblaciones de América Latina y el Caribe, puede hacerse la comparación con las poblaciones de los Estados Unidos y Canadá, que se multiplicaron por 3.6 durante el mismo periodo.

[4] Salvo mención, los datos presentados provienen de Cosío-Zavala (1998).

transición se inició durante el siglo XIX. El grupo de naciones en las que la mortalidad empezó a disminuir durante la cuarta década del siglo incluye a México, Brasil, Colombia, Chile, Costa Rica y Panamá.[5] Las causas que se suelen aducir para explicar el inicio de la transición son la aplicación de medidas de salud pública, como la introducción de agua potable, la prevención de enfermedades contagiosas mediante campañas de vacunación y la aplicación de la tecnología médica moderna. Dichas medidas fueron aplicadas por los gobiernos nacionales, apoyados por la Organización Panamericana de la Salud.

De 1930 a 1960, los países de la región experimentaron las mayores reducciones en la mortalidad. La manera como ocurrió la disminución y los efectos que tuvo fueron similares en los diversos países: la mortalidad infantil fue la que más descendió (en promedio, se ganó más de un mes de vida por año calendario); en cifras relativas, el grupo que más se benefició fue el de cinco a 45 años. Las muertes vinculadas con infecciones (en especial el paludismo) disminuyeron de manera notable, aunque se mantuvieron como las principales causas de defunción (neumonía, gastroenteritis, diarreas) y la reducción de la mortalidad femenina fue superior a la masculina. En 1960, la e_0 de la región era de 55.8 años, cifra muy elevada tomando en cuenta que hacia 1900 se calcula que oscilaba en torno a los 27 años.

A partir de 1980, el descenso de la mortalidad adquirió un paso más lento. Este menor ritmo de descenso es resultado de la persistencia de muertes por enfermedades respiratorias y digestivas y, en consecuencia, está relacionado con condiciones de vida precarias e insalubres, como las que prevalecen en las áreas rurales. El bajo nivel de desarrollo económico de los países de América Latina puso límites a la absorción de ciertas tecnologías médicas.

A finales del siglo XX, los distintos ritmos de disminución de la mortalidad se traducen en marcadas diferencias dentro de la región; el grupo de países pioneros: Argentina, Cuba y Uruguay, y dos países de Centroamérica: Costa Rica y Panamá, tienen e_0 femeninas de más de 75 años; en estos países, en los que hay menores desigualdades económicas, todos los sectores de la población se beneficiaron de la reducción de la mortalidad. En un segundo grupo de países, entre los que se encuentran México, así como Colombia, Chile, Brasil, Venezuela, Ecuador, República Dominicana, El Salvador y Paraguay, la e_0 femenina era superior a 70 años en el quinquenio 1990-1995. A pesar de los indudables avances, en tales países hay sectores que no han sido incorporados al

[5] En los otros países de América Central y en la República Dominicana el descenso se inició varias décadas después; en Haití y Bolivia se siguen registrando, actualmente, niveles elevadísimos de mortalidad.

desarrollo nacional, y una consecuencia de ello es la relativamente elevada mortalidad infantil (salvo en Chile y en Venezuela, en los demás países de este grupo la mortalidad infantil oscila entre 28 y 48 defunciones por cada 1 000 nacimientos en 1990-1995). Un tercer grupo está constituido por los países en los que la mortalidad ha disminuido relativamente poco y la e_0 de ambos sexos se encuentra entre los 65 y los 68 años (Guatemala, Honduras, Perú, Nicaragua); en el cuarto grupo, Haití y Bolivia todavía no han alcanzado una e_0 de 60 años.

De acuerdo con la teoría clásica de la transición demográfica, el descenso de la mortalidad infantil tiene como consecuencia una disminución en la fecundidad. En las sociedades rurales tradicionales, la fecundidad era elevada para compensar la alta mortalidad infantil, asegurar la supervivencia de la familia y proveer de mano de obra a la empresa familiar; además, los hijos eran el único sostén de los padres en la vejez (Livi-Bacci, 1990). Un elemento cultural que influyó en muchas sociedades tradicionales era el importante *status* que lograba el padre de una familia numerosa. A medida que las sociedades se modernizan, mediante la industrialización y la urbanización, se expande la educación y aumenta el costo de los hijos. Éstos dejan de ser una fuente de ingresos y ello lleva a las familias a desear limitar su progenie. En dicha teoría hay dos elementos que nos interesa destacar: el papel que desempeña el desarrollo económico como motor del paso de la fecundidad natural a la controlada y, en el nivel de la familia, la decisión de limitar la progenie como resultado de la evaluación del costo de los hijos. Veamos ahora cómo ocurrió el descenso de la fecundidad en los países de América Latina.

En la mayor parte del siglo XX, los países mencionados tuvieron una fecundidad natural[6] y elevada, ya que la descendencia final de las mujeres era de más de seis hijos en 1950-1955. La descendencia es elevada porque prácticamente todas las mujeres se unían, y lo hacían a edades muy tempranas. Hacia mediados del siglo, sólo dos países, Argentina y Uruguay, tenían una fecundidad baja de cerca de tres hijos.[7] En Cuba el inicio del descenso fue también temprano, y en 1950 las mujeres tenían en promedio 4.01 hijos.

En la sexta década del siglo hubo un aumento de la fecundidad en la mayor parte de los países de la región, causada por el hecho de que más parejas permanecían unidas durante más tiempo, debido a la disminución de la viudez. También tuvo un efecto considerable la reducción de la mortalidad materna.

Entre 1960 y 1970, en Chile y en Costa Rica se dio un acelerado des-

[6] Concepto acuñado por Louis Henry para designar el comportamiento reproductivo en poblaciones que no limitan voluntariamente su descendencia.

[7] En estos dos países, el descenso de la fecundidad se inició hacia 1870.

censo de la fecundidad, aun antes de que se difundieran los programas oficiales de planificación familiar. Estos países tenían niveles de vida muy superiores a los del resto en América Latina.[8] En Brasil, el inicio fue temprano puesto que en 1960 ya había un grupo considerable de mujeres que controlaban su fecundidad, pero el descenso fue lento. En la mayoría de los otros países latinoamericanos (México, Colombia, Perú, El Salvador, Panamá, Cuba[9] y la República Dominicana) el descenso fue más tardío ya que empezó después de 1965. Este inicio tardío fue seguido por un descenso rápido de la fecundidad entre 1970 y 1985; en Colombia, la tasa de natalidad se redujo 46%, mientras que en Brasil, Venezuela y México la reducción se ubicó entre 30 y 40%. En un tercer grupo de países (Haití, Bolivia y Ecuador) el descenso empezó después de 1970.

La causa directa de la disminución de la fecundidad en los países latinoamericanos es bien conocida y ha sido muy estudiada: la expansión del uso de anticonceptivos modernos.

En 1995, de los cinco países que empezaron sus descensos antes, Argentina, Uruguay, Costa Rica y Chile tenían tasas globales entre 2.3 y 2.8 hijos por mujer; Brasil y Panamá también están en ese rango, aunque tuvieron un inicio relativamente temprano. El caso de Cuba es singular porque su tasa se encuentra por debajo del nivel de remplazo generacional (1.5 hijos por mujer); las razones de dicho descenso —de los más rápidos registrados en la historia moderna de las poblaciones— son el desarrollo de programas de salud, la integración de la mujer a la economía, la bajísima mortalidad infantil; en suma, logros relacionados con un desarrollo económico que incluye a toda la población. Salvo Argentina y Uruguay, que ya tenían una fecundidad muy baja, los otros seis países tuvieron reducciones de 35 a 60% entre 1960 y 1995. En un segundo grupo de países están México, Colombia, Perú, Ecuador, Venezuela, El Salvador y República Dominicana, que en 1995 tenían entre tres y cuatro hijos por mujer y, salvo los países andinos, han tenido reducciones de 30% a 46% en su nivel de fecundidad en el periodo antes referido. Los países que en 1995 todavía tenían descendencias de más de cuatro hijos son Bolivia, Paraguay, Guatemala; Honduras, Nicaragua y Haití; este último grupo ha tenido reducciones de 25% y menos entre 1960 y 1995.

El tiempo transcurrido entre el descenso de la mortalidad y el de la fecundidad favoreció un fuerte crecimiento de la población de América Latina durante la segunda mitad del siglo XX, crecimiento que incluso ha sido descrito como "explosivo". Hacia finales del siglo, la tasa de creci-

[8] Por ejemplo, su tasa de analfabetismo era inferior al 15 por ciento.

[9] En Cuba la fecundidad era más baja que en el resto de los países de este grupo: en 1950 las mujeres tenían 4.01 hijos en promedio.

miento de la región era decreciente y relativamente baja (1.7% en 1990-1995 *versus* 2.75% en 1960-1965).[10] El descenso sostenido de la fecundidad, aunado a la reducción de la mortalidad a edades avanzadas, ha tenido como consecuencia que las poblaciones empezaran a envejecer. El proceso de envejecimiento puede observarse mediante la proporción de personas de 65 y más años respecto de la población total; esta proporción era de 4% en 1960, de 5% en 1995 y, para el año 2050, será de 17%. Las sociedades latinoamericanas van a tener que enfrentar los retos planteados por las necesidades de cuidado y salud de las personas mayores y por un sistema hasta ahora muy insuficiente de pensiones para la vejez.

Esta breve revisión de los ritmos y formas que adoptó la transición demográfica de las poblaciones de América Latina es útil para contextualizar el crecimiento de la población mexicana. Resulta claro que dicha población siguió un derrotero similar al de otros países de la región. Sin embargo, el proceso de transición demográfica mexicano tuvo algunas especificidades que aún no hemos mencionado. En primer lugar, los patrones de nupcialidad tuvieron muy pocos cambios: la edad media a la unión sigue siendo temprana, una altísima proporción de mujeres se une y hay pocos divorcios y separaciones. Quizá el rasgo más notable, y difícil de explicar, sea la persistencia de patrones tradicionales en la familia. Otra característica son las prevalecientes diferencias entre la fecundidad rural y la urbana, diferencias que se empezaron a reducir hace apenas unos años. El cuarto rasgo que caracteriza la dinámica de nuestra población es la fuerte y cada vez mayor emigración hacia los Estados Unidos.

La pregunta que nos podemos hacer es por qué ocurrió la transición demográfica mexicana en esos tiempos, y con tales ritmos y rasgos, que no se explican invocando solamente el desarrollo económico del país. Apenas se está conociendo, de modo preciso, la manera como interactúan los procesos de los ámbitos económico, político y social con la dinámica de la población. Durante el siglo XX se dieron cambios profundos en casi todos esos ámbitos; en la esfera económica, además de la industrialización vinculada con una rápida urbanización, aumentó notablemente la participación económica femenina; dichas transformaciones —junto con la expansión del sistema educativo, fundamentalmente en los niveles básicos— trajeron consigo modificaciones en las prácticas relacionadas con la sobrevivencia y la reproducción. Estos cambios (y el hecho de que la sociedad mexicana se ha caracterizado por tener profundas desigualdades desde el siglo XIX) forman parte del proceso de modernización de la sociedad mexicana y sus efectos están

[10] Con una tasa de 2.7, la población se duplica cada 25 años.

entrelazados, aunque puedan aislarse para fines analíticos. El objetivo del presente libro es ofrecer una visión, lo más completa posible, de los procesos y cambios que consideramos que están estrechamente vinculados con la historia de la población mexicana del siglo XX.

La primera sección de la obra, dedicada a los orígenes del poblamiento, contiene un trabajo de Robert McCaa sobre la larga historia de la población del actual territorio mexicano. El autor hace un esbozo con grandes trazos que resumen los hallazgos de arqueólogos, historiadores y demógrafos históricos, así como de sus propios trabajos de investigación. Las huellas de los cazadores-recolectores que habitaban el Valle de Tehuacán son seguidas en el transcurso de varios milenios, en su lenta transformación en agricultores sedentarios y constructores de pueblos fortificados; la densidad de población pasó de 43 habitantes a 3 600 por cada 100 km^2. Otra región que ha sido intensamente estudiada por los arqueólogos es el Valle de México; de 1500 a. C. a 1500 d. C. se sucedieron tres ciclos de crecimiento de la población, acotados por periodos de decadencia causados por el enfriamiento del clima, la actividad sísmica, la presión de la población sobre sus recursos, el deterioro económico y la desintegración política. De acuerdo con el arqueólogo Sanders, la población aumentó de 5 000 habitantes a 1-1.2 millones entre 1500 a. C. y 1510 d. C., año en que llegaron los españoles y se inició un tercer periodo de decrecimiento de la población. La vida sedentaria, y en especial la adopción de una dieta casi exclusiva de carbohidratos, tuvo graves consecuencias: la estatura de los hombres se redujo como respuesta de adaptación a la mala nutrición. Los restos óseos que los paleopatólogos han estudiado muestran huellas de los estragos producidos por anemias agudas y crónicas. En estas poblaciones, la e_0 oscilaba entre 15 y 20 años, pero McCaa sostiene que la fecundidad debe haber sido altísima porque, de otro modo, las poblaciones se hubieran extinguido. Los datos de un barrio de artesanos de Teotihuacán así lo atestiguan.

Las narraciones y los testimonios escritos por los testigos de la época son usados por el autor para identificar las causas principales del desastre demográfico desencadenado a raíz de la Conquista española; durante casi 100 años, la población indígena disminuyó sin cesar hasta alcanzar el nadir hacia mediados del siglo XVIII, diezmada por epidemias de viruelas, sarampión, matlazáhuatl y otras afecciones menores. Hacia finales del periodo colonial, el sistema demográfico sigue siendo de alta presión: niveles muy elevados de mortalidad, agravados por crisis de mortalidad recurrentes, así como una elevada fecundidad para asegurar la reproducción. La reconstrucción de las familias que habitaban durante el siglo XVIII en Amatenango, Chiapas, revela un matrimonio temprano y universal, así como una tasa global de fecundidad de 8.5 hijos por mujer. Este régimen demográfico era probablemente muy similar al de la mayor parte de los pueblos indígenas de la época.

El siglo XIX es reinterpretado por McCaa: nos propone una tasa de crecimiento alta hasta 1876 (de aproximadamente 1 %) y, para las últimas décadas del siglo, una tasa aún mayor de 1.5%. La población se triplicó durante el siglo XIX, y dicho crecimiento secular fue el más alto experimentado por esta milenaria población.

La segunda sección está dedicada al análisis de los factores del cambio demográfico de la población mexicana durante el siglo XX. En los dos primeros trabajos se aborda el tema del descenso de la mortalidad. Con el fin de dar continuidad a la visión de dicho tema conviene señalar que, según McCaa, durante el siglo XIX la mortalidad "normal" disminuyó levemente. Más importante fue el espaciamiento cada vez mayor, así como la decreciente intensidad de las crisis causadas por el tifo, la viruela y las hambrunas. El autor atribuye tales cambios a una mejor alimentación de la población como resultado del aumento en la producción de maíz, la mejor distribución del cereal en zonas donde escaseaba y la posibilidad de importar grano. Otro hecho importante fue la introducción, en 1804, de la vacuna contra la viruela. A pesar de que no hay cifras confiables, la esperanza de vida al nacimiento debe de haber aumentado entre cinco y 10 años durante el siglo XIX.

Gómez de León y Partida analizan los ritmos de descenso de la mortalidad a partir de 1930, cuando se inicia la serie continua de censos decenales. Según estos autores, las mejoras en las condiciones generales de vida, y en especial la expansión del sistema educativo y de la infraestructura sanitaria que favorecen la utilización del sistema de salud, explican dicho descenso. La reducción de la mortalidad no fue homogénea: de 1930 a 1960 el decremento medio anual de la tasa bruta de mortalidad fue de alrededor de 0.5 muertes por cada 1 000 personas. A partir de 1960, el ritmo de descenso se hace cada vez más lento; entre 1960 y 1980 la reducción es de 0.3 y, a partir de ese año, de sólo 0.11 decesos por cada 1 000 personas.

Otro aspecto que interesa a los autores son las diferencias entre los niveles de mortalidad de los estados de la República. Tal geografía de la desigualdad revela que las diferencias entre los estados tienden a reducirse. Por ejemplo, la variación interestatal de la tasa de mortalidad infantil se ha reducido 74% durante la segunda mitad del siglo XX. Los estados con mayor mortalidad infantil tienen un nivel semejante al que tenían los estados con menor nivel unos 23 años atrás.

Aunque en el nivel estatal las desigualdades no parecen tan acusadas, hay otra manera de analizar las diferencias que da resultados más dramáticos: si se aplica un modelo de regresión logística a las variables que son factores de riesgo para la mortalidad infantil (la escolaridad materna, el tamaño de localidad de residencia, las condiciones sanitarias de la vivienda, la edad de la madre y la duración de la gestación), calculando la tasa de mortalidad infantil entre los hijos de grupos de mujeres que reúnen las condiciones más adversas y se la compara con la obtenida entre los hijos de las mujeres en condiciones más favorables, la diferencia entre una y otra equivale a un rezago de 100 años.

Cárdenas aborda las causas de muerte y su evolución de 1922 a 1996. Para este análisis aplica la teoría de la transición epidemiológica que ha desarrollado Omran.

En un primer periodo, de 1922 a 1960, que coincide con el descenso acentuado de los niveles de mortalidad, el perfil de la mortalidad por causas revela la importancia de patologías transmisibles, maternas o perinatales. A partir de 1970 hay un notable cambio, ya que padecimientos del corazón y tumores malignos desplazan a las enfermedades transmisibles. Esta etapa de la transición epidemiológica se refleja en niveles menos acentuados de descenso de las tasas porque ya han sido desplazadas las causas de muerte que podrían ser abatidas con medidas relativamente sencillas y poco costosas.

De 1980 en adelante, los accidentes se convierten en una de las principales causas de defunción en el país. En el perfil actual de las causas de mortalidad, los primeros lugares son ocupados por padecimientos no transmisibles (corazón, tumores malignos, diabetes, cerebro-vasculares, cirrosis e hígado). Dicha transformación trae consigo nuevas necesidades de atención a la salud, nuevas prioridades enfocadas a atender la morbilidad y la discapacidad, y a cambiar los hábitos de vida entre la población.

Consideramos oportuno hacer una reflexión sobre los efectos que el descenso en los niveles de mortalidad y el cambio en la estructura de las causas de defunción han tenido en la transformación de la vida familiar. La notable disminución de la mortalidad entre los menores de cinco años ocasionó, durante la primera mitad del siglo, un aumento considerable en la proporción de familias numerosas ya que casi todos los hijos pudieron sobrevivir; además, la experiencia de orfandad entre niños y jóvenes fue cada vez menos frecuente. La familia nuclear se volvió un entorno más seguro para los hijos puesto que, en la mayor parte de los casos, ambos padres sobreviven por lo menos hasta el matrimonio de los hijos. Además, es probable que la disminución en la proporción de familias tradicionales extensas[11] esté relacionada con el hecho de que la familia nuclear ya no es tan vulnerable.

[11] Las familias extensas, en las que además del padre (o ambos) y la madre y los hijos hay otros parientes, son de dos tipos muy distintos: la extensa tradicional en la que uno o

En los dos trabajos siguientes de la sección (Zavala, y Mier y Terán y Partida) se analiza el descenso de la fecundidad. Como antecedente, mencionaremos lo que se sabe sobre la fecundidad durante el siglo XIX. McCaa nos previene en el sentido de que las tasas de natalidad nacionales no pueden ser calculadas por la falta de registros civiles y parroquiales; cita cifras de una región, la Mixteca Alta, que muestran que las tasas oscilaban entre 45 y 52 nacimientos por cada 1 000 habitantes. De ser así, la tasa global de fecundidad sería de más de seis hijos por mujer. Nos dice que la fecundidad pudo haber descendido debido al retraso en la edad promedio al matrimonio, que aumentó alrededor de tres años entre 1700 y 1905. En suma, es muy poco lo que se sabe sobre la fecundidad durante los primeros 140 años de vida independiente.

Con una perspectiva de tipo longitudinal, Zavala estudia la fecundidad de las generaciones de mujeres nacidas de 1927-1936 hasta 1962-1966. Las mexicanas se unían muy jóvenes, en promedio a los 18 años, tenían uniones estables y muy pocas controlaban su descendencia. Así, las mujeres del primer grupo de generaciones tuvieron, en promedio, 6.8 hijos cada una.

Las mujeres nacidas entre 1937 y 1941 empezaron a controlar su fecundidad; esta generación tuvo en promedio 6.2 hijos, que nacieron en la década de los años sesenta. El proceso de control de la fecundidad se inició en zonas urbanas, entre mujeres con alta escolaridad que se casaron a edades más tardías.

Finalmente, las mujeres nacidas entre 1962 y 1966 tuvieron sólo 3.2 hijos en promedio. La autora concluye que la transición de la fecundidad en México tuvo varios rasgos característicos: fue muy rápida, se inició en el contexto de una nupcialidad elevada y precoz, y se debió al uso masivo de métodos anticonceptivos modernos.

Mier y Terán y Partida muestran que, a partir de 1972 y hasta 1984, el número de hijos por mujer disminuye en 3.0% anual (7.3 a 6.5) y que de 1984 a 1997 no hay realmente una desaceleración, puesto que el ritmo de descenso es de 2.8% (4.2 a 2.7). La reducción de la fecundidad empezó antes de las campañas gubernamentales, pero el rápido descenso iniciado en el último cuarto de siglo coincide con la difusión del uso de anticonceptivos mediante los programas oficiales. Los autores analizan también el peso de los diferentes factores que se suelen vincular con el descenso de la fecundidad: la escolaridad de la madre, el tamaño de la

varios de los hijos permanecen en la casa paterna, aún después de unidos, caso frecuente en sociedades agrarias; el otro tipo de familia extensa, que también puede ser designado como "nuclear recompuesta", se origina cuando uno de los padres, u otros parientes de la pareja conyugal, se agrega al núcleo. Este tipo de familia es frecuente en sociedades industrializadas que mantienen fuertes vínculos familiares.

localidad de residencia, la participación de la mujer en actividades económicas.

Los patrones regionales del descenso de la fecundidad revelan, nuevamente, las desigualdades que caracterizaron al siglo xx. Entre 1960 y 1995, las diferencias se han acentuado; las entidades que tuvieron un inicio temprano de transición fueron también aquellas donde el descenso fue más rápido. Las entidades que tuvieron un inicio "tardío" viven una transición lenta. Hay una gran coincidencia entre el nivel de desarrollo de los estados y el nivel de la fecundidad, especialmente en los grupos de estados de muy baja fecundidad y en los de muy alta.

Los autores afirman que sus resultados apoyan la tesis de que la fecundidad desciende cuando hay el deseo de tener familias chicas y esto sólo se logra mediante cambios en las condiciones económicas y sociales.

A largo plazo, este planteamiento es inobjetable; sin embargo, Zavala señala que la reducción de la fecundidad sin que haya mejoras económicas, tal como sucedió en México a raíz de la crisis de 1982, puede explicarse como un "malthusianismo de la pobreza"; se trata de un efecto perverso de la crisis que supone que la restricción en el número de hijos no responde al deseo de una familia chica, sino que es una respuesta llena de frustración ante el deterioro en el nivel de vida de las familias sin recursos.

Los cinco siguientes trabajos de esta segunda sección se refieren a la nupcialidad, la anticoncepción, los patrones de lactancia y la mortalidad fetal y el aborto.

La manera en que se constituyen las parejas y las familias es un valioso indicador del proceso de modernización; en los países desarrollados está teniendo lugar la "segunda" transición demográfica, que se caracteriza por el aumento en la proporción de uniones consensuales y en la edad media a la unión, así como por el descenso en la duración de las uniones. Este cambio en los patrones de formación y disolución de las uniones refleja modificaciones profundas en el contenido de las relaciones interpersonales dentro de la familia. De acuerdo con Giddens, está surgiendo un modelo de "relación pura", que se sostiene por sí misma *(from within the relationship itself)* y que mantiene entre los integrantes de la pareja la percepción de una elección individual.

En la sociedad mexicana la familia está orientada hacia la crianza de los hijos más que hacia la satisfacción emocional de las necesidades de la pareja y su autoactualización. Por ejemplo, la proporción de parejas que no tiene hijos es tan baja que podemos suponer que se trata solamente de parejas en las que hay problemas de infertilidad. En este contexto, donde tienen gran fuerza los valores relacionados con la forma tradicional de familia, hay pocos signos que apunten hacia la difusión de las maneras de relación de las parejas que se están dando en los países desarrollados.

Gómez de León busca estos signos de cambio en la nupcialidad en México y encuentra, a partir de 1970, retraso de la edad media a la unión de las mujeres (4.5 años de 1970 a 1990), descenso en la intensidad[12] de la nupcialidad y acrecentamiento en las uniones consensuales, pero sólo distingue una leve tendencia al aumento de la disolución de las uniones.

Aplicando modelos log lineales a los datos de encuestas, mide los efectos principales e interacciones de los factores que habitualmente se relacionan con el patrón de nupcialidad: embarazo, educación de la mujer, convivencia consensual, residencia rural o urbana. Encuentra dos grandes grupos entre las mujeres que han iniciado una convivencia: en uno están mujeres que viven en áreas rurales, poco escolarizadas y que tienen pocas probabilidades de casarse porque la convivencia pareciera ser la opción elegida; en el segundo grupo están las mujeres con alta escolaridad que tienen una elevada probabilidad de casarse, preferentemente antes de los 20 años. En este segundo grupo, el embarazo multiplica por 13 las probabilidades de casarse. Los resultados muestran claramente la importancia de "legitimar" las uniones cuando hay hijos.

En su descripción de la evolución del matrimonio durante el siglo XX, Quilodrán demuestra que los cambios han sido lentos y poco intensos: la proporción de solteros de 45-49 años no ha variado desde 1930 hasta 1995, la proporción de separados y divorciados ha seguido la tendencia al aumento registrado en otros países, pero es baja en México (1.9% entre los hombres y 6.1% entre las mujeres) y la unión libre ha aumentado levemente, aunque sólo entre los jóvenes.

A partir de las encuestas pudo establecer la gran estabilidad de las uniones que, en las décadas que median el siglo, duraban 27 años en promedio y sólo 15% eran interrumpidas por viudez o divorcio.

La caracterización que hace de las mujeres que viven en unión libre coincide con el primero de los grupos definidos en el trabajo de Gómez de León; estas mujeres tienen menos educación, trabajan en mayor proporción (específicamente en el servicio doméstico) y, en la mitad de los casos, sus compañeros tienen ocupaciones en el sector agrícola. Una unión más temprana y una menor estabilidad conyugal (la duración media de la unión es de 24 años) son otros de los rasgos de este grupo de

[12] Tasa específica o instantánea de exposición a la ocurrencia de un evento, en este caso contraer nupcias.

mujeres que son también quienes se incorporan en fechas más recientes a la anticoncepción.

Los hallazgos de los trabajos de Gómez de León y de Quilodrán no parecen indicar que en México se esté avanzando hacia una segunda transición demográfica al estilo de la que está sucediendo en los países desarrollados. Las uniones consensuales "modernas", integradas por personas con una escolaridad elevada, duran poco ya que se "resuelven" en matrimonio. No hay indicios de que esté surgiendo un modelo de "relación pura" en el sentido de Giddens de una unión que se organiza y sostiene básicamente de la relación misma.

En el siguiente trabajo de esta sección, Hernández describe el proceso de adopción de métodos anticonceptivos en los distintos grupos etarios y sociales. El autor demuestra, mediante un análisis multivariado de descomposición de efectos, que una tercera parte del aumento en el uso de anticonceptivos entre 1976 y 1995 se debe a la creciente escolaridad de las mujeres y a que una proporción cada vez mayor de ellas vive en localidades urbanas. Sin embargo, dos terceras partes del aumento en el uso obedecen a una mayor propensión de las mujeres a la planificación familiar. En el medio rural aún hay demanda no satisfecha para las mujeres con muy baja escolaridad y que viven en pobreza extrema en localidades sin acceso cercano a unidades de salud.

Los trabajos hasta ahora comentados nos señalan algunas reflexiones sobre el proceso de modernización en el ámbito de las relaciones interpersonales dentro de la familia. El hecho de que dos de cada tres mujeres unidas use métodos anticonceptivos es, en sí, un indicador del gran cambio que han experimentado las relaciones interpersonales en la esfera familiar. La posibilidad de planear un aspecto importante de la vida —como es el número de hijos— revela una relación diferente, de mayor responsabilidad, entre padres e hijos. Es, sin duda, un indicador de modernidad en la relación de pareja puesto que la decisión acerca del número de hijos se toma considerando deseos y responsabilidades del hombre y de la mujer. En ese sentido, es un paso hacia la "democratización" del ámbito interpersonal. El uso de anticonceptivos significa un paso hacia una planeación estratégica de vida, pero el hecho de que este paso se dé en el marco de la familia tradicional, orientada a la crianza de los hijos, revela que los cambios no han permeado aún aspectos fundamentales de las relaciones de pareja. En México los cambios están ocurriendo muy lentamente y de manera *sui generis*. Hay aún desigualdad entre hombres y mujeres, el matrimonio está sancionado jurídicamente y el divorcio está estigmatizado socialmente. La sociedad mexicana parece haber entrado en la modernidad sin dejar atrás muchas de las prácticas tradicionales que rodean a la familia.

El octavo trabajo de esta sección está dedicado al análisis de los hábitos de amamantamiento. El tema es importante por varias razones: la lactancia es un factor que inhibe la ovulación, por lo que puede ser uno de los factores determinantes del nivel de fecundidad. Además, la leche materna es un nutriente valioso que produce agentes inmunitarios en el bebé. En México, en el último cuarto de siglo ha aumentado la incidencia de la lactancia pero la duración ha disminuido. Según Mier y Terán, el factor decisivo en la práctica del amamantamiento es la postura de la institución donde se atiende el parto (sector público o privado). Ello demuestra que los patrones de amamantamiento han sido, y pueden ser, modificados de acuerdo con políticas del sector médico oficial. La autora propone que las instituciones privadas, donde nace uno de cada cinco niños, también promuevan la lactancia; asimismo, identifica a un grupo de mujeres particularmente vulnerables a las que sería necesario apoyar de manera decidida: las madres que no tienen compañero y que amamantan mucho menos a sus hijos.

El penúltimo tema de esta sección, en el que se analizan los factores que tienen una relación directa con la evolución de la fecundidad, es la mortalidad fetal. Hernández estima que entre 7% y 8% de los embarazos terminan en muerte fetal; tal proporción habrá de disminuir porque se está reduciendo el número de embarazos de mayor riesgo (entre mujeres mayores de 35 años y en embarazos de orden superior a cuatro). Una parte de las muertes fetales es resultado de abortos inducidos. Sin embargo, dichos abortos resultan muy difíciles de estudiar porque, como son considerados delitos en casi todos los casos, muchas mujeres no declaran haberlos practicado. Por ello, el autor recurre a un método indirecto, basado en el cálculo de la influencia del aborto sobre la fecundidad, para estimar la frecuencia del aborto inducido. El promedio de abortos inducidos de una mujer a lo largo de su vida fértil, que era de 1.16 en 1976, se ha reducido a 0.19 en 1995. Tal reducción sin duda está relacionada con el incremento en el uso de métodos de planificación familiar. Si las personas pueden satisfacer sus decisiones reproductivas, no tendrán que recurrir al aborto. Sorprende el hecho de que la tasa de aborto en las localidades de menos de 2 500 habitantes sea seis veces más alta que en localidades urbanas.

Los cambios que hemos descrito en las páginas precedentes se han dado principalmente en el ámbito de la familia y, por ende, han afectado las relaciones interpersonales básicas, entre la pareja y entre padres e hijos. Gracias a la anticoncepción, las personas han podido separar al matrimonio, y a las relaciones sexuales, de la paternidad y la maternidad. Giddens habla de una "sexualidad con plasticidad" *(plastic sexuality),* separada de la reproducción, el parentesco y las generaciones, es decir, una sexualidad autónoma, en especial para las mujeres; esta nueva sexualidad es condición necesaria para el surgimiento de relaciones de igualdad sexual y emocional que se presentan con la modernidad.

Aun cuando hay muy pocas investigaciones sobre la manera como mujeres y hombres mexicanos viven su sexualidad, el tema es explorado en el trabajo de Szasz. Los estudios hechos a partir de los años ochenta muestran que las normas relacionadas con el ejercicio de la sexualidad tienen fuertes diferencias según el género: entre los varones, matrimonio y sexualidad están separados, mientras que para las mujeres están estrechamente imbricadas la vida sexual, la unión conyugal y la procreación. Los estereotipos culturales retratan dos tipos de mujeres: quienes no expresan, ni tienen deseos sexuales y sólo quieren casarse y tener hijos, y las que son sexualmente activas, que suelen quedarse solteras o ser abandonadas.

Hay, sin embargo, signos de cambio en las relaciones de pareja: las mujeres participan más en las decisiones sobre su vida sexual, conyugal y reproductiva y los hombres aceptan esta mayor participación. Pareciera que hay una conciencia cada vez mayor del erotismo femenino entre las generaciones más jóvenes, y más comunicación con sus parejas. Estos nuevos comportamientos representan menores riesgos sociales y de salud (transmisión de ETS/SIDA).

La tercera sección está dedicada a la dimensión espacial e incluye la movilidad territorial, los asentamientos de población y el ambiente; los trabajos dan cuenta de las formas y los tiempos en que la población dejó de ser predominantemente rural, para volverse una población urbana, concentrada en un par de zonas del territorio mexicano. Dicha transformación exigió cambios de vida para la mayoría de la población. También se modificó la imagen que tiene la sociedad de sí misma puesto que ahora nos reconocemos como una sociedad urbana. Hay conciencia de la pérdida del México rural —un país apegado a la tierra y a sus ritos ancestrales (Aguilar Camín, 1989)— entre los intelectuales que hacen la historia de nuestra realidad.[13]

En el primer trabajo, Partida analiza la migración interna durante gran parte del siglo XX. Este proceso tuvo gran importancia puesto que, por su intensidad, determinó, en gran medida, la actual distribución territorial de la población. A partir de datos censales, el autor estudia la migración interestatal de 1950 a 1995 aplicando un modelo para des-

[13] A principios de siglo, hacia 1900, 90% de la población vivía en localidades de menos de 15 000 habitantes; en 2000 sólo 35% habita en localidades de ese tamaño. Sin embargo, en números absolutos, hoy vive en el campo una población casi tres veces más numerosa que cuando comenzó el siglo XX. De mantenerse las actuales tendencias migratorias y de crecimiento, la población rural empezará a disminuir, en términos absolutos, hacia el 2010.

componer la información sobre migrantes en efectos de distribución territorial y efectos de tiempo (velocidad del cambio). El Distrito Federal y el Estado de México se mantienen como los principales destinos de la migración entre estados durante la segunda mitad del siglo. La frontera norte sigue siendo una zona de fuertes flujos migratorios, pero cada vez hay más estados que se convierten en entidades de destino.

A partir de 1980 surge un nuevo patrón migratorio: diversos centros urbanos reciben migrantes, además de México, Guadalajara y Monterrey; asimismo, hay una fuerte movilidad intraurbana y de las metrópolis a ciudades intermedias. El análisis de los años de educación formal, el sexo y la participación en la actividad económica lo llevan a afirmar que, en el caso masculino, la movilidad territorial no está determinada por mecanismos relacionados con la calificación de la mano de obra.

La migración a los Estados Unidos es analizada por Corona y Tuirán. Los autores describen, con gran precisión, diversos aspectos del complejo fenómeno de la migración. Durante las seis primeras décadas del siglo XX, la migración al norte fue circular y estuvo integrada por personas de origen rural y provenientes de unas ocho entidades federativas. Actualmente el patrón ha cambiado, puesto que muchos de los migrantes ya no regresan, proceden de áreas urbanas y tenían, antes de migrar, ocupaciones en la industria y los servicios.

Estiman que hay aproximadamente un millón de movimientos anuales entre los migrantes temporales, a pesar de los esfuerzos cada vez mayores de la patrulla fronteriza por atajar las entradas. La migración permanente ha aumentado sin cesar desde los años cuarenta, y el flujo neto se ha multiplicado por 10 en las tres últimas décadas. En 1999 había alrededor de ocho millones de mexicanos residiendo en los Estados Unidos, además de los 13.4 millones de estadunidenses de origen mexicano. El efecto de estos movimientos es enorme: las remesas que los migrantes envían a sus familias equivalen a poco más de la mitad de la inversión extranjera total.

Los autores hacen un ejercicio de prospectiva con diferentes escenarios, para evaluar las repercusiones que el Tratado de Libre Comercio tendrá en la migración, hacia 2030. Los resultados indican que la migración seguirá aumentando, incluso en los escenarios económicos más favorables para México. Ante tal panorama, es claro que el problema de la frontera deberá ser encarado, por ambos gobiernos, de manera creativa y amistosa para superar las posturas actuales de protección a los migrantes y de control de la frontera.

El contraste respecto de la postura tradicional del gobierno mexicano ante la entrada de extranjeros no podía ser más marcado. El estudio de Castillo nos muestra que las sucesivas leyes de población del siglo XX han restringido la entrada y han aplicado criterios selectivos de acuerdo con el país de origen. El autor también se refiere a la tradición de asilo político otorgado por el gobierno mexicano a españoles y sudamericanos, en casos de persecución política por parte de dictaduras de derecha.

En la frontera sur se desarrollan historias diferentes. Desde el siglo XIX han ingresado a México trabajadores agrícolas guatemaltecos para el cultivo del café en el Soconusco. No hay registro de estos movimientos, por lo que no hay manera de cuantificarlos. Actualmente, los guatemaltecos han adoptado dos modalidades de migración: la permanente, que se da sobre todo entre las mujeres que trabajan en empacadoras, y el desplazamiento cotidiano de trabajadores que viven del otro lado de la frontera.

A mediados de la década de los ochenta, cuando se intensificaron los conflictos armados en América Central, hubo ingresos considerables de campesinos perseguidos que se internaban sin documentación. El autor analiza las deportaciones llevadas a cabo por las autoridades mexicanas, como indicador de la magnitud del flujo de inmigrantes puesto que no hay otro registro. También se refiere al éxodo de guatemaltecos perseguidos que fueron acogidos solidariamente por los campesinos mexicanos y por los organismos no gubernamentales, y que permanecieron unos 10 años en campamentos en Campeche y Quintana Roo.

Actualmente, una parte de las personas que ingresan a México sin documentos lo hace para poder llegar a los Estados Unidos. Con el fin de enfrentar este proceso, las autoridades migratorias mexicanas han endurecido las medidas de control, pero con escaso éxito.

En su trabajo sobre la población y las regiones ecológicas, Saavedra señala que el proceso de desarrollo económico adoptado en México favoreció una dicotomía difícil: población dispersa en localidades muy pequeñas junto con un importante crecimiento urbano.

La revisión de los principales recursos naturales que hay en el territorio nacional da resultados desalentadores: déficit de agua en los estados del norte, donde hay una concentración urbana cada vez mayor; y en el sureste, donde el agua abunda, hay contaminación del recurso. El deterioro y pérdida de suelo avanzan; 77% de la superficie del país tiene algún grado de erosión, y la deforestación tiene un ritmo de 1.5% anual. Otros problemas graves son la contaminación del agua por descargas industriales y domésticas y el manejo de residuos sólidos.

El autor describe la evolución de la población, de 1950 a 1995, de las seis zonas ecológicas en las que divide al país; dicha clasificación se basa en criterios climáticos y de vegetación. En 1990 la zona árida y semiárida es la que concentra una mayor proporción de la población nacional, seguida por la zona subhúmeda. Emplea la densidad de la población como indicador de los cambios en el volumen y concluye que los mayores aumentos se registran en zonas ecológicas donde el componente natural del ambiente es más frágil: el trópico y la zona templada húmeda. La actual distribución de la población es preocupante por dos razones principales: *1)* las grandes concentraciones urbanas están localizadas en zonas con recursos escasos (agua), y *2)* la gran dispersión de la población rural que no puede acceder con facilidad a los bienes y servicios que podrían propiciar su desarrollo.

Aguilar y Graizbord describen los procesos de poblamiento que han determinado la distribución espacial a lo largo del siglo XX. Los autores relacionan el crecimiento y la distribución de la población con las etapas del desarrollo económico registradas en el país: de una estructura fundamentalmente agrícola a una industrial y, en épocas recientes, una economía de base terciaria. La evolución de la densidad de la población en distintas regiones del país muestra dos patrones claramente diferenciados. Durante la primera mitad del siglo el poblamiento se concentró en áreas reducidas. Las principales ciudades del país (México, Guadalajara y Monterrey) se convirtieron en centros concentradores del desarrollo, su población creció a altas tasas y su actividad industrial aumentó. Este proceso ocasionó la intensificación de la emigración rural. En la segunda mitad del siglo, se ampliaron las fronteras del poblamiento en las zonas central y sur y se multiplicaron las metrópolis regionales como lugares de atracción; asimismo, hubo una mayor tendencia a la dispersión de población en agrupamientos de ciudades medias y pequeñas.

El proceso de urbanización de los últimos sesenta años del siglo ha cambiado el perfil de la población del país: en 1940 una quinta parte era urbana y en 1990 la proporción subió a más de la mitad. La población urbana ha crecido a un elevado ritmo alimentada por su crecimiento natural y, sobre todo, por la migración rural.

De manera paralela, ha habido un aumento importante en el número de localidades rurales que ha dado lugar a una gran dispersión de la población; en 1970 había alrededor de 95 000 localidades de menos de 2 500 habitantes, en 1990 había 155 000, y para 1995 ya eran 198 000 (de ellas, tres cuartas partes tenían menos de 100 habitantes). Estas pequeñas localidades carecen de la infraestructura básica necesaria para que la población tenga condiciones aceptables de vida. Los autores exponen diversas razones para explicar este proceso de dispersión rural: una mejor cobertura censal; procesos de fragmentación de la tierra y disputas por problemas de tenencia de la tierra que dan lugar a la atomización de comunidades; atracción de la población debido a proyectos productivos desarrollados en años recientes.

Las ciudades intermedias (de 100 000 a 999 000 habitantes) empezaron a adquirir importancia a partir de 1950; muchas se convirtieron en centros regionales de atracción poblacional. En 1990 concentran a 34% de la población nacional. Las grandes ciudades (más de un millón de habitantes) en 1990 concentran a 27% de la población total. Además de la ciudad de México, a partir de 1970 surgen otras grandes ciudades.

Actualmente, la movilidad espacial es "de arriba hacia abajo" en el sistema urbano nacional y la expansión geográfica "del centro a la periferia". El proceso de urbanización iniciado en el siglo XX va a continuar y, en consecuencia, habrá nuevos y mayores retos para que esta población urbana en constante crecimiento cuente con los bienes y servicios necesarios para tener condiciones adecuadas de vida.

La evolución futura de la ciudad de México, que se convertirá en un conglomerado megalopolitano para mediados de este siglo, ilustra de manera particularmente notable las consecuencias que tendrá dicho proceso. Garza describe la historia de la capital a partir de principios del siglo XX, cuando era una ciudad de menos de 350 000 habitantes resguardados en sus 12 cuarteles. Ya en 1930, la ciudad se desborda a la Villa, San Ángel y Tacubaya y, mediando el siglo, sus casi tres millones de habitantes se extienden a los municipios limítrofes del Estado de México. A partir de entonces, el crecimiento de la ciudad adquiere una dinámica metropolitana, y el tejido urbano va incluyendo un número cada vez mayor de municipios. En 1980, cuando la ciudad tenía 13 millones de habitantes, las áreas metropolitanas de México y Toluca se traslapan constituyendo un conglomerado de corte megalopolitano.

La megalópolis está en una etapa inicial ya que, en la segunda década de este siglo, se agregarán Pachuca y Puebla, y después Cuernavaca. Hacia mediados de siglo, seis áreas metropolitanas y varias pequeñas ciudades integrarán el conglomerado donde residirá alrededor de 40% de la población urbana nacional. El autor nos alerta ya que una población de más de 50 millones de personas requerirá de vastísimas obras de infraestructura y servicios; resulta imperioso aplicar políticas de desconcentración que frenen este proceso.

Los cinco trabajos que integran la cuarta parte se proponen analizar los efectos que los cambios socioeconómicos han tenido sobre la familia y sobre sectores vulnerables de la población, como los niños y las personas de la tercera edad.

López, Salles y Tuirán hacen una reflexión sociológica sobre la familia, institución clave para la reproducción social. La familia es un espacio en el que los efectos de los grandes procesos nacionales confluyen con las relaciones interpersonales; se trata de un espacio privilegiado desde el cual observar las consecuencias de los cambios demográficos. Los autores analizan la repercusión que han tenido el descenso de la mortalidad y el de la fecundidad en los patrones de formación de las familias, así como en las trayectorias de vida familiar. Varios son los cambios notables: la duración media de las uniones se ha ampliado de 18 a 40 años; el uso de anticonceptivos ha propiciado un patrón de familia con pocos hijos; se han reducido las etapas de formación, expansión y contracción de la familia. En consecuencia, las relaciones familiares entre sexos y generaciones están cambiando de manera significativa. La incorporación de las mujeres al sistema educativo formal y al mercado laboral ha tenido como consecuencia modificaciones en los papeles de género, pero éstos no necesariamente han conducido a situaciones de equidad; a pesar de que trabajan, las mujeres siguen realizando las labores domésticas y llevan a cabo entonces una doble jornada laboral.

Rubalcava aborda el tema de la evolución del ingreso de los hogares entre 1977 y 1994. Durante este periodo tuvo lugar la crisis económica de los años ochenta, por lo que la autora puede mostrar cómo la familia moviliza sus recursos para amortiguar el efecto que tienen las alteraciones macroeconómicas y las imperfecciones del mercado sobre el ingreso familiar. Divide a los hogares en tres grupos de acuerdo con la fuente principal del ingreso (remuneraciones al trabajo, renta empresarial y transferencias); además observa cómo, ante la crisis económica, los hogares de los tres grupos recurren al trabajo de las mujeres. Este proceso le resta importancia a la jefatura masculina. En 1994, más de una quinta parte de los hogares está encabezada por mujeres, los cuales son de menor tamaño y tienen un ingreso per cápita más alto que los dirigidos por hombres. En el trabajo se demuestra que los hogares enfrentaron la crisis de 1982 realizando acomodos estructurales, es decir reorganizándose mediante su fuerza de trabajo.

García y Pacheco parten de la perspectiva de las familias para analizar las modificaciones acaecidas como resultado de la crisis de los años ochenta, en los hogares de la ciudad de México, entre 1970 y 1995. En ese periodo aumentó la participación laboral de esposas y parientas, lo que acarreó un cambio en la división social del trabajo que asignaba a los adultos, hombres y mujeres, roles domésticos distintos. En 1995, los hogares encabezados por mujeres constituían 17% del total de hogares y tenían condiciones económicas y sociales heterogéneas. Sin embargo, un rasgo común es que en ellos trabajan más miembros del hogar, especialmente los adolescentes, aun cuando en el conjunto de los hogares de la ciudad la participación laboral de los hijos e hijas de estas edades ha disminuido porque asisten cada vez más a la escuela. Una proporción alta de las jefas de más edad no trabaja fuera de su casa y la que sí lo hace tiene menos ingresos que los jefes hombres. Entre los hogares pobres, los que están encabezados por mujeres son los más pobres y, por tanto, constituyen el sector más vulnerable.

Mier y Terán y Rabell abordan el análisis de las condiciones de vida de los niños de 1960 a 1995. Encuentran que no ha habido cambios en los patrones de convivencia de los niños: en 1995, al igual que en 1976, la gran mayoría de los niños vive con su padre y su madre. La estructura familiar mexicana tiene gran capacidad de adaptarse a los nuevos procesos demográficos, económicos y sociales, sin por ello experimentar cambios radicales. Muy pocos niños viven sólo con su madre porque cuando no tienen pareja, las mujeres constituyen una familia extensa o se integran a ella.

Un cambio muy importante en la vida de los niños ha sido la asistencia cada vez mayor a la escuela primaria y, en menor medida, a la secundaria. Las desigualdades en la asistencia escolar según tamaño de localidad de residencia, dominio de una lengua indígena y sexo eran muy acentuadas en 1960. La tendencia actual es hacia la disminución, pero aún persisten desigualdades marcadas en el acceso a la secundaria.

Las diferencias de género en el desempeño escolar y en el trabajo infantil no son tan directas. En la primaria no hay diferencias en la asistencia escolar de niños y niñas, pero en el ingreso a la secundaria hay una clara discriminación contra las niñas, más acentuada en localidades rurales y entre hablantes de una lengua indígena.

Si se incluye al trabajo doméstico cuando éste es declarado como la ocupación principal, el trabajo infantil es dos veces más frecuente entre las niñas, mientras que la combinación de estudio y trabajo se da más entre los varones. Los efectos del trabajo infantil sobre la asistencia a la escuela no dependen de si éste es remunerado o sin retribución, sino de la duración de la jornada laboral: cuando los niños trabajan más de 20 horas semanales se atrasan en la escuela o dejan de ir.

Solís aborda varios aspectos relativos a las condiciones que enfrenta la población de la tercera edad. El tema es importante pues este grupo de edad es el que más rápido va a crecer en el futuro; en el año 2030, uno de cada siete ciudadanos tendrá más de 60 años. La sociedad habrá de estar preparada para hacer frente a retos como tener un sistema de pensiones para toda la población mayor, proveer atención a la salud en edades en las que son frecuentes las enfermedades crónico-degenerativas y brindar redes de apoyo intergeneracional. Estas redes se van a reducir durante las próximas décadas porque, como consecuencia del descenso de la fecundidad, las familias serán cada vez menos numerosas y los padres tendrán menos hijos a los cuales recurrir.

El autor analiza el entorno residencial en el que viven actualmente las personas de la tercera edad y concluye que mantienen una posición central en sus unidades residenciales: sólo 7% de las personas vive en hogares unipersonales; esta proporción tan baja se explica por el predominio de valores que favorecen el apoyo familiar y el intercambio afectivo cotidiano. A partir de los 75 años aumentan los problemas de salud y de deterioro funcional; las crecientes necesidades de apoyo son enfrentadas por la familia y son expresión de la solidaridad intergeneracional. Los principales proveedores de apoyo (físico, económico o en especie) son los hijos, nueras y yernos. Con mayor frecuencia, las mujeres son cuidadoras y los hombres, proveedores; se reproducen, así, las diferencias de papeles ya analizadas en los trabajos anteriores.

Un rasgo notable: en México el retiro no se ha institucionalizado; más de 80% de las personas mayores no está en un programa de pensiones, y la mitad de quienes han trabajado no tienen acceso a servicios de salud.

Oliveira, Ariza y Eternod reconstruyen la evolución de la fuerza de trabajo de 1895 a 1995. Exponen las relaciones entre los sucesivos modelos de desarrollo y la división social y por género del trabajo. En el periodo de 1895 a 1930, dominado por una economía agroexportadora, el rasgo sobresaliente es la contracción de la actividad económica extradoméstica de las mujeres, que las autoras relacionan con la transformación de la producción artesanal en producción industrial. A partir de 1930, la tasa de participación femenina no ha cesado de aumentar, y ahora es de cerca de la mitad de la masculina.

Entre 1930 y 1970 se impone el modelo de desarrollo por sustitución de importaciones, basado en la industrialización y en la capitalización del campo, y que requiere grandes contingentes de trabajadores asalariados. Predomina una división sexual del trabajo que deja la producción en mano de los hombres y la reproducción a cargo de las mujeres. La elevada fecundidad y el consiguiente gran tamaño de las familias, así como los bajos niveles de escolaridad, mantienen a las mujeres en su casa, dedicadas a las actividades domésticas.

Los años de 1970 a 1995 son de transición hacia un modelo de desarrollo basado en la exportación de manufacturas que requirió la reestructuración de la planta industrial, así como la expansión y diversificación del sector terciario. Estos procesos, aunados a la mayor escolaridad de las mujeres y al descenso de la fecundidad, estimularon una participación laboral femenina cada vez mayor.

Tales cambios se reflejaron en la distribución por sectores de la fuerza de trabajo que en el último periodo se ha caracterizado por la contracción de la PEA industrial y el importante crecimiento de la mano de obra en el sector terciario. De hecho, es en este sector donde se ha concentrado, a todo lo largo del siglo, la mano de obra femenina, en especial en el comercio y en los servicios sociales. Dichas transformaciones económicas han requerido constantes redefiniciones y cambios en la construcción de género.

Cortés analiza las tendencias en la distribución del ingreso de los hogares entre 1977 y 1994. Para ello, usa la distribución por deciles de una medida que él diseña: ingreso per cápita de los hogares. Encuentra que, de 1977 a 1984, la tendencia es hacia la disminución, lenta pero sostenida, de las desigualdades. De 1984 en adelante esta tendencia se invierte y las desigualdades se acentúan.

Como el ingreso real de los hogares ha seguido aumentando, puede deducirse que las condiciones de vida de la población han mejorado. Sin embargo, el análisis de las causas de tal aumento muestra que hay otra lectura posible. El autor encuentra que la estrategia desarrollada por los hogares para paliar los efectos de los años de crisis económica consistió en aumentar el número de perceptores por hogar. Podría pensarse que este aumento se debe a cambios en la estructura por edad de la reserva de la fuerza de trabajo de los hogares, pero ésta no varió entre 1977 y 1994; los efectos de la transición demográfica aún no se reflejan en la cantidad de adultos por hogar. De hecho, el aumento en el número de perceptores se logró mediante una mayor participación laboral femenina. Las mujeres que engrosaron la fuerza de trabajo durante la década de los ochenta eran casadas, con baja escolaridad y vivían en hogares que tenían condiciones económicas precarias.

El autor se pregunta qué hubiera sucedido si los hogares no hubiesen movilizado su fuerza de trabajo después de los años de crisis. Para responder a esta pregunta, descompone el ingreso en sus diversos componentes y estima el efecto de la variación en el número de perceptores por hogar. El resultado es que de no haber aumentado el número de perceptores por hogar, las desigualdades en la distribución del ingreso se hubiesen acentuado aún más.

Boltvinik aborda el tema de la medición de la pobreza. Primero completa las estimaciones de Hernández Laos y traza la evolución de la pobreza entre 1963 y 1994; para ello aplica el método CNSE. Sus hallazgos coinciden con los de Cortés puesto que observa que hay disminución de la pobreza entre 1963 y 1981; de 1984 en adelante aumenta la proporción de pobres de manera significativa. Atribuye este aumento a la drástica disminución de las remuneraciones reales y al aumento en la tasa de dependencia. Señala que las instituciones de la esfera social, como la educación y la atención a la salud, fueron formas de protección para la población en la década de los años ochenta.

En una segunda parte aplica el Método de Medición Integrada de la Pobreza a información de 1992. Sus resultados son alarmantes ya que dos terceras partes de la población son clasificadas como pobres. Ubica en esta categoría a las personas que ocupan los siete primeros deciles de ingreso. Analiza también diversas características de los hogares, entre las que podemos mencionar la composición por edad de los hogares: la proporción de menores disminuye a medida que aumenta la riqueza. En los hogares pobres hay, en promedio, dos menores de 15 años, mientras que en los no pobres la proporción es de 0.99.

La mayor parte de la diferencia entre pobres y no pobres se explica por los bajos ingresos de los perceptores, y sólo una décima parte, por factores demográficos, prácticas sociales y otros.

La desigualdad más acentuada se obtiene si se comparan las percepciones de los hombres de clase alta urbana con las de las mujeres indigentes del medio rural; los primeros tienen percepciones medias 100 veces más elevadas que las segundas.

En el último trabajo de este libro, Gómez de León y Partida hacen proyecciones de la población mexicana hasta el año 2050. Aplican un modelo birregional a los mexicanos que viven en México y a los que viven en los Estados Unidos. Los supuestos de la mortalidad provienen de la extrapolación de la experiencia de 1960 a 1995, mediante un modelo que retiene la estructura por edad y sexo de las probabilidades de fallecer, así como la velocidad del cambio. Para la fecundidad, se aplica un modelo que reproduce cambios a partir de 1962, año en el que se alcanzó el máximo histórico del siglo; el nivel de remplazo de la población se logra en el año 2005. El supuesto para estimar la migración es que se mantienen constantes los niveles registrados entre 1990 y 1995.

La población estimada para el año 2000 fue de 99.6 millones; este cálculo difiere en sólo 200 000 personas de la cifra oficial que proporcionó el Instituto Nacional de Estadística, Geografía e Informática (INEGI) con base en el censo de 2000. De acuerdo con dichas proyecciones, la población de México en el año 2050 será de 131.6 millones de habitantes.

Si comparamos ambas poblaciones, la actual y la de 2050, el cambio más notable será el envejecimiento. La edad media de la población pasará de 25 a 45 años, la población de 65 y más años representará 25% del total (ocho veces más que en la actualidad), mientras que la de 0 a 14 años se reducirá en casi 2.5 veces. El peso porcentual del grupo de 15 a 64 años aumentará hasta el año 2030 y luego disminuirá hasta alcanzar un peso semejante al actual.

Los autores estiman también las repercusiones de la dinámica demográfica en cuatro áreas: educación básica, empleo, salud y vivienda. La demanda de maestros de primaria empezó a disminuir en el año 2000, mientras que la de maestros de secundaria debiera aumentar hasta el 2015, para luego disminuir. En salud, el número de médicos deberá crecer a la misma tasa que la población, pero el número de enfermeras deberá aumentar más de 50 por ciento.

La transformación de la estructura etaria tendrá repercusiones muy importantes en la demanda de empleo, puesto que habrá más de un millón de personas que ingresarán anualmente al mercado de trabajo en los próximos 15 años; a partir del año 2015 disminuirá el incremento anual. El reto en materia de vivienda es también enorme: habrán de construirse, en las cinco próximas décadas, 33 millones de nuevas viviendas que requerirán, además, de agua y luz.

Con estas estimaciones, la transición demográfica se habrá completado antes del año 2050, puesto que a partir de 2049 el crecimiento poblacional será negativo.

Bibliografía

Aguilar Camín, H. (1989), *Después del milagro,* México, Cal y Arena.

Consejo Nacional de Población (2000), *La situación demográfica de México, 2000,* México, Conapo.

Cosío-Zavala, M. E. (1998), *Changements démographiques en Amérique latine,* París, Editions Estem.

Giddens, A. (1990), *The Consequences of Modernity,* Stanford, California, Stanford University Press.

——— (1992), "La transformación de la intimidad. Sexualidad, amor y erotismo en las sociedades modernas", Madrid, Ediciones Cátedra.

Livi-Bacci, M. (1990), *Historia mínima de la población mundial,* Barcelona, Ariel.

Mier y Terán, M. (1982), *Evolution de la population mexicaine a partir des recensements: 1895-1970,* tesis de doctorado presentada en la Facultad de Estudios Superiores, Universidad de Montreal, Canadá.

Mills, M. (2000), "Social Theory, Fertility and Family Formation", ponencia presentada en Los Ángeles, en la Reunión anual de la Asociación de Población de América,

I. LOS ORÍGENES DEL POBLAMIENTO

EL POBLAMIENTO DE MÉXICO: DE SUS ORÍGENES A LA REVOLUCIÓN*

Robert McCaa

GRANDES triunfos y horribles tragedias señalan la historia de la población de México a lo largo de los milenios. Hace aproximadamente 10 000 años, al domesticar la calabaza, el maíz y el frijol, comenzó el primer aumento considerable del crecimiento poblacional en el subcontinente mexicano. El último dio inicio hace menos de 75 años gracias a los avances en salud pública, producción de alimentos y educación masiva. La dinámica demográfica de la región que en la actualidad se conoce como "México" puede ser dividida, por conveniencia, en cuatro grandes épocas: antigua (1519 d. C.), colonial (1519-1821), nacional (1821-1910) y moderna (1910 al presente). Tales momentos decisivos en la historia de esta vasta región tuvieron gran significación en la demografía y por tanto no deberían descartarse o pasarse por alto sencillamente porque son políticos. Todos causaron catástrofes demográficas en menor o mayor medida, pero cada uno transformó de manera radical las condiciones básicas de la vida y la muerte en México. Los primeros tres periodos: antiguo, colonial y nacional, se analizan en este ensayo.

MESOAMÉRICA ANTIGUA

El poblamiento de la antigua Mesoamérica es uno de los fenómenos más complejos en la prehistoria de México. Tal vez por ello es también uno de los que más atención han recibido en los estudios y más controversia han despertado. ¿Cuándo apareció el primer ser humano en el subcontinente mexicano? ¿Desencadenó la aparición de la agricultura una revolución demográfica en las tasas de natalidad y mortalidad? ¿Cuál fue el papel que ejerció la presión demográfica en la decadencia y caída de muchos de los grandes centros culturales como La Venta, El Tajín, Cuicuilco, Tula, Teotihuacán, Palenque, Chichén Itzá y otros? Una vez hecho el primer contacto con los europeos, ¿quedaron los amerindios bajo la amenaza de una crisis malthusiana por exceder los límites de la capacidad

* Traducción de Marcela Pineda Camacho.

de la tierra para darles sustento? O, por lo contrario, ¿habían alcanzado un equilibrio armónico con el entorno? Las respuestas a estos interrogantes resultan fundamentales para comprender la evolución de la cultura, la política, la sociedad y la economía antiguas de México.

Arqueólogos y expertos en genética aceptan generalmente que Asia es de donde provinieron los primeros hombres de las Américas. No obstante, persiste un considerable desacuerdo en torno de la fecha de las primeras manifestaciones (las cuales van de 20 000 a 70 000 años), así como en lo referente a la cantidad de "olas" migratorias provenientes de Asia: si fueron una, dos, tres o incluso más. Recientemente, la investigación —todavía tentativa— del ADN en las mitocondrias señala sólo dos: la primera hace unos 34 000 años, seguida por una segunda de hace apenas 15 000 años (Wallace, 1997: 46). El fechamiento de los antiguos sitios habitados por el hombre resulta, asimismo, motivo de mucha especulación. La habitación por seres humanos en El Cedral en San Luis Potosí se ha fechado en 30 000 a. p. (antes del presente). A los sitios en Valsequillo y Tlapacoya se les asigna una fecha de 22 000 a. p. Un estudio intensivo del Valle de Tehuacán revela que el hombre habitó allí de manera continua desde 12 000 a. p. (Serrano Sánchez, 1993).

El sitio en el Valle de Tehuacán ofrece una secuencia fascinante —aunque sujeta a conjeturas— de las densidades de población desde la antigüedad remota hasta el momento de contacto con los europeos (MacNeish, 1967 y 1970). Desde hace 9 000 a 7 000 años, las densidades demográficas en el valle apenas arrojan un promedio de dos habitantes por cada 100 kilómetros cuadrados (2.2 hab/100 km^2). Más tarde aparecieron las primeras calabazas y, después de varios milenios, hicieron su aparición los primeros brotes de maíz en el registro arqueológico, dos millones de años después de que se detectara la presencia de polen de maíz en el Valle de Oaxaca. En el transcurso de varios miles de años, las densidades de población, aunque oscilantes, aumentaron y se sextuplicaron: a 14 hab/100 km^2 (5400-4300 a. p.). Los milenios pasaron, y la "revolución" agrícola del paso de la recolección a la agricultura continuó, pero a un ritmo 1 000 años más lento que en el Medio Oriente. La difusión de la agricultura fue un proceso que tardó varios milenios en Mesoamérica, frenado por el hecho de que la expansión tuvo lugar a lo largo del eje Sur-Norte y no al de Este-Oeste. El maíz mesoamericano y otras plantas cultivadas finalmente llegaron a adaptarse a una duración del día variable así como al clima requerido para la difusión longitudinal; empero, lo anterior se llevó muchos más siglos de experiencia y experimentación que en Eurasia (Diamond, 1997: 178-191).

Las condiciones demográficas apenas mejoraron con la "revolución" agrícola. En Tehuacán fue necesario que transcurrieran siglos para que aumentara 25 veces la población. El cambio ocurrió bruscamente y con muchas salidas en falso. A medida que iba evolucionando la técnica y la práctica de irrigación (2900-2100 a. p.), se aceleró lentamente el crecimiento de la población y las densidades se expandieron: de 43 habitantes por cada 100 kilómetros cuadrados (3000 a. p.) a 165 (2500 a.p.) y 1100 (2100-1300 a. p.). En la fase final (hace 1300-500 años), en los ocho siglos anteriores al contacto con los europeos, las densidades de la población se triplicaron hasta aproximadamente 3600 hab/100 km^2, los pueblos fortificados surgieron y se establecieron los "Estados despóticos primitivos" (MacNeish, 1970).

La población en la Cuenca del centro de México en el transcurso de tres milenios

El mayor éxito en Mesoamérica en lo que se refiere a crecimiento de población se halla en la Cuenca del centro de México. A partir del estudio de unos 3000 sitios arqueológicos, William T. Sanders y sus colaboradores lograron establecer una asombrosa serie de estimaciones de población a lo largo de tres milenios (Sanders, Parsons y Santley, 1979). La gráfica 1 muestra la evolución a largo plazo del tamaño de la población en la Cuenca de México. Con el propósito de tomar en cuenta el error y las imprecisiones, las curvas suavizadas en 50% y 150% agrupan sus estimaciones por puntos. La gráfica está elaborada a escala logarítmica —como la mayor parte de las gráficas en este ensayo— para destacar el crecimiento y descenso relativos correspondientes a cada periodo. La gráfica muestra que la población del Valle de México aumentó de menos de 5000 habitantes hace 3500 años a unos 1-1.2 millones en 1519. Tres largos ciclos de crecimiento sobresalen (3500-2100 a. p., 1850-1250 a. p. y 850-500 a. p.), delimitados por dos periodos de decadencia (2100-1850 a. p. y 1250-850 a. p.). El descenso poblacional en toda la región se explica en algunas ocasiones por factores exógenos (un enfriamiento en el clima o una actividad sísmica considerable) y en otras, por acontecimientos endógenos o por la falta de ellos (tales como presión de la población, deterioro económico o desintegración política).

Con el objetivo de poner en perspectiva las cifras correspondientes al periodo poscolonial, extiendo las estimaciones derivadas de la arqueología que obtuvo Sanders; primero: con una serie histórica que él construyó, a partir de fuentes escritas, del descenso en la población que tuvo lugar en la Cuenca central de México de 1520 a 1568, y segundo: con mis propias estimaciones hechas a partir de su punto más bajo en 1610, seguido por periodos de recuperación hasta 1793, 1900 y 1995. Si no hacemos caso de la fase presente y aún incompleta, la gráfica muestra tres ciclos de creci-

GRÁFICA 1. *Población de la Cuenca de México en el transcurso de los milenios*

Ciclos de crecimiento y colapso (3000-500 a. p.), desastre (1519-1650 d. C.) y recuperación.
(cifras de población estimada en miles)

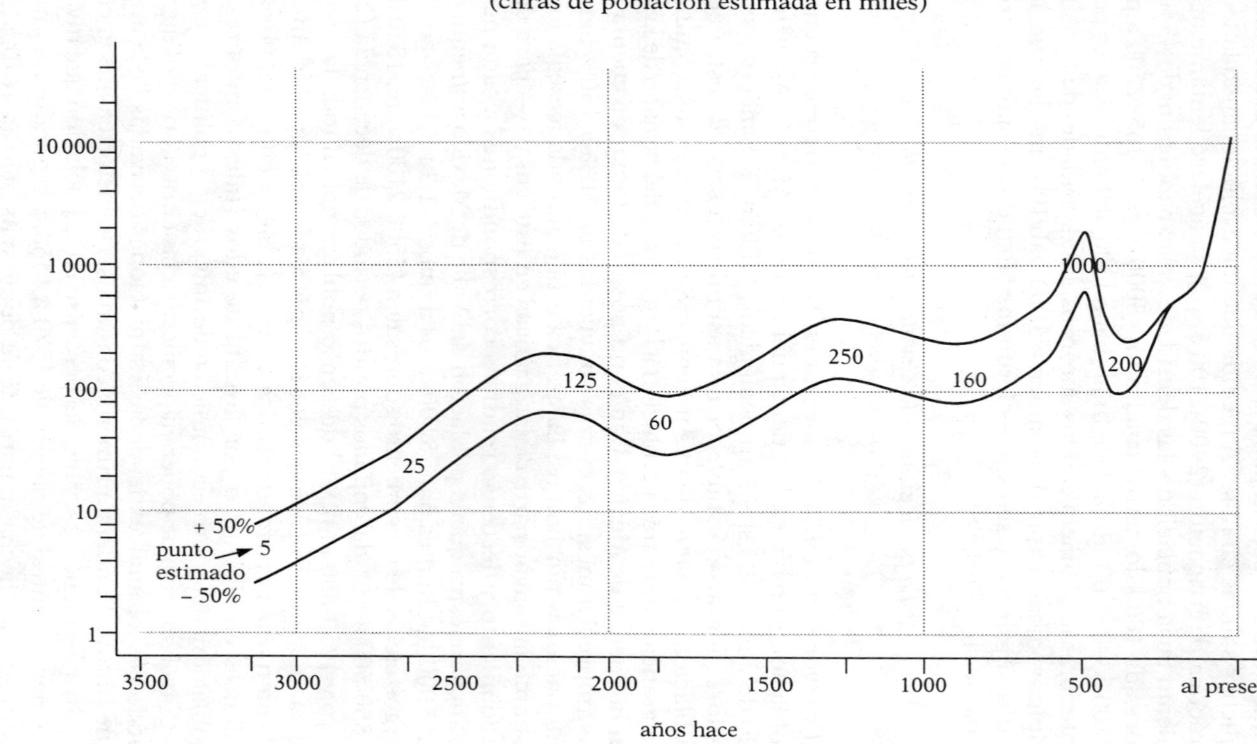

miento en intervalos de aproximadamente 1 000 años, los cuales ocurrieron hace 2 500, 1 500 y 500 años.

La gráfica muestra también cómo las insignificantes tasas de cambio —con un promedio menor que ±0.4% al año durante muchos siglos— producen cambios considerables en el tamaño y densidad de la población. Así pues, la "revolución" agrícola, proceso que se llevó muchos milenios y empezó hace 4 000-8 000 años, condujo a una aceleración del crecimiento en Tehuacán, Teotihuacán, Oaxaca, Pátzcuaro y otros lugares, mas no a una revolución demográfica, aunque algunos arqueólogos interpretan que los mismos datos significan una "explosión demográfica" (McClung y Serra Puche, 1993: 155). Incluso cuando las tasas prehistóricas de crecimiento alcanzaron su máximo en la Cuenca central de México hace exactamente 750 años, la tasa promedio anual apenas alcanzó tres cuartas partes del uno por ciento. La gráfica 1 muestra que dicha región ha vivido sólo una revolución demográfica y que ésta sucedió en el siglo XX, cuando la cosecha anual de bebés llegó a dos millones y el crecimiento alcanzó una cifra máxima de casi 3% al año. Dicha revolución ya está perdiendo impulso. Para mediados del próximo milenio, el crecimiento en el siglo XX tal vez llegue a parecerse a uno de los aumentos demográficos del pasado paleolítico.

Las tendencias regionales compendian cientos de experiencias locales, fructíferamente documentadas en el estudio sobre el Valle de Teotihuacán. Las variaciones regionales muestran cuán difícil era ganar la lotería demográfica en la antigua Mesoamérica. Las "caídas" de las antiguas civilizaciones han despertado diversas especulaciones acerca de sus causas. El bioarqueólogo pionero Frank Saul señala que acaso estemos formulando mal la pregunta acerca de la decadencia de las ciudades, culturas o pueblos que vivieron en Mesoamérica. Saul arguye que la pregunta debería ser: "[...] no *por qué* decayeron, sino más bien *cómo* se las arreglaron para sobrevivir durante tanto tiempo" (Saul, 1972: 73). El registro bioarqueológico revela que las poblaciones mesoamericanas (más bien la mayoría de los pueblos antiguos) eran frágiles, disminuidas por el estrés, la mala nutrición y la deteriorada salud (Serrano Sánchez, 1993: 112-114; Cohen, 1997). El viejo concepto de las poblaciones "fuertes, robustas y saludables" de Mesoamérica (un paraíso precolombino) no se ve apoyado por los patrones de asentamiento ni por las evidencias que arrojan los esqueletos (Viesca, 1984: 175-176, 180).

Tensión, condiciones de vida y paleodemografía

La tensión física y fisiológica parece ubicua en Mesoamérica, aunque un poco menor que en la mayoría de los pueblos del septentrión americano.

La osteoartritis (enfermedad degenerativa de los huesos), probablemente causada por esfuerzos físicos extremos, aparece en los restos de esqueletos de adultos de hace 5 000 años en el Valle de Tehuacán. Resulta habitual encontrar altas tasas de fracturas sanadas, grave desgaste dental y osteoporosis avanzada (protuberancias óseas relacionadas con la degeneración del cartílago articular) desde los primeros materiales de esqueletos con que se cuenta. La tuberculosis y la infección causada por la treponema, manifestaciones de sífilis y mal de pinto datan del año 3 000 a. p. También abundan las lesiones con forma de coral en los cráneos (hiperostosis y *cribra orbitalia)*, graves respuestas fisiológicas a la anemia aguda o crónica resultantes de deficiencias nutricionales, infestación parasitaria extrema, infecciones debilitantes, pérdidas de sangre o alguna combinación de todo lo anterior (Viesca, 1984: 178-180). La riqueza arquitectónica de Chichén Itzá contrasta notablemente con la fragilidad fisiológica de su población, que padecía trabajos arduos, enfermedades, infecciones y malnutrición aguda (Márquez Morfín, Peraza, Gamboa y Miranda, 1982).

Desde el pueblo Mesa Negra en el árido noroeste hasta Copán en el húmedo sudeste, el surgimiento de la agricultura redujo la degeneración de los dientes causada por el uso y las roturas causadas por comer alimentos recolectados; empero, la caries (una amenaza contra la vida), los abscesos y la pérdida de las piezas dentales se hicieron más pronunciados debido a las dietas con abundancia de carbohidratos basados sobre todo en el maíz. A medida que las poblaciones se volvieron más sedentarias, la diarrea, el tifo y la hambruna en toda la región probablemente se volvieron más comunes (Bustamante, 1982a: 37-47, revisa evidencia referente a la hambruna en Colombia). Con la expansión de una dieta monótona de calabaza, maíz y frijol, la estatura se redujo, por lo menos entre los hombres. La disminución en la estatura fue una respuesta de adaptación a los niveles de malnutrición y subnutrición, así como a los niveles concomitantes de enfermedad, producto de la adopción de un modo de vida sedentario neolítico. Éstas fueron las causas principales de los factores diferenciales regionales y temporales en la estatura. En el Norte, los hombres que subsistían de la caza y la recolección medían un promedio de 1.65 metros y había disminución con el transcurso del tiempo. En el centro, la estatura promedio para los hombres en el periodo clásico cayó a 1.60 metros. Hacia el sur de Oaxaca, el hombre adulto promedio tenía una estatura de 1.55 metros, aunque a lo largo de las costas las estaturas eran mayores. La de las mujeres (de un promedio de 1.45-1.55 metros) resulta más sorprendente pues muestra poca variación sistemática en el espacio o el tiempo (McCaa y Márquez Morfín, 1995).

La paleodemografía corrobora los hallazgos de la paleopatología. La extraordinariamente baja esperanza de vida era el común denominador para las poblaciones mesoamericanas. Los paleodemógrafos favorecen la esperanza de vida al nacimiento como medida de elección; empero, este indicador debería descartarse porque sólo las prácticas de entierro extraordinarias y las técnicas arqueológicas de recuperación excepcionalmente minuciosas permiten muestras representativas. En la mayor parte de los sitios, muy pocos esqueletos de bebés y de niños se han recuperado (Teotihuacán constituye una excepción importante), y las estimaciones que hacen los paleodemógrafos de la esperanza de vida al nacimiento (e_0) están, por tanto, sumamente infladas. Una imagen decididamente sombría surge cuando examinamos las esperanzas de vida en edades más avanzadas (cuadro 1). A los 15 años de edad (e_{15}), las esperanzas de vida en Mesoamérica eran sumamente bajas: de 13 a 29 años adicionales de vida. En otras palabras, para quienes sobrevivían hasta la edad de 15 años, la muerte llegaba aproximadamente entre los 28 y los 44 años en promedio. Aun las estimaciones más optimistas siempre resultan mucho peores que las cifras nacionales para México en 1940 (cuando e_{15} = 43 años adicionales, a 58; en 1980, e_{15} = 56, a 71). De hecho las cifras para las poblaciones prehistóricas caen muy por debajo de las peores condiciones en las tablas de vida modelo, tales como el nivel 1 de la Región Sur de Coale y Demeny, donde e_{15} = 34 (a 49 años de edad) y la esperanza de vida al nacimiento (e_0) es de 20 años. Estas cifras sorprenden sólo a quienes piensan que la Mesoamérica prehistórica era el Jardín del Edén (Coale y Demeny, 1983: 384; Camposortega, 1992: 321).

Las fuentes cualitativas apoyan la interpretación de que la mortalidad era sumamente elevada en Mesoamérica. Los nahuas (aztecas) representaron una gran morbidez en sus esculturas de piedra, y en su lenguaje se estructuraron numerosas formas para referirse a la muerte. Consideremos el vasto panteón náhuatl del que disponían para implorar el socorro divino ante una gran diversidad de aflicciones y enfermedades. La gramática náhuatl está obsesionada, de hecho abrumada, por la mortalidad. ¿Por qué recargar el idioma con un sufijo gramatical que indica si la parentela está muerta o viva a menos que la mortalidad sea una preocupación siempre presente?

La extrapolación de estimaciones paleodemográficas en las poblaciones mesoamericanas señala esperanzas de vida al nacimiento de 15 a 20 años, o tasas brutas de natalidad que van de 50 a 67 por año.[1] Puesto que en

[1] La demografía enseña que la tasa bruta de natalidad es sencillamente el número recíproco de la esperanza de vida al nacimiento (e_0) cuando la tasa de crecimiento de la población *(r)* es cero; así pues, una e_0 de 20 se vuelve 1/20 = 0.05, o una tasa bruta de natalidad de 50 por cada 1 000 habitantes. Una tasa bruta de natalidad de 67 es equivalente a una e_0 de 15 (1/15 = 0.067 o 67 nacimientos por cada 1 000), cuando $r = 0$. Véase también la nota del cuadro 1.

CUADRO 1. *Edad media de defunción, edades seleccionadas: poblaciones mesoamericanas antes del contacto con los españoles y otras en diversos niveles económico-tecnológicos*

	Edad media de defunción (años)		
A partir de la edad de →	*0*	*15*	*50*
Tlatilco, 2930-3250 ap[a]	33	37	54
La Ventanilla, 350-950[a]	36	40	54
Cholula, 850-1560[a]	29	35	54
Copán rural, 700-1000[a]	25	44	60
Copán urbano, 700-1000[a]	36	41	57
Teotihuacán, clásico temprano[b]	24	42	58
Teotihuacán, clásico tardío[b]	16	34	66
Teotihuacán, 1580-1620[b]	13	28	52
Cholula, 1325-1520[c]	25	34	51
Indios de Norteamérica[d]	22	35	55
Cazadores-recolectores[d]	22	37	63
Agricultores primitivos[d]	26	45	68
Tabla modelo de vida, nivel 1 Sur[e]	20	49	65
México, 1939-1941[f]	40	58	70

FUENTES: [a] Health and Nutrition in the Western Hemisphere Database, 12 de octubre de 1995; [b] Storey, 1992: 184-185; [c] Hayward, 1986: 221-222 (cuadro 7.5); [d] Johansson, 1982: 136; [e] Coale y Demeny, 1983: 384; [f] Camposortega Cruz, 1992: 321.

NOTA: Los cálculos se basan en los supuestos convencionales de la paleodemografía: los restos óseos constituyen una muestra aleatoria de las defunciones de la población estudiada; la población es cerrada (sin migración) y estacionaria (las tasas brutas de natalidad y mortalidad son iguales, la tasa de crecimiento es cero). En estas circunstancias, la edad media de defunción a partir de la edad x es equivalente a la esperanza de vida a dicha edad. Recientemente los paleodemógrafos han empezado a aceptar el hecho de que la fecundidad, y no la mortalidad, es el principal determinante de la estructura por edad de una población y, en consecuencia, de la estructura por edad de las defunciones (Johansson y Horowitz, 1986). El significado práctico de este cambio es nulo. Mientras se mantenga el supuesto de un sistema estacionario, nada cambia si primero se estima la fecundidad y luego se deriva la mortalidad, o a la inversa. Ambos caminos conducen al mismo resultado. No se eliminan los problemas de sesgo.

términos generales estas paleopoblaciones estaban creciendo, la cota superior de la tasa bruta de natalidad debería fijarse unos puntos más arriba, digamos a 55-70 nacimientos por cada 1 000 individuos. Los estudiosos de las poblaciones modernas descartarían como "imposible" el límite superior; pero estoy convencido de que dicho límite no sólo fue posible sino que es congruente con la evidencia.

Sistemas demográficos de alta presión

Incluso con una esperanza de vida al nacimiento (e_0) de sólo 16 años, una paleopoblación de fecundidad alta podía sostener una tasa de crecimiento de 0.5% al año. La estructura etaria sería joven, con 40% de la población de menos de 15 años de edad y 90%, de menos de 50 años. La reconstrucción paleodemográfica que hizo Storey de un barrio en el complejo urbano de Teotihuacán se acerca al escenario demográfico de alta presión contemplado en este trabajo. Para alcanzar una tasa global de fecundidad de 8.8 (Storey, 1992: 259-265, considera que en el caso de Teotihuacán la cifra es de 6) se requieren 26.5 años de concepción de bebés; el primer alumbramiento tendría entonces que haber ocurrido tres años después de que la mujer llegara a tener actividad sexual y los intervalos intergenésicos hubieran tenido que ser de 36 meses, en promedio. Puesto que la menopausia se declara entre los 40 o 45 años de edad, las muchachas tendrían que haberse casado cerca de la edad de la pubertad, digamos a los 15 años de edad. Esto es exactamente lo que encontramos en la evidencia documental más antigua de que se dispone en lo referente a los aztecas. El casamiento entre niños, lo cual quiere decir cohabitar, era habitual entre los antiguos mexicanos. La evidencia bioarqueológica y etnohistórica de que se dispone para el centro de México antes de la invasión encabezada por Hernán Cortés y sus camaradas cristianos en 1519 refleja un régimen demográfico de alta presión.

La costumbre que había entre los indígenas del casamiento entre niños sorprendió a los europeos. La observación del virrey Martín Enríquez, escrita en 1577, es característica: "[...] era la costumbre en los tiempos de su paganismo casarse casi al nacer, porque ninguna muchacha llegaba a los 12 años sin haberse casado" (citado en McCaa, 1996: 13-14). En poblaciones de fecundidad "natural", el destete facilita la ovulación y la concepción, cuando no ha sido precipitado por el nacimiento de un segundo hijo que hay que amamantar. En la década de los treinta y los cuarenta en el siglo XVI, entre los nahuas rurales de Huitzilan y Quauhchichinolan (lugares localizados actualmente en el estado de Morelos), la edad promedio para contraer matrimonio (definido como pareja de cohabitación) se estima en 12.7 años para las mujeres y 19.4 para los hombres. Los datos obtenidos para esta población de 2 500 individuos, gente común, refleja prácticas auténticamente indígenas, pues la conquista espiritual cristiana apenas había comenzado según los más antiguos censos que subsisten de esta región. Sólo un matrimonio católico, contra casi 800 uniones, aparece en estos asombrosos listados escritos por los nativos en náhuatl en papel de amate. Estos documentos despliegan una obsesión por la fertilidad; o mejor dicho, por la infertilidad, en las anotaciones de los escribas que registran no sólo los nombres de los indígenas y las edades de su descendencia sino también, para cada pareja sin hijos, la cantidad de años de matrimonio (McCaa, 1996: 27-28; Cline, 1993). Los antiguos nahuas eran apasionados de los nacimientos. La esterilidad era un pecado verdaderamente mortal que conducía al sacrificio de las parejas no fecundas, quienes "servían sólo para ocupar el mundo y no para aumentarlo" (citado en McCaa, 1994: 14).

La civilización nahua (la más exitosa en términos demográficos en Mesoamérica) sobrevivió —de hecho prosperó— mediante un sistema demográfico de alta presión: alta mortalidad y mayor fecundidad con tasas de crecimiento del triple de la mayor parte de las paleopoblaciones, pero menores que un tercio del ritmo del México posrevolucionario de 2 o 3% al año a partir de la década de los treinta en el siglo XX. La lógica demográfica nahua puede considerarse como el triunfo de muchos experimentos poblacionales inconscientes que culminaron en un sistema de reproducción que funcionó en el largo plazo. El destino de la mayor parte de las paleopoblaciones pequeñas fue la extinción o la migración, que en el registro arqueológico se parecen mucho (consúltese el análisis matizado en Sugiura, 1993). La pérdida de un suministro confiable de agua, un brote de botulismo, fiebre hemorrágica o diarrea que ponía en peligro la vida, un periodo prolongado de esterilidad o subfecundidad, una proporción desequilibrada entre hombres y mujeres, el agotamiento de los recursos alimenticios... la ruleta paleodemográfica era implacable.

La agricultura aumentó las posibilidades de ganar en la ruleta, permitió mayores densidades demográficas y condujo al surgimiento de pueblos, ciudades y ciudades-Estado. El crecimiento urbano significaba una mayor mortalidad y más migración para rellenar las pérdidas en la población urbana (por ejemplo en Teotihuacán, como ya se señaló anteriormente; Storey, 1992: 258); empero, en los pueblos o ciudades pequeños las oportunidades para encontrar pareja aumentaban gracias a una mayor concentración de candidatos potenciales. La amenaza malthusiana no era el resultado inevitable. Aunque para 1500 las densidades demográficas alrededor del lago de Pátzcuaro probablemente rebasaban la capacidad sustentadora a largo plazo de la zona, en la Cuenca del centro las innovaciones tecnológicas —la expansión de la agricultura muy productiva de las chinampas— mejoraron el transporte y el almacenamiento de los cereales; incluso las guerras aportaron alivio a la amenaza malthusiana. A partir de 1519, con la intrusión de los forasteros europeos, la catástrofe hizo su aparición con la muerte de millones a causa de la enfermedad, la explotación, el deterioro ambiental y, en mucho menor grado, la guerra.

El México colonial

¿Cuántas personas vivían en "México" (Mesoamérica central y del norte) cuando los europeos invadieron la región en 1519? ¿Cuán vasto fue el desastre demográfico consiguiente y cuáles fueron sus principales causas? ¿Cuáles fueron los efectos de la Conquista y colonización españolas en los mesoamericanos, en la calidad de vida, la familia y los patrones de asentamiento? ¿Cuál fue el legado demográfico del colonialismo europeo? Luego, con la Independencia, ¿se inició el descenso demográfico o fue el siglo XIX un periodo de crecimiento acelerado? Las respuestas a estas interrogantes siguen siendo motivo de controversia, pese a los siglos de investigación, escritos y debate. En la actualidad hay signos de que se está alcanzando el consenso acerca de algunas de estas preguntas en el cual, a su vez, da lugar a nuevos vislumbres y debates.

El desastre demográfico de la Conquista y la colonización

Las opiniones coinciden en que el siglo XVI fue un desastre demográfico para los mesoamericanos. El cuadro 2 muestra 10 estimaciones contundentes del descenso en la población nativa de "México" (o de diversas regiones a partir de ahí) durante el primer siglo de la Conquista y colonización españolas. Las estimaciones de la magnitud del desastre van de menos de 25% a más de 90%. Tres escuelas de interpretación convienen en esta amplia banda de cifras: la de los catastrofistas, la de los moderados y la de los minimalistas (cuadro 2). Los catastrofistas colocan la escala del desastre demográfico en 90% o más y consideran que había una gran población nativa en el momento del contacto con los españoles: de más de 10, 20 o incluso 30 millones. Los moderados detectan descensos de "sólo" 50% a 85% (lo cual no deja de ser desastroso); se inclinan por una población más pequeña en el momento del encuentro (cinco a 10 millones de habitantes), pero concuerdan con los catastrofistas en la cantidad total de la población en su punto más bajo: 1 a 1.5 millones de habitantes entre 1600 y 1650. Los minimalistas perciben la escala del desastre como mucho menor: del orden del 25%. El principal portavoz de la postura minimalista, el lingüista venezolano Ángel Rosenblat, es el crítico más contundente de los catastrofistas. Rosenblat considera un descenso en la población nativa que va de 4.5 a 3.4 millones de habitantes, o 24%, y que la estabilización comenzó medio siglo después del contacto inicial con los europeos. Me parece que la población del centro de México en el momento del contacto con los europeos debe haber sido de no menos de

CUADRO 2. *El desastre demográfico en México, 1519-1595: estimaciones de la población total hechas por especialistas y porcentaje de disminución*

Autor	*Población (millones)* 1519	1595	*% de disminución Decremento*
	MÉXICO		
Rosenblat	4.5	3.5	22
Aguirre Beltrán	4.5	2.0	56
Zambardino	5-10	1.1-1.7	64-89
Othón de Mendizábal	8.2	2.4	71
Cook y Simpson	10.5	2.1-3.0	71-80
Borah y Cook	18-30	1.4	78-95
	REGIÓN SIMBIÓTICA DEL CENTRO DE MÉXICO		
Sanders	2.6-3.1	0.4	85-87
	VALLE DE MÉXICO		
Whitmore	1.3-2.7	0.1-0.4	69-96
Gibson	1.5	0.2	87
Sanders	1.0-1.2	0.1	90
	128 PUEBLOS Y CIUDADES		
Kubler	0.2	0.1	50

FUENTES: Rosenblat, 1954, vol. 1, pp. 57-122. Aguirre Beltrán, 1972: 200-201, 212. Zambardino, 1980: 21-22. Othón de Mendizábal, 1946, vol. 3, p. 320. Cook y Simpson, 1948: 38, 43, 45. Borah y Cook, 1963: 88. Borah y Cook, 1960: 46-47 (como fueron corregidas). Sanders, 1976: 120; 1986: 194. Whitmore, 1992: 154. Gibson, 1964: 137-138. Kubler, 1942: 621.

NOTA: El nadir del desastre demográfico suele fecharse en el siglo XVII. Escogí 1595 como fecha final no porque crea que es el nadir de la población nativa, sino para poder interpolar —en vez de extrapolar— cifras comparables provenientes del mayor número de especialistas. De todas maneras, la cifra de Sanders relativa al Valle de México está extrapolada a partir de la de 1568.

la estimación minimalista de cuatro o cinco millones y que probablemente doblaba y tal vez incluso triplicaba dicha cifra.[2]

En todo caso, la tesis del desastre demográfico no se basa exclusivamente en los números; las muchas narraciones que subsisten aportan un sólido fundamento para darnos una idea cualitativa de la escala y causas de la calamidad (Prem, 1991: 20-48).[3] Es ampliamente aceptado que las re-

[2] Véanse las citas del cuadro 1. Henige (1992: 22) argumenta que la búsqueda de una cifra, cualquier cifra, resulta inútil porque los datos cuantitativos son simplemente demasiado endebles.

[3] El autor ofrece un recuento sucinto de la evidencia de que se dispone en narraciones del siglo XVI; véase también Malvido y Viesca, 1985, y McCaa, 1995b.

giones tropicales y costeras sufrieron las mayores pérdidas, al igual que la tesis de que las tierras altas tuvieron menos bajas. Las pérdidas a lo largo de la colonia en el transcurso del siglo XVI alcanzaron al menos la mitad, y tal vez casi nueve décimas partes de las zonas de gran extensión. La mortalidad causada por la guerra resultó decididamente de segunda importancia, limitada sobre todo a unos cuantos pueblos en la Cuenca central: Tlaxcala, Cholula y Tenochtitlán (ciudad de México), el occidente de Jalisco (la guerra Mixtón de los años 1540) y la escasamente poblada frontera norte, donde la lucha se prolongó hasta el siglo XIX. El trabajo excesivo, el trastocamiento de la economía nativa, el daño causado a la ecología y la reubicación forzada resultaron de mucha mayor trascendencia que la guerra en las causas del desastre demográfico, pero la enfermedad sigue siendo la principal explicación favorecida por la mayoría de los historiadores, al igual que lo fue hace cuatro siglos por los primeros cronistas (McCaa, 1995a: 400-401; McCaa, 1995b: 130).

Enfermedad y recuperación

Los historiadores convienen en que la viruela atacó al centro de México en 1520, la primera de una serie de epidemias que se declararon en el siglo XVI que causaron estragos durante muchos años. Y unos cuantos meses antes del 1° de enero de 1521, cuando Hernán Cortés comenzó su tercer viaje a Tenochtitlán, esta vez con la intención de someter a la capital azteca a fuerza de sitio y espada, la viruela hizo su aparición en la zona nuclear del imperio más poderoso de Mesoamérica; mató al emperador Cuitlahuatzin, a muchos caciques y guerreros así como a innumerables mujeres y niños. La epidemia fue particularmente grave porque, a diferencia de Europa —donde el virus atacaba durante la infancia—, en México halló "tierra virgen" y devastó familias enteras, tanto a adultos como a niños. Al enfermar de pronto casi todos, no quedaba nadie para ocuparse de proveer alimento, agua o cuidados, de manera que todos los que caían enfermos morían, no de viruela sino de falta de comida, deshidratación y desesperación (McCaa, 1995a: 420-421).

El sarampión atacó por primera vez en 1531. Cuando la viruela volvió a brotar en 1532 y 1538, la mortalidad se redujo porque muchos adultos, ahora inmunes por haber sobrevivido a un ataque anterior, pudieron proporcionar atención a los que caían enfermos. Un segundo brote epidémico de dimensiones mayores apareció en 1545 *(cocoliztli:* ¿tifo?, ¿fiebre reumática? La identificación de que se dispone acerca de las epidemias del siglo XVI es motivo de tanta controversia como el debate sobre la cantidad de nativos que había en el momento del contacto con los europeos) y un tercero en 1576 (*matlazahuatl,* quizá el tifo transmitido por los piojos de los humanos). Pese a que continúa un acalorado debate acerca de cuál fue más grave (el especialista alemán Hans Prem considera que fue la primera epidemia, la de 1520-1521), queda claro que los efectos de cada una resultaron catastróficos (Prem, 1991: 47-48).

Crisis menores de paperas, influenza y otras afecciones vagamente descritas como "plaga" o "enfermedad" también ocurrieron, a menudo junto con la hambruna. La arqueóloga e historiadora Lourdes Márquez Morfín registra tres epidemias de viruela en el siglo XVII y seis en el XVIII (1711, 1734, 1748, 1761-1762, 1779-1780 y 1797; Márquez Morfín, 1982: 50-60). En el último siglo de dominio colonial las epidemias de viruela brotaron cada 15 a 20 años, con enormes pérdidas de vidas. Posteriormente, el 30 de noviembre de 1803, dio inicio una campaña masiva de vacunación para todas las posesiones españolas bajo patrocinio real y encabezada por Francisco Xavier de Balmis. La odisea filantrópica sin precedente que tuvo lugar llevó la vacuna a todo México, a la América española y a Filipinas. Con la llegada de la Independencia, campañas intermitentes de vacunación redujeron enormemente la mortalidad, aunque la enfermedad no fue erradicada de tierras mexicanas durante otro siglo y medio.

Raza, etnicidad y transformación social

La recuperación de la población nativa comenzó a mediados del siglo XVII, según la mayoría de los registros, y estuvo acompañada por una gran mezcla de pueblos con diferentes antecedentes etnorraciales. Las únicas cifras generales sobre el tema para todo el periodo colonial fueron obtenidas por Aguirre Beltrán. La gráfica 2 esboza la visión que tiene este investigador sobre la evolución de los tres principales grupos étnicos originales: indígena, africano y europeo, y sus entrelazamientos de la Conquista a la última década del dominio colonial. Los indígenas siempre integraron la abrumadora mayoría de la población del México colonial, y la gente de origen sólo africano o europeo siempre constituyó una fracción menor del total. El segundo grupo en cantidad hacia finales del siglo XVI fue el de los "euromestizos"; es decir, quienes hablaban español y tenían orígenes indígenas y europeos. Un siglo después de la conquista, los indomestizos (quienes hablaban una lengua indígena y provenían de una mezcla de grupos) y los afromestizos (grupos mezclados que hablaban español y que tenían un componente africano) constituyeron también una fracción considerable de la población.

Si la serie de Aguirre Beltrán es confiable, quienes tenían orígenes extranjeros alcanzaron su punto máximo alrededor de 1650, con 35 000 afri-

GRÁFICA 2. *Los grupos etnorraciales de Aguirre Beltrán*

Los indígenas predominaron durante toda la colonia
Los mestizos llegaron a ser más prolíficos

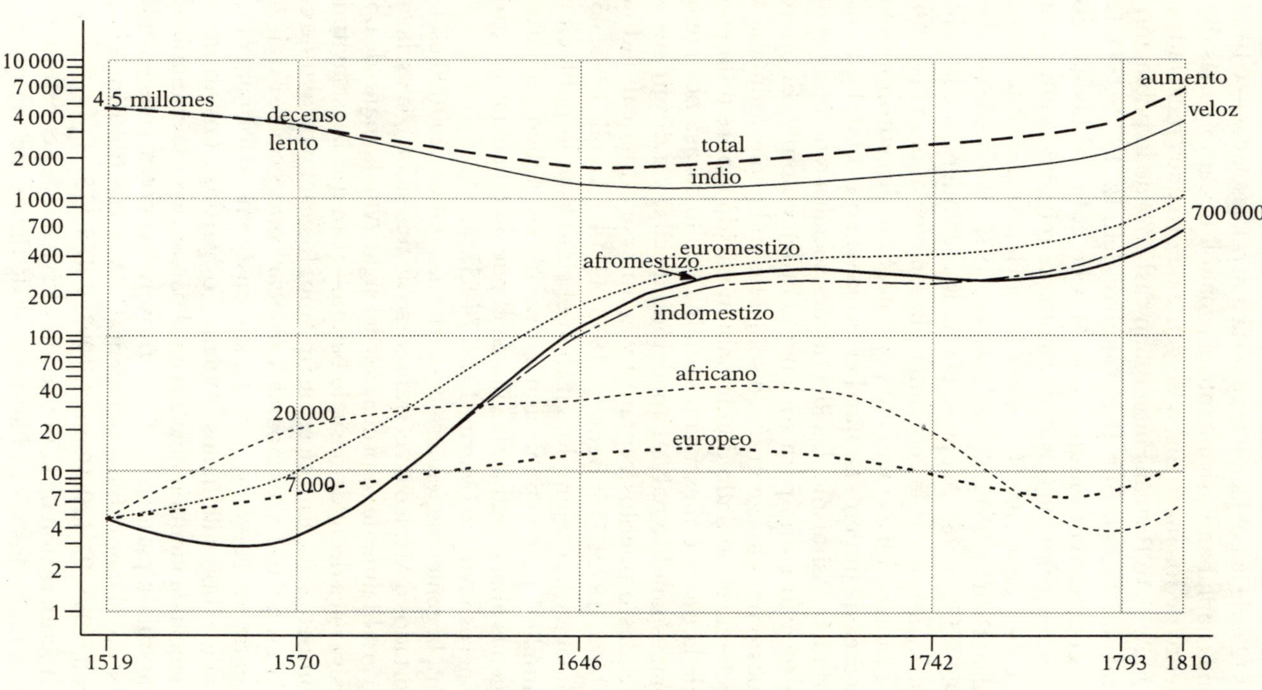

Basado en Rosenblat, Villaseñor, Humboldt y Navarro y Noriega

canos (2% de la población total) —la mayoría esclavos— y 10000 europeos, quienes hablaban básicamente el español. El cambio más drástico fue el aumento de los mestizos, o de gente de orígenes mezclados, los cuales (según Aguirre Beltrán) integraban casi 25% de la población ya en 1650 y aumentaron a 40% en 1810 (Aguirre Beltrán, 1972: 234). Los historiadores concuerdan en que en el México colonial las categorizaciones raciales eran fluidas (los documentos se refieren habitualmente a "calidad" en vez de a "raza") y en que la movilidad entre ellas era algo común (Aguirre Beltrán, 1972: 265-271; Morin, 1977; McCaa, 1984: 493-499; Cope, 1994: 54-55, 76-78). Así pues, el rápido crecimiento de la población mezclada era asunto de la economía y la sociología, pero la demografía también resultaba un elemento importante. Entre los europeos y los africanos la escasez de mujeres facilitó la mezcla (si no es que el mestizaje) con las amerindias. Asimismo, las identidades sociales tenían sus ventajas, tanto para socavar como para sostener el orden colonial. El oneroso tributo impuesto por cabeza gravado sólo a los indígenas animaba a algunos a abandonar el poblado donde habían nacido (sobre todo en los lugares donde la tierra era escasa o se había hecho escasa porque quienes hablaban español se habían apoderado de ella) y a dirigir sus pasos hacia haciendas o pueblos cercanos y adaptarse a una calidad no indígena (Gerhard, 1975: 575; Bennett, 1993: 11-14; Carroll, 1995: 432-437). En Michoacán, por ejemplo, en todo el siglo XVIII la población entera se quintuplicó, pero la población nativa sólo se triplicó, en parte porque los indígenas abandonaban la vida en el pueblo con el propósito de escapar del oneroso tributo (Morin, 1979: 74-83).

Para la gente que tenía raíces africanas (tal vez 200000 esclavos fueron importados a México en el transcurso de tres siglos), la esclavitud desapareció gradualmente. A principios del siglo XVIII, la mano de obra libre era excesiva —es decir, demasiado barata— para que la esclavitud entrara en la competencia. Entonces, asimismo, los esclavos ayudaron a acabar con la esclavitud al escaparse, arrancar concesiones, exigir libertad, sacar ventaja de la ley civil y eclesiástica, así como al formar comunidades de individuos libres llamados "mulatos" o "pardos". Los afromexicanos con conciencia de identidad basada en el parentesco y la comunidad llegaron a medio millón para 1810 y "constituyeron el grupo más grande de negros libres en el hemisferio occidental" (Aguirre Beltrán, 1972: 271-275; Carroll, 1995: 93-129; Bennett, 1993: 9, 164-175).

La recuperación de la población nativa puede ser estimada a partir de tendencias en las series bautismales de finales del siglo XVII. El análisis realizado por Cecilia Rabell sobre las tendencias del bautismo para nueve parroquias muestra un rápido crecimiento en el norte (hasta 1.5% por año en León y 1% en San Luis de la Paz, Valladolid, Charcas y Marfil), pero un crecimiento desacelerado en el centro. Rabell ubica el punto de inflexión (donde las tasas de cambio poblacional se vuelven negativas) en 1693 para las parroquias del centro, y en 1737 o 1763 en otros lugares (Rabell, 1990: 69-72; para el caso de Cholula, véase Malvido, 1973). Las historias provenientes de las parroquias individuales como las de la gráfica 3 desafían la tesis uniformadora de que alrededor de la mitad del siglo XVII volvió a darse un crecimiento generalizado de la población nativa (Genealogical Society of Utah, microfilm 738960, "Defunciones, 1671-1857", sobre *Ocozocuautla).*

La dinámica demográfica colonial tardía

Una historia demográfica esclarecedora llevada a cabo por Herbert Klein sobre Amatenango, Chiapas (1785-1816), revela un sistema demográfico de alta presión que prevaleció durante los últimos años del dominio colonial. En Amatenango, las mujeres tzeltales contraían matrimonio a muy tierna edad: a un promedio de 16.1 años en la primera unión (que se elevaban a 18.6 años en 1930; y en 1990 —en el caso de mujeres que no hablaban español en Chiapas—, a 19.7 años); además, casi todas ya estaban casadas a los 20 años. Tanto entre hombres como entre mujeres, la viudez frecuente era rápidamente subsanada y volvían a contraer matrimonio. La fecundidad era alta; los intervalos entre nacimientos promediaban 36 meses y la tasa global de fecundidad fue de 8.5 hijos. Klein concluye que el matrimonio a temprana edad y la fecundidad alta fueron respuestas demográficas a un entorno de abundantes recursos que permitió una expansión irrestricta; empero, en vez de ello dicho investigador pudo haber descubierto la tenaz persistencia de patrones prehispánicos, puestos a prueba por el tiempo, que facilitaron la sobrevivencia incluso en las circunstancias adversas de la conquista y el colonialismo (Klein, 1993: 114, 117, 119).[4]

Las escasas parroquias en el centro de México en las que han sido computadas las tasas brutas de natalidad promedian 52 bautismos (nacimientos) por cada 1 000 habitantes (Rabell, 1990: 16), cifra asombrosamente cercana a la de Cook y Borah de 51 nacimientos por cada 1 000 habitantes en el caso de varias parroquias de Oaxaca que corresponden al mismo periodo (Cook y Borah, 1971-1979, vol. 2: 290-291). La tasa global de fecundidad a principios del siglo XVII en Tacuba (1623-1630) era de ocho hijos, al igual

[4] Cálculos del autor, que incluyen todas las formas de unión: en 1930, Archivo General de la Nación, Gobernación, Fomento y Obras Públicas, Ramo de Censo y Estadística, caja 49, leg. 1, fols. 27-40 ("Amatenango de Las Casas, pueblo"); México, INEGI, *Población;* patrones correspondientes a los inicios del siglo XVI, McCaa, 1996: 44.

GRÁFICA 3. *Regionalidad y etnicidad en un siglo de epidemias*

Las crisis se indican por los picos de las líneas de cada parroquia
Las líneas verticales señalan años de crisis en Cholula

Las epidemias impidieron el crecimiento de poblaciones indígenas
Epidemias devastadoras asolaron repetidamente las regiones

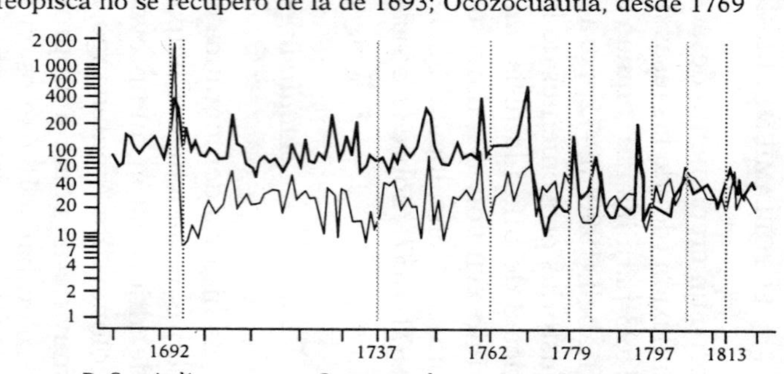

A. Centro: indígenas —— Cholula —— Acatzingo -------- Tula

Epidemias que aparecieron mas tarde en el Bajío y Parral
Compare los verticales de Cholula con el norte

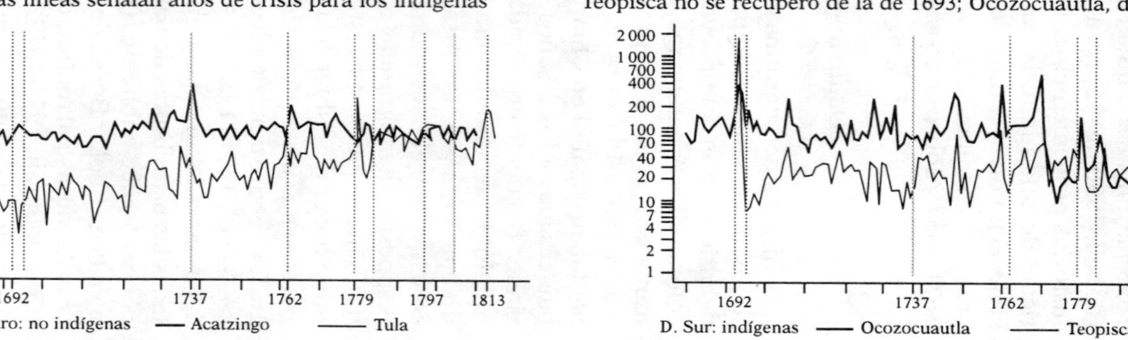

C. Bajío/Norte: ----- San Luis de la Paz ------ León —— Marfil —— Parral

Para los no indídenas, las epidemias no fueron tan fuertes
Los picos de las líneas señalan años de crisis para los indígenas

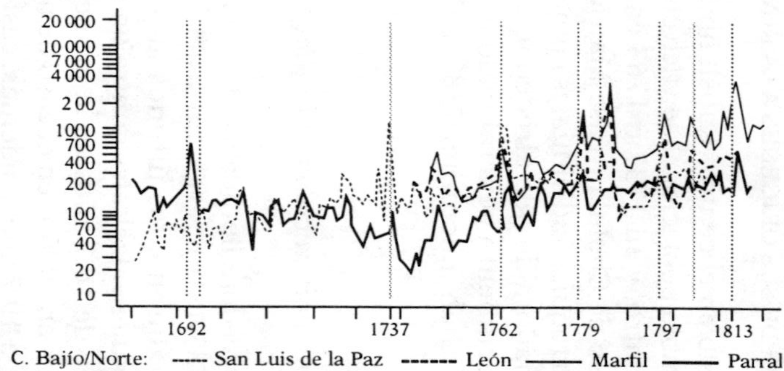

B. Centro: no indígenas —— Acatzingo —— Tula

Sur: unas epidemias occurrieron tarde; otras, temprano
Teopisca no se recuperó de la de 1693; Ocozocuautla, desde 1769

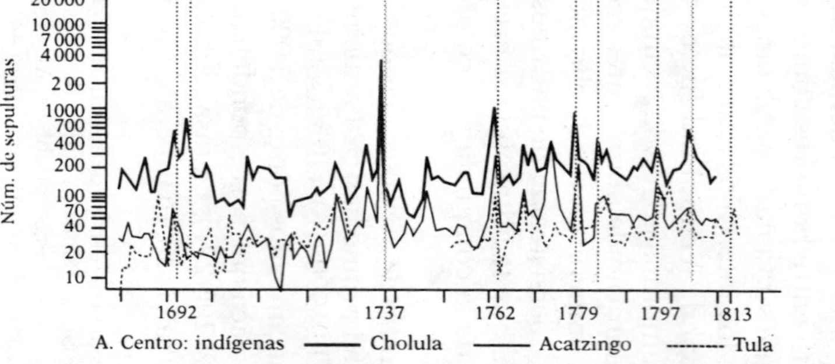

D. Sur: indígenas —— Ocozocuautla —— Teopisca

que 150 años después en San Luis de la Paz.[5] La fecundidad "natural" —sin el menor asomo de control de la natalidad— caracteriza a todas las poblaciones medidas de manera confiable en el México de la Colonia.

En la práctica, la fecundidad alcanzada cayó muy por debajo de los límites biológicos. El matrimonio hizo la diferencia. Las maneras de establecer una unión matrimonial (el acceso a uniones estables, entre ellas las que no estaban sancionadas ni por la Iglesia ni por el Estado) se construyeron socialmente y difirieron con el transcurso del tiempo y según el grupo sociorracial o étnico (McCaa, 1994: 21-31). Las uniones estables constituyeron la clave para regular la fecundidad y la reproducción en la Nueva España.

En lo que respecta a los indígenas rurales, tres rasgos de la "feria nupcial" (mercado matrimonial) sobresalen de la escasa cantidad de estudios realizados hasta la fecha. El matrimonio tenía lugar a una edad temprana y era casi universal. La mayoría de los nacimientos (85-95%) ocurría en uniones conyugales estables. El extremo puede estar en dos comunidades rurales señaladas anteriormente: la de Huitzilan y la de Quauchichinolan, donde la edad promedio para iniciar la cohabitación en la década de 1530 en el caso de las mujeres era de menos de 13 años. Al llegar a los 25 años de edad, todas las mujeres se encontraban en unión o habían enviudado. La ilegitimidad estaba muy por debajo del 5% (McCaa, 1996: 25-31). Las fuentes narrativas señalan también los matrimonios a muy temprana edad como costumbre entre los indígenas.

Un estudio de la población de Acatzingo en el arzobispado de Puebla muestra que la edad de las mujeres al casarse se elevó de un promedio de 14 a 15 años en el siglo XVII a 17 o 18 años a finales del periodo de la Colonia. Las solteras de edad avanzada eran la excepción.[6] La brecha de edad entre esposos también se fue reduciendo con el transcurso del tiempo: de cinco a seis años en el siglo XVI a sólo dos o tres años en el XVIII. Para el último siglo de dominio español, un lento y sostenido aumento en la edad al contraer matrimonio se ha documentado en Oaxaca, Guadalajara y otros estados.[7]

El matrimonio contraído a temprana edad por las mujeres indígenas dejaba poco tiempo para tener relaciones prenupciales. En las zonas ru-

[5] Estos cálculos provienen de mis tabulaciones sobre la distribución por edad de los decesos en Tacuba (GSU, microfilm núm. 0038301, *Defunciones*, vol. 2, septiembre de 1623-octubre de 1630, datos inéditos descubiertos y compilados por Steven R. Alderson) y de Rabell, 1990: 54, con sus datos referidos a la población femenina en los años de mortalidad normal.

[6] La precavida hipótesis de Calvo (1973: 55) fue confirmada por investigaciones ulteriores.

[7] Cook y Borah, 1971-1979, vol. 2: 285. La tesis formulada por Calvo (1984: 55) de que las edades al matrimonio descendieron a finales del siglo XVIII ha recibido poco apoyo de la investigación reciente (McCaa, 1994: 27-28).

rales, los niños ilegítimos —entre ellos los "hijos naturales", los "hijos de la iglesia" o los "hijos de padres no conocidos"— por lo regular llegaban a 10% o menos de los bautismos indígenas, con una sorprendente tendencia a descender a medida que la edad a la unión aumentó hacia finales del periodo colonial. Éstos no eran los patrones en las ciudades de la Colonia, pues sólo una pequeña fracción de indígenas residía en asentamientos urbanos. En las pocas ciudades coloniales (en 1750 sólo 10 llegaban a tener 10000 o más habitantes) los indígenas urbanos se casaban mucho después de lo que lo hacían en el campo, probablemente como resultado del retraso causado por la migración misma. Los hijos ilegítimos eran más frecuentes en las zonas urbanas, sobre todo en el agujero negro demográfico que era la ciudad de México, donde la migración necesariamente compensaba las pérdidas ocasionadas por la escalofriante mortalidad (Arrom, 1985b: 69-70, 123-133; Klein, 1996: 85).

Para los españoles peninsulares, cuyas proclividades nupciales estaban en el extremo opuesto de las de los indígenas rurales, la migración ciertamente retrasaba el matrimonio. Los hombres peninsulares (las mujeres inmigrantes eran unas cuantas) contraían nupcias muy tardíamente, a menudo a los 30 o 40 años de edad. Muchos de hecho nunca se casaron, aunque esto no era obstáculo para procrear una buena cantidad de hijos.

Los "criollos", o españoles nacidos en México, desarrollaron patrones culturales que, hacia finales del siglo XVIII, eran afines a las prácticas de la Andalucía rural en el sur de España (donde las mujeres contraían nupcias por lo regular al llegar a los 20 años de edad), pero 20% nunca se casó. La brecha de edad entre los esposos era considerable: los maridos a menudo eran cuatro o cinco años mayores que sus consortes. En la Nueva España, las tasas de ilegitimidad se ubican por lo regular en 10% entre los "españoles" (varios puntos más que en Andalucía), pero las adscripciones raciales resultan particularmente problemáticas cuando se trata de los hijos concebidos fuera del matrimonio, muchos de los cuales se clasifican como huérfanos o de paternidad desconocida.

A medio camino entre "españoles" e "indígenas", en función de edad al matrimonio, estaban los mestizos y las castas, quienes también se distinguían por patrones de un solo matrimonio. En San Luis de la Paz, a principios del siglo XVIII, por ejemplo, 20% de los nacimientos de mestizos no era legítimo, cifra comparada con el 33% de las castas, pero de sólo 13% en el caso de los indígenas y 10% en el de los españoles. No obstante, tales diferencias se habían hecho más sutiles a finales del periodo colonial (Rabell, 1990: 23).

Los viudos pronto volvían a casarse, independientemente de sus orígenes sociales o étnicos; pero no sucedía lo mismo en el caso de las mujeres, sobre todo de las que no eran indígenas. Las españolas que quedaban viudas hacían frente a prospectos poco alentadores en la feria nupcial, sobre todo cuando se acercaban a los 30 años o los rebasaban. El potencial reproductivo pleno de las indígenas tenía poquísimas probabilidades de ser afectado por el hecho de enviudar, pues la proporción de mujeres que perdía al marido y volvía a casarse era considerable (Arrom, 1985b: 116-119; McCaa, 1991; Klein, 1993: 120; Klein, 1996: 72). En el transcurso del siglo XVIII, los patrones de matrimonio y segundas nupcias convergieron en comunidades de mezcla étnica en toda la Nueva España; no obstante, prevalecieron los grandes contrastes en las prácticas nupciales entre los asentamientos hispanizados y los poblados indígenas, así como entre la ciudad y el campo. El condicionamiento cultural y material del matrimonio y de las segundas y ulteriores nupcias, de la familia y del grupo doméstico que entrañan las diferencias etnorraciales queda aún por ser delineado en su totalidad para el México de la Colonia (Cook y Borah, 1971-1979, vol. I: 119-299; vol. II: 270-285; Doenges, 1991: 19).

En gran medida, también la historia de la esperanza de vida en el México colonial queda todavía por escribirse, mas no por falta de esfuerzos. Sin embargo, toda la evidencia de que se dispone apunta hacia la brevedad de la vida en la Nueva España, cerca, o incluso por debajo, de los peores niveles registrados para la Europa moderna de los primeros tiempos (cuadro 3; Livi-Bacci, 1993: 22). Un censo excepcionalmente detallado que se llevó a cabo en la década de 1530, escrito en náhuatl, revela que uno de cada siete niños de cinco a nueve años de edad no tenía ya padre. De 261 niños de esas edades, 15.6% eran huérfanos de padre. Esta cifra indica una esperanza de vida al nacimiento de 16 años o menos.[8] Medio siglo después en Teotihuacán, las condiciones de mortalidad eran tan terribles que podría hablarse de extinción (e_{15} = ¡13 años!), si aceptamos los resultados obtenidos por los métodos paleodemográficos habituales (Storey, 1992: 184-185). Los documentos escritos y los mejores métodos señalan condiciones sostenibles pero poca variación en el tiempo o en el espacio (e_{15} = 29-33 años). Se cuenta con evidencia proveniente del siglo XVIII en el sentido de que los hombres (e_{15} = 35) vivían más tiempo que las mujeres (e_{15} = 31), por lo menos en el centro-norte, predominantemente en la parroquia indígena de San Luis de la Paz (Rabell, 1990: 31-32). En la frontera norte a principios del siglo XIX, sólo 46% de los novios que se había casado cuando contaba con menos de 25 años de edad tenía aún padre (McCaa, 1993: 617-619).

Cuando finalmente se declaró la Independencia en 1821, el resultado fue una victoria política, no social o demográfica. El legado demográfico del

[8] McCaa, 1996: 33-36. La fecha temprana de este censo así como la falta de evidencia de epidemias indican que se trata de niveles normales de mortalidad en el campo mexica.

CUADRO 3. *Esperanza de vida a la edad de 15 años (e_{15}) en el México colonial*

Lugar, periodo	e_{15} *(años)*	*Autor, método, fuente*
México, 1939-1941	43	Camposortega, decesos, censo
Modelo del Oeste, nivel 1 (e_0 = 20)	31	Coale y Demeny, poblaciones estables
Morelos, década de 1530	< 30	McCaa, orfandad, hijos
Teotihuacán, 1580-1620	13	Storey, edad media de defunción, restos óseos
Cholula, 1642-1690	29	Hayward, edad de entierro
San Luis de la Paz, 1745-1794	33	Rabell, edad media de defunción, entierros
hombres	35	(nivel 5)
mujeres	31	(nivel 1)
Oaxaca 1700-1770	33	Cook y Borah, estructura por edad de la población, censos
Parral, 1808	< 30	McCaa, orfandad, novios

FUENTES: Camposortega Cruz, 1992: 321. Coale y Demeny, 1983: 384. Cook y Borah, 1971-1979, vol. 1, pp. 201-299. Hayward, 1986: 221-222. McCaa, 1993: 617-618; 1996: 32-34. Rabell, 1990: 32. Storey, 1992: 184-185.

Ejemplo: En 1939-1941, los mexicanos que tenían 15 años podían esperar vivir 43 años más, es decir, hasta los 58 años, dada la experiencia de mortalidad de ese periodo.

pasado neolítico y tres siglos de dominio colonial seguían vigentes. El sistema de alta presión —alta fecundidad controlada por la alta mortalidad— dejó un pequeño aunque significativo margen para el aumento de la población (Brading, 1978: 59-60; Morin, 1979: 82). De hecho, muchos historiadores —no sólo los malthusianos— consideran que el crecimiento demográfico, la pobreza extrema, la inequidad y el descontento generalizados causados por un orden colonial inflexible son los motivos de la rebelión y la lucha por la independencia (Morin, 1987; 1979: 296-301; Reher, 1992: 648-650). La evidencia obtenida por Enrique Florescano acerca de los aumentos en el precio del maíz y el trigo antes de las epidemias indica que el "freno positivo" de Malthus está en funcionamiento (Florescano, 1969: 159-163), pero otros historiadores consideran que las series de precios de los cereales durante la Colonia resultan menos persuasivas y se inclinan por las epidemias como el regulador autóctono del cambio demográfico en el México de los Borbones (Brading, 1978: 60). Interrogantes sobre si el crecimiento de la población condujo a la miseria y a la crisis social (Pescador, 1992: 141-144, 378), a la innovación y expansión agrícolas o a la transformación social y cultural, incluso a la protoindustrialización, demandan realizar más investigaciones al respecto (Van Young, 1981: 356; Ouweneel, 1996: 253 y ss). Los primeros pasos hacia la revolución demográfica se dieron bajo el dominio colonial español: prohibir que los mendigos llevaran cadáveres consigo para pedir limosna; eliminar los entierros públicos ostentosos para las víctimas de las epidemias; prohibir la venta o renta de las ropas de las víctimas de las epidemias; imponer la cuarentena para contener la diseminación de la enfermedad infecciosa; movilizar ayuda en gran escala en tiempos de crisis; vacunar masivamente a la población contra la viruela, etc. Con la Independencia pudieron lograrse grandes avances, pero al mismo tiempo se esperaba que se consiguieran objetivos incluso mayores (Cooper, 1965).

El siglo censurado del México independiente

El siglo XIX fue una decepción para muchos mexicanos. A la Independencia de 1821 le siguieron 12 años de guerra, enormes pérdidas de vidas y una destrucción económica generalizada. Más tarde, durante los 50 años de construcción de la nación, los mexicanos lucharon en innumerables insurrecciones y guerras civiles; perdieron Texas ante inmigrantes que hablaban inglés. Se encontraron en guerra contra los Estados Unidos; cedieron vastos territorios del Norte a cambio de sumas irrisorias; sufrieron la humillación de ser invadidos por un ejército europeo y —antes de que terminara el caos— fueron gobernados por uno de los príncipes de los Habsburgo bajo el patronazgo de Napoleón III y ¡un ejército imperial francés! Los grandes sueños de hacer del México independiente una nación próspera, populosa, fueron trastocados por décadas de torbellino político, guerra civil e invasión (McCaa, 1993: 603-633).

Se suponía que la educación y la inmigración iban a transformar al México independiente, pero casi un siglo después del "grito" del padre Hidalgo en 1810, la República mexicana contaba con 13.6 millones de habitantes, apenas dos millones de los cuales sabían leer. La tasa de alfabetismo en las mujeres apenas llegaba a 20%, nueve puntos menos que la de los hombres, y la de los dos estaba muy por debajo de las esperanzas. La inmigración constituía una decepción aún mayor. En 1900, después de décadas de promover la inmigración europea, 99.5% de la población residente del país había nacido en México. Los extranjeros sólo llegaban a 57 491 y provenían principalmente de tres países: España, los Estados Unidos y Guatemala, lejos de los que tenían en mente los promotores de la inmigración. Asimismo, pocos inmigrantes eran mujeres: sólo 16 000, según el censo de 1900. El poblamiento de México siempre se ha debido al crecimiento natural con poca inmigración, y el siglo XIX no fue la excepción (INEGI, 1986: cuadro 1.11.1; DGE, 1905: 44; González Navarro, 1993-1994, vol. 2: 271).

Otro escenario de cambio demográfico para el México del siglo XIX

Entre los historiadores, la opinión más frecuente que escuchamos acerca del siglo XIX es sombría: que el crecimiento demográfico fue lento hasta bien entrada la segunda mitad del siglo, de menos de 0.5% al año. Después, a partir de 1876, el crecimiento se aceleró hasta a 1.5% anual y continuó a este ritmo durante el siguiente cuarto de siglo, cuando —después de haber transcurrido casi 100 años— las tasas de crecimiento supuestamente altas de las últimas décadas de dominio español finalmente se volvieron a alcanzar (INEGI, 1986: cuadro 1.2; Brachet y Nettel, 1976; Kicza, 1981; Urías Hermosillo y San Juan Victoria, 1982). Si la simetría del escenario descrito resulta seductora, la evidencia que lo apoya no es convincente. Las cifras de la población correspondientes a 1800-1813 estaban infladas porque quienes habían calculado las cantidades más comúnmente citadas (Alexander von Humboldt y Francisco Navarro y Noriega) exageraron demasiado las verdaderas tasas de crecimiento de la última parte del periodo colonial y corrigieron sus cifras de una manera totalmente mecánica (Von Humboldt, 1811, vol. 1: 325-342 y vol. 5: 95-97; Navarro y Noriega, 1820: 7; Tribunal del Consulado, 1850: 3; INEGI, 1977). El cuadro 4 contrasta el escenario habitual del siglo XIX con una serie calculada para este trabajo a partir de datos a nivel estatal. El patrón que sugerimos aquí reduciría a la mitad la tasa de crecimiento comúnmente aceptada para los últimos tiempos de la época de la Colonia; duplicaría la de la primera parte de la república y conservaría las altas tasas de finales del siglo XIX.[9] Debido a las notorias deficiencias en los registros de bautismos y entierros, la nueva serie descarta cualquier cifra que se derive de la mal llamada —pero ampliamente aplicada— ecuación de Humboldt, que consiste en sumar bautizos y restar entierros. Ahora bien, los años de la década de 1790 tienen un crecimiento notablemente más lento que los de la primera década del siglo XIX.

De unos cinco millones de habitantes en 1800, México creció a ocho millones para 1855, y a más de 15 millones en 1910 (cuadro 4). Esta triplicación de la población en escasos 100 años probablemente igualó o excedió lo registrado para cualquier otro periodo en la historia de México antes de la gran revolución demográfica en las tasas vitales del siglo XX. (Después de 1910, la población de México aumentó más de cinco veces en nueve décadas y rebasó los 80 millones en 1990.) El crecimiento en el siglo XIX se hallaba muy por debajo del registrado en el siglo XX; no

[9] McCaa, 1993: 604-611. Van Young (1981: 273) también piensa que el crecimiento de la población disminuyó a finales del siglo XVIII.

CUADRO 4. *Dos series de estimaciones de población: México, 1790-1910*

Año	*Nueva Serie*	*Convencional*	
		Serie	*Fuente*
1790	4.8		
1793		4.5	Revillagigedo[a]
1800	5.1		
1803		5.8	Humboldt[a]
1810	5.6	6.1	Navarro y Noriega[b]
1820	5.9	6.2	
1830	6.4	8.0	Burkhardt[b]
1836		7.8	
1840	7.2	8.1	
1850	7.6		
1854		7.9	Orozco y Berra[b]
1860	8.3		
1870	8.7	8.8	Hermosa[b]
1880	9.9		
1885		10.9	Fomento[b]
1890	11.5		
1895		12.6	I Censo[b]
1900	13.6	13.6	II Censo[b]
1910	15.2	15.2	III Censo[b]

FUENTES: McCaa, 1993: 604-608 y según como se citan en este trabajo.

[a] Humboldt, 1811, vol. 1, pp. 325, 341.

[b] México, INEGI, 1986, cuadro 1.2.

obstante, fue considerable. Las peores décadas de ese siglo según el cuadro 4 fueron las de la guerra: 1810, 1840 y 1860; acaso 1850 fuera ligeramente mejor (una guerra civil estalló en 1857). Las décadas de 1820 y 1830 fueron periodos de crecimiento mayor al promedio, pero dichos años no alcanzaron los niveles de las últimas décadas del siglo. En los primeros años del siglo XX, el crecimiento de la población declinó a causa de un ligero descenso en las tasas de natalidad, debido en gran medida a la emigración mexicana hacia los Estados Unidos. La cantidad de mexicanos que cruzaba al norte del río Bravo aumentó lentamente de 68 000 en 1880 a 78 000 en 1889 y a 103 000 en 1900. En 1910, la Oficina de Censos de los Estados Unidos registró a 221 915 mexicanos que habían nacido en México, pero calculó a la población total de "raza mexicana" en 367 510, entre ellos a ciudadanos nacidos en los Estados Unidos de padres mexicanos (McCaa, 1995: 612-614).

Cambio regional, migración, urbanización y la persistencia de los hablantes de lenguas indígenas

Los estados y regiones de la República Mexicana muestran una gran diversidad en los patrones de cambio demográfico en el transcurso del siglo XIX. Las regiones de crecimiento más lento fueron el Sur y el Este, que engloban a Oaxaca, Chiapas, Tabasco, Campeche y Yucatán. Dichas regiones se redujeron de una quinta parte del total de la población del país a inicios del siglo XIX a una séptima parte a finales del mismo lapso. En contraste, el Norte duplicó su peso demográfico de 8 a 16%, pese a la amputación de Texas, Nuevo México y la parte septentrional de California, que ocurrió a mediados de siglo. En el centro, el caos político, que comenzó con el Grito de Independencia el 16 de septiembre de 1810 y terminó con la ejecución del archiduque austriaco Fernando Maximiliano el 19 de junio de 1867, causó casi un millón de muertes y desplazamientos de guerra. En consecuencia, el Distrito Federal y nueve estados circunvecinos se encogieron en tamaño relativo: de 49% en 1810 a 40% en 1870, y luego se recuperaron a 43% en 1910. El centro norte (Jalisco, incluidos Nayarit, Colima, Guanajuato, Aguascalientes, Zacatecas, San Luis Potosí y Querétaro), por otra parte, era lugar de refugio y acumuló población durante las primeras décadas del siglo —cuando la inquietud política estaba en su apogeo— y la perdió en décadas posteriores, cuando el crecimiento económico era más vigoroso en otros lados (Klein, 1996: 72-73, 84).

A pesar de estos patrones regionales desiguales de crecimiento, la migración entre estados parece haber sido relativamente modesta en muy buena parte del siglo XIX. Cuando los datos confiables de migración en toda la nación finalmente estuvieron disponibles con el censo de 1900, sólo 6.6% de los hombres y 6.1% de las mujeres vivían fuera de la entidad federativa en la que habían nacido. Casi una tercera parte de todos los migrantes interestatales residía en el Distrito Federal (gráfica 4). Tres entidades atrajeron a casi la mitad de todos los migrantes: la ciudad de México, Veracruz y Coahuila. En contraste, 26 entidades federales atrajeron a menos de 50 000 migrantes cada una. Cuatro estados ermitaños: Chiapas, Oaxaca, Yucatán y Guerrero ni recibían ni mandaban muchos migrantes. Menos del 3% de los hijos e hijas nativos vivía fuera del estado en el que habían nacido, y una proporción semejante de residentes actuales era inmigrante. En la mitad de todas las entidades federativas los migrantes integraban menos del 4% de la población, y sólo en siete constituían hasta el 10% de la población total (en Aguascalientes, Coahuila, Colima, Durango, Morelos, Nuevo León y Tamaulipas). El hecho de que Morelos —un semillero de la Revolución en 1910— fuera un imán para los migrantes (y el único estado del centro cuyos residentes resistieron la seducción ejercida por el Distrito Federal) señala que

GRÁFICA 4. *Migrantes entre entidades federales, 1900*

888 155 migrantes: Distrito Federal, 31%; Veracruz, Coahuila, 9% c. u.
ocho entidades federativas c/<10 000 migrantes son 6% del total; 10, con 10-25 000 = 16%

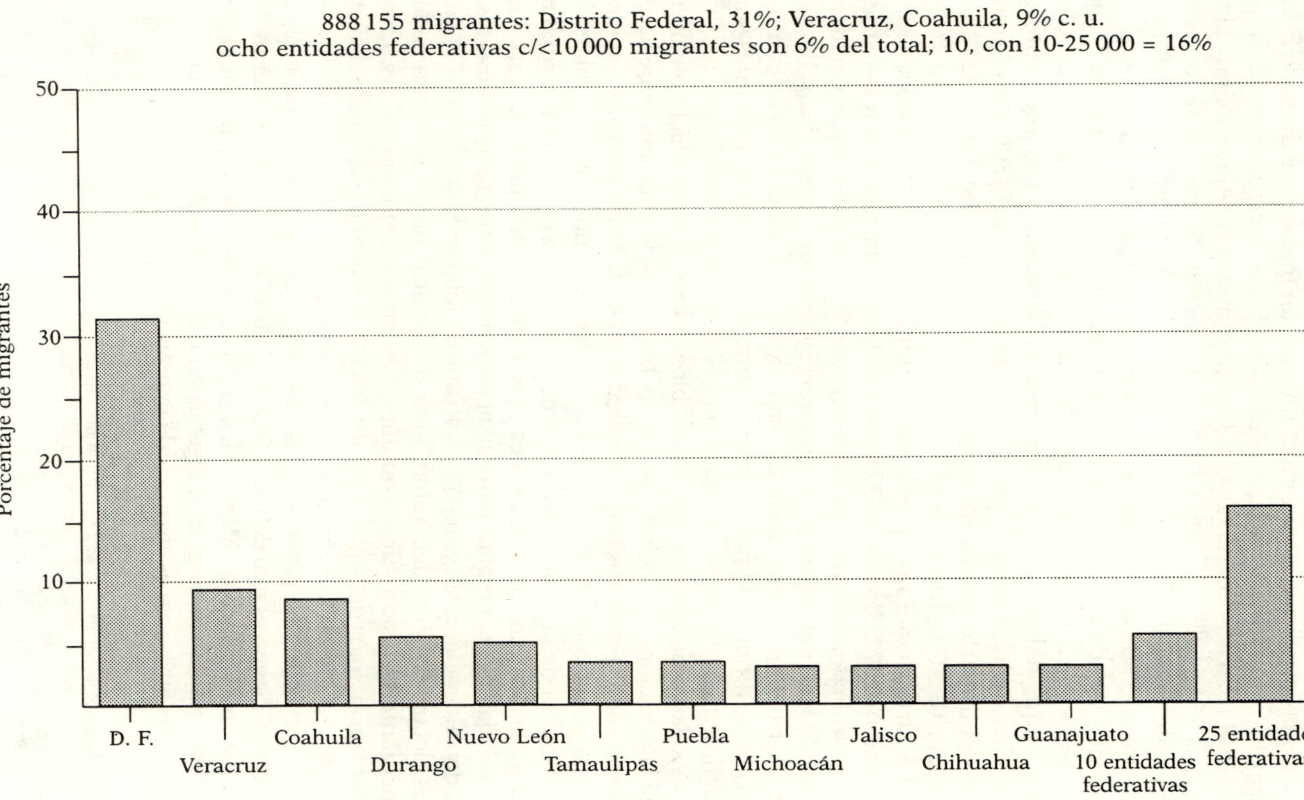

tal vez las condiciones materiales no eran tan malas en la tierra de Emiliano Zapata, como los historiadores de la Revolución mexicana nos harían creer.

En el Distrito Federal mismo, los migrantes constituían más de la mitad de sus 151 516 habitantes en 1900. También debe hacerse notar que, casi un siglo antes, 43% de los residentes de la capital había nacido fuera de la ciudad y, de ellos, casi dos terceras partes provenían de los distritos vecinos. Ayudada en parte por su pequeño tamaño geográfico, la ciudad de México era el imán migratorio más poderoso en la nación mexicana a principios del siglo XX, al igual que lo había sido 100 años antes en el virreinato de la Nueva España, y tal vez incluso hacía 500 años como centro del imperio azteca (DGE, 1905: 1-17; McCaa, 1995: 626-627; Arrom, 1985b: 105-110; Klein, 1976: 72-75).

La urbanización rápida es un fenómeno del siglo XX (Moreno Toscano, 1972; Davies, 1972). En 1900 sólo cuatro ciudades —amén del Distrito Federal— albergaban a más de 50 000 habitantes: Guadalajara (101 208), Puebla (93 521), Monterrey (62 266) y San Luis Potosí (61 019). Durante buena parte del siglo XIX, en la medida en que la migración era importante para el crecimiento urbano, los inmigrantes surgían fácilmente del propio estado (DGE, 1905, vol. 34: 1-17).

A lo largo de todo el siglo, los pueblos indígenas languidecieron, mientras que las haciendas y los pueblos con poblaciones de habitantes que hablaban predominantemente el español crecieron cada vez a mayor velocidad. El descenso en la cantidad de hablantes de lenguas indígenas se debió más a la expansión de la educación que tenía como base el español (castellanización), las identidades cambiantes y el mestizaje que a tasas de reproducción más bajas. Con el repudio universal a las distinciones raciales después de la Independencia, el surgimiento de lo que el notable educador José Vasconcelos elocuentemente denominó "la raza cósmica" puede ser examinado sólo mediante las estadísticas con que se cuenta, aunque inexactas, recopiladas a principios del siglo. Así pues, los afromexicanos (los cuales llegaban a medio millón en 1810) más o menos desaparecieron, profundamente entremezclados y no identificables para 1895, si ha de aceptarse el discurso oficial.[10] Según el mal definido "conteo" de 1793, los indígenas eran 2.5 millones en el centro de México. Un siglo después, sólo 2.1 millones de mexicanos hablaban lenguas indígenas en toda la República, descenso de por lo menos 50% a un escaso 15% de la población.[11]

[10] Aguirre Beltrán (1972: 237) ubica las cifras en 168 000 y concluye el relato con la destrucción de la "sociedad de castas" en 1821 (pp. 287-292). Sobre la castellanización, consúltese Kanter, 1993: 329-330.

[11] Aguirre Beltrán (1972: 237) señala sólo 1.1 millones en 1790 (DGE, 1905, vol. 34: 71). No queda claro si las diferencias entre 1895 y 1900 son reales o se deben al resultado de cambios en las definiciones, o al subregistro.

Si en el transcurso del siglo los hablantes de lenguas indígenas hubieran aumentado a un promedio nacional de 1% por año, en 1900 habrían llegado a ser 6.5 millones. Puesto que las tasas de mortalidad en las regiones indígenas eran mayores que el promedio nacional, tal vez la mitad de los cuatro millones faltantes podría atribuirse a una mortalidad mayor. La otra mitad debería asignarse al mestizaje y a las identidades transformadas, en ocasiones a punta de armas empuñadas por gente que se apoderaba de las tierras y encontraba conveniente hacer desaparecer los poblados nativos. La expansión de la educación pública, las economías de mercado y las políticas liberales en el siglo XIX resultaron tan peligrosas para la sobrevivencia de los indios, sus culturas y comunidades, como las epidemias en tierra virgen que tuvieron lugar en el siglo XVI.

En 1900 sólo seis estados registraron una cuarta parte o más de la población total como conformada por hablantes de lenguas indígenas: Oaxaca, Chiapas, Guerrero, Campeche, Yucatán y Puebla. Hacia 1910, el grupo se redujo a tres. En términos absolutos, 80% de todos los hablantes de lenguas indígenas en 1900 vivía en siete estados; 50%, sólo en tres: Oaxaca, Puebla y Yucatán (gráfica 5). De 1900 a 1910, quienes hablaban una lengua indígena aumentaron su peso demográfico sólo en tres entidades federales: Chihuahua, Nayarit y San Luis Potosí. En 1950, según las cifras oficiales, quienes hablaban lenguas nativas llegaban a 2.4 millones, de los cuales una tercera parte era monolingüe. En décadas recientes, ha tenido lugar un resurgimiento significativo: hasta 5.2 millones en 1980, debido en parte al hecho de que reconocer las raíces indígenas se ha vuelto cada vez más una cuestión de orgullo y no de vergüenza, como en otros tiempos. Sin embargo, en 1980 la fracción de hablantes de lenguas indígenas descendió por abajo de 8%, apenas la mitad de la cifra a inicios del siglo XX (INEGI, 1986, vol. 1: 109-111).

Esperanza de vida, enfermedad y disminución de las epidemias

La lenta aceleración de la urbanización, la inmigración y la emigración en el México del siglo XIX estuvieron probablemente acompañadas por modestos descensos en la mortalidad. Desde hace tiempo se ha considerado que en el siglo XIX no hubo ganancias en términos de mortalidad, que las probabilidades de sobrevivencia eran bajas y que así permanecieron durante la mayor parte de este periodo (Cosío Villegas, 1955-1972, vol. 4: 43).[12] Desgraciadamente, antes del siglo XX ni los libros parroquiales

[12] El demógrafo mexicano Francisco Alba (1990: 206) coincide en que la mortalidad probablemente disminuyó durante las dos últimas décadas de ese siglo.

GRÁFICA 5. *Población que habla idiomas nativos, 1900*

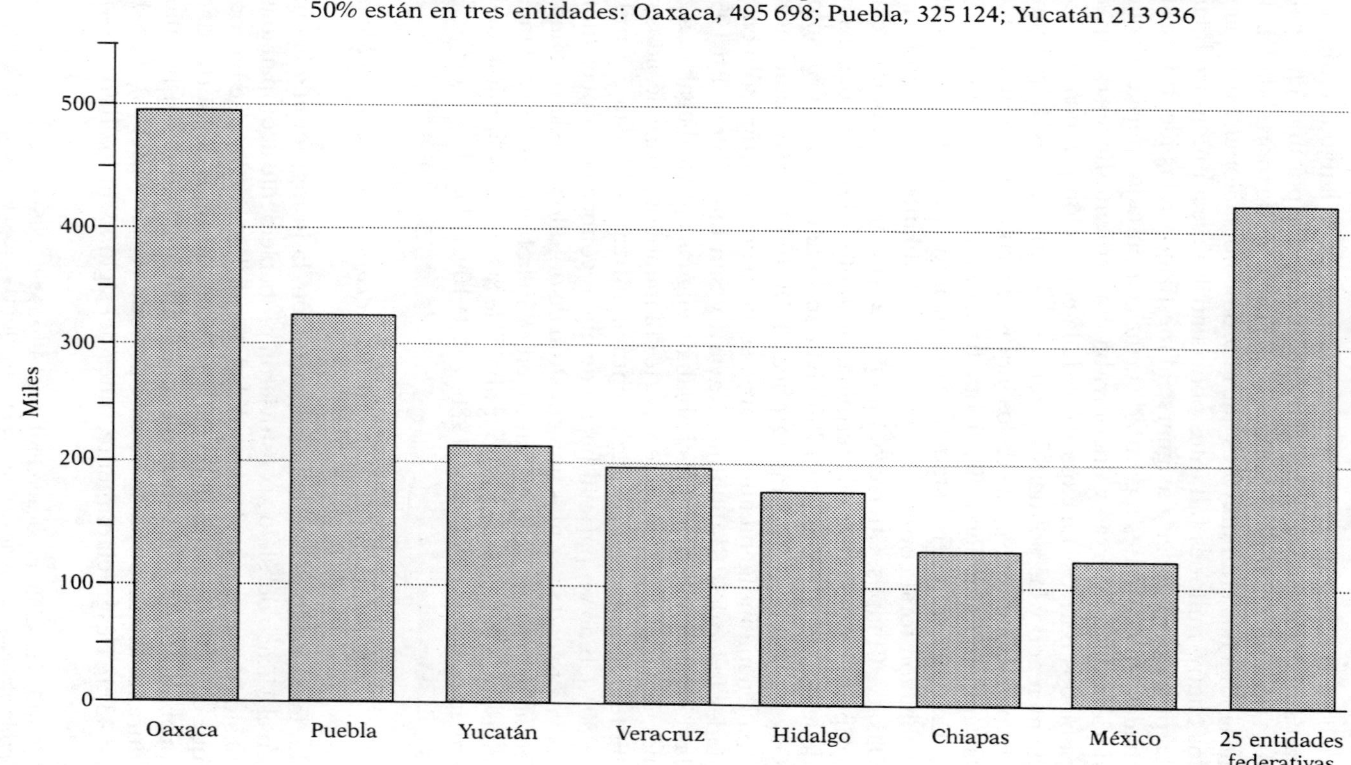

ni los registros civiles resultan adecuados para estudiar el curso que siguió la esperanza de vida en México. Cuando se dispone de información suficiente para aventurar estimaciones nacionales, la esperanza de vida al nacimiento es calculada en menos de 30 años tanto para hombres como para mujeres.[13] Podríamos imaginar que las condiciones difícilmente podrían haber sido peores a principios del siglo XIX. No obstante, la tesis de que la mortalidad disminuyó después de la Independencia es apoyada por cuatro evidencias: *1)* tasas de crecimiento implícitas en las estimaciones nacionales de la población total, *2)* fluctuaciones anuales en la mortalidad, *3)* cambios en la combinación de causas de muerte y *4)* estimaciones de la esperanza de vida para diversos tiempos y lugares.[14]

Puesto que el primer factor fue analizado antes, proseguimos aquí con el segundo. El hecho de que hubiera fluctuaciones anuales en los entierros a lo largo del siglo es indicativo de tasas de crecimiento demográfico cada vez más altas. Las grandes crisis causadas en los primeros tiempos por el tifo, la viruela y la hambruna fueron disminuyendo gradualmente. La ciudad de México sirve de ejemplo, a pesar de la confusión causada por la falta de tasas verdaderas y la presencia de un crecimiento demográfico mediado por la migración (gráfica 6).[15] La última gran crisis de la ciudad de México en la Colonia fue la epidemia de tifo de 1813, cuando las muertes se triplicaron y aumentaron de un promedio anual sumamente subregistrado de 5 000 a 17 021. Cuando la mayor epidemia siguiente de tifo sobrevino 80 años después, la población de la capital probablemente se había duplicado; empero, las muertes causadas por el tifo se elevaron "sólo" a 2 653, escasamente 10% de los entierros totales y una gran victoria sanitaria pública según los criterios de principios de los tiempos modernos.[16]

[13] Arriaga (1968: 172-173) estima que la esperanza de vida al nacimiento en 1900 es de 25.0 años para los hombres y de 25.6 para las mujeres; Mier y Terán calcula 29.5 y 30.2, respectivamente, para el periodo 1895-1910; consúltense su "Evolución demográfica" (1990: 82-83) y su "Evolution de la population mexicaine..." (1982, vol. 1: 252 y vol. 2: 196).

[14] Para una opinión en sentido contrario, véase Bustamante, 1982b.

[15] La serie de entierros de los registros parroquiales de la ciudad de México está tomada de Maldonado, 1976: 24, 36, 48, 60, 72, 84, 96, 108, 120, 132, 144, 156 y 168 (computé entierros anuales a partir de los totales que la autora obtuvo de las parroquias). La serie del registro civil es confiable a partir de 1867; mi serie para 1868-1920 está tomada de AACM Estadística, vol. 1032, exp. 68, "Mortalidad mensual y anual habida en la Municipalidad de México durante el periodo de treinta años seis meses, del 1 de julio de 1867 al 31 de diciembre de 1897"; AHSS, Fondo Salubridad Pública, Ramo Estadística, caja 11, exp. 1-2, "Mortalidad de la ciudad de México, 1895-1920"; y para 1901-1920, De Greer (1966: 92). La elaboración de una serie para la capital de la Nueva España resulta casi imposible dadas las innumerables lagunas que hay en los libros parroquiales.

[16] AHSS, Fondo Salubridad Pública, caja 3, exp. 4, "Estadísticas de enfermos durante 1893".

Como tercer factor, consideremos los cambios en las causas de muerte en el transcurso del siglo: el descenso en la mortalidad a causa de las hambrunas, la viruela y otros grandes agentes devastadores de la época colonial. La hambruna ciertamente no estaba ausente del México del siglo XIX (y tampoco en el siglo XX), pero su frecuencia y la intensidad del hambre parecen haberse reducido después del final del colonialismo español. La producción de maíz posiblemente se duplicó durante la primera mitad del siglo XIX, mientras que la población aumentó 50%. Al llegar la Independencia, las autoridades locales, estatales y federales buscaron anticipar las escaseces, aumentar la producción mediante cosechas tempranas traídas de las tierras bajas tropicales, y cerciorarse de que los víveres fueran transportados a zonas de escasez conforme fueran necesitándose, incluso durante los años de guerra. Los intelectuales mexicanos se mostraron complacidos por este progreso, pero se disgustaron por el hecho de que la mayoría de las mujeres seguía gastando una gran porción de su tiempo en el metate pues no se había descubierto una nueva manera de hacer tortillas de maíz frescas con las economías de hornear pan de trigo. Después de un día, las tortillas cobraban la consistencia del cartón, mientras que el pan que tenía el mismo tiempo seguía conservando su sabor (De la Rosa, 1846; Azcárate, 1839: 8, "pocas manos abastecerían a muchas"). Entonces, a diferencia de los tiempos de la Colonia, cuando las cosechas no rindieron (como en 1845 y en 1909), el cereal podía adquirirse en el extranjero, sobre todo en los Estados Unidos.[17]

La mortalidad se había reducido también gracias a una victoria parcial sobre la viruela después de introducir la vacunación en 1804. Gracias al patrocinio real y al entusiasta apoyo tanto de las élites clericales como de las seculares, la vacunación fue extendida rápidamente a todo el virreinato de la Nueva España (Fernández del Castillo, 1960). Si la viruela no fue erradicada en México sino hasta 1951 (una década antes del último caso que se presentara en Gran Bretaña), su virulencia fue considerablemente contenida en el curso del siglo XIX. En la epidemia que estalló en la ciudad de México en noviembre de 1829, por ejemplo, las muertes aumentaron "sólo" en 3 000 o 4 000 personas (el brote se debió en parte a erupciones simultáneas de sarampión, escarlatina y disentería) en vez de 10 000 o 12 000 defunciones, como había ocurrido en el siglo anterior (véase la gráfica 6) (Erosa-Barbachano, 1982: 545-547; Secretaría de Estado, 1831: 288-290; ciudad de México, 1840: 7).

Al remontarse en la búsqueda de lo que ocasionó que las autoridades mexicanas no hubieran podido erradicar la viruela mediante la vacunación

[17] AGN, Gobernación, caja 303, exp. 13, 1845; 1.909 (4) 3.

GRÁFICA 6. *Ciudad de México: crecimiento frenado por la crisis*

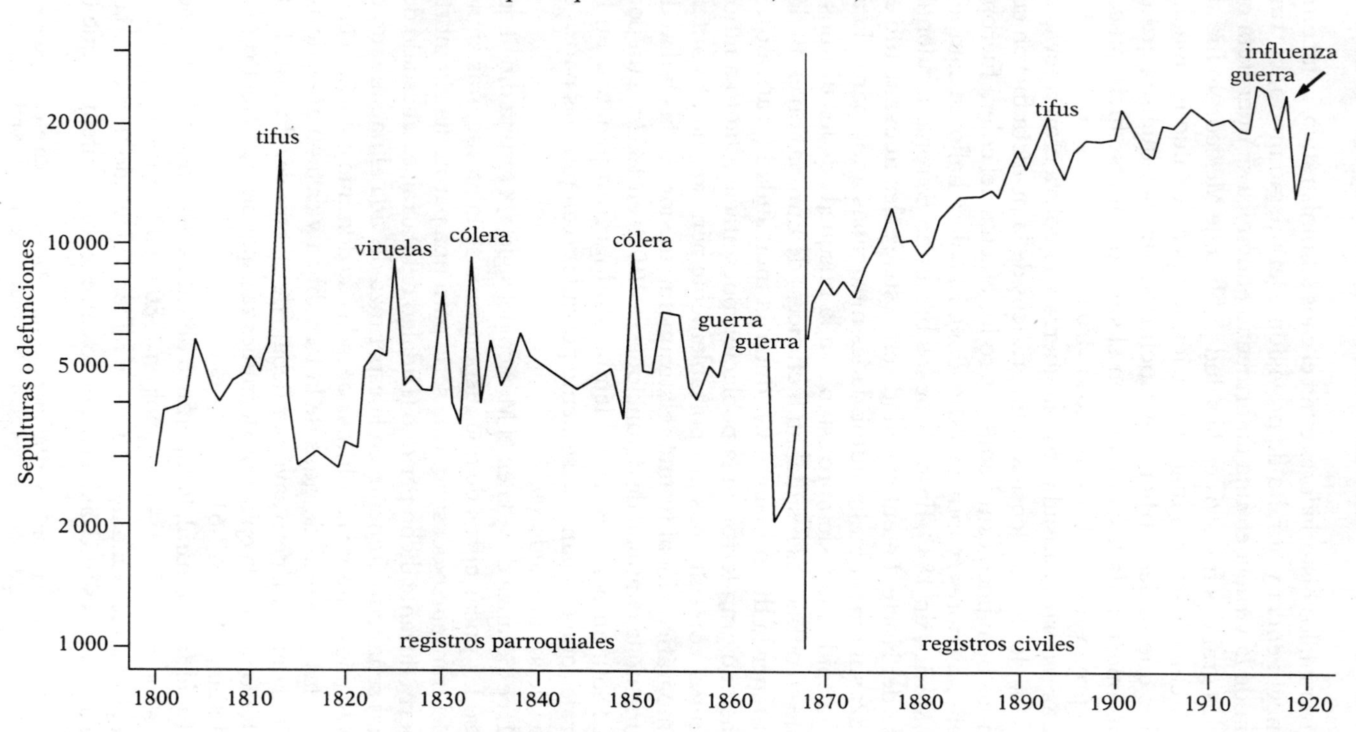

FUENTES: Maldonado, 1800-1867; AHSS, 1868-1900; Greer, 1901-1920

universal, los historiadores citan el caos administrativo, la incompetencia, la negligencia y la falta de previsión. Del mismo modo, la transformación de la viruela en una enfermedad endémica se interpreta como uno de los grandes fracasos en la salud pública de México. No fue sino hasta 1917 cuando se creó una institución pública de salud nacional. Es innegable que se desperdiciaron muchos recursos y que se perdieron muchas oportunidades; empero, en el siglo pasado se hicieron considerables progresos en el control de la viruela.

Las muertes causadas por la guerra y el cólera eran nuevas en el país en el siglo XIX. Los costos demográficos de la primera fueron cuantiosos (y más bien poco estudiados), pero los efectos del cólera fueron relativamente menores (y muy investigados). El cólera halló un campo propicio en México en 1833, después de los brotes en Europa occidental y América del Norte. La enfermedad sentó sus reales nuevamente en 1850 y 1882; sin embargo, las autoridades mexicanas anticiparon la aparición de la epidemia y siempre estaban a la búsqueda de los últimos métodos (que en ocasiones resultaban ineficaces) de Europa con el fin de intentar contener la diseminación y reducir la mortalidad (gráfica 6). El cólera ocasionó gran terror en la población pues atacaba tanto a niños como a adultos, con síntomas insoportablemente penosos; no obstante, el efecto demográfico global resultó relativamente menor. En la ciudad de México aumentó la cantidad de defunciones, a 10 000 en 1833 y a un poco menos en 1850; empero, estas epidemias no lograron penetrar en las zonas rurales que estaban escasamente pobladas o en muchas partes de las tierras de los alrededores.[18]

La esperanza de vida en el México del siglo XIX resulta difícil de calcular, pero las pocas cifras de que disponemos señalan mejoras significativas en el transcurso del siglo. Una serie para una parroquia sin mortalidad de guerra durante dicho periodo (Hidalgo del Parral, en el estado de Chihuahua) señala un aumento en la esperanza de vida al nacimiento de menos de 20 años durante las últimas décadas de dominio colonial a casi 30 años para las primeras décadas de la República y casi 40 años después de la mitad del siglo; pero cayó por debajo de 20 otra vez durante la década de la Revolución y la epidemia de influenza española de 1918-1919 (cuadro 5), (McCaa, 1995: 617-619).

En el Jalisco rural, la esperanza de vida a los cinco años (e_5) se elevó de 29 años en 1845-1954 a 34 años en 1880 y a 37 en 1900 (y a 47 para 1950). La ciudad de Guadalajara parece haber disfrutado una ventaja de acaso un año o dos sobre las tierras de los alrededores, mientras que la Oaxaca

[18] Hutchinson (1958: 3-23). Márquez Morfín (1994) ofrece un esclarecedor estudio acerca de los efectos de las epidemias en la ciudad de México. En lo referente a Guadalajara, consúltese Oliver Sánchez, 1986.

CUADRO 5. *Esperanza de vida en México (ambos sexos)*

	1800	*1830*	*1880*	*1900*	*1930*	*1950*
			a los 5 años de edad (e_5)			
Oaxaca (rural)	–	–	29	33	–	40
Jalisco (rural)	–	–	34	37	–	
Guadalajara (urbana)	–	–	37	39	–	
República Mexicana	–	–	–	39	–	
			Al nacimiento (e_0)			
	1808	*1828*	*1878*	–	*1930*	
Parral	< 20	27	37	–	< 20	–

FUENTES: Cook y Borah, 1971-1979, vol. 2, p. 398, figura 7.7; Mier y Terán, 1982, vol. 2, p. 196; McCaa, 1993: 617-619.

rural se rezagó respecto de Jalisco en cuatro o cinco años (Cook y Borah, 1971-1979, vol. 2: 398). Las estimaciones nacionales de esperanza de vida al nacimiento en 1900 oscilaban entre 25 y 30 años (Mier y Terán, 1982, vol. 2: 196; Arriaga, 1968: 172-173). Las cifras referentes a la esperanza de vida para Parral así como las escasas series anuales de entierros de que disponemos para el centro de México me convencen de que durante el último siglo hubo mejoras sustanciales en las probabilidades de vida, con ganancia tal vez de hasta cinco a 10 años. De ser verdad, esto revela una prolongación en la duración promedio de vida de al menos una quinta parte y quizá hasta de 50% más que los niveles durante la Colonia (McCaa, 1995: 616-620).

Fecundidad y patrones matrimoniales

Las tasas de natalidad en los primeros tiempos del México moderno son incluso más difíciles de rastrear que las tasas de mortalidad debido a las notorias limitaciones de los sistemas de registro parroquiales y civiles. En la Mixteca Alta de Oaxaca, una serie secular desarrollada por Cook y Borah (1971-1979, vol. 2: 296) revela oscilaciones en forma de dientes de sierra que van de 45 nacimientos por cada 1 000 habitantes en 1770 a 52 para las primeras décadas de la República. Hacia 1900 los demógrafos fijan en 50 una posible tasa bruta de natalidad para la nación entera. Esto corresponde a una tasa global de fecundidad de 6.8 niños por mujer que sobreviviera al final de sus años reproductivos. En otras palabras, la fecundidad era alta en el México del siglo XIX, pero las tendencias y las fluctuaciones siguen siendo oscuras (Mier y Terán, 1990: 83-84; Zavala de Cosío, 1992: 25-26, 31-32).

La fecundidad probablemente declinó un poco en el transcurso del siglo, no por un esfuerzo consciente por limitar los nacimientos, sino más bien por un retraso, por una parte, en la edad de contraer matrimonio (incluidas todas las "maneras de casarse": religiosa, civil y convenida) y, por la otra, por un descenso en la proporción de mujeres que emprendía uniones de cualquier tipo (Cook y Borah, 1971-1979, vol. 2: 270-285; McCaa, 1989). En los últimos años del México colonial, el matrimonio era casi universal. Un censo eclesiástico levantado en el arzobispado de México que abarcaba más de un millón de personas revela que, en 1779, 89% de las mujeres en edad casadera había contraído matrimonio o había enviudado.[19] Un siglo y medio después, según el censo de 1930 (el primer conteo que considera las uniones tanto formales como informales), la cifra había caído 20 puntos, a 69% (en comparación con el 73% en los Estados Unidos en ese mismo año; DEN, 1932). Simultáneamente, la edad al matrimonio aumentó a medida que transcurría el siglo. Un estudio de los distritos del norte de Oaxaca documenta un aumento gradual pero sostenido en la edad media a la unión de las mujeres: de 16.2 años en 1700 a 18.9 años en 1905 (Cook y Borah, 1971-1979, vol. 2: 270-285). En el Bajío, la edad media subió de 17 años en 1782-1785 a 18.6 en la década de 1850.[20] En 1930, la edad media a la primera unión (incluidas las consensuales), calculada según el método de Hajnal en el nivel nacional, era de 21.9 años para las mujeres, y la proporción de mujeres finalmente unidas (a la edad de 50 años) era de 87%, sorprendentemente alta en comparación con la de Europa o la de los Estados Unidos, pero baja si se compara con el registro histórico de México.

En los años de decadencia del régimen español, la posición de las mujeres en el mercado matrimonial fue socavada por un edicto real que decretaba que únicamente los compromisos de matrimonio certificados por notario (y se necesitaba la firma de sólo uno de los padres o guardianes cuando un menor de edad hacía un compromiso) tenían obligatoriedad jurídica. Desgraciadamente para las mujeres, esta restricción —emitida en 1803— fue aplicada en los códigos civiles republicanos. Según la costumbre colonial entre las clases populares, una promesa de matrimonio hecha oralmente por el hombre era seguida por la pérdida de la virginidad de la mujer (desde el punto de vista del hombre, "Tomé su virginidad"). Después de un intervalo razonable, por lo regular venía el matrimonio (Stern, 1995: 273). La Iglesia y las cortes civiles estaban prestas a garanti-

[19] AGI, Fondo Varios, exp. 38, "Padrón exacto del Arzobispado de México con distinción de Clases, Estados..."

[20] Brading (1978: 49); los cálculos con decimales arrojan 17.0 y 18.6, respectivamente.

zar el que un pretendiente olvidadizo cumpliera su promesa o compensara a quien le hubiera brindado su doncellez. Después del edicto de 1803, las seducciones verbales continuaron; empero, a las mujeres se les había arrebatado el derecho de exigir en las cortes que fueran resarcidas. Los registros de las cortes muestran que los compromisos notariales pocas veces prevalecían. En 1857, la institución del matrimonio se debilitó aún más cuando una ceremonia civil llegó a ser la única manera de contraer matrimonio legalmente en el país. Casi un siglo transcurrió antes de que el matrimonio civil fuera aceptado de manera generalizada (Cook y Borah, 1971-1979, vol. 2: 270-285; Arrom, 1985a: 305-307).

Reflexiones

El 25 de noviembre de 1910, el prolongado siglo XIX de México llegó a su fin abruptamente con la irrupción de una violenta revolución que a fin de cuentas iba a cobrar miles de vidas y a hacer que mucha gente huyera a los Estados Unidos. El sistema de alta presión de México en 1910, pese a los cambios demográficos ocurridos en el transcurso del siglo anterior, era más afín a lo que había sucedido cuando los mexicanos habían combatido por la Independencia de España —de hecho, más parecido a lo que los mexicas experimentaron cuando los cristianos los habían invadido casi 400 años antes— que a las condiciones de finales del siglo XX. La colonización española llevada a cabo durante el siglo XVI y en los siglos siguientes, al igual que las reformas liberales del siglo XIX, desestabilizaron (pero no destruyeron) la dinámica fundamental de las poblaciones de las sociedades agrarias del México antiguo. Esto ocurriría sólo después de 1930, cuando tuvo lugar la mayor revolución demográfica de Mesoamérica desde el primer asentamiento, hace 10 000 a 70 000 años.

El modelo milenario de tasas vitales presentado aquí es de presión alta, pero fue perdiéndose lentamente. Las tasas de natalidad oscilaron hacia la baja tal vez de 60-70% por cada 1000 habitantes por año en el siglo XV; a 55-65% en el XVIII y a 50-55% en el XIX (y a 20-25% a finales del XX). En años normales —de los cuales había pocos—, las tasas de mortalidad observaron un comportamiento semejante a las de natalidad, aunque se rezagaron en unos cuantos puntos. A partir del siglo XVII, las condiciones mejoraron: la brecha se abrió poco a poco y, a finales del siglo XIX, ya había alcanzado 10 o 15 puntos, conforme las tasas de mortalidad prosiguieron su tendencia hacia la baja y finalmente llegaron a su punto más bajo de menos de siete muertes por cada 1 000 habitantes para el año 2000. Las tasas de natalidad también declinaron, aunque no tan rápido ni hasta esos niveles. El descenso se debió, al menos antes del siglo XX, a los cambios en los patrones matrimoniales. Cuando las mujeres empezaron casarse "más tarde" —pese a que seguía siendo relativamente a temprana edad en comparación con los campesinos en la Europa occidental, y las viudas eran confinadas a un mercado matrimonial secundario—, la actividad sexual languideció para una buena parte de la población femenina. En consecuencia, las tasas de natalidad descendieron, aunque permanecieron mucho más altas que en Europa occidental desde la Edad Media.

Las crisis malthusianas a menudo son percibidas como las causas subyacentes de los grandes cataclismos políticos mesoamericanos en el transcurso de los últimos 500 años: la Conquista, la guerra de Independencia y la Revolución. Sin embargo, no estoy convencido de que el determinismo demográfico baste para explicar ni siquiera uno de estos grandes y súbitos conflictos. Cada uno fue una pieza de un proceso general que tuvo repercusiones en todos los pueblos de las Américas. El crecimiento de la población proporcionó el pasto para que sobreviniera la catástrofe política, pero en cada caso se movilizaron las fuerzas hemisféricas, de manera que las regiones escasamente pobladas —al igual que las densamente pobladas— padecieron las consecuencias de la Conquista, la guerra y la rebelión. Lo que resulta sorprendente es que, una vez terminada la catástrofe (en Mesoamérica, en el Cono Sur o en la zona meridional del continente), se reanudó la expansión de la población e invariablemente se alcanzaron mayores densidades y una mayor complejidad social que, a su vez, fue la base para que la población creciera aún más. El colapso malthusiano amenazaba, aunque nunca llegó a hacerse realidad. En el transcurso del milenio pasado, la presión demográfica era considerable y estaba interrelacionada con el cambio ambiental, político e incluso cultural, aunque muy pocas veces fue el determinante decisivo, como probablemente tampoco lo será en el presente.

BIBLIOGRAFÍA

Aguirre Beltrán, Gonzalo (1972) [1ª ed.: 1946], *La población negra de México. Estudio etnohistórico,* México, Fondo de Cultura Económica.

Alba, Francisco (1990), "Population and the crisis of the socio-political system: the case of prerevolutionary Mexico", en Eric Vilquin (comp.), *Revolution et Population: Aspects démographiques des grandes révolutions politiques,* Lovaina la Nueva, Academia, pp. 203-218.

Archivo del Ayuntamiento de la Ciudad de México (AACM), Estadística.

Archivo General de Indias (AGI), Fondo varios.

Archivo General de la Nación (AGN), Ramo de Gobernación, Fomento y Obras Públicas.

Archivo Histórico de la Secretaría de Salubridad (ADSS), Fondo Salubridad Pública.

Arriaga, Eduardo E. (1968), *New Life Tables for Latin American Populations in the Nineteenth Centuries,* Berkeley, University of California, Institute of International Studies.

Arrom, Silvia M. (1985a), "Changes in Mexican family law in the nineteenth-century: the civil codes of 1870 and 1884", *Journal of Family History,* 7, núm. 3 (otoño), pp. 305-317.

——— (1985b), *The Women of Mexico City, 1790-1857,* Stanford, Stanford University Press.

Azcárate, Miguel María de (1839), *Noticias estadísticas que sobre los efectos de consumo introducidos en esta capital en el quinquenio de 1834 a 1838...*, México.

Bennet, Herman Lee (1993), *Lovers, Family and Friends: The Formation of Afro-Mexico, 1580-1810,* tesis inédita de doctorado, Duke University.

Borah, Woodrow, y Sherburne F. Cook (1960), *The Indian Population of Central Mexico 1531-1610,* Berkeley, University of California Press.

——— (1963), *The Aboriginal Population of Central Mexico on the Eve of the Spanish Conquest,* Berkeley, University of California Press.

Brachet de Márquez, Viviane, y M. Nettel (1976), *La población de los estados mexicanos en el siglo XIX, 1824-1895,* México, Instituto Nacional de Antropología e Historia.

Brading, David A. (1978), *Haciendas and Ranchos in the Mexican Bajio: Leon, 1700-1860,* Cambridge, Inglaterra, Cambridge University Press.

Bustamante, Miguel E. (1982a), "Aspectos históricos y epidemiológicos del hambre en México", en Enrique Florescano y Elsa Malvido, *Ensayos sobre la historia de las epidemias en México,* México, Instituto Mexicano del Seguro Social, vol. 1, pp. 37-66.

——— (1982b), "La situación epidemiológica de México en el siglo XIX", en Enrique Florescano y Elsa Malvido, *Ensayos sobre la historia de las epidemias en México,* México, Instituto Mexicano del Seguro Social, vol. 2, pp. 425-476.

Calvo, Tomás (1973), *Acatzingo: demografía de una parroquia mexicana,* México, Instituto Nacional de Antropología e Historia-Secretaría de Educación Pública, Colección Científica (Historia).

Calvo, Tomás (1984), "Familles mexicaines au XVII siècle: une tentative de reconstitution", *Annales de Démographie Historique,* pp. 149-174.

Camposortega Cruz, Sergio (1992), *Análisis demográfico de la mortalidad en México, 1940-1980,* México, El Colegio de México.

Carrol, Patrick J. (1995), "Los mexicanos negros, el mestizaje y los fundamentos olvidados de la 'raza cósmica': una perspectiva regional", *Historia Mexicana* 44, enero-marzo, pp. 403-438.

Ciudad de México (1840), *Manifiesto al público que hace el Ayuntamiento de 1840 acerca de la conducta que ha observado en los negocios municipales y del estado en que quedan los ramos a su cargo,* México, impreso por Ignacio Cumplido.

Cline, Sarah L. (1993), *The Book of Tributes: Early Sixteenth-Century Nahuatl Censuses from Morelos,* Los Ángeles, University of California Press.

Coale, Ansley, y Paul Demeny (1983), *Regional Model Life Tables and Stable Populations,* Nueva York, Academic Press.

Cohen, Mark Nathan (1997), "Does paleopathology measure community health? A rebuttal of 'The osteological paradox' and its implication for world history", en Richard R. Paine, *Integrating Archaeological Demography: Multidisciplinary Approaches to Prehistoric Population,* Carbondale, Southern Illinois University, pp. 242-260.

Cook, Sherburne F., y Lesley Byrd Simpson (1948), *The Population of Central Mexico in the Sixteenth Century,* Berkeley, University of California Press.

Cook, Sherburne F., y Woodrow Borah (1971-1979), *Essays in Population History: Mexico and the Caribbean,* Berkeley, University of California Press, 3 vols.

Cooper, D. B. (1965), *Epidemic Disease in Mexico City, 1761-1813: An Administrative, Social and Medical Study,* Austin, University of Texas Press.

Cope, Robert Douglas (1994), *The Limits of Racial Domination: Plebeian Society in Colonial Mexico City, 1660-1720,* Madison, University of Wisconsin Press.

Cosío Villegas, Daniel, comp. (1955-1972), *Historia moderna de México,* México, Editorial Hermes, 9 vols.

Davies, Keith A. (1972), "Tendencias demográficas urbanas durante el siglo XIX en México", *Historia Mexicana,* 21, núm. 3, enero-marzo, pp. 481-524.

Departamento de Estadística Nacional, DEN (1932), *Censo de población. 15 de mayo de 1930,* México, Talleres Gráficos de la Nación.

Diamond, Jared (1997), *Guns, Germs and Steel: The Fates of Human Societies,* Nueva York, W. W. Norton.

Dirección General de Estadística, DGE (1905), *Resumen general del censo de la República Mexicana verificado el 28 de octubre de 1900,* México, Secretaría de Fomento.

Doenges, Catherine E. (1991), "Patterns of domestic life in Colonial Mexico: views from the household", *Latin American Population History Bulletin,* núm. 19, primavera, pp. 14-21.

Erosa Barbachano, Arturo (1982), "La viruela, desde la Independencia (1821) hasta la erradicación", en Enrique Florescano y Elsa Malvido (comps)., *Ensayos sobre la historia de las epidemias en México,* México, Instituto Mexicano del Seguro Social, vol. 2, pp. 545-550.

Fernández del Castillo, Francisco (1960), *Los viajes de don Francisco Xavier de Balmis: notas para la historia de la expedición vacunal de España a América y Filipinas (1803-1806),* México, Galas de México.

Florescano, Enrique (1969), *Precios del maíz y crisis agrícolas en México, 1708-1810): ensayo sobre el movimiento de los precios y sus consecuencias económicas y sociales,* México, El Colegio de México.

Genealogical Society of Utah (GSU), Salt Lake City, UT, Microfilm Collection of Parish Registers.

Gerhard, Peter (1975), "La evolución del pueblo rural mexicano, 1519-1975", *Historia Mexicana,* 24, núm. 4, abril-junio, pp. 566-578.

Gibson, Charles (1964), *The Aztecs Under Spanish Rule: A History of the Indians of the Valley of Mexico, 1519-1810,* Stanford, Stanford University Press.

González Navarro, Moisés (1993-1994), *Los extranjeros en México y los mexicanos en el extranjero, 1821-1970,* México, El Colegio de México y Centro de Estudios Históricos, 3 vols.

Greer, Robert Gordon (1966), *The Demographic Impact of the Mexican Revolution,* tesis no publicada, Austin, The University of Texas.

Hayward, M. H. (1986), *A Demographic Study of Cholula, Mexico, From the Late Postclassic and the Colonial Period of 1642-1738,* tesis no publicada, University Park, Pennsylvania State University.

Henige, David (1992), "Native American population at contact: standards of proof and styles of discourse in the debate", *Latin American Population History Bulletin,* núm. 22, pp. 2-23.

Hutchinson, Charles S. (1958), "The Asiatic cholera epidemic of 1833 in Mexico", *Bulletin of the History of Medicine,* 32, núm. 1, enero-febrero, pp. 1-23.

Humboldt, Alexander von (1811), *Essai politique sur le royaume de la Nouvelle-Espagne,* París, F. Schoell.

Instituto Nacional de Estadística, Geografía e Informática, INEGI (1977), *Primer censo de población de la Nueva España 1790. Censo de Revillagigedo, un censo condenado,* México, INEGI.

——— (1986), *Estadísticas históricas mexicanas,* México, INEGI, 2 vols.

Johansson, S. Ryan (1982), "The demographic history of the native peoples of North America: a selective bibliography", *Yearbook of Physical Anthropology,* 25, pp. 133-152.

———, y S. Horowitz (1986), "Estimating mortality in skeletal populations: Influence of the growth rate on the interpretation of levels and trends during the transition to agriculture", *American Journal of Physical Anthropology,* 71, pp. 233-250.

Kanter, Deborah E. (1993), *Hijos del Pueblo: Family, Community and Gender in Rural Mexico, the Toluca Region, 1730-1830,* tesis inédita de doctorado, Charlottesville, University of Virginia.

Kicza, John E. (1981), "Mexican demographic history of the nineteenth century: evidence and approaches", en James W. Wilkie y Stephen Haber (comps.), *Statistical Abstract of Latin America,* Los Ángeles, University of California Press, UCLA Latin American Center Publications, vol. 21, pp. 592-609.

Klein, Herbert S. (1993), "Familia y fertilidad en Amatenango, Chiapas (1785-1816)", en Elsa Malvido y Miguel Ángel Cuenya (comps.), *Demografía histórica de México: siglos XVI-XIX,* México, Universidad Autónoma Metropolitana e Instituto Mora, pp. 112-122.

——— (1996), "The demographic structure of Mexico City in 1811", *Journal of Urban History,* 23, núm. 1, noviembre, pp. 66-93.

Kubler, George (1942), "Population Movements in Mexico, 1520-1600", *Hispanic American Historical Review,* 22, núm. 4 (noviembre), pp. 606-643.

Livi-Bacci, Massimo (1993), *A Concise History of World Population,* Cambridge, Mass., Blackwell Publishers.

MacNeish, R. S. (1967), *The Prehistory of the Tehuacan Valley,* Austin, University of Texas Press.

——— (1970), "Social implications of changes in population and settlement patterns of 12 000 years of prehistory in the Tehuacan Valley of Mexico", en P. Deprez (comp.), *Population and Economics,* Winnipeg, University of Manitoba Press, pp. 215-250.

Maldonado, Celia L. (1976), *Estadísticas vitales de la ciudad de México. Siglo XIX,* México, Instituto Nacional de Antropología e Historia.

Malvido, Elsa (1973), "Factores de despoblación y de reposición de la población de Cholula (1641-1810)", *Historia Mexicana,* 23, núm. 1, julio-septiembre, pp. 52-110.

———, y Carlos Viesca (1985), "La epidemia de cocoliztli de 1576", *Historia,* núm. 11, pp. 27-33.

Márquez Morfín, Lourdes, M. E. Peraza, J. Gamboa y T. Miranda (1982), *Playa del Carmen: una población de la costa oriental en el postclásico (un estudio osteológico),* México, Instituto Nacional de Antropología e Historia, Col. Científica, 119.

McCaa, Robert (1984), "Calidad, clase and endogamy in Colonial Mexico: the case of Parral, 1788-1790", *Hispanic American Historical Review,* 64, núm. 3, agosto, pp. 477-502.

——— (1989), "Women's position, family and fertility decline in Parral (Mexico) 1777-1930", *Annales de Démographie Historique,* pp. 233-243.

McCaa, Robert (1991), "La viuda viva del México borbónico: sus voces, variedades y vejaciones", en Pilar Gonzalbo Aizpuru (comp.), *Familias novohispanas. Siglos XVI al XIX,* México, El Colegio de México, pp. 299-324.

——— (1993), "The peopling of nineteenth century Mexico: critical scrutiny of a censured century", en James W. Wilkie, Carlos Alberto Contreras y Christof Anders Weber (comps.), *Statistical Abstract of Latin America,* Los Ángeles, University of California, Latin American Studies Center, vol. 30, parte 1, pp. 603-633.

——— (1995a), "Spanish and Nahuatl views on smallpox and demographic catastrophe in the Conquest of Mexico", *Journal of Interdisciplinary History,* 25, núm. 3, invierno, pp. 397-431.

——— (1995b), "¿Fue el siglo XVI una catástrofe demográfica para México? Una respuesta basada en la demografía histórica no cuantitativa", *Cuadernos de Historia,* 15, diciembre, pp. 123-136.

——— (1996), "Matrimonio infantil, *cemithualtin* (familias complejas), y el antiguo pueblo nahua", *Historia Mexicana,* 46, núm. 1, julio-septiembre, pp. 3-70.

———, y Lourdes Márquez Morfín (1995), "Paleodemography, nutrition and health in ancient Mexico", ponencia inédita presentada en la reunión anual de la Social Science History Association, Chicago, 16 de noviembre.

McClung, E., y M. C. Serra Puche (1993), "La revolución agrícola y las primeras poblaciones aldeanas", en *El poblamiento de México,* México, Consejo Nacional de Población, vol. 1, pp. 138-163.

Mier y Terán, Marta (1982), "Evolution de la population mexicaine á partir des données des recensements, 1895-1970", tesis inédita de doctorado, Montreal, Universidad de Montreal, Département de Démographie.

——— (1990), "Evolución demográfica de México en el siglo XX", en Sérgio Odilon Nadalin, María Luiza Marcílio y Altiva Pillati Balhana (comps.), *História e População: Estudos sobre a América Latina,* São Paulo, Fundação Sistema Estadual de Análise de Dados, pp. 81-87.

Moreno Toscano, Alejandra (1972), "Cambios en los patrones de urbanización en México, 1810-1910", *Historia Mexicana,* 22, núm. 2, pp. 160-187.

Morin, Claude (1977), "Démographie et différences ethniques en Amérique Latine coloniale", *Annales de Démographie Historique,* pp. 301-312.

Navarro y Noriega, Fernando (1820), *Memoria sobre la población del reino de Nueva España,* México, en la oficina de D. Juan Bautista de Arizpe.

Oliver Sánchez, Lilia V. (1986), *Un verano mortal. Análisis demográfico y social de una epidemia de cólera, Guadalajara 1833,* Guadalajara, Jalisco, Unidad Editorial del Gobierno del Estado.

Othón de Mendizábal, Miguel (1946) [primera edición 1939], "Demografía mexicana. Época colonial 1519-1810. Demografía colonial del siglo XVI. 1519-1599", en *Obras completas,* México, Talleres Gráficos de la Nación, vol. 3, pp. 309-338.

Ouweneel, Arij (1996), *Shadows over Anahuac: An Ecological Interpretation of Crisis and Development in Central Mexico 1730-1800,* Albuquerque, University of New Mexico Press.

Pescador, Juan J. (1992), *De bautizados a fieles difuntos,* México, El Colegio de México.

Prem, Hanns J. (1991), "Disease outbreaks in Central Mexico during the sixteenth-century", en Noble David Cook y W. G. Lovell (comps.), *"Secret Judgements of God". Old World Disease in Colonial Spanish America,* Norman, University of Oklahoma Press, pp. 20-48.

Rabell Romero, Cecilia A. (1990), *La población novohispana a la luz de los registros parroquiales,* México, Universidad Nacional Autónoma de México.

Reher, David H. (1992), "¿Malthus de nuevo? Población y economía en México durante el siglo XVIII", *Historia Mexicana,* 41, núm. 4, abril-junio, pp. 615-664.

Rosa, Luis de la (1846), *Memoria sobre el cultivo del maíz en México,* México.

Rosenblat, Ángel (1954), *La población indígena y el mestizaje en América,* Buenos Aires, Editorial Nova, 2 vols.

Sanders, William T. (1986), "Ecological adaptation in the Basin of Mexico 23,000 b. C. to the present", en Ronald Spores (comp.), *Supplement to the Handbook of Middle American Indians,* Austin, University of Texas Press, vol. 4, pp. 147-197.

Sanders, William T. (1992), "The population of the central Mexican symbiotic region, the Basin of Mexico, and the Teotihuacan Valley in the sixteenth century", en William Denevan (comp.), *The Native Population of the Americas in 1492,* Madison, University of Wisconsin Press, ed. rev., pp. 85-150.

———, Jeffrey R. Parsons y R. S. Santley (1979), *The Basin of Mexico: Ecological Processes in the Evolution of a Civilization,* Nueva York, Academic Press.

Saul, F. (1972), *The Human Skeletal Remains of Altar de Sacrificios: An Osteobiographic Analysis,* Cambridge, Mass., Papers of the Peabody Museum, vol. 63, núm. 2.

Secretaría de Estado (1831), *Memoria de la Secretaría de Estado y del Despacho de Relaciones Exteriores e Interiores, correspondiente al año de 1831,* México.

Serrano Sánchez, C. (1993), "Origen del hombre americano y perfil biológico de la población prehispánica de México", en *El poblamiento de México,* México, Consejo Nacional de Población, vol. 1, pp. 96-115.

Stern, Steven J. (1995), *The Secret History of Gender: Women, Men, and Power in Late Colonial Mexico,* Chapel Hill, University of North Carolina Press.

Storey, Rebecca (1992), *Life and Death in the Ancient City of Teotihuacan. A Modern Paleodemographic Synthesis,* Tuscaloosa, University of Alabama Press.

Sugiura, Y. (1993), "El ocaso de las ciudades y los movimientos poblacionales en el altiplano central", en Consejo Nacional de Población, *El poblamiento de México,* México, vol. 1, pp. 190-215.

Tribunal del Consulado (1850), "Noticias de Nueva España en 1805", *Boletín de la Sociedad Mexicana de Geografía y Estadística,* 2, pp. 5-13.

Urías Hermosillo, M., y C. San Juan Victoria (1982), "Población y desarrollo en el México del siglo XIX", *Investigación Económica,* 162, octubre-diciembre, pp. 129-177.

Van Young, Eric (1981), *Hacienda and Market in Eighteenth-Century Mexico. The Rural Economy of the Guadalajara Region, 1675-1820,* Berkeley, University of California Press.

Viesca T., Carlos (1984), "Epidemiología entre los mexicas", en Fernando Martínez Cortés (comp.), *Historia general de la medicina en México,* México, Universidad Nacional Autónoma de México, vol. 1, pp. 171-188.

Villaseñor y Sánchez, José Antonio (1992), *Theatro americano: descripción general de los reynos y provincianos de la Nueva España y sus jurisdicciones,* México, Editorial Trillas.

Wallace, Douglas C. (1977), "Mitochondrial DNA in aging and disease", *Scientific American,* 277, núm. 2, agosto, pp. 40-47.

Whitmore, Thomas M. (1992), *Disease and Death in Early Colonial Mexico:* Simulating Amerindian Depopulation, Boulder, Westview Press.

Zambardino, Rudolph A. (1980), "Mexico's population in the sixteenth century: demographic anomaly or mathematical illusion", *Journal of Interdisciplinary Study,* 11, núm. 1 (verano), pp. 1-27.

Zavala de Cosío, María Eugenia (1992), *Cambios de fecundidad en México y políticas de población,* México, El Colegio de México y Fondo de Cultura Económica.

II. LOS FACTORES DEL CAMBIO DEMOGRÁFICO

El panorama de la mortalidad

NIVELES, TENDENCIAS Y DIFERENCIALES DE LA MORTALIDAD

José Gómez de León Cruces y Virgilio Partida Bush

Introducción

El descenso de la mortalidad ha sido uno de los logros sociales más importantes del México contemporáneo. Como respuesta a los reclamos sociales, económicos y políticos que dieron origen a la Revolución mexicana (1910-1921), las políticas sociales de los gobiernos emanados de esa lucha armada dieron prioridad a la aceleración del descenso de la mortalidad, dentro de un marco general de elevación del nivel de vida de la población. La eficiencia de las políticas encaminadas a fortalecer los asentamientos humanos en ciertas regiones del país, y a colonizar extensas zonas despobladas con base en la propia población nacional, descansaba en buena medida en el aumento poblacional. Así, junto a la disminución del riesgo de fallecer, se impulsó el mantenimiento de una fecundidad elevada, de tal suerte que un rápido crecimiento demográfico permitiera una mejor ocupación del territorio y coadyuvara al desarrollo económico y social.

El significativo alargamiento de la sobrevivencia es fiel reflejo de las mejoras en las condiciones generales de vida de la población del país durante los pasados 15 lustros, bienestar que ha sido posible gracias a la conjugación de diversos factores. Entre los principales determinantes del descenso de la mortalidad destacan la expansión de los servicios educativos y la infraestructura sanitaria, que han posibilitado la óptima utilización de los servicios de salud, cuya ampliación ha sido más notoria a partir de la creación del Instituto Mexicano del Seguro Social (IMSS) en 1942 y, un año más tarde, de la transformación del Departamento de Salubridad en la Secretaría de Salubridad y Asistencia (SSA).

La cobertura cada vez mayor de los servicios de salud, junto a la elevación del nivel educativo, repercutió en un mejor aprovechamiento de la importación a bajo costo de medicamentos cada vez más eficientes para combatir las enfermedades. La cobertura del sistema nacional de salud y los avances en la investigación médica se tradujeron, a su vez, en el paulatino abatimiento de la mortalidad materno-infantil y de las defunciones originadas en padecimientos infecciosos y parasitarios, con el consecuente aplazamiento de la muerte y el incremento de la esperanza de vida. Así, mientras que en los años treinta la esperanza de vida de un mexicano equivalía a poco más de la mitad de la vida media de un sueco, en la actualidad escasos seis años separan las esperanzas de vida de México y de los países del mundo con menor mortalidad.

No obstante los logros alcanzados, aún persisten diferencias significativas en el riesgo de morir tanto en el ámbito territorial como entre los distintos grupos sociales, aunque esas desigualdades han aminorado durante el último medio siglo. La progresiva convergencia de los niveles de mortalidad entre las regiones y los estratos socioeconómicos es innegable; asimismo —de acuerdo con las tendencias recientes—, se espera que continúe en el corto y mediano plazos, sobre todo al considerar el hincapié que se ha hecho en años recientes en las políticas de asistencia social para combatir el rezago socioeconómico y la pobreza.

El propósito de este capítulo es revisar los niveles y tendencias de la mortalidad en México a partir de 1930, tanto desde una perspectiva territorial como desde la óptica de los diferenciales sociales y económicos. La mayor parte de las estimaciones se obtuvo de la reconstrucción de la mortalidad elaborada por Gómez de León y Partida (1998) para el periodo 1930-1997. En la primera sección se presenta la evolución del fenómeno para el conjunto del país y en la segunda, para las entidades federativas. Finalmente, en la tercera sección se describen las desigualdades socioeconómicas de la mortalidad infantil.

Niveles y tendencias de la mortalidad nacional, 1930-1997

El descenso en la mortalidad mexicana se advierte claramente en la evolución de la tasa bruta de mortalidad (TBM) que se muestra en la gráfica 1. En la pauta de franco y continuo descenso se aprecian algunos años en que el ritmo de descenso experimentó un freno, incluso con aumento en el riesgo de morir en 1951 y 1970. En todos esos años se registraron epidemias de enfermedades infecciosas del aparato respiratorio, cuyo efecto letal se concentró principalmente en los primeros años de vida; no obstante, aun cuando los episodios epidemiológicos fueron más intensos en 1951 y 1970, no llegaron a elevar la mortalidad en edades superiores a cinco años.

En la tendencia de largo plazo, se pueden distinguir cuatro etapas de acuerdo con el gradiente de reducción:

- Entre 1930 y 1943, la TBM disminuyó rápidamente (de 26.93 a 21.39

GRÁFICA 1. *Tasas brutas de mortalidad, 1930-1997*

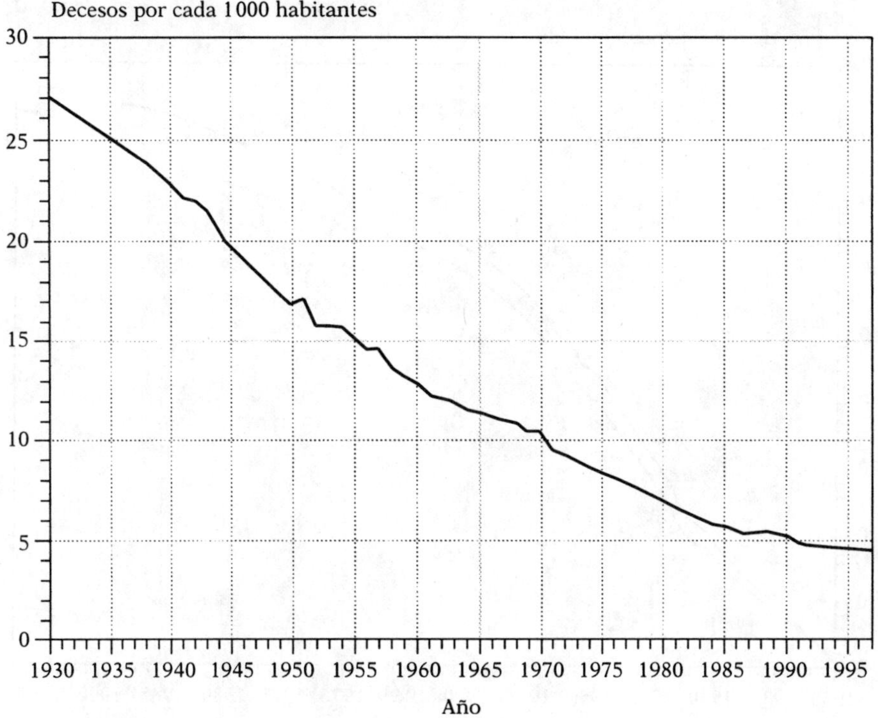

decesos por cada 1 000 habitantes), con un decremento medio anual de 0.43.

- Entre 1943 y 1960, tuvo lugar una caída aún más pronunciada (de 21.39 a 12.84) con un decremento medio anual de 0.50 muertes por cada 1 000 personas.
- Entre 1960 y 1983 se aprecia un freno en el ritmo de descenso (de 12.84 a 6.02), pues la reducción fue de 0.30 por año.
- Finalmente, en los últimos 14 años el freno es todavía más notorio (de 6.02 a 4.48), con una la baja media anual de sólo 0.11 decesos por cada 1 000 individuos

En suma, la tasa bruta de mortalidad en 1997 es sólo 16.6% de su valor en relación con la de 1930.

Un hecho bien conocido y documentado en la bibliografía demográfica es el sesgo que introduce la composición por edad al hacer comparaciones de los niveles del fenómeno con las tasas brutas de mortalidad. A fin de inhibir el efecto perturbador de la estructura etaria, en la gráfica 2 se

GRÁFICA 2. *Porcentaje acumulado de reducción de la mortalidad total por sexo, 1930-1997*

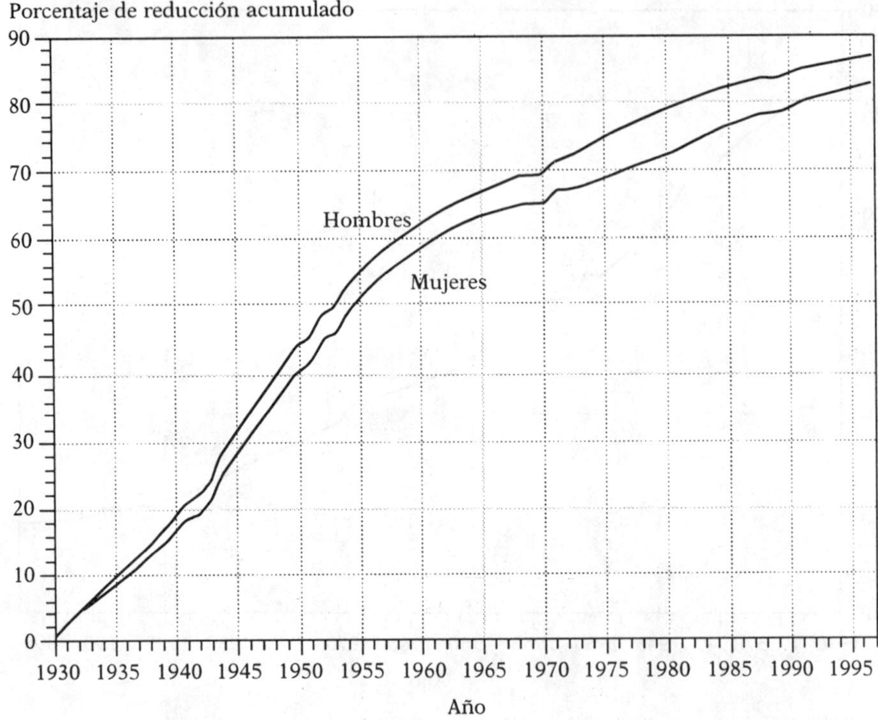

presenta (promediado sobre todas las edades) el porcentaje de descenso acumulado desde 1930 en el riesgo de morir. Se advierte que la probabilidad media de fallecer en 1997 era menos de la sexta parte (15.8%) de la registrada 67 años antes, casi la misma proporción que se obtiene a partir de las tasas brutas de mortalidad. La escasa diferencia se debe al aún incipiente envejecimiento en la estructura por edad del México actual; no obstante, una vez que la fracción de personas en edades avanzadas aumente de manera más acelerada en los años venideros, la tasa bruta de mortalidad también aumentará, aunque las probabilidades de fallecer se mantengan en continuo descenso en todo el rango etario. Las proyecciones vigentes del Consejo Nacional de Población apuntan que la tasa bruta de mortalidad continuará disminuyendo hasta registrar un mínimo histórico de 4.16 decesos por cada 1 000 habitantes en 2005, para luego experimentar un ascenso gradual hasta situarse en 9.76 en 2050. Junto a esa evolución de la mortalidad se prevé que el riesgo medio de fallecer se reducirá casi a la mitad al cabo de esos nueve lustros.

La reducción acumulada del riesgo medio de morir ha sido mayor entre las mujeres a lo largo de los 67 años considerados, como se ve en la gráfica 2; las probabilidades de fallecimiento entre las mujeres disminuyeron 86% y entre los hombres, 82%, entre los momentos extremos. Nuevamente se distinguen las mismas cuatro épocas de descenso que para el gradiente de cambio de la tasa bruta de mortalidad. La significativa baja en el nivel de la mortalidad entre 1943 y 1960 se advierte en el hecho de que la proporción en que disminuyó el riesgo medio al cabo de esos 17 años (46.4% para hombres y 49.2% para mujeres) requirió de los 23 años siguientes en el caso femenino y hasta 28 en el masculino para registrar los mismos descensos.

El descenso en las probabilidades de fallecer se ha traducido asimismo en un significativo alargamiento de la sobrevivencia. La esperanza de vida se ha más que duplicado al cabo de los pasados 13 lustros, al aumentar de 35.5 años para hombres y 37 para mujeres en 1930 a 72 y 76.6 años, respectivamente, en 1997. En la gráfica 3 se aprecia nuevamente un ascenso más rápido de la vida media entre 1943 y 1960: las ganancias de 14.8 años en hombres (de 41.5 a 56.2) y de 15.6 años en mujeres (de 43.8 a 59.5) representan un incremento de casi un año en la vida media (0.87 y 0.92, respectivamente) por cada año calendario. La notable disminución de la mortalidad durante esos 17 años es más evidente al comparar el aumento medio anual de la esperanza de vida con los incrementos registrados durante los 13 años previos (0.46 para hombres y 0.53 para mujeres), los 23 siguientes (0.41 y 0.53, respectivamente), o bien durante los 14 años más recientes (0.45 para hombres y 0.36 para mujeres).

Dentro del periodo 1960-1983 se pueden distinguir aún dos subintervalos: el primero (que comprende la década de los sesenta), cuando el incremento medio anual de 0.35 en la esperanza de vida masculina es inferior incluso al registrado a partir de 1983 y el de 0.42 en la vida media femenina, sólo supera al observado en el periodo más reciente; el segundo, de 1970 a 1983, se caracteriza por adiciones medias anuales de 0.46 para hombres y de 0.61 para mujeres, apenas superadas por las ganancias del periodo 1943-1960. El marcado freno en el descenso durante los años sesenta es una constante observada en gran parte de los países.

El distanciamiento en la brecha que separa las esperanzas de vida de ambos sexos no se ha mantenido en continuo ascenso a lo largo del tiempo. Después de una etapa de progresiva expansión de 1.5 años en 1930 a 3.1 años en 1952, se registró un lapso de escaso ensanchamiento hasta llegar a 3.3 años en 1965, sólo para entrar de nuevo en un periodo de veloz ampliación y alcanzar el máximo histórico de seis años en 1980-1981. A partir de entonces, el cierre ha sido franco para situarse en 4.7

GRÁFICA 3. *Esperanzas de vida al nacimiento por sexo, 1930-1997*

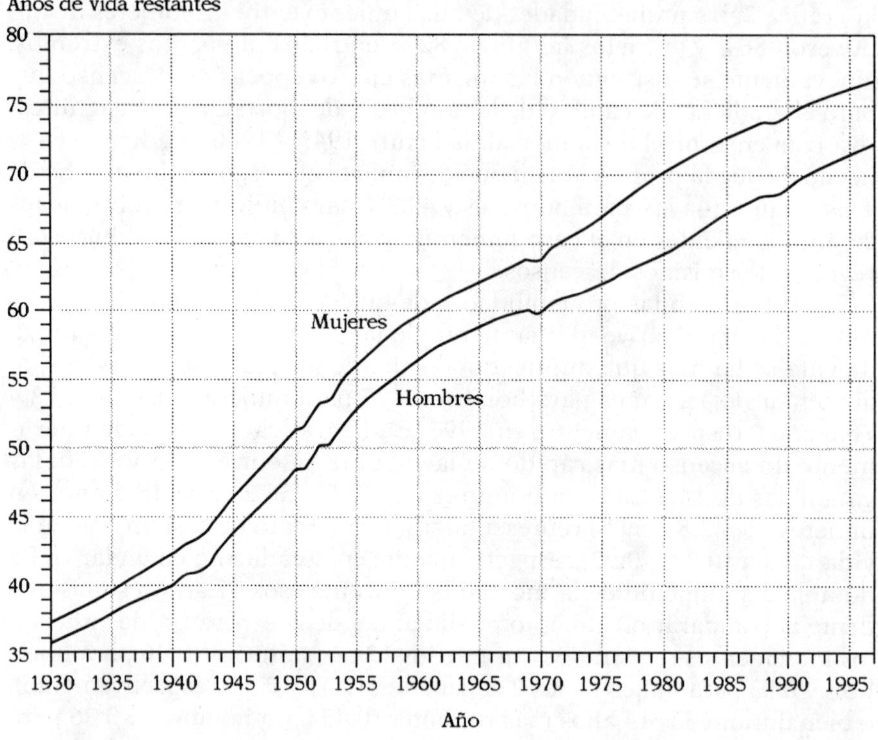

años en 1997. El rápido ascenso de 1965 a 1981 se originó en el nulo decremento en el riesgo de fallecer entre los hombres de edades entre 15 y 49 años, a causa de una mortalidad masculina cada vez mayor ocasionada por accidentes y lesiones. En efecto, mientras la esperanza de vida parcial de las mujeres que tenían entre 15 y 50 años aumentó de 33.3 años en 1965 a 34.1 en 1981, la de los hombres se mantuvo prácticamente constante en alrededor de 32.9 años. Una vez puestos en marcha programas encaminados a abatir la mortalidad por accidentes y lesiones, su descenso entre los hombres de 15 a 49 años de edad retomó el ritmo previo a 1965, de tal manera que la esperanza de vida parcial masculina ascendió de 32.9 años en 1981 a 33.8 en 1997, mientras la femenina subió de 34.1 a 34.5 años, respectivamente.

Una visión más clara de la contribución media anual de los distintos grupos de edad al aumento en la esperanza de vida al nacimiento se tiene en la gráfica 4. Después de un patrón de aumento similar en ambos sexos en los dos primeros periodos, la pauta difirió después de 1960 por

GRÁFICA 4. *Incremento medio anual en la esperanza de vida, según grupos de edad, sexo y periodo, 1930-1997*

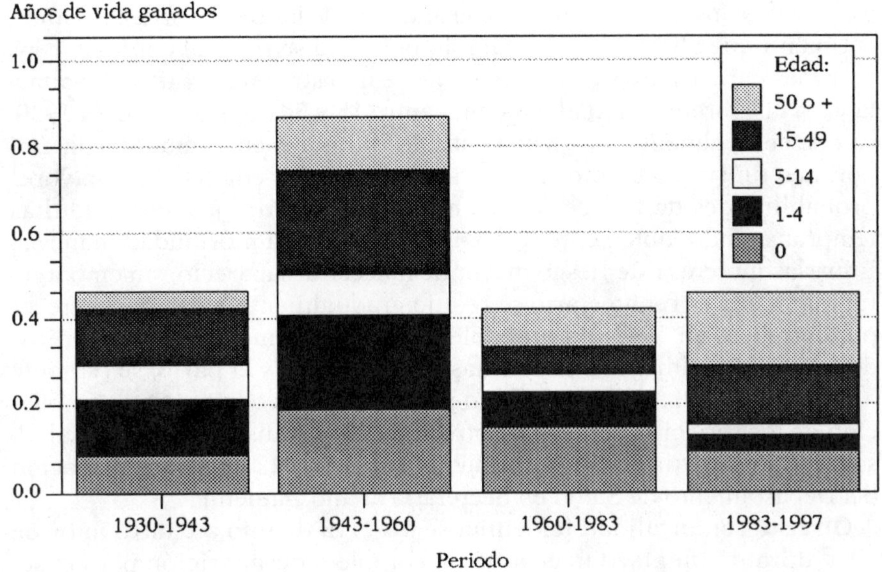

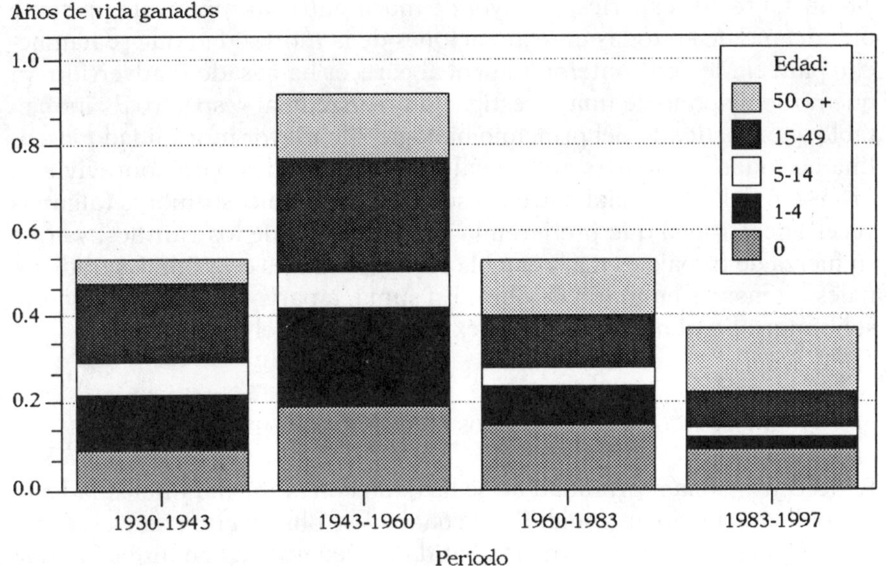

la disparidad en la contribución a partir de los 15 años de edad: hasta 1983, mientras ese rango etario aportó 0.25 años anualmente al incremento de la vida media femenina, sólo agregó 0.15 años a la masculina; en los últimos 14 años el panorama se invirtió: la contribución a la esperanza de vida total de los hombres fue de 0.30 años y la de las mujeres, de 0.23 años.

Un enfoque alternativo del cambio por edad se tiene al contrastar los patrones para los años extremos, como se muestra en la gráfica 5. Salta a la vista la sobremortalidad femenina entre 15 y 30 años de edad en 1930, ya que generalmente se observa entre los hombres en el mundo contemporáneo un riesgo de morir superior en todas las edades. Las mayores probabilidades de fallecer en las mujeres de edades jóvenes y adultas tempranas indudablemente se originan en una alta mortalidad materna. Entre las mujeres este riesgo mayor de fallecer desapareció, sin embargo, rápidamente: el rango etario se redujo gradualmente hasta desaparecer por completo en 1943. Es probable que esa sobremortalidad femenina, debida principalmente a problemas del embarazo y el parto, se remonte a varios siglos atrás, dado el efecto positivo que tuvo la continua ampliación de los servicios obstétricos ofrecidos por las instituciones de salud, sobre todo a partir de la fundación del IMSS en 1942 y la transformación del Departamento de Salud en Secretaría al año siguiente.

Otra sobremortalidad femenina se observa de uno a cuatro años de edad durante un plazo más largo; la completa desaparición para el segundo año de vida tuvo lugar hasta 1983; antes, la de cuatro años se había disipado en 1942; la de tres años, en 1966 y la de dos años, en 1971. No obstante que este riesgo mayor de morir entre las niñas está presente prácticamente en todas las estimaciones de la mortalidad que se han hecho para el México contemporáneo, al parecer ha pasado inadvertido, ya que no se dispone de una investigación realizada al respecto. Es inobjetable que, partiendo del principio biológico de mayor mortalidad masculina en todas las edades ante iguales oportunidades para sobrevivir, la inversión del diferencial entre los sexos se finca en costumbres (algunas veces ancestrales) que prefieren la supervivencia de los varones, ya que su fuerza de trabajo es más rentable para actividades económicas tradicionales intensivas en mano de obra. En suma, a partir de 1983 se advierte sobremortalidad masculina en México a lo largo del rango etario.

Diferenciales geográficos de la mortalidad, 1950-1995

El descenso en la mortalidad no se ha dado con la misma intensidad a lo largo del territorio nacional. En el cuadro 1 se observa una convergencia en las esperanzas de vida de las entidades federativas en ambos sexos.

GRÁFICA 5. *Tasas de mortalidad por edad y sexo, 1930-1997*

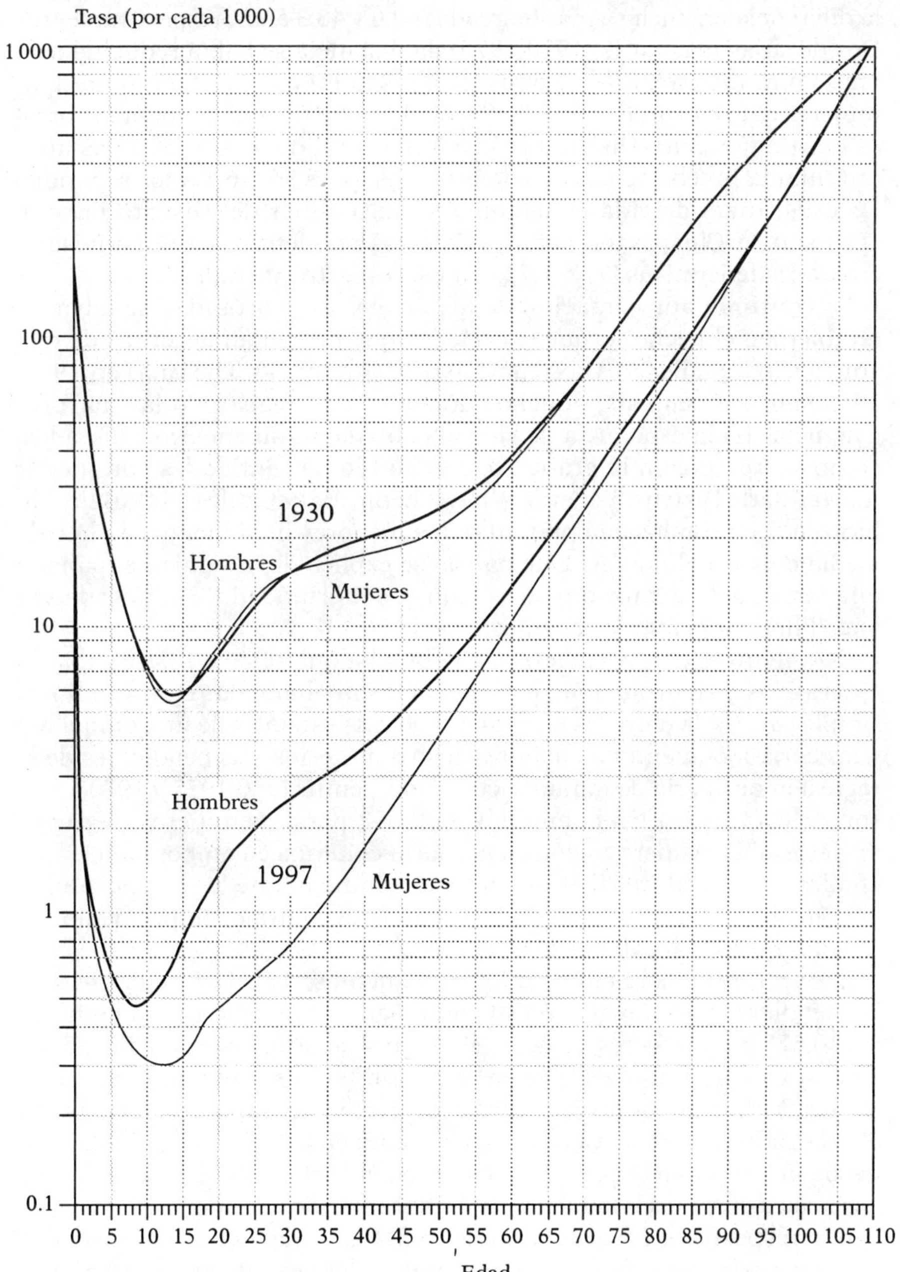

En 1950-1955, la vida media de los hombres en el Distrito Federal (57.3 años) era 13.6 años mayor que la de Oaxaca (43.7 años); en las mujeres la diferencia era incluso más marcada (60.6 y 46.3 años, respectivamente). Dos décadas más tarde (1970-1975), la distancia se había reducido a 10 años en ambos sexos (65.7 años para los hombres y 70.0 años para las mujeres del Distrito Federal; 55.9 y 60.0, respectivamente, para los habitantes de Oaxaca). Durante la primera mitad del decenio de los años noventa, la brecha se ha cerrado aún más, pues sólo 6.1 años separan a las esperanzas de vida al nacimiento masculinas del Distrito Federal (72.9 años) y Chiapas (66.7 años) y 5.6 años a las femeninas de las mismas entidades federativas (77.6 y 72.0 años, respectivamente).

La continua aproximación de los niveles de mortalidad se advierte también en el hecho de que los estados que presentan las cifras de mayor riesgo de fallecer (Oaxaca, Chiapas, Guerrero y Tlaxcala) en 1950-1955 son precisamente aquellos donde se han registrado las mayores ganancias en la esperanza de vida al cabo de los 40 años considerados, como se aprecia en la gráfica 6; en cambio, las entidades con menor mortalidad (Distrito Federal, Nuevo León, Baja California y Baja California Sur) son las que presentan los menores incrementos en la vida media de sus habitantes. Este patrón se explica de la siguiente manera: una vez que se alcanzan niveles bajos de mortalidad, resulta cada vez más difícil aumentar la esperanza de vida.

Otra manera de ver el cierre de la brecha que separa a las entidades federativas y su evolución en el tiempo es mediante la regresión lineal simple calculada entre las esperanzas de vida estatales de un quinquenio y las correspondientes a cualquier lustro posterior. Las pendientes de la regresión ordinaria de mínimos cuadrados, entre 1950-1955 y 1970-1975, son de 0.715 para los hombres y de 0.692 para las mujeres, según se advierte en el primer renglón de la cuarta columna en ambos paneles del cuadro 2. Los valores de las pendientes indican que la distancia en la vida media entre cualesquiera dos estados se contrajo, en promedio, alrededor de 30% al cabo de esos 20 años.

Si se repite el ejercicio para los quinquenios 1970-1975 y 1990-1995, las pendientes de la regresión son aún menores: de 0.641 para hombres y de 0.575 para mujeres; es decir, el rango se acortó, en promedio, 35.9% en el sexo masculino y 42.5% en el femenino. Si se comparan las esperanzas de vida de los lustros extremos, en el panel superior de la gráfica 6 y el cuadro 1 se observa que el incremento en la vida media oscila dentro de un amplio margen de 15.6 años en el Distrito Federal a 23.3 años en Oaxaca entre los hombres, y de 17.0 a 25.7 años para las mismas entidades, respectivamente, en las mujeres. De esta manera, la diferencia en las esperanzas de vida entre ambas entidades se contrajo de 13.6 años

CUADRO 1. *Esperanzas de vida al nacimiento por entidad federativa y sexo, 1950-1995*

Entidad federativa	*1950 1955*	*1955 1960*	*1960 1965*	*1965 1970*	*1970 1975*	*1975 1980*	*1980 1985*	*1985 1990*	*1990 1995*
				Hombres					
República Mexicana	50.19	54.50	57.56	59.43	60.94	62.98	65.46	67.94	70.17
Aguascalientes	52.78	56.80	59.64	61.38	62.96	65.25	68.16	70.34	71.78
Baja California	54.46	58.31	60.91	62.43	63.65	65.34	68.80	71.11	71.87
Baja California Sur	53.76	57.63	60.47	62.02	63.23	65.12	68.14	70.34	71.60
Campeche	49.96	54.01	57.11	59.17	60.72	62.75	65.47	67.84	69.70
Chiapas	43.66	48.25	51.59	53.86	55.83	58.14	61.22	64.13	66.74
Chihuahua	52.30	56.30	59.05	60.70	62.01	63.83	67.08	69.79	71.05
Coahuila	53.19	57.11	59.82	61.51	62.79	64.65	68.24	70.10	71.41
Colima	52.47	56.73	59.51	61.36	62.72	64.78	67.90	70.34	71.74
Distrito Federal	57.28	60.92	63.40	65.15	65.71	66.98	70.67	72.07	72.86
Durango	49.84	54.08	57.13	58.87	60.56	62.48	65.47	67.95	69.75
Estado de México	52.38	56.27	59.14	60.94	62.73	65.46	68.58	70.36	71.73
Guanajuato	49.66	53.97	57.03	58.97	60.67	62.92	65.35	68.52	70.30
Guerrero	45.21	49.74	53.12	55.27	57.10	59.12	61.95	65.25	67.67
Hidalgo	48.19	52.04	55.07	57.33	59.02	61.15	63.86	66.83	68.96
Jalisco	52.95	56.98	59.79	61.56	62.92	64.92	68.03	70.34	71.67
Michoacán	49.19	53.56	56.66	58.64	60.18	62.16	64.36	68.07	69.98
Morelos	51.45	55.56	58.43	60.27	61.78	63.77	67.20	69.29	70.93
Nayarit	49.70	53.95	56.96	58.88	60.43	62.47	65.79	68.28	70.15
Nuevo León	55.74	59.52	62.10	63.59	64.68	66.40	69.00	71.29	72.41
Oaxaca	43.65	47.97	51.40	53.75	55.85	58.26	60.63	64.39	66.90
Puebla	47.13	51.50	54.61	56.67	58.60	60.77	64.24	66.63	68.68
Querétaro	48.83	53.07	56.26	58.36	60.25	62.73	65.63	68.59	70.43
Quintana Roo	50.31	54.93	58.41	60.37	61.75	63.60	66.03	69.40	71.14
San Luis Potosí	47.86	52.24	55.45	57.43	59.25	61.47	64.29	67.13	69.08
Sinaloa	50.74	54.88	57.80	59.61	60.94	62.71	66.51	68.41	70.20
Sonora	52.92	56.85	59.58	61.21	62.44	64.22	68.34	69.74	71.12
Tabasco	48.28	52.70	56.02	58.10	59.82	61.97	64.98	68.08	70.04
Tamaulipas	52.85	56.85	59.63	61.32	62.54	64.26	66.47	69.66	70.98
Tlaxcala	48.97	53.27	56.50	58.61	60.49	62.94	65.38	68.86	70.78
Veracruz	48.25	52.66	55.74	57.69	59.27	61.15	63.75	66.71	68.69
Yucatán	48.49	52.58	55.70	57.70	59.50	61.67	64.58	67.24	69.19
Zacatecas	47.76	52.20	55.49	57.54	59.21	61.17	64.09	67.18	69.29

CUADRO 1. *(Concluye.)*

Entidad federativa	*1950–1955*	*1955–1960*	*1960–1965*	*1965–1970*	*1970–1975*	*1975–1980*	*1980–1985*	*1985–1990*	*1990–1995*
				Mujeres					
República Mexicana	53.27	57.68	60.81	62.99	65.29	68.48	71.25	73.29	75.11
Aguascalientes	55.84	59.94	62.77	64.84	67.21	70.34	73.91	75.52	76.55
Baja California	57.97	61.86	64.36	66.14	68.00	70.58	73.89	75.88	76.40
Baja California Sur	57.15	61.29	64.15	66.08	68.01	70.61	73.70	75.72	76.57
Campeche	52.81	57.06	60.10	62.32	64.83	68.16	71.37	73.67	74.59
Chiapas	46.84	51.46	55.02	57.89	60.59	64.27	67.83	70.45	71.97
Chihuahua	55.46	59.55	62.37	64.38	66.48	69.32	72.84	75.12	75.81
Coahuila	56.80	60.88	63.65	65.58	67.59	70.29	73.77	75.83	76.53
Colima	55.55	60.02	62.85	64.95	67.15	69.91	73.27	75.52	76.59
Distrito Federal	60.60	64.37	66.78	68.45	69.99	72.11	75.36	77.07	77.60
Durango	52.91	57.17	60.20	62.39	64.87	68.12	71.63	73.72	74.86
Estado de México	55.52	59.61	62.48	64.61	67.22	70.67	73.99	75.59	76.56
Guanajuato	52.15	56.49	59.62	61.88	64.45	67.95	71.50	73.68	74.90
Guerrero	48.11	52.61	56.20	58.76	61.43	65.09	68.86	71.55	73.09
Hidalgo	50.60	54.84	58.09	60.59	63.25	66.75	70.18	72.68	74.06
Jalisco	56.13	60.28	63.13	65.17	67.32	70.13	73.56	75.64	76.50
Michoacán	51.58	56.00	59.20	61.48	63.90	67.10	70.62	73.20	74.47
Morelos	54.91	59.23	62.17	64.34	66.56	69.54	72.78	75.02	76.16
Nayarit	53.15	57.50	60.58	62.86	65.19	68.34	71.75	74.20	75.39
Nuevo León	58.59	62.49	65.08	66.89	68.70	71.17	74.32	76.16	76.91
Oaxaca	46.28	50.63	54.32	57.09	60.03	64.08	67.72	70.49	71.97
Puebla	50.65	55.09	58.32	60.76	63.45	67.00	70.49	72.97	74.12
Querétaro	51.74	55.97	59.21	61.64	64.41	68.02	71.62	74.13	75.22
Quintana Roo	52.65	57.26	60.55	62.64	65.46	68.61	72.23	74.59	75.46
San Luis Potosí	50.75	55.18	58.45	60.85	63.48	67.11	70.62	72.89	74.01
Sinaloa	54.67	58.94	61.89	64.07	66.15	69.03	72.30	74.66	75.80
Tabasco	51.28	55.91	59.18	61.67	64.20	67.55	70.89	73.60	74.93
Tamaulipas	55.38	59.43	62.28	64.26	66.31	69.09	72.32	74.43	75.33
Tlaxcala	51.37	55.75	59.03	61.46	64.16	67.87	71.44	73.98	75.28
Veracruz	51.13	55.55	58.76	61.10	63.56	66.89	70.24	72.52	73.75
Yucatán	51.31	55.75	58.87	61.08	63.61	67.18	70.82	73.08	74.17
Zacatecas	50.59	55.09	58.39	60.80	63.38	66.88	70.37	72.97	74.29

FUENTE: Gómez de León y Partida (1998).

GRÁFICA 6. *Esperanza de vida por entidad federativa y sexo, 1950-1995*

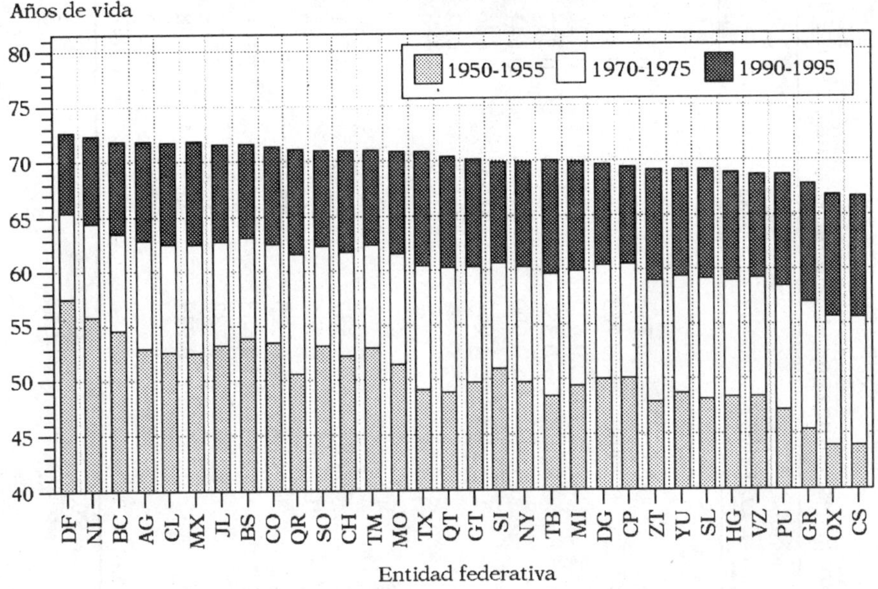

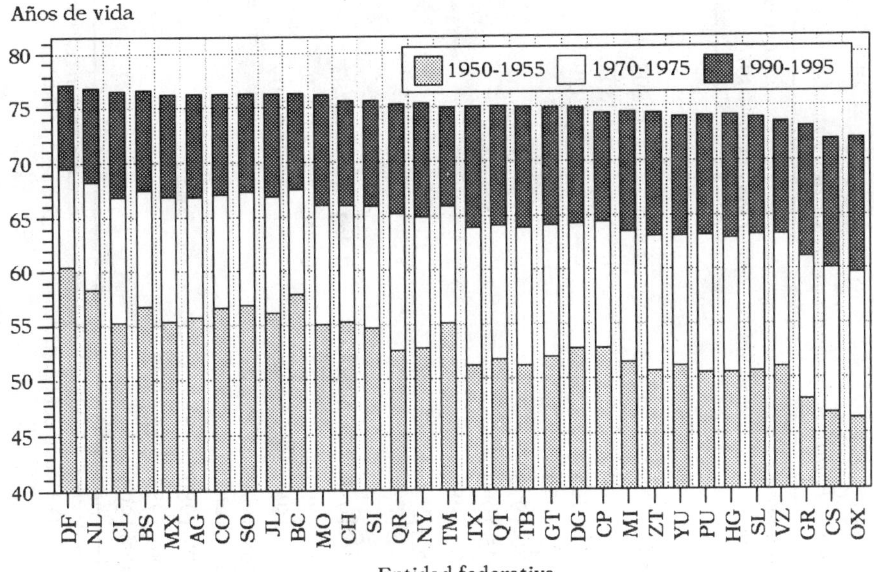

FUENTE: Derivada del cuadro 1.

CUADRO 2. *Pendientes de las regresiones lineales simples entre las esperanzas de vida al nacimiento, 1950-1995**

Quinquenio inicial	*Quinquenio posterior*							
	1955-1960	*1960-1965*	*1965-1970*	*1970-1975*	*1975-1980*	*1980-1985*	*1985-1990*	*1990-1995*
				Hombres				
1950-1955	0.938	0.864	0.803	0.715	0.664	0.716	0.586	0.450
1955-1960		0.923	0.857	0.764	0.709	0.763	0.627	0.482
1960-1965			0.929	0.828	0.769	0.825	0.681	0.525
1965-1970				0.891	0.829	0.887	0.734	0.567
1970-1975					0.936	0.999	0.828	0.641
1975-1980						1.062	0.883	0.686
1980-1985							0.804	0.622
1985-1990								0.779
				Mujeres				
1950-1955	0.948	0.861	0.783	0.692	0.568	0.537	0.462	0.391
1955-1960		0.908	0.826	0.731	0.600	0.567	0.489	0.414
1960-1965			0.909	0.806	0.661	0.625	0.539	0.458
1965-1970				0.886	0.728	0.688	0.593	0.505
1970-1975					0.826	0.782	0.675	0.575
1975-1980						0.949	0.816	0.698
1980-1985							0.860	0.735
1985-1990								0.857

* En todos los casos los coeficientes de determinación (R2) son superiores a 0.9.
FUENTE: Derivado del cuadro 1.

en la primera mitad de los años cincuenta a seis años en el primer lustro del decenio actual en el sexo masculino y de 14.3 a 5.6 años en el sexo femenino; es decir, la brecha se acortó 56.3% en hombres y 60.7% en mujeres. De la regresión lineal calculada con la esperanza de vida de los quinquenios extremos, se desprenden pendientes del orden de 0.450 para hombres y 0.391 para mujeres; en otras palabras, reducciones promedio de 55% y 60.9%, respectivamente, casi iguales a las obtenidas a partir de las esperanzas del Distrito Federal y Oaxaca.

Si bien se advierte una clara convergencia a lo largo del tiempo, cabe mencionar el retroceso que tuvo lugar entre los quinquenios 1975-1980 y 1980-1985 en los hombres, cuando la brecha se amplió, no sólo en promedio (6.2%), sino también entre los casos extremos: las diferencias de 8.72 y 8.85 años favorables al Distrito Federal en relación con Oaxaca y Chiapas, respectivamente (en la segunda mitad de los años setenta), se ampliaron a 10.04 y 9.45 años en el primer lustro de los ochenta. Esta divergencia temporal se vincula con el freno en el descenso de la mortalidad masculina de 15 a 49 años durante el decenio alrededor de 1980, referido en la sección anterior.

Otra manera de ver la aproximación de los niveles de la mortalidad entre las entidades federativas se tiene en el hecho de que las discrepancias en las esperanzas de vida de 1950-1955 equivalían, en las situaciones extremas, a un riesgo de morir que era mayor en Chiapas que en el Distrito Federal: 56.8% para hombres y 59.2% para mujeres; mientras que en la primera mitad de la década actual, esa sobremortalidad se había reducido a 37.8% en los hombres y a 40.4% en las mujeres. De las pendientes de las regresiones calculadas sobre las probabilidades medias de fallecer, se concluye que la diferencia entre los estados se ha acortado, al cabo de los 40 años, en casi 35% para ambos sexos.

El incremento en la esperanza de vida al nacimiento ha sido mayor en las mujeres que entre los hombres en todas las entidades federativas a lo largo de los 45 años considerados, como se puede ver en la gráfica 7 y el cuadro 1. La principal contribución se origina en el descenso de la mortalidad en los primeros cinco años de vida, y señala que el riesgo de morir a causa de enfermedades infecciosas y parasitarias ha experimentado una notable reducción.[1] En las entidades que se encuentran en etapas más avanzadas de la transición epidemiológica, cuando es más marcado el predominio de padecimientos crónicos y degenerativos y de las lesiones, la aportación más significativa a la ganancia en la esperanza de vida proviene de las edades por encima de 50 años, como es el caso del

[1] Sólo en el Distrito Federal y Nuevo León en ambos sexos y en Baja California en mujeres, la contribución del grupo de 0-4 años es menor que 40%.

GRÁFICA 7. *Ganancias en la esperanza de vida por entidad federativa, grupos de edad y sexo, 1950-1995*

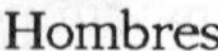

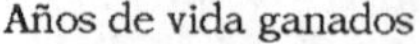

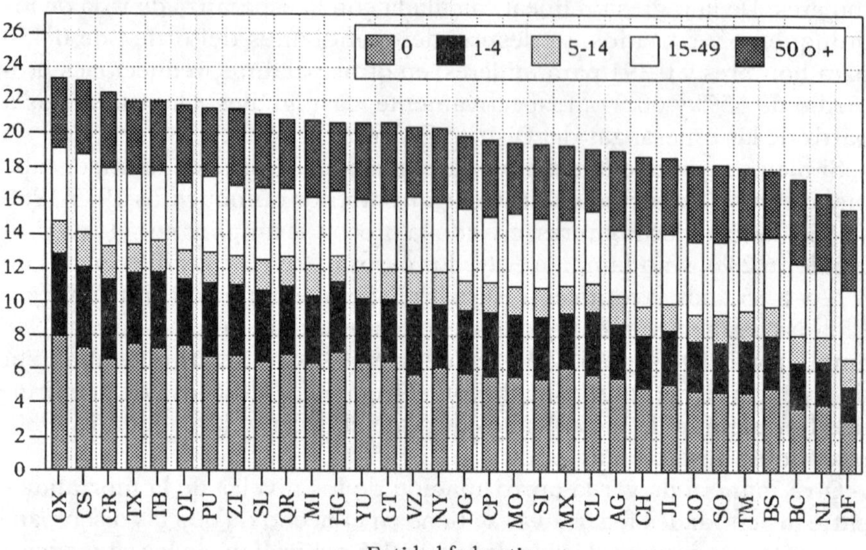

Mujeres

Años de vida ganados

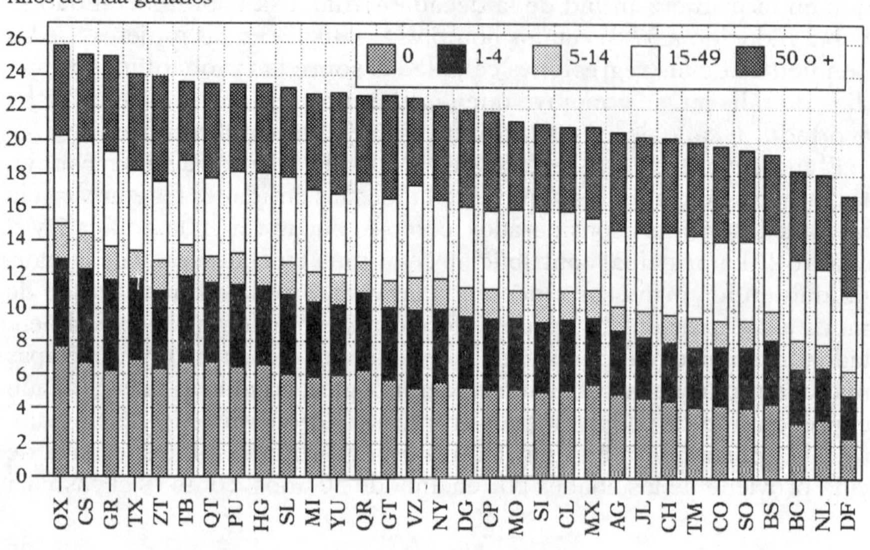

FUENTE: Derivada del cuadro 1.

Distrito Federal, Nuevo León y Baja California en ambos sexos; y Aguascalientes, Campeche, Coahuila, Chihuahua, Durango, Jalisco, Sonora y Tamaulipas sólo en mujeres.

La contribución de los distintos grupos de edad al aumento en la esperanza de vida ha cambiado en el transcurso del tiempo, debido sobre todo a la peculiar tendencia de la aportación correspondiente a los hombres de 15 a 49 años, delineado para el conjunto del país en la sección anterior. Entre los quinquenios 1950-1955 y 1965-1970, el incremento a la vida media debido al descenso del riesgo de morir en el intervalo etario de referencia varía de 20.7% en Oaxaca a 31.5% en el Distrito Federal. Durante la década de los setenta, la contención de la disminución de la mortalidad, originada en la incidencia cada vez mayor de decesos por lesiones y accidentes, propició que la adición del grupo 15-49 a la ganancia en la esperanza de vida se redujera, en promedio, a la décima parte entre los periodos 1970-1975 y 1980-1985; en Quintana Roo incluso se tornó negativa (–1.5%) y alcanzó el máximo en Sonora (16.2%). La recuperación del ritmo de descenso durante los 10 años siguientes fue de tal magnitud que la aportación en los dos lustros más recientes superó por amplio margen al registrado de 1950 a 1970, pues osciló de 29.7% en Chiapas a 46.5% en el Distrito Federal.

La pauta de rápida ampliación y compresión de la diferencia favorable a las mujeres en la vida media (descrita en la sección anterior para el conjunto del país) se reproduce en 26 entidades federativas, ya que durante el quinquenio 1980-1985 la brecha que separa a los sexos alcanzó su máximo histórico; las excepciones son Baja California, Distrito Federal, Morelos, Sinaloa y Sonora, cuando la diferencia máxima se ubicó en 1975-1980 y en Coahuila en 1985-1990 (véanse el cuadro 1 y la gráfica 6).

El efecto del freno en el descenso de la mortalidad masculina juvenil y adulta temprana en el diferencial por sexos puede proyectarse también mediante un escenario hipotético. Si suponemos que las tasas de mortalidad del grupo 15-49 años hubieran permanecido invariantes de 1965-1970 a 1980-1985 en ambos sexos, la distancia entre las esperanzas de vida habría sido más de un año inferior a la registrada en el primer lustro de los años ochenta para el total nacional y 25 entidades; más aún, sólo en seis estados (Aguascalientes, Chiapas, Guanajuato, Michoacán, Oaxaca y Tamaulipas) la brecha hubiera sido más amplia que en 1990-1995.

Desde una perspectiva de largo plazo, la sobremortalidad masculina respecto de la femenina aumentó más de dos veces de 1950 a 1995 a lo largo del territorio nacional: el aumento en el mayor riesgo medio de morir de los hombres entre los quinquenios extremos oscila de 2.2 veces en Baja California (13.2% en 1950-1955 y 28.5% en 1990-1995) a 3.2

veces en Hidalgo (10.4% y 33.0%, respectivamente). Si bien el máximo histórico de la sobremortalidad masculina se advierte durante la década de los ochenta en 30 estados (en Baja California y el Distrito Federal en 1990-1995), cabe señalar que el valor del primer lustro del decenio actual fue mayor al observado en 1975-1980 en todas las entidades federativas.

Diferenciales territoriales de la mortalidad infantil, 1950-1995

Dentro del descenso global de la fecundidad, destaca la disminución del riesgo de morir en el primer año de vida, ya que ha ocurrido de manera muy acelerada, en comparación con la experiencia histórica de los países desarrollados. En 1930, 178 de cada 1 000 recién nacidos fallecían antes de su primer aniversario; en 1997, esta proporción fue de sólo 28 por cada 1 000, como se puede ver en la gráfica 8. Asimismo, se advierte que el freno en el descenso de la mortalidad infantil en ciertos años (incluso aumento en el nivel) es más marcado que para la mortalidad general; sobresalen 1970 y 1989, cuando el promedio de decesos por cada 10 000 nacimientos aumentó en 26 y 18, respectivamente, en relación con el año anterior. En ambos casos el ascenso en la probabilidad de fallecer se originó en epidemias causadas por enfermedades del aparato respiratorio.

Igual que en la mortalidad general, en la infantil también se aprecian diferencias significativas en el ámbito territorial. En el cuadro 3 se presenta la secuencia histórica de la tasa de mortalidad infantil por intervalos quinquenales para el periodo 1950-1995, y en la gráfica 9 se ilustran los decrementos observados entre tres lustros seleccionados. Es más notoria la convergencia en el riesgo de morir en el primer año de vida que para la mortalidad global: el exceso de más de 100 decesos por cada 1 000 nacidos vivos en Oaxaca respecto del Distrito Federal en 1950-1955 se redujo a 63 en la primera mitad de los años setenta y a sólo 28 en Chiapas en relación con la capital de la nación en el quinquenio más reciente; es decir, una reducción de 74% en el rango dentro del que varía el indicador.

Otra perspectiva del cierre de la brecha que separa a las entidades federativas en cuanto a su mortalidad infantil, se tiene con la pendiente de la regresión lineal simple calculada sobre el indicador para cualesquiera par de quinquenios, que para todas las combinaciones posibles se muestran en el cuadro 4. Se advierte que, en promedio, las diferencias entre las entidades federativas se redujeron 75% entre los lustros extremos (el complemento a la unidad de la cifra en el primer renglón y la última columna del cuadro 4), lo cual indica que la continua aproximación en el riesgo de morir en el primer año de vida ha sido más rápida que para

GRÁFICA 8. *Tasas de mortalidad infantil, 1930-1977*

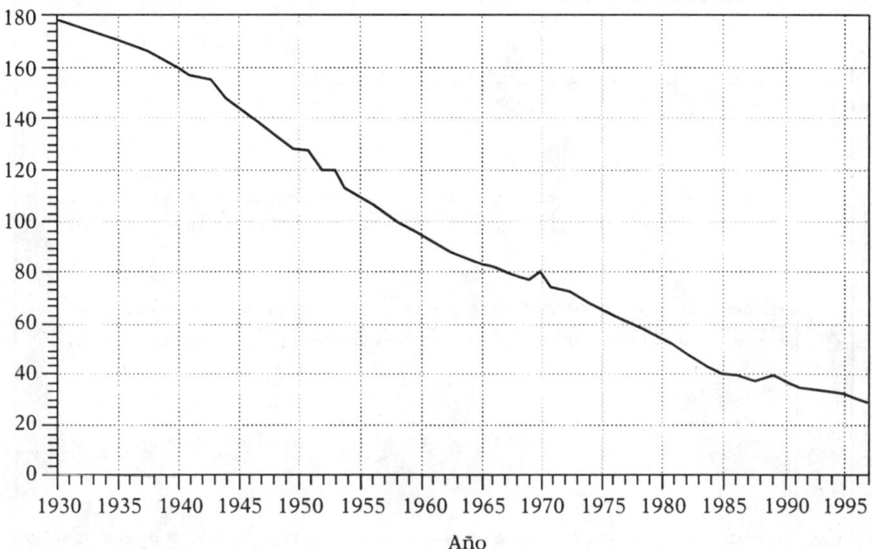

GRÁFICA 9. *Tasas de mortalidad infantil por entidad federativa, 1950-1995*

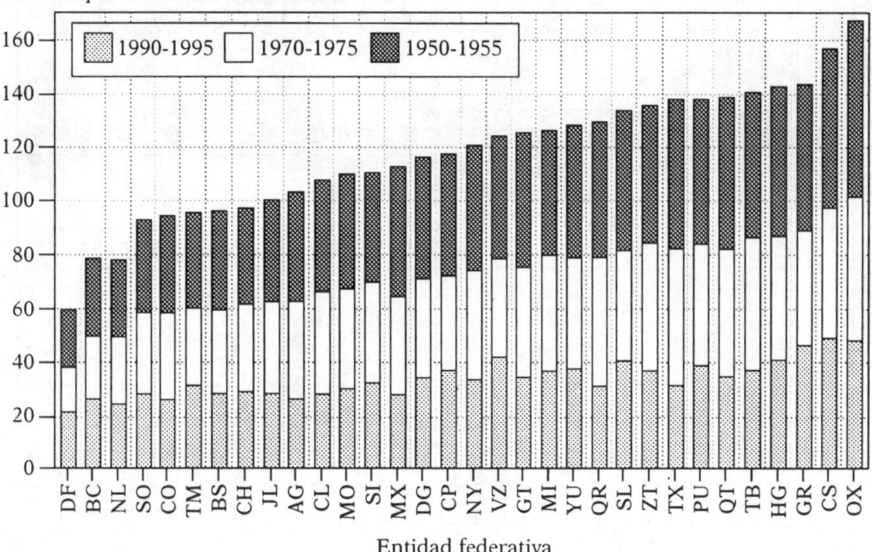

FUENTE: Derivada del cuadro 3.

CUADRO 3. *Tasas de mortalidad infantil por entidad federativa, 1950-1995*

Entidad federativa	*1950 1955*	*1955 1960*	*1960 1965*	*1965 1970*	*1970 1975*	*1975 1980*	*1980 1985*	*1985 1990*	*1990 1995*
República Mexicana	118.7	101.1	87.3	79.2	71.2	58.8	45.8	38.0	33.0
Aguascalientes	103.0	88.4	77.2	71.1	62.4	47.2	33.8	30.1	25.6
Baja California	77.2	65.9	57.5	54.0	50.2	41.4	30.1	26.5	25.1
Baja California Sur	95.6	81.9	71.5	66.2	60.6	50.0	36.7	30.2	27.7
Campeche	117.3	100.9	88.1	80.7	73.1	60.9	48.1	40.8	36.7
Chiapas	156.5	135.1	118.0	106.8	97.5	85.4	70.6	56.2	48.4
Chihuahua	96.7	82.9	72.4	66.9	61.8	52.1	38.7	31.1	27.9
Coahuila	93.4	80.0	69.8	64.7	59.1	48.3	35.3	29.4	25.8
Colima	106.8	91.7	80.0	73.6	67.2	56.2	41.4	32.3	27.0
Distrito Federal	59.0	49.9	43.6	41.8	39.7	32.2	23.3	23.2	20.7
Durango	115.8	99.6	86.9	79.6	71.8	59.0	45.2	37.6	33.1
Estado de México	111.6	95.9	83.7	76.8	64.9	44.9	31.6	31.1	27.3
Guanajuato	124.7	107.3	93.7	85.6	76.3	61.8	47.4	39.4	33.6
Guerrero	143.0	123.3	107.6	97.8	89.8	78.9	64.6	51.5	44.6
Hidalgo	142.4	122.8	107.2	97.3	88.0	74.8	59.4	47.2	40.1
Jalisco	100.0	85.8	74.9	69.1	62.8	51.3	37.9	31.6	27.8
Michoacán	126.2	108.6	94.8	86.6	79.8	69.6	54.4	41.8	35.8
Morelos	108.7	93.3	81.5	74.9	68.5	57.5	43.3	34.5	29.1
Nayarit	119.2	102.5	89.5	81.9	75.2	64.5	49.1	37.6	32.3
Nuevo León	77.5	66.1	57.7	54.1	50.0	40.6	29.4	26.3	23.4
Oaxaca	166.6	143.9	125.6	113.5	102.5	88.3	71.0	54.6	46.7
Puebla	137.2	118.2	103.2	93.9	84.7	71.3	55.9	44.5	38.2
Querétaro	137.7	118.7	103.6	94.2	83.0	66.1	49.4	39.4	32.7
Quintana Roo	128.4	110.5	96.5	88.0	78.8	64.8	48.2	37.1	30.6
San Luis Potosí	132.8	114.4	99.9	91.0	81.9	68.4	53.7	43.6	39.4
Sinaloa	109.9	94.4	82.4	75.7	70.4	61.3	47.4	37.2	31.7
Sonora	92.2	78.9	68.9	63.9	59.4	50.3	37.7	30.9	27.4
Tabasco	139.6	120.3	105.0	95.5	86.7	74.1	57.1	43.1	36.0
Tamaulipas	94.7	81.2	70.8	65.6	61.3	52.8	40.3	33.0	30.0
Tlaxcala	136.6	117.7	102.7	93.5	82.6	66.4	49.2	38.2	30.4
Veracruz	123.9	106.6	93.0	85.0	78.8	69.4	56.6	46.2	41.2
Yucatán	127.6	109.8	95.9	87.5	78.4	64.5	49.8	40.6	36.0
Zacatecas	135.3	116.5	101.7	92.6	84.5	72.7	56.6	43.3	36.4

FUENTE: Gómez de León y Partida (1998).

GRÁFICA 10. *Tasas de mortalidad infantil por tamaño de la localidad de residencia, 1971-1995*

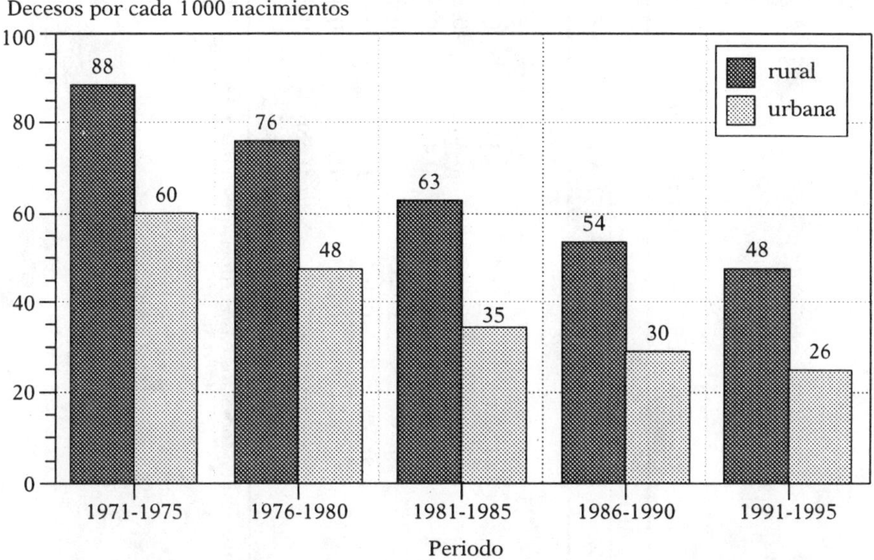

FUENTE: Conapo (1997: 9).

el conjunto de las otras edades, ya que el acortamiento en el intervalo infantil es más significativo que para la mortalidad global (55% en hombres y 61% en mujeres en el cuadro 2). Al inspeccionar la diagonal principal del cuadro 4, se advierte una notable recuperación en la velocidad de la convergencia entre los dos lustros de la década de los años ochenta (0.686), después del freno registrado en los dos quinquenios anteriores, cuando el rango se redujo apenas 9.8% y 11.2%, respectivamente.

No obstante la rápida convergencia de la mortalidad infantil entre las entidades federativas, los niveles recientes de Oaxaca, Chiapas y Guerrero aún están alrededor del doble de los registrados en el Distrito Federal y en Nuevo León, situación que se magnifica si se considera que la tasa de mortalidad para los tres estados con mayor probabilidad de fallecer en 1990-1995 corresponde a la media nacional observada en 1981-1983, en tanto que la del Distrito Federal es igual a la prevista para el país en su conjunto en 2005. De acuerdo con la tendencia nacional, la diferencia entre estos dos extremos equivale a un rezago de 23 años.

Un enfoque alternativo para los diferenciales territoriales de la mortalidad infantil se aplica de acuerdo con el tamaño de la localidad de residencia, como se muestra para el periodo 1971-1995 en la gráfica 10. Es

CUADRO 4. *Pendientes de las regresiones lineales simples entre las tasas de mortalidad infantil, 1950-1995**

Quinquenio	*Quinquenio posterior*							
inicial	*1955-1960*	*1960-1965*	*1965-1970*	*1970-1975*	*1975-1980*	*1980-1985*	*1985-1990*	*1990-1995*
				Hombres				
1950-1955	0.873	0.763	0.666	0.584	0.523	0.456	0.315	0.249
1955-1960		0.873	0.763	0.669	0.598	0.522	0.361	0.286
1960-1965			0.873	0.766	0.685	0.598	0.413	0.327
1965-1970				0.877	0.785	0.685	0.473	0.375
1970-1975					0.912	0.801	0.550	0.438
1975-1980						0.888	0.603	0.486
1980-1985							0.686	0.559
1985-1990								0.825

* Hasta la columna 1975-1980, los coeficientes de determinación (R^2) son en todos los casos superiores a 0.9; en las dos siguientes, mayores a 0.87 y en la última, superiores a 0.76.

FUENTE: Derivado del cuadro 3.

GRÁFICA 11. *Tasas de mortalidad infantil por nivel educativo de la madre, 1971-1995*

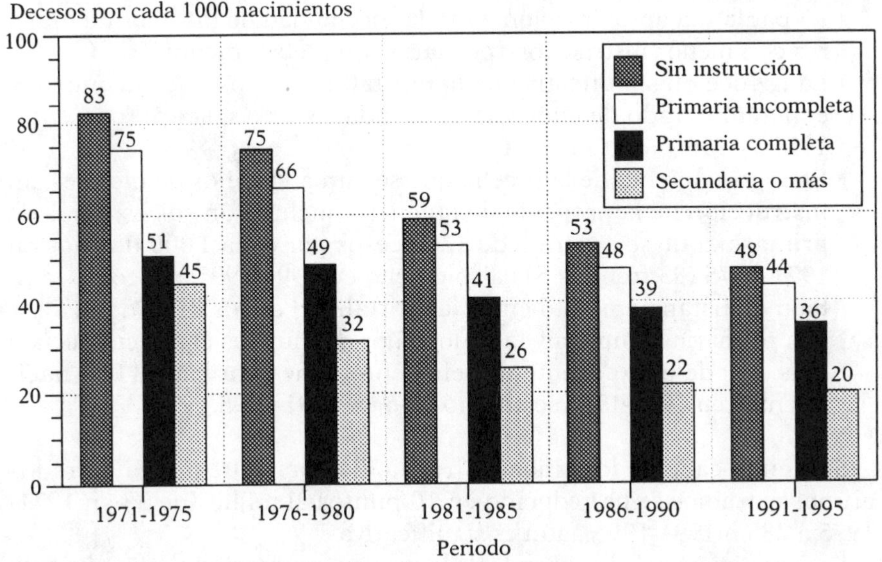

FUENTE: Conapo (1997: 9).

claro que aún persiste un diferencial marcado entre las localidades rurales (de menos de 2 500 habitantes) y las urbanas (de 2 500 o más), aunque la brecha que las separa ha disminuido ligeramente en los años recientes: de un excedente rural de 28 decesos por cada 1 000 nacidos vivos (que se mantuvo constante de 1971 a 1985) bajó a 24 en 1986-1990 y a 22 en 1991-1995.

DIFERENCIALES SOCIOECONÓMICOS DE LA MORTALIDAD INFANTIL, 1971-1995

La educación de los padres trasciende su propio provecho en beneficio de la descendencia, ya que contribuye a romper el círculo vicioso de la transmisión intergeneracional de la pobreza. Destaca en particular la educación de la madre porque repercute de manera directa en el cuidado de los hijos y en valerse efectiva y provechosamente de los recursos familiares disponibles. Un hecho que se comprueba universalmente es la estrecha relación entre la escolaridad de la madre y la sobrevivencia infantil.

En la gráfica 11 se presentan, para cinco periodos quinquenales entre

1971 y 1995, las tasas de mortalidad infantil de acuerdo con el nivel educativo de la madre. Tres aspectos sobresalen en la tendencia secular:

- La paulatina aproximación entre la mortalidad de los hijos de mujeres con menor instrucción (primaria completa o menos).
- La reducción significativa de la mortalidad de los hijos de mujeres con algún grado de educación secundaria o más, sobre todo entre 1971 y 1990.
- El angostamiento de la brecha que separa a los hijos de mujeres sin instrucción de la progenie de quienes concluyeron sus estudios de primaria, que se contrajo de 32 decesos por cada 1 000 nacidos en 1971-1975 (83 frente a 51) a sólo ocho en 1991-1995; así como también el distanciamiento entre la mortalidad de los hijos de madres con primaria completa y la de los hijos de mujeres con secundaria o más, donde el excedente de seis defunciones por cada 1 000 nacimientos en 1971-1975 se amplió a 16 en 1991-1995.

Si bien al cabo de los cinco lustros la distancia que media entre los grupos extremos se ha reducido en 10 puntos al millar (de 38 en 1971-1975 a 28 en 1991-1995), aún es significativa.

Las condiciones de la vivienda y el ambiente que rodea al niño durante su primer año de vida son también factores críticos para su sobrevivencia. En la gráfica 12 se presentan las diferencias en la mortalidad infantil según tres categorías del estado sanitario de la vivienda, que varían de "deficientes" (viviendas con piso de tierra y sin disponibilidad de agua ni drenaje) a "adecuadas" (con piso diferente a tierra y con agua y drenaje). Se advierte una mayor reducción en términos absolutos en la situación menos propicia para la sobrevivencia; no obstante, la mortalidad infantil del peor contexto es el doble de la del mejor en el lustro más reciente. Se observa también que el riesgo de morir en viviendas con condiciones "regulares" se ha aproximando progresivamente al de condiciones adecuadas, que deja cada vez más rezagado al de condiciones deficientes.

Amén de la influencia de las variables socioeconómicas, en la diferenciación de la mortalidad infantil también intervienen factores biodemográficos, como la edad de la madre al nacimiento del hijo y el intervalo intergestacional. Empíricamente se ha observado que la probabilidad de fallecer en el primer año de vida aumenta cuando los hijos provienen de embarazos precoces o tardíos, así como también de periodos de gestación cortos o prolongados. Este patrón se reproduce claramente en la gráfica 13, donde se recoge la evidencia para los nacidos en el país de 1987 a 1991. Tres aspectos saltan a la vista: primero, la mayor mortalidad relacionada con duraciones intergestacionales cortas (menos de 18 meses) o lar-

GRÁFICA 12. *Tasas de mortalidad infantil por condiciones sanitarias de la vivienda, 1971-1995*

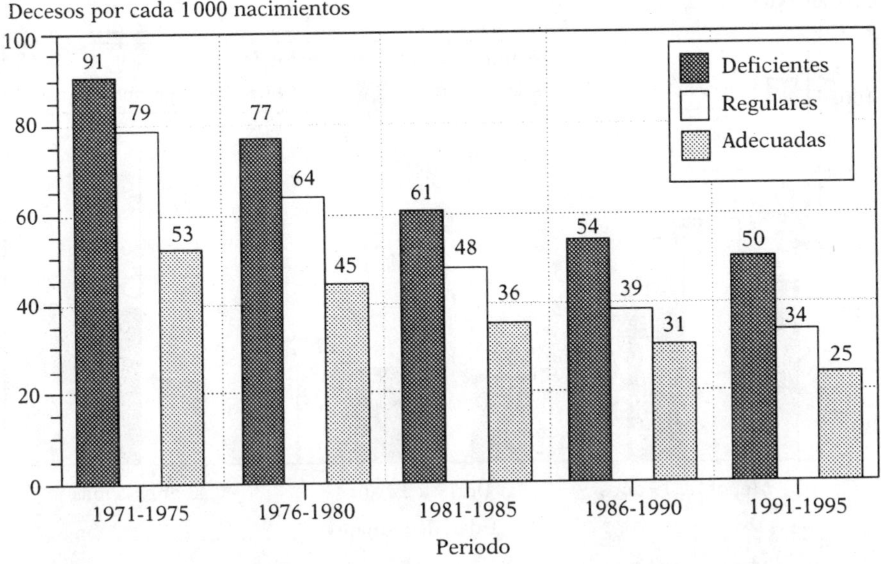

FUENTE: Conapo (1997: 11).

gas (60 meses o más), independientemente de la edad de la madre; segundo, el riesgo menor de morir en los hijos cuyas madres dieron a luz en la etapa media de su vida fértil (19-32 años); y tercero, la escasa variación de las tasas de mortalidad infantil en la fecundidad intermedia, excepto cuando el intervalo intergestacional es menor que 18 meses (panel central de la gráfica). El patrón que se advierte en la gráfica 13 indica, al menos en la experiencia mexicana reciente, que un periodo corto intergestacional tiene una mayor influencia en el incremento en la probabilidad de fallecer antes del primer aniversario que la fecundidad precoz o tardía.

Los diversos factores de riesgo socioeconómicos y biodemográficos no actúan de manera aislada sino que se encuentran estrechamente vinculados entre sí. En el ámbito rural predominan las condiciones que hacen más propicia la mortalidad infantil: madres con baja escolaridad, fecundidad temprana y periodos intergestacionales cortos, residentes en viviendas con condiciones sanitarias deficientes; en los núcleos urbanos, en cambio, son más frecuentes los factores que favorecen la sobrevivencia de los niños. La inferencia a que se puede llegar a partir de la información disponible es más precisa entonces si se consideran de manera conjunta las distintas variables.

GRÁFICA 13. *Tasas de mortalidad infantil por edad de la madre al nacimiento del hijo e intervalo intergestacional, 1987-1991*

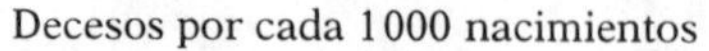

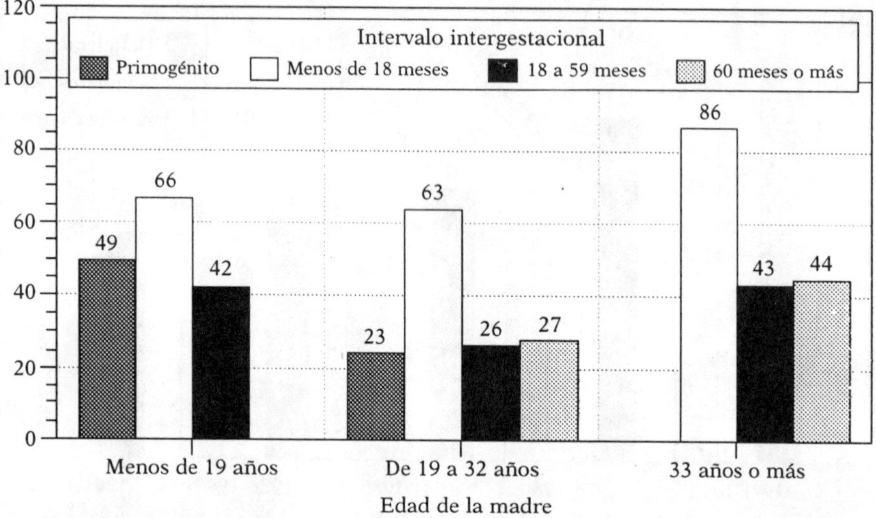

FUENTE: Conapo (1997: 11).

Al incorporar simultáneamente los diversos aspectos socioeconómicos y biodemográficos, para los nacidos entre 1987 y 1991 (en un modelo logístico para la tasa de mortalidad infantil), se obtienen los riesgos proporcionales que se reproducen en el cuadro 5. Se advierte que, salvo el diferencial rural-urbano, los riesgos relativos son estadísticamente significativos en todos los casos. En las condiciones más favorables para la sobrevivencia (el conjunto de categorías de "referencia" en el cuadro), la tasa de mortalidad infantil asciende a 10 defunciones por cada 1 000 nacidos vivos;[2] en cambio, si se toma la situación más desfavorable (baja educación, alta paridad, fecundidad precoz o tardía con periodo intergestacional corto o largo y condiciones sanitarias deficientes), la probabilidad de fallecer sube hasta 168 por cada 1 000: casi 17 veces el valor mínimo. Así, mientras el riesgo mayor corresponde al observado para el conjunto del país en 1936, el menor iguala al nivel previsto para 2030; se puede concluir así que, de acuerdo con la tendencia nacional, el distanciamiento entre las situaciones extremas para la sobrevivencia equivale a un rezago de casi un siglo.

[2] Se tomó la tasa para cada sexo por separado y luego se mezcló asumiendo un índice de masculinidad al nacimiento de 104 hombres por cada 100 mujeres.

CUADRO 5. *Riesgos proporcionales de la tasa de mortalidad infantil relacionados con variables socioeconómicas y biométricas, 1987-1991*

Variable sociodemográfica	*Riesgo*
Siete años o más de educación de la madre (referencia)	1.0000
Menos de siete años de educación de la madre	2.3186[a]
Es el tercer hijo o anterior (referencia)	1.0000
Es el cuarto hijo o posterior	1.1799[b]
Residencia urbana (referencia)	1.0000
Residencia rural	1.0449
El nacido es mujer (referencia)	1.0000
El nacido es hombre	1.1684[b]
Edad: 19-32 años e intervalo intergenésico 18-59 meses (referencia)	1.0000
Edad: 19-32 años e intervalo intergenésico distinto de 18-59 meses	2.3275[a]
Edad: 19-32 años y primogénito	1.3270[b]
Edad distinta de 19-32 años e intervalo intergenésico 18-59 meses	1.4394[a]
Edad distinta de 19-32 años e intervalo intergenésico distinto de 18-59 meses	2.6427[a]
Edad distinta de 19-32 años y primogénito	1.9741[a]
Con agua, piso distinto de tierra y con excusado (referencia)	1.0000
Con dos de los anteriores	1.2094[b]
Con uno de los anteriores	1.1949[b]
Sin agua, piso de tierra y sin excusado	1.3647[a]
Riesgo mínimo (constante)	0.0095

[a] Significativo a 0.01.
[b] Significativo a 0.05.

Si se controlan las demás variables, la tasa de mortalidad de los hijos de mujeres con menos de siete años de educación es más del doble (2.32 veces) que la de quienes tienen madres que aprobaron algún grado de secundaria o más. Si el parto tiene lugar en la etapa media de la vida fértil (19 a 32 años de edad), cuando el intervalo intergestacional es corto o largo (menos de 18 meses o más de 60), el riesgo de fallecer es más del doble (2.33 veces) que cuando hay un adecuado espaciamiento entre los embarazos. Si a un inconveniente periodo intergestacional se agrega la fecundidad temprana o tardía, la sobremortalidad respecto de las condiciones biométricas óptimas asciende a 2.64 veces.

Conclusiones

El franco y sostenido descenso de la mortalidad a partir de la culminación de la Revolución mexicana (1910-1921) constituye uno de los logros sociales más importantes del México contemporáneo, ya que el sostén de esa notable reducción del riesgo de fallecer es la indiscutible mejora en las condiciones generales de bienestar de la población.

No se puede negar que aún existe la desigualdad social y económica en México; sin embargo, si el nivel de la mortalidad es un fiel indicador de las condiciones de vida de la población, la convergencia en las probabilidades de fallecer —tanto entre los distintos grupos sociales como en el ámbito geográfico— es indicativa de una merma gradual en el dispar reparto de los beneficios del desarrollo durante los pasados 15 lustros.

Si bien en la mayor parte de la población de México imperan bajos niveles de mortalidad —sobre todo si se comparan con otros países en vías de desarrollo—, es indispensable continuar reforzando las acciones encaminadas al acceso universal a la educación básica y a los servicios de salud de calidad, a fin de abatir en el corto y mediano plazos las amplias brechas que aún prevalecen en el riesgo de fallecer entre los distintos grupos de población.

Referencias

Consejo Nacional de Población (Conapo) [1997], *La situación demográfica de México 1997,* México, Consejo Nacional de Población.

Gómez de León, J., y V. Partida (1998), *Sesenta y cinco años de mortalidad en México, una reconstrucción demográfica 1930-1995*, México, Consejo Nacional de Población.

LAS CAUSAS DE MUERTE EN MÉXICO

Rosario Cárdenas

DIVERSOS elementos de la dinámica demográfica se ven reflejados en la estructura de causas de muerte. Así, por ejemplo, la reducción reciente de los niveles de fecundidad —al propiciar la disminución del tamaño de la población infantil— produce cambios en la participación de las enfermedades propias de este grupo de edad. Asimismo, el rápido aumento del volumen de la población anciana en el país trae consigo un incremento en la proporción de las enfermedades no transmisibles, las cuales se observan con mayor frecuencia en este grupo de edad.

El estudio de la mortalidad por causas constituye un elemento fundamental para la planeación y evaluación de los servicios y programas de salud. La identificación de los principales problemas de salud de una población, mediante la magnitud y los efectos sobre las condiciones de vida de ésta, sólo es posible al analizar las características de la mortalidad por causas.

FUENTES DE INFORMACIÓN

Las estadísticas vitales constituyen una de las principales fuentes de información sobre mortalidad. Los orígenes de éstas se remontan a 1662, cuando John Graunt,[1] considerado el padre de esa materia, publicó en Inglaterra un pequeño libro titulado *Natural and Political Observations Mentioned in a Following Index and Made upon the Bills of Mortality*. Utilizando la información semanal[2] que sobre entierros, matrimonios y bau-

[1] Nació en Hampshire, Inglaterra, el 24 de abril de 1620. Es considerado el fundador de la demografía; entre sus contribuciones en este campo se encuentran, además de la estimación de una tabla de vida, el haber identificado un patrón de regularidad en la ocurrencia de algunos fenómenos demográficos; la presentación de un mayor número de nacimientos masculinos; una sobremortalidad masculina; la existencia de diferenciales en las tasas de mortalidad por edad. Dichas estimaciones fueron utilizadas por William Petty para calcular la pérdida económica relacionada con la mortalidad. Además de Petty, otra figura relevante de la época cuyo trabajo fue influido por los documentos de Graunt fue Edmond Halley, entonces astrónomo real. Graunt fue elegido miembro de la Royal Society tras haber recibido la recomendación personal del rey Carlos II. Murió el 18 de abril de 1674, en Londres.

[2] Dichas publicaciones semanales eran conocidas como *Bills of Mortality*, y tienen su origen en una orden decretada por el Consejo de la ciudad de Londres en 1532; su propósito era dar cuenta del número de muertes ocurridas como consecuencia de las epidemias de

tizos era compilada por las parroquias, pertenecientes y adjuntas a la ciudad de Londres, Graunt se propuso describir los patrones de ocurrencia de la mortalidad y la natalidad, así como las características de los cambios en la población.

Los resultados obtenidos por el propio Graunt a partir de la revisión de esta información permiten apreciar la importancia que tiene lo que hoy conocemos como "estadísticas vitales" en el análisis de las características de la mortalidad y de la dinámica demográfica en general. Por una parte, encontró que hay una regularidad en la ocurrencia de algunos eventos; asimismo, determinó que el número de nacimientos masculinos excedía a los femeninos, a pesar de que, en la población total, alrededor de la mitad eran mujeres; también estableció que las tasas de mortalidad son más altas en los grupos de edad extremos, es decir, en niños y ancianos; y que la mortalidad urbana registrada en la época excedía la observada en las zonas rurales (Wain, 1970). De igual forma, a pesar de lo limitado de los datos disponibles, estimó que el nivel de la mortalidad entre el nacimiento y los seis años de edad ascendía a 36%. Cabe señalar que —no obstante la poca información disponible— estudios ulteriores han evidenciado lo cercano de dichas estimaciones a los niveles prevalecientes en ese entonces (National Center for Health Statistics, 1969: xv).

Además de aportar información demográfica básica como edad, sexo y lugar de residencia de quien ha fallecido, las estadísticas vitales registran la causa de muerte correspondiente. En el caso de México, el sistema vigente asienta dentro de este rubro no sólo la enfermedad que desencadenó los acontecimientos que condujeron a la defunción, sino también, de haberse presentado, los procesos patológicos subyacentes o relacionados. Sin embargo, la información disponible para análisis incluye únicamente la llamada "causa básica" de muerte, es decir la directamente relacionada con el fallecimiento.

Anualmente se registran más de 400 000 defunciones en el país; si bien dicha cifra es muy inferior al número de nacimientos que ocurren en el mismo periodo en el territorio nacional, las características del propio subsistema de información sobre mortalidad hacen de éste un registro más complejo. Por una parte, es mayor el número de variables que constituyen los archivos compilados para publicación y difusión. Actualmente, tales acervos comprenden —además de la causa del deceso y las características generales como edad, sexo, municipio de residencia habitual y de ocurrencia— elementos de interés en el estudio de los cambios en los patrones de mortalidad por causas y su relación con características

peste. La primera publicación de esta serie de la cual se tiene noticia corresponde a la semana del 16 al 23 de noviembre de 1532. Una copia de ella se conserva actualmente en el Museo Británico (Wain, 1970: 121).

sociodemográficas. Este último conjunto de variables contiene, entre otros elementos, información sobre estado marital, ocupación, escolaridad, derechohabiencia a la seguridad social, lugar de ocurrencia del fallecimiento, atención médica y, en el caso de mujeres en edad reproductiva, si la defunción ha ocurrido concomitantemente a un embarazo, parto o puerperio.

Adicionalmente a un mayor número de variables, la codificación de la causa de muerte añade otro elemento de complejidad a la compilación de la información sobre mortalidad. El solo requisito de codificación entraña un paso intermedio entre el registro del evento y la disponibilidad de la información concentrada, el cual no está presente ni en el caso de la natalidad ni en el de la nupcialidad.

Así, aunque menor en número de eventos por registrar anualmente, las peculiaridades de la información sobre mortalidad plantean un mayor esfuerzo de coordinación en su producción. Si bien pudiera considerarse que lo anterior afecta la calidad de la información sobre mortalidad derivada de estadísticas vitales, el comportamiento en años recientes de algunas de las variables contenidas en los certificados de defunción muestra un aumento en la confiabilidad de su contenido.

En relación con el registro de la causa de muerte, los cambios en la certificación médica y en el porcentaje de defunciones atribuidas a signos, síntomas y estados morbosos mal definidos son dos elementos que permiten inferir el sentido de los cambios y su efecto en la calidad de esta información. Entre 1940 y 1996 la proporción de defunciones médicamente certificadas ha aumentado de manera continua. En 1940 sólo en 52% de los casos la causa del fallecimiento había sido asentada por un médico. Hacia 1960 esta cifra había ascendido hasta alcanzar 96.4%. De igual modo, por ejemplo, entre 1980 y 1996 el porcentaje de defunciones registradas como debidas a signos, síntomas y estados morbosos mal definidos disminuyó de 6.7% a 1.7% (Secretaría de Salud, 1993: 40 y 1997: 69).

Concomitantemente al mejoramiento en la calidad de la información, diversos esfuerzos de coordinación entre instituciones han tenido como resultado la publicación oportuna de las bases de datos. De tal manera, los archivos correspondientes a 1996 estuvieron disponibles para análisis en septiembre de 1997, es decir, a menos de un año de distancia. Lo anterior equipara el sistema de producción de información estadística sobre mortalidad en México con los que se aplican en diversos países desarrollados.

En México se dispone de otras fuentes de información estadística que, si bien no proporcionan en sí mismas datos sobre mortalidad por causas, sí permiten identificar los problemas de salud más importantes en el país, así como los recursos destinados a su control. De entre éstas destacan el Sistema de Información sobre Salud para Población Abierta (SISPA) y el Sistema Único de Información para la Vigilancia Epidemiológica (SUIVE). El SISPA permite conocer la distribución —geográfica y por institución— de recursos humanos y físicos, así como los principales motivos de demanda de atención médica y las características del otorgamiento de servicios de salud y de las actividades de promoción. De igual modo, el SUIVE permite dar seguimiento a los lineamientos en materia de vigilancia epidemiológica en el país; con ello coadyuva a identificar la magnitud y localización de las enfermedades incluidas en el sistema.

La clasificación de las causas de muerte

La Clasificación Internacional de Enfermedades (CIE) es el sistema que actualmente rige el registro de la información sobre morbilidad y causas de muerte en el mundo. La agrupación de enfermedades de acuerdo con su etiología ha sido una preocupación constante de la humanidad. Sin embargo, la ausencia de conocimientos respecto de la transmisión de enfermedades y su potencial contagio ha limitado en gran medida el alcance de estas clasificaciones.

En su trabajo pionero, John Graunt identificó 83 causas de muerte. Sin embargo, aun cuando muchas de ellas todavía pueden ser reconocidas, fueron listadas de manera individual, sin que mediara un intento por clasificarlas. Así pues, el tratado *Nosologia Methodica,* publicado en el siglo XVIII y escrito por François-Boissier de la Croix de Sauvages,[3] es reconocido como el primer intento por sistematizar la agrupación de enfermedades. Sin embargo, tal vez el tratado *Genera Morborum,* escrito por Linneo[4] (también en el siglo XVIII), haya influido igualmente en los diversos intentos por clasificar las enfermedades (National Center for Health Statistics, 1969: XV-XIX; Wells, 1984).

A principios del siglo XIX, la única clasificación de causas de muerte que había sido aceptada con propósitos estadísticos era la propuesta por William Cullen,[5] publicada en 1785 con el título de *Synopsis Nosologiae*

[3] Médico francés nacido en 1706. Además de haber desarrollado una clasificación de enfermedades, escribió numerosos documentos sobre patología. Se le reconoce por haber introducido el uso de términos específicos para referirse a la inflamación de ciertos órganos, especialmente en el caso de la peritonitis. Murió en 1767.

[4] Nació el 23 de mayo de 1707 en Råshult, Suecia. Estudió en las universidades de Lund y Uppsala; se graduó en Medicina en esta útlima. En dicha ciudad conoció al botánico Olof Celsius, quien tuvo una gran influencia en su trabajo posterior. Linneo es reconocido como el primero en establecer los lineamientos para la clasificación de animales y plantas. Murió el 10 de enero de 1778 en Uppsala, Suecia.

[5] Fue uno de los médicos británicos más reconocidos del siglo XVIII. Nació en Escocia el 15 de abril de 1710. Después de graduarse en 1740, obtuvo permiso varios años después

Methodiae y empleada en Inglaterra y Gales para organizar la información sobre causas de muerte. Esta clasificación dividía las patologías en cuatro grupos: *i)* debidas a pirexia o enfermedades febriles; *ii)* a neurosis o enfermedades nerviosas; *iii)* a caquexia o enfermedades producidas por malos hábitos corporales; y *iv)* a enfermedades localizadas en órganos específicos.

La necesidad de contar con una clasificación homogénea que pudiera utilizarse en todos los países fue reconocida durante el Primer Congreso Internacional de Estadística, llevado a cabo en Bruselas en 1853. Al concluir el encuentro, la tarea de desarrollar una clasificación que cumpliera el propósito de ser empleada internacionalmente fue encomendada a William Farr,[6] entonces encargado de la General Register Office de Inglaterra y Gales, y a Marc d'Espine, médico que residía en Ginebra.

Dos años más tarde (1855), Farr y D'Espine presentaron sus propuestas de clasificación durante el Segundo Congreso Internacional de Estadística, realizado en París. La lista propuesta por Farr distinguía cinco grupos de patologías: enfermedades epidémicas; de la constitución general; específicas, organizadas de acuerdo con su localización anatómica; del desarrollo, y resultantes de actos violentos. D'Espine propuso agrupar las enfermedades según su índole: hemáticas, hepáticas, etc. El Congreso resolvió adoptar una clasificación, organizada en 139 rubros, que conjuntaba elementos de ambas propuestas.

La clasificación aprobada por el Congreso fue subsecuentemente revisada en 1864, 1874, 1880 y 1886, de acuerdo con los lineamientos propuestos originalmente por Farr. Aunque nunca fue aceptada universalmente, la organización de enfermedades desarrollada por Farr, incluyendo la clasificación según sitios anatómicos, continúa formando parte de la Clasificación Internacional de Enfermedades.

Sin embargo, en 1891 la clasificación propuesta por el Congreso no había sido adoptada aún internacionalmente, con lo cual se limitaba la posibilidad de comparar información estadística sobre causas de muerte en el mundo. En la reunión del Instituto Internacional de Estadística

para dar pláticas sobre química y medicina, las primeras de este tipo en ser ofrecidas en Gran Bretaña. En 1751 fue elegido profesor de medicina en Glasgow y en 1755 se estableció en Edimburgo, donde ocupó la cátedra de medicina. Además de haber contribuido con una clasificación de causas de muerte, Cullen es reconocido por sus métodos docentes al haber sido el primero en enseñar en inglés en lugar de latín, así como por utilizar sus propias notas en lugar de libros. Murió el 5 de febrero de 1790 en Kirknewton, cerca de Edimburgo, Escocia.

6 Nació en Shorpshire, Inglaterra, el 30 de noviembre de 1807. Estudió Medicina en París, donde se graduó en 1832. En 1838 comenzó a trabajar en la compilación de información estadística en la General Register Office de Inglaterra y Gales. Colaboró en los censos de población llevados a cabo en 1851, 1861 y 1871; en gran parte él escribió los reportes correspondientes. Murió en Londres el 14 de abril de 1883.

—sucesor del Congreso Internacional de Estadística—, llevada a cabo ese año en Viena, se formó una comisión, encabezada por el demógrafo francés Jacques Bertillon[7] (entonces jefe de la oficina de estadísticas de la ciudad de París), encargada de preparar una nueva clasificación de causas de muerte. En 1893, en la reunión del Instituto realizada en Chicago, se adoptó la llamada clasificación de causas de muerte, de Bertillon. Dicha clasificación se basaba en la clasificación utilizada en la ciudad de París, la cual sintetizaba las empleadas en Inglaterra, Alemania y Suiza. La clasificación, que retomaba los principios de Farr estaba organizada en 14 capítulos, que contenían 161 causas específicas; diferenciaba entre enfermedades generales y localizadas en un órgano específico o un sitio anatómico particular.

Para cumplir el objetivo de transformar dicha clasificación en una lista de uso universal, Bertillon reconocía la importancia de promover activamente su adopción entre las diversas instituciones encargadas de registrar la información estadística correspondiente. Bertillon mismo se dio a la tarea de hacerlo, de tal manera que cuando la clasificación fue revisada por segunda ocasión en 1909, pudo señalar que había sido adoptada en todos los países hispanohablantes y anglohablantes del planeta, así como en China, Japón, India, Egipto, Argelia y Sudáfrica, y estaba por adoptarse en varios países europeos. De hecho, la clasificación de Bertillon fue utilizada por primera vez en Norteamérica por Jesús E. Monjarás en la organización de la información estadística del estado de San Luis Potosí (Bertillon, 1912).

En 1898, durante su reunión anual llevada a cabo en Ottawa, Canadá, la American Public Health Association recomendó que la clasificación diseñada por Bertillon fuera adoptada por las oficinas de registro estadístico de México, Canadá y los Estados Unidos de América; asimismo, que la clasificación fuera revisada cada 10 años a fin de actualizarla.

La clasificación de Bertillon fue revisada por primera vez en 1900 y, a partir de entonces, más o menos cada 10 años. Desde su adopción hasta la quinta revisión, dicha clasificación únicamente se utilizaba para codificar la información sobre causa de muerte. Sin embargo, durante la sexta

[7] Nació el 11 de noviembre de 1851 en París. Demógrafo y estadístico cuya utilización de métodos cuantitativos en el análisis de diversos procesos sociales contribuyó a resaltar el empleo de técnicas estadísticas en las ciencias sociales. En 1833 ocupó el cargo de jefe de la oficina de Estadísticas Vitales en París. Durante los siguientes 30 años se preocupó por diversificar y aumentar el tipo de información estadística compilada, así como por establecer métodos más elaborados de análisis. En 1895 escibió un documento a manera de curso sobre estadísticas administrativas, con el objetivo de mejorar la recolección de información en las diversas oficinas de gobierno en Francia. Dos temas que interesaron particularmente a Bertillon fueron el aumento del alcoholismo en Francia y la relativa reducción de las tasas de crecimiento poblacional. Murió el 7 de julio de 1922 en Valmondois, Francia.

revisión llevada a cabo en París en 1948, se decidió incorporar la clasificación desarrollada en los Estados Unidos para registrar paralelamente morbilidad y mortalidad.

En la actualidad, la información disponible en México es codificada de acuerdo con la novena revisión de la Clasificación Internacional de Enfermedades (CIE). Sin embargo, la información correspondiente a 1998 será compilada siguiendo los lineamientos de la décima revisión, que ha sido aprobada, y para la cual el entrenamiento de codificación correspondiente está en curso.

En general, la organización de la CIE permite el análisis de la información en el transcurso del tiempo sin que ésta se vea grandemente afectada por los cambios derivados de las revisiones periódicas, particularmente a partir de la sexta revisión. No obstante, antes de comparar información distante en el tiempo es importante evaluar la equivalencia entre códigos, a fin de realizar los ajustes necesarios. En ocasiones, tales ajustes suponen la combinación de causas específicas que han cambiado de capítulo o rubro, lo que necesariamente requiere el acceso a información más detallada.

Diversos estudios que analizan causas de muerte presentan agrupaciones distintas de los 17 capítulos que conforman el primer nivel de clasificación de la CIE. Por ejemplo, el análisis de información histórica llevado a cabo por Preston (1976) presenta 12 grupos de causas, mientras que las Naciones Unidas proponen una clasificación de seis categorías y algunos autores sugieren separarlas en evitables y no evitables. Cada agrupación propuesta responde a lineamientos distintos. En el caso de Preston, dado que el objetivo del trabajo era estimar patrones de mortalidad por causas, las categorías elegidas buscan reducir las deficiencias en la calidad de los datos; el planteamiento de las Naciones Unidas pudiera responder a la necesidad de incluir un número reducido de grupos, sobre todo porque se requiere mantener cierto grado de comparabilidad entre países. Aunque la clasificación de acuerdo con su evitabilidad es muy atractiva, su utilización presenta problemas de comparación, tanto entre países como en diferentes momentos en el tiempo. Por ejemplo, los problemas de salud ante los que una sociedad particular puede responder y que con el tiempo puede controlar, no necesariamente coinciden con los que pueden ser combatidos con éxito por otra población. Elementos tales como la disponibilidad de tecnología médica, el grado de cobertura y tipo de servicios de salud y, en general, el nivel de desarrollo de una sociedad específica definen cuáles enfermedades son evitables en ese contexto en un periodo determinado. Aun cuando la utilización de criterios de evitabilidad indica la presencia de mortalidad prematura, su empleo entraña perder, potencialmente, la posibilidad de llevar a cabo análisis comparativos.

Recientemente, Murray y sus colaboradores (1992) han propuesto una agrupación de causas de muerte basada en la CIE, cuyo eje conductor es el tipo de intervenciones en salud necesarias para limitar o eliminar el efecto de las diversas patologías en la población. El total de causas de muerte está dividido en tres grupos. El primero de ellos comprende padecimientos que en su mayoría pueden resolverse al proporcionar servicios en el primer nivel de atención, es decir, efectuados en cualquier unidad médica de consulta externa. En él se incluyen: *i)* las patologías transmisibles, es decir de índole infecciosa; *ii)* las causas de muerte materna, y *iii)* las que ocurren en el periodo perinatal. Las acciones dirigidas a limitar o eliminar el efecto de estos padecimientos pueden corresponder bien al ámbito de la atención médica (atención profesional del parto) o al de tipo preventivo (vacunación, vigilancia del desarrollo del embarazo, control de agentes mediante los cuales se transmite la enfermedad, por ejemplo los mosquitos).

El segundo grupo de causas abarca las patologías no transmisibles. Como su nombre lo indica, incluye padecimientos cuya etiología es distinta de la infecciosa y cuyos periodos (bien de desarrollo o entre aparición y muerte) pueden ser largos; de aquí que se consideren "crónicos". Al igual que en el grupo anterior, el conjunto de estas causas responde a estrategias similares de limitación o control de su efecto. La modificación de la participación de estas patologías en el perfil de causas de muerte requiere, además de la detección temprana, el cambio de conductas en relación con los estilos de vida y factores de riesgo. Por ejemplo: disminución del consumo de grasas de origen animal; consumo moderado de alcohol; eliminación del tabaquismo; práctica regular de ejercicio.

El tercer y último grupo incluye las defunciones debidas a lesiones y accidentes. Toda vez que estas causas son resultado de elementos ajenos a los propios procesos fisiopatológicos, las intervenciones diseñadas para disminuir o eliminar su incidencia rebasan el ámbito de acción de los servicios de salud, pues corresponden a estrategias de tipo intersectorial. Los esfuerzos destinados a reducir su efecto en la población deben considerar medidas tales como el reforzamiento de la legislación vigente acerca de los límites de velocidad, el señalamiento de zonas peatonales, el uso de cinturón de seguridad, la portación de armas blancas y de fuego, entre otras.

Es importante señalar que cada uno de estos tres grupos de causas está a su vez dividido en varios subgrupos. Así, el primero de ellos distingue: *a)* causas infecciosas y parasitarias, *b)* infecciones respiratorias, *c)* causas maternas, y *d)* afecciones perinatales. El segundo está subdividido en *a)* neoplasias malignas, *b)* otras neoplasias, *c) diabetes mellitus*, *d)* causas endocrinas o nutricionales, *e)* neuropsiquiátricas, *f)* de los órganos de los sentidos, *g)* cardiovasculares, *h)* respiratorias, *i)* digestivas, *j)* genitourinarias, *k)* de la piel, *l)* musculoesqueléticas, *m)* congénitas y *n)* salud oral. Finalmente, el tercer grupo diferencia las causas de acuerdo con su intencionalidad; con ello separa los accidentes (no intencionales) de las lesiones (intencionales).

Se considera que el razonamiento que rige dicha clasificación es un elemento útil en la identificación de prioridades y el seguimiento y evaluación de programas específicos de salud. La organización de dicha clasificación permite, además, el grado de desglose que se considere necesario. De esta manera, el nivel de análisis puede ser por grupo, subgrupo o causas específicas.

La información presentada en este trabajo ha sido analizada siguiendo la clasificación propuesta por Murray y sus colaboradores (1992). El nivel de desglose incluido depende del aspecto de la mortalidad que se esté explorando.

Transición epidemiológica

En 1971, Abdel Omran propuso el término *transición epidemiológica* para referirse a los cambios en la estructura de la mortalidad por causas y su relación con factores demográficos y socioeconómicos. En su propuesta original, Omran (1971) planteó la existencia de tres etapas por las cuales atraviesa el perfil epidemiológico de una población hasta mostrar los patrones observados en la actualidad. En un principio los niveles de mortalidad son altos y fluctuantes, con incrementos puntuales causados por epidemias y hambrunas. En la segunda etapa la mortalidad comienza a descender y los brotes epidémicos son menos frecuentes e intensos. No obstante, todavía predominan las enfermedades infecciosas como principales causas de muerte. Finalmente, durante la tercera etapa las patologías transmisibles han sido sustituidas por los padecimientos crónicos y por los que Omran denomina "creados por el hombre". Estos últimos corresponden a las enfermedades que han sido relacionadas con estilos de vida o factores de riesgo, por ejemplo exceso en el consumo de alcohol, tabaquismo, sedentarismo, dieta rica en grasas y escasa en fibras, entre otros.

Recientemente, algunos autores han propuesto la existencia de una cuarta etapa caracterizada también por bajos niveles de mortalidad y predominio de enfermedades no transmisibles, pero en la cual se registran diversos episodios de enfermedad, por lo regular cercanos a la defunción, que afectan la calidad de vida de la población (Olshansky y Ault, 1986). Es decir, las esperanzas de vida altas no estarían reflejando el deterioro de las condiciones de salud de la población vinculado con el incremento de la morbilidad no letal.

El análisis de los cambios en el perfil de causas de muerte muestra el papel desempeñado por diversos elementos de tipo social, económico, político y de avance del conocimiento en éstos. Aun cuando no hay un acuerdo sobre cuál, de entre estos aspectos, ha sido el principal determinante de los cambios observados, por lo general hay consenso en relación con el tipo de factores que propiciaron la transformación de los patrones de mortalidad por causas en las naciones desarrolladas, en comparación con los de las que están en vías de desarrollo.

En una primera etapa, la reducción de la mortalidad y el consecuente incremento en la esperanza de vida en los países desarrollados estuvo vinculada al mejoramiento de la calidad de vida de la población. El aumento en la disponibilidad y variedad de alimentos; el avance tecnológico; el reconocimiento de la importancia de los hábitos higiénicos, aunado a la construcción de excretas y redes de almacenamiento de agua; el paulatino descubrimiento de la existencia de los microorganismos y su papel en el desarrollo de patologías específicas; la evidencia empírica que llevó a demostrar la posibilidad de vacunar contra ciertas enfermedades; el aumento en el nivel de escolaridad formal de la población... todos ellos son algunos de los elementos gracias a los cuales han disminuido los niveles de mortalidad, sobre todo en los países europeos, en los Estados Unidos y en Canadá. En una etapa más reciente, la continuidad en el descenso de la mortalidad ha sido resultado tanto de la ampliación de medidas de salud pública, muchas de ellas en respuesta al avance en el conocimiento sobre el papel de diversos factores de riesgo en el desarrollo de patologías específicas, como de la incorporación de técnicas cada vez más avanzadas de diagnóstico y tratamiento médicos.

En contraste, la reducción de la mortalidad en los países en desarrollo ha sido en gran proporción consecuencia de la incorporación de medidas médicas, tanto de salud pública como de atención a la salud, y no así de transformaciones socioeconómicas. Esto no significa que no se haya avanzado en el mejoramiento de la infraestructura de servicios, ni en la disponibilidad de alimentos o la escolaridad de la población en tales países, sino que el papel de dichos factores en la reducción de la mortalidad ha sido menor que el que han desempeñado en el caso de los países desarrollados. Cabe hacer notar que mientras en el caso de estos países la transformación de los perfiles de causas de muerte tuvo lugar a lo largo de varios siglos, en los países en desarrollo ésta ha ocurrido, básicamente, en lo que lleva transcurrido el presente siglo.

El hecho de que la modificación de los patrones de mortalidad por causas en los países en desarrollo haya tenido lugar, en gran medida, en etapas simultáneas o paralelas al descubrimiento y generalización del empleo de antibióticos, ha promovido la conformación de sistemas de atención a la salud con un fuerte componente curativo, en detrimento de las medidas preventivas. Adicionalmente, algunos investigadores plantean que la importante participación de las acciones curativas en los servicios de salud hace más vulnerable el sistema a los cambios económicos; de hecho, estudios llevados a cabo en diversos países encuentran una asociación entre recesiones económicas y disminución o ausencia de mejoramiento en los indicadores de salud.

Es conveniente hacer hincapié en que la propuesta desarrollada por Omran se refiere a la estructura de causas de muerte, es decir, a la distribución relativa de causas en una población. De tal manera, el incremento de la mortalidad por causas no transmisibles se refiere a un aumento en la participación de dichas patologías en el total de la mortalidad, no al nivel de ellas en la población. Así, es frecuente observar poblaciones donde la mortalidad desciende constantemente y la proporción de defunciones relacionadas con causas no transmisibles asciende, o bien la de enfermedades transmisibles se reduce. Ello se explica por tratarse de dos aspectos del comportamiento de la mortalidad: nivel (absoluto) y estructura (distribución relativa).

A la discusión en torno a las características de la transición epidemiológica se ha incorporado recientemente la necesidad de analizar de manera simultánea la respuesta organizada de la sociedad frente a los problemas de salud. El conjunto de ambos elementos, la transición epidemiológica por un lado y el otorgamiento de servicios de salud por el otro, constituyen la denominada transición de la salud.

En el caso de México, la información analizada en este trabajo señala un aumento en la participación de las enfermedades no transmisibles en el conjunto de la mortalidad, independientemente del grupo de edad o sexo del que se trate. Lo anterior lleva a considerar que el país, en su conjunto, ha entrado de lleno en lo que Omran describe como la tercera etapa de la transición epidemiológica.

La mortalidad por causas en el siglo XX

La información disponible permite analizar los cambios ocurridos en la mortalidad por causas en el país entre 1922 y 1996. Los datos han sido agrupados siguiendo los lineamientos de la CIE y se han ceñido a las revisiones vigentes en cada época (Secretaría de Salud, 1993 y 1997).

Aun cuando tanto la cobertura como la calidad de los registros varían a lo largo del periodo, el seguimiento de las principales causas de muerte permite dar cuenta de la transformación del perfil epidemiológico que ha tenido lugar en México durante el presente siglo.

Al hablar de las principales causas, el término se refiere al número o la frecuencia con que se presentan en la población en un periodo determinado. Ello desde luego excluye el efecto que su presencia tiene en la calidad de vida de quienes padecen estas enfermedades. El supuesto implícito es que todas afectan de igual manera la calidad de vida de los individuos; de ahí que el análisis de su frecuencia permita evaluar la magnitud del problema en la población. Si bien este supuesto puede ser criticable, utilizarlo propicia un análisis no sesgado de la información: de aquí su utilidad. Cabe hacer notar que la revisión de las principales causas significa la exclusión de algunas patologías y por ende no da cuenta del total de las defunciones ocurridas en el país.

En 1922, considerando las 20 primeras causas de muerte, 10 correspondían a patologías transmisibles, maternas o perinatales, entre ellas las cinco más importantes (neumonía e influenza, diarrea y enteritis, paludismo, tos ferina y viruela). Un panorama similar se observa hasta 1960, año en el cual —a pesar de continuar— registrándose 10 causas transmisibles, maternas o perinatales entre las principales 20— sólo las tres primeras corresponden a este grupo de causas (diarrea y enteritis, neumonía e influenza y enfermedades propias de la primera infancia). Es decir, entre 1922 y 1960 se registró un desplazamiento en la importancia numérica de algunas causas transmisibles con la correspondiente reducción en su participación proporcional en el conjunto de la mortalidad total.

A partir de 1960 se registra un aumento de la participación de enfermedades no transmisibles en el conjunto de las principales causas de muerte en el país. En este año, los tumores malignos fueron la quinta causa de muerte más importante. Asimismo, la *diabetes mellitus,* las deficiencias de la nutrición y la anemia fueron incluidas por primera vez entre las 20 causas principales.

Sin embargo, no es sino hasta 1970 cuando el cambio en el perfil de la mortalidad por causas comienza a hacerse ostensible. Aunque la neumonía y la influenza son las principales causas de muerte, seguidas de diarrea y enteritis, las enfermedades del corazón ocupan, por primera vez, el tercer puesto, y a partir de 1990 constituyen la principal causa de muerte en México, seguidas de la mortalidad por tumores malignos.

En 1980 los accidentes fueron la causa de muerte más importante en el país; en 1990 y en 1996 ocuparon el tercer lugar. De este modo, la mortalidad por enfermedades infecciosas intestinales y por neumonía e influenza pasaron a ser en 1980 la segunda y tercera causas, respectivamente, y en 1990, la sexta y la séptima. En la actualidad la mortalidad por enfermedades infecciosas intestinales no aparece entre las 20 causas más importantes; la neumonía y la influenza ocupan el séptimo sitio.

En relación con algunas causas específicas, por ejemplo, el paludismo siguió siendo una de las principales causas de muerte hasta 1960, año en el cual ocupó el décimo lugar en importancia; a partir de 1970 y hasta 1996, no se encuentra entre las primeras 20 causas de muerte. De igual manera, la viruela pasó entre 1930 y 1940 de tercero a decimoquinto lugar, y a partir de este año no volvió a registrarse como una de las principales causas de muerte. En contraste, la mortalidad por sarampión aumentó en 1930 y 1940, particularmente en este último año, cuando representó la quinta causa más frecuente. Asimismo, su presencia entre las primeras causas de muerte también se mantuvo durante más tiempo ya que en 1990 ocupó el decimoquinto lugar. Sin embargo, a partir de entonces no ha vuelto a estar incluida entre las principales causas, y de hecho actualmente se encuentra en vías de erradicación.

La permanencia de la tuberculosis como una de las principales causas de muerte desde 1992 y hasta 1996 resulta preocupante, sobre todo en virtud de los cambios detectados en relación con el microorganismo que la provoca. Por una parte, estudios recientes han evidenciado el desarrollo de resistencia de este patógeno a diversos esquemas de tratamiento habitual de la enfermedad. Adicionalmente, la relación observada entre el SIDA y la tuberculosis subraya la urgencia de diseñar estrategias específicas al respecto, máxime en razón de que este síndrome representó la decimoquinta causa de muerte en 1996. Por otra parte, una vacuna utilizada en el país desde hace muchos años e incluida en el esquema obligatorio de inmunización apunta hacia la necesidad de reforzar las acciones en este sentido.

El que la mortalidad vinculada con complicaciones del embarazo, el parto y el puerperio hayan dejado de estar incluidas entre las 20 causas de muerte más importantes desde 1960 tiene que ver con la mejora en la vigilancia y atención del parto. Sin embargo, el que las llamadas "afecciones originadas en el periodo perinatal" constituyan la octava causa más importante traduce la necesidad de reforzar las acciones que garanticen la salud del recién nacido, tanto en la etapa fetal como alrededor del nacimiento.

El perfil epidemiológico del país muestra el predominio de padecimientos no transmisibles. Como se mencionó anteriormente, las enfermedades del corazón son a partir de 1990 la principal causa de muerte en México, seguidas de los tumores malignos (segundo lugar), la *diabetes mellitus* (cuarto), las enfermedades cerebrovasculares (quinto) y la cirrosis y otras enfermedades crónicas del hígado (sexto).

CUADRO 1. *Las 20 primeras causas de mortalidad, de acuerdo con el lugar ocupado. México, 1922-1996*

Causa	*1922*	*1930*	*1940*	*1950*	*1960*	*1970*	*1980*	*1990*	*1996*
CAUSAS TRANSMISIBLES, MATERNAS Y PERINATALES									
Tuberculosis del aparato respiratorio[1]	7	8	9	8	8	11	14	16	17
SIDA									15
Enfermedades infecciosas intestinales							2	7	14
Diarrea y enteritis[2]	2	1	1	1	1	2			
Fiebres tifoidea y paratifeoidea[3]	11		12						
Disentería			10	12	14				
Enfermedades propias de la primera infancia[4]				3	3				
Tos ferina	4	4	11	6	15	19			
Sarampión	15	6	5	10	12	7		15	
Tétanos					20				
Meningitis	16	18							
Paludismo[5]	3	3	3	5	10				
Viruela	5	5	15						
Tifo y otras enfermedades por rickettsias[6]		20	16	14					
Septicemia[7]	20	12							
Infecciones respiratorias agudas						10	19	20	
Neumonía e influenza[8]	1	2	2	2	2	1	3	6	7
Complicaciones del embarazo, el parto y el estado puerperal[9]			13	13	17				
Ciertas afecciones originadas en el periodo perinatal[10]						4	6	5	8
CAUSAS NO TRANSMISIBLES									
Tumores malignos[11]	17	17	14	11	5	5	5	2	2
Diabetes mellitus					19	15	9	4	4
Deficiencias de la nutrición[12]					13	14	15	11	11
Anemias					16	16	16	17	16
Síndrome de dependencia del alcohol						20			
Enfermedades del corazón	13	11			11	3	4	1	1
Enfermedades cerebrovasculares[13]	14	14				6	7	8	5
Bronquitis crónica y la no especificada, enfisema y asma[14]	9	10	6	8	7	13	11	12	13
Úlceras gástrica y duodenal							18	18	18
Obstrucción intestinal y hernia		19				20			

CUADRO 1. *(Concluye.)*

Causa	*1922*	*1930*	*1940*	*1950*	*1960*	*1970*	*1980*	*1990*	*1996*
Cirrosis y otras enfermedades crónicas del hígado[15]	12	15	7	7	9	9	8	9	6
Afecciones del estómago (excepto cáncer)	18	16							
Nefritis, síndrome nefrótico y nefrosis[16] 19	13			18	18	12	14	10	
Anomalías congénitas[17]	6	7	8			17	13	13	12
Senilidad 10									
LESIONES Y ACCIDENTES									
Accidentes, envenenamientos y violencia[18]		4	4						
Accidentes				4	8	1	3	3	
Muerte violenta[19]	8	9							
Suicidio y lesiones autoinfligidas								19	
Homicidios y lesiones infligidas intencionalmente por otra persona[20]					6	12	10	10	9
Porcentaje del total de defunciones vinculado con estas causas	51.9	63.0	70.2	66.7	62.3	72.0	74.6	80.9	81.4

[1] Entre 1980 y 1996 corresponde a "tuberculosis pulmonar", exclusivamente.

[2] En 1950 y 1960 corresponde a "gastroenteritis y colitis excepto la diarrea del recién nacido" y en 1970 a "enteritis y otras enfermedades diarreicas (incluye fiebre tifoidea, paratifoidea, así como otras salmonelosis)".

[3] En 1922 corresponde a "tifo abdominal o paratifoidea".

[4] En 1950 corresponde a "ciertas enfermedades de la primera infancia".

[5] En 1950 corresponde a "fiebre y caquexia palúdica".

[6] En 1930 y 1940 corresponde a "tifo exantemático".

[7] En 1922 y 1930 corresponde a "septicemia puerperal (fiebre o peritonitis puerperales)".

[8] Entre 1940 y 1960 corresponde a "gripe y neumonía".

[9] En 1940 corresponde a "enfermedades del embarazo, parto y estado puerperal".

[10] En 1970 corresponde a "ciertas causas de la morbilidad y de la mortalidad perinatales".

[11] En 1922 y 1930 corresponde a "cáncer u otros tumores malignos"; en 1940, a "cáncer"; en 1960, a "tumores malignos incluyendo los tumores de los tejidos linfáticos y hematopoyéticos".

[12] En 1960 corresponde a "avitaminosis y otros estados carenciales" y en 1970 a "avitaminosis y otras deficiencias nutricionales".

[13] En 1922 y 1930 corresponde a "hemorragia, apoplegía y reblandecimiento del cerebro".

[14] Entre 1922 y 1960 corresponde a "bronquitis" y en 1970, a "bronquitis, enfisema y asma".

[15] En 1922, 1930, 1960 y 1970 corresponde a "cirrosis del hígado", en 1940, a "enfermedades del hígado y de las vías biliares"; y en 1950, a "cirrosis del hígado, colelitiasis y colecistitis".

[16] En 1922 y 1930 corresponde a "nefritis aguda o crónica"; en 1960, a "nefritis y nefrosis"; y en 1970, a "nefritis aguda y nefrosis".

[17] Entre 1922 y 1940 corresponde a "debilidad y vicios de conformación congénita".

[18] En 1940 corresponde a "muertes violentas o accidentales".

[19] En 1930 excluye al suicidio.

[20] En 1960 corresponde a "homicidios".

GRÁFICA 1. *Distribución del total de defunciones por las principales causas de muerte, según grupo de causas. México, 1922-1996*

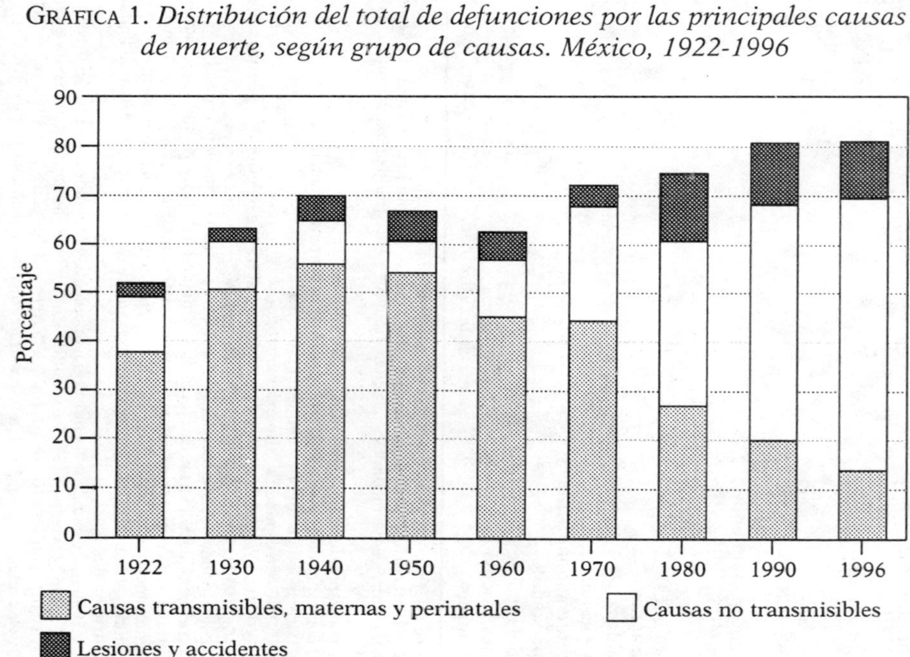

GRÁFICA 2. *Participación de causas transmisibles, maternas y perinatales en la mortalidad general, según causas específicas, México, 1922-1996*

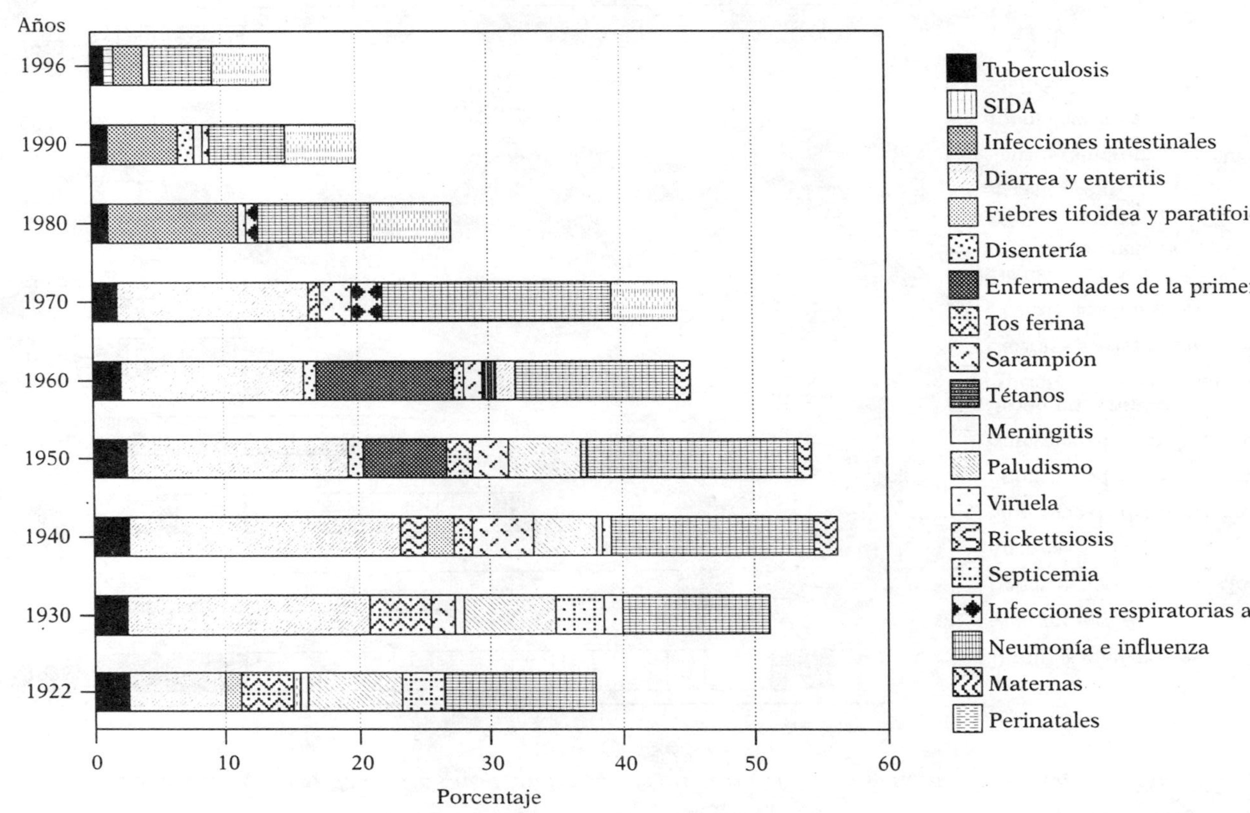

GRÁFICA 3. *Participación de causas no transmisibles en la mortalidad general, según causas específicas, México, 1922-1996*

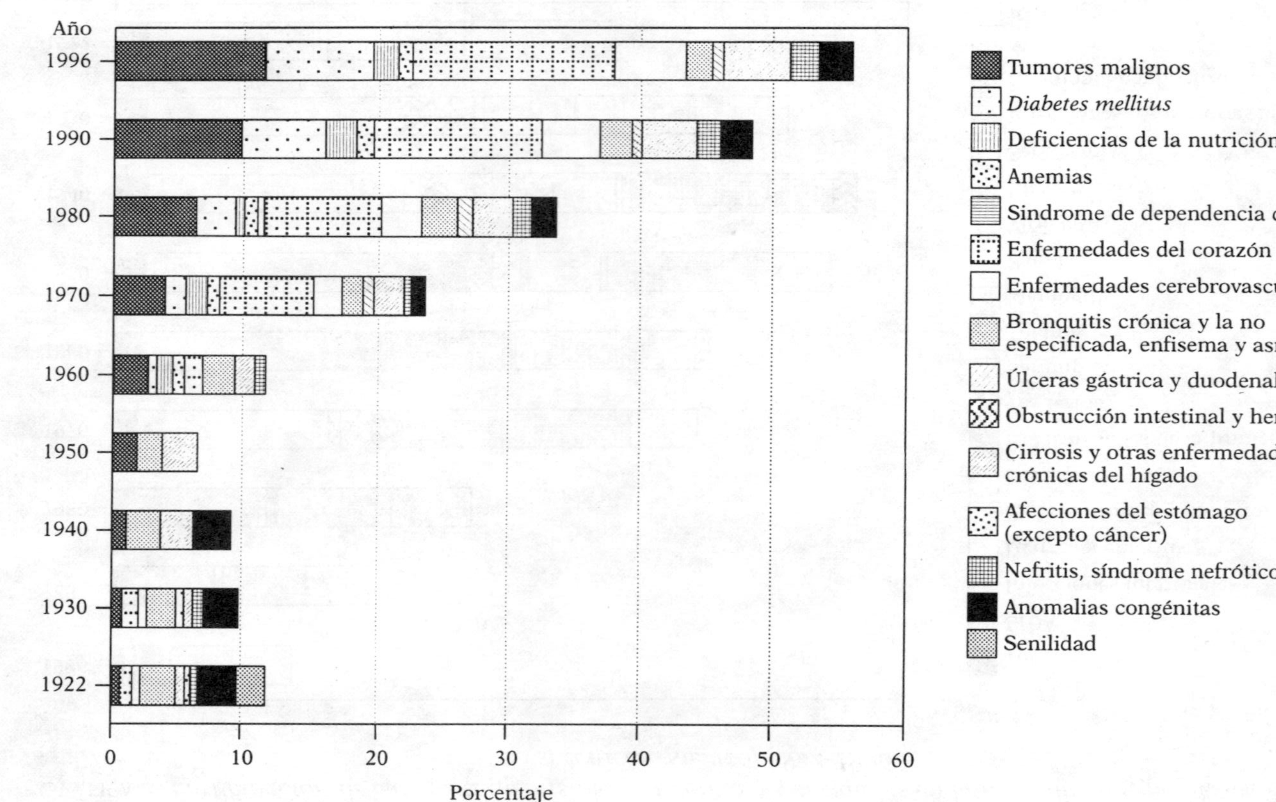

GRÁFICA 4. *Participación de lesiones y accidentes en la mortalidad general según causas específicas, México, 1922-1996*

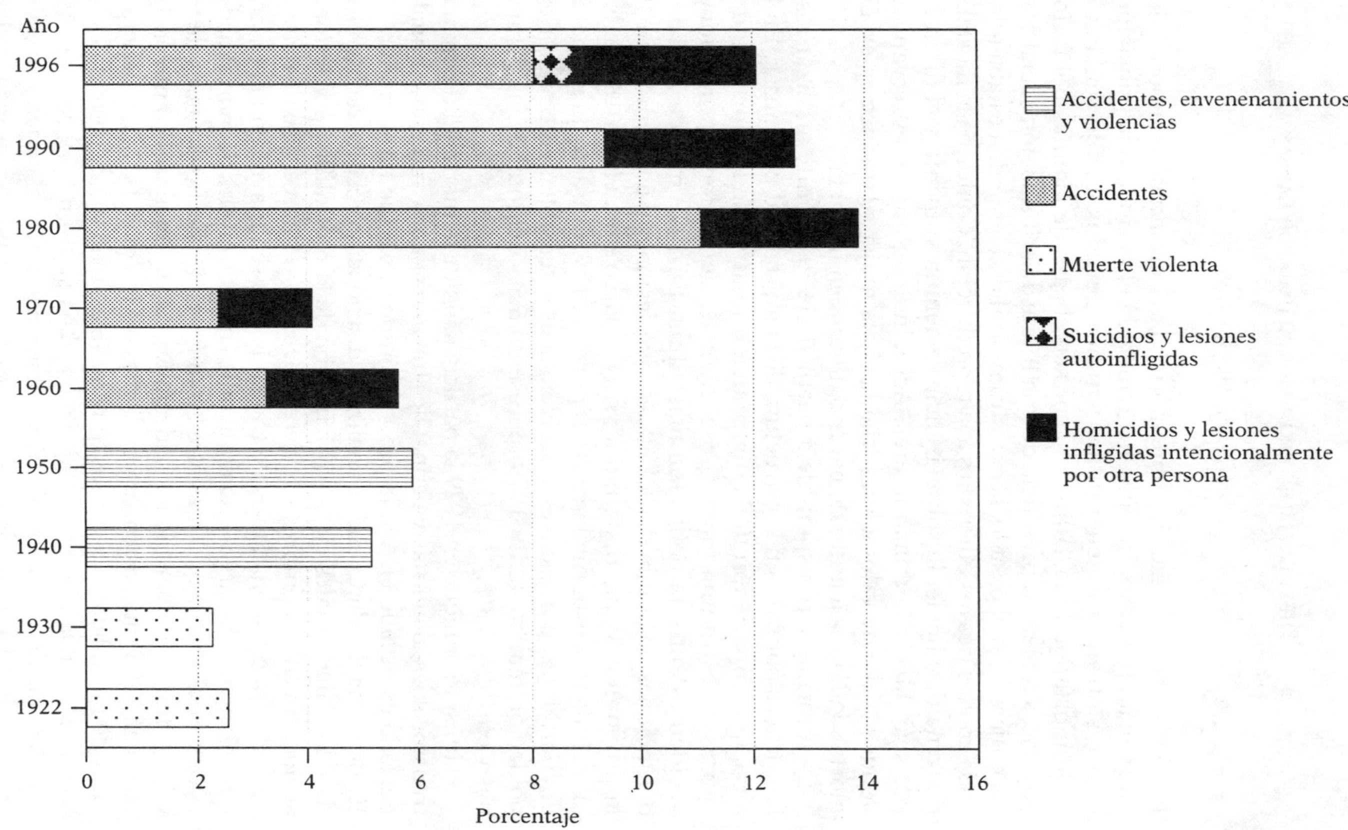

Diferenciales en la mortalidad por causas

Diferenciales por sexo

El análisis de información sobre mortalidad muestra un comportamiento diferencial por sexo, independientemente del periodo o la población de la que se trate. En general, los estudios llevados a cabo señalan una sobremortalidad masculina, excepto en el caso de algunas poblaciones históricas o bien en presencia de una fuerte discriminación social contra las mujeres. En el pasado, la excesiva mortalidad femenina estaba relacionada con los riesgos inherentes a la reproducción. Conforme la mortalidad materna desciende, la sobrevivencia femenina aumenta y el diferencial por sexo favorece a las mujeres. Actualmente, aún se observan casos donde la falta de valoración social hacia la mujer se traduce en excesiva mortalidad, ya sea antes de nacer o durante la infancia.

La información disponible a partir de 1979 permite analizar los diferenciales por sexo en la estructura de la mortalidad por causas. En México, la comparación de la distribución relativa de la mortalidad por causas muestra una mayor proporción de defunciones por lesiones y accidentes entre la población masculina. En 1979 más de 21% de las defunciones de hombres fue causado por lesiones y accidentes. En 1996 la proporción había disminuido; sin embargo, todavía en 18.6% de los fallecimientos ésta fue la causa reportada. En contraste, la proporción de mortalidad por lesiones y accidentes es ostensiblemente menor en la población femenina. En 1979 representó 6.6% del total de las defunciones y en 1996, 5.3%.

Asimismo, aunque en 1979 la participación de la mortalidad por causas transmisibles, maternas y perinatales fue mayor entre mujeres, al final del periodo estudiado (1996) la proporción por sexo fue muy similar: 15%. Evidentemente, dado que se analiza la distribución relativa de la mortalidad, los diferenciales en la participación de la mortalidad por lesiones y accidentes entre hombres y mujeres hacen que el porcentaje de defunciones relacionado con causas no transmisibles sea mayor en la población femenina. Sin embargo, esto no significa que los niveles de mortalidad por estas causas sean más altos entre las mujeres. De hecho, las tasas de mortalidad femenina por dichos padecimientos son menores (tanto en 1979 como en 1996) que las correspondientes masculinas. De igual manera, las tasas de mortalidad por causas transmisibles, maternas y perinatales también muestran la sobremortalidad masculina tanto en 1979 como en 1996.

Cabe señalar que el análisis de la información para el periodo en estudio muestra una disminución de los niveles de mortalidad causada por dichos

GRÁFICA 5. *Distribución relativa y tasas de mortalidad por causas según sexo, México, 1979 y 1996*

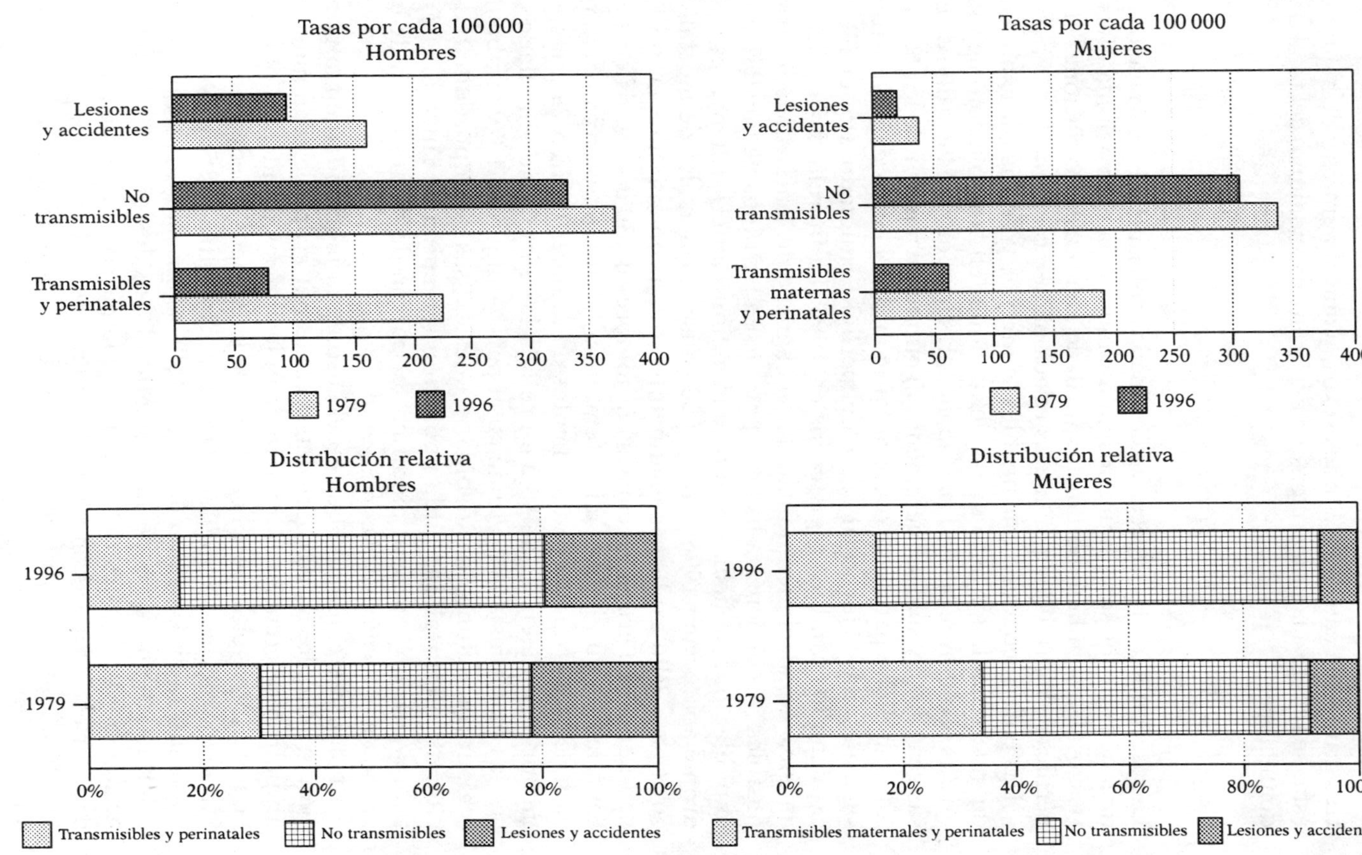

tres grupos de causas en ambos sexos, y que el aumento de algunas de éstas se refiere a la proporción que explican en el conjunto del total de las defunciones.

Diferenciales por edad

La susceptibilidad a padecer determinadas enfermedades varía a lo largo de la vida de los seres humanos, lo mismo que la exposición a diversos riesgos. De aquí la importancia que tiene analizar las variaciones en los perfiles de mortalidad por causas relacionadas con la edad.

Las enfermedades transmisibles, maternas y perinatales son causa de muerte en la mayoría de las defunciones en la población menor de un año. Conforme la edad avanza, la participación de este grupo de causas se reduce y sólo se incrementa ligeramente a partir de los 60 años. Aunque dicho patrón se observa tanto en 1979 como en 1996, su presencia es más evidente al inicio del periodo estudiado. Dos elementos explican los cambios registrados en 1996. La inercia de la epidemia del SIDA —padecimiento incluido en el grupo de "enfermedades transmisibles"— comienza a hacerse patente en términos de mortalidad en la población. De hecho, como se mencionó anteriormente, este síndrome aparece en 1996 entre las 20 causas principales de mortalidad en el país. Ello explicaría el aumento en la proporción de la mortalidad por dicho grupo de causas en hombres de 30 a 44 años en 1996. En relación con la población femenina, el aumento en la participación de este grupo de padecimientos en mujeres de 15 a 29 años y en menor medida en las de 30 a 44 refleja la mortalidad vinculada con causas maternas aún presente en el país. Aunque en 1979 también se registraron defunciones debidas a tales causas, la importante reducción de la mortalidad en la población femenina de cinco a 14 años subraya su presencia al modificar el patrón de disminución de este grupo de enfermedades con la edad.

En contraste, al igual que en el caso de la mortalidad en la población general, los datos sobre defunciones por grupo de edad muestran un patrón diferencial en relación con lesiones y accidentes por sexo. Lo anterior se observa en cada uno de los grupos de edad estudiados. Sin embargo, es particularmente notorio entre los 5 y 59 años. Al comparar la información de 1979 y 1996 se observa una reducción del diferencial por sexo de la mortalidad por lesiones y accidentes. Asimismo, se registra un aumento de la participación de la mortalidad por estas causas en población infantil en el caso de los hombres (0 a 15 años) e infantil y adulta joven en el caso de las mujeres (0 a 29 años).

GRÁFICA 6. *Distribución relativa de la mortalidad por edad y grupo de causa según sexo, México, 1979 y 1996*

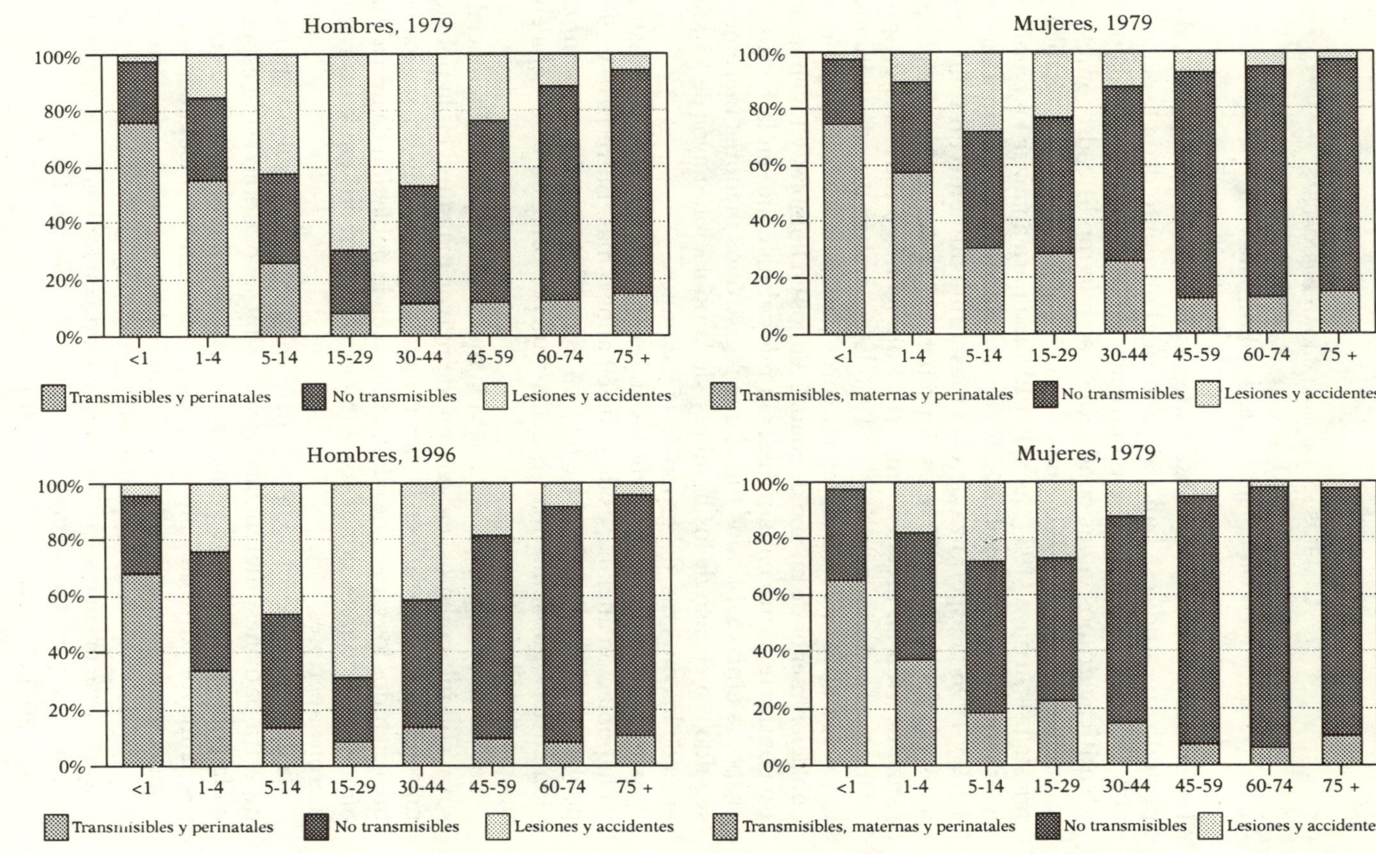

Cambios en la mortalidad por causas

Ganancias en la esperanza de vida

Los importantes cambios observados en los niveles de mortalidad en el periodo en estudio se han reflejado en el aumento de la esperanza de vida en la población. La descomposición de la esperanza de vida permite identificar grupos cuyas condiciones se han modificado como consecuencia de los cambios observados en este indicador. La técnica propuesta por Arriaga (1984) ha sido utilizada para analizar los cambios en la esperanza de vida en el país. En el caso de México, se estima que entre 1979 y 1996 la esperanza de vida masculina aumentó un total de 8.06 años y la femenina, 6.82 años. La repercusión del aumento en la esperanza de vida no afecta de manera homogénea a todos los grupos de edad. Aun cuando entre 1979 y 1996 la esperanza de vida aumentó en todos los grupos de edad, las mayores ganancias se observaron en la población menor de un año de edad: 2.1 años en hombres y 1.8 en mujeres. En contraste, tanto en la población masculina como en la femenina el grupo de cinco a 14 años fue el que registró los menores incrementos, seguido, en el caso de los hombres, de la población mayor de 85 años y en el de las mujeres, del grupo de 15 a 29 años.

Asimismo, importantes cambios en la esperanza de vida se registraron en la población anciana, es decir de 60 años o más. Entre 1979 y 1996 la población masculina de entre 60 y 74 años incrementó su esperanza de vida en 1.12 años, mientras que las mujeres ganaron 0.98 años en las mismas edades.

Los cambios en la esperanza de vida muestran un patrón diferencial por sexo, con incrementos, en general, de mayor magnitud en la población masculina. El aumento en la esperanza de vida es mayor para los hombres en todos los grupos de edad, excepto en la población de uno a cuatro años y de 75 o más, donde los aumentos registrados entre las mujeres fueron superiores.

La descomposición de la ganancia en la esperanza de vida por causa muestra patrones diferenciales por edad y sexo. Como es de esperarse, en la población menor de cinco años, tanto en hombres como en mujeres, la mayor parte del cambio en este indicador se vincula con una disminución en la mortalidad por enfermedades transmisibles y perinatales. A partir de esta edad, los patrones difieren por sexo. Solamente vuelven a asemejarse entre los 45 y 74 años, cuando en ambos sexos las mayores ganancias en la esperanza de vida son resultado del descenso en la mortalidad por enfermedades no transmisibles.

GRÁFICA 7. *Ganancia en la esperanza de vida por grupo de edad y sexo, México, 1979-1996*

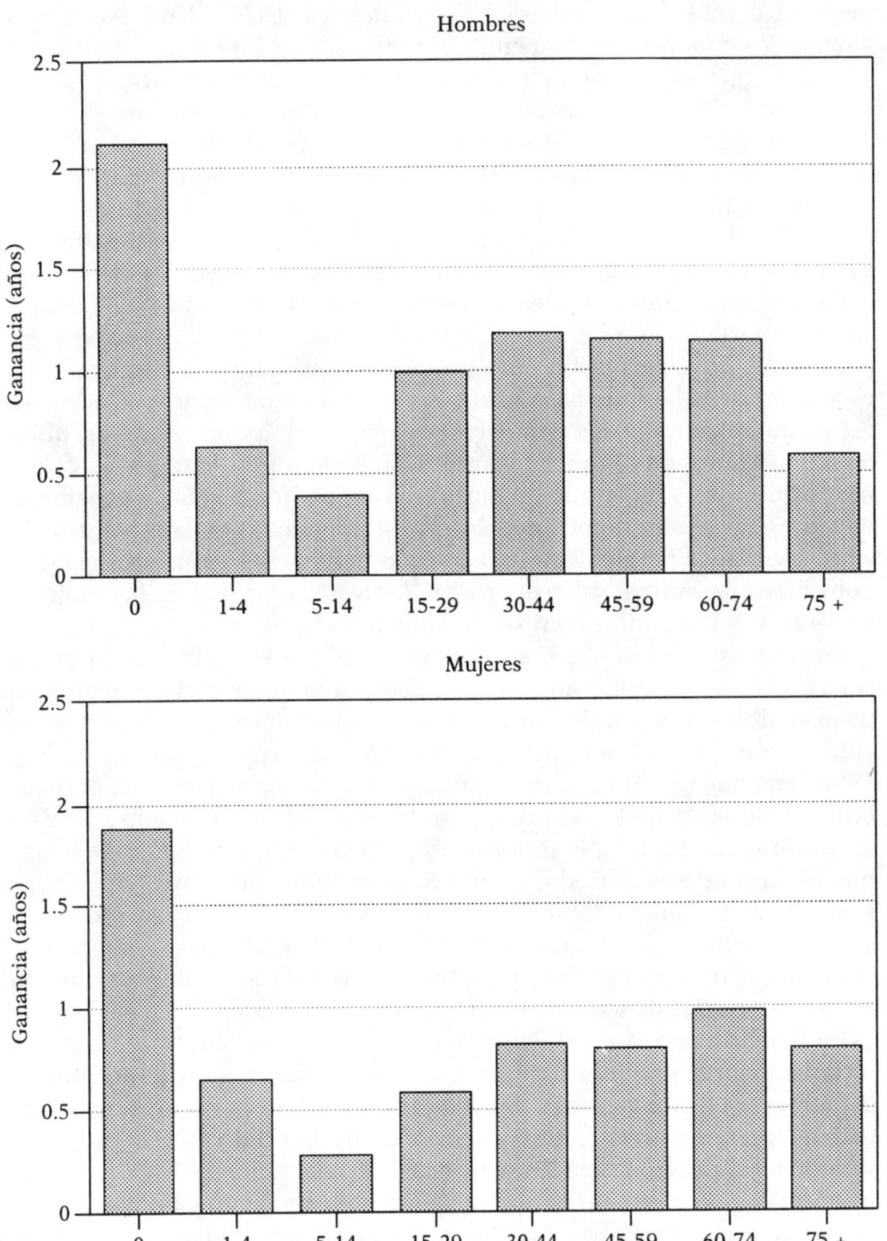

FUENTE: Estimaciones propias basadas en estadísticas vitales.

En el caso de los hombres, entre las edades de cinco a 45 años los mayores cambios en la esperanza de vida entre 1979 y 1996 estuvieron vinculados con la reducción en la mortalidad por lesiones y accidentes, mientras que en la población de 75 o más años son resultado de la disminución de la mortalidad por enfermedades transmisibles.

En contraste, en la población femenina, a partir de los 15 años de edad y hasta el final de la vida los mayores incrementos en dicho indicador han estado relacionados con el descenso en la mortalidad por enfermedades no transmisibles, mientras que en el de cinco a 14 años lo están con la mortalidad por enfermedades transmisibles y perinatales.

Las enfermedades infecciosas intestinales y las parasitosis son las causas de muerte de entre el grupo de patologías transmisibles, maternas y perinatales, cuya reducción se ha traducido en los mayores cambios en la esperanza de vida. Éste ha sido el caso en casi todos los grupos de edad, así como entre hombres y mujeres, excepto en la población masculina de 30 a 44 años, en el cual la disminución en la mortalidad por infecciones respiratorias ha tenido un efecto mayor en lo referente a esperanza de vida. Cabe hacer notar, además, que las ganancias en la esperanza de vida observadas para cada grupo de edad tienden a ser mayores entre la población masculina, salvo en las edades avanzadas, donde las mujeres mostraron incrementos comparativamente superiores.

En contraste con lo observado en las causas transmisibles, maternas y perinatales, los cambios en la mortalidad por algunos padecimientos no transmisibles han tenido como resultado pérdidas en la esperanza de vida. El aumento en la mortalidad por diabetes registrado entre 1979 y 1996 tiene que ver con una disminución en la esperanza de vida, particularmente a partir de los 45 años, pero también en el grupo entre 30 y 44 años. De igual manera, la mortalidad por neoplasias malignas se incrementó durante este periodo, lo cual causó cambios negativos en la esperanza de vida. Aunque también se observa una pérdida en este indicador entre mujeres (75 años o más), el efecto de la mortalidad por neoplasias malignas es mayor entre hombres, tanto en términos de magnitud como en los grupos de edad que abarca (15 años en adelante).

En relación con la mortalidad por lesiones y accidentes, el aumento observado en la incidencia de suicidios en el país constituye un freno a la ganancia en la esperanza de vida. Aunque pudiera plantearse que el reciente incremento en la frecuencia de dicha causa de muerte tiene que ver con modificaciones en los patrones de certificación de ésta, lo paulatino y continuo de su aumento indica que se trata de un cambio real. De igual manera, entre la población femenina también se observan cambios negativos en la esperanza de vida debido a la ocurrencia de suicidios; sin embargo, la magnitud de dichos cambios es mayor entre hombres. Asimis-

GRÁFICA 8. *Distribución relativa de las ganancias en la esperanza de vida por edad, sexo y causa. México, 1979-1996*

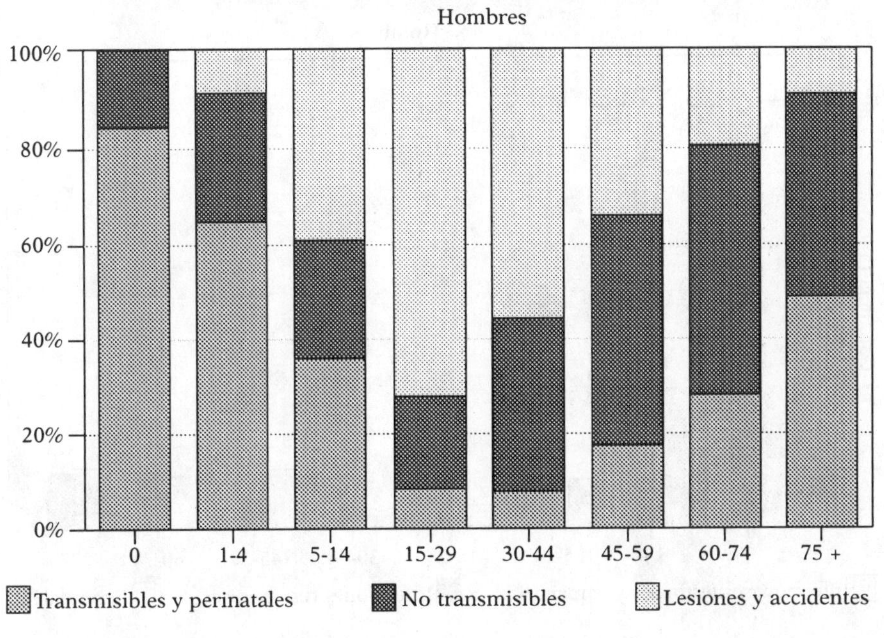

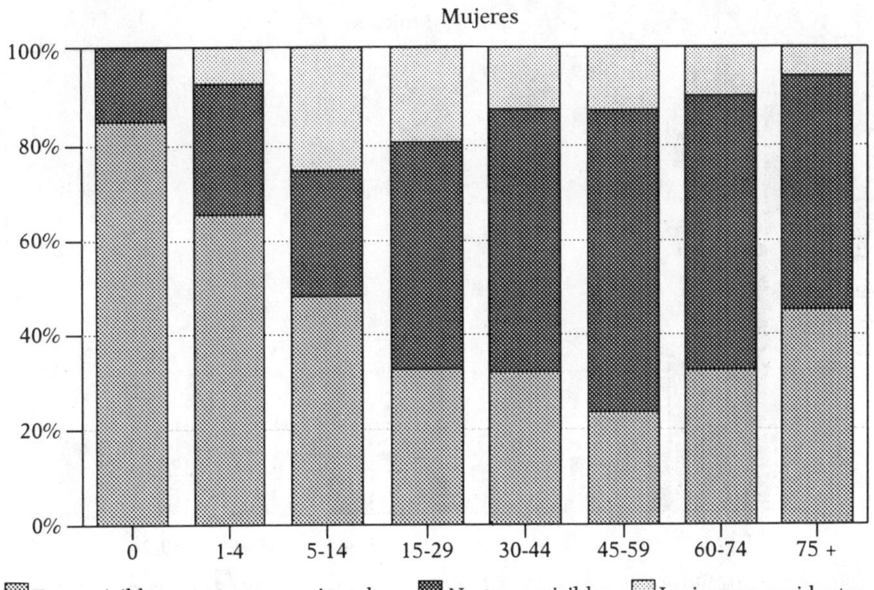

GRÁFICA 9. *Ganancia en la esperanza de vida por algunas causas transmisibles, maternas y perinatales selectas, según sexo, México, 1979-1996*

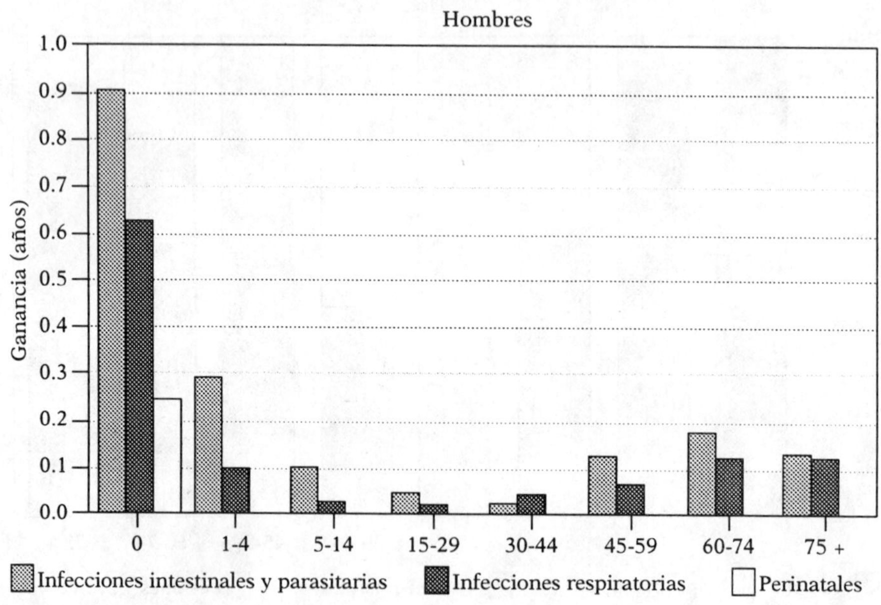

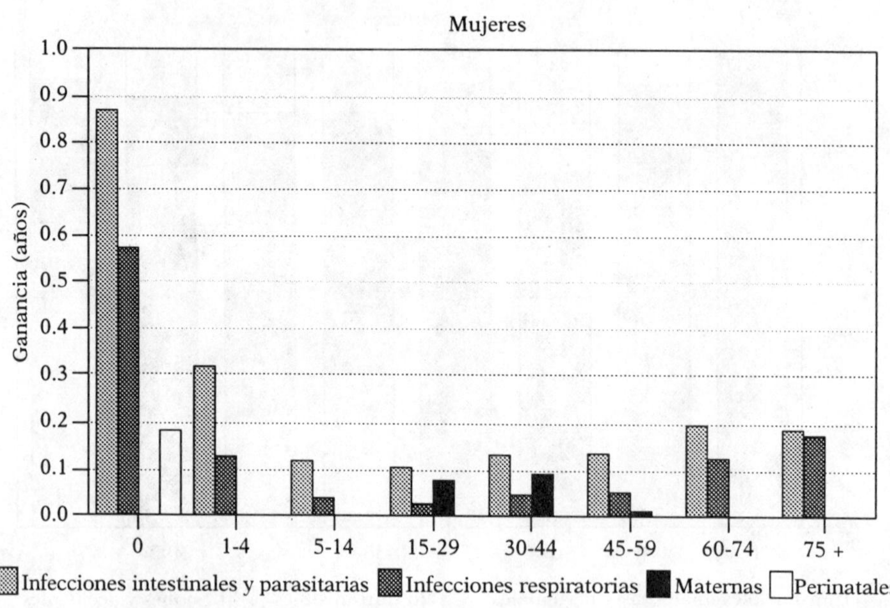

GRÁFICA 10. *Ganancia en la esperanza de vida por algunas causas no transmisibles selectas según sexo, México, 1979-1996*

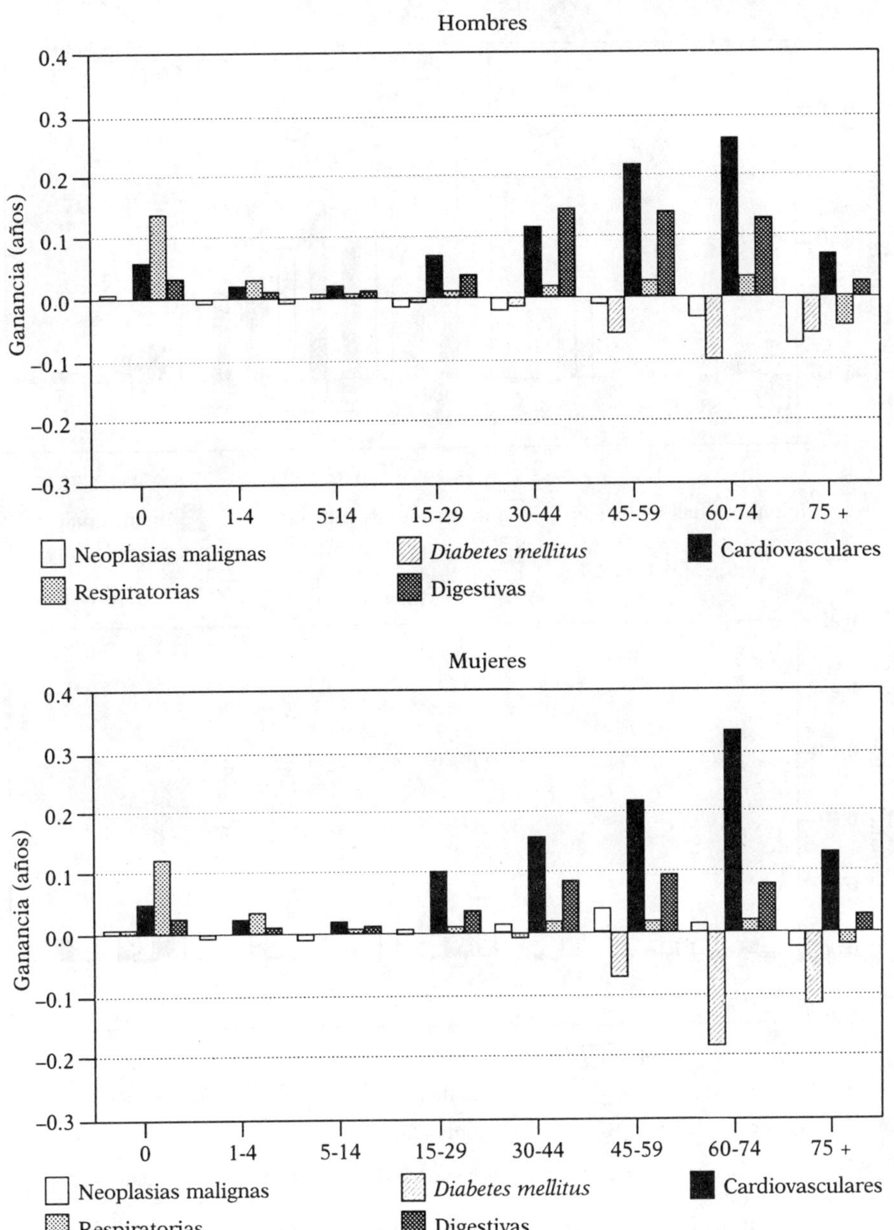

GRÁFICA 11. *Ganancia en la esperanza de vida por algunas lesiones o accidentes selectos según sexo, México, 1979-1996*

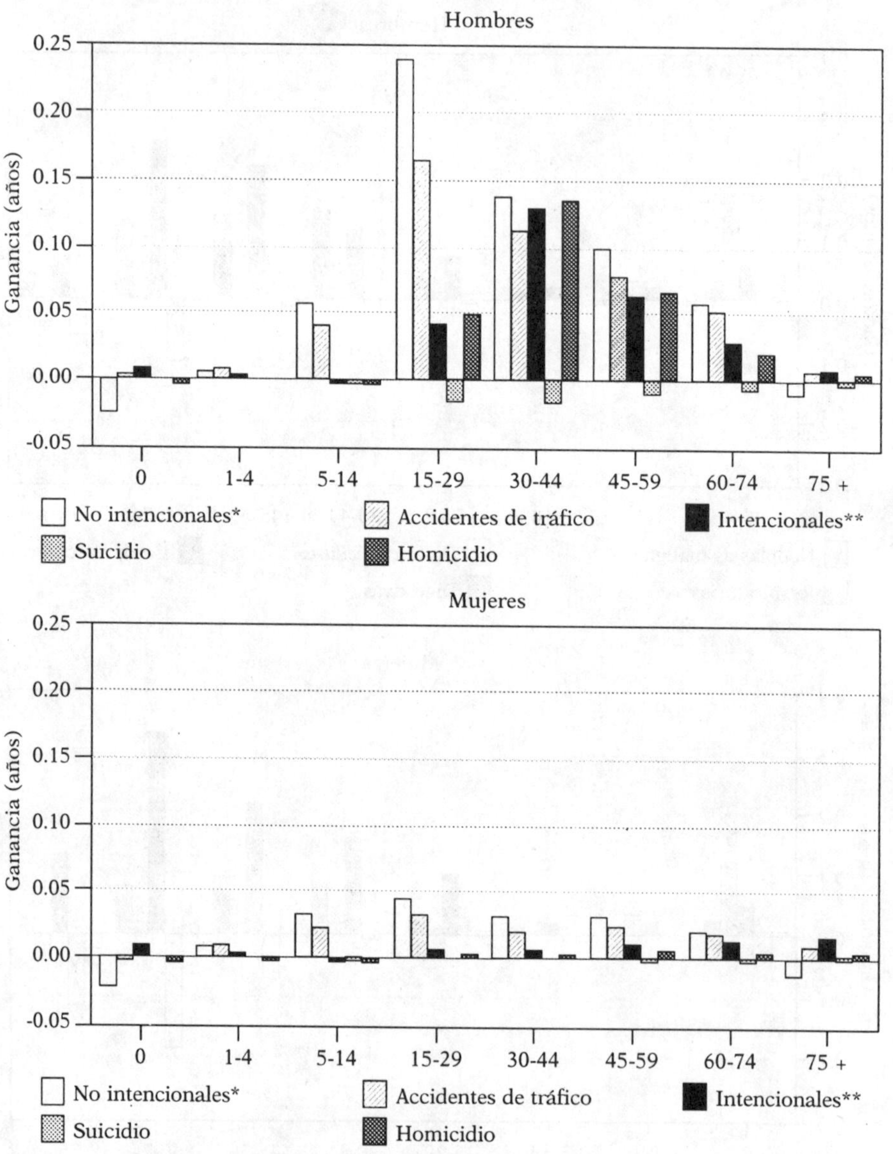

*Incluyen accidentes de tráfico, lesiones debidas a envenenamiento, caídas, fuego, asfixia o laborales.

**Incluyen suicidio y lesiones relacionadas con acciones bélicas.

FUENTE: Estimaciones propias basadas en estadísticas vitales.

mo, las edades en las cuales se registran varían: mientras en mujeres incluyen a los grupos de cinco a 14 años y de 45 a 74 años, en hombres éstos se observan a partir de los cinco años de edad. En relación con dicho hallazgo, es importante hacer notar que la agrupación de las edades presentadas responde al interés por vincular cambios en las características de la mortalidad con etapas en la vida de la población. En tal sentido, el grupo de cinco a 14 años incluye las restantes edades de la infancia, aun cuando contiene parte de la adolescencia. En el caso particular del suicidio, es muy probable que la mayor parte de las defunciones registradas en el grupo de edad de cinco a 14 años se presenten hacia el final de este lapso, es decir, entre adolescentes. Sin embargo, la agrupación no permite distinguir el hecho mencionado. No obstante, es necesario señalar que no se trata de un problema de suicidios en niños en el país, aunque la frecuencia con la cual se reportan defunciones debidas a esta causa incluye a grupos de jóvenes.

Mortalidad prematura

Años de vida perdidos

La esperanza de vida es un valor promedio del número de años que se esperaría viviera cada uno de los integrantes de la población. En este sentido, se trata de una medida hipotética que si bien permite evaluar los avances logrados, no da cuenta —de manera explícita— de la frecuencia con la cual ocurren defunciones antes de que los individuos alcancen esa edad. Diversos indicadores se han diseñado con el propósito de caracterizar dicho aspecto de la mortalidad, es decir, analizar la distribución e intensidad de las consideradas "muertes prematuras". En tal sentido, el monto del indicador no señala el número de años que faltan por vivir, o la pérdida de éstos, o bien los años pasados en discapacidad, sino una aproximación hipotética de cuántos años más, en promedio, viviría cada persona si nadie muriera antes del nivel arbitrariamente escogido o establecido por la esperanza de vida o de no existir las condiciones incapacitantes.

Entre los indicadores de mortalidad prematura destacan, por ejemplo, los años de vida potencial perdidos (AVPP) y sus variantes y, recientemente, los años de vida ajustados por discapacidad (DALY, por sus siglas en inglés). En este trabajo, se utilizan los años de vida perdidos para evaluar el efecto de la mortalidad prematura en el país (Arriaga, 1994). Se calcula que en 1996 se perdieron un total de 15.3 años de vida en la población masculina y 11.3 en la femenina. Independientemente del sexo de que se trate, la mayor parte corresponde a la mortalidad debida a causas no transmisibles.

Como se mencionó antes, la mortalidad por lesiones y accidentes entre la población masculina del país es particularmente alta. Sin embargo, el cálculo de los años de vida perdidos muestra que la mortalidad por padecimientos transmisibles y perinatales tiene un efecto ligeramente mayor en la mortalidad masculina prematura (3.04 años), comparada con la debida a lesiones y accidentes (3.01 años). Asimismo, llama la atención que (a pesar de incluir las causas maternas en el caso de la población femenina) la mortalidad prematura relacionada con el grupo de causas transmisibles y perinatales sea mayor entre los hombres (3.04 *vs.* 2.26 años).

Los avances en el control de la mortalidad por infecciones intestinales y parasitosis han dado como resultado una reducción de la participación de estas patologías en la mortalidad prematura, particularmente en la población infantil. Sin embargo, su ocurrencia continúa relacionándose con las mayores pérdidas por mortalidad prematura debida a una causa transmisible en la población adulta y anciana.

A pesar del incremento registrado en las tasas de mortalidad por *diabetes mellitus* y neoplasias malignas, éstas no son aún las enfermedades no transmisibles que causan las mayores pérdidas por mortalidad prematura. El número de años de vida perdidos por enfermedades cardiovasculares (2.4 años en hombres y 2.2 en mujeres) supera a los calculados por *diabetes mellitus* (0.9 años en hombres y 1.2 en mujeres) o neoplasias malignas (1.4 años en hombres y 1.7 en mujeres).

La razón por la cual los cambios en la mortalidad tanto de la *diabetes mellitus* como de las neoplasias malignas han tenido como resultado una reducción en la esperanza de vida es el incremento observado en las correspondientes tasas de mortalidad en el periodo estudiado (1979-1996). En contraste, aunque la mortalidad por enfermedades cardiovasculares disminuyó en 1979 y 1996, continúa siendo una de las principales causas de muerte en el país, pues ocupó el primer lugar en 1996. De aquí que los resultados de estos dos indicadores muestren diferentes aspectos de las condiciones de mortalidad en México. Mientras que la ganancia en la esperanza de vida evalúa los cambios ocurridos durante el intervalo analizado, los años de vida perdidos se refieren a cambios potenciales a partir de un punto en el tiempo. De tal manera, son, en cierto sentido, complementarios.

En relación con la mortalidad por lesiones y accidentes, los resultados apuntan a un patrón diferencial por sexo. Mientras que en el caso de la población masculina el homicidio es la causa principal de mortalidad prematura (0.85 años), entre las mujeres son los accidentes de tráfico (0.19 años). El comportamiento diferencial por sexo de tales causas también queda evidenciado por la magnitud de la mortalidad prematura. En tanto la población masculina pierde 3.01 años de vida por dichas causas, en las mujeres esta pérdida equivale a 0.65 años.

Conclusiones

Aunque el presente trabajo aborda los principales cambios que han tenido lugar en el presente siglo en la mortalidad por causas en México, es importante señalar que, dados los niveles alcanzados en este rubro, el diseño de programas de salud que respondan adecuadamente a las necesidades de la población deberá incluir también información sobre morbilidad y discapacidad. En la medida en que la aportación de servicios de salud se ha ido extendiendo y la tecnología médica ha avanzado, la población, en su conjunto, vive un mayor número de años, sobrevive a episodios mórbidos diversos o bien limita o difiere las complicaciones causadas por patologías crónicas. De aquí que la morbilidad y la discapacidad representen cada día una proporción mayor de la demanda de servicios de salud y, por lo tanto, de las necesidades de la población en esta materia.

Uno de los hallazgos más importantes es el incremento en la participación de las enfermedades no transmisibles en el perfil de la mortalidad en el país. Aun cuando la información histórica señala el año de 1960 como el punto de inicio de este aumento, no es sino hasta años recientes que tales padecimientos se relacionan con la mayoría de las defunciones debidas a las principales causas. Resultados similares se obtienen a partir del análisis de la mortalidad total: tanto entre hombres como entre mujeres, independientemente de la entidad federativa de residencia habitual, la mayor parte de las defunciones se deben a enfermedades no transmisibles. Lo anterior permite concluir que el país se encuentra en lo que Omran propone como la tercera etapa de la transición epidemiológica. Esto no significa que las demás causas de muerte hayan sido eliminadas, si bien algunas de ellas se encuentran en franco descenso; tampoco que en algún momento la mortalidad por causas transmisibles no pudiera registrar un incremento, particularmente en algunos grupos de edad, por ejemplo, como consecuencia de la dinámica de la transmisión y desarrollo del SIDA. Pero sí que su participación en el conjunto de la mortalidad ha disminuido y de ahí el tránsito a otro estadio en la transición epidemiológica.

Lo anterior señala la necesidad de reorientar los programas de salud hacia la prevención de las patologías que ahora dominan el perfil epidemiológico en el país. Es indiscutible que las enfermedades transmisibles, los padecimientos que tienen relación con el embarazo, parto y puerperio (así como originados en el periodo perinatal) seguirán requiriendo esfuerzos específicos destinados a limitar y finalmente eliminar su efecto en las condiciones de salud de la población. Sin embargo, el principal reto para el sistema de salud, como tal, estriba en diseñar y aplicar estrategias que modifiquen comportamientos y exposición a factores de riesgo, particularmente el objetivo de sostener los avances logrados y continuar mejorando. La introducción de información sobre hábitos saludables en las escuelas; el reforzamiento de las acciones educativas a una población específica (mujeres embarazadas, madres lactantes) o público en general; la promoción de una cultura alimentaria que propicie el consumo de alimentos saludables y una dieta balanceada; formas de regulación de las campañas publicitarias de productos derivados del tabaco, particularmente las dirigidas a población joven así como la promoción de prácticas sexuales seguras son algunos de los elementos que, de aplicarse o continuarse, permitirán mejorar de manera sostenida las condiciones de salud de la población. Las acciones preventivas deberán considerar aspectos de educación para la salud, de tal manera que contribuyan a crear una cultura de la salud en la población. Asimismo, deberán promover información que permita a los ciudadanos ejercer su derecho constitucional a la salud.

La mortalidad por lesiones y accidentes plantea un reto para el sistema de salud tanto en relación con la necesidad de concientizar a la sociedad acerca de su efecto en la población, como en responder a su presencia con servicios adecuados. Éste es particularmente el caso en relación con la mortalidad por suicidio, en la cual las defunciones registradas reflejan una proporción del problema. La atención de los intentos de suicidio requiere acciones integrales que hagan participar a las redes de apoyo de estos individuos, pero también a diversos agentes de la sociedad, así como a otras instituciones además de las del sector salud.

Algunos de los programas que conforman la estrategia más reciente del sector salud en materia de prestación de servicios responden, en alguna medida, a la necesidad de prevenir las patologías vinculadas con comportamientos no saludables. Sin embargo, su éxito requiere la colaboración entre sectores y la sensibilización de la población a la cual van dirigidos, así como la adecuación de éstos mediante la permanente evaluación de resultados. La presentación y selección de indicadores de seguimiento llevadas a cabo por el sector en 1997 constituye un primer avance en este sentido. Es de esperarse que sea un ejercicio propicio tanto para la identificación de nuevos problemas como para la expansión de estrategias exitosas. De continuarse los esfuerzos en tal dirección, es posible que el perfil de mortalidad por causas que se observe en el nuevo milenio corresponda a la llamada cuarta etapa de la transición epidemiológica, en la cual la mortalidad prematura habrá disminuido ostensiblemente y los esfuerzos se concentren en aminorar el efecto de la morbilidad en la población.

Bibliografía

Arriaga, E. E. (1984), "Measuring and explaining the change in life expectancies", *Demography*, 21(1), 83-96.

——— (1994), "Measuring the level and change of mortality by causes of deaths", *The Use of Years of Life Lost,* documento presentado en la reunión anual de la Population Association of America, Miami, Florida, 5-7 de mayo, 11 pp. más cuadros y gráficas.

Bertillon, J. (1912), "Classification of the causes of death. Transactions of the 15th International Congress of Hygiene and Demography: 52-55", citado en National Center for Health Statistics, 1969, *Eight Revision International Classification of Diseases,* U. S. Department of Health, Education, and Welfare, Public Health Service Publication No. 1693, vol. 1, Tabular List, 671 pp.

Frenk, J., J. L. Bobadilla, J. Sepúlveda y M. López-Cervantes (1989), "Health transition in middle-income countries: New challenges for health care", *Health Policy and Planning,* 4: 29-39.

Murray, C. J. L., Y. Gonghuan y Q. Xinjian (1992), "Adult mortality: levels, patterns and causes", en Richard G. A. Feachem, Tord Kjellstrom, Christopher J. L. Murray, Mead Over y Margaret Phillips (comps.), *The Health of Adults in the Developing World,* Oxford University Press para The World Bank, Nueva York, cap. 2, pp. 23-11.

National Center for Health Statistics (1969), *Eight Revisions: International Classification of Diseases,* U. S. Department of Health, Education, and Welfare, Public Health Service Publication No. 1693, vol. 1., Tabular List, 671 pp.

Olshansky, S. J. y A. B. Ault (1986), "The fourth stage of the epidemiologic transition: the age of delayed degenerative diseases", *The Milbank Quarterly,* 64: 355-391.

Omran, A. R. (1971), "The epidemiological transition theory. A theory of the epidemiology of population change", *Milbank Memorial Fund Quarterly,* 49: 509-538.

Organización Panamericana de la Salud (1981), *Clasificación Internacional de Enfermedades. Revisión 1975,* Publicación Científica núm. 353, vol. 1, 2a. reimpresión, 835 pp.

Preston, S. (1976), *Mortality Patterns in National Populations. With Special Reference to Recorded Causes of Death,* Nueva York, Academic Press, Inc., 201 pp.

Secretaría de Salud (1993), *Compendio histórico. Estadísticas vitales 1893-1993, Estados Unidos Mexicanos,* México.

Secretaría de Salud (1997), *Mortalidad 1996,* 388 pp.

Wain, H. (1970), "The bookkeeping of life and the birth of vital statistics", cap. 15 de *A History of Preventive Medicine,* Springfield, Illinois, Charles C. Thomas Publisher, pp. 121-125.

Wells, R. (1984), "Experiences with the international classification of diseases and emerging problems", en *World Health Organization. International Conference on Health Statistics for the Year 2000,* publicado por Statistical Publishing House para la World Health Organization, Budapest, pp. 18-30.

La disminución de la fecundidad

LA TRANSICIÓN DE LA FECUNDIDAD EN MÉXICO

María Eugenia Zavala de Cosío

LA EVOLUCIÓN de la fecundidad en México durante el siglo XX ha sido el reflejo de los cambios fundamentales experimentados por el país en el campo del desarrollo socioeconómico, como la industrialización, la urbanización, la escolarización y la atención a la salud. Al iniciar el siglo, México era un país poco poblado (13.6 millones en 1900), rural, con una población mayoritariamente analfabeta. En cambio, a finales del siglo, la República Mexicana cuenta ya con unos 100 millones de habitantes; su capital, la ciudad de México, es la metrópoli más grande del mundo, y la población se ha vuelto mayoritariamente urbana, con un nivel de educación relativamente mayor. Los cambios demográficos aparecen como una consecuencia de la transformación radical del poblamiento y de la sociedad, pero también permitieron su realización. Las relaciones entre cambios en la fecundidad y el desarrollo socioeconómico ilustran las transformaciones en el proceso de formación de las familias, en los ciclos de vida de los individuos y en las relaciones entre hombres y mujeres así como entre las generaciones.

En este capítulo trataremos de explicar los procesos de cambio de la fecundidad en México tomando en cuenta la evolución durante el siglo XX en el periodo 1900-1995. De hecho, se observan dos grandes momentos: por un lado, un largo periodo de *fecundidad natural*[1] hasta mediados de los años sesenta, al final del cual ya aparecen las primeras señales de cambios de las conductas reproductivas en un grupo pionero de reducido tamaño. En el resto de la población, el alza de la fecundidad que se observó a mediados del siglo marcó de hecho el preludio al desplome de los niveles de fecundidad en el último tercio del siglo XX. Para explicar estos procesos, analizaremos la formación de la descendencia durante la vida fértil de diferentes generaciones de mujeres hasta que alcanzan su

[1] La fecundidad natural, según la definición de Louis Henry, se refiere a una fecundidad en la que las parejas no ejercen ningún control de los nacimientos a lo largo de toda su vida matrimonial (Henry, 1953). Ello no significa que no se controle la edad a la primera unión. Por tanto se trata de la fecundidad en las uniones estables, que alcanza generalmente alrededor de ocho hijos por mujer unida durante la mayor parte de su vida fértil (Henry, 1953).

descendencia final alrededor de los 50 años de edad. Adoptaremos por tanto una perspectiva esencialmente longitudinal: empezaremos por el grupo de generaciones femeninas nacidas entre 1861 y 1881 y llegaremos hasta las más recientes, las mujeres nacidas en 1960, que tenían 35 años de edad en 1995.

Dos momentos en la transición de la fecundidad

En la gráfica 1 se representan las descendencias finales por grupos de generaciones[2] y las tasas globales de fecundidad. Se colocaron las descendencias finales en el año que corresponde a la edad media a la maternidad. Las tasas globales de fecundidad se calcularon desde 1900, a partir de datos censales (Mier y Terán, 1982). Entre 1900 y 1930 las variaciones fueron importantes a raíz de la Revolución mexicana, con una notable reducción de la fecundidad de 1915 a 1920 y una recuperación a partir de 1920, *baby-boom* revolucionario cuyo fin coincidió con la crisis económica de los años treinta. Una nueva tendencia hacia un aumento de la fecundidad se observa de manera moderada desde 1931 y se acentúa después de 1950, paralelamente a los grandes avances logrados en México en la atención materno-infantil. Hemos analizado en otro trabajo el aumento de la tasa global de fecundidad a partir de 1930 mientras disminuía la tasa de natalidad, debido a los efectos del rejuvenecimiento de las estructuras por edades en este indicador (Zavala de Cosío, 1992). Dichas tendencias confirman la reconstitución estadística presentada en el capítulo siguiente.

[2] Entre las fuentes de datos que permiten contar con estimaciones de largo plazo sobre un siglo, son esenciales los censos de población para todo el periodo anterior a 1970, ya que no se pueden usar las estadísticas del Registro Civil, a pesar de su antigüedad, ya que adolecen de omisiones importantes para un estudio detallado de la fecundidad, sea por edad de la madre (Figueroa,1989), sea por orden de nacimiento (Zavala de Cosío *et al.*, 1974) o debido a la declaración tardía de los nacimientos. Hay que compensar la mala calidad del registro de nacimientos con otras fuentes de datos: censos y encuestas de fecundidad. Afortunadamente, los cuatro censos de población levantados de 1950 a 1980 incluyeron una pregunta sobre los hijos nacidos vivos clasificados por grupos quinquenales de edades de las mujeres. Disponemos de las descendencias finales, a los 45-49 años, de las generaciones femeninas nacidas entre 1900-1904 y 1930-1935, presentadas en el cuadro 1. Se puede añadir la descendencia a los 40-59 años de las mujeres nacidas entre 1861 y 1881 en el censo de 1921. Se carece de esta información en el censo de 1930 y no se publicó la del censo de 1940. Los datos censales sobre los hijos nacidos vivos resultan de calidad muy aceptable si se comparan con los resultados de las encuestas (Mier y Terán, 1982; Zavala de Cosío, 1992). Se usan los censos para estimar la fecundidad antes de 1930; sin embargo, a partir de 1930 se pueden usar a la vez las dos fuentes: los censos y las encuestas de fecundidad, que permiten obtener pruebas de congruencia.

GRÁFICA 1. *Tasas globales de fecundidad y descendencias de las generaciones*

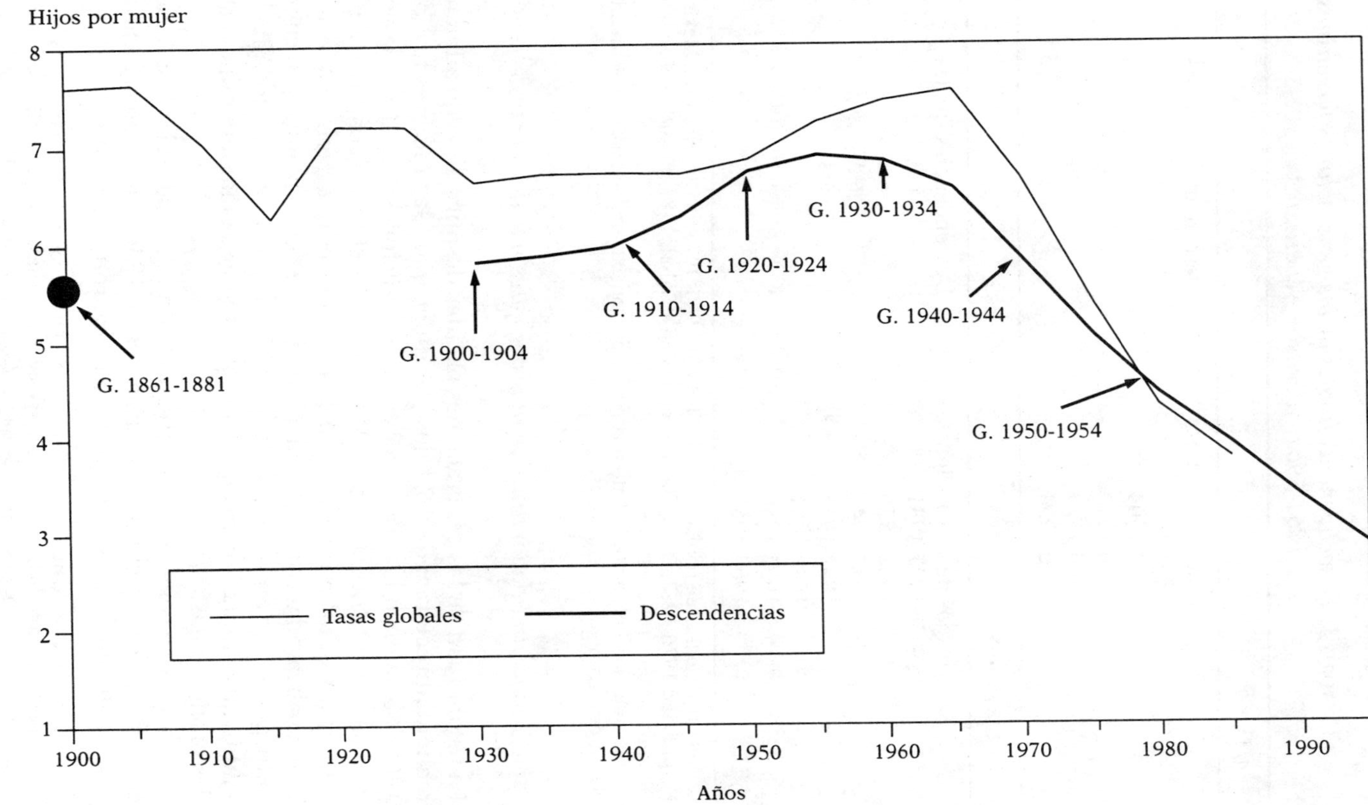

CUADRO 1. *Descendencias finales de las generaciones femeninas 1861-1961 en censos y encuestas*

a) Censos

Grupos de generaciones	Descendencias finales
1861-1881	4.7
1900-1904	5.1
1910-1914	5.2
1920-1924	6.4
1930-1934	6.3

b) Encuestas

Grupos de generaciones	Descendencias finales
1927-1931	6.8
1932-1936	6.8
1937-1941	6.2
1942-1946	5.8
1947-1951	5.1
1952-1956	4.3
1956-1961	3.5*

FUENTES: Censos de población de 1921, 1950, 1960, 1970 y 1980; Encuesta Mexicana de Fecundidad 1976-1977, Encuesta de Fecundidad y Salud, 1987, Encuesta Nacional de la Dinámica Demográfica, 1992.

* Estimación hecha por la autora con base en una extrapolación de la fecundidad inicial de este grupo de generaciones.

Una fecundidad natural para las mujeres nacidas antes de 1936

La fecundidad de las generaciones nacidas después de 1900 aumentó de manera apreciable: de 4.7 hijos por mujer para las mujeres nacidas en 1861-1881 a 6.8 hijos por mujer en las generaciones 1927-1936, la descendencia más alta observada en México en el siglo XX[3] (cuadro 1), un alza significativa de dos hijos por mujer. Los factores que explican ese aumento se analizarán a continuación: permanencia de las pautas de fecundidad natural en la gran mayoría de la población, mejoras en los niveles de salud y mortalidad, *marriage-boom* y contexto social favorable a actitudes pronatalistas.

De hecho, se conservó un patrón de fecundidad natural (véase la nota 1) en todas las generaciones nacidas antes de 1936: las familias alcanzaron descendencias finales elevadas y no utilizaron ningún método de limita-

[3] Sin embargo, los datos censales no son totalmente comparables a los de las encuestas de fecundidad; cada fuente tiene sus sesgos y diferencias, pero se confirma la tendencia global mediante diferentes fuentes de datos (Zavala de Cosío, 1992).

ción de sus nacimientos. *La fecundidad natural se mantuvo en México hasta mediados de la década de los sesenta y alcanzó un máximo para las mujeres nacidas en los años treinta.* Dentro de las uniones, las mujeres unidas antes de los 20 años llegaron a tener un promedio de 8.4 hijos, o sea un nivel de fecundidad marital semejante al de las poblaciones del pasado que no controlaban sus nacimientos (Henry, 1953). El tamaño modal de las familias alcanzó nueve hijos por mujer nacida en 1932-1936 y unida antes de los 20 años de edad. La fecundidad natural se apoyaba en uniones[4] universales, precoces y estables, con menos de 5% de solteras definitivas, una edad promedio a la primera unión alrededor de los 18 años para las mujeres y menos de 10% de uniones interrumpidas, esencialmente por viudez (Zavala de Cosío, 1992: 49).

Es posible explicar por qué fue tan elevado el nivel de la fecundidad general: 95% de las mujeres de esas generaciones pasó 90% de su vida fértil en unión desde los 18 años de edad. Por lo tanto, las mujeres en su totalidad pasaron 85% de su tiempo potencialmente fértil en exposición al riesgo de concebir, y la fecundidad general era de alrededor de siete hijos nacidos vivos por mujer (incluidas las unidas y las solteras).

Un análisis fino del proceso de formación de la descendencia dentro de las uniones puede llevarse a cabo con base en lo que Louis Henry definió como "probabilidades de crecimiento de las familias completas" (Henry, 1953). Se trata de un indicador calculado como la proporción de mujeres unidas que después de tener un hijo de orden n pasan a tener un hijo de orden $n + 1$. Este indicador se calcula cuando las mujeres terminaron ya su vida reproductiva. Por ejemplo, entre las mujeres mexicanas unidas antes de los 20 años de edad y nacidas entre 1927 y 1936, 97.6% tuvo al menos un hijo nacido vivo; entre ellas, 98.7% tuvo un hijo más, o sea un segundo hijo, y al menos 97.3% de las que habían dado a luz a un segundo hijo siguieron hasta un tercero (Zavala de Cosío, 1992: 53, cuadro I.14). De no usarse el control de los nacimientos, esas probabilidades no dependen del número de hijos nacidos anteriormente, pero disminuyen conforme avanza la edad de las mujeres al nacimiento de los hijos de orden 1, 2, 3, 4, 5, 6, etcétera.

La gráfica 2 representa las probabilidades de crecimiento de las familias según el orden de nacimiento de algunas generaciones representativas de una fecundidad todavía natural. Las mujeres rurales de las generaciones 1920-1934 y las mujeres unidas a los 15-19 años en las generaciones 1927-1936 registraron niveles semejantes a las mujeres noruegas casa-

[4] La fecundidad marital en México se observa tanto en las uniones consensuales como en las uniones legales: por cada 100 mujeres unidas, 25 empezaron su vida conyugal en unión libre, y la mitad de éstas se transformó después en uniones legales (Zavala de Cosío, 1992: 45).

GRÁFICA 2. *Probabilidades de crecimiento de las familias completas*

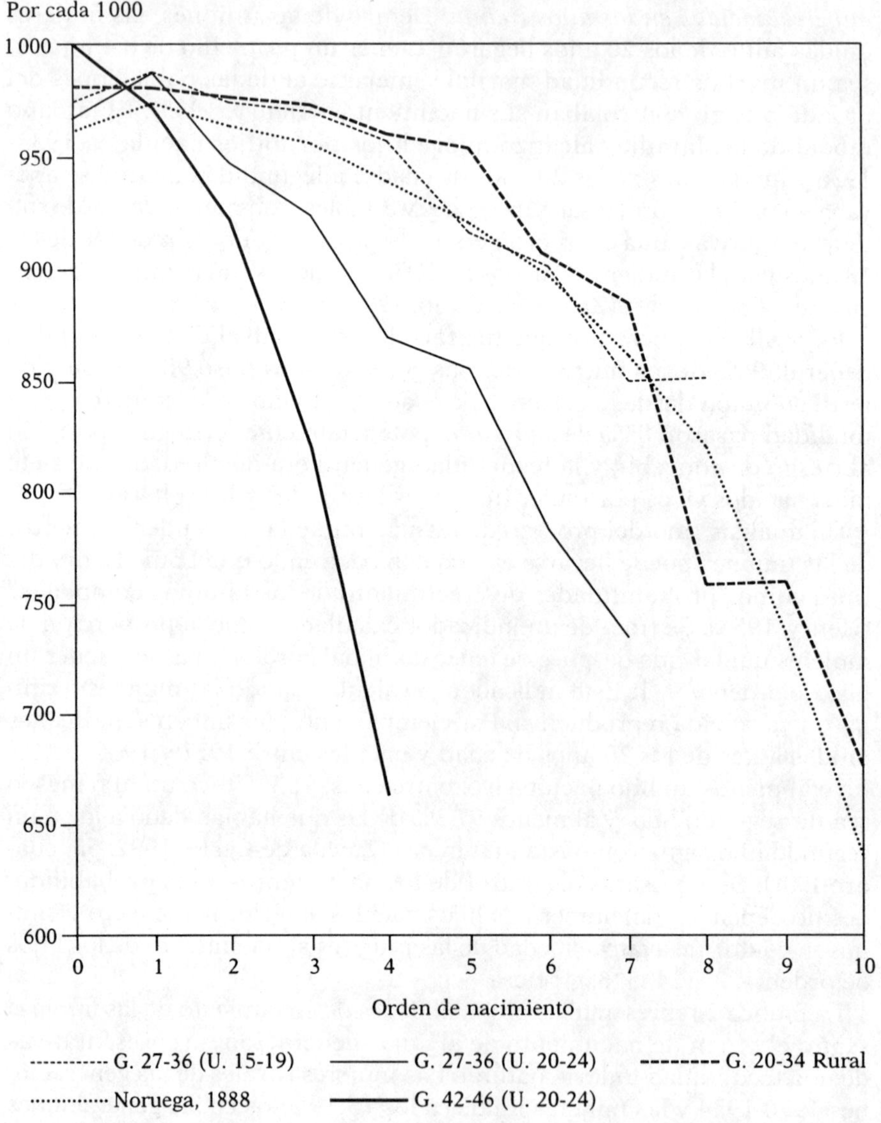

das a los 18-21 años de edad en un periodo anterior a 1888, un ejemplo de población que no limitaba todavía su fecundidad (Henry, 1953). La forma de estas tres curvas, convexas hacia abajo, es característica de la ausencia de control de los nacimientos, cuando aun después de seis hijos nacidos vivos, 90% de las mujeres tenía todavía un hijo más; las probabilidades de crecimiento disminuían regularmente a medida que aumentaba el orden del nacimiento al no haber control voluntario (gráfica 2).

El inicio del control de los nacimientos en los años sesenta

La reducción de la fecundidad empezó en las generaciones 1937-1941, con 6.2 hijos por mujer, que corresponden a hijos nacidos en promedio a mitad de la década de los sesenta. Las mujeres nacidas en 1942-1946 tuvieron 5.6 hijos; por tanto la reducción ya era de 1.2 hijos por mujer y de 18% en sólo 10 generaciones si se comparan con los 6.8 hijos por mujer de las generaciones 1932-1936. Las descendencias de las generaciones 1947-1951 y 1952-1956 disminuyeron todavía más: a 5.1 y 4.3 hijos por mujer, respectivamente. Finalmente, en las generaciones más recientes que se pueden observar por el momento —o sea, las mujeres nacidas en 1956-1961 y 1962-1966— se estimaron sus descendencias, respectivamente, en 3.5 y 3.2 hijos por mujer, al extrapolar la fecundidad observada en la Encuesta Nacional de Fecundidad y Salud de 1987 (Zavala de Cosío, 1988). Por tanto, *la reducción ha llegado a la mitad en 30 generaciones.*

La explicación de este cambio acelerado, que analizaremos más adelante, reside en la generalización de nuevas pautas reproductivas en México, con el uso cada vez más difundido de métodos modernos de anticoncepción, sobre todo entre las mujeres de las grandes ciudades y entre las más educadas, ya que el uso de la anticoncepción se difundió más lentamente en las zonas rurales y entre las mujeres con poca educación. La transición de la fecundidad en México es notable por su rapidez y también porque se inició con una fuerte nupcialidad, que permanecía universal y precoz en todos los medios sociales. La ausencia de cambios significativos en la nupcialidad y el uso masivo de métodos anticonceptivos han sido los rasgos característicos de las transiciones demográficas latinoamericanas que las singularizan respecto de Europa pero también de Asia, África y el maghreb (como en el caso de Argelia, por ejemplo, donde se observa recientemente un retraso muy importante de la edad al casarse).

Las tasas globales de fecundidad fueron siempre superiores a las descendencias finales, en el periodo analizado, aunque coincidieron los movimientos de alza y de baja de ambos indicadores (gráfica 1). La diferencia se explica por el rejuvenecimiento del calendario de la fecundidad a medida que bajaban los niveles de ésta (gráfica 3). El rejuvenecimiento se originó en una concentración cada vez mayor de los nacimientos en los primeros años de las uniones, con intervalos intergenésicos relativamente cortos, seguidos de una limitación definitiva después de haber alcanzado el tamaño final de la familia. Ese rejuvenecimiento ocasionó por tanto una sobrestimación de la tasa global de fecundidad respecto de las descendencias finales de las generaciones (Zavala de Cosío, 1988). Tal efecto llegó a su máximo entre 1955 y 1968, cuando las familias completas alcanzaron en promedio 6.8 hijos por mujer mientras las tasas globales de fecundidad rebasaban ampliamente los siete hijos por mujer, con un máximo de 7.28 hijos por mujer en 1962 y1963 (véase el capítulo siguiente).

La gráfica 3 presenta la distribución porcentual de los nacimientos en las generaciones nacidas entre 1932 y 1961, que pasó de cúspide tardía (generaciones 1932-1936) a cúspide temprana (generaciones 1957-1961). De los hijos, 60% nacía antes de los 30 años de edad con la pauta tardía (edad media a la maternidad de 28.2 años); el nuevo modelo es de 75% de los nacimientos antes de los 30 años con una edad promedio de 26.6 años a la maternidad. Un número menor de hijos nace —concentrados en los primeros años de las uniones— y, una vez alcanzado el tamaño deseado de la familia, se limitan definitivamente los nacimientos, por lo general esterilizando a la mujer. En la tercera sección de este capítulo se presentarán las modalidades del uso de anticonceptivos en México, en las que predominan cada vez más los métodos definitivos de anticoncepción (véase el cuadro 6).

La reducción en las tasas globales de fecundidad empezó en 1964 y alcanzó ritmos anuales entre 4% y 5% entre 1974 y 1979 y de 2% a 3% a partir de 1979 (según las tasas globales de fecundidad estimadas en este libro por Mier y Terán y Partida, 2001). Se explica el cambio de tendencia por un ritmo diferente de reducción de las tasas específicas de fecundidad en los diferentes grupos de edades a partir de esa fecha. De hecho, hasta finales de los años sesenta, las tasas específicas de fecundidad antes de los 35 años de edad siguieron muy elevadas e incluso en aumento, con una leve reducción a partir de esa edad (Zavala de Cosío, 1992). A partir de 1970 y durante toda la década, empezaron a disminuir también aceleradamente las tasas entre los 20 y 35 años (gráfica 2 del capítulo siguiente); entonces se observaron *fuertes porcentajes de reducción en las edades de mayor fecundidad.* En cambio, después de esa etapa de reducción acelerada, los cambios más pronunciados se manifestaron a partir de los 35 años de edad. El descenso en el grupo de edades de 25-29 años se estancó entre 1982 y 1986, lo que pudo significar una recuperación de los nacimientos retrasados antes de los 25 años. En los años

GRÁFICA 3. *Distribución de la fecundidad (por cada 100)*

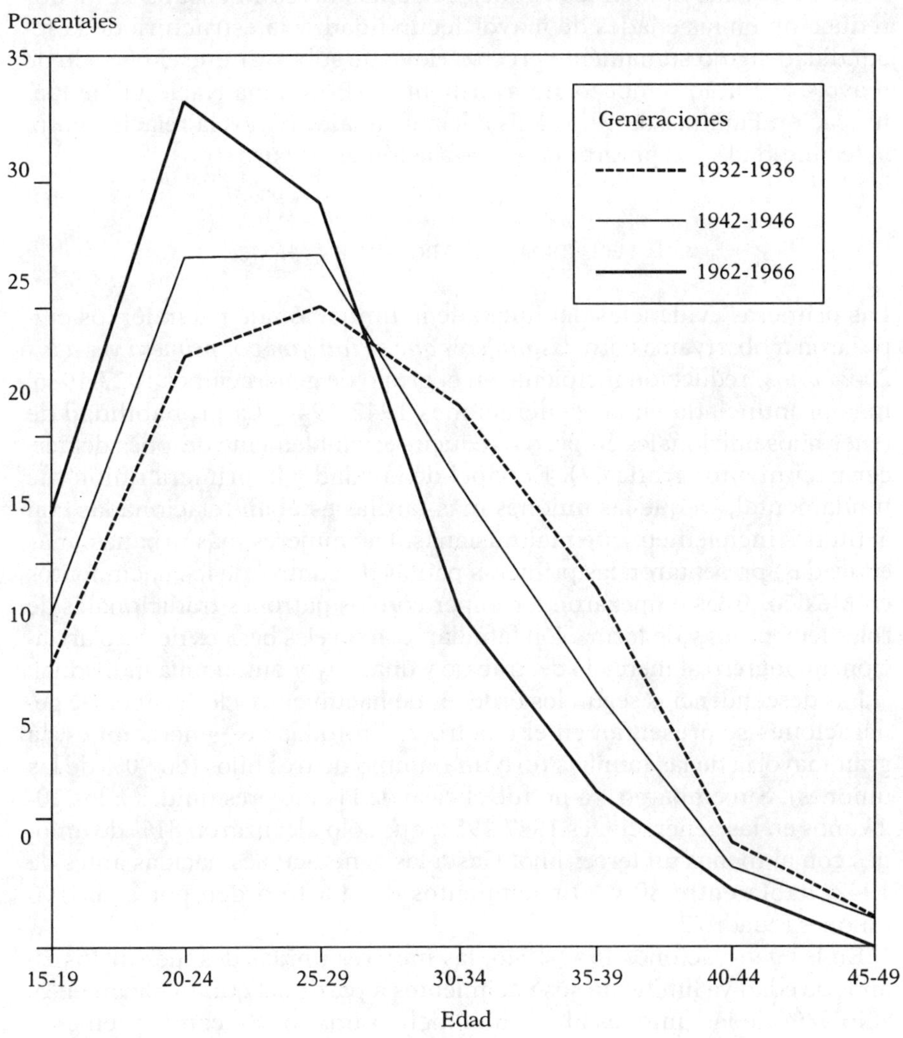

ochenta, la tasa global de fecundidad disminuyó menos rápido, ya que la acelerada reducción en las edades extremas no compensaba la menor reducción en las edades de mayor fecundidad, y la estructura de la fecundidad siguió sumamente precoz. Hay que subrayar que el periodo de mayores cambios empezó anteriormente al Programa Nacional de Planificación Familiar de 1977. Más adelante analizaremos la relación entre la fecundidad y los programas de población en México.

Una fecundidad controlada en México

Las primeras evidencias del inicio de la limitación de nacimientos empezaron a observarse entre *las mujeres que se unieron por primera vez a los 20-24 años,* reducción incipiente en el grupo de generaciones 1927-1936, más pronunciada en las generaciones 1942-1946. La probabilidad de tener hijos adicionales empezó a reducirse notablemente después del tercer nacimiento (gráfica 2). El papel de la edad a la primera unión fue fundamental, ya que las uniones más tardías estaban relacionadas con actitudes incipientemente malthusianas. Las mujeres más urbanas, más educadas, presentaron las primeras pautas de control de los nacimientos en México. Ellas empezaron a romper con los patrones tradicionales de roles femeninos y de formación familiar: con niveles básicos de escolarización, un ingreso al mercado del trabajo y una mayor autonomía individual.

Las descendencias según los órdenes de nacimiento y los grupos de generaciones se presentan en el cuadro 2. En todas las generaciones, la gran mayoría de las familias tuvo un mínimo de tres hijos (en 90% de las uniones). Sin embargo, ya no fue el caso de las mujeres unidas a los 20-24 años en las generaciones 1947-1951, que sólo alcanzaron 81% de uniones con al menos un tercer hijo. Hasta las generaciones nacidas antes de 1942, había entre 80 y 90 nacimientos de cuarto orden por cada 100 uniones (cuadro 2).

En las generaciones 1942-1946, las mujeres unidas después de los 20 años de edad ya limitaban sus nacimientos a partir del quinto nacimiento; sólo 48% de las uniones alcanzaba dicho tamaño. En cambio, en esas generaciones, las uniones antes de los 20 años de edad todavía conservaban descendencias elevadas: 82% de las uniones con al menos cinco hijos, 72% con un sexto hijo y 51% con un séptimo hijo (cuadro 2). Entre las generaciones 1937-1941 y 1942-1946, la reducción en la descendencia final fue de un hijo —de ocho a siete— en las uniones a los 15-19 años y de casi dos hijos —de 6.9 a 5— en las uniones a los 20-24 años (cuadro 2).

La reducción de las descendencias fue importante sobre todo en las zo-

CUADRO 2. *Descendencias por orden de nacimiento, edad a la primera unión. Grupos quinquenales de generaciones femeninas (por 1 000 uniones) (Mujeres nacidas entre 1927 y 1951)*

Orden de nacimiento / Edad a la unión	*Grupos de generaciones*									
	1927-1931		*1932-1936*		*1937-1941*		*1942-1946*		*1947-1951*	
	15-19	*20-24*	*15-19*	*20-24*	*15-19*	*20-24*	*15-19*	*20-24*	*15-19*	*20-24*
1	966	976	982	1000	997	1000	1000	992	994	
2	944	902	976	957	988	997	984	972	984	960
3	932	853	941	907	934	982	940	897	955	809
4	906	804	912	840	919	897	896	735	860	532
5	867	681	873	728	850	791	824	483*	*	
6	799	577	796	623	781	696	718	317*	*	
7	748	485	696	488	691	542	512	212*	*	
8	633	399	593	358	616	375	394	141*	*	
9 y más	1765	687	1434	500	864	395	460	128*	*	
Hijos por unión	8.5	6.4	8.2	6.4	8	6.9	7	5	6	4.1
Número de mujeres	234	163	339	162	437	218	517	335	671	513

*Descendencias incompletas.

FUENTE: Encuesta Mexicana de Fecundidad, 1976-1977, y Encuesta Nacional de Fecundidad y Salud, 1987.

nas urbanas. Por ejemplo, a los 35 años de edad se pasó de 4.5 hijos por mujer en las generaciones 1937-1941 a 3.6 en las generaciones 1942-1946 y a 2.8 en las generaciones 1947-1951. Las descendencias bajaron mucho menos, comparativamente, en las zonas rurales. Se identificá como mujeres pioneras de la baja de la fecundidad en México a las mujeres urbanas y educadas nacidas en los años 1940 (capítulo III de Juárez *et al.*, 1996).

FACTORES DETERMINANTES Y TRANSICIÓN DE LA FECUNDIDAD

Entre los factores determinantes de la fecundidad,[5] los más importantes son la nupcialidad y la anticoncepción. Las esterilidades involuntarias,

[5] Se entiende por "factores determinantes" (o variables intermedias) los que fueron definidos por Davis y Blake (1956) y que intervienen en el proceso de fecundidad: factores que explican la exposición al riesgo de concebir, como la nupcialidad; factores que interfieren con la exposición a un embarazo dentro de la unión, como la anticoncepción y la lactancia; finalmente, la probabilidad de que el embarazo termine en un nacido vivo (y no en aborto o mortalidad intrauterina).

CUADRO 3. *Edad media y mediana a la primera unión (generaciones femeninas 1932-1961, unidas antes de los 25 años)*

Grupos de generaciones	*Edad a la encuesta*	*Edad media**	*Edad mediana*
1927-1931	45-49	18.0	19.0
1932-1936	45-49	18.4	19.0
1937-1941	40-44	18.4	19.0
1942-1946	35-39	18.4	19.3
1947-1951	30-34	18.6	19.9
1952-1956	25-29	18.9	19.9
1957-1961	30-34	19.0	19.1
1962-1966	25-29	19.5	19.8

* Para las uniones realizadas antes de los 25 años

FUENTE: Encuesta Mexicana de Fecundidad 1976-1977; Encuesta Nacional Demográfica, 1982; Encuesta Nacional de la Dinámica Demográfica (Enadid), 1992.

la mortalidad intrauterina y la lactancia también condicionan el riesgo de concepción. Por otra parte, la teoría de la transición demográfica propone un esquema explicativo en el que la reducción de la mortalidad es el evento inicial que, al desestabilizar el sistema demográfico primitivo, lleva al inicio del proceso de la transición demográfica. Además, el desarrollo de un crecimiento económico y social "moderno" así como los cambios en los factores culturales condicionan las evoluciones de la fecundidad (Chesnais, 1986). Veremos, en el caso de México, en qué medida se aplican estos postulados.

La nupcialidad

En los años 1950 y 1960, se observa un aumento de la nupcialidad al mismo tiempo que de la fecundidad, con uniones cada vez más tempranas y muy pocas mujeres fuera de unión (alrededor de 5%). Esta fuerte nupcialidad se mantuvo por lo menos en 25 generaciones femeninas nacidas entre 1927 y 1951. La edad media a la primera unión varió poco a pesar de un leve retraso de las uniones entre las mujeres más jóvenes (cuadro 3).

La elevada nupcialidad explica en gran parte la fecundidad mexicana máxima en la década de los sesenta. Con una fecundidad que permanecía natural, la fecundidad general alcanzó 6.8 hijos por mujer, mientras que nunca pasó de cuatro o cinco hijos en las poblaciones europeas antes de la transición de la fecundidad, con niveles de fecundidad marital comparables. Esta diferencia se debe, en ausencia de control de los nacimientos, a la nupcialidad precoz y universal en México, mientras que en los países europeos era estrictamente controlada (con 20% a 30% de solteras definitivas y edades medias de las mujeres al casarse superiores a los 27 años).

El alza de la nupcialidad en México, observada a partir de 1950, se puede comparar con el *marriage boom* de la misma época en Europa y en América del Norte (Hajnal, 1953), así como en los demás países de América Latina (Zavala de Cosío, 1992). A diferencia de las transiciones demográficas europeas (Chesnais, 1986), el control de la nupcialidad no fue, de ningún modo, un paso previo y obligado anterior al control de la fecundidad marital. En América Latina en general, incluso en el Cono Sur —y en México en lo particular—, las uniones se volvieron más precoces y el celibato permanente se hizo cada vez menos frecuente (Camisa, 1971; Rosero-Bixby, 1996).

Estas tendencias se pueden explicar por un valor cultural muy fuerte que conserva la familia latinoamericana, impulsado por el fuerte crecimiento económico y la modernización de la sociedad. De hecho, los jóvenes se volvieron cada vez más independientes de los padres y de las comunidades de origen, y por tanto lograron más libertad para la elección de un cónyuge, en el contexto de una urbanización acelerada y de flujos importantes de migración desde el agro hacia las grandes ciudades. Asimismo, era más fácil formar una familia dada la facilidad con la que se conseguían empleos en los sectores industriales y terciarios, lo que junto con la elevación de los niveles de escolarización y de la proporción del empleo asalariado entre la población económicamente activa, llevaba a una elevación general en los niveles de vida. Estos cambios tuvieron una repercusión en las prácticas matrimoniales que conservaron un patrón temprano y llevaron a una confrontación directa con modelos familiares occidentales, lo cual influyó en la condición femenina y en la mayor autonomía de los jóvenes para sus decisiones personales, sobre todo en las grandes ciudades.

Sin embargo, también hemos destacado que la transición demográfica mexicana empezó a manifestarse entre un pequeño grupo de mujeres pioneras, desde los años sesenta, que retrasaron significativamente su edad a la primera unión y mostraron cambios profundos en sus patrones reproductivos y en sus actitudes frente a la formación de las familias. Estas mujeres representaban una minoría, la más educada y la más urbana (Zavala de Cosío, 1992). De hecho, si bien en el conjunto de la población variaron poco las pautas matrimoniales, las mujeres que retrasaban sus uniones mostraban claramente cambios importantes sociales y culturales, cuyas repercusiones demográficas se reflejaron también en el control de los nacimientos.

La reducción de la mortalidad y el alza de la fecundidad

Entre las transformaciones importantes del siglo XX en México, las mejoras en las infraestructuras sanitarias y médicas ocuparon un lugar muy importante y originaron una baja acelerada de la mortalidad. Las esperanzas de vida al nacimiento se duplicaron: de 33 años en 1930 a 66 años en 1980. Los progresos mayores, en el periodo 1940-1960, llevaron a incrementos anuales de las esperanzas de vida de más del 2% (Zavala de Cosío, 1992: 16).

Al reducirse la mortalidad, aumentó el tiempo pasado en unión. Mientras que, con la mortalidad de 1920-1930, sólo alrededor de 40% de las parejas sobrevivía unida hasta el final de la vida reproductiva de la mujer, esa proporción subió a 80% con los niveles de mortalidad de 1960-1970 (Zavala de Cosío, 1992: 84). Disminuyó muchísimo la importancia de la viudez, causa principal de interrupción de uniones, sin que las separaciones y divorcios aumentaran (Potter y Ojeda, 1984). Por lo tanto, se prolongó el tiempo pasado en unión, o sea la exposición al riesgo de concebir. Además, la reducción de la mortalidad intrauterina y de las esterilidades patológicas, consecutivas a los progresos médicos, fueron también favorables a una alta fecundidad. Como, por otra parte, disminuyó el tiempo de lactancia (Juárez *et al.*, 1986), aumentó notablemente la capacidad de procreación.

En el nivel nacional, las tasas de fecundidad aumentaron tanto en las edades jóvenes (al unirse más temprano y concebir sin problemas de salud) como en las edades mayores (al seguir fértiles más tiempo y con un cónyuge sobreviviente). El alza de las tasas globales de fecundidad entre 1930 y 1963 llegó a 13% (de 6.4 a 7.3 hijos por mujer) (Mier y Terán y Partida, 2001).

La planificación familiar

Los progresos sanitarios y la fuerte nupcialidad hicieron aumentar la fecundidad mexicana en las décadas 1950 y 1960. Junto con la mayor sobrevivencia infantil, se llegó inevitablemente a un elevado crecimiento demográfico. Después de más de 20 años de *laissez-faire,* se adoptó una política demográfica de reducción del crecimiento de la población a finales de 1973 y un Programa Nacional de Planificación Familiar en 1977. Las primeras encuestas de fecundidad muestran que en 1964 todavía se practicaba muy poco la planificación familiar en la ciudad de México (Rabell Romero, 1974) y en 1969, 90% de las mujeres rurales mexicanas nunca había usado métodos de anticoncepción (García, 1976). Aún en 1976, al inicio de la política de población, sólo 16% de las mujeres rurales unidas usaba algún método y 30% de ellas en todo el país. En cambio, en 1995 las proporciones de usuarias llegaban a 67% de las mujeres unidas: 53% en las localidades rurales, 71% en las urbanas (cuadro 4). El aumento en la práctica de métodos anticonceptivos es muy notable a partir de 1976, sobre todo en las zonas rurales, donde sube a 231%. La diferencia entre las proporciones de usuarias rurales y urbanas estuvo reduciéndose muchísimo en todo el periodo, con una diferencia de sólo 30% en 1995 (cuadro 4). *El uso de la anticoncepción explica casi completamente el cambio en las tasas globales de fecundidad entre 1976 y 1995.*

Hemos visto cómo los factores relacionados con las mejoras sanitarias y la fuerte nupcialidad llevaron a un alza en las descendencias. Sólo después de dos décadas de fecundidad muy elevada (1950-1970) empezaron a surgir actitudes favorables al uso de métodos anticonceptivos *en el país*. La difusión de la anticoncepción en el conjunto de la población se relaciona claramente con el Programa Nacional de Planificación Familiar: en 1995, 72% de las usuarias obtenía los métodos de las instituciones públicas de salud, sobre todo el Instituto Mexicano del Seguro Social (Gómez de León, 1996). Sin embargo, el efecto demográfico del programa es más limitado en los sectores de más alta fecundidad al recomendar preferentemente, desde 1982, los métodos definitivos. Por ejemplo, en algunas localidades rurales, se ha observado que las mujeres esterilizadas tenían más hijos que el promedio rural (Zúñiga, 1986), ya que acudían a operarse después de muchos nacimientos.

El cuadro 5 muestra la proporción de mujeres unidas usuarias según el método anticonceptivo entre 1976 y 1987. En 1976, el método más frecuentemente utilizado era la píldora (11% de las mujeres unidas). En 1982, el uso de la píldora todavía se mantenía (14%) pero ya bajaba a 9% en 1987. Mientras tanto, la esterilización femenina (ligadura de trompas)

CUADRO 4. *Usuarias de métodos anticonceptivos según residencia urbana y rural y variación porcentual en el periodo 1976-1995 (por cada 100 mujeres en unión de 15 a 49 años)*

Residencia	*EMF-1976*	*ENP-1979*	*ENFES-1987*	*ENPF-95*	*Variación (%) 1976-1995*
Urbana	46	50	63	71	54
Rural	16	27	33	53	231
Total	30	38	53	67	123
Relación urb/rur	2.9	1.9	1.9	1.3	

FUENTE: Secretaría de Salud, Programa Interinstitucional de Planificación Familiar, 1983-1988, México, 1983; Encuesta Nacional sobre Fecundidad y Salud, 1987; Encuesta Nacional de Planificación Familiar, 1995.

CUADRO 5. *Distribución de las usuarias según el método de anticoncepción en 1976, 1979, 1982, 1987*

Método	*EMF-1976*	*ENP-1979*	*END-1982*	*ENFES-1987*
Píldora	11	13	14	9
Ligadura	3	9	13	20
Inyecciones	2	3	5	3
Dispositivo DIU	6	6	7	11
Otros	9	8	8	10
Total de usuarias	30	38	48	53
Ninguno	70	62	52	47
Total de unidas de 15 a 49 años	100	100	100	100

FUENTE: Zavala de Cosío, 1992: 228.

pasaba de 3% de las mujeres unidas en 1976 a 20% en 1987 y el dispositivo intrauterino (DIU), de 6% a 11%. La mayor parte de las operaciones de esterilización femenina se hacen en el sector público de salud, sobre todo en el Instituto Mexicano del Seguro Social, que recomienda mucho este método y el DIU por ser los más eficaces y porque aquélla es definitiva y éste requiere servicio médico especializado para retirarlo (Zavala de Cosío, 1992).

Además, la baja relativa observada en el uso de otros métodos eficientes como las píldoras anticonceptivas ha reflejado alguna falta de interés en espaciar los nacimientos. Junto con una nupcialidad precoz, se han mantenido durante mucho tiempo los patrones tradicionales de formación de las familias, en los cuales los hijos nacían rápidamente cuando las mujeres todavía eran muy jóvenes. Por eso, las tasas específicas de fecundidad que menos bajaron en todo el periodo 1974-1995 son las que corresponden a los grupos de edades 15-19, 20-24 y 25-29 años. Es difícil pensar que la fecundidad pueda seguir disminuyendo sin un retraso significativo en la edad a la primera unión y en los intervalos intergenésicos para espaciar los nacimientos.

Para lograr tener familias reducidas, deben cumplirse dos condiciones: adoptar ideales de familias pequeñas y tener un fácil acceso a los servicios de planificación familiar. En México, la segunda condición ha progresado mucho y se ha ido generalizando paulatinamente, incluso en las zonas rurales. No obstante, el primer punto exige cambios importantes de las mentalidades, que entrañan transformaciones en la condición femenina, elevación de los niveles de escolaridad e integración de las mujeres a los mercados laborales, para llegar a la difusión de modelos de uniones tardías y de control de los nacimientos.

Dos modelos de transición de la fecundidad

A finales de la década de los setenta, las categorías más privilegiadas en cuanto a educación e ingresos tenían dos o tres hijos de menos en promedio que los agricultores y usaban mucho más los métodos de anticoncepción modernos (Porras *et al.*, 1982; Mier y Terán y Rabell, 1984). La difusión de los nuevos métodos anticonceptivos (pastillas y DIU) tuvo una gran influencia en México —como en el resto del mundo— a partir de 1964, o sea 10 años antes de la nueva política demográfica, aunque limitada a los sectores sociales más educados y urbanos, cuyas mujeres experimentaron una transición demográfica al estilo clásico, es decir, en la cual los cambios socioeconómicos y de mentalidades condicionaron nuevas pautas de reproducción.

En cambio, la fecundidad se mantuvo elevada en el campo hasta los primeros años de la década de los ochenta. En las generaciones 1942-1947, todavía iban en aumento las tasas específicas de fecundidad en las zonas rurales cuando las mujeres urbanas ya controlaban sus descendencias (Zavala de Cosío, 1992). En las zonas rurales, la fecundidad no hubiera disminuido tan pronto sin el Programa Nacional de Planificación Familiar. Basado en el sistema de centros de salud de la Secretaría de Salud y en los programas del IMSS y del IMSS-Coplamar, se desarrolló a todo lo largo y ancho del país, con implantaciones en las localidades de 500 habitantes y más. Sin embargo, los efectos del programa de planificación familiar han promovido sobre todo un control de los nacimientos al final de la vida reproductiva, sin mucho espaciamiento en los primeros nacimientos. Por la prioridad que se otorgó a una intervención médica en las mujeres de alta paridad, la reducción es mucho más pronunciada en las descendencias de órdenes elevados y, por tanto, la fecundidad bajó menos globalmente. En 1991-1992, las tasas globales de fecundidad urbanas llegaban a 58% de las rurales: 2.7 hijos por mujer en las zonas urbanas y 4.6 hijos por mujer en las zonas rurales, diferencia acentuada a raíz de la migración rural-urbana, debido a la mayor fecundidad de las mujeres rurales que no migran (Paz Gómez, 1995).

De hecho, se observan en México dos modelos de transición demográfica, según la distinción de N. Ryder: "[...] uno aplicable a las sociedades que inventaron la modernización, otro aplicable a las [sociedades] en las cuales la modernización se impuso en cierto grado" (Ryder, 1983). La población de las grandes ciudades es un ejemplo del primer modelo de transición. La reducción de la fecundidad ha sido un reflejo de cambios profundos en la condición femenina, en los patrones familiares y en general de una mejora en los niveles de vida. De allí se derivan transformaciones en la conducta reproductiva, como consecuencia de nuevas motivaciones por tener pocos hijos. Las mujeres nacidas después de 1942 —y unidas después de los 20 años de edad— representan este modelo clásico de transición.

La población de las zonas rurales es, al contrario, un ejemplo del segundo modelo, relacionado con el Programa Nacional de Planificación Nacional y con la medicalización del embarazo, del parto y de la vida reproductiva. Las mujeres empezaron a controlar su descendencia, después del nacimiento de muchos hijos, al final de su vida fértil; usaron preferentemente la esterilización que les proporcionaba el sector público de salud, y la difusión de los métodos modernos de anticoncepción provocó un cambio en los tamaños finales de las familias. Hemos visto los límites de este segundo modelo, que tiende a conservar pautas tradicionales de formación familiar. La transición completa en todo el país va a depender del cumplimiento, tarde o temprano, de algunas condiciones, como la preferencia por las familias pequeñas, el retraso de la nupcialidad y de los nacimientos, mejoras en los niveles de vida, cambios sociales y culturales indispensables.

Desgraciadamente, la década de los ochenta padeció una gran crisis económica, en contraposición con el crecimiento económico acelerado del periodo 1940-1970, al que se ha llamado el "milagro mexicano". La crisis no permitió que siguiera, después de 1982, la tendencia hacia más progresos en los niveles de vida y se ha producido una baja de los ingresos particularmente fuerte en los sectores más pobres. Además, la crisis limitó de manera considerable las posibilidades económicas de las familias campesinas. La emigración rural, en el periodo de auge económico, era una estrategia de movilidad social importante, que traía recursos adicionales y era favorable a las familias grandes. En cambio, en el último periodo, el deterioro de los niveles de vida en el campo ha llevado a una apreciación negativa del costo de los hijos, muy diferente de la que prevalecía hace apenas unos 20 años.

En ese contexto de graves problemas económicos, se ha difundido el control de los nacimientos en todas las capas de la sociedad y se ha reducido la fecundidad sin mejoras económicas. Se ha observado ese efecto "perverso" de la crisis en México como en Brasil, "inesperado subproducto que nunca fue planteado como una meta gubernamental consciente o sistemáticamente buscada" (Carvalho y Rodríguez Wong, 1996). Se trata entonces de un *malthusianismo de la pobreza*, en el cual los hijos se perciben como origen de importantes gastos familiares y educativos, por lo cual se ha difundido la idea de limitar los nacimientos.

No obstante, la baja de la fecundidad en México no hubiera podido empezar sin un importante desarrollo social. Uno de los factores de cambio más importantes consistió en la escolarización del conjunto de la población. Por ejemplo, se había logrado que en 1989 86% de la población siguiera en la escuela primaria y 56%, en la secundaria (BID, 1998). La urbanización acelerada también ha tenido una fuerte repercusión, cuando ya sólo una cuarta parte de la población mexicana reside en las localidades rurales (Naciones Unidas, 1997). Además, el programa de planificación familiar pudo consolidarse gracias a la extensa red de clínicas y de dispensarios con que ya se contaba (Zavala de Cosío, 1989). Aunque el programa aceleró el descenso de la fecundidad, se apoyó en el progreso social previo y en las mejoras en los rubros de mortalidad, salud y escolarización que se iniciaron en la década de los años treinta. La situación actual es más bien desfavorable, al acelerarse la adopción de métodos anticonceptivos definitivos como la esterilización en la población de escasos recursos, debido al deterioro en las condiciones de vida. En este caso, la baja reciente de la fecundidad en los sectores más pobres resultaría de una frustración en sus aspiraciones a tener más hijos.

En la vía de la transición demográfica, México está todavía en el cruce de caminos. La calidad de la atención a la salud reproductiva tendrá que mejorarse, pero también deberá proporcionarse una mejor atención a las necesidades básicas de las familias en todos sus aspectos económicos y sociales y lograr una elevación en los niveles de vida de la población mexicana. La disminución de la fecundidad sólo será irreversible cuando el control de los nacimientos corresponda a un ideal aceptado de familias pequeñas que viven mejor y no al desamparo de las familias más pobres en épocas de crisis económica.

BIBLIOGRAFÍA

Banco Interamericano de Desarrollo (1998), *Basic Socio-demographic Data, Statistics and Quantitative Analysis,* 16 de marzo.

Camisa, Z. (1971), *La nupcialidad femenina en América Latina durante el periodo intercensal 1950-1960,* San José de Costa Rica, Celade, 44 pp.

Carvalho, J. A., y L. Rodríguez Wong (1996), "La transición de la fecundidad en Brasil. Causas y consecuencias", en J. M. Guzman *et al.*, comps., *The Fertility Transition in Latin America,* Oxford, Clarendon Press.

Chesnais, J. C. (1986), *La transition démographique, étapes, formes, implications économiques,* París, PUF/INED, 580 pp.

Davis, K., y J. Blake (1956), "Social structure and fertility: an analytic framework", *Economic Development and Cultural Change,* 4: 211-235.

Figueroa, B. (1989), "Reflexiones sobre las estimaciones de la fecundidad en México 1950-1980", *La fecundidad en México: cambios y perspectivas,* México, El Colegio de México, pp. 63-98.

García, B. (1976), "Anticoncepción en el México rural, 1969", *Demografía y Economía,* 10: 3, pp. 297-351.

Gómez de León Cruces, J. (1996), "Fecundidad y Anticoncepción: Tendencias recientes, diferencias y agentes institucionales", *Demos,* 1996, pp. 8-10.

Hajnal, J. (1953), "The marriage boom", *Population Index.*

Henry, L. (1953), *Fécondité des mariages. Nouvelle méthode de mesure,* París, PUF/INED, 180 pp.

Juárez, F., J. Quilodrán y M. E. Zavala de Cosío (1996), *Aparición de nuevas pautas reproductivas en México,* México, El Colegio de México, 232 pp.

Juárez, F., T. Pullum y J. B. Casterline (1986), "Cambio de la fecundidad en México: importancia de los factores socioeconómicos y las variables intermedias", *III Reunión Nacional sobre la Investigación Demográfica en México,* México Sociedad Mexicana de Demografía.

Mier y Terán, M. (1982), *Evolution de la population mexicaine à partir des données des recensements, 1895-1970,* Universidad de Montreal, Département de Démographie, 2 vols., 589 pp.

——— y C. Rabell (1984), "Fecundidad y grupos sociales en México, 1971-1977", *Los factores del cambio demográfico en México,* México, IIS-UNAM, Siglo XXI Editores, pp. 221-241.

——— y V. Partida (2001), "Niveles, tendencias y diferenciales de la fecundidad en México, 1930-1977", en *La población en México, tendencias sociodemográficas y perspectivas hacia el sigl XXI,* México, Fondo de Cultura Económica.

Naciones Unidas (1997), *World Urbanization Prospects. The 1996 Revision, Annex Tables,* Nueva York, 114 pp.

Paz Gómez, L. (1995), "Las diferencias significativas del número de hijos", *Demos,* 1995, pp. 6-8.

Porras, A., *et al.* (1982), "Análisis de la fecundidad en la estructura social mexicana", en Martínez Manautou (comp.), *La revolución demográfica en México, 1970-1980,* México, IMSS.

Potter, J., y N. Ojeda (1984), "Impacto sobre la fecundidad de la disolución de primeras uniones", en *Los factores del cambio demográfico,* México, IIS-UNAM, pp. 206-218.

Rabell Romero, C. (1974), "Análisis de algunos índices de fecundidad en México", Tercera Reunión del Grupo de Trabajo sobre el Proceso de Reproducción de la Población, *Comisión de la Población y Desarrollo de Clacso,* São Paulo, septiembre, pp. 387-415.

Rosero-Bixby, L. (1996), "Nuptiality trends and fertility transition in Latin America", en J. M. Guzmán *et al.* (comps.), *The Fertility Transition in Latin America*, Oxford, Clarendon Press.

Ryder, N. (1983), "Fertility and family structure", en *Proceedings of the Expert Group on Fertility and Family*, Nueva Delhi, United Nations, International Conference on Population, pp. 279-319.

Zavala de Cosío, M. E. (1988), *Cambios de la fecundidad en México*, Secretaría de Salud, Dirección General de Planificación Familiar, 21 pp.

——— (1989), "Les politiques de population au Mexique", *Politiques de Population, Études et Documents*, 4: 1° de junio, Louvain-la-Neuve, 133 pp.

——— *et al.* (1974), Análisis de la información existente en América Latina sobre el número de hijos nacidos vivos de las mujeres y el orden de nacimiento en censos y estadísticas vitales, México, El Colegio de México, 22 pp., mimeo.

——— (1992), *Cambios de fecundidad en México y políticas de población*, El Colegio de México, Fondo de Cultura Económica, 326 pp.

Zúñiga Herrera, E., *et al.* (1986), "Conducta reproductiva de los grupos sociales del área rural", en *Planificación familiar, población y salud en el México rural*, México, IMSS.

NIVELES, TENDENCIAS Y DIFERENCIALES DE LA FECUNDIDAD EN MÉXICO, 1930-1997

Marta Mier y Terán
Virgilio Partida Bush

INTRODUCCIÓN

La fecundidad ha desempeñado un papel fundamental en la evolución demográfica del país durante el presente siglo. A partir de los años veinte, la fecundidad permaneció con niveles elevados y sólo leves variaciones hasta la década de 1950-1959, cuando inicia un repunte. Dichas tendencias, aunadas a la reducción de los niveles de mortalidad, originaron un aumento cada vez mayor de la población, de manera que —a mediados de los años sesenta— el crecimiento alcanza un máximo histórico con una tasa anual de 3.5%.[1]

A partir de entonces, se inicia un proceso de descenso de la fecundidad que aún está en curso, de modo que el nivel de la fecundidad se ha reducido en casi dos terceras partes durante los últimos 35 años. A esta drástica disminución de la fecundidad —poco más de una generación en términos demográficos—[2] ha correspondido, en un lapso relativamente corto, una baja en el crecimiento natural de la población, el cual se redujo casi a la mitad, a 1.8%.

Es importante señalar que el proceso de transición de la fecundidad en México tiene rasgos comunes con otros países de América Latina, que, igualmente, inician el descenso de su fecundidad en los últimos años de la década 1960-1969, parten de niveles elevados y alcanzan valores intermedios en la tasa global de fecundidad, de 3 a 4.5 hijos, en el quinquenio 1985-1990 (Chackiel y Schkolnik, 1996).[3]

Una particularidad del proceso de transición de la fecundidad en México ha sido la activa participación del Estado para favorecer la reducción de la fecundidad en el último cuarto de siglo. La política de

[1] Este valor de la tasa se encuentra entre los más altos registrados en una población nacional (Naciones Unidas, 1999).

[2] La edad media a la maternidad se encuentra generalmente alrededor de los 30 años, por lo que esta duración se considera como la distancia promedio entre dos generaciones.

[3] Los países con características semejantes en el proceso de descenso de la fecundidad son Brasil, Colombia, Costa Rica, Ecuador, Panamá, Perú, República Dominicana y Venezuela (Chackiel y Schkolnik, 1996).

población databa del siglo XIX y se había caracterizado por una orientación pronatalista. Por circunstancias diversas en el país y por presiones en el ámbito internacional, el gobierno cambia su política a una postura de control del crecimiento demográfico: en 1973, se promulga la nueva Ley General de Población. Cuatro años después, se elabora un Plan Nacional de Planificación Familiar y se ponen en marcha los programas que, en pocos años, alcanzan una cobertura muy amplia (Zavala, 1992; Consejo Nacional de Población, 1999).

Los avances en el conocimiento sobre el proceso de cambio en los patrones reproductivos en México han sido sustanciales y han estado muy relacionados con el desarrollo de las fuentes de datos. Los censos de población han facilitado la elaboración de estimaciones indirectas de la fecundidad a partir de 1895; además, mediante la fecundidad acumulada captada en 1921, 1950 y de 1970 a 1990, se ha obtenido una mejor aproximación de los niveles y variaciones de la fecundidad a lo largo del siglo XX.[4] Las encuestas de fecundidad que incluyen historias de embarazos han permitido profundizar en el conocimiento de los patrones reproductivos y avanzar en la exploración del vínculo entre éstos y diversos factores sociales y económicos.[5] En los últimos años, estudios cualitativos han permitido también sondear la relación entre sistemas de valores y comportamiento reproductivo.[6]

Ha sido posible ubicar cronológicamente el inicio del descenso para el país en su conjunto; los autores coinciden en que el nivel más alto de fecundidad en el país se observó en la década de los sesenta, aunque hay ciertas discrepancias en cuanto al año en que se alcanzó el valor máximo. Algunos estudiosos, con base en datos de encuestas, sostienen que en 1968 comienza un leve descenso, después de varios años en los que los niveles permanecieron prácticamente constantes (Juárez *et al.*, 1996). En este trabajo, como se verá más adelante, se plantea que el comienzo de la baja sucedió unos años antes.[7] En cuanto al ritmo del descenso, se

[4] Los datos sobre nacimientos proporcionados por el Registro Civil han tenido un papel menos importante en las estimaciones de la fecundidad en México. La subcobertura, el registro tardío y el registro múltiple —deficiencias de las que adolece esta fuente— introducen sesgos en las estimaciones que son difíciles de corregir.

[5] La primera encuesta nacional que incluyó la historia de embarazos de las mujeres fue la Encuesta Mexicana de Fecundidad, levantada en 1976-1977; antes se habían llevado a cabo la encuesta de la ciudad de México en 1964 y la encuesta rural en 1969-1970. Las principales encuestas que se han realizado después son: Encuesta Nacional de Fecundidad y Salud (1987), Encuesta Nacional de la Dinámica Demográfica (1992), Encuesta Nacional de Planificación Familiar (1995) y Encuesta Nacional de la Dinámica Demográfica (1997).

[6] Véase, por ejemplo, García y Oliveira, 1994.

[7] En los años setenta, las diferencias en los valores de las tasas globales de fecundidad estimados por Juárez *et al.*, 1976, y los presentados en este capítulo son pequeñas y, como ya se dijo, no hay elementos que permitan establecer con precisión las bondades de unas y otras estimaciones.

afirma que alcanzó su mayor aceleración en la década de los setenta y coincidió con el cambio en la orientación de la política de población y con la puesta en marcha de los programas de planificación familiar; a partir de la década siguiente, el ritmo de la baja ha tendido a decrecer (Palma y Suárez, 1991; Consejo Nacional de Población, 1999).

Además, se conoce que el tiempo en que comienza la reducción de la fecundidad en el país en su conjunto no coincide con el inicio en los distintos sectores de la población. En los años sesenta, mientras que en la ciudad de México y en algunos estados del norte la fecundidad ya había empezado a disminuir, en otros estados mostraba una clara tendencia al aumento (Quilodrán, 1991; Mier y Terán y Rabell, 1993). También se ha observado esta situación de tendencias contrarias en las zonas urbanas y las rurales del país (Zavala, 1994). Las primeras mujeres que cambiaron sus patrones reproductivos son las que vivían en las grandes ciudades, tenían mayor escolaridad y cuyo cónyuge desempeñaba una actividad no manual (Mier y Terán y Rabell, 1984; Palma y Suárez, 1991; Juárez *et al.*, 1996).

En cuanto a los principales rasgos de la formación de las familias durante el proceso de mudanza, destaca la estabilidad de los patrones en las primeras etapas de formación de las descendencias. La edad al nacimiento del primer hijo permanece prácticamente sin cambios hasta la década de 1980-1989 y, a partir de entonces, se inicia un proceso de posposición (Palma y Suárez, 1991; Naciones Unidas, 1994; Consejo Nacional de Población, 1996). Las mujeres inician el control de sus nacimientos una vez que han alcanzado el tamaño de prole deseado. A partir de los años sesenta, un grupo importante de mujeres limita el tamaño de su descendencia a tres o cuatro hijos, aunque en la ciudad de México y en ciertos estados del norte algunas mujeres tienen sólo dos hijos (Juárez, 1989; Mier y Terán y Rabell, 1993; Juárez *et al.*, 1996). En cuanto a los intervalos entre nacimientos, se conoce que su dimensión varía alrededor de los dos años y medio (Mier y Terán, 1978; Zavala, 1992; Mier y Terán, 1998), aunque se ignora cómo ha variado en el proceso de transición. Resulta evidente que, para alcanzar a formar una prole muy numerosa, se requiere que los intervalos sean relativamente cortos; pero la conformación de familias pequeñas se puede lograr con intervalos largos o cortos. A pesar de su importancia para el conocimiento de la conformación de las descendencias durante el proceso de cambio de los patrones reproductivos, la dinámica de los intervalos intergenésicos en México es un aspecto poco estudiado. Lo que sí se conoce es el acortamiento del tiempo que las mujeres dedican a conformar sus descendencias; dicho acortamiento resulta de la reducción de la edad a la que las madres dan a luz a su último hijo (Naciones Unidas, 1993; Consejo Nacional de Población, 1996; Mier y Terán, 1996).

De las variables intermedias,[8] la nupcialidad y la lactancia no han tenido un efecto decisivo en la reducción de los niveles de fecundidad en México. Tanto en este país como en otros de América Latina y el Caribe la nupcialidad no ha desempeñado un papel fundamental en el descenso de la fecundidad,[9] lo cual resulta contrario a lo esperado pues se creía que el proceso de modernización originaría un retraso en la edad a la primera unión en los países en desarrollo, a semejanza de lo sucedido en los países desarrollados. La persistencia de estos patrones, a pesar de los cambios socioeconómicos que han tenido lugar, apunta en el sentido de que son factores culturales los que influyen en la conformación de las uniones conyugales (Rosero-Bixby, 1996). En cuanto a la práctica de la lactancia, en México se ha observado poca variación: una leve tendencia a la reducción de los periodos de amamantamiento en las últimas dos décadas, aunque la proporción de niños amamantados aumenta entre los años ochenta y los noventa (véase el artículo sobre lactancia en este mismo libro); como tales cambios han sido pequeños, su efecto en la reducción de la fecundidad no ha sido decisivo (Moreno y Singh, 1996).[10]

Todos los autores coinciden en señalar que el descenso de la fecundidad en México ha sido posible por el notable incremento en el uso de anticonceptivos, en especial de métodos modernos (Palma y Suárez, 1991; Juárez *et al.*, 1996; Consejo Nacional de Población, 1999). Entre las mujeres unidas en edad fértil, 23% usaba algún anticonceptivo moderno en 1976 y, dos décadas más tarde, en 1997, esta proporción era ya más del doble, 59%. El uso de anticonceptivos tradicionales, por lo contrario, permaneció más o menos sin variación (7% y 9%, respectivamente, en 1976 y 1997). En otros países de América Latina la situación es semejante: se ha estimado que al menos 70% de los cambios en las tasas de fecundidad entre los años setenta y los ochenta en seis países de la región se debe al incremento en el uso de anticonceptivos; para México se estima que el incremento en el uso da cuenta de prácticamente todo el cambio (Moreno y Singh, 1996).

A pesar del cúmulo de conocimientos sobre el cambio en los patrones reproductivos, tanto en México como en otros países de América Latina persiste el debate sobre las causas que originaron el descenso y, en espe-

8 Las variables intermedias de la fecundidad son los determinantes próximos mediante los cuales cualquier cambio social debe influir sobre la fecundidad.

9 Una excepción es la República Dominicana, donde el retraso de la primera unión sí tuvo una influencia importante en el descenso de la fecundidad (Rosero-Bixby, 1996).

10 En un estudio sobre el efecto de las variables intermedias en el descenso de la fecundidad en seis países de América Latina y el Caribe —Colombia, República Dominicana, Ecuador, México, Perú, y Trinidad y Tobago— se observa que la infecundabilidad posparto tiene un menor efecto que la nupcialidad, pese a que en algunos países de la región los periodos de amamantamiento han aumentado notablemente (Moreno y Singh, 1996).

cial, el papel que han desempeñado los programas de planificación familiar (Pullum *et al.*, 1985; Alba y Potter, 1986; Zavala, 1992; Pritchett, 1994; Bongaarts y Lightbourne, 1996; Bravo, 1996; Mundigo, 1996).

Hasta los años setenta se afirmaba que la fecundidad estaba estrechamente vinculada al desarrollo económico, y que el abatimiento de los niveles de mortalidad (aunado a los procesos de industrialización y de urbanización) habrían de dar lugar al descenso de la fecundidad. Estos cambios darían origen a una modificación en el seno de los hogares de la relación costo-beneficio de las familias numerosas, la cual propicia el deseo de limitar el número de hijos y la adopción de prácticas anticonceptivas. En México, tanto la reducción de la mortalidad como el proceso de modernización de la sociedad vinculado con la industrialización y la urbanización se habían iniciado desde la década de 1940; 20 años después da inicio el descenso de la fecundidad. Además —como ya se mencionó—, otros países del continente (con condiciones de desarrollo distintas) han iniciado la transición de su fecundidad casi simultáneamente. Se han buscado entonces otras explicaciones que incorporen elementos comunes a los distintos países que den cuenta del momento de inicio de la transición de la fecundidad.

En años más recientes se ha argumentado que la difusión de nuevas normas ha tenido un efecto decisivo en la transición de la fecundidad. No se desdeña la importancia de los factores socioeconómicos, pero se hace hincapié en el papel de la difusión de normas sobre relaciones familiares más igualitarias, las cuales favorecen los ideales de familias pequeñas. Se plantea que elementos sociales y psicológicos tales como las normas, el conocimiento, las aspiraciones y las actitudes pueden modificarse rápidamente y explican, al menos en parte, el cambio en los patrones reproductivos. Además, estas nociones se difunden independientemente de las condiciones económicas individuales, por lo que alcanzan a los distintos estratos de la población y su transmisión no se ve afectada por las condiciones económicas coyunturales (Clealand y Wilson, 1987; Bravo, 1996).

De los factores sociales analizados en cuanto a su efecto sobre la fecundidad, el que está relacionado de manera más señalada y consistente es la educación (Weimberger *et al.*, 1989; Naciones Unidas, 1994 y 1995; Chackiel y Schkolnik, 1996). Los organismos internacionales consideran fundamental promover la educación de las mujeres con base en los derechos humanos y la justicia social, pero también porque estiman que la educación de la mujer es el catalizador más importante del cambio sostenido en los patrones reproductivos (Pritchett, 1994; Naciones Unidas, 1995).

Se afirma que la influencia de la educación en la fecundidad no es estructural, sino cognoscitiva: con la educación se modifican las percepciones, las ideas, las aspiraciones y las actitudes, aunque no cambie la realidad económica (Clealand y Wilson, 1987). Uno de los mecanismos por los cuales se da el vínculo entre la educación y los patrones reproductivos es la aceleración del cambio cultural y la diseminación de nuevos valores.[11] La educación propicia el postergamiento del matrimonio, favorece la adopción de normas de familias más pequeñas e incrementa el conocimiento, el acceso y la aceptación de la anticoncepción.

Al igual que en otros países de la región, en México uno de los cambios sociales más importantes de las últimas cuatro décadas ha sido el proceso de masificación de la escolaridad. La asistencia a la escuela en algún momento de la vida se hace casi universal y la permanencia en la escuela se prolonga notablemente. En los años sesenta, las mujeres en edades reproductivas pertenecen a generaciones en las que la asistencia a la escuela era poco frecuente, pero sus hijos ya forman parte de generaciones que participan en el proceso de expansión del sistema educativo; en los años setenta, las mujeres jóvenes han asistido con mayor frecuencia a la escuela y en los años ochenta ya una mayor parte de las mujeres en edades reproductivas lo ha hecho. Así, existe una coincidencia cronológica del proceso de expansión del sistema educativo con el de cambios en los patrones reproductivos.

En México, desde los años sesenta, pero sobre todo en los setenta, un grupo relativamente grande de mujeres desea tener proles pequeñas y sólo algunas de ellas lo logran (Clealand y Wilson, 1987; Palma y Suárez, 1991; Mier y Terán, 1993). La pregunta que surge es por qué estas aspiraciones sólo se concretaron en comportamiento entre un grupo relativamente reducido de mujeres y por qué entre las demás mujeres que deseaban familias reducidas no se dio un cambio en las actitudes.

Es posible plantear como hipótesis que la educación desempeñó un papel decisivo en el inicio del descenso de la fecundidad. En un primer momento, la mayor escolaridad de los niños motivaría a las madres a desear familias menos numerosas y, más tarde, la mayor escolaridad de las propias mujeres habría facilitado la adopción de nuevas actitudes. Asimismo, por el cambio tan rápido a partir de los años setenta y su expansión a los sectores más desfavorecidos, se ha planteado que los medios masivos de comunicación, al igual que los programas de planificación familiar, han tenido un papel importante en la difusión de las nuevas normas. Se argumenta que, además, los programas de planifica-

[11] Se ha planteado que la educación influye sobre la fecundidad por varios mecanismos: la reducción del potencial laboral de los niños dentro y fuera del hogar, el incremento en los costos de crianza de los niños, la mayor presión social para que la familia invierta en la formación del niño, la aceleración del cambio social y la difusión de los valores de las clases medias occidentales (Caldwell, 1980).

ción familiar redujeron el costo de la anticoncepción y la hicieron accesible a los estratos más desfavorecidos de la población que querían limitar sus descendencias (Pullum *et al.*, 1985; Pritchett, 1994).

En este capítulo se presenta una perspectiva de largo plazo sobre los principales rasgos de los patrones reproductivos en el país; abarca desde 1930, para las estimaciones más generales, hasta años recientes. Dada la gran heterogeneidad cultural, social y económica que caracteriza a la población mexicana, otro objetivo central del capítulo es mostrar la diversidad en las pautas reproductivas y su evolución durante el proceso de cambio en los patrones reproductivos; además, se considera que el análisis de los diferenciales de la fecundidad durante la transición puede ayudar a penetrar en el conocimiento del proceso. Empleamos el nivel de escolaridad, el tamaño de la localidad de residencia, la participación femenina en la actividad económica y la entidad federativa de residencia como variables básicas para mostrar la diversidad en los patrones reproductivos. A todo lo largo del capítulo se da prioridad a medidas de tipo transversal. Es importante señalar que el trabajo es eminentemente descriptivo y no pretende comprobar hipótesis alguna, aunque sí busca aportar elementos para una mejor comprensión del proceso de transición de la fecundidad en México.

Las estimaciones que se presentan en este capítulo han sido elaboradas por Virgilio Partida en el Consejo Nacional de Población con base en los datos de los censos de población y en las historias de embarazos de las encuestas de fecundidad.[12] Algunas estimaciones se obtienen de manera relativamente inmediata de los cuestionarios de las encuestas, pero otras que conciernen a periodos más distantes y al desglose por entidad federativa requirieron la aplicación de metodologías complejas; en este texto no se incluye la metodología aplicada para obtener tales estimaciones, puesto que se encuentran en otros documentos.

Niveles y tendencias de la fecundidad en México, 1930-1997

Los valores de la tasa global de fecundidad[13] en las últimas siete décadas muestran claramente la tendencia en los niveles de la fecundidad, mencionada en el apartado anterior (gráfica 1). Entre los años 1930 y 1950, el valor de la tasa varía poco entre los seis y siete hijos por mujer. A partir

[12] Por las razones ya mencionadas, en este trabajo se ha dejado de lado la información sobre nacimientos proveniente del Registro Civil.

[13] La tasa global de fecundidad es el número medio de hijos que tendría una mujer al final de su vida reproductiva si a lo largo de su vida tuviera las tasas específicas de fecundidad por edad observadas en un año calendario determinado.

GRÁFICA 1. *Tasa global de fecundidad, 1930-1997*

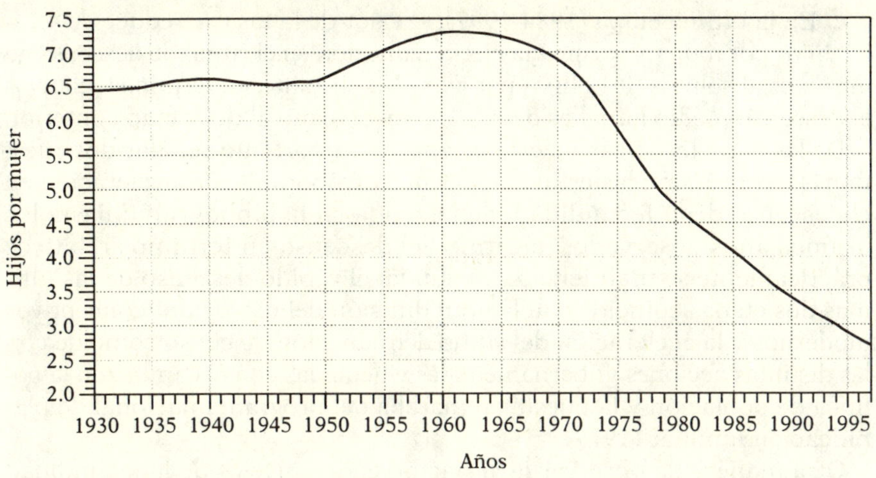

FUENTE: Estimaciones del Consejo Nacional de Población.

de este último año, se inicia un repunte relacionado con la mayor sobrevivencia de las mujeres y de sus parejas. Durante los años sesenta, la fecundidad alcanza el nivel máximo con un valor de la tasa global de alrededor de 7.3 hijos por mujer; en el primer quinquenio de dicha década, las variaciones son leves y, según las estimaciones presentadas en este capítulo, el primer año en el que se observa un descenso es 1963, pero no es hasta 1968 cuando el cambio aparece más nítido.[14] En los años siguientes, la fecundidad se redujo de manera drástica, ya que en 1997 el valor de la tasa global es inferior a los tres hijos por mujer (2.7), lo que significa una reducción de 64%, es decir casi dos terceras partes del valor inicial.

Durante este proceso de reducción de la fecundidad, el ritmo de descenso ha variado y se pueden distinguir tres etapas:

a) En la primera década, el ritmo de reducción fue lento. El valor de la tasa global de fecundidad disminuyó de 7.3 a 6.5 hijos por mujer, es decir una reducción de 0.08 por año, lo que equivale a un decremento anual medio de 1.1% entre 1962 y 1972.

b) En los 12 años siguientes, la caída se acentuó notablemente: de 6.5 hijos por mujer, el valor de la tasa se redujo a 4.2. Este descenso de 2.3 hijos entre 1972 y 1984 corresponde a una disminución anual promedio de

[14] Los márgenes de error de las estimaciones de los distintos autores son mayores que las diferencias en las estimaciones mismas.

0.19 hijos en términos absolutos; en números relativos, la baja es de 3.0% anual, o sea casi tres veces la observada en la década anterior.

c) En la última etapa (1984-1997), el valor de la tasa se reduce de 4.2 a 2.7 hijos por mujer y se aprecia cierta reducción en el ritmo de descenso en términos absolutos (0.12 hijos por año). No obstante, en términos relativos el descenso medio anual es de 2.8%, muy cercano al de la etapa anterior.

De las características de estas etapas es importante señalar dos cuestiones. La primera: las estimaciones no corroboran la desaceleración en el descenso de la fecundidad mencionada en la bibliografía; hasta los últimos años observados, el ritmo del descenso en términos relativos prácticamente se mantiene. La segunda: el rápido descenso de las últimas dos etapas coincide con la gran difusión del uso de anticonceptivos modernos y la aceleración del ritmo de reducción de censo coincide con las distintas acciones gubernamentales vinculadas con el cambio en la política de población y la puesta en marcha del programa nacional de planificación familiar (1977).

Otra manera de observar la variación en los niveles de la fecundidad es mediante la distribución de mujeres según la dimensión de sus descendencias. La tasa global proporciona una medida de tendencia central, pero no es elocuente en cuanto a la distribución de las mujeres según el tamaño de su prole. Por ello, con una perspectiva transversal, se calculó el número de hijos que tendrían las mujeres al final de su vida reproductiva si estuvieran expuestas a la fecundidad por edades observada en un periodo. Los cálculos se hicieron para los quinquenios 1971-1975 y 1988-1992, lo que permite observar el cambio durante casi dos décadas: de los primeros años de la transición de la fecundidad a años en los que el proceso estaba francamente en curso.[15] Los resultados aparecen en la gráfica 2 y muestran claramente la mayor frecuencia de las mujeres con familias pequeñas en el periodo más reciente. El tamaño más común en 1971-1975 era de cinco hijos, mientras que en el periodo más reciente era de tres. Las familias muy numerosas eran relativamente frecuentes en el primer periodo, mientras que en el segundo son casi inexistentes: en el primer quinquenio casi dos de cada tres mujeres (62%) tenía cinco hijos o más y en el periodo más reciente una proporción semejante de mujeres (65%) tenía a lo más tres hijos. El tamaño promedio de las proles, equivalente a la tasa global de fecundidad, se redujo de 5.3 a 3.1 hijos durante las casi dos décadas que separan las observaciones.

Otra de las principales características de la transición de la fecundidad es la modificación del calendario, o sea de la distribución de los nacimientos en el tiempo de vida fértil de las mujeres. En los próximos pá-

[15] Se eligieron estos periodos puesto que uno antecede a la Encuesta Mexicana de Fecundidad (1976-1977) y el otro a la Encuesta Nacional de la Dinámica Demográfica de 1992.

GRÁFICA 2. *Distribución porcentual de las mujeres según descendencia final a los 50 años de edad, 1971-1975 y 1988-1992*

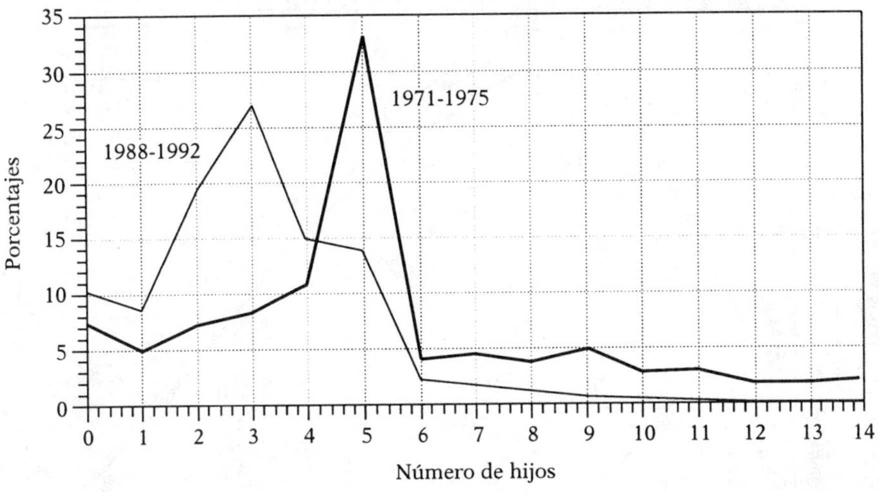

FUENTE: EMF de 1976 y Enadid 1922.

rrafos analizamos los cambios en el calendario de la fecundidad a partir de 1930.

Calendario de la fecundidad, 1930-1997

En los años anteriores al inicio del descenso, el patrón de la fecundidad por edades permanece sin variaciones mayores, pero durante el proceso de transición de la fecundidad, el patrón por edades se modifica (gráfica 3). Al limitar su fecundidad, las mujeres mudan la distribución de los nacimientos a lo largo de su vida reproductiva. En una perspectiva transversal, este cambio se refleja en la aportación de las mujeres de distintas edades a la fecundidad general.

Al igual que en otros países en desarrollo, el proceso de descenso de la fecundidad en México ha estado relacionado con un rejuvenecimiento en el calendario (Naciones Unidas, 1998; Chackiel y Schkolnik, 1996). Las tasas específicas por edad muestran un descenso continuo en todas las edades: a una misma edad, las curvas relativas a años más recientes son más bajas (parte inferior de la gráfica 3); no obstante, el cambio es más acentuado en las edades avanzadas. En 1975, la fecundidad de las mujeres de 35 años o más contribuía con 23% de la tasa global de fecundidad, mientras que en 1997 la contribución de este grupo se reduce a 14%. Como consecuencia, la fecundidad se concentra entre las mujeres de

GRÁFICA 3. *Tasas de fecundidad por edad para años seleccionados, 1930-1997*

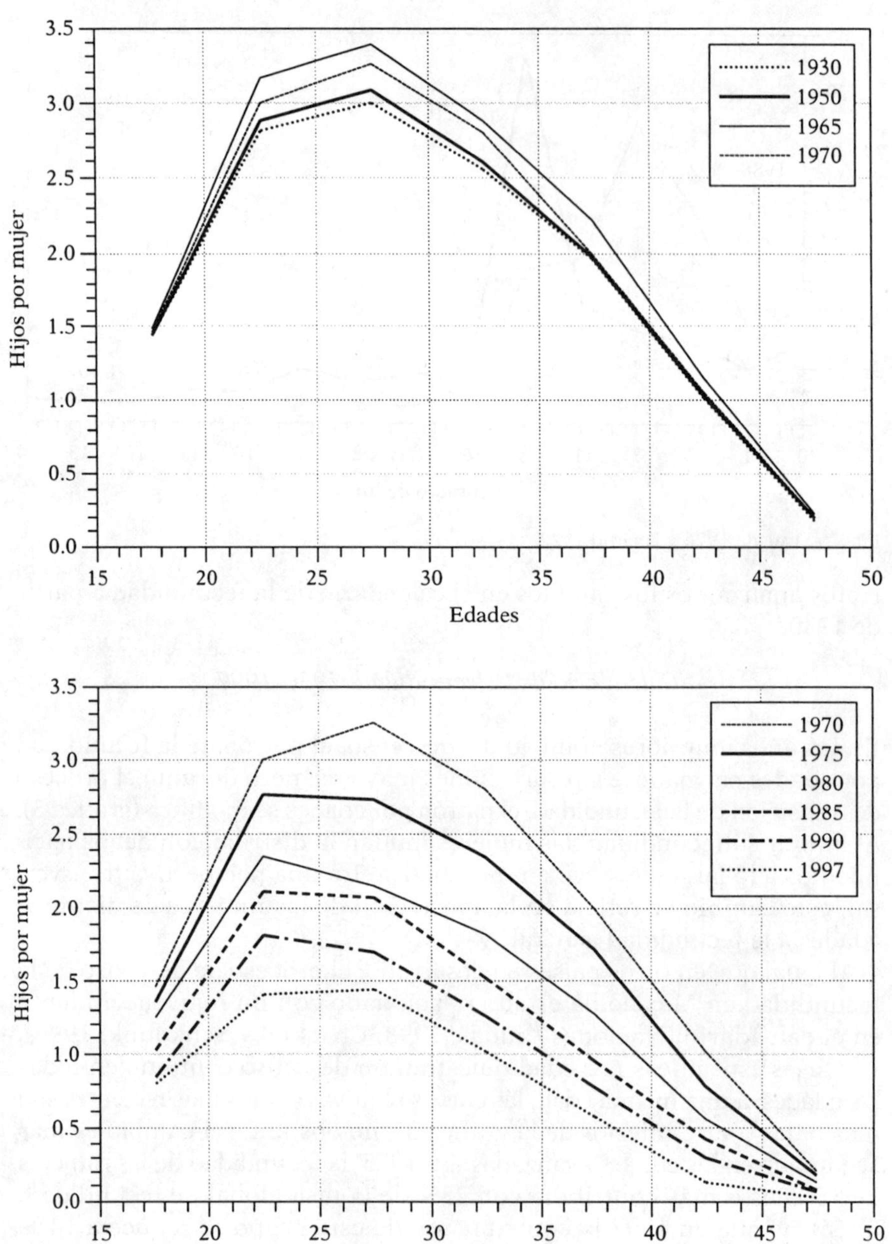

edades intermedias (20 a 34 años), cuya contribución a la tasa global aumentó de 66% a 73% entre 1975 y 1997. La aportación de las mujeres más jóvenes, menores de 20 años, aumenta levemente al pasar de 11% a 13% durante este periodo.

Las modalidades de los programas gubernamentales de planificación familiar en México probablemente contribuyeron a acentuar el rejuvenecimiento del calendario de la fecundidad; lo sugiere la mayor presencia de las instituciones públicas como proveedoras, así como el cambio en el tipo de métodos que las mujeres usan. La participación del sector público como fuente proveedora de métodos anticonceptivos aumentó de algo más de la mitad (51%) de las usuarias en 1979 a cerca de tres de cada cuatro usuarias en 1997 (Consejo Nacional de Población, 1999: 208-209). En cuanto al tipo de anticonceptivos empleados, la distribución de usuarias según método anticonceptivo muestra que los programas han hecho hincapié en la oclusión tubaria bilateral, método irreversible cuyo peso en el conjunto se multiplica por cinco entre 1976 y 1997, al aumentar de 9% a 45%; además, de los métodos reversibles, el que redujo más su peso (de 36% a 10%) fue el de los anticonceptivos orales, método eficaz que se adecua especialmente a las mujeres en sus primeras etapas de vida reproductiva.

En cuanto a la fecundidad de las mujeres más jóvenes (menores de 20 años), a pesar de que su peso relativo en la tasa global no disminuye, en términos absolutos su fecundidad sí se reduce: la tasa específica baja de 126 nacimientos por cada 1 000 mujeres de 15 a 19 años en 1970 a 76 en 1997. Esta reducción ha estado vinculada con el leve retraso del inicio de la vida en pareja y de la vida reproductiva. Como se mencionó, dicho cambio fue muy lento en las primeras etapas de la transición de la fecundidad, pero ha tenido cierta aceleración en los últimos años. Por ejemplo, en 1970, 45% de las mujeres había contraído nupcias antes de los 20 años; 10 años después, la proporción sólo disminuye a 43%, mientras que en 1990 es de 37% y en 1995 de 33% (Quilodrán, 1998). El inicio de la formación de las descendencias ha seguido la misma tendencia: al inicio de los años setenta (1971-1975), la edad media al nacimiento del primer hijo era cercana a los 24 años y la edad mediana, a los 21 años; casi dos décadas más tarde, en 1988-1992, estos índices habían aumentado a más de 25 y a 23 años, respectivamente.[16]

Uno de los efectos de la disminución del tamaño de las descendencias

[16] En estos índices de inicio de formación de las descendencias, al igual que en los presentados en el inciso anterior sobre los niveles de fecundidad, se aplica el concepto de "cohorte ficticia". Dichos índices corresponden a las edades al nacimiento del primer hijo que se observarían en caso de que las mujeres que cumplen 15 años en uno de los quinquenios analizados experimentaran a lo largo de su vida reproductiva las tasas de fecundidad por edad observadas en dicho quinquenio.

es la reducción del tiempo que las mujeres dedican a formar sus familias y a cuidar a los hijos pequeños. Por ejemplo, en los Estados Unidos durante casi dos siglos, entre 1800 y 1980, la tasa global de fecundidad se redujo de ocho a dos hijos nacidos vivos y la proporción de la vida de las mujeres en la que conviven con un hijo menor de cinco años se redujo de un tercio a un décimo; en estas estimaciones se incluye el efecto del descenso de la mortalidad de las madres y de los hijos (Watkins *et al.*, 1987). En México, como ya se dijo, la tasa global se reduce de cinco a tres hijos nacidos vivos entre los quinquenios 1971-1975 y 1988-1992. Para estos años, se calculó la parte del periodo reproductivo (15 a 54 años) que las mujeres dedican a tener a sus hijos y a cuidarlos hasta que el más pequeño cumpla seis años. El descenso de la mortalidad tiene como consecuencia un aumento en el número de años que las mujeres viven con hijos menores de seis años; no obstante, debido a la reducción del tamaño de las descendencias, la proporción de los años de vida reproductiva que las mujeres pasan con un hijo menor de seis años se redujo del 46 al 42%, lo que equivale a una reducción de cerca de 1.6 años. Esta variación tan pequeña está vinculada con la naturaleza transversal de la estimación en un periodo de cambio. Con una visión longitudinal, en otro estudio sobre México se ha señalado que al reducirse la descendencia final de 6.8 hijos entre las mujeres de la generación 1927-1931 a 5.4 hijos entre la generación 1942-1946, la edad mediana al nacimiento del último hijo bajó de 39 años a 36 años (Naciones Unidas, 1994); esto significa que, con una reducción en la descendencia de 1.4 hijos, la edad al tener el último hijo se abatió en tres años.

Por otra parte, tanto en poblaciones con regímenes de fecundidad natural como de fecundidad dirigida,[17] la edad a la que las mujeres dan a luz a su primer hijo está estrechamente vinculada con la dimensión de sus descendencias (por ejemplo, Henry y Houdaille, 1973; Zavala, 1992; Juárez *et al.*, 1996). El menor tiempo de exposición al riesgo de concebir explica en parte las descendencias menos numerosas entre las mujeres que se casan más tarde pero, aun controlando el tiempo de exposición, el vínculo permanece. En la gráfica 4 se presenta el número de hijos nacidos vivos a lo largo de los 12 años subsecuentes al nacimiento del primer hijo nacido vivo, según la edad de la madre al nacimiento de éste. Se eligió la duración de 12 años para tener una observación suficientemente prolongada, de manera que las diferencias pudieran hacerse evidentes; además, para que el grupo de mujeres cuyos matrimonios tuvieran duraciones iguales o superiores fuera lo bastante numeroso. Las mujeres que intervienen en dichas estimaciones pertenecen a las generaciones

[17] Un régimen de fecundidad natural es aquel en el que la población no ejerce un control deliberado de sus nacimientos.

GRÁFICA 4. *Número de hijos por mujer hasta 12 años después del nacimiento del primogénito, según edad al dar a luz al primer hijo (mujeres de 30 a 54 años de edad en 1992)*

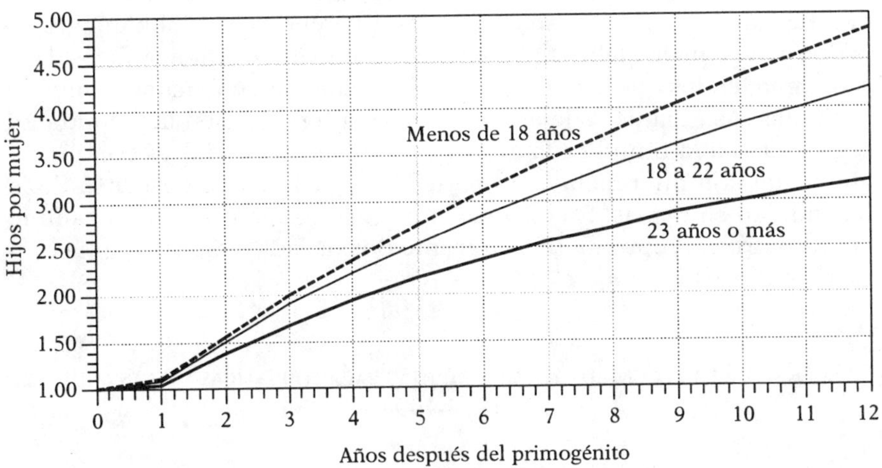

FUENTE: Enadid 1992.

1938-1962, quienes tuvieron a sus hijos entre finales de los años cincuenta y el momento de la encuesta, en 1992. La gráfica muestra que, a partir del segundo año, se empiezan a percibir diferencias que se acentúan conforme pasa el tiempo entre el grupo de mujeres que más difiere la procreación y los otros dos grupos; entre estos últimos, las diferencias empiezan a percibirse después y son de dimensión menor. Por ejemplo, al cumplir el sexto año a partir del nacimiento del primogénito, las diferencias ya son claras: las dimensiones promedio de las descendencias son 3.1, 2.8 y 2.3, según las mujeres hayan tenido a su primer hijo, respectivamente, antes de los 18 años, de los 18 a los 22, o a partir de los 23 años; a la duración 12, las diferencias son mucho más acentuadas, el número medio de hijos es de 4.8, 4.2 y 3.2, es decir, una diferencia de un hijo entre las mujeres que inician más tarde su procreación y las del grupo intermedio, y de 1.6 hijos entre los grupos extremos. Además, después de los 12 años de observación, las mujeres que inician su procreación a edades tempranas aún tienen varios años de vida reproductiva futura, en los que pueden seguir incrementando el tamaño de sus familias, mientras que quienes inician más tarde el proceso de formación de sus descendencias se encuentran más cerca del final de este periodo de su vida.

La fuerte relación entre la edad al nacimiento del primer hijo y el tamaño de la descendencia se explica porque la mayor o menor precocidad en el inicio de la formación de las descendencias es reflejo de normas, valores y perspectivas distintas. Las mujeres que se unen y empiezan la formación de sus descendencias a edades muy jóvenes pertenecen a los sectores más desfavorecidos de la sociedad que residen con frecuencia en zonas rurales, tienen niveles de escolaridad bajos, ideales de fecundidad elevada y menor acceso a métodos anticonceptivos; si han participado en la actividad laboral, lo han hecho en sectores tradicionales de la economía, en los que las posibilidades de superación personal son muy limitadas. Así, lo que reflejan las grandes diferencias en la fecundidad según edad a la unión es la gran heterogeneidad social y económica, vinculada con diferencias en los tiempos y ritmos de descenso de la fecundidad en el país. En los próximos párrafos analizamos el cambio en los patrones reproductivos durante dos décadas, según algunas características de las mujeres.

DESCENSO DE LA FECUNDIDAD SEGÚN CIERTAS CARACTERÍSTICAS DE LAS MUJERES, 1974-1994

Nivel de escolaridad

En México casi todos los estudios sobre la fecundidad abordan la relación entre los patrones reproductivos y el nivel de escolaridad de las mujeres. En este capítulo se analiza la evolución de dicho vínculo a lo largo de dos décadas de cambio en los patrones reproductivos. En la gráfica 5 se muestran las tasas globales de fecundidad según nivel educativo entre 1974 y 1994. La relación esperada entre el nivel educativo y la fecundidad se observa a todo lo largo del periodo, pero el ritmo de descenso en la fecundidad es distinto en las diferentes categorías educativas. Inicialmente se da un proceso de polarización entre las categorías y, a partir de 1980, el proceso es de convergencia. En 1974, las mujeres que no aprobaron ningún año en la escuela tienen 7.6 hijos, es decir, más del doble de los hijos de las mujeres cuyo nivel de escolaridad es el más alto. Cabe señalar que en este año —sólo 10 años después del inicio del descenso en los niveles de la fecundidad en el país— las mujeres con al menos la primaria completa tenían niveles de fecundidad que muestran una clara limitación de sus nacimientos, en especial las mujeres con estudios de secundaria (3.4 hijos). Durante el segundo quinquenio de los años setenta, las diferencias se acentúan, ya que el descenso es relativamente más pronunciado entre las mujeres con mayor escolaridad. Sin embargo, a partir de 1980 las diferencias tienden a disminuir: las mujeres con mayor escolaridad tienen reducciones pequeñas puesto que han alcanzado ya niveles relativamente bajos de fecundidad (menos de tres hijos), mientras

GRÁFICA 5. *Tasas globales de fecundidad, según nivel educativo, 1974-1994*

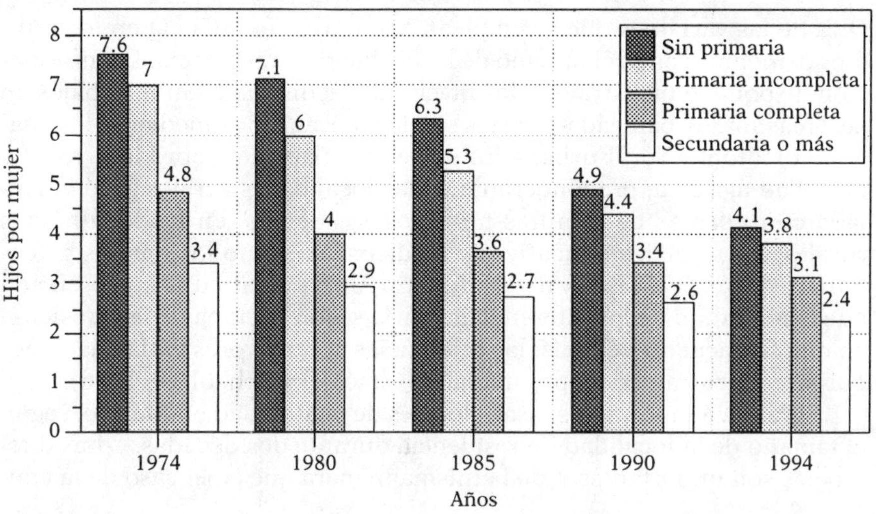

FUENTE: Estimaciones del Consejo Nacional de Población.

que las mujeres sin escolaridad experimentan reducciones notables. En 1994, la diferencia entre las dos categorías extremas —aunque menor que en años anteriores— es aún grande: de casi dos hijos (1.7).

Por otra parte, como se mencionó, el aumento en la escolaridad es uno de los cambios sociales más importantes en las últimas cuatro décadas en México. Es interesante entonces distinguir, en el descenso observado en la fecundidad general, la contribución de este aumento en la escolaridad de mujeres del efecto del descenso de la fecundidad en las categorías educativas. Entre 1976 y 1987 se encontró que de la reducción de 2.1 hijos en la tasa global de fecundidad, una tercera parte se debe al aumento en la escolaridad de las mujeres y las dos terceras partes restantes se deben al cambio en los patrones reproductivos dentro de la categorías educativas (Naciones Unidas, 1995: 84). Lo anterior significa que si los patrones reproductivos en cada categoría de escolaridad hubiesen permanecido constantes, las mejoras en la escolaridad por sí mismas hubiesen originado un descenso de 0.7 hijos en la tasa global de fecundidad. Así, aunque en su mayoría el cambio en la tasa se debe a la reducción de la fecundidad, la aportación de los mayores niveles educativos entre las mujeres en edades reproductivas también contribuyó de manera significativa en la reducción de los niveles de fecundidad.[18]

[18] También en otros países de América Latina (Colombia, República Dominicana, Ecuador y Perú) la contribución del cambio en la composición educativa ha sido notable, aunque

Tamaño de la localidad de residencia

Otra de las variables que se emplean con mayor frecuencia en los estudios demográficos es el tamaño de la localidad de residencia. La información disponible muestra que los niveles de fecundidad son más bajos en las áreas más urbanizadas. Varios son los mecanismos mediante los cuales la dicotomía rural-urbana influye en los patrones reproductivos. La actividad agrícola, preponderante en las localidades rurales, está vinculada con normas de familias numerosas; además, en las localidades rurales, los servicios educativos y médicos, así como los medios de comunicación, son escasos y deficientes. En América Latina se ha observado que la magnitud de los diferenciales varía según la etapa de la transición en que se encuentre el país: las diferencias son mayores en las naciones que se encuentran en etapas iniciales (Chackiel y Schkolnik, 1996).

La gráfica 6 muestra las tasas globales de fecundidad en México, según el tamaño de la localidad de residencia durante dos décadas.[19] Las diferencias son importantes y, de la misma manera que en el caso de la edu-

GRÁFICA 6. *Tasas globales de fecundidad, según el tamaño de la localidad, 1974-1994*

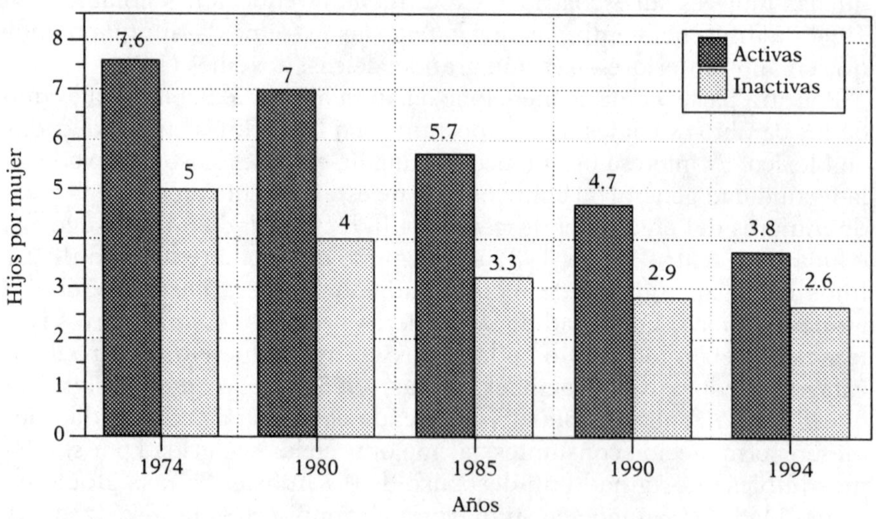

FUENTE: Estimaciones del Consejo Nacional de Población.

en todos la reducción de la fecundidad dentro de las categorías ha sido más importante aún (Naciones Unidas, 1995: 84).

[19] Se emplea el tamaño de 2 500 habitantes como límite para diferenciar las localidades rurales de las urbanas.

cación, se acentúan en el primer periodo (1974-1980) y tienden a reducirse después, en especial en los últimos años. En 1974 el valor de la tasa global era una tercera parte inferior en las localidades no rurales; mientras que en 1980 la diferencia llega a ser de tres hijos, 43% menor en las localidades urbanas. En el último año observado, la diferencia es aún superior a un hijo, es decir, el valor de la tasa en las localidades urbanas es casi una tercera parte inferior al de las localidades rurales; cabe señalar que, en términos relativos, las diferencias son iguales al principio y al final del periodo analizado.

Esta tendencia en el tiempo señala entre otros aspectos que los programas de planificación familiar se enfocaron en los primeros años a atender principalmente a la población urbana que ya deseaba controlar sus descendencias, y es a partir de los años ochenta que la población de las localidades rurales tiene un acceso cada vez mayor a la anticoncepción.

Participación en la actividad económica

La relación entre la participación de la mujer en la actividad económica y su fecundidad es una relación teóricamente compleja y difícil de medir.[20] En ciertos sectores con mayores niveles educativos, la ocupación puede ser percibida como parte de un proyecto individual que proporciona satisfacción y propicia el desarrollo personal. En una perspectiva transversal, el principal argumento en esta relación es la incompatibilidad del papel materno con la participación de la mujer en el mercado laboral. La tasa global de fecundidad entre las mujeres activas es difícil de interpretar. Se conoce que, relacionado con el inicio de la formación de las uniones y la conformación de las descendencias, las mujeres pueden salir temporalmente del mercado laboral (Pacheco y Parker, 1997). Un estudio sobre la actividad laboral antes de la primera unión, durante el intervalo protogenésico y en la semana anterior a la entrevista, muestra que más de la mitad de las mujeres trabaja antes de iniciar la primera unión conyugal, pero muy pocas trabajan en los tres momentos: 8% según la encuesta de 1976 y 17% según la de 1987 (Mier y Terán, 1996).

[20] En cuanto a las dificultades de la medición, tanto encuestas como censos suelen captar la actividad económica durante la semana anterior a la entrevista, mientras que la fecundidad se capta a partir de la historia de embarazos de los años anteriores a la entrevista. De esta manera, no hay una correspondencia adecuada entre el periodo de observación de la fecundidad y el de la actividad económica. Además, como ya se dijo, la participación en la actividad económica es dinámica, a diferencia de los niveles educativos que no cambian; en cuanto al tamaño de la localidad de residencia, las mujeres migran del campo a la ciudad, pero la selectividad de las migrantes rurales no afecta mayormente las tasas en las localidades no rurales.

Así, la continuidad en la trayectoria laboral de las mujeres durante el periodo de conformación de las familias no parece ser frecuente.[21] En el cálculo de la tasa global de fecundidad de las mujeres que participaban en la actividad económica intervinieron las que tenían una vida activa ininterrumpida y quienes habían decidido trabajar durante un periodo porque esto no interfería con su maternidad; en dicho periodo —cuando no tenían hijos y trabajaban— fue cuando se observó a las mujeres mencionadas en el segundo caso. Por ello los valores de las tasas de las mujeres que participan en la actividad económica tienen valores tan bajos.

Algunos tipos de trabajos son totalmente incompatibles con la maternidad, mientras que otros permiten más libertad a la madre para ocuparse de los hijos pequeños, por lo que es importante distinguir el tipo de trabajo para hacer el vínculo con los patrones reproductivos. A pesar de las dificultades teóricas y de medición, los datos para México señalan diferencias consistentes e importantes en los niveles de fecundidad entre mujeres activas e inactivas entre 1974 y 1994 (gráfica 7). En términos absolutos la brecha ha disminuido de 2.9 a 1.8 hijos, con una reducción

GRÁFICA 7. *Tasas globales de fecundidad, según condición de participación en la actividad económica, 1974-1994*

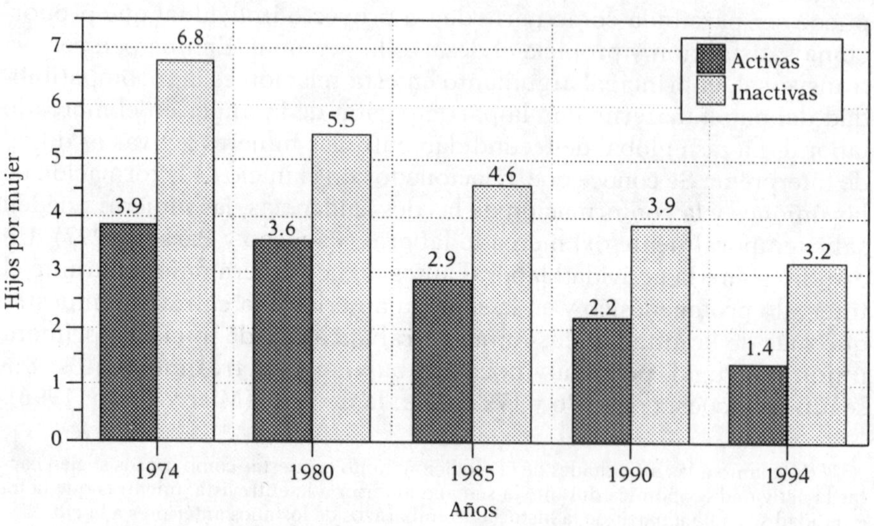

FUENTE: Estimaciones del Consejo Nacional de Población.

[21] Esta manera de observar la actividad laboral en tres momentos no es la idónea para conocer la continuidad laboral, pero sí proporciona una aproximación al vínculo entre la trayectoria laboral de las mujeres y la conformación de sus familias.

de 3.6 hijos entre las que no participan en la actividad económica frente a 2.5 hijos entre las que sí participan; no obstante, en términos relativos la reducción de la fecundidad ha sido mayor entre las mujeres activas (64%) que entre las inactivas (53%). Esto pudiera ser reflejo de una incompatibilidad cada vez mayor de los trabajos que desempeñan las mujeres con la maternidad. En 1994, las mujeres que participaban en la actividad laboral tenían una tasa global de fecundidad de 1.4 hijos, muy por debajo de la de las mujeres con mayor nivel educativo y del nivel de reemplazo.

Para tener aunque sólo sea una aproximación burda al tipo de trabajo, se hizo la distinción entre localidades rurales y urbanas (gráfica 8), pues se supone que en las ciudades los trabajos son generalmente incompatibles con la maternidad. Los datos muestran una clara relación entre la fecundidad y la participación laboral en ambos tipos de localidades durante las dos décadas analizadas, y ni en las localidades rurales ni en las urbanas las diferencias tienden a reducirse en el tiempo. Además, las diferencias son mucho más acentuadas en las localidades urbanas que en las rurales, lo cual apoya el supuesto de la mayor incompatibilidad en los trabajos urbanos.

Con el objeto de ubicar a las mujeres en ámbitos relativamente homogéneos en aspectos culturales e institucionales para analizar las principales características de sus pautas reproductivas durante este periodo de cambio, en los próximos párrafos se presenta un análisis regional de la fecundidad a partir de 1950.

Patrones regionales en el descenso de la fecundidad, 1950-1995

La continuidad geográfica de las regiones permite una aproximación al contexto cultural e institucional en el que se desenvuelven las mujeres. Además, numerosos trabajos han mostrado la heterogeneidad socioeconómica entre las regiones del país y las desigualdades en la distribución de los beneficios del desarrollo en las últimas décadas (Hernández Laos, 1985; Gómez y Cortés, 1987; Consejo Nacional de Población, 1999; Alba, 1999). De esta manera, resulta de sumo interés conocer los patrones del descenso de la fecundidad en México desde una perspectiva regional.

En los párrafos siguientes se presentan las principales características de los patrones reproductivos en las entidades federativas durante la segunda mitad del siglo XX. En la primera parte se analiza la situación de cada entidad por separado; en la segunda se estudia la fecundidad según las características de las mujeres en cinco grupos de entidades. La agrupación de las entidades se realizó en función del valor de la tasa global de fecundidad del periodo 1985-1995.

GRÁFICA 8. *Tasas globales de fecundidad según localidad de residencia y condición de actividad, 1974-1994*

LOCALIDADES RURALES

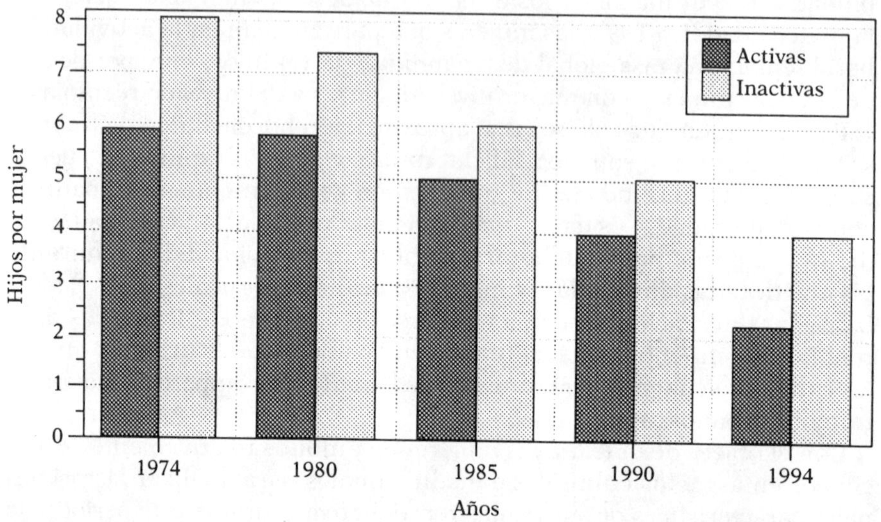

LOCALIDADES URBANAS

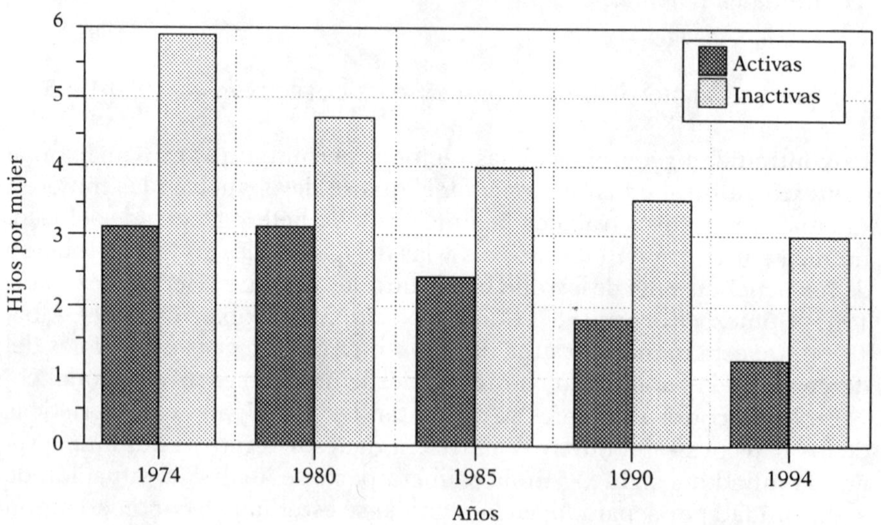

En la gráfica 9 se representan los valores de las tasas globales para cada entidad en el periodo anterior al inicio del descenso de la fecundidad en el país (1960-1965) y en el último lapso observado (1990-1995). Es interesante observar que en el primer periodo los valores se encuentran entre 6.2 y 6.3 hijos en Baja California, Distrito Federal y Nuevo León, y 7.7 hijos en Oaxaca, Zacatecas, Guerrero y Puebla, es decir, con una diferencia de 1.5 hijos, equivalente al 20% del valor más elevado de la tasa (gráfica 9 y cuadro 1). Treinta años después, los valores más bajos son de 2.2 a 2.4 hijos en Distrito Federal, Nuevo León y Baja California; los más altos, de 3.7 a 4.1 hijos en Oaxaca, Zacatecas, Puebla y Chiapas. La diferencia máxima entre estos valores es de 1.9 hijos, equivalente a 46% del valor más elevado de la tasa (en Chiapas).

Los datos son elocuentes, pues señalan que *grosso modo* los estados permanecen en un mismo orden según sus niveles de fecundidad a todo lo largo de los 30 años observados; es decir, quienes tenían niveles de fecundidad más bajos en el primer periodo en su mayoría continúan con los niveles más bajos en el segundo lapso, y lo mismo ocurre con las entidades que tienen niveles elevados y niveles intermedios.[22] Por otra parte, las diferencias se acentúan en valores absolutos, pero sobre todo en términos relativos durante los 30 años observados. La permanencia del ordenamiento, aunada a dicho aumento en las diferencias entre los extremos, sugiere una relación entre el tiempo de inicio de la transición y el ritmo de ésta. Así, las entidades federativas que tuvieron un inicio "temprano" de la transición de su fecundidad también han tenido una transición más rápida; por lo contrario, las entidades que tuvieron un inicio más "tardío" han tenido un proceso de transición de su fecundidad más lento. En los próximos años, se espera que las diferencias tiendan a reducirse pues las entidades que iniciaron "temprano" su transición ya han alcanzado una fecundidad baja.

En la agrupación de las entidades federativas según su nivel de fecundidad en 1985-1995 se conformaron cinco grupos que se identifican como de fecundidad muy baja, baja, media, alta y muy alta (cuadro 1). Es importante señalar que, en algunos casos, la ordenación de las entidades según su nivel de fecundidad coincide con la ordenación según su nivel de desarrollo socioeconómico —reflejado en el índice de marginación en 1995—, pero en otros no hay concordancia.[23] Como ejemplo de los pri-

22 Sólo Chiapas y Guerrero se salen levemente de la tendencia. En el primer caso su fecundidad en el periodo 1990-1995 es más alta de lo que se esperaría a partir de su fecundidad en 1960-1965; el caso de Guerrero es el inverso: en el segundo lapso la fecundidad es inferior a la que se esperaría a partir del valor de su tasa en el primer periodo.

23 El Consejo Nacional de Población elaboró el índice de marginación a partir de los datos del Conteo de 1995. Las variables que incorpora el índice son sobre educación, infraestructura urbana, hacinamiento, características de las viviendas, nivel de urbanización e ingresos (Consejo Nacional de Población, 1999).

Cuadro 1. *Tasas globales de fecundidad por entidad federativa según periodo y grado de marginación, 1950-1995*

Entidad federativa	*1950-1955*	*1955-1960*	*1960-1965*	*1965-1970*	*1970-1975*	*1975-1980*	*1980-1985*	*1985-1990*	*1990-1995*	*Grado de marginación*	*Lugar según marginación*
República Mexicana	6.72	6.90	7.01	6.84	6.26	5.32	4.36	3.62	3.06		
Fecundidad muy baja	*5.70*	*6.08*	*6.35*	*6.01*	*5.22*	*4.27*	*3.39*	*2.71*	*2.31*	*Muy baja*	
Distrito Federal	5.61	6.02	6.30	5.95	5.14	4.19	3.31	2.56	2.18	Muy baja	32
Nuevo León	5.68	6.07	6.34	6.01	5.22	4.27	3.39	2.71	2.30	Muy baja	31
Baja California	5.54	5.95	6.24	5.88	5.05	4.10	3.23	2.78	2.36	Muy baja	30
Tamaulipas	5.93	6.28	6.51	6.23	5.50	4.55	3.65	2.97	2.51	Baja	21
Baja California Sur	5.87	6.23	6.47	6.17	5.43	4.48	3.58	3.03	2.56	Baja	26
Sonora	5.96	6.30	6.53	6.25	5.53	4.58	3.67	3.04	2.57	Baja	27
Fecundidad baja	*6.12*	*6.43*	*6.64*	*6.40*	*5.72*	*4.78*	*3.86*	*3.24*	*2.74*	*Baja*	
Coahuila	6.00	6.33	6.56	6.28	5.57	4.62	3.71	3.20	2.70	Muy baja	29
Chihuahua	6.05	6.37	6.60	6.33	5.63	4.68	3.77	3.20	2.70	Baja	25
Morelos	6.34	6.61	6.79	6.58	5.95	5.01	4.07	3.27	2.76	Baja	20
Colima	6.47	6.72	6.88	6.69	6.09	5.15	4.21	3.27	2.76	Baja	23
Sinaloa	6.19	6.49	6.69	6.45	5.79	4.84	3.92	3.29	2.78	Media	17
Quintana Roo	6.16	6.46	6.67	6.42	5.75	4.80	3.88	3.41	2.87	Media	18
Fecundidad media	*6.55*	*6.78*	*6.92*	*6.74*	*6.14*	*5.19*	*4.23*	*3.51*	*3.04*	*Media*	
Estado de México	6.33	6.60	6.78	6.57	5.94	5.00	4.06	3.40	3.02	Baja	24
Veracruz	6.58	6.80	6.95	6.79	6.21	5.27	4.32	3.50	2.98	Muy alta	4
Tabasco	6.72	6.92	7.05	6.91	6.37	5.43	4.47	3.67	3.08	Alta	10
Campeche	6.53	6.77	6.92	6.75	6.16	5.22	4.27	3.78	3.18	Alta	8
Nayarit	6.84	7.02	7.13	7.02	6.50	5.57	4.59	3.79	3.18	Media	14
Yucatán	6.58	6.81	6.96	6.79	6.22	5.29	4.33	3.83	3.22	Alta	6
Aguascalientes	6.99	7.15	7.24	7.15	6.68	5.75	4.76	3.84	3.22	Muy baja	28

CUADRO 1. *(Concluye.)*

Entidad federativa	*1950-1955*	*1955-1960*	*1960-1965*	*1965-1970*	*1970-1975*	*1975-1980*	*1980-1985*	*1985-1990*	*1990-1995*	*Grado de marginación*	*Lugar según marginación*
Fecundidad alta	*7.21*	*7.32*	*7.38*	*7.33*	*6.91*	*5.98*	*4.97*	*4.13*	*3.43*	*Media*	
Hidalgo	7.16	7.28	7.35	7.29	6.86	5.93	4.92	3.83	3.35	Alta	5
Durango	6.97	7.13	7.22	7.13	6.65	5.72	4.73	4.03	3.38	Media	15
Tlaxcala	7.13	7.26	7.33	7.27	6.83	5.90	4.90	4.05	3.40	Media	19
Guanajuato	7.12	7.25	7.32	7.26	6.81	5.89	4.89	4.04	3.43	Media	13
Jalisco	7.13	7.26	7.33	7.27	6.83	5.90	4.90	4.09	3.43	Baja	22
Querétaro	7.39	7.47	7.51	7.50	7.12	6.20	5.17	4.31	3.61	Media	16
Michoacán	7.49	7.56	7.58	7.59	7.23	6.31	5.28	4.46	3.47	Alta	12
Fecundidad muy alta	*7.63*	*7.67*	*7.67*	*7.70*	*7.38*	*6.46*	*5.41*	*4.56*	*3.79*	*Muy alta*	
San Luis Potosí	7.56	7.61	7.62	7.64	7.30	6.39	5.34	4.38	3.67	Alta	9
Guerrero	7.70	7.72	7.72	7.77	7.46	6.54	5.49	4.67	3.46	Muy alta	2
Zacatecas	7.73	7.75	7.74	7.79	7.50	6.58	5.52	4.54	3.80	Alta	11
Oaxaca	7.73	7.75	7.74	7.80	7.50	6.59	5.53	4.63	3.73	Muy alta	3
Puebla	7.63	7.67	7.67	7.71	7.39	6.47	5.42	4.57	3.83	Alta	7
Chiapas	7.43	7.51	7.54	7.53	7.16	6.24	5.21	4.54	4.14	Muy alta	1

FUENTES: Estimaciones de los autores con base en encuestas de fecundidad y censos de población. Conapo y Progresa, *Índices de marginación, 1995,* México, 1998, p. 67.

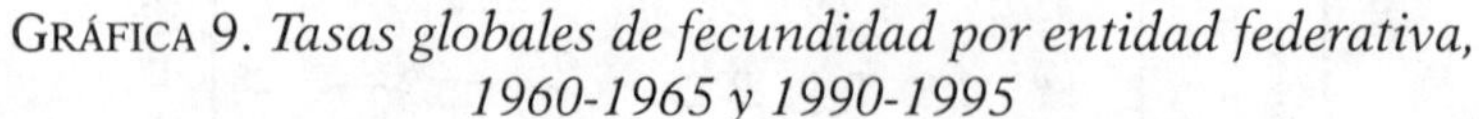
GRÁFICA 9. *Tasas globales de fecundidad por entidad federativa, 1960-1965 y 1990-1995*

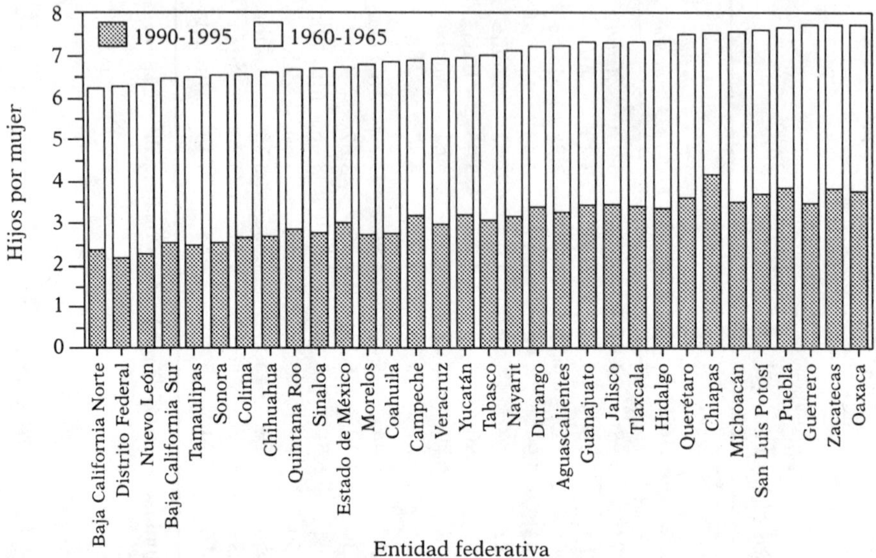

meros estarían el Distrito Federal, Nuevo León y Baja California, con los niveles de fecundidad y los índices de marginación más bajos, y Chiapas, Guerrero y Oaxaca con los más altos. En cambio, no hay tal coincidencia en entidades como Aguascalientes, que se encuentra en el lugar decimonoveno según su fecundidad y en el quinto según el índice de marginación; o bien Veracruz, que se encuentra en el lugar decimocuarto según su fecundidad y en el vigesimonoveno de acuerdo con su índice de marginación.[24] Esto apunta en el mismo sentido de lo planteado en la introducción sobre los factores culturales que hacen que la relación entre el nivel de desarrollo socioeconómico y el de la fecundidad no sea unívoca.

Fecundidad y características de las mujeres en las entidades federativas, 1988-1992

A continuación se analizan, en cada grupo de entidades federativas, los patrones reproductivos según nivel de escolaridad, tamaño de localidad de residencia y participación en la actividad económica durante el quin-

[24] La falta de concordancia se da sobre todo entre las entidades agrupadas según su fecundidad en los tres grupos intermedios.

quenio 1988-1992, periodo cercano al último observado en el análisis anterior.[25] La pregunta que se plantea es si el contexto —en este caso la entidad de residencia caracterizada por el nivel de su fecundidad— es fundamental en la definición de los patrones reproductivos o si las características propias de la mujer son más decisivas en dicha definición. Como características de las mujeres se incluyeron nuevamente el nivel de escolaridad, el tamaño de la localidad de residencia y la participación en la actividad económica.

En el caso de la escolaridad, las diferencias entre grupos de entidades son generalmente muy claras: para cada nivel de escolaridad la fecundidad es más elevada a medida que cambia uno de un grupo de entidades a otro (gráfica 10). Entre las mujeres que no aprobaron grado alguno en la escuela las diferencias son muy acentuadas: en las entidades con muy baja fecundidad la tasa global es de 4.1 hijos, mientras que en el grupo de entidades con fecundidad elevada el valor de la tasa es de 5.8 hijos, o sea, una diferencia de 1.7 hijos, equivalente a casi 30% del valor de la tasa más elevada; entre las mujeres que cursaron la primaria incompleta,

GRÁFICA 10. *Tasas globales de fecundidad, según nivel educativo y grupo de entidades federativas, 1988-1992*

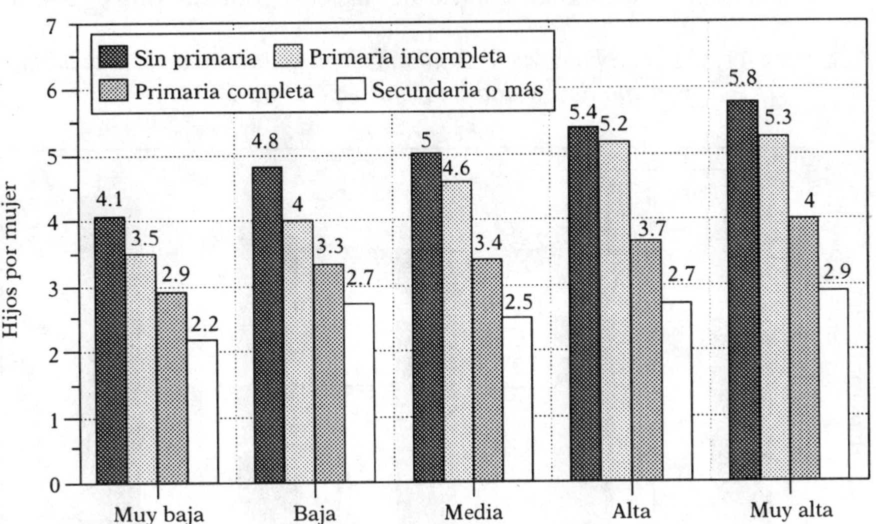

FUENTE: Estimaciones del Consejo Nacional de Población.

[25] La Encuesta Nacional de la Dinámica Demográfica de 1992 permite efectuar dichas estimaciones pues proporciona la historia de embarazos en los cinco años anteriores a la entrevista para cada entidad federativa.

la diferencia resulta igualmente grande. En cambio, entre las mujeres que al menos terminaron la primaria las diferencias entre los grupos de entidades son menos marcadas; en especial entre las mujeres con al menos estudios de secundaria, las diferencias son inconsistentes entre los grupos de entidades con niveles de fecundidad intermedios; sólo en los grupos de muy baja y muy alta fecundidad los valores de las tasas son, respectivamente, el más bajo y el más alto. Lo anterior muestra que cuando las mujeres tienen bajos niveles de escolaridad, el contexto en que se encuentran es fundamental en la definición del tamaño de su descendencia, mientras que cuando la mujer ha estudiado más tiempo, adopta normas y valores vinculados con proles poco numerosas (menos de tres hijos), pese a que en el medio en que se desenvuelva tenga familias numerosas.

El tamaño de la localidad de residencia también muestra diferencias importantes en los grupos de entidades, aunque de manera menos contundente que en el caso de la escolaridad (gráfica 11). Además, en general, tanto las mujeres que habitan en las localidades rurales como las que habitan en las urbanas tienen una fecundidad mayor a medida que la fecundidad del grupo es más elevada. En los grupos extremos la tasa global en las localidades rurales es 3.8 hijos y 5.4 hijos, o sea una diferencia de 1.6 hijos, muy semejante a la observada entre las mujeres sin escolaridad; en las localidades no rurales las cifras son 2.4 hijos y 3.4 hi-

GRÁFICA 11. *Tasas globales de fecundidad, según tamaño de la localidad y grupo de entidades federativas, 1988-1992*

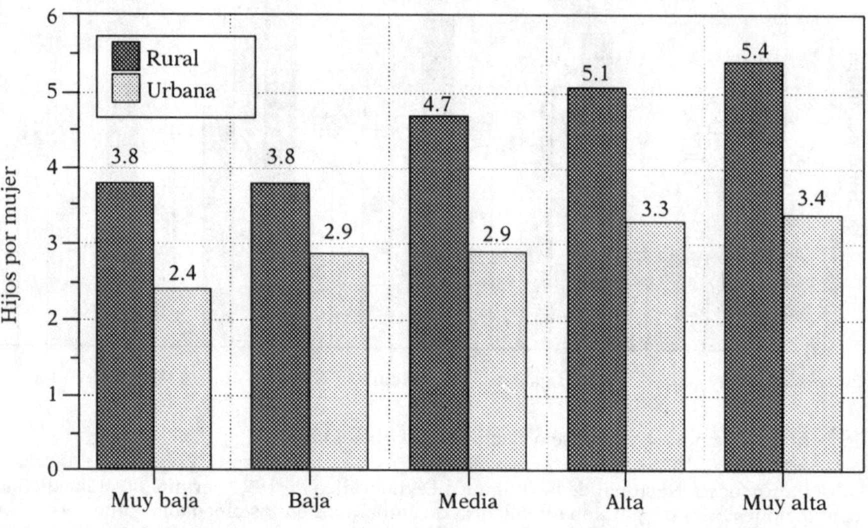

FUENTE: Enadid 1992.

jos, respectivamente, en las entidades de muy baja y muy alta fecundidad, es decir, una diferencia de un hijo, superior a la observada entre las mujeres con estudios de secundaria. Llama la atención que la diferencia entre las entidades de muy baja y de baja fecundidad sea el resultado de diferencias en la fecundidad urbana, porque la fecundidad en las localidades rurales es similar; en cambio, la diferencia entre el grupo de fecundidad baja y el de media la origina la fecundidad rural, ya que la urbana en estos dos grupos es igual. Entre los grupos de fecundidad media, alta y muy alta difieren, tanto la fecundidad rural como la urbana.

La participación en la actividad económica tiene un comportamiento algo distinto del de las dos variables anteriores (gráfica 12). En el caso de fecundidad de las mujeres que no participan en la actividad económica, no sorprende que tenga una tendencia gradual y creciente, igual que entre el total de mujeres al desplazarse de un grupo de entidades al siguiente, puesto que en todas las entidades las mujeres inactivas constituyen la mayoría y definen en gran parte el nivel de fecundidad de sus respectivas entidades. En cambio, es interesante la tendencia en la fecundidad de las mujeres que sí participan en la actividad económica.[26] En los cuatro primeros grupos de entidades, estas mujeres tienen pocos hijos: a lo más 2.2; sólo en el caso del grupo de entidades con fecundidad muy elevada su descendencia es mayor: 3.3 hijos. Ello indica que las mujeres —mientras participan en la actividad económica— tienen una fecundidad reducida, sin ser fundamental el contexto en el que se desenvuelven; en el caso de las entidades de fecundidad muy elevada, aunque la diferencia entre las mujeres activas y las inactivas es importante, el medio de alta fecundidad también influye en los patrones reproductivos de las mujeres trabajadoras.

Así, a la pregunta que planteamos al inicio de la sección podemos contestar que la relación entre el entorno, las características de las mujeres y su nivel de fecundidad es compleja. En general, tanto los rasgos de la mujer como el ámbito en el que se desenvuelve definen sus patrones reproductivos. No obstante, la influencia del entorno no es homogénea. Entre las mujeres con el nivel más elevado de escolaridad, entre las mujeres que participan en la actividad económica y, en menor medida, entre las que residen en localidades urbanas, la influencia del medio es menor. Por lo contrario, entre las que no tienen escolaridad y que residen en localidades pequeñas, el contexto cultural, social e institucional resulta decisivo.

[26] Como ya se mencionó en la sección anterior, hay problemas de temporalidad al establecer el vínculo entre la participación laboral y la fecundidad, pues la participación laboral se capta en la semana anterior a la encuesta, mientras que la fecundidad se capta en los cinco años que preceden.

GRÁFICA 12. *Tasas globales de fecundidad, según condición de participación en la actividad económica y grupo de entidades federativas, 1988-1992*

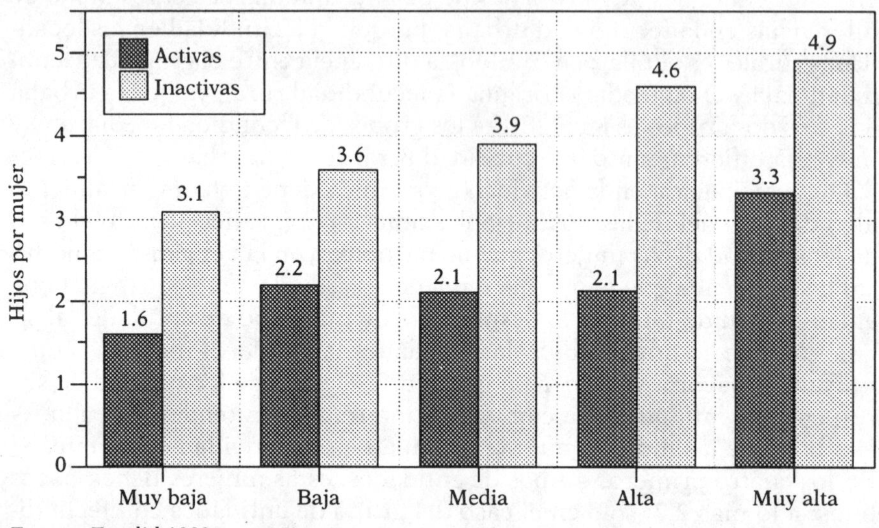

FUENTE: Enadid 1992.

CONSIDERACIONES FINALES

Varios son los logros de este trabajo. A pesar de las deficiencias en las fuentes de datos para los periodos más distantes, se obtienen estimaciones tanto del nivel como del calendario de la fecundidad durante un periodo de casi siete décadas. Tales cálculos muestran que desde 1930 la fecundidad es elevada y permanece con variaciones leves hasta el inicio de un repunte en los años cincuenta; en la siguiente década, la fecundidad permanece varios años en el nivel máximo alcanzado de 7.3 hijos por mujer, hasta iniciar un descenso de manera más nítida a partir de 1968. Entre los años sesenta y 1997, el nivel de la fecundidad desciende drásticamente, pues baja a una tercera parte. El ritmo de esta reducción fue relativamente lento en los primeros años, pero se aceleró a partir de los años setenta y ha conservado casi la misma rapidez hasta el año más reciente, en el que la tasa global de fecundidad es de 2.7 hijos.

Durante la transición, el calendario de la fecundidad sufrió un proceso de rejuvenecimiento. Los nacimientos han tendido a concentrarse en mujeres de 20 a 34 años de edad. La fecundidad de las mujeres que aún no cumplen los 20 años ha disminuido, pero a un ritmo menor que el de las mujeres de edades más avanzadas, por lo que su participación en el nivel de la fecundidad general ha crecido levemente.

Los patrones del descenso de la fecundidad, así como los del cambio en el calendario de fecundidad están muy vinculados con el incremento en el uso de métodos anticonceptivos. A partir de los años setenta, los programas gubernamentales de planificación familiar facilitaron el acceso a la anticoncepción a sectores cada vez más amplios de la población. El tipo de métodos ofrecidos por los programas ha acentuado el rejuvenecimiento en el calendario de la fecundidad.

Los diferenciales de la fecundidad permitieron mostrar la diversidad en las pautas reproductivas y su evolución durante el proceso de cambio. En concordancia con la bibliografía, la variable que denota mayores diferencias, así como un efecto más consistente, es el nivel de escolaridad de las mujeres. Durante los años setenta, cuando se inicia la aceleración del descenso, los diferenciales se acentúan porque las mujeres con mayor escolaridad son las que más reducen su fecundidad. Las diferencias tienden a reducirse a partir de los años ochenta: los mayores descensos se encuentran entre las mujeres con menor escolaridad, puesto que las mujeres con estudios de secundaria ya han alcanzado un tamaño de descendencia reducido; no obstante, aún en 1994, la diferencia entre las categorías extremas es de 1.7 hijos, es decir, 41% respecto del valor de la tasa de las mujeres sin estudios. Mediante distintos mecanismos, la educación habría favorecido la adopción de nuevas normas y valores relacionados con descendencias pequeñas y habría facilitado la concreción de estas nuevas aspiraciones en cambios de actitudes hacia la anticoncepción.

El tamaño de la localidad de residencia también señala diferencias importantes en la dimensión de las familias y su tendencia es semejante a la de la escolaridad: agudización y convergencia a partir de los años ochenta. Entre otras, estas diferencias obedecen a las grandes deficiencias de cobertura y de calidad en los servicios educativos en las localidades rurales, así como al menor acceso a la anticoncepción. La tendencia a la agudización de las diferencias en los años setenta y a la convergencia a partir de los años ochenta está probablemente relacionada con los programas de expansión del sistema educativo y los de planificación familiar, los cuales en un primer momento se enfocaron a las áreas urbanas.

La observación en 1974 (antes de la puesta en marcha de los programas de planificación familiar) muestra que las mujeres que habían completado los estudios de primaria, las que participaban en el mercado laboral y, en menor medida, las que residían en localidades no rurales tenían niveles de fecundidad que denotaban una clara limitación de sus descendencias. Los valores de las tasas globales cercanos a los cinco hijos en el Distrito Federal y en algunos estados del norte del país a principios de los años setenta también constituyen una muestra de los cambios "tempranos" en el comportamiento reproductivo. Ambas observaciones de corte transversal son una prueba contundente de que una parte importante de las mujeres ya tenía tiempo de haber iniciado un cambio en sus patrones reproductivos, cuando tuvieron acceso a la anticoncepción proporcionada por los programas oficiales. Esto apoya lo que han planteado otros autores sobre el papel que los programas de planificación familiar han desempeñado en México: facilitar el acceso a la anticoncepción a sectores más amplios de la población.

El análisis en las entidades federativas, como aproximación a un análisis regional, proporcionó resultados interesantes. Las entidades que inician más tarde el proceso de transición no han tenido ritmos más rápidos de descenso, de manera que las diferencias entre los valores extremos no se han reducido aún; se espera que en los próximos años las diferencias tiendan a reducirse, pues algunas entidades (Distrito Federal y ciertos estados del norte) tienen ya tasas con valores cercanos a los dos hijos por mujer. Por otra parte, la coincidencia entre nivel de desarrollo y nivel de la fecundidad en los estados que se encuentran en los extremos es elocuente. Entre los estados con mayor grado de marginación, el nivel de fecundidad más elevado sugiere que para tener un ritmo más acelerado en la reducción de la fecundidad es indispensable lograr un mayor desarrollo. Esto concuerda con los hallazgos de un estudio sobre muchos países en desarrollo, en el que se muestra que el descenso de la fecundidad obedece a reducciones en la fecundidad deseada, y se afirma que la única manera de que ésta disminuya es mediante cambios en las condiciones económicas y sociales que hagan que las familias pequeñas sean deseables (Pritchett, 1994).

El análisis de los diferenciales por escolaridad en las entidades federativas durante el periodo de transición fue muy útil para profundizar en el conocimiento del proceso. El hecho de que las mujeres con mayor nivel educativo tengan familias pequeñas, aun las que residen en entidades caracterizadas por su transición "tardía" y "lenta", es una prueba clara de la importancia de la escolaridad en la reducción de la fecundidad. En estas entidades resulta probable que la norma de familias pequeñas no se haya difundido mayormente, ya que la demanda insatisfecha para limitar el tamaño de la familia se ha reducido a sólo 7% en 1995 (Consejo Nacional de Población, 1996).[27] Las mujeres con mayor escolaridad adop-

[27] Las mujeres que expresan su deseo por limitar o espaciar sus nacimientos y que no practican la anticoncepción son consideradas como "demanda insatisfecha". En 1995, la demanda total es 81% de todas las mujeres, la demanda satisfecha es 67%; y la diferencia, 14%, constituye la demanda insatisfecha. De ese 14%, cerca de la mitad es para espaciar y la otra mitad es para limitar, por lo que sólo alrededor de 7% del total de mujeres que desea limitar el tamaño de su prole no usa anticonceptivos.

tan nuevas normas y actitudes, a pesar de que en el medio en el que se desenvuelvan prevalezca la valoración de las familias numerosas. Este hallazgo apoya la importancia de la educación de la mujer en el proceso de cambio en los patrones reproductivos.

En futuros trabajos será importante seguir estudiando la relación entre el cambio en los patrones reproductivos y la escolaridad y el trabajo, aspectos fundamentales del estatus social de la mujer. En el caso de la escolaridad, lo aquí hallado muestra su trascendencia y la imperiosa necesidad de profundizar en la relación entre la educación y los cambios de normas y valores respecto de la familia. En el caso de la participación laboral, una observación longitudinal que empate la trayectoria laboral y la historia genésica permitiría un mejor acercamiento al vínculo complejo entre el trabajo y la fecundidad. Finalmente, el efecto decisivo de la entidad federativa de residencia en la definición de los niveles de fecundidad de las mujeres con poca o nula escolaridad muestra claramente la pertinencia del análisis regional.

BIBLIOGRAFÍA

Alba, Francisco (1999), "La cuestión regional y la integración internacional de México: una introducción", *Estudios Sociológicos,* El Colegio de México, XVII (51): 611-631.

Alba, Francisco, y Joseph Potter (1986), "Población y desarrollo en México: una síntesis de la experiencia reciente", *Estudios Demográficos y Urbanos,* 1 (1): 7-38.

Arnold, Fred, y Ann Blanc (1990), "Fertility Levels and Trends", *Demographic and Health Surveys Comparative Studies,* núm. 2.

Bongaarts, John, y Robert Lightbourne (1996), "Wanted fertility in Latin America: Trends and differentials in seven countries", en José Miguel Guzmán *et al., The Fertility Transition in Latin America,* Oxford, Clarendon Press, pp. 227-241.

Bravo, Jorge (1990), "Cambios en la paridez completa y la difusión de la reducción de la fecundidad en Latinoamérica en el siglo XX: un análisis basado en datos censales", *História e Populaçaõ. Estudos sobre a América Latina,* São Paulo, Brasil, Asociación Brasileña de Estudios de Población, Unión Internacional para el Estudio Científico de la Población, Centro Latinoamericano de Demografía, pp. 64-72.

——— (1996), "Theoretical views of fertility transition in Latin America: What is the relevance of a diffusionist approach?", en José Miguel Guzmán *et al., The Fertility Transition in Latin America,* Oxford, Clarendon Press, pp. 213-226

Caldwell, John C. (1980), "Mass education as a determinant of fertility decline", *Population and Development Review,* 6 (2): 225-256.

Clealand, John, y Christopher Wilson (1987), "Demand theories of the fertility transition: An iconoclastic view", *Population Studies,* 41 (1): 5-30.

Consejo Nacional de Población (1996), *Indicadores básicos de salud reproductiva y planificación familiar, ciudad de México,* México, Conapo, 52 pp.

——— (1998), *La situación demográfica de México, ciudad de México,* México, Conapo, 185 pp.

——— (1999), *La situación demográfica de México,* México, 233 pp.

Chackiel, Juan, y Susana Schkolnik (1996), "Latin America: Overview of the fertility transition, 1950-1990", en José Miguel Guzmán *et al., The Fertility Transition in Latin America,* Oxford, Clarendon Press, pp. 3-26.

Figueroa, Beatriz (comp.) (1989), *La fecundidad en México. Cambios y perspectivas,* México, El Colegio de México, 454 pp.

García, Brígida, y Orlandina de Oliveira (1994), *Trabajo femenino y vida familiar en México,* México, El Colegio de México, 301 pp.

Gómez, Pablo, y Armando Cortés (1987), *Experiencia histórica y promoción del desarrollo regional en México,* México, Nacional Financiera.

Henry, Louis, y Jacques Houdaille (1973), "Fécondité des marriages dans le quart Nord-Ouest de la France", *Population,* XXVIII (4-5).

Hernández Laos, Enrique (1985), *La productividad y el desarrollo industrial en México,* México, Fondo de Cultura Económica.

Juárez, Fátima (1989), "Revisión de los estudios sobre la estimación de la fecundidad en México a partir de las encuestas retrospectivas", en Beatriz Figueroa (comp.), *La fecundidad en México. Cambios y perspectivas,* México, El Colegio de México, pp. 121-166.

Juárez, Fátima, *et al.* (1996), *Nuevas pautas reproductivas en México,* México, El Colegio de México, 232 pp.

Livi-Bacci, Massimo (1990), *Historia mínima de la población mundial,* Barcelona, Ariel Historia, 222 pp.

Mier y Terán, Marta (1978), "El espaciamiento de los nacimientos en las zonas rurales de México y algunos factores que lo condicionan", *Investigación Demográfica en México,* México, Consejo Nacional de Ciencia y Tecnología, pp. 101-118.

——— (1982), *Evolution de la population mexicaine a partir des données des recensements: 1895-1970,* Montreal, Collection de Theses et Memoires, Universidad de Montreal.

———, y Cecilia Rabell (1984), "Fecundidad y grupos sociales en México (1971-1977)", en Raúl Benítez *et al., Los factores del cambio demográfico en México,* México, Instituto de Investigaciones Sociales-Universidad Nacional Autónoma de México/Siglo XXI Editores, pp. 219-241.

——— (1989), "La fecundidad en México: 1940-1980. Estimaciones derivadas de la información del registro civil y de los censos", en Beatriz Figueroa (comp.), *La fecundidad en México. Cambios y perspectivas,* México, El Colegio de México, pp. 19-62.

Mier y Terán, Marta (1993), Posición social de la mujer cuando soltera y tamaño de su descendencia ulterior en México: generaciones 1932-1956, México, mimeo.

——— (1996), "The implications of Mexico's fertility decline for women's participation in the labour force", en José Miguel Guzmán *et al., The Fertility Transition in Latin America,* Oxford, Clarendon Press, pp. 323-342.

——— (1998), "Formación de las descendencias y los determinantes próximos de la fecundidad. Generaciones femeninas 1927-1936 en dos regiones de México", en Héctor Hernández Bringas y Catherine Menkes (coords.), *La población de México al final del siglo XX* (V Reunión Nacional de Investigación Demográfica en México), vol. I, Sociedad Mexicana de Demografía/Centro Regional de Investigaciones Multidisciplinarias/Universidad Nacional Autónoma de México, Cuernavaca, Morelos.

———, y Cecilia Rabell (1993), "Inicio de la transición de la fecundidad en México. Descendencias de mujeres nacidas en la primera mitad del siglo XX", *Revista Mexicana de Sociología,* 55 (1): 41-81.

Moreno, Lorenzo, y Susheela Singh (1996), "Fertility decline and changes in proximate determinants in the Latin American and Caribbean Regions", en José Miguel Guzmán *et al., The Fertility Transition in Latin America,* Oxford, Clarendon Press, pp. 113-134.

Mundigo, Axel (1996), "The role of family planning programmes in the fertility transition of Latin America", en José Miguel Guzmán *et al., The Fertility Transition in Latin America,* Oxford, Clarendon Press, pp. 192-210.

Naciones Unidas (1988), *World Population Trends and Policies. 1987 Monitoring Report, Special Topics: Fertility and Women's Life Cycle and Socio-economic Differentials in Mortality,* Nueva York, Population Studies núm. 103, Department of International Economic and Social Affairs, 411 pp.

——— (1994), *Fertility Transition and Women's Life Course in Mexico,* Nueva York, Department of Economic and Social Information and Policy Analisis, Population Division.

——— (1995), *Women's Education and Fertility Behaviour. Recent Evidence from the Demographic and Health Surveys,* Nueva York, Department of Economic and Social Information and Policy Analisis, Population Division, 113 pp.

——— (1998), *World Population Prospects. The 1996 Revision,* Nueva York, Department of Economic and Social Affairs, Population Division, 829 pp.

Pacheco, Edith, y Susan Parker (1997), "Male and female labour market mobility in urban México: Longitudinal evidence from two periods of crisis", presentado a la reunión anual de Population Association of America, Washington D. C., marzo.

Palma, Yolanda, y Javier Suárez (1991), "El descenso de la fecundidad en México", *Proceedings of the Demographic and Health Surveys Conference,* vol. III, Columbia, Maryland, IRD/Macro International Inc., pp. 1833-1864.

Pritchett, Lant H. (1994), "Desired fertility and the impact of population policies", *Population and Development Review,* 20 (1): 1-55.

Pullum, Thomas W., *et al.* (1985), "Changes in fertility and contraception in México, 1977-1982", *International Family Planning Perspectives,* 11(2): 40-47.

Quilodrán, Julieta (1991), *Niveles de fecundidad y patrones de nupcialidad en México,* México, El Colegio de México, 244 pp.

——— (1998), *Le marriage au Mexique,* Lovaina, Bélgica, Institut de Démographie, Université Catholique de Louvain.

Rabell, Cecilia (1975), "Análisis de algunos índices de fecundidad en México: encuesta de fecundidad urbana 1964", *Revista Mexicana de Sociología,* núm. 4.

Retherford, Robert D., *et al.* (1996), "Values and Fertility Change in Japan", *Population Studies,* 50 (1): 5-25.

Rosero-Bixby, Luis (1996), "Nuptiality trends and fertility transition in Latin America", en José Miguel Guzmán *et al., The Fertility Transition in Latin America,* Oxford, Clarendon Press, pp. 135-150.

Watkins, Susan C., *et al.* (1987), "Demographic foundations of family change", *American Sociological Review,* 52: 346-358.

Weimberger, Mary Beth, *et al.* (1989), "Women's education and fertility: A decade of changes in four Latin American countries", *International Family Planning Perspectives,* 15(1): 4-12 y 28

Westoff, Charles F., y Lorenzo Moreno (1996), "Reproductive intentions and fertility in Latin America", en José Miguel Guzmán *et al., The Fertility Transition in Latin America,* Oxford, Clarendon Press, pp. 242-251.

Welti, Carlos (1999), "Descenso de la fecundidad y bienestar social", *Demos, Carta demográfica sobre México,* México, pp. 9-10.

Zavala, María Eugenia (1992), *Cambios en la fecundidad en México y políticas de población,* México, El Colegio de México/Fondo de Cultura Económica/Economía Latinoamericana, 326 pp.

Zavala, María Eugenia (1994), "Niveles y tendencias de la fecundidad en México, 1900-1985", *Memorias de la IV Reunión Nacional de Investigación Demográfica en México,* tomo I, México, Instituto Nacional de Estadística, Geografía e Informática / Sociedad Mexicana de Demografía, pp. 26-35.

Zúñiga, Elena, *et al.* (1986), *Trabajo familiar, conducta reproductiva y estratificación social. Un estudio en las áreas rurales de México,* México, Instituto Mexicano del Seguro Social/Programa de Investigaciones Sociales sobre Población en América Latina/Academia Mexicana de Investigación en Demografía Médica, A. C., 226 pp.

Los correlatos de la fecundidad

LOS CAMBIOS EN LA NUPCIALIDAD Y LA FORMACIÓN DE FAMILIAS: ALGUNOS FACTORES EXPLICATIVOS

José Gómez de León Cruces

1. Introducción

Desde mediados del siglo XVII un hecho distintivo comenzó a perfilarse en las tendencias demográficas de la mayor parte de los países occidentales; su origen fue Europa central. Con el aumento de la productividad de la agricultura, las mejoras en la nutrición y en el hábitat, la diseminación de las prácticas de higiene, la extensión de los sistemas sanitarios en las ciudades y el control de las epidemias, la mortalidad comenzó a disminuir de manera notable.[1] El crecimiento de la población que sobrevino con esta disminución propició dos respuestas demográficas sin precedente, sin las cuales la población se había mantenido en la llamada "trampa malthusiana": *1)* se registraron cambios importantes en la nupcialidad y la formación de familias, con lo cual aumentó significativamente la edad al matrimonio y la proporción de personas que se quedaban solteras de por vida, particularmente las mujeres (Hajnal, 1965; Sklar, 1974); y *2)* comenzó también a extenderse paulatinamente la respuesta malthusiana por excelencia: el control de la fecundidad dentro del matrimonio, el cual, a medida que se generalizó, permitió que algunos de los "controles preventivos" de la nupcialidad se relajaran, particularmente la práctica del celibato entre las mujeres (Coale, 1969).[2]

A estos cambios usualmente se les denomina la *transición demográfica,* en alusión principalmente al cambio de la nupcialidad y la fecundidad marital en los países de Europa y de Canadá, Australia y los Estados Unidos. El análisis detallado de la transición en el nivel de las provincias de Europa revela dos grandes momentos: uno, dominado por un grupo de provincias de Europa central (principalmente de Francia, pero también en partes de Bélgica, Alemania y Suiza) con marcados cambios en la

[1] Ésta es una descripción esquemática y bastante cruda de dichas tendencias. Continúan siendo objeto de investigación diversas hipótesis sobre el papel que tuvieron los cambios de la alimentación y del contexto sanitario en la disminución de la mortalidad, particularmente en Europa (Livi-Bacci, 1991; Schofield, Reher y Bideau, 1991).

[2] Es de notar que en esa época ocurrieron también intensas oleadas de emigración de Europa hacia los Estados Unidos.

nupcialidad y en la fecundidad marital, concentrados alrededor de 1820; y otro más tardío, centrado alrededor de 1900-1910, donde los cambios en la nupcialidad desempeñan un papel más moderado en el que predomina el control de la fecundidad marital (Watkins, 1991; y Coale y Watkins, 1986).

Más recientemente, una vez generalizada la práctica de la regulación de la fecundidad, los cambios demográficos más notables que se observan en los países que han servido para documentar la transición demográfica ocurren en el terreno de la nupcialidad, acompañados de cambios en la dinámica de formación y disolución de las familias. Después de la disminución de la natalidad relacionada con la depresión de los años treinta y la segunda Guerra Mundial, y junto con el *baby boom* que siguió en la segunda mitad de los años cuarenta, las tasas de nupcialidad se elevaron considerablemente y la edad al matrimonio tendió a hacerse cada vez más joven. Este patrón prevaleció hasta 1965-1970, cuando la edad al matrimonio se situó en aproximadamente 22 años para las mujeres y 25 para los hombres (Leridon, 1990). A partir de entonces comenzaron a disminuir significativamente las tasas de nupcialidad y a elevarse la edad media al matrimonio. Paralelamente, a expensas de la nupcialidad, comenzó a aumentar la propensión a unirse consensualmente y se elevaron considerablemente también las tasas de divorcio y de separación, así como las de rematrimonio. Hasta el momento ésta es la tendencia prevaleciente en la mayoría de dichos países, y a tal punto resulta notable que a dichos procesos se les define como una *segunda transición demográfica*.

Si bien la cohabitación conyugal informal no es nueva, hasta antes de los años setenta estaba poco extendida. En la actualidad, en varios países la mayoría de los matrimonios se constituye tras un periodo de convivencia consensual; para algunas parejas esta cohabitación es una fase de prueba antes de casarse, pero para otras viene a ser una opción al matrimonio, incluso con una fecundidad conmensurable con la de las parejas casadas (Lewin, 1982). En Europa, 28% de las parejas menores de 30 años vive en unión consensual, aunque hay enormes variaciones entre países, pues va desde 10% en Grecia y Portugal hasta 70% en Dinamarca. Ello va acompañado de una disminución de la intensidad del matrimonio y de un aumento de la divorcialidad. En los últimos 25 años, la tasa bruta de nupcialidad disminuyó en promedio de ocho a cinco por cada 1 000 habitantes, con disminuciones notables en Irlanda (de 7.3 a 4.4), Finlandia (de 7.9 a 4.6), Holanda (de 8.7 a 5.3) y Francia (de 7.8 a 4.4). La tasa más baja observada en 1997 corresponde a Suecia (3.8 por cada 1 000). Por otro lado, casi una tercera parte de los matrimonios en Europa termina en divorcio (Leridon, 1990; Prinz, 1995).

No obstante, en ello también hay grandes variaciones: en Bélgica, Suecia, Inglaterra, Finlandia y Dinamarca, alrededor de la mitad de las parejas termina en divorcio, pero en otros países o bien no se permite el divorcio (Irlanda), o éste ha sido legislado sólo recientemente (España). En los Estados Unidos también la mitad de los matrimonios termina en divorcio, tasa que se ha mantenido con pocos cambios desde finales de los setenta (Bachrach, 1987; Eurostat, 1998; Espenshade, 1985; Norton y Miller, 1992).

En suma, a partir de los años setenta un considerable número de países occidentales comenzó a mostrar nuevas pautas de formación y disolución de uniones, marcadas por un declive de la intensidad del matrimonio y un aumento de la divorcialidad y de la convivencia consensual. Varias interpretaciones surgen, aun las que ven en este proceso una transformación global del sistema matrimonial y que dicho patrón se generalizará progresivamente hasta significar una segunda transición demográfica (Van de Kaa, 1987; Lesthaege, 1992; Roussel, 1992).

Retomando el concepto de la "transición demográfica" clásica, la opinión más generalizada en la bibliografía sostiene que este paradigma es sólo una síntesis estilizada del derrotero demográfico típico que la mayor parte de los países occidentales ha seguido. Así, menos que un planteamiento teórico, la transición demográfica es principalmente un modelo descriptivo de la experiencia demográfica de un gran número de países, frente al cual persisten varias experiencias que no concuerdan con los patrones generales que lo caracterizan. Un ejemplo a menudo citado es la transición demográfica de América Latina. Ésta tuvo un inicio considerablemente posterior a la de los países protagonistas de la transición demográfica y se desarrolló en un contexto muy distinto; cualquier comparación de meros paralelos corre severos riesgos de falacias interpretativas (Livi-Bacci, 1993). Lo mismo ocurre con la segunda transición demográfica: en general se reconoce que se trata de tendencias en la nupcialidad, la divorcialidad y la convivencia que, aunque marcadas y que apuntan a pautas sin precedente en las tendencias demográficas de varios países, es incierto suponer que vayan a generalizarse (Cabré, 1999).

La experiencia de México que revisamos en este capítulo se inscribe en las consideraciones que actualmente se discuten en los textos que sobre demografía abordan los factores subsistentes a los cambios en los patrones de formación de uniones. México no ha tenido cambios tan marcados y profundos como los de los países occidentales desarrollados, tanto en la *primera* como en la *segunda* transición demográfica; por ende, sus efectos sobre la natalidad y el crecimiento han sido menores. No obstante, la importancia que en sí mismos revisten los procesos de formación de las familias merece un análisis de los cambios más destacados que se perciben en los patrones de la nupcialidad, así como de los factores que determinan la propensión y la predominancia de dichos patrones.

El trabajo está organizado de la siguiente manera: en la sección 2 presentamos las principales tendencias que se desprenden del cambio de la nupcialidad entre mediados de los años cincuenta y 1995. Posteriormente en la sección 3 revisamos las principales hipótesis que se hacen en los libros especializados respecto de los determinantes sociodemográficos de la nupcialidad, y ofrecemos algunos resultados generales que se desprenden de los datos provenientes de encuestas. En la sección 4 hacemos precisiones operacionales de los datos y una descripción del abordaje metodológico del trabajo. Las bases informativas que utilizamos provienen de encuestas demográficas recolectadas en 1976 y en 1995, a partir de las cuales hacemos un análisis del peso relativo que tienen distintos factores correlativos de la propensión a casarse. En la sección 5 presentamos los resultados de diversos modelos multivariados mediante los cuales analizamos las vinculaciones de la nupcialidad con distintos factores sociodemográficos. En esta sección adelantamos varias interpretaciones explicativas, haciendo hincapié en las particularidades que tienen los determinantes de la nupcialidad en el caso de México. Los resultados se presentan valiéndonos de la facilidad interpretativa que permite la estandardización indirecta, una de las herramientas habituales de la demografía. Por último, en la sección 6 hacemos algunas consideraciones finales sobre la relevancia de estos resultados.

En aras de concentrarnos sólo en los rasgos más sobresalientes, tuvimos que dejar de lado varios aspectos del análisis de la nupcialidad. No destacamos las variaciones regionales de la nupcialidad no obstante que varios trabajos señalan diferencias significativas a este respecto, sin duda reflejo de los variados contextos culturales y normativos que regulan local y regionalmente la formación de uniones (Quilodrán, 1996). No analizamos tampoco el tamaño relativo de las cohortes y aspectos vinculados con el mercado matrimonial (Gómez de León y López, 1993). Por otro lado, aunque la evidencia apunta a un aumento moderado de la propensión a divorciarse, nos limitamos sólo a mencionar algunos rasgos de esta tendencia, sin adentrarnos en las vinculaciones entre las distintas posibilidades de formación de una pareja y la propensión que cada una tiene para su estabilidad o ruptura, bien como divorcio o como terminación de una unión consensual. No nos detenemos tampoco en revisar los factores que determinan la propensión a legalizar las cada vez más frecuentes uniones consensuales (Gómez de León, 1998). Por otro lado, aunque tocamos aspectos vinculados con las prácticas sexuales y la procreación, las interrelaciones que éstos guardan con la formación de una pareja son muy complejos y merecerían mayor tratamiento que el que permite nuestro abordaje en el presente capítulo. Por último, no fue posible tampoco detenernos más allá de lo indispensable en consideraciones metodológicas o en los fundamentos de las técnicas de modelización. Los lectores interesados encontrarán referencias a otros trabajos que cubren estos aspectos.

2. TENDENCIAS RECIENTES DE LA FORMACIÓN Y DISOLUCIÓN DE UNIONES EN MÉXICO

Las encuestas demográficas son una fuente de información sumamente valiosa para adentrarse en el análisis del contexto socioeconómico y demográfico de la nupcialidad y la formación de uniones. En este capítulo utilizamos la información de la Encuesta Mexicana de Fecundidad de 1976 (EMF-76), y de la Encuesta Nacional de Planificación Familiar de 1995 (ENPF-95). Ambas emplean módulos similares de preguntas que permiten reconstruir la historia de uniones de las mujeres entrevistadas en cada muestra, y por tanto permiten delinear con precisión las tendencias recientes de la nupcialidad así como superar las serias limitaciones de que adolece la información de las estadísticas vitales y de los censos de población. Al indagar retrospectivamente las historias de uniones, las encuestas permiten detallar en el nivel individual los cambios en las distintas condiciones que marcan la formación de uniones, así como su eventual disolución y posibles recomposiciones futuras.

Antes de pasar al análisis detallado de esta información, es útil referir algunas de las tendencias que se desprenden de las historias de uniones de las dos encuestas mencionadas. Para ello, de cada encuesta hemos extraído la experiencia matrimonial de cinco cohortes —según cinco grupos quinquenales de edad—, comenzando por la cohorte de 20-24 años hasta la cohorte de 40-44 años. Para cada cohorte registramos el porcentaje acumulado de las mujeres casadas según distintas edades al matrimonio. Los resultados se indican en las gráficas 1 y 2 para las encuestas de 1976 y 1995, respectivamente. Por tratarse de datos de tipo retrospectivo, los resultados de las gráficas 1 y 2 reflejan la experiencia matrimonial de dichas cohortes desde los años cuarenta.

En la gráfica 1 es de notar que el patrón por edad de la experiencia matrimonial de las cohortes de la EMF-76 es notablemente similar entre ellas, no obstante que se trata de cohortes separadas entre sí más de 20 años. Dejando de lado por el momento las ligeras diferencias que se aprecian entre las cohortes, aproximadamente 10% de las mujeres ya se había casado a los 15 años; hacia los 20 años ya se hablía casado aproximadamente la mitad de las mujeres de las respectivas cohortes y hacia los 23

Gráfica 1. *Porcentaje acumulado de mujeres casadas según la edad, para distintas cohortes. Encuesta* EMF-*76*

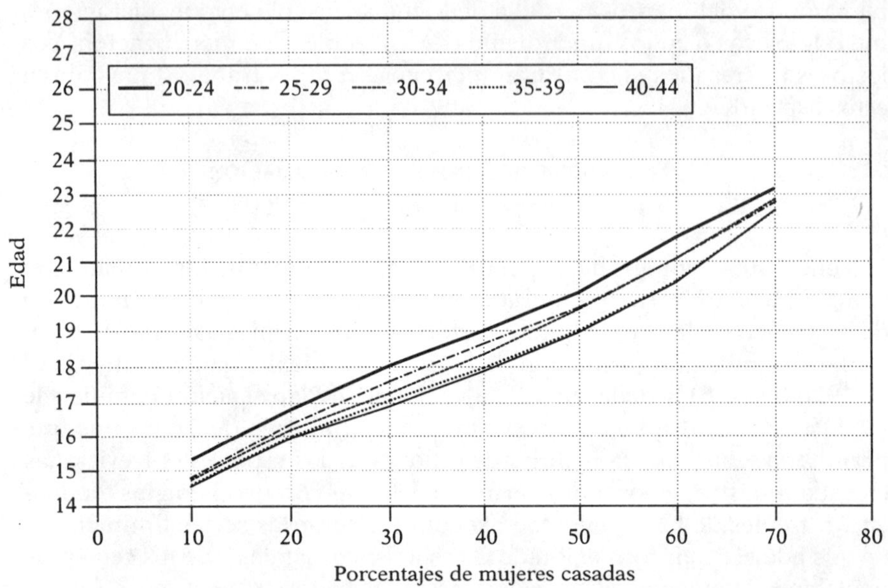

Gráfica 2. *Porcentaje acumulado de mujeres casadas según la edad, para distintas cohortes. Encuesta* ENPF-*95*

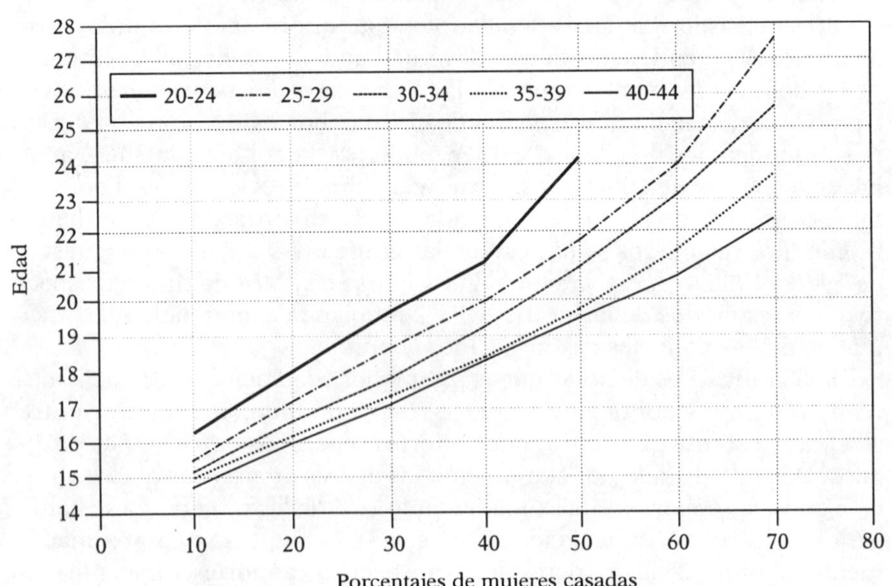

años ya se habían casado 70% de las mujeres. Pero los patrones de la gráfica 1 no son exactamente idénticos para todas las cohortes: mientras que a los 18 años ya se había casado 40% de la cohorte más antigua (de 40-44 años), para la cohorte más joven (de 20-24 años) sólo 30% se había casado. Algo similar se comprueba a lo largo de todas las edades de la gráfica 1: la proporción de mujeres casadas es ligeramente menor conforme las cohortes son más jóvenes. Como resultado de esta tendencia, la edad mediana a la nupcialidad aumentó de 19 a 20 años a lo largo de los 20 años que separan a dichas cohortes. Vistos sobre el tiempo, tales cambios reflejan la experiencia matrimonial de dichas cohortes entre los años 1950 y 1970, es decir, en ese periodo de 20 años aumentó un año la edad mediana a la nupcialidad. Ciertamente un cambio no muy acentuado, pero de ninguna manera despreciable.

Sin embargo, aunque tales cambios son claramente visibles en la gráfica 1, palidecen frente a los marcados cambios que se registran en la gráfica 2. A todas luces la experiencia de las cohortes registradas en la ENPF-95 es notablemente distinta: ésta se ve marcada por un significativo aumento de la edad al casarse conforme las cohortes son más recientes. Situémonos por ejemplo a los 20 años. Mientras para la cohorte más antigua (de 40-44 años) 55% ya se había casado a esa edad —similar a la experiencia de las cohortes de la encuesta de 1976—, en la cohorte más joven de mujeres (de 20-24 años) sólo 33% se había casado a dicha edad. Si nos situamos ahora a los 24 años de edad, mientras más del 70% de las cohortes más antiguas ya se había casado, en la cohorte más joven sólo lo había hecho 50%. Como resultado de estos cambios, la edad mediana a la nupcialidad aumentó de 19.5 a 24 años. Se constata, pues, un cambio considerable en el patrón de la nupcialidad: un aumento de 4.5 años en la edad mediana al matrimonio a lo largo de un periodo de 20 años, aproximadamente entre 1970 y 1990. Más adelante en la sección 6 revisaremos con detalle el peso que distintos factores socioeconómicos han tenido en dicho cambio de la edad al matrimonio. Por el momento, nos limitamos sólo a señalar el notable aplazamiento de la edad al matrimonio que se observa sobre todo a partir de los años ochenta, más marcado conforme las generaciones son más recientes.

No obstante, la edad al casarse es sólo un ángulo del cambio en la nupcialidad; otro ángulo igualmente importante son los cambios en la propensión a casarse. Es, pues, útil referir también los cambios en la *intensidad*[3] de la nupcialidad que se desprenden de las dos encuestas. En las gráfi-

[3] El sentido en el que utilizamos el término *intensidad* es en su acepción estadística, como una tasa específica o instantánea de exposición a la ocurrencia de determinado evento, en este caso contraer nupcias. Esta acepción técnica es común en inglés y en francés, por ejemplo cuando se habla de *intensity regression models* (Hoem, 1987).

cas 3 y 4 (adelantándonos a resultados que son más comprensibles con las precisiones que se hacen en las secciones 4 y 5) presentamos un índice sintético de la *intensidad* de la nupcialidad según se deriva de un modelo multivariado de estandarización indirecta, estimado por separado para las encuestas de 1976 y 1995. Para facilitar su interpretación —como habitualmente se hace en estos casos— lo hemos convertido en un *índice relativo* y referimos el valor de cada una de sus categorías al de otra categoría previamente preseleccionada. En nuestro caso se trata de un *índice relativo de la intensidad de la nupcialidad* que pone de relieve los cambios en el tiempo (año por año) y utilizamos como referencia el año de 1971, por razones que se apreciarán más adelante. Este índice refleja los cambios "netos" de la nupcialidad y controla los cambios en otras variables concomitantes (precipitantes o atenuantes) de la nupcialidad, tales como tener un embarazo, la escolaridad de las mujeres o el contexto rural-urbano donde viven, variables que, junto con otras, definimos detalladamente en la sección 4.1.[4]

Comparando las gráficas 3 y 4, el aspecto más notable que se observa es la tendencia ascendente de la intensidad de la nupcialidad desde finales de los años cuarenta y hasta 1975 (gráfica 3). Después, en la gráfica 4 esta tendencia se invierte y el índice sintético de la intensidad de la nupcialidad declina en forma sostenida hasta 1994. Entre las dos gráficas se constata, pues, un paulatino aumento; después, una reducción de la intensidad de la nupcialidad entre 1950 y 1995. El punto más elevado parece situarse en 1975, tomando en cuenta que algunas de las oscilaciones que se aprecian parecen deberse a "preferencias" (errores) en la declaración del año de matrimonio, como es el caso de los picos que se notan en los años 1950, 1960 y 1970. Sin embargo, otras oscilaciones parecen reflejar cambios reales en la nupcialidad marcados por eventos particulares; tal es el aumento en la intensidad de los matrimonios en 1968, que parece en parte deberse a matrimonios pospuestos de 1967;[5] o bien la disminución notable que se aprecia entre 1981 y 1982, presumiblemente por la crisis económica que se desató a partir del tercer trimestre de 1981, con alguna recuperación en 1985, hasta el sismo de septiembre de ese año, que precipitó otra recesión en 1986.

En todo caso, la tendencia general reciente que se recoge en la gráfica 4 refleja una clara y sostenida disminución de la intensidad de la nupcialidad desde 1975.

[4] El indicador sintético más común de la nupcialidad es la tasa bruta de nupcialidad, pero dicha tasa es sumamente cruda pues, como sabemos, no permite deslindar los cambios en la nupcialidad que son atribuibles a cambios en otras variables concomitantes. Por ello, el índice sintético que se analiza en las gráficas 3 y 4 refleja los cambios "netos" de la nupcialidad.

[5] Presumiblemente, en ello tuvo que ver el que en 1968 se celebraran en México los Juegos Olímpicos y que algunas parejas prefirieran casarse en ese año "especial".

GRÁFICA 3. *Índice sintético de la intensidad de la nupcialidad, 1976 (año base 1971)*

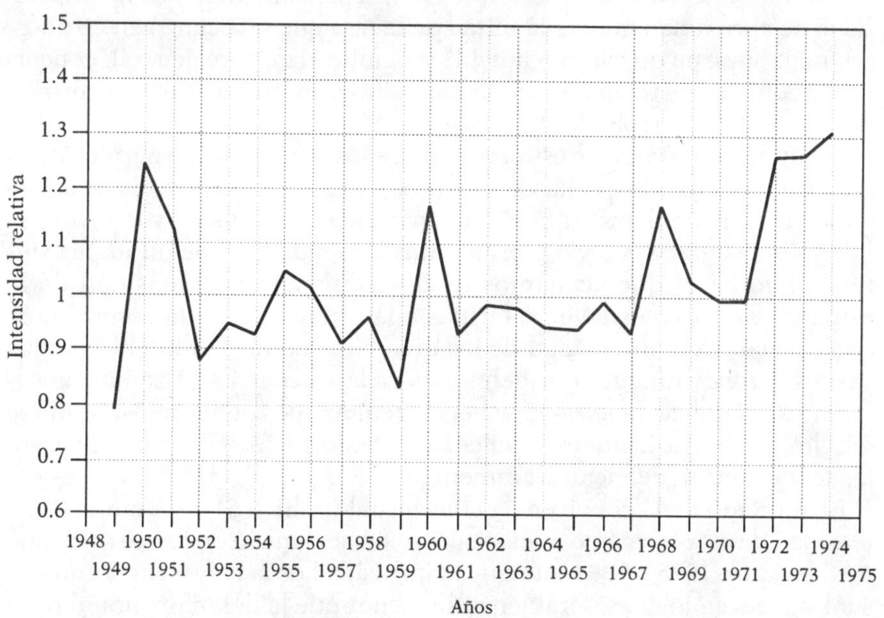

GRÁFICA 4. *Índice de la intensidad de la nupcialidad, 1995 (año base 1971)*

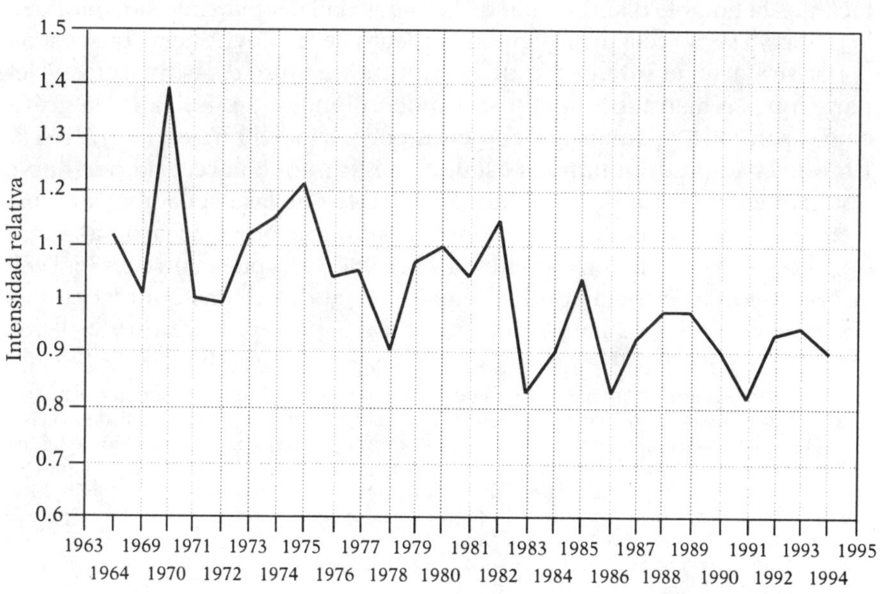

El punto más bajo de la serie, en 1994, representa una tasa de nupcialidad de aproximadamente la mitad de la tasa que se alcanzó en 20 años. Se trata, pues, de un cambio notable y significativo, y, en general, concordante con ciertos trazos de tendencias similares en otros países, principalmente los desarrollados.[6]

Resulta útil redondear esta revisión de las tendencias generales de la nupcialidad trayendo a colación lo que ocurre en las otras esferas de la "segunda transición demográfica": la convivencia consensual y la divorcialidad. En las gráficas 5 y 6 presentamos las tendencias de un índice sintético similar al que acabamos de describir para la intensidad de la nupcialidad, pero esta vez referidas a la intensidad de la convivencia consensual y a la intensidad de los divorcios (controlando también las variables concomitantes que definimos en la sección 4.1). Usamos únicamente los datos de la ENPF-95, y hemos tenido que condensar un tanto el desglose de las variaciones anuales (el periodo 1975-1979). Sin embargo, las tendencias se delinean claramente.[7]

El aumento de la convivencia consensual (gráfica 5) es notable: la intensidad de esta forma de iniciar una unión se duplicó en los 20 años que median entre 1975 y 1994. Aunque la intensidad de la convivencia consensual sigue siendo considerablemente menor que la del matrimonio (una tasa de 2.06 por cada 1 000 frente a 4.43 por cada 1 000, respectivamente), el hecho que hay que destacar es la tendencia a contrapunto de ambas series, de la nupcialidad frente a la unión consensual: en la gráfica 4 ya destacamos la notable disminución de la intensidad del matrimonio; ahora en la gráfica 5 se aprecia un sostenido aumento de la convivencia consensual.

Por su parte, la intensidad de la ruptura de uniones —divorcios y separaciones registrados en la historia de uniones— se indica en la gráfica 6, usando la misma segmentación por periodos que en la gráfica 5. En este caso predominan las oscilaciones, aunque parecería perfilarse una tenue tendencia de aumento. Es notable que las oscilaciones muestran una relación con las variaciones económicas que marcaron al penado: el declive que se aprecia entre 1982-1984 y después entre 1986-1989 guardan concordancia con los años más agudos de las contracciones económicas de los ochenta, concentradas en 1982-1983 y de 1986-1989.

[6] Los últimos años de la tendencia no permiten conjeturar si se ha llegado a cierto grado de estabilización en la disminución. Probablemente los efectos económicos de la crisis financiera que se desató en diciembre de 1994 se traduzcan en una acentuación de la disminución de la nupcialidad en 1995 y 1996. En general se reconoce que las crisis económicas afectan principalmente la nupcialidad, más que otras variables demográficas (Hill y Paloni, 1992; Ermish, 1981). En México, aunque la evidencia es tenue a este respecto, parece que las contracciones económicas de mediados de los años setenta, de 1982-1983 y de 1986-1989, tuvieron eco en las disminuciones que se observan en la nupcialidad en esos años.

[7] El año de referencia retenido en ambas series es 1983.

GRÁFICA 5. *Índice sintético de la intensidad de la convivencia consensual, ENPF-95 (año base 1983)*

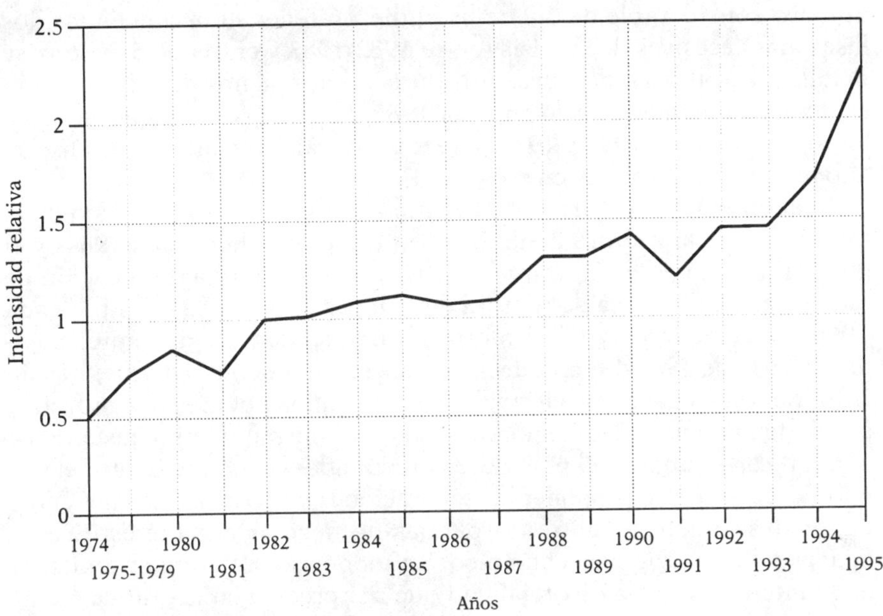

GRÁFICA 6. *Índice sintético de la intensidad de la disolución de primeros matrimonios, ENPF-95 (año base 1983)*

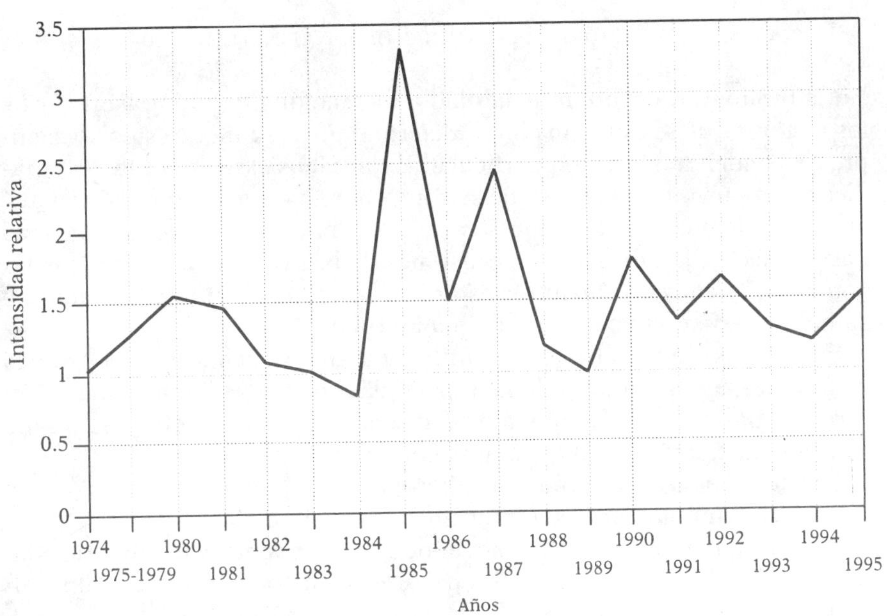

A su vez, los notables aumentos de 1985 y 1987 parecerían señalar que un número considerable de divorcios pudieron tener su origen en las dos fases más recesivas de la crisis (entre 1982-1983 y entre 1985-1986) y se materializaron poco después, quizá tras ciertos signos de recuperación económica como aconteció en 1984-1985. Las reducciones que siguen a los años "pico" de 1985 y 1987 parecen naturales disminuciones tras el alto número de divorcios en esos años.

En cuanto a la tendencia en el tiempo, entre el punto más bajo de la intensidad de la ruptura de uniones en los años ochenta (en 1984) y el punto más alto en los noventa (en 1992) se aprecia una duplicación de esta intensidad (la tasa de ruptura de uniones pasó de 0.2 a 0.4 por cada 1 000). Sin embargo es difícil conjeturar una tendencia. Presumiblemente, la crisis de 1995-1996 podría traducirse en un contexto que, por un lado, tienda a exacerbar ciertas tensiones en los hogares que sufren el efecto de las vicisitudes económicas; pero, al mismo tiempo, justamente por la incertidumbre y el peso de las dificultades económicas, otro efecto podría ser limitar o posponer las separaciones y los divorcios, aun cuando las desavenencias entre las parejas no necesariamente estuviesen ligadas a falta de apoyo económico. En todo caso, los comportamientos en la intensidad de la divorcialidad que se aprecian en la gráfica 6 concuerdan con otras observaciones internacionales que destacan la propensión a separarse o divorciarse cuando hay crisis económicas (Hill y Paloni, 1992).

3. Los factores determinantes de la nupcialidad

En la bibliografía sobre nupcialidad y formación de uniones son varios los factores que se estudian como "determinantes", aunque éstos no siempre responden a una teoría particular. En muchos casos se trata de variables o dimensiones para las que se comprueban covariaciones sistemáticas con la formación de uniones, y éstas se analizan a modo de hipótesis particulares. Sin embargo, en ocasiones dichas relaciones empíricas no concuerdan entre los distintos estudios, con lo cual su interpretación y significado sustantivo sigue siendo materia de debate.

En esta sección analizamos la influencia que tienen seis dimensiones o variables concomitantes de la nupcialidad, referidas habitualmente en otros estudios como las que más estrechamente se relacionan con los cambios en la intensidad de la nupcialidad. Se trata de:

1. la tendencia de cambios en el tiempo;
2. el patrón por edad de la intensidad de la nupcialidad;
3. si el matrimonio se realiza cuando la contrayente está embarazada;
4. si el matrimonio se origina a partir de una convivencia consensual;

5. el grado de escolaridad de la contrayente y
6. el contexto rural o urbano de residencia.[8]

Muchas investigaciones confirman el hecho de que la propensión a casarse aumenta considerablemente cuando la contrayente está embarazada (Blossfeld y Huinik, 1991; Landale y Forste, 1991). El riesgo relativo de la intensidad de casarse si la contrayente está embarazada llega a ser entre tres y cinco veces superior frente a no estar embarazada (B. Hoem, 1988). Otro tanto ocurre, aunque con un riesgo relativo más matizado, considerando el hecho de tener un nacimiento premarital; en este caso el riesgo relativo por lo general se duplica (Kobrin y Waite, 1984). El análisis de estos factores es considerablemente complejo porque resulta habitual que parejas que optan por vivir en unión consensual y tener descendencia bajo esta forma de pareja no sean estrictamente comparables con las parejas en las cuales hay un nacimiento premarital o un embarazo en curso pero desean que a sus hijos los cubra la sanción jurídica del matrimonio de los padres. Está de por medio la acción de factores de selectividad entre uno y otro tipo de parejas, que por lo general no son observables.

En cuanto al papel de la educación de las mujeres, un aspecto comúnmente reconocido es que, en sí, la asistencia escolar se relaciona negativamente con la propensión a casarse. Pero los argumentos sobre el papel de la educación se orientan usualmente a la escolaridad alcanzada, y se le considera como un indicador de capital humano. Un punto de vista teórico es el de la *new home economics* (Becker, 1981), la cual argumenta que, para las mujeres, una mayor escolaridad aumenta las posibilidades y las recompensas de una carrera completa de trabajo remunerado y por ende disminuye su propensión a casarse (Hoem, 1986). Se vincula con esto el que a mayor educación hay cierta inclinación por la convivencia consensual en lugar del matrimonio, aunque ello no constituye un patrón generalizado[9] (Liefbroer, 1991).

Respecto de la convivencia consensual, debe tenerse en cuenta que se trata de un fenómeno que, por un lado, al momento de decidir la formación de una pareja, puede constituir una opción al matrimonio;[10] por el otro,

[8] En el trabajo exploratorio previo a los resultados que reportamos se analizaron otras variables como la edad al inicio de las relaciones sexuales (en la ENPF-95), la paridad y la edad al inicio de la fecundidad, pero estas variables no fueron significativas en su vinculación con la intensidad del matrimonio y no se describen aquí. Por falta de información adecuada tuvimos que dejar de lado en el análisis la condición de actividad económica de la mujer, un factor que en la bibliografía se reconoce que guarda relación con la nupcialidad.

[9] En ocasiones se observa un efecto en "U" entre la educación y la convivencia (Haskey y Kiernan, 1989).

[10] Técnicamente se dice que el matrimonio y la convivencia son "riesgos en competencia". Liefbroer (1991) estudia los determinantes de la opción que tiene una pareja —al momento de formar una unión— de inclinarse a favor de la convivencia o del matrimonio. Para un ejemplo ilustrativo del modo de estimar e interpretar modelos multivariados de riesgos en

si la convivencia consensual precede al matrimonio, ello puede ser a modo de preámbulo o ensayo antes de formalizar la relación, o bien la convivencia consensual puede ser preferida por la pareja como una unión prácticamente equivalente al matrimonio. Estos aspectos hacen complejo el estudio de las vinculaciones entre la convivencia consensual y el matrimonio (Booth y Johnson, 1988; Bumpass, Sweet y Cherlin, 1991; Glick y Spanier, 1980). Más adelante analizamos la selectividad que puede significar el iniciar una unión conyugal en forma de convivencia consensual frente a iniciarla en matrimonio.

La distinción del medio rural o urbano a menudo se introduce también en los análisis de la nupcialidad como referencia a distintos contextos normativos y culturales. En general se corrobora una mayor intensidad del matrimonio en el medio rural, así como edades más jóvenes al momento de la unión; sin embargo, la creciente migración hace cada vez menos marcadas estas diferencias. Por otro lado, cuando la convivencia consensual resulta muy extendida en el medio rural (puesto que significa una forma "alternativa" de matrimonio en este medio) suele predominar la intensidad de la nupcialidad en el medio urbano. Más adelante, en la sección 6, analizaremos estos factores.

4. Datos, definiciones y métodos que se utilizan en el análisis

4.1. *Las fuentes de información y las variables del análisis*

Tal como hemos señalado, los datos que analizamos en este capítulo provienen de las encuestas EMF-76 y ENPF-95. La primera consistió en entrevistas retrospectivas a 7 310 mujeres encuestadas entre julio de 1976 y marzo de 1977. En esta encuesta se recoge la experiencia de 30 cohortes sucesivas, las mujeres nacidas entre 1931 y 1961. La encuesta tiene información de 4 374 mujeres de entre 15 y 44 años de edad que al menos se habían casado una vez al momento de la entrevista. En la segunda encuesta se entrevistaron a 12 598 mujeres entre noviembre y diciembre de 1995. La ENPF-95 recogió también la experiencia de 30 cohortes: las mujeres nacidas entre 1950 y 1980. Se entrevistó a 5 329 mujeres con al menos un matrimonio.[11] En ambos casos, las encuestas indagaron la historia completa de uniones de cada una de las mujeres y señalaron las

competencia, puede verse Gómez de León (1998), donde se analizan los determinantes de que una unión consensual se legalice o se disuelva.

[11] La muestra de la ENAPLAF-95 se concentró en nueve estados de la República con representatividad para cada uno de ellos (Chiapas, Estado de México, Guanajuato, Guerrero, Hidalgo, Michoacán, Oaxaca, Puebla y Veracruz). Poblacionalmente representan más o menos la mitad de la población del país. Para obtener índices representativos para todo el

fechas de ocurrencia de cualquier cambio en la formación, disolución o recomposición de las uniones. Entre las encuestas demográficas disponibles en México, sólo las de 1976 y 1995 recaban adecuadamente la historia de uniones; por ello empleamos sólo estas dos fuentes de datos para reconstruir y analizar los factores determinantes del primer matrimonio. La información y el modo de indagar la historia de uniones fue en términos generales similar en las dos encuestas, lo cual las hace comparables.

Las variables retenidas y sus respectivas categorías (en ambas encuestas) se describen a continuación. Para cada variable se utiliza una letra inicial nemónica que facilita su referencia en los modelos que se describen más adelante.

A. Año calendario.
Para la EMF-76 se retuvieron 26 categorías:
A = 1, menor o igual a 1949;
A = 2, 1950 (y sucesivamente año por año hasta A = 25, 1973);
A = 26, 1974 o más.
Para la ENPF-95 se retuvieron 27 categorías:
A = 1, menor o igual a 1964;
A = 2, 1965-1969;
A = 3, 1970 (y sucesivamente año por año hasta A =26, 1993);
A = 27, 1994 y más.

B. Si la mujer está embarazada al momento de casarse:
B = 1, sin embarazo;
B = 2, con embarazo.[12]

C: Si el matrimonio ocurre a partir de una convivencia consensual por parte de la pareja:
C = 1, sin convivencia.
C = 2, en convivencia.

país se realizó una muestra representativa del "resto del país" distribuida en 10 de los 23 estados restantes. En la presente sección utilizamos los datos no expandidos para el nivel nacional, es decir, los referidos al segmento básico de los nueve estados de la ENAPLAF-95. No juzgamos necesario utilizar la muestra ponderada pues los modelos que estimamos son esencialmente relacionales. Los datos de las gráficas 3 y 4, donde se comparan las cohortes de la EMF-76 y la ENAPLAF-95, muestran una muy estrecha concordancia en las dos cohortes quinquenales en las que coinciden ambas encuestas: las cohortes 1950-1954 y 1955-1959, aproximadamente las dos primeras de la EMF-76 y las dos últimas de la ENAPLAF-95.

[12] En otros análisis que no reportamos aquí se inspeccionó una modalidad más amplia de esta variable: la paridad. Se distinguieron las siguientes categorías: sin embarazo, embarazada al momento de la encuesta y las distintas paridades que una mujer pudo haber alcanzado antes de casarse. La paridad no fue significativa, de modo que restringimos el análisis sólo a la condición de embarazo.

D. La duración de la exposición al "riesgo" de casarse según edad de la contrayente (12 categorías):
D = 1, menor o igual a 15 años;
D = 2, 16 años (y sucesivamente año por año de edad hasta D = 11, 25 años);
D = 12, 26 años y más.

E. Escolaridad según el número de años de educación alcanzados:
E = 1, 0-5 años (sin escolaridad o primaria incompleta);
E = 2, 6-8 años (primaria completa o hasta dos años de secundaria);
E = 3, 9 o más años (secundaria completa o más).

Z. Zona:
Z = 1, rural (menor de 2 500 habitantes);
Z = 2, urbana (mayor de 2 500 habitantes).

La escolaridad es una variable fija, según el nivel máximo de instrucción alcanzado al momento de la encuesta. También la zona es una variable fija, según el contexto de la localidad de residencia al momento de la encuesta. El resto de las variables pueden cambiar durante el periodo de observación en el que se analiza la propensión a casarse. Tal es el caso de embarazarse o de iniciar una convivencia consensual.[13] Las categorías de cada variable se escogieron de manera que reflejen los grandes rasgos de la variabilidad correspondiente, sin atomizar demasiado las particiones de la muestra. En todos los casos el análisis se circunscribió a la propensión de contraer matrimonio por primera vez, sea que éste provenga de una convivencia consensual o no.

En el cuadro 1 se muestra el número de casos observados (matrimonios) y los años-persona de exposición (es decir, en estado célibe) al riesgo de casarse según las distintas categorías de las covariables B, C, E y Z, que acabamos de definir. Las tasas de nupcialidad que se derivan del cociente de estos dos datos (tasas anuales por cada 1000, también indicadas en el cuadro 1) representan las tasas "brutas" de nupcialidad para las distintas categorías.

Tales tasas no reflejan el efecto "neto" de las intensidades, tal como señalamos antes en la sección 2 y en las notas 3 y 4. Por ejemplo, el hecho de que en 1995 la tasa bruta de nupcialidad urbana fuera ligeramente

[13] En el caso de las variables que cambian con el tiempo, la exposición al riesgo se segmenta según los valores correspondientes de las categorías de tales variables, de manera que se obtienen intensidades específicas por categoría. Por ejemplo, la variable B (estar embarazada) cambia con el tiempo y segmenta la exposición al riesgo de casarse en función de si esta condición ocurre o no. Igual sucede con la variable C, que marca el iniciar una unión consensual, es decir, también se trata de una variable que cambia con el tiempo.

Cuadro 1. *Ocurrencias, exposiciones y tasas para las dos encuestas analizadas*

	EMF-76			*ENPF-95*		
	Ocurrencias	*Exposiciones*	*Tasas por cada 1 000*	*Ocurrencias*	*Exposiciones*	*Tasas por cada 1 000*
Zona						
Urbana	2 682	519 785	5.16	2 188	515 781	4.24
Rural	1 692	284 870	5.94	3 141	712 367	4.41
Escolaridad						
0 a 5	2 751	461 931	5.96	2 498	465 755	5.36
6 a 8	995	191 339	5.20	1 508	329 220	4.58
9 y más	628	151 385	4.15	1 323	433 173	3.05
Embarazo						
Sin embarazo	3 948	788 441	5.01	4 695	1 204 513	3.90
Con embarazo	426	16 214	26.3	634	23 635	26.8
Convivencia						
Sin convivencia	4 990	779 750	5.25	4 841	1 192 692	4.06
Con convivencia	284	24 905	11.4	488	35 456	13.8

superior a la rural refleja, entre otros aspectos, la mayor concentración de mujeres con más educación en el medio urbano y la mayor propensión de las mujeres urbanas (particularmente las más educadas) a "legalizar mediante el matrimonio" la concepción de un embarazo prenupcial. Las tasas brutas son, pues, indicadores bastante crudos, pero proporcionan una primera aproximación de las diferencias más notables de la nupcialidad. En primer lugar, salta a la vista la muy alta propensión a casarse de las mujeres que están embarazadas. Le sigue en importancia la propensión a casarse entre quienes iniciaron una unión consensual. Por último, se aprecia que, a medida que aumenta la escolaridad, disminuye la intensidad de la nupcialidad. En el resto de este capítulo detallamos algunos aspectos de orden metodológico como preámbulo para el análisis que efectuemos en la sección 5. Por esta razón no nos detenemos mayormente aquí en las tasas brutas del cuadro 1.

4.2 *La metodología para el análisis*

El procedimiento de análisis que utilizamos consiste en una generalización de la "estandarización indirecta" (Breslow y Day, 1975; Hoem, 1987), donde la variable analizada se refiere a distintas descomposiciones de la tasa de nupcialidad controlando (estandarizando) el efecto de las variables antes descritas: A, B, C, D, E y Z.[14] Todas las variables en cuestión son categóricas, lo cual permite modelar sus distintas combinaciones mediante modelos log-lineales, donde la influencia de las variables sobre la nupcialidad se mide como *intensidades relativas* a partir de una categoría de base (Hoem, 1991). Los pormenores metodológicos de este procedimiento se describen en Hoem (1987).

Tres ejes guían el análisis que presentamos. En primer término, examinamos los "efectos principales" de cada una de las variables por separado, controlando —estandarizando indirectamente— los efectos conjuntos de todas las otras variables. Por ejemplo, los efectos principales del año calendario A se refieren a los parámetros de los distintos años retenidas en la variable A del modelo A + BCDEZ, estimado en cada una de las encuestas. De igual manera, los efectos principales del patrón por edad de la nupcialidad D se refieren a los resultados del modelo D + ABCEZ, estimado en cada una de las encuestas. En ambos casos, el énfasis de los resultados se centra en los efectos del año calendario A y en la duración D. Por lo general no prestamos atención a los factores compuestos BCDEZ y ABCEZ; éstos son útiles sólo en tanto que estandarizan indirectamente (controlan estadísticamente) el efecto que puede atribuirse a los cambios en dichas variables y dejan a la luz los efectos principales que se plasman en las distintas categorías de A y de D en tanto que "efectos netos" o "intensidades relativas netas" de tales variables.[15]

Usualmente, en este tipo de modelos se fija alguna categoría predeterminada de la variable como un punto de referencia cuyo valor es igual a uno.[16] Las comparaciones del análisis se hacen siempre en función de esta categoría y se interpretan los valores del resto de las categorías como "intensidades relativas" respecto de dicha categoría de base. Puesto que los modelos se estiman por separado para cada una de las dos encuestas, siempre buscamos que las categorías de base escogidas faciliten la comparación de los resultados entre ambas.

Otro eje de análisis se centra en inspeccionar los distintos factores que

[14] El uso más común de la estandarización indirecta controla el efecto de una sola covariable. La generalización que utilizamos equivale a convertir dicha covariable de control en un factor compuesto que combina simultáneamente varias covariables. Por ejemplo, dicho factor compuesto puede ser el vector de todas las combinaciones de las variables ABCDE.

[15] Es de señalar que los modelos de efectos principales como A+BCDEZ o D+ABCEZ, o bien otros que incluyen interacciones, como DE+ABCZ, son muy próximos al modelo saturado ABCDEZ (que reproduce perfectamente la información original) y por ende los datos ajustan satisfactoriamente.

[16] Esta condición proviene en realidad de la necesidad de satisfacer ciertos requisitos para la estimación de los modelos. Pueden imponerse otras condiciones (por ejemplo, que la suma de los parámetros correspondientes a las categorías de cada variable sumen cero), pero la que empleamos aquí —fijar una categoría de base igual a uno— facilita la interpretación de los resultados.

modifican el patrón por edad-duración D de la nupcialidad. Para ello inspeccionamos las interacciones donde interviene D en combinación con otras variables y estandarizamos las combinaciones del resto de las variables, como en el caso anterior. Por ejemplo, el efecto de la educación sobre el patrón por edad de la nupcialidad se obtiene del modelo ED + ABCZ, que estima las intensidades relativas de las categorías combinadas de las variables E y D y controla los efectos concomitantes del factor compuesto ABCZ.

Por último, sin tomar en cuenta las variables de año calendario A y de duración D (excepto como controles), otro eje del análisis consiste en inspeccionar las interacciones de primer y segundo orden más relevantes entre las variables embarazo B, convivencia C, escolaridad E y zona Z. Por ejemplo, el efecto combinado de la convivencia C y la escolaridad E se desprende del modelo CE + ABDZ. Puede haber interés también en analizar la interacción de segundo orden que resulta cuando al modelo anterior queremos añadir la distinción por zona. El modelo correspondiente es CEZ + ABD.[17] Como en los casos anteriores, para interpretar los resultados como intensidades relativas se necesita escoger una categoría de base entre las combinaciones de las categorías de las variables CEZ.

Es importante señalar que, en todos los casos, los modelos tienen un ajuste estadístico muy alto, como se intuye del hecho de que todas las formulaciones empleadas están muy cerca del modelo saturado. Por tal razón no damos detalles del grado de ajuste estadístico de cada uno de los modelos (siempre se trata de modelos con un ajuste satisfactorio), sino que nos concentramos en el análisis de los resultados. Así, en la siguiente sección concentramos nuestra atención en los resultados más notables y destacamos la interpretación de los parámetros en tanto que “intensidades relativas”, como ya explicamos.

5. Los principales correlatos sociodemográficos de la nupcialidad en México

En esta sección presentamos los principales resultados de nuestro análisis siguiendo los criterios interpretativos que acabamos de describir y basándonos en la nomenclatura que introdujimos para las distintas

[17] En los modelos donde el año calendario A interviene como variable de control, fue conveniente reducir el número de categorías retenidas para no tener matrices de datos demasiado dispersas, es decir, con numerosas celdas vacías (lo cual compromete la estimación de los modelos). Aunque para dichos casos no reportamos los resultados, creemos conveniente señalar la categorización que empleamos. Para la EMF-76 se retuvieron seis categorías: < = 1949, 1950-1954, 1955-1959, 1960-1994, 1965-1969, 1970 y más; y para la ENPF-95 se retuvieron cinco categorías: < = 1974, 1975-1979, 1980-1984,1985-1989,1990 y más.

variables y sus categorías. El orden en que describimos los resultados sigue la secuencia de los ejes de análisis que acabamos de describir. Comenzamos con una descripción de los efectos principales (netos) de cada variable; después analizamos los factores que afectan el patrón por edad-duración de la nupcialidad y finalmente analizamos las principales interacciones de primer y segundo orden entre el resto de las variables.

5.1. *Intensidades relativas de los "efectos principales"*

En el cuadro 2 se señalan los efectos principales de las variables embarazo (B); convivencia (C), educación (E) y zona (Z), estimados mediante los modelos respectivos B + ACDEZ, C + ABDEZ, E + ABCDZ y Z + ABCDE para cada una de las dos encuestas, la EMF-76 y la ENPF-95. Resulta evidente en ambos casos que el hecho de que una mujer esté embarazada es, por mucho, el factor que más eleva la intensidad del matrimonio. Así, cuando una mujer soltera se embaraza, esta condición se traduce en una tasa de nupcialidad cuatro veces más alta que la correspondiente a una mujer soltera no embarazada, La importancia de dicho factor se ha incrementado ligeramente entre 1976 y 1995 pues la intensidad relativa del embarazo es 4.4 veces más elevada en este último año. Es de destacar que tal aumento ocurre por encima de la primacía cada vez más señalada de los matrimonios urbanos frente a los rurales y al hecho de que (como vere-

CUADRO 2. *Efectos principales de las variables embarazo, convivencia, educación y zona*

	1976	*1995*
B: Embarazo		
Con embarazo	4.00	4.35
Sin embarazo	1.00	1.00
C: Convivencia		
Con convivencia	0.8	1.13
Sin convivencia	1.00	1.00
E: Educación		
0 a 5 años	1.00	1.00
6 a 8 años	0.80	0.92
9 años y más	0.59	0.59
Z: Zona		
Urbana	1.00	1.00
Rural	1.06	0.94

mos más adelante) es predominantemente en el medio urbano donde la condición de embarazarse precipita el matrimonio.

Por su parte, el factor de una convivencia consensual previa afecta sólo moderadamente la intensidad de la nupcialidad. Sin embargo el cambio que se aprecia entre la EMF-76 Y LA ENPF-95 es notable. En 1976, las parejas que optaron por una unión consensual parecen haberlo hecho como cierta "opción" frente al matrimonio, pues la intensidad de la nupcialidad en estos casos fue 20% menor que la de las parejas sin unión previa. En 1995 esta situación se invierte: las parejas que entraron en una convivencia muestran mayor propensión a casarse. Parece, pues, que estamos en presencia de un cambio en el patrón de la convivencia consensual y de su vinculación con el matrimonio. Hasta 1975, el hecho de iniciar una convivencia tendía a la perpetuación de esa forma de unión; sin embargo, posteriormente, la convivencia deviene cada vez más un "periodo de prueba" antes del matrimonio.

Vinculado con esto está el hecho ya señalado antes al analizar la gráfica 5: la intensidad de la convivencia como primera unión ha aumentado considerablemente (la intensidad se elevó 2.7 veces entre 1975 y 1995). Junto con este aumento, los resultados del cuadro 2 confirman que una proporción cada vez mayor de estas uniones se realiza a modo de "preludio" del matrimonio. Más adelante veremos que las tasas de nupcialidad por edad de las mujeres en convivencia consensual son muy elevadas en las edades más jóvenes, es decir tras muy breve lapso después del inicio de la unión, y ello particularmente entre las mujeres con más educación.

En el cuadro 2 se aprecia también un ligero aumento en la intensidad relativa de la nupcialidad urbana. Mientras en 1976 predominaba ligeramente la intensidad de la nupcialidad rural, en 1995 hubo un leve predominio de la intensidad urbana. Sin embargo, en virtud de lo tenue de estas diferencias, no vale la pena detenernos en las posibles razones de dicho cambio.

Como señalamos antes, el papel de la educación de las mujeres sobre su nupcialidad es uno de los factores más reconocidos en la bibliografía. Los resultados que obtenemos concuerdan con el patrón general observado en muchos estudios sobre el tema: a mayor educación, menor intensidad de la nupcialidad en las mujeres. En nuestros resultados, las que llegan a cursar algún año de educación básica superior (o más) tienen una tasa de nupcialidad que representa sólo 59% de la nupcialidad de las mujeres con baja escolaridad (cinco años o menos). Es notable que a este respecto no se aprecia un cambio significativo entre 1976 y 1995. El único rasgo destacado es que, con el tiempo, se asemejan en importancia las intensidades de los dos primeros grupos educativos; pero dicho cambio es muy tenue como para merecer interpretaciones. Más adelante veremos los notables efectos que tiene la educación sobre el patrón por edad de la intensidad en la nupcialidad.

Es conveniente describir aquí el perfil por edad de la nupcialidad —la duración D de "exposición al riesgo" de casarse, tal como la describimos en la sección 4.1— y cómo ha cambiado en el tiempo. En la gráfica 7 mostramos las intensidades relativas por edad de la nupcialidad (año por año, entre los 15 y los 26 años de edad) en las dos encuestas. Para facilitar la comparación igualamos en la gráfica 7 la intensidad de la nupcialidad a los 21 años de edad, lo cual obliga a retener en la gráfica dos escalas: una relativa a los resultados de la EMF-76 y otra a los de la ENPF-95. Como puede verse, el patrón es muy similar en ambos casos: se aprecia un aumento marcado de la intensidad entre los 15 y los 20 años, seguido de cierta estabilización entre los 20 y los 25 años, para después declinar. Recordemos que se trata del efecto neto de la duración de la exposición al riesgo de casarse. Sin embargo, hay una diferencia apreciable entre las dos encuestas: la disminución de la nupcialidad en las edades más jóvenes, entre los 15 y los 20 años. Esta disminución resulta bastante marcada y es precisamente la que ha ocasionado el aumento de la edad media al matrimonio que ya comentamos en la sección 2.[18]

GRÁFICA 7. *Intensidad de la nupcialidad por edad (grupo base 21 años)*

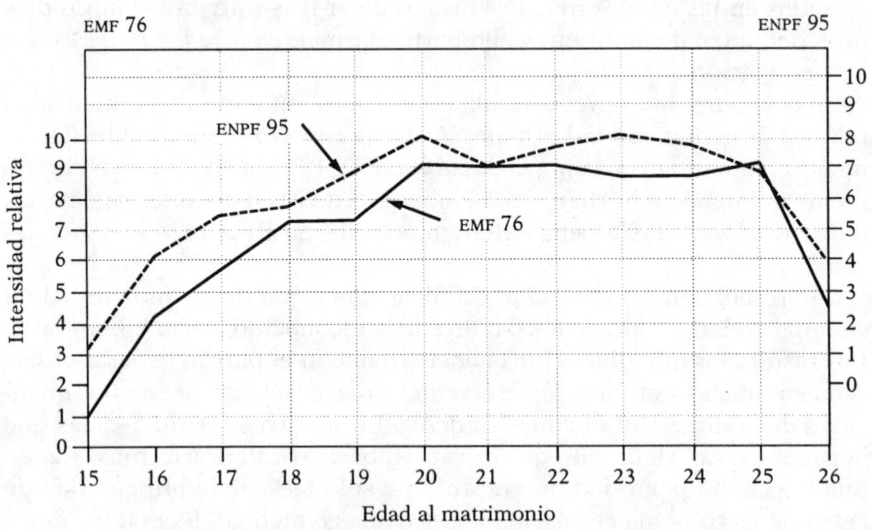

[18] Es de destacar que en la gráfica 7 se notan ciertos efectos de la preferencia por dígitos en la declaración de las edades. Tal es el caso de los apilamientos que se observan en las edades exactas de 20 y de 25 años.

Para completar la revisión de los efectos principales de la nupcialidad correspondería citar aquí los cambios en el tiempo que se desprenden del modelo A + BCDEZ (es decir, los cambios en el tiempo de la nupcialidad que se desprenden de controlar los cambios en las variables BCDEZ). Sin embargo, estos resultados ya los adelantamos en la sección 2, cuando describimos las gráficas 3 y 4. Aquí sólo destacamos que, en conjunto, las gráficas 1 a 7 señalan algunos trazos indicativos de una incipiente "segunda" transición demográfica en México, aunque sus magnitudes distan de ser las de los países protagonistas de esta "otra" transición demográfica.

5.2. *Factores que afectan el patrón por edad de la nupcialidad*

El patrón general de la nupcialidad por edad —la duración D que antes examinamos— encierra notables diferencias cuando se descompone por las variables que retuvimos para el análisis. En esta sección nos concentramos en los efectos de la educación y de la convivencia sobre el patrón por edad de la nupcialidad de acuerdo con los modelos ED + ABCZ y CD + ABEZ, respectivamente.[19]

Los efectos de las distintas categorías de educación de las mujeres se indican en la gráfica 8. La categoría de base está dada por la nupcialidad a los 15 años de las mujeres con muy poca escolaridad (cinco años o menos). Sólo presentamos los resultados del modelo ajustado a los datos de 1995 pues reproducen prácticamente el patrón que se obtiene para los datos de 1976. En la gráfica 8 destaca el hecho de que las mujeres con muy poca escolaridad tienen un patrón de nupcialidad sensiblemente más temprano, con intensidades más elevadas que las otras categorías en las edades más jóvenes. El patrón de las mujeres en la segunda categoría educativa (con primaria completa o hasta dos años de secundaria) es ligeramente más tardío, pero a partir de los 20 años es superior al de las mujeres con baja escolaridad y ello hace que la intensidad global de estos dos grupos difiera poco, como ya apuntamos antes. El caso de las mujeres con mayor escolaridad (secundaria completa o más) resulta significativamente distinto: la intensidad de la nupcialidad no sólo es sensiblemente más tardía, sino que permanece en niveles considerablemente menores que los otros dos grupos hasta los 22 años; después, no disminuye como lo hacen los otros dos grupos, sino que sigue en aumento

[19] No damos aquí detalle de las diferencias en el patrón por edad-duración de la nupcialidad según la condición de estar embarazada (es decir los resultados del modelo BD + ACZ). Estas diferencias siguen lo que *a priori* uno podría presumiblemente anticipar: la intensidad de la nupcialidad de las mujeres embarazadas resulta significativamente mayor que la de las mujeres no embarazadas y prácticamente constante, sin importar la edad-duración.

GRÁFICA 8. *Efecto de la escolaridad sobre la intensidad de la nupcialidad por edad,* ENPF-95 *(grupo base: 15 años, y cinco años o menos de escolaridad)*

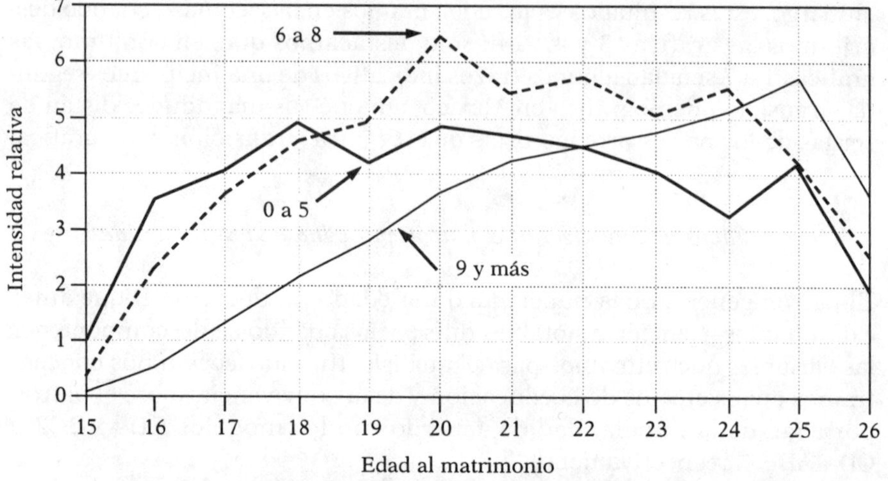

hasta los 25 años. El rasgo más distintivo de la gráfica 8 resulta, pues, la nupcialidad de las mujeres con mayor educación, que es considerablemente más tardía y permanece en niveles sensiblemente bajos durante las edades modales de la nupcialidad. Ello revela por qué la intensidad de la nupcialidad de las mujeres con mayor educación es considerablemente baja: su patrón por edad resulta significativamente más tardío y con una intensidad menor que el de las mujeres con escasa escolaridad.

En la gráfica 9 mostramos el efecto de haber iniciado una convivencia consensual sobre la intensidad por edad de la nupcialidad, es decir los resultados de modelo CD + ABEZ. En este caso la categoría que utilizamos como punto de referencia es la nupcialidad a los 15 años entre las mujeres que no tuvieron una unión consensual previa. Referimos sólo los resultados relativos a 1995.[20] Destaca en primer lugar el hecho al que ya aludimos antes: que la intensidad de las mujeres que se casan a partir de una convivencia consensual es más elevada —hasta los 17 años— que la de las mujeres que no tuvieron una convivencia previa. Después, la intensidad de la nupcialidad de ambos grupos es prácticamente similar hasta los 19 años. Posteriormente, a partir de los 20 años comienzan de nuevo a diferir, cuando aumenta sensiblemente la nupcialidad de las mujeres sin convivencia, y la intensidad se mantiene elevada hasta los 25 años.

[20] Esta interacción no fue significativa para los datos de 1976. Es decir, el modelo CD + ABEZ no añade resultados significativamente distintos de los del modelo D + ABEZ.

GRÁFICA 9. *Efecto de la convivencia previa sobre la intensidad de la nupcialidad por edad,* ENPF-*95 (grupo base: 15 años y sin convivencia)*

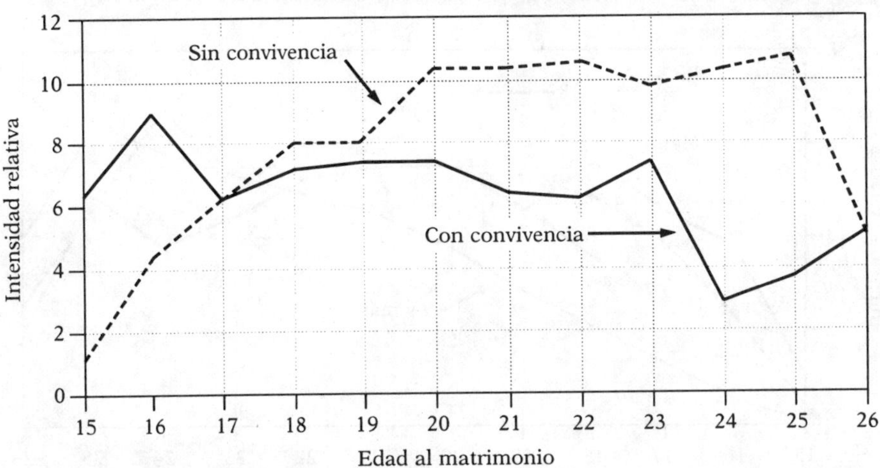

A la luz de estos resultados se puede avanzar la hipótesis de que el grupo de mujeres cuya primera unión es una convivencia consensual encierra dos subgrupos: uno donde hay una selectividad latente para el matrimonio y la convivencia es un "preludio" a él (en este caso el matrimonio ocurre tras muy corta duración después del inicio de la unión consensual); y otro grupo en el cual, por lo contrario, priva una preferencia latente a no casarse y sus integrantes optan por vivir en una unión consensual "a modo de matrimonio" (en este caso la intensidad de la nupcialidad es baja e incluso decrece con la edad).

Al parecer la educación de las mujeres desempeña un papel importante en esta selectividad por los aspectos culturales y valorativos que median en la aceptación de normas sociales como el matrimonio. Por ello analizamos también el modelo CDE + ABZ, donde se añade la variable "educación" a la interacción CD que acabamos de describir. Los resultados que de ahí se desprenden indican que, entre las mujeres que tienen una convivencia, quienes tienen una propensión al matrimonio se concentran entre las mujeres con más alta educación, y dicha propensión se materializa en un matrimonio, preferentemente antes de los 20 años.

En la gráfica 10 presentamos otro ángulo de este modelo (CDE + ABZ): los resultados relativos al grupo de mujeres sin convivencia, que representa la experiencia de la mayoría de las mujeres cuando contraen primeras nupcias. En general se repiten los rasgos del efecto de la educación sobre la nupcialidad que ya describimos en la gráfica 8 (sin distinguir ahí la convivencia), pero un tanto más acentuados. Destaca el hecho de

GRÁFICA 10. *Efecto de la escolaridad sobre la intensidad de la nupcialidad por edad para mujeres sin convivencia previa,* ENPF-*95 (grupo base 15 años, con cinco años o menos de escolaridad)*

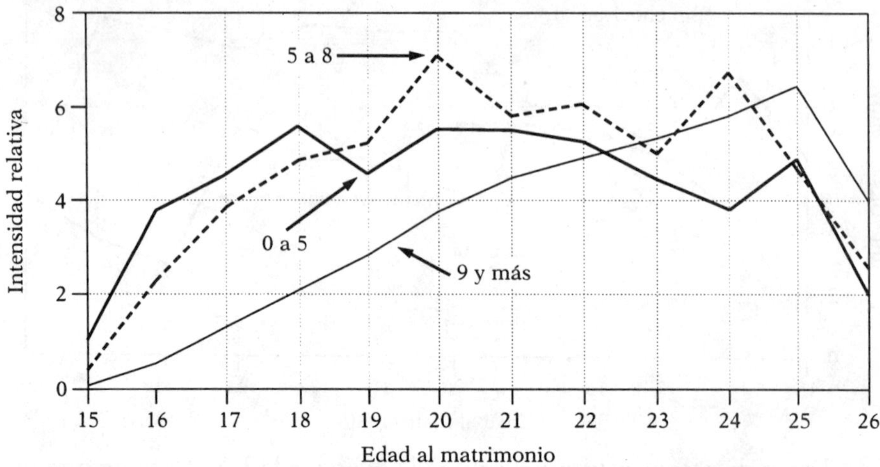

que entre las mujeres con más educación la intensidad de la nupcialidad es tardía, aunque aumenta sostenidamente con la edad hasta los 25 años. Parece, pues, que los 25 años constituyen un umbral después del cual las probabilidades de casarse varían significativamente según distintos subgrupos de mujeres y sobre todo de acuerdo con su educación.

5.3. *Principales interacciones entre los correlatos de la nupcialidad*

Hasta aquí hemos examinado los efectos principales de las covariables de la nupcialidad y las interacciones de primero y segundo orden donde interviene el patrón por edad de la nupcialidad (DE, CD y CDE, respectivamente). Quedan por examinar las interacciones entre los correlatos de la nupcialidad por encima de las que afectan la estructura por edad. Se trata por ejemplo de interacciones entre la educación y la convivencia (CE) o bien interacciones de segundo orden, como entre la educación, la convivencia y estar embarazada (BCE); en todos los casos se controla el resto de los factores. También aquí nos concentramos sólo en las interacciones más notables y referimos sólo los resultados de 1995, pues en varios casos las interacciones no fueron significativas en 1976.

Ya observamos antes la superintensidad de la nupcialidad relacionada con la condición de tener un embarazo. Ahora en el cuadro 3 presentamos los resultados de añadir la distinción de zona; es decir, se trata del mo-

CUADRO 3. *Efectos principales de las interacciones entre las variables BZ, BC, CE y BE*

BZ + ACDE	*B: Embarazo*	
Z: Zona	*Con embarazo*	*Sin embarazo*
Urbana	5.77	1.00
Rural	3.39	1.00
BC + ADEZ	*B: Embarazo*	
C: Convivencia	*Con embarazo*	*Sin embarazo*
Con convivencia	1.94	2.35
Sin convivencia	7.31	1.00
CE + ABDZ	*C. Convivencia*	
E: Educación	*Con convivencia*	*Sin convivencia*
0 a 5 años	0.71	1.00
6 a 8 años	1.02	0.88
9 años y más	0.86	0.55
BE + ACDZ	*B: Embarazo*	
E: Educación	*Con embarazo*	*Sin embarazo*
0 a 5 años	2.30	1.00
6 a 8 años	3.95	0.86
9 años y más	6.43	0.49

delo BZ + ACDE. La categoría de base es la intensidad de las mujeres de la zona urbana que no están embarazadas. Sobresale el hecho de que, entre quienes están embarazadas, la superintensidad de la nupcialidad en el medio urbano es mucho mayor que en el medio rural (5.8 frente a 3.4, respectivamente). Ello refleja marcadas diferencias en los contextos socioculturales del medio rural y del urbano: el rural es más permisivo respecto de la norma social de prohijar fuera del matrimonio.

En otros resultados que no detallamos aquí (derivados del modelo AB + CDEZ), se observa un notable aumento entre 1960 y 1975 en la intensidad de la nupcialidad de las mujeres que tienen un embarazo. Después, entre 1975 y 1995, dicha superintensidad se mantiene en un nivel relativamente constante,[21] cuatro veces más elevado que la intensidad

[21] Se aprecia sólo un declive entre 1982 y 1990, que coincide justamente con los años de

de las mujeres que no están embarazadas. Parece, pues, que entre 1960 y 1975 se extendió la norma actual casi generalizada de que los hijos nacieran dentro del matrimonio (y se consideren legítimos desde el punto de vista jurídico, lo cual precipita el matrimonio —como hemos visto— cuando se presenta una concepción prenupcial).

Otro ángulo del efecto de tener un embarazo prenupcial se ilustra en el cuadro 3, que distingue el efecto de haber iniciado antes, o no, una unión consensual. Se trata del modelo BC + ADEZ. La categoría de base es la intensidad de las mujeres sin embarazo y sin convivencia previa al matrimonio (la mayor parte de los casos). Los resultados son notables en cuanto a ciertos procesos de selectividad. Entre las mujeres sin convivencia predomina la superintensidad de la nupcialidad impulsada por el embarazo. Esta superintensidad es siete veces más alta que la de las mujeres sin embarazo, lo cual revela la alta propensión entre quienes no han tenido una convivencia para "legitimar" (precipitando el matrimonio) el eventual nacimiento de una concepción prenupcial. Muy distinto es el caso de las mujeres con una convivencia consensual previa. En este grupo, tener o no un embarazo no modifica sustancialmente la propensión a casarse, aunque ésta es considerablemente más elevada (aproximadamente el doble) que la de las mujeres sin convivencia y sin embarazo. Así, una convivencia entraña una probabilidad alta de casarse, pero la transición al matrimonio no se ve impulsada por el embarazo. Es, pues, claro que las parejas que —por razones presumiblemente culturales y valorativas— no se avienen a la norma social de establecer una convivencia sancionada por el matrimonio, tampoco se apresuran a casarse para legitimar una concepción prenupcial.

Pasamos ahora a analizar la importancia de las interacciones donde media la educación. En el cuadro 3 presentamos los resultados de la interacción entre la convivencia y la educación, es decir, los del modelo CE + ABDZ. La base de referencia es la intensidad de la nupcialidad de las mujeres con muy baja escolaridad y que no convivían consensualmente al momento de casarse. Para las mujeres con poca escolaridad, la intensidad del matrimonio es significativamente mayor entre quienes no cohabitan que entre quienes iniciaron una convivencia previa. Así, entre las poco escolarizadas, quienes iniciaron una convivencia muestran cierta selectividad para que su convivencia se perpetúe como tal, como indica su baja propensión a casarse. Lo contrario ocurre entre las que tienen más alta educación. En este caso, quienes iniciaron una unión consensual muestran una propensión a casarse significativamente ma-

la crisis económica de ese periodo, la cual seguramente dificultó que las mujeres con una concepción prenupcial (por lo general pobres) pudiesen casarse, por los gastos que usualmente representa el matrimonio.

yor que quienes no han cohabitado. Es claro, pues, que, entre las mujeres más educadas, las que iniciaron una convivencia muestran una selectividad para casarse.

En el cuadro 3 presentamos los efectos de la interacción entre la educación y la condición de estar embarazadas: en otras palabras, los resultados del modelo BE + ACDZ. La categoría de referencia es la intensidad de la nupcialidad de las mujeres con más baja escolaridad y que no están embarazadas. Ya comentamos antes la superintensidad de la nupcialidad de las mujeres que tienen una concepción prenupcial, pero en el cuadro 3 destaca a qué grado la educación amplifica aún más este factor. Si bien entre las mujeres con poca escolaridad el tener un embarazo duplica la intensidad de que se casen, entre las mujeres con más educación la circunstancia de un embarazo aumenta 13 veces la intensidad de que se casen. Corroboramos aquí, una vez más, otro ángulo, el papel determinante que desempeñan los aspectos normativos y culturales de la educación en el hecho de "legitimar" mediante el matrimonio el eventual nacimiento de una concepción prenupcial. Es claro que las mujeres con más educación conceden mucha importancia a dar a luz a sus hijos dentro del matrimonio, de tal manera que cuando una concepción prenupcial ocurre, ello precipita acentuadamente el que se casen.

Queremos por último presentar los resultados de la interacción de segundo orden entre educación, convivencia y embarazo (BCE) que se controla mediante el resto de las variables; es decir los resultados del modelo BCE + ADZ. Este modelo añade una dimensión suplementaria a las interacciones de las díadas BC, BE y CE que acabamos de examinar. Los resultados se presentan en la gráfica 11, donde la categoría de base es la intensidad de las mujeres sin convivencia previa, sin embarazo y con baja educación. Muchas de las diferencias que ya revisamos se amplifican cuando se incluye un segundo nivel de interacción en el análisis.

Para las mujeres sin convivencia previa y sin embarazo (la condición más frecuente entre los casos que analizamos), a mayor educación, menor la intensidad de la nupcialidad: las mujeres con mayor escolaridad tienen una intensidad de aproximadamente la mitad que la de las mujeres con más baja educación. Ello muestra el efecto neto de la educación entre las mujeres que se casan sin convivencia previa y sin embarazo.

Si mantenemos la atención en las mujeres sin convivencia, pero estudiamos entre éstas a quienes tienen un embarazo prenupcial, destaca la superintensidad que ya notamos antes, aunque en tal caso sobresale el marcado gradiente positivo de la educación: el grupo con más alta educación tiene una intensidad aproximadamente tres veces más elevada que la del grupo con más baja escolaridad. Los factores culturales que se vinculan con la educación hacen que, dentro de este grupo, quienes cuen-

GRÁFICA 11. *Efecto de la escolaridad al tener un embarazo previo o una convivencia previa, sobre la intensidad de la nupcialidad por edad,* ENPF-95 *(grupo base: cinco años o menos de escolaridad sin embarazo y sin convivencia)*

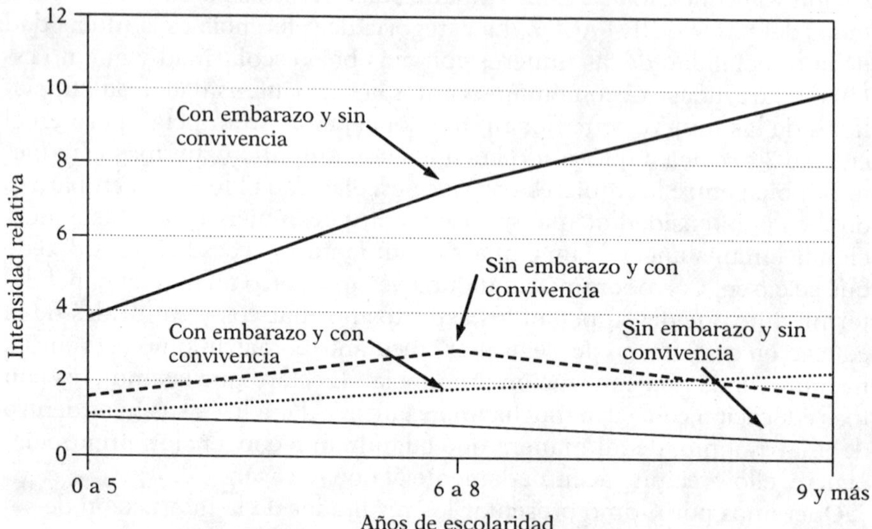

tan con mayor educación se inclinen a "legitimar" una concepción prenupcial al precipitar el matrimonio. Debemos recordar que se trata de mujeres sin convivencia prenupcial y, por ello, acaso más avenidas a las normas sociales.

Si cambiamos ahora el foco de atención hacia las mujeres que sí han tenido una convivencia consensual, resulta interesante destacar la interacción entre contar con educación y tener un embarazo. Si nos concentramos primero en las mujeres que cuentan con educación baja y media, embarazarse es un precipitador del matrimonio, pero con mucho menos intensidad que para las que no han tenido una convivencia previa. Ya vimos antes que la convivencia es en sí un factor que aumenta la intensidad del matrimonio; éste es particularmente el caso en el que se hallan las mujeres de baja y media educación. Es notable en la gráfica 11 que, entre las mujeres que viven en convivencia, la propensión a casarse de quienes tienen un embarazo es menor que la de las que no lo tienen; en otras palabras, en este grupo, frente a un embarazo, las probabilidades de casarse se reducen, al contrario de la superintensidad de la nupcialidad con la que habitualmente se vincula el tener un embarazo. Hemos identificado antes a este fenómeno como una selectividad para perpetuar la convivencia como forma de unión incluso prohijando. El aspecto que sobresale en la gráfica 11 es que dicho proceso se circunscribe a las mujeres de educación baja y media. Un patrón distinto es el que se observa entre las mujeres con más educación. En este caso, el hecho de tener un embarazo sí precipita el matrimonio y hace que la intensidad de la nupcialidad sea mayor que la de las mujeres sin embarazo.

Vemos, pues, que la selectividad subyacente al hecho de iniciar una unión como una convivencia consensual en lugar del matrimonio tiene dos dimensiones: por un lado, para un grupo de mujeres la convivencia es en sí una forma preferida de unión (a modo de "opción" ante el matrimonio), y tener un embarazo confirma esta preferencia; por otro lado, la convivencia es a modo de "preludio" del matrimonio, el cual se ve precipitado si ocurre un embarazo. Estas dos formas de selectividad guardan relación con la educación: el primer tipo se relaciona preferentemente con mujeres de baja o media escolaridad mientras que el segundo, con mujeres de alta escolaridad. Se manifiesta así otra instancia de las diferencias normativas y culturales que median entre la educación y los distintos patrones de formación de parejas y de familias.

6. Un comentario final

Entre los fenómenos que entran en juego en un sistema demográfico, la nupcialidad y la formación de familias destacan por concentrarse en un dominio netamente social y cultural. En ocasiones la transición demográfica se concibe —esquemáticamente— como dos cambios en forma paralela, no por fuerza imbricados: por un lado, la disminución de la mortalidad que puede concebirse como el pasaje de esta esfera demográfica: de un dominio de determinación predominantemente social y contextual como lo fue en el pasado, a otro crecientemente biológico, en el que cada vez se expresa más el potencial biológico y genético básico de los individuos, aunque sigue enturbiando en gran medida esta expresión el papel que desempeñan los estilos de vida individuales. Por otro lado, la disminución de la fecundidad puede concebirse como la transición de esta otra esfera demográfica: de un dominio de determinación sobre todo biológico (o "natural", como lo denominó Louis Henry) a otro eminentemente social y cultural. En medio de estos dos procesos, los cambios en la formación de familias y la nupcialidad siempre han sido y son de índole eminentemente cultural y social; estos últimos incluyen factores socioeconómicos.

El análisis que en el presente capítulo hemos hecho del cambio de la nupcialidad en México hace patente la importancia de tales factores. Sobresalen varios aspectos, entre los que destaca el papel que desempeña el tener un embarazo como precipitador del matrimonio y la mediación que en ello ejerce la educación de las mujeres. Esta última variable (seguramente por las dimensiones socioculturales y valorativas que encierra) permea y marca diferencialmente todo el espectro de las distintas formas de iniciar una unión y establecer una familia. Particularmente notable es su relación con las dos propensiones que notamos que subyacen en el inicio de una unión consensual, como preludio o como opción al matrimonio.

Por otro lado, aunque algunas tendencias —como el aumento de la prevalencia de la cohabitación consensual, la disminución de la intensidad del matrimonio y cierto aumento en las tasas de divorcios— parecen indicios de lo que se ha denominado la "segunda transición demográfica", resultaría aventurado afirmar que el derrotero de la nupcialidad en México se encamine hacia una profundización de estas pautas. En todo caso habrá que seguir escudriñando de cerca dichas tendencias y analizar cómo se imbrican en el contexto más amplio de los cambios socioeconómicos y culturales por los que atraviesa el país.

Bibliografía

Bachrach, C. A. (1987), "Cohabitation and reproductive behavior in the U. S.", *Demography,* 24: 623-637.

Becker, Gay S. (1981), *A Treatise on the Family,* Cambridge, Harvard University Press.

Bossfeld, H., y J. Huinink (1991), "Human capital investments or norms of role transition? How women's schooling and career affect the process of family formation", *American Journal of Sociology,* 97: 143-168.

Booth, A. y D. Johnson (1988), "Premarital cohabitation and marital success", *Journal of Family lssues,* 9: 255-272.

Breslow, N. E., y N. E. Day (1975), "Indirect standardization and multiplicative models for rates, with reference to the age adjustment of cancer incidence and relative frequency data", *Journal of Chronic Diseases,* 28: 289-303.

Bumpass, L. L., y J. A. Sweet (1989), "National estimates of cohabitation", *Demography,* 26: 615-625.

Bumpass, L. L., J. A. Sweet y A. Cherlin (1991), "The role of cohabitation in declining rates of marriage", *Journal of Marriage and the Family,* 53: 913-927.

Burquiere, A. (1986), *Historie de la famille,* París, A. Colin.

Cabré, A. (1999), *El sistema catalán de reproducción*, Barcelona, Ed. Proa-La Mirada, Institut Catalá de la Mediterránia.

Carlson, E. (1985), "Couples without children: Premarital cohabitation in France", en Kingsley Davis (comp.), *Contemporary Marriage: Comparative Perspectives on a Changing Institution*, Nueva York, Russell Sage Foundation.

Coale, A. J. (1969), "The decline of fertility in Europe from the French Revolution to World War II", en S. J. Behrman, L. Corsa y R. Freedman (comps.), *Fertility and Family Planning: A World View*, Ann Arbor, University of Michigan Press, 1969.

Coale, A. J., y S. C. Watkins (1986), *The Decline of Fertility in Europe*, Princeton, Princeton University Press.

Cook, Sherburne F., y Woodrow Borah (1966), "Marriage and legitimacy in Mexican culture: Mexico and California", *California Law Review*, 2: 946-1008.

Cooney, Teresa M., y Dennis P. Hogan (1991), "Marriage in an institutionalized life course: First marriage among American men in the twentieth century", *Journal of Marriage and the Family*, 53: 178-190.

Dixon, R. B. (1971), "Explaining cross-cultural variations in age at marriage and proportions never marrying", *Population Studies*, 25: 215-233.

——— (1978), "Late marriage and non-marriage as demographic responses. Are they similar?", *Population Studies*, 32: 449-466.

Ermisch, J. F. (1981), "Economic opportunities marriage squeezes and the propensiy to marry: An economic analysis of period marriage rates in England and Wales", *Population Studies*, 35: 347-356.

Espenshade, T. J. (1985), "Marriage trends in America: Estimates, implications, and underlying causes", *Population and Development Review*, 11, núm. 2, junio, pp. 193-245.

Eurostat (1998), "Under the same roof, living arrangements in the European Union. Statistics in focus", *Population and Social Conditions*, núm. 5.

Glick, P. C., y G. B. Spanier (1980), "Married an unmarried cohabitation in the United States", *Journal of Marriage and the Family*, 42: 19-30.

Gómez de León, J. (1998), "Legalización y disolución de uniones consensuales: un ejemplo del uso de modelos log-lineales para estimar modelos de riesgos en competencia", *Estudios Demográficos y Urbanos*, vol. 13, núm. 3, septiembre-diciembre.

———, y M. P. López (1993), "Variaciones demográficas de corto plazo dentro de la transición: un análisis del tamaño relativo de cohortes 1845-1985", en *IV Conferencia Latinoamericana de Población: La transición demográfica en América Latina y el Caribe*, vol. l, segunda parte.

Hajnal, J. (1965), "European marriage patterns in perspective", en D. V. Glass y D. Everslay (comps.), *Population in History,* Londres, Edward Arnold.

Haskey, J., y K. Kiernan (1989), "Cohabitation in Great Britain: Characteristics and estimated numbers of cohabiting partners", *Population Trends,* 58: 23-32.

Hill, K., y A. Paloni (1992), "Demographic responses to economic shocks: the case of Latin America", en *El poblamiento de las Américas,* Actas, Veracruz, vol. 3, pp. 411-437.

Hoem, B. (1988), *Early Phases of Family Formation in Contemporary Sweden,* Estocolmo, University of Stockholm, Section of Demography.

Hoem, J. M. (1986), "The impact of education on modern family union initiation", *European Journal of Population,* 2: 113-133.

——— (1987), "Statistical analysis of a multiplicative model and its application to the standardization of vital rates: a review", *International Statistics Review,* 55 (2): 119-152.

——— (1991), "La standarisation indirecte améliorée et son application à la divortialité en Suède (1971-1989)", *Population,* 6: 1551-1568.

Kobrin, F. E., y L. J. Waite (1984), "Effects of childhood family structure on the transition to marriage", *Journal of Marriage and the Family,* 46: 807-816.

Landale, N. S., y R. Forste (1991), "Patterns of entry into cohabitation and marriage among mainland Puerto Rican women", *Demography,* 28: 587-607.

Leridon, H. (1990), "Cohabitation, marriage and separation: An analysis of life histories of French cohorts from 1968 to 1985", *Population Studies,* 44: 127-144.

Lesthaeghe, R. (1983), "A century of demographic and cultural change in Western Europe: An exploration of underlying dimensions", *Population and Development Review,* 9: 411-435.

——— (1992), *The Second Demographic Transition in Western Countries: An Interpretation,* Bélgica, IPD-Working Paper.

Lewin, B. (1982), "Unmarried cohabitation: A marriage form in changing society", *Joumal of Marriage and the Family,* 44: 763-773.

Liefbroer, Aart C. (1991), "The choice between a married or unmarried first union by young adults: A competing risk analysis", *European Journal of Population,* 7: 273-298.

Livi-Bacci, Massimo (1991), *Population and Nutrition: An Essay in European Demographic History,* Cambridge, Cambridge University Press.

——— (1993), "Notas sobre la transición demográfica en Europa y América Latina", en *IV Conferencia Latinoamericana de Población: La transición demográfica en América Latina y el Caribe,* vol. 1, primera parte.

MacDonald, M. M., y R. R. Rindfuss (1981), "Earnings, relative income, and family formation", *Demography,* 18: 123-136.

Norton, A. J., y L. F. Miller (1992), *Marriage, Divorce, and Remarriage in the 1990's,* Washington, D.C., U. S. Bureau of the Census, Current Population Reports, Special Studies, P23-180, U. S. Goverment Printing Office.

Pebley, A., y N. Goldman (1986), "Legalización de uniones consensuales en México", *Estudios Demográficos y Urbanos,* 2: 267-292, México, El Colegio de México.

Prinz, C. (1995), *Cohabiting, Married or Single: Portraying, Analyzing and Modeling New Living Arrangements in the Changing Societies of Europe,* Londres, Avebury.

Quilodrán, J. (1996), *Le mariage au Mexique: évolution nationale et typologie régionale,* tesis de doctorado en Demografía, Universidad de Lovaina.

Roussel, L. (1992), "La famille en Europe Occidentale: Divergences et convergences (The family in Western Europe Divergences and Convergences)", *Population,* 47 (1): 133-152.

Schofield, R., D. Reher y A. Bideau (1991), *The Decline of Mortality in Europe,* Oxford, Clarendon Press.

Sklar, J. (1974), "The role of marriage behaviour in the demographic transition", *Population Studies,* 28 (2): 231-247.

Trost, Jan (1978), "A renewed social institution: Non-marital cohabitation", *Acta Sociologica,* 21: 303-315.

United Nations (1990), *Patterns of First Marriage: Timing and Prevalence,* Nueva York, Department of International Economic and Social Affairs.

Van de Kaa, D. (1987), "Europe's second demographic transition", *Population Bulletin,* 41 (1).

Watkins, S. C. (1991), *From Provinces into Nations: Demographic Integration in Western Europe 1870-1960,* Princeton, Princeton University Press.

UN SIGLO DE MATRIMONIO EN MÉXICO

Julieta Quilodrán

Antecedentes

Uno de los cambios fundamentales de la dinámica demográfica en este final de milenio lo constituye el hecho de que la reposición de la población no requiere más la utilización intensiva de la capacidad reproductiva de la mujer. En el pasado, las familias debían tener una descendencia numerosa para asegurar su sobrevivencia y la de la sociedad en su conjunto. El antiguo régimen demográfico europeo —el que mejor conocemos— encontraba su equilibrio en una alta fecundidad, la cual se veía contrarrestada por el efecto de una mortalidad también alta. El crecimiento poblacional era lento y estaba regulado, en gran medida, por el tiempo de exposición de la mujer al riesgo de concebir. En estas sociedades donde además el inicio de la cohabitación conyugal estaba ligado a la celebración del matrimonio y no había medios efectivos para controlar voluntariamente los nacimientos, la nupcialidad llegó a desempeñar un papel preponderante en la regulación del sistema demográfico. En efecto, cuanto más jóvenes se formaran las parejas mayor era el tiempo que la mujer permanecía expuesta al riesgo de concebir y, por lo mismo, mayor también el número de hijos que llegaba a tener. Independientemente de que el riesgo de disolución de la pareja por la muerte de alguno de los cónyuges era muy alto, las mujeres dedicaban gran parte de su tiempo (mientras subsistía su matrimonio) a la gestación y crianza de los hijos. Hacer sobrevivir a dos o tres hijos hasta las edades adultas constituía una tarea ardua para cualquier pareja. Otra característica muy importante de la nupcialidad, ligada también a la reproducción de la población, se refiere a la proporción de personas que permanecen célibes. En el supuesto de que la ilegitimidad fuera poco frecuente, el celibato femenino equivalía a retirar a las mujeres de la exposición al riesgo de concebir y, por ende, de tener hijos.

El advenimiento de los métodos anticonceptivos ha permitido reemplazar el "freno preventivo", que en palabras de Malthus ejerció la nupcialidad en la regulación de los ritmos de crecimiento de la población, por el control voluntario de la dimensión y espaciamiento de la descendencia. En los tiempos actuales el escenario es totalmente distinto. El régimen demográfico en gran parte de los países del mundo está dominado por niveles de mortalidad y de fecundidad bajos o relativamente bajos. Esto significa que con el transcurso del tiempo se ha venido produciendo un "ahorro" de vidas, en el sentido de que las probabilidades de sobrevivencia imperantes aseguran el reemplazo de las generaciones con un número reducido de hijos. Lo anterior redunda en el hecho de que el tiempo que cada pareja está obligada a dedicar a la reproducción biológica y social es más corto que en el pasado, sobre todo si dicho tiempo se calcula respecto de la esperanza de vida que en el presente tienen las parejas. Desde el punto de vista de la nupcialidad esto implicaría, entre otras cosas, que la duración de las uniones (primera o sucesivas) no es en la actualidad una condición *sine qua non* para la sobrevivencia de la especie. En efecto, la función reproductora (una de las funciones tradicionales de la familia) se puede ejercer en un periodo relativamente breve. Por otra parte, la adopción de la tecnología anticonceptiva ha propiciado, entre otros efectos, el debilitamiento del vínculo tradicional entre relación sexual y embarazo. Así pues, desde el momento en que se adopta el uso de anticonceptivos el ejercicio de la sexualidad puede darse sin que la mujer quede necesariamente embarazada. Esto abre, a su vez, la posibilidad de que se pueda mantener una vida sexual activa —dentro o fuera del matrimonio—, sin el riesgo de tener hijos. Lo anterior significa que una de las funciones principales del matrimonio, la de enmarcar la vida sexual y reproductiva, comienza a perder vigencia.

En realidad, el efecto del control voluntario de la fecundidad se manifiesta no sólo en la disminución del número promedio de hijos por mujer, sino que se suma a otros cambios sociales que van poco a poco modificando múltiples aspectos de la vida social. Uno de ellos, como decíamos anteriormente, es que en la actualidad la sociedad no necesita estar organizada para reproducirse con velocidad, y la reducción de los niveles de la mortalidad aseguran una sobrevivencia prolongada a cada habitante, de modo que su reemplazo puede efectuarse de manera relativamente lenta. Los anticonceptivos disponibles permiten, por lo demás, modular la intensidad y el calendario de la fecundidad, sin exigir (como ocurrió en el pasado europeo) que una parte de la población permanezca célibe, o viceversa, para regular las tasas del crecimiento poblacional. Es decir, el papel de "válvula reguladora del crecimiento poblacional" que ejercía la nupcialidad en el antiguo régimen demográfico, pierde sentido cuando es posible modular voluntariamente la reproducción.

Sin embargo, la familia tiene muchas otras funciones que cumplir además de la meramente reproductora;[1] por esta razón, el interés por el

[1] Desde un enfoque de índole psicosocial, Fawcett (1974) define una serie de beneficios

estudio de la dinámica conyugal —que es el objeto de la nupcialidad y el marco dentro del cual transcurre la vida familiar— permanece aún en las sociedades que han completado su transición demográfica. Por lo demás, el cambio de régimen demográfico trasciende, como decíamos, la esfera de lo exclusivamente demográfico, sobre todo en poblaciones donde el nivel de educación es más elevado y la igualdad entre hombres y mujeres, mayor que en el pasado. En estas nuevas sociedades las conductas se modifican y las instituciones se replantean.

Podría decirse que en el ámbito de la familia y, más específicamente, en el de la formación de las parejas, se observan dos grandes cambios en las sociedades postransicionales. Uno tiene que ver con la deserción del matrimonio y el otro, con la inestabilidad de las parejas. De hecho, no se cuestiona la vida en pareja sino la institucionalización de ésta, o sea su legitimación mediante la institución matrimonial. Lo anterior redunda en una propagación de las uniones libres, de los hijos nacidos fuera del matrimonio y de las separaciones y divorcios (Roussel, 1992).

¿Cuál es la situación de México respecto de estos asuntos? ¿Acaso hay atisbos de caminar en el mismo sentido que las sociedades postransicionales en la etapa ya avanzada de la transición demográfica[2] en la cual se encuentra?

Aun cuando tal pregunta es válida para prácticamente todos los países de América Latina, en esta oportunidad nos restringimos al caso de México. Para ello presentamos primeramente una breve reseña sobre lo que se conoce en relación con la nupcialidad en México en épocas pasadas, pero principalmente con el presente siglo.

Un poco de historia

Las costumbres relativas al matrimonio obedecen en nuestra cultura occidental, en gran medida, a las normas del matrimonio cristiano. Este modelo de matrimonio que postula la libre elección del cónyuge, la monogamia y la indisolubilidad, llega a América junto con los conquistadores españoles, es decir a finales del siglo XV.

Los españoles perseguían no sólo conquistar nuevos territorios y beneficiarse económicamente de su explotación, sino también convertir a las poblaciones indígenas al cristianismo. Es decir, no se trataba úni-

en relación con el matrimonio, o más ampliamente con la vida en pareja; entre ellos los siguientes: reconocimiento del *status* de adulto al individuo, así como la afirmación de su identidad sexual, aspectos afectivos y de compañerismo, satisfacción sexual y reproducción.

[2] Van de Kaa (1987) acuñó el término de *segunda transición demográfica* para referirse a esta etapa avanzada de la transición demográfica.

camente de imponer un gobierno colonial sino de una empresa mucho más ambiciosa: modificar la cultura de las poblaciones autóctonas. Con este propósito, la corona y la Iglesia conjugaron sus esfuerzos. La imposición del matrimonio cristiano fue uno de los medios privilegiados por esta última para iniciar la aculturación de la población indígena a las costumbres españolas y cristianas. Para autores como Burguière (1986), el matrimonio católico sirvió como medio para desencadenar la implantación del proyecto cultural de la conquista, dada la aceptación que obtuvo.

La corona, de acuerdo con la Iglesia, prohibió la poligamia que existía entre los nobles y la clase gobernante azteca (Cook y Borah, 1966; Margadant, 1991; Carrasco, 1991), así como la elección del cónyuge realizada por las autoridades locales (Castañeda, 1991; Calvo, 1991) y la convivencia premarital. La población debía adaptarse a una vida conyugal monogámica, lo mismo que a una entrada directa al matrimonio, es decir, sin pasar por una cohabitación previa, al tiempo que la Iglesia buscaba asegurar que no hubiera matrimonios impuestos por las familias u otras instancias.

La tarea de la Iglesia no fue fácil puesto que no sólo tuvo que imponer su modelo de matrimonio tridentino a los indígenas, sino también a los propios españoles. En la época en que llegaron estos últimos a América, el concubinaje y en cierta medida también la poligamia —herencia de la ocupación mora— estaban bastante extendidos en España (Alberro, s. f.).

En los primeros tiempos de la conquista, las autoridades propiciaron las uniones legítimas, sobre todo entre españoles e indias que aportaban tierras como dote. Por lo demás, tanto la Iglesia como la corona tenían interés en esto; la primera porque mediante el matrimonio católico incorporaba a la pareja a dicha religión y la segunda porque por lo menos hasta 1750 solamente los varones plebeyos casados eran tributantes (Cook y Borah, 1966).[3] Por otra parte, las leyes de la corona (en un esfuerzo por reducir al menos la bigamia) exigieron que el tiempo de separación de las parejas de españoles en las cuales el marido había emigrado a América no excediera de dos años (Margadant, 1991). Asimismo, el hecho de que los inmigrantes españoles fueran en su mayoría hombres solteros propició la formación de parejas mixtas español/mujer indígena, ya fuera por matrimonio o por concubinato, lo cual dio origen al mestizaje de la población.

A su vez, la llegada de fuerza de trabajo esclava desde el continente africano incrementó la complejidad del proceso de mestizaje interétnico.

[3] Las reformas borbónicas de la segunda mitad del siglo XVIII ampliaron la población sujeta al pago de impuestos al incluir a todos los varones de 18 a 50 años solteros o casados.

En el caso de México, dicho proceso se dio entre una población indígena abundante —en comparación con la de otros países del continente— y poblaciones de origen tanto peninsular como africano. De esta manera, tres poblaciones de orígenes étnicos y demográficos distintos, tres culturas y tres siglos de tratamientos diferenciales desde el punto de vista jurídico, económico y social dieron origen a la población mestiza de hoy. Sin embargo, el mestizaje no puede entenderse sin analizar la formación de las parejas en la época colonial. Para ello se debe tener en cuenta desde los desequilibrios de los mercados matrimoniales de las poblaciones de españoles y de esclavos africanos llegados al continente americano, hasta las sanciones establecidas en los casos de matrimonios "desiguales" en la "Real Pragmática de Matrimonios" de 1776, es decir, hacia el final del periodo colonial.[4] Este último documento constituye, según palabras de Gonzalbo (1991), "[...] la culminación de un proceso en el cual la Iglesia apoyó a la corona para adaptar sus normas a los intereses de la burguesía que aspiraba a consolidar su posición privilegiada y que veía en los matrimonios una forma de alcanzarla". La preocupación que se había generado por el incremento de los matrimonios "desiguales" en América condujo a la corona a conceder a las familias un control cada vez mayor sobre los matrimonios de sus hijos. En efecto, este decreto real otorgó a los padres el derecho de desheredar a los hijos que se casaran antes de los 25 años sin el debido permiso de sus progenitores o de sus tutores. Sin embargo, tales exigencias fueron relativizadas para la Nueva España, dada su poca efectividad debido a las dificultades para hacerlas cumplir en territorios tan vastos.

De modo que hasta el siglo XVIII, cuando fueron expedidas las disposiciones de la "Real Pragmática de Matrimonios", nunca hubo sanciones jurídicas contra los matrimonios contraídos con personas de condición desigual. De hecho, la posición socioeconómica de cada grupo étnico (los españoles en el estrato superior; los indígenas libres y protegidos pero pobres, y los negros, marginados por su origen esclavo) propiciaba la endogamia. Casarse dentro de su grupo era la primera opción para la población, pero a medida que transcurrió el tiempo, los matrimonios mixtos se volvieron cada vez más frecuentes. Lo que se documenta, en los pocos trabajos existentes a este respecto, es que la propensión de la población mestiza a la exogamia es más alta que en los tres grupos étnicos "originales" (Rabell, 1992). Es decir, que los mestizos se casaban más fá-

[4] Se entiende por matrimonio "desigual" el celebrado entre personas de diferentes "calidades", es decir las diferencias derivadas de la condición social, como procedencia étnica, económica, reconocimiento de la comunidad, entre otros. A partir de la "Real Pragmática de Matrimonios", la "calidad" se restringe a no tener antepasados de raza negra (Gonzalbo, 1991).

cilmente fuera de su grupo de pertenencia tal vez porque dicha "pertenencia" ya no era tan clara.

En todo este complejo proceso, la Iglesia y la corona debieron hacer concesiones; por ejemplo, aceptar la celebración de los matrimonios a edades muy precoces, sobre todo entre los indígenas, frente al riesgo de que los cónyuges recurrieran a la cohabitación prenupcial, práctica arraigada en sus costumbres. En el caso de la población negra esclava, la Iglesia trataba de hacer cumplir las disposiciones que las leyes otorgaban a los esclavos. Por su parte, los propietarios de esclavos trataban de evitar estas disposiciones propiciando la cohabitación entre las parejas de esclavos debido a que, una vez casados, la pareja de esclavos no podía ser vendida por separado.

En resumen, se puede afirmar que los matrimonios interétnicos menos aceptados socialmente eran los celebrados con personas consideradas "desiguales", sobre todo cuando alguno de los candidatos era esclavo o tenía "mancha de sangre" (sangre negra). Esta noción de "desigualdad" tan arraigada en la sociedad colonial propició sin duda la formación de uniones monogámicas no legitimadas por la Iglesia, incluso poligámicas si añadimos las uniones paralelas a las legítimas. Por esta razón se puede entender que parte importante del mestizaje haya pasado por la constitución de parejas en concubinato que dieron origen a muchos hijos ilegítimos.

Pero, ¿cuáles eran las características del régimen de nupcialidad colonial? Los escasos trabajos de demografía histórica muestran distintos patrones de nupcialidad relacionados con cada grupo étnico y sus descendientes. A grandes rasgos se puede afirmar que los españoles y los criollos[5] se casaban después de los 20 años (Rabell, 1978, 1992; McCaa, 1993; Calvo, 1987). Para el caso de la ciudad de México, Arrom (1977) afirma que las mujeres españolas se casaban hacia 1811 a los 22.7 años en promedio y los hombres españoles, a los 24.2 años. Por el contrario, la población india lo hacía a edades muy precoces y en forma universal (Rabell, 1978; Kuznesof, 1991; McCaa, 1996). No obstante los esfuerzos de la Iglesia, las uniones conyugales indígenas comenzaban a menudo por un concubinato que luego transformaban en una unión legal. Una de las poderosas razones para que las uniones fueran legalizadas era que quienes no estaban casados no tenían derecho a las tierras comunales (Cook y Borah, 1966). Por su parte, la población negra no se casaba tan joven como la indígena pero tampoco tan tarde como la de origen hispano.

Otro rasgo de la nupcialidad señalado por Arrom (1977), Pescador (1992) y Rabell (1991) es el marcado desequilibrio de los mercados matrimoniales que había en las ciudades de México y Oaxaca hacia finales

[5] Hijos de españoles peninsulares nacidos en América.

de la Colonia. Al parecer, los excedentes de mujeres en las ciudades fueron una constante durante la época colonial.

Podría concluirse que a medida que se fue constituyendo "la auténtica raza mexicana", como la llama McCaa (1993), se atenuaron las diferencias entre lo que podríamos denominar el "modelo europeo de nupcialidad" —que trató de implantar con relativo éxito la Iglesia católica— y el típicamente indígena. A comienzos de este siglo, la población se unía en promedio antes de los 20 años, pero mucho después de los 12 años que McCaa (1996) estimó para una población nahuátl a comienzos del siglo XVI;[6] asimismo, el celibato era aceptado aun cuando la intensidad del matrimonio era mayor que la prevaleciente entre la población de origen español durante la Colonia. Tal vez en el ámbito donde la Iglesia tuvo menos éxito fue en el de la legalidad del vínculo matrimonial. En efecto, una parte importante de las parejas no recurría a la sanción religiosa de su unión, única fuente de legitimidad durante el periodo colonial. Como veremos más adelante, este comportamiento sigue vigente hasta nuestros días.

Por todas las razones anteriormente expuestas, puede considerarse que a comienzos de este siglo el patrón de nupcialidad que imperaba en México (y sin duda en la mayor parte de los países latinoamericanos) se acercaba más al modelo de matrimonio europeo que al de otros continentes: libre consentimiento de los cónyuges para contraer nupcias; edad no excesivamente joven al matrimonio; gran parte de las parejas casadas legalmente y aceptación del celibato.

La información estadística existente para el presente siglo nos ha permitido establecer los rasgos esenciales de la evolución de la nupcialidad en México, los patrones de uniones predominantes y su diversidad en todo el territorio. Sin embargo, en el apartado siguiente nos referiremos solamente a sus principales características en el nivel nacional.

El matrimonio: de una institución eclesiástica a una institución civil

Al igual que en los países católicos europeos, la Iglesia aplicó en América los preceptos surgidos del Concilio de Trento celebrado entre 1545 y 1563, entre ellos el establecimiento de registros de matrimonios, bautizos y defunciones, conocidos como "registros parroquiales". El análisis de dicha información ha contribuido de manera importante al conocimiento de las tendencias históricas de la población europea; en nuestros países

[6] Las uniones conyugales muy precoces habrían asegurado la reproducción de las poblaciones prehispánicas frente a los altos niveles de mortalidad imperantes.

su aprovechamiento es aún incipiente. A mediados del siglo pasado se dictaron en México una serie de disposiciones conocidas como Leyes de Reforma, de las cuales formó parte la ley orgánica del Registro Civil, aprobada el 28 de julio de 1859. De acuerdo con estas nuevas disposiciones, el único matrimonio con validez legal es el civil; en otras palabras, el matrimonio se convierte desde esa fecha en un contrato cuya celebración corresponde exclusivamente a las autoridades civiles. Esto no significa, sin embargo, la desaparición de los registros parroquiales, que siguen funcionando de manera paralela hasta la fecha. De cualquier manera, la definición del matrimonio civil varió poco de la eclesiástica puesto que el matrimonio siguió siendo "una sociedad legítima entre un solo hombre y una sola mujer que se unen de manera indisoluble con el fin de perpetuar la especie y ayudarse mutuamente". Lo anterior significó que el matrimonio civil —al igual que el matrimonio católico— fuera monógamo, indisoluble (contemplaba sólo el divorcio sin disolución de vínculo) y destinado principalmente a la reproducción. De cualquier modo, tuvieron que transcurrir muchos años antes de que aparecieran publicadas, en 1893, las primeras estadísticas sobre matrimonios del Registro Civil. Esto muestra lo lenta que fue su organización y puesta en funcionamiento.

El paso de un matrimonio sancionado por la Iglesia a uno celebrado por autoridades civiles —transformación experimentada por la mayoría de los países latinoamericanos en el siglo pasado— constituye un hito en la evolución del matrimonio, puesto que se inserta en la ideología del liberalismo, que postulaba la preeminencia del Estado sobre otras instituciones, especialmente la Iglesia. Ahora bien, *¿cómo transita la institución matrimonial entre una legalidad de tipo religioso y una civil?*

La utilidad de los datos de las estadísticas vitales en la reconstrucción de la historia de los matrimonios

El indicador más antiguo de que disponemos en México en relación con el matrimonio son las tasas brutas de nupcialidad. La simplicidad de los datos que intervienen en la estimación de dichas tasas —matrimonios celebrados legalmente en el país durante un año dado respecto de la población media de ese mismo año— ha permitido disponer de esta serie desde los inicios de la época estadística. Poseer observaciones para todo un siglo (1893-1995) presenta la ventaja de permitir desentrañar las grandes tendencias del fenómeno estudiado, en este caso la trayectoria de la nupcialidad legal.

Los análisis publicados (Quilodrán, 1974, 1998) sobre las tasas brutas de nupcialidad legal muestran que éstas prácticamente se han duplicado en un siglo: de 4 por cada 1 000 en 1893 se han convertido en 7.5 por cada 1 000 en 1994. Sin embargo, no se ha tratado de un movimiento monótono; se pueden distinguir, en realidad, al menos dos grandes niveles. El primero durante el periodo prerrevolucionario (1893-1910), con valores de alrededor de 4 por cada 1 000 que tienden, sin embargo, a disminuir ligeramente conforme se aproxima el estallido revolucionario de 1910. Durante los años de la Revolución, 1910-1921, el Registro Civil no funcionó, pero al reanudar la publicación de los datos estadísticos en 1922 se observa que la tasa de nupcialidad de este año fue la misma que en 1909: 3.7 por cada 1 000. No obstante, es muy probable que durante los años de conflicto la tasa de nupcialidad haya alcanzado niveles aún más bajos. El segundo gran nivel de las tasas es el que alcanzan hacia 1945 y se puede afirmar que, con excepción de algunas perturbaciones coyunturales, a partir de este año la nupcialidad legal se estabiliza. Dichas tendencias prevalecen aunque en otros niveles, cuando se toma en cuenta la población en edades casaderas en los años censales en lugar de la población total; es decir, cuando se controla de cierta manera la estructura por edades.[7]

Entre los dos periodos que acabamos de señalar (prerrevolucionario y a partir de 1945), se registra uno de transición. Durante el intervalo 1922-1944 se produce un incremento sostenido de las tasas: 3.2 puntos más en 1944 que en 1922. Entre 1922 y 1926 podemos hablar de un periodo de "recuperación" de la nupcialidad legal y luego, entre 1927 y 1940, de un periodo de "aumento". Durante el primero, las tasas recuperan los niveles alcanzados durante la fase prerrevolucionaria a medida que el país vuelve a la normalidad.

A partir de 1929, se desencadena un rápido crecimiento de las tasas, inducido fundamentalmente por las disposiciones jurídicas adoptadas ese año, que exigían la celebración del matrimonio civil antes del matrimonio religioso.

Entre las oscilaciones importantes experimentadas por las tasas brutas de nupcialidad legal cabe mencionar la ocurrida en 1942. Por un lado, la Ley de Servicio Militar Obligatorio (dictada en 1941 en México) eximía a los hombres casados de cumplir con él y, por otra, el gobierno emprendió la primera campaña de legalización de uniones. Estas acciones coinciden con la declaración de guerra hecha por México a los países del Eje y tienen como consecuencia la elevación de las tasas de nupcialidad a 8.4 matrimonios por cada 1 000 habitantes. En efecto, muchas parejas transformaron sus uniones libres en matrimonios y muchas otras

[7] Índice I1 (Quilodrán, 1974, 1998).

adelantaron éstos para evitar que el hombre fuera reclutado. Sin embargo, las tasas alcanzaron su nivel histórico en 1972, con 11.4 matrimonios por cada 1 000 habitantes. Tal incremento inusitado de la tasa fue el resultado de la campaña gubernamental conocida como de la "familia mexicana", durante la cual se legalizaron, por una parte, las uniones libres y matrimonios solamente religiosos y, por otra, se registraron nacimientos, en ambos casos de manera masiva. Cabe recordar en este punto que la propensión de la población a legalizar sus uniones conyugales forma parte de sus costumbres, lo cual ha podido ser documentado desde que se levantó y analizó la Encuesta de Fecundidad Rural (Pecfal-R) de México en 1970 (Quilodrán, 1979; Pebley y Goldman, 1986).

Fuera de estas elevaciones excepcionales y de las disminuciones de 1983 y 1984, causadas probablemente por la crisis económica de 1982, la evolución de las tasas ha sido lenta a partir de 1945. Entre este último año y 1965 las tasas de nupcialidad legal oscilan entre 6.8 y 7.1 por cada 1 000, pero alcanzan sus valores más altos y sostenidos en el periodo 1985-1994 (entre 7.3 y 7.7 por cada 1 000).

Ahora bien, si utilizamos un indicador más refinado, como las tasas de nupcialidad legal por edad y sexo (tasas de segunda categoría), podemos comprobar, de manera más cabal, la transformación que ha experimentado el matrimonio legal a través del tiempo y de las generaciones. Con este propósito hemos representado en las gráficas 1 y 2 las tasas correspondientes a ciertos periodos entre 1922 y 1994, y para algunas generaciones entre 1905 y 1975. Pero antes de proceder a analizarlas debemos hacer algunas advertencias respecto de las características de la información utilizada: *1)* que los matrimonios considerados en la estimación de las tasas que se presentan se refieren a los celebrados legalmente y no incluyen por lo mismo ni las uniones libres ni los matrimonios solamente religiosos; *2)* que en México los matrimonios civiles no se clasifican por orden de matrimonio, de modo que a medida que las segundas nupcias se hagan más frecuentes, dichas tasas representarán cada vez menos la nupcialidad legal de los solteros o primonupcialidad; *3)* que parte de los matrimonios registrados constituyen, en realidad, legalizaciones de uniones libres y matrimonios preexistentes sólo religiosos.

Las curvas contenidas en las gráficas 1 y 2 confirman el incremento experimentado por la nupcialidad legal comprobado anteriormente por medio de las tasas brutas de nupcialidad legal. Cuando se comenzaron a casar las generaciones nacidas hacia 1905, es decir alrededor de 1922, la nupcialidad legal era relativamente baja; menos de la mitad de los hombres, y sobre todo de las mujeres, contraían una unión legal. Entre los años veinte y los treinta, la situación cambió radicalmente: 56% más de hombres y 64% más de mujeres contraen matrimonio legal. Aunque a

GRÁFICA 1. *Tasa de nupcialidad legal por sexo y grupo de edad, 1922 a 1994*

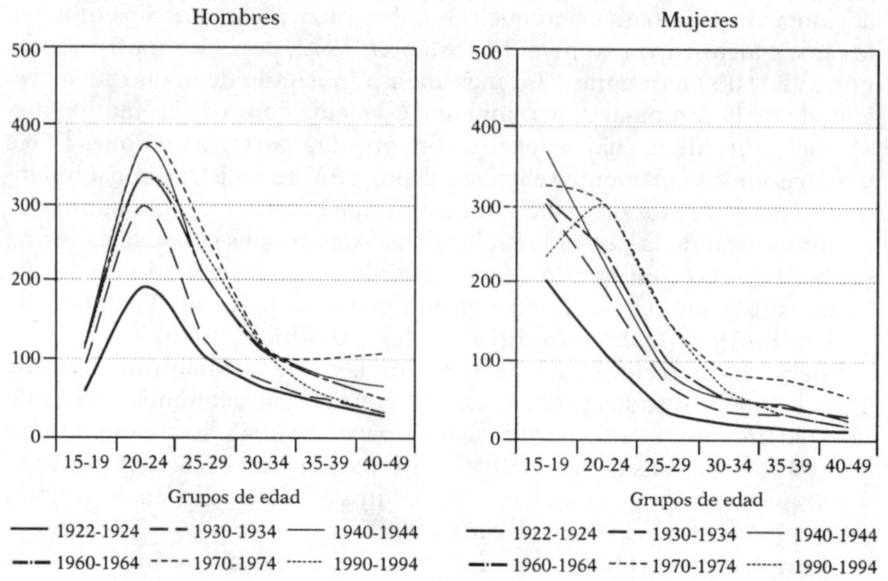

GRÁFICA 2. *Tasa de nupcialidad legal por sexo y generación, 1905 a 1975*

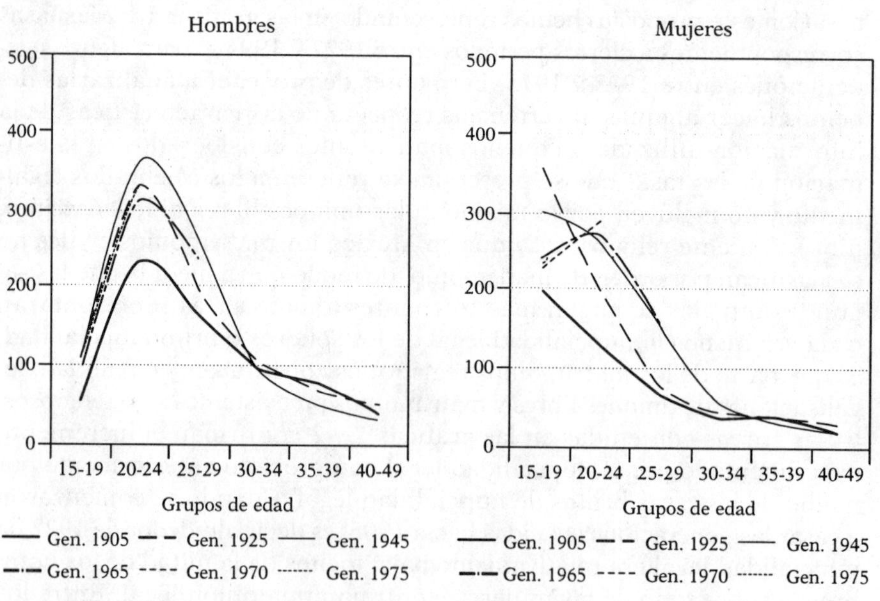

FUENTE: J. Quilodrán, (1998), *Le mariage au Méxique,* Institut de Démographie, Université Catholique de Louvain, p. 83, y *Estadísticas de matrimonios y divorcios 1994-1995*, INEGI.

un ritmo menor, la nupcialidad tanto masculina como femenina sigue aumentando entre los años treinta y los cuarenta: 14 y 9%, respectivamente. Esto coincide con las disposiciones ya mencionadas relativas a la obligatoriedad de un matrimonio civil previo a la celebración de uno religioso. Lo anterior pone de manifiesto que el Estado logra imponer con éxito el ordenamiento legal civil, frente a una Iglesia que había monopolizado la institucionalización del matrimonio desde su llegada al continente americano. Los incrementos de las tasas entre los años cuarenta y ochenta no hacen más que acentuar la legalidad civil de los matrimonios celebrados en el país.[8]

La situación cambia, sin embargo, durante el primer quinquenio de los años noventa. En primer lugar, se acentúa el movimiento hacia una nupcialidad más tardía entre las mujeres: las tasas 20-24 años se vuelven superiores a las correspondientes al grupo de edades de 15-19 años, que eran tradicionalmente las más elevadas. En segundo lugar, se incrementa ligeramente (casi 8%) la intensidad de los matrimonios respecto del periodo 1985-1989. Las ganancias se dan especialmente en los grupos 30-34 y 25-29 (15.4 y 13.5%, respectivamente, entre los hombres, y 16.7 y 22.9% entre las mujeres). Esto significa, en cierta medida, una reversión de la tendencia a la baja que venían experimentando las tasas de nupcialidad desde hacía un decenio. ¿Se trata realmente de un aumento de los primeros matrimonios legales o de una mayor incidencia de segundas nupcias? Sin descartar la posibilidad de la legalización de uniones libres o consensuales tempranas y una cierta recuperación de los matrimonios que no se celebraron entre 1984 y 1989, periodo durante el cual las tasas descendieron ligeramente, cabe plantearse el efecto que estaría ocasionando el incremento de las nuevas nupcias sobre los niveles de las tasas. A este respecto, tal como lo hemos afirmado en repetidas

[8] Los valores de estas tasas figuran en Quilodrán (1998), Anexo 2.1; para el periodo 1990-1994, véase el siguiente cuadro:

Tasa de nupcialidad legal por sexo y grupo de edad, 1990-1994

	Hombres	*Mujeres*
15-19	111	234
20-24	326	294
25-29	235	154
30-34	105	63
35-39	49	31
40-49	26	18
Σx,x+4	878	812
m	25.1	23.2

FUENTE: *Anuarios Estadísticos de los Estados Unidos Mexicanos, 1982-1995*, INEGI.

ocasiones, la información sobre matrimonios que se capta y procesa debe considerar el orden de la unión actual y al menos la índole de la unión o matrimonio anterior, de haber existido uno. De otra manera, los datos de las estadísticas vitales en México perderían vigencia para el estudio de la nupcialidad, como sucede ahora en Europa, a medida de que se incrementen las nuevas nupcias y la convivencia prematrimonial.

Los censos y las uniones libres o consensuales

Para salvar el segundo obstáculo que presentan las estadísticas vitales (vale decir, el hecho de que dejan fuera las uniones conyugales informales o no legalizadas), hemos recurrido a los análisis basados en información contenida en los censos ya que éstos sí las registran. Afortunadamente, desde el Censo de 1930 se introdujeron en México las categorías de unión libre y matrimonio solamente religioso entre las opciones de la pregunta sobre el estado civil. Los datos disponibles[9] indican que sólo la mitad de la población unida de entre 15 y 59 años estaba casada legalmente (49%). Sesenta años después, en 1990, esta misma población representaba algo más de 80% (82.2% exactamente). Dicho cambio en la composición de la población según la índole de la unión conyugal fue producto de la transformación en matrimonios legales (los civiles y los civiles y religiosos) de la casi totalidad de las uniones solamente religiosas y de poco menos de la mitad de las uniones libres.[10] Esto significa que la Iglesia acató, si no totalmente en la gran mayoría de los casos, la exigencia legal de que el matrimonio religioso debía ir precedido de uno civil. Paralelamente, se produjo una mayor institucionalización de las uniones libres, impulsada sin duda, por una parte, por los beneficios vinculados con el matrimonio legal en una sociedad que se integraba paulatinamente al trabajo asalariado y, por otra, por las campañas de legalización de uniones organizadas por el propio aparato de gobierno.

Sin embargo, pese a la disminución considerable de las uniones libres entre 1930 y 1990, los censos nos indican que éstas experimentaron un leve repunte (aproximadamente 4% más) entre 1980 —cuando su nivel fue más bajo (13.4% los hombres y 13.9% las mujeres)— y 1990. Ahora, si observamos la evolución por edad y tipo de unión a lo largo del tiem-

[9] Para un tratamiento amplio de este tema, consúltese J. Quilodrán, 1998, capítulos 3, 4 y 6.

[10] En 1930, los matrimonios sólo religiosos y las uniones libres masculinas representaban, respectivamente, 28.3 y 22.8% de la población entre 15 y 59 años unida al momento del censo. En cambio, en 1990 fueron de 3.9 y 14.2%. Las proporciones femeninas son muy semejantes.

GRÁFICA 3. *Hombres*

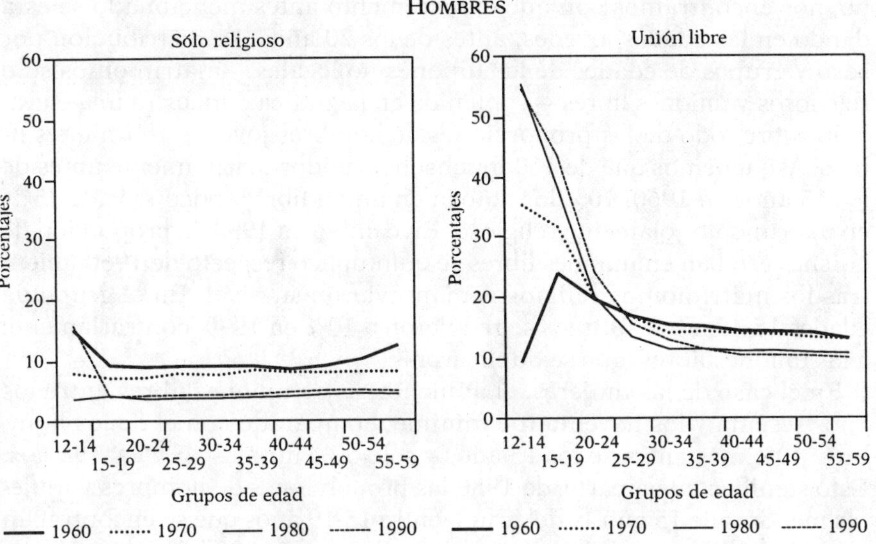

Mujeres

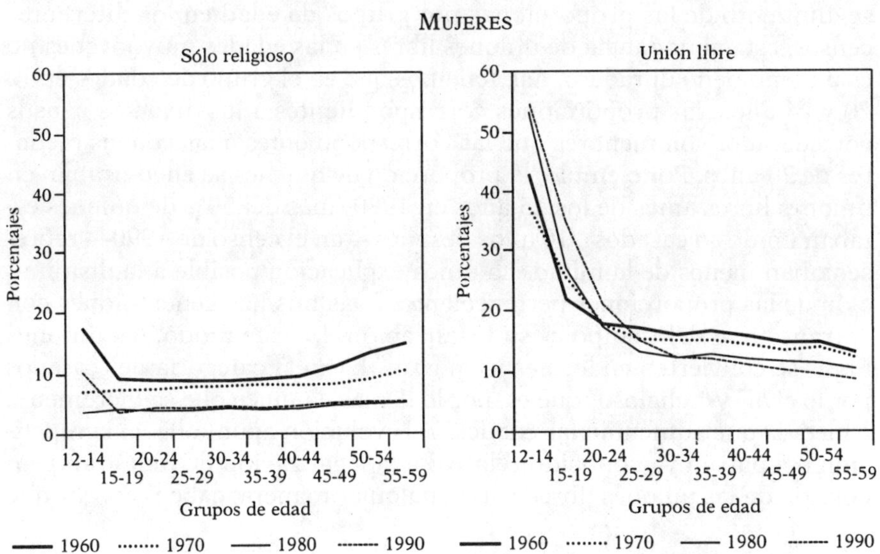

FUENTE: J. Quilodrán (1998), *Le mariage au Méxique,* Institut de Démographie, Université Catholique de Louvain, p. 237, y *Estadísticas de matrimonios y divorcios 1994-1995*, INEGI.

po, nos encontramos con que el incremento antes mencionado se está dando en las edades jóvenes, antes de los 20 años. La distribución por sexo y grupos de edades de las uniones no legales —matrimonios sólo religiosos y uniones libres— contenida en la gráfica 3 muestra una elevación sobre todo de las proporciones de hombres jóvenes en uniones libres. Así, tenemos que de 100 muchachos unidos maritalmente antes de los 15 años en 1960, 10% lo estaban en unión libre y poco más de 15%, en matrimonio solamente religioso. En cambio en 1990, la proporción de quienes estaban en uniones libres se quintuplicó respecto de 1960, mientras los matrimonios religiosos mantuvieron su nivel. En el grupo de edades 15-19, estos últimos se redujeron a 10% en 1990; contrariamente a las uniones libres, que se duplicaron.

En el caso de las mujeres, el aumento de las uniones libres entre los años sesenta y los noventa fue mínimo, comparado con el de los hombres: 10% más antes de los 15 años y sólo 5% entre los 15 y los 19 años. Esto significa que a partir de 1980 las proporciones de hombres y mujeres menores de 15 años y del grupo entre 15-19 años que se encontraban en uniones libres se volvieron muy similares; en 1990 las proporciones correspondientes a los hombres superaron incluso a las de las mujeres.

No obstante, de acuerdo con lo que podemos observar al hacer el seguimiento de las proporciones por grupos de edad en los diferentes censos, esta abundancia de uniones libres en las edades muy jóvenes no es un fenómeno duradero. Así, tenemos que en el grupo de edades entre 20 y 24 años, las proporciones correspondientes a los diversos censos considerados son menores que las correspondientes a las edades menores de 20 años. Por ejemplo, la proporción de quienes se encontraban en uniones libres antes de los 15 años en 1980 (más del 50% de quienes estaban unidos o casados), 10 años después —en el censo de 1990— representaban menos de la mitad. La única explicación posible a la disminución de las proporciones pertenecientes a las mismas generaciones con el transcurso del tiempo es su legalización. De este modo, las uniones libres se convierten en legales y "migran" hacia la categoría de "casados por lo civil" y "religioso" que es, por lo demás, la única que se incrementa a medida que aumentan las edades. Tal evolución apunta hacia la repetición del patrón ya conocido relativo a la legalización de una gran proporción de las uniones libres.[11] De cualquier manera, cabe recordar que

[11] Siguiendo la evolución de las proporciones de hombres y mujeres en uniones libres en edades jóvenes a través de los censos, encontramos que de 35% que representaban las proporciones antes de los 15 años en 1970, se convierten en 18% en el grupo 20-24 años (Censo 1980) y en 12.5% en el de 30-34 años (Censo 1990). Este mismo ejercicio para la cohorte que tenía 12-14 años en 1980 muestra que entre dicho grupo de edad y en el de 20-24 las proporciones se reducen a menos de la mitad (55 y 22%, respectivamente). No se han

la proporción de la población masculina menor de 20 años unida en 1990 no excedió de 10% y fue sólo de 4% en 1995. Estas mismas cifras fueron, para las mujeres, 4.3 y 5.5%, respectivamente. A su vez, de estos totales, poco más de la mitad fueron uniones libres en 1990, o sea 5% de hombres y 2% de mujeres. Dichos datos nos plantean el interrogante sobre ¿con quién se casan los hombres jóvenes menores de 20 años? ¿Se estará dando una mayor endogamia cronológica entre los jóvenes? ¿O acaso se unen con mujeres mayores?

Regresando a los matrimonios solamente religiosos, cabe añadir que gran parte de la disminución experimentada por éstos (44%) ocurre entre los Censos de 1930 y 1940, tal como lo observamos con las tasas por edades y generaciones estimadas con datos de las estadísticas vitales (véanse gráficas 1 y 2). Con el descenso drástico de los matrimonios sólo religiosos, la unión libre predomina en el grupo del total de las uniones no sancionadas legalmente; en la actualidad representa 80% del total de ellas.

Para completar el cuadro relativo a la distribución por tipo de uniones, cabe agregar que las ganancias en matrimonios legales durante el lapso 1930-1990 se reparten de manera distinta entre los matrimonios sólo civiles y los civiles y religiosos. Los matrimonios solamente civiles ganan un poco más que los civiles y religiosos (68 y 64%, respectivamente). Los matrimonios civiles y religiosos se incrementan sobre todo entre 1930 y 1940, correlativamente con la disminución de los matrimonios solamente religiosos. En otras palabras, lo que habría ocurrido es que la población se sometió a las exigencias legales pero no abandonó la sanción religiosa de sus matrimonios. No obstante, durante el periodo 1980-1990 la proporción de matrimonios sólo civiles aumenta, mientras la proporción de matrimonios civiles y religiosos disminuye ligeramente.[12] Estas tendencias pueden interpretarse ya sea como preludio a un abandono gradual del matrimonio religioso o bien como un aplazamiento de la celebración de éste, causado por la crisis económica de comienzos de los años ochenta.

En resumen, la doble institucionalización (religiosa y laica) se convirtió con el devenir del siglo en la norma; de este modo, en la actualidad el matrimonio civil y religioso es el tipo de unión conyugal predominante.[13] Si consideramos conjuntamente tales matrimonios con los matrimonios sólo civiles tenemos que el matrimonio legal predomina ampliamente en la sociedad mexicana de finales de siglo. La unión libre, por su

publicado los datos de la distribución de la población de 12 años y más por estado conyugal y edad del Conteo de 1995; por eso no podemos prolongar el seguimiento.

[12] Los matrimonios solamente civiles aumentan en alrededor de 7% y los civiles y religiosos disminuyen en 6% (Quilodrán, 1998).

[13] Se eleva a 73% respecto del total de matrimonios legales y a 60% respecto del total de uniones.

parte, ha mantenido su presencia tradicional; pero, contrariamente a lo que hubiera sido de esperar de acuerdo con lo ocurrido en otras latitudes, no ha experimentado incrementos importantes: 19% en 1950, 15.5% en 1960, 15% en 1970, 13.5% en 1980 y 14% en 1990 entre la población de entre 15 y 59 años. Es muy posible que las proporciones de uniones libres recuperen por lo menos el nivel que tenían en 1970 si consideramos que desde comienzos de los años setenta no se han vuelto a organizar nuevas campañas masivas de legalización de uniones, como a comienzos de la década de los setenta, y que las generaciones más jóvenes de aquella época ya tienen más de 40 años. El supuesto es que las parejas que se encontraban en uniones libres a comienzos de los setenta y que no habrían legalizado sus uniones de no haber mediado el estímulo de las campañas, tampoco lo harían hoy. De ser cierta esta afirmación, las proporciones de uniones libres podrían regresar sin mayores obstáculos a los niveles de 1970. Otro escenario posible —más acorde con la situación que comienzan a vivir otros países incluso de América Latina— es que las parejas que se unen en la actualidad en uniones libres poseen características distintas, entre ellas una inclinación distinta de la legalización.

Evolución del calendario y de la intensidad de la nupcialidad

Los datos provenientes de los censos de los últimos 60 años nos han permitido estimar no solamente las distribuciones de la población por categorías de estado civil, sino también algunas características relativas al calendario y a la intensidad de la nupcialidad general. Se entiende por "nupcialidad general" la relativa al total de la población que ha contraído un matrimonio o ingresado en una unión libre. Lo más notable de la evolución registrada en los datos contenidos en el cuadro 1 es la estabilidad, por lo menos hasta 1970, de la edad al contraer la primera unión en México tanto entre hombres como en mujeres. En el censo de 1980, la situación se diversifica, los hombres tienden a unirse en promedio un poco más jóvenes (0.4 años menos) y las mujeres, más tardíamente (0.9 años más), con lo cual la diferencia de edades entre los cónyuges se hace más estrecha. En la década siguiente, vale decir entre 1980 y 1990, tales edades vuelven a incrementarse, pero esta vez para ambos sexos: en promedio, 0.7 años entre los hombres y 0.9 años entre las mujeres. Lo inusitado ocurre entre 1990 y 1995, cuando, en cinco años, los promedios de edades al unirse aumentaron lo mismo que lo que habían aumentado durante toda la década anterior. El censo del 2000 deberá confirmar o refutar este hecho porque, de mantenerse la tendencia observada, las

CUADRO 1. *Algunas características de la nupcialidad general, 1930-1995*

	1930	*1960*	*1970*	*1980*	*1990*	*1995*
Edad promedio a la 1ª unión						
Hombres	24.6	23.9	23.9	23.5	24.2	25.1
Mujeres	21.9	20.7	20.8	21.1	22.0	22.9
% unidos antes de los 20 años						
Hombres	19.9	20.6	20.5	22.1	20.3	17.7
Mujeres	48.8	48.9	45.1	43.2	37.1	32.5
% unidos antes de los 25 años						
Hombres	59.0	60.2	57.9	59.7	56.1	53.2
Mujeres	70.5	75.9	74.8	73.6	69.0	65.9
Intensidad						
Hombres	0.924	0.937	0.937	0.944	0.945	0.946
Mujeres	0.087	0.914	0.926	0.929	0.929	0.936

FUENTE: J. Quilodrán, (1998), *Le mariage au Méxique*, Institut de Démographie, Université Catholique de Louvain, p. 128; para 1995, *Conteo de Población y Vivienda 1995*, INEGI.

edades promedio al unirse se aproximarían en el año 2000 a 26 años entre los hombres y a 24 años entre las mujeres. De ocurrir esto último, México estaría experimentando una transición tardía de la nupcialidad en comparación con la ocurrida en los países asiáticos y del norte de África, donde la edad a la primera unión de las mujeres se retrasó varios años en promedio. Sin embargo, contrariamente a lo sucedido hasta 1990, las edades promedio a la primera unión obtenidas a partir del Conteo de Población 1995 no confirman las tendencias observadas con datos de las estadísticas vitales. Resultó lógico el hecho de que las estimaciones proporcionadas por ambas fuentes sean semejantes desde el momento en que cuatro de cada cinco uniones concluidas en el país son legales y figuran, por lo mismo, en estas últimas.

Como se había mencionado anteriormente, los cambios en la nupcialidad han sido lentos y poco intensos. Las mujeres comenzaron a retardar su ingreso en uniones desde 1960, mientras que los hombres se incorporaron a dicho movimiento más tarde (en los años ochenta). Así, tenemos que entre 1960 y 1995 las proporciones de unidos antes de los 20 años disminuyeron en 14% entre los hombres y en 33% entre las mujeres. No obstante, a los 25 años ya se había operado una recuperación, aun cuando en 1995 estas proporciones se siguieron manteniendo por debajo de los niveles que tenían antes de 1990. Las intensidades de las uniones o, visto al revés, las proporciones de solteros en el grupo de entre 45 y 49 años, se han mantenido por su parte prácticamente constantes de 1930 a 1995. De 1 000 sobrevivientes de cada sexo a los 12 años, 946 hombres y 936 mujeres contrajeron al menos una primera unión antes de los 50 años en 1995. Se trata, pues, de una nupcialidad elevada sin que pueda calificarse, sin embargo, de universal.

Otro aspecto que no puede dejarse de lado en relación con el patrón de nupcialidad es el fenómeno de la disolución de uniones. A este respecto cabe señalar que mientras la proporción de viudos ha ido en descenso como consecuencia de la disminución de la mortalidad, las proporciones de separados y divorciados se han incrementado considerablemente a partir de los años ochenta. Si se comparan las cifras censales de 1980 y de 1995, se observa que las proporciones de mujeres y de hombres en uniones interrumpidas aumentaron 37% entre estas dos fechas, aunque a partir de niveles muy bajos (1.9% de hombres y 6.1% de mujeres en 1980).

Tanto la postergación de la edad de ingreso a la primera unión conyugal —especialmente de las mujeres— como el incremento en la disolución de las uniones por separación y divorcio, se apegan, en cierta medida, a la tendencia de la nupcialidad observada en los países desarrollados.[14] El aspecto cuyo rumbo, a mi modo de ver, dista de quedar definido del todo en este final de siglo es el relativo a la unión libre. Tal nueva modalidad de unión (que se instala progresivamente y que constituye uno de los elementos centrales de la *segunda transición demográfica)* no ha adquirido una presencia significativa en nuestro medio de acuerdo con la información manejada. Esto no significa que no pueda hacerlo en un futuro próximo y de manera muy rápida, considerando su presencia histórica. Llama por lo demás la atención que hasta ahora la unión libre constituya un fenómeno típico de las edades jóvenes y que sea sólo en dichas edades en las que se haya incrementado levemente. Esto apunta, desde mi punto de vista, a una mayor selectividad del grupo de población que se une tempranamente: la proporción de quienes se unen muy jóvenes es cada vez más reducida, pero quienes lo hacen ingresan preferentemente en unión libre.

Los cambios de la nupcialidad que acabamos de apuntar —primeras uniones más tardías entre las mujeres, edades más próximas de los cónyuges, menor estabilidad de las uniones y la mayor propensión de los hombres a contraer nuevas nupcias (tema que no hemos abordado aquí)— deberían producir, en un futuro no muy lejano, transformaciones en las estructuras familiares y en las relaciones de género aun cuando la índole del vínculo conyugal permanezca predominantemente legal.

[14] Hay que recordar, sin embargo, que las tasas de divorcialidad son aún muy bajas en México, comparadas con las de los países que estarían inmersos en la denominada segunda transición demográfica, postulada primeramente por Van de Kaa (1987). En muchos de estos países uno de cada dos matrimonios termina en divorcio. Aquí no hemos abordado el tema.

Aportaciones de las encuestas al análisis de la nupcialidad femenina[15]

En esta parte del trabajo presentaremos algunos resultados obtenidos para el nivel nacional a partir de los datos de diversas encuestas levantadas en el país. La metodología utilizada para la estimación de los indicadores que exponemos sigue siendo la correspondiente al análisis demográfico clásico, adaptada, desde luego, a una información de carácter individual y no agregada, como cuando se trata de las estadísticas vitales y los censos.

México se incorporó tempranamente al uso de encuestas representativas. Así, tenemos que en 1964 se llevó a cabo la primera de ellas en la ciudad de México dentro de la serie de Encuestas Urbanas (Pecfal-U), realizadas en siete ciudades capitales latinoamericanas por el Centro Latinoamericano de Demografía (Celade). En seguida, el mismo Centro emprendió una segunda serie de encuestas, esta vez en las zonas rurales de varios países latinoamericanos; se trata de las encuestas conocidas como Pecfal-R y que en México se levantaron entre 1969 y 1970. Dicha encuesta y la Encuesta Mexicana de Fecundidad de 1976 (EMF) —primera encuesta con representación nacional— han sido las que mejor información sobre nupcialidad han captado al haber incluido en sus cuestionarios una historia completa de uniones para las mujeres entrevistadas. Hay que esperar hasta las Encuestas Nacional de Planificación Familiar de 1995 (Enaplaf) y la de la Dinámica Demográfica de 1997 (Enadid 1997) para volver a disponer de información detallada sobre la historia nupcial de las mujeres. En ninguna de las otras encuestas levantadas (1982, 1987 y 1992)[16] se introdujo una historia de uniones, aunque todas captaron alguna información sobre nupcialidad.

La información de la encuesta rural sirvió para efectuar los primeros análisis de la nupcialidad a partir de datos de encuestas, así como para establecer sus diferenciales según las características socioeconómicas. En los estudios existentes se advierte una inclinación muy clara por los análisis de tipo longitudinal. A este efecto, se reconstruyó la experiencia conyugal de cada uno de los grupos generacionales de mujeres rurales representadas en la encuesta (mujeres nacidas entre 1920 y 1954). Uno de los aspectos interesantes que surgió de este tipo de análisis fue identificar un incremento de la proporción de mujeres que contrajeron al me-

[15] Dado que en este apartado se reseñan principalmente los resultados contenidos en los libros que se citan a continuación, solamente se indicarán en el texto los autores y los trabajos que no figuren en dichas obras: Benítez y Quilodrán, 1983; Quilodrán, 1991 y 1998.

[16] Encuesta Nacional de Fecundidad (END, 1982); Encuesta Demográfica y de Salud (DHS, 1987); Encuesta de la Dinámica Demográfica (Enadid de 1992).

nos una unión entre las generaciones nacidas en los años veinte y las de los años treinta. Este hecho fue refrendado más tarde mediante un análisis semejante efectuado con datos de la EMF. En esta encuesta, la proporción de mujeres unidas en las generaciones 1932-1936 fue 10% superior al de las inmediatamente anteriores. Por otra parte, tanto los datos de la encuesta Pecfal-R como de la EMF confirman la estabilidad que revestían las uniones conyugales en los años cincuenta y sesenta: 27 años de duración promedio, alrededor de 15% de uniones interrumpidas por viudez, divorcio y separación, y pocas segundas nupcias (1.2 uniones en promedio por mujer). En el sector rural, 60% de las mujeres ingresaba en una unión conyugal antes de los 20 años, y su edad promedio al hacerlo era de 19 años (mujeres de 35 a 49 años al momento de la encuesta); en cambio, en el conjunto del país la proporción de unidos a los 20 años era menor (50% en las generaciones 1927-1941). Esta situación se mantuvo hasta los años setenta, cuando comenzaron a aparecer los primeros indicios de una postergación de la edad a la primera unión de las mujeres; lo anterior ocurre en las generaciones nacidas a finales de los años cuarenta y en los años cincuenta, pero se vuelve realmente notoria en 1980, cuando llegan a las edades casaderas las mujeres nacidas en el periodo 1957-1961. La postergación de la edad de ingreso a la primera unión se expresa en la evolución de las edades promedio:[17] 19 años en la encuesta Pecfal-R de 1970, 19.7 en la EMF de 1976 y 20.1 años en la END de 1982. Las concepciones prenupciales se vuelven, por lo demás, cada vez más frecuentes: 15.5% en la EMF de 1976 y 21% en 1987 (DHS). En 1970 (Pecfal-R) se registró una proporción de 25%, o sea que una de cada cuatro mujeres rurales se casaba o ingresaba embarazada en una unión consensual, pero sólo en 5% de los casos seguía soltera (ni en unión libre ni en matrimonio) al momento de nacer el hijo. Es decir, el embarazo venía a unir a la pareja al mantener la norma de que los niños deben nacer en el seno de una pareja donde los padres mantienen una relación estable como esposos o convivientes.

La reconstrucción de las historias de uniones que tuvo en cuenta el tipo de unión de la mujer resultó un ejercicio muy fructífero ya que permitió establecer —desde la época de la Encuesta de Fecundidad Rural (Pecfal-R)— que la índole de las uniones representaba un buen indicador respecto de las características socioeconómicas de las mujeres, así como de sus comportamientos frente a la nupcialidad y a la fecundidad. Esto propició que muchos de los análisis de la nupcialidad con datos de encuestas posteriores adoptaran la variable "tipo de unión" como cate-

[17] Mujeres de 35 a 49 años de edad al momento de la entrevista.

goría representativa de condiciones de vida y de reproducción diferentes. Las mujeres en uniones libres tienen menos educación que quienes se casan legalmente, trabajan con más frecuencia que éstas y, cuando lo hacen, se ubican en mayor proporción en el sector de los servicios domésticos; por lo demás, sus compañeros se desempeñan, casi la mitad de las veces, en labores correspondientes al sector agrícola. Paralelamente, son estas mismas mujeres las que se unen más temprano (en promedio, un año antes que las mujeres que contraen matrimonio) y presentan una mayor inestabilidad conyugal. Sin embargo, hay que matizar esta última afirmación, porque las uniones libres en México no constituyen de ningún modo uniones efímeras, ya que las estimaciones de que se dispone indican que duran un promedio de 24 años y que casi la mitad de ellas se legaliza.[18] Al volverse legales (es decir, al pasar a la categoría de "uniones libres legalizadas"), se convierten en el más estable de todos los tipos de uniones.[19] En la época en que el régimen de fecundidad era todavía "natural", es decir, antes de que se iniciara el proceso de transición hacia una baja fecundidad, este grupo de mujeres llegó a acumular tantos hijos como las que contrajeron directamente un matrimonio.[20] Sin embargo, una vez que comenzaron a descender los niveles de la fecundidad, las mujeres en uniones libres fueron quienes más tarde se incorporaron al uso de anticonceptivos (Juárez y Quilodrán, 1990).

Ahora, considerando los diferenciales según las características socioeconómicas, se observa que las mujeres analfabetas se unen en promedio tres años más temprano que las que han alcanzado el nivel de secundaria o más (17.2 y 20.8 años, respectivamente). Esta diferencia se reduce a dos años cuando la comparación se establece entre mujeres con cónyuges que trabajan en el sector agrícola o en el sector servicios. Por su lado, las diferenciaciones según grupos sociales han mostrado que cuanto mejores son las condiciones de vida de las mujeres, más tardíamente inician su vida sexual y marital, y mayor es también la proporción de ellas que se une legalmente. En cambio, entre las mujeres cuyos cónyuges pertenecen al grupo de asalariados, casi la mitad tiene su primera relación sexual antes de los 20 años e ingresa en su primera unión en promedio a los 20.6 años, una de cada cuatro veces en unión libre. En este grupo se concentra casi la mitad de los cónyuges de las mujeres en-

[18] Los datos de varias encuestas analizadas han confirmado que alrededor de la mitad de las uniones se legaliza.

[19] En la encuesta Pecfal-R la legalización se producía en un plazo promedio de cuatro años a partir de la fecha de inicio de la convivencia.

[20] Las mujeres en matrimonios civiles y religiosos pertenecientes a las generaciones 1932-1936 tuvieron una descendencia de 7.3 hijos en promedio y aquellas en uniones libres o consensuales, 6.1.

trevistadas y no cabe duda de que, por lo mismo, sus comportamientos dominan la dinámica de la nupcialidad aquí presentada y, en términos más generales, la dinámica demográfica del país.

Antes de terminar, quisiera señalar que después de aplicar un análisis de índole cualitativa sobre la nupcialidad, realizado mediante entrevistas a profundidad en varios puntos del país (Quilodrán, 1998), pudimos identificar una fuerte valorización, sobre todo de las mujeres, respecto de la institución matrimonial. Aun aceptando la unión libre como una forma de convivencia conyugal, el referente es el matrimonio no sólo civil sino civil y religioso porque se considera que la sanción de la Iglesia otorga estabilidad a la unión conyugal. Hay elementos de estatus relacionados con el matrimonio que convierten su consecución en objeto de negociaciones en la pareja y en las familias. De aquí que sea muy probable que en un futuro tengamos dos tipos de uniones libres en México: una tradicional que pugna por convertirse en legal y otra que constituye una opción al matrimonio. Esta última podría progresar más rápido.

Recapitulando, podemos decir que la mayoría de la población contrae al menos una unión durante su vida (95%), que esta unión se celebraba, hasta los años sesenta, alrededor de los 20 años en promedio para el caso de las mujeres, y un poco más de tres años más tarde en el caso de los hombres. Sin embargo, tal situación fue cambiando paulatinamente, y las generaciones de mujeres que llegaron a edades casaderas en los años sesenta habrían sido las primeras en retrasar su ingreso en uniones conyugales. Si tomamos como referencia los datos censales, tenemos que la postergación de la edad de las mujeres se manifiesta a partir de 1970 y la de los hombres, en 1990. De cualquier manera, los incrementos han sido modestos; pero al ser diferenciales entre hombres y mujeres, han contribuido a acortar la diferencia de edades entre los cónyuges. Otra característica de las primeras uniones en la actualidad es su carácter predominantemente legal —cuatro de cinco uniones son matrimonios legales y, de éstos, tres son matrimonios civiles y religiosos—. Cabría agregar también que, pese al incremento que experimenta la disolución de uniones por causas voluntarias, dichas uniones siguen siendo "estables" comparadas con las de otras latitudes.

COMENTARIO FINAL

La nupcialidad ejerce una influencia que podemos calificar de "indirecta" sobre la reposición de las poblaciones al regular esencialmente los intervalos intergeneracionales. La edad de ingreso a las uniones conyugales a pesar de su determinación profundamente cultural no es tampoco totalmente ajena a la biológica. En este sentido, la menarca ha constituido tradicionalmente el límite inferior de edad para iniciar una cohabitación conyugal, aunque la edad de ingreso a la primera unión se aleje cada vez más de ella. Otro aspecto importante: hasta fechas recientes la vida sexual y reproductiva de la mujer quedaba enmarcada de manera exclusiva dentro de la pareja establecida. La actividad sexual prematrimonial de las mujeres estaba fuertemente condenada, así como los hijos nacidos fuera de unión. La aparición de la tecnología anticonceptiva, y con ella la posibilidad de regular voluntariamente la fecundidad, ha venido a cuestionar el papel de la institución matrimonial como marco regulador de la sexualidad y la reproducción biológica de los individuos. De hecho, la revolución que acarrearon los anticonceptivos lleva aparejada la separación progresiva de estos dos últimos fenómenos y, con ello, el surgimiento de nuevas modalidades en la formación y evolución de la vida en pareja, facilitadas, a su vez, por cambios en otros ámbitos, como el acceso de la mujer a la educación y al trabajo remunerado.

El análisis que en este capítulo hemos hecho de la evolución de la nupcialidad en México durante el presente siglo expresa muy claramente la permanencia de un modelo de nupcialidad que sólo se transforma en su aspecto más cualitativo: el tipo de unión. Los cambios cuantitativos, es decir, de calendario e intensidad, son de poca envergadura y se refieren sólo a las mujeres.

Sin embargo, en este trabajo no se llega a dar una respuesta contundente respecto de uno de los rasgos distintivos de la *segunda transición demográfica:* el incremento de las uniones libres o consensuales. Los datos manejados indican que a finales de este siglo persisten los niveles y el patrón tradicional de una unión libre abundante en las edades jóvenes. La incógnita que subsiste es si las generaciones jóvenes (menores de 20 años en 1990) legalizarán sus uniones en la misma medida en que lo hicieron las generaciones anteriores. La interrogante que surge es si los incrementos experimentados por las proporciones de uniones libres responden a la acentuación del patrón preexistente —caracterizado por su legalización progresiva— o bien manifiestan un nuevo comportamiento entre los jóvenes, apegado más bien al que caracteriza la *segunda transición demográfica*. Si así fuera estaríamos en presencia, a finales del siglo XX en México, de la coexistencia de dos formas de unión libre: una tradicional, vinculada con los sectores más pobres de la población, y otra que estaría expresando una opción de rechazo hacia la institución matrimonial. Sin duda el Censo del año 2000 nos ayudará a dilucidar esta situación.

Bibliografía

Alberro, S., El amancebamiento en los siglos XVI y XVII: un medio eventual de medrar, México, El Colegio de México (mimeo).

Arrom, S. (1977), "Marriage Patterns in Mexico City, 1811", *Journal of Family History*, pp. 376-791.

Bachrach, C. A. (1987), "Cohabitation and reproductive behavior in the U. S.", *Demography*, 24: 623-637.

Becker, Gary S. (1981), *A Treatise on the Family*, Cambridge y Londres, Harvard University Press.

Benítez, Raúl, y Julieta Quilodrán (comps.) (1983), *La fecundidad rural en México*, México, El Colegio de México/Universidad Nacional Autónoma de México.

Blossfeld, H., y J. Huinink (1991), "Human capital investments or norms of role transition? How women's schooling and carreer affect the process of family formation", *American Journal of Sociology*, 97: 143-168.

Booth, A., y D. Johnson (1988), "Premarital cohabitation and marital success", *Journal of Family Issues*, 9: 255-272.

Breslow, N. E., y N. E. Day (1975), "Indirect standardization and multiplicative models for rates, with reference to the age adjustment of cancer incidence and relative frequency data", *Journal of Chronic Diseases*, 28: 289-303.

Bumpass, L. L., y J. A. Sweet (1989), "National estimates of cohabitation", *Demography*, 26: 615-625.

Bumpass, L. L., J. A. Sweet y A. Cherlin (1991), "The role of cohabitation in declining rates of marriage", *Journal of Marriage and the Family*, 53: 913-927.

Burguière, A. (1986), *Historie de la famille*, París, A. Colin.

Calvo, T. (1987), *Guadalajara: capitale provinciale de l´occident mexicain au XVII siécle*, tesis de doctorado en Estudios en Ciencias Humanas, Universidad de París.

——— (1991), "Matrimonio, Iglesia y sociedad en el occidente de México", en *Familias novohispanas. Siglos XVI a XIX*, México, Centro de Estudios Históricos, El Colegio de México, pp. 101-108.

Carlson, E. (1985), "Couples without children. Premarital cohabitation in France", en Kingsley Davis (comp.), *Contemporary Marriage: Comparative Perspectives on a Changing Institution*, Nueva York, Russell Sage Foundation.

Carrasco, P. (1991), "La transformación de la cultura indígena durante la Colonia. Los pueblos de indios y las comunidades", en *Lecturas de*

Historia Mexicana, 2, México, Centro de Estudios Históricos-El Colegio de México, pp. 1-29.

Castañeda, C. (1991), "La formación de la pareja y el matrimonio", en *Familias novohispanas. Siglos* XVI *al* XIX, México, Centro de Estudios Históricos, El Colegio de México, pp. 73-90.

Cook, S. F., y W. Borah (1966), "Marriage and legitimacy in Mexican culture: Mexico and California", *California Law Review*, 2: 946-1008.

Cooney, Teresa M., y Dennis P. Hogan (1991), "Marriage in an institutionalized life course: First marriage among American men in the twentieth century", *Journal of Marriage and the Family*, 53: 178-190.

Dixon, R. B. (1971), "Explaining cross-cultural variations in age at marriage and proportions never marrying", *Population Studies,* 25: 215-233.

——— (1978), "Late marriage and non-marriage as demographic responses: Are they similar?", *Population Studies,* 32: 449-466.

Ermisch, J. F. (1981), "Economic opportunities, marriage squeezes and the propensity to marry: An economic analysis of period marriage rates in England and Wales", *Population Studies,* 35: 347-356.

Fawcett, J. P. (1974), "Psychological determinants of nupciality", *International Population Conference,* Lieja, 1973, vol. 2, pp. 19-30.

Glick, P. C., y G. B. Spanier (1980), "Married and unmarried cohabitation in the United States", *Journal of Marriage and the Family,* 42: 19-30.

Gonzalbo, P. (1991), "Familias novohispanas, ilustración y despotismo", en Hernández y Miño (coords.), *Cincuenta años de historia en México*, vol. 1, México, El Colegio de México, pp. 119-138.

——— (coord.) (1991), *Familias novohispanas. Siglos* XVI *al* XIX, México, El Colegio de México.

Haskey, J., y K. Kiernan (1989), "Cohabitation in Great Britain characteristics and estimated numbers of cohabiting partners", *Population Trends,* 58: 23-32.

Hill, K., y A. Palloni (1992), "Demographic responses to economic shocks: the case of Latin America", en *El poblamiento de las Américas,* vol. 3, Actas, Veracruz, pp. 411-437.

Hoem, B. (1988), *Early Phases of Family Formation in Contemporary Sweden,* Estocolmo, University of Stockholm, Section of Demography.

Hoem, J. M. (1986), "The impact of education on modern family union initiation", *European Journal of Population,* 2: 113-133.

——— (1987), "Statistical analysis of a multiplicative model and its application to the standardization of vital rates: a review", *International Statistics Review,* 55 (2): 119-152.

——— (1991), "La standarisation indirecte améliorée et son application à la divortialité en Suède (1971-1989)", *Population,* 6: 1551-1568.

Instituto Nacional de Estadística, Geografía e Informática (INEGI) (1994), *Estadísticas de matrimonio y divorcios, 1950-1992,* México, INEGI.

Instituto Nacional de Estadística, Geografía e Informática (INEGI) (1996), *Conteo de Población y Vivienda 1995,* Aguascalientes, INEGI.

——— (1997), *Estadísticas de matrimonio y divorcios, 1994-1995,* México, INEGI.

Koa, Van de "Europe's second demographic transition", *Population Bulletin,* vol. 42, núm. 1, pp. 3-57.

Kobrin, F. E., y L. J. Waite (1984), "Effects of childhood family structure on the transition to marriage", *Journal of Marriage and the Family,* 46: 807-816.

Kuznesof, E. (1991), "Raza, clase y matrimonio en la Nueva España: estado actual del debate", en *Familias novohispanas. Siglos XVI al XIX,* México, Centro de Estudios Históricos, El Colegio de México, pp. 373-388.

Landale, N. S., y R. Forste (1991), "Patterns of entry into cohabitation and marriage among mainland Puerto Rican women", *Demography,* 28: 587-607.

Lesthaeghe, R. (1983), "A century of demographic and cultural change in Western Europe: An exploration of underlying dimensions", *Population and Development Review,* 9: 411-435.

Liefbroer, Aart C. (1991), "The choice between a married or unmarried first union by young adults: A competing risk analysis", *European Journal of Population,* 7: 273-298.

Margadant, G. (1991), "La familia en el derecho novohispano", en *Familias novohispanas. Siglos XVI a XIX,* México, El Colegio de México, Centro de Estudios Históricos, pp. 27-56.

MacDonald, M. M., y R. R. Rindfuss (1981), "Earnings, relative income, and family formation", *Demography,* 18: 123-136.

McCaa, R. (1993), "El poblamiento de México decimonónico: escrutinio crítico de un siglo censurado", en *El poblamiento de México, una visión histórico-demográfica,* t. 3, México, Secretaría de Gobernación/Conapo, pp. 90-113.

——— (1996), "Matrimonio infantil, Cemithualtin (familias complejas) y el antiguo pueblo nahua", *Historia Mexicana,* vol. 46, núm. 1, México, El Colegio de México, pp. 3-70.

Ojeda, N. (1989), *El curso de vida familiar de las mujeres mexicanas: un análisis sociodemográfico,* México, Centro Regional de Investigaciones Multidisciplinarias (CRIM), UNAM.

Pebley, A., y N. Goldman (1986), "Legalización de uniones consensuales en México", *Estudios Demográficos y Urbanos,* 2: 267-292, México, El Colegio de México.

Pescador, J. J. (1992), *De bautizados a fieles difuntos. Familia y mentali-*

dades en una parroquia urbana: Santa Catarina de México, 1568-1820, México, El Colegio de México.

Quilodrán, J. (1974), "Evolución de la nupcialidad en México, 1900-1970", *Demografía y Economía,* vol. 3, núm. 1 (22), México, El Colegio de México, pp. 34-49.

——— (1978), "Análisis de la nupcialidad a través de la historia de las uniones", en *Investigación demográfica en México,* México, El Colegio de México, pp. 129-146.

——— (1979), "La nupcialidad en las áreas rurales de México", *Demografía y Economía,* vol. 13, núm. 3 (43), México, El Colegio de México, pp. 263-316.

——— (1980), "Tablas de nupcialidad para México", *Demografía y Economía,* vol. 14, núm. 4 (44), México, El Colegio de México, pp. 27-67.

——— (1983), "Análisis de la nupcialidad a través de la historia de uniones", en R. Benítez y J. Quilodrán (comps.), *La fecundidad rural en México,* México, El Colegio de México/UNAM, pp. 115-138.

——— (1985), "Modalités de la formation et évolution des unions en Amérique Latine", en *International Population Conference,* IUSSP, Florencia, pp. 269-280.

——— (1990), "Entrance into marital union and into motherhood by social sectors", en Bronfman, García, Juárez, Oliveira y Quilodrán, *Social Sectors and Reproduction in Mexico,* DHS/The Population Council, pp. 4-8.

——— (1990), "Particularidades de la nupcialidad fronteriza", *Estudios Demográficos y Urbanos,* vol. 5, núm. 3, México, El Colegio de México, pp. 479-502.

——— (1991), *Niveles de fecundidad y patrones de nupcialidad en México,* México, El Colegio de México.

——— (1992), "La vida conyugal en América Latina, contraste y semejanzas", en *Actas de la conferencia sobre el poblamiento de las Américas,* vol. 3, IUSSP, Veracruz, pp. 245-264.

——— (1992), "Peculiarities of border marriage patterns", en John Weeks y Robert Ham-Chande (comps.), *Demographic Dynamics of U. S.-Mexico Border,* El Paso, The University of Texas at El Paso/Texas Western Press, pp. 89-103.

——— (1998), *Le mariage au Mexique: évolution nationale et typologie régionale,* tesis doctoral en demografía, Universidad de Lovaina.

Rabell, C. (1978), "El patrón de nupcialidad en una parroquia rural novohispana. San Luis de la Paz, Guanajuato, siglo XVIII", en *Memorias de la primera reunión nacional sobre la investigación demográfica en México,* México, Consejo Nacional de Ciencia y Tecnología (Conacyt), pp. 419-432.

Rabell, C. (1991), "Estudios de la población y características de los jefes de los grupos domésticos en la ciudad de Antequera (Oaxaca), 1777", en P. Gonzalbo, *Familias novohispanas. Siglos XVI al XIX,* México, El Colegio de México, pp. 273-298.

——— (1992), "Matrimonio y raza en una parroquia rural: San Luis de la Paz Guanajuato, 1715-1810", en *Historia Mexicana,* vol. 42, núm. 1, México, El Colegio de México, pp. 3-44.

Rodríguez de San Miguel, Juan N. (1852), *Pandectas Hispano-megicanas,* México, Código General, t. II.

Roussel, L. (1992), "La famille en Europe Occidentale: Divergences et convergences (The Family in Western Europe: Divergences and Convergences)", *Population,* 47 (1): 133-152.

Trost, Jan (1978), "A renewed social institution: Non-marital cohabitation", *Acta Sociologica,* 21: 303-315.

United Nations (1990), *Patterns of First Marriage: Timing and Prevalence,* Nueva York, Department of International Economic and Social Affairs.

ANTICONCEPCIÓN EN MÉXICO

Daniel Hernández

INTRODUCCIÓN

En este capítulo se abordan diferentes aspectos de la adopción y uso de métodos anticonceptivos en México. Los anticonceptivos son las sustancias, objetos o procedimientos que se utilizan para impedir que se genere la capacidad reproductiva de un individuo (SSA, 1994). El uso de estos métodos ha revestido gran importancia en el descenso de la fecundidad durante los últimos 25 años.

El presente capítulo se centra primordialmente en el periodo de 1976 a 1995 y busca resumir las principales tendencias en cuanto al uso de métodos de planificación familiar en México. Se han elegido estos años, a partir de 1976, porque representan el periodo del que se dispone de información confiable en cobertura nacional sobre el tema, proveniente de varias encuestas sociodemográficas.[1] A partir de 1976 se inició la recolección, en intervalos no mayores de cinco años, de datos relativos al uso de anticonceptivos. La información de dichas encuestas se ha recabado en entrevistas directas a la población femenina en sus hogares mediante cuestionarios diseñados específicamente para tratar aspectos de la reproducción y maneras de regularla.

Asimismo, el año de 1976 coincide con una fase inmediatamente posterior al cambio en la orientación de la política de población del país, ocurrida a finales de 1973 y principios de 1974, en que se reconoce el derecho de toda persona a decidir libre, responsable y de manera informada acerca del momento y la cantidad de hijos que desea tener. Este hecho representa prácticamente el inicio de las acciones organizadas de planificación familiar en el país, que coinciden con el incremento en la cantidad de personas que utilizan un método anticonceptivo.

Hasta antes de 1974, el uso de la planificación familiar era muy limitado; la oferta y disponibilidad de los anticonceptivos se veían obstaculizadas

[1] Encuesta Mexicana de Fecundidad (1976); Encuesta Nacional de Prevalencia en el Uso de Métodos Anticonceptivos (1978); Encuesta Nacional de Prevalencia en el Uso de Métodos Anticonceptivos (1979); Encuesta Nacional Demográfica (1982); Encuesta Nacional de Fecundidad y Salud (1987); Encuesta Nacional de la Dinámica Demográfica (1992) y Encuesta Nacional de Planificación Familiar (1995).

por reglamentaciones en el área de la salud que limitaban su promoción.[2] Sin embargo, hacia finales de los años sesenta ya era posible identificar un incipiente uso de estos métodos, incluso en zonas rurales. Así, en 1969 cerca de 10% de las mujeres unidas en edad fértil en las zonas rurales habían utilizado ya un método anticonceptivo (García, 1983) y aproximadamente 5% eran usuarias de ellos (Hernández y Mojarro, 1983).

A finales de 1973 el enfoque de la política de población del gobierno de México se transformó, dejó de lado una visión pronatalista y recogió la preocupación cada vez mayor de diversos sectores de la sociedad acerca de los riesgos que planteaba el rápido crecimiento demográfico para el desarrollo económico y social del país. En ese año se reformaron el artículo 4° de la Constitución y la Ley General de Población (promulgada en 1947), lo cual amplió la oferta y disponibilidad de los métodos para regular la fecundidad.

Preferencias reproductivas

Uno de los aspectos primordiales dentro del proceso de cambio en los patrones de fecundidad y, por lo tanto, en el uso de métodos anticonceptivos, es que la población identifique como ventajoso tener menos hijos que los que habían tenido las personas en el pasado. Uno de los factores más estrechamente relacionados con los comportamientos reproductivos son los ideales de las personas respecto de la cantidad de hijos y el momento en que se desea tenerlos. En este sentido, no puede haber cambio demográfico sin un cambio previo en las ideas y percepciones de las personas.[3]

Las preferencias reproductivas han cambiado rápidamente en México. Para explorar dicha transformación, se analiza la proporción de mujeres casadas o unidas que no desea tener un hijo más según diferentes paridades alcanzadas, esto es, que no desea tener un tamaño de familia mayor que el alcanzado (sólo se incluye a mujeres con al menos un hijo nacido vivo). Entre 1976 y 1987, dicha proporción aumentó, en especial entre las mujeres con dos o más hijos nacidos vivos.[4] Durante los últimos

[2] Artículo 24 del Código Sanitario de 1955. En ese artículo se prohibía la propaganda y venta de anticonceptivos.

[3] Coale ha propuesto tres condiciones necesarias para un cambio en la fecundidad marital: que la fecundidad esté dentro del cálculo de las decisiones conscientes, que la percepción de las circunstancias económicas y sociales haga aparecer como ventajosa una reducción de la fecundidad para las parejas y que estén disponibles técnicas efectivas para reducir la fecundidad (Coale, 1975).

[4] Este indicador está estandarizado por la estructura de paridad de las mujeres; se utiliza como patrón la estructura de 1976.

CUADRO 1. *Proporción de mujeres en edad fértil unidas que no desean otro hijo según hijos nacidos vivos: 1976, 1987 y 1995*

Número de hijos	*1976*	*1987*	*1995*
1	20.4	27.1	39.2
2	38.0	65.1	73.2
3	51.4	79.8	81.9
4 y más	78.5	90.1	93.2
TOTAL*	*61.8*	*77.4*	*82.2*

* Sólo incluye mujeres con uno o más hijos nacidos vivos. Estandarizado por hijos nacidos vivos.

años, este proceso ha continuado, aunque de manera menos marcada. En la actualidad, 93% de las mujeres con cuatro o más hijos no desean tener un nuevo embarazo, y entre las mujeres con dos y tres hijos estas proporciones son de 73 y 82%, respectivamente (cuadro 1).

Otro indicador para el análisis de las preferencias reproductivas es la cantidad ideal de hijos deseados por las mujeres unidas.[5] De especial interés es el análisis de las preferencias reproductivas de las mujeres que están iniciando su vida reproductiva (sin hijos o que solamente tienen uno):[6] en 1976, las mujeres unidas sin hijos expresaban un tamaño de familia deseado de cinco hijos; las que ya habían tenido un hijo deseaban en promedio 4.2 hijos. Una década más tarde se observan cambios drásticos, y en ambos casos el ideal de hijos es de 2.5 en promedio, cifra que prácticamente se mantiene sin cambio hasta 1995 (cuadro 2). Se considera que estos datos relativos a las mujeres de menor paridad en México indican que entre las mujeres jóvenes se ha acentuado la tendencia a tener una familia no numerosa.

CUADRO 2. *Número ideal de hijos que desean tener durante toda la vida mujeres en edad fértil unidas con paridad 0 o 1: 1976, 1987 y 1995*

Paridad	*1976*	*1987*	*1995*
0	5.0	2.5	2.3
1	4.2	2.5	2.5

[5] Para estudiar este aspecto, se han empleado dos tipos de preguntas. En 1976, en el cuestionario se indicó: "Si usted pudiera escoger exactamente el número de hijos para tener en toda su vida, ¿cuántos hijos tendría?". Para 1987 y 1995, la pregunta para las mujeres sin ningún hijo nacido vivo es muy similar. Para las que ya han tenido un hijo, se hizo referencia a la situación hipotética de: "Si usted pudiera regresar a la época en que no tenía hijos y pudiera escoger, ¿cuántos hijos tendría?"

[6] Las preferencias reproductivas de las mujeres con dos hijos o más son superiores a las de mujeres de menor paridad, lo que muy probablemente esté reflejando un *ajuste* en el número ideal reportado respecto de la paridad ya alcanzada.

Conocimiento sobre métodos anticonceptivos

Una de las condiciones necesarias para que se usen métodos anticonceptivos es que la población tenga noción de que hay distintos medios para evitar un embarazo. En este sentido resulta importante analizar la información sobre conocimiento de los métodos anticonceptivos. Se hace referencia al *conocimiento* en relación exclusivamente con el reconocimiento de que se dispone de distintos tipos de anticonceptivos, sin profundizar en la información con la que cuentan las personas sobre ellos, ya sea en sus mecanismos de acción o modo de aplicación por ejemplo. Estrictamente, se analizan datos sobre *estar enterado* acerca de los métodos de planificación familiar, aunque por convención se le denomine *conocimiento*.

Los datos se han obtenido de las respuestas *espontáneas* a una pregunta acerca de los métodos anticonceptivos que se conocen (o de los que se ha oído hablar). Además, se agregan las respuestas a preguntas explícitas sobre cada uno de los métodos mencionados de manera libre, lo que ha dado por llamarse *conocimiento con ayuda*.

Los cambios que se pueden observar en México en este aspecto han sido muy grandes. Hacia 1976, la proporción de mujeres en edad fértil, casadas o unidas, que espontáneamente reconocía usar un anticonceptivo ascendía a 62%. Es importante subrayar que no obstante los obstáculos normativos para la oferta y la disponibilidad de estos métodos en los años previos, ya amplios sectores de la sociedad reconocían su existencia. Una década más tarde, en 1987, conjuntamente las respuestas de conocimiento espontáneo y *con ayuda* superaban ya 90 %. En 1995, 88% de las mujeres unidas declaró espontáneamente conocer al menos un método de planificación familiar. Si se consideran los datos *con ayuda*, esta proporción se eleva a 95%.[7] Esto indica cómo en nuestro país el reconocimiento de la existencia de los anticonceptivos se ha extendido rápidamente y se encuentra muy difundido (cuadro 3).

Uso de métodos anticonceptivos: tendencias y diferencias

En 1976, apenas dos años después del cambio en la legislación relativa a los aspectos de población en México, una de cada tres mujeres casadas o unidas en edad fértil (15 a 49 años) regulaba su fecundidad mediante el

[7] En el análisis se considera a mujeres casadas o unidas, pues se supone que, dado que son la población que mantiene vida sexual activa, pueden mostrar el mayor interés por conocer los medios de que se dispone para evitar un embarazo, en caso de que eso deseen. Si se estudia a todas las mujeres en edad fértil, sin tomar en consideración su estado mari-

CUADRO 3. *Distribución porcentual de mujeres en edad fértil unidas según conocimiento de métodos anticonceptivos: 1976, 1987, 1995*

	Espontáneo			*Con y sin ayuda*			*No conoce*		
Método	*1976*	*1987*	*1995*	*1976*	*1987*	*1995*	*1976*	*1987*	*1995*
Pastillas	58.8	76.0	76.4	82.6	91.2	90.8	17.4	8.8	9.2
DIU	37.3	58.5	64.0	75.2	86.7	89.0	24.8	13.3	11.0
Inyección	27.0	53.4	57.0	68.5	86.7	87.2	31.5	13.3	12.8
Locales	0.2	40.2	44.1	35.9	74.0	79.1	64.1	26.0	20.9
Oclusión tubaria bilateral (OTB)	7.8	29.3	34.0	68.2	85.8	87.3	31.8	14.2	12.7
Vasectomía	1.7	9.8	18.8	38.6	67.1	72.3	61.4	32.9	27.2
Naturales	0.3	15.8	21.1	51.5	68.5	62.8	48.5	31.5	37.2

uso de algún método anticonceptivo.[8] Este porcentaje se incrementó en los siguientes años a un ritmo anual de entre dos y tres puntos porcentuales, hasta un nivel de 48% en 1982. Para 1987 la cobertura se estimó en 53%, lo que representó una ligera disminución en el ritmo de crecimiento de la cobertura. Sin embargo, este crecimiento parece haber recuperado su intensidad durante la última mitad de los años ochenta y la primera de los noventa, de manera que, en 1995, dos terceras partes de las mujeres unidas en México utilizan un método de planificación familiar para postergar, espaciar o limitar su descendencia (cuadro 4).[9]

Conjuntamente con el mayor uso de métodos anticonceptivos, se observa un decremento en la proporción de mujeres unidas en edad fértil que nunca ha usado la anticoncepción. En este sentido, para el análisis se pueden considerar tres categorías de población: usuarias de anticonceptivos al momento de ser entrevistadas; usuarias en el pasado pero no al momento de ser entrevistadas (ex usuarias), y mujeres que nunca han empleado un método (nunca usuarias). El porcentaje de mujeres unidas dentro de esta tercera categoría ha disminuido considerablemente: en la década de los años setenta, más de la mitad de las mujeres unidas nunca había utilizado un método de planificación familiar, en tanto que en la actualidad esta proporción asciende a sólo 20% (cuadro 5).

La mayor práctica de regulación de la fecundidad se presentaba en los grupos de edad centrales (25 a 39 años) hasta el año de 1982, en que se

tal, la proporción que conoce métodos anticonceptivos es muy alta de cualquier manera (93.1%).

[8] Se considera el uso de métodos anticonceptivos respecto de las mujeres casadas o unidas por ser éstas quienes tienen un mayor riesgo de embarazo, dado el supuesto de que mantienen una vida sexual activa.

[9] Si se considera al total de mujeres en edad fértil, el porcentaje de usuarias asciende a 43.2% en 1995.

CUADRO 4. *Porcentajes de mujeres que usan métodos anticonceptivos según grupos de edad y método usado, 1976-1995*

	1976	*1979*	*1982*	*1987*	*1992*	*1995*
Uso entre mujeres unidas						
Métodos modernos	23.1	32.0	41.5	44.8	55.0	57.3
Cualquier método	30.7	37.8	47.7	52.7	63.1	66.5
Porcentaje de uso por edad entre mujeres unidas						
15-19	14.2	19.2	20.8	30.2	36.4	36.1
20-24	26.8	37.4	45.7	46.9	55.4	57.1
25-29	38.8	44.5	56.5	54.0	65.7	67.7
30-34	38.3	49.6	59.8	62.3	70.1	75.2
35-39	39.2	42.8	57.6	61.3	72.6	78.8
40-44	25.9	33.3	42.9	60.2	67.4	70.8
45-49	12.0	16.3	22.1	34.2	50.5	53.1

alcanzaron porcentajes de uso de anticonceptivos cercanos a 60%. Sin embargo, los datos para los años siguientes muestran un desplazamiento que incluye edades mayores (25 a 44 años). El nivel de uso en estos grupos ha continuado incrementándose y en 1995 llega a ser incluso mayor que 75% en las mujeres entre 30 y 39 años de edad (cuadro 4).

El grupo de edad de mujeres de 45 y más años presentaba niveles relativamente bajos de cobertura desde 1976. Incluso en 1987 sólo una de cada tres mujeres unidas en estas edades era usuaria de anticonceptivos. Es una situación que parecería paradójica, ya que podría suponerse que precisamente las mujeres de mayor edad serían las que con mayor velocidad adoptarían el uso de anticonceptivos, dado que se trata de la población que en general tiene más hijos. No obstante, no es sino hasta la década de los años noventa cuando se observa un incremento sustantivo en los niveles de uso entre esas edades, de manera que una de cada dos mujeres que están en la etapa final de su vida reproductiva emplea estos métodos.

En el grupo de mujeres unidas más joven (15 a 19 años) continúa presentándose el menor uso de anticonceptivos. Si bien éste se ha incrementado del nivel de 20% en que prevaleció a finales de los setenta y principios de los ochenta, para 1987 se estimó en 30% y prácticamente se ha mantenido sin cambio durante la década de los noventa. Aunque se trata de un grupo de población de alguna manera *selecto,* dado que conforme ha ido en aumento la permanencia en la escuela de la población joven (en especial

CUADRO 5. *Distribución porcentual de mujeres en edad fértil unidas según condición de uso, 1976, 1987 y 1995*

	1976			*1987*			*1995*		
	Total	*Rural*	*Urbano*	*Total*	*Rural*	*Urbano*	*Total*	*Rural*	*Urbano*
Usuaria	30.7	14.1	43.1	52.7	32.5	31.8	66.5	52.8	71.3
Ex usuaria	16.1	10.6	20.2	17.5	15.9	18.3	13.8	14.7	13.4
Nunca usuaria	53.2	75.4	36.7	29.8	51.6	20.0	19.7	32.6	15.3

de las mujeres) se empieza a observar un *retraso* en la edad a la que se inicia la primera unión, no deja de ser un aspecto notable el que la población que comienza relativamente temprano su vida marital no esté haciendo algo para retrasar o aplazar un embarazo.[10]

DIFERENCIAS EN EL USO DE ANTICONCEPTIVOS

Si bien se tiene una significativa ampliación en el uso de métodos para regular la fecundidad en el país, continúan observándose importantes diferencias en esta práctica entre distintos grupos de la población. Así, el uso de los anticonceptivos ha sido menor entre las mujeres que viven en localidades rurales que entre las de zonas urbanas. No obstante, la brecha en el uso de anticonceptivos entre las dos zonas se ha reducido de manera continua. En 1976, el nivel de uso en las zonas urbanas era tres veces mayor que en las rurales; debe destacarse al respecto que en ese año en las zonas urbanas ya más de 40% de las mujeres unidas empleaba un anticonceptivo. En 1987, la diferencia entre ambos contextos era prácticamente del doble y en 1995, sólo 35% superior (cuadro 6). Sin embargo, incluso con estos importantes cambios, aún 32% de las mujeres casadas o unidas que viven en las zonas rurales de México nunca ha usado un método para regular su fecundidad, mientras que en las ciudades este porcentaje es de sólo 15% (cuadro 5).

Asimismo, el uso de la planificación familiar también es menor entre las mujeres de menor escolaridad. En 1976 solamente empleaba un anticonceptivo una de cada ocho mujeres unidas que nunca había asistido a la escuela y una de cada cuatro mujeres que no había concluido la prima-

[10] El inicio temprano de la reproducción incide en la fecundidad a lo largo de la vida. Así, las mujeres que tienen su primer hijo antes de los 18 años, alcanzan 12 años después una descendencia cercana a cinco hijos. En comparación, las mujeres que tienen su primer hijo a partir de los 23 años de edad presentan una fecundidad de tres hijos en los siguientes 12 años (Conapo, 1996).

CUADRO 6. *Proporción de mujeres en edad fértil unidas que usan métodos anticonceptivos según lugar de residencia y escolaridad, 1976, 1987 y 1995*

Características sociodemográficas	*1976*	*1987*	*1995*
Rural	14.1	32.5	52.8
Urbano	43.1	61.8	71.3
Sin escolaridad	12.8	24.6	48.5
Primaria incompleta	26.1	45.0	58.3
Primaria completa	42.0	62.0	67.8
Algún grado de secundaria y más	57.1	69.8	73.3

ria, en tanto que cerca de 60% de las mujeres con algún grado de secundaria o más los utilizaban. Estas diferencias se mantienen en términos relativos en la segunda mitad de los años ochenta. En la actualidad, conforme aumenta el nivel de escolaridad, sigue siendo mayor la proporción de mujeres unidas que usan métodos de planificación familiar, pero la diferencia ha disminuido. La prevalencia de uso en las mujeres unidas sin escolaridad es de 48%, en comparación con 68% de las mujeres que han concluido sus estudios de primaria y 74% para las que han cursado algún grado de secundaria o más (cuadro 6).

PATRÓN DE USO DE MÉTODOS ANTICONCEPTIVOS POR PARIDAD Y MEZCLA DE MÉTODOS

En las últimas dos décadas se han venido definiendo perfiles específicos en los patrones de uso de anticonceptivos por paridad (o sea, de acuerdo con la cantidad de hijos que se han tenido) y en el tipo de método que se emplea. Tales perfiles se analizan en dos momentos fundamentales de la vida reproductiva de las personas: al inicio de la reproducción y al final de ésta.

Uso de anticonceptivos en distintas paridades

Entre las mujeres unidas sin hijos, sólo 17.5% emplea anticonceptivos; aunque esta proporción es más alta que la observada en 1976, cuando únicamente 6.5% de las mujeres casadas o unidas en edad fértil sin hijos nacidos vivos empleaba un método para retrasar su primer embarazo (cuadro 7). Se debe destacar, además, que dicha práctica está muy poco

CUADRO 7. *Proporción de mujeres en edad fértil unidas que usan métodos anticonceptivos según número de hijos nacidos vivos y lugar de residencia, 1976, 1987 y 1995*

Número de hijos	*Rural*			*Urbano*			*Total*		
	1976	*1987*	*1995*	*1976*	*1987*	*1995*	*1976*	*1987*	*1995*
0	1.1	6.8	5.0	10.0	16.1	21.6	6.5	15.3	17.5
1	13.1	24.3	52.8	35.2	58.1	61.0	27.4	50.5	59.2
2	12.1	30.6	62.3	51.9	66.8	81.0	39.1	60.0	77.3
3	19.5	43.7	61.8	52.4	77.1	74.7	39.5	67.5	72.0
4 y más	15.0	34.1	53.1	45.2	63.0	79.4	30.7	51.3	70.3

difundida entre la población rural en comparación con la población urbana (5 y 22%, respectivamente). De tal manera, puede plantearse que en México sólo se han experimentado ligeros cambios en el inicio de la reproducción después del inicio de las uniones.

Sin embargo, conforme aumenta la paridad se presencia un sostenido incremento en la proporción de usuarias de métodos de planificación familiar. Así, la práctica del espaciamiento de los embarazos está cada vez más extendida entre las mujeres casadas o unidas. Tal espaciamiento es una conducta que favorece mejores condiciones de salud, debido a que los periodos cortos entre embarazos se traducen en mayores riesgos para la salud de las mujeres y la sobrevivencia infantil (National Research Council, 1989; Ross y Frankenberg, 1993). Así, se estima que el riesgo de mortalidad infantil en embarazos con menos de 18 meses de intervalo intergenésico es del doble, en comparación con nacimientos con espaciamiento más corto (Conapo, 1997).[11]

En cuanto a las mujeres casadas o unidas de mayor paridad —quienes se encuentran en las últimas fases del periodo reproductivo—, esto es, con cuatro o más hijos nacidos vivos, se aprecia una prevalencia de uso también en aumento. Es un cambio que favorece la salud de este grupo de población, ya que la presencia de embarazos de orden cuatro o más representa un riesgo para la salud de las mujeres y de sus hijos: la evidencia disponible indica que el riesgo de mortalidad infantil es 20% mayor respecto de embarazos de orden menor (Conapo, 1997).[12]

[11] Tal resultado se obtiene controlando en un modelo multivariado diversos factores, como la educación de la mujer, el orden de nacimiento, el lugar de residencia, así como las condiciones de la vivienda. El resultado considera también la mortalidad relacionada con intervalos entre embarazos de más de 59 meses.

[12] Dicho resultado coincide con lo señalado en diversos estudios en cuanto a que el efecto negativo sobre la salud infantil de los nacimientos de orden mayor es menos importante

CUADRO 8. *Distribución porcentual de usuarias de anticoncepción según método usado, 1976-1995*

Método	*1976*	*1979*	*1982*	*1987*	*1992*	*1995*
Pastillas	35.9	33.0	29.7	18.2	15.3	12.7
DIU	18.7	16.1	13.8	19.4	17.7	21.9
OTB	8.9	23.5	28.1	36.2	43.3	41.3
Vasectomía	0.6	0.6	0.7	1.5	1.4	0.9
Inyecciones	5.6	6.7	10.6	5.3	5.1	4.6
Preservativos y espermaticidas	7.0	5.0	4.1	4.7	5.0	5.1
Métodos tradicionales	23.3	15.1	13.0	14.7	12.2	13.4
TOTAL	*100.0*	*100.0*	*100.0*	*100.0*	*100.0*	*100.0*

Patrón de uso de los métodos anticonceptivos

Pasando al tipo de métodos anticonceptivos utilizados por la población (lo que se conoce como la *mezcla de métodos),* se observa un constante uso de métodos modernos en comparación con el uso de métodos naturales o de abstinencia periódica. En general, desde finales de la década de 1970, hay aproximadamente siete usuarias de métodos modernos por cada una de métodos naturales (cuadro 8).[13]

En 1976, las pastillas anticonceptivas (hormonales orales) eran el método más popular entre la población, circunstancia que persistió hasta principios de los años ochenta; su nivel de uso ascendía a 36% del total de mujeres usuarias en edad fértil y descendió aceleradamente, de manera que las pastillas anticonceptivas perdieron su preponderancia en la *mezcla de métodos:* en 1995 sólo una de cada ocho usuarias las consumía.

También se ha observado una disminución en la proporción de usuarias de hormonales inyectables. El uso de este método mostraba una tendencia ascendente hasta el inicio de los años ochenta, pero a partir de entonces

que el de los espaciamientos cortos (National Research Council, 1989; Ross y Frankenberg, 1993).

[13] En esta sección se hace referencia a todas las usuarias de anticonceptivos, que en su mayoría son mujeres casadas o unidas. Se denominan "anticonceptivos modernos" aquellos cuyo mecanismo de acción es mecánico o se basa en alguna sustancia. Entre éstos se incluyen los hormonales orales e inyectables, los implantes subdérmicos (el DIU), así como los métodos de barrera y espermaticidas (como los preservativos, las espumas, los óvulos y las jaleas); todos éstos son métodos anticonceptivos temporales, debido a que su efecto inhibitorio sobre la fertilidad no es permanente. Además, se consideran "modernos" los dos métodos quirúrgicos permanentes, como son la OTB y la vasectomía. Los métodos que se denominan "tradicionales" son los métodos naturales o de abstinencia periódica, que son de carácter temporal (SSA, 1994).

ésta se redujo y se mantuvo en 5% del total de usuarias. Dicho cambio respondió básicamente al retiro de tal anticonceptivo de los servicios públicos de salud, condición que sólo a últimas fechas ha cambiado.[14]

Por su parte, el dispositivo intrauterino (DIU) ha llegado a ser desde finales de los años ochenta el segundo método más utilizado; así, en 1987 una de cada cinco mujeres que regulaban su fecundidad lo empleaba. En 1995 siguió siendo el segundo método más utilizado, con una importancia relativa de aproximadamente 22% (cuadro 8).

El uso de los métodos quirúrgicos, sobre todo la oclusión tubaria bilateral (OTB), para limitar definitivamente la fecundidad ha aumentado de manera significativa. En 1976, sólo 9% de las usuarias había optado por limitar definitivamente su reproducción mediante el uso de la operación femenina. Esta cifra aparece como relativamente baja, dado que más de 60% de las mujeres unidas declaraba en ese año no desear tener otro embarazo; las causas de tal situación pueden estar relacionadas con la falta de información acerca del procedimiento (lo cual incluye datos suficientes para tener confianza en la seguridad del método) o de su oferta. No obstante, la proporción de usuarias de OTB se ha incrementado constantemente, hasta alcanzar 41% en 1995. Debe señalarse que por tratarse de un método no reversible, hay por fuerza un efecto acumulativo en el total de usuarias.[15]

Es necesario señalar que esta característica de irreversibilidad tuvo un efecto en el nivel de uso de anticonceptivos. De hecho, una vez que se controló el efecto acumulativo de la OTB, entre 1987 y 1995, el cambio en el uso de la planificación familiar hubiera sido de 53 a 59%; esto es, un incremento relativo de 11% en lugar de 26%.

Dinámica de uso de métodos

Diversos aspectos influyen en el proceso de selección de los anticonceptivos; por supuesto, son de gran importancia las intenciones reproductivas

[14] Esta decisión se basó en un elevado reporte de irregularidades menstruales y en su alta tasa de discontinuación temprana (esto es, la proporción de mujeres que dejan de usar el método poco tiempo después de haber iniciado su empleo: que dejan de usarlo continuamente) probablemente debido a la falta de información adecuada a las usuarias sobre tales efectos colaterales. Sin embargo, una mejor capacitación del personal de los servicios de salud, así como nuevas presentaciones de los inyectables y la disponibilidad de nuevos compuestos, han favorecido que se vuelvan a ofrecer en los servicios públicos.

[15] El otro método anticonceptivo quirúrgico y no reversible es la vasectomía, que sólo es empleado por 1% de los usuarios, proporción que se ha mantenido casi constante desde 1987. Aunque desde el punto de vista médico en ambos casos puede intentarse revertir la operación, el procedimiento requiere un proceso quirúrgico complejo y la tasa de éxito es variable y no muy alta, por lo que continúan clasificándose como "métodos definitivos" (Hatcher *et al.*, 1989).

CUADRO 9. *Distribución porcentual de usuarias de anticonceptivos según método usado y número de hijos nacidos vivos, 1987 y 1995*

Método	*1987*					*1995*				
	Hijos nacidos vivos					*Hijos nacidos vivos*				
	0	*1*	*2*	*3*	*4 y más*	*0*	*1*	*2*	*. 3*	*4 y más*
OTB	0.0	0.9	18.2	43.8	55.3	0.0	1.5	24.0	53.4	67.4
DIU	6.0	43.0	28.5	14.4	10.4	5.6	38.9	33.4	18.0	9.4
Pastillas	35.8	26.6	23.8	16.0	12.6	44.9	19.2	14.2	11.3	7.4
Métodos tradicionales	33.8	16.9	15.9	14.8	12.3	30.6	19.4	15.5	9.0	10.6
Inyecciones	10.2	7.8	6.	3 6.0	3.4	7.1	9.1	5.5	3.3	2.6
Preservativos y espermaticidas	14.2	4.7	5.8	3.4	4.2	10.5	11.7	7.0	2.4	1.9
Vasectomía	0.0	0.2	1.4	1.6	1.7	1.3	0.2	0.4	2.6	0.6
TOTAL	*100.0*	*100.0*	*100.0*	*100.0*	*100.0*	*100.0*	*100.0*	*100.0*	*100.0*	*100.0*

de las personas, ya sea que deseen espaciar el nacimiento de los hijos o limitar su número. Esta variable se vincula de manera estrecha con el tipo de métodos que utilizan, debido a que su efecto inhibidor sobre la fertilidad y su efectividad no es la misma.[16]

En cuanto a las mujeres sin hijos, de quienes ya se ha señalado que únicamente en un bajo porcentaje retrasan el inicio de su reproducción, por lo general usan hormonales orales y, en una proporción menor pero muy importante, métodos naturales (cuadro 9). Cabe señalar que ambos métodos presentan en México una efectividad relativamente baja, como se detalla más adelante.

Entre las mujeres con un hijo, el principal método empleado es el DIU, seguido de las pastillas y los métodos naturales, que usa una de cada cinco usuarias con esa paridad. Entre las mujeres con dos hijos prevalece de igual forma el DIU. Así, los datos indican que este método es el más utilizado para espaciar los embarazos ya desde mediados de la década de los ochenta; pero es de gran importancia también el aumento en la utilización de la OTB entre las mujeres de esta paridad, lo que indica la tendencia a que se limite la reproducción con un menor número de hijos que

[16] Otros aspectos que pueden influir en el proceso de selección del anticonceptivo son los efectos colaterales de los distintos métodos, los cuales afectan de diferente manera a las mujeres según su edad, así como diversas variables culturales y socioeconómicas que determinan preferencias diferenciales hacia los métodos, o algunos aspectos institucionales que determinan la oferta de los servicios y de los distintos métodos.

CUADRO 10. *Proporción de usuarias de oclusión tubaria bilateral sin uso previo de otro anticonceptivo, según lugar de residencia, 1987 y 1995*

	Sin uso previo	
	1987	*1995*
Urbana	37.6	30.0
Rural	54.4	42.7
TOTAL	*40.8*	*32.4*

en el pasado. Así, en 1987 18% de las usuarias con dos hijos utilizaba este método quirúrgico, y en 1995 dicho porcentaje se había elevado a 24%.

Como se podría esperar, al analizar la conducta de las mujeres con más hijos, la mayoría de las usuarias se concentra precisamente en la OTB: entre las que tienen tres, cuatro o más hijos, el porcentaje de usuarias de este anticonceptivo quirúrgico aumentó, entre 1987 y 1995, de 44 a 53%, y de 55 a 67%, respectivamente (cuadro 9).

Un aspecto importante es que casi una tercera parte de las usuarias de OTB optaron por tal método sin haber tenido experiencia anticonceptiva previa, esto es, que el método no reversible fue su primer anticonceptivo. Dicho acceso tardío a la planificación familiar es más evidente en las localidades rurales. Sin embargo, en comparación con lo que se observaba en el pasado, parece que en ambos contextos (pero principalmente en el caso de las zonas rurales) ha aumentado el acceso a los métodos anticonceptivos en etapas más tempranas de la vida reproductiva (cuadro 10).

Es importante abundar en este punto. Aunque una proporción importante de usuarias de la OTB inició su práctica anticonceptiva con ese método, debe subrayarse que en los últimos 10 años sólo 11% de todas la mujeres que empiezan a utilizar anticonceptivos lo hace con un método quirúrgico (cuadro 11). El mayor porcentaje de las mujeres con experiencia en la planificación familiar inicia su uso de métodos con las pastillas anticonceptivas desde mediados de los años setenta. No obstante, la proporción de mujeres que empieza la regulación de su fecundidad mediante un DIU se ha elevado. Asimismo, también el porcentaje de usuarias que iniciaron su práctica anticonceptiva con un método natural disminuyó drásticamente entre 1976 y 1987, y mantuvo una proporción cercana a 13% desde entonces.

Un hecho que resalta es que el método al que más frecuentemente se recurre como primer anticonceptivo (las pastillas) no sea uno de los métodos más empleados en la mezcla total, y que muestre una tendencia a un uso cada vez menor. En esta situación se conjugan no sólo las caracterís-

CUADRO 11. *Distribución porcentual de usuarias de anticonceptivos, según primer método usado, 1976, 1987 y 1995*

Primer método usado	*1976*	*1987*	*1995*
OTB	0.7	11.0	11.6
Vasectomía	—	0.3	0.1
Pastillas	41.1	41.2	33.3
Inyección	5.9	9.0	10.7
Locales	13.7	7.2	7.3
DIU	5.4	17.0	24.0
Ritmo/retiro	33.2	14.3	13.0
TOTAL	*100.0*	*100.0*	*100.0*

ticas propias de los hormonales orales, sino también aspectos de la provisión de los anticonceptivos, los cuales se analizan a continuación.

FUENTE DE OBTENCIÓN DE LOS MÉTODOS ANTICONCEPTIVOS

Al inicio de este capítulo se hizo referencia a la importancia que tiene la disponibilidad de técnicas efectivas de regulación de la fecundidad. Se ha argumentado que dicha disponibilidad denota una mayor difusión del conocimiento de la existencia de los distintos anticonceptivos; pero también debe considerarse la efectiva disponibilidad de dichos métodos, en el sentido de que haya puntos en los cuales las personas puedan acceder a ellos (una oferta efectiva de anticonceptivos). En tal sentido es importante hacer un análisis de las distintas fuentes a las que recurren las usuarias de anticonceptivos para obtener sus métodos.

Quizá el rasgo más característico sobre las fuentes de obtención de los anticonceptivos en México sea la gran importancia que tienen las instituciones de salud del sector público como lugar al que recurre la población para el suministro de sus métodos de planificación familiar. Ya desde finales de los años setenta, la mitad de las usuarias obtenía su método en una de estas instituciones (cuadro 12).[17] Hacia 1987, la proporción que utilizaba una fuente pública ya ascendía a 63%, y en 1995 era de 71%. Debe tenerse presente que, en números absolutos, satisfacer la demanda cada vez mayor de servicios ha representado una enorme tarea. Así, se estima que el sector público pasó de atender a 1.6 millones

[17] Aquí se hace referencia a la distribución porcentual de usuarias activas de métodos modernos según el lugar de obtención. Se excluyen los métodos naturales porque su uso no requiere ningún proveedor. No se presenta información sobre 1976 porque no se dispone de esos datos.

de usuarias en 1979 a 3.5 millones en 1987, y en 1995 era la fuente de suministro de 6.4 millones de usuarias: es decir, en aproximadamente 15 años el volumen de usuarias atendidas por estas instituciones se ha cuadruplicado.

Por su parte, las farmacias eran en 1979 la principal fuente de obtención de anticonceptivos: a ellas recurría 31% de las usuarias de anticonceptivos modernos. Aun cuando el sector privado en su conjunto ha perdido peso relativo como fuente a la que recurre la población para obtener los métodos que regulan la fecundidad (precisamente por una disminución de la importancia de las farmacias), éstas todavía representan en la actualidad la tercera fuente de suministro de anticonceptivos más importante en el país. El otro componente del sector privado de la planificación familiar, los consultorios privados, ha visto disminuida su importancia: en 1995 atendió a una de cada ocho usuarias del país (cuadro 12).

La distribución de los distintos tipos de anticonceptivos suministrados no resulta homogénea entre las instituciones del sector público y el sector privado. En las primeras es clara una tendencia hacia el predominio de los métodos que no son dependientes del usuario pero que, a su vez, requieren una atención clínica, como son la OTB y el DIU.[18] De hecho, en 1995 aproximadamente 85% de la población usuaria de dicho sector empleaba estos dos métodos. Por el contrario, en el sector privado el mayor peso relativo corresponde a los anticonceptivos hormonales (pastillas e inyecciones), aun cuando más de una cuarta parte de sus usuarias se concentra ya en mujeres que han decidido operarse para no tener más hijos (cuadro 13). Este patrón del tipo de anticonceptivos que se obtienen en los dos sectores aquí presentados está relacionado con un perfil específico de la población que recurre a ellos: en el primero, las usuarias tienden a pertenecer a grupos de paridad más elevada, en tanto que al sector privado acuden más frecuentemente usuarias con un menor número de hijos (cuadro 14).

Tal situación puede estar reflejando el efecto de ciertas orientaciones seguidas en la promoción y oferta de anticonceptivos en México. A raíz del cambio en la política de población del gobierno de México, se esta-

[18] Los métodos anticonceptivos también pueden ser clasificados como dependientes o no dependientes del usuario, de acuerdo con la frecuencia con la cual la persona que los usa debe hacer algo para que el método opere. Es claro que todo anticonceptivo depende del usuario por lo menos una vez, esto es, cuando decide iniciar su uso; pero en los métodos denominados como *no dependientes del usuario*, más adelante su intervención ya no es necesaria para que el anticonceptivo funcione: es el caso de la OTB, la vasectomía y el DIU. Por el contrario, las pastillas requieren que la persona recuerde tomarlas todos los días; necesita colocarse el preservativo en cada relación sexual, y los métodos de abstinencia periódica requieren un seguimiento cotidiano de diversos signos para poder reconocer los periodos fértiles.

CUADRO 12. *Distribución porcentual de usuarias de anticonceptivos, según fuente de obtención, 1979, 1987 y 1995*

Fuente de obtención	*1979*	*1987*	*1995*
Sector Público	51.1	62.7	71.1
IMSS	27.9	39.2	44.0
ISSSTE	3.9	5.0	6.9
SSA	14.7	14.9	16.6
Otro	4.6	3.6	3.6
Sector privado	48.9	37.2	28.9
Farmacia	31.3	21.9	15.8
Consultorio	15.4	14.0	12.2
Otro	2.2	1.3	0.9

CUADRO 13. *Distribución porcentual de usuarias de anticonceptivos, según método usado y sector de fuente de obtención, 1979, 1987 y 1995*

	Sector público			*Sector privado*		
	1979	*1987*	*1995*	*1979*	*1987*	*1995*
Pastillas	30.3	11.1	8.5	47.3	38.6	29.8
DIU	29.5	29.4	30.5	9.5	11.4	12.7
Quirúrgico	37.7	55.6	56.8	19.8	24.8	27.9
Inyección y local	2.5	3.9	4.2	23.4	25.2	29.5

CUADRO 14. *Porcentaje de usuarias de anticonceptivos que obtienen su método en el sector público o en el sector privado, según número de hijos nacidos vivos, 1995*

	Hijos nacidos vivos					
Sector	*0*	*1*	*2*	*3*	*4 y más*	*Total*
Público	10.2	55.1	63.7	79.5	80.9	71.1
Privado	89.8	44.9	36.3	20.5	19.1	28.9

blecieron programas oficiales de planificación familiar que ayudaron a desarrollar un eficaz sistema de distribución de anticonceptivos, a la *legitimación de una nueva práctica*, como era en su momento el uso de anticonceptivos, así como a la difusión de nuevas normas relacionadas con la conducta reproductiva, como la conveniencia de intervalos intergenésicos de mayor duración, edades (o rangos de edades) más apropiadas para tener el primero o el último hijo, así como el número ideal de hijos (Potter, Mojarro y Hernández, 1986; Alba y Potter, 1986; Lerner y Quesnel, 1994).[19]

Paralelamente al desarrollo del sistema de distribución y oferta de métodos anticonceptivos integrado en las instituciones de salud del gobierno (Alarcón, Correu y Martínez Manautou, 1985a), se hizo hincapié en promover los métodos modernos de planificación familiar, y en especial los que se consideraban *más eficaces, con menores efectos colaterales y con mayor continuidad* (García, 1985). De entre todos los anticonceptivos, en el sector público se subrayó la promoción del DIU y de la OTB, lo que actuó en detrimento de la oferta de otro tipo de anticonceptivos; esto significó que decayera cada vez más la importancia de los hormonales orales en el perfil de los anticonceptivos empleados en las instituciones públicas; pero, adicionalmente, se puede pensar en un efecto negativo para la promoción de anticonceptivos entre los grupos de población de menor paridad, los cuales en la mayoría de los casos, como indican los datos, muestran una preferencia hacia los hormonales orales en caso de desear regular su fecundidad.

Así, una parte importante de la promoción e información de este tipo de anticonceptivos recayó en el sector privado, de manera específica en el sector comercial, conformado por las farmacias; pero ello precisamente ha significado que las mujeres que desean iniciar su práctica anticonceptiva con hormonales orales deban recurrir en nuestro país sobre todo a agentes que no son los más capacitados para ofrecer toda la información acerca de las características del método, su forma de uso y los posibles efectos colaterales (en comparación con la labor que desarrollan médicos o enfermeras capacitados). Es un aspecto crítico, dado que los hormonales orales requieren una buena consejería para que su uso sea eficiente y seguro.[20]

[19] Estas normas se sustentan en los beneficios a la salud de la regulación de la fecundidad: "[...] fomentar tanto en la población como en el personal prestador de los servicios una idea más amplia de la planificación familiar, pasando del concepto simple de protección anticonceptiva a su identificación como una de las acciones fundamentales de la promoción y la protección de la salud de la población, especialmente materno-infantil" (Alarcón, Correu y Martínez Manautou, 1985a).

[20] Por "consejería" se entiende el proceso de análisis y comunicación interpersonal entre los prestadores de servicios y los usuarios potenciales o activos, mediante el cual se

La ampliación de los servicios de planificación familiar por parte de las instituciones públicas de salud se ha basado en diferentes estrategias, entre las que se pueden destacar que: los anticonceptivos se ofrecen gratuitamente;[21] se extendió la infraestructura de los servicios públicos de salud, en especial para la población rural (Alarcón, Correu y Martínez Manautou, 1985b; Alba y Potter, 1986), y se integraron los servicios de planificación familiar a los servicios de atención médica, en especial a los de atención primaria de la salud.[22]

Entre las diferentes estrategias que se derivaron de este último elemento sobresale la relativa al suministro de anticonceptivos durante la etapa inmediatamente posterior a un evento obstétrico, la que se fundamenta en la búsqueda de un mayor espaciamiento de los embarazos, a través de DIU y la OTB (Alarcón, Correu y Martínez Manautou, 1985a). Se debe señalar que esta entrega de métodos de planificación familiar posparto se ha visto favorecida por el incremento en la proporción de los nacimientos atendidos en instituciones públicas de salud, que entre 1982-1987 y 1992-1995 pasó de 41 a 60%. En dichos periodos, la proporción de mujeres atendidas en tales instituciones que durante el mes inmediato posterior al nacimiento de su hijo iniciaron el uso de un anticonceptivo osciló entre 36 y 40%.[23]

CONTINUIDAD DE LA ANTICONCEPCIÓN

En el análisis de la práctica anticonceptiva, uno de los aspectos que ha adquirido mayor importancia es la *continuidad en el uso*, esto es, el tiempo de uso continuo de la anticoncepción posterior a su aceptación. La continuidad puede ser entendida como la probabilidad de que la aceptante de un método anticonceptivo continúe siendo usuaria después de un tiempo; dicha continuidad se complementa con las causas de discontinuación o *abandono* de un anticonceptivo. Ambas pueden verse como indicadores

brinda a los solicitantes de métodos anticonceptivos elementos para que puedan tomar decisiones voluntarias, conscientes e informadas acerca de su vida sexual y reproductiva, así como para efectuar la selección del método más adecuado a sus necesidades individuales y de este modo asegurar un uso correcto y satisfactorio durante el tiempo que se desea la protección anticonceptiva (SSA, 1994).

[21] En este sentido, las instituciones de seguridad social (IMSS e ISSSTE) dan servicio sin costo a la población no derechohabiente y la SSA no cobra por otorgarlo.

[22] Tanto el primero como el tercer puntos están incorporados en el capítulo VI del Reglamento de la Ley General de Salud en materia de Prestación de Servicios de Atención Médica.

[23] Se trata de datos referidos a todos los nacimientos en cada uno de los periodos. Se considera que la aceptación en el mes posterior a la terminación del embarazo es un indicador que se aproxima a la aceptación posparto, la cual en sentido estricto ocurre antes de que la mujer deje la unidad de salud donde se atendió su parto.

del efecto global de la anticoncepción en cuanto a una práctica sostenida de regulación de la fecundidad.

En la continuidad se reflejan diversos elementos básicos del uso de los métodos de planificación familiar. En general, puede plantearse que al seleccionarse un anticonceptivo, dos son las preguntas básicas que realizan las personas: ¿va a funcionar?, y ¿me hará algún daño? (Hatcher *et al.*, 1989). En la medida en que el anticonceptivo responda a dichas preocupaciones de la manera que espera la usuaria, esto es, evitando un embarazo y sin causar daños a su salud, se puede suponer que empleará el método de manera continua durante un mayor tiempo.

En esta sección se presentan los resultados de la continuidad a los doce meses de su adopción con referencia al primer método empleado por las mujeres, para aceptantes de tres periodos distintos (1974-1979, 1982-1987 y 1990-1995).[24] Asimismo, se analizan datos sobre el abandono de los anticonceptivos (o sea, el embarazarse cuando se está usando el anticonceptivo), la presencia de efectos colaterales (molestias o daños a la salud reportados por la usuaria) y el deseo de embarazo.[25]

En general, para los cuatro anticonceptivos analizados (hormonales orales, inyectables, DIU y métodos naturales), se observa un descenso en la continuidad del primer método entre 1974-1979 y 1982-1987 (cuadro 15). Hacia finales de la década de los ochenta e inicio de los noventa se tiene, por el contrario, un aumento en la continuidad en el uso de los métodos hormonales. En el caso del DIU, la continuidad se mantiene sin cambio, pero de cualquier manera es el método anticonceptivo temporal que tiene

[24] La técnica que se utiliza es la tabla de vida de decremento múltiple (Kahn y Sempos, 1989). Con ella se calculan las tasas de continuidad cierto tiempo después de la adopción, así como las probabilidades de dejar de usar el anticonceptivo (abandonarlo) por una causa específica; éstas se conocen como "tasas netas de abandono" y en su cálculo se toma en cuenta que puede haber diferentes causas de abandono. Una de las principales ventajas de dicha técnica es que permite incorporar en el análisis a mujeres que al momento de la entrevista continuaban utilizando su anticonceptivo y para las que se conoce el tiempo de uso, pero no por cuánto tiempo más continuarán empleándolo. Para una descripción detallada del procedimiento, incluidos los criterios de uso continuo de un método, véase Aparicio, 1993. Cabe señalar que aunque las tasas de continuidad representan la probabilidad de acumular cierto tiempo de uso del método adoptado sin que ocurra un embarazo, ni se haya dejado de usar el método de manera continua, éstas se presentan por lo general como porcentajes. Además de la continuidad del primer método, se puede analizar la continuidad en la anticoncepción, o sea el periodo después de la adopción del primer método en que se ha estado regulando la fecundidad sin interrupción, incluido el cambio de anticonceptivos (United Nations, 1991). Los datos que se muestran para los dos primeros periodos se han tomado de Aparicio, 1993. Se presentan resultados únicamente para los métodos reversibles, en tanto que la continuidad para los anticonceptivos quirúrgicos es igual a la unidad (su tasa de falla es prácticamente nula y su efecto anticonceptivo, permanente).

[25] La suma de la tasa de continuidad y de las tasas de abandono es igual a 100%. En este caso, se omite la tasa de abandono por *otras causas*; así pues, la suma que se presenta no es igual a 100%.

CUADRO 15. *Continuidad en el uso de métodos anticonceptivos (primer método usado), 1974-1979, 1982-1987 y 1990-1995*

	Motivo de abandono											
	12 meses			*Falla*			*Efectos colaterales*			*Deseo de embarazo*		
Método	*74-79*	*82-87*	*90-95*	*74-79*	*82-87*	*90-95*	*74-79*	*82-87*	*90-95*	*74-79*	*82-87*	*90-95*
Pastillas	58.1	46.4	56.3	2.6	6.0	3.9	19.8	20.8	25.3	8.3	12.0	9.0
DIU	81.6	72.8	74.6	3.5	0.4	2.3	11.8	14.5	18.8	1.0	3.4	1.9
Inyección	48.9	36.3	45.9	2.0	3.5	7.6	25.8	23.5	24.3	6.2	6.2	8.4
Naturales	76.1	43.5	65.3	7.7	15.4	12.5	0.4	2.5	0.6	6.3	6.3	11.9

el más alto nivel: 75% de las aceptantes de este anticonceptivo lo seguían empleando a los 12 meses.

Respecto de las tasas de abandono de los métodos, si se pudieran atender por completo los dos aspectos referidos antes sobre la efectividad y seguridad en el uso de los métodos, se esperaría que se dejara de usarlos cuando las mujeres han cubierto su necesidad de protección anticonceptiva y desean tener un embarazo (Aguilar y Aparicio, 1993). Sin embargo, aunque puede apreciarse una ligera tendencia a un aumento en la tasa de abandono por dicho motivo entre 1974-1979 y 1982-1987, en el periodo más reciente ésta ha disminuido.

Por su parte, se destaca que los efectos colaterales son la principal razón de abandono de los métodos hormonales y del DIU. Por lo contrario, como era de esperarse, el abandono del uso por esta razón es prácticamente nulo entre las mujeres usuarias de métodos naturales.[26]

En cuanto al abandono por falla del método, el DIU presenta el nivel más bajo para 1990-1995, seguido por las pastillas y los inyectables. De manera inversa a lo que ocurre en cuanto a los efectos colaterales, la mayor tasa de falla reportada es la de los métodos naturales.

CAMBIO SOCIAL Y ANTICONCEPCIÓN

Una pregunta que surge frente al incremento en el uso de anticonceptivos en México es si la demanda por estos métodos ha sido resultado de

[26] Cabe señalar que se trata del abandono del método por efectos colaterales reportados por las mujeres. En muchos casos, puede tratarse de molestias menores que preocupan a la mujer pero que no representan un peligro para su salud. En todo caso, ello puede estar reflejando, por un lado, el efecto de una mala consejería que no informa a las usuarias de los problemas que pueden presentarse y que tienden a desaparecer con el tiempo; pero también podemos estar observando una mayor confianza de las usuarias para *cambiar* a otro anticonceptivo en cuanto se presenta alguna molestia, lo que puede ser resultado de una mayor *experiencia social* en la práctica anticonceptiva.

cambios sociales, en el sentido de que el incremento de los niveles agregados de uso de anticonceptivos sea efecto de la expansión de las proporciones de mujeres pertenecientes a grupos con mayor propensión a la práctica de la planificación familiar (como serían las mujeres urbanas o las que cuentan con mayor escolaridad), o si se está ante un proceso en que se ha incrementado la probabilidad de utilizar anticonceptivos en los grupos que en el pasado tenían una menor propensión a ello. En este último caso, se podría hacer referencia a efectos de procesos de difusión de nuevas conductas reproductivas y, en consecuencia, de procesos de convergencia entre distintos grupos de la sociedad en esa materia.

Mediante análisis multivariado de descomposición se pueden identificar los efectos de la composición social de las mujeres en el nivel agregado de la planificación familiar, así como de los cambios en la prevalencia de uso de métodos en distintos grupos sociales (Iams y Thornton, 1975; Njogu, 1991; Castro Martín y Njogu, 1994). En particular, se utilizan modelos de regresión logística, a partir de los cuales se pueden estimar los cambios entre distintos periodos; la diferencia $ln(p/(1-p))_{t+n} - ln(p/(1-p))_t$ se puede descomponer utilizando la siguiente ecuación (con el periodo t como base):

$$Logit_{t+n} - Logit_t = (\beta_{0t+n} - \beta_{0t}) +$$
$$\underbrace{\Sigma P_{ijt}(\beta_{ijt+n} - \beta_{ijt})}_{a} + \underbrace{\Sigma \beta_{ijt}(P_{ijt+n} - P_{ijt})}_{b} + \underbrace{\Sigma (P_{ijt+n} - P_{ijt})(\beta_{ijt+n} - \beta_{ijt})}_{c},$$

donde

β_0 = constante de la regresión,
P_{ij} = proporción de la j categoría de la variable i,
β_{ij} = coeficiente de regresión de la j categoría de la variable i.

El primero de estos productos *(a)* ofrece el componente de las tasas y refleja las diferencias en los coeficientes de regresión (pendientes); el segundo componente *(b)* es el de la composición y refleja la proporción del cambio que se deriva de la variación en las proporciones de población en las distintas categorías de las variables; el tercer producto *(c)* es el componente de interacciones, que indica el cambio conjunto en la proporción y los coeficientes.

En este ejercicio se comparan los periodos de 1976 y 1987, así como de 1987 y 1995, considerando un conjunto relativamente pequeño de variables: edad de las mujeres, nivel de escolaridad, lugar de residencia, paridad y deseo de más hijos. En el cuadro 16 se presenta la distribución

CUADRO 16. *Características sociodemográficas de las mujeres unidas en edad fértil no embarazadas y razón de momios de uso de métodos anticonceptivos, 1976, 1987 y 1995*

	Proporción de mujeres en cada grupo			*Razón de momios*		
	1976	*1987*	*1995*	*1976*	*1987*	*1995*
EDUCACIÓN						
Sin escolaridad	22.3	15.7	8.6	REF	REF	REF
Primaria incompleta	46.3	33.1	22.5	2.40	2.49	1.62
Primaria completa	14.3	25.1	26.5	4.33	4.92	2.43
Secundaria y más	17.1	26.1	42.4	8.10	11.51	4.73
RESIDENCIA						
Rural	41.9	3.0	25.6	REF	REF	REF
Urbana	58.1	7.0	74.4	3.60	2.35	2.24
EDAD						
15-24	22.4	20.7	19.1	REF	REF	REF
25-39	53.6	55.9	58.0	1.28	1.21	0.94
40-49	24.0	23.4	22.9	0.40	0.73	0.47
PARIDAD						
0	5.7	5.1	5.8	REF	REF	REF
1	10.2	13.7	15.8	5.46	4.48	9.65
2	13.6	18.1	23.0	7.84	6.63	16.75
3	13.3	16.6	19.9	8.98	11.28	12.46
4 y más	57.2	46.5	35.5	9.26	8.96	18.62
DESEO DE MÁS HIJOS						
Más	42.9	29.7	27.4	REF	REF	REF
No más	57.1	70.3	72.6	1.52	1.34	1.66

REF indica que se trata de la categoría de referencia para la estimación de la razón de momios.

porcentual de las mujeres unidas no embarazadas de acuerdo con las diferentes características introducidas, así como los estimadores del riesgo relativo para el uso de anticonceptivos que se obtuvieron de los modelos multivariados.[27]

Para el periodo de 1976 a 1987, los cambios en la composición de las mujeres explican aproximadamente una tercera parte del incremento en el uso de anticonceptivos en esos años, en tanto que 64% de éste refiere cambios en la propensión al uso (renglón de *Porcentaje del cambio total* en el cuadro 17).

Respecto de los cambios en la composición (columna 1 del mismo cuadro), destaca como el factor más importante el cambio en el nivel de escolaridad de las mujeres y, en menor medida, el lugar de residencia (con valores de 19 y 12%, respectivamente). Esto indica que el incremento en los niveles educativos de la población y la mayor urbanización del país desempeñaron un importante papel en el mayor uso de la planificación familiar en la segunda mitad de los años setenta y principios de los ochenta. Por lo contrario, los cambios en la composición de edad y paridad de las mujeres prácticamente no tuvieron efecto sobre la anticoncepción, como lo indican los pequeños valores que tienen. Asimismo, el efecto del mayor porcentaje de mujeres que ya no deseaban otro hijo entre 1976 y 1987 es reducido sobre el uso de anticonceptivos; en este caso, una posible explicación puede desprenderse del uso cada vez mayor de métodos para espaciar los embarazos.

En cuanto al efecto de los cambios en la propensión a utilizar anticonceptivos, el signo negativo que aparece en la columna 2 del cuadro 17 para el periodo de 1976 a 1987 respecto del tipo de localidad de residencia de las mujeres, denota que en el periodo hubo una reducción de las diferencias en las probabilidades de emplear anticonceptivos entre las zonas rurales y las urbanas. Sin embargo, la principal contribución a los cambios en la propensión al uso se dio por factores no considerados en el modelo (representado por el término constante, con un valor de 81%). Si bien varios factores que pueden afectar el uso de anticonceptivos no se incorporaron al modelo, aquí se puede estar reflejando el efecto de la difusión

[27] Considerar sólo mujeres unidas no embarazadas responde al interés de aproximarse a la condición de *exposición al riesgo de concebir*, que debe dar una medida más precisa del uso de anticonceptivos, pues excluye a las mujeres que no tienen razón para usar un método (por estar cursando un embarazo). El modelo de regresión logística permite obtener una medida del incremento en la probabilidad de que ocurra un evento en presencia de determinado factor en comparación con la probabilidad en ausencia de dicho factor. El indicador de tal *riesgo relativo* es una *razón de momios*. Si ésta es mayor que la unidad, quiere decir que la presencia del factor incrementa la probabilidad de que se presente el evento respecto de la ausencia del factor. Si es menor que la unidad, se debe interpretar que el riesgo disminuye. Y si es igual a la unidad, quiere decir que no hay variación en el riesgo, esté o no presente el factor (Kleinbaum, 1994).

CUADRO 17. *Descomposición de los cambios en el uso de anticonceptivos (Porcentajes)*

	1976-1987			*1987-1995*		
Factor	*Composición*	*Propensión*	*Interacción*	*Composición*	*Propensión*	*Interacción*
Educación	19	7	3	47	−80	−16
Residencia	12	−20	−4	5	−5	0
Edad	1	9	0	1	−35	0
Paridad	1	−3	0	−5	91	−2
Deseo	4	−6	−1	1	22	1
Constante		81			75	
TOTAL	*35*	*68*		*49*	*69*	*−18*
Porcentaje del cambio total	33	64.2	2.8	36.1	50.7	13.2

y oferta cada vez mayores de estos métodos, así como del mayor acceso a servicios de planificación familiar.

Para el periodo de 1987 a 1995, sigue siendo importante el componente de la conformación sociodemográfica de la población, el cual tiene que ver con más de 36% del incremento en el uso de anticonceptivos (de nuevo, renglón de *Porcentaje del cambio total* en el cuadro 17). Sin embargo, prácticamente todo el efecto corresponde al cambio en el nivel de escolaridad de las mujeres, el cual adquirió mayor importancia que en el periodo previo (como se aprecia en el valor de 47% de la cuarta columna del cuadro).

A su vez, el componente de la propensión al uso continúa explicando la proporción más elevada del incremento en la práctica anticonceptiva, aunque en menor medida que en el periodo anterior (50.7%, en el renglón de *Porcentaje del cambio total).* En este caso se vislumbran varios resultados notables. En primer lugar, aunque el término constante tiene gran importancia, presenta una ligera disminución en su peso relativo. En segundo lugar, se presentó una fuerte disminución en los diferenciales de la propensión al uso de anticonceptivos en las mujeres de los distintos grupos de escolaridad y edad (en especial en el primer caso, como lo señalan los signos negativos y la magnitud de los valores en la quinta columna del cuadro 17). En tercer lugar, y por lo contrario, el signo positivo en relación con la paridad y el deseo de más hijos indica que se incrementó la diferencia en las propensiones a emplear anticonceptivos entre mujeres de menor paridad respecto de las de paridad superior, así como entre las mujeres que deseaban otro hijo respecto de las que no lo deseaban.

Así, es claro que el cambio social ha desempeñado un papel de gran importancia en el aumento en el uso de los métodos anticonceptivos, pero los datos indican que ha sido mayor el efecto de la propensión a adoptar esta práctica entre todos los grupos sociales. Dicho resultado pone de relieve el proceso de difusión de la práctica de regulación de la fecundidad entre las mujeres con menores niveles socioeconómicos, así como los incrementos en la oferta de los anticonceptivos por parte de las instituciones públicas de salud que se han referido.

DEMANDA DE MÉTODOS ANTICONCEPTIVOS

No obstante el incremento en el uso de anticonceptivos, en México hay todavía una alta proporción de mujeres que no pueden satisfacer su deseo de regular la fecundidad. Una manera de aproximarse a esta situación es mediante el análisis de la llamada *demanda de planificación familiar*. Ésta hace referencia al deseo expreso de las mujeres casadas o unidas fértiles de limitar o espaciar sus embarazos.[28] Se formula el supuesto de que dicha población representa la *demanda total de métodos anticonceptivos* (Bertrand, Magnani y Knowles, 1994). A su vez, ésta puede dividirse en demanda para limitar y demanda para espaciar los nacimientos, según el deseo de las personas de tener un nuevo embarazo.

De acuerdo con tal perspectiva, se considera que si una mujer expresa su deseo de limitar o espaciar sus nacimientos, pero no practica la anticoncepción, se está en presencia de una condición de *demanda no satisfecha*; por el contrario, si la mujer emplea anticonceptivos, se tiene una *demanda satisfecha*.

Demanda de anticonceptivos y demanda no satisfecha

Entre 1987 y 1995, la demanda total de anticonceptivos entre las mujeres unidas fértiles prácticamente se mantuvo sin cambios: 77 y 81%, respectivamente (cuadro 18). De ésta, en ambos años aproximadamente 40% corresponde a la demanda de espaciar los nacimientos.[29] Sin embargo, entre 1987 y 1995 se experimentó una importante reducción de la demanda no satisfecha: casi una de cada tres mujeres que expresamente desea-

[28] Para definir la condición de "fertilidad" y "deseo de un nuevo embarazo" de las mujeres, se siguieron los criterios de Westoff y Ochoa (1991), así como de Westoff y Bankole (1996), en que se introducen consideraciones sobre la amenorrea y sobre el tiempo antes de un nuevo embarazo que se desea, entre otros.

[29] Estas proporciones se obtienen respecto de la demanda total de anticonceptivos.

Cuadro 18. *Distribución de mujeres en edad fértil unidas, según demanda de planificación familiar, 1987 y 1995*

	Demanda de planificación familiar							
1987	*Uso de anticonceptivos*		*Demanda no satisfecha*		*Sin demanda*	*Infertilidad*	*Falla del método*	Total
	Espaciar	*Limitar*	*Espaciar*	*Limitar*				
Edad								
15-19	27.3	2.9	19.3	6.1	37.2	5.7	1.7	100.0
20-24	35.8	11.0	13.9	9.3	20.8	3.7	5.5	100.0
25-29	29.3	24.6	11.3	11.7	13.4	4.5	5.1	100.0
30-34	17.3	45.0	8.1	13.3	8.5	4.6	3.2	100.0
35-39	7.6	53.6	7.9	18.4	4.6	5.4	2.4	100.0
40-44	5.0	55.2	4.8	18.4	1.9	11.5	3.2	100.0
45-49	0.8	33.4	6.4	27.2	0.8	30.2	1.2	100.0
Hijos nacidos vivos								
Ninguno	14.7	0.5	25.0	2.1	41.8	14.2	1.0	100.0
1	45.2	5.2	18.1	3.1	18.0	6.9	3.5	100.0
2	30.9	28.9	8.5	8.9	11.1	6.1	5.7	100.0
3	18.7	48.8	6.5	9.9	7.9	5.3	2.9	100.0
4 y más	6.9	44.3	6.5	24.2	6.1	8.6	3.4	100.0
Lugar de residencia								
Rural	12.4	20.1	16.1	22.9	16.6	9.4	2.6	100.0
Urbano	22.3	39.3	7.2	10.7	9.4	7.1	4.0	100.0
Escolaridad de la mujer								
Sin escolaridad	5.1	18.3	18.2	31.5	12.7	12.0	1.9	100.0
Primaria incompleta	11.1	33.6	10.9	19.8	11.9	8.8	3.8	100.0
Primaria completa	21.6	40.3	8.0	9.0	10.2	7.5	3.4	100.0
Secundaria o más	36.9	34.8	6.1	3.5	11.9	4.4	4.4	100.0
Total	*19.3*	*33.4*	*10.0*	*14.4*	*11.6*	*7.8*	*3.6*	*100.0*

CUADRO 18. *(Concluye.)*

	Demanda de planificación familiar							
1995	*Uso de anticonceptivos*		*Demanda no satisfecha*		*Sin demanda*	*Infertilidad*	*Falla del método*	*TOTAL*
	Espaciar	*Limitar*	*Espaciar*	*Limitar*				
EDAD								
15-19	35.3	0.8	29.6	1.7	27.6	–	5.0	100.0
20-24	43.3	13.8	13.5	5.7	22.1	0.5	1.1	100.0
25-29	40.2	27.5	6.8	6.3	14.2	1.0	4.0	100.0
30-34	26.9	48.2	6.4	7.8	5.8	4.4	0.5	100.0
35-39	12.7	66.1	3.0	6.7	3.8	7.4	0.3	100.0
40-44	5.9	64.9	3.2	7.4	3.0	15.5	0.1	100.0
45-49	5.8	47.3	0.4	9.8	2.7	34.0	–	100.0
HIJOS NACIDOS VIVOS								
Ninguno	15.7	1.8	38.4	0.8	21.9	20.2	1.2	100.0
1	41.7	7.4	12.5	2.0	20.5	3.8	2.1	100.0
2	40.0	37.3	4.7	4.9	9.6	2.5	1.0	100.0
3	19.2	52.8	3.2	7.7	6.5	7.7	2.9	100.0
4 y más	8.5	61.9	2.5	11.3	5.4	10.0	0.4	100.0
LUGAR DE RESIDENCIA								
Rural	23.5	29.2	10.6	11.4	13.6	10.8	0.9	100.0
Urbano	26.7	44.6	6.3	5.2	9.3	6.4	1.5	100.0
ESCOLARIDAD DE LA MUJER								
Sin escolaridad	10.2	38.3	7.8	15.0	6.9	21.4	0.4	100.0
Primaria incompleta	15.9	42.3	4.2	9.9	17.0	9.1	1.6	100.0
Primaria completa	25.8	42.0	9.5	6.5	8.1	7.2	1.0	100.0
Secundaria o más	33.6	39.7	7.9	3.8	9.2	4.2	1.6	100.0
TOTAL	*25.9*	*40.7*	*7.4*	*6.8*	*10.4*	*7.4*	*1.4*	*100.0*

ba regular su fecundidad no lo hacía. En 1995, esta proporción descendió a 18%. En ambos periodos la demanda no satisfecha para espaciar los embarazos es mayor que para limitarlos. Así, en 1995 22% de las mujeres que desean espaciar sus nacimientos no empleaban un anticonceptivo, en comparación con sólo 14% de las que desean limitar sus embarazos.

La demanda de anticonceptivos en 1987 era más elevada en las zonas urbanas que en las rurales (80 y 72%, respectivamente), diferencia que se mantiene en 1995, si bien ha aumentado un poco la magnitud de la demanda total por estos métodos en ambos contextos. Asimismo, la demanda no satisfecha entre mujeres que viven en zonas rurales es aún dos veces superior a la de las que viven en zonas urbanas.

Por otra parte, la demanda por anticonceptivos aumenta con el nivel de escolaridad de las mujeres unidas fértiles. Una segunda característica de la demanda de anticonceptivos es que la fracción de esa demanda derivada del deseo de espaciar los nacimientos tiende a incrementarse conforme aumenta el nivel de escolaridad. En tercer lugar, la demanda no satisfecha es mayor en las mujeres con menor escolaridad.

La demanda de anticonceptivos se incrementa con la paridad de las mujeres unidas. Entre las que aún no han tenido su primer hijo, ésta era inferior a 50% en 1987, pero en 1995 muestra un aumento. Tales datos corroboran que una alta proporción de las mujeres unidas sin hijos desea tenerlos en un corto plazo. Sin embargo, debe destacarse que al menos una de cada dos mujeres con esta paridad no desea un embarazo *pronto*. Para ellas, no obstante, la demanda no satisfecha de métodos de planificación familiar es incluso superior a la demanda satisfecha: en 1995, la primera representó 69% de la demanda total y la segunda, 31%.

Entre las mujeres que ya tienen dos o más hijos, la demanda de anticonceptivos se ha mantenido en la última década en aproximadamente 80%; la proporción de dicha demanda no satisfecha es sólo ligeramente superior a 10% entre las mujeres que tienen dos o tres hijos (después de disminuir más o menos 20% en 1987), pero aumentó a 18% en el grupo con cuatro o más hijos.

Características sociodemográficas y uso de anticonceptivos en el medio rural

Se ha señalado que la demanda no satisfecha de anticonceptivos es más elevada en el medio rural que en el medio urbano. Por ello, en esta sección se estudian las características sociodemográficas de las mujeres que viven en localidades rurales de nueve estados y su uso de anticonceptivos; el análisis se restringe únicamente a las mujeres con demanda de anticonceptivos. Mediante los resultados de un modelo multivariado, se presenta la probabilidad de que una mujer unida fértil que no desea un embarazo, ya sea durante un tiempo o de manera definitiva, esté empleando un anticonceptivo.[30]

Las características que se introducen en el análisis simultáneamente son: la edad de las mujeres, su nivel de escolaridad, su paridad y la condición de pobreza de sus hogares. Las categorías empleadas y los resultados del análisis multivariado se presentan en el cuadro 19.[31] Adicionalmente a las características individuales de las mujeres, se ha incluido en el modelo una variable relativa al acceso a los anticonceptivos: en este caso, se trata de la distancia a la unidad pública de salud que ofrece servicios de planificación familiar.[32]

Para las mujeres que viven en zonas rurales y que no desean un embarazo, la probabilidad de usar un anticonceptivo se incrementa claramente conforme el nivel de escolaridad es mayor, como lo indican los riesgos relativos (expresados como *razón de momios)* menores a la unidad para las mujeres sin escolaridad, con primaria incompleta y primaria completa, respecto de las mujeres que por lo menos cursaron un grado de secundaria (0.31, 0.46 y 0.58, respectivamente).

30 El modelo en cuestión es una regresión logística (Kleinbaum, 1994), y es adecuado para el análisis de una variable de respuesta dicotómica, como es el caso del uso o no de anticonceptivos entre mujeres que no desean un embarazo. Se analiza como categoría de respuesta el uso de métodos anticonceptivos, o sea, haber satisfecho la demanda de ellos.

31 La condición de pobreza de los hogares se estimó a partir de un sistema de puntajes derivado del análisis de las características de los hogares y de sus miembros (tamaño del hogar, edades de los miembros, escolaridad, asistencia a la escuela de los niños, participación económica, índice de dependencia, hacinamiento, características de la vivienda), utilizando como punto de partida una clasificación basada en el ingreso monetario per cápita de los hogares comparado con una canasta básica de consumo; el procedimiento es similar al descrito en el Programa de Educación, Salud y Alimentación (Progresa, 1997).

32 El análisis se realiza con datos de la Encuesta Nacional de Planificación Familiar de 1995. En 1996 se realizó un trabajo de campo dirigido a estudiar los servicios de planificación familiar que servían a la población de las localidades rurales visitadas en 1995 de nueve estados (Chiapas, Estado de México, Guanajuato, Guerrero, Hidalgo, Michoacán, Oaxaca, Puebla y Veracruz). Los datos de acceso se derivan de dicho trabajo de campo y la población considerada en este apartado se restringe a las mujeres rurales de los estados mencionados. Dado que la distancia a la unidad de salud es información de la localidad, ésta es la misma para todas las mujeres que habitan en ella, por lo que en el análisis debe tratarse como una característica de nivel distinto del individual. Por ello, se emplea una rutina de procesamiento especial que permite controlar esta condición *(svylogit* del paquete STATA). El procedimiento permite hacer el análisis considerando el diseño de muestreo, atendiendo a que las observaciones se toman en distintos niveles: puede ser de individuos o de localidades. En los casos en que se analizan los datos sin considerar que los individuos de una misma localidad comparten diversas variables, se tiende a sobrestimar la importancia de las variables y a subestimar los errores estandarizados.

CUADRO 19. *Razones de momios para uso de anticonceptivos de mujeres unidas en edad fértil con demanda de planificación familiar, medio rural de nueve estados, 1995*

Demanda	*Razones de nomios*
EDAD	
15-24	0.80
25-34	REF
35-49	1.29
ESCOLARIDAD	
Sin escolaridad	0.31
1º-5º	0.46
6º	0.58
Secundaria y más	REF
PARIDAD	
0	0.04
1	0.61
2	REF
3	1.26
4 y más	1.05
No pobres	REF
Pobres	0.34
A menos de cinco km	REF
5 a 10 km	1.09
10 km o más	0.55

REF indica que se trata de la categoría de referencia para la estimación de la razón de momios.

La probabilidad de usar un método de planificación familiar, por otro lado, es menor entre las mujeres con paridad cero y uno en comparación con las mujeres de paridad dos o más (no se encuentra una diferencia significativa en la medida de riesgo para mujeres con dos y más hijos). Asimismo, las mujeres que pertenecen a hogares en condición de pobreza extrema tienen un riesgo relativo de emplear un anticonceptivo tres veces menor que las que no son pobres.

En cuanto al acceso a los servicios públicos de salud, el riesgo de usar un método es prácticamente el mismo para mujeres que viven a menos de cinco kilómetros de una unidad con servicios de planificación familiar, que para las que viven en una localidad en la que estos servicios públicos se encuentran a una distancia de entre cinco y 10 kilómetros. Sólo cuando la unidad de salud más cercana está a más de 10 kilómetros (lo que sucede para una de cada ocho mujeres unidas fértiles de las zonas rurales), disminuye la probabilidad de uso de un método anticonceptivo entre las mujeres que no desean embarazarse.[33]

Estos resultados indican que el acceso a los servicios que ofrecen anticonceptivos es un factor de importancia para evitar la demanda no satisfecha de métodos de planificación familiar. Sin embargo, incluso controlando este acceso, es evidente la relación que tienen determinadas características sociales y demográficas de las mujeres (la condición de pobreza, así como una baja escolaridad y una baja paridad) con una demanda no satisfecha de medios para regular la fecundidad.

Razones de no uso de anticonceptivos

Para poder aportar más elementos que ayuden a comprender las causas de no usar anticonceptivos, resulta conveniente analizar las razones que expresan las mujeres para no regular su fecundidad, incluso cuando han manifestado su deseo de no tener un embarazo. Dado que la demanda no satisfecha es más elevada en el medio rural, el análisis se centrará en esta población, en especial en las mujeres de menor paridad y en condición de pobreza extrema (aunque se presentan los datos de mujeres que viven en zonas urbanas y que no emplean anticonceptivos, como medida de contraste).[34]

En 1995, una quinta parte de las mujeres que vivían en zonas rurales señalaba la *falta de información* sobre los distintos métodos anticonceptivos disponibles, que también adolece (aunque en mucha menor medida) *del desconocimiento* de las fuentes de obtención o de *la forma de uso* de los métodos como uno de los principales motivos por los cuales —no obstante que deseaban diferir, espaciar o limitar su descendencia— no utilizaban métodos de planificación familiar. Las proporciones que señalan este motivo entre las mujeres de menor paridad que viven en zonas rurales o en pobreza extrema son similares. Por lo contrario, sólo 9% de las mujeres de las zonas urbanas con demanda no satisfecha reportaron esta razón (cuadro 20), lo cual indica cómo aun cuando se cuente con acceso a las unidades de salud que ofrecen servicios de planificación familiar, hay en el medio rural falta de información sobre los métodos anticonceptivos (sus características o modo de acción), algo que desfavorece su uso.

Una proporción mayor (38%) de las no usuarias que viven en zonas ru-

[33] Si en lugar de analizar distancias se emplea el tiempo percibido que ocupa el traslado a la unidad de salud más cercana que ofrece anticonceptivos, los resultados son muy similares: el riesgo de uso de métodos disminuye hasta después de dos horas de traslado.

[34] El análisis corresponde a datos de 1995 y excluye a las embarazadas.

CUADRO 20. *Distribución porcentual de mujeres en edad fértil unidas no embarazadas con demanda insatisfecha de anticoncepción, según razones de no usar los métodos, lugar de residencia, paridad y condición de pobreza, 1995*

Razón de no usar métodos	*Urbano*	*Rural total*	*Paridad 0-1 hijos*	*Pobre*
Limitación de conocimiento	8.8	21.5	18.3	19.1
Oposición de pareja, religión	2.6	9.2	6.1	7.4
Efectos colaterales	31.7	38.1	28.2	42.7
No se embaraza con facilidad	29.4	12.0	25.5	10.7
Otra razón	27.5	19.2	21.9	20.1

rales señalan no emplear anticonceptivos debido al temor que tienen a los efectos colaterales (incluidos los que se teme que puedan afectar la lactancia). Entre las mujeres más pobres es aún más frecuente este tipo de razón (43%). De nueva cuenta, dicho tipo de causa puede desprenderse básicamente de la falta de información adecuada sobre las distintas opciones anticonceptivas disponibles, sobre sus mecanismos de acción y sobre sus posibles efectos colaterales.

Un grupo de razones que se ha argumentado que influye en no emplear anticonceptivos es la oposición de la pareja o de la propia mujer a la anticoncepción, incluidos factores religiosos. Cabe señalar que en el medio urbano no llega a 3% del total la proporción de mujeres con demanda no satisfecha que lo declara como motivo para no usarlos, y en el medio rural es de 9.2%.

CONCLUSIONES

El uso de métodos anticonceptivos es una práctica cada vez más generalizada en México que ha tenido un importante efecto sobre los cambios en la fecundidad. Con el fin de ilustrar este efecto, se puede emplear un modelo para estimar los nacimientos evitados debido al uso de anticonceptivos mediante el llamado *método de prevalencia* (Bongaarts, 1985). Con dicho procedimiento se puede obtener para un periodo determinado la diferencia entre la *fecundidad potencial* y la *fecundidad observada*; la primera se define como el nivel de fecundidad que existiría en el periodo de referencia cuando no se emplearan métodos anticonceptivos. El método utiliza datos agregados por grupos de edad específica *(a)*.[35]

[35] Los nacimientos evitados (NE) son iguales a:
$NE_a = (FP_a - TFF_a)POB_a$, donde
FP es el nivel de la fecundidad potencial, tal que

En el cuadro 21 se presentan los resultados para 1987 y para 1995. Así, se observa cómo a finales de la década pasada el uso de anticonceptivos evitaba anualmente poco más de 1.3 millones de nacimientos, cifra que asciende en 1995 a casi 2.3 millones. Es claro el importante efecto del uso de anticonceptivos sobre la fecundidad. Sin embargo, en la extensión del uso de métodos anticonceptivos en el futuro próximo se hace frente a circunstancias de orden cuantitativo y cualitativo que deben ser resueltas.

El mero sostenimiento de los niveles de uso de métodos actuales, frente a una población de mujeres en edad fértil en crecimiento, plantea la satisfacción de una gran demanda de anticonceptivos en términos absolutos. Así, mediante la utilización del modelo TARGET (basado en el modelo de Bongaarts de variables intermedias de la fecundidad), se prevé que, en el año 2000, 70.2% de las mujeres casadas o unidas usará algún método de planificación familiar, lo que en números absolutos representará 12.6 millones de usuarias, en comparación con los 10 millones de la actualidad.

En especial, puede pronosticarse que el uso de métodos podrá incrementarse en las zonas rurales, de manera que a finales del siglo alcance al 57% de las parejas de este medio. En las ciudades, por su parte, se calcula que la anticoncepción continuará siendo empleada por más de 75% de las parejas, como ya ocurre prácticamente en la actualidad. Esto denota la necesidad de llevar a cabo esfuerzos importantes para hacer frente a la demanda insatisfecha de planificación familiar en las regiones más rezagadas de México, donde los niveles de fecundidad superan por mucho el promedio nacional y donde la circularidad entre rezago demográfico y pobreza demandan acciones urgentes.

De modo muy significativo destaca la necesidad de continuar ampliando la oferta de métodos anticonceptivos; se considera para ello la ampliación de la *mezcla* de métodos anticonceptivos, de manera que haya una oferta adecuada y que satisfaga las necesidades de los diversos grupos de población. Esto es importante frente a la proporción cada vez mayor que representarán las mujeres de menor paridad en el total. Entre los aspectos relacionados con este proceso, puede subrayarse la conveniencia de hacer hincapié otra vez en los servicios de planificación

$FP_a = TEF_a/(1\text{-}C_a(U_a)$

TEF_a es la tasa específica de fecundidad marital del grupo de edad *a*.

U_a es la prevalencia de uso de métodos anticonceptivos de las mujeres unidas del grupo de edad *a*.

POB_a es el número de mujeres del grupo de edad *a*.

C_a es un coeficiente de elasticidad en función de la esterilidad por edades y de los niveles de efectividad del uso de anticonceptivos. Se utilizan los coeficientes que Bongaarts propuso en su trabajo.

CUADRO 21. *Nacimientos evitados por el uso de métodos anticonceptivos, 1987 y 1995*

Grupos de edad	*Prevalencia anticonceptiva*	*Tasas específicas de fecundidad (por cada 100)*	*Fecundidad potencial*	*Coeficientes de elasticidad*	*Población femenina (millones)*	*Efectos del crecimiento de la fecundidad (por cada mil)*	*Nacimientos evitados (miles)*
1987							
15-19	0.06	102.1	10.6	0.62	4.59	4	18.1
20-24	0.276	208.8	251.9	0.62	3.46	43	149.1
25-29	0.432	200.2	310.6	0.823	3.32	110	366.7
30-34	0.543	153.6	313.7	0.94	2.69	160	430.8
35-39	0.538	93.5	207.7	1.022	2.13	114	243.3
40-44	0.519	38.3	119.5	1.309	1.69	81	137.1
TOTAL							*1345.1*
1995							
15-19	0.06	87.7	91.1	0.62	5.1	3	17.3
20-24	0.305	178.7	220.4	0.62	4.7	42	195.9
25-29	0.518	170.6	297.4	0.823	4.1	127	519.8
30-34	0.661	119.6	315.9	0.94	3.5	196	686.9
35-39	0.711	71.5	261.6	1.022	2.8	190	532.2
40-44	0.637	31.2	187.8	1.309	2.2	157	344.4
TOTAL							*2296.4*

familiar, de modo que sean primordialmente *proactivos* en sus estrategias de información y difusión. Esto plantea lograr una orientación en la educación, comunicación, promoción y entrega de servicios hacia las etapas tempranas del ciclo reproductivo de las mujeres y las parejas, así como promover los métodos reversibles e informar acerca de ellos.

Coincidentemente, se requiere una mejora en la calidad de los servicios de planificación familiar en general, que propicie una oferta de métodos anticonceptivos que responda a los requerimientos de información, consejería y seguimiento del uso de los anticonceptivos, si se considera que, además de la población más joven, aún hay grupos con grandes carencias sociales que tienen poca experiencia en la práctica anticonceptiva.

La posibilidad de que la procreación sea planeada —en el mejor sentido de buscar el más alto provecho y la más alta realización afectiva de las personas, con estricto respeto de sus ideales reproductivos— es el aspecto más beneficioso del uso de métodos anticonceptivos.

Bibliografía

Aguilar, E., y R. Aparicio (1993), "La continuidad en el uso de métodos anticonceptivos en México", en J. G. Figueroa (comp.), *El entorno de la regulación de la fecundidad en México,* México, SSA.

Alarcón, F., S. Correu y J. Martínez Manautou (1985a), "Operación del programa de planificación familiar en el medio urbano", en J. Martínez Manautou y J. Giner (comps.), *Planificación familiar y demografía médica,* México, IMSS.

Alarcón, F., S. Correu y J. Martínez Manautou (1985b), "Atención primaria de la salud y planificación familiar en el medio rural", en J. Martínez Manautou y J. Giner (comps.), *Planificación familiar y demografía médica,* México, IMSS.

Alba, F., y J. Potter (1986), "Población y desarrollo en México: una síntesis de la experiencia reciente", *Estudios Demográficos y Urbanos,* vol. 1, núm. 1.

Aparicio, R. (1993), *Análisis del uso-efectividad de los métodos anticonceptivos,* México, SSA.

——— (1993), "Continuidad de la práctica anticonceptiva en México: cambios recientes", en J. G. Figueroa (comp.), *El entorno de la regulación de la fecundidad en México,* México, SSA.

Bertrand, J., R. Magnani y J. Knowles (1994), *Handbook of Indicators for Family Planning Program Evaluation,* North Carolina, The Evaluation Project.

Bongaarts, J. (1985), "A prevalence model for evaluating the fertility effects of family planning programmes", en United Nations, *Studies to Enhance the Evaluation of Family Planning Programmes,* Nueva York, ONU.

Castro Martín, T., y W. Njogu (1994), "A decade of change in contraceptive behaviour in Latin America: a multivariate decomposition analysis", *Population Bulletin,* núm. 36.

Coale, A. (1975), "The demographic transition reconsidered", en United Nations, *The Population Debate: Dimensions and Perspectives. Papers of the World Population Conference, Bucharest, 1974,* Nueva York, ONU.

Consejo Nacional de Población (Conapo) (1996), *Indicadores básicos de salud reproductiva y planificación familiar,* México, Consejo Nacional de Población.

——— (1997), *La situación demográfica de México, 1997,* México, Consejo Nacional de Población.

García, B. (1983), "Anticoncepción en el México rural, 1969", en R. Benítez y J. Quilodrán (comps.), *La fecundidad rural en México,* México, El Colegio de México.

García Zebadúa, A. (1985), "El proceso de programación", en J. Martínez Manautou y J. Giner (comps.), *Planificación familiar y demografía médica,* México, IMSS.

Hatcher, R., *et al.* (1989), *Contraceptive Technology,* Atlanta, Printed Matter.

Hernández, D., y O. Mojarro (1988), Cambios en la fecundidad y en la anticoncepción en el área rural de México, México, IMSS, mimeo.

——— (1998), "Mortalidad fetal y aborto", un capítulo del presente volumen.

Iams, H., y A. Thornton (1975), "Decomposition of differences", *Sociological Methods and Research,* vol. 3, núm. 3.

Kahn, H., y C. Sempos (1989), *Statistical Methods in Epidemiology,* Nueva York, Oxford University Press.

Kleinbaum, D. (1994), *Logistic Regression,* Nueva York, Springer Verlag.

Lerner, S., y A. Quesnel (1994), "Instituciones y reproducción", en F. Alba y G. Cabrera (comps.), *La población en el desarrollo contemporáneo de México,* México, El Colegio de México.

National Research Council (1989), *Contraception and Reproduction. Health Consequences for Women and Children in the Developing World,* Washington, National Academy Press.

Njogu, W. (1991), "Contraceptive use in Kenya: trends and determinants", *Demography,* vol. 28, núm. 1.

Potter, J., O. Mojarro y D. Hernández (1986), "Influencias de los servicios de salud en la anticoncepción en México", en *Memorias de la Tercera Reunión Nacional sobre la investigación demográfica en México,* tomo 1, México, UNAM/Sociedad Mexicana de Demografía.

Progresa (1997), *Programa de educación, salud y alimentación,* México.

Ross, J., y E. Frankenberg (1993), *Findings from Two Decades of Family Planning Research,* Nueva York, The Population Council.

Secretaría de Salubridad y Asistencia (SSA) (1994), *Norma oficial mexicana de los servicios de planificación familiar,* México, SSA.

United Nations (1991), *The Dynamics of Contraceptive Use,* Nueva York.

Westoff, Charles F., y Akinrinola Banlole (1996), "The potential demographic significance of unmet need", *International Planning Perspectives,* vol. 22, núm. 1, marzo.

Westoff, Charles F., y L. H. Ochoa (1991), "Unmet need and the demand for family planning, DHS", *Comparative Studies,* núm. 5, Macro International, Calverton, Md.

PATRONES DE LACTANCIA EN MÉXICO, 1973-1995

Marta Mier y Terán

Introducción

La importancia de la práctica de la lactancia radica en sus efectos positivos en la salud de los niños y, a la vez, en su efecto anticonceptivo. Hasta los cuatro o seis meses de vida, la leche materna proporciona al niño los nutrientes necesarios para un buen desarrollo, así como los agentes inmunitarios que lo ayudan a preservar su salud. Algunos autores afirman que la lactancia también favorece el desarrollo emocional del niño, al propiciar una relación más cercana entre madre e hijo.[1] Además, la práctica de la lactancia origina la prolongación del periodo de amenorrea posparto y, así, el retraso de una nueva concepción. La mayor duración del intervalo intergenésico evita el destete prematuro, el agotamiento nutricional de la madre y la competencia por recursos entre hermanos; todo ello redunda en beneficio de la salud de los niños y de la madre.[2]

La relación entre la lactancia y la salud depende de situaciones externas a las que hace frente el niño. Las ventajas de la lactancia son decisivas en sociedades en las que prevalecen condiciones de vida precarias, y donde la disponibilidad de sustitutos alimenticios adecuados es restringida, los riesgos de infección por los alimentos son constantes, el acceso a servicios de salud es limitado, el estado nutricional es deficiente y la práctica de la anticoncepción no está extendida.[3] Aun cuando las condiciones sean favorables para un buen desarrollo del niño, la lactancia contribuye a mejorar su salud.[4]

El contenido de proteínas, grasa, vitaminas y minerales en la leche materna es óptimo en las distintas fases de crecimiento de los menores. En los primeros días después del parto se secreta el calostro, sustancia rica en proteínas; más tarde, en la leche madura, el nivel de proteínas es tres veces menor que en la leche de vaca, lo que permite su fácil digestión.

[1] Sobre los beneficios psicológicos de la lactancia, véase Huffman y Lamphere, 1984. Sin embargo, a este respecto, VanLandingham y sus colaboradores (1991) opinan que la evidencia no ha sido hasta ahora contundente.

[2] Véase, por ejemplo, VanLandingham *et al.* (1991), Hobcraft *et al.* (1985), Palloni y Tienda (1986).

[3] Huffman y Lamphere (1984), Palloni y Millman (1986).

[4] Shah y Khanna, 1990.

La otra gran ventaja de la leche materna es su contenido de agentes inmunitarios que protegen contra infecciones bacterianas y virales del conducto gastrointestinal, así como contra alergias, obesidad y algunas enfermedades del metabolismo (Shah y Khanna, 1990).

En los países en desarrollo, se ha encontrado que el riesgo de enfermedades diarreicas aumenta en el momento de introducir complementos de la leche materna y que el riesgo es mayor entre los niños no amamantados, en comparación con los niños que reciben exclusivamente la leche materna (Shah y Khanna, 1990). En Vellore, India, por ejemplo, la proporción de infantes de seis a 22 semanas con enfermedades diarreicas es al menos cuatro veces superior entre los que reciben fórmula que entre los que reciben lactancia materna exclusiva.[5] También en los países desarrollados se han observado beneficios de la lactancia en la salud de los niños. Un estudio de Nueva Zelanda sobre el efecto del tipo de alimentación en las primeras 16 semanas de vida muestra que los niños alimentados con fórmula corren un riesgo de tener síntomas gastrointestinales cinco veces superior al de quienes reciben lactancia exclusiva; en el caso de infecciones respiratorias u otras, aunque los diferenciales son menos marcados, también los hay.[6]

En cuanto a la mortalidad, diversos estudios han mostrado que durante el primer año de vida los niños amamantados durante periodos más prolongados tienen mayores probabilidades de sobrevivir. Knodel y Kintner (1977) analizan datos sobre diversas poblaciones en la segunda mitad del siglo XIX y principios del XX y encuentran diferencias sustanciales en el nivel de la mortalidad durante el primer año de vida, según el tipo de alimentación; en poblaciones en las que la lactancia es generalizada y su duración prolongada, la mortalidad infantil es siempre más baja. Con datos sobre Malasia, Butz y sus colaboradores (1982) observan que los niños que reciben lactancia exclusiva durante el primer mes de vida tienen menos riesgos de morir tanto en el primer mes de vida como en los cinco meses siguientes, independientemente del tipo de alimentación en este segundo periodo; además, los niños que reciben lactancia exclusiva durante los primeros seis meses tienen una menor mortalidad subsecuente. En un estudio de 12 países latinoamericanos, Palloni y Millman (1986) encuentran una influencia importante de la lactancia en la sobrevivencia infantil; los efectos son mayores en los países con niveles de mortalidad más elevados y, en cada país, entre los grupos con menor educación. En Perú, Palloni y Tienda (1986) observan que entre los niños amamantados durante los primeros dos meses de vida el riesgo

[5] Unni y Richard (1988), citado en Shah y Khanna (1990).
[6] Fergusson *et al.* (1978), citado en Shah y Khanna (1990).

de fallecer es un tercio del riesgo de los que no recibieron leche materna; este riesgo relativo se mantiene por debajo de 60% para duraciones de lactancia hasta de un año.

En esta relación entre la lactancia y la sobrevivencia de los menores, es difícil distinguir los mecanismos mediante los cuales la lactancia influye en la salud. Como se vio, amamantar propicia un mayor espaciamiento entre los nacimientos, suministra una nutrición adecuada, permite la transferencia de agentes inmunitarios de la madre al bebé y evita la exposición precoz a los contaminantes del medio.

En un cuidadoso análisis de la bibliografía sobre la importancia del espaciamiento de los nacimientos en la salud materno-infantil, Winikoff (1983) concluye que hay indicios sobre la dirección del efecto de la lactancia pero que, para evaluar su magnitud, es necesario contar con mayor información. La autora afirma que, en muchas sociedades, las prácticas tradicionales de lactancia propician un espaciamiento entre los nacimientos que evita los mayores riesgos relacionados con intervalos muy cortos; también señala la importancia de la lactancia en países de alta fecundidad y alta mortalidad, y los riesgos que entraña el abandono de los patrones tradicionales.

Estudios más recientes han mostrado claramente que los intervalos intergenésicos muy cortos actúan en detrimento de la salud de la madre y de los hijos en los dos extremos del intervalo. El embarazo, el parto y la lactancia exigen de la madre un gran desgaste de energía, por lo que un intervalo intergenésico corto le impide recuperarse antes del inicio de un nuevo desgaste, y aumenta el riesgo de tener un hijo subsecuente de bajo peso; asimismo, la probabilidad que estos niños de bajo peso tienen de sobrevivir es menor.[7] Además, un nuevo embarazo ocasiona una interrupción prematura de la lactancia y un consecuente incremento en el riesgo de muerte del hijo mayor. También, el corto espaciamiento entre hermanos plantea mayor competencia por recursos, en especial atención de la madre y la comida.

En Nepal, por ejemplo, donde la lactancia es prolongada, la mortalidad alta y el uso de anticonceptivos escaso, tanto la duración del intervalo precedente como la del subsecuente tienen un efecto sustancial en la mortalidad infantil, y este efecto actúa mediante la lactancia (Retherford *et al.*, 1989). Forste (1994) encuentra en Bolivia que intervalos cortos aumentan el riesgo de muerte durante los primeros dos años de vida de los niños precedentes y subsecuentes. La autora afirma que el diferir la siguiente concepción a más de 24 meses hace que la probabilidad de que el niño

[7] Hytten y Thomson (1961) afirman que un "amamantamiento satisfactorio representa el mayor estrés nutricional impuesto al cuerpo humano por un proceso fisiológico". Para las consecuencias del bajo peso en la salud del niño, véase McCormick (1985).

mayor sobreviva a su segundo aniversario se duplique. También señala la autora que el suspender la lactancia en los primeros meses de vida ocasiona que el riesgo de morir en los dos primeros años de vida se duplique respecto del de quienes continuaron con el amamantamiento. Por otra parte, Hobcraft y colaboradores (1985), en su análisis de la mortalidad infantil y de la niñez, encuentran una clara asociación con el espaciamiento entre los nacimientos; pero los autores afirman que el mecanismo más plausible para explicar la relación es el agotamiento materno.

No se conoce bien el proceso fisiológico mediante el cual la lactancia inhibe el ciclo ovulatorio (Winikoff *et al.*, s. f.; VanLandingham *et al.*, 1991); sin embargo, se sabe que cuando el bebé succiona, el impulso nervioso del pezón genera un incremento en los niveles de prolactina y estimula la liberación de betaendorfina, hormonas que inhiben la ovulación y la menstruación. La frecuencia e intensidad de las succiones son factores clave en el tiempo de reinicio de la ovulación y en la duración de la amenorrea, ya que cuanto más frecuentes e intensas sean las succiones, la liberación de hormonas será mayor (Pinto Aguirre *et al.*, 1998).[8] La lactancia reduce la fecundabilidad no sólo al ocasionar periodos de amenorrea más prolongados, sino también al disminuir la probabilidad de concebir una vez reiniciada la menstruación (VanLandingham *et al.*, 1991: 132).

A partir de la década de 1970-1979, se ha intentado medir las repercusiones del efecto anticonceptivo que tiene la lactancia en la fecundidad.[9] Se ha encontrado una sustancial influencia en la duración del periodo de amenorrea posparto, la cual puede variar de dos a cerca de 10 meses, en promedio, según la duración y características de la lactancia (Population Information Program, 1982: J-11; Knodel y Lewis, 1984; Pinto Aguirre *et al.*, 1998). Habicht y colaboradores (1985) encuentran que un mes de lactancia exclusiva origina un aumento de un mes en el periodo anovulatorio posparto; pero aun la lactancia con complementos tiene un fuerte efecto en la prolongación del periodo anovulatorio. John y sus colaboradores (1987) coinciden con estos hallazgos y encuentran en la zona rural de Bangladesh que la probabilidad de concepción más elevada se observa en los tres meses subsecuentes a la suspensión total de la lactancia; es decir, que periodos prolongados de lactancia, aun con complementos, originan intervalos intergenésicos largos. En un análisis de 20 países en desarrollo, Goldman y sus colaboradores (1987) obtienen estimaciones

[8] Por la dificultad para definir estas dos características del amamantamiento, en los estudios generalmente se acude a la distinción entre lactancia exclusiva y lactancia con complementos, ya que es plausible suponer una diferencia sustancial en la frecuencia e intensidad de las succiones entre estas dos modalidades de la lactancia.

[9] El efecto anticonceptivo de la lactancia ha sido conocido en diversas culturas desde hace siglos, por lo menos desde el antiguo Egipto. *Cf.* N. E. Himes, (1970), citado en Population Information Program, 1982: J-11.

del tiempo de espera para una nueva concepción del orden de tres cuartos de la duración mediana de la lactancia más siete u ocho meses.

En un estudio realizado en Santiago de Chile se encontró que la probabilidad acumulada de embarazo al terminar los primeros seis meses posparto era de 1.8% entre las mujeres amenorreicas que practicaban lactancia exclusiva; 27.2% entre las mujeres que menstruaban y que practicaban lactancia exclusiva y de 40.5% entre las mujeres que complementaban la lactancia.[10] En otro estudio realizado en México se observó que entre mujeres amenorreicas y con lactancia exclusiva, 100% no ovularon durante los primeros tres meses y 96%, durante los primeros seis meses.[11] Estos y otros hallazgos han llevado a afirmar que la lactancia es eficaz como método anticonceptivo durante los primeros seis meses ulteriores al parto, siempre que subsista la amenorrea y que el niño no reciba una cantidad significativa de complementos alimenticios.[12]

Otro factor que también está relacionado con la duración del periodo de amenorrea posparto es la nutrición. Ford y Huffman (1992) han encontrado que el estado nutricional materno está relacionado con la duración de la amenorrea posparto, pero no con la probabilidad de concebir una vez reiniciada la menstruación. Las autoras afirman que el estado de desnutrición se relaciona con una disminución del volumen y del contenido de grasa de la leche materna, de manera que el niño tendrá que succionar más seguido o más intensamente, lo cual propicia una prolongación del periodo de amenorrea posparto; en algunos países, la amenorrea relacionada con la lactancia puede contribuir hasta con cerca de la mitad de la duración de los intervalos entre nacimientos. En Bolivia, Forste (1995) encuentra que las mujeres de habla indígena, así como las que habitan en regiones en las que la población indígena es importante, tienen menor riesgo de concebir. La autora afirma que el estado nutricional deficiente explica la menor fecundabilidad entre estos grupos de población. Una influencia menos decisiva de la nutrición materna sobre la duración de la amenorrea se encuentra en el trabajo de Pinto Aguirre y sus colaboradores (1998); los autores emplean datos longitudinales sobre Guatemala y muestran que el efecto directo de la nutrición materna sobre la duración de la amenorrea es significativo sólo en algunos casos y que su influencia sobre los niveles de fecundidad es restringida.

La práctica del amamantamiento es determinada en gran parte por tradiciones, valores y normas culturales que pueden modificarse como adaptaciones a cambios en la organización familiar y en otros ámbitos.

[10] En Díaz y colaboradores (1982), citado en Winikoff (s. f.).

[11] En Rivera y colaboradores (1990), citado en Winikoff (s. f.).

[12] Véase "La lactancia: el 'nuevo' método anticonceptivo", *Family Health International* (1993).

Por ejemplo, una mayor participación de la madre en la actividad económica impedirá una lactancia exclusiva prolongada y favorecerá un destete prematuro; el acceso a alimentos sustitutos propiciará también una ablactación y una suspensión definitiva de la lactancia más tempranas. Además, el sector industrial —al promover el consumo de complementos y sustitutos de la leche materna—, y el sector médico —mediante prácticas hospitalarias, de recomendaciones sobre el tiempo de introducción de otros alimentos y sobre el uso de anticonceptivos— pueden influir de manera decisiva en las prácticas de alimentación temprana.

El estudio de los condicionantes de la lactancia puede abordarse desde distintas perspectivas complementarias entre sí: la de la sociedad en su conjunto, la de la diversidad entre culturas y la de las motivaciones y prácticas individuales. En la bibliografía, los estudios etnográficos basados en análisis comparativos señalan la importancia de la actividad económica femenina y de la disponibilidad de alimentos sustitutos de la leche materna (Hull, 1987). Estudios individuales muestran menor práctica de la lactancia entre mujeres que residen en zonas urbanas, que tienen mayor escolaridad, participan en la actividad económica y usan métodos anticonceptivos modernos (Akin *et al.*, 1986; Elo y Grummer-Strawn, 1991; Sharma y Rutstein, 1991; Trussell *et al.*, 1992).

La tendencia en el tiempo de estos condicionantes, así como la reducción observada de la práctica de la lactancia en ciertos países, hicieron temer un descenso drástico de ésta en los países en desarrollo. Tal preocupación ha sido mayor en países en los que tradicionalmente la lactancia ha sido muy prolongada y en los que la práctica de la anticoncepción no es difundida (Naciones Unidas, 1994). Los investigadores han dado importancia al estudio de los patrones de amamantamiento y de sus condicionantes; asimismo, organismos internacionales como la OMS y la UNICEF han dado prioridad a los programas de promoción a la lactancia.

En la bibliografía sobre la práctica de la lactancia, hasta hace unos años los trabajos sobre tendencias habían sido escasos. Ello se debía en gran parte a la ausencia de datos comparables que permitieran establecer evoluciones. Estudios recientes que emplean datos de encuestas de fecundidad han descubierto que, contrariamente a lo esperado, la práctica de la lactancia no ha variado significativamente en la mayoría de los países en desarrollo entre la década de 1970-1979 y la siguiente; más aún, en algunos de ellos tanto la incidencia como la duración han aumentado. Trussell y sus colaboradores (1992) analizan los datos de la Encuesta Mundial de Fecundidad para 62 países y de la Encuesta Demográfica y de Salud para 47 países, y encuentran que los cambios en la duración son modestos, independientemente de la dirección; de los países latinoamericanos que cuentan con información, Colombia, Ecuador y Perú experimentan claros incrementos en la duración de la lactancia. Elo y Grummer-Strawn (1991) muestran que en Perú, entre 1977 y 1986 la incidencia aumentó de 90 a 95% y la duración media creció tres meses; los autores aducen dos posibles explicaciones a esta tendencia: la promoción de la lactancia por parte del Ministerio de Salud y la crisis económica. Otro estudio sobre Honduras señala que tanto la incidencia como la duración de la lactancia aumentaron de manera significativa entre 1982 y 1987; los autores mencionan la coincidencia del aumento con la puesta en marcha del programa de promoción de la lactancia que trabaja con el personal de salud y promueve cambios en las prácticas hospitalarias.[13]

Para el caso de México, Trussell y sus colaboradores (1992) encontraron pocos cambios y una tendencia inconsistente entre 1976 y 1987. Otra publicación reciente sobre los niños nacidos vivos en los cinco años anteriores a la encuesta y sobrevivientes en el momento de la entrevista muestra una relativa estabilidad en el porcentaje de niños que nunca fueron amamantados y un leve pero consistente descenso en la duración de la lactancia entre 1976 y 1995 (Consejo Nacional de Población, 1996). En las localidades rurales de México, entre 1969 y 1981 no se observan cambios en la práctica del amamantamiento: la incidencia permanece alrededor de 91% y la duración media, cercana a los 15 meses (Mier y Terán y Mojarro, 1988).

En cuanto a los determinantes de la práctica de la lactancia en México, en diversos estudios se ha encontrado que las características socioeconómicas de las madres tienen un efecto importante en la práctica de la lactancia, aunque el contacto con el sector salud (ya sea mediante los servicios de planificación familiar o de atención materno-infantil) también ejerce una influencia decisiva. En la publicación del Consejo Nacional de Población (1996) se señala que el tamaño de la localidad de residencia, la escolaridad materna y el lugar de atención del parto son importantes condicionantes en la práctica de la lactancia entre 1976 y 1995. En las localidades rurales en 1981, los resultados de un modelo multivariado muestran que las mujeres que tienen contacto con las instituciones del sector salud son las que inician con menor frecuencia el amamantamiento; estas mujeres y las que tienen mayor escolaridad son las que practican la lactancia durante periodos más cortos (Mier y Terán y Mojarro, 1988). Asimismo, en la zona rural en 1976-1981, Sánchez (1988: 75) señala que el tiempo de traslado al lugar más cercano de comercio —lo cual refleja el acceso a sustitutos y complementos alimenticios— también está vinculado significativamente con la edad al destete.

13 "Honduras: aumenta la popularidad de la lactancia", *Family Health International* (1993).

En México, al igual que en muchos otros países en desarrollo, se han diseñado programas para promover la práctica de la lactancia. En 1988 y 1989 se puso en marcha el programa "Hospital Amigo del Niño y de la Madre" en el Hospital General de México.[14] Dicho programa tiene la finalidad de mejorar la calidad de la atención perinatal e incluye, entre otros objetivos, promover la lactancia materna; esta promoción se lleva a cabo mediante la capacitación del personal médico y de las madres, así como con la aplicación de cambios en las prácticas hospitalarias posparto. En 1996-1997, la cobertura del programa alcanzó a 85% de las unidades hospitalarias de la Secretaría de Salud.[15] En el Instituto Mexicano del Seguro Social, el programa se inició en 1992 y, a partir de 1994, adquirió mayor fuerza; en octubre de 1997, todos los hospitales del Instituto obtuvieron ya la certificación del programa "Hospital Amigo". Como resultado de la puesta en marcha de este programa de promoción de la lactancia, entre 1987 y 1995 se espera una reversión en la tendencia observada de reducción del amamantamiento; también se espera un cambio en los condicionantes de la práctica de la lactancia, particularmente en los relacionados con el contacto con las instituciones públicas del sector salud.

En párrafos anteriores se señaló la importancia de distinguir la lactancia exclusiva de la lactancia con complementos, por sus efectos diferentes tanto en la salud de los niños como en la duración del periodo de amenorrea posparto. Resulta entonces importante conocer no sólo la edad al destete, sino también la edad a la que se introducen los complementos alimenticios, así como el tipo de alimentos que primero se introducen en la alimentación de los niños. Huffman y sus colaboradores (1987) encuentran en la zona rural de Bangladesh una duración media de la lactancia de 32 meses y de la lactancia exclusiva de casi siete meses; los alimentos que primero se introducen son leche de cabra y de vaca, agua de cebada o de arroz y papillas de arroz y de trigo. Asimismo, los autores observan que las madres con mayor escolaridad introducen complementos a edades más tempranas y eligen con mayor frecuencia los líquidos como primeros complementos. En Perú, Elo y Grummer-Strawn (1991) observan interesantes aspectos de la introducción de los primeros alimentos; observan que, a pesar de que la duración de la lactancia es prolongada (17 meses en promedio), la introducción de complementos es temprana, ya que la duración media de la lactancia exclusiva es de sólo dos meses. La introducción de complementos sólidos es más tardía; en promedio, los sólidos se introducen casi a los siete meses. Entre los primeros complementos líquidos, el agua y las leches no son los más fre-

[14] Una evaluación de esta etapa del programa aparece en Vandale-Toney *et al.*, 1992.

[15] Consejo Nacional de Población (1997), "Segundo Informe de Avances del Programa Nacional de Población 1995-2000".

cuentes; sólo las mujeres con mayor escolaridad y las que residen en la ciudad de Lima son las que proporcionan la leche en polvo o fórmula.

Resulta fundamental que la edad a la que los niños reciben por primera vez otros alimentos sea la adecuada. La introducción prematura de complementos y sustitutos no es recomendable, sobre todo por las siguientes razones: *a)* entraña una exposición temprana a los agentes contaminantes del ambiente; *b)* al ocasionar una menor frecuencia e intensidad en las succiones, se reduce la producción de leche, lo cual propicia un destete prematuro y el efecto anticonceptivo de la lactancia también disminuye. En condiciones de higiene precarias y con problemas de acceso a la anticoncepción, el efecto nocivo es grande. Sin embargo, también resulta lesiva la introducción demasiado tardía de complementos alimenticios, porque llega un momento a partir del cual la leche materna ya no cubre los requerimientos cada vez mayores del niño y es necesario complementar la alimentación para que su desarrollo sea saludable.

En México, un estudio sobre los patrones de alimentación temprana en 1984-1987 muestra dos características desfavorables: la relativamente elevada proporción de niños que no son amamantados, pero, sobre todo, la introducción precoz de complementos alimenticios. Del total de niños, 16% no son amamantados; de los que sí reciben el pecho, dos de cada tres niños reciben alimentos líquidos en los primeros cuatro meses de vida, y uno de cada dos recibe alimentos sólidos en las mismas edades (Mier y Terán, 1991). Así, al igual que en otros países como Perú, la introducción de líquidos es más prematura, aunque en México a los seis meses la proporción de niños que recibe complementos líquidos y sólidos es ya la misma; los alimentos que primero se suministran son leche (con frecuencia en polvo), frutas y vegetales. En otro estudio basado en los mismos datos, Schlaepfer e Infante (1992: 599) señalan que las mujeres de estratos socioeconómicos más bajos amamantan durante periodos prolongados, pero con frecuencia posponen demasiado el inicio de la ablactación, lo que repercute de manera adversa en la nutrición infantil.

Hipótesis

En este trabajo dos son los objetivos centrales. El primero consiste en establecer la evolución de la incidencia y de la duración de la lactancia a lo largo de las últimas dos décadas, así como de los patrones de introducción de complementos alimenticios en México. El otro objetivo es analizar los condicionantes de la incidencia y de la duración del amamantamiento y sus cambios durante el periodo estudiado: 1973-1995.

Las hipótesis generales son las siguientes: *1)* los índices globales de la práctica de la lactancia en las dos décadas analizadas permanecen con leves variaciones; *2)* para los distintos grupos de mujeres, los índices sí varían en el tiempo, es decir, los condicionantes de la práctica de la lactancia sí se modifican en el periodo analizado; *3)* en la última década (1985-1995) se espera una mejora en los patrones temporales de la ablactación: una reducción del inicio demasiado prematuro o tardío.

En cuanto a los factores que inciden en la lactancia, a continuación se presentan los más importantes y se plantean hipótesis específicas sobre el efecto que tiene cada uno de ellos en la práctica de la lactancia en México.

Edad de la madre

La edad puede influir en la práctica de la lactancia por varias razones. En caso de haber cambios seculares, éstos afectan de distinta manera a las diversas generaciones y, en un análisis transversal, pueden aparecer como diferencias relacionadas con la edad. Otra razón es de orden fisiológico: debido a la reducción de la fecundabilidad con la edad, y a que un nuevo embarazo ocasiona la suspensión de la lactancia al hijo anterior, se esperarían periodos más prolongados de lactancia entre las mujeres de mayor edad. Smith y Ferry (1984) encuentran un aumento de la duración media a medida que aumenta la edad de la mujer.[16] En cuanto a la incidencia, Elo y Grummer-Strawn (1991) observan en Perú menor propensión al inicio entre las mujeres de mayor edad y aducen un efecto fisiológico para explicarlo: algunas mujeres adquieren una incapacidad fisiológica a medida que aumenta su edad. En las zonas rurales de México entre 1969 y 1981, como se mencionó, no se observan cambios en los patrones de lactancia y se encuentra una clara relación entre la edad de la madre y la práctica del amamantamiento: cuanto más jóvenes son las madres, mayores son la incidencia y la duración (Mier y Terán y Mojarro, 1988). En este trabajo esperamos encontrar una sobreposición del efecto de las generaciones —tendencia entre las más jóvenes a cierta reducción y, entre 1984 y 1995, a un aumento— y del efecto de la edad (reducción de la incidencia conforme aumenta la edad).

[16] También se observa un aumento de la duración de la lactancia con la paridad. Paridades altas revelan alta fecundidad, vinculada a valores y comportamientos más tradicionales, los cuales pueden favorecer la práctica de la lactancia. En sociedades en las que no se controlan los nacimientos, la edad y la paridad están fuertemente relacionadas. En este trabajo se optó por analizar el efecto de la edad.

Tamaño de la localidad de residencia

De los factores que tienen un efecto mayor en los patrones de lactancia, el tipo de localidad de residencia parece ser el más consistente (Akin *et al.*, 1986; Trussell *et al.*, 1992; Consejo Nacional de Población, 1996). En las zonas urbanas hay mayor conocimiento y acceso a alimentos complementarios y sustitutos de la leche materna, mayor acceso a la anticoncepción y a los servicios médicos, así como mayor participación de las mujeres en la actividad económica: elementos todos que propician una menor práctica de la lactancia. No obstante, dado que los programas de promoción de la lactancia en el país se orientaron en un principio a las zonas urbanas, se espera una reducción en la última década de los diferenciales rural-urbanos en la práctica del amamantamiento, en especial en la incidencia.

Escolaridad de la madre

Los factores mencionados para las mujeres que viven en zonas urbanas también se aplican a las mujeres con mayor escolaridad, por lo que la práctica de la lactancia es menos frecuente entre ellas (Barros y Victora, 1990; Mier y Terán y Mojarro, 1988). Sin embargo, en años recientes, probablemente vinculada con un mayor conocimiento de los beneficios, se ha observado una tendencia al aumento en la práctica de la lactancia entre mujeres con mayor escolaridad.[17] Esta tendencia ya se había encontrado algunos años antes en ciertos países desarrollados; entre las mujeres con mayor escolaridad en los Estados Unidos, Suecia y Australia, se observó un aumento en la incidencia, aunque ningún cambio en la duración, que sigue siendo breve (Naciones Unidas, 1985). En este trabajo se espera encontrar un cambio en el tiempo en la relación entre educación y práctica de la lactancia; en especial se espera que las mujeres que han asistido durante más tiempo a la escuela tiendan a iniciar con mayor frecuencia el amamantamiento de sus bebés.

Actividad económica de la madre

La incompatibilidad de cierto tipo de trabajo materno con la lactancia es obvia; cuando la actividad se desarrolla fuera del hogar, con horarios prolongados y en ambientes en los que resulta imposible acudir con el bebé, es poco probable que la madre pueda prolongar la lactancia más allá del pe-

[17] Véase, por ejemplo, para Perú, Elo y Grummer-Strawn, 1991. Trussell *et al.* (1992: 302) encuentran para varios países, en especial en la observación más reciente, que la duración de la lactancia no decrece de manera monotónica al aumentar la educación de la mujer.

riodo de incapacidad, en caso de que lo haya.[18] Sin embargo, con frecuencia los estudios sobre el tema no son concluyentes, debido principalmente al desconocimiento de las condiciones de trabajo, así como al problema de la temporalidad, ya que por lo general se relaciona la actividad actual con la lactancia en el pasado. En este análisis no es posible salvar dicho problema de temporalidad, pues ninguna de las encuestas empleadas captó la historia laboral; no obstante, se espera mitigarlo al incluir en el análisis sólo los nacimientos ocurridos en los últimos tres años. Es de suponer que el trabajo no agrícola de la madre sea incompatible con duraciones prolongadas de amamantamiento.

Uso de métodos anticonceptivos

El uso de métodos anticonceptivos modernos está relacionado con una menor incidencia y duración de la lactancia (Trussell *et al.*, 1992; Akin *et al.*, 1986; Mier y Terán y Mojarro, 1988). Hay un efecto fisiológico entre ciertos anticonceptivos hormonales y la lactancia, ya que el uso de anticonceptivos hormonales inhibe la producción de leche (Hull, 1983).[19] No obstante, la incompatibilidad entre uso y lactancia no parece obedecer al efecto fisiológico, sino a que las madres más motivadas a limitar su fecundidad cambian la lactancia por otros métodos más efectivos (Gómez de León y Potter, 1989; Millman, 1986). En este trabajo no se analiza la relación temporal entre la lactancia y el uso pero, al limitar la anticoncepción al uso actual o ulterior al nacimiento (ocurrido en los últimos tres años), se espera encontrar un vínculo negativo estrecho entre el uso de anticonceptivos y la práctica de la lactancia; en especial, se espera que las mujeres usuarias de anticonceptivos efectivos —incluidos los hormonales— sean las menos proclives a continuar la lactancia durante periodos prolongados.

Acceso a servicios médicos

El acceso a los servicios médicos afecta la práctica de la lactancia, ya sea de manera directa al recomendar los trabajadores del sector salud la inclusión temprana de complementos alimenticios y la suspensión de la lactancia o bien de manera indirecta mediante prácticas hospitalarias en las

[18] En Perú, Elo y Grummer-Strawn (1991) encuentran una clara relación entre el trabajo materno y la duración de la lactancia.

[19] En cuanto a los otros anticonceptivos, se han encontrado indicios de que el dispositivo intrauterino favorece la producción de leche y de que el uso de métodos de barrera no está relacionado con la lactancia. Para sociedades en las que la abstinencia está vinculada con el amamantamiento, se ha planteado la hipótesis de que el deseo de renovar la práctica sexual puede llevar a las parejas a terminar anticipadamente la lactancia (Hull, 1983).

que se separa a la madre del niño y se proporcionan al recién nacido sustitutos de la leche materna (Mier y Terán y Mojarro, 1988; Potter *et al.*, 1987). Gómez de León y Potter (1989) observan una clara relación entre el tiempo de término de la lactancia y el inicio de la anticoncepción en las zonas rurales de México y plantean que ello puede deberse en parte a recomendaciones médicas.[20] En este trabajo se espera encontrar que las mujeres que reciben atención médica en el embarazo y el parto —momentos clave para incidir en las prácticas de alimentación temprana— sean las que menos practiquen el amamantamiento. Debido a los programas oficiales de promoción de la lactancia de los últimos años, entre 1987 y 1995 se espera un aumento en dicha práctica entre mujeres atendidas en instituciones públicas.

Tipo de parto

La intervención quirúrgica en la cesárea se refleja en una menor práctica de la lactancia. En Brasil, Barros y Victora (1990) descubrieron que los niños nacidos por cesárea son amamantados con la misma frecuencia que los nacidos por vía vaginal; sin embargo, reciben esta alimentación durante periodos menos prolongados.[21] Los autores afirman que la diferencia persiste después de controlar el ingreso familiar; además, descubrieron que la mortalidad neonatal temprana, que pudiera ser más frecuente entre los nacidos por cesárea, no es la causa de esta diferencia. En el presente trabajo esperamos encontrar una menor práctica de la lactancia entre los niños nacidos por cesárea; debido al programa de promoción de la lactancia en clínicas y hospitales, esperaríamos una reducción de las diferencias según el tipo de parto en la última década.[22]

Estado matrimonial de la madre

El estado matrimonial es un elemento poco estudiado en la bibliografía sobre la lactancia, pero ha mostrado ser un factor determinante en otro aspecto de la salud materno-infanti: el bajo peso al nacer.[23] Las mujeres

[20] Los autores afirman que los médicos del área rural de México desaconsejan el uso de métodos hormonales durante la lactancia y consideran que la lactancia no es un método efectivo (Gómez de León y Potter, 1989: 92).

[21] En Brasil, las operaciones de cesárea se practican con frecuencia. Según la Encuesta sobre Salud Materno-Infantil y Planificación Familiar de Brasil de 1986, casi uno de cada tres nacimientos ocurre por cesárea (Barros y Victora, 1990).

[22] En la encuesta de 1976 no se preguntó sobre el tipo de parto.

[23] T. Bennett (1992), "Marital status and infant health outcomes", *Social Science and Medicine*, 35 (9): 1179-1187.

sin cónyuge presente son madres solteras o mujeres que han sufrido la ruptura de su unión antes o relativamente poco después del nacimiento, lo que con frecuencia se refleja en falta de apoyo económico, doméstico y emocional. En la bibliografía se ha señalado la creencia popular de que el conocimiento de una mala noticia o una situación de estrés pueden ocasionar el término prematuro en la producción de leche materna; además, se sabe que desequilibrios emocionales y ansiedad originan una menor secreción de leche (OMS, 1985). En este estudio se espera hallar una menor práctica de la lactancia entre las madres cuyo cónyuge no está presente.

Status socioeconómico

Tal variable del hogar tiene un efecto importante en la práctica de la lactancia, pues las mujeres que pertenecen a hogares con mejores condiciones tienen un mayor acceso a sustitutos y complementos alimenticios, además de tener una mayor escolaridad, residir en zonas urbanas y tener un mayor acceso a los servicios de salud, condiciones vinculadas con una menor práctica del amamantamiento. También se espera que prácticas tales como el dormir juntos madre e hijo, que propician mayor frecuencia de tetadas nocturnas, sean más comunes entre los sectores más pobres. Por otra parte, aunque la educación de la mujer se relaciona también con el *status* socioeconómico del hogar, se decidió emplear ambas variables como condicionantes de la lactancia, pues se espera que tengan efectos distintos: la ocupación del marido actuaría como un indicador del *status* socioeconómico, mientras que la educación de la mujer reflejaría el conocimiento de distintas prácticas que benefician la salud del niño y la actitud hacia ellas. En esta investigación, las categorías del *status* socioeconómico del hogar dependen entonces del sector de actividad del marido o compañero (agrícola o no agrícola) y del tipo de actividad (manual o no manual) que realiza.[24]

FUENTES DE DATOS Y METODOLOGÍA

Los datos provienen de tres encuestas que proporcionan un panorama de la práctica de la lactancia en México en las dos últimas décadas (1973-1995).[25] Las muestras son de mujeres en edades reproductivas; la de 1976

[24] Esta clasificación de la actividad económica fue desarrollada por la doctora Brígida García.

[25] La Encuesta Mexicana de Fecundidad (EMF, 1976); la Encuesta Nacional de Fecundidad y Salud (Enfes, 1987) y la Encuesta Nacional de Planificación Familiar (Enaplaf, 1995).

es autoponderada, mientras que en las otras dos encuestas deben aplicarse ponderadores. Los ponderadores de la Enfes (1987) sólo modifican levemente los resultados, porque el objetivo principal en el diseño de la muestra fue obtener una muestra para todo el país. En cambio, en el diseño de la de 1995, el objetivo fue obtener una muestra para nueve estados considerados como prioritarios en ciertos programas gubernamentales.[26] Además de dicha muestra, se levantaron algunos cuestionarios en otros estados para obtener información sobre ciertas variables para todo el país; la proporción de la muestra que abarcó las 23 entidades no prioritarias fue de sólo 8%. Debido a ello, en este trabajo se emplea la información de la encuesta de 1995 del total del país, sólo para establecer una tendencia en los indicadores más globales; en el resto del análisis se emplean sólo los datos sobre los nueve estados prioritarios, de manera que los resultados no son estrictamente comparables con los de las dos encuestas anteriores.

En las tres encuestas se plantearon preguntas sobre lactancia y otros temas que permiten obtener elementos relacionados con diversos condicionantes; además, las dos últimas encuestas interrogaron sobre la introducción de complementos o suplementos de la lactancia.

Las preguntas básicas sobre la práctica de la lactancia son las mismas en las tres encuestas.[27] Sin embargo, el criterio para elegir los nacimientos sobre los cuales plantear las preguntas difiere.[28] Diversos estudios han concluido que, para obtener estimaciones no sesgadas, es necesario trabajar una muestra de todos los nacimientos ocurridos durante un periodo determinado (Trussell *et al.*, 1992; John, 1988). En este análisis emprendimos el estudio de los nacimientos ocurridos en los tres años anteriores a las encuestas. Dicha delimitación permite eliminar gran parte de los nacimientos que no son últimos ni penúltimos y para los cuales no se tiene información sobre la alimentación del niño ni en 1976 ni en 1995.[29] Además, el considerar sólo los nacimientos de los tres últi-

[26] Los nueve estados son: Chiapas, Guerrero, Hidalgo, Oaxaca, Puebla y Veracruz (los estados con mayores índices de marginación en 1990) y Michoacán, Guanajuato y el Estado de México, que tienen índices de marginación menos elevados. Respecto del total nacional, el conjunto de dichos estados se caracteriza por un menor nivel de desarrollo, así como por mayor ruralidad y concentración de población indígena.

[27] Se plantea una pregunta a la madre sobre si le dio el pecho al niño; cuando la respuesta es afirmativa, se le pregunta durante cuánto tiempo, y la respuesta puede ser el número de meses o que aún se lo da.

[28] En 1976 se aplican las preguntas a todos los últimos y penúltimos hijos nacidos vivos; en 1987, a los cuatro últimos hijos nacidos vivos, siempre y cuando al menos uno haya nacido a partir de 1982; en la última encuesta, a los hijos últimos y penúltimos, cuando al menos uno haya nacido a partir de enero de 1990.

[29] En 1995 ya sólo 1% de los niños menores de tres años nacidos en partos simples son anteriores al penúltimo.

mos años hace que el tiempo transcurrido entre el nacimiento y la observación de algunos de los condicionantes al momento de la entrevista sea relativamente corto. Por último, son muy pocos los niños de tres años o más que aún reciben el pecho.

La población en estudio son los últimos y penúltimos hijos menores de tres años, nacidos en partos no múltiples y sobrevivientes al momento de la encuesta. Se excluyó a los niños nacidos en partos múltiples por dos razones: *1)* las preguntas del cuestionario sobre lactancia y ablactación fueron diseñadas para captar información sobre un solo hijo y *2)* los patrones de amamantamiento probablemente sean muy distintos en el caso de partos múltiples. El análisis se limita a los niños sobrevivientes, ya que las malas condiciones de salud o la muerte impiden que el niño reciba el pecho; esta decisión ocasiona un sesgo hacia arriba en las estimaciones tanto de incidencia como de duración, pero hace que las estimaciones en el tiempo no estén influidas por el descenso en la mortalidad infantil.

Las dos dimensiones de la lactancia, incidencia y duración, se definen por la proporción de niños que recibieron leche materna y por la duración mediana entre los niños que sí fueron amamantados.

Para obtener estimaciones de la duración de la lactancia, es posible emplear la técnica de *status* actual que no está influida por la mala declaración de las duraciones de lactancia o la técnica de tablas de vida. Elegimos esta última, que incluye información retrospectiva sobre la edad al destete y controla el truncamiento en la observación. La decisión obedece a que el principal objetivo del presente trabajo es obtener estimaciones que sean comparables en el tiempo y entre grupos de mujeres; así, aunque la atracción de ciertas duraciones sea importante, resulta plausible suponer que ésta persiste en el tiempo y entre los distintos grupos de mujeres. Además, la técnica de tablas de vida permite eliminar variaciones aleatorias ocasionadas por las escasas observaciones en ciertas categorías.

En las encuestas de 1987 y 1995, los datos captados sobre ablactación permiten distinguir la lactancia exclusiva de la lactancia con complementos. Desafortunadamente, la forma de captar la introducción de complementos alimenticios no es la misma, lo que hace difícil establecer tendencias en el tiempo.[30]

Dos son los modelos multivariados que se aplican para estimar el efec-

[30] En 1987, cuando los niños fueron amamantados, se preguntó por separado sobre la introducción de alimentos líquidos y sólidos y, entre los líquidos, no aparecen ni el agua ni los tés como opción; además, sólo se preguntó sobre la introducción del primer alimento líquido y del primero sólido. En 1995 no se distinguió entre líquidos y sólidos; se incluyó "agua o té" como primera opción y se inquirió sobre la introducción del primero, del segundo y del tercer alimentos.

to de los condicionantes en la práctica de la lactancia. En el análisis de la incidencia se aplica una regresión logística para modelar la probabilidad que tienen los niños de no ser amamantados. Para estimar el efecto de las variables condicionantes en la duración de la lactancia se emplea el modelo de Cox de riesgos proporcionales. Ambos modelos se aplican exclusivamente a los últimos hijos nacidos vivos, con el objeto de incluir sólo una vez a cada madre y, así, evitar problemas en el cálculo de los errores de los parámetros.

A continuación se presenta la operacionalización de las variables empleadas como condicionantes de la lactancia en este trabajo. En el tipo de localidad de residencia, se emplean las categorías rural (menos de 2 500 habitantes) y urbana (2 500 habitantes o más). En la escolaridad de la madre, las categorías son: ninguna, primaria incompleta, primaria completa y secundaria completa o más. Respecto del trabajo materno, en las tres encuestas es posible distinguir si el trabajo es agrícola o no.[31] Se separó a las mujeres casadas o unidas y que vivían con el cónyuge de las que no tenían cónyuge o no vivían con él.[32] El *status* socioeconómico se operacionalizó a partir del tipo de trabajo que desempeña el cónyuge; las categorías son tres: agrícola, no agrícola/manual y no agrícola/no manual.

En cuanto al uso de métodos, las mujeres podían: *1)* usar actualmente, o después del nacimiento de su último hijo nacido vivo, un método efectivo; *2)* usar actualmente, o después del nacimiento del último hijo nacido vivo, un método tradicional, y *3)* no haber usado ningún método después del nacimiento del último hijo nacido vivo.[33] De las otras variables relacionadas con el contacto con el sector salud, se analiza si la madre recibió atención médica durante el embarazo y en el parto; las categorías son tres: recibió atención médica completa (en embarazo y parto); parcial (sólo en uno de los dos acontecimientos) o ninguna. Además, debido a las prácticas distintas en las instituciones, se estudió si la institución que proporcionaba la atención en el parto fue pública o privada.

Características de los niños

En las últimas dos décadas, el proceso de modernización que ha tenido lugar en México ha ocasionado modificaciones sustanciales en la distri-

[31] Entre las mujeres que desempeñan un trabajo no agrícola, sólo en 1976 se conoce además si el trabajo lo realizan en la casa o fuera.

[32] En 1987, la forma de captar la presencia del cónyuge difiere de la de las otras encuestas. Era necesario que el cónyuge estuviera presente y que la mujer dependiera económicamente de él para ser considerado como "cónyuge presente".

[33] Los anticonceptivos efectivos son los orales, las inyecciones, los dispositivos, los condones, la esterilización femenina y la vasectomía.

bución de los niños según los distintos condicionantes en la práctica de la lactancia. La información del cuadro (en el anexo) muestra las variaciones en la distribución de los niños nacidos en los tres años anteriores a las encuestas, según ciertos rasgos suyos o de sus madres, vinculados con la práctica del amamantamiento.

Los datos señalan cambios importantes en las dos décadas analizadas.[34] Llama la atención el drástico descenso en la proporción de menores cuyas madres no usan anticonceptivos (de 69% en 1976 a 36% en 1995), originado por el incremento en el uso de anticonceptivos efectivos; la proporción de usuarias de métodos efectivos se duplicó: creció de 23 a 55%. También son notables los cambios en las otras variables sobre el contacto con el sector salud. Aumentan considerablemente los servicios de atención materno-infantil: mientras que, en 1976, 34% de las mujeres no recibía atención médica ni durante el embarazo ni durante el parto, en 1995 esta proporción se reduce a menos de la mitad (15%). Dicho cambio se debe principalmente a la expansión del sector público, que pasa de atender 36% de los partos en 1976 a 55% en 1995; en términos relativos, la participación del sector privado en la atención al parto permanece sin modificaciones. Paralela a la expansión de los servicios de atención materno-infantil, aumenta la frecuencia de nacimientos por cesárea: en 1987, 15% de los niños nace por cesárea, y en 1995 uno de cada cinco niños (21%) no nace por vía vaginal.

Entre las características socioeconómicas, el mayor cambio se observa en la educación: la proporción de menores cuya madre no asistió a la escuela disminuye a la mitad (de 22 a 11%), mientras que la proporción de hijos de mujeres con estudios secundarios se cuadruplica (de 9 a 36%). Asimismo, la participación laboral en actividades no agrícolas muestra un aumento a partir de la primera encuesta. Aunque con cambios menores, también se observa que —con mayor frecuencia— las madres viven en zonas no rurales y tienen un cónyuge que trabaja fuera del sector agrícola. Finalmente, como se esperaba por tratarse de hijos pequeños, la proporción de niños cuya madre no tiene cónyuge es reducida.

La evolución en el tiempo de los condicionantes de la práctica de la lactancia haría esperar un drástico descenso tanto en la incidencia como en la duración del amamantamiento. Sin embargo, se espera que el mayor conocimiento de los beneficios de la lactancia y la modificación de las prácticas hospitalarias hayan originado cambios en los patrones de lactancia entre ciertos grupos de mujeres, lo cual propicia que la práctica del amamantamiento en el total de la población permanezca sin grandes cambios.

[34] Debido a las características de la muestra en 1995, los cambios en la última década están subestimados.

CUADRO 1. *Incidencia y duración mediana de la lactancia total y de la lactancia exclusiva en México, 1976, 1987 y 1995*

Año	*Incidencia*[1] *(%)*	*Duración mediana de la lactancia total*[2] *(en meses)*	*Duración mediana de la lactancia exclusiva*[3] *(en meses)*
1976	83.2	11.9	sin información
1987	84.1	10.9	2.7
1995	87.2	9.8	1.0

[1] Se incluyó a los hijos últimos y penúltimos sobrevivientes y menores de 36 meses en el momento de la encuesta; se excluyó a niños nacidos en partos múltiples. El tamaño de la muestra es de 4 182 niños en 1976, de 2 979 en 1987 y de 3 904 niños en 1995.

[2] Entre los niños que sí fueron amamantados, ya sea que reciban o no complementos a la leche materna.

[3] Entre los niños que sí fueron amamantados y que reciben exclusivamente leche materna. La manera de plantear la pregunta sobre lactancia exclusiva difiere entre las dos encuestas.

FUENTE: Cintas de las encuestas EMF (1976), Enfes (1987) y ENPF (1995). En las dos últimas encuestas se trabajó con los datos ponderados.

Patrones de lactancia

Los patrones de lactancia varían considerablemente entre las distintas sociedades. Por ejemplo, de los países en desarrollo en los que se levantaron la Encuesta Mundial de Fecundidad y la Encuesta Demográfica y de Salud, en varios países africanos (Burundi, Ghana, Mauritania, Nigeria y Senegal) y en dos asiáticos (Bangladesh y Nepal) casi todos los niños son amamantados (98 y 99%); mientras que en Costa Rica y en Malasia uno de cada cuatro niños no lo es (Trussell *et al.*, 1992).

En otras poblaciones, el valor de la incidencia ha sido aún mucho menor. Durante el siglo XIX, la lactancia empezó a disminuir en los países europeos entre las mujeres de todas las clases sociales.[35] Por ejemplo, en Niederbayern (provincia de Baviera) a inicios del presente siglo, sólo uno de cada cuatro niños era amamantado (Knodel y Kintner, 1977: 401). Otro caso es el de los Estados Unidos, donde la incidencia tendió a reducirse hasta alcanzar su valor mínimo en 1972, cuando sólo 22% de los niños fueron amamantados.[36]

En México, el inicio del amamantamiento es generalizado y muestra una leve tendencia al aumento, en especial entre las dos últimas encuestas (cuadro 1). Sin embargo, aún en 1995, 13% de los niños no es amamantado; este valor se sitúa por encima del encontrado para Perú y Colombia en 1986 (7%), países de la región en los que hubo una tendencia

[35] I. G. Wickes (1953); citado en Population Information Program, 1982: J-8.

[36] Citado en Population Information Program, 1982: J-9.

al aumento a partir de 1976-1977 (Trussell, 1992: 296-297). Las razones que aducen las madres mexicanas para no iniciar la lactancia son semejantes en 1987 y en 1995: una tercera parte menciona la falta de leche; otra tercera parte, el rechazo del niño y el resto argumenta prescripción médica o enfermedad de la madre o del niño.

Al igual que la incidencia, la duración del amamantamiento puede variar mucho de una sociedad a otra. Entre los países en desarrollo analizados en el trabajo de Trussell y colaboradores (1992: 296-297), la duración mediana es superior a los 24 meses en Bangladesh, Burundi, Mauritania y Nepal, mientras que en Malasia es de sólo tres meses. En general, en los países de América Latina las duraciones son considerablemente más cortas que en los países africanos del sur del Sahara y que en muchos de los países asiáticos: valores de la duración mediana inferiores a los cuatro meses se observan en Brasil y Costa Rica. No obstante, en los países de la región que tienen importantes grupos de población indígena, la lactancia sí se prolonga: en Bolivia, Ecuador y Perú la duración mediana es superior a los 12 meses y en Guatemala alcanza los 18 meses.[37]

Dentro del contexto de los países de América Latina, la duración del amamantamiento en México tiene valores intermedios (cuadro 1). Los datos muestran un leve pero consistente descenso en la duración mediana de la lactancia que baja de 12 meses en 1976 a 10 en 1995.[38]

Con el objeto de tener una visión más clara del calendario del destete en el periodo analizado que la proporcionada por la sola medida de tendencia central —el valor mediano—, analizamos la proporción de niños que recibe el pecho a las distintas edades (gráfica 1). La tendencia en la edad de los niños es parecida en las tres curvas. El abandono en los primeros meses es poco frecuente; al cumplir tres meses, más de ocho de cada 10 niños que iniciaron la lactancia son aún amamantados; esta proporción se reduce a seis de cada 10 al cumplir el sexto mes y a una tercera parte al cumplir el primer año.[39]

En cuanto a la evolución en el tiempo, los valores más elevados de las proporciones de niños aún amamantados entre los tres y los 11 meses se encuentran en 1976 y los menores, en 1995; también es de notar que, en los

[37] En el estudio de Trussell *et al.* (1992) las duraciones se calcularon para el total de los niños, independientemente de que hubieran sido amamantados o no, por lo que son más bajas que las de este trabajo. Los valores de las duraciones medianas del trabajo de Trussell y colaboradores (1992) aquí presentados corresponden a los estimados mediante la técnica de observación retrospectiva. Para México, obtienen en 1976 una duración media de 8.7 meses y para 1987, de 7.4 meses.

[38] Esta tendencia difiere de la encontrada para Colombia y Perú, países en los que la duración, al igual que la incidencia, muestra un aumento entre la década de los setenta y la de los ochenta (Trussell *et al.*, 1992; Elo y Grummer-Strawn, 1991).

[39] Al segundo año, son ya muy pocos los niños que reciben el pecho. Varían entre 4% en 1976 y 14% en 1995.

GRÁFICA 1. *Niños que aún reciben el pecho*

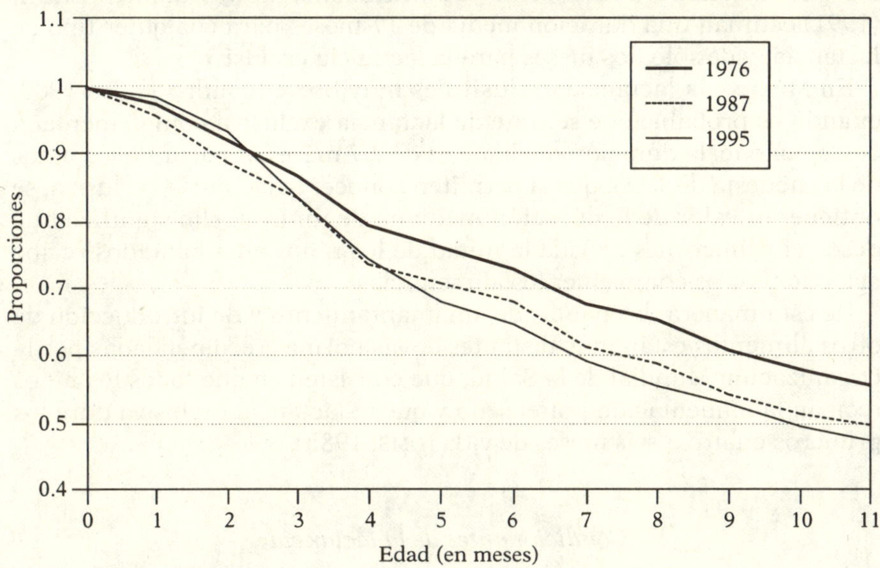

primeros dos meses de vida, la encuesta de 1995 muestra los valores más altos. Ello señala una tendencia en el tiempo a la baja en la duración de los periodos de lactancia, que se revierte en los primeros meses, como lo muestra la curva de 1995. Dicho cambio en los primeros meses de vida está probablemente vinculado con los programas de promoción de la lactancia.

En distintas sociedades contemporáneas se introducen complementos alimenticios a partir de las primeras semanas ulteriores al parto; son pocos los casos en los que los niños son alimentados exclusivamente con leche materna durante varios meses. Por ejemplo, en la zona rural de la India, la lactancia exclusiva se prolonga hasta después de que el niño ha cumplido los seis meses de edad (Population Information Program, 1982, p. J-8). Rutstein (1991) distingue tres tipos de lactancia: exclusiva, exclusiva (que se puede complementar) con agua y cualquier tipo de lactancia. El autor encuentra que, cuando la duración mediana de la lactancia de cualquier tipo es muy prolongada, la lactancia exclusiva complementada con agua rara vez excede a los cinco meses y la lactancia sin complemento alguno, a los cuatro meses. Por ejemplo, de los países en los que la duración mediana de cualquier tipo de lactancia es superior a 20 meses, sólo en dos países africanos del sur del Sahara, Burundi y Mali, la duración mediana de la lactancia exclusiva con agua es superior a cinco meses, y sólo en Burundi la duración mediana de la lactancia exclusiva es superior a cuatro meses. En los países fuera de esta región, la duración mediana de la lactancia exclusiva con agua tiene valores inferiores a tres meses. Para Perú, como ya se mencionó, Elo y Grummer-Strawn (1991) estiman una duración media de 17 meses para cualquier tipo de lactancia, y de sólo dos meses para la lactancia exclusiva.

En México, la lactancia exclusiva es muy breve (cuadro 1). En 1987, cuando es probable que se trate de lactancia exclusiva complementada con agua o té, la duración mediana es de 2.7 meses. A partir de los datos de la encuesta de 1995, que sí permiten conocer la lactancia exclusiva, se obtiene un valor de la duración mediana de un mes; ello significa que desde el primer mes de vida la mitad de los niños amamantados recibe agua, té u otros complementos alimenticios.

De esta manera, las pautas de amamantamiento y de introducción de otros alimentos están muy distantes de las normas recomendadas por la Organización Mundial de la Salud, que consisten en que todos los niños reciban la alimentación por el seno y que la lactancia exclusiva dure los primeros cuatro a seis meses de vida (OMS, 1985).

Condicionantes de la lactancia

Los datos de las encuestas muestran que la incidencia (y sobre todo la duración), medida a través de la duración mediana, varía según las características demográficas, socioeconómicas y de atención a la salud (cuadro 2).

De las características demográficas, el sexo del niño no tiene influencia alguna sobre la práctica de la lactancia: tanto la incidencia como la duración son iguales para niñas y niños en las tres encuestas. La edad de la madre parece tener una leve pero consistente relación: las mujeres de mayor edad inician el amamantamiento con menor frecuencia, pero, cuando sí inician la alimentación por este medio, amamantan durante periodos más prolongados entre 1973 y 1987.

Como se esperaba, todas las características socioeconómicas de la madre incluidas en el trabajo parecen tener una clara relación con la práctica de la lactancia. La residencia urbana, la mayor escolaridad de la mujer, la participación en la actividad económica en labores no agrícolas, el no tener cónyuge o el tener un cónyuge que trabaje fuera de la agricultura son factores que están vinculados con una menor incidencia y duración del amamantamiento.

De las variables referidas al contacto con el sector salud, el uso de métodos anticonceptivos —en especial de métodos efectivos— muestra un claro vínculo negativo con el inicio del amamantamiento y con su prolongación. Las variables de atención materno-infantil se relacionan tam-

CUADRO 2. *Incidencia (Inc.) y duración mediana (Dur. med.) de la lactancia, según características demográficas, socioeconómicas y de atención a la salud en 1976, 1987 y 1995* [1]

	1976		*1987*		*1995* [2]	
	Inc. (%)	*Dur. med.*	*Inc. (%)*	*Dur. med.*	*Inc. (%)*	*Dur. med.*
CARACTERÍSTICAS DEMOGRÁFICAS						
Sexo						
niño	83	11.7	84	11.0	89	11.8
niña	83	12.0	84	10.9	90	12.0
Edad						
15-24	83	11.3	84	9.2	90	12.2
25-34	84	11.7	85	11.1	89	11.6
35-49	82	13.5	82	12.7	87	12.3
CARACTERÍSTICAS SOCIOECONÓMICAS						
Residencia						
rural	91	13.6	92	14.3	89	13.9
urbana	76	8.0	80	6.9	89	9.7
ESCOLARIDAD MATERNA						
ninguna	89	14.0	93	18.9	93	17.6
primaria incompleta	85	12.4	83	12.8	87	13.7
primaria completa	78	7.5	84	7.7	90	11.9
secundaria completa o más	70	3.8	80	5.7	89	8.2
Actividad económica materna						
agrícola	96	17.8	96	18.5	90	15.4
ninguna	84	11.9	84	10.2	90	12.4
no agrícola[3]	77	8.3	83	8.9	89	9.6
Cónyuge presente						
sí	84	11.9	85	11.0	90	12.0
no	75	11.4	74	9.8	84	11.3
Ocupación del cónyuge						
agrícola	91	13.9	92	15.3	91	15.2
no agrícola/manual	81	10.0	81	9.5	90	11.4
no agrícola/no manual	75	6.2	82	5.3	88	7.9
CARACTERÍSTICAS DE ATENCIÓN A LA SALUD						
Uso de métodos anticonceptivos						
no usa	87	13.0	89	16.0	91	15.0
usa métodos tradicionales	78	7.8	86	9.0	92	10.2
usa métodos efectivos	73	5.8	79	6.2	87	9.7
Atención médica en embarazo y parto						
ninguna	92	14.3	93	17.6	90	16.6
parcial	84	12.0	86	12.9	89	13.8
adecuada	76	7.0	81	6.6	89	9.9

CUADRO 2. *(Concluye.)*

	1976		*1987*		*1995*[2]	
	Inc. (%)	*Dur. med.*	*Inc. (%)*	*Dur. med.*	*Inc. (%)*	*Dur. med.*
Institución que atendió el parto						
ninguna	91	13.4	92	16.6	89	15.4
pública	79	8.3	81	7.0	91	11.2
privada	73	7.5	76	6.7	86	9.3
Tipo de parto						
vaginal	no inf.	no inf.	86	13.7	90	12.5
cesárea	no inf.	no inf.	73	6.7	87	8.8

[1] La duración mediana se calculó para los niños que sí fueron amamantados.

[2] A partir de este cuadro, los datos de 1995 corresponden sólo a los nueve estados definidos como prioritarios. En estos estados se encuentran 3606 niños sobrevivientes y menores de tres años al momento de la encuesta; entre ellos, la práctica de la lactancia es más frecuente y más prolongada que para el país en su conjunto: la incidencia es de 89.2% y los valores de la duración mediana de la lactancia general y exclusiva son, respectivamente, 11.9 y 1.3.

[3] En 1976, 82% de los niños cuya madre trabaja en la casa recibió el pecho y la duración mediana fue de 12.3 meses mientras que, entre los niños cuya madre trabajó fuera de casa, estas cifras fueron, respectivamente, 74% y 6.2 meses.

FUENTE: Cintas de las encuestas EMF (1976), Enfes (1987) y ENPF (1995). En las dos últimas encuestas se trabajó con los datos ponderados.

bién considerablemente con la alimentación del niño: las mujeres que reciben atención médica durante el parto, en especial si son atendidas en una institución privada, son las que menos inician la alimentación por el seno y, cuando sí dan el pecho, lo hacen durante periodos más cortos. Finalmente, como se esperaba, el nacimiento por cesárea sí parece estar relacionado con una menor práctica de la lactancia.

El análisis bivariado muestra aspectos interesantes de la evolución de los patrones de amamantamiento (cuadro 2). En la incidencia, los diferenciales socioeconómicos y de atención a la salud tienden a desaparecer y, en la duración, a atenuarse. En 1976, los valores extremos de la incidencia se encuentran relacionados con las variables socioeconómicas y de contacto con el sector salud: por ejemplo, la incidencia es de 70% entre las mujeres que al menos completaron sus estudios secundarios; de 73% entre las usuarias de métodos efectivos; mientras que es de 96% entre las mujeres que desempeñan labores agrícolas; en 1987, los valores extremos son semejantes a los de 1976; en 1995, en cambio, se observa una mayor homogeneidad en la incidencia: desaparece del todo el diferencial rural-urbano y se reducen considerablemente las diferencias según las demás variables socioeconómicas y de contacto con el sector salud, debido principalmente al aumento en las categorías vinculadas con una menor práctica de la lactancia.[40]

En cuanto a la duración, los diferenciales en 1976 y en 1987 son muy pronunciados; por ejemplo, las mujeres que no asistieron a la escuela en 1976 tienen una duración mediana de 14 meses; mientras que en las que terminan la secundaria ésta es de sólo cuatro meses. Entre 1987 y 1995, al igual que en el caso de la incidencia, se observa un claro aumento en la duración entre los grupos de mujeres que se habían caracterizado por una menor práctica de la lactancia.

Cabría la posibilidad de que esta tendencia hacia una mayor homogeneidad en la última década fuera resultado de las características de los nueve estados que incluye la muestra de 1995. Pudiera argumentarse que en dichos estados la calidad de los servicios médicos es menor que en el resto del país y que por ello el efecto del contacto con el sector salud en la lactancia es menos marcado. No obstante, si tenemos presente que en el total del país la incidencia aumentó y que la duración mediana no se redujo sustancialmente entre 1987 y 1995, es plausible que los programas de promoción de la lactancia y, en general, un mayor conocimiento de los beneficios de la alimentación por el seno en la salud infantil entre ciertos sectores, hayan actuado contrarrestando la tendencia hacia una menor práctica del amamantamiento.

Los datos apuntan en ese sentido, pues no sólo es el efecto de las variables relacionadas con el contacto con el sector salud el que se diluye en 1995, sino el de todas las demás variables, y son las mujeres residentes en localidades urbanas y con mayor escolaridad y *status* socioeconómico quienes muestran aumentos más considerables en ambas dimensiones del amamantamiento. Por ejemplo, la incidencia entre las mujeres que terminaron los estudios de secundaria aumenta casi en 20% entre 1976 y 1995, mientras que entre las mujeres que no terminaron la primaria permanece casi sin cambios.

De esta manera, la tendencia observada en la última década para el total del país de un aumento en la incidencia, así como los incrementos más grandes observados entre las mujeres con mayor acceso a la información, nos impiden desechar la hipótesis de un cambio hacia una menor diferenciación en los patrones de lactancia entre los distintos grupos de mujeres.

[40] Cabe recordar que en 1995 trabajamos con la muestra de los nueve estados, por lo que no es estrictamente comparable con las otras dos muestras, que sí son representativas del total del país. Sin embargo, como el valor de la incidencia en dicha muestra de los nueve estados (89.2%) es tan cercano del valor observado para todo el país (87.2%), y como este último también denota un aumento entre 1987 y 1995, podemos suponer que nuestro análisis de la tendencia es plausible.

Finalmente, cabe señalar que aún en 1995 la duración es claramente más prolongada entre las mujeres con menor escolaridad, que viven en localidades rurales, que no practican la anticoncepción ni reciben atención médica en el parto, y cuyo hogar tiene un *status* socioeconómico bajo.

Análisis multivariado

Dos de los problemas que se presentan al aplicar modelos multivariados a la problemática y el tipo de datos que analizamos son la colinealidad entre las variables predictoras y la endogeneidad entre las variables predictoras y la variable dependiente.[41] Con el objeto de eliminar la multicolinealidad, excluimos algunas de las variables del análisis bivariado. No incluimos el tamaño de la localidad de residencia debido a su estrecho vínculo con el tipo de ocupación, ni la atención médica durante el embarazo y el parto, con objeto de centrarnos en el tipo de institución que atendió este último evento.

Ante la sospecha de endogeneidad entre las variables sobre la atención a la salud y las dos dimensiones de la práctica de la lactancia, se aplicó una prueba a los datos de la encuesta de 1995.[42] Se buscaron variables instrumentales, altamente correlacionadas con las variables independientes de las que se espera la endogeneidad, pero no vinculadas con el término *error;* se seleccionaron dos: el número de médicos referido al número de habitantes del municipio de residencia, como aproximación del acceso a servicios de salud, y la proporción de población cuya vivienda tiene piso de tierra, como indicador del nivel de marginación del municipio. La prueba mostró que el hecho de recibir atención en el parto sí está vinculado con el término *error* de la incidencia y de la duración de la lactancia; en cambio, la institución que atiende el parto no está relacionada. Sobre el uso de anticonceptivos, la prueba señaló una clara asociación con el término *error* de ambas dimensiones de la lactancia.

Con estos resultados, decidimos restringir el análisis de los condicionantes del inicio del amamantamiento en las tres encuestas a los niños cuyo parto recibió atención médica.[43] En cuanto al uso de anticonceptivos,

[41] Cuando dos o más predictores están relacionados entre sí, los efectos estimados pueden cambiar de magnitud y aun de signo (Weisberg, 1985: 196). Uno de los supuestos básicos del modelo de regresión es la independencia entre los predictores y el término *error;* en caso de no cumplirse, se habla de endogeneidad y las estimaciones pueden ser absurdas. Además, el que alguno de los predictores esté determinado parcialmente por la variable independiente también es fuente de estimaciones deficientes (Pindyck y Rubinfeld, 1991)

[42] Se aplicó la formulación de la prueba de especificación de Hausman, desarrollada por Pindyck y Rubinfeld (1991).

[43] Estos casos son cada vez menos selectivos pues corresponden a 56% en 1976, a 66% en 1987 y a 75% en 1995.

optamos por eliminar la variable del estudio de los condicionantes, tanto de la incidencia como de la duración.

a) Incidencia de la lactancia

El modelo de regresión logística permite estimar la variación en el riesgo de que un niño no sea amamantado, al cambiar de la categoría de referencia a otra categoría de una variable. Los resultados del modelo confirman algunas de las observaciones que se desprenden del análisis bivariado, pero se desechan otras (cuadro 3).

En cuanto a la edad de la madre, se observa que entre las mujeres de mayor edad es menos común el inicio del amamantamiento, como resultado de la incapacidad fisiológica que en algunas mujeres se presenta con la edad.[44] La menor incidencia entre las mujeres de mayor edad se observa en 1976 y en 1995. En estas dos encuestas, el efecto biológico supera a la influencia de los cambios generacionales; en 1995, el vínculo es más fuerte y significativo. En cambio, en 1987 la edad no muestra una influencia significativa: las madres más jóvenes iniciarían menos la lactancia por la tendencia secular al descenso; y las de mayor edad, por el efecto fisiológico.

Entre los niños cuyo parto fue atendido en alguna institución, es interesante observar que las variables socioeconómicas no ejercen mayor influencia en el hecho de iniciar la lactancia. La escolaridad de la madre sólo ejerce un efecto limitado en la primera encuesta, y el *status* socioeconómico (medido por la ocupación del cónyuge) no muestra influencia alguna en las tres encuestas. En cambio, la presencia del cónyuge tiene un marcado y significativo efecto en la probabilidad de dar al niño sustitutos de la leche materna a partir del nacimiento en las dos décadas analizadas. Los datos apoyan la hipótesis de situaciones de mayor estrés entre madres solteras o con parejas mal avenidas, lo que dificulta el inicio del amamantamiento.

De las dos variables relacionadas con el contacto con el sector salud, el tipo de institución que proporciona la atención médica en el parto ejerce un efecto importante y cada vez mayor en el tiempo sobre la probabilidad de no iniciar la lactancia: en las instituciones privadas, la probabilidad de no iniciar el amamantamiento es una tercera parte superior en 1976, una mitad en 1987 y casi el doble en 1995. Por último (independientemente del tipo de institución en la que se atienda el parto), los niños nacidos por cesárea tienen un mayor riesgo de no ser amamantados;

[44] Elo y Grummer-Strawn (1991).

CUADRO 3. *Parámetros del modelo de regresión logística (e^B) aplicado a la probabilidad de no ser amamantados, entre niños cuyo parto fue atendido en alguna institución, 1976, 1987 y 1995*

Variables[1]	*1976*	*1987*	*1995 (nueve estados)*
EDAD DE LA MADRE	a	b	
15-24	1.00		1.00
25-34	1.05		1.18
35 y más	1.48[a]		2.02[c]
ESCOLARIDAD DE LA MADRE	a		
ninguna	1.00		
primaria incompleta	0.79		
primaria completa	0.96		
secundaria o más	1.30		
PRESENCIA DEL CÓNYUGE			
sí	1.00	1.00	1.00
no	2.89[c]	1.67[b]	1.53[a]
INSTITUCIÓN DE ATENCIÓN EN EL PARTO			
pública	1.00	1.00	1.00
privada	1.36[b]	1.57[c]	1.95[c]
TIPO DE PARTO			
vaginal	sin inf.	1.00	1.00
cesárea	sin inf.	1.40[a]	1.38[a]
Constante (B)	−2.14[c]	−3.06[c]	−6.14[c]
−2LL	1937	1746	1324
X^2 del modelo	53.43 (9 g.l.)[c]	26.49 (3 g.l.)[c]	39.74 (5 g.l.)[c]

[1] Las variables excluidas en las tres ecuaciones por no tener una relación estadísticamente significativa son el trabajo materno y la ocupación del cónyuge; en 1987, además, fueron excluidas las variables "edad" y "escolaridad materna"; en 1995 la escolaridad tampoco fue incluida.

Significancia: [a] $p < 0.05$; [b] $p < 0.01$; [c] $p < 0.001$.

contrariamente a lo esperado, la magnitud y la importancia del efecto no varían entre 1987 y 1995.[45]

Sobre la evolución de los condicionantes del inicio de la lactancia, los cambios más notables son la reducción del efecto de la ausencia del cónyuge y el incremento en el tipo de institución en el parto. Del aumento de la incidencia en el total del país en la última década, aunado a este in-

[45] Para 1976 no se tiene la información sobre el tipo de parto. Esta vinculación difiere de lo encontrado por Barros y Victora (1990), según los cuales el tipo de parto no influye en la incidencia de la alimentación por el seno.

cremento en la diferencia entre instituciones públicas y privadas, se puede inferir que el programa de promoción de la lactancia en las instituciones gubernamentales ha tenido un efecto positivo en el inicio del amamantamiento.

b) Duración de la lactancia

En el modelo de riesgos proporcionales de Cox para analizar los condicionantes de la duración de la lactancia, el riesgo relativo está determinado por la razón de las funciones de riesgo. Para cada variable, el riesgo relativo o la razón de riesgos toma el valor de uno en el caso de categorías que no se distinguen de la de referencia; un valor superior a la unidad denota que los individuos en dicha categoría sufren el evento más rápidamente. En el caso de la lactancia, si el valor del riesgo relativo es superior a la unidad, los niños experimentan el destete a edades más tempranas que los de la categoría de referencia, y a edades más tardías cuando el valor es menor que uno.

Debido a los problemas de endogeneidad en las variables sobre los servicios de atención a la salud, en el caso de la duración pensamos que era de mayor interés conservar todos los casos, independientemente de que hubieran recibido atención médica o no, y limitar el análisis a las variables demográficas y socioeconómicas; además, la relación entre las características socioeconómicas —escolaridad de la madre y *status*— y el acceso a los servicios de salud es tan estrecha que una parte importante del efecto de este acceso se reflejará a través de las variables socioeconómicas. Los resultados del modelo de Cox aparecen en el cuadro 4.

Es interesante el que la edad de la madre no tenga un vínculo con la prolongación de la lactancia. Su escolaridad, en cambio, señala una fuerte relación monotónica en las tres encuestas: a mayor escolaridad, menor duración del amamantamiento. Esta consistente vinculación entre la escolaridad y la prolongación de la lactancia contrasta con la ausencia de relación en el caso de la incidencia. Parecería que el mayor conocimiento de los beneficios de la lactancia motiva a las mujeres con más años de estudio a iniciar con mayor frecuencia el amamantamiento, de manera que dichas mujeres ya no se distinguen de las que tienen menos años de estudios. Sin embargo, no las motiva a hacerlo durante periodos mucho más prolongados, de manera que subsisten las diferencias en la duración con las mujeres que no aprueban algún grado en la escuela. Asimismo, un mayor uso de anticonceptivos también haría que las mujeres con más escolaridad suspendieran prematuramente el amamantamiento.

CUADRO 4. *Razón de riesgos (e^B) del modelo de riesgos proporcionales de Cox aplicado a la edad al destete, 1976, 1987 y 1995*

Variable[1]	*1976*	*1987*	*1995 (nueve estados)*
ESCOLARIDAD DE LA MADRE	c	c	c
ninguna	1.00	1.00	1.00
primaria incompleta	1.21[b]	1.66[c]	1.47[c]
primaria completa	1.85[c]	2.69[c]	1.66[c]
secundaria o más	3.59[c]	3.35[c]	1.80[c]
PRESENCIA DEL CÓNYUGE			
sí	1.00	1.00	1.00
no	1.58[c]	1.65[c]	1.37[c]
OCUPACIÓN DEL CÓNYUGE	c	c	c
agrícola	1.00	1.00	1.00
no agrícola/manual	1.62[c]	1.41[c]	1.25[c]
no agrícola/no manual	1.80[c]	1.87[c]	1.49[c]
−2LL	20 861	17184	19 171
X^2 del modelo	487.29 (6 g.l.)[c]	372.62 (6 g.l.)[c]	175.18 (6 g.l.)[c]

[1] Las variables eliminadas de las tres ecuaciones por no ser estadísticamente significativas son la "edad" y el "trabajo" de la madre.
Significancia: [a] $p<0.05$; [b] $p<0.01$; [c] $p<0.001$.

Cabe señalar que el efecto de la escolaridad en la duración del amamantamiento muestra una nítida tendencia hacia una reducción en la última década; entre las mujeres que al menos aprueban algún grado de primaria, pero en especial entre las que terminan los estudios secundarios, el riesgo de concluir prematuramente la lactancia disminuye respecto del de las mujeres que no aprueban grado alguno. Como se vio en el análisis bivariado, una explicación a esta tendencia es la mayor propensión a prolongar la lactancia entre las mujeres con más años de estudios.

La ausencia del cónyuge tiene un efecto importante y propicia el destete a edades más tempranas en las tres encuestas; al igual que en el caso de la incidencia, estos resultados apoyan la hipótesis de un mayor estrés entre las mujeres no unidas, lo que propicia una menor producción de leche y una suspensión prematura de la lactancia. En cuanto al *status* socioeconómico, tiene una repercusión considerable a lo largo de las dos décadas analizadas: se observan duraciones más prolongadas entre las compañeras de los trabajadores agrícolas, y más cortas entre las compañeras de los trabajadores no manuales. No obstante, al igual que en el caso de la escolaridad materna, la influencia del *status* socioeconómico se reduce en la última década.

Es notable la consistencia de los resultados en las tres encuestas. En cuanto a la reducción de la diferencia en la última década, como ya comentamos, es probable que esté relacionada con los cambios en actitudes y prácticas del sector salud en las instituciones públicas.

Otro aspecto también de interés es el hecho de que la variable del *status* socioeconómico del hogar no tiene un efecto sobre la incidencia pero sí sobre la duración. Por tanto, el acceso a complementos y sustitutos de la leche materna, relacionado con mejores condiciones económicas, no influye en la decisión de iniciar la lactancia, pero sí afecta la decisión de prolongarla; por otra parte, el mayor uso de la anticoncepción entre los sectores con mayores recursos económicos también puede actuar en detrimento de la prolongación de la lactancia.

Por último, la variable sobre el trabajo de la madre no resulta un predictor significativo en la práctica de la lactancia en ninguna de las tres encuestas. Problemas en la observación de la temporalidad del trabajo, así como desconocimiento de las condiciones en las que se realiza, son probablemente las razones que impiden observar el efecto de la participación laboral materna encontrado en otros estudios.

Patrones de ablactación

Como se mencionó en párrafos anteriores, la ablactación o introducción de complementos y sustitutos de la leche materna sucede generalmente a edades muy tempranas. A continuación se presentan los principales rasgos de los patrones de ablactación en México en 1987 y 1995.

La manera de captar la información al respecto difiere entre las encuestas, pero se logró obtener ciertos índices que proporcionan elementos interesantes sobre los patrones de ablactación en cada encuesta y algunas comparaciones entre ambas fuentes.

La edad a la que la mitad de los niños amamantados ha recibido complementos o sustitutos de la leche materna, además de agua y tés, es cercana a los tres meses en ambas encuestas, pero ligeramente menor en la primera (cuadro 5). Los datos en 1987 muestran que la introducción de alimentos líquidos antecede a la de alimentos sólidos en la mayoría de los niños, aunque no durante mucho tiempo: la edad mediana a la introducción del primer alimento líquido son los tres meses y la del primer alimento sólido, 3.8 meses.

Si se considera la norma establecida por los organismos internacionales en cuanto a la introducción de alimentos entre el cuarto y sexto meses de vida del niño, se tiene que el tiempo de introducción de complementos es inadecuado si sucede antes o después de este periodo. La información se-

CUADRO 5. *Características de la ablactación entre los niños menores de tres años en 1987 y 1995**

	1987	*1995 (nueve estados)*
Edad mediana a la introducción de cualquier alimento (en meses)	2.7	3.0
Edad mediana a la introducción de cualquier alimento, agua y té incluidos (en meses)		1.0
Edad mediana a la introducción del primer líquido (en meses)	3.0	
Edad mediana a la introducción del primer sólido (en meses)	3.8	
Proporción de niños que reciben otros alimentos antes de cumplir los cuatro meses	0.75	0.72
Proporción de niños que reciben otros alimentos a partir de los siete meses	0.08	0.04
Proporción de niños que no reciben otros alimentos antes de su primer año	0.04	0.01

* Valores obtenidos mediante la técnica de tablas de vida. Los datos de ambas encuestas son ponderados.

ñala una temporalidad inadecuada en 83% de los niños en 1987 y una leve mejora en 1995, cuando la proporción desciende a 76%. En la mayor parte de los casos, la inadecuación se debe a la introducción prematura de los complementos. No obstante, no es despreciable la proporción de niños que empieza a recibir complementos después de cumplir los siete meses; el valor de la proporción es de 8% en 1987 y se reduce a 4% en 1995. El caso extremo de los niños que no reciben complemento alguno durante su primer año de vida son 4% y 1% del total de niños que recibieron la alimentación por el seno, respectivamente, en las encuestas de 1987 y la de 1995.

Las curvas de introducción de alimentos según la edad muestran rasgos interesantes (gráficas 2 y 3). En 1987, a partir de los valores de las edades medianas, no se observan mayores diferencias en el calendario de introducción de líquidos y sólidos; no obstante, los dos tipos de alimentos tienen momentos de introducción muy distintos. Durante el primer mes de vida, casi ningún niño recibe alimentos sólidos, mientras que 24% ya recibe líquidos; esta marcada diferencia perdura hasta antes de cumplir los tres meses. Casi uno de cada tres niños empieza a recibir alimentos sólidos a los tres meses cumplidos y, al cumplir los cinco meses, la proporción de niños que ha recibido alimentos líquidos es semejante a la de los que han ingerido alimentos sólidos. A partir de dicha edad es frecuente que los

GRÁFICA 2.

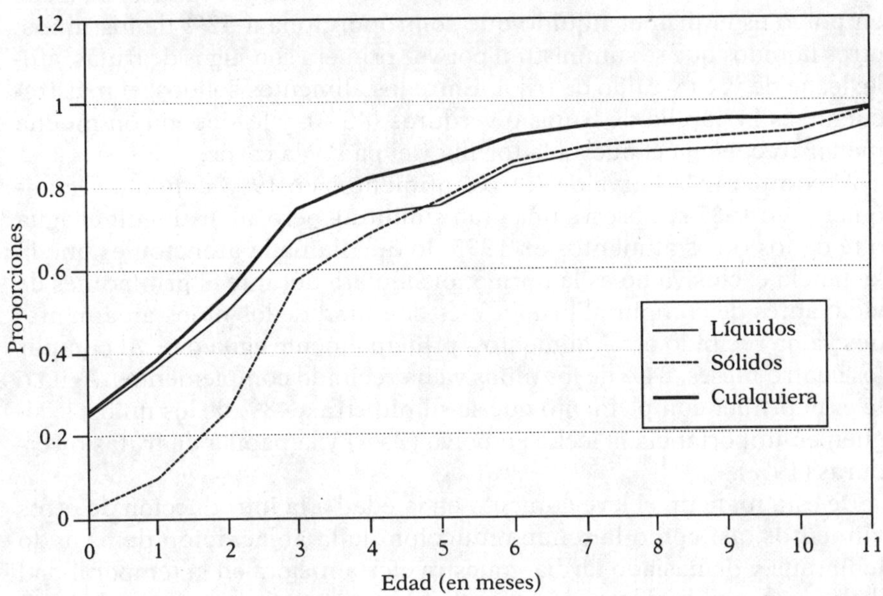

GRÁFICA 3.

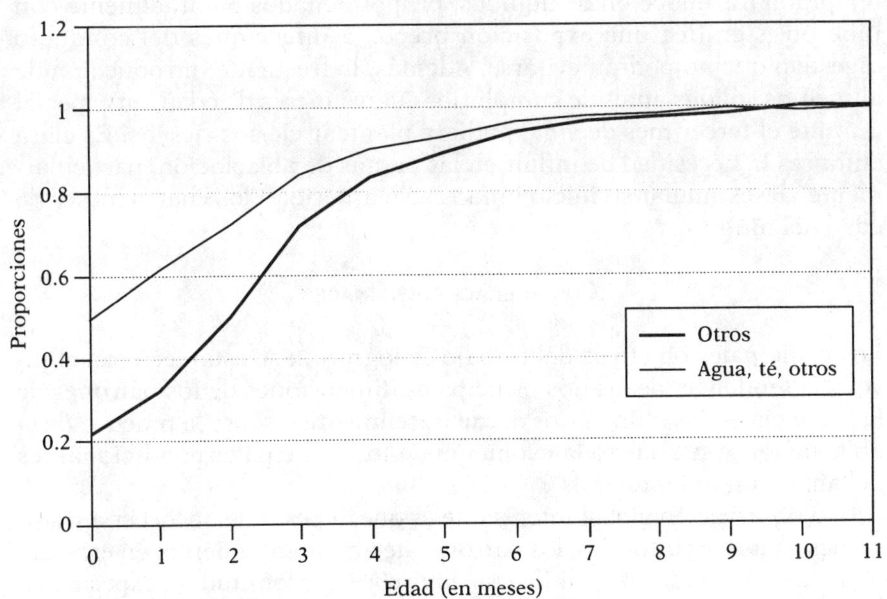

niños amamantados reciban sólo agua o tés y alimentos sólidos. La leche en polvo es el primer líquido que se proporciona a 52% de los niños; otros líquidos que se suministran por vez primera son jugos de frutas, atole, leche de vaca y caldo de frijol. Entre los alimentos sólidos, el más frecuente es la papilla de frutas o verduras (48%), y le siguen con mucha menor frecuencia el huevo, la tortilla y el pan, y la carne.

Al comparar la curva de "otros" alimentos en 1995 con la de "cualquiera" en 1987 se observa una gran similitud; pero, al distinguir el agua o té de los otros alimentos en 1995, lo que llama la atención es que la lactancia exclusiva no es la norma, ni siquiera durante el primer mes de vida: antes de cumplir el primer mes, la mitad de los niños amamantados ya ha recibido otros alimentos, principalmente agua o té. Al cumplir los cuatro meses, 84% de los niños ya ha recibido complementos. Agua o té es el primer complemento que se suministra a 48% de los niños; le siguen en importancia la leche en polvo (26%) y la papilla de frutas o verduras (19%).

De esta manera, el leve aumento en la edad a la introducción de otros alimentos, así como la tenue reducción de la ablactación demasiado temprana y demasiado tardía, muestra cierta mejora en la temporalidad de los patrones de ablactación entre las dos encuestas, corroborando la hipótesis que planteamos al inicio del trabajo. Sin embargo, el que aún en la última encuesta tres de cada cuatro niños empiecen a recibir otros alimentos a edades inadecuadas dista mucho de ser una situación ideal. La temprana introducción de líquidos, proporcionados habitualmente con biberón, significa una exposición precoz a infecciones del conducto digestivo que no podrán evitarse. Además, la frecuente introducción de alimentos sólidos antes de cumplir los cuatro meses de edad, en especial durante el tercer mes de vida, pudiera plantear ciertos riesgos. Es clara entonces la necesidad de influir en las pautas de ablactación; particularmente, desestimular su inicio innecesario anterior a los cuatro meses de edad del niño.

Consideraciones finales

Los principales objetivos del trabajo se lograron: se establecieron el nivel y la tendencia de las dos principales dimensiones de los patrones de la lactancia en las últimas dos décadas, se investigó sobre la práctica de la ablactación y se analizó la evolución de los principales condicionantes del amamantamiento.

Una observación global interesante es que, a pesar de obedecer a tradiciones y pautas culturales, los patrones de amamantamiento, en especial la incidencia, podrían modificarse con relativa prontitud: la experiencia observada en México en las últimas dos décadas da cuenta de ello. Las campañas de promoción de complementos y sustitutos de la leche materna lanzadas por fuertes grupos industriales y comerciales parecen haber repercutido en la práctica de la lactancia, ya sea al influir directamente en las madres, o de manera indirecta mediante el sector médico; este último, en los servicios de atención materno-infantil o de planificación familiar, desestimuló el inicio y la prolongación de la alimentación por el seno. Así se encuentran los acentuados diferenciales según las variables socioeconómicas y de atención a la salud en las dos primeras encuestas. En los últimos años, la promoción de la lactancia en los servicios públicos de atención materno-infantil trajo como resultado la alimentación temprana: en 1995, los niños nacidos en instituciones gubernamentales fueron amamantados con mucha mayor frecuencia que los niños cuyo nacimiento fue atendido en alguna institución privada. Es probable también que dicho cambio en los servicios de atención materno-infantil esté relacionado con la tendencia de la última década: el aumento en la incidencia y la reducción poco pronunciada en la duración de la lactancia.

Sobre la evolución de los condicionantes de la lactancia se tiene entonces que, como se planteó al inicio del trabajo, sí hay un cambio en los condicionantes de la incidencia; no obstante, la duración del amamantamiento permanece influida por las mismas variables a lo largo de las dos décadas analizadas.

En cuanto a la temporalidad de la ablactación, las mejoras han sido menores: la proporción de niños que reciben complementos alimenticios antes de cumplir los cuatro meses —así como la de los que no los reciben antes de haber cumplido los siete meses— muestran sólo leves reducciones entre 1987 y 1995.

De esta manera, el sector médico oficial (mediante los servicios de atención materno-infantil) ha realizado una loable tarea al pasar de desestimular el inicio y la prolongación de la lactancia a mediados de los años setenta, a promover una mayor incidencia en la última década. Sin embargo, hay aún mejoras indispensables y factibles de lograr por parte del sector salud. La primera sería favorecer la incorporación de las instituciones privadas a los programas de promoción de la lactancia, pues su participación no es desdeñable: uno de cada cinco niños nace en ellas. Otra sería dar prioridad en los programas de promoción de la lactancia a los grupos de mujeres más vulnerables; en especial, el análisis muestra que las madres que no tienen compañero practican considerablemente menos la alimentación por el seno. Sería importante entonces proporcionar un apoyo especial a estas mujeres para que inicien y continúen la lactancia porque, además, es probable que entre ellas el efecto benéfico de la lactancia sobre la salud de sus hijos sea más decisivo. También es importante señalar el riesgo que entraña el aumento en el tiempo de los partos por cesárea, ya que están vinculados negativamente con la alimentación por el seno.

Aunque no se logró probar mediante el análisis multivariado, la misma existencia de la endogeneidad y el análisis bivariado muestran el estrecho vínculo entre la lactancia y la práctica anticonceptiva. Sería deseable la coordinación entre los servicios de planificación familiar y los de atención materno-infantil, de manera que la anticoncepción no actuara en detrimento de la lactancia; la introducción de los anticonceptivos adecuados en el momento pertinente permite evitar un nuevo embarazo y, a la vez, puede proporcionarse una alimentación adecuada a los bebés en los primeros meses de vida.

Finalmente, la proporción no despreciable de niños que en 1995 no recibe alimentación por el seno —así como la frecuente introducción de complementos de la leche materna durante los cuatro primeros meses de vida— dista de las recomendaciones internacionales sobre los patrones de alimentación temprana y constituye un llamado a continuar los esfuerzos por promover la lactancia e incluir en los programas elementos sobre una adecuada ablactación, en especial sobre el tiempo idóneo de introducción de complementos alimenticios.

Bibliografía

Akin, John S., *et al.* (1986), "Breastfeeding patterns and determinants in the Near East: An analysis for four countries", *Population Studies,* 40 (2): 247-262.

Barros, Fernando, y César Victora (1990), "Breastfeeding and diarrhea in Brazilian children", *Demographic and Health Surveys Further Analysis Series,* núm. 3, The Population Council-Demographic and Health Surveys, 25 pp.

Barrera, Albino (1990), "The role of maternal schooling and its interaction with Public Health Programs in child health production", *Journal of Development Economics,* 32: 69-91, North Holland.

Bennett, T. (1992), "Marital status and infant health outcomes", *Social Science and Medicine,* 35 (9): 1179-1187.

Briscoe, John *et al.* (1990), "People are not passive acceptors of threats to health: endogeneity and its consequences", *International Journal of Epidemiology,* 19 (1): 147-153, Gran Bretaña.

Consejo Nacional de Población (1996), *Indicadores básicos de salud reproductiva y planificación familiar,* México, Conapo, 52 pp.

Consejo Nacional de Población (1997), Segundo Informe de Avances del Programa Nacional de Población, México, Conapo, 46 h.

Elo, Irma T., y Laurence M. Grummer-Strawn (1991), "Infant feeding practices in Peru 1977-1986", *Demographic and Health Surveys World Conference. Proceedings*, vol. 1, pp. 429-443, IRD/Macro International, Inc., Columbia, Maryland.

Family Health International (1993), *Network*, 8 (1).

Ford, Kathleen, y Sandra Huffman (1992), "Relationship between maternal nutrition and fertility in developing countries", en Calvin Goldschider (comp.), *Fertility Transition, Family Structure and Population Policy*, Boulder, Westview Press, pp. 121-135.

Forste, Renata (1994), "The effects of breastfeeding and birth spacing on infant and child mortality in Bolivia", *Population Studies*, 48 (3): 497-511.

——— (1995), "Efects of lactation and contraceptive use on birth-spacing in Bolivia", *Social Biology*, 42 (1-2): 108-123.

Goldman, Noree, *et al.* (1987), "Variations in natural fertility: the effect of lactation and other determinants", *Population Studies*, 41 (1): 127-146.

Gómez de León, José, y Joseph E. Potter (1989), "Modelling the inverse association between breastfeeding and contraceptive use", *Population Studies*, 43 (1): 69-93.

Grummer-Strawn, Laurence, y James Trussell (1993), "Computing the mean duration of breastfeeding from current-status data", *Genus*, 49 (1-2): 25-42.

Guz, Deborah, y John Hobcraft (1991), "Breastfeeding and fertility: a comparative analysis", *Population Studies*, 45(1): 91-108.

Habicht, J. P., *et al.* (1985), "The contraceptive role of breastfeeding", *Population Studies*, 39(2): 213-232.

Hobcraft, John, *et al.* (1985), "Demographic determinants of infant and early child mortality: a comparative analysis", *Population Studies*, 39 (3): 363-385.

Huffman, Sandra L., *et al.* (1987), "Nutrition and fertility in Bangladesh: Breastfeeding and postpartum amenorrhea", *Population Studies*, 41: 447-462.

———, y Barbara B. Lamphere (1984), "Breastfeeding Performance and Child Survival", en W. H. Mosley y L. Chen (comps.), *Population and Development Review. Child Survival. Strategies for Research*, suplemento del vol. 10: 93-116.

Hull, Valerie J. (1983), "Research on the effects of hormonal contraceptives on lactation: current findings, methodological considerations and future priorities", *World Health Statistics Quarterly*, 36: 2-200.

——— (1987), "Breastfeeding and fertility: The sociocultural context",

International Journal of Gynaecology and Obstretics, vol. 25, suplemento, pp. 77-109, Limerick.

Hytten, F. E., y A. M. Thomson (1961), "Nutrition of the lactating woman", S. K. Kon y A. T. Cowie (comps.), *Milk: the Mammary Gland and Its Secretion,* vol. II, Nueva York y Londres, Academic Press, pp. 3-46.

John, Meredith, *et al.* (1987), "The effects of breastfeeding and nutrition on fecundability in rural Bangladesh: A hazards-model analysis", *Population Studies,* 41 (3): 433-446.

——— (1988), "Estimating the distribution of interval length: current status and retrospective history data", *Population Studies,* 42(1): 115-127.

Knodel, John (1985), "Infant feeding practices, postpartum amenorrhea, and contraceptive use in Thailand", *Studies in Family Planning,* 16: 302-311.

———, y Hallie Kintner (1977), "The impact of breastfeeding patterns on the biometric analysis of infant mortality", *Demography,* 14(4): 391-410.

———, y C. Lewis (1984), "Amenorrhea in selected developing countries: estimates from contraceptive prevalence surveys", Population Association of America Meeting, Minneapolis.

Laukaran, V. H., *et al.* (1981), "Research on determinants of infant feeding practices: A conceptual framework", *Working Paper,* núm. 15, The Population Council, Nueva York.

Leridon, Henry, y Ferry Benoit (1985), "Biological and traditional restraints on fertility", en John Clealand y John Hobcraft (comps.), *Reproductive Change in Developing Countries. Insights from the World Fertility Survey,* Oxford, Oxford University Press, pp. 139-164.

Lesthaeghe, R. J. (1987), "The breastfeeding hypothesis and regional differences in marital fertility and infant mortality in the Low Countries during the 19th Century. Comments on a debate", *IPD Working Paper* 1987-3, Bruselas, Bélgica, Vrije Universiteit.

———, y H. J. Page (1980), "The post-partum non-susceptible period: development and applications of model schedules", *Population Studies,* 34(1): 143-169.

McCann, M. F., *et al.* (1984), "Breastfeeding, fertility and family planning", *Population Reports,* 12 (2), serie J, núm. 24.

McCormick, M. (1985), "The contribution of low birth weight to infant mortality and childhood morbidity", *The New England Journal of Medicine,* 321 (2): 82-90.

Mier y Terán, Marta (1991), "Early feeding patterns and children's health in Mexico", *Demographic and Health Surveys World Conference. Proceedings,* vol. 1, pp. 451-474, IRD/Macro International, Inc., Columbia, Maryland.

Mier y Terán, Marta, y Octavio Mojarro (1988), Práctica de la lactancia en el área rural de México: 1969-1981, México, Instituto de Investigaciones Sociales de la UNAM e Instituto Mexicano del Seguro Social (mimeo).

Millman, S. (1986), "Trends in breastfeeding in a dozen developing countries", *International Family Planning Perspectives,* 12 (3): 91-95.

Naciones Unidas (1985), *Breastfeeding and Related Aspects of Post-partum Reproductive Behaviour,* documento elaborado por la Population Division, Department of International Economic and Social Affairs del Secretariado de las Naciones Unidas, A/P/WP/90.

——— (1994), *The Health Rationale for Family Planning: Timing of Births and Child Survival,* Nueva York, Department for Economic and Social Information and Policy Analysis, Population Division, 112 pp.

Namboodiry, K., y C. M. Suchindran (1987), *Life Table Technics and Their Applications,* Nueva York, Academic Press.

Organización Mundial de la Salud, OMS (1981), *Contemporary Patterns of Breast-feeding. Report on the WHO Collaborative Study on Breast-feeding,* Ginebra.

——— (1985) *The Quantity and Quality of Breast Milk. Report on the WHO Collaborative Study on Breast-feeding,* Ginebra.

Palloni, A., y S. Millman (1986), "Effects of inter-birth intervals and breastfeeding on infant and early childhood", *Population Studies,* 40 (2): 215-236.

———, y G. Kephart (1989), "The effects of breastfeeding and contraception on the natural rate of increase: Are there compensating effects?", *Population Studies,* 43 (3): 455-478.

Pindyck, R., y D. Rubinfeld (1991), *Econometric Models and Econometric Forecasts,* 3a edición, McGraw-Hill.

Pinto Aguirre, G., *et al.* (1998), "Effects of lactation on post-partum amenorrhoea: reestimation using data from a longitudinal study in Guatemala", *Population Studies,* 52 (2): 231-248.

Population Information Program (1982), *Population Reports,* J (24), The Johns Hopkins University.

——— (1992), *Population Reports* M (11), The Johns Hopkins University.

——— (1996), *Population Reports, Cómo atender la demanda insatisfecha: nuevas estrategias,* 24 (1), J (43), The Johns Hopkins University.

Potter, Joseph E., *et al.* (1987), "The influence of maternal health care on the prevalence and duration of breastfeeding in rural areas in Mexico", *Studies in Family Planning,* 18 (6): 309-319.

Retherford, R. D., y M. Kim Choe (1993), *Statistical Models for Causal Analysis,* Nueva York, John Wiley & Sons.

Rivera, Roberto, y José Antonio Solís (1997), "Mejorar la planificación familiar después del embarazo", *Network,* Family Health International, 17 (4): 4-6.

Rutstein, Shea (1991), "The impact of breastfeeding on fertility", en

Proceedings of the Demographic and Health Surveys World Conference, vol. II, Washington D. C., IRD/Macro International, Columbia, Maryland, pp. 897-924.

Sánchez, Ruth (1988), *Factores determinantes del periodo de lactancia en el área rural de México. Aplicación de modelos log-lineales en el análisis de datos de supervivencia*, tesis de licenciatura en actuaría en la Escuela Nacional de Estudios Profesionales Acatlán, UNAM.

Schlaepfer, Loraine, y Claudia Infante (1992), "La alimentación infantil en México y su relación con la utilización de servicios de salud materna", *Salud Pública de México*, 34 (6): 593-606.

Shah, Iqbal, y Jitendra Khanna (1990), Breastfeeding, infant health and child survival: Asian-Pacific context, mimeo.

Sharma, Ravi, y Shea O. Rutstein (1991), "Comparative analysis of determinants of infant feeding practices", en *Proceedings of the Demographic and Health Surveys World Conference*, vol. I, Washington D. C., IRD/Macro International, Columbia, Maryland, pp. 403-427.

Schultz, T. Paul (1984), "Studying the impact of household economic and community variables on child mortality", en W. Henry Mosley y Lincoln C. Chen (comps.), *Child Survival: Strategies for Research, Population and Development Review*, suplemento del vol. 10: 215-235.

Trussell, J., *et al.* (1992), "Trends and differentials in breastfeeding behavior: evidence from the WFS and DHS", *Population Studies*, 46 (2): 285-308.

Vandale-Toney, Susan (1978), "Factores sociales y culturales que influyen en la alimentación del lactante menor en el medio urbano", *Salud Pública de México*, 20 (2): 215-230.

———, *et al.* (1992), "Programa de promoción de la lactancia materna en el Hospital General de México: un estudio evaluativo", *Salud Pública de México*, 34 (1): 25-35.

VanLandingham, Mark *et al.* (1991), "Contraceptive and health benefits of breastfeeding: a review of the recent evidence", *International Family Planning Perspectives* 17 (4): 131-136.

Weisberg, S. (1985), *Applied Linear Regression*, 2a. ed., Nueva York, John Wiley & Sons, 324 pp.

Winikoff, Beverly (1983), "The effects of birth spacing on child and maternal health", *Studies in Family Planning*, 14 (10): 231-245.

Winikoff, Beverly, *et al.* (s. f.), *Anticoncepción durante la lactancia. Un recurso para el personal clínico*, The Population Council-Instituto Mexicano del Seguro Social, 46 pp.

Zúñiga, Elena (1990), "Algunos aspectos de la dinámica y de los determinantes de la práctica anticonceptiva en el México rural", ponencia presentada a la IV Reunión Nacional de Investigación Demográfica en México, Sociedad Mexicana de Demografía, ciudad de México, 23-27 de abril.

ANEXO

CUADRO 1. *Características demográficas, socioeconómicas y de atención a la salud de las madres de niños menores de tres años en 1976, 1987 y 1995 (%)*[1]

	1976	*1987*	*1995 (nueve estados)*
EDAD			
15-24	37	37	41
25-34	44	49	46
35-49	19	14	13
RESIDENCIA			
rural	47	37	43
urbana	53	63	57
ESCOLARIDAD			
ninguna	22	14	11
primaria incompleta	50	37	24
primaria completa	19	27	30
secundaria completa o más	9	22	36
ACTIVIDAD ECONÓMICA[2]			
ninguna	85	76	74
agrícola	3	4	2
no agrícola	12	20	24
ANTICONCEPCIÓN[3]			
no usa	69	43	36
usa métodos tradicionales	8	10	9
usa métodos efectivos	23	47	55
ATENCIÓN MÉDICA EN EMBARAZO Y PARTO[4]			
ninguna	34	22	15
parcial	24	18	16
completa	42	60	69
INSTITUCIÓN QUE ATENDIÓ EL PARTO[5]			
ninguna	44	34	25
pública	36	47	55
privada	20	19	20
TIPO DE PARTO			
vaginal		85	79
cesárea		15	21

CUADRO 1. *(Concluye.)*

	1976	*1987*	*1995 (nueve estados)*
CÓNYUGE PRESENTE[6]			
sí	94	94	89
no	6	6	11
OCUPACIÓN DEL CÓNYUGE[7]			
agrícola	42	33	33
no agrícola/manual	39	45	46
no agrícola/no manual	19	22	21

[1] Cada madre puede aparecer una o dos veces, según la cantidad de hijos que haya tenido en los tres años anteriores a la entrevista.

[2] Actividad declarada la semana anterior a la encuesta. En 1976 se hizo la distinción entre el trabajo no agrícola dentro y fuera de la casa; un tercio de las madres (4%) declaró trabajar en su propia casa y el resto (8%), fuera de su casa.

[3] Se estudia el uso de métodos a partir del nacimiento del último hijo. El condón se incluyó entre los métodos efectivos.

[4] Si el embarazo y el parto eran atendidos por un médico, se consideró que la atención médica era completa; si uno de los hechos no recibía atención médica, se consideró como parcial; si en los dos hechos no hubo atención médica, la categoría fue "ninguna". En 1976, sólo se conoce la atención en el último embarazo y parto, por lo que el dato sobre estos hechos se le imputó a los penúltimos hijos.

[5] Véase la nota anterior.

[6] En 1976 y en 1975, si la mujer declaraba estar en unión y había información sobre el cónyuge, se consideró que éste se encontraba presente; en 1987, si la mujer declaraba estar en unión y si el sujeto económico del hogar era el esposo, se consideró que el cónyuge estaba presente.

[7] En 1987 y en 1995, los vendedores ambulantes se consideraron "trabajadores manuales", mientras que los vendedores en establecimientos se consideraron "no manuales". En 1976 no fue posible la distinción entre los dos tipos de vendedores, y se les consideró "trabajadores no manuales".

FUENTE: Cintas de las encuestas EMF (1976), Enfes (1987) y ENPF (1995). En las dos últimas encuestas se trabajó con los datos ponderados.

MORTALIDAD FETAL Y ABORTO

Daniel Hernández

INTRODUCCIÓN

LOS FENÓMENOS demográficos se ven afectados por diversos factores. En el caso de la fecundidad, para su estudio se han desarrollado esquemas basados en el concepto de que los elementos socioeconómicos, culturales y biológicos que influyen en ella operan mediante unos cuantos *factores próximos*. Davis y Blake propusieron 11 de estos factores, también conocidos como *variables intermedias de la fecundidad* (1956), que pueden agruparse en tres categorías: *i)* factores que afectan la exposición al coito; *ii)* factores que afectan el riesgo de concebir; y *iii)* factores que afectan la gestación. Dentro de estos últimos se encuentra la mortalidad fetal por causas involuntarias o voluntarias, a saber: el aborto espontáneo o el inducido.[1]

Sin embargo, el análisis de la mortalidad fetal se ve limitado por diversos motivos. Quizá el que ha sido más discutido se relaciona con la condición jurídica de los abortos inducidos, que en México sólo en determinadas circunstancias no son clasificados como delito, lo que se vincula con una subdeclaración de este tipo de hechos (Tolbert, Ehrenfeld y Lamas, 1996; Salas, 1996). A ello puede agregarse que el aborto inducido es una práctica sujeta a estigmatización por parte de diversos grupos de población, lo cual propicia también una tendencia a que no todas las mujeres que lo han realizado lo declaren a pregunta expresa. Ante estas dos condicionantes, se han llevado a cabo diversos esfuerzos para alcanzar mayor certeza sobre la incidencia del aborto inducido y sus causas,[2] los cuales se han centrado en el diseño de módulos y preguntas sobre el tema para ser incluidos en cuestionarios de encuestas sociodemográficas

[1] Las variables del primer grupo son: edad al inicio de las relaciones sexuales, celibato permanente y disolución de unión por divorcio, separación o muerte del cónyuge. Las del segundo grupo son: esterilidad involuntaria, uso de métodos anticonceptivos y esterilidad voluntaria.

[2] Esta tarea se ha visto impulsada en la presente década no sólo por el interés en conocer el efecto que tienen el aborto espontáneo y el inducido sobre la fecundidad, sino también por la importancia que el aborto tiene en la mortalidad materna. Se debe señalar que existe una iniciativa mundial para lograr una reducción sustancial de la mortalidad relacionada con el embarazo (Conapo, 1996).

(Huntington, Mensch y Miller, 1996), en métodos de análisis de los resultados obtenidos con estos instrumentos (Magnani, Rutenberg y McCann, 1996), así como en el desarrollo de metodologías que combinan diversas fuentes de información y datos, tanto cuantitativos como cualitativos (Singh y Wulf, 1991; Barreto *et al.*, 1992; Singh y Wulf, 1994; Singh y Segdh, 1997). Un tercer elemento que debe considerarse como limitante para el análisis del aborto es que, por lo general, las pérdidas (abortos espontáneos) que ocurren antes o próximamente a la fecha esperada de una menstruación no se identifican como abortos (Roman y Stevenson, 1983).

Dados estos obstáculos, en el presente trabajo se analiza la información relativa al aborto que se desprende de los datos obtenidos en distintas encuestas sociodemográficas con representatividad nacional en nuestro país. En primera instancia se muestran los datos derivados de las historias de embarazos de la Encuesta Nacional de Fecundidad y Salud de 1987 y de la Encuesta Nacional de Planificación Familiar de 1995,[3] con el objeto de conocer distintas características relacionadas con la realización de abortos, sin distinguir si éstos fueron espontáneos o inducidos. En segundo lugar, se presentan cifras estimadas de la tasa de abortos en México (desde mediados de los años setenta), mediante la aplicación del modelo de determinantes próximos desarrollado por Bongaarts (1978).

Embarazo y mortalidad fetal

Con los datos de encuestas sociodemográficas es posible analizar la proporción de embarazos que tienen como resultado un aborto, el cual puede ser espontáneo o inducido (en éste, el embarazo se interrumpe por una acción deliberada). En dichas fuentes de información, sin embargo, no se hace una distinción entre ambos tipos. De esta manera, la definición de "aborto" que se emplea corresponde en sentido estricto a la *mortalidad fetal*, referida como la muerte del producto del embarazo hasta con 20 semanas de gestación (CLAP-OPS/OMS, 1985; Gaudino *et al.*, 1994).[4]

Cuando se reconocen las pérdidas espontáneas del embarazo, el patrón de la distribución de muertes fetales según la edad gestacional tiende a elevarse drásticamente entre el segundo y tercer meses del embarazo (Roman y Stevenson, 1983). Tanto los datos de la Enfes 1987 como los

[3] La Enfes 1987 fue llevada a cabo por la Secretaría de Salud como parte del sistema de las Encuestas Demográficas y de Salud (DHS). La ENPF 1995 fue realizada por el Consejo Nacional de Población. Las historias de embarazos recuperan la información sobre todos los embarazos que una mujer ha tenido a lo largo de su vida y distinguen el tipo de terminación (nacido vivo, nacido muerto o aborto).

[4] Como Gaudino y sus colaboradores señalan, esta definición evita la confusión entre "aborto inducido" y "pérdida" (en inglés *abortion* y *miscarriage).*

de la ENPF 1995 siguen este tipo de comportamiento, lo que haría pensar que los datos reportados en tales encuestas corresponden en buena medida a abortos espontáneos (gráfica 1).

A partir del conocimiento del resultado de los embarazos es posible estimar la proporción de ellos que corresponde a una muerte fetal. En el cuadro 1 se presenta la proporción de embarazos que tienen esta terminación de acuerdo con diferentes características de las mujeres.[5] En los dos periodos analizados se aprecia que la probabilidad de que el embarazo tenga como resultado una muerte fetal es sensiblemente más elevada cuando la gestación ocurre en mujeres de 35 o más años de edad. En cuanto al orden del embarazo, a mediados de la década de los ochenta era más frecuente que ocurriera una muerte fetal en el cuarto o subsecuente embarazo, en tanto que en el periodo 1990-1995 la proporción es significativamente mayor cuando se trata de cualquier embarazo de orden 2 o superior.

Sin embargo, al considerar ambas características conjuntamente, se evidencia que el efecto de la edad de la mujer sobre el embarazo es más importante que su orden en cuanto a la ocurrencia de muertes fetales. Mediante un modelo de regresión logística (Hosmer y Lemeshow, 1989) se identifica que en 1982-1987 únicamente resulta significativa la edad de la mujer durante el embarazo, no así el orden del embarazo. Para los datos referidos a la primera mitad de la presente década, la variable "edad" es significativa, pero también se aprecia que hay un menor riesgo de mortalidad fetal entre los primeros embarazos en comparación con gestaciones de orden superior (se tiene una razón de momios de que ocurra un aborto de 0.53 en las mujeres que se encontraban en su primer embarazo en comparación con las mujeres en órdenes de embarazo mayores) (cuadro 1).[6]

Entre 7 y 8% de los embarazos tienen como resultado una muerte fetal. En el futuro puede esperarse que esta proporción descienda, ya que entre los dos quinquenios analizados se aprecia una disminución de

[5] Se trata de datos sobre los embarazos terminados en los cinco años previos a cada encuesta: 1982-1987 y 1990-1995.

[6] Este resultado no parece deberse a problemas de declaración, pues la evidencia señala que en general las mujeres de mayor edad tienden a subdeclarar las pérdidas de sus embarazos (Leridon, 1973). Sin embargo, debe tomarse en cuenta la posibilidad de que tal resultado refleje un efecto artificioso por la concentración de embarazos de alto riesgo para la salud en mujeres de mayor edad porque se trate de mujeres que han experimentado pérdidas repetidas y estén buscando alcanzar el tamaño deseado de familia; lo cual puede estar observándose en la más elevada proporción de embarazos que se concentran en edades de la mujer y órdenes avanzados entre las muertes fetales que en el total de los embarazos (16.8 contra 7.2%). Asimismo, cabe señalar que las mujeres residentes en zonas urbanas y con mayor escolaridad presentan una mayor proporción de abortos respecto del total de embarazos. Dichos resultados deben interpretarse como una mejor declaración de esos hechos durante la entrevista, lo que puede relacionarse con un mejor conocimiento del cuerpo y la reproducción.

GRÁFICA 1. *Mortalidad fetal por edad gestional, 1982-1987 y 1990-1995*

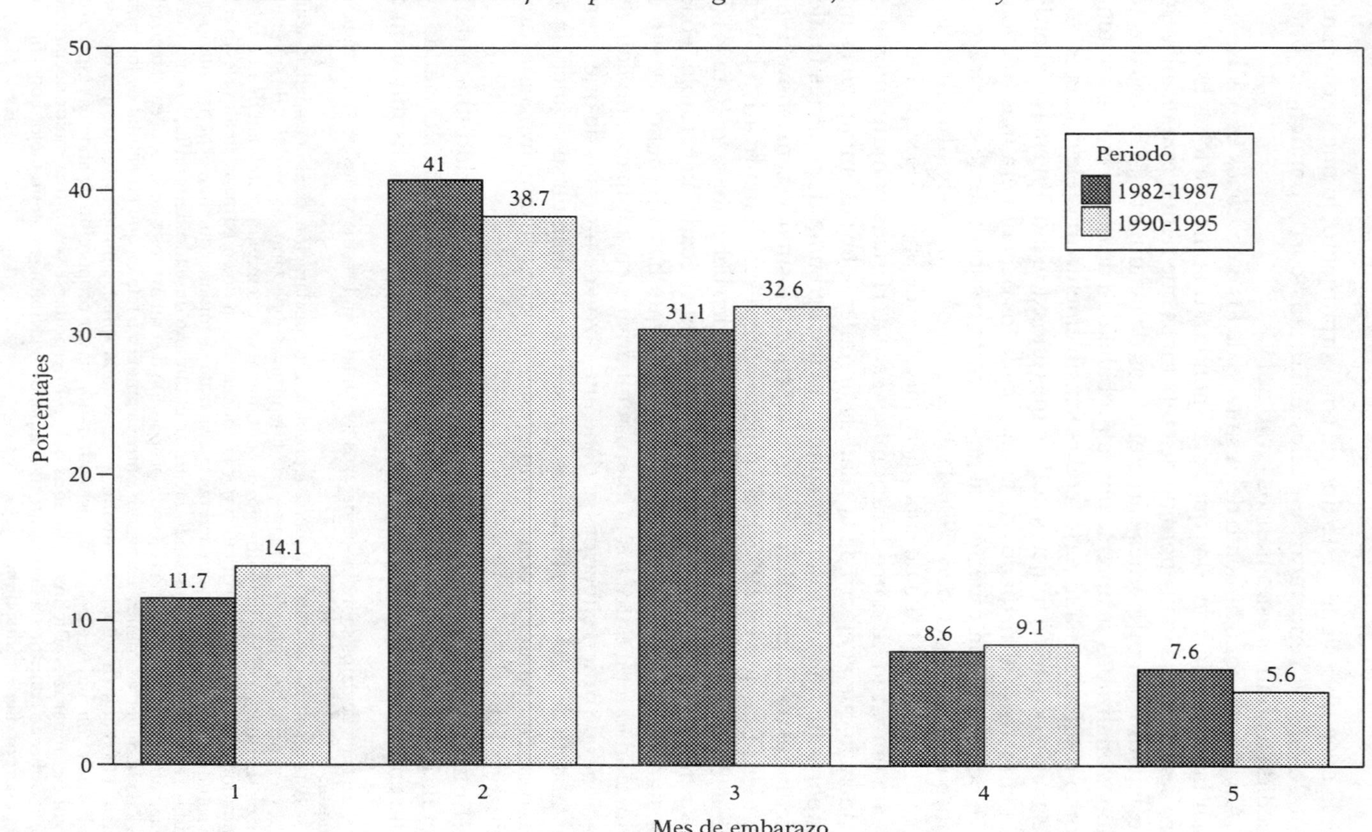

CUADRO 1. *Proporción de embarazos que se reportan como muerte fetal según diversas características sociodemográficas y riesgo de que ocurra una muerte fetal*

Edad al embarazo	*1982-1987*	*Riesgo relativo ajustado**	*1990-1995*	*Riesgo relativo ajustado**
< 24 años	6.3 (46.2)	.462[a]	6.9 (46.1)	.557[a]
25-34 años	8.4 (41.3)	.574[a]	5.4 (44.5)	.333[a]
35-39 años	13.9 (12.3)	referencia	14.6 (9.3)	referencia
Orden del embarazo				
1	6.4 (21.3)	.896	4.1 (28.6)	.529[a]
2	6.6 (19.6)	.876	8.6 (25.3)	1.068
3	6.9 (15.6)	.879	8.9 (16.3)	1.365
4-6	9.6 (26.3)	1.147	8.4 (21.3)	1.119
7 o más	10.9 (17.2)	referencia	10.8 (8.5)	referencia
Rural	6.1		6.4	
Urbano	9.4		8.0	
Sin escolaridad	4.8		4.5	
Primaria incompleta	7.1		7.7	
Secundaria completa	9.0		7.6	
Secundaria y más	11.0		7.9	
TOTAL	8.1		7.0	

El dato en paréntesis corresponde a la distribución de los embarazos en las distintas categorías.

* Se trata del riesgo relativo (estimado mediante razón de momios) de que el embarazo tenga como resultado una muerte fetal; ajustado mediante una regresión logística para la edad del embarazo y el orden de éste. La *a* indica que el valor es significativo con p > .05.

los embarazos en mujeres de 35 años y más, así como una concentración cada vez mayor de embarazos de primer y segundo orden (en 1990-1995 representan casi 54% del total) (datos entre paréntesis en el cuadro 1). Sin embargo, todavía quedan por definir estrategias de intervención que sean efectivas. Aunque se reconoce que una buena parte de las muertes fetales puede atribuirse a malformaciones, la definición de posibles intervenciones se ha visto limitada porque no se han identificado aún los procesos causales de ellas (ya sean factores genéticos, factores inmunitarios o exposición a factores de riesgo gestacional, como fumar o tomar alcohol) (Gaudino, 1994).

Desde el punto de vista de las intervenciones para evitar que se presente tal tipo de hechos, un aspecto que tiene gran importancia es el relativo a la anticoncepción. Se reconoce que las mujeres que han tenido un aborto espontáneo requieren algún tiempo antes de intentar de nuevo tener un hijo para que su organismo esté mejor preparado para los cambios que representa una gestación. Para las mujeres que han tenido un aborto inducido por no desear ese embarazo, el uso de un método anticonceptivo permite evitar que ocurra de nuevo una gestación no deseada (Hatcher *et al.*, 1989).

Anticoncepción después de un embarazo

Dado que después de un aborto el periodo de infertilidad posterior al embarazo es menor que en el caso de un hijo nacido vivo (lo cual plantea el riesgo de que vuelva a presentarse un embarazo en un lapso relativamente corto), resulta importante conocer la conducta que en materia de planificación familiar se observa en la población. En este sentido, el análisis siguiente se centra en el periodo postaborto, definido como el mes en que ocurrió el aborto o bien el inmediato posterior.

En el cuadro 2 se aprecia que en 1990-1995 sólo una de cada cinco mujeres que tuvieron un aborto iniciaron el uso de un método anticonceptivo en el periodo postaborto. Esta cifra es inferior en comparación con la de aquellas cuyo embarazo tuvo como resultado un hijo nacido vivo (cuadro 2).[7] Al considerar la edad, se percibe que en 1995, entre las mujeres más jóvenes (menores de 24 años), la proporción que inicia el uso de un anticonceptivo postaborto es menor que entre las mujeres de 25 a 34 años de edad (18 y 37%, respectivamente). Sin embargo, de nueva cuenta entre las mujeres de 35 a 49 años esta práctica disminuye (15%). Cabe señalar que dicha tendencia se ha mantenido sin variaciones marcadas en los últimos 10 años. Asimismo, entre las mujeres de 25 a 34 años la aceptación de un anticonceptivo posterior a la terminación del embarazo es igual entre mujeres con un aborto que con un hijo nacido vivo (incluso era superior para las mujeres que habían tenido un aborto en 1982-1987).

El uso de anticonceptivos posparto ha mostrado un aumento en los últimos 10 años, pero no se observa una tendencia semejante en cuanto a la aceptación de anticonceptivos en el periodo inmediato posterior a la ocurrencia del aborto. Esto representa un riesgo para la salud de un importante segmento de la población; además refleja —en el caso de las mujeres que hayan tenido un aborto inducido— limitaciones en el acceso a estos servicios, ya sea en la información o en la provisión misma de anticonceptivos.

[7] Es necesario recordar que en esta sección el objeto de análisis son los embarazos ocurridos en los periodos de referencia, aunque por facilidad de presentación se hable de mujeres simplemente.

CUADRO 2. *Proporción de mujeres que adoptaron un método anticonceptivo posparto y posaborto*

	1982-1987	*1990-1995*
Hijo nacido vivo	20.9	29.0
< de 24 años	19.6	25.6
25-34 años	21.2	33.3
35-49 años	24.7	26.5
Muertes fetales	23.6	21.9
< de 24 años	18.3	17.8
25-34 años	30.0	36.8
35-49 años	19.9	15.2

ESTIMACIÓN INDIRECTA DE ABORTO INDUCIDO

En este apartado se presentan estimaciones indirectas sobre el aborto inducido en nuestro país. La importancia de tal tipo de análisis se desprende de las limitaciones de la información para realizar estimaciones directas. Los datos sobre abortos inducidos pueden obtenerse de dos fuentes: *i)* registros de servicios de salud en clínicas u hospitales; y *ii)* encuestas dirigidas a personas. Los datos de los servicios de salud en algunos países donde el aborto es legal y accesible tienen gran precisión en la mayoría de los casos. Sin embargo, cuando el aborto es parcialmente legal o los servicios para realizarlo de manera segura son difíciles de obtener, la calidad de esta información disminuye de manera considerable. Por otro lado, como se ha señalado arriba, en la información de estudios en individuos se tiende a subestimar la prevalencia del aborto inducido, aun en países donde el aborto es legal.

No obstante, dichas fuentes de datos se pueden emplear para llevar a cabo estimaciones indirectas. Por lo que respecta al uso de registros hospitalarios, Singh y Wulf (1994) han calculado los niveles de aborto inducido para varios países latinoamericanos mediante el ajuste de los datos relacionados con diagnósticos hospitalarios que tienen que ver con abortos inducidos, para corregir la cantidad total de hospitalizaciones vinculadas con estos hechos en países en los cuales se subreporta la incidencia de ingresos por abortos inducidos o por causas relacionadas con ellos. Una vez que se hace esta corrección, se introduce un multiplicador que toma en cuenta la proporción de abortos inducidos que por sus complicaciones requieren hospitalización (el multiplicador es más alto conforme mayor accesibilidad se tiene a servicios para realizar abortos seguros; varía entre 3 y 7). El valor resultante es una estimación de la cantidad total de abortos inducidos realizados en un país. En 1990 para México se encontraba, de acuerdo con estas autoras, entre 300 000 y 500 000 abortos, lo cual representa una razón de 124-207 abortos inducidos por cada 1 000 nacimientos.

Para aplicar la metodología propuesta por Singh y Wulf se requiere un complejo proceso de revisión de diagnósticos en los servicios de salud, cuyos registros y estadísticas sobre casos obstétricos de este tipo presentan graves deficiencias, como ocurre con la aplicación de los multiplicadores de accesibilidad a abortos seguros, que se basan en percepciones muchas veces subjetivas.

En este capítulo se opta por otro método indirecto para estimar los abortos inducidos en México, el cual se basó en el cálculo de la influencia del aborto sobre la fecundidad, y se emplean datos derivados de las encuestas sociodemográficas. Con este método, que se fundamenta en el modelo de determinantes próximos de la fecundidad de Bongaarts, referido anteriormente (1978), se presentan estimaciones de la tasa de aborto para México en 1976, 1979, 1987 y 1995.

A partir del concepto desarrollado por Davis y Blake sobre determinantes próximos de la fecundidad, Bongaarts demostró que cuatro de ellos (matrimonio, uso de anticonceptivos, insusceptibilidad posparto y aborto inducido) explicaban 96% de las variaciones en la fecundidad (1982).[8] En este modelo, la tasa global de fecundidad (TGF) se puede calcular a partir de la tasa total de fecundidad (TF) ajustada por una serie de factores de tipo multiplicativo que representan el efecto reductor en la fecundidad de cada uno de los principales determinantes próximos. Así,

$$\mathrm{TGF} = \mathrm{TF} \times Cm \times Cc \times Ci \times Ca,$$

donde TGF es la cantidad total de hijos que en promedio tendría una mujer de prevalecer la fecundidad específica por edades a lo largo de sus años reproductivos; y TF es la cantidad media potencial de nacimientos por mujer en su vida reproductiva, estimada en el presente trabajo en 17.

En cuanto a los índices de los determinantes próximos, *Cm* es el índice de la reducción en la fecundidad por ausencia de exposición a relaciones sexuales, *Cc* es el índice de la reducción debida al uso de anticonceptivos y *Ci* es el índice de la reducción en la fecundidad por insusceptibilidad a un embarazo durante el periodo posparto. Finalmente, *Ca* representa el efecto inhibidor de la fecundidad de los abortos inducidos. Cada uno de estos índices tiene un rango de cero a uno. Cuanto menor sea el valor

[8] Los otros tres factores analizados por Bongaarts son la fecundabilidad, la incidencia de mortalidad intrauterina espontánea y la esterilidad permanente.

para un índice, mayor es su efecto reductor en la fecundidad. Así, un índice de uno indica que el factor especificado no tiene ningún efecto inhibidor sobre la fecundidad, en tanto que un índice de cero significa que toda la fecundidad se evita por ese factor en particular.

La idea es aprovechar que la TGF y los índices para cada uno de los determinantes próximos pueden ser calculados directamente a partir de los datos recolectados en las encuestas sociodemográficas para calcular el índice del efecto inhibidor del aborto inducido como un residual una vez que se arregla la ecuación de Bongaarts (Mendoza, 1991; Johnston y Hill, 1996):

$$Ca = \text{TGF}/(\text{TF} \times Cm \times Cc \times Ci)$$

Para calcular *Cm, Cc* y *Ci,* se utilizan las fórmulas propuestas por Bongaarts (1978). De esta manera, para *Cm* (que es un índice que intenta medir el efecto de la exposición a relaciones sexuales) se utiliza la proporción de mujeres de 15 a 49 años de edad unidas o casadas, en el supuesto de que ellas tienen una mayor exposición al riesgo de concebir al cohabitar con un varón.[9] Para *Cc,* el cálculo requiere no sólo contar con los datos de prevalencia de uso de anticonceptivos entre las mujeres casadas o unidas *(u),* sino también conocer el tipo de métodos que se utilizan así como su efectividad *(e).* La fórmula correspondiente es[10]

$$Cc = 1-(1.18(u)(e)).$$

Por su parte, *Ci* mide la infertilidad por lactancia.[11] Este índice se calcula como

$$Ci = 20/(18.5 + i)$$

donde $i = 1.5-(0.56(L))$, y L es la duración de la lactancia en meses.[12]

[9] Recientemente se han introducido preguntas sobre frecuencia de relaciones sexuales en las encuestas sociodemográficas (Blanc y Rutenmberg, 1991); se descubrió que hay mujeres unidas que reportan una baja frecuencia de relaciones sexuales. Sin embargo, para mantener comparabilidad en las estimaciones, se mantiene la definición de *Cm* a partir de la proporción de mujeres en unión. Para los datos de 1976 se realizó un ajuste en el grupo de edad de 15 a 19, en tanto que no toda la población femenina del grupo fue entrevistada: en esa encuesta sólo se entrevistó a las mujeres de esas edades casadas o unidas.

[10] Los datos de efectividad de los métodos anticonceptivos se tomaron de Johnston y Hill (1996): orales, 0.82; inyectables, 0.96; esterilización femenina, 0.99; vasectomía, 1.0; DIU, 0.90; preservativo, 0.62, y métodos tradicionales (ritmo y retiro), 0.40.

[11] Una lactancia prolongada causa una amenorrea posparto más larga porque la hormona prolactina inhibe la ovulación. La producción de prolactina es estimulada por la succión del bebé al pezón de la madre y actúa en el hipotálamo, la hipófisis y los ovarios inhibiendo la ovulación (FIGO, 1994).

[12] Para 1976 y 1987 se utilizan datos de medianas de duración de lactancia estimadas por Trussel (reportadas por Mier y Terán en este volumen). Para 1979 se utiliza la estimación de Mendoza (1991).

En México se aprecia que entre mediados de los años setenta y los noventa, *Cm* y *Ci* han experimentado sólo pequeñas variaciones; por el contrario, *Cc* ha disminuido de un valor estimado de 0.73 a 0.34 entre 1976 y 1995 (cuadro 3). Mediante la técnica residual propuesta, los resultados obtenidos para *Ca* muestran que en el periodo analizado el efecto inhibitorio sobre la fecundidad de los abortos inducidos ha variado poco, y se mantiene en un nivel cercano a la unidad.

CUADRO 3. *Estimación de la tasa global de aborto*

Método	*1976*	*1987*	*1995*
TGF	5.64	3.68	2.81
u	0.302	0.527	0.665
Cm	0.623	0.608	0.603
Cc	0.733	0.480	0.340
Ci	0.804	0.828	0.844
Ca	0.902	0.895	0.955
Ta	1.168	0.703	0.198
Porcentaje del efecto inhibitorio en la fecundidad atribuible a *Ca*	9.8	10.5	4.5

En el mismo cuadro 3 se presenta el efecto porcentual de los abortos inducidos sobre la fecundidad al considerar en conjunto los otros tres índices:[13] entre 1976 y 1987 se estima que aproximadamente 10% de los niveles de fecundidad se explicaba por el efecto inhibidor de la fecundidad de los abortos, porcentaje que se reduce a sólo 5% en la década de los años noventa. También de la información de estos índices es posible calcuar una tasa global de abortos (TA), es decir, el promedio de abortos inducidos de una mujer a lo largo de su vida fértil;[14] dicha tasa ha pasado de 1.16 en 1976 a 0.19 en 1995. Así, puede señalarse que estos hechos han disminuido muy aceleradamente en las últimas dos décadas, incluso más que la fecundidad, que en el mismo periodo pasó de 5.64 a 2.81 hijos, lo cual se traduce en una reducción de la TGF a la mitad, en tanto que la TA disminuyó casi a una sexta parte.

Previamente se señaló que algunas estimaciones indirectas basadas en datos de los servicios de salud establecían una razón de abortos por cada 1 000 nacimientos en 1990 de entre 124 y 207. Con los resultados de TA aquí presentados, se pueden estimar razones de abortos inducidos a hijos nacidos vivos de 205 por cada 1 000 en 1976, 190 por cada 1 000 en 1987

[13] La fórmula para obtener este indicador es: $Cm \times Cc \times Ci \times Ca/Cm \times Cc \times Ci$ (Singh y Segdn, 1996).

[14] La ecuación para ello es: $\text{TA} = ((\text{TGF}/Ca) - \text{TGF})/(0.4 \times (1 + u))$.

y 71 por cada 1 000 en 1995. En términos absolutos, la cantidad de abortos inducidos que se deriva de estas estimaciones es, para 1976, de 476 000 y para 1995, de 163 000.[15]

Conclusión

Las estimaciones aquí presentadas han buscado emplear la información derivada de encuestas poblacionales para abordar el complejo tema del aborto. Los resultados indican que la tasa de abortos inducidos y los volúmenes absolutos de estos hechos ha descendido en México y coincide con el periodo de incremento en el uso de métodos de planificación familiar.

Los datos empleados difieren de los derivados de estimaciones indirectas basadas en registros de los servicios de salud. Esta situación puede deberse a una sobreestimación de los hechos por los factores de ajuste empleados con los datos de los hospitales. Asimismo, la diferencia en los resultados podría deberse a una subestimación del efecto de los abortos inducidos sobre la fecundidad en la propuesta técnica residual o a errores de medición de los otros índices, tal vez porque no se está considerando el efecto de las relaciones sexuales fuera del matrimonio, lo que haría disminuir el efecto de *Cm* sobre la fecundidad. Sin embargo, tal efecto puede considerarse compensado por la proporción existente de mujeres unidas sin vida sexual que no se excluye para el cálculo de *Cm*. Los datos sobre anticoncepción se basan en información confiable y de calidad, y una mayor precisión en los datos sobre lactancia en México tienden a disminuir aún más el efecto residual de *Ca;* pero de cualquier manera debe reconocerse que la técnica empleada no deja de tener limitaciones.

Pese a que las estimaciones presentadas muestran una tendencia hacia la reducción de los abortos inducidos, esta conducta requiere atención, en tanto refleja la imposibilidad de satisfacer de manera segura los ideales reproductivos de miles de parejas y mujeres. Si a ello se aúnan las serias complicaciones para la salud materna que se derivan de la práctica del aborto cuando éste ocurre en condiciones poco seguras, se desprende la urgencia de continuar abatiendo este fenómeno mediante la oferta de servicios de planificación familiar amplios y de calidad que permitan a los individuos satisfacer plenamente sus decisiones reproductivas. La importancia de lo anterior resalta a la luz de la experiencia observada en diver-

[15] Si se divide la TGF entre cinco se obtiene la sumatoria de la cantidad de nacimientos vivos en un año por cada mujer para cada uno de los siete grupos de edad quinquenal considerados como "edad fértil". Si se realiza la misma operación para la TA, y suponiendo que la distribución de los hechos es la misma en los grupos de edad, se puede establecer la cantidad de abortos inducidos.

sos países africanos y asiáticos, en los cuales el aborto se ha incrementado a lo largo del tiempo precisamente cuando la fecundidad está decayendo. En estos países, la influencia del aborto en el descenso de la fecundidad es comparable a la del uso de anticonceptivos (Johnston y Hill, 1996). Al tener como ideal una menor cantidad de hijos y no contar con una adecuada oferta de anticonceptivos —lo que deriva en índices de anticoncepción *Cc* de entre 0.7 y 0.9— los individuos y las parejas parecen recurrir al aborto incluso si éste es ilegal.

En el caso de nuestro país, cabe señalar que en 1995 —incluso con los bajos valores de aborto presentados— se puede apreciar que en las zonas rurales (localidades con menos de 2 500 habitantes), la TA es casi seis veces mayor que en las zonas urbanas, situación directamente relacionada con una menor prevalencia del uso de métodos anticonceptivos en las primeras (cuadro 4). Entre la población rural se aprecian ideales cada vez más frecuentes de tamaños menores de familia, lo que requiere atención si no se desea que estas diferencias en la ocurrencia de abortos inducidos continúe o incluso pueda elevarse.

CUADRO 4. *Estimación de la tasa global de aborto por lugar de residencia, 1995*

	Rural	*Urbano*
Tgf	3.80	2.60
u	0.527	0.713
Cm	0.626	0.596
Cc	0.477	0.300
Ci	0.817	0.877
Ca	0.915	0.975
Ta	0.577	0.097

BIBLIOGRAFÍA

Barreto, T., *et al.* (1992), "Investigating induced abortion in developing countries: Methods and problems", *Studies in Family Planning,* vol. 23, núm. 3.

Blanc, A., y N. Rutenberg (1991), "The analytical potential of demographic and health survey data on coital frecuency and its implications for estimation of contraceptives rates", en *Measuring the Dynamics of Contraceptives Use,* Nueva York, United Nations.

Blanc, A., y N. Rutenberg (1991), "Coitus and contraception: The utility of data on sexual intercourse for family planning programs", *Studies in Family Planning,* vol. 22, núm. 3.

Bongaarts, J. (1978), "A framework for analyzing the proximate determinants of fertility", *Population and Development Review,* vol. 4, núm. 1.

Centro Latinoamericano de Perinatología/Organización Panamericana de la Salud/Organización Mundial de la Salud (1985), "Definiciones y terminologías aplicables al periodo perinatal", *Salud Perinatal,* 4.

Consejo Nacional de Población (1996), "Indicadores básicos: salud reproductiva y planificación familiar", México, Conapo.

Davis, K., y J. Blake, (1956), "Social structure and fertility: an analytic framework", *Economic Development and Cultural Change,* vol. 4, núm. 4.

Elu, M., y A. Langer (1994), *Maternidad sin riesgos en México,* México Instituto Mexicano de Estudios Sociales.

Federación Internacional de Gineco-Obstetricia [FIGO] (1994), *Manual de reproducción humana,* Nueva York, The Parthenon Publishing Group.

Gaudino, J. A., *et al.* (1994), "Fetal deaths", en *Center of Disease Control, From Data to Action,* Atlanta, Printed Mater.

Hatcher, R., *et al.* (1989), *Contraceptive technology,* Atlanta, Printed Matter.

Hosmer, D., y S. Lemeshow (1989), *Applied Logistic Regression,* Nueva York, John Wiley.

Huntington, D., B. Mensch y V. C. Miller (1996), "Survey questions for the measurement of induced abortion", *Studies in Family Planning,* vol. 27, núm. 3.

Johnston, H., y K. Hill (1996), "Induced abortion in the developing world: indirect estimates", *International Family Planning Perspectives,* vol. 22, núm. 3.

Leridon, H. (1973), *Human Fertility: The Basic Components,* Chicago, The University of Chicago Press.

Magnani, R., N. Rutenbert y G. McCann (1996), "Detecting induced abortions from reports of pregnancy terminations in DHS calendar data", *Studies in Family Planning,* vol. 27, núm. 1.

Mendoza, D. (1991), Impacto demográfico del aborto inducido en México, México, Consejo Nacional de Población, mimeo.

Roman, E., y A. C. Stevenson (1983), "Spontaneous abortion", en S. L. Barron y A. M. Thomson (comps.), *Obstetrical Epidemiology,* Nueva York, Academic Press.

Salas, G. (1996), *Reflexiones en torno a la interrupción voluntaria del embarazo, la legislación de aborto y la salud reproductiva,* tesis de maestría en demografía, México, El Colegio de México.

Singh, S., y G. Sedgh (1996), "Abortion, contraception and fertility in three Latin American countries", reportado en *Understanding Kow Kamily Klanning Krograms Kork,* Chapel Hill, The Evaluation Project.

——— (1997), "The relationship of abortion to trends in contraception and fertility in Brazil, Colombia and México", *International Family Planning Perspectives,* vol. 23, núm. 1.

———, y D. Wulf (1991), "Estimating abortion levels in Brazil, Colombia and Perú, using hospital admission and fertility survey data", *International Family Planning Perspectives,* vol. 17, núm. 1.

———, y ——— (1994), "Estimated levels of induced abortion in six Latin American countries", *International Family Planning Perspectives,* vol. 20, núm. 1.

Tolbert, K., N. Ehrenfeld y M. Lamas (1996), "El aborto en México: un fenómeno escondido en proceso de descubrimiento", en A. Langer y K. Tolbert (comps.), *Mujer, sexualidad y salud reproductiva en México,* México, The Population Council/Edamex.

El dominio de la acción: políticas públicas y derechos reproductivos

LA INVESTIGACIÓN SOBRE SEXUALIDAD Y EL DEBATE SOBRE LOS DERECHOS REPRODUCTIVOS EN MÉXICO

Ivonne Szasz

LA REFLEXIÓN LATINOAMERICANA SOBRE LAS IDENTIDADES DE GÉNERO Y LAS RELACIONES DE PODER EN EL EJERCICIO DE LA SEXUALIDAD

Los estudios socioantropológicos sobre las relaciones de género y la sexualidad en México y en otros países latinoamericanos han dado origen a diversas reflexiones sobre las relaciones entre la construcción social de las identidades de género (y de las relaciones hombre-mujer) y los comportamientos sexuales.[1] Estas reflexiones se refieren principalmente a la construcción social de la identidad masculina y a las desigualdades en el acceso al poder y a los recursos que privan según se trate de hombres y mujeres.

Señalan la presencia de lazos significativos entre la afirmación de la identidad masculina y el ejercicio de la sexualidad, que pueden afectar tanto el comportamiento reproductivo como las prácticas de riesgo para la propagación del VIH. Aun con variaciones según el contexto social, en la construcción y afirmación de la identidad masculina de los varones latinoamericanos tienen un papel central ciertas demostraciones de desempeño sexual, como la erección, la penetración, la eyaculación, la procreación, la exhibición de conocimientos sobre la sensualidad y el placer y la variedad de parejas y de experiencias. Este vínculo entre desempeño sexual e identidad de género influye en la permisividad social hacia el abuso sexual, la imposición de relaciones sexuales y la infidelidad masculina. Se relaciona con creencias ampliamente difundidas sobre diferencias biológicamente determinadas en las necesidades sexuales de los varones, que no serían experimentadas por las mujeres y que requerirían ser satisfechas en cualquier momento y circunstancia (Carrier, 1989; Fachel, 1993; Prieur, 1994; Bronfman y Minello, 1995; Rodríguez *et al.*, 1995; Castro y Miranda, en prensa; Liguori, 1995a, 1995b y 1995c; Diaz, 1996 y 1997; Barbosa y Uziel, 1996; Paiva, 1996).

[1] El *género* se refiere a los significados y las relaciones sociales que construye cada cultura en torno a las diferencias entre hombres y mujeres.

Dichas creencias y comportamientos tienen influencia en las actitudes hacia la reproducción. Alientan la valoración de la penetración vaginal y la eyaculación como las prácticas sexuales más deseables, presionan hacia la falta de previsión y de protección en esas prácticas y construyen la procreación como una demostración de potencia sexual masculina. Así como se espera que las mujeres expresen ignorancia o discreción sobre los deseos eróticos y la sensualidad —pero que tengan conocimientos sobre la procreación—, de los varones se espera cierta ignorancia sobre la reproducción y las medidas para regularla —pero se espera que tengan conocimientos y experiencia en torno a la sensualidad y el placer— (Fachel, 1993; Bronfman y Minello, 1995; Liguori, 1995c; Rodríguez *et al.*, 1995; Barbosa y Uziel, 1996; Paiva, 1996).

Se trata de creencias que presionan a los varones a experimentar sexualmente fuera del matrimonio, a mantener estas experiencias en silencio respecto de sus familias, pero a ufanarse de ellas ante sus grupos de pares. Los alientan a vivir experiencias eróticas apartadas del afecto y de la unión marital y a separar esas experiencias de la conciencia mediante la imprevisión y el alcohol. Este tipo de escisiones excluye o reduce las posibilidades de uso de condones u otros modos de anticoncepción en los encuentros no maritales (Bronfman y Minello, 1995; Liguori, 1995c; Szasz, en prensa; Díaz, 1997).

Además de la construcción de identidades de género, las diferencias sociales en el acceso a recursos materiales y simbólicos entre hombres y mujeres afectan la sexualidad.

Los estudios sobre el tema en América Latina señalan que las relaciones coitales y las negociaciones verbales y no verbales en torno a ellas expresan relaciones en las que el valor intercambiado entre hombres y mujeres —placer por placer— no es necesariamente el mismo. Lo que se intercambia puede ser simétrico, pero diferente. Los intercambios desiguales se basan en la percepción de necesidades eróticas diferentes, en las normas diferenciadas para cada sexo, en el papel diverso que desempeña la sexualidad en la construcción de las identidades masculina y femenina y en el acceso desigual a recursos entre hombres y mujeres (Zalduondo y Bernard, 1994; Szasz, 1996; George, 1996; Barbosa y Uziel, 1996; Paiva, 1996).

Ciertos atributos sexuales que se construyen socialmente como femeninos, tales como la habilidad de atraer a los hombres, brindar placer en las relaciones coitales, preservar la virginidad y la fidelidad marital —así como la ignorancia y la discreción— constituyen valores de cambio en las relaciones hombre-mujer, y su importancia se acentúa en los contextos donde las mujeres tienen escaso acceso a recursos (Zalduondo y Bernard, 1994; Rodríguez *et al.*, 1995; Szasz, 1996; George, 1996).

En esos contextos y grupos sociales, no está permitido socialmente que las mujeres vivan solas o con personas que no son sus familiares. Su pertenencia social depende de su *status* de hijas de familia o de esposas. Son contextos donde las mujeres sin esposo son desvalorizadas, la movilidad femenina se restringe a los espacios familiares y las posibilidades de trabajo remunerado para las mujeres son escasas o inexistentes. La importancia de lograr y mantener una unión marital relega los deseos y preferencias personales de las mujeres jóvenes, mientras que sitúa en el primer plano su habilidad para satisfacer sexualmente a sus parejas. Cuando las mujeres ya tienen hijos, y en especial cuando éstos crecen, la necesidad de centrar sus posibilidades de acceso a recursos en la sexualidad disminuye, pues gozan de mayor apoyo familiar (Zalduondo y Bernard, 1994; Szasz, 1996; George, 1996).

Las mujeres que pertenecen a grupos sociales o a contextos menos restringidos (donde gozan de mayor movilidad espacial, opciones de residencia, acceso al trabajo extradoméstico y a la escolaridad) experimentan otras normas en relación con la sexualidad. El inicio de las relaciones sexuales ocurre a una edad más tardía, está más relacionado con los deseos de las mujeres y tiende a haber un mayor lapso entre el inicio de la vida sexual y la primera unión marital. El uso de anticonceptivos antes del matrimonio y antes de la procreación es más frecuente (Quilodrán, 1990 y 1994; Donastorg, 1995; Stern, 1995; Consejo Nacional de Población, 1996; Nehmad, 1996). En estos contextos, el medio preferido para acceder a recursos y movilidad social sigue siendo el matrimonio; pero las mujeres solas, separadas o abandonadas pueden optar por el trabajo remunerado para mantenerse a sí mismas y a sus hijos, y pueden optar por ser jefas de hogar en lugar de constituir una nueva unión o regresar con sus padres (López, 1996; Oliveira *et al.*, en prensa).

Se trata de espacios sociales donde las relaciones de parentesco pueden ser el principal medio de acceso a movilidad social, ingresos, afecto, pertenencia social y relaciones de apoyo para las mujeres; pero el acceso a estas relaciones y su estabilidad depende menos de la preservación de la virginidad, la fidelidad y las restricciones al erotismo femenino, pues hay intercambios más igualitarios en las relaciones de pareja. Ambos miembros de la pareja tienen expectativas de enamoramiento, comprensión, comunicación, confianza y fidelidad y ambos expresan erotismo en sus relaciones sexuales. Las expectativas de fidelidad operan para ambos y se basan más en la confianza mutua que en controles externos; asimismo, las expectativas de castidad previas a la unión tienden a ser más similares para ambos. No se espera que las experiencias sexuales masculinas estén tan separadas del afecto y se aceptan más ampliamente las experiencias femeninas premaritales. Las mujeres conciben la posibilidad del erotismo, y sus propios deseos y necesidades sexuales se diferencian del deseo de satisfacer a sus parejas (Amuchástegui y Rivas, 1995; Rivas, 1995; Valdés *et al.*, 1996).

De esta manera, la incipiente investigación y la reflexión sobre el género y la sexualidad en América Latina señalan que las prácticas sexuales de las mujeres constituyen formas de adaptación o de resistencia a normas culturales, pero también representan estrategias relacionadas con las condiciones materiales de vida y con su situación social. Parece extremadamente importante estudiar la sexualidad en condiciones específicas de cultura sexual y acceso a bienes materiales y simbólicos. El estudio de contextos específicos permitirá definir las condiciones que construyen la sexualidad como una restricción o como un medio para obtener otros recursos, así como las condiciones que posibilitan que algunas personas vivan la sexualidad como una actividad placentera, sin que eso les signifique perder poder o legitimidad social.

Los vínculos entre identidad de género, relaciones de poder y sexualidad señalados por estas reflexiones pueden influir en comportamientos que afectan la dinámica demográfica, tales como la edad a la primera relación sexual, al inicio de la procreación y al inicio de las relaciones maritales, o la estabilidad y variedad de las uniones, el tipo de parejas sexuales, el conocimiento y uso de métodos anticonceptivos y el conocimiento y uso de medidas para prevenir el contagio de enfermedades de transmisión sexual (ETS).

El estudio de las relaciones entre la sexualidad y la dinámica demográfica

En la investigación sociodemográfica ha sido poco frecuente el acercamiento conceptual o empírico a las relaciones entre el comportamiento sexual y la dinámica de la población. Sin embargo, se dispone de alguna investigación reciente sobre el tema que indica que hay importantes vínculos entre los cambios en las normas y prácticas sexuales y el comportamiento de ciertas variables demográficas. Según los estudios, la dirección de dichos cambios está mediada por las relaciones de género (Bozon y Leridon, 1993; Dixon-Mueller, 1993).

La reflexión sobre el tema y la investigación reciente señalan, además, que el alcance y el sentido de las relaciones entre cambios en los comportamientos sexuales y cambios demográficos depende del contexto sociocultural en que se producen. Así, por ejemplo, algunos estudios señalan que en ciertos contextos de Asia el incremento de las relaciones sexuales premaritales en mujeres de escolaridad elevada conduce a una reducción del intervalo entre la primera unión conyugal y el primer embarazo (Feng y Quanhe, 1996). En contextos como México, el frecuente inicio premarital de las relaciones sexuales en las mujeres está vinculado con concepciones premaritales y con intervalos muy breves entre la primera relación sexual de la mujer y su primera unión marital (Quilodrán, 1990; Stern, 1995; Nehmad, 1996; Consejo Nacional de Población, 1996). En las sociedades donde las uniones maritales crean alianzas entre grupos patrilineales, la virginidad femenina es altamente valorada y se genera una tendencia hacia la unión sexual temprana en las mujeres (Dyson y Moore, 1983).

La investigación sobre la evolución del comportamiento reproductivo en Europa ha mostrado que la fecundidad marital pudo descender antes de la aparición de los métodos anticonceptivos modernos gracias a la introducción en el matrimonio de prácticas sexuales que antes se llevaban a cabo sólo fuera del ámbito conyugal. Estas modificaciones consistieron en adoptar la práctica del *coitus interruptus* o "retiro", la abstinencia periódica y las caricias eróticas sin penetración vaginal en las relaciones sexuales maritales (Flandrin, 1981; Bozon y Leridon, 1993).

El comportamiento sexual que más ha estudiado la demografía es la frecuencia de las relaciones sexuales en el matrimonio y su influencia en la fecundidad. Gini propuso en los años veinte que en ausencia de toda práctica tendiente a regular la procreación, la probabilidad para la mujer unida de ser fecundada debe depender de la frecuencia con que tiene relaciones sexuales, y que esa probabilidad es nula en ausencia de encuentros sexuales (Gini, 1924, citado por Bozon y Leridon, 1993). La frecuencia de estas relaciones varía según la edad de las mujeres y la duración de la unión; declina con el aumento en la edad de la mujer y la mayor duración de la unión, y los encuentros sexuales pueden adoptar formas variadas (en las que puede haber o no fecundación), independientemente de prácticas anticonceptivas (Blanc y Rutemberg, 1991; Leridon, 1993; Udry, 1993; Bozon, 1993; Sánchez, 1997). Hay parejas que no tienen relaciones sexuales durante algunos periodos; la frecuencia y tipo de prácticas sexuales varía ante la presencia y tipo de prácticas anticonceptivas, y la presencia y frecuencia de las relaciones sexuales maritales tiene una influencia crítica en la fecundidad cuando no se observan prácticas de anticoncepción (Blanc y Rutenberg, 1991; Bozon y Leridon, 1993). La investigación inicial al respecto muestra que aun en América Latina, donde la anticoncepción moderna está ampliamente difundida, una proporción significativa de la regulación de la fecundidad se debe a la ausencia temporal o permanente de relaciones sexuales en mujeres unidas maritalmente (Blanc y Rutemberg, 1991). Davis y Blake (1967) han propuesto a la abstinencia sexual temporal o permanente como una de las "variables intermedias" que pueden influir de manera directa sobre la fecundidad. Esta ausencia de relaciones sexuales puede deberse a: separaciones temporales de los esposos por migraciones u otras causas, peculiaridades o conflictos en las relaciones conyugales, negociaciones en torno a los intercambios sexuales o a separaciones o abandonos no declarados como tales.

Los resultados de la revisión de las investigaciones sobre la sexualidad en México que se expondrán en el apartado siguiente indican que las prácticas sexuales y sus modificaciones pueden ejercer una influencia considerable sobre dos de las variables que se vinculan estrechamente con la fecundidad: la anticoncepción y la nupcialidad, en especial la edad que tienen las mujeres en su primera unión marital. Algunos comportamientos demográficos que se han observado en México (tales como el inicio de la procreación a una edad temprana en las mujeres, la concentración de la fecundidad en edades jóvenes, el lento descenso de la fecundidad en esas edades y cierto incremento de la fecundidad premarital) aparecen vinculados a significados de las relaciones de género y de la sexualidad (Stern, 1995; Poder Ejecutivo Federal, 1995). La normas culturales sobre el comportamiento adecuado para cada género presionan a los varones hacia un inicio temprano y variado de experiencias sexuales, e impulsan a las mujeres a lograr y mantener uniones maritales, lo cual inhibe el uso de anticonceptivos así como las relaciones sexuales antes del matrimonio y propicia las concepciones premaritales. La importancia de estos vínculos varía según el papel que tengan las relaciones de parentesco en las condiciones de vida de las mujeres y según la valoración social de la observancia de las normas sobre la sexualidad como medio para acceder o preservar las uniones maritales.

La investigación reciente sobre el tema señala, además, que las normas sobre el comportamiento sexual adecuado para cada género y las relaciones de poder entre hombres y mujeres afectan las prácticas de riesgo para la diseminación del virus de inmunodeficiencia humana (VIH) y de la epidemia del SIDA. La divergencia de las normas sobre el comportamiento sexual adecuado para hombres y mujeres vuelve inaceptable el uso de condones y otros métodos de barrera en las relaciones con compromiso afectivo; asimismo, presiona a los varones hacia la multiplicidad y variedad de experiencias sexuales. La posibilidad de abstenerse, anticipar o regular los encuentros sexuales es extremadamente difícil para las mujeres más carentes de recursos. Entre ellas, la observancia estricta a las normas sobre el comportamiento sexual adecuado para las mujeres sirve para establecer relaciones maritales, mantener los lazos de parentesco y asegurar la sobrevivencia. Estas mujeres con escaso acceso a recursos propios son más vulnerables al contagio del VIH por su falta de control sobre los encuentros sexuales, sus escasas opciones de obtener ingresos, la ilegitimidad y marginación social de las mujeres sin esposo y la imposibilidad de controlar los riesgos de contagio mediante la regulación de su propia vida sexual, puesto que la infección suele derivar del comportamiento de sus parejas (Carrier, 1989; Bronfman y Minello, 1995; Bronfman y Rubin-Kurtzman, 1995; Rodríguez *et al.*, 1995; Liguori, 1995a, 1995b y 1995c; Diaz, 1996 y 1997; Arias y Rodríguez, 1995; Castro y Miranda, en prensa).

La investigación reciente sobre la sexualidad en México

Algunas características de los procesos demográficos identificadas por el Consejo Nacional de Población hacia finales del siglo consisten en la persistencia de patrones de procreación temprana, la reducción del ritmo de descenso de la fecundidad, la concentración de la procreación en las edades jóvenes de las mujeres y en la acentuación de estas tendencias en los grupos más pobres de la población (Poder Ejecutivo Federal, 1995). Los varones y las jóvenes y mujeres rurales presentan bajas proporciones de uso de métodos anticonceptivos (Poder Ejecutivo Federal, 1995; Langer y Tolbert, 1995).

En respuesta a las inquietudes que despierta el bajo uso de anticonceptivos entre los jóvenes y los varones, desde mediados de los años ochenta algunas instituciones públicas de salud y organismos no gubernamentales comenzaron a generar datos estadísticos sobre el comportamiento sexual en algunos sectores de la población mexicana, principalmente entre la población joven y escolarizada de la ciudad de México. En años más recientes, las instituciones de salud vinculadas a la prevención del VIH/SIDA han levantado información estadística sobre sexualidad en población urbana y en grupos específicos, como las trabajadoras del sexo comercial, el personal de salud y los varones homosexuales y bisexuales.

A pesar de las limitaciones de estos estudios, la consistencia de los resultados obtenidos permite delinear hipótesis sobre la normatividad vigente en materia de sexualidad y tener algunos indicios sobre los comportamientos. En particular, estas encuestas señalan patrones de comportamiento o normatividades muy diferenciados para hombres y mujeres.

Los varones de distintos grupos de edad y sectores sociales declaran una edad de inicio de las relaciones sexuales menor que la de las mujeres (entre los 15 y los 17 años, en promedio). La mayoría declara experiencias sexuales previas a la unión conyugal y algunos reconocen relaciones extraconyugales. Los jóvenes solteros declaran haber tenido más de una pareja sexual, y menos de un tercio señala que su primer coito fue con una novia. La mayoría afirma que inició las relaciones sexuales con una amiga, una prostituta o una desconocida (Secretaría de Salud, 1988, 1990 y 1994; Centro de Orientación para Adolescentes [Cora] y Academia Mexicana de Investigación en Demografía Médica [Amidem], 1985; Ibáñez, 1995). Entre el inicio de las relaciones sexuales y el de la unión conyugal de los varones transcurren unos siete años en promedio, ya que la edad media a la primera unión se sitúa alrededor de los 24 años (Secretaría de Salud, 1988 y 1990; Oliveira *et al.*, en prensa; Poder Ejecutivo Federal, 1995).

Los indicios sobre el comportamiento de las mujeres son muy diferentes. La edad promedio a la primera relación sexual es más tardía que entre los varones: entre los 17 y los 19 años, y declaran haber tenido esta experiencia en el momento de iniciar una unión conyugal o poco tiempo antes (Secretaría de Salud, 1988 y 1989; Ibáñez, 1995; Cora/Amidem, 1985). Una de las encuestas señala que las mujeres de cuatro grupos de edad diferentes iniciaron sus relaciones sexuales tres meses antes de su primera unión marital, en promedio (Quilodrán, 1990 y 1994). El inicio de la sexualidad femenina parece ser más temprano en los contextos rurales, donde las normas sobre el control social de la sexualidad femenina son más estrictas y las desigualdades de género, más marcadas. En estos contextos la distancia entre la primera relación sexual y la primera unión de las mujeres es menor (Quilodrán, 1990 y 1994; Consejo Nacional de Población, 1996).

La gran mayoría de las mujeres entrevistadas en diversas encuestas declaró que su primera relación sexual fue con el novio o el esposo (Secretaría de Salud, 1988 y 1989; Cora/Amidem, 1985; Ibáñez, 1995; Consejo Nacional de Población, 1996). El intervalo entre la edad en que las mujeres declaran haber tenido su primera relación sexual y su primer embarazo es muy breve, incluso entre las mujeres de escolaridad más elevada (Nehmad, 1996; Consejo Nacional de Población, 1996). La proporción de mujeres solteras de 15 a 24 años que declara haber iniciado las relaciones sexuales es muy baja en todas las encuestas. Sin embargo, cerca de una cuarta parte de las mujeres unidas declara que su primera concepción se produjo antes de la primera unión marital. Esto señala que las mujeres confiesan haber tenido práctica sexual únicamente cuando va de por medio una unión o un embarazo (Blanc y Rutemberg, 1991; Consejo Nacional de Población, 1996).

Dichas fuentes indican que el inicio de la sexualidad en las mujeres —o su reconocimiento— está muy ligado con el compromiso afectivo, con el inicio de una vida en pareja y con la procreación. En cambio, en las declaraciones de los varones el inicio de la sexualidad ocurre mayoritariamente fuera de relaciones con compromiso afectivo y se separa en promedio varios años de la vida marital. Mientras que la información sobre diversos comportamientos sexuales de la población casada es muy escasa (especialmente en la posibilidad de comparar a hombres y mujeres), la información sobre los jóvenes coincide en señalar patrones muy diferenciados de comportamiento sexual que señalan la separación de la sexualidad y el matrimonio entre los varones, mientras que en las mujeres hay una estrecha imbricación entre la vida sexual, la procreación y la unión conyugal.

En las investigaciones sobre los patrones de comportamiento sexual y de las normas diferenciadas para cada género, se señala que esta normatividad diferenciada afecta el uso de anticonceptivos y de medidas de prevención en la transmisión del VIH/SIDA, especialmente entre los jóvenes, las personas de baja escolaridad y la población que vive en contextos tradicionales en materia de cultura sexual y de género, como son las zonas rurales. Los métodos de anticoncepción en México son aplicados fundamentalmente por las mujeres urbanas casadas que ya tienen hijos —sobre todo las que ya han tenido más de un hijo— y en los métodos de mayor continuidad aplicados por personal de los servicios de salud (Consejo Nacional de Población, 1996). El uso de anticonceptivos para disfrutar de las relaciones sexuales sin temores de embarazos no deseados es poco frecuente en los siguientes casos: cuando se inician las relaciones coitales, antes de las uniones maritales, antes de tener hijos y cuando las parejas son muy jóvenes. La separación entre procreación y vida sexual parece tener por objetivo evitar sufrimientos y daños a la salud de las mujeres que ya han tenido hijos dentro de una unión —o evitar cargas económicas excesivas a varones y mujeres unidos—, mas no necesariamente ampliar el disfrute de la sexualidad en las parejas jóvenes.

Si la práctica de métodos anticonceptivos es baja entre los jóvenes, en la población soltera, en la población sin hijos y en la población rural, el uso de medidas de prevención de enfermedades de transmisión sexual (ETS) es aun mucho menor en todos los grupos de población. El uso de preservativos y espermaticidas entre las mujeres no ha rebasado a 5% de las usuarias de anticonceptivos entre 1979 y 1995, y sólo 5.5% de los obreros de la ciudad de México que recurría a anticonceptivos en 1988 declaró que usaba el preservativo (Secretaría de Salud, 1990; Consejo Nacional de Población, 1996). El uso del condón es más elevado entre los jóvenes urbanos —especialmente entre los de mayor escolaridad—, pero esas proporciones siguen siendo muy bajas. En 1988, 15.7% de los jóvenes estudiantes de 15 a 24 años de la ciudad de México usuarios de anticonceptivos declaró usar el condón; mientras que entre las mujeres en la misma condición, únicamente 1.8% lo hacía (Secretaría de Salud,

1988). A su vez, estudios realizados entre trabajadoras del sexo comercial indican un uso muy frecuente del condón con los clientes, pero proporciones muy bajas de uso en las relaciones con sus parejas, y las encuestas del Consejo Nacional para la Prevención del SIDA (Conasida) en la ciudad de México revelan que entre los usuarios del condón el uso no es habitual en todas sus relaciones sexuales (Secretaría de Salud, 1994; Uribe, 1994).

Además de las encuestas sociodemográficas y epidemiológicas, en los últimos cinco años se han desarrollado algunos estudios socioantropológicos que profundizan sobre los significados que subyacen a los comportamientos de riesgo para el embarazo no deseado, el embarazo premarital, el aborto y el contagio de ETS y del VIH/SIDA. Los estudios exhaustivos han tenido la ventaja de acercar a la comprensión de los significados, normas y valores que diferentes individuos y grupos de población atribuyen a la anticoncepción, a las medidas preventivas contra ETS y VIH/SIDA, a las prácticas eróticas y al deseo. Incluyen la dimensión afectiva de la sexualidad y las relaciones de poder que entraña en el acceso al cuerpo, la sexualidad, la regulación de la reproducción y la prevención. Sin embargo, no llegan a ser estudios representativos ni referidos a grupos amplios de población. Tales estudios pueden servir como antecedente para la elaboración de indicadores que permitan estudiar los comportamientos sexuales y sus consecuencias demográficas en contextos más amplios, y permiten otro ángulo de acercamiento a la normatividad.

Los estudios que se realizan a fondo han señalado la importancia de las relaciones de género en la configuración de los comportamientos sexuales. Las normas que imponen una connotación negativa al deseo erótico y al placer sexual en las mujeres dificultan el uso de anticonceptivos entre las jóvenes. La única sexualidad normativamente aceptada para las mujeres es la que se da en el marco de la vida conyugal y la procreación (Liguori, 1995a; Rodríguez *et al.*, 1995; Amuchástegui, 1994; Amuchástegui y Rivas, 1995). A la vez, la única posibilidad socialmente legítima de vida para las mujeres es la vida conyugal procreativa, y la principal posibilidad socialmente aceptable de obtener sustento para ella y sus hijos ser mantenida por su esposo. Estas normas sociales presionan a las mujeres hacia la vida conyugal y la procreación, y hacia una sexualidad dirigida exclusivamente a lograr y mantener una unión conyugal (Szasz, 1995; Elu, 1994). Estos estudios señalan, además, que la violencia está presente en la vida sexual de las mujeres mexicanas y las presiona, junto con la dependencia económica y la ilegitimidad social de las mujeres solas, hacia relaciones sexuales no siempre deseadas y muchas veces carentes de erotismo y placer para ellas (Dixon-Müeller, 1993; Rodríguez *et al.*, 1995; Salgado, en prensa).

Los estereotipos culturales designan dos tipos posibles de mujeres: las que no sienten ni expresan deseos y actividad sexual y que únicamente responden a los requerimientos masculinos para casarse o procrear, y las mujeres sexualmente activas que sienten y expresan deseos propios. Para las primeras, el uso de anticonceptivos cuando son solteras o cuando no han tenido hijos (o el uso del condón a cualquier edad y en cualquier estado conyugal) las pone en riesgo de ser confundidas con el segundo tipo de mujeres y quedarse solteras o ser abandonadas. El temor de ser identificadas con el segundo tipo de mujeres se relaciona con el estigma y la vulnerabilidad social que representa ser una mujer sin esposo. Aunque tales representaciones culturales varían según los grupos sociales de pertenencia y las etapas en la trayectoria de vida, están presentes en contextos muy diversos (Liguori, 1995b; Amuchástegui y Rivas, 1995; Szasz, 1995; Amuchástegui, 1994; Rivas, 1994; Rodríguez *et al.*, 1995; Bronfman y Minello, 1995).

El mismo tipo de construcciones culturales presiona a los varones a no confiar y a no unirse a jóvenes que usan anticonceptivos o a mujeres de cualquier edad que aceptan o requieren el uso del condón. Y, a la inversa, los presiona a unirse y comprometerse con las jóvenes que son "señoritas" en el momento de iniciar una relación sexual, o que aparecen "buenas" y "decentes". Una demostración de la pureza de las jóvenes es la ausencia de deseos eróticos, expresada en la imprevisión, el desconocimiento de la sexualidad y el embarazo (Rodríguez *et al.*, 1995; Amuchástegui, 1994; Castañeda *et al.*, s. f.). La investigación antropológica y sociocultural sobre prácticas del cortejo y el noviazgo en el México rural, en grupos indígenas y en sectores populares urbanos señala que la virginidad, y en general el acceso sexual al cuerpo de una mujer, se transforma en un valor de cambio que las mujeres "entregan" a cambio de algo diferente: una compensación económica o una promesa de unión, de sustento o de afecto (González, 1998; D'Aubeterre, 1997; Rodríguez *et al.*, 1995; Amuchástegui, 1994; Szasz, 1996).

El usar anticonceptivos y, peor aún, condón, rompe con esos códigos, en tanto representan a una mujer que desea la relación sexual en sí misma, en lugar de ofrecer su cuerpo a los deseos de otro, quien debe compensar esa entrega (Rodríguez *et al.*, 1995; Szasz, 1995). Usar condón está proscrito para hombres y mujeres en relaciones estables, pues se relaciona con las relaciones ocasionales, la promiscuidad y la desconfianza. A pesar de las variaciones según grupos sociales, incluso los varones jóvenes, urbanos y de clase media expresan recelo frente al uso del condón y lo identifican con las mujeres poco confiables (Arias y Rodríguez, 1995; Aguilar y Botello, 1995; Leñero, 1994).

Al mismo tiempo, la construcción cultural de la masculinidad presiona a los varones hacia la diversidad de prácticas y de parejas sexuales (Rodríguez *et al.*, 1995; Leñero, 1994; Liguori, 1995c; González y Liguori, 1993; Liguori, 1995b). A diferencia de las mujeres, para los varones la frecuencia, diversidad y expresión externa de prácticas sexuales reafirma su identidad genérica y es aceptada como socialmente legítima. Junto con esta presión social hacia la poliginia, las particularidades de la construcción de la identidad heterosexual y homosexual entre los varones mexicanos presionan hacia prácticas de riesgo para la transmisión de ETS y VIH/SIDA, y dificultan el empleo de medidas preventivas (Liguori, 1995c; Hernández, 1994; Aguilar y Botello, 1995; Bronfman y Minello, 1995; Bronfman y Rubin-Kurtzman, 1995; Diaz, 1996 y 1997).

Estudios recientes indican transformaciones muy aceleradas en las prácticas y significados de la sexualidad, vinculados con los profundos cambios que ha experimentado la sociedad mexicana en los últimos años (Rivas, 1995; Szasz, 1995). Entre ellos destacan: rápida urbanización, expansión de la educación primaria y secundaria, aceptación de la anticoncepción por la mayor parte de las mujeres casadas y con hijos, notable descenso de la fecundidad ocurrido entre 1975 y 1985 e incorporación cada vez mayor de las mujeres a la actividad económica. Algunos estudios antropológicos y sociodemográficos señalan que simultáneamente a esos cambios sociales se han estado transformando las prácticas de cortejo, noviazgo, formación de parejas y relaciones conyugales, de tal manera que ha disminuido la influencia de los padres y otros parientes de los jóvenes en la elección, las decisiones y la solución de conflictos de la pareja; al mismo tiempo, ha disminuido la responsabilidad de los varones frente al embarazo premarital debido al debilitamiento de esos controles sociales (Mummert, 1992 y 1993; D'Aubeterre, 1997; Stern, 1995). En particular, los cambios en las condiciones de los mercados de trabajo, la incorporación cada vez mayor de mujeres al trabajo fuera del hogar y las migraciones han modificado las relaciones de género, los controles y significados de la sexualidad, así como las prácticas sexuales (Oliveira *et al.*, en prensa; Bronfman y Minello, 1995; Bronfman y Rubin-Kurtzman, 1995; Szasz, 1995; Amuchástegui y Rivas, 1995). Estos cambios indican, por una parte, una mayor participación de las mujeres en las decisiones sobre su cuerpo y su vida sexual, conyugal y reproductiva, así como una mayor aceptación masculina de su participación en tales decisiones (Mummert, 1992; Figueroa *et al.*, 1994; Leñero, 1994). No obstante, también indican debilitamiento de las responsabilidades masculinas frente a la procreación, aumento de la fecundidad premarital e incorporación de nuevas prácticas sexuales sin una modificación consecuente de las normas sobre el género, el doble criterio de moral sexual, la violencia sexual y doméstica y la autonomía de las mujeres (Liendro, 1993; Stern, 1995; Salgado, en prensa; Bronfman y Rubin-Kurtzman, 1995).

La incipiente ruptura con las costumbres tradicionales en la sexualidad no parece estar originando un inicio más temprano de la vida sexual en las mujeres (Secretaría de Salud, 1989; Nehmad, 1996; Quilodrán, 1990; Consejo Nacional de Población, 1996). Al contrario, los indicios muestran que la práctica del coito está iniciando a edades más tardías entre las más jóvenes, más urbanas y con mayor escolaridad (Consejo Nacional de Población, 1996; Nehmad, 1996). Los estudios confiables señalan, además, que hay una mayor aceptación del erotismo y el placer entre las mujeres más jóvenes, así como mayor comunicación sobre la sexualidad con sus parejas (Amuchástegui, 1994; Rivas, 1994; Szasz, 1995). Estos cambios se expresan en dimensiones sociodemográficas: por una parte, la fecundidad temprana ha tenido un notable descenso proporcional; pero, por otra, ha aumentado la procreación extramatrimonial de las mujeres jóvenes (Stern, 1995).

En general, tales estudios recientes sobre la sexualidad en México indican que los valores y comportamientos que representan mayores riesgos sociales y de salud se derivan del doble criterio de moral sexual para hombres y para mujeres, que corresponde a las normas más tradicionales sobre el género y la sexualidad, así como a los contextos materiales y familiares más carentes de recursos.

INDICIOS SOBRE CAMBIOS GENERACIONALES EN LA SEXUALIDAD DE LAS MUJERES MEXICANAS

La investigación social señala la presencia de importantes cambios en las condiciones de vida de las mujeres mexicanas en los últimos años. En unas cuantas décadas, la mayoría de ellas dejó de vivir en zonas rurales para habitar principalmente en contextos urbanos. Millones de mujeres han migrado o son hijas o esposas de migrantes. La mayoría ha completado al menos la educación primaria, a diferencia de las generaciones anteriores. La mayoría de las mujeres mexicanas ha trabajado al menos en alguna etapa de sus vidas, y cerca de la mitad de las mujeres urbanas de 20 a 45 años es económicamente activa. Una proporción significativa de las mujeres urbanas ha participado en movilizaciones para obtener servicios públicos o la autoconstrucción de sus viviendas. La gran mayoría ha dejado de tener a sus hijos en casa con el auxilio de mujeres de su comunidad, pues reciben atención clínica en el parto. Asimismo, dos tercios de las mujeres unidas usan algún método anticonceptivo y han reducido su fecundidad, especialmente a partir de los 30 años (García y Oliveira, 1994; López, 1996).

Tales cambios en las condiciones de vida de las mujeres han estado acompañados por una mayor participación en las decisiones familiares, mejor acceso directo a recursos materiales y mayor capacidad de controlar su vida reproductiva. Significan mayor autonomía para las mujeres y menor exposición a relaciones de parentesco opresivas y conflictivas. Sin embargo, también representan situaciones de menor protección familiar para ellas. Muchas mujeres están más expuestas a ser abandonadas después de un embarazo premarital o a mayor inestabilidad de las uniones, y cuentan con menos protección de su familia de origen si tienen un cónyuge desobligado, alcohólico o violento. Esta falta de protección se debe a una reducción del control familiar y comunitario sobre los comportamientos individuales, pero también a cambios en los papeles de género masculinos debidos a la expansión de la pobreza y a la precarización cada vez mayor de las condiciones de trabajo. El desempleo, la reducción de los ingresos de los trabajadores y la movilidad espacial cada vez mayor de la fuerza de trabajo han aumentado la incertidumbre sobre los lugares de residencia y las relaciones familiares. En los contextos y grupos sociales donde el acceso de las mujeres al empleo es escaso o inexistente, esta incertidumbre sobre las relaciones familiares puede tener como resultado una reducción del poder de las mujeres (Rosado, 1990; Mummert, 1992; García y Oliveira, 1994; Stern, 1995; López, 1996; Oliveira *et al.*, en prensa).

Aunque la información sobre comportamientos sexuales de las mujeres mexicanas apenas empieza a recabarse, una encuesta reciente —la Encuesta Nacional de Planificación Familiar, aplicada por el Consejo Nacional de Población en 1995 (Enaplaf)— permite observar algunas diferencias generacionales entre mujeres rurales y urbanas, así como entre mujeres con diferentes grados de escolaridad.

La encuesta reafirma la tendencia a que el lapso en que las mujeres jóvenes están expuestas a relaciones sexuales no maritales sea mayor actualmente, debido a que la edad de la menarquia se ha hecho más temprana y la edad a la primera unión se está haciendo más tardía. Dicha tendencia es más pronunciada en mujeres jóvenes, urbanas y de escolaridad elevada. Sin embargo, la misma encuesta señala que en las generaciones más jóvenes y urbanas, la proporción de mujeres unidas antes de los 25 años y de las que declaran haber tenido relaciones sexuales antes de esa edad es menor que en generaciones anteriores, pues la edad promedio a la primera relación sexual y a la primera unión se está haciendo más tardía. Entre las mujeres de menor escolaridad, las relaciones sexuales y la unión marital se inician más temprano (Consejo Nacional de Población, 1996). Sin embargo, la proporción de mujeres jóvenes que declara haber tenido relaciones premaritales es algo mayor entre las jóvenes que en las generaciones mayores, y la proporción de concepciones premaritales es también más alta (18%) en las mujeres más jóvenes que en las mayores (12.5%). Una de cada cuatro mujeres unidas entrevistadas en la encuesta tuvieron un embarazo iniciado antes de su primera unión conyugal. Esto ocurrió en una proporción semejante en todos los grupos de edad (Consejo Nacional de Población, 1996).

Aunque la proporción de mujeres unidas que acepta haber iniciado su vida sexual antes de iniciar la unión marital es pequeña (menos de un tercio de las mujeres), tal proporción es algo más elevada en los grupos urbanos, entre las mujeres que han alcanzado la secundaria y en las generaciones más jóvenes (cuadro 1). La cercanía entre la proporción de mujeres que admite haber tenido su primera concepción antes de la primera unión (cerca de 25% de las mujeres en todos los grupos de edad) y las que admiten haber tenido relaciones premaritales permite suponer que hay otras mujeres que iniciaron su vida sexual antes de la unión marital, pero que no lo declaran porque no tuvieron un embarazo. En la misma encuesta, únicamente 1.7% de las mujeres actualmente solteras admite haber iniciado su vida sexual, proporción que contrasta con la evidencia de que una de cada cuatro mujeres mexicanas unidas se embarazaron antes de su primera unión marital. La precariedad de estas cifras se relaciona con las dificultades metodológicas para preguntar sobre cuestiones íntimas que no dejan ningún registro mediante encuestas (Bozon y Leridon, 1993; Consejo Nacional de Población, 1996).

CUADRO 1. *Proporción de mujeres unidas que declara haber tenido relaciones sexuales premaritales, según algunas características*

	Urbanas	*Rurales*
TOTAL	*28.3*	*20.5*
Sin escolaridad	26.2	17.1
Secundaria	28.6	34.0
15-19 años	31.8	27.6
20-24	26.1	25.3
45-49	24.2	19.4

FUENTE: Cálculos propios, basados en la Encuesta Nacional de Planificación Familiar (Enaplaf) 1995.

Cerca de 80% de las madres entrevistadas en la encuesta declaró que su primer hijo nació en el primero o en el segundo año después de haber iniciado su vida sexual. Estos indicios reafirman la idea de que hay escasa distancia entre el inicio de la vida sexual y el inicio de la procreación en las mujeres mexicanas. Las mujeres más jóvenes y más educadas son las que declaran con mayor frecuencia que tuvieron un hijo en el primer o segundo año después de iniciada su vida sexual (cuadro 2).

La proporción de mujeres usuarias de anticonceptivos que declaró haber aplicado algún método desde el inicio de su vida sexual es muy pequeña (menos del 10% de las mujeres), y esa proporción fue mucho más reducida en las zonas rurales (casi cuatro de cada 100 mujeres). Otra pequeña proporción empezó a usarlos en el primer año de iniciada su vida sexual; pero la mayoría de las usuarias de anticonceptivos empezó a usarlos despues de varios años —por lo menos tres— de haber iniciado las relaciones sexuales (cuadro 3).

Las diferencias según el nivel de escolaridad son muy marcadas: más de 80% de las mujeres sin instrucción escolar que usaba anticonceptivos en

CUADRO 2. *Proporción de mujeres que tuvieron su primer hijo en el primer o segundo año después de iniciada su vida sexual, por algunas características*

	Urbanas	*Rurales*
1er. año	45.3	50.2
2o. año	33.6	30.4
	78.9	80.6
Sin escolaridad		
1er. año	43.3	39.2
2o. año	22.0	35.3
	65.3	74.5
Secundaria		
1er. año	44.3	58.6
2o. año	34.2	27.3
	78.5	85.9
15-19		
1er. año	46.0	65.6
2o. año	24.9	27.2
	70.9	92.8
20-24		
1er. año	49.0	47.8
2o. año	37.0	33.7
	86.0	81.5
45-49		
1er. año	39.8	39.8
2o. año	37.0	29.0
	76.8	68.8

FUENTE: Cálculos propios, basados en la encuesta Enaplaf, 1995.

CUADRO 3. *Mujeres que alguna vez han usado anticonceptivos, según residencia urbana o rural, por proporciones de uso de anticonceptivos desde la primera relación sexual o tiempo después*

	Zona urbana	*Zona rural*
Usaron desde la primera vez	9.5	3.8
Menos de un año después	16.8	12.7
1-3 años después	25.4	23.9
3 o más años después	48.3	60.4
Sin escolaridad		
Usaron la primera vez	1.4	0.4
Menos de un año después	7.6	3.4
1-3 años después	8.1	10.2
3 o más años después	82.9	86.0
Secundaria o más		
Usaron la primera vez	15.9	5.9
Menos de un año después	21.8	23.8
1-3 años después	29.1	23.9
3 o más años después	33.2	60.4

FUENTE: Cálculos propios basados en la encuesta Enaplaf, 1995.

el momento de la encuesta comenzó a consumirlos después de varios años de practicar relaciones sexuales, mientras que esta proporción se reduce a un tercio de las usuarias urbanas que ha alcanzado la escuela secundaria (cuadro 3).

Tales primeros indicios sobre el comportamiento sexual de las mujeres mexicanas parecen señalar que sigue prevaleciendo un vínculo muy estrecho entre inicio de la vida sexual, el inicio de la procreación y el inicio de la unión marital. Sin embargo, también muestran que las mujeres más jóvenes, más urbanas y de mayor escolaridad están iniciando su vida sexual, marital y reproductiva a una edad más tardía que en generaciones anteriores, y en especial que las mujeres urbanas y de mayor escolaridad usan anticonceptivos en los primeros años de actividad sexual en mayor proporción que las mujeres del medio rural y menos educadas.

EL DEBATE SOBRE LOS DERECHOS SEXUALES Y REPRODUCTIVOS EN MÉXICO

Uno de los orígenes del reciente debate sobre los derechos sexuales y reproductivos en México se vincula con la influencia del movimiento feminista internacional, en particular el de los países anglosajones, donde diversas corrientes liberales y socialistas han luchado por el derecho de las mujeres a controlar su propio cuerpo. En el plano internacional, algunas de las expresiones concretas de esas luchas se refieren a la mutilación genital, la violencia sexual y doméstica, la violación como instrumento de tortura, la imposición del débito matrimonial, las consecuencias que para la salud tiene el aborto clandestino, la normatividad de la virginidad femenina antes del matrimonio, de la monogamia femenina y de la poliginia masculina, el acceso a servicios de salud y anticoncepción de buena calidad, la disponibilidad de tener información y acceso a una amplia gama de opciones anticonceptivas, la ausencia de imposición de métodos anticonceptivos y la diversidad de opciones sexuales (Ortiz-Ortega, en prensa a).

El control del propio cuerpo se refiere al derecho que cada persona tiene de ejercer su sexualidad como una actividad placentera y de comunicación y no como un ejercicio de dominación; controlar la reproducción; recibir servicios adecuados para poder ejercer la reproducción y su regulación, así como tener derecho a la autonomía y al reconocimiento de las personas como ciudadanos en estas dimensiones (Ortiz-Ortega, en prensa a).

Se ha señalado que, puesto que por razones biológicas y sociales las mujeres participan en mayor medida que los varones en la reproducción humana —puesto que diversos agentes buscan influir en las decisiones reproductivas de las mujeres—, ellas deberían contar con prerrogativas preferentes para decidir si ejercen o no su capacidad reproductiva, con quién, cuándo y cómo (Barbieri, en prensa).

Los movimientos feministas de los países periféricos han agregado definiciones centrales al concepto de "derechos reproductivos", tales como el vínculo entre derechos y construcción de identidad ciudadana, la responsabilidad social del Estado, la relación entre ejercicio de derechos y el acceso a condiciones mínimas de vida, así como los riesgos para los derechos sexuales y reproductivos que representa la militarización de ciertos territorios y la expansión e internacionalización de la industria del comercio sexual. En general, los planteamientos feministas de los países del Sur establecen asociaciones entre el ejercicio de los derechos sexuales y reproductivos y los cambios sociales que permitan el acceso efectivo a esos derechos (Correa y Petchesky, 1994; Petchesky, en prensa; Ortiz-Ortega, en prensa a).

En las conferencias internacionales recientes, los planteamientos feministas en favor de los derechos sexuales y reproductivos convergieron con posturas progresistas sobre las relaciones entre dinámica demográfica y desarrollo, que aceptan la necesidad de mejorar la posición social de las mujeres como un objetivo socialmente deseable en sí mismo y como un camino para el logro de la regulación del crecimiento poblacional (Hodgson y Cotts-Watkins, 1997).

Además de los enfoques feministas y progresistas, en este debate se manifiestan con fuerza las posturas conservadoras, que buscan reducir o estigmatizar los servicios de planificación familiar, impedir la despenalización del aborto y los programas escolares de educación sexual, así como reforzar la autoridad del *pater familiae* y de las normas de la jerarquía de la Iglesia católica en materia de sexualidad y reproducción. Otros enfoques dominantes se refieren a concebir el crecimiento demográfico como un problema que obstaculiza el desarrollo económico, a dar prioridad a objetivos de bienestar social y a impulsar programas de planificación familiar amplios y eficaces, sin atribuir la misma importancia a los derechos y opciones individuales. Tanto estos enfoques defensores de la regulación demográfica como las posturas feministas defienden la aportación estatal de los servicios de salud y anticoncepción, así como el acceso universal a dichos servicios; mientras que otras posiciones defienden la construcción del espacio de la atención a la salud como un negocio privado y argumentan deficiencias en los servicios e insatisfacciones de los "clientes" de las instituciones públicas (Merrick y Murphy, 1997; Ortiz-Ortega, en prensa a). En estos debates, los argumentos del feminismo y en otros sectores progresistas en favor de los derechos reproductivos individuales frente a las insuficiencias de los servicios estatales pueden ser instrumentalizados para defender la privatización de tales servicios en contextos muy desiguales desde el punto de vista socioeconómico. Sin embargo, los enfoques feministas señalan que en dichos contextos socialmente desiguales la privatización de los servicios no amplía las opciones de atención sino que excluye a las grandes mayorías del acceso a los servicios de salud, a la regulación de la reproducción y a la prevención de enfermedades de transmisión sexual (Correa y Petchesky, 1994).

En el sistema jurídico mexicano no hay una formulación articulada y coherente de un conjunto de derechos reproductivos considerado como un todo. La incorporación paulatina de algunos de estos derechos se vincula con la suscripción de compromisos, generalmente derivados de acuerdos internacionales. Incluyen la formulación constitucional del derecho a decidir de manera libre, responsable, e informada la cantidad y el espaciamiento de los hijos e hijas, la expresión de deberes de la paternidad y la maternidad, el derecho a la protección de la salud (que incluye la planificación familiar y la atención materno-infantil) y ciertas normas de protección a la maternidad y la lactancia. La incorporación paulatina de estas formulaciones jurídicas contrasta con el estancamiento de las normas relacionadas con la familia, la filiación y el matrimonio, que no reconocen los cambios experimentados por dichas instituciones y que corresponden a una concepción patriarcal de la sociedad. En general, no se cuenta con una formulación reglamentaria adecuada de los derechos reproductivos que permita su ejercicio por parte de las mujeres que desean o no desean ser madres, por parte de los varones que desean o no desean ser padres, y de quienes nacen como consecuencia de esos comportamientos. Frente a las prácticas reproductivas, el sistema normativo aparece a veces omiso y a veces caduco (Pérez-Duarte, en prensa).

Algunos debates en torno al reconocimiento jurídico de los derechos reproductivos se refieren a la afirmación de la igualdad jurídica de hombres y mujeres en materia reproductiva. El reconocimiento constitucional de esa igualdad significó un avance respecto de los esquemas patriarcales de la legislación sobre la familia; pero se señala que en la práctica los esfuerzos gubernamentales por educar a la población dentro de los esquemas de la planificación familiar significaron una subrogación estatal de la función del *pater familiae* para decidir cuándo y cómo la mujer debe ser madre, en lugar de una real igualdad en materia reproductiva (Pérez-Duarte, en prensa; Barbieri, en prensa). Las demandas por una maternidad libre y voluntaria carecen de una reglamentación jurídica suficiente que les otorgue sustento en la práctica (Pérez-Duarte, en prensa).

Otra dimensión de la formulación jurídica de los derechos reproductivos en México se refiere a la legislación relativa al aborto, que incluye diversas normas sobre penalización o causas de discriminación que varían en la legislación de los diferentes estados de la República (Salas, 1997; Pérez-Duarte, en prensa). Los debates se insertan en el marco de la discusión sobre la protección a la salud, el derecho a una maternidad libre y la protección de la vida intrauterina. Dichos debates contraponen la defensa de la vida intrauterina a la defensa de la salud y el derecho a una vida digna de las mujeres y sus hijos (Tarrés, 1993; Salas, 1997; Pérez-Duarte, en prensa).

Los programas de planificación familiar se han constituido como el vehículo para ejercer los derechos constitucionales a una maternidad y paternidad libres y voluntarias; también como el recurso para lograr un equilibrio entre desarrollo socioeconómico y dinámica demográfica. Parte del debate sobre los derechos reproductivos se ha referido al ejercicio institucional de estos programas de planificación familiar. Los debates señalan tensiones entre las metas de las políticas demográficas, los elementos de evaluación institucionales, el quehacer de los agentes, el acceso y calidad de la información y la prestación de servicios, la amplitud de las opciones ofrecidas, así como los deseos y decisiones de los individuos —en particular de las mujeres— en materia de reproducción. Se ha propuesto que el ejercicio de los derechos reproductivos es un proceso sociodemográfico y cultural de alta complejidad en el que intervienen diversos actores y diferentes condicionantes (Figueroa, en prensa a); pero ante tal diversidad de influencias varios autores hacen hincapié en el proceso de medicalización de la reproducción que ha experimentado el país en los últimos 20 años. Atribuyen dicho proceso a la importancia asignada a las metas demográficas en el ofrecimiento de servicios anticonceptivos y al carácter instrumental que ha desempeñado el sector salud en el otorgamiento de tales servicios. El marco institucional de la reproducción ha pasado a ser la medicina occidental, caracterizada como burocrática, centralista y autoritaria (Cervantes, 1993; Barbieri, en prensa). Las restricciones a la capacidad de decisión individual y las eventuales violaciones de derechos que ha representado el ejercicio vertical de los programas de planificación familiar, el otorgar prioridad a métodos que no pueden controlar los usuarios, el favorecer metas demográficas, el descuido de la prevención en la transmisión de ETS y la falta de atención a la población joven en los sistemas de salud mexicanos se encuentran ampliamente documentados (Figueroa, en prensa a y b; Barbieri, en prensa; Cervantes, 1993; Tuirán, 1988 y 1990).

En un sentido más amplio, los debates en torno a los derechos reproductivos expresan tensiones entre las normas universales que definen las categorías de "persona" y "ciudadano", diversas normas culturales y prácticas sociales, el quehacer institucional de diversos agentes sociales y los planes y políticas estatales, internacionales y de organismos privados. Las diferentes tramas sociales en que tiene lugar la procreación limitan la libertad y los derechos reproductivos de los varones y sobre todo de las mujeres. El derecho a la integridad y a la disposición del cuerpo que definen a la ciudadanía y a la persona humana se ven mediados y son objeto de coacción por diversas relaciones sociales (Barbieri, en prensa).

Las normas culturales y los sistemas de relaciones sociales más vinculados con la configuración del ejercicio de la reproducción son los sistemas de género y de parentesco, que regulan las relaciones entre varones y mujeres, la formación de parejas, las obligaciones entre cónyuges y, frente a los parientes, los patrones de residencia posmatrimonial y la estructura y dinámica de los hogares (Barbieri, en prensa). La investigación sobre la familia y el parentesco en México señala diversas influencias de estas relaciones en la reproducción (Arizpe, 1975; Aranda, 1990; Quilodrán, 1990; Mummert, 1993; López, 1996; Oliveira *et al.*, en prensa).

Las grandes instituciones reguladoras del orden social influyen también en el ejercicio de la capacidad reproductiva de las personas. Algunas de esas instituciones —como el Estado— influyen en virtud de su preocupación por la evolución de la dinámica demográfica, de la salud pública y del bienestar social. Otras —como las instituciones eclesiásticas— procuran que los comportamientos individuales se adhieran a las representaciones, normas y valores formulados por esas instituciones (Barbieri, en prensa). Las normas institucionales y los discursos sobre la sexualidad y la reproducción se estructuran entre algunas instituciones y agentes sociales, entre quienes destacan los educadores, los prestadores de servicios de salud, los agentes religiosos y los medios de comunicación (Figueroa, en prensa b).

Existe cierto debate sobre la influencia de la Iglesia católica en la conformación de las pautas sexuales y reproductivas de la población mexicana. Para algunos tal influencia ha sido escasa porque los fieles desconocen en gran medida la normatividad eclesiástica en dicha materia, o bien por las formas particulares de resistencia indígena a la dominación colonial que siguen vigentes (Barbieri, en prensa; Viqueira, 1984). Para muchos otros, la influencia de esta institución ha sido decisiva en las particularidades de la sexualidad y de la reproducción en México, sea de manera directa o mediante la formulación de normas sobre la familia y las relaciones de género (Amuchástegui y Rivas, 1995; Figueroa, en prensa b; Szasz y Figueroa, 1997; Gruzinski, 1987; Castañeda, en prensa; Rivas, en prensa; Amuchástegui, en prensa; González, en prensa).

Algunos autores proponen que el discurso católico hegemónico se asocia con intolerancia y juicio moral, por tratarse de una religión autoreferida que no negocia ni hace concesiones a sus fieles. Se trata de un tipo de discurso que presume que los comportamientos humanos sobre sexualidad y reproducción pueden ser juzgados moralmente con base en parámetros únicos, independientes del contexto sociocultural y de las circunstancias personales. El discurso católico oficial condena las prácticas sexuales fuera del matrimonio, la interrupción voluntaria del embarazo, la mayor parte de los métodos anticonceptivos y las medidas de prevención en la transmisión de ETS, independientemente de las circunstancias en que se lleven a cabo dichas prácticas, en las que participan millones de mexicanos. Además, tal discurso hegemónico no cuestiona con la misma fuerza las desigualdades de género, las relaciones de poder y el ejercicio de la violencia en la sexualidad y la reproducción; su principal objetivo en esta materia es la preservación del matrimonio y de las relaciones filiales. El acento en la preservación de las instituciones y la ausencia de una crítica decidida a las desigualdades de género permiten interpretar que el discurso hegemónico avala y reproduce las desigualdades y las relaciones de poder; asimismo, minimiza el valor del placer en las relaciones sexuales, lo cual dificulta la posibilidad de separarlas de la procreación y restringe las posibilidades de decisión de las personas (Figueroa, en prensa b; Szasz y Figueroa, 1997).

Sin embargo, aun en las instituciones religiosas hay posiciones críticas que promueven la toma de decisiones en conciencia y hay discusiones, excepciones y diferencias entre el discurso oficial y la manera como los agentes institucionales interpretan y aplican esas normas, y entre el comportamiento de esos agentes y las percepciones de las personas que intervienen en la reproducción (Múnera, 1993; Mazzoti *et al.*, 1994; Mejía, 1996; Figueroa, en prensa b). Las personas aceptan las normas por una necesidad de reconocimiento y pertenencia; pero también requieren resolver problemas vitales y a veces se sienten autorizadas para reformar, transformar y cuestionar las normas, estereotipos y desigualdades en la sexualidad y la reproducción (Petchesky, 1994). Esto lleva a interpretaciones críticas, al cuestionamiento de valores morales, estructuras normativas e intereses de grupos de poder, así como a la construcción de prácticas más igualitarias en las relaciones hombre-mujer y en la relación de los individuos con las instituciones y sus agentes. Se ha observado, por ejemplo, que la población de diferentes regiones de México asume diferentes interpretaciones del discurso institucional oficial sobre sexualidad y reproducción, y que estas diferencias dependen de la influencia hegemónica o crítica de diferentes sectores de dichas instituciones, así como del contexto sociocultural y económico. Una encuesta levantada en 1988 en tres regiones diferentes del país indica una mayor adherencia a las normas religiosas en las regiones del centro, mientras que en zonas del norte y del sur del país aparecen otras opiniones y comportamientos (Figueroa, Palma y Aparicio, 1993; Figueroa, en prensa b; Figueroa, 1997).

El debate sobre los derechos reproductivos en México requiere considerar los derechos de las personas, la compleja red de relaciones sociales que configuran la sexualidad y la reproducción humanas, así como los cambios en esas relaciones. En especial, deben tomar en cuenta los cambios en la reproducción experimentados en los últimos 25 años (que se insertan en el marco de profundas transformaciones sociales) y los procesos de democratización de esas relaciones y de afirmación del ejercicio de la ciudadanía (Barbieri, en prensa; Szasz y Figueroa, 1997).

Para concluir esta breve síntesis sobre el debate en torno a los derechos sexuales y reproductivos, es importante señalar que ya comienza a hacerse investigación sobre su ejercicio en México. Se trata de estudios cualitativos en pequeños grupos de población, que permiten entender la necesidad de reforzar el debate sobre estos derechos. Los estudios referidos señalan que la expansión de los servicios de anticoncepción y la participación comunitaria de las mujeres rurales y urbanas aumenta su capacidad de apropiación de derechos en materia de reproducción. También indica que la maternidad legítima permite a las mujeres de escasos recursos sentirse titulares de algunos derechos, tales como el de regular su capacidad procreativa. Sin embargo, señalan que, antes de tener hijos dentro de una unión, las mujeres no sienten la necesidad de ejercer esos derechos y que a ninguna edad o estado conyugal experimentan el ejercicio de una sexualidad voluntaria y placentera como un derecho. Su participación en grupos les permite a las mujeres al menos tomar conciencia de tales posibilidades. Este tipo de investigaciones pone de manifiesto los conflictos y las contradicciones prevalecientes entre los deseos y las necesidades de las mujeres y el ejercicio institucional de la anticoncepción, así como la indefensión y la desconfianza que sienten frente a las instituciones de salud y frente al sistema jurídico y judicial (Figueroa *et al.*, 1994; Rivas, Amuchástegui y Ortiz-Ortega, en prensa). Tal tipo de relaciones sociales plantea la complejidad del ejercicio de los derechos sexuales y reproductivos en contextos sociales de desigualdad.

Mediante el debate sobre los derechos reproductivos se intenta transformar el entramado social de la sexualidad y la reproducción. Hasta ahora han sido dimensiones de dominación patriarcal o terrenos de negociación de actores institucionales privilegiados, entre los que destacan el Estado y la Iglesia católica; pero de lo que se trata es de transformarlos en espacios de construcción de derechos y de ciudadanía. Plantear la dimensión de los derechos reproductivos como un debate significa asumir la presencia de diversas posturas sobre la ética de la sexualidad y la reproducción humanas, así como aceptar el necesario protagonismo de las personas que se reproducen en esas definiciones.

BIBLIOGRAFÍA

Aguilar, J. A., y L. Botello (1995), "La imagen masculina del condón: una perspectiva de los varones jóvenes", ponencia presentada en el Coloquio Latinoamericano sobre Varones, Sexualidad y Reproducción, Zacatecas, México, 17 y 18 de noviembre.

Amuchástegui, A. (1994), "Culturas híbridas. El significado de la virginidad y la iniciación sexual para jóvenes mexicanos", ponencia presentada en el Taller sobre Metodología Cualitativa de Investigación, México, El Colegio de México, 19 al 24 de septiembre.

——— (en prensa), "Saber o no saber sobre sexo: los dilemas de la actividad sexual femenina para jóvenes mexicanos", en I. Szasz y S. Lerner (comps.), *Sexualidades en México. Algunas aproximaciones desde la perspectiva de las ciencias sociales,* México, El Colegio de México.

Amuchástegui, A., y M. Rivas (1995), "La sexualidad de las jóvenes mexicanas: modernización y secularización", ponencia presentada en la V Reunión Nacional sobre la Investigación Demográfica en México, México, El Colegio de México, 5 al 9 de junio.

Aranda, J. (1990), "Género, familia y división del trabajo en Santo Tomás Jalieza", *Estudios Sociológicos,* vol. VIII, núm. 22, enero-abril, pp. 3-22.

Arias, R., y M. Rodríguez (1995), "A puro valor mexicano", ponencia presentada en el Coloquio Latinoamericano sobre Varones, Sexualidad y Reproducción, Zacatecas, México, 17 y 18 de noviembre.

Arizpe, L. (1975), *Las Marías. Indígenas en la ciudad de México,* México, SEP Setentas.

Barbieri, T. de (en prensa), "Cambio sociodemográfico, políticas de población y derechos reproductivos en México", en A. Ortiz-Ortega (coord.), *Derechos reproductivos en México: un ejercicio impostergable,* México.

Barbosa, R., y W. Uziel (1996), "Gender and Power: Sexual Negotiation in time of AIDS", ponencia presentada en la International Conference on Reconceiving Sexuality: International Perspectives on Gender, Sexuality and Sexual Health, Río de Janeiro, Brasil, 14-17 de abril.

Blanc, A., y N. Rutenberg (1991), "Coitus and Contraception: The Utility of Data on Sexual Intercourse for Family Planning Programs", *Studies in Family Planning,* vol. 22, núm. 3, pp. 162-176.

Bozon, M. (1993), "L'entrée dans la sexualite adulte: le premier rapport et ses suites", en M. Bozon y H. Leridon (comps.) en *Sexualité et Sciences Sociales,* número especial de *Population,* vol. 48, núm. 5, pp. 1317-1351.

———, y H. Leridon (1993), "Les constructions sociales de la sexualité", en *Sexualité et Sciences Sociales,* número especial de *Population,* vol. 48, núm. 5, pp. 1173-1195.

Bronfman, M., y N. Minello (1995) "Hábitos sexuales de los migrantes temporales mexicanos a los Estados Unidos. Prácticas de riesgo para la infección por VIH", en M. Bronfman (comp.) *SIDA en México. Migración, adolescencia y género,* México, Información Profesional Especializada, pp. 15-90.

———, y J. Rubin-Kurtzman (1995), "Comportamiento sexual de los inmigrantes mexicanos temporales a Los Ángeles: prácticas de riesgo para la infección por VIH", ponencia presentada a la V Reunión Nacional sobre la Investigación Demográfica en México, El Colegio de México, México, 5 al 9 de junio.

Carrier, J. M. (1989), "Sexual behavior and spread of AIDS in México", *Medical Anthropology,* vol. 10, núm. 2, pp. 129-142.

Castañeda, X., I. Castañeda, B. Allen y N. Brie (s.f.), "La percepción del riesgo en el ejercicio de la sexualidad en adolescentes rurales de México", inédito, México, Instituto Nacional de Salud Pública, Cuernavaca.

Castañeda, C. (en prensa), "Historia de la sexualidad. Investigaciones del periodo colonial", en I. Szasz y S. Lerner (comps.), *Sexualidades en México. Algunas aproximaciones desde la perspectiva de las ciencias sociales,* México, El Colegio de México.

Castro, R., y C. Miranda (en prensa), "La reproducción y la anticoncepción desde el punto de vista de los varones. Algunos hallazgos de una investigación en Ocuituco, Morelos", en S. Lerner (comp.), *Varones, sexualidad y reproducción,* México, El Colegio de México.

Centro de Orientación para Adolescentes (Cora) y Academia Mexicana de Investigación en Demografía Médica (Amidem) (1985), "Encuesta sobre información sexual y reproductiva de jóvenes", México, Centro de Orientación para Adolescentes y Academia Mexicana de Investigación en Demografía Médica.

Cervantes, A. (1993), "México: políticas de población, derechos humanos y democratización de los espacios sociales", ponencia presentada en la IV Conferencia Latinoamericana de Población: La Transición Demográfica en América Latina y El Caribe, sesión paralela 13, México, 23 al 26 de marzo.

Consejo Nacional de Población (1996), "Indicadores sobre salud reproductiva y planificación familiar en México", México, Consejo Nacional de Población.

Correa, S. (con la colaboración de R. Petchesky) (1994), *Population and Reproductive Rights: Feminist Perspectives from the South,* Londres y Nueva Jersey, Zed Books.

D'Aubeterre, M. E. (1997), Matrimonio y vida conyugal en un pueblo de migrantes, borrador de tesis para optar al grado de doctora en antropología, México, Escuela Nacional de Antropología e Historia.

Davis, K., y J. Blake (1967), "La estructura social y la fecundidad: un sistema analítico", en *Factores sociológicos de la fecundidad,* México, Celade-El Colegio de México, pp. 155-197.

Diaz, R. (1996), "Outline for a psycho-cultural model of sexual self-regulation", ponencia presentada a la Internacional Conference on Reconceiving Sexuality: International Perspectives on Gender, Sexuality and Sexual Health, Río de Janeiro, Brasil, 14 al 17 de abril.

——— (1997), "Latino gay men and the psycho-cultural barriers to AIDS prevention", en M. Levine, J. Gagnon y P. Nardi (comps.), *A Plague of*

Our Own: The Impact of the AIDS *Epidemic on Gay Men and Lesbians,* Chicago, University of Chicago Press.

Dixon-Müeller, R. (1993), "The Sexuality Connection in Reproductive Health", *Studies in Family Planning,* vol. 24, núm. 5, octubre de 1993, pp. 269-282.

Donastorg, Y. (1995), *Familia y conducta reproductiva en adolescentes dominicanos desde una perspectiva de género,* tesis de maestría en población, México, Facultad Latinoamericana de Ciencias Sociales (Flacso).

Dyson, T., y M. Moore (1983), "On kinship structure, female autonomy and demographic behavior in India", *Population and Development Review,* vol. 9, núm. 1, pp. 35-60.

Elu, María del Carmen (1994), "La mortalidad materna en áreas rurales", en María del Carmen Elu y A. Langer (comps.), *Maternidad sin riesgos en México,* México, Instituto Mexicano de Estudios Sociales, pp. 31-42.

Fachel, O. (1993), "Duelos verbais e outros desafios: representaçoes masculinas de sexo e poder", en O. Fachel (comp.), *Cultura e identidad masculina, Cuadernos de Antropologia,* núm. 7, Universidad Federal do Rio Grande do Sul, Porto Alegre, Brasil, pp. 43-60.

Feng, W., y Y. Quanhe (1996) "Age at marriage and the first birth interval: the emerging change in sexual behavior among young couples in China", *Population and Development Review,* vol. 22, núm. 2, pp. 299-320.

Figueroa, J. G., B. Aguilar, P. Rivera e I. Szasz (1994), Informe final de la investigación sobre valoración de la anticoncepción quirúrgica, manuscrito no publicado, México, Dirección de Investigación de la Dirección General de Planificación Familiar de la Secretaría de Salud, mimeo, diciembre.

Figueroa, J. G. (1997), "Algunas reflexiones sobre el enfoque de género y la representación de la sexualidad", *Estudios Demográficos y Urbanos,* 34-35, vol. 12, núms. 1 y 2, México, El Colegio de México, enero-agosto, pp. 201-243.

Figueroa, J. G. (en prensa *a),* "Derechos reproductivos y el espacio de las instituciones de salud: algunos apuntes sobre la experiencia mexicana", en A. Ortiz-Ortega (coord.), *Derechos reproductivos en México: un ejercicio impostergable,* México.

——— (en prensa *b),* "Fecundidad, anticoncepción y derechos reproductivos", en B. García (comp.), *Mujer, género y dinámica demográfica en México,* México, Sociedad Mexicana de Demografía-El Colegio de México.

———, Y. Palma y R. Aparicio (1993), "Una aproximación regional a la dinámica del uso de métodos anticonceptivos", en J. G. Figueroa (comp.), *El entorno de la regulación de la fecundidad en México*, México, Secretaría de Salud, pp. 57-91.

Flandrin, J. L. (1981), *Le sexe et l'Occident. Evolution des attitudes et des comportements*, París, Univers Historique, Seuil.

García, B., y O. de Oliveira (1994), *Trabajo femenino y vida familiar en México*, México, El Colegio de México.

George, A. (1996), "Gender, sexuality and HIV/AIDS: Reflections from India", ponencia presentada en la conferencia internacional Reconceiving Sexuality: International Perspectives on Gender, Sexuality and Sexual Health, Río de Janeiro, Brasil, 14-17 de abril.

González, M. A., y A. Liguori (1993), *El SIDA en los estratos socioeconómicos de México*, Perspectivas de Salud Pública, Cuernavaca, México, Instituto Nacional de Salud Pública.

González, E. (en prensa), "Conservadurismo y sexualidad en México", en I. Szasz y S. Lerner (comps.), *Sexualidades en México. Algunas aproximaciones desde la perspectiva de las ciencias sociales*, México, El Colegio de México.

González, S. (1998), "Las 'costumbres' de matrimonio en el México indígena contemporáneo", en B. García (comp.), *México diverso y desigual: enfoques sociodemográficos*, México, Sociedad Mexicana de Demografía y El Colegio de México.

Gruzinski, S. (1987), "Confesión, alianza y sexualidad entre los indios de Nueva España (introducción al estudio de los confesionarios en lenguas indígenas)", en *El placer de pecar y el afán de normar*, México, Joaquín Mortiz, pp. 169-215.

Hernández, J. C. (1994), "La sexualidad en los jóvenes de una región de México", ponencia presentada en el taller La Sexualidad en las Ciencias Sociales, México, El Colegio de México, 5-7 de julio.

Hernández, M., A. L. Liguori y S. Vandale (comps.) (1995), *Enfoques de investigación sobre VIH/SIDA en salud reproductiva*, Cuernavaca, México, Instituto Nacional de Salud Pública.

Hirsch, J. (1990), "Between the Missionaries Positions and the Missionary Position: Mexican Dirty Jokes and the Public (sub) Version of Sexuality", Princeton Working Papers in Women's Studies vol. 5, Princeton.

Hodgson, D., y S. Cotts-Watkins (1997), "Feminists and neo-malthusians: past and present alliances", en *Population and Development Review*, vol. 23, núm. 3, septiembre, pp. 469-524.

Ibáñez, B. (1995), "Actividad sexual y práctica anticonceptiva en estudiantes universitarios", ponencia presentada en la V Reunión Nacional sobre la Investigación Demográfica en México, México, El Colegio de México, 5-9 de junio.

Langer, A., y K. Tolbert (comps.), (1995), *Mujer: sexualidad y salud reproductiva en México,* México, The Population Council-Edamex.

Leñero, L. (1994), "Los varones ante la planificación familiar", en María del Carmen Elu y A. Langer (comps.), *Maternidad sin riesgos en México,* México, Instituto Mexicano de Estudios Sociales.

Leridon, H. (1993), "La frequence des rapports: donnes et analyses de coherence", en M. Bozon y H. Leridon (comps.), *Sexualitè et Sciences Sociales,* número especial de *Population,* vol. 48, núm. 5, pp. 1381-1409.

Liendro, E. (1993), "Sexualidad y trabajo en jóvenes de una colonia popular de la ciudad de México", inédito, México, Escuela Nacional de Antropología e Historia.

Liguori, A. L. (1995a), "Las mujeres y el SIDA en México", ponencia presentada a la V Reunión Nacional sobre la Investigación Demográfica en México, México, El Colegio de México, 5-9 de junio.

——— (1995b), "Relaciones de género y apoderamiento femenino", en M. Hernández, A. L. Liguori y S. Vandale (comps.), *Enfoques de investigación sobre VIH/SIDA en salud reproductiva,* Cuernavaca, México, Instituto Nacional de Salud Pública.

Liguori, A. L. (1995c), "Las investigaciones sobre bisexualidad en México", *Debate Feminista,* vol. 6, núm. 11, pp. 132-156.

López, P. (comp.) (1996), *Hogares, familias: desigualdad, conflicto, redes solidarias y parentales,* México, Sociedad Mexicana de Demografia (Somede).

Mazzotti, M., T. Pujol y C. Terra (1994), *Una realidad silenciada. Sexualidad y maternidad en mujeres católicas,* Montevideo, Ediciones Trilce.

Mejía, M. C. (1996), "Normas y valores de la Iglesia católica en la sexualidad y la reproducción: nuevas perspectivas", ponencia presentada en el Seminario Nacional sobre Políticas Sociales, Sexualidad y Salud Reproductiva, México, El Colegio de México, noviembre.

Merrick, T., y E. Murphy (1997), "¿Eliminó El Cairo a la población de las políticas poblacionales?", en *Estudios Demográficos y Urbanos,* 34-35, vol. 12, núm. 1 y 2, El Colegio de México, enero-agosto, pp. 349-366.

Mummert, G. (1992), "Changing family structure and organization in a setting of male emigration, female salaried work and the commercialization of agriculture: case study from Michoacán, México", conferencia presentada en el Seminario de Investigación sobre Relaciones México-Estados Unidos, Centro de Estudios sobre Estados Unidos y México, University of California at San Diego, San Diego, 11 de marzo.

——— (1993), "Cambios en la formación de las familias rurales del Occidente", *Demos, Carta Demográfica sobre México,* núm. 6, México.

Múnera, A. (1993), "Concepciones alternativas sobre sexualidad, reproducción, anticoncepción y aborto", ponencia presentada en el seminario Aspectos Psicológicos y Éticos en Salud Reproductiva, noviembre, Montevideo.

Nehmad, G. (1996), *La autonomía femenina y su influencia en el espaciamiento y número de hijos,* tesis de maestría en demografía, México, El Colegio de México.

Oliveira, O., M. Eternod y P. López (en prensa), "Familia y género en el análisis sociodemográfico", en B. García (comp.), *Mujer, género y dinámica demográfica en México,* México, Sociedad Mexicana de Demografía/El Colegio de México.

Ortiz-Ortega, A. (en prensa *a),* "Una visión feminista de los derechos reproductivos", en A. Ortiz-Ortega (coord.), *Derechos reproductivos en México: un ejercicio impostergable,* México.

——— (en prensa *b)* (coord.), *Derechos reproductivos en México: un ejercicio impostergable,* México.

Paiva, V. (1996), "The sexual subject: societal vulnerability, gender and empowerment", ponencia presentada en la International Conference on Reconceiving Sexuality: International Perspectives on Gender, Sexuality and Sexual Health, Río de Janeiro, Brasil, 14-17 de abril.

Pérez-Duarte, A. (en prensa), "El marco jurídico de los derechos reproductivos", en A. Ortiz-Ortega (coord.), *Derechos reproductivos en México: un ejercicio impostergable,* México.

Petchesky, R. (1994), "The body as property. a feminist revision", en F. Guinsberg y R. Rapp (comps.), *Conceiving the New World Order. The Global Stratification of Reproduction,* University of California Press.

——— (en prensa), "Spiralling discourses of reproductive and sexual rights: post-beijing assessment of international feminist politics", en K. Cohen, K. Jones y J. Toronto (comps.), *Women Question Politics.*

Poder Ejecutivo Federal (1995), "Programa Nacional de Población 1995-2000", México, Poder Ejecutivo Federal.

Prieur, A. (1994), "Power and Pleasure: male homosexuality and the construction of masculinity in México", ponencia presentada en el 48 International Americanists Congress (ICA), 4-9 de julio, Estocolmo, Suecia.

Quilodrán, J. (1990), "Entrance into marital union and into motherhood by social sectors", en M. Bronfman *et al., Social Sectors and Reproduction in México,* México, El Colegio de México/The Population Council, Demographic and Health Surveys Further Analysis Series núm. 7, abril, pp. 4-8.

——— (1994), "Nupcialidad y primera relación sexual", ponencia presentada en el taller La sexualidad en las Ciencias Sociales, 5-7 de julio, México, El Colegio de México.

Rivas, M. (1994), "Cambios en la sexualidad femenina. Un estudio de tres generaciones", informe de investigación, México, The Population Council.

——— (1995), "Cambios y permanencias en los significados de la sexualidad femenina. Una visión trigeneracional", *Salud Reproductiva y Sociedad,* órgano informativo del Programa Salud Reproductiva y Sociedad de El Colegio de México, año II, núm. 5, enero-abril, pp. 7-12.

——— (en prensa), "Valores, creencias y significaciones de la sexualidad femenina. Una reflexión indispensable para la comprensión de las prácticas sexuales", en I. Szasz y S. Lerner (comps.), *Sexualidades en México. Algunas aproximaciones desde la perspectiva de las ciencias sociales,* México, El Colegio de México.

Rivas, M., A. Amuchástegui y A. Ortiz-Ortega (en prensa), "La negociación de los derechos reproductivos en México", en A. Ortiz-Ortega (coord.), *Derechos reproductivos en México: un ejercicio impostergable,* México.

Rodríguez, G., A. Amuchástegui, M. Rivas y M. Bronfman (1995), "Mitos y dilemas de los jóvenes en tiempos del SIDA", en M. Bronfman (comp.), *SIDA en México. Migración, adolescencia y género,* México, Información Profesional Especializada, pp. 91-200.

Rosado, G. (1990), "De campesinas inmigrantes a obreras de la fresa en el Valle de Zamora, Michoacán", en G. Mummert (comp.), *Población y trabajo en contextos regionales,* México, El Colegio de Michoacán, Zamora, pp. 45-74.

Salas, G. (1997), "Las legislaciones sobre el aborto en México: una visión crítica", ponencia presentada en el Taller Internacional sobre Población y Salud Reproductiva, La Habana, Cuba, 10-14 de febrero.

Salgado, N. (en prensa), "Migración, sexualidad y SIDA en mujeres de origen rural. Implicaciones psicosociales", en I. Szasz y S. Lerner (comps.), *Sexualidades en México. Algunas aproximaciones desde la perspectiva de las ciencias sociales,* México, El Colegio de México.

Sánchez, G. (1997), *Factores asociados al promedio de coito femenino en México,* tesis de maestría en población, Facultad Latinoamericana de Ciencias Sociales (Flacso), sede México, agosto.

Secretaría de Salud (1988), "Informe de la Encuesta sobre el Comportamiento Reproductivo de los Adolescentes y Jóvenes del Área Metropolitana de la Ciudad de México (ECRAM)", México, Dirección Nacional de Planificación Familiar, Secretaría de Salud.

——— (1989), "Informe de la Encuesta Nacional sobre Fecundidad y Salud" (ENFES), México, Dirección General de Planificación Familiar, Secretaría de Salud.

Secretaría de Salud (1990), "Informe de la Encuesta sobre Conocimientos, Actitudes y Prácticas en el Uso de Métodos Anticonceptivos de la Población Masculina Obrera del Área Metropolitana de la Ciudad de México" (Encapo), México, Dirección General de Planificación Familiar, Secretaría de Salud.

——— (1994), "Comportamiento sexual en la ciudad de México", Encuesta 1992-1993, México, Consejo Nacional para la Prevención y el Control del SIDA (Conasida), México, Secretaría de Salud.

Stern, C. (1995), "La protección de la salud reproductiva de nuestros jóvenes requiere de políticas innovadoras y decididas", en *Temas Selectos. Carta sobre Población,* vol. 1, núm. 1, México, Grupo Académico de Apoyo a Programas de Población.

Szasz, I. (1995), "Cambio social y valores sobre la sexualidad. Reflexiones sobre un estudio cualitativo con mujeres rurales en México", ponencia presentada en el XX Congreso de la Asociación Latinoamericana de Sociología: América Latina y el Caribe, perspectivas de su reconstrucción, México, 2 al 6 de octubre.

——— (1996), "Separating sexual intercourse and reproduction. Reflections from a study of a rural context in México", ponencia presentada en la conferencia internacional Reconceiving Sexuality: International Perspectives on Gender, Sexuality and Sexual Health, Río de Janeiro, Brasil, 14 al 17 de abril.

——— (en prensa), "Los hombres y la sexualidad. Aportes del pensamiento feminista y primeros acercamientos a su estudio en México", en S. Lerner (comp.), *Varones, sexualidad y reproducción,* México, El Colegio de México.

———, y J. G. Figueroa (1997), "Sexuality, gender relations and female empowerment", ponencia presentada en el seminario internacional Female Empowerment and Demographic Processes: Moving Beyond Cairo, Lund, Suecia, 21 al 24 de abril.

Tarrés, M. L. (1993), "El movimiento de mujeres y el sistema político mexicano: análisis de la lucha por la liberación del aborto 1976-1990", *Estudios Sociológicos,* núm. 2, mayo-agosto.

Tuirán, R. (1988), "Consecuencias sociales de la anticoncepción", en *Memoria de la reunión sobre avances y perspectivas de la investigación social en planificación familiar en México,* México, Secretaría de Salud, 27 y 28 de octubre.

——— (1990), "Esterilización anticonceptiva en México: satisfacción e insatisfacción entre las mujeres que optaron por ese método", en *Memorias de la IV Reunión Nacional de Investigación Demográfica en México,* México, Instituto Nacional de Estadística, Geografía e Informática y Sociedad Mexicana de Demografía, abril, tomo I, pp. 119-140.

Udry, J. R. (1993), "Coitus as demographic behavior", en R. Gray, H. Leridon y A. Spira (comps.), *Biological and Demographic Determinants of Reproduction,* Oxford, Clarendon Press.

Uribe, P. (1994), "La prevención del SIDA entre las trabajadoras del sexo comercial", ponencia presentada en el Taller La Sexualidad en las Ciencias Sociales, México, El Colegio de México, 5-7 de julio.

Valdés, T., J. Gysling y M. C. Benavente (1996), "Power and sexuality in upper-middle class women's lives", ponencia presentada en la conferencia internacional Reconceiving Sexuality: International Perspectives on Gender, Sexuality and Sexual Health, Río de Janeiro, Brasil, 14-17 de abril.

Viqueira, J. P. (1984), "Matrimonio y sexualidad en los confesionarios de lenguas nahuas", *Cuicuilco,* núm. 12, año IV, México, enero, pp. 25-29.

Villafuerte, L. (en prensa), "Los estudios del seminario de Historia de las Mentalidades sobre la Sexualidad", en I. Szasz y S. Lerner (comps.), *Sexualidades en México. Algunas aproximaciones desde la perspectiva de las ciencias sociales,* México, El Colegio de México.

Zalduondo, B., y J. M. Bernard (1994), "Meanings and Consequences of Sexual Economic Exchange: Gender, Poverty and Sexual Risk Behavior in Urban Haiti", en R. Parker y J. Gagnon, *Conceiving Sexuality: Approaches to Sex Research in Postmodern World,* Nueva York, Londres, Routledge.

Zúñiga, E. (1990), "Algunos aspectos de la dinámica y de los determinantes de la práctica anticonceptiva en el México rural", ponencia presentada en la IV Reunión Nacional sobre la Investigación Demográfica en México, México, abril.

III. EL HOMBRE Y EL ESPACIO

La dimensión espacial: movilidad territorial, asentamientos de población y medio ambiente

LA MIGRACIÓN INTERNA

Virgilio Partida Bush

Introducción

La migración interna ha sido el principal determinante demográfico de la distribución territorial de la población de México a lo largo del siglo xx. En distintas épocas se reconocen diversos factores generales que han condicionado el monto y la orientación de los flujos migratorios.

La Revolución mexicana (1910-1921) propició la movilización de muchos contingentes de población que buscaban refugio en las pocas ciudades que ofrecían seguridad. Así, mientras el conjunto del país experimentó un decrecimiento demográfico de 0.5% anual de 1910 a 1921, ciudades como Tampico, Nuevo Laredo, Monclova, Ciudad Juárez, Piedras Negras y México crecieron en más de 3.0%. En el extremo opuesto, debido a las enfermedades y a la lucha armada, se registraron mermas significativas de población en Cuernavaca, Guanajuato, Zacatecas y Oaxaca, cuyas tasas de decrecimiento fueron superiores a 2.5%, lo cual indica que esas ciudades se convirtieron temporalmente en expulsoras de población.[1]

Al término del conflicto armado, surgió la necesidad de fortalecer algunas regiones del país y de colonizar extensas zonas despobladas. Como respuesta a esta política de poblamiento del territorio, nuevos polos de atracción de población surgieron de 1921 a 1940, entre los que destacan Cuernavaca, Fresnillo y Monterrey que, junto con Ciudad Juárez, Tampico y la ciudad de México, crecieron en más de 4.0% anual.

El pujante proceso de urbanización, derivado de la industrialización necesaria para sostener el desarrollo del modelo económico basado en la sustitución de importaciones, propició que la mayor parte de los flujos migratorios de 1940 a 1970 se concentrara en unas cuantas ciudades, que centralizaban las actividades económicas más rentables y ofrecían las mayores remuneraciones a la mano de obra. De esta situación surge el acelerado proceso de "metropolización" de las ciudades de México, Guadalajara, Monterrey, Puebla y León, así como la rápida expansión urbana de Acapulco, Ciudad Juárez, Ciudad Obregón, Cuernavaca, Culiacán, Her-

[1] En el cálculo de las tasas de crecimiento para estas ciudades se utilizó la delimitación de Unikel, Garza y Ruiz (1978: 377-380).

mosillo, Matamoros, Mexicali, Poza Rica, Reynosa y Tijuana, todas ellas con más de 100 000 habitantes en 1970 y cuya población en ese año era más de 7.5 veces el efectivo enumerado en 1940. En suma, 78% del incremento de la población urbana de 1940 a 1970 correspondió a las 35 urbes de 100 000 o más habitantes al final de ese periodo; destaca la zona metropolitana de la ciudad de México con 38.6% y, en menor grado, las de Guadalajara (6.5%) y Monterrey (5.1%).[2] Posteriormente, la diversificación de las actividades económicas ha propiciado la aparición de polos de atracción opcionales para la movilidad territorial de la población; debido a ello, cobraron importancia las migraciones entre núcleos urbanos y de éstos con las zonas metropolitanas.

Es claro que las altas tasas de crecimiento o de decrecimiento de algunas ciudades y regiones se vinculan, respectivamente, con polos de fuerte atracción o rechazo de población. También es evidente que un copioso éxodo rural encontró acomodo en las zonas urbanas durante el pasado medio siglo. Ahora bien, resulta prácticamente imposible determinar la dirección y cuantía de los movimientos migratorios sólo a partir de las tasas de crecimiento demográfico; es necesario recurrir a otro tipo de datos para poder precisar la orientación de los desplazamientos territoriales y profundizar en los rasgos distintivos del fenómeno, aunque para ello es necesario utilizar el municipio o el estado como unidad geográfica de referencia, dadas las características de la información disponible.

Los censos de población son la única fuente de datos sobre migración interna que cubre íntegramente al territorio nacional; sin embargo, la información censal se restringe tan sólo al intercambio poblacional entre los estados, vale decir, no es posible conocer los desplazamientos que tienen lugar en el interior de las entidades federativas a partir de los datos recogidos en los conteos de población. Apenas unas cuantas encuestas por muestreo, levantadas en las zonas metropolitanas de Monterrey en 1965 (Balán, Browning y Jelín, 1977), México en 1970 (Muñoz, Oliveira y Stern, 1977) y Guadalajara en 1972 y otras ciudades de Jalisco en 1976 (Arroyo, Winnie y Velázquez, 1986), ofrecen información para un nivel de desagregación geográfica menor al estatal, aunque tales datos sólo permiten estudiar las migraciones desde la óptica del lugar de destino. Los levantamientos recientes (llevados a cabo por el INEGI de encuestas demográficas con carácter nacional) ofrecen una nueva visión de la migración interna en México, ya que permiten cuantificar las migraciones intermunicipales, sobre todo las que ocurren dentro de las entidades federativas y que los censos de población no han permitido contabilizar.

[2] Se considera urbana la población que vive en localidades de 15 000 o más habitantes. Para un análisis de los procesos de urbanización, véase el trabajo de Garza y Rivera, 1993, en *Revista Mexicana de Sociología,* año LV, núm. 1, pp. 177-212.

El objetivo del presente capítulo es describir las tendencias de la orientación e intensidad de las corrientes migratorias internas en todo el territorio nacional ocurridas durante la segunda mitad del siglo XX.[3] El análisis se restringe sólo a los movimientos entre las entidades federativas, ya que los tamaños de las muestras de las encuestas demográficas disponibles son estadísticamente insuficientes para un desglose pormenorizado de la migración intermunicipal. A lo largo del capítulo se utiliza exclusivamente la información censal disponible (cuadros publicados y muestras en medios magnéticos) y la Encuesta del Conteo de Población de 1995. En la primera parte se reseña la movilidad interestatal por periodos quinquenales a partir de 1950; en la segunda se descompone por sexo y edad; y, finalmente, en la tercera parte se pone de relieve el nivel educativo y la participación en la actividad económica de los migrantes interestatales.

La migración interestatal total 1950-1995

Durante la segunda mitad del presente siglo, anualmente uno de cada 100 habitantes del país ha mudado su residencia habitual y ha cruzado las fronteras estatales. Esta fracción, que puede parecer insignificante, se vuelve considerable conforme se acumula el número absoluto de migrantes. En 1995, una de cada seis personas (14.65 millones de los 91.16 millones de residentes) había transitado al menos una vez de una entidad hacia otra desde 1950.[4] Si bien la intensidad de la migración interestatal para el conjunto del país varía dentro de un margen relativamente estrecho (de 0.92% anual en 1950-1955 a 1.20% en 1975-1980), la dirección y la cuantía de las corrientes migratorias ha cambiado con el paso del tiempo.

La tendencia del volumen total de migrantes interestatales es, en general, ascendente (cuadros 1 y 2), y pueden distinguirse dos etapas: la primera, de rápido aumento, que abarca los primeros cuatro quinquenios con un incremento de casi 1.4 millones (de 1.26 millones en 1950-1955 a 2.65 millones en 1965-1970); y la segunda, con menor gradiente de aumento, que abarca los últimos seis lustros, con un incremento menor de un millón y donde se advierte un freno —incluso con leve descenso— entre 1975 y 1985.

[3] Esta restricción temporal se debe a que sólo a partir del censo de 1960 se dispone de datos que permiten delimitar los periodos de ocurrencia de la migración.

[4] Esta conclusión se obtiene de contrastar la población enumerada en cada entidad federativa en 1995 con la que se esperaría que residiera en la entidad en ausencia de migración interestatal desde 1950, es decir, si la población de las entidades federativas sólo hubiera aumentado por crecimiento natural (la diferencia entre nacimientos y defunciones) y por la migración internacional.

Cuadro 1. *México: inmigrantes interestatales por entidad federativa de destino, según quinquenio de ocurrencia 1950-1995*

Entidad federativa	*1950 1955*	*1955 1960*	*1960 1965*	*1965 1970*	*1970 1975*	*1975 1980*	*1980 1985*	*1985 1990*	*1990 1995*
Total	*1 262 228*	*1 576 568*	*1 945 034*	*2 654 201*	*3 043 704*	*3 850 747*	*3 773 883*	*3 788 888*	*4 000 950*
Aguascalientes	6 958	8 563	12 981	19 329	25 509	35 037	40 151	46 437	45 948
Baja California	69 757	87 159	99 532	120 668	118 658	117 891	173 113	237 018	234 645
Baja California Sur	4 797	6 259	8 543	11 267	19 172	29 236	30 795	31 920	28 892
Campeche	7 491	8 963	13 075	18 553	23 753	30 562	34 192	37 572	38 403
Chiapas	13 752	17 104	16 620	16 504	29 563	49 972	48 342	48 222	44 118
Chihuahua	50 601	60 435	53 354	44 520	59 730	79 343	102 789	125 659	118 156
Coahuila	33 388	40 378	41 852	44 053	65 283	91 845	85 592	74 203	81 367
Colima	11 722	14 815	16 991	21 507	24 044	29 252	31 094	33 549	35 167
Distrito Federal	441 499	527 199	572 497	619 504	559 435	459 505	398 529	320 275	449 549
Durango	19 700	23 967	25 121	26 472	41 651	61 168	55 695	46 872	51 536
Estado de México	87 647	137 473	271 211	621 771	668 472	950 875	875 788	886 825	1 020 832
Guanajuato	19 036	25 428	38 412	63 035	79 798	114 249	108 478	107 428	99 460
Guerrero	8 893	11 523	17 744	28 659	40 607	62 129	56 019	51 568	55 244
Hidalgo	12 327	16 988	19 296	27 925	42 545	73 568	69 850	74 045	88 249
Jalisco	48 931	60 460	111 165	182 057	199 021	219 851	210 596	190 963	172 022
Michoacán	21 871	28 955	33 821	46 078	71 207	117 005	112 925	115 189	106 046
Morelos	25 910	32 064	41 249	56 475	60 987	71 457	81 741	97 965	78 474
Nayarit	14 016	17 659	20 767	26 428	29 398	34 668	37 185	40 300	43 695
Nuevo León	66 288	80 307	101 439	128 327	144 655	160 511	145 129	119 746	107 146
Oaxaca	12 883	16 173	21 535	30 574	47 157	77 343	76 596	81 804	83 123
Puebla	26 717	34 077	44 093	65 011	85 639	127 581	126 765	135 051	146 300
Querétaro	6 704	8 708	11 825	17 905	28 687	47 565	57 349	72 057	56 267
Quintana Roo	6 479	8 235	12 387	18 439	30 638	47 830	70 937	100 915	82 607
San Luis Potosí	21 578	26 569	28 169	31 665	47 583	71 308	70 175	68 974	84 564
Sinaloa	21 998	27 222	40 051	57 170	73 824	92 744	94 147	90 715	97 995
Sonora	35 415	44 027	44 185	44 484	64 361	88 915	85 425	78 187	85 291
Tabasco	8 918	10 966	16 412	24 477	34 026	48 514	49 775	51 927	59 513
Tamaulipas	65 490	81 097	79 699	79 857	100 636	129 492	126 717	122 319	100 823
Tlaxcala	4 932	6 466	8 092	11 681	17 989	29 977	33 202	39 612	33 649
Veracruz	74 149	91 679	100 293	116 165	155 615	216 802	199 230	179 504	167 382
Yucatán	2 541	3 196	7 611	14 183	23 285	36 957	40 644	40 461	52 840
Zacatecas	9 840	12 454	15 012	19 458	30 776	47 595	44 918	41 606	51 647

Fuente: Estimaciones propias, basadas en datos sobre residencia anterior de los censos de población de 1960 a 1990 y del Conteo de 1995.

Tanto para la inmigración (cuadro 1) como para la emigración (cuadro 2) se advierte una amplia gama de patrones temporales entre las entidades federativas, que en la mayor parte de los casos se alejan de la tendencia general para el conjunto del país. Sólo del primero al segundo lustros de los años cincuenta los totales de inmigrantes y emigrantes se incrementaron en todas las entidades; a partir de entonces, al menos en una entidad se observa decremento entre cualesquiera de los dos quinquenios sucesivos. Hasta 1980 el número de entidades federativas que incrementaron sus inmigrantes de un lustro al siguiente se mantuvo en 30;[5] en cambio, el de entidades cuyos emigrantes aumentaron fluctuó de 25 en los dos lustros en la década de los setenta a 31 en los quinquenios alrededor de 1960. El descenso en el total nacional de 1975-1980 a 1980-1985 se reprodujo en 18 flujos estatales inmigratorios y 14 emigratorios. Aun cuando el número de traslados para el conjunto del país aumentó en los dos lustros siguientes, se registran decrementos en 15 estados en el total de inmigrantes en cada uno de esos quinquenios, y en 23 y 16 entidades, respectivamente, en el total de emigrantes. Así, desde este enfoque, podemos establecer que el cambio en la orientación de los movimientos migratorios inicia, cuando muy tarde, en 1980.

La amplia gama de patrones temporales de inmigrantes y emigrantes de las entidades federativas se puede ver de manera sintética si se factorizan las cifras de los cuadros 1 y 2 mediante un modelo aditivo-multiplicativo de la forma

$$y_{ij} = \ln(O_{ij}) = \alpha_j + \beta_i B_j + z_{ij},$$

donde O_{ij} son los migrantes (inmigrantes o emigrantes según el caso) de la entidad federativa i (renglones de los cuadros) ocurridos durante el quinquenio j (columnas del cuadro); ln denota el logaritmo natural; α_j es un vector que representa la distribución estatal de los migrantes; β_i es un parámetro que indica la tasa específica de cambio de los migrantes (porque equivale a la primera derivada del logaritmo natural de los efectivos poblacionales O_{ij}); B_j es un parámetro que representa la tendencia temporal de la migración interestatal; y z_{ij} es la matriz de residuales. Elegimos el logaritmo, en lugar de la escala natural, con el fin de reducir la varianza de las observaciones.[6] El modelo ofrece la ventaja de que pemite descomponer los datos de migrantes en efectos de distribución territorial (α_i y β_i) y efectos tiempo (B_j).

[5] Excepto entre los quinquenios 1955-1960 y 1960-1965, cuando fue de 29 estados.

[6] Los parámetros del modelo se estimaron mediante la descomposición en valores singulares de la matriz O_{ij}. El ajuste del modelo fue estadísticamente satisfactorio, ya que los residuales z_{ij} no mostraron algún patrón sistemático.

CUADRO 2. *México: emigrantes interestatales por entidad federativa de destino según quinquenio de ocurrencia, 1950-1995*

Entidad federativa	*1950 1955*	*1955 1960*	*1960 1965*	*1965 1970*	*1970 1975*	*1975 1980*	*1980 1985*	*1985 1990*	*1990 1995*
TOTAL	*1262228*	*1576568*	*1945034*	*2654201*	*3043704*	*3850747*	*3773883*	*3788888*	*4000950*
Aguascalientes	24733	28235	30101	28871	30547	25509	25166	18950	20926
Baja California	14363	20555	27270	31795	65674	99054	78775	45109	73445
Baja California Sur	6326	7168	6443	3974	9582	15124	16405	12709	13212
Campeche	9253	10968	12383	12744	18366	23060	26683	27286	28022
Chiapas	15941	19451	28600	40250	49992	61139	69056	75734	69214
Chihuahua	21989	28179	37869	50234	61939	71886	60284	43973	57095
Coahuila	53830	63160	66871	69584	77404	82459	86937	86435	79021
Colima	9175	10508	14430	16143	23028	25268	25780	19871	18595
Distrito Federal	54629	130475	161916	465282	483201	877910	897413	1139057	1144120
Durango	51257	58228	67631	75592	80363	77495	88507	89943	88000
Estado de México	94889	116400	123633	139098	197664	340656	286821	297779	488280
Guanajuato	97309	115286	130843	147067	148308	135905	128098	102680	99572
Guerrero	36553	43463	66681	95158	116060	131208	137748	131839	116202
Hidalgo	59120	66420	77397	88046	96473	98272	101211	92564	84490
Jalisco	91449	118464	120801	149468	150679	182858	161572	152924	153965
Michoacán	98680	116621	162276	212266	196617	160947	156271	130615	123099
Morelos	13311	15305	24040	31288	51112	64864	60473	43004	48412
Nayarit	15810	18370	25757	32262	42258	46937	48299	41944	39981
Nuevo León	27511	34938	38300	42339	63493	91369	83211	70753	73081
Oaxaca	58320	67894	95020	125997	141455	151945	156066	150342	147355
Puebla	69651	81594	105635	137698	151997	165710	162544	153395	167225
Querétaro	22119	25227	29241	32238	36975	37452	38363	32139	31882
Quintana Roo	2216	2617	3543	3236	10686	18126	25198	20742	35662
San Luis Potosí	54002	62336	81567	102228	106847	102843	98880	83908	75148
Sinaloa	33547	40170	46086	52616	75659	103529	110466	115650	120225
Sonora	16798	21694	29727	39324	57002	76742	70271	58723	64009
Tabasco	18411	22391	25590	28654	39856	52028	57761	60189	64674
Tamaulipas	33818	42341	54844	69187	96587	122476	107696	81638	75274
Tlaxcala	21694	24726	28367	31423	32134	29873	30569	26890	25507
Veracruz	57184	73534	95560	135882	174948	243160	238942	254227	269634
Yucatán	18699	21727	28455	37194	41155	46644	49016	52419	37699
Zacatecas	59641	68123	98157	127063	115643	88299	89401	75457	67924

FUENTE: La misma del cuadro 1.

GRÁFICA 1. *Parámetros de distribución territorial del modelo aditivo-multiplicativo aplicado a los migrantes, 1950-1995*

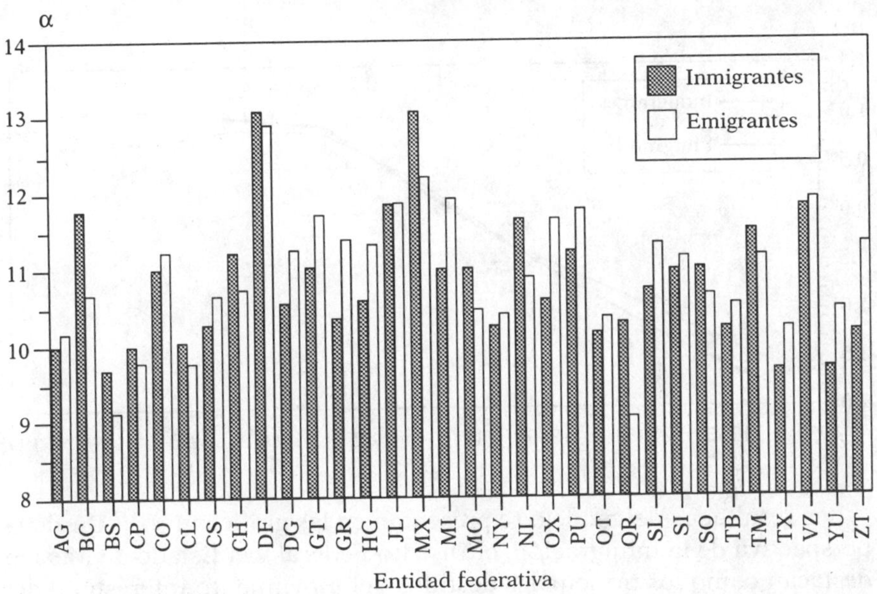

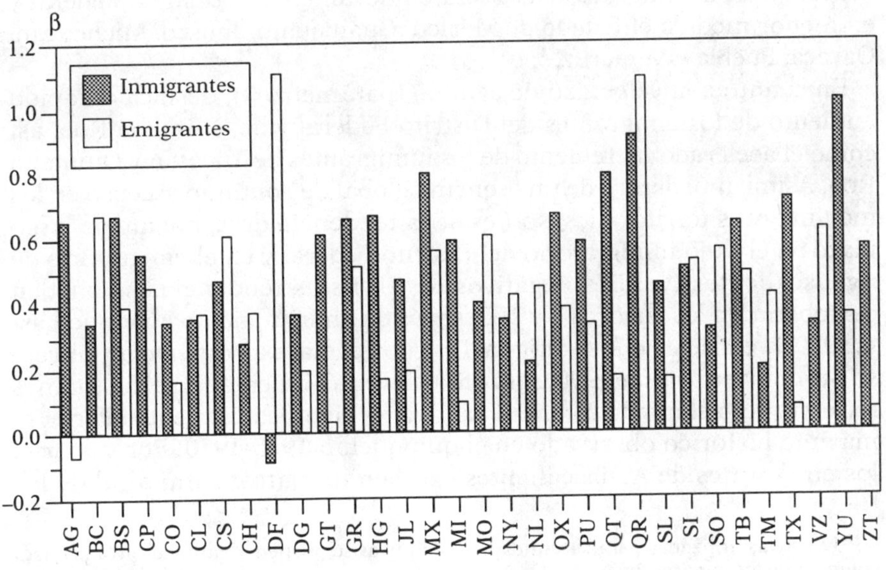

GRÁFICA 2. *Parámetros de tendencia secular del modelo aditivo-multiplicativo aplicado a los migrantes, 1950-1995*

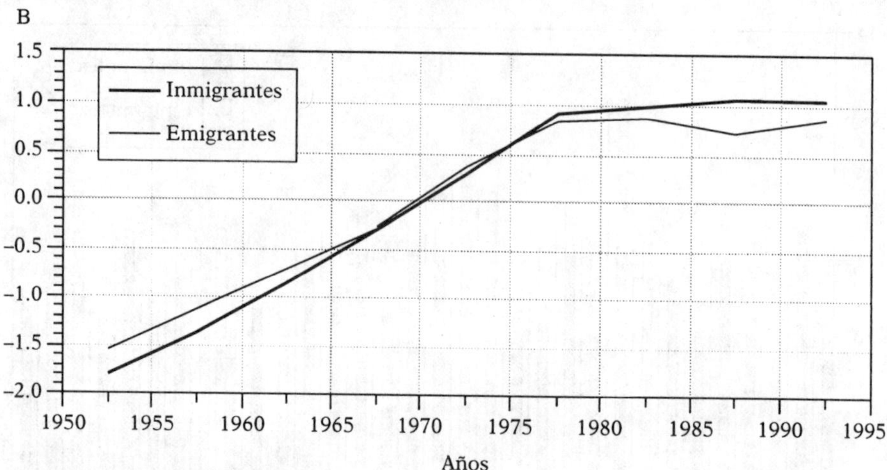

Los resultados del modelo se presentan en las gráficas 1 y 2.[7] Desde la perspectiva de la inmigración, el Distrito Federal y el Estado de México destacan como los principales destinos del movimiento interestatal del país durante la segunda mitad del siglo XX (parámetro α); en menor grado se encuentran Baja California, Jalisco, Nuevo León y Veracruz. De acuerdo con la emigración, sobresale nuevamente el Distrito Federal y en menor medida el Estado de México, Guanajuato, Jalisco, Michoacán, Oaxaca, Puebla y Veracruz.

En cuanto a la velocidad de cambio (parámetro β), destaca el rápido aumento de los emigrantes del Distrito Federal y de Quintana Roo, así como el acelerado incremento de los inmigrantes de Yucatán y Quintana Roo. Asimismo, dentro de un esquema global de continuo ascenso en los movimientos territoriales, sobresale la tendencia descendente de largo plazo en el flujo inmigratorio del Distrito Federal y en el emigratorio de Aguascalientes (valores negativos de β). Estas tendencias se pueden corroborar en los cuadros 1 y 2. Después de un incremento continuo hasta 1970, la corriente que se dirige al Distrito Federal experimentó un descenso pronunciado hasta 1990, sólo para volver a aumentar en el lustro más reciente, pero el monto alcanzado al final es significativamente inferior al máximo histórico observado en el quinquenio 1965-1970. Por su parte, los emigrantes de Aguascalientes exhiben un patrón similar al de los

[7] Las siglas utilizadas para las entidades federativas se pueden identificar en la primera columna de los cuadros 3 y 4.

arribos al Distrito Federal; ahora el mínimo histórico del periodo 1985-1990 es casi 40% inferior al máximo registrado cinco lustros atrás. La similitud en el patrón del parámetro de tendencia secular B_j, en la gráfica 2, se debe a que sólo considera el número total de movimientos (igual para inmigrantes y emigrantes) y no abarca la distribución territorial. En la pauta temporal del parámetro se reconocen claramente las dos etapas —de rápido y lento crecimiento— mencionadas antes.

La tasa de crecimiento de la emigración en Quintana Roo, mayor que la de la inmigración, parece un hecho contradictorio, ya que ha sido el estado con mayor crecimiento demográfico —debido en su mayoría a la ganancia neta por migración— durante los pasados 50 años. Si bien al contrastar los parámetros de nivel α se advierte claramente una mayor cuantía en el flujo de llegada que en el de salida, la progresiva reducción de la migración neta que implican los valores de β no es consistente con las cifras de los cuadros 1 y 2: una clara y continua tendencia ascendente en el saldo neto migratorio de 4263 en 1950-1955 hasta 80173 en 1985-1990, sólo para experimentar un abrupto descenso a 46945 en el lustro siguiente.

Este gradual incremento de la migración neta no necesariamente implica una tasa de crecimiento mayor en los inmigrantes que en los emigrantes. En efecto, la tasa media anual de crecimiento de 6.95% de los emigrantes entre los quinquenios extremos es superior a 6.36% de los inmigrantes. Además, al tomar el logaritmo de los flujos, la resta de los parámetros α se vincula al cociente de inmigrantes entre emigrantes y no a su resta. Las correspondientes divisiones (inmigrantes/emigrantes) de las cifras de los cuadros 1 y 2 indican que, después de un rápido ascenso de 2.92 en 1950-1955 a 5.70 en 1965-1970, sobrevinieron descensos sucesivos hasta llegar a 2.82 en 1980-1985, un repunte a 4.87 en el lustro siguiente y una nueva disminución a 2.32 en 1990-1995. Así, mientras el indicador ha excedido la unidad en todo momento (mayor α de inmigrantes que de emigrantes), la tendencia de largo plazo es a la baja (mayor β de emigrantes que de inmigrantes).

De manera más específica, en el cuadro 1 sobresalen las pautas de crecimiento ininterrumpido de inmigrantes de Campeche, Colima, Nayarit y Tabasco, sobre todo en el primero y el último estudios, donde el efectivo en el último quinquenio es más de cinco veces —incluso más de seis en Tabasco— el observado en la primera mitad de los años cincuenta. Sin embargo, corresponde a Yucatán el mayor incremento proporcional entre los periodos extremos, con 20.8 veces, consistente con el mayor valor de β en la gráfica 1; si nos detenemos en el segundo lustro de los ochenta, el mayor aumento pertenece a Quintana Roo, con 15.6 veces.

En ningún estado el monto de inmigrantes se ha mantenido en continuo descenso; no obstante, Guanajuato, Jalisco, Nuevo León y Veracruz exhiben un patrón peculiar de constante aumento hasta 1980, para luego disminuir progresivamente en los tres últimos quinquenios; sin embargo, sólo en Nuevo León se tiene un bajo valor de la tasa de cambio β en la gráfica 1, debido a la relativa proximidad de los ritmos medios anuales de ascenso (3.54%) y descenso (2.69%) antes y después de 1980, respectivamente. La reducción paulatina desde 1980 también se observa en Tamaulipas, aunque antes registró una baja alrededor de 1960. Cabe destacar desde 1980[8] la recuperación del volumen de inmigrantes en Baja California, hecho que se vincula estrechamente con la copiosa generación de empleo derivada de la proliferación de industrias maquiladoras en sus ciudades fronterizas, sobre todo en Tijuana, donde 61.5% de la población foránea de Baja California arribó entre 1985 y 1990.

Asimismo, el franco descenso en la inmigración al Distrito Federal desde 1970, ya mencionado, se liga a la cesión de la primacía en favor del Estado de México. Las tendencias contrarias de ambas entidades se deben en gran parte al "acomodo" poblacional dentro de la zona metropolitana de la ciudad de México (ZMCM). En efecto, si al total de inmigrantes de cada una de esas entidades se le descuenta el flujo proveniente de la otra en la primera mitad de los años noventa (740 261 del Distrito Federal hacia el Estado de México y 227 172 en la dirección opuesta), el total del Estado de México se reduce a 280 571 llegadas y el del Distrito Federal, a 222 377. De esta manera, el Estado de México mantiene el predominio, aunque su monto se encuentra mucho más próximo a Baja California (234 645) y al Distrito Federal.[9] Si bien numéricamente el Distrito Federal y el Estado de México mantienen la supremacía respecto de las demás entidades, aun descontando los movimientos entre ellos, la pérdida de atracción de la ZMCM con el paso de los años sobre los restantes 30 estados es evidente: mientras que antes de 1970 la tercera parte del contingente emigratorio originado en las 30 entidades restantes se dirigía a las delegaciones y municipios metropolitanos de la época, desde 1985 sólo lo hace uno de cada siete migrantes.

El panorama es distinto para la emigración (cuadro 2). En este caso, sólo Campeche, el Distrito Federal, Sinaloa y Tabasco muestran pautas en continuo ascenso, y aunque el primero y el último también exhiben un patrón monótono creciente en su inmigración, el saldo neto de ambos estados muestra altibajos durante el periodo considerado; no así el Distrito Federal, cuyo patrón de migración neta, en ascenso hasta 1965 y a

[8] Las tasas de ascenso y descenso de Guanajuato son de 7.17 y 0.92%, respectivamente; las de Jalisco, de 6.01 y 1.64%, y las de Veracruz, de 4.29 y 1.72%.

[9] Del total de 967 433 migraciones entre el Distrito Federal y el Estado de México entre 1990 y 1995, 890 895, o 92.1%, tuvieron lugar entre las delegaciones del primero y los municipios conurbados del segundo.

partir de entonces en franco descenso para volverse negativo desde 1975, está claramente dominado por la evolución de sus emigrantes, sobre todo los que se dirigen hacia el Estado de México (cuadro 5), quienes desde 1960 han representado al menos 55% del total de salidas de la entidad. El progresivo aumento de los emigrantes del Distrito Federal llegó a ser de tal magnitud en la segunda mitad de los años ochenta, que el número de sus habitantes disminuyó de 1985 a 1990.

El monto de emigrantes de Chiapas y Yucatán también se mantuvo en constante aumento hasta 1990, sólo para disminuir en el último lustro; en cambio, el gradual ascenso en las salidas de Michoacán hasta 1970, las más numerosas entre las entidades federativas hasta 1965,[10] se tornó en continuo descenso, al punto de que el flujo del primer lustro de los años noventa es casi de la misma magnitud que el registrado en 1955-1960.

Se obtiene una perspectiva más precisa del cambio en la cuantía y orientación de los movimientos territoriales al considerar la principal entidad de origen de los inmigrantes y la de destino de los emigrantes; esa información se presenta en los cuadros 3 y 4 y de manera gráfica en los mapas 1 y 2. De una inspección conjunta de ambas tabulaciones se advierte que el viraje más marcado ha tenido lugar en el Distrito Federal: de ser el destino del principal flujo de salida de 19 entidades en 1955-1960 y aún de 12 entidades 10 años más tarde (cuadro 4), era el origen de los mayores ingresos poblacionales de 16 estados en 1985-1990, y de nueve en el siguiente lustro (cuadro 3). Asimismo, el resurgimiento de Baja California como importante polo de atracción, derivado de la reactivación económica en los años ochenta, es patente en la copiosa presencia como lugar de destino de los migrantes cuyo origen eran cuatro entidades en 1985-1990 y hasta seis en el quinquenio posterior.

Al contrastar los lustros extremos en los mapas 1 y 2,[11] se advierte no sólo el mayor número de flujos integrados por 30 000 o más personas sino, sobre todo, su diversificación, ya que mientras en la segunda mitad de los años cincuenta todas las corrientes de esa magnitud se dirigían al Distrito Federal o al Estado de México —realmente a la ZMCM—, en el primer lustro del decenio actual se agregan los desplazamientos de Sinaloa a Baja California, de Durango a Chihuahua y de Veracruz a Oaxaca, así como los que parten del Distrito Federal hacia Hidalgo, Jalisco, Puebla y Veracruz.

[10] Incluso hasta 1970 si al total del Distrito Federal se le descuenta la fracción que se dirige al Estado de México.

[11] Seleccionamos la segunda mitad de los años cincuenta en lugar de la primera, ya que la migración del periodo más antiguo corresponde a una estimación del autor, mientras que la movilidad del quinquenio siguiente corresponde estrictamente a la observación censal de 1960.

Cuadro 3. *México: principal entidad de origen de los inmigrantes interestatales por entidad federativa de destino según quinquenio de ocurrencia, 1955-1995*

Entidad federativa de destino	*1955-1960*		*1965-1970*		*1975-1980*		*1985-1990*		*1990-1995*	
	Entidad	*Monto*	*Entidad*	*Monto*	*Entidad*	*Monto*	*Entidad*	*Monto*	*Entidad*	*Monto*
Aguascalientes (AG)	ZT	2 642	ZT	6 761	ZT	7 776	DF	15 177	JL	10 973
Baja California (BC)	JL	21 539	JL	27 019	JL	20 589	SI	43 447	SI	49 230
Baja California Sur (BS)	BC	2 168	SI	1 670	SI	4 319	SI	5 299	SI	4 234
Campeche (CP)	YU	3 851	YU	5 655	TB	8 156	TB	10 074	TB	11 754
Chiapas (CS)	TB	5 836	TB	4 334	DF	10 205	DF	10 836	TB	9 143
Chihuahua (CH)	DG	17 482	DG	14 292	DG	16 084	DG	34 698	DG	32 180
Coahuila (CO)	DG	10 886	DG	10 242	NL	17 358	DG	14 066	DG	19 969
Colima (CL)	JL	6 984	JL	10 401	JL	10 870	JL	12 197	JL	14 333
Distrito Federal (DF)	MX	81 438	MI	76 606	MX	62 655	MX	87 825	MX	227 172
Durango (DG)	CO	6 541	CO	7 002	CO	11 867	CO	14 593	CO	14 467
Estado de México (MX)	DF	67 146	DF	346 355	DF	534 363	DF	628 658	DF	740 261
Guanajuato (GT)	JL	6 686	JL	11 360	MX	24 050	DF	37 452	MX	27 351
Guerrero (GR)	MI	2 016	DF	4 628	DF	15 114	DF	16 921	MX	14 228
Hidalgo (HG)	DF	4 417	DF	6 964	MX	22 274	DF	30 840	DF	34 869
Jalisco (JL)	MI	12 522	ZT	34 768	DF	33 066	DF	38 713	DF	31 940
Michoacán (MI)	JL	5 278	JL	9 440	DF	25 437	DF	37 280	DF	25 178
Morelos (MO)	GR	12 582	GR	23 210	GR	21 888	DF	34 092	DF	27 795
Nayarit (NY)	JL	8 662	JL	11 196	JL	10 589	JL	13 835	JL	14 365
Nuevo León (NL)	CO	19 708	SL	33 695	TM	38 794	TM	25 062	SL	23 706
Oaxaca (OX)	VZ	4 738	VZ	12 576	VZ	17 667	DF	21 582	VZ	31 847
Puebla (PU)	VZ	8 010	VZ	14 648	MX	27 545	DF	40 221	DF	33 924
Querétaro (QT)	GT	2 661	GT	4 542	DF	11 452	DF	28 804	DF	16 822
Quintana Roo (QR)	YU	5 310	YU	14 886	YU	26 510	YU	38 886	YU	24 401
San Luis Potosí (SL)	GT	3 712	TM	5 880	TM	12 047	DF	16 775	DF	13 840
Sinaloa (SI)	DG4 378		DG	10 712	SO	17 061	OX	14 666	BC	13 907
Sonora (SO)	SI	14 601	SI	12 221	SI	22 270	SI	25 626	SI	26 972
Tabasco (TB)	CS	4 218	CS	7 188	VZ	14 932	VZ	17 013	VZ	17 569
Tamaulipas (TM)	NL	16 598	SL	19 420	VZ	26 410	VZ	33 075	VZ	25 725
Tlaxcala (TX)	PU	2 288	PU	4 421	MX	8 938	DF	12 987	PU	11 023
Veracruz (VZ)	PU	16 720	PU	22 088	DF	35 328	DF	36 597	DF	32 941
Yucatán (YU)	CP	748	CP	3 133	QR	7 619	DF	10 149	QR	17 602
Zacatecas (ZT)	JL	2 639	JL	3 664	JL	9 834	JL	8 379	JL	7 301

Fuente: Estimaciones propias, basadas en datos sobre residencia anterior de los censos de población de 1960 a 1990 y del Conteo de 1995.

CUADRO 4. *México: principal entidad de destino de los emigrantes interestatales por entidad federativa de origen según quinquenio de ocurrencia, 1955-1995*

Entidad federativa de destino	*1955-1960*		*1965-1970*		*1975-1980*		*1985-1990*		*1990-1995*	
	Entidad	*Monto*	*Entidad*	*Monto*	*Entidad*	*Monto*	*Entidad*	*Monto*	*Entidad*	*Monto*
Aguascalientes (AG)	DF	8 867	JL	6 952	JL	4 586	JL	4 082	ZT	5 248
Baja California (BC)	DF	4 044	JL	7 470	JL	20 427	SO	7 873	SO	17 253
Baja California Sur (BS)	BC	3 288	BC	1 532	BC	2 135	BC	3 338	BC	3 472
Campeche (CP)	DF	1 944	YU	3 133	YU	5 008	QR	7 010	QR	6 460
Coahuila (CO)	NL	19 708	NL	24 626	NL	24 786	CH	25 384	CH	26 313
Colima (CL)	DF	3 344	JL	7 250	JL	9 839	JL	7 131	JL	6 676
Chiapas (CS)	DF	8 167	DF	14 090	DF	12 141	TB	11 242	TB	14 152
Chihuahua (CH)	DF	5 678	DF	7 248	DG	10 029	SO	6 760	DG	11 671
Distrito Federal (DF)	MX	67 146	MX	346 355	MX	534 363	MX	628 658	MX	740 261
Durango (DG)	CH	17 482	CH	14 292	CH	16 084	CH	34 698	CH	32 180
Guanajuato (GT)	DF	58 492	DF	52 478	MX	36 155	MX	13 802	MX	12 695
Guerrero (GR)	DF	16 100	DF	36 706	DF	32 664	MO	23 845	MO	17 598
Hidalgo (HG)	DF	41 146	DF	43 088	MX	38 139	MX	32 211	MX	29 403
Jalisco (JL)	DF	28 312	BC	27 019	BC	20 589	BC	27 722	BC	19 688
Estado de México (MX)	DF	81 438	DF	70 227	DF	62 655	DF	87 825	DF	227 172
Michoacán (MI)	DF	58 414	DF	76 606	MX	47 529	JL	23 738	BC	21 423
Morelos (MO)	DF	7 312	DF	12 176	DF	24 902	MX	9 324	GR	10 374
Nayarit (NY)	JL	4 222	JL	12 722	JL	15 327	JL	12 945	BC	13 056
Nuevo León (NL)	TM	16 598	TM	13 480	TM	21 714	TM	19 038	TM	16 876
Oaxaca (OX)	DF	32 124	DF	54 099	MX	40 206	MX	28 691	DF	29 789
Puebla (PU)	DF	43 402	DF	58 972	MX	51 029	MX	37 688	MX	59 949
Querétaro (QT)	DF	12 367	DF	11 242	MX	10 452	MX	5 824	MX	5 780
Quintana Roo (QR)	YU	612	YU	971	YU	7 619	YU	8 040	YU	17 602
San Luis Potosí (SL)	NL	17 158	NL	33 695	NL	27 897	TM	23 193	NL	23 706
Sinaloa (SI)	SO	14 601	BC	13 610	SO	22 270	BC	43 447	BC	49 230
Sonora (SO)	BC	10 334	BC	12 201	SI	17 061	BC	23 119	BC	29 164
Tabasco (TB)	VZ	6 784	VZ	9 894	VZ	14 628	VZ	12 653	VZ	12 152
Tamaulipas (TM)	NL	14 126	NL	24 052	NL	38 794	NL	25 062	NL	20 890
Tlaxcala (TX)	DF	13 534	DF	14 126	MX	9 582	PU	6 977	PU	6 620
Veracruz (VZ)	DF	34 924	DF	46 932	DF	45 937	MX	35 256	MX	49 682
Yucatán (YU)	DF	7 000	QR	14 886	QR	26 510	QR	38 886	QR	24 401
Zacatecas (ZT)	JL	9 732	JL	34 768	JL	17 532	JL	14 080	JL	11 969

FUENTE: Estimaciones propias, basadas en datos sobre residencia anterior de los censos de población de 1960 a 1990 y del Conteo de 1995.

Mapa 1. *Principal entidad de origen de los inmigrantes interestatales, 1955-1995*

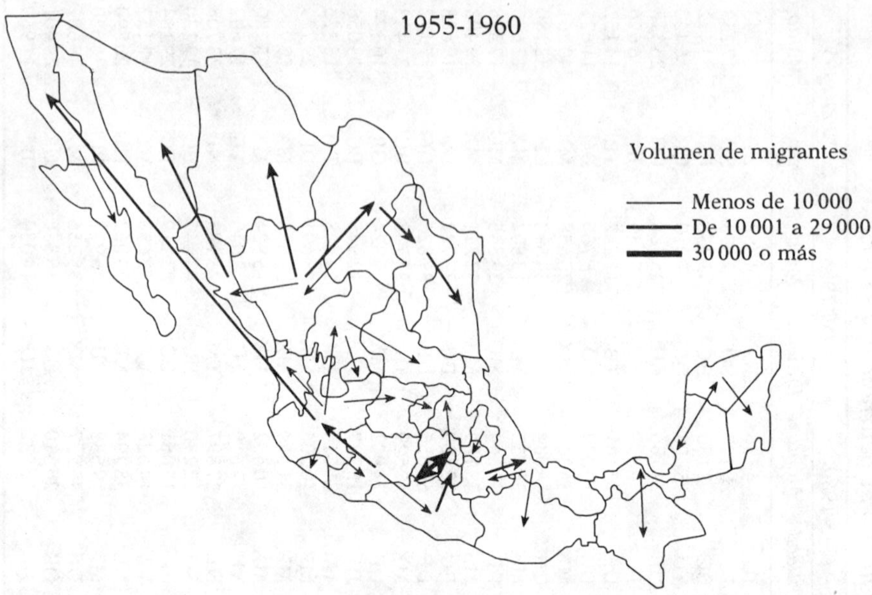

Fuente: Elaborado en Conapo, con base en el Censo de Población de 1960.

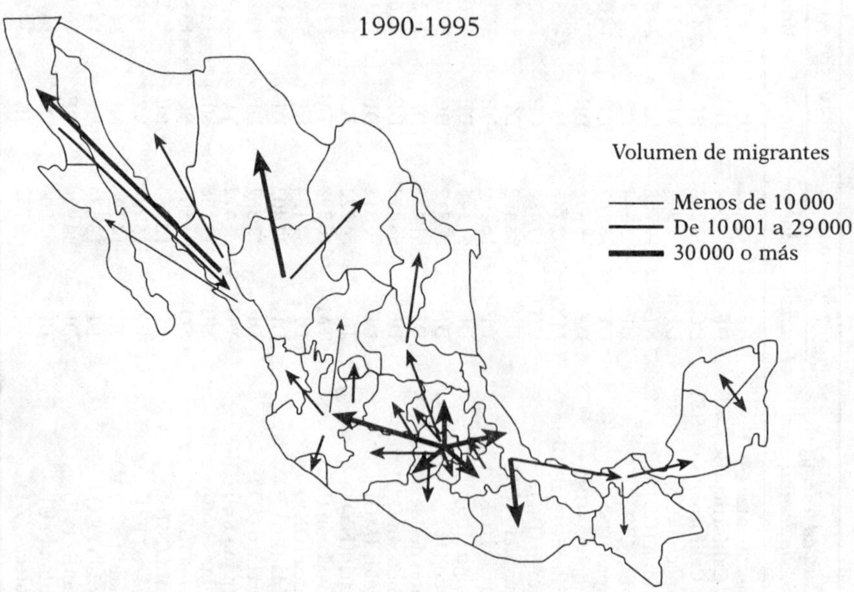

Fuente: Elaborado en Conapo, con base en el Conteo de Población de 1995.

Mapa 2. *Principal entidad de destino de los emigrantes interestatales, 1955-1995*

1955-1960

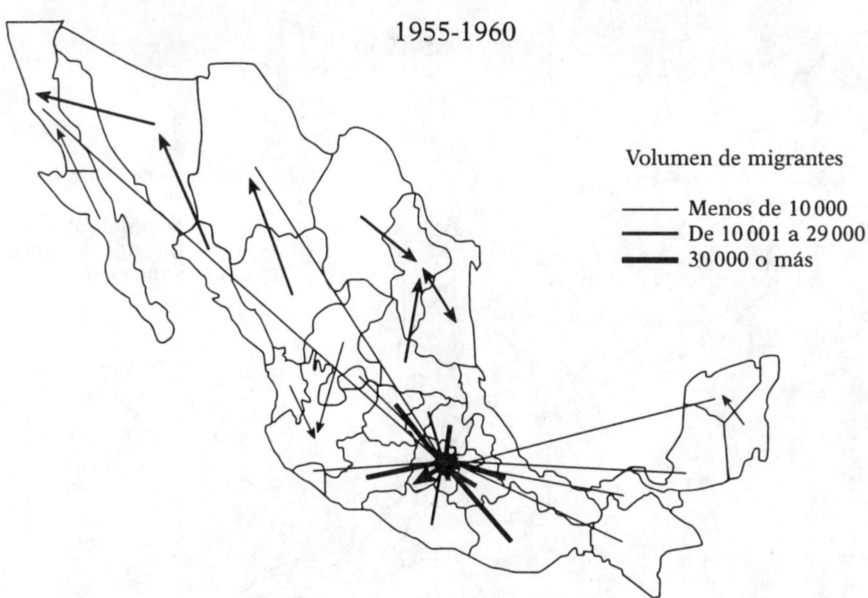

Fuente: Elaborado en Conapo, con base en el Censo de Población de 1960.

1990-1995

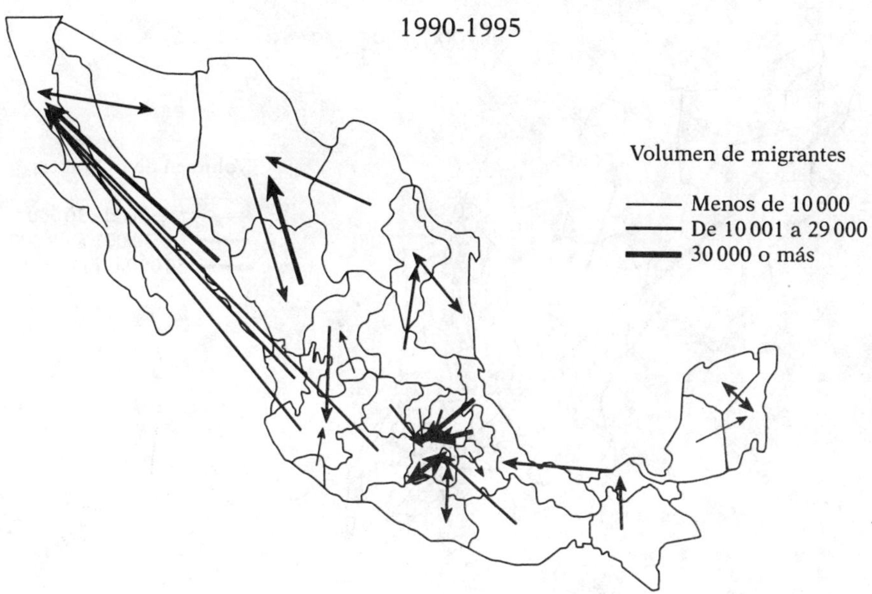

Fuente: Elaborado en Conapo, con base en el Conteo de Población de 1995.

Mapa 3. *Principales corrientes migratorias interestatales, 1955-1995*

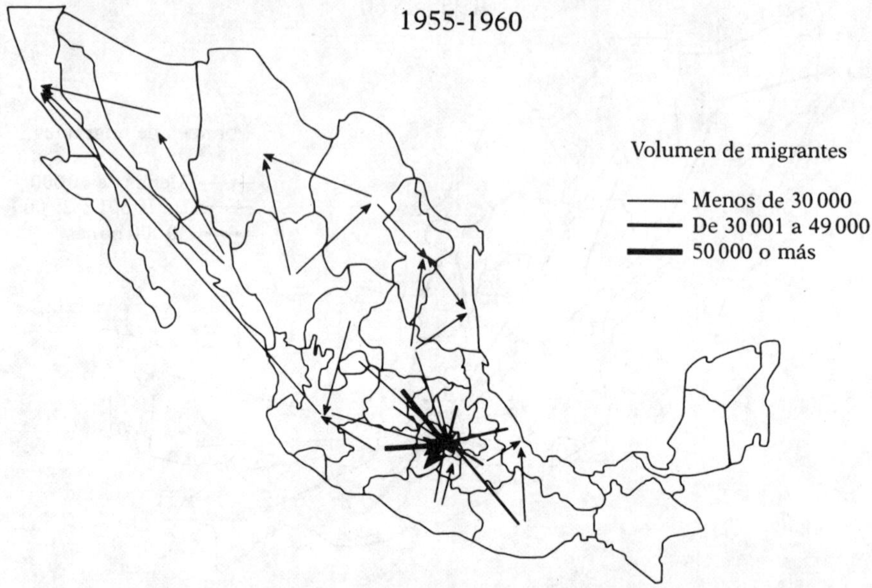

Fuente: Elaborado en Conapo, con base en el Censo de Población de 1960.

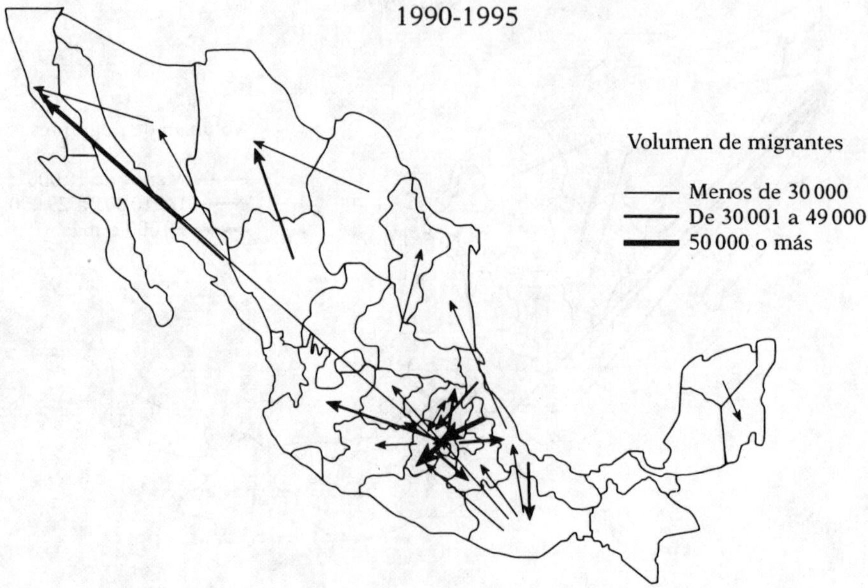

Fuente: Elaborado en Conapo, con base en el Conteo de Población de 1995.

CUADRO 5. *México: prjncipales 32 flujos migratorios interestatales, según quinquenio de ocurrencia, 1955-1995*

1955-1960			*1965-1970*			*1975-1980*			*1985-1990*			*1990-1995*		
Flujo total		*1 576 568*	*Flujo total*		*2 654 201*	*Flujo total*		*3 850 747*	*Flujo total*		*3 788 888*	*Flujo total*		*4 000 950*
Suma de los 32		*764 701*	*Suma de los 32*		*1 343 133*	*Suma de los 32*		*1 581 374*	*Suma de los 32*		*1 659 051*	*Suma de los 32*		*1 879 894*
Porcentaje del total		*48.5*	*Porcentaje del total*		*50.6*	*Porcentaje del total*		*41.1*	*Porcentaje del total*		*43.8*	*Porcentaje del total*		*47.0*
Origen	*Destino*	*Monto*	*Origen*	*Destino*	*Monto*	*Origen*	*Destino*	*Monto*	*Origen*	*Destino*	*Monto*	*Origen*	*Destino*	*Monto*
MX	DF	81 438	DF	MX	346 355	DF	MX	534 363	DF	MX	628 658	DF	MX	740 261
DF	MX	67 146	MI	DF	76 606	MX	DF	62 655	MX	DF	87 825	MX	DF	227 172
GT	DF	58 492	MX	DF	70 227	PU	MX	51 029	SI	BC	43 447	PU	MX	59 949
MI	DF	58 414	PU	DF	58 972	MI	MX	47 529	DF	PU	40 221	VZ	MX	49 682
PU	DF	43 402	OX	DF	54 099	VZ	DF	45 937	YU	QR	38 886	SI	BC	49 230
HG	DF	41 146	GT	DF	52 478	PU	DF	44 482	DF	JL	38 713	DF	HG	34 869
VZ	DF	34 924	VZ	DF	46 932	VZ	MX	43 413	PU	MX	37 688	DF	PU	33 924
OX	DF	32 124	MI	MX	46 048	OX	MX	40 206	DF	GT	37 452	MX	PU	33 092
JL	DF	28 312	HG	DF	43 088	OX	DF	40 059	DF	MI	37 280	DF	VZ	32 941
JL	BC	21 539	GT	MX	39 418	TM	NL	38 794	DF	VZ	36 597	DG	CH	32 180
CO	NL	19 708	GR	DF	36 706	HG	MX	38 139	VZ	MX	35 256	DF	JL	31 940
DG	CH	17 482	ZT	JL	34 768	GT	MX	36 155	DG	CH	34 698	VZ	OX	31 847
SL	NL	17 158	SL	NL	33 695	DF	VZ	35 328	DF	MO	34 092	VZ	DF	31 402
PU	VZ	16 720	MI	JL	30 322	DF	JL	33 066	PU	DF	33 838	OX	DF	29 789
NL	TM	16 598	PU	MX	28 453	GR	DF	32 664	VZ	TM	33 075	HG	MX	29 403
GR	DF	16 100	JL	BC	27 019	GR	MX	32 114	HG	MX	32 211	SO	BC	29 164
SL	TM	15 786	JL	DF	26 743	HG	DF	31 179	DF	HG	30 840	PU	DF	28 664
SI	SO	14 601	CO	NL	24 626	OX	VZ	30 130	VZ	DF	30 216	DF	MO	27 795
TM	NL	14 126	HG	MX	24 273	MX	VZ	28 723	VZ	PU	29 036	MX	GT	27 351
GT	MX	14 026	TM	NL	24 052	SL	NL	27 897	DF	QT	28 804	SI	SO	26 972
OX	VZ	13 842	GR	MO	23 210	MX	PU	27 545	OX	MX	28 691	MX	HG	26 568
TX	DF	13 534	OX	MX	23 136	YU	QR	26 510	OX	VZ	28 656	CO	CH	26 313
GR	MO	12 582	PU	VZ	22 088	VZ	PU	26 488	JL	BC	27 722	VZ	TM	25 725
MI	JL	12 522	OX	VZ	20 462	VZ	TM	26 410	OX	DF	27 298	DF	MI	25 178
QT	DF	12 367	DF	JL	19 602	DF	PU	26 198	DF	BC	26 830	OX	MX	24 894
DG	CO	10 886	SL	TM	19 420	MI	JL	25 461	SI	SO	25 626	OX	VZ	24 864
SI	BC	10 400	VZ	MX	15 784	DF	MI	25 437	CO	CH	25 384	YU	QR	24 401
SO	BC	10 334	SL	DF	15 756	PU	VZ	25 044	TM	NL	25 062	MX	MI	24 294
CO	CH	10 204	YU	QR	14 886	MO	DF	24 902	HG	DF	24 173	SL	NL	23 706
SL	DF	10 189	ZT	DF	14 689	CO	NL	24 786	GR	MO	23 845	DF	BC	22 136
ZT	JL	9 732	VZ	PU	14 648	MX	MI	24 681	MI	JL	23 738	OX	PU	22 122
AG	DF	8 867	JL	MX	14 572	MX	GT	24 050	SL	TM	23 193	HG	DF	22 066

NOTA: véase el significado de las siglas en la primera columna de los cuadros 4 y 5.

FUENTE: Estimaciones propias, basadas en datos sobre residencia anterior de los censos de población de 1960 a 1990 y del Conteo de 1995.

Otra manera de ver la progresiva diversificación de los destinos de los migrantes interestatales con el paso del tiempo se tiene mediante los flujos migratorios más numerosos; en el cuadro 5 y el mapa 3 se reproducen los 32 mayores. Lejos de distribuirse equitativamente los orígenes o los destinos entre las 32 entidades federativas, se advierte que, no obstante la diversidad de las direcciones de los flujos migratorios, aún se observa la predominancia de algunos estados. Es notable que el Distrito Federal, de ser el principal destino de los migrantes, se haya convertido en el origen más común: después de haber sido el lugar de llegada de 12 de las más cuantiosas corrientes en 1955-1960, y dos lustros más tarde incluso de 11, sólo era de cinco en 1985-1990 y en 1990-1995; en cambio, de la misma entidad partieron siete de los mayores flujos en la primera mitad de la década de los noventa y hasta 10 en el lustro inmediato anterior.

Si bien la expansión territorial de la ciudad de México le ha transferido paulatinamente al Estado de México el papel protagónico como lugar de destino de la movilidad geográfica de la población, cabe aclarar que, aunque 14 de los 32 flujos más voluminosos llegaron al conjunto del Distrito Federal y el Estado de México en 1955-1960, y 11 en 1990-1995, de ambas entidades partieron 13 en el segundo de esos periodos, cuando en el lustro más antiguo sólo el intercambio entre ellas se encontraba entre las 32 corrientes de mayor tamaño.

La frontera norte (los seis estados que colindan físicamente con los Estados Unidos) ha mantenido su importancia dentro de los principales flujos migratorios. Si bien en el panel superior del mapa 3 (periodo 1955-1960) son más profusas las corrientes hacia y dentro de la región fronteriza que en el inferior (periodo 1990-1995), el monto agregado de los movimientos originados en el resto de la nación —entre los 32 desplazamientos más numerosos— creció de 107 000 en 1955-1990 a 217 000 en 1985-1990, para reducirse a 180 000 en 1990-1995. A su vez, el número de inmigrantes a la frontera norte (procedentes de las 26 entidades ajenas a la región) se incrementó casi continuamente al cabo de los 40 años, al pasar de 283 000 en la segunda mitad de los años cincuenta a 534 000 en la primera de los noventa, con un máximo histórico de 580 000 en 1985-1990. Si se extrae el intercambio entre el Distrito Federal y el Estado de México del total nacional, en la cifra que resulta la participación relativa del flujo procedente de las 26 entidades restantes hacia la frontera norte recuperó el nivel del decenio 1955-1965 (18.2%) sólo en fechas recientes (18.5% en 1985-1990 y 17.6% en 1990-1995), ya que había descendido a 14.2% en 1975-1980, ante la pérdida de dinamismo económico que restó atractivo a la región fronteriza para los migrantes del sur.

Un enfoque complementario para analizar las tendencias de la intensidad de la migración interna de México se tiene mediante las tasas brutas de migración, cuya evolución se presenta en la gráfica 3 para las 32 entidades federativas. Dentro de la amplia gama de patrones podemos distinguir algunos característicos.

Si dejamos de lado la pérdida o ganancia neta de población, podemos identificar tres pautas predominantes. En la primera se reconoce cierto paralelismo y proximidad a lo largo del tiempo entre las tasas de inmigración y emigración, y comprende a Campeche, Colima, Chiapas, Jalisco, Morelos, Nayarit, Sinaloa, Sonora, Tabasco, Tamaulipas y Veracruz. En la segunda se identifica una clara convergencia en las dos componentes de la migración, y abarca a Coahuila, Guanajuato, Hidalgo, Michoacán, Nuevo León, Puebla, San Luis Potosí, Tlaxcala, Yucatán y Zacatecas.

En la tercera pauta se advierte una amplia brecha entre la inmigración y la emigración durante el periodo de 45 años y dentro de ella caen Baja California Sur, Durango, Guerrero, México, Oaxaca y Quintana Roo; llama la atención que en este último estado se registra la tasa de migración neta positiva más alta desde 1960: 10 años antes del acelerado desarrollo turístico en el norte del estado. A dicho grupo se suman Baja California y Chihuahua, aunque con una franca aproximación durante los años setenta, más marcada en Chihuahua, cuando incluso la tasa de migración neta se tornó negativa. Una caída de la tasa de inmigración menos pronunciada en Baja California que en Quintana Roo en la primera mitad del decenio actual propició, ante la permanencia del nivel de la emigración, que la entidad norteña recuperara la primacía que tuvo en cuanto a la máxima tasa de migración neta positiva entre 1955 y 1960.

Restan las tres entidades donde se observan pautas diametralmente opuestas: mientras que en el Distrito Federal la transición paulatina ha sido del lado positivo al negativo en el saldo neto migratorio, en Aguascalientes y Querétaro el cambio ha sido de pérdida a ganancia neta de población.

LA MIGRACIÓN POR EDAD Y SEXO

Igual que otros fenómenos demográficos y sociales, la migración tiene una incidencia distinta por edad y sexo. Una parte importante de los movimientos territoriales se concentra en la adolescencia y en las edades adultas jóvenes ya que, dentro del ciclo de vida, es la etapa en que la persona busca satisfacer sus expectativas de educación, alcanzar su estabilidad laboral y familiar, y la migración representa un medio para lograrlo. Muchos de esos migrantes jóvenes ya han formado un hogar, con lo cual en su desplazamiento espacial llevan también a sus hijos, quienes aún están en los primeros años de vida. La composición por

GRÁFICA 3. *Tasas brutas de migración por entidad federativa, según pautas temporales, 1950-1995*

A. Paralelismo y proximidad de las componentes

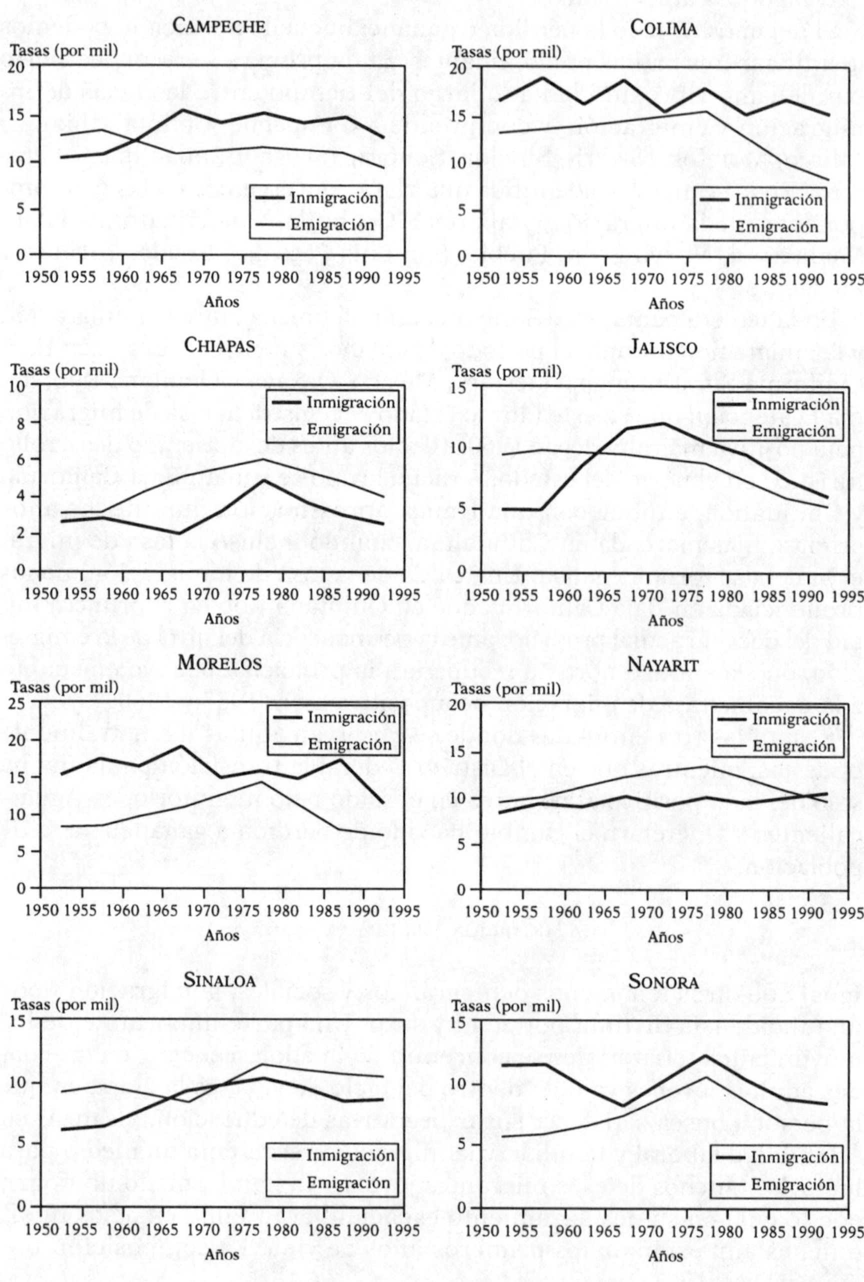

GRÁFICA 3. *(Continúa.)*

A. Paralelismo y proximidad de las componentes

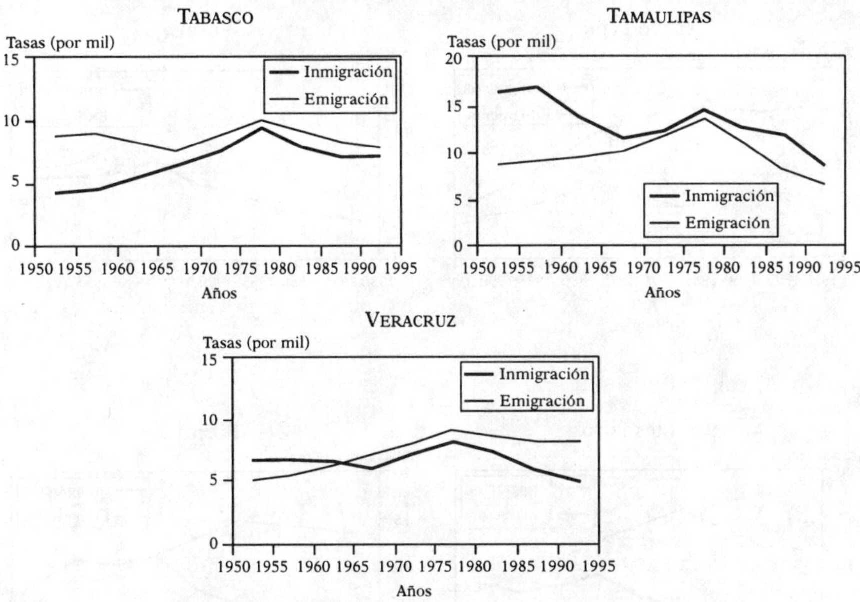

B. Convergencia de las componentes

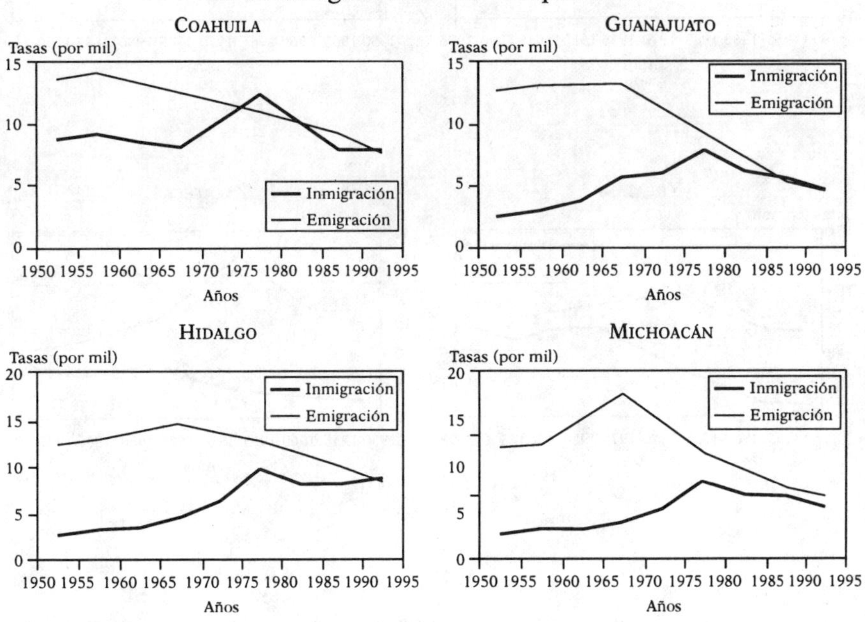

Gráfica 3. *(Continúa.)*

B. Convergencia de las componentes

Nuevo León

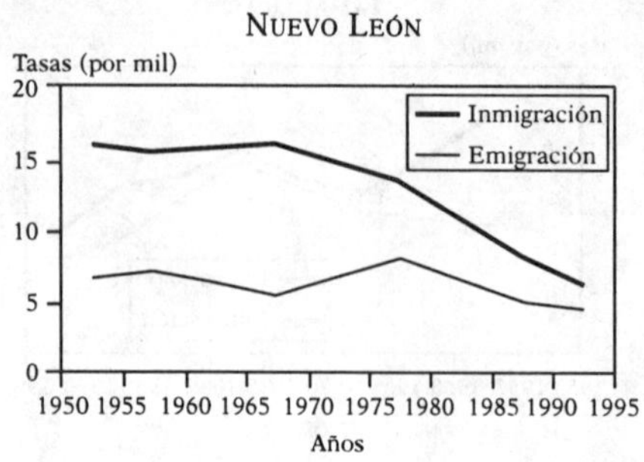

Puebla

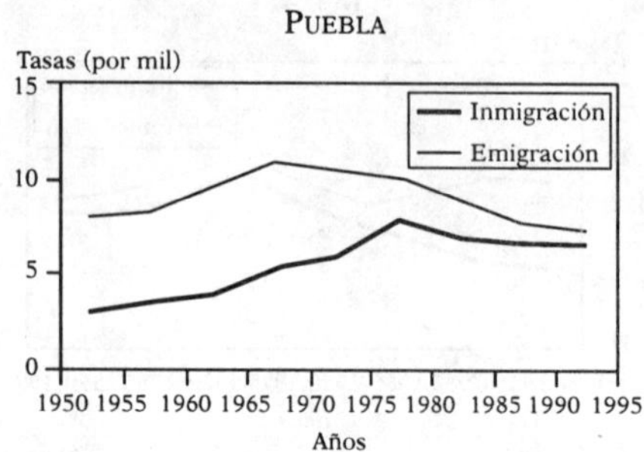

San Luis Potosí

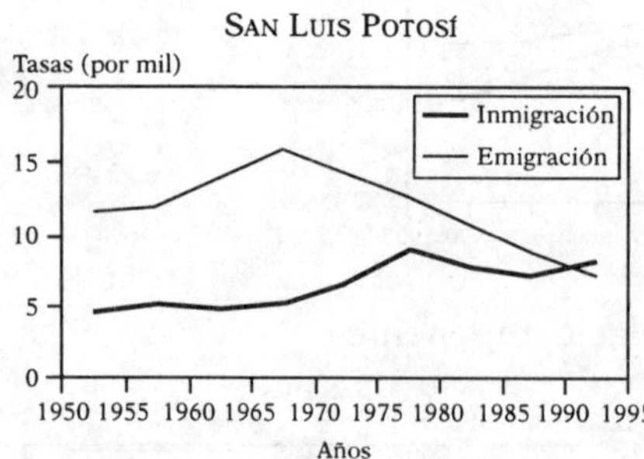

Tlaxcala

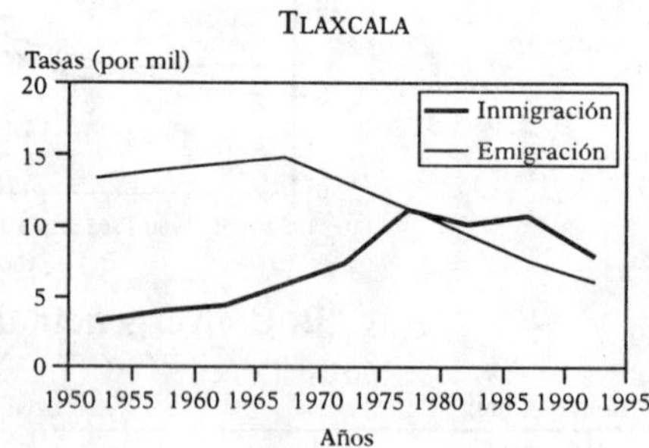

Yucatán

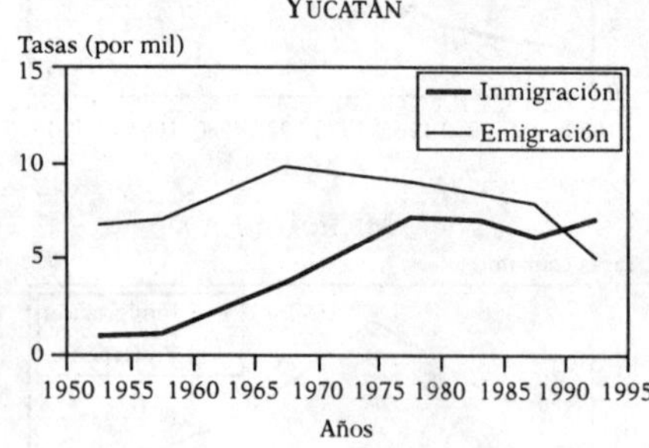

Zacatecas

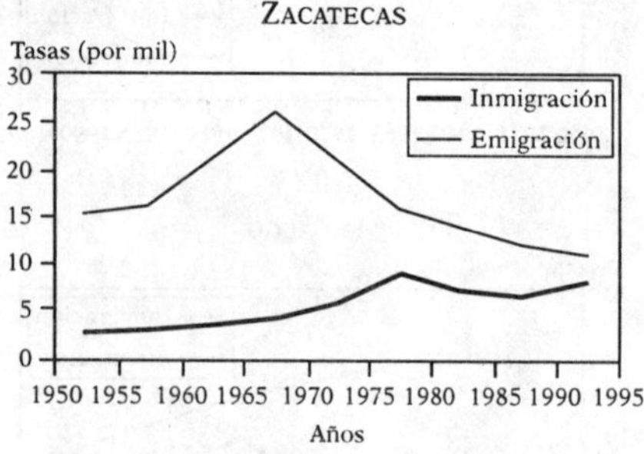

GRÁFICA 3. *(Continúa.)*

C. Distanciamiento de las componentes

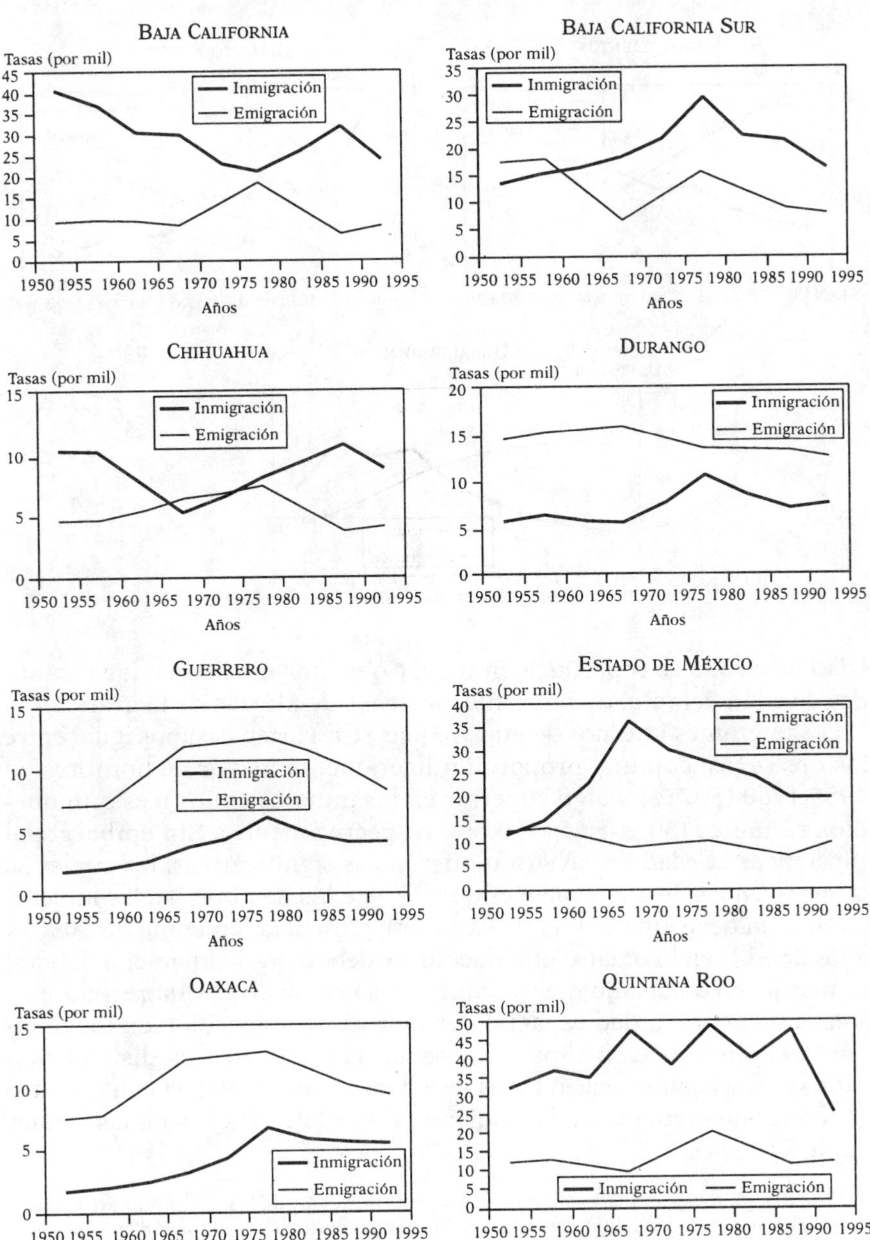

GRÁFICA 3. *(Concluye.)*

D. Tendencias opuestas de las componentes

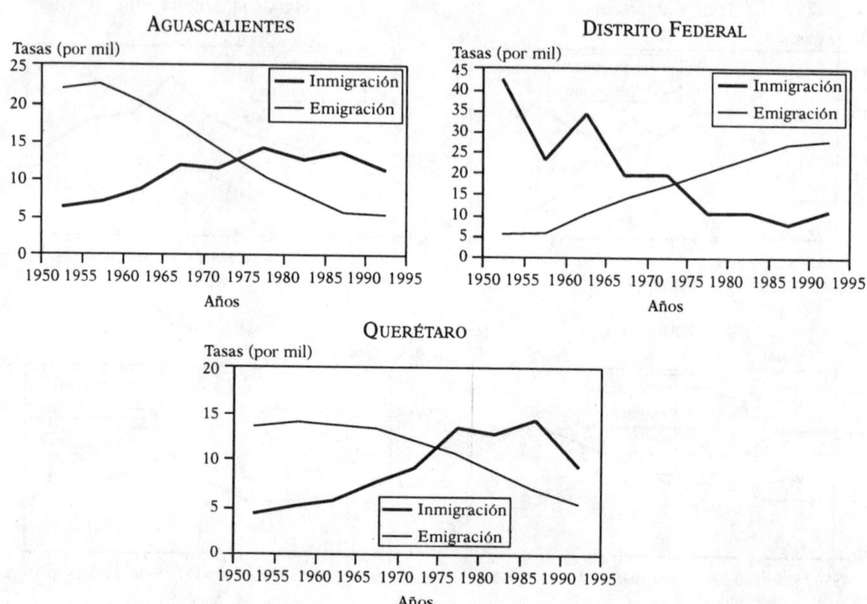

edad esbozada se reproduce en mayor o menor medida en las pirámides de edad del total de migrantes internos de México de la gráfica 4.[12]

Los migrantes internos de nuestro país se reparten casi por igual entre los dos sexos, con una proporción ligeramente mayor de hombres en 1955-1960 (50.7%) y algo superior en las mujeres en los tres quinquenios restantes (50.9, 50.5 y 50.8%, respectivamente). Sin embargo, al especificar la edad se advierten diferencias significativas, las cuales se originan en las distintas razones que llevan a los hombres y a las mujeres a tomar la decisión de migrar. La mayor presencia femenina de 10 a 24 años de edad en los cuatro quinquenios se debe a que la migración laboral es más joven en las mujeres y a que en esa etapa de la vida resulta más frecuente la movilidad espacial por motivos de educación en los hombres. No obstante, con el paso de los años se advierte una distribución cada vez más equitativa en todas las edades, aunque todavía en el lustro más reciente predominan las mujeres en la adolescencia y en las edades adultas jóvenes.

[12] Restringimos el análisis sólo a los quinquenios previos de los últimos cuatro censos de población debido a las dificultades que se tienen para estimar la migración en la primera mitad de las décadas respectivas.

GRÁFICA 4. *Pirámides de edades del total de los migrantes interestatales, 1955-1990*

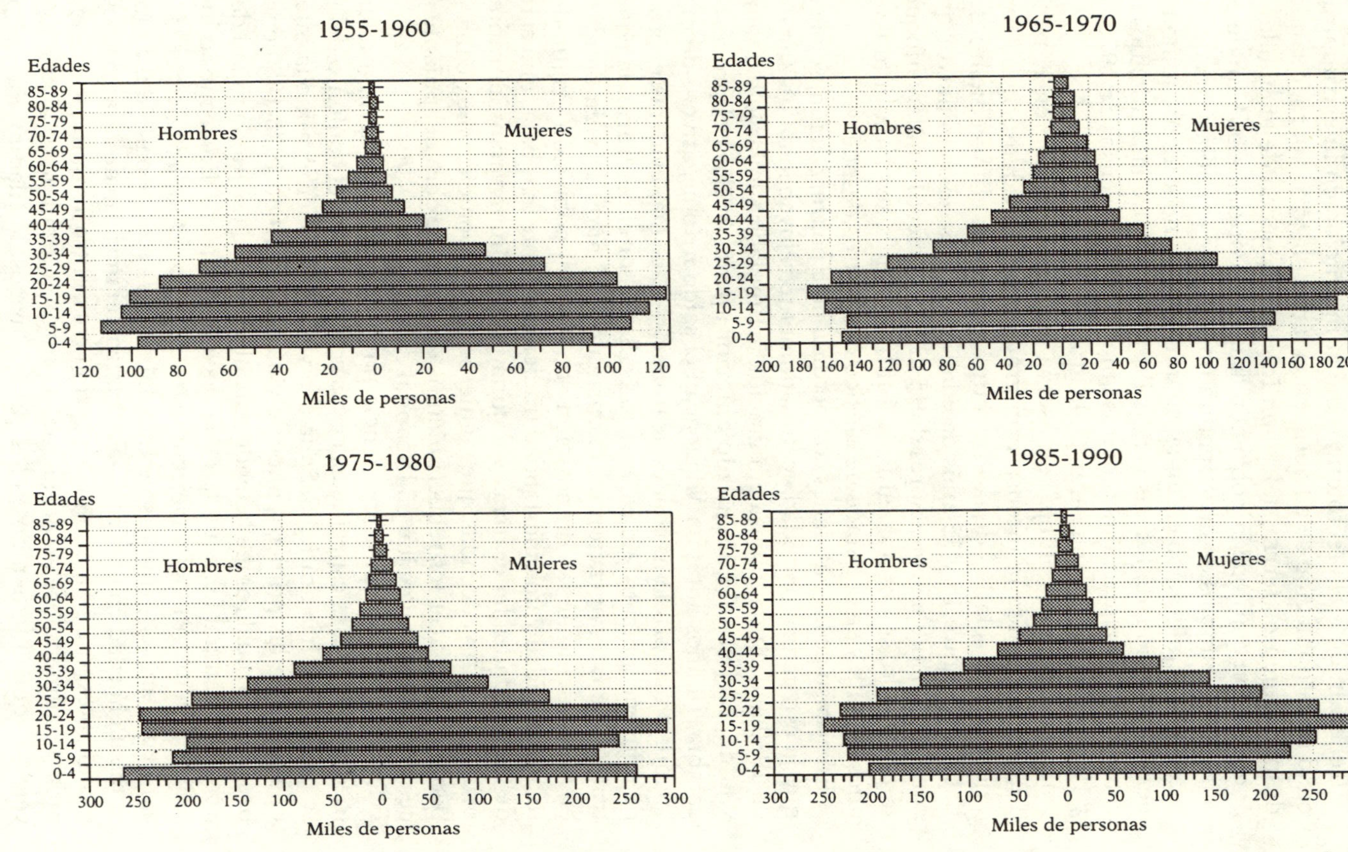

Generalmente el efecto que tiene la migración en la estructura por edad de la población se advierte en el largo plazo; empero, cuando los desplazamientos territoriales son intensos, pueden dejar huella en la composición etaria de la población aun en el corto plazo. A fin de ejemplificar los cambios en la estructura por edad de la población que puede ocasionar la migración en un lapso tan corto como lo es un quinquenio, hemos seleccionado los casos más ilustrativos entre las entidades federativas para los lustros inmediatos anteriores a los censos de 1970, 1980 y 1990, los cuales se muestran en la gráfica 5.

El cambio más notable se observa en Quintana Roo en el periodo 1985-1990, donde la intensa inmigración a la entidad origina un envejecimiento relativo de la estructura por edad: el incremento de los habitantes entre 15 y 35 años de edad en ambos sexos es mayor que el correspondiente a los menores de 15 años. Un efecto similar, aunque no tan marcado, se observa en Baja California en la segunda mitad de los años sesenta y en el Estado de México dos lustros después.

En el caso de las entidades con pérdida neta por migración, se observa que la estructura por edad acentuadamente rejuvenecida de Zacatecas en 1980 acusa una intensa emigración acumulada a lo largo del tiempo, y la migración del quinquenio anterior apenas acelera el proceso; en cambio, 10 años antes en Michoacán el saldo neto negativo —de mayor cuantía en las primeras edades de trabajo— hace más evidente el proceso de rejuvenecimiento. En el Distrito Federal, por el contrario, la concentración de la emigración en los primeros 15 años de vida agudiza el envejecimiento de la composición etaria de su población originado en una fecundidad y una mortalidad tradicionalmente más bajas que el resto de las entidades federativas y en una intensa inmigración durante las primeras cuatro décadas que siguieron a la Revolución mexicana, que permitió satisfacer los requerimientos de mano de obra del pujante proceso de industrialización en la capital del país.

Otra manera de ver la incidencia por edad y sexo de la migración es mediante las tasas específicas, cuyos patrones para el conjunto del país se presentan en la gráfica 6. Salta a la vista en primer término la intensa migración en los primeros años de vida en el periodo 1975-1980 en ambos sexos, lo cual rompe la tendencia a la baja de la segunda mitad de los años cincuenta a la segunda de la década siguiente. En segundo lugar, se advierte un gradual envejecimiento del *pico del trabajo* (la curva tipo campana en las primeras edades laborales) con el paso del tiempo: aumenta la edad en que las tasas alcanzan el máximo de 22 a 26 años en los hombres y de 19 a 22 años en las mujeres, entre los quinquenios extremos. Finalmente, se advierte que el patrón masculino es algo más envejecido que el femenino en los cuatro lustros: la edad modal del pico

GRÁFICA 5. *Pirámides de población al inicio y final del quinquenio para entidades federativas seleccionadas, 1965-1990*

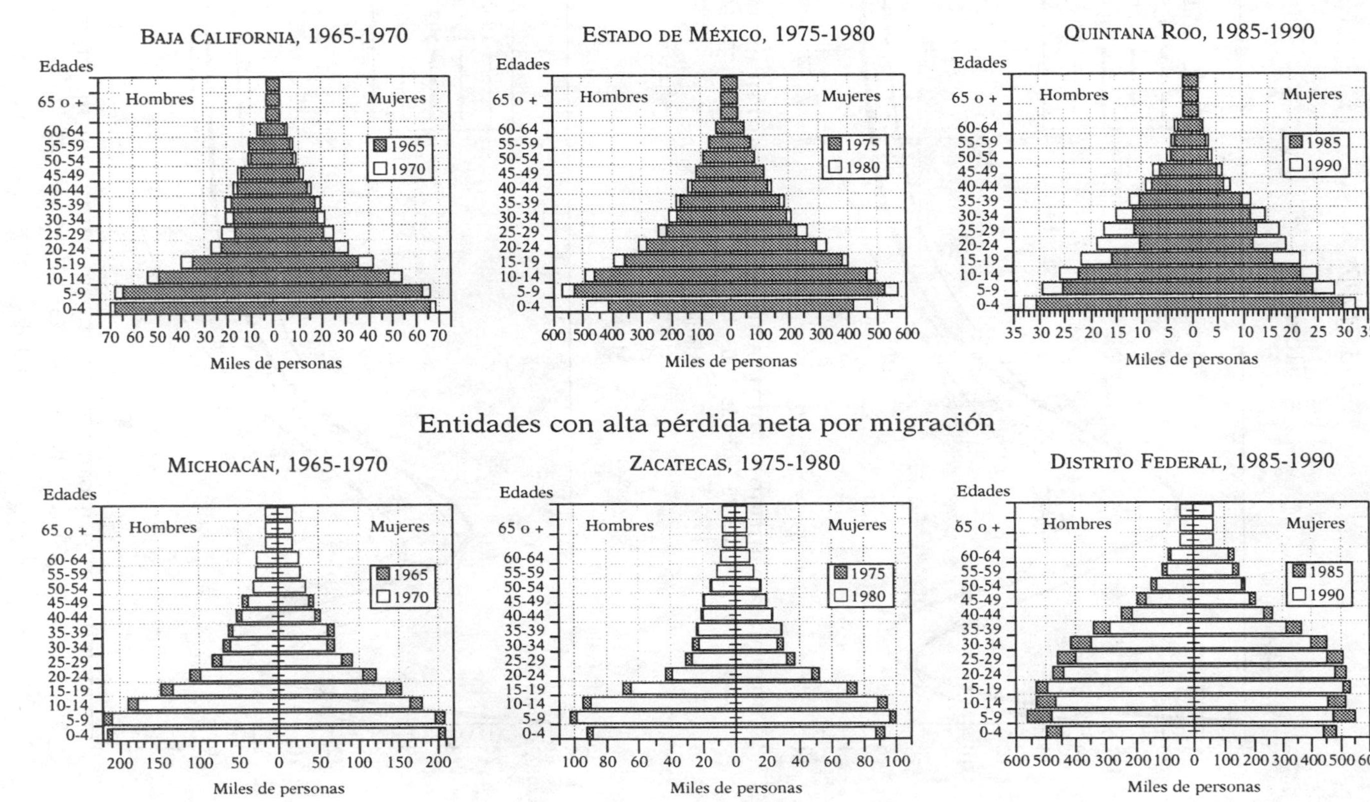

GRÁFICA 6. *Tasas de migración por edad y sexo para el conjunto del país, 1955-1990*

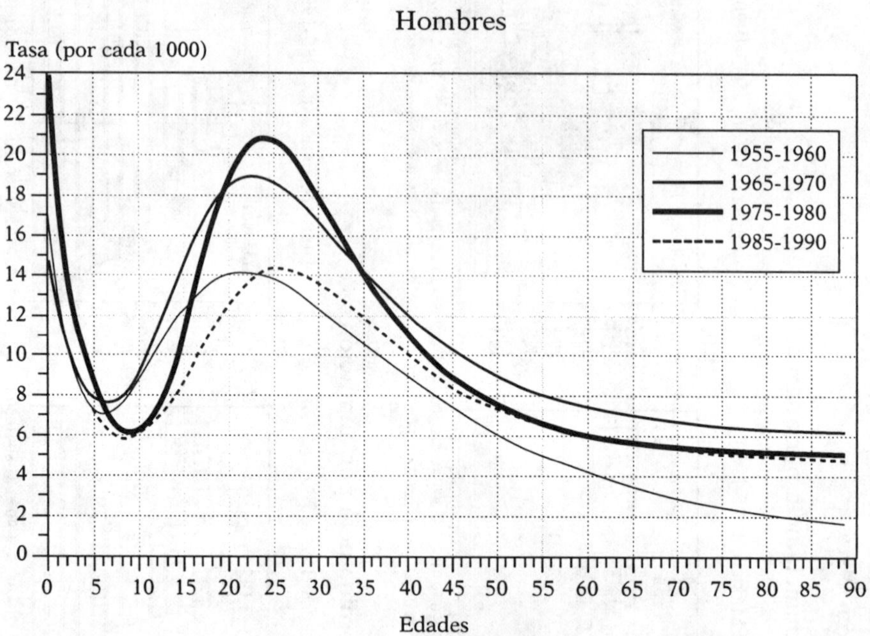

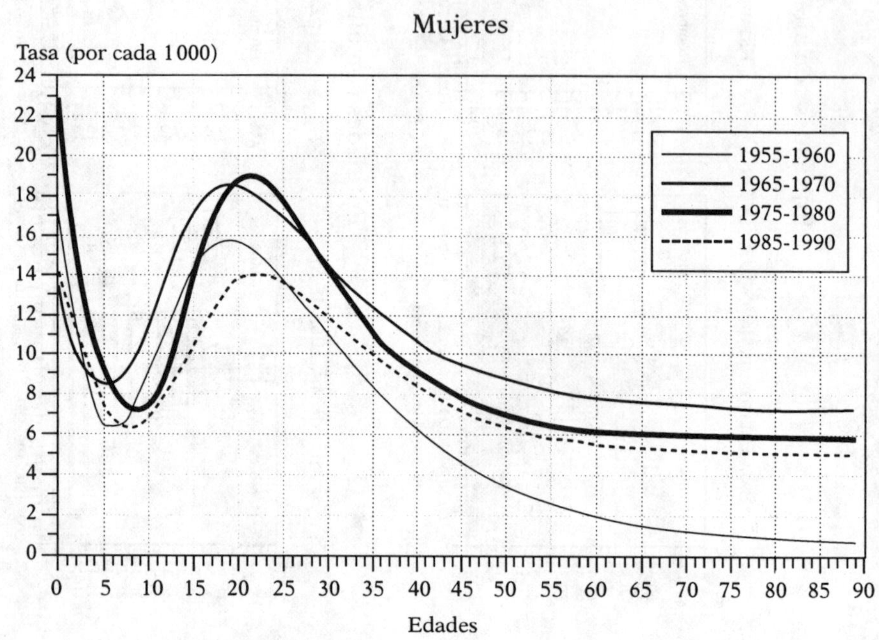

del trabajo es cuatro años mayor en los hombres que en las mujeres en 1955-1960 y 1975-1980, y tres años en los dos lustros restantes. El desplazamiento hacia la derecha de las tasas de migración masculina indica de alguna manera que la propensión a migrar por motivos laborales es algo más "vieja" en los hombres que en las mujeres.

Las tasas de inmigración y emigración por edad de las entidades federativas cubren una amplia gama de patrones, la que no es posible presentar gráficamente aquí dadas las restricciones de espacio para este capítulo. Sin embargo, esa variedad de pautas se puede sintetizar mediante el modelo parametrizado de la edad formulado por Rogers y Castro (1981):

$$m_x a_1 e^{-\alpha_1 x} + a_2 \exp[-\alpha_2(x-\mu_2) - e^{-\lambda^2(x-\mu^2)}] + c,$$

donde m_x es la tasa de migración a la edad x. La función exponencial del primer sumando del lado derecho se refiere a la migración en las edades iniciales; la doble exponencial del segundo sumando corresponde al pico del trabajo y c es la tasa mínima. En la gráfica 7 se muestran los cuatro parámetros distintivos del modelo (α_1, α_2, λ_2 y c), donde se puede ver que α_l y α_2 se relacionan con las pendientes de descenso de las componentes infantil y laboral y λ_2, con la pendiente de ascenso del pico del trabajo. En la gráfica también se incluyen las edades asociadas al "punto bajo" (x_b) y al "punto alto" (x_a), donde esta última es precisamente la edad donde el pico del trabajo alcanza su máximo. Los parámetros a_1 y a_2 se omiten en la gráfica, ya que indican el nivel de las componentes infantil y laboral por encima de c, y es difícil ilustrar su valor de manera gráfica. El parámetro μ_2 es de posición y tampoco se incluye en la gráfica porque se encuentra estrechamente ligado a la edad del punto alto:

$$\mu_2 = x_a + \ln[\alpha_2 / \lambda_2] / \lambda_2$$

y, dada la proximidad entre las dos edades, preferimos incluir x_a ya que su interpretación es más sencilla.

Una vez ajustados los parámetros del modelo de Rogers y Castro a los 384 patrones que abarcan la inmigración y la emigración por edad, sexo y entidad federativa para los quinquenios 1965-1970, 1975-1980 y 1985-1990,[13] se formaron grupos o conglomerados de patrones (conjuntos de parámetros) similares; para ello se utilizó el procedimiento estadístico

[13] Dejamos de lado el periodo 1955-1960, ya que el tamaño de la muestra de 1% del censo de 1960 no es estadísticamente suficiente para representar los patrones de las tasas de migración por edad en varias entidades federativas.

GRÁFICA 7. *Parámetros del modelo de tasas de migración por edad de Rogers y Castro*

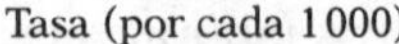

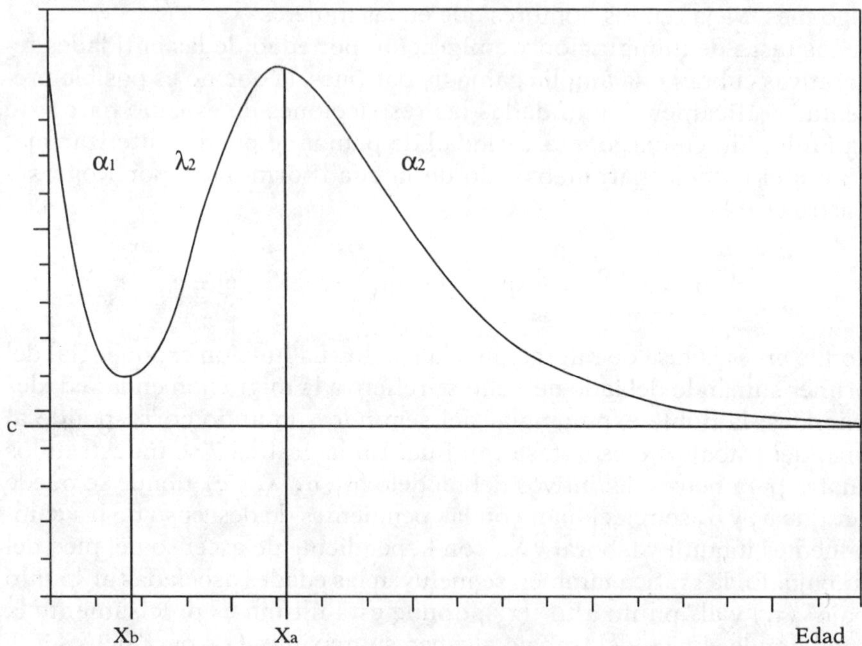

conocido como de las "*k* medias".[14] Igual que en un trabajo previo (Partida, 1995: 33-38), de la inspección de los patrones promedio o "centroides" se concluyó que tres conglomerados eran suficientes y que la amplia gama de patrones se puede clasificar satisfactoriamente sólo con los parámetros de la doble exponencial que representan al pico del trabajo (α_2, λ_2 y μ_2). En la gráfica 8 se reproducen los tres patrones medios. La ubicación del pico del trabajo es la característica que distingue a los tres patrones típicos, por ello los hemos llamado *joven, medio* y *viejo,* cuyas edades del punto alto (x_a) son 20, 24 y 28 años, respectivamente. Denominamos de la misma manera a las pautas estatales que pertenecen a los respectivos conglomerados.

En el cuadro 6 se presenta la clasificación de los patrones de acuerdo con el sexo, la entidad federativa, el periodo de ocurrencia y la dirección de la migración. Del total de 384 pautas, 150 (39.1%) son jóvenes, 173 (45.1%)

[14] El algoritmo consiste en formar grupos de tal manera que, para cualquiera de sus elementos, la distancia euclidiana que lo separa de la media aritmética de los parámetros o "centroide" del grupo es menor que la distancia al centroide de cualquier otro conglomerado.

GRÁFICA 8. *Patrones medios (centroides) de los conglomerados de las tasas de migración por edad, 1965-1990*

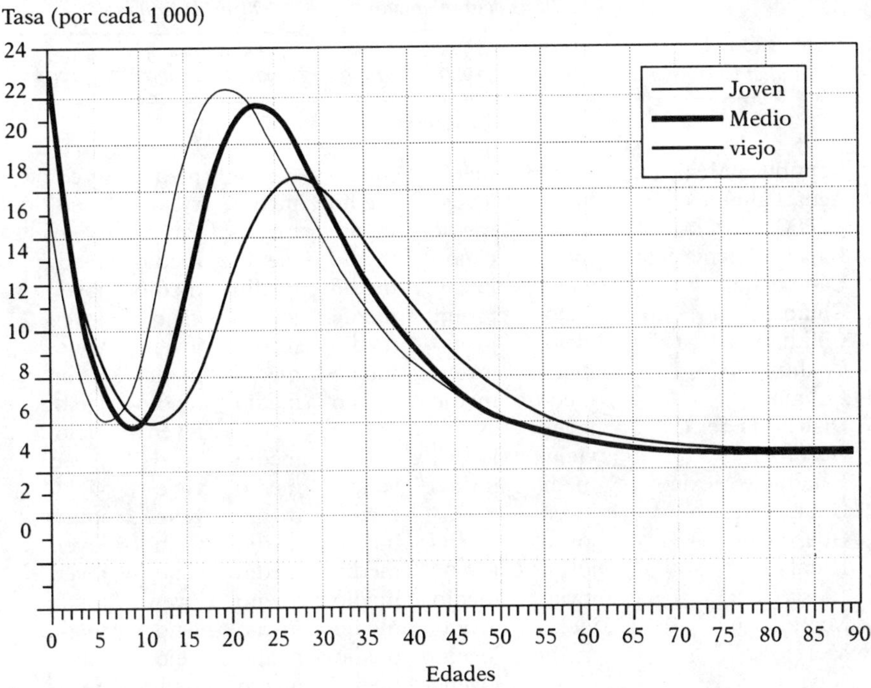

medias y sólo 61 (15.9%), viejas. En los últimos renglones del mismo cuadro se puede ver que la distribución por periodo y tipo de migración se aparta de manera significativa del total de patrones; además, si se considera adicionalmente el sexo, es distinta.

En cuanto al tiempo, los patrones medios predominan casi en la misma proporción en los quinquenios extremos (73 en el primero y 69 en el tercero); y si bien las pautas jóvenes (66) son más frecuentes en el lustro intermedio, el resto se reparte por igual entre las medias y viejas (31 cada uno). Mientras las pautas medias se reparten casi equitativamente entre inmigración (86) y emigración (87), los jóvenes son más comunes en los inmigrantes (81 frente a 69) y los viejos, en los emigrantes (25 frente a 36). La pauta joven predomina entre las mujeres (90 casos), mientras que las medias y las viejas (95 y 37, respectivamente) son más frecuentes en los hombres.

Un hecho que llama la atención, y que pudiera parecer hasta cierto punto contradictorio, es la distribución casi diametralmente opuesta en los patrones de inmigración y emigración masculinos del quinquenio 1975-1980,

Cuadro 6. *México: clasificación de los patrones de migración interestatal por edad, según entidad federativa, sexo y quinquenio de ocurrencia, 1950-1995*

	Tasas de inmigración			*Tasas de emigración*		
Entidad federativa	*1965 1970*	*1975 1980*	*1985 1990*	*1965 1970*	*1975 1980*	*1985 1990*
			Hombres			
República Mexicana	medio	medio	medio	medio	medio	medio
Aguascalientes	viejo	joven	medio	medio	viejo	medio
Baja California	joven	medio	medio	medio	joven	viejo
Baja California Sur	medio	viejo	medio	medio	medio	medio
Campeche	viejo	joven	medio	medio	medio	joven
Chiapas	viejo	joven	medio	joven	viejo	joven
Chihuahua	viejo	joven	medio	medio	joven	viejo
Coahuila	medio	joven	medio	medio	medio	joven
Colima	medio	medio	medio	medio	medio	viejo
Distrito Federal	joven	viejo	joven	viejo	joven	viejo
Durango	viejo	joven	medio	medio	viejo	joven
Estado de México	medio	joven	viejo	medio	viejo	viejo
Guanajuato	joven	joven	medio	medio	viejo	joven
Guerrero	joven	joven	medio	medio	viejo	joven
Hidalgo	joven	joven	medio	medio	viejo	joven
Jalisco	joven	medio	medio	medio	joven	medio
Michoacán	viejo	joven	medio	medio	viejo	medio
Morelos	medio	joven	medio	medio	viejo	joven
Nayarit	viejo	joven	medio	medio	medio	joven
Nuevo León	joven	medio	joven	medio	joven	medio
Oaxaca	medio	joven	medio	medio	medio	joven
Puebla	medio	joven	medio	medio	joven	joven
Querétaro	medio	medio	medio	medio	viejo	medio
Quintana Roo	viejo	medio	joven	medio	joven	medio
San Luis Potosí	medio	medio	medio	medio	viejo	joven
Sinaloa	medio	joven	medio	medio	viejo	medio
Sonora	viejo	joven	medio	medio	medio	joven
Tabasco	medio	joven	medio	medio	medio	joven
Tamaulipas	medio	joven	medio	medio	medio	joven
Tlaxcala	viejo	joven	viejo	medio	viejo	joven
Veracruz	medio	joven	medio	medio	viejo	joven
Yucatán	viejo	joven	medio	medio	viejo	joven
Zacatecas	medio	joven	medio	medio	viejo	joven
Joven	7	23	3	1	7	19
Medio	14	7	27	30	9	8
Viejo	11	2	2	1	16	5
Total	*32*	*32*	*32*	*32*	*32*	*32*

CUADRO 6. *(Concluye.)*

Entidad federativa	*Tasas de inmigración* 1965 1970	*1975 1980*	*1985 1990*	*Tasas de emigración* 1965 1970	*1975 1980*	*1985 1990*
			MUJERES			
República Mexicana	joven	joven	medio	medio	medio	medio
Aguascalientes	viejo	medio	medio	medio	viejo	medio
Baja California	joven	joven	medio	medio	joven	medio
Baja California Sur	medio	viejo	medio	medio	joven	joven
Campeche	viejo	joven	medio	joven	medio	joven
Chiapas	viejo	joven	medio	joven	viejo	joven
Chihuahua	joven	joven	medio	medio	joven	medio
Coahuila	viejo	medio	medio	medio	medio	joven
Colima	joven	joven	medio	medio	medio	medio
Distrito Federal	joven	viejo	joven	viejo	joven	viejo
Durango	medio	joven	medio	medio	medio	joven
Estado de México	medio	joven	medio	joven	viejo	viejo
Guanajuato	medio	joven	medio	medio	viejo	joven
Guerrero	medio	joven	medio	joven	medio	joven
Hidalgo	medio	joven	medio	joven	medio	joven
Jalisco	joven	joven	joven	medio	joven	medio
Michoacán	medio	joven	medio	medio	viejo	joven
Morelos	medio	joven	medio	medio	medio	joven
Nayarit	joven	joven	medio	joven	viejo	medio
Nuevo León	joven	viejo	joven	medio	joven	medio
Oaxaca	viejo	joven	medio	joven	medio	joven
Puebla	joven	joven	joven	joven	joven	joven
Querétaro	joven	joven	medio	joven	medio	joven
Quintana Roo	joven	joven	joven	medio	joven	viejo
San Luis Potosí	medio	joven	medio	joven	viejo	joven
Sinaloa	joven	joven	medio	medio	viejo	medio
Sonora	joven	joven	medio	medio	medio	medio
Tabasco	joven	joven	medio	medio	medio	joven
Tamaulipas	joven	joven	joven	medio	joven	joven
Tlaxcala	medio	joven	medio	joven	medio	joven
Veracruz	medio	joven	medio	joven	medio	joven
Yucatán	joven	joven	viejo	medio	viejo	joven
Zacatecas	viejo	joven	medio	joven	viejo	joven
Joven	15	27	6	13	9	20
Medio	11	2	25	18	13	9
Viejo	6	3	1	1	10	3
TOTAL	*32*	*32*	*32*	*32*	*32*	*32*

pues uno esperaría que si las pautas de emigración son principalmente medias y viejas, así lo fueran las de inmigración. Esto, sin embargo, no es necesariamente cierto, pues la estructura por edad de las tasas de inmigración hacia una entidad federativa se forma de la particular combinación de las tasas de la migración que se dirige a ella procedente de las 31 entidades restantes, y no es forzoso que todos los patrones emigratorios de una determinada entidad federativa caigan dentro del mismo conglomerado de pauta típica. En efecto, si para cualquier edad denotamos por E_{ij} a los emigrantes de la entidad *i* hacia la *j;* por ε_{ij} la tasa de emigración; y por P_i, la población residente en la entidad federativa *i,* mientras que la tasa de emigración total de la entidad *j* es simplemente la suma de las tasas correspondientes a cada destino:

$$\varepsilon = \frac{\sum_{i \neq j} E_{ji}}{P_j} = \frac{\sum_{i \neq j} P_{j\varepsilon ji}}{P_j} = \sum_{i \neq j} \varepsilon_{ji}$$

la tasa de inmigración total es:

$$t_j = \frac{\sum_{i \neq j} E_{ji}}{P_j} = \frac{\sum_{i \neq j} P_{j\varepsilon ji}}{P_j} = \sum_{i \neq j} \frac{P_i}{P_j} \varepsilon_{ji},$$

donde se puede ver claramente que es una media de las tasas de emigración ponderada por la relación que guardan las poblaciones de los lugares de origen respecto de los habitantes de la entidad de destino. Así, un patrón dominante desde el punto de vista de la entidad de emigración puede ser poco significativo en las tasas de inmigración en el lugar de destino.

Cabe finalmente señalar que, aunque el número de patrones por edad es copioso, sólo un patrón es el más joven y otro el más viejo, en términos de la edad mínima y máxima asociadas al punto alto (x_a). El primero pertenece a la emigración femenina de Baja California en 1965-1970, donde el máximo del pico de retiro se ubica a los 16 años de edad; mientras el segundo corresponde a la inmigración masculina de Aguascalientes, con una edad modal de 32 años.

Aspectos sociodemográficos de la migración, 1955-1995

Las razones para migrar son múltiples y habitualmente se entrelazan. Si bien se pueden englobar como la búsqueda de mejores condiciones de vida, de manera más específica los motivos dependen, por lo general, del tipo de movimiento. En los desplazamientos intrametropolitanos es común citar la mejora de la vivienda como la causa del cambio de residencia, más que la demanda de un nuevo empleo que permita elevar el nivel de vida; cuando el traslado significa el cambio de localidad, muchas veces recorriendo largas distancias, la búsqueda de mayores ingresos monetarios aparece como la principal razón para migrar.

Detrás de la decisión de migrar hay una serie de condiciones que ordinariamente no se citan al enumerar los motivos para realizar el desplazamiento, y que determinan no sólo la orientación de los movimientos, sino incluso la decisión misma de migrar. Una persona puede tener la intención de trasladarse a otro lugar en busca de mejores oportunidades de estudio o empleo; sin embargo, si carece de cierta educación formal o de cierto adiestramiento, es difícil que logre introducirse satisfactoriamente en el sistema educativo o en el mercado de trabajo del eventual lugar de destino.

Un estudio de la valoración individual o familiar de la decisión de migrar excede el objetivo trazado para este capítulo; nos limitaremos tan sólo a inspeccionar el nivel educativo y la inserción en la actividad económica, como una aproximación a la selectividad de la movilidad territorial.

El propósito es contrastar las tasas de migración de acuerdo con los años de educación formal y la participación en la actividad económica en el transcurso del tiempo. Por motivos de espacio y de representatividad de las muestras censales de 1960 y 1970, del recuento completo de 1990 y del conteo de 1995, restringimos la descripción sólo para el conjunto de la movilidad entre los estados y la referimos al quinquenio previo a la enumeración censal.[15]

En la gráfica 9 se comparan, para quienes tienen 15 años o más de edad al final del quinquenio, las tasas estandarizadas para distintos niveles educativos por sexo.[16] Se usan años aprobados en vez de nivel (primaria, secundaria, etcétera) porque en el censo de 1960 sólo se reportan años. Para la migración del periodo 1985-1990, en un trabajo previo (Partida, 1995: 52-54) se encontró que los cortes adoptados —en términos de número de años aprobados— son los que mejor discriminan las diferencias en la intensidad de la migración.

Es clara la convergencia entre las tasas de migración según años aprobados en ambos sexos; este hecho llama la atención en el caso masculino por lo siguiente. La mayor parte de la migración se debe, sin duda, a la búsqueda de mejores condiciones laborales que permitan elevar el nivel de bienestar de los individuos y de sus familias. Tradicionalmente, la demanda de mano de obra de los mercados de trabajo más dinámicos se

[15] Dejamos de lado el censo de 1980 porque la información es incompleta.

[16] La estructura por edad estándar se obtuvo mediante la simple suma de las poblaciones por edad de los censos de 1960, 1970 y 1990 y del Conteo de 1995.

GRÁFICA 9. *Tasas estandarizadas de migración interestatal, por nivel educativo y sexo, 1955-1995*

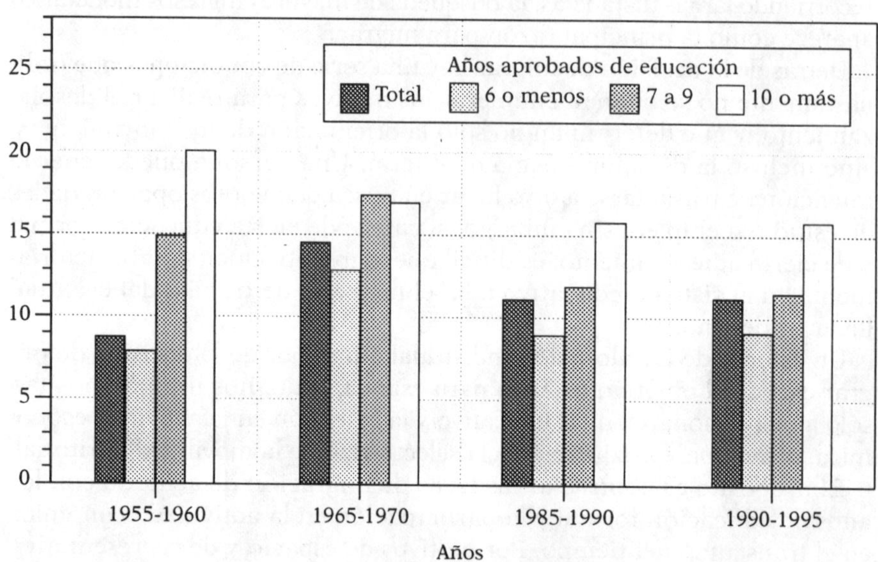

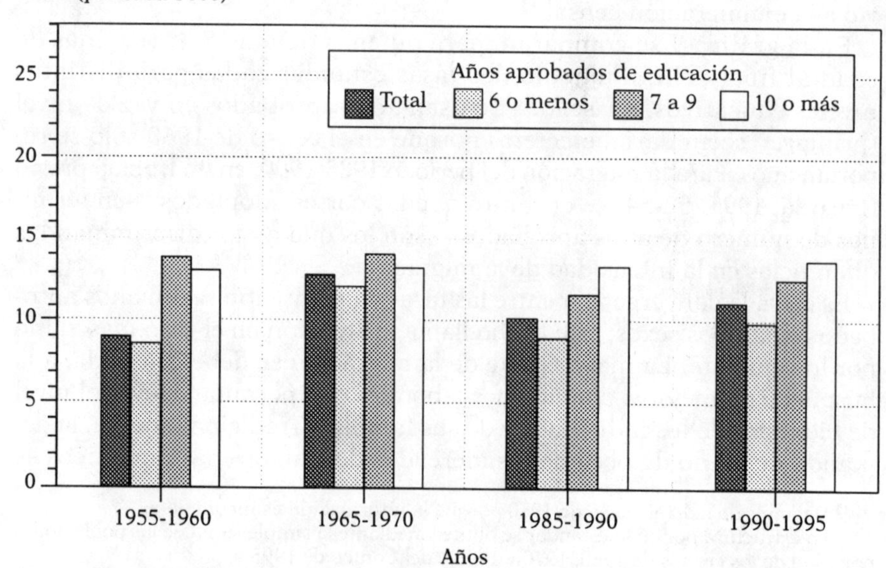

ha satisfecho mediante la migración; y los requisitos mínimos impuestos a la fuerza de trabajo demandada comúnmente se vinculan con el nivel de educación obligatorio de la época (primaria hasta inicios de los años ochenta y secundaria a partir de entonces). Si los mecanismos que determinan la orientación de la movilidad territorial descansaran primordialmente en la calificación de la mano de obra masculina —sobre todo la inserta en el sector industrial y manufacturero—, uno esperaría más una divergencia entre las tasas de migración que una convergencia, porque conforme es menor el número de años aprobados, disminuye la probabilidad de mejorar la condición laboral en los posibles lugares de destino y, por ende, ello inhibe la decisión de migrar.

Lejos de operar en ese sentido la diversificación de los mercados de trabajo y, sobre todo, la amplia gama de ocupaciones que ellos ofrecen, han permitido absorber la mayor parte de la oferta de mano de obra originada en la migración interestatal, incluso la fuerza de trabajo que no satisface los requerimientos mínimos de adiestramiento que impone el desarrollo industrial y manufacturero. La menor variación en las tasas femeninas se debe, en buena parte, a que aún prevalece una proporción significativa de empleadas domésticas dentro del flujo migratorio laboral, quienes no requieren un mínimo de educación formal, salvo para desempeñarse de manera conveniente en la vida citadina.

Se advierte que la tasa total se va alejando de manera gradual de la tasa de seis años o menos aprobados y se mueve progresivamente hacia el medio de las tres categorías. Este cambio es fiel reflejo del notable aumento en el nivel educativo de la población: mientras que en 1955-1960, 82.5% de los migrantes masculinos y 88.9% de los femeninos habían aprobado seis años o menos y sólo 8.6% y 3.8%, respectivamente, tenían 10 años o más, en 1990-1995 las fracciones de menor nivel educativo habían descendido a 39.1% y 44.6%, mientras las del mayor número de años aprobados se habían elevado a 34.6% y a 30.2%, respectivamente.

En la convergencia de las tasas de migración por condición de actividad en la gráfica 10, se observa que son ahora los hombres quienes presentan una variación mínima. La alta tasa de migración entre las mujeres trabajadoras en 1955-1960 es indicativa de la importante proporción, en la época, de las empleadas domésticas dentro de la mano de obra femenina urbana y de su origen primordialmente rural. Conforme las mujeres se han ido incorporando en los mercados laborales urbanos y la demanda de fuerza de trabajo se ha sido satisfaciendo cada vez menos con las migrantes, la proporción que guardan estas últimas en la población económicamente activa (PEA) total ha ido a la baja: de abarcar más de la décima parte hasta 1970 (10.9% en 1955-1960 y 10.1% en 1965-1970), esa fracción se había reducido prácticamente a la mitad en el pasado

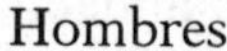

GRÁFICA 10. *Tasas estandarizadas de migración interestatal, por condición de actividad económica y sexo, 1955-1995*

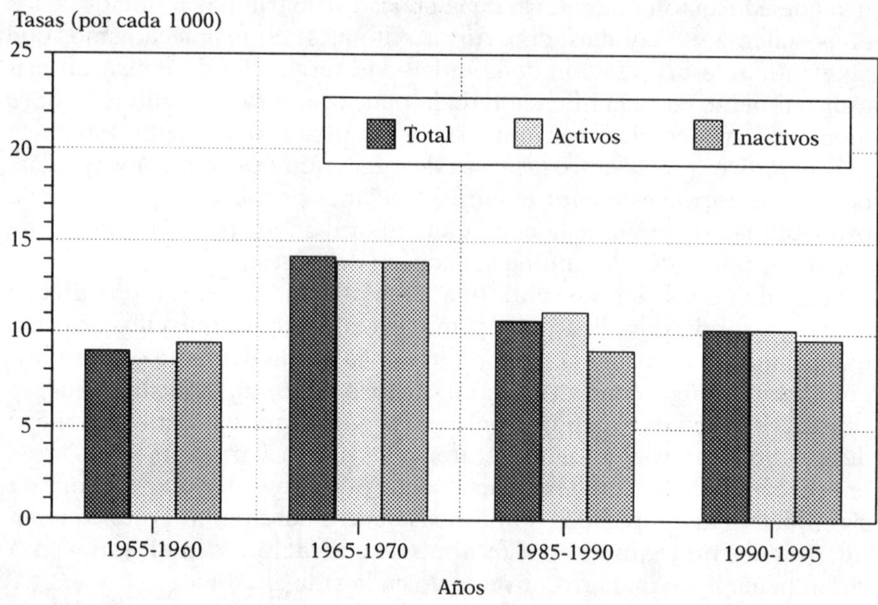

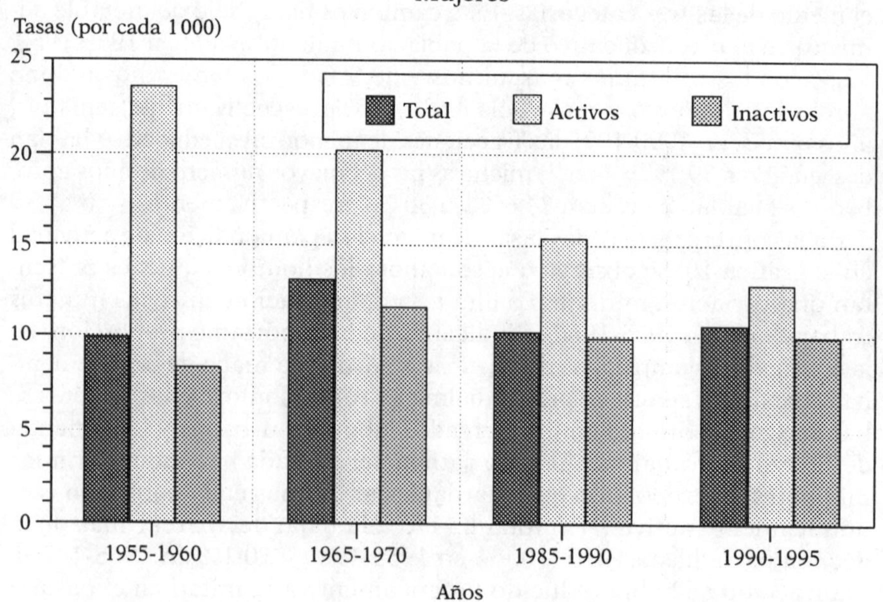

reciente (5.6% en 1990-1995). Otra manera de ver ese cambio es mediante la proporción que la PEA representa de la población total femenina de 12 años o más de edad, que si bien ascendió de 23.9% en 1955-1960 a 40.7% en 1990-1995 en las migrantes, aumentó aún más: de 11.0% a 34.8%, respectivamente, en las no migrantes.

Conclusiones

La migración interna en México ha sido intensa durante la segunda mitad del presente siglo: casi una de cada 100 personas ha cruzado anualmente las fronteras estatales para cambiar su residencia habitual desde 1950. Con base en información reciente, se sabe que otro tanto se desplaza dentro de las entidades federativas. Aunque la proporción puede parecer mínima, su efecto acumulado es en verdad notable: una de cada seis personas había transitado al menos una vez de una entidad hacia otra de 1950 a 1995.

Si bien la intensidad del fenómeno se ha mantenido aproximadamente constante, la orientación de los flujos ha experimentado un cambio gradual, de tal modo que cada vez más entidades federativas aparecen como destinos de los migrantes. Indudablemente, la pérdida de atracción más marcada la acusa el Distrito Federal, que de ser el destino de la emigración mayoritaria de 19 estados en 1955-1960 y aún de 12 entidades 10 años más tarde, era el origen de los ingresos poblacionales más numerosos de 16 entidades federativas en 1985-1990 y de nueve en el lustro siguiente.

El patrón por edad de los migrantes ha experimentado también un cambio paulatino: en el quinquenio 1955-1960 se observa una alta concentración en la adolescencia y en las edades adultas jóvenes, sobre todo en las mujeres. Con el paso del tiempo se ha hecho cada vez más significativa la presencia de migrantes en las demás edades en ambos sexos.

Los patrones por edad de las tasas de migración también muestran modificaciones que se relacionan con los cambios en la orientación de los flujos. La distribución de las pautas de inmigración de los estados cambió de una división más o menos repartida en patrones jóvenes, medios y viejos en 1965-1970, a una fuerte concentración en las pautas jóvenes dos lustros después, para luego centralizarse en el conglomerado intermedio en la segunda mitad de los años ochenta. La evolución de los patrones de las tasas de emigración apunta en un sentido distinto: de una alta concentración en el grupo medio en el primer quinquenio, a una repartición más o menos esparcida en los tres estratos en el segundo lustro, para luego concentrarse en el conglomerado de pautas jóvenes en el tercer periodo.

Los cambios significativos en la cuantía y dirección de los flujos migratorios se encuentran estrechamente vinculados a las distintas etapas del desarrollo económico del país. Durante la época del modelo estabilizador, conocido también como de *sustitución de importaciones*, los contingentes poblacionales se dirigían hacia los pocos núcleos urbanos donde se concentraba el acelerado crecimiento industrial, principalmente la ciudad de México y, en menor grado, Guadalajara y Monterrey.

Una vez que la localización de la industria y de los servicios se ha diversificado en otras regiones, han surgido polos de atracción alternativos; por ejemplo, la instalación de maquiladoras en las ciudades fronterizas del norte, que ha revitalizado, en años recientes, la migración hacia los estados que colindan con los Estados Unidos.

Con base en los cambios en las tasas de crecimiento demográfico de los distintos estratos en que se clasifican las localidades según el número de habitantes, se ha propuesto un nuevo patrón de movilidad territorial en el país a partir de los años ochenta: el cuantioso traslado del campo hacia las grandes ciudades se ha dirigido cada vez más hacia otros núcleos urbanos, así como también se manifiesta la aparición de una creciente presencia de movilidad interurbana y de las grandes metrópolis hacia otras ciudades, sobre todo las de tamaño intermedio.

Al inspeccionar la migración de 1990 a 1995 entre grupos de municipios según su grado de urbanización, se observa que ese nuevo patrón es sólo parcialmente válido, y que más que dirigirse hacia las ciudades intermedias (de 100 000 a 500 000 habitantes), los nuevos destinos del éxodo rural se han repartido dentro del conjunto de las 18 grandes ciudades (de 500 000 habitantes o más).

Si bien es claro que los cambios en la intensidad y orientación de la migración interna de nuestro país se han relacionado fuertemente con el modelo económico vigente a lo largo del tiempo, es difícil prever el comportamiento del fenómeno en el corto y mediano plazos ante la globalización económica, la apertura comercial y los procesos de producción cada vez más intensos en tecnología y cada vez menos dependientes de mano de obra.

Bibliografía

Arroyo, J., W. Winnie y L. A. Velázquez (1986), *Migración a centros urbanos en una región de fuerte emigración. El caso del occidente de México*, Guadalajara, Centro de Investigaciones Sociales y Económicas, Facultad de Economía, Universidad de Guadalajara.

Balán, J., H. L. Browning y E. Jelín (1977), *El hombre en una sociedad en desarrollo*, México, Fondo de Cultura Económica.

Muñoz, H., O. de Oliveira y C. Stern (1977), *Migración y desigualdad social en la ciudad de México,* México, Instituto de Investigaciones Sociales de la UNAM y El Colegio de México.

Partida, V. (1995), *Migración interna,* México, INEGI, El Colegio de México e Instituto de Investigaciones Sociales de la UNAM.

Rogers, A., y L. J. Castro (1981), *Model Migration Schedules,* Laxenburg, Austria, International Institute for Applied System Analysis (IIASA), (RR-81-30).

Unikel, L., G. Garza y C. Ruiz (1978), *El desarrollo urbano de México. Diagnóstico e implicaciones futuras,* México, El Colegio de México.

LA MIGRACIÓN INTERNACIONAL DESDE Y HACIA MÉXICO

Rodolfo Corona
y Rodolfo Tuirán

LA MIGRACIÓN internacional es uno de los grandes fenómenos globales de nuestros días. Prácticamente ningún país, como tampoco ninguna región del mundo, escapa a la dinámica de las migraciones o puede mantenerse ajeno a sus consecuencias. En el mundo contemporáneo se advierte que las corrientes migratorias internacionales son cada vez mayores, lo que plantea desafíos de gran trascendencia a los Estados modernos. Basta con señalar que el número de migrantes internacionales a escala mundial aumentó de 75 millones en 1965 a 120 millones en 1990, en tanto que su tasa anual de crecimiento se aceleró de 1.2% en el periodo 1965-1970 a 2.6% en 1985-1990.[1] La mayoría de los movimientos de población en todas las regiones geográficas del mundo obedece a motivaciones vinculadas con la búsqueda de mejores condiciones de vida, aunque también influyen factores de difícil predicción que a menudo dan lugar a movimientos de población en condiciones forzosas o involuntarias.

México es país de origen, destino y tránsito de cuantiosos flujos migratorios de carácter internacional. En este trabajo concentramos nuestra atención en la evolución reciente de los flujos de inmigración y emigración —haciendo hincapié en el análisis de la magnitud y características actuales de las corrientes migratorias que se dirigen de México a los Estados Unidos—, con el propósito de dar respuesta a varias interrogantes que surgen con frecuencia en los debates sobre el tema. Entre las preguntas importantes que abordamos en este trabajo destacan las siguientes: ¿cuáles son las modalidades migratorias más comunes que se originan desde México o se dirigen al país? ¿Qué magnitud aproximada tiene cada una de las modalidades migratorias identificadas? ¿Cuáles son sus características demográficas y socioeconómicas más importantes? ¿De qué manera han evolucionado en el tiempo? ¿Qué puede decirse acerca de las consecuencias económicas que se derivan de tales movimientos? ¿Cuáles son las perspectivas futuras que se prevén en relación con el fenómeno migratorio que ocurre entre México y los Estados Unidos?

[1] Organización de las Naciones Unidas, *Migración internacional y desarrollo. Informe conciso*, Nueva York, ONU, 1997, p. 14.

Con el fin de dar respuesta a estas y otras preguntas similares, el presente capítulo se organiza de la siguiente manera. En la primera abordamos en forma sucinta las tendencias seguidas por las corrientes de inmigración a México. En la segunda sección nos referimos a las principales modalidades, órdenes de magnitud y patrones de continuidad y cambios de la emigración de mexicanos a los Estados Unidos. En la tercera sección examinamos las condiciones económicas, sociales y demográficas más relevantes que activan dicho fenómeno, al tiempo que exploramos los resultados de varios ejercicios de carácter prospectivo para identificar los desafíos futuros en este campo. Tomando en cuenta la escala y el efecto de la migración con destino al Norte, en la cuarta y última sección planteamos algunas reflexiones finales sobre las opciones de política en la materia.

La inmigración a México

Las corrientes de inmigración a México han sido, en general, de poca cuantía desde el punto de vista demográfico. Después de varios siglos de coloniaje español, los esfuerzos por hacer de la nueva república un destino atractivo para las muchas corrientes de inmigración —principalmente de origen europeo— con frecuencia se vieron frustrados y no lograron su objetivo.[2] No obstante, durante el siglo pasado se establecieron algunos miles de inmigrantes procedentes de Alemania, Francia, Inglaterra, Italia y Suiza, entre otros. Más tarde, a finales del siglo XIX y durante las primeras décadas del siglo XX, se registraron varias corrientes importantes de inmigrantes, algunas de las cuales se dirigían originalmente a los Estados Unidos y se desviaron a México por las severas restricciones a la inmigración que se establecieron en dicha época en aquel país.[3] Destacan, por ejemplo, la de chinos al Pacífico norte y en menor medida al sureste del país,[4] así como la de japoneses en el norte, particularmente hacia ciudades como Tijuana, Ensenada y Ciudad Juárez.[5] Asimismo, México recibió flujos de inmigrantes procedentes de varios países de Europa, así como de Siria, Turquía y Líbano, quienes llegaron en grupos o en familias, huyendo de las presiones políticas y religiosas y en busca de mejores condiciones de vida.[6]

[2] L. M. Martínez y Araceli Reynoso, "Inmigración europea y asiática, siglos XIX y XX", en Guillermo Bonfil, *Simbiosis de culturas*, México, Consejo Nacional para la Cultura y las Artes/Fondo de Cultura Económica, 1993.

[3] M. González Navarro, *Los extranjeros en México y los mexicanos en el extranjero, 1821-1970*, México, El Colegio de México, 1994.

[4] L. M. Martínez y Araceli Reynoso, "Inmigración".

[5] M. E. Ota Mishima, "El Japón en México", en Guillermo Bonfil, *Simbiosis de culturas*, México, Consejo Nacional para la Cultura y las Artes/Fondo de Cultura Económica, 1993.

[6] L. M. Martínez y Araceli Reynoso, "Inmigración".

La tradición de asilo y refugio de México marcó el perfil contemporáneo de la inmigración. A partir de 1937, más de 21 000 republicanos españoles que huían de la Guerra Civil ingresaron a México con el ánimo y la esperanza de construir una nueva vida en nuestro país.[7] Su traslado se realizó con el apoyo de organizaciones republicanas creadas para esos fines y de asociaciones privadas internacionales.[8] En 1943, cientos de ancianos, mujeres y niños polacos encontraron refugio en México ante la violencia bélica que tenía lugar en Europa y, más tarde, en 1954, nuestro país concedió asilo a un número importante de ciudadanos guatemaltecos, a raíz del derrocamiento del gobierno presidido por Jacobo Arbenz.[9] En esa misma década, muchos intelectuales estadunidenses encontraron santuario en tierras mexicanas para salvarse de las furias del macartismo. A partir de la década de los setenta, miles de chilenos, argentinos, uruguayos y peruanos escaparon de las dictaduras militares del subcontinente y buscaron protección en el país. Más recientemente, miles de guatemaltecos que sufrían una situación de violencia en su país de origen se refugiaron en México.

De acuerdo con datos provenientes de los censos de población y vivienda, en 1895 residían en México alrededor de 48 000 personas nacidas en el extranjero.[10] Hacia 1900 y 1910 las cifras se incrementaron a 100 000 y 116 000 personas, respectivamente.[11] Después de la Revolución, en 1921, su número disminuyó a 108 000 y en 1950 ya sumaban 182 000 personas.[12] A su vez, los censos de 1970, 1980 y 1990 registraron montos de 191 000, 129 000 y 341 000 personas nacidas en el extranjero, quienes representaron entre 0.40 y 0.42% de los habitantes del país reportados en esos años. Más recientemente, los datos de la Encuesta Nacional de la Dinámica Demográfica (Enadid) señalan que la población extranjera ascendió en 1997 a poco más de 465 000 personas, cifra que equivale a medio punto porcentual de la población total residente en el país en ese año.

[7] Las aportaciones de los refugiados españoles han sido muchas y todavía están vigentes en la vida nacional en la ciencia, el arte y la cultura. Al respecto, véase C. Lida, "Los españoles en México: población, cultura y sociedad", en Guillermo Bonfil (comp.), *Simbiosis de culturas*, México, Consejo Nacional para la Cultura y las Artes/Fondo de Cultura Económica, 1993.

[8] El barco que trajo al primer grupo de españoles, el *Fladre*, llegó a Veracruz el 1° de junio de 1938. Trece días después llegó el *Sinaia*, con casi 1 600 emigrantes; poco después arribó el *Ipanema*, con casi 1 000 refugiados; luego atracó el *Mexique*, con poco más de 2 000, y así sucesivamente. Otros refugiados entraron por tierra desde puertos estadunidenses o lograron llegar a tierras mexicanas tras hacer escalas en otros países. Al respecto, véase C. Lida, "Los españoles", p. 433.

[9] F. Solís Cámara, *México: una política migratoria con sentido humanitario*, México, Secretaría de Gobernación, 1998.

[10] M. Gónzalez Navarro, "El porfiriato: la vida social", en *Historia moderna de México*, México, Hermes, 1970.

[11] *Ibidem.*

[12] M. Gónzalez Navarro, *Los extranjeros.*

La distribución por lugar de nacimiento indica que los Estados Unidos son, con mucho, el principal país de origen de los inmigrantes. Los nativos del vecino país del norte asentados en México representan, desde 1970, más de 50% de los extranjeros que residen en nuestro país; incluso en 1997 alcanzaron una cifra superior a 70%. En orden de importancia, les siguen los oriundos de Centroamérica y Sudamérica, con un peso relativo de 17% en 1970 y 1980, 27% en 1990 y nuevamente 17% de la población nacida en el extranjero residente en México en 1997, tendencia que se explica principalmente por el retorno de los refugiados guatemaltecos a su país de origen durante la última década. Finalmente, la participación de los europeos, asiáticos y africanos es cada vez menor: 33% en 1970, 25% en 1980, 16% en 1990 y 13% en 1997.

En las corrientes de inmigración se advierte una proporción semejante de hombres y mujeres, la cual no presenta variaciones muy significativas según el lugar de origen y el periodo de ingreso al país. En cambio, la composición por edades sí resulta diferente según la procedencia. Se advierte, por ejemplo, que los inmigrantes de los países no americanos muestran una estructura envejecida, lo cual refuerza el señalamiento de que la inmigración de ultramar ha sido casi inexistente en los últimos años. En contraste, los inmigrantes provenientes de Centroamérica y Sudamérica conforman un perfil centrado más bien en las edades laborales jóvenes. Finalmente, los nativos de los Estados Unidos exhiben una distribución un tanto peculiar que se ha venido acentuando con el paso del tiempo: cerca de 50% son menores de 10 años y casi 21% son adolescentes con edades de entre 10 y 19 años. Esta pirámide de edades, extremadamente ancha en su base, sugiere la hipótesis de que la corriente de inmigración originada en el vecino país del norte se vincula principalmente con la migración de retorno de los mexicanos a sus lugares de origen. Más aún, los datos disponibles indican que el aumento reciente en la intensidad de la inmigración a México se explica principalmente por el incremento en el número de los hijos de mexicanos nacidos en los Estados Unidos que acompañan a sus padres en el movimiento de retorno.

En relación con el lugar de residencia en México, se advierte que sólo 10 entidades de la República concentran a 75% de los inmigrantes: Baja California, Chihuahua, Nuevo León y Tamaulipas en la frontera norte; Guanajuato, Jalisco y Michoacán en el Bajío y el occidente; el Distrito Federal y el Estado de México en el centro, y Chiapas en el sureste. La distribución de los inmigrantes en estos 10 estados varía de manera significativa según el país de procedencia.[13] Más de la mitad de los nativos

[13] Un análisis histórico detallado de los patrones de asentamiento de la población extranjera en México puede encontrarse en González Navarro, *Los extranjeros*.

de los Estados Unidos habitaba en las regiones norte y occidente, que son las zonas de emigración tradicional a ese país;[14] en el Valle de México reside más de 50% de los que nacieron fuera del continente americano; finalmente, en Chiapas vivía a principios de la presente década más de 40% de los provenientes del sur, especialmente de Centroamérica, aunque con el retorno de los refugiados guatemaltecos a su país de origen el porcentaje se redujo en 1997 a 22 por ciento.

Los flujos provenientes de la región centroamericana han recibido especial atención en los últimos años. La frontera sur de México es un espacio territorial de convergencia de varias modalidades migratorias; destaca el de los trabajadores agrícolas estacionales y el de los refugiados de origen guatemalteco, así como el de los transmigrantes indocumentados. La primera de estas corrientes se ha dirigido tradicionalmente al Soconusco de Chiapas. Su medición ha sido difícil debido a que una proporción significativa pero no determinable de este flujo circular ha transitado habitualmente sin documentos por dicha región. En los últimos años, los esfuerzos orientados a regular tal corriente migratoria ha permitido contar con algunos datos al respecto, pero todavía no se cuenta con elementos suficientes para precisar una cifra confiable. Los registros de las autoridades migratorias permiten hablar de entre 50 000 y 75 000 ingresos anuales documentados (que pueden incluir entradas múltiples); a esta cantidad deben adicionarse los ingresos no documentados.[15]

Más recientemente, a principios de los años ochenta, llegaron a nuestro país más de 40 000 refugiados guatemaltecos provenientes primero de las regiones de El Quiché, El Petén y Huehuetenango, y más tarde de otras regiones del vecino país del sur, quienes se instalaron en decenas de campamentos localizados en la frontera sur. Después de casi cuatro lustros de estancia en el territorio nacional, más de 75% de los refugiados

[14] De nueva cuenta, este hallazgo sirve para apoyar la hipótesis de que la inmigración procedente de los Estados Unidos se compone principalmente de hijos de emigrantes a ese país que retornaron a México. Sin embargo, al trabajar en la escala de los individuos, difícilmente se pueden estructurar indicadores que de manera rotunda confirmen o rechacen la aparente asociación entre la migración de retorno de los Estados Unidos y la inmigración de menores nacidos en ese país. En cambio, al introducir el hogar como unidad de análisis es posible poner a prueba esta hipótesis con mayor certidumbre. Al respecto, la evidencia disponible indica que en dos de cada tres hogares con personas nacidas en los Estados Unidos hay al menos un mexicano en edad adulta que cuenta con antecedentes migratorios o laborales hacia el vecino país del norte; al mismo tiempo, en tres de cada cuatro hogares en esa situación conviven menores nacidos en los Estados Unidos con sus padres mexicanos que llevaron a cabo en el pasado un movimiento de retorno de la Unión Americana. En consecuencia, una proporción considerable de la inmigración a México está estrechamente vinculada con la emigración a los Estados Unidos y, por tanto, debe interpretarse a la luz de la evolución seguida por tales movimientos.

[15] M. A. Castillo, *Tipos y volúmenes de la inmigración en la frontera sur de México,* Apéndice Técnico del *Estudio binacional México-Estados Unidos sobre migración,* México, 1997.

regresó de manera voluntaria a su país de origen.[16] Para quienes optaron por permanecer en México, entre 1996 y 1997 el gobierno les otorgó la residencia definitiva o la nacionalidad mexicana, con lo cual a partir de 1998 se inició formalmente el final del refugio guatemalteco en nuestro país. En agosto de ese año todavía se encontraban establecidos en México alrededor de 25 000 personas, incluidos los descendientes del grupo original, asentados en 113 campamentos de los estados de Chiapas, Campeche y Quintana Roo, los cuales, en su mayoría, eran descendientes del grupo original.[17]

El flujo de transmigrantes, que está integrado por las personas que se internan en el territorio nacional con el propósito de llegar a un tercer país, principalmente a los Estados Unidos, ha adquirido también una importancia cada vez mayor en las últimas dos décadas. Se estima que la magnitud del flujo de transmigrantes documentados asciende a cerca de 200 000 personas por año, aunque se sabe que un número aún no determinado lleva a cabo el desplazamiento en condiciones no autorizadas. Sólo se cuenta con las cifras correspondientes al número de deportaciones y expulsiones realizadas por las autoridades migratorias mexicanas, las cuales permiten contar con una idea aproximada del orden de magnitud de estos movimientos. De acuerdo con los datos disponibles, las expulsiones han ido en constante ascenso y muestran dos puntos de inflexión: uno en 1980, cuando rebasaron la barrera de las 10 000 acciones, y el otro en 1990, cuando sobrepasaron la cifra de 100 000 acciones anuales.[18] La casi totalidad de las expulsiones de los últimos años ha correspondido sistemáticamente a los migrantes procedentes de Guatemala, El Salvador, Honduras y Nicaragua.

La migración de mexicanos a los Estados Unidos

México comparte con los Estados Unidos una franja limítrofe de más de 3 000 kilómetros, una de las más dinámicas del mundo, donde ocurren anualmente alrededor de 310 millones de cruces autorizados, lo que revela el intenso y complejo entramado de contactos que tiene lugar en dicha zona. Por la frontera común atraviesan miles de migrantes con la intención de establecer su residencia y trabajar o buscar trabajo en el vecino país del norte.

16 Comisión Mexicana de Ayuda a Refugiados, *La presencia de los refugiados guatemaltecos en México*, México, 1999.

17 Consejo Nacional de Población, *Informe de ejecución del Programa de Acción de la Conferencia Internacional sobre la Población y el Desarrollo*, México, 1999.

18 Al respecto, véanse M. A. Castillo, *Tipos*, y Consejo Nacional de Población, *Informe de ejecución*.

La migración de mexicanos a la Unión Americana conforma un fenómeno complejo, con una prolongada tradición histórica y con raíces estructurales en ambos lados de la frontera. Aunque con cambios en su intensidad y modalidades, desde el siglo pasado este fenómeno ha sido una constante en la relación entre ambos países. Por su escala, modalidades, causas y consecuencias, la migración entre ambas naciones ha constituido en las últimas décadas uno de los temas más difíciles, preocupantes y conflictivos de la agenda bilateral.

La ya secular relación migratoria entre México y los Estados Unidos está configurada por tendencias de marcada continuidad, pero en ella sobresalen también significativas fuerzas de cambio. Durante los años sesenta, poco después de la finalización del Programa Bracero, la migración mexicana a los Estados Unidos podía caracterizarse como un flujo de carácter predominantemente circular, compuesto por adultos y jóvenes de origen rural que se internaban en la Unión Americana con el fin de trabajar temporalmente en la agricultura, para más tarde (después de seis a ocho meses) regresar a sus lugares de origen. Muchos de ellos procedían de un conjunto relativamente reducido de comunidades rurales localizadas en siete u ocho entidades federativas del país, en las que —desde principios de siglo— se originaba la gran mayoría de la migración hacia los Estados Unidos.

Esta imagen tradicional de los emigrantes mexicanos, vigente hasta los años sesenta, no corresponde al perfil de quienes hoy participan en esta corriente migratoria. Algunos de los cambios más importantes registrados por dicho fenómeno en las últimas dos o tres décadas son los siguientes:

1) *El flujo migratorio presenta un patrón cada vez más complejo y heterogéneo.* Ello supone modalidades diversas, cada una de las cuales registra volúmenes cuantiosos y cada vez mayores.

2) *El gradual desgaste de los mecanismos de circularidad del fenómeno.* Este hecho se expresa en una estancia cada vez más larga de los migrantes en el vecino país o bien en el establecimiento de su residencia permanente en los Estados Unidos.

3) *Una creciente diversificación regional del flujo.* El origen geográfico de los migrantes se ha extendido más allá de las entidades y municipios tradicionales de emigración. Actualmente, entidades como Puebla, Hidalgo, el Estado de México, el Distrito Federal y Morelos, que en el pasado no se contaban entre las entidades con tradición migratoria al vecino país, son ahora el origen de cuantiosas corrientes que se dirigen a la Unión Americana.

4) *Una cada vez más notoria presencia de migrantes procedentes de las zonas urbanas.* Hay evidencia de que los grandes centros urbanos y algu-

nas de las llamadas "ciudades intermedias" —además de absorber a los migrantes internos procedentes de las áreas rurales y de pequeñas localidades del país— están sirviendo de plataforma para la migración hacia los Estados Unidos.[19]

5) *Una diversificación ocupacional y sectorial cada vez mayor de los migrantes tanto en México como en la Unión Americana.* Los migrantes que desempeñan una ocupación agrícola ya no son mayoritarios ni en su lugar de origen ni en el de destino.[20]

Los migrantes mexicanos que forman la corriente hacia los Estados Unidos no constituyen un conjunto homogéneo, sino que forman diversos grupos relativamente diferenciables.[21] Entre estos grupos se pueden incluir, por su importancia, los dos siguientes: individuos con residencia más o menos fija en el vecino país del norte (residentes o *settlers);* y los trabajadores migratorios sin residencia fija en ese país, pero que regularmente entran y salen del territorio norteamericano una o más veces al año para trabajar o buscar trabajo (trabajadores temporales o *sojourners).*[22] Esta diferenciación es con frecuencia un asunto de grado y no de tipo. Muchos residentes empiezan como trabajadores temporales y entran y salen de la Unión Americana con regularidad. Con el tiempo, estas personas —conforme sus vínculos con ese país se vuelven más fuertes y los de México, más débiles— extienden su estancia hasta un punto que establecen su residencia en el vecino país. Es claro, sin embargo, que la diferencia entre *settlers* y *sojourners* resulta fundamental para demarcar conceptualmente los esfuerzos de medición e interpretar sus resultados,

[19] Es sorprendente, por ejemplo, que la zona metropolitana de la ciudad de México pasara a ser, en los años recientes, una región relativamente importante de emigración hacia los Estados Unidos.

[20] De acuerdo con Cornelius, todos estos cambios al parecer se intensificaron en la década de los ochenta como consecuencia de la operación de cuatro factores principales: *i)* las recurrentes crisis económicas en México, que acentuaron las presiones migratorias; *ii)* las transformaciones observadas en la economía norteamericana, que afectaron y siguen afectando la magnitud y el perfil de la demanda de fuerza de trabajo migrante; *iii)* los efectos de los cambios en la política migratoria norteamericana, en particular la legislación en materia de inmigración aprobada por el Congreso norteamericano en 1986, que precipitó decisiones de migración que quizá hubiesen permanecido latentes durante un largo periodo de no aprobarse esa ley, y *iv)* el fortalecimiento de las redes sociales y familiares que vinculan los lugares de origen con los de destino. W. Cornelius, "The U. S. Demand for Mexican Labor", en W. Cornelius y J. Bustamante, *Mexican Migration to the United States*, San Diego, Center for U. S.-Mexican Studies, 1989.

[21] Al respecto, véase B. Edmonston, J. Passel y F. Bean, "Perceptions and estimates of undocumented migration to the United States", en F. Bean, B. Edmonston y J. Passel (comp.), *Undocumented Migration to the United States*, Washington, Rand Corporation y The Urban Institute, 1990.

[22] La diferenciación entre residentes y trabajadores temporales obliga a responder no una sino varias preguntas: ¿cuántas personas viven en México y trabajan o buscan trabajo en los Estados Unidos en el curso del año? ¿Cuántos mexicanos residen habitualmente en los

así como para evaluar el efecto del fenómeno migratorio en las comunidades tanto de origen como de destino.

La migración temporal

La circulación migratoria de los *sojourners* alude a un patrón recurrente de desplazamientos que, desde la perspectiva del individuo, se inicia y continúa con la salida periódica del lugar de residencia habitual con el propósito principal de trabajar o buscar trabajo en los Estados Unidos. La experiencia de la circularidad migratoria deja una profunda huella entre los migrantes, pero también entre quienes quedan a la espera de su retorno, lo que propicia, después de movimientos reiterados, profundos cambios en la vida comunitaria y familiar y en los papeles que desempeñan los miembros de los hogares. Como lo señala José de Souza Martins, la circularidad

> es más que ir y venir. Para el migrante temporal, la circularidad significa vivir en espacios geográficos diferentes y experimentar las contradicciones sociales doblemente. Es ser dos personas al mismo tiempo [...] vivir como presente y soñar como ausente. Es ser y no ser al mismo tiempo; salir cuando se está llegando, volver cuando se está yendo. Es necesitar cuando se está saciado. Es estar en dos lugares al mismo tiempo y no estar en ninguno. Es también partir siempre y no llegar nunca.

La Encuesta de Migración a la Frontera Norte (Emif)[23] constituye una fuente privilegiada de información que permite caracterizar el flujo circular

Estados Unidos? ¿Cuántas personas entran anualmente para residir o trabajar en ese país? ¿Qué proporción de ellas se establece con o sin documentos? ¿Cuáles son las características de los integrantes de cada una de estas modalidades migratorias? Al respecto véase R. Tuirán, "El volumen de la migración mexicana indocumentada en Estados Unidos: especulación *versus* conocimiento científico", en R. Jiménez y A. Minujín (comps.), *Los factores del cambio demográfico en México,* México, Siglo XXI/IIS-UNAM, 1984; y R. Tuirán, "La población mexicana indocumentada en Estados Unidos: el resurgimiento de la preocupación por los números", en Secretaría de Relaciones Exteriores, *La migración laboral mexicana a Estados Unidos de América: una perspectiva bilateral desde México,* México, 1994.

[23] Esta encuesta, realizada conjuntamente por la Secretaría del Trabajo, el Consejo Nacional de Población, el Instituto Nacional de Migración y el Colegio de la Frontera, es única en su género y permite medir de manera directa la magnitud y las características del flujo laboral. Desde 1993, la Emif ha convertido las localidades fronterizas mexicanas en un *observatorio estadístico* de los flujos de migrantes. Dicha encuesta utiliza técnicas de muestreo probabilístico que son aplicadas comúnmente en disciplinas como la oceanología o la biología, interesadas en medir los movimientos periódicos, estacionales o cíclicos de unidades que se desplazan de un lugar a otro. Por analogía, la Emif considera a los migrantes como unidades en movimiento que tienen una dirección conocida y que, para fines estadísticos, son enumerados y entrevistados en momentos y zonas determinadas,

de mexicanos a los Estados Unidos. Los datos disponibles de los tres primeros levantamientos de esta encuesta permiten identificar algunos de los rasgos más relevantes del movimiento circular,[24] entre los que destacan los siguientes:

1) *Magnitud:* el flujo laboral que ocurre en ambas direcciones abarca entre 800 000 y un millón de movimientos anuales de personas nacidas en México (véase gráfica 1).

2) *Perfil por sexo y edad:* sus integrantes son mayoritariamente hombres (95 de cada 100), así como jóvenes y adultos en edades económicamente activas (70% del total corresponde a personas que tienen entre 12 y 34 años de edad).

3) *Escolaridad:* el nivel de escolaridad promedio de los integrantes del flujo es de alrededor de 6.2 años.

4) *Condición laboral y sector de actividad en México:* una proporción mayoritaria (dos de cada tres) tenía trabajo en el país; de ellos, más de la

GRÁFICA 1. *Distribución de los migrantes temporales a los Estados Unidos por dirección del flujo, 1993-1997*

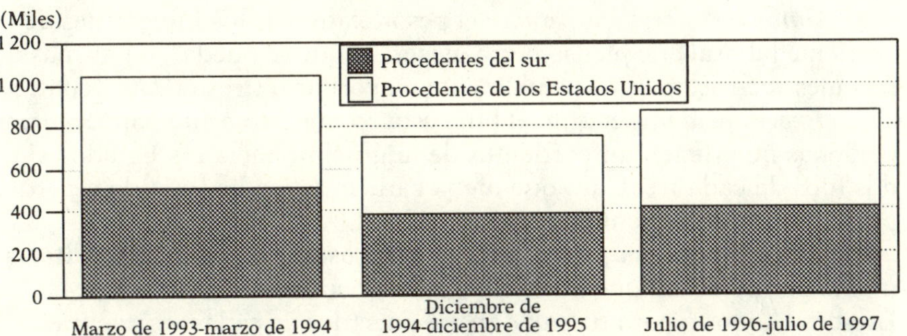

FUENTE: Encuesta sobre Migración en la Frontera Norte de México, 1993-1997.

cuando su cauce se hace tan estrecho como el ancho de una puerta en una central de autobuses o de un acceso en una estación de tren o de un aeropuerto, o bien en los puentes y garitas aduanales de las localidades fronterizas, lo que hace posible la determinación precisa de puntos de enumeración, selección y entrevista. Para una descripción detallada de la metodología y características de la Emif, véase *Encuesta sobre Migración en la Frontera Norte de México 1993-1994,* Secretaría del Trabajo y Previsión Social/Consejo Nacional de Población/El Colegio de la Frontera, México, 1997.

24 Al respecto véase R. Corona y R. Tuirán, Magnitud y características de los flujos migratorios laborales entre México y Estados Unidos, Apéndice Técnico del *Estudio binacional México-Estados Unidos sobre migración,* México, 1996; y J. Gómez de León y R. Tuirán, "Migración internacional", en *La situación demográfica de México,* Consejo Nacional de Población, 1997; y R. Tuirán, "Patrones de continuidad y cambio de la migración hacia Estados Unidos", en R. Tuirán (comp.), *Migración México-Estados Unidos. Presente y futuro,* México, Consejo Nacional de Población, 1999.

mitad estaba inserto en actividades industriales y de servicios antes de emprender su viaje a los Estados Unidos.

5) *Origen geográfico:* alrededor del 52% de los integrantes del flujo proviene de las entidades tradicionales de emigración y su procedencia se extiende a algunas entidades del norte (23%), centro (15%) y sur-sureste (10%) del país (véase mapa 1).

6) *Origen rural-urbano:* los integrantes del flujo han dejado de ser predominantemente rurales, y en los últimos años ganó importancia la participación de quienes provienen de las áreas urbanas del país y de algunos centros metropolitanos (alrededor del 55%).

7) *Principales puntos de cruce:* Tijuana, Ciudad Juárez, Nuevo Laredo y Piedras Negras constituyen las ciudades por donde transita actualmente la mayoría de los migrantes y en ellas permanecen entre dos y tres días en promedio antes de cruzar a los Estados Unidos.

8) *Destino:* el estado de California es la principal dirección que tienen en mente los integrantes del flujo laboral (alrededor del 50%), aunque los datos más recientes indican que éste ha perdido importancia relativa (en favor de Texas), debido, entre otros aspectos, al reforzamiento de la patrulla fronteriza en sus principales puntos de cruce fronterizo.

9) *Tiempo de estancia esperado:* el peso relativo de los integrantes de la corriente laboral que piensa permanecer "lo que se pueda", o por más de seis meses en ese país es actualmente mayoritario (tres de cada cuatro).

10) *Experiencia migratoria:* el flujo está compuesto principalmente por personas que tienen antecedentes de migración hacia los Estados Unidos (dos de cada tres), aunque dicha característica ha tendido a perder peso en los años recientes.

11) *Documentación migratoria:* el flujo está integrado mayoritariamente por personas que no cuentan con documentos para entrar en los Estados Unidos o para trabajar en ese país (dos de cada tres); se trata de un rasgo predominante entre quienes no tienen antecedentes previos de migración internacional (cinco de cada seis).

En los últimos años, las autoridades migratorias estadunidenses han incrementado sistemáticamente sus recursos financieros y el número de efectivos de la patrulla fronteriza para intentar controlar el acceso a la frontera a los flujos de carácter no documentado (véase cuadro 1).[25] Entre 1993 y 1999, el número de agentes fronterizos se incrementó de 3 965 a

[25] Basta señalar que el presupuesto total del INS (Immigration and Naturalization Service) entre el año fiscal de 1993 y el de 1999 se incrementó de 1 530 a 4 188 millones de dólares, es decir 1.7 veces más el monto original. El aumento en el presupuesto orientado a detenciones y deportaciones fue en ese mismo periodo aún mayor (2.4 veces más), como también lo fue el de apoyo y construcción (dos veces más) y el asignado a la patrulla fronteriza (1.8 veces más).

MAPA 1. *Regiones de origen de la migración a los Estados Unidos, 1987-1992*

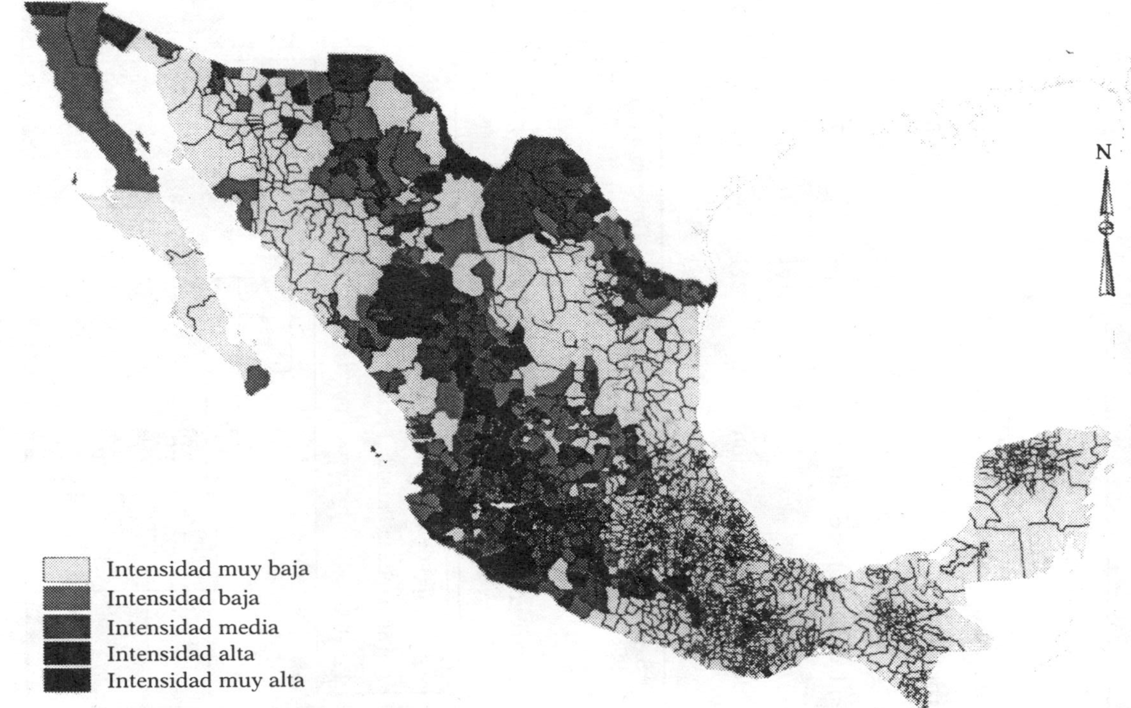

FUENTE: *Enadid 1992.*

CUADRO 1. *Recursos por programa del Servicio de Inmigración y Naturalización, 1993-1999. Presupuesto autorizado (millones de dólares)*

Programas	*1993*	*1999*	*Variación porcentual 1993-1999*
Recursos totales del SIN	1 530	4 188	173
Patrulla fronteriza	354	998	181
Investigación e inteligencia	142	305	115
Inspección fronteriza terrestre	83	182	119
Detención y deportación	161	554	244
Programa de apoyo y construcción	227	684	201
Otros	563	1 465	260

FUENTE: U. S. Government. Budget of the United States Government, Fiscal year 1999, Washington, 1998.

GRÁFICA 2. *Personal del Servicio de Inmigración y Naturalización, 1993-1999*

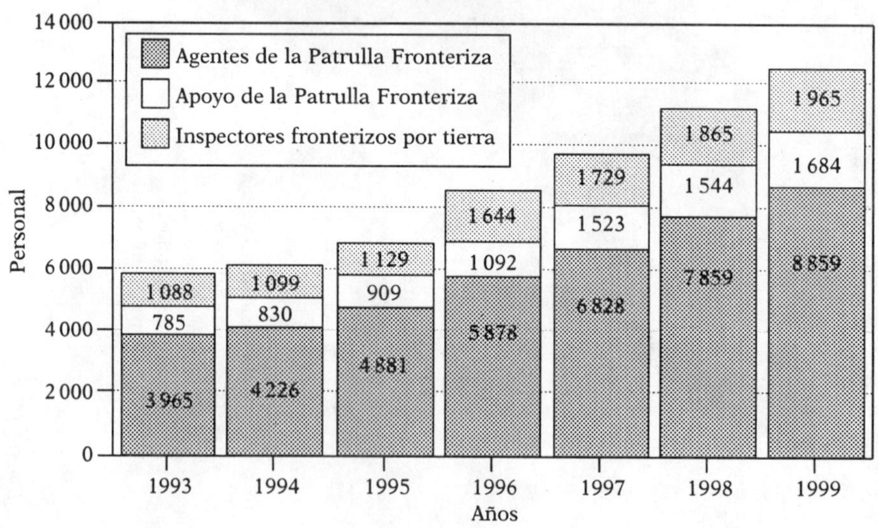

FUENTE: U. S. Government. Budget of the United States Government, Fiscal year 1999, Washington, 1998.

8 859, es decir casi 5 000 agentes adicionales (véase gráfica 2). A su vez, esta fuerza policial fue dotada de mayor equipamiento y mejor tecnología para incrementar productividad, incluidos —entre otros recursos— la adquisición de telescopios de rayos infrarrojos para tener mayor visibilidad en la vigilancia nocturna;[26] el despliegue de sensores electrónicos de tierra para detectar el calor del cuerpo humano con el fin de proporcionar a la patrulla fronteriza información instantánea para identificar con precisión la ubicación geográfica del cruce de inmigrantes a lo largo de la frontera; así como la adquisición de vehículos con características especiales para cubrir la variedad y diversidad de los territorios de la frontera, amén de la utilización de aeroplanos y helicópteros para observar áreas inaccesibles para los vehículos terrestres. Asimismo, a partir del año fiscal de 1995 se puso en marcha el sistema de identificación biométrica —mediante fotografía y huellas dactilares— que permite detectar a personas que han reincidido en su intento de ingresar a los Estados Unidos sin documentos. En los años recientes también se intensificaron los esfuerzos de colocación de muros, bardas y mallas, así como la reparación de alambradas y la instalación de grandes reflectores y cámaras de televisión en lugares considerados como "pasos naturales" o "rutas" que utilizan los traficantes de indocumentados o "polleros".[27]

Para reforzar la vigilancia en la zona fronteriza, el INS impulsó en años recientes varios operativos a lo largo de la frontera. Entre los operativos más conocidos, destacan la Operación Bloqueo *(Hold the Line)*, la Operación Guardián *(Gatekeeper)*, la Operación Salvaguardia *(Safeguard)* y la Operación de Río Grande. El INS ha anunciado en diferentes épocas la intención de unir todos los operativos aislados en la frontera con México. De hecho, dicha estrategia se inició con la fusión en una sola de las operaciones Guardián y Salvaguardia.

La multiplicación de recursos, de personal, de equipamiento y de los operativos de reforzamiento fronterizo han tenido como propósito reducir la magnitud del flujo indocumentado; obligar a los migrantes no documentados a cruzar por donde pueden ser más fácilmente observados o por donde es más difícil cruzar; reducir el tránsito de indocumentados en todas las zonas urbanas y desviarlo hacia las rutas más remotas y de más difícil acceso, donde la patrulla fronteriza tiene una "ventaja táctica"; así como potenciar las estrategias de disuasión para desalentar in-

[26] Entre finales del año fiscal de 1994 y el de 1997, las unidades desplegadas de telescopios de vista nocturna se incrementaron de 35 a 171.

[27] Al respecto, véase R. Tuirán, Tendencias recientes e impacto económico de la migración mexicana hacia Estados Unidos, ponencia presentada en las actividades de la Semana Nacional del Migrante, Instituto Nacional de Migración, México, 1998.

tentos posteriores de cruce fronterizo. ¿Cuál ha sido el efecto de todas estas medidas sobre el flujo migratorio? ¿Se han alcanzado los objetivos que dieron origen a los operativos señalados?

La evidencia disponible indica que el número promedio mensual de aprehensiones por integrante de la patrulla fronteriza no ha observado un repunte muy significativo (pasa de 20 a 22), no obstante el impresionante aumento en los recursos, equipamiento y personal del INS. Asimismo, el objetivo de disuadir a los migrantes indocumentados al parecer no está resultando muy exitoso (véase gráfica 3). De acuerdo con los datos de la Emif, alrededor de 71% del conjunto de indocumentados devueltos en 1996-1997 declaró tener la intención de llevar a cabo un nuevo intento de cruce en los siete días siguientes al momento de su devolución a territorio mexicano, cifra que es superior a la observada en el periodo 1993-1994 (59%). Los migrantes que carecen de documentación migratoria para ingresar en los Estados Unidos, sobre todo los que tienen experiencia previa de cruce, no desisten de inmediato, sino que lo reintentan en días, horas o lugares donde presumiblemente la vigilancia es menos estricta. Como consecuencia, el tiempo de estancia promedio de los mi-

GRÁFICA 3. *Migrantes devueltos por la patrulla fronteriza por reintento de cruce, 1993-1997*

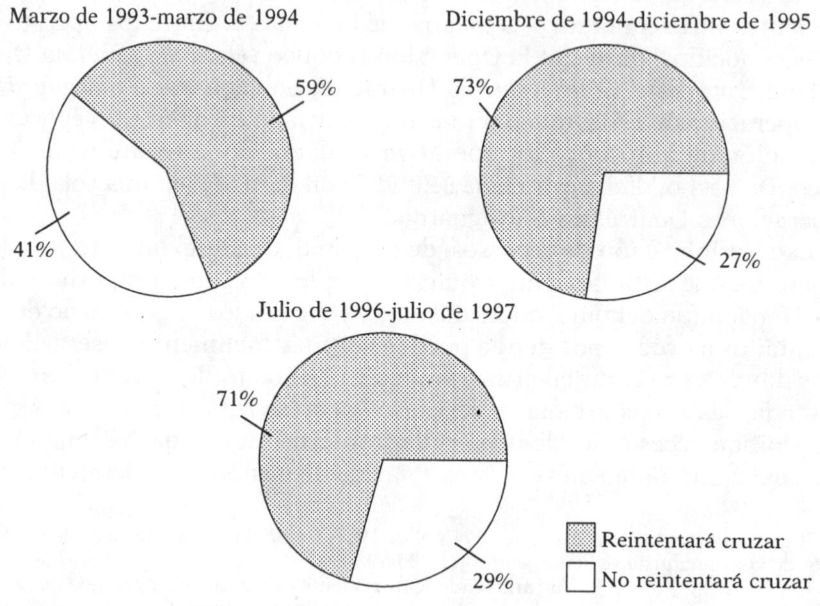

FUENTE: Encuesta sobre Migración en la Frontera Norte de México, 1993-1997.

grantes en las localidades mexicanas de cruce aumentó de 3.1 en 1993-1994 a 3.4 días en 1995 y a 3.9 días 1996-1997.[28]

El reforzamiento de la patrulla fronteriza en algunos segmentos de la línea que separa a ambos países también está trayendo consigo, como respuesta de los propios migrantes, la reorientación del flujo del oeste hacia el este. De tal manera, mientras la patrulla fronteriza redobla la vigilancia en determinadas zonas de la frontera, los migrantes incursionan por puntos nuevos de cruce —o reutilizan otros— en los cuales presumiblemente la probabilidad de éxito es mayor. Al respecto resulta conveniente señalar que, de acuerdo con la Emif, los migrantes reportaron un total de 26 puntos de cruce en 1993-1994, 24 en 1995 y 27 en 1996-1997 (véase mapa 2). En comparación con el periodo 1993-1994, los migrantes dejaron de cruzar por cuatro localidades e incursionaron por dos nuevas en 1995. A su vez, entre 1995 y 1996-1997 desapareció una y surgieron cuatro puntos de cruce. Asimismo, varias localidades que en el primer levantamiento tenían un flujo relativamente reducido de devueltos, en el tercero cobraron importancia (Tecate y Mexicali). Como resultado de la interacción de estrategias de la patrulla fronteriza y de los migrantes indocumentados, Tijuana y Ciudad Juárez han venido perdiendo importancia, en contraste con otras localidades como Tecate, Mexicali, Piedras Negras, Reynosa y Nuevo Laredo, que la han ganado.

Las dificultades cada vez mayores planteadas al acceso indocumentado a los Estados Unidos al parecer están influyendo gradualmente en la composición interna del flujo. De acuerdo con los datos disponibles, las medidas adoptadas por la patrulla fronteriza han tendido a desestimular la migración femenina y a seleccionar a los más jóvenes y a quienes tienen mayor escolaridad. Estos cambios señalan que los operativos del Servicio de Inmigración y Naturalización de los Estados Unidos funcionan realmente como "administradores de los flujos migratorios".[29] Más aún, la evidencia indica que el control más rígido de la frontera pudo haber tenido un efecto contrario a los objetivos que les dieron origen. Sabedores de tales medidas, los migrantes tienden a permanecer en los Estados Unidos durante más tiempo, antes que correr el riesgo de volver a hacer frente a dichos obstáculos al intentar reingresar a ese país.

[28] Cabe hacer notar que los migrantes con experiencia migratoria previa en el vecino país del norte registran un periodo de estancia mayor que los novatos. Asimismo, la información recogida de las personas devueltas por la patrulla fronteriza indica que una proporción decreciente se estacionó durante la noche anterior al momento de cruce en la casa de algún familiar o amigo (de 21 a 12%), en tanto que un porcentaje creciente pasó la noche en la terminal de autobuses o en la calle (de 15 a 24%).

[29] J. Santibáñez, "Algunos impactos empíricos de las políticas migratorias de los Estados Unidos en los flujos migratorios de mexicanos", *Estudios Demográficos y Urbanos*, vol. 14, núm. 1, México, 1999.

MAPA 2. *Localidades de cruce a los Estados Unidos de los migrantes no fronterizos devueltos*

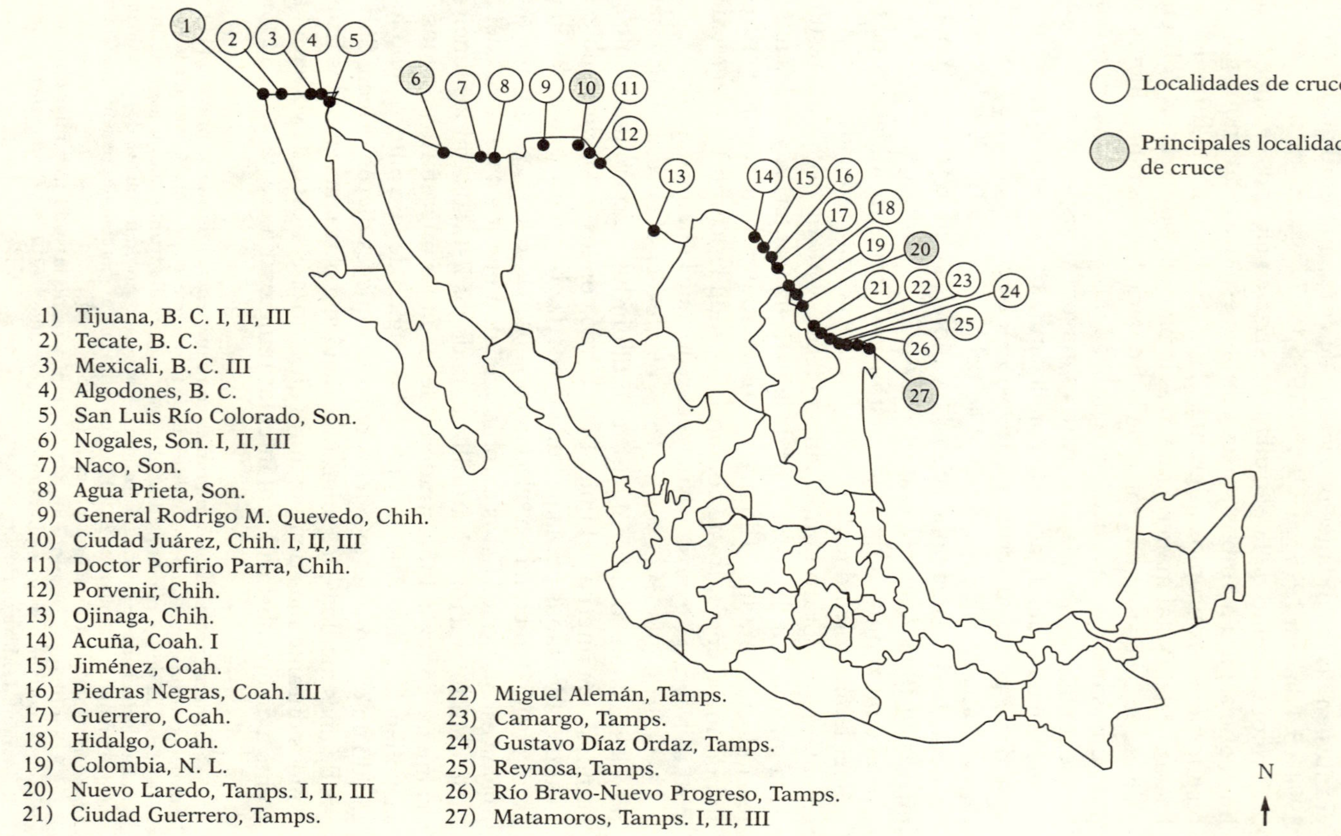

La migración permanente

El flujo circular se ha visto acompañado a su vez de la presencia de importantes corrientes migratorias integradas por mexicanos que han decidido establecer su residencia en la Unión Americana. Los cálculos disponibles indican que la emigración permanente de mexicanos no rebasó la cifra de 50 000 personas por decenio durante el siglo pasado; luego se incrementó notoriamente y alcanzó 374 000 individuos entre 1910 y 1920; después decreció, al punto de que durante los años treinta el regreso de nativos mexicanos superó a la emigración en una cifra de 135 000 individuos.[30] Por último, la cantidad de emigrantes permanentes se elevó gradualmente a partir de los años cuarenta hasta alcanzar en la década de los sesenta entre 260 000 y 290 000 personas. Sin embargo, no fue sino hasta los años setenta cuando el efecto de la emigración sobre la dinámica demográfica empezó a ser perceptible: la pérdida neta osciló entre 1.20 y 1.55 millones entre 1970 y 1980; se elevó a un rango de entre 2.10 y 2.60 millones entre 1980 y 1990,[31] y registró un saldo de 1.5 millones de personas durante el quinquenio 1990-1995.[32]

Las cifras presentadas indican que el *flujo neto anual* (diferencia entre entradas y salidas) se multiplicó —en términos absolutos— más de 10 veces en las últimas tres décadas, al pasar de un promedio anual de 26 000 a 29 000 personas en la década de los sesenta a cerca de 300 000 migrantes por año en 1990-1995. Como consecuencia de tal dinámica, se estima que la población nacida en México residente en los Estados Unidos alcanzó en marzo de 1996 un *volumen* de entre 7.0 y 7.3 millones, de los cuales entre 4.7 y 4.9 millones de mexicanos eran residentes documentados y entre 2.3 y 2.4 millones mantenían un estatus no autorizado (véase gráfica 4).[33]

Más recientemente, entre marzo de 1996 y marzo de 1999, poco más de 900 000 connacionales se fueron a vivir a los Estados Unidos. Con ello, el número de mexicanos que vive del otro lado de la frontera se si-

[30] R. Corona, Una estimación del crecimiento de la población de origen mexicano que reside en los Estados Unidos, 1850-1990, México, El Colegio de la Frontera, 1994 (mimeo.).

[31] R. Corona y R. Tuirán, Medición directa e indirecta de varias modalidades de migración hacia Estados Unidos y México con fuentes de información mexicanas, Apéndice Técnico del *Estudio binacional México-Estados Unidos sobre migración*, México, 1996.

[32] R. Corona y R. Tuirán, Estimación del saldo neto de la migración internacional de residentes mexicanos en el quinquenio 1990-1995, Apéndice Técnico del *Estudio binacional México-Estados Unidos sobre migración*, México, 1996; y F. R. Bean, R. Corona, R. Tuirán y K. Woodrow, The quantity of migration between Mexico and the United States, en *Estudio binacional México-Estados Unidos sobre migración*, capítulo I, Washington y México, 1997.

[33] Bean, Corona, Tuirán y Woodrow, "The quantity".

GRÁFICA 4. *Población nacida en México residente en los Estados Unidos, marzo de 1996*

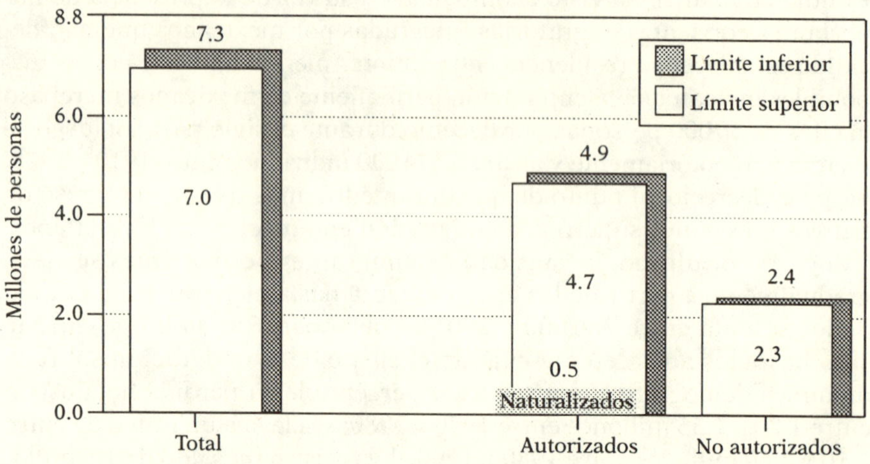

FUENTE: Elaborada a partir de estimaciones incluidas en el Informe del *Estudio binacional México-Estados Unidos sobre migración*, pp. 9-10.

tuó en esa última fecha entre 7.9 y 8.2 millones de personas.[34] Si sumamos a esta cifra los 13.4 millones de estadounidenses de origen mexicano, es posible arribar a un total de 21.4 millones de personas con estrechos vínculos consanguíneos con México, lo cual representa alrededor de 8% de la población total de los Estados Unidos y cerca de 22% de la población de nuestro país.

Las fuentes de datos norteamericanas, como el censo de población y la Current Population Survey (CPS) de los Estados Unidos permiten iden-

[34] Cabe hacer notar que la mayoría (casi 99%) de los mexicanos que ha cambiado su residencia al extranjero se encuentra en los Estados Unidos. En relación con los mexicanos que se encuentran residiendo en otros países, se estima que la cifra asciende a alrededor de 76 000 personas, las cuales se localizan principalmente en Canadá (22 680), Paraguay (6 540), Bolivia (6 480), Alemania (3 850), España (3 930), Guatemala (2 700), Venezuela (2 500), Francia (2 350) y Argentina (1 980). Otros países donde se registra presencia mexicana, aunque de menor cuantía, son los siguientes: Israel (1 770), Panamá (1 730), Costa Rica (1 570), Colombia (1 440), Japón (1 410), Italia (1 200), República Dominicana (1 120), Cuba (1 090), Chile (1 000), Reino Unido (910), Holanda (870), Nicaragua (850), Ecuador (760), Australia (730), Perú (690), Brasil (600), El Salvador (580), Puerto Rico (500), Santa Sede (440), Uruguay (380), Suecia (360), Grecia (360), Honduras (340), Austria (340), Suiza (290), Bélgica (250), China (230), Dinamarca (159), Kenia (150), Noruega (141), Filipinas (136), Portugal (129), Líbano (117), Irlanda (109), Federación Rusa (91), Corea (79), Singapur (69), Polonia (66) y Finlandia (64). Al respecto véase R. Corona y R. Tuirán, *Tamaño y características de la población mexicana en edad ciudadana residente en el país y en el extranjero durante la jornada electoral del año 2000*, México, Comisión que estudia las modalidades del voto de los mexicanos en el extranjero, Instituto Federal Electoral, 1998.

tificar algunas de las características de la población nacida en México que reside en los Estados Unidos,[35] entre las cuales destacan la predominancia de hombres (55% de los residentes mexicanos son hombres y 45%, mujeres); la proporción mayoritaria representada por jóvenes y adultos de entre 15 y 44 años de edad (alrededor del 70%); y la concentración de los residentes mexicanos en unos cuantos estados y condados de la Unión Americana (véase mapa 3).[36]

Cabe hacer notar que tres de cada cuatro mexicanos de 25 años y más de edad tienen una escolaridad equivalente o inferior a secundaria; alrededor de dos de cada tres residentes de 16 años y más son económicamente activos; cerca de cuatro de cada cinco personas obtienen ingresos anuales inferiores a 20 000 dólares; y sólo uno de cada 10 integrantes de la población económicamente activa trabaja en la agricultura.

Los datos disponibles también permiten señalar que alrededor del 35% de los residentes mexicanos en los Estados Unidos vive en situación de pobreza. Como consecuencia, una proporción significativa de la población nacida en México residente en los Estados Unidos recibía algún tipo de apoyo de los programas de bienestar social del gobierno norteamericano, entre los cuales destacan: el de asistencia pública (5% de los residentes mexicanos de 16 años y más obtiene ingresos de esta fuente; son más propensos a recibirla quienes tienen más tiempo de vivir en el vecino país); el de vales alimenticios (alrededor del 19%, proporción que disminuye conforme aumenta el tiempo de estancia en los Estados Unidos); el de asistencia médica a las familias con menores, ancianos o incapacitados (15%); el de ingreso suplementario del seguro social (2%), y el de ayuda a familias con niños dependientes (3%).[37]

Impacto económico de la migración

Las huellas que deja el movimiento migratorio hacia los Estados Unidos en las comunidades de origen y en las familias de los migrantes puede advertirse de múltiples y variadas maneras. En la actualidad, alrededor de

[35] J. Gómez de León y R. Tuirán, "Migración internacional", en *La situación demográfica de México*, México, Consejo Nacional de Población, 1997.

[36] Alrededor de 84% se localiza en California, Texas, Arizona, Illinois y Florida, y poco más del 58% se concentra en los siguientes 13 condados: Los Angeles County (California), Cook County (Illinois), Orange County (California), Harris County (Texas), San Diego County (California), Maricopa County (Arizona), El Paso County (Texas), Dallas County (Texas), Hidalgo County (Texas), Riverside County (California), San Bernardino County (California), Bexar County (Texas) y Pima County (Arizona). En relación con este tema, véase R. Corona y R. Tuirán, *op. cit.*, 1998.

[37] J. Gómez de León y R. Tuirán, "Migración internacional".

MAPA 3. *Personas nacidas en México que viven en los Estados Unidos según condado de residencia, 1990*

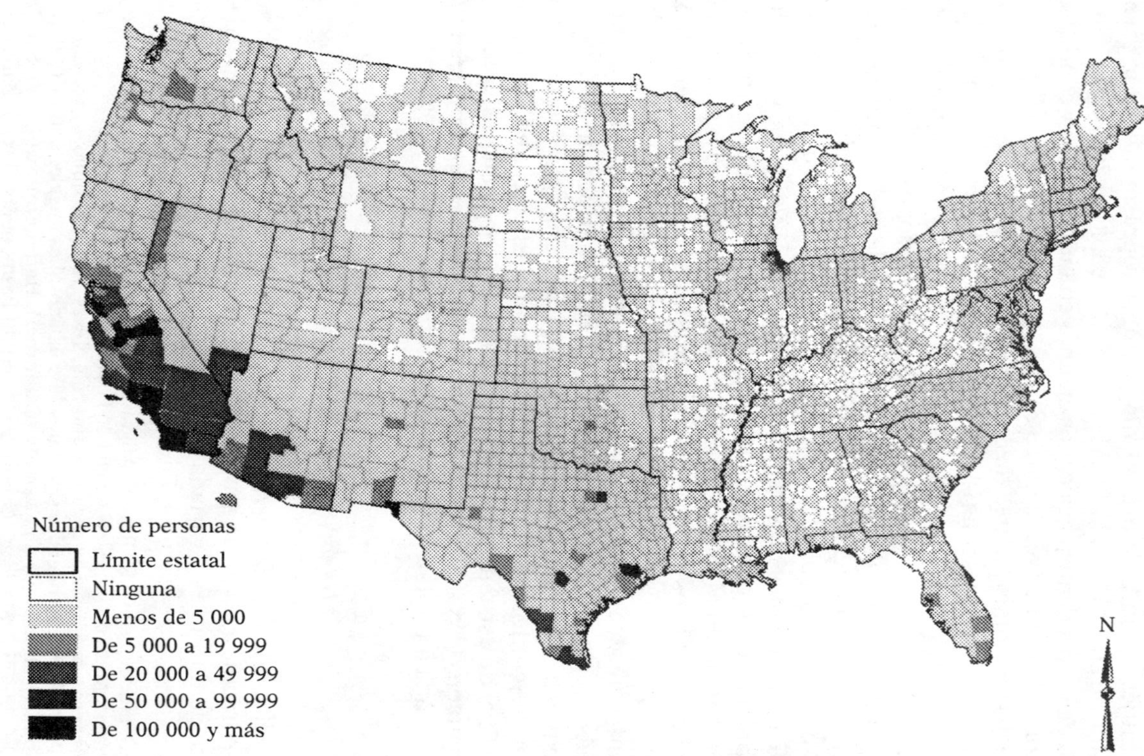

FUENTE: Consejo de Población de los Estados Unidos, 1990.

uno de cada 10 hogares en México cuenta con al menos un miembro con antecedentes migratorios en los Estados Unidos. Esta proporción tiende a variar de región a región: es muy significativa en la zona tradicional (casi un hogar de cada cuatro) y en el norte (poco menos de un hogar de cada cinco) y menor en el centro (más de uno de cada 20 hogares) y el sureste del país (uno de cada 100 hogares). Además, el fenómeno no es privativo de las áreas rurales y de las ciudades pequeñas de las diversas regiones del país, sino que también se advierte con cierta intensidad en las áreas urbanas intermedias y grandes. De hecho, poco menos de uno de cada nueve hogares localizado en las localidades pequeñas cuenta con miembros que tienen antecedentes migratorios en los Estados Unidos, mientras que uno de cada 10 hogares localizados en las ciudades intermedias y grandes del país se encuentra en la misma situación.[38]

Uno de los efectos económicos más directos de este fenómeno es el de las remesas que los migrantes hacen llegar a sus familiares en México. Se trata de un flujo de recursos que, paralelamente a la migración, ha venido creciendo en los últimos años y está beneficiando a un número cada vez mayor de mexicanos.[39] Así, nuestro país recibió entre 1990 y 1998, gracias a la solidaridad de los migrantes con sus familiares, más de 33 000 millones de dólares (véase gráfica 5).[40] Tan sólo en 1998 ingresaron a México más de 5 600 millones de dólares, lo que significa que nuestro país capta en la actualidad alrededor de 15 millones de dólares cada día por este concepto.

Este cuantioso flujo de recursos tiene una innegable importancia para la economía nacional como fuente de divisas. En 1998 las remesas representaron 79% del total de las exportaciones de petróleo, 93% de los ingresos por turismo y 55% de la inversión extranjera directa total. Además, el desequilibrio en la cuenta corriente de la balanza de pagos de México habría aumentado en ese año cerca de 70% si por alguna razón los migrantes hubiesen decidido no enviar dichos recursos a sus familiares.

Las remesas han aportado importantes recursos para el desarrollo de las entidades, comunidades y microrregiones con tradición migratoria, con importantes efectos multiplicadores en la actividad económica local

[38] Al respecto véanse J. Gómez de León y R. Tuirán,"Migración internacional"; 1997; y R. Corona y R. Tuirán, La dimensión de la migración de mexicanos a Estados Unidos a escala de los hogares, Apéndice Técnico del *Estudio binacional México-Estados Unidos sobre migración*, México, 1997.

[39] México fue en 1995 el país de América Latina con mayores ingresos por remesas y el cuarto en el mundo, después de Francia, India y Filipinas. Pero al siguiente año alcanzó el primer lugar a nivel mundial con poco menos de 5 000 millones de dólares. Al respecto véase J. Castro y R. Tuirán, "Las remesas enviadas a México por los trabajadores migrantes en Estados Unidos", *La situación demográfica de México*, México, Consejo Nacional de Población, 1999.

[40] J. Castro y R. Tuirán, "Las remesas".

GRÁFICA 5. *Remesas enviadas a México por los migrantes en los Estados Unidos, 1990-1998 (millones de dólares)*

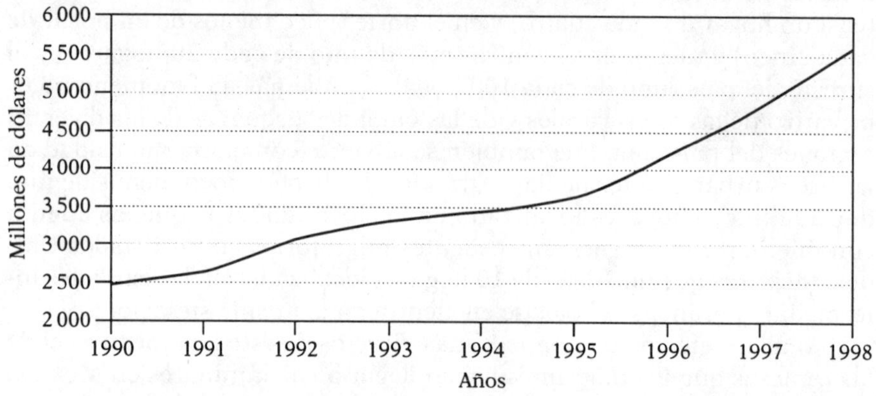

FUENTE: Banco de México, *Indicadores económicos,* 1991-1998.

y regional. Cabe señalar, sin embargo, que las repercusiones de las remesas han sido muy diferenciadas, aun entre los estados que integran la región tradicional de la migración. Por ejemplo, se estima que Michoacán recibió casi 600 millones de dólares de remesas, en tanto que Zacatecas obtuvo alrededor de 115 millones, montos que representaron alrededor de 10 y 5% del Producto Estatal Bruto respectivo (véanse gráficas 6 y 7).

El efecto más significativo de las remesas se localiza, sin duda, en la economía de los hogares receptores, cuyo número por cierto está aumentando y se extiende a lo largo y ancho del país (véase gráfica 8). Así, entre 1992 y 1996 el número de hogares que recibió remesas aumentó de 3.7 a 5.3%. La mayor incidencia del fenómeno se localiza en las localidades con menos de 2 500 habitantes, donde uno de cada 10 hogares recibió recursos por esta vía en 1996.[41]

Más allá de la importancia cuantitativa de dicho flujo de recursos, sus consecuencias deben valorarse según sus usos en diversos contextos, pues de ellos dependen sus efectos multiplicadores en las economías locales y regionales así como sus consecuencias sobre la dinámica migratoria. El patrón que se ha verificado en prácticamente todas las situaciones en que se ha investigado el tema parece evidenciar que las remesas se utilizan principalmente para satisfacer las necesidades de consumo básico y de consumo duradero de las familias, incluida la vivienda. Al utilizarse de manera notablemente mayoritaria en la compra de dichos bienes, las remesas estimulan la demanda de tales bienes en los mercados

[41] J. Castro y R. Tuirán, "Las remesas".

GRÁFICA 6. *Remesas enviadas a México por los migrantes en los Estados Unidos, según entidad de destino, 1995*

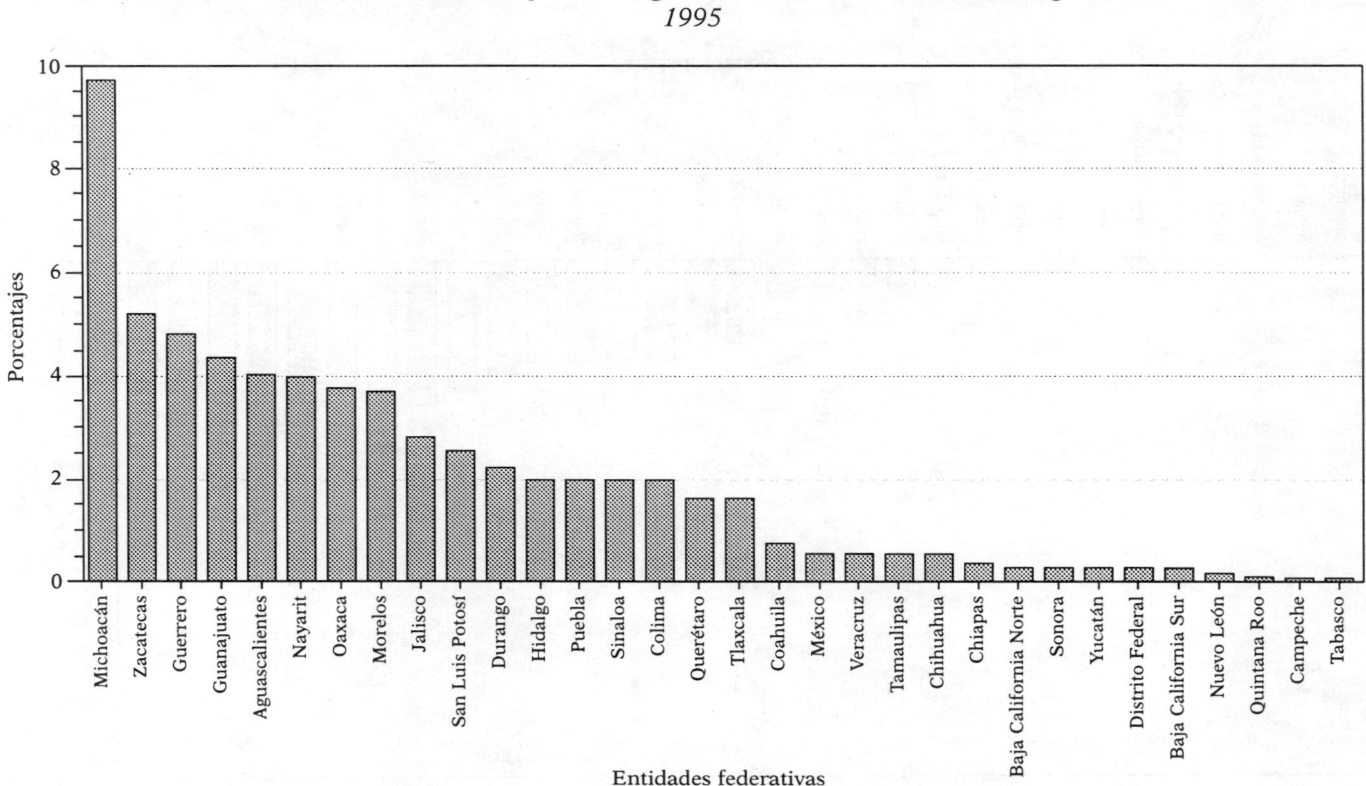

FUENTE: Banco de México.

GRÁFICA 7. *Porcentaje que representan las remesas del* PIB *per cápita por entidad federativa, 1995*

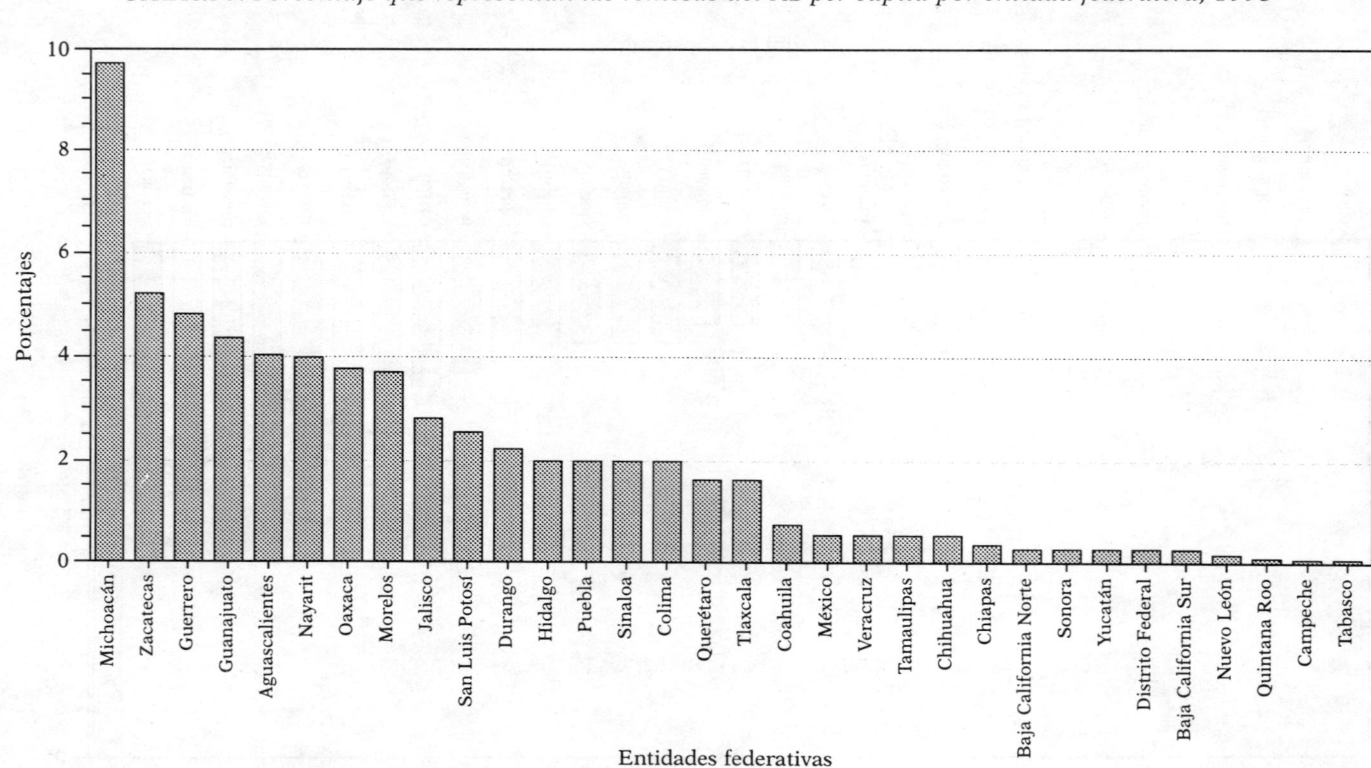

FUENTE: INEGI y Banco de México.

GRÁFICA 8. *Proporción de hogares receptores de remesas por tamaño de localidad, 1992-1996*

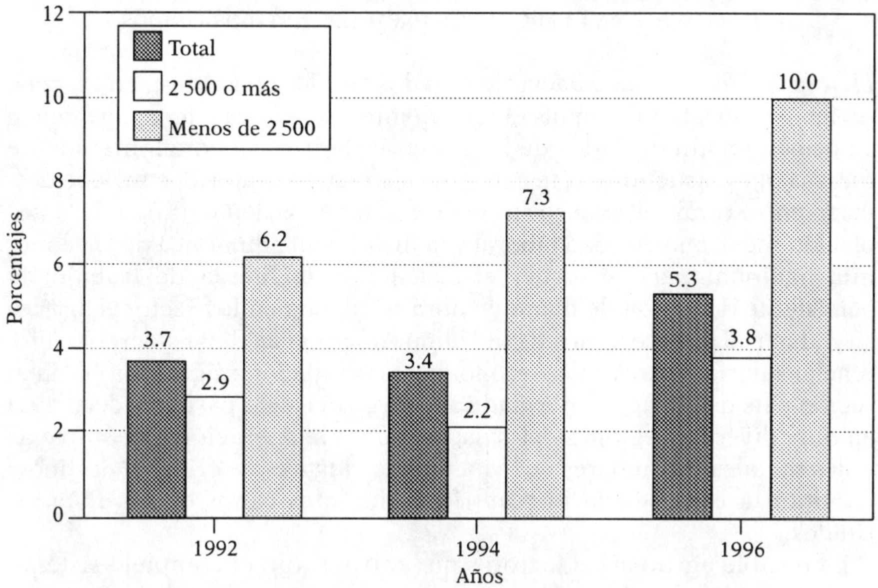

FUENTE: Estimaciones del Consejo Nacional de Población.

regionales y locales; en consecuencia, tienen una repercusión considerable en el empleo generado en los sectores industriales y de servicios.

Aunque en mucho menor proporción, una parte de las remesas de dinero también es ahorrada para más tarde emplearse en la compra de insumos productivos, tierras de cultivo o algún otro tipo de inversión, incluidos pequeños negocios familiares. Ello indica que, además de beneficiar de manera directa a las familias de los migrantes, las remesas pueden ser una importante fuente de inversión y un medio potencial para fomentar el desarrollo de las zonas de migración. La potencialidad de las remesas como fuente de financiamiento de proyectos productivos reside, en gran medida, en el aprovechamiento de la capacidad de ahorro que tiene una parte de los hogares receptores. Los datos de la Encuesta de Ingreso y Gasto de 1996 indican que los hogares que reciben ingresos del exterior tienen en promedio una propensión nada despreciable a ahorrar (aproximadamente 14% de su gasto monetario). El reto consiste en potenciar y canalizar esta capacidad de ahorro hacia la conformación,

[42] J. Castro y R. Tuirán, "Las remesas".

a escala regional y local, de fondos para el financiamiento de proyectos productivos.[42]

Las causas de la migración hacia los Estados Unidos

La migración mexicana hacia los Estados Unidos constituye, en esencia, un fenómeno laboral, impulsado por la interacción de factores que tienen su origen en ambos lados de la frontera. Dentro del conglomerado de fuerzas que estructuran este complejo sistema migratorio, conviene destacar, entre otras, el intenso ritmo de crecimiento demográfico de la población mexicana en edad laboral y la insuficiente dinámica de la economía nacional para absorber el excedente de fuerza de trabajo; la persistente demanda de mano de obra mexicana en los sectores agrícola, industrial y de servicios de la Unión Americana; el considerable diferencial salarial entre ambas economías; la tradición migratoria hacia el vecino país del norte, conformada a lo largo del siglo pasado y del actual en muy diversas regiones del país; así como la operación de complejas redes sociales y familiares que vinculan los lugares de origen y destino y facilitan la experiencia migratoria de los mexicanos en los Estados Unidos.

Es posible agrupar los factores que estructuran el complejo sistema migratorio entre ambos países en tres grandes categorías:[43] los factores vinculados con la oferta/expulsión de fuerza de trabajo *(v. gr.* la insuficiencia dinámica de la economía nacional para absorber el excedente de fuerza de trabajo); los factores relacionados con la demanda/tracción *(v. gr.* la evolución de los sectores agrícola, industrial y de servicios de la Unión Americana y la demanda de fuerza de trabajo migrante que ejercen, incluidas las leyes que regulan su ingreso y permanencia en territorio norteameriano),[44] y los muchos factores sociales que ligan a las comunidades de origen y de destino, y que resultan determinantes para reducir los costos y riesgos vinculados con el movimiento migratorio a los Estados Unidos.

La migración es un proceso dinámico y, por tanto, la importancia

[43] Al respecto véase *Informe del Estudio binacional México-Estados Unidos sobre migración,* México, Secretaría de Relaciones Exteriores y Commission on Immigration Reform, 1997.

[44] En términos generales, las políticas estadunidenses de inmigración han sido permisivas frente a la migración de mexicanos. La experiencia de la ley IRCA es ejemplo de una política permisiva, pero también pone de manifiesto las dificultades de controlar, modificar o desactivar el sistema migratorio entre los Estados Unidos y México. Al respecto, véase F. Alba, "El Tratado de Libre Comercio y la emigración de mexicanos a Estados Unidos", *Comercio Exterior,* vol. 43, núm. 8, agosto de 1993; K. Donato, J. Durand y D. Massey, "Stemming the tide? Assessing the deterrent effects of the immigration reform and control act", *Demography,* vol. 29, núm. 2, 1992.

atribuida a cada uno de estos factores ha tendido a variar a través del tiempo. Como señala el *Estudio binacional México-Estados Unidos sobre migración,* el catalizador de gran parte de la corriente migratoria a los Estados Unidos radica en los factores de la demanda/atracción. Sin embargo, los factores de la oferta/expulsión desempeñan en la actualidad un papel tan fundamental como la disponibilidad de empleos en los Estados Unidos.[45] Al parecer, estos factores se han vuelto más importantes desde la década pasada, debido, sobre todo, a las crisis recurrentes y a la profunda restructuración que ha experimentado la economía mexicana, los cuales han influido negativamente sobre el empleo y los salarios de los trabajadores mexicanos y han intensificado las presiones migratorias. Asimismo, la operación de complejas redes binacionales entre individuos, comunidades y organizaciones ha contribuido a sostener, recrear y perpetuar ese movimiento, lo que ha constituido un poderoso *momentum* que contribuye a potenciar la probabilidad de desplazamientos adicionales.

Con el fin de explorar la importancia de algunos factores relevantes que influyen en la migración permanente de mexicanos hacia los Estados Unidos, un estudio reciente[46] desarrolló un modelo de regresión donde la suma de las tasas de emigración por edad estimadas para cada año calendario durante el periodo 1970 y 1996 es una función lineal de la tasa de incremento anual del Producto Interno Bruto (PIB) de México en ese periodo;[47] las condiciones económicas de México *vis à vis* las de los Estados Unidos[48] y el monto anual de las remesas *per cápita* enviadas por la población nacida en México residente en los Estados Unidos.[49] Los resultados de este estudio indican que las condiciones económicas en ambos países son un factor determinante del movimiento migratorio.[50]

45 *Informe del Estudio binacional México-Estados Unidos sobre migración.*

46 R. Tuirán, V. Partida y J. L. Ávila, "Economic growth, free trade and Mexican migration to the United States in the new millenium", ponencia presentada en el seminario Migration, Free Trade and Regional Integration in North America, organizado por la Organización para la Cooperación y el Desarrollo Económico (OCDE) y el gobierno de México, con el apoyo de Canadá y los Estados Unidos, enero de 1998.

47 Se trata de una variable que pretende capturar la dinámica de largo plazo de la economía nacional.

48 Estas variables fueron operacionalizadas mediante la razón del salario promedio por hora en el sector no agrícola en los Estados Unidos y el pago por hora en el sector manufacturero en México, así como mediante la razón de las tasas de desempleo abierto de los Estados Unidos y México.

49 Esta variable intenta capturar la operación de redes y la intensidad de los vínculos entre los lugares de origen y los de destino.

50 De acuerdo con los autores citados, la bondad de ajuste del modelo es adecuada (R2 = 0.8255), los signos de todos los coeficientes operan en la dirección esperada y los valores de todos los coeficientes beta son estadísticamente significativos. Además, no se detectaron problemas serios de multicolinealidad o autocorrelación de errores.

Sus hallazgos son consistentes con la experiencia histórica de muy diversas naciones y señalan que el crecimiento sostenido, el incremento en el empleo y los salarios, así como la reducción en la brecha económica que separa a ambos países, constituyen factores que contribuyen a reducir en el largo plazo los incentivos económicos del movimiento internacional.[51] Sin embargo, los hallazgos del estudio citado también indican que otros factores, como las complejas redes sociales y familiares que operan en el sentido de reducir los gastos y riesgos de la migración y aumentar la probabilidad de desplazamientos adicionales, le han dado al movimiento migratorio una inercia difícil de detener.

Perspectivas futuras de la migración a los Estados Unidos

La evolución futura de la migración mexicana hacia los Estados Unidos es un tema en el que convergen variadas preocupaciones e incógnitas de carácter económico, social, cultural y demográfico, pues son estas fuerzas las que contribuyen a activar y a reproducir dicho fenómeno. Los ejercicios de prospectiva ofrecen un gran potencial y contribuyen a explorar los efectos migratorios que podrían derivarse de eventuales cambios en las condiciones de demanda/atracción así como de oferta/expulsión.[52]

Diversas tendencias y acontecimientos de diferente signo y origen han llevado a algunos autores a pensar que las condiciones que actualmente parecen estimular el crecimiento y la densificación del flujo migratorio hacia los Estados Unidos podrían ser amortiguadas o incluso revertidas en el curso de los próximos tres lustros. Un ejemplo pertinente en este sentido es el relacionado con las transformaciones previstas a mediano y largo plazos en el tamaño, estructura y composición por edades de la población mexicana. Al respecto interesa explorar si la evolución demográfica prevista podría contribuir a transformar las condiciones de oferta/expulsión y el *modus operandi* del actual sistema migratorio entre México y los Estados Unidos. Desde tal perspectiva, algunas preguntas pertinentes son las siguientes: ¿con qué velocidad crecerá la población

[51] En términos generales, las tasas acumuladas de emigración por edad aumentan a medida que crecen las remesas *per cápita* y el diferencial salarial; por otra parte, disminuyen conforme la dinámica de la economía mexicana tiende a mejorar y las condiciones de desempleo abierto en los Estados Unidos relativas a las de México empeoran.

[52] El arte de la prospectiva es un ejercicio analítico de creatividad e imaginación que tiene por objeto mirar hacia adelante, atisbar lo que podría traer el porvenir ante un número limitado de transformaciones o cursos de acción. Sin embargo, este tipo de ejercicios no pretende adivinar, predecir, profetizar, pronosticar o tratar de determinar *cómo será* el futuro de la migración, sino más bien imaginar razonadamente *cómo podría ser* si ocurriese una serie de condiciones específicas (posibles, probables o deseables).

mexicana en edad de trabajar tanto en el país como en sus diversas regiones? ¿A partir de cuál momento será notorio el efecto de la declinación de la fecundidad observada en México desde finales de los años sesenta en el crecimiento de la oferta potencial de fuerza de trabajo? ¿Cuál sería el efecto demográfico de mantener constantes las actuales tasas de migración hacia los Estados Unidos? ¿Cuál podría ser la contribución potencial de las tendencias demográficas para mitigar las presiones migratorias en México?

Una investigación reciente, con base en las proyecciones de población nacionales y estatales elaboradas por el Consejo Nacional de Población, exploró las implicaciones de dos posibles escenarios demográficos para el periodo 1996-2010.[53] En el primero de ellos se asumió que las tasas netas de migración internacional permanecían constantes y, en el segundo, de carácter *contrafactual*, se supuso que la población mexicana permanecía "cerrada" a la migración en todo el horizonte de proyección. El estudio citado concentró su atención en el grupo de edades de 15-44 años,[54] y las 32 entidades federativas del país fueron agrupadas en cuatro grandes conjuntos: norte, centro, sur-sureste y la región de alta tradición migratoria hacia el vecino país del norte.

Al comparar los resultados de ambas proyecciones se obtuvo, en el nivel nacional, una diferencia acumulada de 3.5 millones de personas de entre 15 y 44 años en 2010,[55] que constituiría el efecto neto (directo e indirecto) de la migración al exterior (manteniendo tasas constantes) entre 1996 y 2010. Esta cifra representa alrededor de 25% del incremento esperado en la población nacional de ese grupo de edad durante el periodo de proyección.[56] En la región tradicional de emigración, la pérdida neta de población atribuida a los movimientos externos representaría más de 46% del incremento poblacional esperado, en tanto que en la región norte ascendería a 20%, en la región centro equivaldría a 21% y en la región sur-sureste, a 3% (véase gráfica 9). Estos resultados indican que la migración internacional podría desempeñar en el futuro un papel cada vez más determinante en la dinámica demográfica de la población tanto nacional como de algunas regiones del país.

Un signo promisorio identificado por este ejercicio de prospectiva de-

[53] Al respecto véase J. Gómez de León y R. Tuirán, "La migración mexicana hacia Estados Unidos: continuidad y cambio" en Informe del *Estudio binacional México-Estados Unidos sobre migración*, Apéndice técnico, Washington y México, 1996.

[54] Se eligió este grupo porque es donde se observan las tasas de emigración más elevadas y el que concentra, de acuerdo con los resultados de la CPS de 1994 y 1995, alrededor de 70% del *stock* de mexicanos residentes en los Estados Unidos en esos años.

[55] De este total, 2.0 millones corresponderían a la población masculina y 1.5 millones, a la población femenina.

[56] La proporción se eleva en el caso de los hombres a 28% y en el de las mujeres, a 22%.

GRÁFICA 9. *Población de 15 a 44 años de edad por región de residencia en México: escenarios con migración y sin migración internacional (1996-2010)*

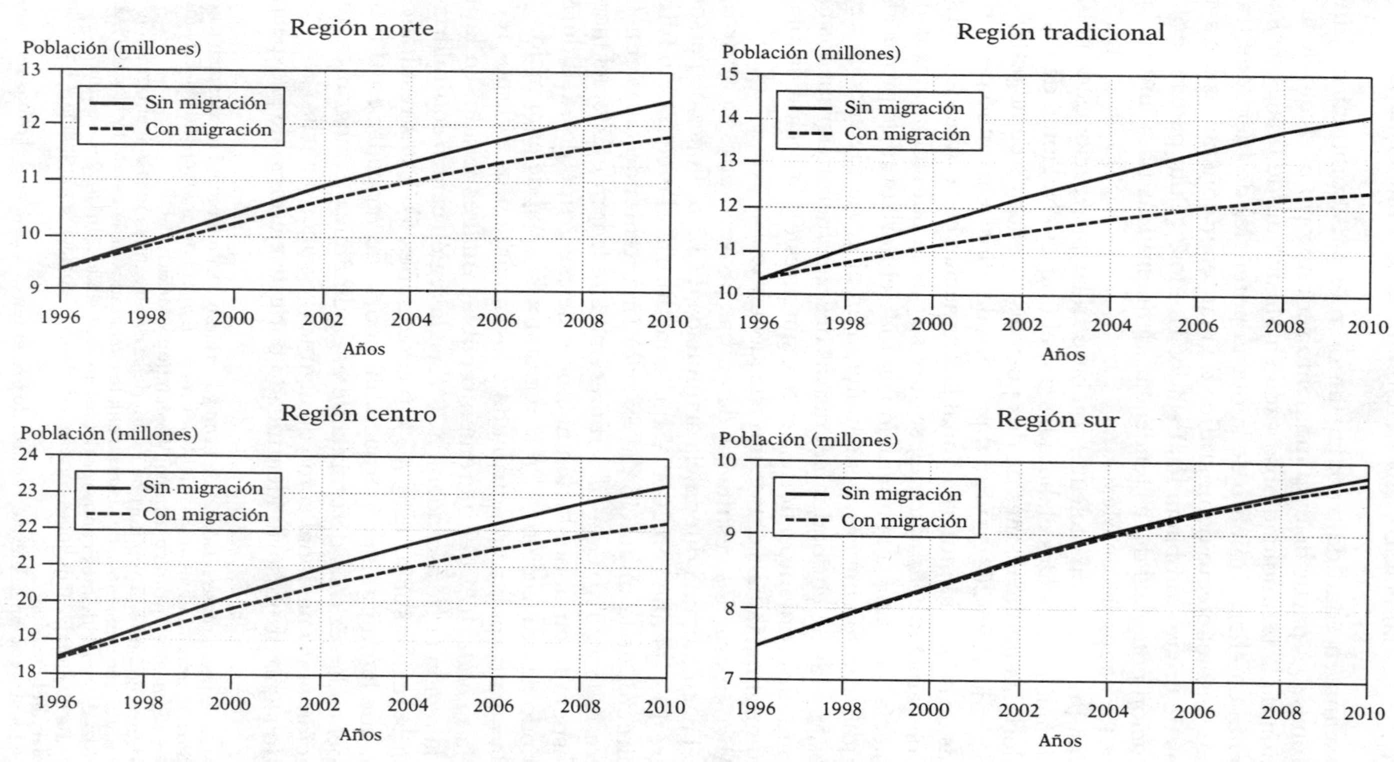

FUENTE: Gómez de León y Tuirán, 1997.

mográfica es el cambio esperado a mediano y largo plazos en los incrementos anuales de la población perteneciente al grupo de 15 a 44 años de edad, cuya evolución se ha visto dominada hasta ahora por la *inercia demográfica.*[57] En el pasado, las adiciones anuales de dicho grupo aumentaron muy rápidamente, hasta estabilizarse en un máximo cercano a 1.3 millones de personas en 1990. Si bien a partir del siguiente año comenzó a disminuir el incremento anual de individuos en esas edades, tal reducción sigue siendo moderada, aunque se acelerará en la primera década del siglo XXI, hasta alcanzar en el año 2010 un incremento anual promedio equivalente a la mitad del ocurrido durante los primeros años de la década de los noventa (entre 650 000 y 700 000).[58] En el plano regional se advierte una tendencia similar a la ya esbozada para el país en su conjunto.

Este análisis pone de manifiesto que si bien el grupo 15-44 años todavía verá marcado su crecimiento en el mediano y largo plazos por efecto de la inercia demográfica, su efecto empezará a atenuarse gradualmente, lo que en el futuro podría contribuir, *ceteris paribus,* a acelerar la transformación de las condiciones estructurales en las que funciona el mercado laboral mexicano en materia de empleo y, por esta vía, a mitigar gradualmente las presiones migratorias desde México.

Crecimiento económico, libre comercio y migración

Un acontecimiento trascendental que tiene importantes repercusiones para la evolución futura de la migración es la entrada en vigor del Tratado de Libre Comercio (TLC) entre Canadá, los Estados Unidos y México a partir de enero de 1994.[59] Para México el TLC representa un paso decisivo para transitar de una estrategia de desarrollo basada en la industrialización sustitutiva de importaciones hacia otra que descansa en la reinserción de la economía mexicana en el contexto internacional, la participación activa en la globalización y la consolidación de la apertura y restructuración de la economía. Muchos análisis coinciden en señalar que el nuevo modelo de desarrollo y la puesta en marcha del TLC tenderán a favorecer la aceleración del crecimiento económico de México.

57 La inercia se expresa en la adición de numerosos efectivos de población, incluso en un escenario de desaceleración del crecimiento.

58 En el plano regional se advierte una tendencia similar a la ya esbozada para el país en su conjunto.

59 El TLC representa una respuesta estratégica de la región para hacer frente a la competencia en los mercados que proviene de otros bloques económicos en surgimiento y prevé la eliminación desde su puesta en marcha y por periodos de hasta 5, 10 y 15 años, de las tarifas arancelarias de bienes manufacturados y productos agrícolas importados provenientes de los países firmantes.

Sin embargo, no hay consenso respecto del posible efecto que tendrán dichos cambios sobre la migración. En la bibliografía sobre el tema, el debate ha dado lugar a otras cuatro principales hipótesis que señalan que dichas reformas:[60]

1) *Pueden conducir a una reducción del flujo de trabajadores migrantes.* Un crecimiento sostenido de la economía, impulsado por el libre comercio, contribuiría a incrementar las oportunidades de trabajo y los salarios en México y, por dicha vía, a reducir los incentivos para migrar a los Estados Unidos.[61]

2) *Pueden traer consigo una aceleración del flujo de trabajadores migrantes.* La restructuración económica y el libre comercio pueden contribuir a intensificar el desplazamiento laboral de trabajadores que, en ausencia de otras opciones y oportunidades laborales, tenderían a migrar a los Estados Unidos.[62]

3) *Pueden no tener un efecto visible sobre la migración.* El nuevo patrón de desarrollo, impulsado por el libre comercio, conduciría al desplazamiento de cierto tipo de trabajadores en México y a la inserción productiva de otros efectos que en el balance neto podrían quedar cancelados. El resultado sería la continuación de las tendencias observadas en los años recientes, lo cual entrañaría que la migración prosiga con sus niveles actuales o bien que se incremente gradualmente.

4) *Pueden tener efectos diferenciales en el tiempo sobre el flujo de trabajadores migrantes.* De acuerdo con esta hipótesis, las reformas económicas y el TLC pueden contribuir a incrementar la migración desde México en

[60] Al respecto véase P. Smith, "NAFTA and Mexican migration", en Frank Bean *et al.*, *At the Crossroads. Mexico and the U. S. Immigration Policy,* Lanham, Rowman and Littlefield Publishers, 1997.

[61] De acuerdo con la teoría neoclásica, la reducción y eliminación de las barreras comerciales da lugar a una asignación y utilización más eficiente de los recursos productivos. En este contexto, los países pueden concentrar su esfuerzo productivo en generar los bienes para los cuales cuentan con ventajas comparativas; se supone que hacerlo tendría efectos favorables sobre el empleo y los salarios; por tanto, sobre la reducción de las disparidades económicas entre los países, lo que podría transformar las condiciones que determinan los movimientos migratorios internacionales y restar incentivos a la migración. Además, en un mercado abierto y ampliado se obtendrían beneficios adicionales por la explotación de las economías de escala. Como corolario se sigue que los flujos de bienes y de recursos financieros entre países con diferentes dotaciones de factores económicos pueden ser un sustituto casi perfecto de la movilidad de la fuerza de trabajo en el corto y largo plazos, lo cual reduciría los incentivos que sostienen la migración.

[62] Esta hipótesis supone que comercio y migración pueden ser complementarios en lugar de sustitutivos. La liberalización comercial, al crear nuevas oportunidades de empleo en los países expulsores, puede contribuir a proveer los medios para financiar la migración internacional y, por tanto, a incrementar su intensidad. Alternativamente, el libre comercio pueden producir efectos devastadores sobre las unidades productivas pequeñas y medianas, las cuales son más intensivas en el uso de la fuerza de trabajo, lo cual incrementaría las presiones migratorias.

el corto y mediano plazos, aunque en última instancia ésta tendería a disminuir conforme el libre comercio contribuya a reducir las disparidades económicas y el diferencial salarial entre los dos países. Se prevé que un estrechamiento de las diferencias salariales entre los dos países contribuiría a reducir las ganancias esperadas de la migración y estimularía a que más migrantes potenciales permanezcan en México.[63]

Algunas preguntas decisivas que se derivan de varias de estas hipótesis son: ¿las brechas entre ambos países podrán aminorarse en el futuro?, y, de ser así, ¿a partir de cuál momento? La Comisión para el Estudio de la Migración Internacional y el Desarrollo Económico Cooperativo[64] reconoció en 1990 que el ingreso per cápita es 10 veces más alto en los Estados Unidos que en México, y que a nuestro país le tomaría varias décadas igualar el nivel de ingresos per cápita de la nación vecina, aun si el TLC lograra inducir un rápido crecimiento económico. Para ilustrar este punto, supóngase que el ingreso per cápita en México creciera a un ritmo de 3% anual y sólo al 1% anual en los Estados Unidos. Con estas tasas de crecimiento, el proceso de igualación de ingresos llevaría alrededor de 116 años.

Como se advertirá, la tarea de aliviar las presiones migratorias no es fácil ni habrá de alcanzarse en el corto plazo. Si se acepta que el problema de migración mexicana hacia los Estados Unidos tiene un origen, al menos parcialmente, en las condiciones estructurales que determinan la operación del mercado laboral mexicano, resulta evidente que el único medio para absorber de manera productiva la abundante oferta laboral, aumentar de manera significativa los niveles de productividad y los salarios y acortar las brechas existentes entre ambos países, es impulsar y lograr durante largo tiempo un crecimiento económico vigoroso y sostenido en un lapso de varias décadas. Asimismo, habrá de reconocerse que sus efectos pueden variar según las modalidades que adopte. A menudo se plantea que sólo por esta vía será posible mitigar las presiones

[63] Los supuestos de la teoría económica neoclásica que postula que el comercio puede ser un sustituto casi perfecto de la movilidad de la fuerza de trabajo raras veces se cumplen en la realidad. La crítica hacia éstos ha dado lugar a una serie de planteamientos alternativos de los efectos de la liberalización comercial sobre la migración. Una de ellas, la hipótesis del *migration hump* (o de efectos diferenciales en el tiempo sobre la migración), se basa en tres supuestos básicos: que comercio y migración son complementarios en el corto plazo; que ambos son sustitutos en el largo plazo; que la duración y la amplitud de esta transición es relativamente corta. De acuerdo con tal hipótesis, las reformas comerciales contribuyen a incrementar la migración, ya sea porque dan lugar a un desplazamiento de fuerza de trabajo de los sectores más vulnerables o, paradójicamente, porque las nuevas oportunidades económicas permiten a los trabajadores acumular los recursos necesarios para emigrar. De acuerdo con dicha interpretación, cualquiera de estos dos procesos (o ambos) podría acentuar la migración en el corto y mediano plazos, aunque a fin de cuentas ésta tendería a disminuir en el largo plazo conforme el libre comercio contribuyera a reducir las disparidades económicas y el diferencial salarial entre dos países.

migratorias, disminuir las ganancias esperadas del movimiento y fomentar el arraigo de las personas en sus lugares de origen.

El derrotero que siga en los próximos años el nuevo patrón de desarrollo permitirá tener mayor certidumbre en torno a sus efectos de mediano y largo plazos sobre los patrones migratorios. Con el fin de explorar algunos posibles efectos de corto, mediano y largo plazos de la evolución de la economía mexicana y norteamericana sobre la migración internacional, un estudio reciente identificó varios escenarios opcionales,[65] cuya construcción tomó en cuenta la dirección en la que operan las variables relevantes y simuló cambios en ellas durante un horizonte de 34 años (1997-2030). Los autores citados supusieron dos tipos de condiciones básicas: las que operan en el sentido de aliviar las presiones migratorias o bien las que las agudizan. Los dos escenarios básicos son los siguientes: *1) economía alta:* supone que el nuevo modelo de desarrollo mexicano —estimulado por el TLC— será capaz de retomar la senda del crecimiento rápido y sostenido, como ocurrió en la mejor época del llamado desarrollo estabilizador (1954-1970), con repercusiones positivas en el empleo y los salarios reales, que posibilitarían una reducción significativa de las disparidades económicas entre México y los Estados Unidos;[66] *2) economía baja:* asume que el desempeño económico de México continuará siendo errático durante las próximas décadas, como lo ha sido durante los últimos 15 años.[67]

[64] Citado por D. Acevedo y T. Espenshade, "Implications of a North American Free Trade Agreement for Mexican migration into the United States", *Population and Development Review,* vol. 18, núm. 4, 1992.

[65] R. Tuirán, V. Partida y J. L. Ávila, "Economic Growth".

[66] Esta hipótesis es consistente con los pronósticos económicos de mediano plazo y con las expectativas nacionales de que para recuperar los niveles de bienestar previos a la crisis de 1982 es necesario mantener un ritmo elevado de crecimiento en los próximos años. Según este escenario, el PIB crecería a un ritmo de 5% promedio anual entre 1997 y 2015, y luego descendería linealmente hasta alcanzar 3% en 2030; la razón de salarios se reduciría de 4.87 en 1996 a 2.71 en el 2015 y a 1.0 en 2030; y la tasa de desempleo abierto de México, de 1996 (5.5%) se reduciría en 2030 al mínimo observado durante el periodo 1970-1996 (2.6%), mientras que la tasa de desempleo de los Estados Unidos de 1996 (5.4%) aumentaría en 2030 al máximo observado durante el periodo antes indicado (9.7%).

[67] Como se recordará, un escenario externo adverso y el agotamiento del modelo de sustitución de importaciones determinaron entre 1982 y 1987 un ajuste y restructuración que desembocó en una recesión inflacionaria e importantes salidas de capital para cubrir el servicio de la deuda externa. Más tarde, entre 1988 y 1994, la renegociación de la deuda externa y la reactivación del flujo de capital externo estimularon el crecimiento del PIB y, en menor medida, del ingreso real. De nueva cuenta, la recuperación de la economía nacional fue interrumpida abruptamente por la crisis financiera de 1995. En este escenario, el PIB se reduciría linealmente de 5.09% en 1996 a 1.5% en 2000 y se mantendría constante en ese valor durante el resto del horizonte de proyección (2000-2030), que es la tasa de crecimiento promedio anual observada entre 1982 y 1996; la tasa de desempleo abierto de 1996 (5.5%) aumentaría en 2030 al máximo observado durante el periodo 1970-1996 (8%), mientras que la tasa de desempleo de los Estados Unidos en 1996 (5.4%) disminuiría en 2030 al mí-

GRÁFICA 10. *Suma de las tasas de emigración de mexicanos hacia los Estados Unidos según cinco hipótesis de migración futura, 1970-2030*

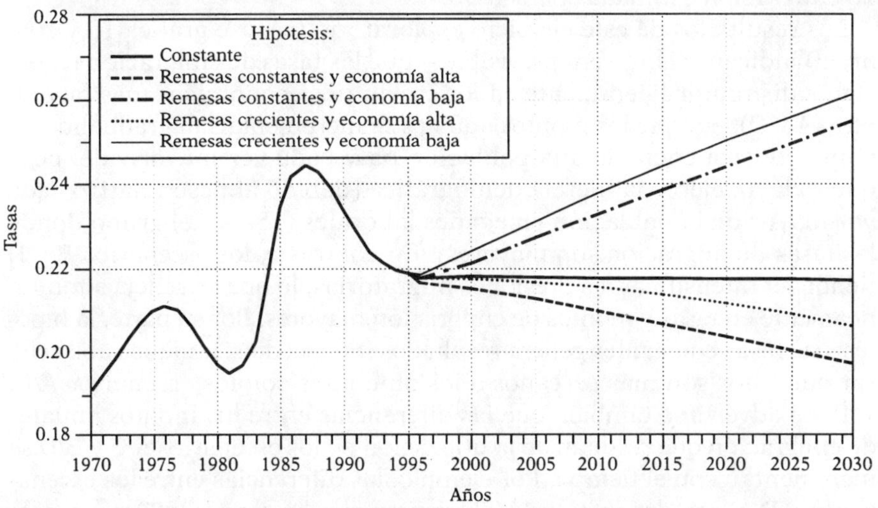

FUENTE: Tuirán, Partida y Ávila, "Economic Growth".

CUADRO 2. *Número anual de emigrantes mexicanos hacia los Estados Unidos, 1996-2030, según diferentes hipótesis*

Año	*Tasas de emigración constantes*	*Hipótesis*			
		A	*B*	*C*	*D*
1996	346066	346066	346066	346066	346066
2000	369190	365759	375475	369174	378758
2005	389093	380822	405504	387948	411991
2010	403485	389786	430383	399871	439086
2015	418599	398606	456452	411064	466609
2030	434951	396560	503444	412725	514314

FUENTE: R. Tuirán, Virgilio Partida y José Luis Ávila, "Economic Growth".

Tales escenarios se combinaron con otras dos hipótesis opcionales relativas al comportamiento futuro de las remesas: A (economía alta y remesas per cápita constantes), B (economía baja y remesas per cápita constantes), C (economía alta y remesas per cápita que aumentan) y D (econo-

nimo observado durante el periodo antes indicado (4.9%); y la razón de salarios de 1996 (4.87) se incrementaría a 10.3 en 2015 y a 14.60 en 2030. Esta última cifra es casi el doble del máximo histórico observado entre 1970 y 1996 (7.55).

mía baja y remesas per cápita que aumentan). Un quinto y último escenario, que sirve de referencia, se deriva de mantener constantes las tasas de emigración estimadas para 1996.

Los resultados de este ejercicio exploratorio (véanse gráfica 10 y cuadro 2) indican —como era previsible— que las tasas de emigración tenderían a disminuir ligeramente en los escenarios económicos más favorables (A y C), aunque los montos anuales se incrementarían gradualmente como consecuencia de una población base cada vez mayor y del peso que todavía ejerce la inercia demográfica [debido al peso relativo cada vez mayor de la población en edades laborales (15-44), el grupo donde las tasas de migración son mayores]. En contraste, los escenarios B y D tienden a intensificar las presiones migratorias, lo que se refleja simultáneamente en tasas y montos de emigración mayores. Por su parte, la hipótesis de tasas constantes genera resultados intermedios, aunque cabe aclarar que éstos son más cercanos a los obtenidos con los escenarios A/C.

Debe advertirse también que las diferencias entre los montos anuales de emigración que resultan de la utilización de los escenarios A/C y B/D se incrementan con el tiempo. Por ejemplo, las diferencias entre los escenarios A y D pasan de tan sólo 13 000 emigrantes en el año 2000 a cerca de 31 000 en el 2005, 50 000 en el 2010, 68 000 en el 2015 y 118 000 en el 2030.

Tales resultados parecerían estar indicando que aun en condiciones económicas relativamente óptimas (escenarios A y C), la emigración proseguiría su curso tanto en el corto y mediano plazos como en un horizonte de tiempo mayor, impulsadas por la escala alcanzada por el fenómeno migratorio y sus efectos acumulativos en el tiempo.[68] Este hecho se advierte en la presencia cada vez mayor de la población nacida en México que reside en los Estados Unidos y en la constante ampliación de las redes complejas (alimentadas por los lazos familiares, las relaciones de parentesco, los nexos comunitarios y los contactos laborales trabajadores-empresarios) que contribuyen a darle persistencia al flujo.

Como consecuencia de la eventual persistencia de los flujos de emigración hacia los Estados Unidos, se prevé que la población nacida en México residente en el vecino país podría verse incrementada significativamente en cualquiera de los escenarios previstos (véanse gráfica 11 y cuadro 3). Más aún, los resultados de este ejercicio prospectivo indican que no es sino hasta el muy largo plazo, a partir del año 2015 en adelante,

[68] Las previsiones citadas no pueden considerarse de niguna manera como un pronóstico de los flujos probables. Tan sólo intentan explorar las consecuencias migratorias que podría desencadenar un número limitado de transformaciones de índole económica, sin considerar para ello algunas de las condiciones sociales requeridas para acomodar flujos de esa escala, así como las respuestas políticas dirigidas a hacer frente a muchos de sus aspectos problemáticos.

GRÁFICA 11. *Población nacida en México residente en los Estados Unidos según cinco hipótesis de migración futura, 1970-2030*

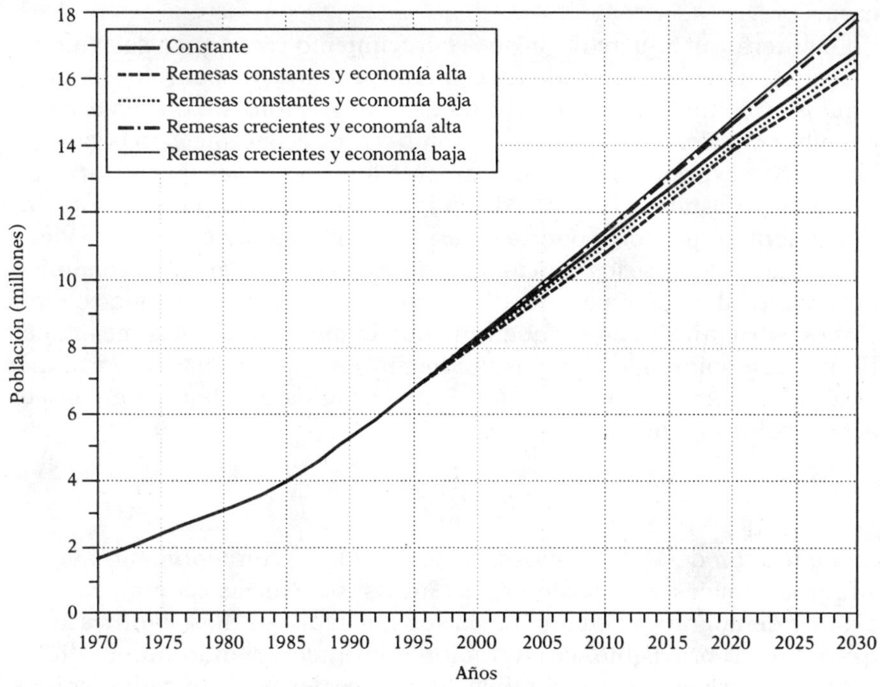

FUENTE: Tuirán, Partida y Ávila, "Economic Growth".

CUADRO 3. *Población nacida en México residente en los Estados Unidos, 1996-2030 según diferentes hipótesis*

Año	*Tasas de emigración constantes*	*Hipótesis*			
		A	*B*	*C*	*D*
1996	7 033 361	7 033 361	7 033 361	7 033 361	7 033 361
2000	8 173 689	8 167 004	8 186 562	8 173 825	8 193 194
2005	9 654 526	9 619 614	9 722 447	9 652 320	9 753 198
2010	11 150 762	11 63 513	11 322 320	11 137 468	11 389 405
2015	12 647 260	12 480 863	12 971 142	12 607 641	13 082 351
2030	16 885 995	16 322 957	17 945 220	16 646 252	18 199 786

FUENTE: Rodolfo Tuirán, Virgilio Partida y José Luis Ávila, "Economic Growth".

cuando se aprecian importantes diferencias demográficas entre los escenarios previstos.

Lo anterior no quiere decir que el crecimiento económico sostenido y la reducción de las disparidades económicas entre México y los Estados Unidos no influyen sobre los niveles de la migración. Aunque en el corto y mediano plazo el cambio hacia condiciones económicas más favorables sólo se expresa en flujos ligeramente inferiores a los que resultan de mantener constantes las tasas de emigración, el efecto positivo sobre el movimiento migratorio podría dejarse sentir cada vez con mayor vigor en el largo plazo si se logra mantener un ritmo de crecimiento económico lo bastante alto como para modificar de manera significativa las condiciones estructurales en las que funciona el mercado laboral mexicano. En nuestra opinión, dichos resultados introducen algunas importantes precisiones y matices a las hipótesis que en el pasado han dominado el debate sobre el tema.

Conclusiones

La migración de México a los Estados Unidos es un fenómeno que ha adquirido una escala considerable. Sus consecuencias económicas, sociales y demográficas en ambos países son cada vez más significativas. En el futuro previsible, la migración continuará siendo una realidad continua, permanente e ineludible. Si hoy residen en los Estados Unidos alrededor de ocho millones de personas nacidas en México, es posible que en las próximas dos décadas veamos duplicarse el tamaño de dicha población. La fuerza de las cifras previstas exige hacer frente a este fenómeno con nuevos instrumentos y enfoques más flexibles, globales e integrales.

Las definiciones y percepciones contrastantes de ambos países acerca de la índole, magnitud, causas y consecuencias del fenómeno migratorio a menudo han tendido a acentuar las tensiones bilaterales, a entorpecer el diálogo y a oscurecer la convergencia de intereses en esta materia.[69] A ello debemos agregar que el debate sobre la migración en los Estados

[69] Las posiciones de ambos gobiernos han sufrido frecuentes adaptaciones y actualizaciones, según el ritmo impuesto por las distintas coyunturas y circunstancias que marcan la vida de cada nación —principalmente las de índole económica y política— y los cambios percibidos en la migración, principalmente la indocumentada. Además, debe tenerse en cuenta que en ambos países no ha habido un consenso claro y estable acerca de cómo hacer frente a este fenómeno. En los dos países privan intereses económicos y políticas en opiniones, orientaciones de política y acciones no exentas de tensiones y contradicciones internas. Al respecto véase G. Freeman y F. Bean, "Mexico and U. S. Worldwide Immigration Policy", en Frank Bean *et al.*, *At the Crossroads. Mexico and the U. S. Immigration Policy,* Lanham, Rowman and Littlefield Publishers, 1997.

Unidos se ha conducido con frecuencia en tono alarmista.[70] La tendencia dominante ha sido estereotipar a los migrantes.[71] Tales definiciones siembran animadversión, alimentan el resurgimiento de nuevas formas de racismo, xenofobia e intolerancia y suelen conducir a actitudes de violencia tan innecesarias como repudiables. Consecuentes con estas definiciones, diversos sectores del gobierno y de la sociedad estadunidenses han demandado detener la migración indocumentada mediante la adopción de medidas y de acciones unilaterales, como el reforzamiento de la vigilancia fronteriza y el levantamiento de muros y bardas en los límites con México.[72]

Dadas las considerables disparidades económicas entre México y los Estados Unidos, es evidente que mediante el simple control fronterizo o el reforzamiento policiaco no podrá administrarse o regularse adecuadamente el flujo migratorio entre ambas naciones. De hecho, los esfuerzos por contener la migración con estas y otras medidas similares han fallado invariablemente en el pasado. A menudo, tal tipo de respuestas ha tenido efectos perversos.[73] Lejos de concebir la frontera como un espacio para erigir nuevos muros y bardas, ambos gobiernos deben aspirar a verla convertida en una zona de oportunidad y convivencia amistosa, así como en un punto de referencia para los Estados vecinos de todo el mundo.

Una solución constructiva y de fondo al problema de la migración exige un enfoque bilateral que tenga como marco más amplio las cuestiones del desarrollo, la asimetría y la integración económica cada vez mayor entre ambos países.[74] En dicho contexto, México y los Estados Unidos harán frente tarde o temprano a la disyuntiva de decidir si el entendimiento comercial puede ser seguido o complementado por un nuevo entendi-

[70] No debe sorprender que en 1996, año electoral, se desatara en la Unión Americana una espiral antiinmigracionista, y que dicho tema fuera pretexto de proselitismo electoral.

[71] Con frecuencia se les define como "transgresores" de la legislación migratoria, como usurpadores que toman los puestos de trabajo que por derecho pertenecen a los ciudadanos estadunidenses y como responsables directos de muchos males sociales.

[72] T. Espenshade y M. Belanger, "U. S. public perceptions and reactions to Mexican migration", en Frank Bean *et al.*, *At the Crossroads. Mexico and the U. S. Immigration Policy*, Lanham, Rowman and Littlefield Publishers, 1997.

[73] S. Weintraub, "U. S. foreign policy and Mexican immigration", en Frank Bean *et al.*, *At the Crossroads.*

[74] Así parece haberlo reconocido la Comisión para el Estudio de la Migración Internacional y el Desarrollo Económico Cooperativo (Commission for the Study of International Migration and Cooperative Economic Development), que fue creada por el Congreso de los Estados Unidos por mandato de la Ley de Control y Reforma de la Inmigración (IRCA, por sus siglas en inglés). Esta instancia concluyó, en su informe final presentado en julio de 1990 al Senado de los Estados Unidos, que el desarrollo y el acceso a nuevos y mejores empleos es la solución duradera en los países de origen de la migración para reducir gradualmente las presiones migratorias y manifestó la convicción de que el crecimiento del comercio entre los Estados Unidos y esos países es la medida más importante que podría tomarse para remediar a largo plazo el problema de la migración.

miento migratorio. Este hecho señala la necesidad de motivar el diálogo permanente entre los gobiernos de ambos países para lograr articular, a partir de una cooperación respetuosa de las soberanías nacionales, opciones de acción y soluciones integrales y de largo plazo.

México y los Estados Unidos han venido realizando en los últimos años un importante esfuerzo para establecer un diálogo constructivo y fortalecer los canales de comunicación y los mecanismos de consulta en muy diversas materias. De hecho, la relación entre ambos países ha evolucionado gradualmente del distanciamiento, la confrontación y el unilateralismo a una actitud pragmática de apertura y colaboración, en aras de encontrar solución a los problemas que plantea la frontera común. Sin embargo, en materia migratoria aún resta mucho por hacer. Los logros, aunque importantes, siguen siendo modestos, por lo que se requiere revisar y ampliar la agenda bilateral en la materia con el fin de trascender el acento respectivo actual, encapsulado en las estrategias de protección a los migrantes o en el control de la frontera.

Es claro que cualquier proceso de diálogo y concertación obliga a articular con claridad las posiciones de las partes y a definir con precisión los objetivos que se persiguen mediante el acercamiento mutuo, lo que exige trascender la simple formulación de principios y postulados. Ambos países deberán elegir entre diversas opciones y pagar en el futuro el costo de las demoras y las vacilaciones. En este proceso, México tendrá que decidir si se resigna a aceptar y a vivir permanentemente con cuantiosas corrientes migratorias o bien busca contener, de manera realista e imaginativa, la emigración de sus nacionales.[75] Por esta razón, se requiere promover la reflexión sobre las opciones disponibles y valorar cuidadosamente las posiciones de los principales actores políticos en el país. Al mismo tiempo, es preciso avanzar en la construcción de consensos internos.[76] Ello significa, entre otras muchas tareas, desarrollar un análisis objetivo, equilibrado y más preciso de la realidad migratoria, así como multiplicar los espacios para alentar la elaboración de propuestas imaginativas en la materia.

[75] Recordemos que todo proyecto de nación debe, por definición, ser incluyente y ofrecer las oportunidades que requieren y demandan sus nacionales para que, en la medida de lo posible, no tengan que salir al exterior a buscar opciones de mejoramiento que en su país no encuentran.

[76] Al respecto véase F. Alba, "La política migratoria mexicana después de IRCA", *Estudios Demográficos y Urbanos*, vol. 1, núm. 1, 1999.

LA INMIGRACIÓN HACIA MÉXICO

Manuel Ángel Castillo

ANTECEDENTES HISTÓRICOS DE LA INMIGRACIÓN EN MÉXICO

El poblamiento de México ha transitado por etapas en las que los componentes de la dinámica demográfica han mostrado comportamientos diferentes. En general, el papel de la inmigración no ha sido significativo en términos absolutos respecto del volumen total y del ritmo de crecimiento de la población. Su contribución se ha caracterizado más bien por sus aspectos cualitativos o por la importancia limitada que ha tenido en ámbitos regionales o microrregionales. A su vez, la llegada y recepción de extranjeros en el territorio nacional ha sido un proceso fluctuante, ambiguo y contradictorio: para algunos autores (González Navarro, 1994, vol. III: 47-191), ha oscilado entre demostraciones y actitudes de xenofobia o de xenofilia.

Después de la conquista y la colonización, el aporte de la inmigración fue significativo, aunque en términos relativos, dada la acelerada declinación de la población indígena. Durante el periodo colonial, el arribo continuo de peninsulares propició el crecimiento de la población española, la cual se constituyó sobre la base de —para algunos autores— una "República de los españoles", en contraposición a la "República de los indios" (Alba, 1979: 13). Aunque esa polarización se manifestó en diversos planos de la realidad, también habría que considerar algunos matices importantes desde el punto de vista demográfico. En primer lugar, cabe resaltar el proceso de mestizaje entre españoles e indios, cuyo producto y descendencia caracteriza a la larga de manera preponderante a la población mexicana. En menor escala, la presencia de población negra originaria de flujos de esclavos tuvo, a su vez, alguna importancia, pues experimentó también un proceso de mestizaje y asimilación probablemente más integral, sobre todo en algunas regiones del país.

Desde el punto de vista de política de población, el siglo XIX fue escenario de iniciativas explícitas en materia de inmigración. El criterio prevaleciente a lo largo del periodo posterior a la Independencia fue considerar el poblamiento del territorio como la vía para la utilización amplia y productiva de las que se consideraban enormes riquezas naturales y, por lo tanto, resultó la base de una estrategia de desarrollo nacional. En ese contexto, el fomento a la inversión extranjera y a la inmigración fueron algunos de los pasos emprendidos por los gobiernos de la nueva república, cuyos efectos probablemente alcanzaron su mayor expresión durante el último cuarto del siglo.

Los resultados de esa práctica, sin embargo, no correspondieron a las expectativas. Se hicieron amplios esfuerzos por remontar el rezago frente al éxito en la atracción de europeos —sobre todo— logrado por los Estados Unidos y Canadá, así como por los países sudamericanos. No obstante, México enfrentó diversas dificultades para igualar las cifras absolutas o relativas que otros países continentales lograron durante ese periodo. Los esfuerzos gubernamentales quedaron muy por debajo de las metas fijadas; luego, se dio oportunidad para que los programas de colonización fueran emprendidos por particulares, pero los resultados tampoco variaron mucho. En todo caso, parece haber sido más bien la dinámica de la inmigración autónoma —diferenciada de la colonización inducida— la que marcó más fuertemente el proceso de arribo e inserción de población extranjera en México durante ese lapso.

Diversos fueron los argumentos para explicar las razones del fracaso del experimento colonizador. Por una parte, se criticó la exageración en los atractivos y riquezas nacionales, comparada con las facilidades que otros territorios ofrecían a los inmigrantes de ultramar. Por otra, al parecer las condiciones objetivas, producto de la inestabilidad de la economía y de la sociedad en general, resultaron dificultades concretas y elementos poco atractivos para los extranjeros que trataron de establecerse en el país.

Hacia finales del siglo XIX ya se registraba la inmigración de diversas procedencias y su presencia se hizo notoria: en algunos casos se debió a la proporción que constituía del total de extranjeros; en otros, a su importancia económica y social en ámbitos territoriales específicos y, en otros más, al hecho de tratarse del inicio de inmigraciones posteriores. Entre ellas merecen mencionarse los grupos de italianos, españoles, franceses, belgas, judíos, turcos, libaneses, rusos, alemanes, canadienses, ingleses, japoneses, chinos, estadunidenses y guatemaltecos (González Navarro, 1994, vol. II).

Cabe también resaltar en las postrimerías del siglo pasado la política de formación de colonias con estadunidenses (particularmente en territorios fronterizos del norte), algunas con características de comunidades de orden religioso, como es el caso de los mormones en Chihuahua y Sonora. También se establecieron colonias con guatemaltecos en el sur, no exentas de problemas diversos (algunos de ellos vinculados con la historia de la definición de límites entre ambas naciones); tales colonos fueron un antecedente de relación con otros grupos procedentes de ese país vecino. Posteriormente fueron asimilados y nacionalizados, hecho que más tarde les permitió incluso obtener tierras en propiedad (González Navarro, 1994, vol. II).

Las posiciones frente a la inmigración fueron desde aquel entonces diversas y, en algunos casos, incluso de enfrentamiento abierto. Se esgrimían argumentos de escasa o dudosa fundamentación, que oscilaban entre las ya citadas xenofobia y xenofilia. Por momentos se aducía preferir a los blancos, de origen latino y no anglosajón, por su capacidad laboral y su proximidad cultural a la sociedad mexicana. Por otra parte, se rechazaba en forma moderada a los negros y, en mayor medida, a los chinos, hacia quienes empezó a cultivarse un profundo racismo. Con estos últimos se llegó a extremos vergonzosos, pues no bastaron las medidas de persecución, expulsión y prohibición de ingreso (Hu-Dehart, s. f.; Chu, 1992), sino que incluso hubo matanzas en el contexto de las luchas revolucionarias (Jacques, 1979; Puig, 1992).

LA INMIGRACIÓN LABORAL DOCUMENTADA EN EL SIGLO XX

El aporte de la inmigración al poblamiento del país

Se reconoce en forma generalizada que un rasgo persistente en el comportamiento de la inmigración a lo largo de la mayor parte del siglo XX ha sido su escasa aportación cuantitativa a la dinámica demográfica nacional. La mayor parte de los trabajos sobre el crecimiento total de la población del país ha descartado tradicionalmente la contribución del componente "migración internacional" en sus dos vertientes —emigración e inmigración— y se ha concentrado en el aporte del crecimiento natural: fecundidad y mortalidad. Sea por la ausencia de información confiable sobre los saldos netos migratorios, o porque se supone que desempeña *un papel muy secundario respecto del crecimiento de la población total del país* (Alba, 1979: 26), para propósitos de estimación o medición (y durante mucho tiempo) se le consideró básicamente como una población cerrada (entre otros, CEED, 1981; Ordorica, 1990).

Documentos oficiales afirman que "la migración internacional no parece haber desempeñado un papel determinante en la dinámica demográfica del país en las primeras cinco o seis décadas de este siglo" (Poder Ejecutivo Federal, s. f.: 17). Sin embargo, más recientemente se ha tratado de redimensionar la contribución cuantitativa que el crecimiento social ha tenido en los decenios inmediatamente anteriores. Así, se ha tratado de precisar la participación cada vez mayor de la migración internacional en la dinámica de la población nacional (por ejemplo,

Ordorica, 1994). En este aspecto, el consenso generalizado es que el efecto mayoritario proviene de la emigración y que, por lo tanto, sus saldos afectan negativamente al ritmo de crecimiento de la población total del país. Se calcula que en los años recientes ha ocurrido *una pérdida anual aproximada de 290 000 personas, lo que significa una reducción en la tasa de crecimiento total de la población calculada en –0.32%* (Poder Ejecutivo, s.f.).

Por su parte, es generalizada la impresión de que la inmigración ha sido, y aún es, poco significativa; a la fecha continúa siendo el componente demográfico menos conocido. Parte de ese desconocimiento tiene que ver con las deficiencias crónicas de los registros oficiales del movimiento de extranjeros, tanto de los que ingresan en el país como de los que abandonan el territorio nacional. Dichas carencias y limitaciones de información se derivan a su vez de la escasa importancia atribuida durante mucho tiempo a las internaciones y salidas de extranjeros, particularmente a las que ocurren en las zonas fronterizas del sur del país (Casillas, Castillo y cols., 1994: 32-34). No obstante, esos problemas no son exclusivos de las regiones de frontera, las cuales han estado durante mucho tiempo aisladas del centro; también hay dificultades en los registros centralizados de los extranjeros que cuentan con autorización para residir tanto temporal como indefinidamente en el país.[1]

Políticas de colonización y políticas de inmigración

A pesar de la menor importancia cuantitativa de la inmigración, el siglo XX fue escenario de flujos de extranjeros con características diferentes de las del patrón anterior. Los últimos años del porfiriato modificaron las actitudes y políticas hacia la inmigración. En 1908 se aprobó la Ley de Inmigración, que contenía diversas restricciones y disposiciones regulatorias sobre la internación, aceptación y colonización por parte de extranjeros (Reyna Bernal, 1993: 57). Sin embargo, el periodo revolucionario fue escenario de propuestas e iniciativas contradictorias: algunos sectores se pronunciaban por la necesidad de mantener las políticas poblacionistas basadas en la inmigración y la colonización, mientras que el rasgo nacionalista de la Revolución caracterizaba a otros grupos que propugnaban por un endurecimiento de las regulaciones a la inmigración (González Navarro, 1994, vol. III).

[1] Así, por ejemplo, hasta donde se ha podido observar, el Registro Nacional de Extranjeros de la antigua Dirección General de Asuntos Migratorios (desde 1993 remplazada por el Instituto Nacional de Migración) no cuenta con un mecanismo sistemático de registro de bajas de extranjeros por motivo de defunciones o salidas definitivas del país.

Un antecedente importante en dicha discusión fueron los argumentos críticos de algunos actores respecto de la ya citada aparente exageración acerca de las riquezas de la nación, la cual había estimulado en el pasado la idea de la inmigración como recurso para el desarrollo y aprovechamiento de los recursos nacionales. En ese marco se realizaron sólo algunos limitados proyectos colonizadores, como la concesión de tierras para que se establecieran grupos de menonitas procedentes de Canadá en los estados de Chihuahua y Durango, así como, en menor medida, en otras entidades (Aboites, s.f.).

También habría que considerar que el conflicto armado tenía como antecedente la concentración de la propiedad y el papel desempeñado por algunos extranjeros en ese esquema polarizado. De ahí que la Constitución de 1917, marco en el cual se inscribirían las posteriores regulaciones migratorias, considerara un tratamiento más severo a los extranjeros que el que había en el pasado.

Por otra parte, las secuelas del conflicto sobre la economía y el empleo también generaban reacciones adversas a la llegada o permanencia de extranjeros que compitieran por los mermados empleos e ingresos en la economía de guerra, situación que probablemente alcanzó su máxima expresión en el periodo 1926-1931. Durante ese lapso ocurrió una repatriación importante de emigrantes mexicanos en los Estados Unidos, quienes sufrieron directamente los efectos de la crisis de la Gran Depresión (Carreras de Velasco, 1974).

El resultado de todas esas tensiones fue la emisión de una nueva Ley de Migración en 1926, después de algunos debates que consideraban varios aspectos controvertidos. Sin embargo, en el fondo se planteaba la necesidad de restringir la admisión de extranjeros y, a la vez, reconocer la necesidad de la inmigración, aunque aplicando un criterio selectivo en relación con el tipo de inmigrantes que finalmente se debían aceptar. Los argumentos explícitos sobre dicha selectividad remitían a consideraciones para excluir a personas con características "indeseables", pero también otras de connotación francamente racista y discriminatoria, basadas en preconcepciones genéricas y míticas sobre las nacionalidades de origen. Una muestra de ello había ocurrido ya con las citadas persecuciones y prohibiciones a los chinos, pero también hubo claras restricciones hacia los nacionales de la India, judíos, polacos, negros, indobritánicos, sirios, libaneses, armenios, palestinos, árabes y turcos, de las cuales curiosamente se excluyó a los japoneses (Cervantes Velasco, 1974).

En el decenio de los treinta se mantuvo una actitud relativamente más flexible aunque selectiva hacia la inmigración. En ese periodo se estableció un sistema de cuotas y se adoptaron algunas medidas que facilitaron la admisión de algunos extranjeros que se internaron en el país con propósitos laborales, pero en condiciones específicas y con restricciones explícitas. Las regulaciones se formalizaron en el Reglamento de Migración de 1932 y posteriormente en la Ley de Población de 1936, dentro de la cual se incluyeron las normatividades migratorias.

A partir de la administración del presidente Cárdenas, la actitud hacia los extranjeros experimentó algunos cambios, debido sobre todo a los acontecimientos ocurridos en el contexto internacional, pero también al grado de consolidación logrado en la sociedad y economía nacionales durante el periodo posrevolucionario. No obstante, subsistieron las medidas regulatorias y restrictivas respecto de la inmigración en general; se establecieron criterios de admisión diferenciales según el país de origen, se establecieron cuotas y se distinguieron nacionalidades de ingreso ilimitado (Reyna Bernal, 1994).

La inmigración, los conflictos internacionales y las políticas de desarrollo

La primera prueba frente a las demandas que podían plantear los conflictos internacionales se puso de manifiesto en la acogida favorable a niños, así como también a adultos y familias completas, que debieron huir de la Guerra Civil española y pasar por diversas vicisitudes y escalas antes de llegar a México. Este flujo de españoles constituye una de las páginas más reinvindicadoras en la historia de la inmigración en México, sobre todo por la solidaridad mostrada por autoridades y diversos sectores de la sociedad mexicana, así como también por la contribución de los inmigrados españoles al desenvolvimiento económico y cultural de la nación.[2]

Posteriormente, durante la segunda Guerra Mundial, se mantuvieron criterios restrictivos respecto de la inmigración, particularmente la de origen europeo. No ocurrió lo mismo con los estadunidenses y españoles, a quienes se siguieron otorgando facilidades, al igual que a otras nacionalidades continentales. Aunque algunos sectores pensaban que la conflagración podía propiciar la inmigración de europeos deseables para las tareas del desarrollo, dichas expectativas no se cumplieron debido a diversas circunstancias.

En 1947 se emitió una nueva Ley de Población que, aunque reconocía el posible aporte de la inmigración al desarrollo nacional, reproducía muchas de las restricciones a la admisión de extranjeros contenidas en su

[2] Hay una abundante bibliografía sobre el carácter, condiciones y contribución de la inmigración española en México con motivo de la Guerra Civil; véanse, entre otros: Consejo Nacional de Población, *El exilio...*, s. f.; Fagen, 1973; Lida, 1988; Pla Brugart, 1985.

antecesora de 1936. A partir del decenio de los cincuenta, las posiciones frente a la inmigración empezaron a resentir los efectos de las percepciones respecto del crecimiento global de la población del país. Dichas preocupaciones alcanzaron su máxima expresión al emitirse la tercera Ley General de Población en 1964, cuyas consideraciones plantean articular el comportamiento demográfico con las condiciones del desarrollo social y económico de la nación.

En ese instrumento jurídico, las apreciaciones sobre la inmigración no son específicas y dejan más bien a criterio de las autoridades migratorias la definición de políticas determinantes y coyunturales. Ello significa que la adopción de medidas administrativas es un acto discrecional que, en la práctica, ha impuesto diversas restricciones cada vez más selectivas a la admisión de extranjeros en general. Dichas limitaciones se han acentuado en la medida en que se han resentido los efectos de las sucesivas crisis económicas por las que ha transitado el país.

No obstante, la decisión adoptada en años recientes de incorporar de manera más amplia la economía mexicana en el mercado internacional por la vía de su integración mediante un Tratado de Libre Comercio del bloque de América del Norte, determinó la necesidad de facilitar la movilidad de ciertas personas entre los tres países que lo firmaron (Canadá, los Estados Unidos y México). A ella se remite el grueso de las modificaciones a la Ley adoptadas en 1990 y posteriormente complementadas en 1996, con las consiguientes facilidades administrativas. A pesar de que en este caso *movilidad* no significa necesariamente "inmigración" en su sentido estricto, las facilidades otorgadas a los nacionales de esos países pueden constituirse en un factor que estimule o favorezca el asentamiento de algunos de ellos y sus familias durante periodos más prolongados.

La inmigración documentada: registros y evolución

Las limitaciones de los registros y de las fuentes de información dificultan el plantear un panorama adecuado y confiable del comportamiento cuantitativo de la inmigración. La condición de "indocumentada" de una proporción desconocida de la población inmigrante constituye un obstáculo considerable para calcular el volumen de la inmigración, pues los registros oficiales, por su misma índole, no pueden incluirlos.

Algunas de las cifras históricas disponibles son puntuales, referidas a momentos muy específicos en el tiempo *(cf.* González Navarro, 1994). La otra fuente disponible cuyos registros atienden a un universo distinto son los censos de población. Dichos recuentos periódicos consideran a la población residente en el país que declara haber nacido en el extranjero,

CUADRO 1. *Población total y de nacidos en el extranjero, tasas promedio de crecimiento anual y proporciones, México, 1990*

Año censal	*Población total*	*Tasa de crecimiento*	*Nacidos en el extranjero*	*Tasa de crecimiento*	*Proporción (en porcentajes)*
1900	13 607 272		57 588		0.42
1910	15 160 369	1.09	116 527	7.30	0.77
1921	14 334 780	-0.51	101 958	-1.21	0.71
1930	16 552 722	1.61	159 876	5.13	0.97
1940	19 653 552	1.73	177 375	1.04	0.90
1950	25 791 017	2.75	182 707	0.30	0.71
1960	34 923 129	3.08	223 468	2.03	0.64
1970	48 225 238	3.28	191 184	-1.55	0.40
1980	66 846 833	3.32	268 900	3.47	0.40
1990	81 249 645	1.97	340 824	2.40	0.42

FUENTE: Elaboración propia, con base en Censos de Población y Vivienda (1900-1990).

sin que necesariamente cuente con documentos y, por tanto, resulta imposible de discriminar la calidad migratoria que posee.[3] Esta última fuente es relativamente homogénea, y aunque los censos más recientes contienen información más detallada, no necesariamente se encuentra disponible.[4]

Las cifras del cuadro anterior muestran, por una parte, la baja proporción de la población nacida en el extranjero respecto del total nacional (0.4% en los últimos tres recuentos censales). Aunque en el pasado se registraron relaciones mucho más altas, la tendencia en los últimos decenios —aunque relativamente errática— ha sido descendente. Datos comparativos señalan que dicha proporción es bastante menor que las registradas por otros países en años recientes; tal es el caso del 5% en los Estados Unidos, 8% en Alemania y 14% en Canadá, todas ellas alrededor de 1990 (según varias fuentes, en INM, 1996).

Por otra parte, el mayor ritmo de crecimiento de la inmigración según las fuentes censales ocurrió en los primeros decenios del presente siglo, durante el auge de las acciones de colonización, a pesar de los éxitos relativos logrados en esa materia y de los efectos de la Revolución. Más tarde, si bien las tasas de crecimiento de la población nacida en el extranjero

[3] Es imposible establecer la diferencia en volumen de población entre ambos universos, pues la veracidad de las declaraciones depende de muchos factores relacionados con el grado de temor y desconfianza que entraña revelar su condición para las personas que se encuentran residiendo en el país como indocumentadas.

[4] La homogeneidad se refiere a la congruencia de la información recolectada en relación con esta variable; pero la dificultad de hacer comparaciones o de construir series remite a su ausencia en los resultados publicados y, por tanto, a la necesidad de tabulaciones especiales no siempre disponibles o de difícil acceso.

—registradas por dichas fuentes en los periodos intercensales recientes— han sido superiores a las de la población total, no se observa un crecimiento extraordinario de dicha población inmigrante debido a sus bajos volúmenes.[5]

Las cifras disponibles más recientes respecto del origen de los inmigrantes documentados en México revelan la persistencia de un patrón que se relaciona, por una parte, con antecedentes históricos y, por la otra, con algunos cambios derivados de los efectos de las relaciones de vecindad, así como también de los cambios experimentados por la economía nacional. El cuadro 2 discrimina según la condición de "inmigrante" o "inmigrado" de los extranjeros residentes en el país y documentados por las autoridades migratorias.[6]

Dicho cuadro muestra el peso de los antecedentes históricos de la inmigración. La proporción mayor de inmigrados —es decir, con una condición de permanencia definitiva— es de personas originarias de España. Los nacionales de ese país, en términos generales, han gozado de una estancia más prolongada en el territorio nacional y, por tanto, adquirieron más tempranamente los derechos para obtener la residencia definitiva.

Mientras tanto, la mayor proporción de inmigrantes originarios de los Estados Unidos —no sólo por su condición de país vecino, sino sobre todo por el fortalecimiento reciente de las relaciones económicas— podría explicar una intención más reciente por parte de ciudadanos de ese país de radicarse en México.[7] Otro tanto ocurre, aunque en menor medida, con las personas originarias de Alemania, Francia, Japón, Gran Bretaña y otras, que podrían considerarse también como inmigraciones recientes.

[5] Sobre todo si se considera que en el decenio 1980-1990 se registró la llegada de alrededor de 46 000 refugiados guatemaltecos. Sin embargo, no se cuenta con estadísticas de mortalidad y de repatriaciones de los nacidos en el país de origen desde su llegada y hasta 1990, que permitan establecer el volumen de la población nacida en Guatemala sobreviviente al final del periodo intercensal. En todo caso, los datos disponibles para ambos componentes se refieren al total de la población refugiada, la cual también incluye a los niños nacidos durante su estancia en el refugio en México. Lo importante es que esa población contribuyó de manera significativa, pero indeterminada, en el incremento de 71 924 nacidos en el extranjero registrados en el periodo intercensal.

[6] La Ley General de Población reconoce dos categorías migratorias para los extranjeros residentes en México: *a)* inmigrante, que es aquella persona que se interna legalmente al país con el propósito de radicarse en él, en tanto *adquiere la calidad de inmigrado;* y, *b)* inmigrado, que es el extranjero que adquiere derechos de residencia definitiva en el país (arts. 44 y 52).

[7] En la misma tabulación que sirvió de fuente para elaborar el cuadro, se observa que las cantidades de personas de origen estadunidense comprendidas dentro de prácticamente todas las fracciones de la categoría de "inmigrante" (sobre todo las correspondientes a familiar, rentista, técnico, profesional y científico) superan con creces a las de personas originarias de España. Los inmigrantes españoles solamente superan en volumen a los inmigrantes estadunidenses en la fracción "inversionista".

CUADRO 2. *Extranjeros residentes en México, 1996*

País de origen	*Inmigrantes*	*%*	*Inmigrados*	*%*	*Total*	*%*
Estados Unidos	43 412	27.9	21 159	20.0	64 571	24.7
España	27 564	17.7	33 478	31.6	61 042	23.3
Alemania	8 713	5.6	4 637	4.4	13 350	5.1
Canadá	3 870	2.5	5 279	5.0	9 149	3.5
China	2 556	1.6	6 158	5.8	8 714	3.3
Francia	5 727	3.7	2 951	2.8	8 678	3.3
Japón	4 988	3.2	2 084	2.0	7 072	2.7
Argentina	5 051	3.2	1 863	1.8	6 914	2.6
Italia	4 057	2.6	2 780	2.6	6 837	2.6
Gran Bretaña	3 534	2.3	1 986	1.9	5 520	2.1
Cuba	3 291	2.1	2 209	2.1	5 500	2.1
Colombia	3 195	2.1	899	0.8	4 094	1.6
Líbano	1 703	1.1	2 370	2.2	4 073	1.6
Guatemala	2 359	1.5	1 318	1.2	3 677	1.4
Chile	2 428	1.6	1 129	1.1	3 557	1.4
El Salvador	2 479	1.6	821	0.8	3 300	1.3
Suiza	2 139	1.4	986	0.9	3 125	1.2
Venezuela	2 347	1.5	630	0.6	2 977	1.1
Perú	2 382	1.5	565	0.5	2 947	1.1
Nicaragua	1 913	1.2	680	0.6	2 593	1.0
Otros	21 744	14.0	12 012	11.3	33 756	12.9
TOTAL	155 452	100.0	105 994	100.0	261 446	100.0

FUENTE: Elaboración propia con base en tabulaciones inéditas, México, Instituto Nacional de Migración, Secretaría de Gobiernación.

Cabe destacar que los volúmenes de centroamericanos en dicha estadística resultan relativamente poco significativos, pese a la situación de vecindad y de los fenómenos aludidos ocurridos en épocas recientes. Sin embargo, ello se puede explicar porque es altamente probable que una proporción sustancial de los flujos procedentes de esa región próxima se encuentre en condición de "indocumentada". Por otra parte, la importante población de refugiados guatemaltecos antes aludida tenía hasta 1990 una condición migratoria temporal, bajo el supuesto de que tarde o temprano se repatriaría a su país y, por tanto, no estaría incluida en las estadísticas de "inmigrantes" e "inmigrados" antes consignadas.

El asilo político: una modalidad selectiva de inmigración

La tradición y el concepto de "asilo"

Una de las prácticas que más prestigio ha otorgado a la política exterior del gobierno mexicano ha sido su disposición para acoger perseguidos políticos y a sus familias en diversos momentos de la historia contemporánea. México es signatario de las convenciones americanas en materia de asilo, las cuales constituyen un marco jurídico ejemplar que distingue a los países latinoamericanos de otras regiones. Como parte de las obligaciones que entraña la adhesión a tales instrumentos vinculantes, la Ley General de Población incluye —dentro de la categoría de "extranjeros no inmigrantes"— la figura del asilado político (fracción V, artículo 42).

No obstante la vigencia del marco jurídico y los criterios de política respecto de la tradición del asilo —tanto territorial como diplomático—, no hay evidencias que sustenten que el asilo haya tenido un efecto significativo en lo referente a volúmenes de población residente en México. Ello es claro si se considera tanto desde la perspectiva del poblamiento de regiones como, más en general, en el conjunto del territorio nacional.

Los hechos de recepción de extranjeros que tuvieron que abandonar sus países de origen por motivos de persecución directa o de sus familiares, derivaron en mecanismos diversos para facilitar su estancia en el país y no necesariamente en la concesión de la categoría migratoria de "asilado político". Por eso, para analizar la práctica de protección a los perseguidos políticos llevada a cabo por el gobierno mexicano no basta con calificarla estrictamente a partir de que se conceda o no la condición migratoria específica. En todo caso, hay que recurrir al espíritu que encierra el concepto de "protección", pues en varias circunstancias históricas la política mexicana no se ha ceñido a los términos de las convenciones, sino que ha propiciado modalidades diversas de acogida e inserción de los extranjeros en su sociedad. De ahí que las estadísticas eventualmente disponibles sobre el volumen de población asilada en México constituyan una fuente limitada para estimar la repercusión del fenómeno.

La magnitud del asilo en México

Por todo ello, se puede afirmar que el otorgamiento estricto de la calidad de "asilado" ha sido limitado en volúmenes, aunque no se dispone de

CUADRO 3. *Asilados políticos en México según país de origen, 1996*

País de origen	*Total*	*%*
España	1740	31.6
El Salvador	293	5.3
Nicaragua	265	4.8
Bolivia	228	4.1
Guatemala	217	4.0
Estados Unidos	153	2.8
Argentina	108	2.0
Colombia	108	2.0
Otros*	2386	43.4
TOTAL	*5498*	*100.0*

FUENTE: Elaboración propia con base en tabulación inédita, Registro Nacional de Extranjeros, México, Instituto Nacional de Migración, Secretaría de Gobernación.

* La categoría residual de "Otros" incluye una amplia gama de países de origen (continentales y extracontinentales) de los asilados políticos en México.

series estadísticas históricas sobre el particular. El registro de extranjeros con estancia temporal en México ("no inmigrantes") hacia 1996 señala la presencia de 5498 personas con la categoría de "asilado político". El mayor volumen de ellos procede de España, lo cual puede explicarse por la condición histórica de solicitantes de asilo de aquel país. Dicha cifra contrasta con las bajas cantidades de latinoamericanos en general, y de centroamericanos en particular, con cuyos países existe no sólo la tradición sino también los instrumentos jurídicos vinculantes.

Sin embargo, es probable que las reducidas cantidades de beneficiarios de la condición de "asilado" se relacionen con la política de otorgamiento de *status* migratorios diferentes. Esa política —además de facilitar la permanencia e integración de los extranjeros en diversas actividades en el país— contribuye a disminuir las tensiones que, en el marco de las relaciones internacionales, se pueden derivar del reconocimiento implícito de conflictos en los países de origen con los cuales se mantienen relaciones diplomáticas.

La concesión de la categoría de asilado político se ha impuesto más que todo en los casos de solicitudes de asilo diplomático, figura que responde a los requerimientos de protección cuando las personas aún se encuentran dentro del territorio de sus respectivos países de origen. Por lo regular, en esas circunstancias su vida y seguridad personales se encuentran bajo algún grado de riesgo, y la respuesta de los gobiernos requeridos debe ser, en muchos sentidos, apremiante. Esa condición prácticamente obliga al país otorgante a seguir el procedimiento hasta sus últimas consecuencias.

En el caso de México se han registrado casos de otorgamiento de asilo político a nacionales de países latinoamericanos que han acudido a sus respectivas embajadas en situaciones de conflicto político preciso, como han sido en el siglo XX los casos históricos de Perú, Guatemala, Argentina y Chile, entre otros. Empero, aunque las cifras pudieron haber sido significativas en función de las circunstancias y las capacidades de una residencia diplomática (y por lo tanto su importancia, básicamente de índole cualitativa), no lo fueron si se las califica en lo tocante a volumen de población inmigrante para el país de acogida. En general, esa característica tiene que ver con el perfil de la mayoría de los solicitantes de asilo. Dado que la condición para requerirlo es la necesidad de "proteger su libertad o su vida de persecuciones políticas", en la práctica se establece un mecanismo de selectividad de las personas que pueden encontrarse en tales situaciones. Los sistemas sociales de los países de origen, por lo regular, han posibilitado e incluso estimulado la participación política de personas pertenecientes a grupos sociales con niveles de escolaridad o de calificación por encima del promedio de sus respectivas poblaciones. Por ello, la presencia de asilados políticos ha gozado en México de una buena acogida, independientemente de las diferencias ideológicas que pudieran suscitarse, sobre todo con algunas agrupaciones políticas y —en el marco de las relaciones internacionales— con los gobiernos de los países de origen. La contribución de estas personas, en general, ha sido calificada como positiva, en tanto que su participación en el desarrollo cultural y científico ha reforzado la capacidad instalada de las instituciones y la dinámica sociocultural del país (González Navarro, s. f.).

No obstante, resulta difícil establecer el efecto del asilo en México en diferentes momentos de su historia reciente. La carencia de series históricas de la población asilada impide observar los movimientos de otorgamiento de la calidad migratoria, pero también los flujos de retorno a sus lugares de origen ante el eventual cambio de las condiciones que motivaron su salida. Así, por ejemplo, es altamente probable que una gran proporción de los sudamericanos arribados en el decenio de los setenta no recibiera el *status* migratorio de "asilados". Por ello es difícil establecer cuántos de ellos —"asilados" y beneficiados con otras categorías migratorias— retornaron a sus países cuando, a partir del decenio de los ochenta, se dio paso a regímenes constitucionales que les permitieron reinsertarse en sus países de origen en condiciones de seguridad.

Las inmigraciones laborales agrícolas en la frontera sur

Los antecedentes históricos de las migraciones laborales

Un flujo migratorio que también ha mostrado su aporte positivo al desarrollo económico y social del país ha sido el de trabajadores agrícolas, mayoritariamente guatemaltecos, que se internan por la región de la frontera sur. Aunque en su mayoría se trata de migrantes temporales, cambios recientes en la composición y características del flujo sugieren algún efecto mayor (aunque no determinado aún) sobre las condiciones del poblamiento de la región fronteriza.

El origen de tales migraciones se remonta a finales del siglo XIX y comienzos del XX. El inicio de dichos desplazamientos ocurrió con la introducción del cultivo del café en la región del Soconusco, en la zona de pie de monte fronteriza del estado de Chiapas. No se dispone de series históricas que permitan cuantificar la evolución de sus volúmenes ni sus proporciones respecto de la mano de obra nacional que, en aquella época y hasta mediados del presente siglo, provino fundamentalmente de la región de los Altos de Chiapas. Tampoco el efecto de la población migrante en aquella época ha sido documentado o cuantificado. Sin embargo, una de las repercusiones de su presencia cíclica en la región se relaciona con el hecho de que algunos trabajadores inmigrantes pudieron aprovechar las facilidades otorgadas para la dotación de tierras como parte del proceso de reforma agraria (previo proceso de nacionalización de los interesados). De esa cuenta, se reconoce en dicha zona la existencia de ascendientes guatemaltecos en las familias de muchos de los actuales pobladores de los municipios fronterizos.

En el decenio de los cincuenta y con más fuerza en los sesenta y setenta, el flujo se alteró notablemente en lo que toca a su composición. A partir de entonces la proporción de trabajadores guatemaltecos se incrementó, progresivamente pasó a ser mayoría y la población procedente de los Altos de Chiapas descendió de manera notable. De nuevo, no se dispone de estadísticas que permitan documentar el ritmo y volúmenes de este proceso de cambio.

Dos razones principales explican tal dificultad: por una parte, la condición de "indocumentado" en que ocurría el tránsito a través de la frontera, pues se consideraba un movimiento intrarregional, de retorno, que no requería mayores controles por parte de las autoridades migratorias; por la otra, se trataba de un flujo tradicional que incluso hasta hoy es percibido por la mayoría de la población de la región como positivo y, por lo tanto, tampoco objeto de atención ni control por parte de las autoridades locales.

Los cambios cualitativos y cuantitativos recientes en el patrón migratorio laboral

Aunque los cambios en el flujo de trabajadores agrícolas comenzaron a experimentarse desde tiempo atrás, no fue sino hasta el decenio de los ochenta cuando la atención oficial y de otros sectores se volcó sobre dicha corriente migratoria, lo cual está indudablemente ligado a la importancia asignada a otros movimientos de población que surgieron en esa época y a los cuales se hará referencia en el siguiente apartado. No obstante, las situaciones de cambio siguieron ocurriendo. Así, durante el decenio de los ochenta se desarrollaron nuevas actividades productivas que se sumaron a las del cultivo del café, las cuales también demandaron mano de obra estacional. Tal ha sido el caso de la instalación del Ingenio Álvaro Obregón en el municipio de Huixtla, Chiapas, que dio lugar a la creación de una zona productora en cinco municipios en torno a él. Además, se desarrollaron otras actividades cuya capacidad de empleo es menor, como el caso de la siembra de frutales y la ganadería, las cuales cobraron importancia a partir de entonces dentro de la dinámica socioeconómica de la región.

Sin embargo, el cambio más significativo en este aspecto fue la reaparición de las actividades de producción platanera, que habían sido importantes en el decenio de los treinta. A partir de finales del decenio de los ochenta, la superficie cultivada se incrementó y se expandió a municipios incluso alejados de la frontera. Desde el punto de vista poblacional, la índole del proceso productivo acarrea la presencia de trabajadores en las plantaciones y empacadoras, pues la continuidad y no estacionalidad de los procesos de trabajo requieren o permiten una presencia indefinida en la actividad (plantación y empacado) y, consecuentemente, en la región. La movilidad de estos trabajadores ha adoptado dos modalidades: una, la migración permanente de hombres y sobre todo mujeres que se ocupan en las empacadoras y residen en sus propios terrenos o bien en pequeños núcleos urbanos cercanos, como algunas cabeceras ejidales; la otra, el desplazamiento cotidiano *(commuter)* de trabajadores hombres que residen en zonas fronterizas del lado guatemalteco y que laboran en las plantaciones más cercanas a la frontera.

La evolución del fenómeno de la inmigración de trabajadores agrícolas muestra en los años recientes un cambio progresivo en dos direcciones:

i) De un flujo mayoritariamente indocumentado a una proporción cada vez mayor, aún no cuantificable, de personas autorizadas para internarse en territorio nacional con propósitos laborales.
ii) De un flujo predominantemente estacional, de retorno, a una población

que combina una proporción de población inmigrante aún mayoritariamente temporal frente a una incipiente población residente o cotidiana que se ocupa en actividades que demandan una fuerza de trabajo permanente.

No obstante, ambas poblaciones han dejado su impronta en el entorno social de la región fronteriza. La presencia de trabajadores agrícolas temporales no ha sido obstáculo para establecer lazos de relación entre empleadores —propietarios individuales, ejidatarios y administradores— y trabajadores extranjeros, así como con las pequeñas comunidades cuya vida comercial gira en torno a ciertas actividades productivas y su derrama económica. Este papel dinamizador de relaciones e intercambios resulta muy notable en el caso de la producción de café, sobre todo en el Soconusco, Chiapas.

El periodo 1978-1984: un periodo de inflexión en el patrón inmigratorio

Los indicadores del cambio en la inmigración

En términos generales, la inmigración en México mostró un comportamiento relativamente estable hasta el decenio de los setenta. En un apartado anterior se señalaron las bajas proporciones y el ritmo relativamente lento de crecimiento de la población nacida en el extranjero que registran los levantamientos censales.

Por su parte, las altas y bajas en el ingreso de extranjeros que han llamado la atención de la sociedad mexicana (sobre todo de grupos de personas que llegaron en busca de protección) estaban relacionadas con los conflictos políticos que aquejaban a determinados países. Así, dichas situaciones de inestabilidad dieron lugar a desplazamientos de población no sólo dentro de la misma región latinoamericana, sino también a lugares más distantes, como fue el caso de los llamados "refugiados" españoles con motivo de la Guerra Civil en su país. Tales grupos procedieron en diversos momentos de las vecinas naciones centroamericanas que, por la cercanía y la recurrencia de conflictos internos, tenían características de perseguidos políticos. Ello permitió que pudieran acogerse a los términos de la protección establecida en las convenciones regionales que, en el caso de México, se reconocen en sus marcos jurídicos y sus prácticas institucionales.

Algo similar ocurrió en el decenio de los setenta, cuando arribaron grupos de personas en condiciones similares provenientes de países más lejanos: los chilenos que salieron de su país al caer el régimen de Allende, así como los argentinos y uruguayos perseguidos por los regímenes militares instaurados a partir de la mitad de ese decenio. Sin embargo, el cambio más notorio se experimentó a partir de finales de ese mismo periodo, cuando se iniciaron los conflictos político-sociales armados en los vecinos países centroamericanos. Hacia finales de los años setenta, comenzaron a movilizarse nacionales de Nicaragua que sufrieron persecución durante las postrimerías del gobierno de Somoza, antes de que la lucha armada encabezada por el movimiento sandinista alcanzara su culminación con la caída de dicho régimen. Lo mismo sucedió más tarde, cuando conflictos en los países vecinos de El Salvador y Guatemala se tradujeron un enfrentamiento armado en diversas partes de sus respectivos territorios.

El súbito crecimiento de la inmigración indocumentada

A partir de entonces, la inmigración no sólo se incrementó, sino que mostró patrones y perfiles migratorios diversos. La mayor parte de los desplazamientos ocurrió a través de la frontera sur, pues quienes los llevaban a cabo eran personas de bajos ingresos. En muchos casos y debido a las circunstancias de temor y persecución de las cuales venían huyendo (así como por la incertidumbre), trataban de transitar y finalmente asentarse de manera subrepticia, pues tanto sus vidas como las de sus familias corrían peligro.

En ese momento ingresó una corriente cada vez mayor de personas cuya cuantificación resulta indeterminable, ya que una proporción significativa de ese conjunto entró indocumentada. Sin embargo, la cantidad cada vez mayor de expulsiones y deportaciones de indocumentados realizadas por las autoridades migratorias mexicanas constituye un referente indirecto. El comportamiento de este indicador sugiere un flujo incesante de personas procedentes mayoritaria, aunque no exclusivamente de Centroamérica, quienes desde entonces se han internado por la frontera sur de México. Es claro que dicho indicador es sensible a dos factores: el incremento o decremento del flujo migratorio y la mayor o menor efectividad de las acciones para "asegurar" y deportar a los indocumentados detectados. Por tanto, las cifras disponibles tienen que examinarse con algunas reservas en cuanto al comportamiento de los dos factores señalados, así como a otros elementos propios de la región o del lugar precisos en que ocurren las detenciones.

Es sintomático el comportamiento de las cifras de aseguramientos y deportaciones/expulsiones, pues su constante crecimiento y los puntos de inflexión en los volúmenes parecen correlacionarse con el desarrollo de las crisis en los países centroamericanos. Así, es notorio el cambio en el

CUADRO 4. *Deportaciones y expulsiones, 1970-1996*

Año	*Deportaciones y expulsiones*	Año	*Deportaciones y expulsiones*
1970	1472	1984	5711
1971	1755	1985	7262
1972	1959	1986	4296
1973	2026	1987	1303
1974	3012	1988	3066
1975	2225	1989[a]	518
1976	3829	1990[b]	126440
1977	3906	1991[b]	133342
1978	6023	1992	123046
1979	7761	1993	122005
1980	13184	1994	113115
1981	13056	1995	105932
1982	10571	1996[c]	98772
1983	6365		

[a] Esta tabulación sólo considera deportaciones y no expulsiones.

[b] Las tabulaciones de la Dirección General de Servicios Migratorios señalan cifras diferentes para esos años: 66737 en 1990 y 176637 en 1991.

[c] Datos correspondientes a enero-noviembre de 1996.

FUENTES: Para el periodo 1970-1985, Manuel García y Griego, "International migration statistics in Mexico", *International Migration Review*, vol. XXI, núm. 4, 1987, cuadro 4, p. 1254. Para el periodo 1986-1988, con base en tabulaciones inéditas de la Delegación Regional de Servicios Migratorios, Unidad de Programación e Informática. Para 1990-1996, *Boletín Estadístico*, Instituto Nacional de Migración, diciembre de 1996.

patrón a partir del año de 1980, cuando se rebasó la decena de miles de deportaciones en el año; luego, ese mismo indicador supera la centena de millares de las mismas acciones en 1990 y, desde entonces, se ha mantenido relativamente estable.

Los migrantes centroamericanos indocumentados

Por su parte, el comportamiento diferencial de las estadísticas de deportaciones y expulsiones por nacionalidades puede tener relación con algunos hechos derivados de los cambios sociales experimentados por los países vecinos. Así, las deportaciones y expulsiones de ciudadanos guatemaltecos registran sistemáticamente los mayores valores en el conjunto de procedencias en lo que va del decenio. Esa posición sugiere una una estrecha vinculación con la vigencia del conflicto armado hasta muy recientemente, es decir, hasta finales de 1996, cuando se firmaron los acuerdos de paz entre el gobierno y la insurgencia guatemaltecos.

CUADRO 5. *Expulsiones y rechazos a extranjeros por parte de la autoridades migratorias de México, por nacionalidad, 1990-1995*

Nacionalidad	*1990*	*1991*	*1992*	*1993*	*1994*	*1995*	*1996*[c]
Guatemalteca	58 845	69 991	65 304	58 910	42 961	52 051	51 773
Salvadoreña	45 598	40 441	26 643	28 646	22 794	19 526	19 375
Hondureña	14 954	18 419	25 546	26 734	32 414	27 236	27 185
Otras[a]	5 053	4 491	5 553	7 715	14 946[b]	7 126	5 621
TOTAL	*126 440*	*133 342*	*123 046*	*122 005*	*113 115*	*105 939*	*103 954*

FUENTE: Elaboración propia con base en Instituto Nacional de Migración, *Estadística Migratoria,* vol. II, núm. 6, junio de 1996, pp. 65 y 68.

[a] Incluye una diversidad de 22 nacionalidades diferentes y una categoría residual.

[b] El incremento en esta categoría se debió a la cantidad de nicaragüenses, que en ese año fue de 12 330.

[c] Sólo considera el periodo enero-noviembre de 1996.

Aunque los nicaragüenses llegaron en cantidades significativas durante el decenio pasado, su presencia ha disminuido de manera considerable a partir de los cambios ocurridos en el régimen de gobierno al comenzar el presente decenio; de allí que sus cifras se contengan dentro de la categoría residual. Mientras tanto, los nacionales de El Salvador mostraron tasas elevadas de deportación durante los primeros años, pero luego han disminuido, fenómeno en parte ligado a los cambios sociales ocurridos a partir de la firma de los acuerdos de paz a principios del decenio.

Sin embargo, el caso más notable es el de los hondureños, pues durante el decenio pasado habían tenido una presencia reducida en el flujo de indocumentados en lo que respecta a las estadísticas de deportaciones. No obstante, con el inicio de la década de 1990, sus cifras han aumentado casi todos los años; la hipótesis más aceptable para explicar esto es que los cambios experimentados en la crisis regional tuvieron en ellos un efecto inverso al que mostraron los de países vecinos, los cuales vivían un enfrentamiento armado. A partir de entonces han transitado hacia una condición de estabilidad política, aunque no necesariamente de recuperación económica.

Las razones, los rasgos y el futuro de la inmigración indocumentada

La condición de "indocumentado", causa de deportaciones y expulsiones por parte de las autoridades migratorias, puede atribuirse a dos circunstancias: la carencia de algún tipo de autorización para internarse en territorio nacional o la disponibilidad de ella, pero cuyos términos han sido transgredidos con posterioridad a la internación. La frontera sur, en particular el estado de Chiapas (y dentro de él la región del Soconusco), ha sido desde tiempo atrás el ámbito por el que transita la mayor parte de las personas que han debido dejar sus comunidades de origen. Si bien muchas de ellas en un primer momento pudieron buscar el territorio mexicano como posible lugar de destino, progresivamente se han dirigido mayoritariamente a los Estados Unidos, lo cual propicia que México se convierta sobre todo en zona de tránsito hacia el vecino país del norte. En todo caso, no se cuenta con información confiable como para estimar qué proporción de estas personas ha permanecido en territorio nacional y cuántas de ellas han continuado su ruta hacia el Norte, o bien cuántas han debido quedarse en algún punto del territorio porque no han logrado el objetivo de llegar a los Estados Unidos o cruzar la frontera.

Por las características predominantes del flujo (es decir, las personas se internan en el territorio nacional con el propósito de llegar a un tercer país pero sin contar con la documentación autorizada para ello) puede calificárseles de "transmigrantes[8] indocumentados". La información disponible sobre las características de los transmigrantes indocumentados es también muy limitada. Poco se sabe acerca de sus perfiles, ya que el procedimiento de aseguramiento y deportación se ha hecho cada vez más expedito en vista de la cantidad cada vez mayor de personas en esa condición. Por ello, las autoridades migratorias por el momento recogen datos mínimos sobre los rasgos de esas personas. Las observaciones de campo son hasta ahora la única fuente actualizada, pero sin ninguna representatividad del conjunto, de por sí cambiante en el tiempo.

En conclusión, por sus mismas características, resulta prácticamente imposible establecer el efecto cuantitativo y cualitativo de la inmigración indocumentada (sobre todo de origen centroamericano) que durante los últimos tres lustros se ha internado cada vez más en México. Por lo mismo, no es posible establecer la importancia que ha tenido ni en cantidades ni en características personales sobre el poblamiento del país, o más específicamente, en regiones más expuestas a su presencia. Éste es el caso de las rutas de tránsito o de las grandes concentraciónes urbanas que, por sus características, pueden constituir un ámbito atractivo para asentarse en ellas.[9]

[8] Según la fracción II del artículo 42 de la Ley General de Población, "transmigrante" es una característica dentro de la calidad de "no inmigrante", quien se interna en el país temporalmente "en tránsito hacia otro país y que podrá permanecer en territorio nacional hasta por treinta días".

[9] No obstante, hay dos fuentes limitadas por su cobertura que se refieren a las características de dos universos distintos de población centroamericana, una reconocida como "residente en la ciudad de México" y la otra, "en la zona metropolitana" de la ciudad de México. La primera se basa en una investigación realizada en 1988 y es analizada por O'Dogherty (s. f.), pero advierte que se refiere a una población de 153 jefes de familia residentes en la

Grandes preocupaciones ha despertado el futuro de este proceso incesante, que en mucho resulta similar al de los mexicanos que emigran a los Estados Unidos. No obstante, en términos relativos, los volúmenes de migrantes constituyen proporciones cada vez mayores de las poblaciones de países bastante más pequeños. Por otra parte, el ritmo de crecimiento de dichas poblaciones —más allá de lo que registran las estadísticas de deportaciones y expulsiones— parece ser mucho más intenso que el de la población migrante mexicana.

A su vez, el endurecimiento y reforzamiento de las políticas de contención de la migración indocumentada no parecen arrojar resultados tan positivos como los que se plantean. Además, se generan mecanismos cada vez más diversos de evasión de los controles migratorios que se establecen. La operación de una cantidad cada vez mayor de conductores (traficantes) de indocumentados es objeto de constante atención y de acuerdos regionales y nacionales para combatir su presencia. De ahí que la evolución a futuro de este flujo migratorio sea objeto de constantes señalamientos, entre ellos los probables efectos debidos al eventual asentamiento en el territorio nacional de los que no logran su propósito de cruzar la frontera.

El refugio en México: una nueva forma de solidaridad

El concepto de refugio y su marco institucional

Hay una diferencia conceptual entre "asilado político" y "refugiado"; la primera categoría ya ha sido explicada en el apartado correspondiente. Sin embargo, la condición del refugio atiende a una connotación más amplia: se refiere a las personas que se ven obligadas a abandonar sus lugares de residencia habitual por una serie de razones que ponen en riesgo su seguridad, pero sin que puedan demostrar una persecución directa o personal. Muchas veces se trata de poblaciones que residen en zonas de conflicto, cuyas condiciones de inestabilidad generan situaciones de peligro para individuos, familias e incluso comunidades enteras. Dicha situación fue aplicable en parte a los grupos de españoles que fueron solidariamente recibidos por el gobierno y sociedad mexicanos durante la Guerra Civil en su país. Es probable que otros grupos de latinoameri-

ciudad de México y, en su mayoría, con un perfil de población refugiada. La otra es anterior (Zazueta y Pablos, 1982) y considera una población mayor de 1 205 casos de una muestra no probabilística, cuyo perfil seguramente es diferente de poblaciones posteriores, por tratarse de un contingente que en su mayor parte llegó a finales del decenio de los setenta.

canos se hayan encontrado en una situación semejante, pero la política de recepción con modalidades migratorias distintas de las del asilo político pudo beneficiar a pequeños grupos de personas que tal vez no hubieran podido demostrar una situación de persecución directa. Además, la legislación migratoria vigente en México sólo reconocía la calidad de asilado político.[10]

El refugio centroamericano

El cambio del patrón inmigratorio experimentado durante el final del decenio de los setenta también tuvo una expresión en este tipo de flujos de inmigrantes. La internación de personas procedentes de los vecinos países centroamericanos estuvo directamente relacionada con situaciones de crisis y conflicto que experimentó la mayor parte de ellos a partir de ese periodo. Un rasgo prevaleciente dentro de dichos flujos fue la dificultad que había para distinguir entre ellos quiénes argumentaban o podían argumentar en su defensa la búsqueda de protección en una situación de apremio. En general, muchos preferían permanecer en el anonimato y buscar otras opciones, es decir, la obtención de otro tipo de *status* migratorio (visitante no inmigrante y estudiante, principalmente).

Sin embargo, a principios del decenio de los ochenta (1981-1983) ocurrió un hecho sin precedentes. La frontera de México con Guatemala, básicamente del estado de Chiapas, fue escenario de la internación de flujos de campesinos que la cruzaron para salvar sus vidas ante los efectos del conflicto armado interno que se experimentaba en sus regiones de residencia habitual, sobre todo en las próximas al límite internacional. Es difícil establecer el volumen de personas que constituyeron la totalidad de esos flujos, aunque la cifra inferior está dada por la población atendida y reconocida por la Comisión Mexicana de Ayuda a Refugiados (Comar) y por las oficinas en México del Alto Comisionado de las Naciones Unidas para Refugiados (ACNUR). Dichas instancias registraron volúmenes máximos de alrededor de 46 000 personas asentadas en los denominados *campamentos,*[11] aunque se sabe que una cantidad indeterminada también ingresó y se asentó de manera dispersa en diver-

[10] Por esas razones, ya el sistema de las Naciones Unidas había adoptado desde 1951 la Convención sobre el Estatuto de Refugiados y, en 1967, el Protocolo complementario. Sin embargo, hasta la fecha el gobierno mexicano no ha ratificado dichos instrumentos y, por lo tanto, no está obligado al cumplimiento de sus términos.

[11] La denominación de *campamentos* es un concepto *ad hoc* que engloba una diversidad de situaciones, la mayor parte de ellas espontáneas, sobre todo durante los primeros años del refugio. Posteriormente se construyeron algunos campamentos pero, hasta la fecha, la mayor proporción de los aún cerca de 120 asentamientos son pequeños y no tienen el carácter de campamentos formales.

sas comunidades de la región, así como en otros puntos del territorio nacional (O'Dogherty, s. f.).[12]

Las repercusiones del refugio en México

La presencia de los refugiados guatemaltecos en México dejó profundas huellas. Su efecto principal no se remite a consideraciones de volumen, relativamente poco significativo respecto del total nacional e incluso de las entidades federativas en las que se asentaron. Por lo contrario, la importancia de la presencia de los refugiados es más bien de tipo cualitativo, y está relacionada con una serie de procesos que dieron lugar a modificaciones de orden social, económico, político, cultural, demográfico, jurídico e institucional, sobre todo de carácter regional, aunque algunas también se aplicaron en el plano nacional. Tal vez la primera situación generada por los refugiados fue la apelación a la solidaridad demostrada principalmente por los mexicanos que también eran campesinos. Muy pronto dicha relación se extendió a otros sectores de la sociedad: entre los participantes en ONG de la región, principalmente religiosas. El llamado a la solidaridad estuvo estimulado por las precarias condiciones en que llegaron, pues requerían con carácter de urgente atención en términos de salud, abrigo y alimentación. Dicha situación se prolongó durante un tiempo, antes de pasar a etapas más estables de su permanencia en condiciones de protección y atención por parte tanto de instituciones oficiales como de organismos de cooperación (Freyermuth y Godfrey, 1993; Freyermuth y Hernández Castillo, 1992).

Posteriormente, el gobierno mexicano decidió reasentar a los refugiados en campamentos ubicados en los estados de Campeche y Quintana Roo. Aunque dicha acción finalmente sólo incluyó a una parte del total (poco más de la tercera parte de la población reconocida), la reubicación extendió los efectos de su presencia a otras entidades. En cierta manera puede decirse que disminuyó la presión sobre los recursos (que las autoridades acusaban de "problemática") debido a la situación crónica de conflicto en Chiapas, sobre todo por los problemas agrarios. La presencia de los refugiados en dichas entidades fue contrastante. Por una parte, en Chiapas (donde hay una continuidad histórica de índole étnico-cultural) se dio un proceso de cercanía con las comunidades locales —la cual había sido determinante en la recepción solidaria de la población y de las organizaciones locales— que antecedió a la recepción oficial. Así, se dieron prácticas de relacionamiento y cambios sociales, cuyas huellas son aún evidentes (Hernández Castillo *et al.*, 1993).

[12] Véase, entre otros, Salvadó, 1988.

Es difícil establecer el efecto demográfico de dicha población, aunque ya se dijo que en términos de volumen fue relativamente limitado. Un ejercicio para estimar dicha repercusión se refirió a los datos censales contrastados con las cifras de la población atendida por la Comar hacia 1991. De ahí se pudo establecer que, de los municipios de asentamiento en el estado de Chiapas, en Las Margaritas fue donde se registró el mayor porcentaje de población refugiada respecto del total: cerca de 30% (Casillas, Castillo y cols., 1994: 187). Sin embargo, dichas cifras seguramente incluyen también población nacida en México y, por ende, no considerada como "extranjera" en las cifras censales. En todo caso, esta distinción es importante no tanto en términos demográficos formales, sino como antecedente para identificar a una población socialmente diferenciada. Su connotación como "refugiada" tiene que ver con sus planes en relación con el retorno o repatriación, así como con su constitución de poblaciones con identidad propia, aunque eventualmente pudieran optar por su integración a la sociedad mexicana.

La realidad jurídica actual del refugio en México

En 1990 ocurrió también un efecto derivado de su presencia en el marco jurídico vigente. Previamente se había dado un debate sobre la insuficiencia de las regulaciones para atender a una población como la de los refugiados guatemaltecos, pero también ante la eventualidad de la presencia de otras poblaciones similares. Hasta entonces la experiencia de los refugiados guatemaltecos había demostrado las deficiencias derivadas de un vacío jurídico, así como la inconveniencia de aplicar regulaciones *ad hoc*.

Todo ello dio lugar a la inclusión de una propuesta específica en la iniciativa promovida por el Ejecutivo para modificar la Ley General de Población, que consideraba —entre otros aspectos— la adopción de la figura de *refugiado*. La definición finalmente adoptada y sancionada por el Legislativo remite a la contenida en la Declaración de Cartagena (1984), cuyos términos son bastante más amplios que los de la Convención y el Protocolo de Naciones Unidas. En todo caso, el resultado fue adoptar una regulación avanzada, aunque para propósitos específicos dicha categoría nunca les fuera aplicada en términos estrictos y formales.

Retorno, reintegración e integración de los refugiados guatemaltecos

A todo lo largo de su permanencia en México, los refugiados guatemaltecos mantuvieron un interés constante por regresar a su país. Así lo expresaron en diversas oportunidades, pero era evidente que la situación prevaleciente en sus lugares de origen no ofrecían condiciones de seguridad ni de una inserción en condiciones dignas.[13] Durante un tiempo hubo repatriaciones de individuos e incluso de familias, pero en conjunto tuvieron escasa repercusión en la población total de refugiados.

Sin embargo, luego de largas y complicadas negociaciones entre los representantes de los refugiados y el gobierno guatemalteco —con la intermediación de instituciones de reconocida calidad moral—, el 8 de octubre de 1992 se suscribieron los acuerdos para el retorno colectivo y organizado. Con base en dicho entendimiento, en el año de 1993 se iniciaron los retornos de grandes grupos de refugiados, quienes participaron en dichos procesos con la expectativa de contar con las condiciones de repatriación y reintegración establecidas, verificables por las partes firmantes y los testigos de los acuerdos.

Como puede apreciarse en las cifras consignadas en el cuadro 6, el ritmo de las repatriaciones (individuales, familiares o en pequeños grupos) era sumamente lento antes de la suscripción de los acuerdos de 1992. Sin embargo, a partir de ese hecho, los retornos (colectivos y organizados) modificaron sustancialmente el proceso. Según esa modalidad y hasta 1999 había retornado un poco más de la tercera parte de la población refugiada asentada en las tres entidades de la región fronteriza, según las cifras de Comar-ACNUR, las cuales se mantuvieron hasta antes de dichos retornos en un orden de cerca de 45 000 personas.[14]

Recientemente, el gobierno mexicano anunció una política de indudables efectos sobre el porvenir de la inmigración en México, pues propone apoyar el proceso de integración de los refugiados que decidan permanecer en el país. Para ello ha otorgado la opción de adquirir la categoría migratoria de "inmigrante" (con vistas a obtener más tarde la de "inmigrado" y, eventualmente, optar por la naturalización) a los refugiados asentados en los estados de Campeche y Quintana Roo que así lo deseen. Mientras tanto, ha otorgado la categoría temporal de "visitante no inmigrante" a los refugiados asentados en dichas entidades que mantienen su disposición a retornar en el momento en que el gobierno guatemalteco satisfaga las condiciones establecidas en los acuerdos.

[13] Muchos de los pequeños terrenos que poseían para fines de subsistencia fueron ocupados por otros grupos animados y protegidos por el ejército de su país, el cual acusaba a los refugiados de tener vínculos con las organizaciones insurgentes con las cuales libraba una batalla debida a factores crónicos de insatisfacción social. Por esa razón, el ejército y el gobierno los conminaba oficialmente a regresar, pero en condiciones de control y ubicación prestablecidos con fines contrainsurgentes.

[14] Según cifras de la Comar, el ACNUR y las Comisiones Permanentes de Refugiados, la población refugiada reconocida asentada en las tres entidades federativas era de 43 589 personas hacia finales de 1991 (Casillas, Castillo y cols., 1994: 188).

CUADRO 6. *Retornos/repatriaciones de refugiados asistidos por el* ACNUR *desde México hasta Guatemala 1984-1996*

Año	*Colectivos*	*Individuales*	*Totales*
1984	—	700	700
1985	—	199	199
1986	—	360	360
1987	—	847	847
1988	—	1 921	1 921
1989	—	988	988
1990	—	750	350
1991	—	1 350	1 350
1992	—	1 712	1 712
1993	3 747	1 314	5 061
1994	4 123	1 848	5 971
1995	7 018	2 485	9 503
1996	2 685	1 289	3 974
1997	—	351[a]	351
TOTALES	*17 573*	*16 114*	*33 687*

FUENTE: Elaboración propia con base en estadísticas de ACNUR-Guatemala.
[a] Sólo incluye el periodo enero-marzo de 1997.

No obstante, la baja cifra de retornos registrados durante los primeros meses de 1997 es el resultado de una interrupción en el proceso. Los grupos dispuestos a regresar a su país han enfrentado algunos obstáculos, particularmente en lo que se refiere a la adquisición de tierras que el gobierno guatemalteco está comprometido a proveer con el objeto de facilitar el reasentamiento y la reintegración de los refugiados/retornados. Este estancamiento plantea un panorama incierto en el devenir del proceso. El gobierno mexicano tendrá que buscar opciones de solución realistas y tener en cuenta las políticas que finalmente adopte a su vez el guatemalteco. Sin embargo, cualquier decisión será considerada seguramente en el marco del respeto a la tradición de asilo y los principios de protección sustentados en varias ocasiones y ante diversos foros.

LOS DERECHOS HUMANOS Y LAS POLÍTICAS DE INMIGRACIÓN EN MÉXICO

El papel que ha desempeñado la inmigración en la historia de México, tanto antigua como reciente, muestra una serie de contrastes. Las políticas oficiales y las actitudes asumidas por diversos grupos sociales frente a los extranjeros han sido fluctuantes: así como se han observado muestras meritorias de incuestionable solidaridad, también se han registrado prácticas discriminatorias y, en algunos casos, francamente racistas. Sin embargo, el balance de la situación actual de la inmigración en México tendría que recuperar una serie de logros evaluados desde distintos planos.

Por una parte, desde el punto de vista jurídico, las leyes que tienen que ver con la regulación y control de la internación y presencia de los extranjeros en México han registrado algunos avances. No obstante, subsisten algunas deficiencias y vacíos que merecen revisarse.[15] Desde el punto de vista social, aunque con una alta dosis de subjetividad, las muestras de solidaridad más recientemente observadas sugerirían una disminución notable de los rasgos de xenofobia alguna vez experimentados. Dichos cambios se sustentarían en el marco de una política oficial que descalifica cualquier expresión o práctica discriminatoria en razón del origen, el grupo étnico o la nacionalidad. Sin embargo, ello no impide que algunos sectores minoritarios eventualmente ejerzan algún tipo de actitudes de recelo frente a la presencia de extranjeros en el país.

Las reflexiones del presente artículo sugieren la conveniencia de evaluar y orientar el tratamiento de la inmigración en México en el marco del respeto a los derechos humanos de las personas. Uno de los avances en el sistema jurídico atiende precisamente a la vigencia de los derechos universales, independientemente de la condición migratoria de los extranjeros en el territorio nacional.

Por otra parte, el gobierno mexicano ha desarrollado una práctica cada vez más vigorosa de defensa de los derechos de sus connacionales que emigran a los Estados Unidos. Sin embargo, los argumentos y la ética subyacente a esa práctica son obviamente los mismos que se podrían esgrimir en defensa de los extranjeros en México. Por esa razón, en los años recientes se han llevado a cabo acciones orientadas a verificar y a promover el respeto a los derechos de esas personas (CNDH, 1995), y lo mismo sucede con los mexicanos en la frontera norte (CNDH, 1993 y 1996).

BIBLIOGRAFÍA

Aboites, Luis (s. f.) "Presencia menonita en México", en Moisés González Navarro, *Destino México: un estudio de las migraciones internacionales*

[15] Así, por ejemplo, con motivo de la más reciente (1996) modificación de la Ley General de Población, desde los propios miembros del Legislativo hasta otros de organizaciones no gubernamentales y del sector académico hicieron una serié de señalamientos en el texto vigente que merecían corregirse. Pero no sólo eso; también indicaron que dicha iniciativa proponía la inclusión de cambios no deseables, varios de los cuales fueron finalmente aprobados. Véase también Castillo, 1995.

a México, siglos XIX *y* XX, vol. 2 (en prensa), México, Centro de Estudios Históricos, El Colegio de México.

Alba, Francisco (1979), *La población de México: evolución y dilemas,* 2a. ed., México, Centro de Estudios Económicos y Demográficos, El Colegio de México.

Carreras de Velasco, Mercedes (1974), *Los mexicanos que devolvió la crisis 1929-1932,* México, Secretaría de Relaciones Exteriores.

Casillas Ramírez, Rodolfo, y Manuel Ángel Castillo G., con la colaboración de Araceli Damián G. y Silvia Irene Palma C. (1994), *Los flujos migratorios internacionales en la frontera sur de México,* México, Secretaría del Trabajo y Previsión Social-Consejo Nacional de Población.

Castillo, Manuel Ángel (1995), "III. Immigration in Mexico: A Policy Brief", en *Central American Migration to Mexico and the United States: A Post-Nafta Prognosis,* PEW Monograph Series 1, Georgetown University, Hemispheric Migration Project, Center for Intercultural Education and Development (CIED), noviembre, pp. 66-85.

Chu, Clara M. (1992), *Information Sources on the Chinese in Latin America: A Resource Guide,* Graduate School of Library and Information Science, University of California, California, 29 pp.

Centro de Estudios Económicos y Demográficos (CEED) (1981), *Dinámica de la población de México,* 2a. ed., México, El Colegio de México, 291 pp.

Comisión Nacional de Derechos Humanos de México (CNDH) (1993), *Informe sobre las violaciones a los derechos humanos de los trabajadores migratorios mexicanos en su tránsito hacia la frontera norte, al cruzarla y al internarse en la franja fronteriza sur norteamericana,* México, 195 pp.

——— (1995), *Informe sobre violaciones a los derechos humanos de los inmigrantes-Frontera sur,* México, abril, 185 pp.

——— (1996), *Segundo informe sobre las violaciones a los derechos humanos de los trabajadores migratorios mexicanos en su tránsito hacia la frontera norte, al cruzarla y al internarse en la franja fronteriza sur norteamericana,* México, enero, 203 pp.

Consejo Nacional de Población (1993), *El poblamiento de México. Una visión histórico-demográfica,* Secretaría de Gobernación, México, 4 tomos.

——— (s. f.), *El exilio español en México 1939-1982,* Salvat-Fondo de Cultura Económica, México, 909 pp.

Declaración de Cartagena Sobre los Refugiados (1984), Coloquio sobre la Protección Internacional de los Refugiados en América Central, México y Panamá: Problemas Jurídicos y Humanitarios, Universidad de Cartagena de Indias, Centro Regional de Estudios del Tercer Mundo,

Alto Comisionado de las Naciones Unidas para los Refugiados, Cartagena, 19-22 de noviembre.

Fagen, Patricia Weiss (1973), *Exiles and Citizens. Spanish Republicans in Mexico*, Latin American Monographs 29, Austin, University of Texas Press, 250 pp.

Freyermuth, Graciela, y Nancy Godfrey (1993), *Refugiados guatemaltecos en México. La vida en un continuo estado de emergencia*, México, CIESAS/Instituto Chiapaneco de Cultura, 112 pp.

———, y Rosalva Aída Hernández Castillo (comps.) (1992), *Una década de refugio en México. Los refugiados guatemaltecos y los derechos humanos*, México, Centro de Investigaciones y Estudios Superiores en Antropología Social/Instituto Chiapaneco de Cultura/Academia Mexicana de Derechos Humanos, 409 pp.

González Navarro, Moisés (1994), *Los extranjeros en México y los mexicanos en el extranjero 1821-1970*, México, Centro de Estudios Históricos, El Colegio de México, 3 vols.

——— (comp.) (en prensa), *Destino México: un estudio de las migraciones internacionales a México, siglos XIX y XX*, México, Centro de Estudios Históricos de El Colegio de México, 2 vols.

Hernández Castillo, Rosalva Aída, Norma Nava Zamora, Carlos Flores Arenales y José Luis Escalona Victoria (1993), *La experiencia de refugio en Chiapas. Nuevas relaciones en la frontera sur mexicana*, México, Academia Mexicana de Derechos Humanos/Centro de Investigaciones y Estudios Superiores en Antropología Social/Consejería en Proyectos para Refugiados Latinoamericanos/Oxfam/United Nations Research Institute for Social Development, 168 pp. y anexos.

Hu-Dehart, Evelyn (s. f.) "El desenvolvimiento de los chinos en Sonora", en *Historia general de Sonora*, vol. I: *Sonora moderna 1880-1929*, pp. 195-210.

Instituto Nacional de Migración (INM) (1996), El entorno migratorio y las funciones, misión, objetivo y programas del Instituto Nacional de Migración, México, Secretaría de Gobernación, 8 de julio, sin paginación.

Jacques, Leon M. Dambourges (1979), "The Chinese Massacre in Torreon (Coahuila) in 1911", en *Arizona and the West*, vol. 16, núm. 3, otoño, pp. 233-246.

Lida, Clara (1988), *La Casa de España en México*, Jornadas 113, México, Centro de Estudios Históricos de El Colegio de México, 201 pp.

O'Dogherty, Laura (s. f.), *Centroamericanos en la ciudad de México. Desarraigados y en el silencio*, México, Academia Mexicana de Derechos Humanos, 57 pp.

Ordorica Mellado, Manuel (1990), "Ajuste de una función expologística a la evolución de la población total de México, 1930-1985", *Estudios Demográficos y Urbanos* (15), México, Centro de Estudios Demográficos y de Desarrollo Urbano de El Colegio de México, septiembre-diciembre, pp. 373-386.

Ordorica Mellado, Manuel (1994), "Conciliación de la población de los censos y las estadísticas de nacimientos, defunciones y migración a través de una función expolinomial", *Estudios Demográficos y Urbanos* (27), México, Centro de Estudios Demográficos y de Desarrollo Urbano, El Colegio de México, septiembre-diciembre, pp. 509-519.

Pla Brugart, Dolores (1985), *Los niños de Morelia,* México, Colección Divulgación, Instituto Nacional de Antropología e Historia, 158 pp.

Poder Ejecutivo Federal (s. f.), *Programa Nacional de Población 1995-2000,* México, Consejo Nacional de Población, Secretaría de Gobernación, 113 pp.

Puig, Juan (1992), *Entre el Río Perla y el Nazas: la China decimonónica y sus braceros emigrantes, la colonia china de Torreón y la matanza de 1911,* México, Serie Regiones, Dirección General de Publicaciones, Consejo Nacional para la Cultura y las Artes (Conaculta), 321 pp.

Reyna Bernal, Angélica (1994), "El pensamiento y la política poblacionista en el México de la primera mitad del siglo XX", en Conapo, *El poblamiento de México. Una visión histórico-demográfica,* México, Secretaría de Gobernación, tomo IV, pp. 54-73.

Salvadó, Luis Raúl (1993), *The Other Refugees: A Study of Nonrecognized Guatemalan Refugees in Chiapas, Mexico,* Washington, D. C. Hemispheric Migration Project, Center for Immigration Policy and Refugee Assistance, Georgetown University.

Zazueta, Carlos, y Luis Pablos (1982), *Migrantes centroamericanos en México: primer informe preliminar de trabajadores centroamericanos en la República Mexicana,* México, Centro Nacional de Información y Estadística del Trabajo (Ceniet), Secretaría del Trabajo y Previsión Social.

LA POBLACIÓN SEGÚN ZONAS ECOLÓGICAS

*Fernando Saavedra Peláez**

EL PROPÓSITO de este capítulo es señalar algunos elementos conceptuales para conocer las relaciones entre la población y el medio ambiente —en este ensayo se usan *medio* y *ambiente* como sinónimos, pero su conceptualización siempre se refiere al medio ambiente de un sistema (biosistema), es decir, a un sistema ambiental con una organización y dinámica dadas, en interacción con el sistema humano considerado: "El medio ambiente de un biosistema puede definirse como un conjunto de variables o factores no pertenecientes al biosistema que están acoplados a elementos o subsistemas del biosistema" (Galopin, 1980)— y describir ciertas características de la distribución espacial de la población en relación con el medio físico, así como del proceso de poblamiento actual. Dentro de esta problemática, se planteó la necesidad de contar con una unidad de referencia y análisis que permitiera incluir de manera integrada ambos campos del conocimiento. En tal sentido, se optó por utilizar la regionalización ecológica, la cual permite establecer una unidad de referencia base apropiada para este fin, y se eligieron para tal efecto los niveles espaciales de zona y provincia ecológica.

INTRODUCCIÓN

Hasta comienzos de los años ochenta los problemas ambientales se consideraban principalmente en términos globales, y se sugería que para mantener la calidad de los recursos naturales debería restringirse el crecimiento económico y el de la población; esto último fue lo que se enfrentó en primer lugar. A partir de la segunda mitad de esa década se cuestionaron los planteamientos dominantes anteriores, y se propuso que el crecimiento económico y el desarrollo no son, necesariamente, incompatibles con el ambiente. En medio de esta discusión se formuló el concepto de "desarrollo sustentable".[1]

* Cristina Gómez, Alejandro Quintín y Evaristo Ciprés participaron en la elaboración de los cuadros y mapas.

[1] World Commission on Environment and Development, Brundtland Commission (1987).

Tal cambio de perspectiva en la relación desarrollo/ambiente significó también una modificación del enfoque global de los problemas ambientales si se considera que, aunque las repercusiones en el entorno finalmente tienden a ser globales, el deterioro de los recursos naturales es regional, o sea que primero tiene una manifestación territorial, local y particular.

Si bien los términos *población* y *medio ambiente*[2] aluden a dos ámbitos distintos, ocultan la complejidad de los procesos que les son propios; además, en su articulación sólo se constituyen en observables los que aparecen como "problema", entre los que destacan, por ejemplo, la contaminación en sentido amplio, así como el total de la población y su tasa de crecimiento. En cambio, los patrones de producción y consumo, las pautas de acceso y uso de los recursos naturales, la distribución territorial de la población y los recursos, las tecnologías disponibles, la disponibilidad y acceso al agua, entre otros procesos (los cuales se relacionan y manifiestan de manera diferente en el medio y la población), permanecen en un segundo plano mucho más difuso.[3]

Elementos conceptuales

Mediante las modalidades de desarrollo la población ejerce una acción que puede deteriorar al ambiente, lo cual está determinado fundamentalmente por las características de los sistemas productivos, las formas de ocupación del espacio, y no sólo por la cantidad de individuos existentes. Sin embargo, es preciso considerar esta afirmación en términos dinámicos y de largo plazo, porque es cierto que el aumento de la población significa un crecimiento (relativo) en la demanda de productos y en la producción de desechos; en consecuencia, si el desarrollo económico, tecnológico y social, el uso de los recursos y los patrones y estructura del consumo —entre otros— no cambian, entonces habrá una presión acumulativa sobre los recursos naturales y se producirá una mayor degradación

[2] La población es concebida en cuanto a las acciones que la sociedad realiza en el territorio para poblarlo, ocuparlo, transformarlo, explotarlo, entre otras; se consideran tanto sus características demográficas como las geográficas del territorio, las cuales establecen ciertos parámetros y condicionantes que cambian con el transcurso del tiempo en el sentido de que los procesos demográficos y ambientales son dinámicos e interaccionan entre sí. Lo ambiental adquiere sentido, de esta manera, respecto de la población y no en sí mismo.

[3] La problemática ambiental se plantea en términos de la posibilidad de satisfacer las necesidades de la población considerando la existencia, disponibilidad, accesibilidad y aprovechamiento de la base natural de recursos, la cual no sólo es finita, sino que cada vez está más degradada. A su vez, la diferenciación social de la población plantea distintos problemas ambientales en relación con la explotación, uso, consumo de recursos naturales y producción de desechos, lo que significa que la población no pueda ser considerada como un todo homogéneo, de cuyo volumen se puedan derivar consecuencias únicas.

ambiental, incluso la pérdida del medio, según los parámetros de la temporalidad humana.

Si bien los procesos y fenómenos naturales tienen una dimensión territorial en función de las condiciones físicas que privan en ciertas áreas, los fenómenos ambientales difícilmente tienen una delimitación espacial precisa. Por su parte, los procesos sociales trascienden las fronteras naturales, y desde luego las administrativas, por lo cual las relaciones interdependientes entre ambos campos de conocimiento requieren construir unidades distintas de las naturales que incluyan ambas legalidades de funcionamiento.

La región de pertinencia de ambas dimensiones constituye la unidad analítica que resulta necesario construir; empero, su delimitación es compleja, sobre todo si se considera que lo social entraña en cierta manera una autonomía relativa de lo natural, históricamente construida desde la separación del hombre de sus condiciones inmediatas de reproducción material de vida. Dicha unidad correspondería a un *sistema socioambiental,*[4] considerado como un sistema complejo no sólo para entender y conocer su funcionamiento, sino sobre todo para el planteamiento de políticas. Este enfoque también requiere trascender el nivel de existencia físico-técnico de los componentes del ambiente y de los problemas del caso, así como rescatar los niveles económico, social y político en que se sitúan ambos.

Por otra parte, el territorio[5] también es concebido como un sistema estructurado como totalidad, conformado por subsistemas, entre los cuales se pueden distinguir, por ejemplo, el del medio físico (clima, aire, agua, suelo y subsuelo, principalmente) y el medio biótico (vegetación y fauna), así como la degradación y los riesgos ambientales; el de los asentamientos e infraestructura; el subsistema de población y actividades de producción, consumo y relaciones sociales, y el del marco jurídico e institucional (Gómez, 1993).

Uno de los instrumentos para la gestión del medio ambiente es la regionalización ecológica, la cual define diversos niveles regionales de manifestación de los fenómenos y problemas ambientales; además, permite aplicar

[4] Estaría en la misma línea de las propuestas de sistemas socioecológicos (Gallopin, Gutman y H. Maletta, 1989) y regiones socioecológicas: International Institute for Applied System Analysis (IIASA), Centro de Investigaciones y Estudios Avanzados (Cinvestav), 1997.

[5] El territorio para una población determinada es el gran *laboratorium,* el arsenal que proporciona tanto el medio de trabajo como el material de trabajo, además de la sede, la base de la entidad comunitaria. Cuando la relación del hombre con la tierra es directa, cada individuo se comporta como propietario o poseedor sólo en tanto miembro de una comunidad. Además, los individuos, en tanto cuerpos, son mediaciones de relaciones sociales; por eso son "personas": porque una persona es la mediación, la forma que toma un conjunto de relaciones sociales. No hay una relación directa entre el cuerpo y las condiciones naturales: lo *social* media entre ambos.

políticas y normas para la planeación ambiental. La regionalización ecológica se integra a partir de la división del territorio en sistemas terrestres con características homogéneas, y de la identificación de los atributos físicos y bióticos presentes en cada una de ellas. Así, la inclusión de parámetros geomorfológicos, edafológicos y climáticos, permite caracterizar un área.

En tal sentido, el concepto de "región" es adecuado, siempre y cuando estén aclaradas las restricciones de tal delimitación espacial. Por un lado, las regiones naturales, definidas con base en criterios geográficos, como clima, relieve, vegetación, disponibilidad de recursos naturales, cuencas hidrográficas, etc., contienen la idea de continuidad territorial donde prevalecen ciertas características uniformes, en el sentido de una región "homogénea" (Bassols, 1979; Lamartine, 1961); por otro, la no homogeneidad del territorio se considera como uno de sus rasgos obvios, puesto que se producen aglomeraciones de las actividades económicas y de la población en determinadas áreas del territorio —que pueden ser identificadas como regiones "nodales" (o polarizadas)— compuestas por unidades heterogéneas pero funcionalmente interrelacionadas mediante flujos de población y recursos, entre otros (Richardson, 1975). Sin embargo, es importante considerar el diferente significado de "lo regional" en términos de espacio como superficie y en cuanto a su estructuración reticular con base en redes territoriales y flujos de intercambio.

El análisis de la distribución de la población, su dispersión, integración y concentración, entre otros aspectos, tiene que ver con la dimensión espacial, territorial. El territorio es el espacio concreto de relaciones de diferente tipo entre elementos físicos naturales, construidos y sociales, el cual (además de ser asiento, sustrato, base de procesos) es producto de las relaciones dialécticas entre sus elementos geográficos y humanos, lo que entraña situar la integración, concentración y dispersión en función de estas relaciones, que darán cuenta de su apropiación en cuanto territorio, y que en perspectiva histórica corresponde al proceso de poblamiento.[6]

El proceso de poblamiento alude a la manera en que la población va ocupando, ampliando y transformando áreas de un territorio determinado, de acuerdo con las percepciones, posibilidades y oportunidades que su organización sociopolítica y su geografía le ofrecen y le permiten.[7] Así, el poblamiento no es solamente el proceso de ocupación de un territo-

[6] Lo espacial no es una dimensión indiferenciada y no significa solamente "distancia", sino también todas las propiedades de la superficie terrestre: forma, dimensión, patrón de distribución de atributos, distancia, conectividad, etcétera.

[7] La apropiación del espacio consiste en la posibilidad de desplazarse, instalarse, poseerlo, actuar, admirar, soñar, aprender, crear según los deseos, aspiraciones y proyectos de los individuos.

rio, sino las interacciones continuas de uso y transformaciones del medio físico y de la organización productiva que integra la dinámica demográfica, así como las circunstancias que han influido en la formación de los patrones de asentamiento de una población (Cabrera, 1993).

En lo referente al poblamiento, se considera que, en términos generales, a cada sistema socieconómico le correspondería cierto patrón de distribución territorial de la población en función de sus modalidades específicas de producción. Las modalidades del proceso de desarrollo han operado de manera desigual en las ciudades y en el ámbito rural, en tanto que el modo específico de desenvolvimiento que tiene el desarrollo en las sociedades latinoamericanas es desigual y combinado, o sea que en ciertos lugares y condiciones funciona de una manera transformadora y modernizadora; aumenta la productividad, por ejemplo, y a la vez mantiene y reproduce en otras áreas modalidades que no corresponden a dicha lógica. Así, la gran producción, los monocultivos, la tecnificación, la ampliación del mercado, etc., se combinan con el mantenimiento y la reproducción del minifundio, la pequeña propiedad, formas campesinas de producción, como parte del propio modelo, y no serían remanentes tradicionales que no se han integrado. La concentración y dispersión de las actividades y de la producción, el consumo y la población (entre otras) serían consecuencias estructurales de este proceso.

Lo espacial se refiere a ordenamientos, distribuciones, integración, organización, interacciones y procesos espaciales, entendidos como los movimientos sobre la superficie terrestre. De ahí el interés en la estructura espacial y el ordenamiento resultante sobre el territorio. Por ello, el proceso por el cual las sociedades ocupan y se apropian de un territorio contiene las dinámicas demográfica, económica, sociocultural y política que especifican dicho poblamiento.

En estadios menos avanzados, el poblamiento estaba relacionado con —incluso condicionado por— la disponibilidad de recursos naturales; empero, con el desarrollo socioeconómico, las relaciones de apropiación y ocupación del territorio van construyendo relaciones de fuerza en el control del ambiente, que permiten sistemas de asentamientos humanos no dependientes directamente de las condiciones geográficas y la disponibilidad de recursos naturales existentes en el lugar donde se localizan.

La dimensión espacial y temporal del poblamiento en México ha dado origen a desigualdades, desequilibrios, heterogeneidad territorial y social. La antigua y continua ocupación del suelo —ligada a formas de tenencia específicas— ha significado una modalidad de desarrollo que significa procesos de ocupación y uso del territorio que han favorecido patrones de distribución territorial de la población desequilibrados y contrapuestos.

La distribución de la población en zonas de propiedad comunal indígena y ejidal tradicional ha significado una dispersión de ella en pequeñas localidades, lo que está en función de cómo las personas trabajan la tierra y cómo se apropian de los recursos naturales. No sólo el mantenimiento de pequeñas localidades, sino su aumento permanente, estarían relacionados con estos patrones productivos, organización social de la producción y del consumo y la propia organización familiar, la cual reacciona permanentemente a los cambios internos (producto del aumento en el tamaño de familia, ligado a la ganancia en la esperanza de vida por disminución de la mortalidad, entre otros) y externos de las condiciones de su reproducción, y busca opciones productivas y de empleo, entre otras. Por ello, cuando su situación lo permite, los grupos humanos intensifican la producción (uso de fertilizantes, semillas mejoradas, maquinaria, mayor uso de mano de obra familiar, etc.) u ocupan otras tierras (extensión de la agricultura itinerante), con el consiguiente cambio de uso de éstas, lo cual, según las condiciones ambientales y del suelo, se traducirá en mayor o menor efecto en lo que respecta a la manutención o deterioro de tales recursos.

La tenencia de la tierra, junto con el tamaño de la propiedad, son expresión de las características de los sistemas productivos predominantes. A la producción campesina, la propiedad indígena comunal, ejidal parcelaria y pequeña propiedad, y al no predominio del mercado en la producción agropecuaria parcelaria, les correspondería un patrón de distribución territorial de la población disperso en pequeñas localidades, como forma de uso integral y de apropiación del ambiente.

En la medida en que el proceso de desarrollo se consolida (en función de la industrialización concentrada en ciertos lugares, al propiciar un proceso de urbanización altamente concentrado de la población, sobre todo en las grandes ciudades, lo cual caracteriza a México desde los años cincuenta a la fecha), se mantiene una distribución territorial dispersa de la población, junto con un importante crecimiento urbano de las ciudades principales. Este proceso continúa en la actualidad, pues se ve aumentada la polaridad concentración-dispersión, en la cual las ciudades medias estarían señalando cierto cambio en relación con la concentración de las grandes. Sin embargo, las pequeñas localidades no sólo se mantienen, sino que aparecen nuevas; es decir, se reproduce este patrón disperso puesto que no han cambiado las condiciones estructurales de su funcionamiento. De tal manera, pensar en la dispersión requiere necesariamente referirse a las condiciones estructurales que dan lugar a ésta, en el entendido de que son las formas de producción y organización social las que explicarían dicho patrón.

El medio físico y sus principales problemáticas

La definición social de cierta parte del ambiente en términos de "recursos naturales" tiene un carácter histórico, y aparece básicamente en función de los valores culturales y el desarrollo tecnológico, los cuales focalizan la relación entre la población y su entorno.[8]

En la identificación de los recursos naturales, éstos son separados y tratados en forma particularizada, tanto en su explotación como en su uso. Sin embargo, los recursos naturales no son elementos aislados, sino un conjunto de unidades ambientales conocidas como ecosistemas, que integran los procesos geológicos, fisicoquímicos y biológicos mediante los flujos y ciclos de materia y energía que se establecen entre los organismos, así como entre éstos y su soporte material. El reconocimiento de la definición anterior establece las condiciones del uso de los recursos naturales renovables, en la medida en que no se exceda su capacidad de renovación, que da sentido a la sustentabilidad ambiental.

La perspectiva que orienta este capítulo considera el territorio como un sistema complejo (donde los componentes del subsistema del ambiente físico y los del subsistema social están estrechamente relacionados), y en este ensayo se destaca a la población en cuanto a su distribución en el territorio. En tal sentido, la naturaleza no es concebida como una matriz uniforme y pasiva, sino que es diferenciada y está estructurada con sus propias dinámicas y límites, como un conjunto de totalidades articuladas que son capaces de automantenerse, autorregularse, y reproducirse, es decir, está conformada por ecosistemas, los cuales se sitúan en cierto momento de la historia natural y ocupan un espacio determinado (Toledo, 1989).

El territorio, en tanto sistema complejo, está conformado por diferentes subsistemas, que varían de acuerdo con el nivel de agregación que se considere.[9] Un sistema nunca permanece aislado y es un nivel de explicación;

[8] En tal sentido, la diferenciación de los recursos naturales entre renovables y no renovables no es definitiva, particularmente en lo referente a la posibilidad de su total agotamiento. Así, un recurso es renovable por sus características y capacidad de regenerarse en cierto tiempo (después de ser utilizado), según el horizonte temporal humano como el agua dulce o la tierra agrícola por ejemplo, que pueden utilizarse, en teoría, indefinidamente; empero, la capacidad de reciclaje para el agua, o de regeneración de la fertilidad en el de la tierra, para la temporalidad humana, es demasiado larga, y en consecuencia se pueden "agotar" en tiempos relativamente cortos. Asimismo, un recurso no renovable lleva implícito en su utilización su agotamiento final. En consecuencia, los términos que definen cuantitativamente los recursos no renovables se tienen que entender como variables que dependen de las condiciones técnicas, económicas y sociales (Conapo, 1997).

[9] Un sistema complejo, como totalidad organizada, significa que son las relaciones entre los elementos que lo componen las que determinan su estructura, aunque muchas de las propiedades del sistema se determinan a partir de la estructura (García, 1986).

así, cuando se cambia el objeto de estudio, el sistema puede convertirse en un subsistema dentro de un área de estudio más amplia.[10]

En general se identifican cinco componentes básicos del subsistema del medio físico: clima, aire, agua, suelo, vegetación y fauna. La zona ecológica, una de las unidades de análisis elegida en este trabajo, se define como "aquella porción de la superficie terrestre en donde se encuentra un conjunto de tipos de vegetación con afinidades climáticas similares".[11] La provincia ecológica es una unidad ambiental de menor dimensión que la zona, la cual se define cuando se agregan a los factores anteriores las condiciones geomorfológicas.

En el subsistema del medio físico hay dos factores que se presentan como condicionantes y diferenciadores de los patrones de comportamiento y contrastes y que determinan la base del paisaje: el clima y el relieve. Su conjunción establece las condiciones de la génesis, la dinámica y los patrones de distribución del agua, el suelo, la fauna y la vegetación; esta última es el elemento síntesis que expresaría el potencial de uso del suelo para las actividades agroproductivas, entre otras. En general el medio natural (y en especial el clima) ha influido en la manera como se distribuye la población según, principalmente, el desarrollo social y tecnológico alcanzado.

Algunas de las características del territorio mexicano que es conveniente señalar se refieren a su ubicación geográfica y a su historia geológica, que determinan su ambiente y que se explican por su situación latitudinal; se trata de una zona de transición entre regiones tropicales, áridas y semiáridas y templadas, que aparecen en el territorio debido al efecto de la altitud. Su historia natural hace más ricos y diversos los recursos bióticos del país. También hay que señalar que el territorio mexicano ocupa una parte de todo lo ancho del continente, factor que contribuye a su riqueza, por la estructura geológica y las rocas que contiene, así como por el efecto en la distribución de los climas.

La dotación de recursos naturales de México es abundante, por lo cual se ubica entre los seis principales países con megadiversidad en el planeta. Sin embargo, esta riqueza es muy frágil y no resiste presiones ilimitadas de la población, patrones de asentamiento altamente concentrados y a la vez dispersos, así como explotaciones no sustentables.[12]

En lo referente al clima, México se ubica en la zona intertropical, pero su altitud influye para que las temperaturas en general no sean tan eleva-

[10] La dimensión espacial y la escala requieren definir los contenidos pertinentes que habrán de tomarse en cuenta en la situación del medio, según el nivel de agregación y resolución de la unidad de referencia elegida: individuo, colonia, localidad, ciudad, país, región, globo, puesto que su delimitación significa cambios de las variables ambientales más apropiadas para su estudio.

[11] V. Toledo *et al.* (1989); J. Carabias *et al.* (1994).

[12] Secretaría de Desarrollo Social e Instituto Nacional de Ecología (1994).

das. Predominan el clima seco y muy seco (28% y 21% del territorio nacional, respectivamente), el cálido subhúmedo (23%) y el templado subhúmedo (21%). La influencia marítima favorece un clima alejado de los efectos de la continentalidad, lo cual reduce las diferencias entre las temperaturas extremas. Hay diferencias importantes respecto de la precipitación pluvial que son inferiores a 100 mm anuales en el noroeste del país y alrededor de 4 000 mm en partes de la región sur del Golfo de México. Según la altitud, alrededor de 29% del territorio nacional está debajo de la cota de 300 metros sobre el nivel del mar (m snm); 17%, entre los 300 y 900 m snm y 54%, sobre los 900 m snm.

Los principales problemas ambientales son: cuidado del agua, erosión del suelo, desertificación, deforestación y contaminación de agua, suelo y aire, los cuales se articulan de manera compleja con los fenómenos demográficos.

Importantes desafíos se plantean en lo que respecta a la disponibilidad del agua, ya que no tiene correspondencia, en la mayoría de los casos, con la distribución de la población en el territorio, por lo cual la evaluación del potencial del recurso se torna difícil al considerar la distribución de los asentamientos humanos, los polos de desarrollo industrial y las áreas que cuentan con infraestructura para riego.

Hay una distribución desigual de la población en términos de disponibilidad de agua dulce, ya que el mayor almacenamiento del líquido con el que cuenta el país se encuentra bajo la cota de 500 m snm, principalmente hacia el sureste de la República, mientras que un alto porcentaje de la población que habita en las ciudades grandes y medias se distribuye en altitudes mayores. Cerca de un tercio de la población nacional residía en 1995 sobre los 2 000 m snm, altitud en la que se encuentra sólo 12% de la superficie nacional. Asimismo, menos de una tercera parte del escurrimiento superficial ocurre en 75% del territorio, donde se concentran los mayores núcleos de población, las industrias y las tierras de riego, lo que ocasiona insuficiencias de las aguas superficiales y subterráneas, y a su vez conduce a la sobreexplotación de acuíferos, hecho que obliga a hacer transferencias entre las cuencas (INEGI, 1995: 95).

El balance nacional entre la oferta y la demanda del recurso indica que existe un superávit. Sin embargo, regionalmente surgen marcados desequilibrios con problemas de déficit en casi la mitad del territorio, principalmente en los estados de Baja California, Sonora, Coahuila, Chihuahua, Nuevo León, San Luis Potosí, Distrito Federal y Estado de México (Sedesol-INE, 1994).

Uno de los mayores problemas que habrán de resolverse en cuanto a la relación entre la población y el ambiente es que las zonas de mayor concentración de población y actividades económicas son las que presentan mayores déficit en cuanto a cantidad y calidad del agua; mientras que, debido a la contaminación, las zonas que tienen mayor potencial (el sureste) comienzan a presentar ya problemas en la calidad del recurso.

Otro de los problemas graves que enfrenta el país es el deterioro y pérdida del suelo si consideramos que las características topográficas, la disponibilidad de agua y los tipos de suelo establecen las condiciones potenciales de su uso. No obstante, este recurso se ha visto sometido a diversas presiones y degradación causados, entre otros factores, por los sistemas productivos, la política agropecuaria, el acelerado crecimiento demográfico y la urbanización observada en el país durante las últimas cuatro décadas.

En lo que respecta al suelo y en relación con la agricultura y la orografía, sólo 36% del territorio presenta pendientes menores a 10°, que serían cultivables, de las cuales 30 millones de hectáreas tienen menos de 2° y 40.3, entre 2° y 10°. Además, se estima que el potencial de tierras agrícolas no se aprovecha de manera adecuada, ya que si bien todas están en uso, éste muchas veces no es agrícola, y gran parte de ellas se dedica a uso ganadero.

De tal manera, el país tiene poca tierra de potencial agrícola y, amén de no usarse de manera óptima, frente a la presión por la escasez de tierra se desmontan terrenos no aptos para los cultivos, lo cual desencadena procesos de erosión y pérdida de especies y de ecosistemas. A esto hay que agregar la aplicación de tecnologías no apropiadas a las condiciones ambientales, así como el abuso de insumos químicos, lo cual ha agravado la situación, pues se facilitan los procesos de erosión, salinización (que se presenta en más de 30% de la superficie irrigada), agotamiento de mantos freáticos, alteración de ciclos hidrológicos y extinción de ecosistemas, entre otros problemas. La ganadería, por su parte, ha repercutido en la deforestación y erosión del suelo, junto a procesos de compactación que influyen negativamente en la infiltración del agua y en consecuencia en la recarga de los mantos acuíferos.

La erosión es uno de los principales promotores de la desertificación. De los cerca de 200 millones de hectáreas del territorio nacional, 42% presenta una erosión leve y moderada y 35%, severa o muy severa; es decir, alrededor de 77% de la superficie del país presenta algún grado de erosión. Las entidades más afectadas son: Oaxaca, Tamaulipas, Yucatán, Veracruz, Chiapas, Nuevo León, Estado de México, Coahuila, San Luis Potosí y Michoacán. Como consecuencia de lo anterior, sólo 14% de la superficie cultivable se encuentra en condiciones óptimas para la siembra; además, poco más de 400 000 hectáreas de tierras de riego presentan problemas de salinización (Sedesol, 1994: 71).

Alrededor de 72% del territorio nacional estaría cubierto por algún tipo de vegetación: 25% por áreas arboladas, con bosques de coníferas y de latifoliadas y los distintos tipos de selvas (secas, húmedas, altas, bajas, medianas); 36% por áreas no arboladas, con matorrales y chaparrales de las zonas áridas y semiáridas, y 11% por vegetación perturbada. Cerca de la mitad de la cobertura forestal se localiza en áreas templadas y la otra mitad, en áreas tropicales; sin embargo, las concentraciones forestales ocupan menos de 20 millones de hectáreas y el resto corresponde a áreas segmentadas y perturbadas, o de bosques muy abiertos.[13]

En lo referente a deforestación, la expansión de la frontera agrícola, pecuaria, urbana e industrial ha alterado de modo irreversible grandes superficies ocupadas originalmente por ecosistemas terrestres. Se estima que a comienzos de siglo casi 33% del país comprendía tierras forestales, que hoy se han reducido a 25%. La disminución de la superficie ocupada por selva ha disminuido cerca de 17% entre 1985 y 1991, especialmente las selvas del sur del país, que se reducen en alrededor de 1.5% cada año, lo cual significa que en 50 años desaparecerán por completo. Las áreas correspondientes a sistemas perturbados aumentaron en 21% en el mismo periodo.

El crecimiento acelerado de la población, la urbanización progresiva del país, un activo proceso de industrialización, así como modificaciones relativas al campo, entre otros factores, han ocasionado cambios importantes en el territorio nacional. Ante la presión por ampliar las fronteras agropecuaria y urbano-industrial, se han alterado irreversiblemente superficies que antaño conformaban los ecosistemas terrestres. En estrecha relación con el proceso de urbanización, se observa la pérdida de suelos con potencial agrícola, pecuario o forestal como consecuencia de su incorporación a usos urbanos; dicho fenómeno se da principalmente en las áreas colindantes con las ciudades que tienen mayor expansión.

Según una evaluación de riesgo de los ecosistemas, se identificaron 25 regiones con problemas críticos desde el punto de vista ambiental; el estado de Oaxaca fue el que presentó los valores más altos de superficie de suelos erosionados, bosques perturbados y alto valor en el índice de marginación municipal.[14] Los estados del norte tienen índices bajos de marginación, pero muestran graves problemas de contaminación causados por desechos industriales. Los resultados del análisis mostraron que las áreas con alto índice de marginación municipal, bajas actividades productivas y gran biodiversidad se encuentran en el sur-sureste y centro del país, donde también se manifiestan problemas de erosión y deforestación.

En las áreas urbanas, el desarrollo industrial y las migraciones masivas a las ciudades iniciadas en los años cuarenta ocasionaron la ocupación desordenada del suelo y una gran demanda de servicios (agua, drenaje, luz,

[13] Poder Ejecutivo Federal (1995: 19) y SAR (1992).

[14] Evaluación comparativa de riesgos planteados a la sustentabilidad de los ecosistemas derivados de problemas ambientales de consideración para la década 1994-2004; Sedesol e INE (1994).

etc.), lo cual causó graves desequilibrios ambientales agregados a los sociales y económicos, que a su vez han sido causa de importantes deterioros en las condiciones de vida de los habitantes del país y particularmente de los sectores más pobres.

En las áreas rurales los problemas de contaminación del ambiente que afectan a la población responden, más bien, al limitado o nulo acceso a los recursos básicos, como agua potable, drenaje, servicios sanitarios y recolección de basura, elementos que —al combinarse con inadecuadas técnicas productivas y de consumo de recursos, tanto individuales como industriales— ocasionan alteraciones de los ecosistemas.

Otro problema ambiental prioritario es la contaminación de las aguas por descargas industriales y domésticas, ya que, de éstas, sólo una parte recibe tratamiento para ser reusada o para su disposición final. Como consecuencia, importantes ríos, como el Lerma, el Coatzacoalcos, el Blanco y el Papaloapan, han sido contaminados con desechos industriales. Asimismo, en las zonas urbanas la contaminación del agua potable repercute seriamente en la proliferación de enfermedades infecciosas y parasitarias. De acuerdo con evaluaciones de la Secretaría de Salud, en las zonas urbanas la contaminación del agua potable ocurre en 30% en la red de distribución y otro 20% en la instalación intradomiciliaria; por ello, la potabilidad del agua ha disminuido en 50% al llegar al usuario final.

Los problemas en el manejo de residuos sólidos se han agudizado en México como consecuencia de las actividades industriales, el elevado crecimiento urbano, los patrones de consumo y la falta de una adecuada planificación. La generación de basura es un problema grave, dada la relación que guarda con las condiciones de riesgo de salud pública. La recolección de residuos sólidos no es cubierta totalmente; 30% de éstos se tira en calles, lotes baldíos o basureros clandestinos, ríos y cuerpos de agua, lo cual crea condiciones ambientales adversas a la salud humana. La disposición de residuos sólidos en basureros a cielo abierto repercute en la calidad del aire, del agua y del suelo, así como en la salud de los habitantes.

Las zonas ecológicas y la distribución territorial de la población

En este apartado me interesa destacar algunos elementos de la distribución espacial de la población rural principalmente, ya que ésta tiene una relación más estrecha con las condiciones ambientales en las cuales se localiza; a continuación nos referiremos a las zonas ecológicas (mapa 1).[15]

[15] La fuente de las zonas ecológicas es la delimitación realizada por Víctor Toledo, la cual permite trabajar con municipios (Toledo, 1989).

MAPA 1. *Localidades urbanas en México, según tamaño de población y zona econológica, 1995*

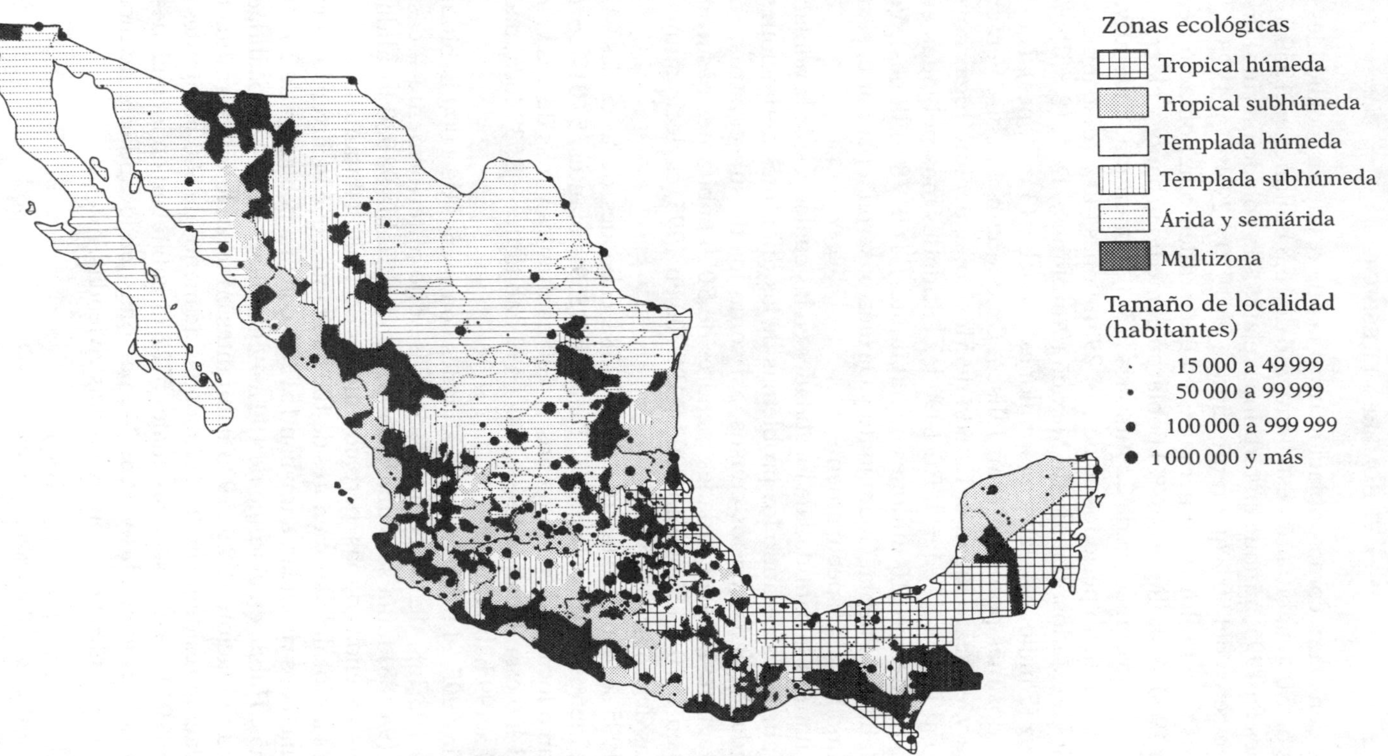

FUENTES: Zonas ecológicas según Víctor Toledo, *La producción rural en México: alternativas ecológicas,* México, Fundación Universo XXI, 1989. INEGI, *Conteo de Población y Vivienda 1995,* México, 1997.

Si se considera como población rural la que reside en localidades con menos de 5 000 habitantes, ésta aumentó de 16.8 millones en 1950 a 26.8 millones en 1995, aunque en términos relativos la población rural disminuyó en cerca del 50% que representaba en 1970 a 29.4% en 1995.

De los 67.6 millones de personas en que aumentó la población entre 1900 y 1990, 45 millones (67%) poblaron el medio urbano, y el territorio rural se pobló con cerca de 22 millones (33%). Por entidad federativa, el aumento en dicho periodo fue de casi 29 millones (40%) distribuidos en sólo cinco estados: Estado de México (9 millones), D. F. (8 millones), Veracruz (5 millones), Jalisco (4 millones) y Puebla (3 millones). En 1900 los estados más poblados eran Jalisco, Guanajuato, Puebla, Veracruz, Oaxaca y, en sexto lugar, el Estado de México; el décimo lugar correspondió al Distrito Federal. En 1990 las entidades más pobladas eran: Estado de México (10 millones de habitantes), D. F. (8 millones), Veracruz, Jalisco y Puebla. Guanajuato y Oaxaca pasaron a ocupar el sexto y el décimo lugar, respectivamente.[16]

En cuanto a la cantidad de localidades en las cuales reside la población rural (aun considerando los problemas de las diferentes definiciones de "localidad" usadas en los censos, así como los de subregistros, entre otros factores), las localidades menores de 5 000 habitantes pasaron de 96 000 en 1970 a 155 000 en 1990 y 199 700 en 1995, es decir, aumentaron más del doble en 25 años.

En 1995 se identificó un total de 201 138 localidades, de las cuales 94 288 tenían menos de tres viviendas. De las 106 859 restantes, 57 017 correspondían a localidades con menos de 100 habitantes y más de dos viviendas; 33 426 eran localidades de 100 a 499 habitantes y 8 537 localidades, de 500 a 999 habitantes.[17]

Hacia 1995, el total de las localidades con menos de 1 000 habitantes era de 193 268, de las cuales —como se dijo anteriormente— casi la mitad (94 288) tenía sólo una o dos viviendas. Había 98 980 localidades con tres viviendas o más, pero con menos de 1 000 habitantes.

Todas las localidades menores de 100 habitantes, que incluyen las que tenían una o dos viviendas, sumaban 151 305, con una población de 2 638 019 personas. Había, en el rango de 100 a 499 habitantes, 33 426 localidades, con una población de 7 965 923 habitantes en total, lo que significa que la población residente en las localidades de menos de 500 habitantes era de 10 603 942 personas, de las cuales 572 673 habitaban en localidades de menos de tres viviendas y 2 065 346 personas, en localidades de menos de 100 habitantes pero con tres o más viviendas.[18]

[16] Consejo Nacional de Población (1997).

[17] INEGI, *Conteo de Población y Vivienda, 1995.*

[18] *Idem.*

Hay un segmento prioritario de la población rural en términos de volumen de población —representado por las localidades con tres viviendas y más— y las de menos de 500 habitantes (90 443), en las cuales residían 10 031 269 personas en 1995, que debería ser objeto del análisis sociodemográfico y ambiental, sobre todo en términos del rezago para el primero y del deterioro para el segundo. Esto no significa que la infinidad de viviendas dispersas en las cuales residen alrededor de 572 000 personas no sea importante, sino que se trata de términos de factibilidad de políticas y planeación socioeconómica y demográfica.

En cuanto a la regionalización ecológica, el resultado de los criterios climáticos y de vegetación ha permitido distinguir cinco grandes zonas ecológicas (Toledo, 1989), cada una de las cuales agrupa a un conjunto de tipos de vegetación. El nivel más agregado de la división ecológica del territorio corresponde a la categoría de "zona": tropical cálido-húmeda; tropical cálido-subhúmeda; templada húmeda; templada subhúmeda, y árida y semiárida. Alrededor de 86% del territorio nacional se encuentra en municipios que pertenecen a alguna de las cinco zonas indicadas y el restante 14%, a la denominada "multizona".[19]

La zona tropical cálido-húmeda se localiza por debajo de los 20° latitud Norte, con altitud promedio de 600 m snm. Presenta precipitaciones altas y constantes (entre 2 000 y 5 000 mm, con variaciones mensuales); la temperatura media mensual no desciende de 18°C; en general oscila entre 25 a 30°C y el promedio es de 21°C. Cubre cerca de 18 millones de hectáreas (9.6% del territorio) y abarca 251 municipios de nueve estados: todo Tabasco y Quintana Roo, 75% de Veracruz y Campeche, 25% de Chiapas y San Luis Potosí y 7, 11 y 0.1% de Oaxaca, Puebla e Hidalgo, respectivamente.

Dicha zona se encuentra en las planicies costeras del Golfo de México y en las partes bajas de la Sierra Madre Occidental, norte de Oaxaca, de Chiapas y Península de Yucatán. Tiene una vegetación de bosque tropi-

[19] El mapa de divisiones municipales se superpuso con el de zonas ecológicas para definir a cuál zona ecológica pertenece cada uno de los 2400 municipios del país. El criterio para definir a cuál zona asignarlos consiste en que cuando el municipio corresponde en 75% o más de su territorio a una de las zonas, se asigna el municipio a dicha zona, sin reparar en el resto de su territorio. En los casos en que los municipios se ubicaban en más de una zona (pero en ninguno alcanzaban 75%), se definieron como "multizonales" y no se asignaron a ninguna zona específica. Una vez asignados los municipios a alguna zona, se procedió a procesar la información del archivo computarizado del VI Censo Agropecuario y Forestal de 1981, en lo referente a la superficie total de cada municipio, se ubicó la destinada a agricultura, ganadería, silvicultura u otros usos. La metodología se realizó con base en las cartas de vegetación y clima del *Atlas nacional del medio físico* (Dirección de Estudios del Territorio Nacional [Detenal] y Secretaría de Programación y Presupuesto, 1981), mediante la unión de las áreas geográficas que presentan los tipos de vegetación o clima que definen cada zona. Se decidió recurrir a la división geoestadística municipal (Toledo, 1989).

cal perennifolio y vegetación hidrófila, alta diversidad de especies y elevada productividad biológica; sin embargo, está constituida por ecosistemas de gran fragilidad y complejidad que difícilmente pueden autorrepararse ante cualquier perturbación.

Históricamente ha sido productora de algunos bienes agrícolas: caña de azúcar, maderas preciosas y chicle. En los años setenta y ochenta esta región fue vista como importante en la apertura de la frontera agrícola, de la producción de granos para el mercado nacional y como extensa área para la repartición de tierras a los campesinos desposeídos. Ejemplo de ello son el Plan Chontalpa (1966), Balancán-Tenosique (1972) y Uxpanapa (1975). Sin embargo, no se cumplieron los objetivos señalados y en pocos años se convirtieron en pastizales para el ganado, por lo cual desplazaron a la agricultura y expulsaron a una franja de la población.

La zona tropical cálido-subhúmeda se localiza en el sur y occidente del país, norte de la Península de Yucatán y porciones de la planicie costera del Golfo. Tiene 30 millones de hectáreas (15.7% del país) en 578 municipios de 20 estados. Se ubica en partes bajas y en elevaciones medianas, en la transición de las regiones tropicales húmedas hacia las desérticas, principalmente en la vertiente del Pacífico y en el occidente y sur del país, parte central y norte de Veracruz, sur de Tamaulipas y norte de la Península de Yucatán. Tiene climas cálidos subhúmedos con precipitaciones de entre 600 a 1500 mm y temperaturas superiores a 20°C en promedio anual. Presenta bosques caducifolios, subcaducifolios y espinosos.

La mayor parte de su superficie (75%) está constituida por terrenos de topografía escarpada donde predominan fuertes pendientes. Los valles con regular inclinación son pequeños y dispersos, y el resto son valles de ambas planicies costeras.

La zona templada húmeda ocupa una superficie reducida del territorio nacional, con características propias por su papel en el ciclo hidrológico, por ser el paso obligado de las aguas que se producen en las partes altas de la zona templada subhúmeda que bajan hacia los trópicos. La vegetación es de transición, con temperatura media anual de entre 18 y 22°C y precipitación de 1 000 a 1 500 mm. Se localiza preferentemente entre los 800 y 2700 m snm.

Puesto que la zona templada húmeda se localiza en las partes bajas de cadenas montañosas, sólo se cuentan ahí 48 municipios; sin embargo, dicha zona está de hecho en 16 municipios, así sea en pequeñas extensiones. La principal actividad que se realiza en ella es el cultivo del café.

La zona templada subhúmeda tiene cerca de 28 millones de hectáreas (15.3% del país). Incluye 687 municipios que se localizan en las principales cadenas montañosas (bosques de pino-encino): Sierra Madre

Occidental, Sierra del Sur de Chiapas, Eje Neovolcánico, montañas de Oaxaca y el Macizo Central de Chiapas. El clima es templado con temperaturas medias anuales de entre 10 y 20°C, con heladas en la época fría y precipitaciones anuales que van de 800 a 1500 mm, distribuidas en un periodo de seis a siete meses. Abundan los terrenos con topografía escarpada y fuertes pendientes (80% del total), y la superficie con menores pendientes o planos se reduce a los valles de Toluca, Chihuahua, Puebla-Tlaxcala, México, meseta michoacana, llanura comiteca y los valles de Jalisco, entre otros.

Por la heterogeneidad ambiental que presenta esta zona tan escarpada, hay una gran variedad de bosques que se alternan de manera recurrente en una superficie relativamente reducida. Ha sido, y es, tradicionalmente zona maicera, seguida por la producción de frijol.

La zona árida y semiárida ocupa 84 millones de hectáreas (42.7%). Se distribuye en 384 municipios de 19 estados, principalmente en la parte norte y central del país y cubre la mayoría de la Península de Baja California, la planicie costera noroccidental, gran parte de la altiplanicie mexicana y parte norte de la planicie costera nororiental. Tiene vegetación de matorral xerófilo (formado por una gama muy diversa de especies) y pastizal semiárido en las áreas con algo más de humedad (Carabias, Arriaga y Cervantes, 1993).

La denominada "multizona" o "intrazona" ocupa 16.7% de la superficie nacional (más de 25 millones de hectáreas) y se localiza en 434 municipios.

La población por zonas ecológicas

En lo referente a los cambios en el volumen de la población en el periodo de 1950 a 1990, destaca en primer lugar que en 1950 la zona ecológica que contenía la mayor proporción de la población nacional era la zona templada subhúmeda (27.2% de la población total), seguida por la árida y semiárida (23.8%). Sin embargo, hacia 1990 es esta última la que concentra la mayor proporción (29.3%), seguida por la templada subhúmeda (22.1%). La zona templada húmeda, con escasa superficie, sólo representaba 1.4% de la población nacional en 1950 y descendió a 1.0% en 1990 (cuadro 1).

Las mayores tasas de crecimiento de la población se registraron durante el periodo 1960-1970, con valores promedio de alrededor de 3.4% anual. Sin embargo, en ese mismo lapso hay zonas ecológicas que mantienen bajas tasas de crecimiento, como son la templada húmeda y la templada subhúmeda (1.8 y 2.7%, respectivamente); en cambio, la zona árida y semiárida crece a 4.2% anual. Es interesante observar que si

CUADRO 1. *Población según zonas ecológicas, 1950-1995*

Zona ecológica predominante	*Población total (absoluta)*					
	1950	*1960*	*1970*	*1980*	*1990*	*1995*
Tropical húmeda	2 686 512	3 663 828	5 092 771	6 987 818	8 834 068	9 802 759
Tropical subhúmeda	5 565 838	7 489 841	10 281 821	13 962 166	17 239 216	19 176 811
Templada húmeda	368 937	441 079	526 240	690 753	845 893	883 508
Templada subhúmeda	6 945 545	9 104 169	11 775 875	15 466 180	17 985 048	19 877 927
Árida y semiárida	6 080 675	8 693 037	12 871 948	19 158 850	23 820 584	27 373 381
Multizona	3 865 485	5 468 037	7 651 391	10 581 066	12 524 836	14 043 904
TOTAL	*25 512 992*	*34 860 483*	*48 200 046*	*66 846 833*	*81 249 645*	*91 158 290*

CUADRO 2. *Tasa de crecimiento de la población según zonas ecológicas, 1950-1995*

Zona ecológica predominante	*Tasa de crecimiento poblacional*					
	1950-1960	*1960-1970*	*1970-1980*	*1980-1990*	*1990-1995*	*1950-1990*
Tropical húmeda	3.1	3.5	3.1	2.4	1.9	3.0
Tropical subhúmeda	3.0	3.3	3.0	2.2	1.9	2.9
Templada húmeda	1.8	1.8	2.7	2.1	0.8	2.1
Templada subhúmeda	2.7	2.7	2.7	1.6	1.8	2.4
Árida y semiárida	3.6	4.2	3.9	2.3	2.5	3.5
Multizona	3.5	3.5	3.2	1.7	2.1	3.0
TOTAL	*3.2*	*3.4*	*3.2*	*2.0*	*2.1*	*2.9*

bien comienza un descenso en la tasa de crecimiento de la población nacional durante el periodo 1970-1980 (3.2%), la zona templada húmeda aumenta su tasa de 1.8 a 2.7%, y la templada subhúmeda mantiene su tasa constante de 2.7%.

Entre 1980 y 1990 hay una disminución más acentuada en la tasa de crecimiento en todas las zonas ecológicas, aunque destacan la templada subhúmeda y la multizona por tener niveles inferiores a la media nacional (1.6, 1.7 y 2.0%, respectivamente). Por su parte, el trópico húmedo mantiene una tasa relativamente elevada (2.4%), al igual que la zona árida y semiárida (2.3%). Si consideramos todo el periodo 1950-1990, la zona que registró la mayor tasa de crecimiento fue la árida y semiárida (3.5%), seguida por el trópico húmedo y la multizona (3%), ambas mayores que la nacional, que fue de 2.9% anual (cuadro 2).

La población de la zona del trópico húmedo mantiene su participación proporcional respecto del total de la República y aumenta ligeramente de 10.5% que tenía en los años sesenta y setenta a 10.9% en 1990. Su tasa de crecimiento es ligeramente mayor a la nacional durante 1960-1970 (periodo en el cual comienza a decrecer), aunque superior al nacional de 1980 a 1990 (2.4% frente a 2%, respectivamente).

Por su parte, el trópico subhúmedo, aunque mantiene relativamente su participación en la población nacional, registra una ligera disminución y pasa de 21.8% en 1950 a 21.2% en 1990. Su tasa de crecimiento es ligeramente inferior a la nacional en el periodo 1950-1970 (pero desciende en menor grado que la nacional entre 1970 y 1990), aunque inferior a la del trópico húmedo.

Hacia 1995 la población nacional aumentó en 9.9 millones respecto de 1990, y se distribuye según zona ecológica en: 35.8% en la árida y semi-

CUADRO 3. *Densidad de población según zonas ecológicas, 1950-1990*

Zona ecológica predominante	*Densidad de población, 1990 (hab/km²)*					
	1950	*1960*	*1970*	*1980*	*1990*	*1995*
Tropical húmeda	12.8	17.4	24.2	33.2	41.9	46.5
Tropical subhúmeda	19.6	26.5	36.3	49.2	60.8	67.6
Templada húmeda	37.5	44.8	53.4	70.1	85.9	89.7
Templada subhúmeda	26.6	34.9	45.1	59.3	68.9	76.2
Árida y semiárida	7.1	10.2	15.0	22.4	27.8	32.0
Multizona	11.2	15.8	22.1	30.6	36.2	40.6
TOTAL	*13.0*	*17.7*	*24.5*	*34.0*	*41.3*	*46.3*

FUENTES: La delimitación de zonas ecológicas corresponde a la realizada por Víctor Toledo, *La producción rural en México, alternativas ecológicas,* México, Fundación Universo XXI, 1989. *Censos Generales de Población y Vivienda, 1950, 1960, 1970, 1980* y *1990,* México. INEGI, *Conteo General de Población y Vivienda 1995,* México, 1997.

árida, 19.6% en el trópico subhúmedo, 19.1% en la templada subhúmeda, 15.3% en la multizona, 9.8% en el trópico húmedo y muy poca en el templado húmedo (0.4%). En tres zonas (el trópico húmedo, el trópico subhúmedo y la multizona), los porcentajes de crecimiento fueron relativamente similares al nacional; en cambio, en la templada húmeda fueron muy bajos, y la zona que más creció en el último lustro fue la árida y semiárida, pues mantuvo la tendencia registrada en las últimas décadas (cuadro 1 y mapa 1).

El crecimiento sostenido en la cantidad de población ha significado un aumento en la densidad de ésta. Para todo el país era de 13 hab./km² en 1950 y aumentó a 46.3 hab./km² en 1995. Las diferencias en la superficie que tiene cada zona establecen desigualdades significativas en la densidad. Para 1950 es muy baja en la zona árida y semiárida (7.1 hab./km²), un poco menos de la mitad que la nacional durante ese año; en cambio, en la templada húmeda es de 37.5 hab./km², casi el triple que la nacional (cuadro 3).

De 1950 a 1995, en el territorio nacional hubo un incremento de 33.3 habitantes más por km². Sin embargo, para cada zona ecológica en particular ha sido distinto el aumento en la densidad (y ligeramente inferior en la multizona), ya que sólo en el trópico húmedo se aprecia un aumento similar al nacional. Por el contrario, en la zona templada húmeda se agregaron 52.2 personas más por km², seguida ésta por la templada subhúmeda, con 49.6, y por el trópico subhúmedo, con 48 hab./km² (cuadro 3).

El hecho de que aumente la cantidad de población en una determinada área no significa una presión directa mayor sobre el medio inmediato sobre el cual se asienta, puesto que son las condiciones socioeconómicas ligadas al desarrollo (y no simple crecimiento de la población) las que estarían mediando para que dicho aumento se manifieste de manera diferenciada en las distintas regiones. De acuerdo con lo observado, el aumento significativo de población en la zona árida y semiárida no estaría vinculado a la existencia y disponibilidad de recursos "naturales" de esta zona, sino más bien a su capacidad económica para obtenerlos de distintas regiones del país, gracias a su mayor desarrollo relativo.

Los aumentos mayores en términos de densidad de población se registraron en zonas ecológicas donde el componente natural del ambiente es relativamente más frágil, sobre todo los suelos en el caso del trópico; asimismo, en la templada húmeda se estaría sobrepasando su capacidad de resistencia, relacionada con el uso intensivo del suelo desde hace muchas décadas, amén de la aplicación de tecnologías inadecuadas.

Teniendo en cuenta que el desarrollo socioeconómico de cada zona ha sido diferente, se identificó cada zona ecológica de acuerdo con la cantidad de municipios y según su grado de marginación, lo cual permitió calcular los porcentajes de población que residen en cada zona. En 1990, en el país había 1 153 municipios con muy alta (341) y alta (812) marginación, en los cuales residían 13 753 795 personas (16.9% del total nacional). En los municipios con baja (656) y muy baja (132) marginación habitaba 72.3% de la población nacional (58.7 millones de personas).[20]

Por zona ecológica, la templada húmeda es la que tiene el mayor porcentaje de población que reside en municipios con muy alta (15.1%) y alta (32.7%) marginación, que en conjunto contienen casi la mitad (47.8%) de su población; le sigue el trópico húmedo, donde 40.4% de la población reside en este tipo de municipios. Por otro lado, es la zona árida y semiárida la que concentra a la mayoría de su población (90.3%) que reside en municipios con baja (26%) y muy baja (64.3%) marginación, seguida por la zona tropical subhúmeda y la templada subhúmeda, con alrededor de 71% de su población que reside en este tipo de municipios (cuadro 4).

Los municipios con muy alto grado de marginación contenían 34.6% de la población de la zona templada húmeda y 22.2% de la del trópico húmedo. Ambas concentran más de la mitad (56.8%) de la población que reside en municipios con muy alto grado de marginación. Por otro lado, de los municipios con muy bajo grado de marginación, los que concentran mayor proporción de población están en la zona árida y semiárida, con 43.1% de la población que reside en tales municipios. De los municipios con muy baja marginación (132), en los cuales residen 58.7 millones

[20] Conapo, *La marginación en los municipios de México* (1990).

CUADRO 4. *Municipios por grado de marginación, según zonas ecológicas, 1990*

Zona ecológica predominante	*Número de municipios según grado de marginación*				
	Muy alto	*Alto*	*Medio*	*Bajo*	*Muy bajo*
Tropical húmeda	62	136	57	38	5
Tropical subhúmeda	32	179	114	168	20
Templada húmeda	14	43	13	5	0
Templada subhúmeda	158	247	119	149	31
Árida y semiárida	4	51	72	203	59
Multizona	71	156	87	93	17
TOTAL	*341*	*812*	*462*	*656*	*132*

de personas, 43.1% de esta población se ubica en la zona árida y semiárida (cuadro 5).

Por otra parte, el mayor porcentaje de la población económicamente activa (PEA) ocupada en el país en 1990 estaba en el sector servicios (46%), seguida por las manufacturas (26.6%) y el sector agropecuario con 22.8%. Esta distribución según zonas ecológicas tiene variaciones. El sector servicios constituía 51.1% en la zona templada subhúmeda y el agropecuario, sólo 18.4%; las manufacturas tuvieron un valor similar al nacional (26.2 y 26.6%, respectivamente). El sector agropecuario absorbía 54.6% de la PEA en la zona templada húmeda y 24.3% estaba en el sector

CUADRO 5. *Población por grado de marginación, según zonas ecológicas, 1990*

Zona ecológica predominante	*Población según grado de marginación (absoluta)*				
	Muy alto	*Alto*	*Medio*	*Bajo*	*Muy bajo*
Tropical húmeda	758 438	2 807 042	1 795 401	2 402 577	1 070 640
Tropical subhúmeda	209 756	1 662 208	2 408 318	8 230 109	4 728 825
Templada húmeda	127 973	276 977	173 299	267 644	0
Templada subhúmeda	1 182 824	2 603 900	1 424 726	3 767 343	9 006 225
Árida y semiárida	59 866	885 825	1 378 680	6 187 034	15 309 179
Multizona	1 078 152	2 100 834	1 586 549	2 380 530	5 378 771
TOTAL	*3 417 009*	*10 336 786*	*8 766 973*	*23 235 237*	*35 493 640*

FUENTES: La delimitación de zonas ecológicas corresponde a la realizada por Víctor Toledo, *La producción rural en México, alternativas ecológicas,* México, Fundación Universo XXI, 1989. INEGI, *XI Censo General de Población y Vivienda 1990,* México, 1992. Conapo, *La marginación en los municipios de México, 1990,* México, 1992.

CUADRO 6. *Población económicamente activa por sector de actividad, según zonas ecológicas, 1990*

Zona ecológica predominante	*Población económicamente activa (absoluta)*				
	Servicios	*Manufacturas*	*Extracción*	*Agropecuaria*	*Total*
Tropical húmeda	823 110	359 889	78 421	1 033 459	2 372 289
Tropical subhúmeda	2 232 230	1 257 554	47 659	1 242 265	4 950 222
Templada húmeda	51 519	37 102	937	115 888	212 258
Templada subhúmeda	2 841 200	1 459 810	37 851	1 023 847	5 564 634
Árida y semiárida	3 496 681	2 334 441	70 222	937 853	7 075 232
Multizona	1 286 133	754 569	21 829	971 796	3 142 015
TOTAL	*10 730 873*	*6 203 365*	*256 919*	*5 325 108*	*23 316 650*

FUENTES: La delimitación de zonas ecológicas corresponde a la realizada por Víctor Toledo, *La producción rural en México, alternativas ecológicas*, México, Fundación Universo XXI, 1989. *XI Censo General de Población y Vivienda, 1990*, México, 1992.

servicios. El trópico húmedo tenía 43.6% de su PEA en el sector agropecuario y 34.7% en servicios (cuadro 6).

Lo anterior significa que casi 60% de la PEA ocupada en el sector servicios se localizaba en la zona árida y semiárida (32.6%) y templada subhúmeda (26.5%). Lo mismo ocurre en las manufacturas, en las que 37.6% de la PEA en dicha actividad estaba en la zona árida y semiárida y en la templada subhúmeda (23.5%). Por otro lado, de la PEA agropecuaria, 23.3% se ubicaba en la zona del trópico subhúmedo, seguida por el trópico húmedo (19.4%) y la templada subhúmeda, con 19.2%.

Las zonas de baja y muy baja marginación, donde gran parte de la PEA estaba ocupada en el sector servicios y en las manufacturas, corresponde a los lugares donde se ubican las ciudades más grandes; en la templada subhúmeda está la zona metropolitana de la ciudad de México.

En lo referente a la distribución de la población por grandes grupos de edad según zona ecológica en 1995, en las zonas templada subhúmeda y árida y semiárida es donde hay una menor proporción de población joven (menor de 15 años); sucede lo contrario en las tropicales; ello estaría vinculado con los distintos momentos de la transición demográfica que experimentan las diferentes zonas (cuadro 7).

Si consideramos el índice de juventud —que expresa la cantidad de jóvenes (0-14 años) por cada 100 personas de 15 años y más— se observa que la zona templada húmeda tiene el mayor valor (67.6), seguida por el trópico húmedo, con 60.5. En cambio, la árida y semiárida presenta un índice de 51.6 y la templada subhúmeda, de 52.7 (menores incluso que el promedio nacional de 54.8). La presencia de una proporción mayor de jóvenes en ciertas zonas estaría relacionada con la existencia de niveles de fecundidad elevados, relacionados, entre otros factores, con la marginación elevada de dichas áreas, así como con la emigración (cuadro 7).

En lo que respecta al índice de dependencia, que expresa la cantidad de personas en edades "dependientes" (menores de 15 años y adultos mayores de 65 años) por cada 100 personas en edades productivas (15 a 64 años) para 1995, la zona templada húmeda es la que tiene el mayor valor (83.44), seguida por el trópico húmedo (72.50), la multizona (70.01) y el trópico subhúmedo (69.75). Para todo el país era de 66.79, y la zona árida y semiárida registraba el valor más bajo (62.07) (cuadro 7).

Descender a una escala espacial más reducida para analizar el comportamiento poblacional en referencia con el ambiente nos facilita la identificación de áreas que merecen mayor atención con el fin de conocer algunas relaciones entre ambas dimensiones. Por ello, a continuación se presenta la distribución de la población por provincias ecológicas, que corresponden a unidades ambientales menores que las zonas, con características de clima, relieve y vegetación particulares.

CUADRO 7. *Población por grupos de edad, índices de juventud, vejez y dependencia, según zona ecológica, 1995*

Zona ecológica predominante	*Total*	*0-14*	*15 y más*	*65 y más*	*Índice de juventud*	*Índice de vejez*	*Índice de dependencia*
Tropical húmeda	802 759	3 694 861	6 107 898	42 015	60.49	11.50	72.50
Tropical subhúmeda	19 176 811	6 907 958	12 268 853	971 456	56.30	14.06	69.75
Templada húmeda	883 508	356 329	527 179	45 558	67.59	12.79	83.44
Templada subhúmeda	19 877 927	6 863 402	13 014 525	973 321	52. 74	14.18	65.08
Árida y semiárida	27 373 381	9 311 891	18 061 490	1 171 127	51.56	12.58	62.07
Tropical húmeda	9 802 759	3 694 861	6 107 898	425 015	60.49	11.50	72.50
Tropical subhúmeda	19 176 811	6 907 958	12 268 853	971 456	56.30	14.06	69.75
Templada húmeda	883 508	356 329	527 179	45 558	67.59	12.79	83.44
Templada subhúmeda	19 877 927	6 863 402	13 014 525	973 321	52.74	14.18	65.08
Árida y semiárida	27 373 381	9 311 891	18 061 490	1 171 127	51.56	12.58	62.07
Multizona	14 043 904	5 127 270	8 916 634	656 066	57.50	12.80	70.01
TOTAL	*91 158 290*	*32 261 711*	*58 896 579*	*4 242 543*	*54.78*	*13.15*	*66.79*

FUENTES: La delimitación de zonas ecológicas corresponde a la realizada por Víctor Toledo, *La producción rural en México, alternativas ecológicas,* México, Fundación Universo XXI, 1989. INEGI, *XI Conteo General de Población y Vivienda 1995,* México, 1997.

Distribución territorial de la población según provincias ecológicas

Como se señaló anteriormente, la regionalización ecológica está estructurada en cinco niveles jerárquicos o unidades ambientales: en el nivel general se encuentran la zona y la provincia ecológica, ya definidas. Las unidades ambientales correspondientes a sistema terrestre, paisaje terrestre y unidad natural atañen al nivel particular.[21]

La provincia ecológica corresponde a unidades geológicas intermedias; asimismo, comprende divisiones delimitadas según criterios fisiográficos de áreas definidas básicamente por el clima, que poseen un patrón geomorfológico específico dentro de las grandes estructuras geológico-orográficas, como por ejemplo las llanuras costeras, las altiplanicies y los macizos montañosos.

La combinación de los diferentes elementos de la naturaleza produce una gran variedad y complejidad de paisajes. La regionalización ecológica ha permitido distinguir 88 provincias ecológicas y 1813 sistemas terrestres.[22] Las provincias ecológicas se distribuyen a lo largo del territorio nacional, con grandes diferencias en cuanto a superficie. Así, por un lado, las Sierras y Llanuras Sonorenses (número 8, zona árida) abarcan cerca de 82 000 km^2 y, por otro, la Sierra Cuatralba (número 45, zona templada) cuenta con sólo 505 km^2. Hay dos provincias que corresponden a islas: Revillagigedo y Marías (números 87 y 35, respectivamente), localizadas en el Océano Pacífico (cuadro 8 y mapa 2).

La población (influida de manera diversa a través de la historia por las condiciones climáticas y topográficas, la disponibilidad y accesibilidad de los recursos naturales y según el nivel de desarrollo alcanzado en cada momento) ha ido poblando diferencialmente el territorio nacional, lo que se ha traducido en grandes contrastes en cuanto al volumen de población que reside actualmente en cada una de las provincias ecológicas.

En la zona árida, la cual ocupa casi la mitad del país, hay 38 diferentes provincias ecológicas, en tanto que una cantidad similar de provincias se localiza en cada una de las otras tres: 17, 16 y 17 para el trópico seco, húmedo y la templada, respectivamente.

Las provincias ecológicas que se encuentran en la zona árida tienen superficies relativamente extensas; en ellas hay muchos asentamientos con escasa población junto a pocas localidades de rango mixto y urbano, localizadas en algunos puntos de su territorio (sus densidades de población son bajas). Este patrón corresponde al tipo de poblamiento de las zonas desérticas, en las cuales los asentamientos ligados a las activi-

[21] Secretaría de Desarrollo Urbano y Ecología, Dirección General de Regionalización Ecológica (1986).

[22] Secretaría de Desarrollo Urbano y Ecología (Sedue), 1986.

CUADRO 8. *Número de las localidades, población, superficie y densidad en Mexico, según provincia ecológica, 1995*

Núm.	*Provincias ecológicas*	*Total*[a]			
		Localidades	*Población*	*Superficie* (km^2)	*Densidad* (hab./km^2)
1	Sierras de Baja California Norte	2585	1404424	58296.01	24.09
2	De San Sebastián Vizcaíno	150	25879	18683.62	1.39
3	Sierra La Giganta	959	34392	33252.00	1.03
4	Llanos de la Magdalena	1042	229515	15966.72	14.37
5	El Cabo	773	76541	7157.40	10.69
6	Desierto del Altar	2327	848510	22528.45	37.66
7	Del Pinacate	2	0	1338.99	0
8	Sierras y llanuras sonorenses	3862	870558	81691.47	10.66
9	Sierras y valle del norte	1076	222986	32988.42	6.76
10	Sierras y cañadas del norte	877	48974	41655.73	1.18
11	Sierras y llanuras tarahumaras	1280	244715	25886.43	9.45
12	Pie de la Sierra	2131	259614	25932.55	10.01
13	Gran Meseta y cañones chihuahuenses	6159	180287	54352.83	3.32
14	Sierras y llanuras de Durango	2478	903024	44228.83	20.42
15	Gran Meseta y cañones duranguenses	3952	207366	57155.16	3.63
16	Mesetas y cañadas del sur	4011	209445	46137.24	4.54
17	Sierras y valles zacatecanos	2869	662265	27307.98	24.25
18	Llanuras y médanos del norte	1210	194271	49940.57	3.89
19	Sierras plegadas del norte	536	1034202	33611.20	30.77
20	Bolsón de Mapimí	4240	2008735	53285.09	37.7
21	Llanuras y sierras volcánicas	695	34935	46628.08	0.75
22	Laguna de Mayrán	203	63291	7645.88	8.28
23	Sierras y llanuras coahuilenses	1396	709435	52000.31	13.64
24	Serranía del Burro	206	812	13242.70	0.06
25	Sierra de la Paila	129	18495	20475.29	0.9

CUADRO 8. *(Continúa.)*

Núm.	*Provincias ecológicas*	*Total*[a]		*Superficie (km²)*	*Densidad (hab./km²)*
		Localidades	*Población*		
26	Pliegues Saltillo-Parras	747	605 065	12 463.84	48.55
27	Sierras transversales	788	106 569	28 711.34	3.71
28	Gran Sierra Plegada	2 234	214 695	27 010.20	7.95
29	Sierras y llanuras occidentales	1 743	453 586	33 755.07	13.44
30	Karst huasteco	7 859	1 830 105	32 526.17	56.27
31	Llanuras de Coahuila y Nuevo León	4 365	876 701	59 896.58	14.64
32	Llanura costera y deltas de Sonora y Sinaloa	4 917	2 313 729	26 271.70	88.07
33	Llanura costera de Mazatlán	733	441 621	4 868.48	90.71
34	Delta del Río Grande Santiago	570	307 617	5 376.15	57.22
35	Islas Marías	10	2 895	409.05	7.08
36	Lomeríos de la costa del Golfo del Norte	5 019	3 303 551	29 836.49	110.72
37	Llanura costera tamaulipeca	3 133	1 383 546	17 018.30	81.3
38	Sierra de San Carlos	73	4 328	2 505.89	1.73
39	Sierra de Tamaulipas	183	3 098	3 329.36	0.93
40	Sierras y lomeríos de Aldama y Río Grande	390	59 691	19 780.63	3.02
41	Sierras y llanuras del norte	546	234 082	13 308.02	17.59
42	Llanuras potosino-zacatecanas	1 842	433 494	21 917.60	19.78
43	Llanuras de Ojuelos-Aguascalientes	2 814	1 058 802	11 687.33	90.59
44	Sierras y llanuras del norte de Guanjuato	3 712	1 489 745	17 501.32	85.12
45	Sierra Cuatralba	47	1 731	505.70	3.42
46	Sierra de Guanajuato	221	111 524	1 076.36	103.61
47	Sierras neovolcánicas nayaritas	575	469 574	5 106.84	91.95
48	Altos de Jalisco	4 314	1 810 817	15 824.61	114.43
49	Sierra de Jalisco	857	201 768	8 482.61	23.79
50	Guadalajara	575	3 347 250	2 903.74	1 152.74

51	Bajío guanajuatense	3 683	1 830 105	6 992.08	261.74
52	Llanuras y sierras de Querétaro e Hidalgo	3 100	2 121 402	15 937.80	133.11
53	Chapala	2 378	1 541 373	14 243.00	108.22
54	Sierras y bajíos michoacanos	1 800	1 708 005	10 649.85	160.38
55	Mil Cumbres	1 821	905 242	8 682.01	104.27
56	Chiconquiaco	2 443	1 275 986	6 558.95	194.54
57	Lagos y volcanes de Anáhuac	9 315	25 444 688	40 436.45	629.25
58	Neovolcánica tarasca	1 039	561 147	7 717.93	72.71
59	Volcanes de Colima	427	279 913	2 749.23	101.82
60	Escarpe limítrofe del sur	620	370 967	3 841.54	96.57
61	Sur de Puebla	903	253 535	10 153.05	24.97
62	Karst yucateco	4 008	2 051 502	60 389.91	33.97
63	Karst y lomeríos de Campeche	1 635	488 462	57 814.60	8.45
64	Costa baja de Quintana Roo	548	165 546	9 778.37	16.93
65	Sierras de la costa de Jalisco y Colima	2 658	664 648	25 125.68	26.45
66	Cordillera costera del sur	8 483	1 477 033	71 978.73	20.52
67	Depresión del Balsas	4 216	686 777	18 855.27	36.42
68	Depresión de Tepaltepec	468	256 913	3 132.92	82
69	Sierras y valles guerrerenses	1 580	1 073 052	11 622.62	92.32
70	Sierras orientales	3 272	1 146 029	30 675.92	37.36
71	Sierras centrales de Oaxaca	1 011	373 274	9 307.98	40.1
72	Mixteca Alta	973	217 167	6 550.71	33.15
73	Costa del Sur	4 491	2 044 160	32 692.60	62.53
74	Sierras y valles de Oaxaca	815	800 965	6 755.90	118.56
75	Llanura costera veracruzana	9 440	3 126 189	37 401.41	83.58
76	Llanura y pantanos tabasqueños	4 903	2 048 369	38 640.12	53.01
77	Sierra de los Tuxtlas	844	248 340	2 930.66	84.74
78	Sierras del norte de Chiapas	2 579	437 283	12 425.50	35.19
79	Sierra Lacandona	349	48 625	16 625.41	2.92
80	Sierras bajas del Petén	52	6 542	801.11	8.17

CUADRO 8. *(Concluye.)*

		Total[a]			
Núm.	*Provincias ecológicas*	*Localidades*	*Población*	*Superficie (km^2)*	*Densidad (hab./km^2)*
81	Altos de Chiapas	3485	1109927	15190.52	73.07
82	Depresión central de Chiapas	971	121291	4713.57	25.73
83	Sierras del sur de Chiapas	5181	484604	22594.37	21.45
84	Llanuras del Istmo	1191	377015	5654.02	66.68
85	Llanura costera de Chiapas y Guatemala	2923	511580	5511.75	92.82
86	Volcanes de Centroamérica	677	146268	1400.78	104.42
87	Islas Revillagigedo	0			
88	Llanuras de la costa del Golfo del Norte	10733	2103752	33510.60	62.78
	TOTAL	*198430*	*90065931*	*1943505.23*	*46.34*

[a] El total de localidades en 1995 fue de 201138 y el de población de 91158290 personas. Las localidades con información de población son las que se incluyeron en el análisis (198430); las restantes 2708 corresponden a otras localidades en las cuales residían 1092359 personas (Chiapas 519686, confidenciales 572673).

FUENTE: INEGI, *Conteo de Población y Vivienda 1995,* México, 1997.

MAPA 2. *Densidad de población según provincia ecológica, 1995*

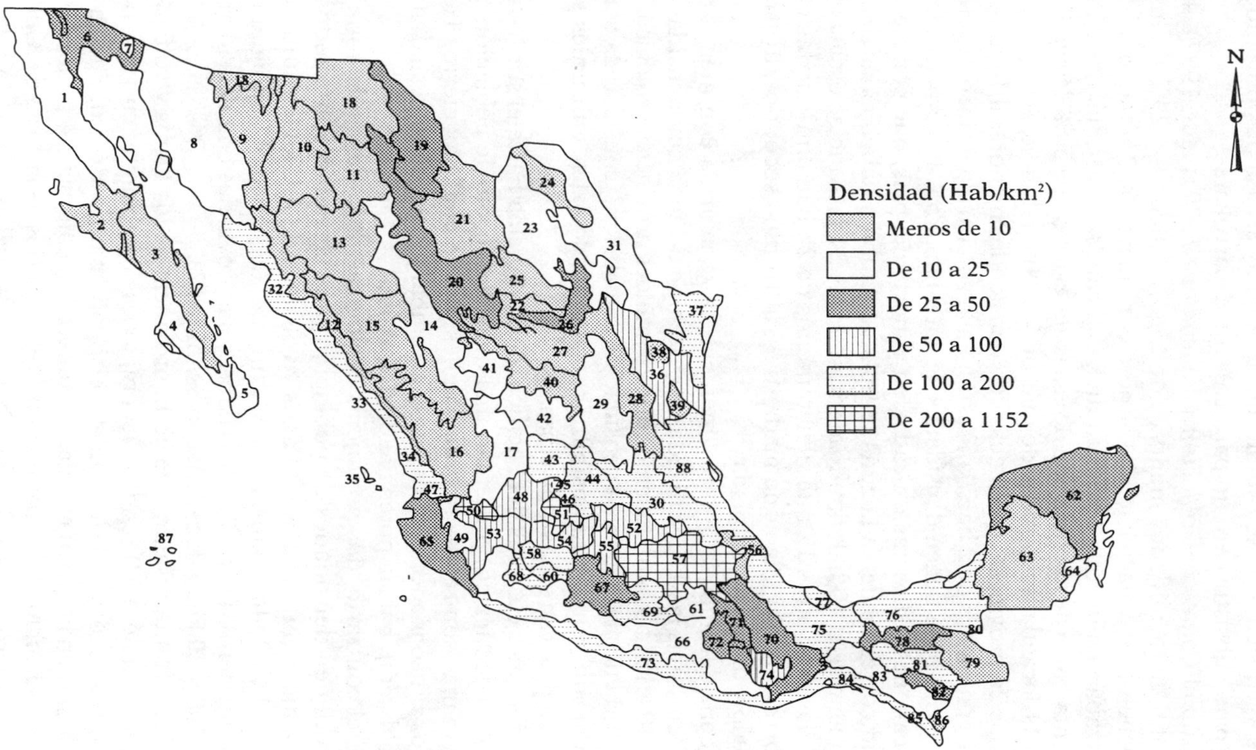

Densidad (Hab/km²)
- Menos de 10
- De 10 a 25
- De 25 a 50
- De 50 a 100
- De 100 a 200
- De 200 a 1 152

FUENTES: Instituto Nacional de Ecología, 1996 (Siordeco). Instituto Nacional de Estadística, Geografía e Informática, 1995.

dades agropecuarias se establecen donde hay escasa disponibilidad de agua para subsistir pero no para crecer y desarrollarse.

Según el *Conteo de Población y Vivienda de 1995* (INEGI, 1997), 40.8% del total de localidades menores de tres viviendas —y 24% de las que contienen tres y más viviendas— pero con menos de 2 500 habitantes se localizaban en la zona árida; en dichas localidades residía alrededor de la quinta parte de la población de esa zona, puesto que 50% de ella habitaba en 11 localidades grandes de más de 500 000 habitantes.

De las 24 provincias ecológicas con densidades menores a 10 hab./km^2, nueve con menos de 2 hab./km^2 están en la zona árida y cinco más ubicadas en esta zona tienen densidades de 3 a 9 hab./km^2. Igualmente, las sierras, cañones y mesetas ubicadas en el norte del país, que por efecto de altitud corresponden a la zona templada, también tienen bajas densidades, menores a 10 hab./km^2. Además, de las 24 provincias escasamente pobladas, hay otras 17 que tienen menos de 25 hab./km^2, de las cuales 11 corresponden a la zona árida; tres, al trópico seco; dos, al trópico húmedo y una, a la templada.

Si consideramos las 14 provincias de la zona árida con menos de 10 hab./km^2, más las 11 localizadas en este tipo de zona con densidades de entre 10 a 15 hab./km^2, tenemos que 25 grandes provincias ecológicas de la zona árida no alcanzan una densidad de 25 hab./km^2, considerada como el mínimo suficiente para posibilitar relaciones sociales, culturales y económicas más estrechas y diversas.[23]

Las regiones costeras del Pacífico, desde Sinaloa hasta el sur (como la del Golfo de México) presentan una densidad media de población cuyos ecosistemas son relativamente frágiles, por lo cual hay ciertos riesgos ligados al uso inadecuado de ellos; sin embargo, en cuanto a su densidad de población, habría potencial de desarrollo.

Por el contrario, dos provincias ecológicas ubicadas en la zona templada tienen densidades de población muy elevadas, sobre todo la de Guadalajara (número 50) y Lagos y volcanes de Anáhuac (número 57) con 1 152 y 629 hab./km^2, respectivamente. Le siguen el Bajío guanajuatense (número 51) con 262 hab./km^2, y 11 provincias con densidades de entre 100 y 200 hab./km^2 (cuadro 8 y mapa 2).

Es importante resaltar que en la provincia de los Lagos y volcanes de Anáhuac (número 57) residían 25.4 millones de habitantes en 1995, puesto que en ella se localizan las zonas metropolitanas de México, Puebla y Toluca; le siguen la de Guadalajara (número 50) con casi 3.4 millones, donde se sitúa la ciudad del mismo nombre; Lomeríos de la costa del Golfo del Norte (número 36) con 3.3 millones —en la cual está la ciudad de Mon-

[23] Ligia Herrera, 1975 y 1980.

terrey— y la Llanura costera veracruzana (número 75) con 3.1 millones de habitantes.

Hay otras siete provincias con una población de alrededor de dos millones de habitantes cada una: Llanuras de la costa del Golfo del Norte (número 88); Llanuras y sierras de Querétaro e Hidalgo (número 52); Costa del Sur (número 73); Karst yucateco (número 62); Llanura costera y deltas de Sonora y Sinaloa (número 32); Llanuras y pantanos tabasqueños (número 76) y la del Bolsón de Mapimí (número 20). En total para 1995, en 11 provincias ecológicas residía más de la mitad (57%) de la población mexicana (cuadro 8 y mapa 2).

En la provincia de Lagos y volcanes de Anáhuac hay una distribución más equilibrada de los diferentes rangos de tamaño de localidad, que estaría relacionada con su historia, desarrollo y potencial de crecimiento. En las Llanuras de la costa del Golfo Norte (número 88), la Llanura costera veracruzana (número 75) y Llanuras y pantanos tabasqueños (número 76) hay una situación parecida; sin embargo, en éstas faltan localidades mayores de 500 000 habitantes. Asimismo, en 12 provincias (números 2, 3, 12, 13, 16, 25, 27, 40, 61, 64, 82 y 86) no hay localidades urbanas de 15 000 a 100 000 habitantes.

De la población urbana nacional, 71% residía en siete localidades de más de un millón de habitantes en 1995, localizadas en tres provincias ecológicas: una en Guadalajara (número 50), otra en Lomeríos de la costa del Golfo del Norte (número 36) y cinco en Lagos y volcanes de Anáhuac (número 57).

Comentarios

No es fácil resumir y menos aún poder llegar a algunas conclusiones sobre el tema que nos ocupa, por lo cual solamente se expresan algunos comentarios que espero ayuden al proceso de conocimiento. En tal sentido, si bien es conveniente partir de un diagnóstico general que permita detectar las relaciones más importantes entre la población, su distribución territorial y las características del ambiente, resulta necesario descender a niveles regionales y locales para poder conocer el sentido, la causalidad y la direccionalidad de dichas relaciones.

También es necesario considerar ciertos límites que imponen los recursos del medio (los recursos naturales como la parte valorizada del ambiente), con un determinado estado de la tecnología y de la organización social, así como la capacidad del medio (biosfera) para absorber los efectos de la actividad humana. Así, aunque tanto la tecnología como la organización social pueden ser cambiadas, ordenadas y mejoradas, hay cierta legalidad del entorno natural que, en la actualidad, no puede ser sobreprotegida, cuestión fundamental para que sea posible un desarrollo sustentable en términos ambientales, económicos y sociales.[24]

Una situación conocida, pero que resulta preciso destacar, es que de acuerdo con las condiciones del medio (según zonas y provincias ecológicas), la actual distribución territorial de la población es preocupante debido a la elevada concentración de la población en las provincias ecológicas del centro del país, sobre todo en Lagos y volcanes de Anáhuac (número 57), cuyos recursos son escasos para su mantenimiento —en especial en lo que se refiere al agua dulce—, y en la árida y semiárida (especialmente en la frontera norte), que tiene menos recursos aún. Si bien en la primera fue precisamente la riqueza de sus recursos naturales la que influyó de manera importante para el asentamiento de la población desde hace miles de años, el poblamiento cada vez mayor de las últimas décadas en las zonas áridas y semiáridas se explicaría más por un factor de localización estratégica que ha permitido el desarrollo de tales áreas, y por consiguiente el abastecimiento de los recursos de que no dispone.

En lo que respecta a la dispersión de la población y al desarrollo de las áreas rurales, el problema principal radica más bien en las posibilidades de acceso (no sólo en términos de distancia y barreras geográficas, sino fundamentalmente de tipo socioeconómico) que tiene la población residente en pequeñas localidades. Dentro de los factores de accesibilidad, habría una gama relacionada con los niveles de escolaridad, características de la actividad productiva principal, la organización familiar, etc., y otros en torno a los sistemas productivos, de mercado, las relaciones de propiedad de la tierra, la formación y circulación del capital, entre otras. Sin embargo, un elemento fundamental tiene que ver con la organización de los productores y la de los diferentes agentes que participan en todo el proceso de manera conjunta, lo que conforma el sistema socioambiental.

Las características ambientales de la zona árida permiten algunos asentamientos grandes, lo que dificulta un desarrollo extendido territorialmente sólo en algunas ciudades; el resto sería población dispersa en pequeñas localidades que difícilmente podrían desarrollarse, salvo por factores de localización estratégica (cerca de la frontera con los Estados Unidos, por ejemplo) o por circunstancias muy particulares.

De manera general, los componentes naturales del medio tienen que ver con una distribución territorial en lo referente a superficie, que comprende todo un territorio determinado; en cambio, los procesos socioeconómicos (y su apropiación del territorio) tienden más bien a ir reticulando, tejiendo redes de circulación de personas y bienes que, cuanto más extendidas y densas sean, facilitarán una mayor integración espacial, en la cual los pun-

[24] Comisión de Desarrollo y Medio Ambiente de América Latina y el Caribe (1990).

tos de encuentro, los nodos, los asentamientos humanos (las localidades), funcionan uniendo, concentrando y reproduciendo todo el sistema.

Desde esta perspectiva de tejido social, infraestructura, mercados interrelacionados, entre otros, es posible postular que, cuanto mayor sea el entramado, mayor será la integración. Así, en las ciudades se daría mejor (potencialmente) este tejido y con mejor integración, al igual que en las áreas rurales donde hay infinidad de pequeñas localidades interconectadas. Sin embargo, ambos ejemplos de buen tejido no parecen concluyentes en términos de desarrollo, marginación y pobreza, como ocurre por ejemplo en áreas de la ciudad de México y en algunas zonas rurales de Chiapas y Oaxaca, donde amplios sectores de la población se encuentran marginados y en la pobreza.

El tejido al que hacemos referencia debe abarcar algo más que su existencia; es decir, debe adoptar la forma de redes que constituyan relaciones sociales de intercambio más equitativas, en las cuales no sólo el volumen de los flujos de productos, bienes y servicios signifique una distribución equitativa de sus beneficios (cuestión muy importante para una integración que permita un desarrollo regional sustentable y ayude a mejorar la calidad de vida de la población) como factores fundamentales de la sustentabilidad social.

El potencial que comprende el entramado para la integración territorial puede facilitar el desarrollo, pero las formas de apropiación y distribución de los recursos y las ganancias, así como las de sus circuitos de circulación —producto de las actuales relaciones de intercambio— tendrían un peso importante en cuanto a poder lograr dicho desarrollo. La integración espacial debería ser también socialmente equitativa.

La dispersión (en cuanto a ocupación del territorio) no significa necesariamente un efecto negativo en el ambiente; es en términos de aislamiento donde se dan las relaciones más estrechas con la marginación. Asimismo, la dispersión exige referirse a las condiciones estructurales que le dan lugar, en el entendido de que son las formas de producción y organización social las que explicarían este patrón; de ahí que la dotación de infraestructura (sobre todo en comunicaciones, salud y educación) influiría poco para disminuir la dispersión, ya que en términos relativos puede mejorar el aislamiento de la dispersión, mas no producir la integración y menos la agrupación de las pequeñas localidades.

En tal sentido, la prestación de servicios ayudaría a proporcionar algunas bases para la integración regional, pero ésta debe ser principalmente económica, como mecanismo de potenciación de algunos de los elementos relacionados con el desarrollo. El problema fundamental sigue siendo desarrollar la producción agropecuaria del ámbito rural marginado y empobrecido (cuando haya posibilidades de hacerlo) con el propósito de enfrentar la marginación y la pobreza, que no necesariamente son producto de la dispersión, el aislamiento y la lejanía —pues éstas ocurren también dentro de las ciudades y en las comunidades cercanas a los centros urbanos y con buenas vías de comunicación—, sino de un modelo económico discriminador y polarizador.

Fomentar el desarrollo rural en función de la propia reproducción de los productores (más que en función de un mercado distante —no por su distancia física, sino tecnológica, competitiva y productiva—, en función de sus necesidades y promoviendo mecanismos de autoabasto y autoconsumo) permitiría, al menos, la reproducción social de esta población y, en la medida en que se generara un excedente, se podrían abastecer mercados locales, con lo cual se impulsaría la autosuficiencia alimentaria. Sería conveniente ayudar a una integración y organización productiva diferente de la actual (que sirva de eje estructurador) en donde la prestación de servicios sea parte del proceso, pero los detonadores pasen más por la organización y participación comunitarias —creación de figuras sociales operadoras y operativas— que sólo por la presencia de la infraestructura. Aquí estaría la clave de la sustentabilidad social.

En lo que se refiere a las ciudades medias (que podrían constitutir un atractivo para la población migrante hacia las grandes ciudades), su desarrollo no significa necesariamente un mayor arraigo de la población a sus comunidades de origen, ni frena la migración hacia las ciudades. La dispersión se mantendría —incluso aumentaría— en la medida en que el no desarrollo rural trae consigo una mayor apropiación territorial de todos los recursos disponibles al aumentar el uso del suelo para la agricultura y la ganadería, lo cual favorece la pérdida de la capa forestal, en primer lugar, y toda la que potencialmente tenga algún valor mínimo para la sobrevivencia familiar.

El patrón polarizado de distribución de la población en el territorio nacional no parece estar cambiando, sobre todo porque ciertas regiones continúan concentrando población y actividades económicas. Lo anterior no significa un despoblamiento de otras zonas sólo en términos relativos, sino que el territorio se sigue poblando cada vez más en cuanto ocupación espacial relativamente continua, proceso que significa la ocupación progresiva del suelo, lo cual en la mayor parte de los casos significa un cambio de su uso, pérdida de la cubierta vegetal, un uso no coherente de acuerdo con su capacidad, así como procesos de deterioro, a los que se agregan los problemas ambientales causados por el crecimiento de la ciudades.

La desestructuración del sistema agroproductivo (proceso directamente relacionado con la necesidad de una transformación productiva nacional) no estaría manteniendo, sino propiciando, el mismo patrón desequilibrado de distribución territorial de la población, con algunos cambios regionales, pero manteniendo al centro y a la frontera norte del país en crecimiento, así como ampliando la dispersión en las áreas rurales menos desarrolladas con la manutención de la migración.

Así pues, lo anteriormente señalado para el medio pone en duda las posibilidades de revertir los procesos de deterioro de su componente físico natural (así como del social) tanto en las ciudades —que seguirán creciendo— como en las zonas rurales empobrecidas.

Bibliografía

Bassols Batalla, Ángel (1979), *México: formación de regiones económicas,* México, Universidad Nacional Autónoma de México.

Cabrera, G. (1993), "El poblamiento de México", en *El poblamiento de México. Una visión histórico-demográfica,* México, Consejo Nacional de Población.

Carabias, J., V. Arriaga y V. Cervantes (1993), "Los recursos naturales de México y el desarrollo", en P. Moncayo, J. Woldenberg (coords.), *Desarrollo, desigualdad y medio ambiente,* México, Cal y Arena.

Carabias, J., E. Provencio y C. Toledo,(1994), *Manejo de recursos naturales y pobreza rural,* México, Fondo de Cultura Económica.

IIASA-Cinvestav-IPN (1997), *Population and Environment on the Yucatán Peninsula,* Population Network Newsletter, núm. 28.

Comisión de Desarrollo y Medio Ambiente de América Latina y el Caribe, (1990), *Nuestra propia agenda sobre desarrollo y medio ambiente,* México, Fondo de Cultura Económica.

Consejo Nacional de Población (1990), *La marginación en los municipios de México,* México, Conapo.

——— (1997), *Condiciones ambientales de microrregiones estratégicas para modificar la distribución territorial de la población en México,* México, Conapo.

——— (1997), *La situación demográfica de México,* México, Conapo.

Gallopin, G., P. Gutman y H. Maletta (1989), "Empobrecimiento global, desarrollo sostenible y medio ambiente: un enfoque conceptual", *Revista Internacional de Ciencias Sociales,* núm. 21, Barcelona, UNESCO.

García, R. (1986), "Conceptos básicos para el estudio de sistemas complejos", en E. Leff (coord.), *Los problemas del conocimiento y la perspectiva ambiental del desarrollo,* México, Siglo XXI.

Gómez, D. (1993), *Ordenación del territorio: una aproximación desde el medio físico,* Madrid, Editorial Agrícola Española.

Herrera, Ligia (1975), "Niveles de desarrollo relativo de los distritos de la república de Panamá", Naciones Unidas.

——— (1978) "Estructura agraria y distribución de la población en México", *Estudios Demográficos y Urbanos,* núm. XII, 2 (35), México, El Colegio de México.

Instituto Nacional de Estadística, Geografía e Informática (1995), *Estadísticas del medio ambiente 1994,* México.

——— (1997), *Conteo de Población y Vivienda, 1995.*

Lamartine, L. (1961), *El desarrollo regional de México. Investigaciones industriales,* México, Banco de México.

Poder Ejecutivo Nacional (1995), *Programa Nacional de Medio Ambiente 1995-2000,* México.

Richardson, Harry W. (1975), *Elementos de economía regional,* México.

Secretaría de Agricultura y Recursos Hidráulicos (SARH) (1992), *Inventario Nacional Forestal de Gran Visión 1991-1992,* México.

Secretaría de Desarrollo Social e Instituto Nacional de Ecología (1994), *Informe de la situación general en materia de equilibrio ecológico y protección al ambiente, 1991-1992,* México.

Secretaría de Desarrollo Social (Sedesol) (1993), *Evaluación comparativa de riesgos a la sustentabilidad de los ecosistemas derivados de problemas ambientales relevantes para la década 1994-2004,* México.

Secretaría de Desarrollo Urbano y Ecología (Sedue) (1986), *Regionalización ecológica del territorio,* México.

Toledo, V., *et al.* (1989), *La producción rural en México: alternativas ecológicas,* México, Fundación Universo XXI.

World Commission on Environment and Development, Brundtland Commision (1987), *Our Common Future,* Nueva York, Oxford University Press.

LA DISTRIBUCIÓN ESPACIAL DE LA POBLACIÓN. CONCENTRACIÓN Y DISPERSIÓN

*Adrián Guillermo Aguilar y Boris Graizbord**

Introducción

Antecedentes y objetivos

El patrón de distribución geográfica de la población es reflejo de múltiples decisiones de individuos y familias frente a desigualdades sociales, crisis económicas y cambios políticos. Puede decirse que esta distribución resulta de una continua búsqueda de oportunidades económicas, sociales, políticas y culturales que se ofrecen sólo en algunos lugares, ciudades o regiones, en el marco de un modelo de desarrollo basado en un crecimiento económico de carácter industrial. Con su movilidad espacial, los individuos intentan responder a condiciones sociales, ambientales y económicas que se ven afectadas por el libre juego de las fuerzas del mercado o por acciones de política pública.

Grosso modo, los rasgos más notables del crecimiento y distribución de la población en México en lo que va del presente siglo han sido: rápido crecimiento de la población, fuerte incremento del nivel de urbanización y marcada concentración de la población en ciertas regiones del territorio nacional. Sin embargo, estas grandes tendencias han mostrado comportamientos diferentes de acuerdo con las etapas de desarrollo económico que han dominado en el país: hasta 1930 se registró un bajo crecimiento demográfico y la población total se mantuvo en la misma magnitud en un país eminentemente agrícola; en el lapso de 1940 a 1970 —con el fuerte impulso por parte del Estado a la industrialización sustitutiva de importaciones— hubo expansión económica, rápida urbanización y aumento de la esperanza de vida; en contraste, durante la segunda mitad de los setenta y en los años ochenta el país sufrió serias y prolongadas recesiones económicas; sobre todo en la década de los ochenta, se experimentaron notables cambios políticos y procesos de ajuste estructural en la economía hacia un "modelo exportador" con una acelerada

* Los autores agradecen la colaboración de las maestras Irma Escamilla y Emelina Nava en la elaboración y análisis de los tabulados.

apertura comercial y privatización de empresas públicas. En esta última fase del desarrollo nacional se alteraron los patrones del crecimiento y la distribución poblacional, predominantes hasta ese momento, lo cual causó, entre otros procesos, un ritmo más lento en el aumento de la población y un crecimiento mucho menos acelerado en las más grandes metrópolis del país.

En los últimos 100 años (1895-1995)[1] la población de México ha experimentado importantes transformaciones; asimismo, la economía nacional ha evolucionado de una estructura basada en actividades agrícolas a principios del siglo hacia otra eminentemente industrial en los cincuenta y sesenta, y más recientemente hacia una economía de base terciaria. Los cambios económicos han traído como consecuencia, primero, una concentración de población en el centro, para convertir a la capital del país en una de las ciudades más grandes del mundo; después han estimulado, con la ayuda de políticas específicas, el poblamiento del norte[2] del país y, en la actualidad, han dado lugar a la consolidación del sistema urbano nacional, formado por una cantidad importante de ciudades de tamaño medio[3] y grande que concentra la mitad de la población total de la nación.[4] Con la reciente apertura comercial y la globalización es posible que al inicio del siglo XXI las tres grandes metrópolis (ciudad de México, Guadalajara y Monterrey) vuelvan a ser los principales centros de actividad, como lo fueron durante los años setenta y ochenta de este siglo XX que está por terminar.

En el marco de tales antecedentes, este trabajo trata de aportar evidencias acerca de tres importantes preguntas de análisis y algunos otros cuestionamientos relacionados que se resumen de la manera siguiente:

1) ¿Dónde se ha asentado la población durante la mayor parte del presente siglo?
   —¿Cuáles son los territorios que han concentrado el mayor poblamiento del país y qué factores pueden explicar este fenómeno?
   —¿De qué dimensión es la presión poblacional en los territorios tradicionalmente más poblados?

[1] El año del primer censo nacional en nuestro país fue 1895. El INEGI llevó a cabo en 1995 un "conteo" de la población nacional a la mitad del periodo intercensal 1990-2000.

[2] Cabrera (1993: 3) indica que desde su origen como Estado nacional, los gobiernos del país se propusieron poblar el territorio para aumentar la capacidad económica, estimular el progreso social y al mismo tiempo proteger el territorio y la soberanía nacionales.

[3] Localidades (ciudades y zonas metropolitanas) de 100 000 hasta un millón de habitantes, algunas de las cuales se han especializado sectorialmente y otras, la mayoría, cumplen el papel de "lugar central" de elevada jerarquía.

[4] Si consideramos a la población urbana que reside en localidades mayores que 15 000 habitantes, las ciudades medias concentran más de 50% de ésta. De hecho, la población urbana en 1990 representaba casi dos terceras partes del total nacional.

—¿Cuánto ha variado el patrón de poblamiento respecto de espacios anteriormente casi deshabitados?

2) ¿Cuáles son las tendencias de cambio en los patrones de poblamiento regional?
—¿En qué medida la distribución de la población muestra fuertes desigualdades regionales?
—¿Cuánto refleja en pérdidas o ganancias de población el poblamiento a escala regional?

3) Cuál es la magnitud del proceso de urbanización en el poblamiento reciente del país?
—¿En qué medida se aprecia un proceso de desconcentración del crecimiento urbano?
— Cómo ha cambiado el patrón de crecimiento urbano según rango-tamaño de localidad?
—¿Hasta dónde el poblamiento rural mantiene un patrón marcadamente disperso?

El trabajo se divide en tres partes. En la primera de ellas, se hace referencia de manera sucinta a los rasgos generales del poblamiento nacional y a los factores determinantes de la distribución territorial de la población. La segunda parte destaca la distribución de la población mexicana por regiones "expulsoras" y regiones "concentradoras" de población, así como las características urbanas y rurales del poblamiento. En la tercera se toma como eje analítico a las localidades por rango-tamaño; esto permite distinguir el poblamiento disperso en asentamientos rurales (que en número llegan a cerca de 100 000), la estabilidad de las localidades "mixtas" (en las que se aprecia la transición rural-urbana) y la concentración en las ciudades (pequeñas, medianas y grandes) que constituyen el eje troncal del sistema urbano nacional.

El patrón general de asentamiento poblacional

Factores determinantes

Antes de entrar de lleno a la descripción sistemática de los patrones de distribución espacial de la población y sus cambios en el tiempo, es necesaria la reflexión sobre los factores que los determinan. La distribución territorial de la población puede adoptar teóricamente tres patrones genéricos: uno regularmente disperso, uno nuclear o centralizado y uno aleatorio. Este último incluye múltiples posibilidades en virtud del amplio rango de influencias ambientales y humanas. Los factores naturales o físico-geográficos por sí solos difícilmente explican en la actualidad el patrón de poblamiento, aunque su influencia es importante y ha sido mayor en algunos lugares y etapas del desarrollo civilizatorio de la humanidad. De hecho, son muchos los factores geográficos, económicos, culturales o históricos que intervienen, y han intervenido, en la distribución espacial de la población. Actúan de manera interrelacionada y sus efectos varían en tiempo y espacio (Clarke, 1991: 23).

El análisis del proceso de poblamiento en diversas regiones del mundo ha permitido identificar tres aspectos o procesos que condicionan el patrón de distribución, el tamaño y la velocidad de crecimiento de la población. A saber: *i)* las características históricas y culturales de la población; *ii)* el medio natural y sus rasgos relacionados, tales como relieve, clima, recursos naturales, etc.; *iii)* el desarrollo socioeconómico y tecnológico. Este último adquiere mayor importancia para explicar los cambios en los patrones de poblamiento, pues conforme se experimenta un mayor desarrollo tecnológico-productivo, el medio natural reduce su influencia. A continuación se hace una muy breve descripción de estos condicionantes.

i) La influencia histórica. Un patrón de poblamiento heredado tiene una enorme influencia en el poblamiento actual. Hay una clara tendencia a mantener la *inercia histórica* en la distribución de la población, y a menos que ocurran hechos extraordinarios, como un desastre natural o el agotamiento de algún recurso, es poco probable que se altere considerablemente dicha distribución. En México, el proceso de poblamiento debe mucho a los patrones prehispánicos de ocupación, así como a la colonización española.

Históricamente sobresalen dos importantes tendencias de poblamiento en la geografía de la Nueva España: la primera se refiere a *espacios con continuidad poblacional* entre la época prehispánica y la Colonia; la segunda, a los *nuevos espacios de poblamiento* que se incorporan a partir de la sociedad novohispana (López Austin y López Luján, 1996; García Castro, 1993: 133-134). En el primer caso, se destaca el asentamiento de la principal ciudad de la sociedad colonial sobre la capital del extinto imperio mexica. Con ello se heredó la estructura espacial de la sociedad mesoamericana, con el altiplano como el centro histórico y geográfico del México colonial. Los espacios de poblamiento continuo se caracterizaron por la sobrevivencia de los antiguos asentamientos indígenas y la coexistencia de las nuevas fundaciones españolas entremezcladas en el territorio; este proceso sobresale en regiones localizadas principalmente en la porción central del país y en las tierras bajas de la Península de Yucatán con una gran proporción de la sociedad maya.

La segunda herencia se forja durante el nuevo poblamiento colonial con la creación o fundación de los "reales de minas", establecidos alrededor de los minerales de plata, como sucedió en Taxco, Pachuca, Zacatecas y Guanajuato. Estos "centros mineros", a su vez, sirvieron de impulso para poblar los espacios del norte del país.[5] Un espacio que se puede considerar como de formación netamente colonial fue sin duda el Bajío; el descubrimiento de ricos minerales en sus zonas limítrofes, el suelo fértil de sus llanuras, así como el apoyo del gobierno virreinal, fueron incentivos importantes para colonizar dicho territorio.

ii) El medio natural. Los elementos del medio físico ejercen una influencia directa importante pero variable, pues a cada etapa del progreso humano corresponden mejores instrumentos para el aprovechamiento de la naturaleza y sus recursos. De hecho, la sociedad valora determinados recursos conforme cambian sus necesidades (Bassols, 1993: 83). En el proceso de poblamiento y desarrollo económico del territorio nacional los recursos han adquirido un peso específico y han representado un obstáculo o bien una oportunidad. Los más importantes han sido: la estructura geológica y el relieve; la variedad climática; la presencia de corrientes fluviales, lagos y litorales; la calidad de los suelos y la vegetación natural.[6] Así, por ejemplo, la Sierra Madre Occidental ha sido un factor determinante y decisivo en el crecimiento demográfico del noroeste y el norte de México; la alta proporción de tierras áridas y semiáridas en más de la mitad del territorio nacional ha disminuido las posibilidades del desarrollo agrícola; así como las lluvias que privilegian el centro y el sur del país han favorecido la agricultura de temporal y han contribuido enormemente a la excesiva concentración de población.

iii) El desarrollo socioeconómico y tecnológico. Las modalidades del desarrollo económico se manifiestan en sucesivos y característicos patrones territoriales de distribución de actividades productivas y de población. Un efecto notorio de estos procesos es el crecimiento concentrado en unas cuantas regiones que en cada etapa histórica presentan las condiciones de producción más ventajosas. En México, en los últimos 50 años, una marcada desigualdad regional caracteriza el desarrollo económico del país. Primero, acentuada por el modelo de crecimiento "hacia dentro", vinculado con la industrialización sustitutiva de importaciones y, después, por el modelo de crecimiento "hacia fuera", correspondiente a la fase actual de apertura comercial que parece favorecer un patrón

[5] Tales espacios no estaban totalmente deshabitados debido a la presencia de varios grupos indígenas en diversas regiones (véase López Austin y López Luján, 1996).

[6] Para un detallado análisis del peso específico de cada uno de estos factores naturales véase Bassols (1993: capítulo cuatro); también se puede consultar a Bataillon (1988: capítulo uno).

más disperso con la relocalización de procesos productivos en zonas menos urbanas, pero no menos excluyente y polarizador entre sectores tradicionales, así como los modernos y de alta tecnología.

El impulso de la industrialización en los años cuarenta tuvo por consecuencia que las principales ciudades del país se convirtieran en centros concentradores del desarrollo y experimentaran un acelerado crecimiento de población y de actividades económicas urbanas. La localización de industrias en las mayores ciudades tuvo como resultado una gran demanda de fuerza de trabajo e intensificó la migración rural-urbana; aunque también algunas zonas rurales se incorporaron a los mercados urbanos mediante la agricultura comercial altamente mecanizada. En esta etapa, el incremento poblacional no fue considerado problemático debido, entre otras razones, a que la estrategia de crecimiento económico requería una mano de obra concentrada en los lugares donde el esfuerzo industrializador la demandaba (Alba, 1979: 23).

Durante los ochenta, y después de un profunda recesión económica, el gobierno adoptó una estrategia de apertura comercial con un fuerte impulso a las exportaciones. Esto significó un viraje hacia un modelo de crecimiento "hacia fuera", donde el libre juego de las fuerzas del mercado debía sustituir la acción intervencionista estatal. Esta nueva estrategia de desarrollo permitió cambios importantes en la distribución de la población: la pérdida del peso relativo de la ciudad de México *vis-à-vis* el resto de las ciudades del sistema urbano nacional; el crecimiento de la población en varias ciudades de dimensiones intermedias vinculadas con las nuevas localizaciones industriales, como en la región Centro-Norte y en las ciudades fronterizas; o el caso de diversos centros turísticos que vieron aumentar de manera por demás notable su población, como la ciudad de Cancún en el Caribe mexicano.

Densidad poblacional

Una primera manera de apreciar la distribución de la población es mediante el patrón general de asentamiento que se puede analizar con la densidad de población; la más común para medir la densidad de población es relacionar la población total de una zona con la superficie de ésta.[7] Aunque tal indicador es conveniente para analizar diferencias en la distribución de la población, sus resultados en cierto modo están ses-

[7] Una medida más refinada de la densidad es la que relaciona a la población total con la superficie de tierra cultivable en una zona determinada. A esta medida se le denomina "densidad nutricional", e indica el grado de concentración poblacional en una región comparado con su potencial para producir alimentos (véase Peters y Larkin, 1993: 72).

gados porque dependen del tamaño de las zonas consideradas. Así, entidades o zonas pequeñas generalmente muestran elevadas densidades relativas. A pesar de lo anterior, dichas medidas son útiles para mostrar la evolución regional del proceso de poblamiento hacia patrones más concentrados o dispersos. En el contexto de la tendencia concentradora de la población en favor del centro del país, la relación densidad-distancia al centro o crecimiento demográfico-distancia al centro resultan también buenos indicadores de una transición en la distribución de la población en el territorio nacional. En lo que sigue se describen algunos rasgos de estos procesos.

En 1950, la densidad de población promedio del país era de 13 habitantes por km^2 con enormes variaciones entre entidades federativas y regiones. Los valores más altos se registraban en la porción central del país, donde se destacaban en orden de importancia el Distrito Federal, con 2035 habitantes por km^2, Tlaxcala con 73, el Estado de México con 65 y Morelos con 55. En contraste, las densidades más bajas se registraban en las regiones del norte del país y en la Península de Yucatán: Baja California Sur y Quintana Roo tenían las densidades más bajas, con un habitante por km^2; dos habitantes por km^2 se registraban en Campeche y Baja California; Chihuahua y Sonora tenían en promedio de tres habitantes por kilómetro cuadrado.

En el nivel municipal se pueden apreciar perfectamente las enormes desigualdades en la densidad de la población. En 1950, junto a las principales concentraciones del centro del país, se destacan territorios escasamente poblados en las zonas desérticas y semidesérticas del norte y en las tropicales del sur. De acuerdo con las densidades por entidad federativa se aprecia que, mientras que 26% de la población se concentraba en 3.4% del territorio nacional (correspondiente a municipios en los que se localizan las ciudades más importantes), 7% de la población se distribuía en los estados de Baja California, Chihuahua, Sonora, Quintana Roo y Campeche, con una extensión correspondiente a una tercera parte del territorio nacional (mapa 1).

En 1995, la densidad de población promedio para todo el país alcanzó 46 habitantes por km^2, aumento de poco más de tres veces en el periodo. Aun con este incremento persisten diferencias regionales, pues la porción central del país continuó siendo el territorio con las más elevadas densidades. El Distrito Federal sigue destacándose como la entidad con la densidad más alta, pese a que de 1980 a 1990 disminuyó ligeramente de 5891 a 5494 habitantes por km^2. Aun así, supera en 10 veces la densidad del Estado de México.

Los estados con las más bajas densidades en 1950 siguieron siéndolo en 1995. Dentro de esta categoría destacan Baja California (30 hab./km^2)

MAPA 1. *Densidad de población por municipio, México, 1950*

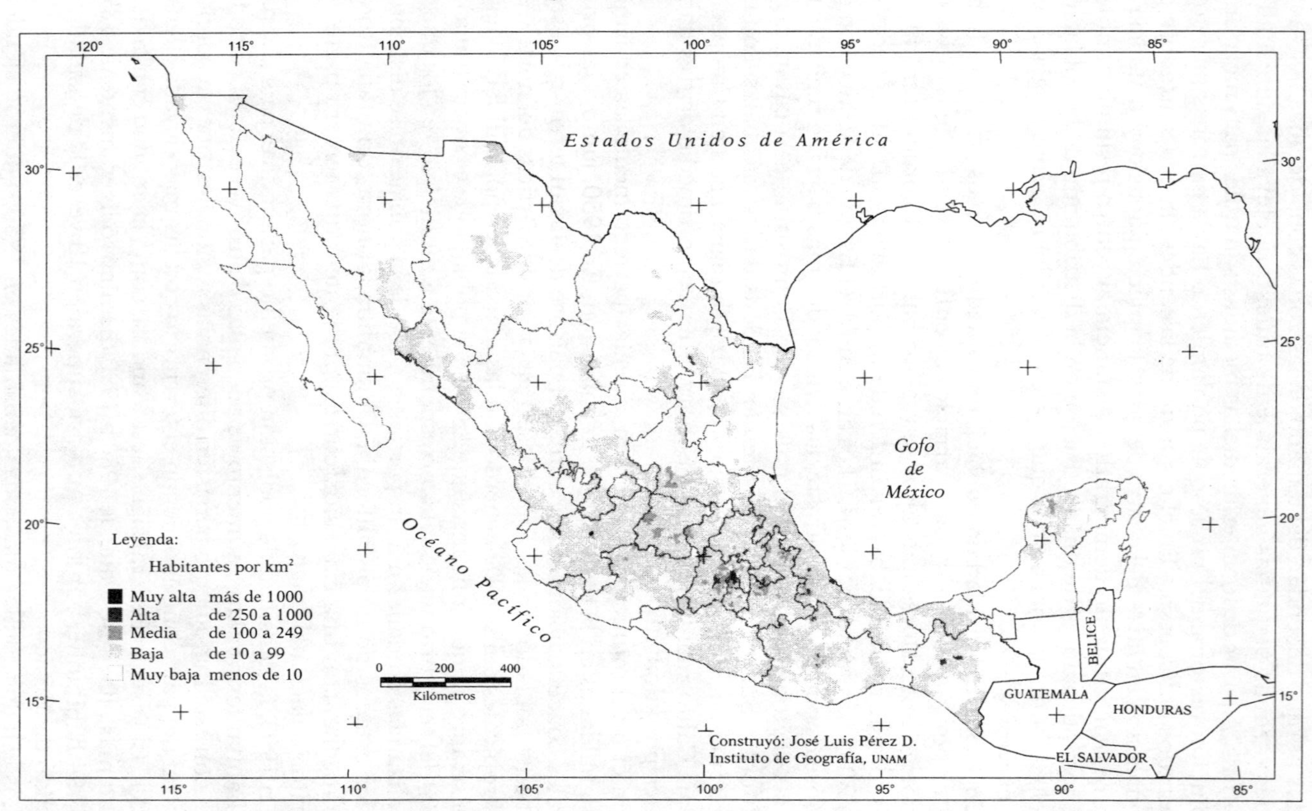

FUENTE: Conapo (1994), "La población de los municipios de México 1950-1991", Consejo Nacional de Población, México.

y Quintana Roo (14 hab./km^2) con una densidad que, sin embargo, se multiplicó en el periodo por 10 o más. Este aumento poblacional por unidad de superficie en gran parte se puede explicar por el gran peso relativo que ha tenido la concentración poblacional en las ciudades fronterizas (por ejemplo, Tijuana) y en los centros turísticos planeados (por ejemplo, Cancún), sobre todo a partir de los años setenta.

En los mapas de densidad de población por municipios (mapas 1 y 2) se aprecia que, en general, se incrementaron las densidades en 1995 respecto de 1950 en localizaciones muy puntuales, que corresponden a los municipios de las principales ciudades, como Tijuana, Ciudad Juárez, Laredo, Monterrey y Chihuahua. Y, al mismo tiempo, aumentaron ligeramente los espacios con densidades bajas y medias, particularmente a lo largo de las costas y en territorios cercanos a los principales centros urbanos. En otras palabras, las fronteras del poblamiento no sufren profundas modificaciones en términos de concentración por unidad de superficie; subsisten amplios territorios sin una fuerte presencia poblacional y los mayores centros urbanos son los puntos con las mayores densidades poblacionales.

La franja central del país es quizá donde se observan los más importantes cambios en la densidad poblacional. En primer lugar, se amplía la frontera de las densidades bajas (10 a 99 hab/km^2) y medias (100 a 249 hab./km^2) en varias direcciones, particularmente hacia estados como San Luis Potosí, Jalisco, Guerrero y Veracruz. En segundo término, es notable el aumento de densidades altas (250-1 000 hab/km^2) y muy altas (más de 1 000 hab./km^2) que en gran medida corresponden a las zonas metropolitanas de esta gran región, tales como la ciudad de México, Guadalajara, Cuernavaca, Puebla-Tlaxcala, el Bajío y los principales centros urbanos en Michoacán y Veracruz. Es decir, se han incrementado de manera destacada las densidades poblacionales en el centro del país como resultado de la expansión metropolitana vinculada con una red de comunicaciones que propicia relaciones funcionales expresadas en flujos e intercambios de todo tipo entre la ciudad capital y los centros urbanos más importantes de la región. Se aprecia un *eje de fuerte densificación* que se prolonga de la ciudad de México hacia Querétaro y de allí hacia la red de centros urbanos del Bajío (Guanajuato) y termina en León, desde Querétaro, con una derivación hacia San Luis Potosí y Aguascalientes y Guadalajara; y de la ciudad de México hacia las ciudades de Puebla, Tlaxcala y Orizaba y Córdoba en Veracruz, con una ramificación hacia el norte del estado de Puebla. Tal espacio se perfila, ciertamente, como *la gran megalópolis de México* (mapa 2).

Finalmente, en el sureste del país, incluida la Península de Yucatán, se aprecian dos cambios principales. Primero, es notorio el incremento poblacional en los territorios de Tabasco y Chiapas, y en menor medida

Mapa 2. *Densidad de población por municipio, México, 1955*

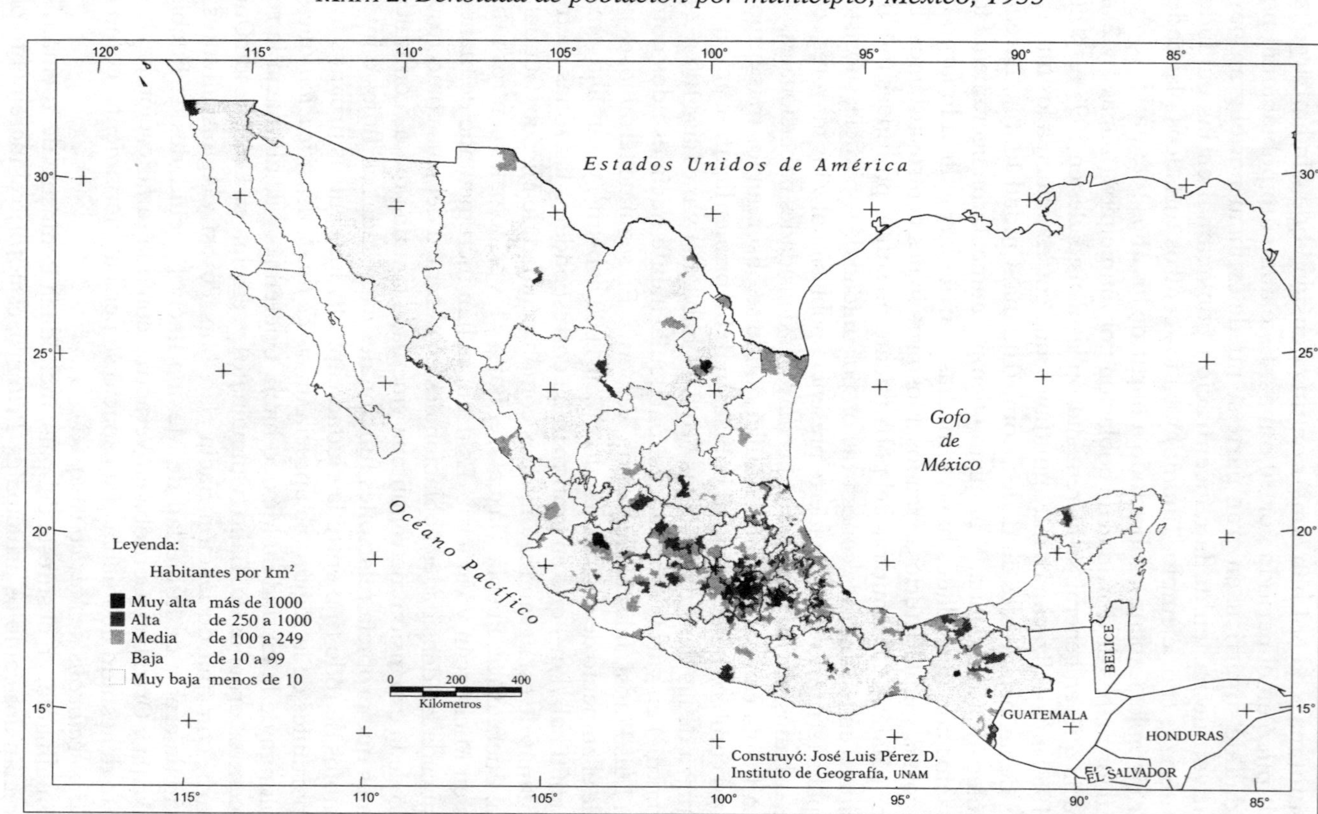

Fuente: Conapo (1994), "La población de los municipios de México 1950-1991", Consejo Nacional de Población, México.

Cuadro 1. *Número de los municipios de México según niveles de densidad poblacional, 1950, 1970 y 1995 (hab./km²)*

	Densidad hab./km²	*1950*	*1970*	*1995*
Muy alta	– más de 1 000	11	27	73
Alta	– de 250 a 1 000	35	88	177
Media	– de 100 a 249	128	221	368
Baja	– de 10 a 99	1 604	1 613	1 394
Muy baja	– menos de 10	629	458	395

Fuente: Con base en datos estadísticos de Conapo (1994), *La población de los municipios de México, 1950-1990*, y del *Conteo de Población 1995*, Consejo Nacional de Población, México, 1997.

Yucatán, con el aumento generalizado de la densidad en los centros urbanos más grandes, como Villahermosa, Tuxtla Gutiérrez, Tapachula y Mérida. En segundo término, los estados de Campeche y Quintana Roo, que aún presentan amplias porciones de su territorio con muy bajo poblamiento, muestran densidades medias en localizaciones puntuales relacionadas con zonas de explotación petrolera, actividad turística y capitales estatales. Destacan dos ejes de poblamiento que seguramente se consolidarán en el corto plazo: la franja costera del estado de Campeche y el corredor Mérida-Cancún.

En pocas palabras, sobre todo en la segunda mitad del presente siglo, se ampliaron notablemente las fronteras del poblamiento en el país en la parte central y sur, a diferencia de los primeros 50 años de este siglo, cuando el poblamiento se concentró en territorios reducidos y fácilmente identificables en los espacios más accesibles del asentamiento histórico. En los últimos 50 años, la intensidad de la ocupación del espacio aumentó y se pasó de un patrón concentrado rodeado de densidades medias a un patrón en el cual se *multiplicaron* los territorios con altas densidades (véase la porción central del país) rodeados cada uno de ellos de toda una gama de densidades altas y medias (cuadro 1); es decir, se propagaron los polos con una marcada concentración de población. En este último periodo, las tendencias de asentamiento se vieron claramente más influidas por el alto nivel socioeconómico de algunos territorios, por el impulso económico de algunos enclaves, como los petroleros o los industriales, y por el mejoramiento en la infraestructura de las comunicaciones.

Es necesario señalar que las densidades de población difícilmente son comparables entre territorios con condiciones físicas diferentes; vale decir, una misma densidad de población representa una intensidad de ocupación diferente si se trata de un valle fértil con abundante presencia de agua, o si es una zona de temporal con relieve accidentado y casi nula

GRÁFICA 1. *Crecimiento de la población total. Estado de México y Distrito Federal y resto del país, 1895-1995*

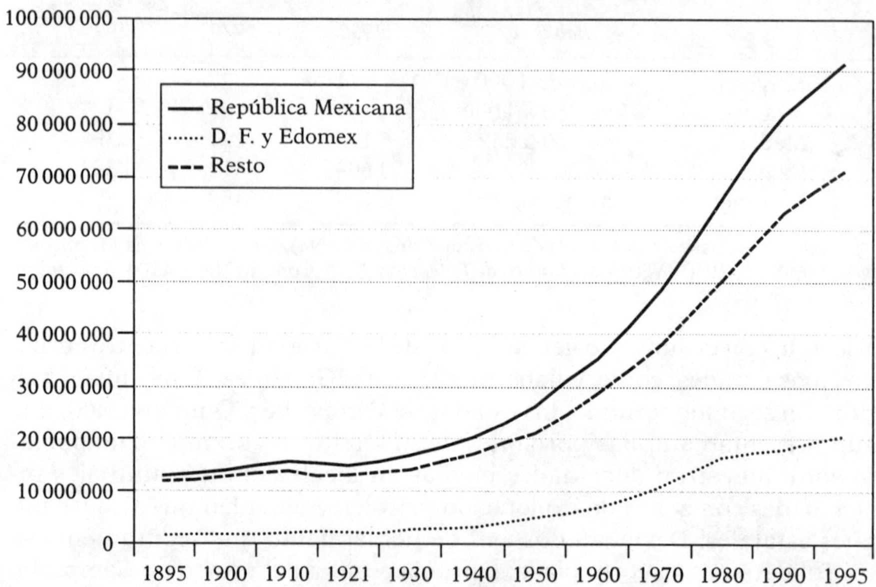

vegetación; las densidades no deben ser vistas como indicadores de presión de población, porque no expresan relaciones funcionales entre población y territorio.

Cambios en el patrón de poblamiento

La población de México ha crecido en 100 años casi siete veces (gráfica 1). La tasa de crecimiento anual promedio de la población entre 1895-1900 y 1900-1910 apenas llegaba a 1% y 1.08%, respectivamente; llegó a 2% en la década de 1940-1950 y a 3% entre 1950-1960, y alcanzó el máximo histórico en el decenio de 1960-1970, con 3.4%. A partir de ese año comenzó a descender, hasta reducirse nuevamente a cerca de 2% en el periodo 1980-1990 (gráfica 2).

En el contexto de un alto crecimiento de la población nacional, que de casi 13 millones en 1895 llegó a casi 82 millones en 1990, los habitantes del centro del país (Distrito Federal y Estado de México) aumentaron de 1.4 millones en 1895 a 16.4 millones en 1980 y pasaron de 10.6% a 24.5% del total nacional, mientras que la población de la periferia o el resto del país disminuía su peso de 89.4 a 75.5%, al tiempo que crecía de casi 11.5 millones a 50.5 en el periodo. El año de 1980 representó el máximo por-

GRÁFICA 2. *Tasa de crecimiento intercensal total: Estado de México y Distrito Federal y resto del país, 1895-1995*

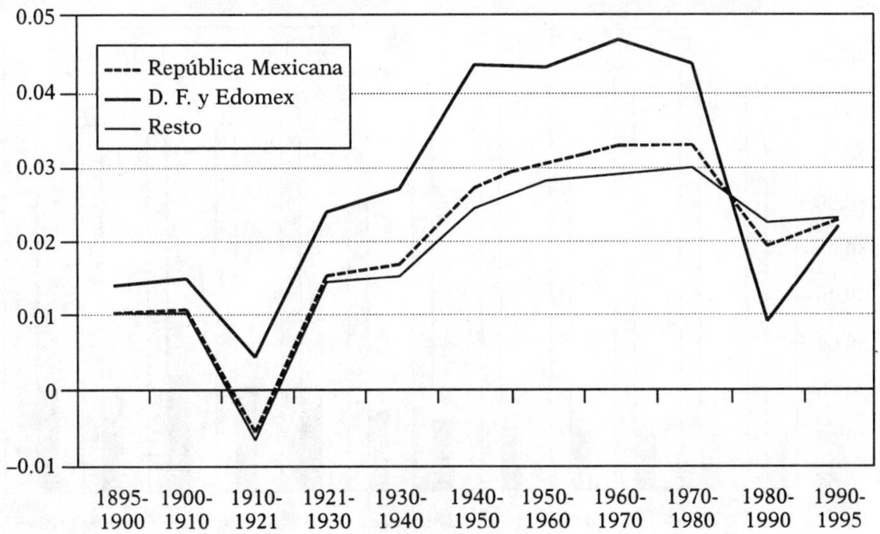

FUENTE: Cuadro A2.

centaje histórico para la región central[8] y el mínimo para el resto del país (gráfica 3). En 1990, la primera, con poco más de 18 millones reduce su proporción del total a 22.2%, mientras que la periferia lo aumenta a 77.8%. Estos porcentajes son semejantes a los de 1970, pero la población total nacional, que en 1995 llegó a 94 millones, resulta casi el doble que la de hace 25 años.

Los cambios en el patrón de distribución son resultado de movimientos geográficos de la población que reflejan decisiones de individuos o familias de cambiar sus lugares de residencia y de trabajo. El alcance geográfico de los movimientos de población varía debido a innovaciones tecnológicas en las comunicaciones y el transporte, no menos que a cambios sociodemográficos que afectan la estructura de los mercados de trabajo y el tamaño y la composición de las familias. El caso del *commuting*[9] se ha generalizado tanto en el ámbito geográfico de los cada vez más numerosos

[8] En la región central (Distrito Federal y Estado de México), el D. F. alcanza la mayor proporción de población en relación con el total nacional en 1970, con 14.3%, e inicia una relativa disminución de su peso en el conjunto nacional; lo contrario sucede con el Estado de México, que sigue aumentando su importancia, al grado de haber alcanzado el primer lugar en el censo de 1990, con 12.1% del total nacional, contra 10.1% para el D. F.

[9] Los viajes cotidianos o periódicos regulares entre el lugar de residencia y los centros de trabajo que realiza la población trabajadora.

GRÁFICA 3. *Distribución de la población: Estado de México y Distrito Federal y resto del país, 1895-1995*

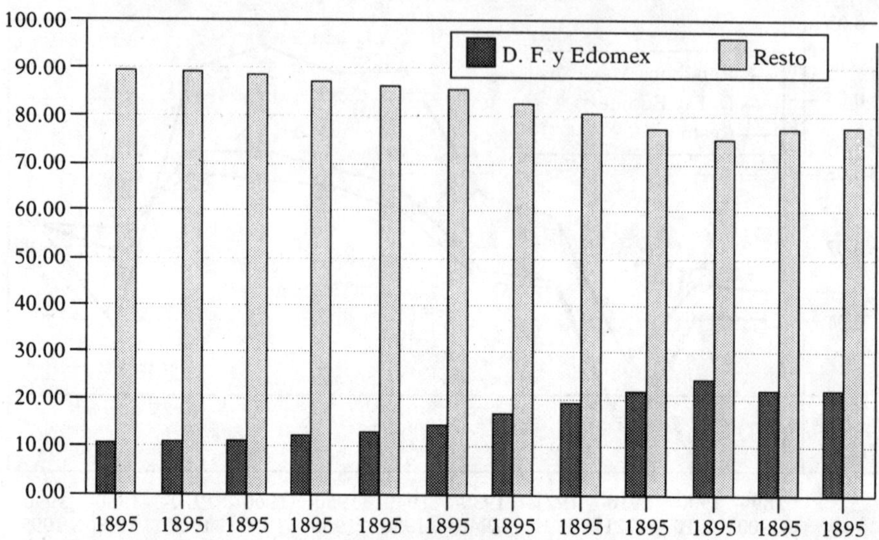

FUENTE: Cuadro A2.

centros metropolitanos como en mercados urbanos de trabajo formados en ciudades vecinas en la frontera de nuestro país con los Estados Unidos (Acuña, 1988). En el censo de población de 1990 había en el país 9.6 millones de personas que habían nacido en un lugar distinto del de su residencia actual. Estos migrantes acumulados (vivos en el momento censal) no representan, por supuesto, el volumen migratorio total ni reflejan los cambios de residencia que los habitantes del país efectúan a lo largo de su vida y que recientemente es muy probable que involucren a una proporción mayor que en periodos anteriores.[10]

Veamos de manera sucinta lo que en el Censo de Población de 1990 se registró para el lugar de nacimiento y el cambio de lugar de residencia durante el quinquenio 1985-1990 por región.[11]

El Valle de México concentraba 6.4% del total *de la población nacida en otra región del país.* De este porcentaje, casi la tercera parte (31.7%) había nacido en las entidades vecinas de la región centro, y una elevada

[10] Para un tratamiento de las tendencias en las migraciones interestatales por regiones antes de 1970, véase Stern (1983).

[11] Esta información, que aparece en el Censo de Población como "Población de 5 años o más que residía en otra entidad en 1985", no permite conocer los cambios de residencia intermunicipales, pues el origen se da en el nivel estatal.

proporción (19.6%), en la región Pacífico Sur (que incluye Guerrero, Oaxaca y Chiapas). No son de extrañar las intensas relaciones que se manifiestan en flujos de transporte de pasajeros, mercancías, correo, llamadas telefónicas, etc., entre el Valle de México y las regiones Occidente y Centro Norte (17.1 y 15.1%, respectivamente), pues la presencia en la ciudad de México de población nacida en entidades como Jalisco (que pertenece a la primera) y San Luis Potosí (a la segunda) es numerosa y seguramente mantiene vínculos estrechos con sus lugares de origen. La región del Golfo (que incluye Veracruz) también resulta importante: uno de cada 10 de los nacidos en otra región eran oriundos de allí.

Asimismo, las demás regiones del país son lugar de residencia de población nacida en otro lugar. La Noroeste y la Noreste, así como la Centro, concentran cada una cerca de 10% del total de la población acumulada nacida en otra región (10.8, 10.7 y 10%, respectivamente) (véase el cuadro 2).

Pero ¿cuáles regiones han sido tradicionalmente expulsoras de población? O, dicho de otra manera, ¿dónde nació la población residente en cada región? De los mencionados 9.6 millones de personas en esta categoría, 18.1% nació en la región Centro Norte; 15.8% en la Centro; 14.4 en la Pacífico Sur; igual porcentaje en la Occidente y 13.9% en el Valle de México. En otras palabras, estas regiones y el Golfo (con 9.9%) suman más de 75% del total. Un balance migratorio, sin embargo, permite identificar al Norte, Centro Norte, Occidente, Centro, Pacífico Sur y Golfo como regiones expulsoras y al Noroeste, Noreste, Valle de México y Península de Yucatán como receptoras tradicionales de la población que vive en alguna región distinta de la de su nacimiento.

Cabe señalar que el patrón de distribución de la población que nació en una región distinta de aquella en la que reside en el momento del censo se ha visto afectada por movimientos migratorios más recientes que no siguieron la tendencia secular para su destino, como sucedió durante el quinquenio 1985-1990. Así, mientras que en 1990 el Valle de México acumulaba 36.4% de la población nacional con residencia distinta de la de su nacimiento, durante el quinquenio 1985-1990 sólo atrajo menos de uno de cada cinco (19.6%) del total de población que en 1985 tenía otra región como lugar de residencia. Al mismo tiempo, casi 30% del total de éstos que cambió su lugar de residencia la tenía allá en 1985. Es decir, el Valle de México perdió su capacidad de atracción y se convirtió en una región expulsora de población por primera vez en la historia (cuadro 3).

En otras palabras, quizá en los primeros 50 años del presente siglo se puede hablar más propiamente de un patrón poblacional dominante muy concentrado sobre todo en un gran polo de atracción (Distrito Federal y Estado de México). Sin embargo, en décadas posteriores este

CUADRO 2. *Balance migratorio, según población nacida en otra región, México, 1990*

Región de origen	*Destinos*	*%*	*Orígenes*	*%*	*Destinos menos origen*	*Destino/ origen*	*Categoría*
Norte	452 549	4.73	630 642	6.59	– 178 093	0.72	Expulsora
Noroeste	1 029 698	10.75	240 854	2.52	788 844	4.28	Atractora
Noreste	1 021 495	10.67	327 440	3.42	694 055	3.12	Atractora
Centro Norte	581 634	6.07	1 733 826	18.11	– 1 152 192	0.34	Expulsora
Occidente	819 265	8.56	1 377 101	14.38	– 557 836	0.59	Expulsora
Centro	955 967	9.98	1 514 959	15.82	– 558 992	0.63	Expulsora
Valle de México	3 483 092	36.37	1 334 334	13.93	2 148 758	2.61	Atractora
Pacífico Sur	335 463	3.50	1 381 452	14.43	– 1 045 989	0.24	Expulsora
Golfo	635 503	6.64	945 979	9.88	– 310 476	0.67	Expulsora
Península de Yucatán	261 678	2.73	89 757	0.94	171 921	2.92	Atractora
TOTAL	*9 576 344*	*100.00*	*9 576 344*	*100.00*	*0*	*1.00*	

NOTA: La regionalización fue elaborada por Aguilar y Graizbord para los propósitos del presente trabajo.

Los datos fueron obtenidos del *XI Censo General de Población y Vivienda 1990,* INEGI, y no contienen los no especificados; tampoco los residentes de la región nacidos en ella.

CUADRO 3. *Población residente en 1985 en otra región, según la región de residencia actual, México, 1990*

Región de origen	*Región de residencia actual (1990)*										
	Norte	*Noroeste*	*Noreste*	*Centro-Norte*	*Occidente*	*Centro*	*Valle de México*	*Pacífico Sur*	*Golfo*	*Península de Yucatán*	*Total*
Norte	0	39 495	29 591	14 303	9 667	4 603	10 181	1 691	2 302	1 386	113 219
%horizontal	0.00	34.88	26.14	12.63	8.54	4.07	8.99	1.49	2.03	1.22	100.00
%vertical	0.00	13.67	15.78	6.66	3.66	1.34	2.24	1.18	1.25	1.30	4.87
Noroeste	18 014	0	5 925	8 545	34 136	5 114	13 979	4 729	3 070	1 714	95 226
	18.92	0.00	6.22	8.97	35.85	5.37	14.68	4.97	3.22	1.80	100.00
	13.02	0.00	0	3.98	12.92	1.49	3.07	3.29	1.67	1.60	4.09
Noreste	24 323	5 630	0	22 935	7 983	5 914	12 158	2 657	16 225	2 402	100 227
	24.27	5.62	0.00	22.88	7.96	5.90	12.13	2.65	16.19	2.40	100.00
	17.58	1.95	0.00	10.68	3.02	1.73	2.67	1.85	8.81	2.25	4.31
Centro-Norte	33 157	30 999	57 360	0	42 424	19 418	36 238	2 408	6 195	2 042	230 241
	14.40	13.46	24.91	0.00	18.43	8.43	15.74	1.05	2.69	0.89	100.00
	23.96	10.73	30.59	0.00	16.05	5.67	7.97	1.67	3.36	1.91	9.90
Occidente	11 417	83 112	9 314	38 306	0	13 606	54 887	9 444	6 720	3 485	230 291
	4.96	36.09	4.04	16.63	0.00	5.91	23.83	4.10	2.92	1.51	100.00
	8.25	28.76	4.97	17.84	0.00	3.97	12.07	6.56	3.65	3.26	9.90
Centro	7 386	17 957	9 527	15 672	15 228	0	154 877	15 696	31 892	5 512	273 747
	2.70	6.56	3.48	5.72	5.56	0.00	56.58	5.73	11.65	2.01	100.00
	5.34	6.21	5.08	7.30	5.76	0.00	34.06	10.91	17.32	5.16	11.77
Valle de México	31 804	53 939	28 161	100 846	108 075	203 759	0	66 435	55 699	28 582	677 300

	4.70	7.96	4.16	14.89	15.96	30.08	0.00	9.81	8.22	4.22	100.00
	22.98	18.67	15.02	46.96	40.90	59.51	0.00	46.18	30.25	26.73	29.12
Pacífico Sur	4 920	46 196	6 075	4 485	31 520	44 704	99 836	0	51 152	20 979	309 867
	1.59	14.91	1.96	1.45	10.17	14.43	32.22	0.00	16.51	6.77	100.00
	3.56	15.99	3.24	2.09	11.93	13.06	21.96	0.00	27.78	19.62	13.32
Golfo	6 146	9 988	39 815	8 494	12 536	42 883	65 914	36 840	0	40 819	263 435
	2.33	3.79	15.11	3.22	4.76	16.28	25.02	13.98	0.00	15.49	100.00
	4.44	3.46	21.23	3.96	4.74	12.52	14.50	25.61	0.00	38.18	11.33
Península de Yucatán	1 220	1 652	1 753	1 144	2 678	2 392	6 653	3 958	10 888	0	32 338
	3.77	5.11	5.42	1 753	1 144	2 678	2 392	6 653	3 958	10 888	100.00
	0.88	0.57	0.93	0.53	1.01	0.70	1.46	2.75	5.91	0.00	1.39
TOTAL	*138 387*	*288 968*	*187 521*	*214 730*	*264 247*	*342 393*	*454 723*	*143 858*	*184 143*	*106 921*	*2 325 891*
% horizontal	5.95	12.42	8.06	9.23	11.36	14.72	19.55	6.19	7.92	4.60	100.00
% vertical	100.00	100.00	100.00	100.00	100.00	100.00	100.00	100.00	100.00	100.00	100.00

NOTA: La regionalización fue elaborada por Aguilar y Graizbord para los propósitos del presente trabajo.

Los datos fueron obtenidos del *XI Censo General de Población y Vivienda 1990*, INEGI, y no contienen los no especificados; tampoco los residentes de la región nacidos en ella.

El cuadro se lee de la siguiente manera: por ejemplo, el índice del primer renglón con la siguiente columna dice que 39 495 personas de la región noroeste en 1990 tenían su residencia en la región norte en 1985; esto representa 34.88% de un total de 113 219 que residen en el Norte y salieron de ahí durante el quinquenio a residir en otra región, y 13.67% de un total de 288 968 residen en la región Noroeste en 1990, los cuales en 1985 residían en la región Norte.

patrón se empieza a alterar, principalmente porque se multiplicaron las metrópolis regionales como lugares de atracción y hubo una mayor tendencia a la dispersión de población en agrupamientos de ciudades medias y pequeñas. Desde esta perspectiva, el patrón dominante se volvió más complejo, dado que se *diversificaron los lugares de concentración* y, de esta manera, es posible hablar de varios patrones de poblamiento por grandes regiones del territorio nacional, puesto que dentro de cada una de ellas ya actúan fuerzas concentradoras propias. Naturalmente, algunos de estos patrones poblacionales muestran altas concentraciones junto a territorios todavía prácticamente vacíos, sobre todo en espacios áridos y semiáridos (el norte del país). Así, resulta difícil ser concluyente al tratar de definir si el actual patrón de poblamiento del país es de concentración o de dispersión; en todo caso, al multiplicarse los espacios de concentración demográfica y ampliarse la dispersión de espacios poco poblados, cada contexto regional que se analice presentará un muy particular patrón de distribución de población, con fuertes diferencias de una región a otra.

DESIGUALDADES REGIONALES EN LA DISTRIBUCIÓN DE LA POBLACIÓN NACIONAL

Regiones concentradoras y regiones expulsoras

Un análisis del poblamiento en México en el presente siglo nos muestra que se logró plenamente el objetivo político de aumentar el número de habitantes del país. Y, si bien se fortaleció la base demográfica, la meta de obtener una más uniforme distribución territorial de la población no ha sido fácil de alcanzar. De acuerdo con los datos de distribución de la población por regiones[12] resaltan tres aspectos fundamentales: *i)* se mantiene el peso relativo y la marcada concentración de población en un número reducido de regiones; *ii)* en un contexto generalizado de crecimiento demográfico se destacan regiones concentradoras y otras expulsoras de población; *iii)* dentro de algunas regiones se manifiesta un proceso de concentración que coexiste con grandes espacios escasamente poblados. A continuación se ejemplifican estos fenómenos.

12 Para efectos de este análisis se ha dividido al país en 10 grandes regiones. Resulta muy similar, pero no corresponde exactamente a la que ha propuesto Ángel Bassols en su regionalización geoeconómica del país. Aquí hemos subdividido a la región del Centro al separar el Distrito Federal y el Estado de México, con la intención de distinguir con mayor claridad la dinámica de crecimiento de la zona metropolitana de la ciudad de México (ZMCM) (véase Bassols, 1992; Sedesol, 1996). Los datos utilizados están basados en la información que registran los censos de población hasta 1990 y el Conteo de 1995, realizados y publicados por el INEGI.

i) Concentración en un número reducido de regiones. Si bien las regiones de la porción central del país en conjunto han mantenido el peso relativo en su porcentaje de población respecto del total nacional, algunas han modificado su importancia absoluta. En 1910, cinco regiones eran las que presentaban la mayor concentración: Occidente, Centro, Centro-Norte, Pacífico Sur y Valle de México. Es esta última la que, después de ocupar el quinto lugar en 1910 con 11% de la población nacional, pasa en 1995 al primer lugar con 22%. La importancia económica y política de la ciudad de México estimuló una concentración regional de tal magnitud que la población asentada en el Valle de México se multiplicó por 20 en un periodo de 80 años. Por su parte, la región de Occidente, después de ser la primera en importancia en 1910 con 16%, pasó al segundo lugar en 1995 con 12%; la Centro pasó del segundo al tercer lugar y disminuyó su peso relativo en el total de población de 16 a 11%; la Centro-Norte pasó de 15 a 10%, por lo que se ubicó —del tercer lugar que ocupaba en 1910— en el quinto lugar en 1995. Estas últimas tres regiones, junto con el Valle de México, han concentrado a lo largo del presente siglo poco más de la mitad de la población total del país (cuadro 4).

Puede decirse que seis entidades federativas de la porción central del país (Jalisco, Michoacán, Puebla, Guanajuato, Distrito Federal y México) concentran el grueso de la población nacional. Fuera de estas entidades centrales, el único estado que sobresale por su elevada población es Veracruz, pues en 1995 superaba en número de habitantes a varias de las entidades arriba señaladas. Para 1995, estos siete estados concentraban 50% de la población nacional. Varios acontecimientos ocurridos durante el presente siglo tuvieron una enorme influencia en dicho poblamiento. La reforma agraria hizo posible la incorporación de nuevas tierras, muchas de las cuales correspondían a las antiguas haciendas del centro del país; posteriormente y de manera gradual, se introdujo en Veracruz, Morelos y la Chontalpa la agricultura de plantaciones tropicales.[13] Se aceleró la industrialización, crecieron las ciudades y con ello la demanda de productos ganaderos y agrícolas, todo lo cual exigió un desarrollo notable de la infraestructura de comunicaciones.

Cinco regiones han incrementado su participación demográfica de 1910 a la fecha. Son "regiones concentradoras": Valle de México, Golfo, Noroeste, Noreste, Península de Yucatán. Cabe aclarar que esta clasificación toma únicamente el peso relativo (porcentaje) de la población regional en el contexto nacional, pues el crecimiento poblacional del país afectó sin excepción a todas las regiones desde 1930 hasta la fecha.

[13] Bassols (1993) habla de la apertura de diversas regiones de riego durante el gobierno de Lázaro Cárdenas en el Norte, Noroeste y Noreste.

Cuadro 4. *Distribución de población por regiones. Porcentaje respecto del total nacional, México, 1910-1995*

Región / Entidad	*1910*	*1940*	*1970*	*1990*	*1995*	*Diferencia 1995-1910*
Norte	8.26	8.43	7.60	7.10	7.02	–1.24
Chihuahua	2.68	3.17	3.34	3.01	3.07	0.39
Coahuila	2.39	2.80	2.31	2.43	2.38	–0.00
Durango	3.19	2.46	1.95	1.66	1.57	–1.62
Noroeste	4.22	5.02	6.98	7.36	7.67	3.45
Baja California	0.34	0.40	1.80	2.04	2.31	1.97
Baja California Sur[a]	0.00	0.26	0.27	0.39	0.41	0.4
Sinaloa	2.13	2.51	2.63	2.71	2.66	0.53
Sonora	1.75	1.85	2.28	2.22	2.29	0.54
Noreste	4.06	5.08	6.53	6.58	6.67	2.61
Nuevo León	2.41	2.75	3.51	3.81	3.90	1.49
Tamaulipas	1.65	2.33	3.02	2.77	2.77	1.12
Centro-Norte	15.21	12.47	10.04	9.83	9.64	5.57
Aguascalientes	0.79	0.82	0.70	0.89	0.95	0.16
Guanajuato	7.13	5.32	4.71	4.90	4.82	–2.31
San Luis Potosí	4.14	3.45	2.66	2.47	2.41	–1.73
Zacatecas	3.15	2.88	1.97	1.57	1.47	–1.68
Occidente	15.64	14.33	12.79	11.91	11.80	–3.84
Colima	0.51	0.40	0.50	0.53	0.53	0.02
Jalisco	7.97	7.22	6.84	6.53	6.57	–1.40
Michoacán	6.54	6.01	4.82	4.37	4.25	–2.29
Nayarit	1.13	1.10	1.13	1.01	0.98	–0.15
Centro	15.53	13.84	10.84	11.10	11.32	–4.21
Querétaro	1.61	1.25	1.01	1.29	1.37	–0.24
Hidalgo	4.26	3.93	2.48	2.32	2.32	–1.94
Morelos	1.18	0.93	1.28	1.47	1.58	0.40
Puebla	7.27	6.59	5.20	5.08	5.07	–2.2
Tlaxcala	1.21	1.14	0.87	0.94	0.97	–0.24
Valle de México	11.28	14.77	22.20	22.22	22.16	10.88
Distrito Federal	4.75	8.94	14.25	10.14	9.31	4.56
México	6.53	5.83	7.95	12.08	12.85	6.32
Pacífico sur	13.67	13.26	10.74	10.90	10.70	–2.97
Chiapas	2.89	3.46	3.25	3.95	3.96	1.07
Guerrero	3.92	3.73	3.31	3.23	3.20	–0.72
Oaxaca	6.86	6.07	4.18	3.72	3.54	–3.32

CUADRO 4. *(Concluye.)*

Región / Entidad	*1910*	*1940*	*1970*	*1990*	*1995*	*Diferencia 1995-1910*
GOLFO	8.71	9.69	9.50	9.52	9.31	0.60
Tabasco	1.24	1.45	1.59	1.85	1.92	0.68
Veracruz	7.47	8.24	7.91	7.67	7.39	–0.08
PENÍNSULA DE YUCATÁN	2.87	2.69	2.27	2.95	3.18	
Campeche	0.57	0.46	0.52	0.66	0.70	0.13
Quintana Roo[b]	0.06	0.10	0.18	0.61	0.77	0.71
Yucatán	2.24	2.13	1.57	1.68	1.71	–0.53

[a] El 5 de febrero de 1917 se crearon los territorios de Baja California Norte y Baja California Sur; por tal razón, Baja California Sur no aparece hasta el censo de 1921.

[b] Hacia el año de 1900 Quintana Roo no existía como entidad.

FUENTE: Instituto Nacional de Estadística, Geografía e Informática, *Estadísticas históricas de México,* tomo I, México, 1990; *X* y *XI Censos Generales de Población y Vivienda, 1980* y *1990,* México, 1986 y 1992, respectivamente; Secretaría de Industria y Comercio, *VIII* y *IX Censos Generales de Población, 1960 y 1970,* México, 1962 y 1972, respectivamente.

El Valle de México prácticamente ha mantenido su misma proporción de población desde 1970; incluso en los últimos cinco años mostró una ligera tendencia a la baja. La región del Golfo mostró durante todo el periodo una ganancia poco significativa, al pasar de 8.71 a 9.31%, pero a partir de 1970 evidencia una desaceleración en su capacidad de atracción y muestra también una ligera pérdida de población. En resumen, para estas dos regiones "concentradoras" el año de 1970 representó un importante punto de inflexión en su proceso de concentración de población; esto se debió a que en el interior de estas regiones los estados concentradores de población que durante muchas décadas habían sido espacios tradicionales de atracción, a partir de 1970 empezaron a mostrar tendencias a la baja en su crecimiento poblacional, por ejemplo el Distrito Federal y Veracruz. La Península de Yucatán, en cambio, presenta una trayectoria contraria. Esta región, si bien registró una pequeña ganancia durante el periodo, pues pasó de 2.87 a 3.18%, muestra hasta 1970 una tendencia a disminuir su participación en el total de la población nacional y, a partir del último año, experimenta una clara tendencia a aumentarla. Se trata, en efecto, de una región que en los últimos 20 años se convirtió en receptora de flujos migratorios y desconcentradores que se originan en otras regiones del país.

Finalmente, las regiones Noroeste y Noreste vieron aumentar de manera sostenida su participación en la población nacional en tres puntos porcentuales durante todo el periodo. Dentro de estas regiones, los mayores aumentos se registraron en los estados que cuentan con las mayores concentraciones urbanas, como Baja California y Nuevo León, Tijuana y Monterrey, respectivamente. El resto de las regiones mostró una disminución de su participación en el total nacional; de aquí que puedan considerarse "expulsoras", al perder de tres a seis puntos porcentuales (regiones Pacífico Sur y Centro Norte, respectivamente).

Una conclusión es que las regiones tradicionalmente más pobladas han perdido peso en beneficio de regiones que por lo menos hasta hace 30 años eran los espacios más escasamente poblados del país. Desde esta premisa, se aprecia una *tendencia centrífuga* en la distribución de la población desde las regiones centrales hacia las periféricas, especialmente del Norte y Sureste del país. Sin embargo, es necesario distinguir a la región Centro como una excepción: en los últimos 20 años fue la única de este grupo de regiones centrales que mostró una ligera tendencia a incrementar su participación en el total debido a que se constituyó en el destino privilegiado de la población que salió del Valle de México. Aún así, su balance durante el periodo fue de pérdida relativa.

ii) Concentración en las regiones. En términos generales, se pueden señalar dos patrones distintos que permiten agrupar a las regiones: el primero muestra un marcado proceso de concentración demográfica en una sola entidad, junto con un poblamiento más disperso en el resto de entidades dentro de la misma región. El segundo muestra una distribución de población más pareja entre las diferentes entidades que conforman las regiones. En este caso, la población se encuentra distribuida de manera uniforme dentro del territorio regional correspondiente, y ninguna entidad destaca por su desproporcionada concentración demográfica.

Respecto del primer patrón sobresalen las regiones de Occidente, Centro-Norte y Península de Yucatán, donde la entidad "concentradora" tiende a reafirmar su posición; y las regiones Centro y Golfo, donde la entidad predominante pierde fuerza "concentradora" en favor del resto de los estados que las integran. Dentro de la región Occidente, integrada por cuatro entidades, el estado de Jalisco ha concentrado desde principios de siglo a por lo menos la mitad de la población regional; además de que dicha proporción muestra una tendencia al aumento, con lo cual es evidente que a lo largo del periodo los otros estados no han logrado revertir esta fuerza concentradora. La región Centro-Norte, también formada por cuatro estados, muestra a Guanajuato como la entidad de mayor concentración de población, la cual se intensifica durante el periodo al pasar de 45% de la población regional al principio del siglo a 50% en 1995.

Por otra parte, en la Península de Yucatán la mayor concentración se ha dado en el estado de Yucatán que, sin embargo, ha visto disminuir su importancia relativa a lo largo del periodo. Así, mientras que a principios del siglo dicha entidad concentraba 78% de los habitantes de la región, en 1995 bajó a 54%. De hecho, ésta es la única de las tres regiones mencionadas donde la entidad "concentradora" ve disminuir durante el periodo su peso poblacional, lo cual es fácilmente explicable por la gran atracción de población que los desarrollos turísticos del estado de Quintana Roo ejercieron a partir de 1970. A pesar de esa tendencia, Quintana Roo disminuye su tasa de crecimiento poblacional y Yucatán la aumenta, lo cual parece indicar que dicha entidad recupera su poder "concentrador" y tiende a estabilizar su posición predominante en la región (cuadro 5).

En la región Centro, la importancia de Puebla prácticamente se ha mantenido en los últimos años; su población mostró un constante aumento hasta 1970, cuando concentró a 48% de los habitantes regionales; en 1995 este porcentaje bajó a 45%, mientras que otros estados incrementaron su participación dentro de la región. Tales datos muestran cómo el peso demográfico de Puebla, que se vio favorecida por su localización estratégica en el corredor ciudad de México-Veracruz, disminuyó ligeramente a partir de 1970, pues los procesos de dispersión poblacional en toda la porción central del país afectaron el peso relativo de varias entidades colindantes o vecinas cercanas, lo cual restó importancia poblacional a dicha entidad y centro urbano. En la región del Golfo, en 1910 Veracruz concentraba 86% de la población regional, proporción que paulatinamente disminuyó hasta llegar a 79% en 1995 y, aunque su peso poblacional relativo aún es indiscutible, la tendencia permite vislumbrar que en el futuro alcanzará un poblamiento regional más equilibrado, compartido con Tabasco.

En el resto de las regiones, sobresale una distribución más equitativa del crecimiento demográfico entre las entidades que las conforman. En la Pacífico Sur, el estado de Chiapas se convierte en 1995 en el estado de mayor peso poblacional, con 37% del total, y desplazó a Oaxaca, la cual a principios de siglo era la que concentraba la mitad de la población regional. En la región Norte, el estado que pierde su primacía es Durango, que a principios de siglo era el más poblado, con 39% de la población regional. En 1995, sin embargo, Chihuahua pasa a ser la entidad con mayor peso, con 44% de la población regional, debido al crecimiento de Ciudad Juárez en la frontera. Finalmente, es de nuevo el Valle de México donde se exhiben cambios que revierten las tendencias. En efecto, el Distrito Federal alcanzó su máximo peso poblacional en 1970, con 64% de la población regional, y a partir de ese momento empieza a ceder su lugar al Estado de México, que pasó de 36% ese año a 58% en 1995, lo que refleja, por un lado, una descentralización de la población metropolitana de la ciudad de México hacia municipios colindantes con el Distrito Federal y, por el otro, el vertiginoso crecimiento de la zona metropolitana de Toluca.

CUADRO 5. *Distribución de población por regiones. Distribución porcentual dentro de cada región, México, 1910-1995*

Región/ Entidad	*1910*	*1940*	*1970*	*1990*	*1995*
NORTE	100.00	100.00	100.00	100.00	100.00
Chihuahua	32.43	37.62	43.98	42.37	43.67
Coahuila	28.94	33.21	30.41	34.22	33.96
Durango	38.62	29.17	25.61	23.41	22.37
NOROESTE	100.00	100.00	100.00	100.00	100.00
Baja California	8.15	7.99	25.88	27.65	30.15
Baja California Sur[a]	0.00	5.21	3.81	5.29	5.37
Sinaloa	50.47	49.91	37.65	36.70	34.68
Sonora	41.38	36.88	32.66	30.36	29.80
NORESTE	100.00	100.00	100.00	100.00	100.00
Nuevo León	59.39	54.12	53.77	57.94	58.42
Tamaulipas	40.61	45.88	46.23	42.06	41.58
CENTRO-NORTE	100.00	100.00	100.00	100.00	100.00
Aguascalientes	5.22	6.59	6.98	9.02	9.82
Guanajuato	46.88	42.67	46.89	49.90	50.02
San Luis Potosí	27.21	27.68	26.48	25.10	24.95
Zacatecas	20.70	23.06	19.65	15.99	15.21
OCCIDENTE	100.00	100.00	100.00	100.00	100.00
Colima	3.17	2.72	3.76	4.24	4.33
Jalisco	49.35	48.98	51.46	52.48	53.28
Michoacán	40.49	40.82	36.28	35.12	34.42
Nayarit	6.99	7.48	8.49	8.16	7.97
CENTRO	100.00	100.00	100.00	100.00	100.00
Querétaro	10.38	9.00	9.29	11.65	12.11
Hidalgo	27.44	28.40	22.85	20.93	20.48
Morelos	7.62	6.72	11.79	13.25	13.99
Puebla	46.75	47.63	48.01	45.73	44.85
Tlaxcala	7.82	8.24	8.05	8.44	8.57
VALLE DE MÉXICO	100.00	100.00	100.00	100.00	100.00
Distrito Federal	42.14	60.53	64.20	45.62	42.02
México	57.86	39.47	35.80	54.38	57.98
PACÍFICO SUR	100.00	100.00	100.00	100.00	100.00
Chiapas	21.16	26.09	30.28	36.27	37.01
Guerrero	28.66	28.13	30.83	29.61	29.91
Oaxaca	50.18	45.78	38.89	34.12	33.08

CUADRO 5. *(Concluye.)*

Región/ Entidad	*1910*	*1940*	*1970*	*1990*	*1995*
GOLFO	100.00	100.00	100.00	100.00	100.00
Tabasco	14.21	14.99	16.76	19.43	20.61
Veracruz	85.79	85.01	83.24	80.57	79.39
PENÍNSULA DE YUCATÁN	100.00	100.00	100.00	100.00	100.00
Campeche	19.90	17.15	22.91	22.38	22.13
Quintana Roo[b]	2.09	3.56	8.03	20.63	24.25
Yucatán	78.00	79.29	69.06	56.99	53.62

[a] El 5 de febrero de 1917 se crearon los territorios de Baja California Norte y Baja California Sur; por tal razón, Baja California Sur no aparece hasta el censo de 1921.

[b] Hacia el año de 1900 Quintana Roo no existía como entidad.

FUENTE: Instituto Nacional de Estadística, Geografía e Informática, *Estadísticas históricas de México,* tomo I, México, 1990; *X* y *XI Censos Generales de Población y Vivienda, 1980 y 1990,* México, 1986 y 1992, respectivamente; Secretaría de Industria y Comercio, *VIII* y *IX Censos Generales de Población, 1960 y 1970,* México, 1962 y 1972, respectivamente.

De esta manera, la distribución regional de la población ha seguido la ruta de las grandes inversiones y de la concentración de las actividades industriales y de la infraestructura social, en un limitado número de espacios en el territorio nacional. Las principales concentraciones de la población han presentado una alta correlación con las regiones de más alto desarrollo socioeconómico en lo que va del presente siglo, pues las actividades productivas han generado una fuerte atracción de población. Así, de 1900 a 1970 las regiones de mayor contribución al producto interno bruto (PIB) fueron las relacionadas con las principales concentraciones urbanas o industriales, como la del Valle de México, Occidente y Noreste; o las vinculadas con una agricultura intensiva y tecnificada de exportación (la del Noroeste), o con el desarrollo petrolero (la del Golfo); que en conjunto representaban poco más de 75% del PIB. Desde el punto de vista de la inversión pública federal, ésta ha mostrado fuertes concentraciones desde los años sesenta en los estados que contienen a la ciudad de México, y en todos los territorios relacionados desde esa época con la explotación petrolera: Tamaulipas, Veracruz, Tabasco, Campeche y Chiapas (Palacios, 1989: 162-178; Aguilar, Graizbord y Sánchez, 1996: capítulo 4). Desde esta perspectiva, y como en el caso de la población, también se observa que la actividad económica tendió a concentrarse regionalmente entre 1900 y 1970 y a desconcentrarse, aunque de manera marginal, entre 1970 y 1980 (Hernández Laos, 1986: 161), mientras que en los años noventa dicha tendencia cobró mayor fuerza.

Población urbana y rural[14]

Con el desarrollo industrial, México se convirtió en 50 años en un país predominantemente urbano, al pasar su grado de urbanización de 20% en 1940 a 57% en 1990. La consolidación del proceso de urbanización fue la transformación más trascendental en la distribución de la población dentro del territorio nacional, mientras que el rezago de las zonas rurales acentuó más la dicotomía entre el campo y la ciudad en términos de concentración y dispersión. En lo que va del presente siglo la población urbana ha aumentado ininterrumpidamente a un ritmo muy acelerado; por su parte, la población no urbana,[15] aunque también muestra un incremento —a excepción del periodo 1910-1920—, ha registrado un ritmo de crecimiento muy lento.

i) El ritmo de crecimiento. La población urbana ha crecido bastante más rápido que la población total del país; se multiplicó por tres en los primeros 40 años del siglo, al pasar de 1.4 millones de habitantes en 1900 a 3.9 en 1940. Posteriormente, experimentó un rápido incremento, al llegar a 21.5 millones en 1970, es decir, de hecho se multiplicó por cinco en 30 años. Y entre 1970 y 1990 se duplicó, pues llegó a 46.6 millones, lo que representa para este último año 57.5% del total nacional.

El elevado crecimiento de la población urbana en México se ha debido tanto al crecimiento natural como a la intensa migración de la población rural hacia las ciudades. Hasta 1950 el incremento de la población urbana se debió en 59% al saldo neto migratorio campo-ciudad y en 41% al crecimiento natural; a partir de esa fecha, el peso relativo del crecimiento natural de la población urbana excedió al de la migración, lo cual puede atribuirse más al volumen o tamaño de las ciudades, a sus tasas de crecimiento natural, que a una disminución de la migración (Unikel *et al*., 1976: 43-44).

En contraparte, el crecimiento de la población rural o no urbana durante el presente siglo muestra un lento crecimiento debido en parte a un proceso de expulsión de la población rural hacia los centros urbanos del país. De 1900 a 1940, dicha población pasó de 12.1 a 15.7 millones, lo cual significó un incremento porcentual de 77% en 40 años. Treinta años después su número llegó a 26.6 millones, con un incremento menor de 60%, frente al explosivo crecimiento urbano descrito para ese

[14] Una exposición más amplia sobre este aspecto se puede encontrar en Aguilar y Rodríguez (1995).

[15] Para establecer la diferencia entre población urbana y no urbana se adoptó la clasificación de Unikel *et al*. (1976), donde se establecen tres grandes categorías por rango-tamaño: localidades rurales con menos de 5 000 habitantes; localidades mixtas (rural-urbanas y urbano-rurales) de 5 000 a menos de 15 000 habitantes; y localidades urbanas, las que cuentan con más de 15 000 habitantes.

periodo. En 1990 la población no urbana del país llegó a 34.5 millones, por lo que representó 42.5% de la población total del país.

Sin embargo, el proceso de urbanización no ha sido un proceso uniforme en el territorio y ha presentado marcadas disparidades regionales de 1900 a la fecha. En este sentido, es importante determinar la intensidad del proceso urbano a lo largo y ancho del territorio, así como destacar en cuáles regiones se ha manifestado con mayor intensidad y ha acentuado las disparidades interregionales.

ii) La distribución regional de la población urbana y no urbana. De acuerdo con el crecimiento de la población urbana y no urbana, y sobre todo en cuanto al predominio de una sobre la otra, se pueden identificar tres etapas: la primera va de 1900 a 1940; la segunda corresponde al periodo 1940-1970, y la tercera abarca de 1970 a 1995 (cuadro 6).

En la primera etapa (1900-1940), o sea los primeros 40 años de este siglo, las diferentes regiones del país se caracterizan por ser predominantemente no urbanas, con excepción de la región del Valle de México, que durante la década de los treinta tenía una población urbana que ya superaba en número a la no urbana, pues en esas fechas la ciudad de México alcanzó el millón de habitantes.

La población urbana se concentraba básicamente en tres regiones, que en orden de importancia eran: Valle de México (33%), Centro-Norte (16%) y Occidente (13%), las cuales sumaban así 62% de la población urbana de esa época; lo anterior refleja la influencia histórica de la colonización intensiva de la franja central del país para la explotación minera y agrícola mediante la fundación de las principales ciudades. Recuérdese que en esta enorme región se sitúa gran parte de las tierras fértiles de la altiplanicie meridional de México y se contaba con metales preciosos que constituían las principales exportaciones mexicanas. A partir de la Revolución de 1910 aumenta el crecimiento poblacional y la actividad económica en el Valle de México, que llega a concentrar una tercera parte de la población urbana. Es necesario destacar que el grueso de la población no urbana se localiza también en la porción central del país, principalmente en las regiones Occidente, Centro y Centro-Norte, a las que habría que agregar la Pacífico Sur, todas con un promedio de entre 15% y 16% del total de población regional no urbana. En otras palabras, tanto la población urbana como la no urbana muestran un *patrón concentrado* en la porción central del país.

Para el periodo 1940-1970 se aprecia el efecto que tuvo la rápida urbanización en el país. A la región del Valle de México se suman las regiones Noroeste, Norte[16] y Noreste con una población urbana predominante. Así,

[16] Hacia 1970, la población no urbana de la región Norte (1 833 698 habitantes) sobrepasó en números a la urbana (1 833 000) por una diferencia mínima. Esto y la clara tendencia a la urbanización permite que clasificar a dicha región como predominantemente urbana.

CUADRO 6. *Distribución de población por regiones. Condición urbana y rural, México, 1910-1990 (porcentajes)*

Región/ Entidad	*1910*		*1940*		*1970*		*1990*	
	Urbana	*Rural*	*Urbana*	*Rural*	*Urbana*	*Rural*	*Urbana*	*Rural*
Nacional	*11.76*	*88.24*	*19.98*	*80.02*	*44.69*	*55.31*	*57.45*	*42.55*
NORTE	8.30	8.25	9.85	8.08	8.51	6.87	8.26	5.52
Chihuahua	20.27	34.06	38.85	38.85	48.01	39.95	43.90	39.27
Coahuila	47.30	26.48	51.16	27.74	38.13	22.68	40.79	20.96
Durango	32.43	39.45	15.25	33.41	13.86	37.37	15.31	39.77
NOROESTE	1.18	4.64	2.75	5.59	8.07	6.09	8.22	6.28
Baja California	0.00	8.43	32.41	4.99	38.97	11.85	35.70	13.44
Baja California Sur[a]	0.00	0.00	0.00	5.85	2.64	5.05	4.90	5.98
Sinaloa	100.00	48.79	50.00	49.90	24.08	52.20	27.43	53.06
Sonora	0.00	42.78	17.59	39.25	34.31	30.90	31.97	27.52
NORESTE	5.38	3.88	9.29	4.04	9.37	4.24	9.32	2.89
Nuevo León	82.29	55.16	52.05	55.30	56.04	49.73	62.07	39.94
Tamaulipas	17.71	44.84	47.95	44.70	43.96	50.27	37.93	60.06
CENTRO-NORTE	16.38	15.07	9.98	13.10	6.70	12.74	8.19	12.03
Aguascalientes	15.41	3.75	20.92	3.87	12.53	4.62	12.87	5.47
Guanajuato	47.26	46.82	43.37	42.54	62.60	40.21	55.90	44.38
San Luis Potosí	28.77	26.98	23.98	28.38	24.86	27.16	22.63	27.37
Zacatecas	8.56	22.45	11.73	25.21	0.00	28.00	8.61	22.78
OCCIDENTE	13.12	16.56	9.78	15.97	11.49	14.73	11.47	13.74
Colima	10.68	2.38	5.99	2.22	4.89	3.06	0.43	8.54
Jalisco	58.55	48.38	68.49	45.99	66.52	41.97	66.77	36.37
Michoacán	23.50	42.29	20.83	43.87	23.55	44.31	26.88	44.40
Nayarit	7.26	6.96	4.69	7.91	5.05	10.66	5.92	10.69
CENTRO	9.42	16.36	6.60	15.64	3.08	17.10	7.21	16.36
Querétaro	19.64	9.67	13.13	8.57	19.43	7.82	8.59	13.48
Hidalgo	23.21	27.76	20.46	29.23	18.22	23.53	14.41	24.81
Morelos	0.00	8.21	0.00	7.43	34.64	8.47	19.67	9.42
Puebla	57.14	45.95	66.41	45.65	19.43	52.17	49.41	43.55
Tlaxcala	0.00	8.42	0.00	9.11	8.28	8.02	7.93	8.74
VALLE DE MÉXICO	33.03	8.38	40.82	8.27	38.85	8.75	32.33	8.57
Distrito Federal	91.00	16.48	97.32	15.19	79.74	8.49	53.63	4.85
México	9.00	83.52	2.68	84.81	20.26	91.51	46.37	95.15
PACÍFICO SUR	2.13	15.22	1.53	16.19	5.58	14.92	4.90	18.98
Chiapas	0.00	21.56	51.67	25.49	19.05	33.67	32.91	37.45
Guerrero	0.00	29.20	0.00	28.79	23.54	33.03	40.82	25.70
Oaxaca	100.00	49.25	48.33	45.72	57.40	33.30	26.27	36.85
GOLFO	6.06	9.06	6.34	10.53	5.68	12.59	6.05	14.19
Tabasco	0.00	15.47	10.04	15.74	9.47	19.42	16.83	20.92
Veracruz	100.00	84.53	89.96	84.26	90.53	80.58	83.17	79.08

CUADRO 6. *(Concluye.)*

Región/ Entidad	*1910*		*1940*		*1970*		*1990*	
	Urbana	*Rural*	*Urbana*	*Rural*	*Urbana*	*Rural*	*Urbana*	*Rural*
PENÍNSULA DE YUCATÁN	4.43	2.66	3.06	2.59	1.75	2.70	2.84	3.08
Campeche	21.52	19.55	19.17	16.56	27.51	20.49	20.57	24.63
Quintana Roo[b]	0.00	2.56	0.00	4.60	6.35	8.91	22.23	18.63
Yucatán	78.48	77.90	80.83	78.84	66.14	70.60	57.20	56.74

[a] El 5 de febrero de 1917 se crearon los territorios Baja California Norte y Baja California Sur; por tal razón, Baja California Sur no aparece hasta el censo de 1921.

[b] Hacia el año de 1900 Quintana Roo no existía como entidad.

FUENTE: Instituto Nacional de Estadística, Geografía e Informática, *Estadísticas históricas de México,* tomo I, México, 1990, *X* y *XI Censos Generales de Población y Vivienda, 1980 y 1990,* México, 1986 y 1992, respectivamente; Secretaría de Industria y Comercio, *VIII* y *IX Censos Generales de Población, 1960 y 1970,* México, 1962 y 1972, respectivamente.

la porción Norte del país adquiere un perfil urbano con un número importante de centros urbanos de acelerado crecimiento. En esta etapa, la región del Valle de México alcanza su mayor porcentaje de población urbana con 39% del total nacional en 1970; la región Occidente concentra 11.5% en el mismo año y las regiones norteñas, entre 8% y 9% cada una.

En esta etapa, caracterizada por el impulso a la industrialización, se experimenta un enorme gasto público en materia de infraestructura (ferrocarriles, presas, obras de riego, caminos, energía eléctrica) en favor de aquellas regiones que entran de lleno en el proceso de industrialización. Lo anterior tiene como resultado el aumento de las disparidades regionales, pues se benefició sobre todo a los estados del norte del país y a los principales centros urbanos, como las ciudades de México, Guadalajara y Monterrey (localizadas en las regiones del Valle de México, Occidente y Noreste, respectivamente). Es así como se pueden explicar las principales concentraciones regionales de población urbana junto a la pérdida de importancia relativa de esta misma población en regiones como la Centro y la Centro-Norte.

Por su parte, la población no urbana conservó su mayor peso relativo en las mismas regiones que en el periodo anterior (Occidente, Centro, Centro-Norte y Pacífico Sur), pero con una tendencia a disminuir su concentración respecto del total nacional. En conclusión, en estos 30 años de enorme crecimiento demográfico en México, la población urbana agudiza su *patrón concentrado* en las regiones en las que se localizan los grandes centros urbanos del país, mientras que la población no urbana mantiene un patrón más disperso que incluye un mayor número de regiones.

En el último periodo, 1970-1995, el país pasa a ser *predominantemente urbano*. La población urbana, residente en localidades de más de 15 000 habitantes, alcanza en 1995 60% del total de habitantes del país. En esta nueva etapa, a las cuatro regiones ya señaladas con población urbana predominante se suma la Península de Yucatán; en esta última, la actividad comercial e industrial de Mérida y el inusitado desarrollo turístico de Cancún y su zona circundante —que ha atraído a pobladores de todo el país— trajeron consigo un importante cambio en la distribución regional de la población. Las otras cinco regiones (predominantemente no urbanas) también experimentan tendencias a la urbanización sumamente marcadas y en un futuro cercano seguramente pasarán a la categoría de "urbanas". Nótese que, durante este periodo, en cuatro de las cinco regiones la población urbana se duplicó, y en una de ellas (la Centro) aumentó cinco veces.

Mientras las regiones que se habían destacado como las de mayor concentración de población urbana (Valle de México, Occidente, Norte, Noroeste y Noreste) mantienen o incluso disminuyen su participación de población urbana, el resto de las regiones ve aumentar este porcentaje, con lo que se aprecia un proceso de *dispersión* del proceso urbano en todas las regiones del territorio nacional. En contraposición, las principales concentraciones de población no urbana muestran, en primer lugar, que las regiones que tradicionalmente han concentrado altos porcentajes de población no urbana, en décadas recientes experimentan una franca tendencia a disminuir su participación relativa (Occidente, Centro, Centro-Norte) y, en segundo lugar, que las regiones que desde los años cuarenta habían incrementado significativamente su proporción de población no urbana, en la actualidad presentan un rápido crecimiento (Pacífico Sur y Golfo), y se convierten en casos de excepción en el marco de una tendencia abrumadora a la urbanización. La región Pacífico Sur se destaca por la ausencia de lugares centrales de jerarquía, y la mayor parte de sus localidades establecen relaciones directas con la capital del país; además, su orografía accidentada y su bajo nivel de accesibilidad mantienen la dispersión poblacional.

Las crisis económicas de mediados de los setenta y principios de los ochenta, así como la integración cada vez mayor de nuestro país a la economía global, explican el nuevo patrón de distribución de la población urbana. Podría decirse que los desajustes económicos impusieron límites al crecimiento urbano y a la capacidad de generación de empleo en las grandes zonas metropolitanas tradicionales, que junto a un incremento del costo de la vida se reduce su atractivo y, por tanto, la afluencia de migrantes a ellas. En este contexto, muchas actividades económicas, especialmente en los sectores competitivos de la economía global, se relocalizaron en ciudades medias y pequeñas, particularmente en la región Centro-Norte y en la franja fronteriza Norte, donde la maquila mostró una marcada tendencia de integración de nuestra economía con la de los Estados Unidos (Aguilar y Rodríguez, 1995: 97-98); las ciudades fronterizas tuvieron un crecimiento económico importante derivado del Programa de Desarrollo Fronterizo y en general del proceso de apertura comercial, con el establecimiento de industrias maquiladoras vinculadas sobre todo al mercado estadunidense.

Redistribución de la población en el sistema de asentamientos humanos

La distribución de la población en el nivel de localidad en el presente siglo se ha caracterizado principalmente por: *i)* un notable incremento en el número de localidades predominantemente rurales que ha dado lugar a una gran dispersión de población; *ii)* una pérdida relativa de población rural que ha intensificado la concentración urbana; *iii)* la consolidación muy reciente de un cada vez más numeroso conjunto de ciudades intermedias receptoras de población metropolitana y de la actividad manufacturera que ha perdido la ciudad de México; y *iv)* el predominio de unas cuantas aglomeraciones metropolitanas que ocupan los primeros lugares del sistema urbano nacional.

Es necesario puntualizar que la información estadística de los distintos censos de población presenta dificultades para su estudio. Estos datos generalmente se refieren a localidades aisladas, no agrupadas a una aglomeración mayor. En ocasiones una localidad se encuentra próxima a otra o se ubica en la zona de influencia directa de un centro urbano de mayor tamaño, por lo que sería apropiado reclasificar las localidades según criterios de integración espacial o funcional como sería el caso de la formación de zonas metropolitanas, aunque los criterios taxonómicos varían. Por otra parte, el comportamiento intercensal por rango-tamaño de las localidades es muy diferente según se incorporen nuevas localidades en cada levantamiento censal y según se trate de asentamientos muy grandes o muy pequeños. Por ejemplo, en los rangos superiores (más de 500 000 habitantes) las localidades muestran incrementos reducidos en número pero el incremento de población puede ser muy importante, mientras que en los rangos menores (menos de 15 000 habitantes), seguramente se eleva de manera significativa el número de localidades, pero la ganancia poblacional puede ser reducida (Conapo, 1994: 16).

A continuación se presentan los rasgos más característicos de la dinámica demográfica que caracteriza a cada una de las tres categorías de localidades.

El poblamiento disperso en localidades rurales

El poblamiento rural en nuestro país se ha caracterizado por su dispersión en lo referente al gran número de asentamientos humanos de pequeñas dimensiones. Desde el punto de vista del tamaño de la localidad, la atomización de la población no urbana da cuenta de un proceso de *polarización* entre la concentración urbana en localidades grandes y la dispersión rural en asentamientos muy pequeños. Como se verá más adelante, la información estadística parece confirmar esta afirmación, aunque en las últimas décadas se pueden apreciar algunas variantes.

A principios de siglo, el número de localidades rurales representaba 99% del total de asentamientos humanos, y la población residente en ellas alcanzaba 80% del total nacional. Todavía en 1950 se mantenía la misma proporción y su población llegaba a poco más de 70% del total. En 1970, se aprecia un cambio importante al disminuir la población en localidades rurales a 50% del total, si bien el número de localidades de esta categoría representaba 97.8% del total. En 1990 se acelera el proceso de urbanización del país al grado de que, mientras que el número de asentamientos rurales se mantiene muy elevado, la población baja a 34% del total. Esta dispersión rural tiene como base una multiplicación cada vez mayor de asentamientos rurales cuyo número se ha triplicado durante este siglo, pues pasó de 52 570 en 1900 a 155 380 en 1990. Asimismo, aunque dicha tendencia experimentó un descenso de 1950 a 1970 (precisamente durante los años de más rápida urbanización), se observa que de 1970 en adelante ha aumentado notablemente el número de estas localidades y con ello existe una *mayor dispersión de la población* rural en localidades que en 1990 tenían 180 habitantes en promedio. La población rural también ha aumentado a lo largo de las últimas décadas, pero a un ritmo mucho menor que el número de localidades en esta categoría (cuadro 7).

Es necesario hacer hincapié en el caso de las localidades rurales más pequeñas; del total de localidades rurales en 1995 (que era de 199 768 asentamientos), 99% tenía menos de 2 500 habitantes y 76%, menos de 100 habitantes, con las principales concentraciones en los estados de Chiapas, Chihuahua, Jalisco y Veracruz, y en segundo término en estados como Michoacán, Oaxaca y Tamaulipas. Un importante significado de lo anterior es que todos estos poblados rurales dispersos (de muy pequeñas dimensiones) se localizan generalmente lejos de centros urbanos de

CUADRO 7. *Número de localidades y población total por tamaño de localidad, 1950-1995 (total nacional)*

Tamaño de localidad por número de habitantes	*1950*		*1970*		*1990*		*1995*	
	Número de localidades	*Población*	*Número de localidades*	*Población*	*Número de localidades*	*Población*	*Número de localidades*	*Población*
República Mexicana	98 590	25 779 254	97 580	48 225 238	156 602	81 249 645	201 138	91 161 290
Urbana	93	6 646 359	252	18 175 237	416	46 675 410	481	54 633 429
1 000 000 y más	1	2 234 795	2	4 096 570	7	8 958 366	7	9 521 813
500 000-999 999			2	1 438 543	14	8 878 127	21	13 765 240
100 000-499 999	9	1 665 773	30	5 707 130	77	18 233 313	80	19 000 266
50 000-99 999	14	928 006	34	2 356 569	55	3 854 850	61	4 340 532
15 000-49 999	69	1 817 785	184	4 576 425	263	6 750 754	312	8 005 578
No urbana	98 497	19 132 895	97 328	30 050 001	156 186	34 574 235	200 657	36 527 861
Mixta urbana 10 000-14 999	66	806 732	178	2 239 239	197	2 410 451	224	2 728 334
Mixta rural 5 000-9 999	215	1 472 397	539	3 764 208	609	4 226 294	665	4 644 778
Rural	98 216	16 853 766	96 611	24 046 554	155 380	27 937 490	199 768	29 154 749
2 500-4 999	609	2 063 467	1 201	4 129 872	1 364	4 647 566	1457	4 996 974
Menos de 2 500	97 607	14 790 299	95 410	19 916 682	154 016	23 289 924	198 311	24 157 775

importante jerarquía donde se ofrecen equipamiento e infraestructura básica (centros de salud, educativos, productos alimenticios etc.), con lo cual las condiciones de vida de la población que habita estos asentamientos rurales aislados son bastante precarias. Además, el escaso desarrollo socioeconómico del medio donde se localizan limita las posibilidades de atraer inversión o proyectos productivos que ayuden a superar su segregación. De tal manera, parece haber una estrecha relación entre dispersión rural, condiciones de vida precarias y una pobre accesibilidad de dichos asentamientos según su localización geográfica. Como ejemplo, podemos referir los cálculos de niveles de marginación por tamaño de localidad realizado por el Consejo Nacional de Población, que es una medida resumen de las carencias educativas y de las condiciones de vivienda; el estudio mencionado señala que, "alrededor de siete de cada 10 localidades de entre 100 y 999 habitantes se ubican en las categorías de alta y muy alta marginación y agrupan a 9 115 601 personas" (Conapo 1997: 56-58).

Ante la falta de estudios específicos sobre este aspecto del poblamiento rural, resulta complicado tratar de explicar el notable aumento de la dispersión rural a través de todas estas pequeñas localidades que han surgido en las últimas décadas, por lo que sólo podemos adelantar algunas conjeturas. Sólo de 1970 a 1995 el número de localidades menores a 2 500 habitantes aumentó a más del doble, al pasar de 95 410 a 198 311 asentamientos; sin embargo, la población que concentraba esas mismas localidades disminuyó notablemente al pasar de casi 20 millones de personas en 1970 (41% del total nacional) a poco más de 24 millones de habitantes en 1995 (26% del total nacional). Es decir, aparentemente aumentó la dispersión de localidades, pero disminuyó la concentración de población en este universo rural.

Dada la enorme magnitud de localidades rurales de pocos habitantes, es muy importante elaborar algunas suposiciones que ayuden a explicar este gran número de asentamientos pequeños. Una primera línea de explicación se puede relacionar con la cobertura del levantamiento censal; es probable que en los últimos 25 años la cobertura de los censos de población haya mejorado de tal manera que fuera posible incorporar localidades que en censos anteriores no eran contabilizadas; esto explicaría el alto número de localidades rurales en 1995 y tendería a comprobar un despoblamiento del campo mexicano. Una segunda línea de interpretación podría vincularse con condiciones de explotación rural en las cuales la fragmentación de la tierra o minifundismo, o las disputas en la tenencia de la tierra, pueden dar lugar a la atomización de comunidades; dicha situación se podría combinar con la presencia de pobreza extrema en zonas rurales que a su vez coincide (quizá no en todos los casos) con importantes concentraciones de población indígena, por ejemplo estados como Chiapas, Oaxaca e importantes porciones de Chihuahua y Veracruz. Una tercera zona de análisis, y quizá la menos probable, es la que se relacionaría con la atracción de población que pueden ejercer ciertas zonas rurales debido a proyectos productivos que se instrumenten en los últimos años, y que de alguna manera propicien el asentamiento rural; aunque no se puede eliminar del todo esta explicación, difícilmente puede justificar el enorme aumento de localidades rurales en las últimas décadas. Explicaciones de esta índole, que en su momento pueden ser complementarias, junto a un incremento poblacional que, comparado con años anteriores, tiene un ritmo más lento, pueden ser elementos explicativos del proceso de dispersión rural.

De esta manera, se pueden destacar dos aspectos fundamentales: primero, la mayor parte de la población rural tiende a distribuirse en un gran número de localidades muy pequeñas y dispersas, con múltiples carencias en infraestructura y equipamiento, cuyo tamaño promedio en lo que va del siglo es de 191 habitantes; y, segundo, que a principios de siglo las localidades rurales agrupaban 80% de la población nacional y en 1995, a sólo 19%, aunque su número se ha triplicado y ahora dan cabida a poco más de 17 millones de mexicanos contra menos de 12 millones en 1900.

Localidades mixtas y transición rural-urbana

Las localidades mixtas como tales (rural-urbanas y urbano-rurales de 5 000 a menos de 15 000 habitantes) representan una etapa de transición entre lo rural y un contexto eminentemente urbano. Desde dicha perspectiva, su dinámica está vinculada sobre todo al proceso de urbanización que presenta una mayor aceleración y que se ha multiplicado en el territorio nacional.

El número de localidades en tal categoría no ha representado en el total nacional una proporción importante; en lo que va del siglo este número no ha superado 1%, y la población que contienen no ha pasado de 12%. En números absolutos se puede decir que se trata de un universo significativo, ya que en 1995 se agrupaban 889 localidades con una población de poco más de siete millones. Dichas localidades muestran una dinámica poblacional poco acelerada, ya que desde 1970 su población aumentó en poco más de un millón de habitantes; desde el punto de vista económico están muy vinculadas a centros urbanos, pero también a los asentamientos rurales a los que sirven (cuadro 7).

La población residente en localidades "mixtas" se mantuvo estable en los primeros 40 años del siglo XX, lo cual refleja un proceso sistemático y directo de emigración rural hacia los centros urbanos del país. En las siguientes décadas, particularmente hasta 1970, tal población aumentó sustancialmente a un ritmo mayor que la población en localidades rurales, pero por abajo del crecimiento de la población urbana. Esto se debió principalmente a una tasa elevada de crecimiento natural y a la sustitución parcial de la población que emigraba hacia las ciudades por otra proveniente de las pequeñas localidades rurales (Unikel *et al.*, 1976: 26). En términos relativos, en 1970 la población en localidades "mixtas" alcanzó su máxima proporción, con 12.4% de la población total, lo cual confirma su importancia en la etapa de rápida urbanización que experimentó nuestro país durante las décadas de 1940 a 1970. Sin embargo, en 1995 esta proporción disminuyó a 8%.

Atendiendo a la distribución territorial de dichas localidades, se observa que el mayor número de ellas se localiza en la gran franja central del país, donde el poblamiento se ha densificado y donde se puede encontrar un alto número de centros urbanos y zonas metropolitanas; la concentración de tales localidades mixtas se destaca en los estados de México, Veracruz, Puebla, Jalisco y Michoacán. En contraste, en los contextos regionales donde el poblamiento está muy concentrado en pocas ciudades y subsisten grandes territorios con densidades sumamente bajas, el número de localidades mixtas es muy reducido; es el caso de la porción norte del país en estados como Baja California Sur, Coahuila, Durango, Nuevo León; o en estados de la Península de Yucatán, como Campeche y Quintana Roo.

Desde 1990, el incremento en el número de estas localidades y de su población disminuyó quizá por dos razones principales: en primer lugar, dichas localidades mixtas, que generalmente desempeñan una función "de paso" para la población que busca un destino final urbano, perdieron parte de esta función al pasar la población directamente del mundo rural a ciudades pequeñas o medianas. Y, en segundo término, la conformación y expansión de zonas metropolitanas, particularmente en el periodo 1970-1995, ocasionó que muchas localidades "mixtas" quedaran integradas a aquéllas, con lo cual disminuyó su número y pasaron a formar parte del mundo urbano.

Lo anterior hace suponer que al menos hay dos tipos de localidades "mixtas": *i)* los asentamientos mixtos más o menos alejados de importantes centros urbanos inmersos dentro de un contexto predominantemente rural y con dinámicas demográficas poco aceleradas; y *ii)* las localidades de "transición" que son receptoras y a la vez origen de migración, con la influencia directa y cercana de grandes ciudades o zonas metropolitanas, pero con fuertes vínculos con el mundo rural.

Concentración en centros urbanos

Para apreciar de manera más clara las diferencias en la distribución de población en el sistema urbano nacional es necesario distinguir al menos tres tamaños de centros urbanos: ciudades pequeñas (de 15 000 a 99 000 habitantes), ciudades intermedias (de 100 000 a 999 000 habitantes) y ciudades grandes (mayores a un millón de habitantes) (cuadro 7).

i) Ciudades pequeñas. La concentración de población en estos centros urbanos presentó signos de estabilidad hasta 1950. Y si bien el número de localidades se duplicó en los primeros 50 años del siglo (de 27 a 69 asentamientos), la proporción de población que vivía en ellas no pasó de 8% del total. A partir de 1970 estos asentamientos de dimensiones pequeñas incrementaron su importancia, al grado de que en dicho año llegaron a 218 (tres veces más que en 1950) y su población representó 14.4% del total.

Para los siguientes 20 años, tales centros urbanos mantuvieron su importancia y, aunque su porcentaje de población disminuyó ligeramente (tres puntos porcentuales), su número aumentó a 318. Dichas cifras indican la importancia que estas ciudades han alcanzado como lugar de residencia de uno de cada 10 mexicanos, así como la importancia que pudieran tener en el futuro como centros de desconcentración urbana.

Tales pequeñas ciudades están relacionadas con funciones de servicio a las zonas rurales circundantes y desempeñan el papel de promotoras de productividad agrícola y comercialización, oferta de servicios a la población rural, centros de relocalización de industrias, etc. En este sentido, un rápido crecimiento demográfico puede inhibir el éxito que se espera de ellas para desempeñar de manera eficiente las mencionadas funciones regionales, lo que desencadena la migración rural-urbana (véase Aguilar y Graizbord, 1998).

ii) Las ciudades intermedias. Durante la primera mitad del presente siglo las ciudades de tamaño intermedio no desempeñaron un papel muy importante desde el punto de vista de su número y de la población que residía en ellas. Aumentaron de dos en 1900 (4% de la población nacional) a nueve en 1950 (con una población cercana a 10% del total). Si se considera la extensión del territorio nacional y el amplio rango-tamaño de esta categoría (100 000 a un millón de habitantes), su número durante la primera mitad de siglo era sumamente reducido y en consecuencia también su poder concentrador.

En las siguientes dos décadas (1950-1970) la situación cambió notablemente, pues el país se acercó a un perfil eminentemente urbano. Es así como las ciudades intermedias aumentaron su número casi cuatro veces para alcanzar 34 localidades en 1970, con 15% del total de la población del país. En este periodo se vio favorecida la posición relativa de dichas ciudades, particularmente en la zona fronteriza y porción norte del país, el Bajío y el Occidente, el estado de Guerrero en el sureste y en el Golfo aquellas localidades como Poza Rica y Coatzacoalcos, por su importancia petrolera. Muchas de tales ciudades vieron aumentar su población a una tasa de crecimiento igual o por arriba de la correspondiente a la ciudad de México y de la población urbana nacional, por lo que pasaron a ser centros regionales de atracción poblacional.

Para el periodo más reciente de 1970-1990, el proceso de concentración urbana disminuyó significativamente su velocidad, la migración campo-ciudad con destino a la ciudad principal se redujo en términos relativos y la tasa de crecimiento de varias ciudades grandes (entre ellas las dos principales metrópolis regionales, Guadalajara y Monterrey) se elevó por encima de la de la capital del país. Lo anterior se tradujo en una redistribución de la población urbana, con una tendencia a la *desconcentración* o a la *dispersión* urbana (véase Aguilar, 1992; Graizbord, 1992; Aguilar y Rodríguez 1995; Aguilar, Graizbord y Sánchez, 1996).

Las ciudades intermedias que han escalado la jerarquía por tamaño han sido sustituidas por otras, y éstas y los centros medios mayores son cada vez más numerosos. El número de ciudades de 100 000 a menos de un millón de habitantes se incrementó de 34 en 1970 a 51 en 1990; pero la más marcada expansión se dio en los centros intermedios más grandes (entre 500 000 y un millón de habitantes), que pasaron de uno a 10 en el periodo, pues recibieron gran parte de las repercusiones de la desconcentración y del acelerado crecimiento de la población urbana.

En términos de concentración poblacional, las ciudades medias también vieron aumentar su participación relativa, pues mientras que en 1970 concentraban a 15%, para 1990 alcanzaron 34%. Puede apreciarse también que por rango-tamaño, las tasas de crecimiento anual de las ciudades se revirtieron claramente en este periodo: si en décadas anteriores los valores más altos correspondían a las grandes ciudades, en las últimas décadas los valores se invirtieron; por ejemplo, las ciudades de entre 250 000 a 500 000, y de dicha cantidad a menos de un millón de habitantes, mostraron una tasa de crecimiento promedio superior a las del rango mayor (más de un millón de habitantes).

Una muestra de la importancia que adquirieron dichas ciudades intermedias en el proceso de urbanización reciente es el crecimiento en el número de zonas metropolitanas en este rango: de las 26 zonas metropolitanas que se identificaron en los años ochenta, 21 de ellas correspondían a tales centros urbanos medios que se han convertido en los "protagonistas" de esta nueva etapa de expansión urbana del país que dicta y es receptora de comportamientos económicos y políticos sin precedente en México (Graizbord, 1992).

iii) Grandes ciudades. Durante la primera mitad del presente siglo el término *ciudad grande* estuvo relacionado sobre todo con la gran aglomeración de la ciudad de México, centro urbano predominante en la vida del país. En las siguientes décadas, y particulamente a partir de 1970, otras ciudades se incorporaron a esta categoría al sobrepasar el millón de habitantes y constituirse en metrópolis regionales indiscutibles: Guadalajara, Monterrey y Puebla.

De 1900 a 1930, la ciudad de México presentó un índice muy elevado de primacía[17] respecto de las dos principales ciudades que la seguían en tamaño (Guadalajara y Monterrey, respectivamente). En 1930, la ciudad capital alcanzó su primer millón de habitantes e inició una etapa de rápido crecimiento y de fuerte atracción migratoria; en 1950 el índice de primacía de la ciudad de México alcanzó uno de los valores más altos respecto de las siguientes dos ciudades de mayor tamaño (7.2). De ahí en adelante, la primacía descendió significativamente debido a que se redujo el crecimiento de la ciudad de México, pero sobre todo al elevado crecimiento demográfico de estas dos ciudades (Guadalajara y Monterrey) así como al de las siguientes en jerarquía: Puebla, Ciudad Juárez, León, Tijuana y Mexicali (Unikel *et al.*, 1976: 56).

Durante los años sesenta y setenta, la ciudad de México mantuvo el mismo índice de primacía al absorber importantes contingentes de población migrante, aunque a un ritmo mucho menor que en las décadas de los cuarenta y cincuenta.

El número de localidades necesarias para (con su población) hacer contrapeso a la población de la zona metropolitana de la ciudad de México (ZMCM) venía incrementándose desde 1950; pero se revirtió, o al menos dejó de aumentar, entre 1970 y 1980. La población de la ZMCM equivalía en 1950 a la de las 19 ciudades que le seguían en tamaño; en 1960, a 22 y para 1970, a la de 26 ciudades, pero en 1980 se redujo a 25 y ya en 1990 la población de la ZMCM no era mayor que la de las siguientes 15 ciudades en la jerarquía urbana (Aguilar, Graizbord y Sánchez, 1996: 40-41). Así, el peso relativo de las ciudades grandes ha disminuido en favor de ciudades intermedias y demás zonas metropolitanas, aunque no respecto del total del país. En 1950, la población que vivía en localidades mayores a un millón de habitantes representaba 13% de la población nacional; para 1970, esta población pasó a representar 24%; y, para 1990, en ellas residía 27% de la población total del país. Así, México, que se convirtió

[17] El índice de primacía entre dos ciudades señala el número de veces que la ciudad principal es más grande que la ciudad que le sigue en tamaño. La magnitud de la primacía para la ciudad más grande en un país generalmente representa su papel hegemónico en cuanto a las actividades sociales, económicas, políticas y culturales (véase Browning, 1975: 147).

en un país urbano durante este siglo, llegará al próximo con una numerosa población residente en un número creciente de zonas metropolitanas que experimentarán comportamientos sociales y darán lugar a patrones de demanda característicos de sociedades posindustriales.

Conclusiones

Nuestro país se enfrentará en el siglo XXI —como nunca antes— a los retos que se derivan de las enormes desigualdades sectoriales y regionales que han resultado de los procesos de poblamiento y de rápida urbanización aquí descritos, y que dieron lugar a la enorme brecha entre la aún elevada proporción de población rural que vive dispersa y sin oportunidades de acceso a bienes y servicios, y una población cada vez más numerosa y de mayor peso que en su mayoría goza de las ventajas del desarrollo concentrado en la contraparte privilegiada urbana y metropolitana. Hacer frente a estos problemas, reducir la brecha y redistribuir los beneficios serán las tareas primordiales de la política de desarrollo nacional en los primeros años de la centuria que está por iniciarse.

Uno de los aspectos que deben quedar claros es que el ritmo de crecimiento y la distribución territorial de la población varían temporal y espacialmente, por lo que —en las diferentes fases de desarrollo del país— los patrones de concentración y dispersión presentan diversos equilibrios. Considerar a la población desvinculada de la estrategia de desarrollo económico sólo puede llevarnos a discutir cómo distribuir población y desigualdad en diferentes rumbos del país; lo que se necesita es distribuir el desarrollo más equitativamente entre los diferentes grupos sociales y los territorios que ellos habitan.

Los cambios recientes en el modelo de desarrollo (hacia una mayor apertura comercial), así como los periodos de crisis estructural han estimulado en las últimas dos décadas un incipiente proceso de redistribución de la población en el país. Sobre todo, se ha observado un movimiento de actividades productivas y de población en sentido "del centro a la periferia" (desconcentración urbana); esta reorientación espacial del crecimiento poblacional muestra un desplazamiento hacia el norte del país y hacia ciudades de tamaño intermedio en vez de hacia las grandes metrópolis.

Los grandes cambios que han tenido lugar en la localización y en la escala de la inversión —especialmente de la actividad manufacturera desde los años setenta—, y la nueva división espacial del trabajo, han cambiado la capacidad de atracción de los diferentes lugares. Además, la estrategia multilocacional de las grandes empresas, las medidas deliberadas de descentralización administrativa y política, así como los no menos importantes efectos *no planeados* o imprevistos, han influido para que la población tenga una percepción distinta acerca del o de los lugares donde puede encontrar mejores oportunidades de vida.

Sin embargo, puede ser prematuro concebir un ciclo de desconcentración, porque esto presupone la existencia de un solo centro motor (la ciudad de México) detrás del proceso, y sugiere la posibilidad de que el mismo tipo de desarrollo concentrado reaparezca en el futuro; es decir, que la restructuración económica en la capital nacional actúe de tal manera que se vuelva a pasar a una fase de concentración de población con base en otras actividades productivas, como las terciarias en este caso. Más bien necesitamos buscar respuestas en el rango de influencias que dirigen la toma de decisiones de los migrantes, particularmente en las fuerzas internas y externas responsables de la inversión y por lo tanto del empleo; todo lo cual influye en las preferencias residenciales y por consiguiente propicia el cambio demográfico en el nivel regional.

En el plano nacional, los rasgos distintivos de los patrones actuales de la movilidad espacial de la población parecen ser la filtración jerárquica "de arriba hacia abajo" en el sistema urbano nacional (o sea, de las ciudades grandes a las de tamaño medio y pequeño) y la expansión geográfica "del centro a la periferia" (es decir, de zonas urbanas a zonas menos urbanas y de rasgos rurales). En la escala metropolitana se observa una tendencia a la ocupación discontinua del espacio que contrariamente a la suburbanización y el crecimiento de la mancha urbana continua, características de las primeras etapas del crecimiento metropolitano, consolida funcionalmente grandes regiones, que algunos llaman megalópolis, estructuradas de manera polinuclear. Éstas muestran un elevado crecimiento en la periferia e involucran, en un complejo sistema urbano-regional, localidades de distintos tamaños que mantienen vínculos con la ciudad central expresados en flujos de trabajadores, consumidores, mercancías, etc. El caso más claro es el de la ciudad de México, que ha intensificado las interacciones y los flujos con las ciudades intermedias cercanas, lo cual apunta hacia la consolidación de un sistema megalopolitano.

En la escala regional, la población observa dos tipos de movimientos diferentes de los que se reconocieron y estudiaron en las primeras fases de la urbanización. El primero tiene que ver con una considerable reducción del peso de las migraciones rural-urbanas o con destino a la metrópoli nacional. En efecto, parece ser que la población migrante ha dejado de privilegiar a la ciudad primaria o a las localidades más grandes como su destino único o favorito. Ahora se dirigen a las ciudades medias dentro de las propias regiones o a las que experimentan una dinámica sectorial particular (por ejemplo, las turísticas o petroleras). El segundo tiene que ver con un movimiento migratorio de orientación urbano-rural o urbano-urbano, que refleja cambios sustanciales en la estructura y funcionamiento de las economías urbanas, regionales y de todo el sistema urbano nacional. De cualquier manera, ambos movimientos migratorios contribuyen ampliamente a consolidar a las ciudades intermedias como centros regionales y estatales de importancia económica, demográfica y política a lo largo y ancho del territorio nacional.

El aumento del poblamiento rural disperso señala una zona de preocupación en varios sentidos. Desde el punto de vista geográfico, los territorios que concentran estos pequeños asentamientos tienen pobre accesibilidad y una débil integración funcional a lugares centrales importantes; considerando la dotación de servicios básicos, se generan muy altos costos para beneficiar a todas las localidades; y las condiciones de pobreza y pobreza extrema, frecuentes en estas localidades, requieren estrategias productivas que mejoren las condiciones sociales.

Finalmente, un problema muy serio es la presión de las concentraciones de población sobre los recursos naturales (agua, suelo, etc.), y la capacidad alimentaria. A mayor concentración disminuye la zona de suelo cultivable per cápita de la población asentada, y gradualmente, los abastecimientos tienen que buscarse en otras regiones. De manera específica, las más grandes concentraciones urbanas están relacionadas con niveles críticos de deterioro ambiental, como es el caso de la porción central del país y la franja fronteriza del norte. En este sentido, es fundamental anticipar las consecuencias ambientales de las tendencias futuras de la distribución de la población, sobre todo en ecosistemas frágiles y altamente vulnerables.

BIBLIOGRAFÍA

Acuña, Beatriz (1988), "Transmigración legal en la frontera México-Estados Unidos", *Revista Mexicana de Sociología,* núm. 4, vol. L, pp. 277-322.

Aguilar, Adrián Guillermo (1992), "La dispersión del proceso urbano", *Ciudades,* núm. 12, pp. 24-30.

———, y Boris Graizbord (1998), "Las ciudades pequeñas en el cambio regional. Estructura del empleo 1970-1990", en Víctor Gabriel Muro (coord.), *Ciudades provincianas de México. Historia, modernización y cambio cultural,* México, El Colegio de Michoacán, A. C., Zamora, Michoacán, pp. 335-357.

———, y Francisco Rodríguez (1995), "Tendencias de desconcentración urbana en México, 1978-1990", en A. G. Aguilar, L. J. Castro y Castro y E. Juárez (coords.), *El desarrollo urbano de México a fines del siglo XX,*

INSEUR-NL y Sociedad Mexicana de Demografía (Somede), México, pp. 75-100.

Aguilar, Adrián Guillermo, Boris Graizbord y Álvaro Sánchez (1996), *Las ciudades intermedias y el desarrollo regional en México,* Colección Regiones, México, Consejo Nacional para la Cultura y las Artes (Conaculta), El Colegio de México e Instituto de Geografía de la Universidad Nacional Autónoma de México.

———, Boris Graizbord y Álvaro Sánchez (1997), *Política pública y base económica en seis ciudades medias de México,* México, El Colegio de México.

Alba, Francisco (1979), *La población de México: evolución y dilemas,* 2a. ed., México, El Colegio de México.

Bassols Batalla, Ángel (1991), *Recursos naturales de México,* 21a. ed., México, Editorial Nuestro Tiempo.

——— (1992), *México: formación de regiones económicas,* primera reimpresión, México, Universidad Nacional Autónoma de México.

———(1993), *Geografía económica de México,* 7a. ed., México, Editorial Trillas.

Bataillon, Claude (1988), *Las regiones geográficas en México,* 9a. ed., México, Siglo XXI Editores.

Browning, H. L. (1975), "Variación de la primacía en América Latina".

Cabrera, Gustavo (1993), "Introducción", en Consejo Nacional de Población, *El poblamiento de México. Una visión histórico-demográfica,* tomo IV, México, Secretaría de Gobernación, pp. 9-31.

Centro de Estudios Económicos y Demográficos (1981), *Dinámica de la población en México,* 2a. ed., México, El Colegio de México.

Clarke, John I. (1991), *Geografía de la población,* primera edición en español, México, Instituto de Geografía, Universidad Nacional Autónoma de México.

Consejo Nacional de Población (1994), *Evolución de las ciudades de México* 1900-1990, México, Conapo.

——— (1995), *Conteo de población,* México, Conapo.

——— (1997), *La situación demográfica de México,* México, Conapo.

Coleman, David, y Salt John (1992), *The British Population. Patterns, Trends and Processes,* Nueva York, Oxford University Press.

García Castro, René (1993), "Patrones de poblamiento en la Nueva España", en Consejo Nacional de Población, *El poblamiento de México. Una visión histórico-demográfica,* tomo II, México, Secretaría de Gobernación, pp. 132-151.

Garza, Gustavo, y Salvador Rivera (1993), "Desarrollo económico y distribución de la población urbana en México, 1960-1990", en *Revista Mexicana de Sociología,* año LV, número 1, México, Instituto de Investigaciones Sociales de la Universidad Nacional Autónoma de México, pp. 177-212.

Graizbord, Boris (1992), "Sistema urbano, demografía y planeación", *Ciudades*, núm. 12, pp. 40-47.

———, y Alejandro Mina (1993), "Población-territorio: cien años de evolución, 1895-1990", *Estudios Demográficos y Urbanos*, 8, núm. 1, pp. 31-36.

———, (1994), "Los ámbitos geográficos del componente migratorio de la ciudad de México", *Estudios Demográficos y Urbanos*, 9, núm. 3, pp. 609-628.

Hernández Laos, Enrique (1986), "La desigualdad regional en México (1900-1980)", en Rolando Cordera y Carlos Tello (coords.), *La desigualdad en México*, 2a. ed., México, Siglo XXI Editores.

López Austin, Alfredo, y Leonardo López Luján (1996), *El pasado indígena*, México, Fondo de Cultura Económica, El Colegio de México.

Palacios, Juan José (1989), *La política regional en México, 1970-1982*, México, Universidad de Guadalajara.

Peters, Gary L., y Robert P. Larkin (1993), *Population Geography. Problems, Concepts and Prospects*, 4a. ed., Dubuque, Iowa, Kendall/Hunt Publishing Company.

Ruiz Chiapetto, Crescencio (1994), "Hacia un país urbano", en Francisco Alba y Gustavo Cabrera (comps.), *La población en el desarrollo contemporáneo de México*, México, El Colegio de México.

Secretaría de Desarrollo Social (1996), *Programa Nacional de Desarrollo Urbano 1995-2000*, México, Secretaría de Desarrollo Social.

Secretaría de Industria y Comercio (1962 y 1972), *VIII* y *IX Censos Generales de Población, 1960 y 1970*, México, SIC.

Stern, Claudio (1983), "Redistribución de la población y principales corrientes migratorias en México", *Estudios Sociológicos*, 1, núm. 1, enero-abril, México, El Colegio de México.

Unikel, Luis, *et al.* (1976), *El desarrollo urbano de México*, México, El Colegio de México.

Zelinsky, Wilbur (1971), "The hypothesis of the mobility transition", *Geographical Review*, 61, pp. 219-249.

ANEXO

Cuadro 1. *México: población total por entidad federativa, 1895-1995*

Entidad Federativa	*1895*	*1900*	*1910*	*1921*	*1930*	*1940*	*1950*	*1960*	*1970*	*1980*	*1990*	*1995*
República Mexicana	12928279	13615555	15160369	14334780	16552644	19649162	25779254	34923129	48225238	66846833	81249645	91158290
Aguascalientes	94415	102416	120511	107581	132899	161657	187989	243363	338142	519439	719659	862720
Baja Calififornia	6684	7583	9760	23537	48137	78889	226861	520165	870421	1177886	1660855	2112140
Baja Calififornia Sur	38860	40041	42512	39294	47089	51460	60836	81594	128019	215139	317764	375494
Campeche	86483	86542	86661	76419	84630	90440	120042	168219	251556	420553	535185	642516
Chiapas	327148	360799	438843	421744	529981	679733	906612	1210870	1569053	2084717	3210496	3584786
Chihuahua	294629	327784	405707	401622	421790	623805	846028	1226793	1612525	2005477	2441873	2793537
Coahuila	268899	296938	362092	393480	436423	550594	720290	907734	1114956	1557265	1972340	2173775
Colima	59607	65115	77704	91749	61923	78788	112270	164450	241153	346293	428510	488028
Distrito Federal	469380	541516	720753	906063	1229570	1757137	3049051	4870876	6874165	8831079	8235744	8489007
Durango	324184	370307	483175	336766	404362	483721	629587	760836	939208	1182320	1349378	1431748
Estado de México	908100	934463	989510	884617	990107	1145778	1391988	1897851	3833185	7564335	9815795	11707964
Guanajuato	1051900	1061724	1081651	860364	987364	1046256	1328106	1735490	2270370	3006110	3982593	4406568
Guerrero	430316	479205	594278	566836	641687	732746	918967	1186716	1597360	2109513	2620637	2916567
Hidalgo	585312	605051	646551	622241	677769	771646	850006	994598	1193845	1547493	1888366	2112473
Jalisco	1127355	1153891	1208855	1191957	1253340	1417993	1745980	2443261	3296586	4371998	5302689	5991176
Michoacán	908973	935808	991880	939849	1048376	1181739	1422068	1851876	2324226	2868824	3548199	3870604
Morelos	151183	160115	179594	103440	132067	182670	272718	386264	616119	947089	1195059	3870604
Nayarit	140555	150098	171173	163183	167723	216650	289992	389929	544031	726120	824643	896702
Nuevo León	310778	327937	365150	336412	417489	541026	739853	1078848	1694689	2513044	3098736	3550114
Oaxaca	905833	948633	1040398	976005	1084544	1192528	1420665	1727266	2015424	2369076	3019560	3228895
Puebla	983133	1021133	1101600	1024955	1150420	1294331	1625088	1973837	2508226	3347685	4126101	4624365
Querétaro	226456	232369	244663	220231	234057	244682	286107	355045	485523	739605	1051235	1250476
Quintana Roo	7927	8303	9109	10966	10620	18748	26955	50169	88150	225985	493277	703536
San Luis Potosí	550910	575432	627800	445681	579828	678627	855676	1048297	1281996	1673893	2003187	2200763
Sinaloa	284084	296701	323642	341265	395616	492711	635391	838404	1266528	1849879	2204054	2425675
Sonora	202609	221682	265383	275127	316270	364095	510374	783378	1098720	1513731	1823606	2085536
Tabasco	147543	159834	187574	210437	224022	285566	362551	496340	768327	1062921	1501744	1748769
Tamaulipas	205047	218949	249641	286904	344037	458730	717839	1024182	1456858	1924484	2249581	2527328
Tlaxcala	166677	172315	184171	178570	205457	224013	284421	346699	420638	556597	761277	883924
Veracruz	912927	981030	1132859	477556	379329	459045	565311	665220	817831	951462	1136830	1276323
Yucatán	295678	309652	339613	358221	386094	418117	516663	614049	758355	1063733	1362940	1556622
Zacatecas	454694	462190	477556	379329	459045	565311	665220	817831	951462	1136830	1276323	1336496

Fuente: Datos censales.

CUADRO 2. *Tasas de crecimiento por entidad federativa, México, 1895-1995 (por cien)*

Entidad federativa	*1895-1900*	*1900-1910*	*1910-1921*	*1921-1930*	*1930-1940*	*1940-1950*	*1950-1960*	*1960-1970*	*1970-1980*	*1980-1990*	*1990-1995*
República Mexicana	1.0413	1.0805	−0.5078	1.6113	1.7297	2.7526	3.0823	3.2800	3.3191	1.9704	2.3281
Aguascalientes	1.6403	1.6403	−1.0265	2.3761	1.9781	1.5205	2.6153	3.3438	4.3863	3.3140	3.6928
Baja Calififornia	2.5559	2.5560	8.3315	8.2742	5.0641	11.1410	8.6521	5.2831	3.0712	3.4958	4.9248
Baja Calififornia Sur	0.6006	0.6006	−0.7130	2.0310	0.8916	1.6880	2.9792	4.6072	5.3282	2.4397	3.7232
Campeche	0.0137	0.0137	−1.1369	1.1404	0.6662	3.0422	3.2610	4.1060	5.2734	2.4397	3.7232
Chiapas	1.9775	1.9775	−0.3607	2.5707	2.5198	2.9220	2.9361	2.6252	2.8824	4.4125	2.2300
Chihuahua	2.1556	2.1557	−0.0920	0.5459	3.9909	3.0941	3.7860	2.7717	2.2048	1.9883	2.7274
Coahuila	2.0035	2.0036	0.7586	1.1576	2.3511	2.7230	2.3399	2.0775	3.3976	2.3910	1.9639
Colima	1.7832	1.7832	1.5219	−4.2745	2.4380	3.6048	3.8908	3.9025	3.6848	2.1531	2.6353
Distrito Federal	2.9005	2.9005	2.1019	3.4505	3.6347	5.6662	4.7959	3.5050	2.5367	−0.6955	0.6076
Durango	2.6961	2.6962	−3.2285	2.0533	1.8081	2.6706	1.9116	2.1285	2.3287	1.3304	1.1921
Estado de México	0.5740	0.5740	−1.0135	1.2596	1.4710	1.9656	3.1484.	7.2827	7.0338	2.6397	3.5884
Guanajuato	0.1861	0.1861	−2.0593	1.5465	0.5766	2.4140	2.7115	2.7229	2.8468	2.8528	2.0439
Guerrero	2.1755	2.1755	−0.4289	1.3877	1.3358	2.2903	2.5899	3.0162	2.8201	2.1933	2.1629
Hidalgo	0.6656	0.6656	−0.3478	0.9543	1.3056	0.9719	1.5834	1.8427	2.6285	2.0107	2.1629
Jalisco	0.4664	0.4664	−0.1279	0.5773	1.2258	2.1025	3.4173	3.0409	2.8636	1.9487	2.4715
Michoacán	0.5836	0.5836	−0.4886	1.2216	1.2046	1.8685	2.6760	2.2979	2.1275	2.1481	1.7546
Morelos	1.1547	1.1547.	−4.8918	2.7519	3.2969	4.0889	3.5421	4.7799	4.3933	2.3528	3.8377
Nayarit	1.3225	1.3225	−0.4336	0.3054	2.5927	2.9586	3.0054	3.3865	2.9292	1.2805	1.6896
Nuevo León	1.0806	1.0807	−0.7424.	2.4281	2.6260	3.1793	3.8440	4.6196	4.0186	2.1171	2.7570
Oaxaca	0.9276	0.9276	−0.5791	1.1785	0.9537	1.7659	1.9734	1.5549	1.6298	2.4558	1.3496
Puebla	0.7614	0.7614	−0.6534	1.2914	1.1856	2.3018	1.9632	2.4249	2.9290	2.1126	2.3063
Querétaro	0.5169	0.5169	−0.9518	0.6788	0.4450	1.5764	2.1822	3.1793	4.2987	3.5786	3.5321
Quintana Roo	0.9307	0.9308	1.7010	−0.3556	5.8480	3.6975	6.4094	5.7983	9.8717	8.1188	7.3592
San Luis Potosí	0.8748	0.8748	−3.0667	2.9668	1.5858	2.3453	2.0511	2.0329	2.7032	1.8121	1.8991
Sinaloa	0.8729	0.8729	0.4832	1.6556	2.2190	2.5758	2.8114	4.2116	3.8611	1.7672	1.9347
Sonora	1.8156	1.8156	0.3283	1.5605	1.4182	3.4350	4.3778	3.4407	3.2562	1.8798	2.7205
Tabasco	1.6132	1.6133	1.0511	0.6975	2.4570	2.4156	3.1908	4.4664	3.2989	3.5165	3.0926
Tamaulipas	1.3205	1.3205	1.2728	2.0383	2.9198	4.5796	3.6179	3.5867	2.8229	1.5731	2.3557
Tlaxcala	0.6676	0.6676	−0.2804	1.5706	0.8684	2.4163	1.9997	1.9520	2.8403	3.1811	3.0325
Veracruz	1.4493	1.4494	0.2150	1.9267	1.6299	2.3350	2.9520	3.4121	3.5109	1.4603	1.5838
Yucatán	0.9278	0.9279	0.4861	0.8360	0.800	2.1389	1.7418	2.1332	3.4418	2.5096	2.6931
Zacatecas	0.3276	0.3276	−2.0717	2.1420	2.1041	1.6407	2.0868	1.5250	1.7959	1.1641	0.9256

FUENTE: Cálculos propios con base en datos del cuadro 1.

Cuadro 3. *Tasas de crecimiento intercensales por entidad federativa, México, 1895-1995 (por cien)*

Entidad federativa	*1895-1900*	*1900-1910*	*1910-1921*	*1921-1930*	*1930-1940*	*1940-1950*	*1950-1960*	*1960-1970*	*1970-1980*	*1980-1990*	*1990-1995*
República Mexicana	1.0413	1.0805	−0.5078	1.6113	1.7319	2.7549	3.0776	3.2800	3.3191	1.9567	2.0579
Aguascalientes	1.6403	1.6403	−1.0265	2.3762	1.9804	1.5229	2.6106	3.3438	4.3863	3.3139	3.2617
Baja California	2.5560	2.5560	8.3315	8.2743	5.0664	11.1436	8.6471	5.2831	3.0712	3.4776	4.3468
Baja California Sur	0.6006	0.6006	−0.7130	2.0311	0.8938	1.6904	2.9745	4.6072	5.3282	3.9630	2.9991
Campeche	0.0137	0.0137	−1.1369	1.1404	0.6684	3.0446	3.2563	4.1060	5.2734	2.3173	3.2885
Coahuila	2.0036	2.0036	0.7586	1.1576	2.3533	2.7254	2.3353	2.0775	3.3976	2.3859	1.7363
Colima	1.7832	1.7832	1.5219	−4.2745	2.4403	3.6073	3.8861	3.9025	3.6848	2.0609	2.3290
Chiapas	1.9775	1.9775	−0.3607	2.5708	2.5221	2.9244	2.9314	2.6252	2.8824	4.3911	1.9712
Chihuahua	2.1557	2.1557	−0.0920	0.5459	3.9931	3.0965	3.7812	2.7717	2.2048	1.9803	2.4103
Distrito Federal	2.9005	2.9005	2.1019	3.4506	3.6370	5.6668	4.7911	3.5050	2.5367	−0.6940	0.5376
Durango	2.6962	2.6962	−3.2285	2.0533	1.8104	2.6730	1.9069	2.1285	2.3287	1.3513	1.0544
Estado de México	0.5740	0.5740	−1.0135	1.2597	1.4732	1.9679	3.1437	7.2827	7.0338	2.6398	3.1696
Guanajuato	0.1861	0.1861	−2.0593	1.5466	0.5788	2.4164	2.7068	2.7229	2.8468	2.8466	1.8069
Guerrero	2.1755	2.1755	−0.4289	1.3877	1.3380	2.2927	2.5852	3.0162	2.8201	2.1989	1.9120
Hidalgo	0.6656	0.6658	−0.3478	0.9543	1.3079	0.9742	1.5787	1.8427	2.6285	1.9688	2.0051
Jalisco	0.4664	0.4664	−0.1279	0.5774	1.2280	2.1049	3.4125	3.0409	2.8636	1.9030	2.1845
Michoacán	0.5836	0.5836	−0.4886	1.2217	1.2069	1.8709	2.6714	2.2979	2.1275	2.1073	1.5515
Morelos	1.1547	1.1547	−4.8918	2.7519	3.2991	4.0914	3.5374	4.7799	4.3933	2.3556	3.3894
Nayarit	1.3225	1.3225	−0.4336	0.3054	2.5949	2.9610	3.0007	3.3865	2.9292	1.1752	1.4940
Nuevo León	1.0807	1.0807	−0.7424	2.4282	2.6282	3.1817	3.8393	4.6196	4.0186	2.0766	2.4364
Oaxaca	0.9276	0.9276	−0.5791	1.1786	0.9559	1.7683	1.9687	1.5549	1.6298	2.4624	1.1936
Puebla	0.7614	0.7614	−0.6534	1.2914	1.1879	2.3042	1.9585	2.4249	2.9290	2.0927	2.0386
Querétaro	0.5169	0.5169	−0.9518	0.6789	0.4471	1.5787	2.1776	3.1793	4.2987	3.5093	3.1200
Quintana Roo	0.9308	0.9308	1.7010	−0.3556	5.8504	3.6999	6.4046	5.7983	9.8717	8.1260	6.4868
San Luis Potosí	0.8748	0.8748	−3.0667	2.9669	1.5881	2.3477	2.0464	2.0329	2.7032	1.8059	1.6791
Sinaloa	0.8729	0.8729	0.4832	1.6557	2.2213	2.5782	2.8067	4.2116	3.8611	1.7982	1.7105
Sonora	1.8156	1.8156	0.3283	1.5606	1.4204	3.4374	4.3731	3.4407	3.2562	1.8722	2.4042
Tabasco	1.6133	1.6133	1.0511	0.6976	2.4592	2.4180	3.1861	4.4664	3.2989	3.5126	2.7324
Tamaulipas	1.3205	1.3205	1.2728	2.0384	2.9211	4.5821	3.6132	3.5867	2.8229	1.5488	2.0822
Tlaxcala	0.6676	0.6676	−0.2804	1.5707	0.8706	2.4186	1.9951	1.9520	2.8403	3.2137	2.6795
Veracruz	1.4494	1.4494	0.2150	1.9267	1.6322	2.3374	2.9473	3.4121	3.5109	1.4390	1.4005
Yucatán	0.9279	0.9279	0.4861	0.8361	0.8022	2.1412	1.3772	21332	3.4418	2.5141	2.3800
Zacatecas	0.0033	0.0033	−0.0228	0.0175	0.0215	0.0160	0.0208	0.0158	0.0173	0.0121	0.8188

Fuente: Cálculos propios con base en datos del cuadro 1.

CUADRO 4. *Distribución de población total por regiones, México, 1910-1990*

REGIÓN[a]/ *Entidad*	*1910*	*1940*	*1970*	*1990*	*1995*	*Incremento % 1910-1995*
NACIONAL	15 160 369	19 653 552	48 225 238	81 249 645	91 120 433	501.04
NORTE	1 250 974	1 658 490	3 666 689	5 763 591	6 396 089	411.29
Chihuahua	405 707	623 944	1 612 525	2 441 873	2 792 989	588.43
Coahuila	362 092	550 717	1 114 956	1 972 340	2 172 136	499.89
Durango	483 175	483 829	939 208	1 349 378	1 430 964	196.16
NOROESTE	641 297	987 375	3 363 688	6 006 279	6 991 943	990.28
Baja California	52 272	78 907	870 421	1 660 855	2 108 118	3932.98
Baja California Sur[b]	0	51 471	128 019	317 764	375 450	0.00
Sinaloa	323 642	492 821	1 266 528	2 204 054	2 424 745	649.21
Sonora	265 383	364 176	1 098 720	1 823 606	2 083 630	685.14
NORESTE	614 791	999 979	3 151 547	5 348 317	6 075 651	888.25
Nuevo León	365 150	541 147	1 694 689	3 098 736	3 549 273	872.00
Tamaulipas	249 641	458 832	1 456 858	2 249 581	2 526 378	912.00
CENTRO-NORTE	2 307 518	2 452 399	4 841 970	7 981 762	8 783 555	280.65
Aguascalientes	120 511	161 693	338 142	719 659	862 335	615.57
Guanajuato	1 081 651	1 046 490	2 270 370	3 982 593	4 393 160	306.15
San Luis Potosí	627 800	678 779	1 281 996	2 003 187	2 191 712	249.11
Zacatecas	477 556	565 437	951 462	1 276 323	1 336 348	179.83
OCCIDENTE	2 449 612	2 895 817	6 405 996	10 104 041	11 242 486	358.95
Colima	77 704	78 806	241 153	428 510	487 324	527.15
Jalisco	1 208 855	1 418 310	3 296 586	5 302 689	5 990 054	395.51
Michoacán	991 880	1 182 003	2 324 226	3 548 199	3 869 133	290.08
Nayarit	171 173	216 698	544 031	824 643	895 975	423.43
CENTRO	2 356 579	2 717 949	5 224 351	9 022 038	10 311 082	337.54
Querétaro	244 663	244 737	485 523	1 051 235	1 248 844	410.43
Hidalgo	646 551	771 818	1 193 845	1 888 366	2 111 782	226.62
Morelos	179 594	182 711	616 119	1 195 059	1 442 587	703.25
Puebla	1 101 600	1 294 620	2 508 226	4 126 101	4 624 239	319.77
Tlaxcala	184 171	224 063	420 638	761 277	883 630	379.79
VALLE DE MÉXICO	1 710 263	2 903 564	10 707 350	18 051 539	20 188 557	1080.44
Distrito Federal	720 753	1 757 530	6 874 165	8 235 744	8 483 623	1077.05
México	989 510	1 146 034	3 833 185	9 815 795	11 704 934	1082.90
PACÍFICO SUR	2 073 519	2 605 589	5 181 837	8 850 693	9 746 595	370.05
Chiapas	438 843	679 885	1 569 053	3 210 496	3 606 828	721.89
Guerrero	594 278	732 910	1 597 360	2 620 637	2 915 497	
Oaxaca	1 040 398	1 192 794	2 015 424	3 019 560	3 224 270	209.91
GOLFO	1 320 433	1 904 968	4 583 749	7 729 983	8 483 209	542.46
Tabasco	187 574	285 630	768 327	1 501 744	1 748 664	832.25
Veracruz	1 132 859	1 619 338	3 815 422	6 228 239		

CUADRO 4. *(Concluye.)*

Región[a] / *Entidad*	*1910*	*1940*	*1970*	*1990*	*1995*	*Incremento % 1910-1995*
PENÍNSULA DE YUCATÁN	435383	527422	1098061	2391402	2901257	566.37
Campeche	86661	90460	251556	535185	642082	640.91
Quintana Roo[c]	9109	18752	88150	493277	703442	7622.49
Yucatán	339613	418210	758355	1362940	1555733	358.09

[a] La división regional está basada en la Secretaría de Desarrollo Social (1996), *Programa Nacional de Desarrollo Urbano 1995-2000;* México, Secretaría de Desarrollo Social. Sin embargo, se hicieron dos modificaciones en la región Centro: se incorporó a Querétaro, pero se distinguió a la región del Valle de México como un espacio separado.

[b] El 5 de febrero de 1917 se crearon los territorios de Baja California Norte y Baja California Sur; por tal razón, Baja California Sur no aparece hasta el censo de 1921.

[c] Hacia el año de 1900 Quintana Roo no existía como entidad.

FUENTE: Instituto Nacional de Estadística, Geografía e Informática, *Estadísticas históricas de México*, tomo I, México, 1990; *X y XI Censos Generales de Población y Vivienda 1980 y 1990*, México, 1986 y 1992, respectivamente; Secretaría de Industria y Comercio, *VIII y IX Censos Generales de Población 1960 y 1970*, México, 1962 y 1972, respectivamente.

CUADRO 5. *Distribución de población por regiones. Condición urbana y rural, México, 1910-1990*

Región/ Entidad	*1910*		*1940*		*1970*		*1990*	
	Urbana	*Rural*	*Urbana*	*Rural*	*Urbana*	*Rural*	*Urbana*	*Rural*
NACIONAL	1 783 000	13 377 369	3 927 000	15 726 552	21 550 000	26 675 238	46 675 000	34 574 645
NORTE	148 000	1 102 974	387 000	1 271 490	1 833 000	1 833 689	3 854 000	1 909 591
Chihuahua	30 000	375 707	130 000	493 944	880 000	732 525	1 692 000	749 873
Coahuila	70 000	292 092	198 000	352 717	699 000	415 956	1 572 000	400 340
Durango	48 000	435 175	59 000	424 829	254 000	685 208	590 000	759 378
NOROESTE	21 000	620 297	108 000	879 375	1 740 000	1 623 688	3 835 000	2 171 279
Baja California	0	52 272	35 000	43 907	678 000	192 421	1 369 000	291 855
Baja California Sur[a]	0	0	0	51 471	46 000	82 019	188 000	129 764
Sinaloa	21 000	302 642	54 000	438 821	419 000	847 528	1 052 000	1 152 054
Sonora	0	265 383	19 000	345 176	597 000	501 720	1 226 000	597 606
NORESTE	96 000	518 791	365 000	634 979	2 020 000	1 131 547	4 350 000	998 317
Nuevo León	79 000	286 150	190 000	351 147	1 132 000	562 689	2 700 000	398 736
Tamaulipas	17 000	232 641	175 000	283 832	888 000	568 858	1 650 000	599 581
CENTRO-NORTE	292 000	2 015 518	392 000	2 060 399	1 444 000	3 397 971	3 823 000	4 158 762
Aguascalientes	45 000	75 511	82 000	79 693	181 000	157 142	492 000	227 659
Guanajuato	138 000	943 651	170 000	876 490	904 000	1 366 370	2 137 000	1 845 593
San Luis Potosí	84 000	543 800	94 000	584 779	359 000	922 996	865 000	1 138 187
Zacatecas	25 000	452 556	46 000	519 437	0	951 462	329 000	947 323
OCCIDENTE	234 000	2 215 612	384 000	2 511 817	2 476 000	3 929 996	5 354 000	4 750 041
Colima	25 000	52 704	23 000	55 806	121 000	120 153	23 000	405 510
Jalisco	137 000	1 071 855	263 000	1 155 310	1 647 000	1 649 586	3 575 000	1 727 689
Michoacán	55 000	936 880	80 000	1 102 003	583 000	1 741 226	1 439 000	2 109 199
Nayarit	17 000	154 173	18 000	198 698	125 000	419 031	317 000	507 643
CENTRO	168 000	2 188 579	259 000	2 458 949	664 000	4 560 351	3 366 000	5 656 038
Querétaro	33 000	211 663	34 000	210 737	129 000	356 523	289 000	762 235
Hidalgo	39 000	607 551	53 000	718 818	121 000	1 072 845	485 000	1 403 366
Morelos	0	179 594	0	182 711	230 000	386 119	662 000	533 059
Puebla	96 000	1 005 600	172 000	1 122 620	129 000	2 379 226	1 663 000	2 463 101
Tlaxcala	0	184 171	0	224 063	55 000	365 638	267 000	494 277
VALLE DE MÉXICO	589 000	1 121 263	1 603 000	1 300 564	8 372 000	2 335 350	15 089 000	2 962 539
Distrito Federal	536 000	184 753	1 560 000	197 530	6 676 000	198 165	8 092 000	143 744
Estado de México	53 000	936 510	43 000	1 103 034	1 696 000	2 137 185	6 997 000	2 818 795
PACÍFICO SUR	38 000	2 035 519	60 000	2 545 589	1 202 000	3 979 837	2 288 000	6 562 693
Chiapas	0	438 843	31 000	648 885	229 000	1 340 053	753 000	2 457 496
Guerrero	0	594 278	0	732 910	283 000	1 314 360	934 000	1 686 637
Oaxaca	38 000	1 002 398	29 000	1 163 794	690 000	1 325 424	601 000	2 418 560
GOLFO	108 000	1 212 433	249 000	1 655 968	1 225 000	3 358 749	2 823 000	4 906 983
Tabasco	0	187 574	25 000	260 630	116 000	652 327	475 000	1 026 744
Veracruz	108 000	1 024 859	224 000	1 395 338	1 109 000	2 706 422	2 348 000	3 880 239

CUADRO 5. *(Concluye.)*

REGIÓN / *Entidad*	*1910*		*1940*		*1970*		*1990*	
	Urbana	*Rural*	*Urbana*	*Rural*	*Urbana*	*Rural*	*Urbana*	*Rural*
PENÍNSULA DE YUCATÁN	79000	356383	120000	407422	378000	720061	1327000	1064402
Campeche	17000	69661	23000	67460	104000	147556	273000	262185
Quintana Roo[b]	0	9109	0	18752	24000	64150	295000	198277
Yucatán	62000	277613	97000	321210	250000	508355	759000	603940

[a] El 5 de febrero de 1917 se crearon los territorios de Baja California Norte y Baja California Sur; por tal razón Baja California Sur no aparece hasta el censo de 1921.

[b] Hacia el año de 1900 Quintana Roo no existía como entidad.

FUENTE: Instituto Nacional de Estadística, Geografía e Informática, *Estadísticas históricas de México*, tomo I, México, 1990; *X y XI Censos Generales de Población y Vivienda 1980 y 1990*, México, 1986 y 1992, respectivamente; Secretaría de Industria y Comercio, *VIII y IX Censos Generales de Población 1960 y 1970*, México, 1962 y 1972, respectivamente.

LA MEGALÓPOLIS DE LA CIUDAD DE MÉXICO EN EL OCASO DEL SIGLO XX

Gustavo Garza

LA CIUDAD DE MÉXICO ha experimentado una sorprendente metamorfosis durante el siglo XX hasta llegar a ser en 1996 la segunda ciudad más grande del mundo, después del área metropolitana de Tokio.[1] En 1900 era una localidad relativamente pequeña de 344 000 habitantes, en 1950 alcanzó 2.9 millones y se transformó intempestivamente en una dinámica área metropolitana que se consolidó en 1980 al albergar a 13 millones de personas. En 1995 surge como centro de una incipiente megalópolis de 18 millones de habitantes y 21.6 millones como subsistema urbano.[2] Esta asombrosa conversión es resultado del acelerado crecimiento económico ocurrido en México entre 1940-1980, en el cual la capital del país fue el polo urbano donde se concentró la creciente producción industrial y las modernas actividades terciarias y, por ende, el que más atrajo los flujos de migración interna que retroalimentaron su explosivo crecimiento.

Este artículo tiene dos objetivos generales: en primer lugar, analizar esquemáticamente la evolución de la ciudad de México durante el siglo XX, considerando las sucesivas etapas que ha experimentado su desarrollo; en segundo, identificar para el periodo 1970-1995 los diferentes ámbitos de concentración territorial correspondientes a la ciudad de México, principalmente el surgimiento de un conglomerado de corte megalopolitano y su función como centro del subsistema de ciudades más avanzado del país.

[1] Según la Organización de las Naciones Unidas, las cinco principales ciudades del mundo en 1996 son las áreas metropolitanas de: Tokio, con 27.2 millones de habitantes; ciudad de México, con 16.9; São Paulo, con 16.8; Nueva York, con 16.4 y Bombay con 15.2 (véase United Nations, 1997: 16).

[2] Hay varias acepciones sobre el concepto de ciudad de México. Aunque políticamente corresponde al Distrito Federal, la ciudad real está representada por el tejido o mancha urbana más o menos continuo que tiene como centro la Plaza de la Constitución (Zócalo) y que se ha extendido hasta varias decenas de municipios del Estado de México, todo lo cual conforma una unidad denominada "área urbana de la ciudad de México". En el transcurso de este artículo se definirán los diferentes ámbitos territoriales de la concentración económica y demográfica a la que, por tradición y simplicidad, se le denomina en sentido genérico *ciudad de México*.

Evolución de la ciudad de México, 1900-1995

Hernán Cortés inició la construcción de una ciudad de tipo español sobre las ruinas de Tenochtitlán a principios de 1522, la cual se bautizó en 1548 como "La Muy Noble, Insigne, y Muy Leal e Imperial ciudad de México". Se calcula que en sus inicios tuvo 30 000 vecinos, entre mexicanos y españoles, y creció muy lentamente durante todo el siglo XVII pues apenas alcanzó 56 000 personas en 1650, como reflejo de la disminución de la población indígena y el carácter primario de la economía colonial. Durante el siglo XVIII el sistema hacendario alcanzó su plenitud, y en 1793 la población de la ciudad de México se elevó a 113 000 habitantes. En 1810 sus habitantes eran 180 000, cifra que se reduce a 165 000 en 1823 ante la salida de españoles después del triunfo del movimiento de independencia. Al despuntar el siglo XX, la capital del país alcanza 344 000 habitantes, y con la consolidación en el poder de los grupos políticos surgidos de la Revolución mexicana se inicia una expansión sin precedentes en el desarrollo de las ciudades en el país. En esta sección se describen sus etapas de crecimiento durante el siglo XX, pero los 476 años transcurridos desde su fundación hasta 1998 ponen de manifiesto que la cristalización de una metrópoli es un proceso histórico complejo que puede llevarse siglos de evolución.

Primera etapa: crecimiento del núcleo central, 1900-1930

La población de la ciudad de México entre 1900 y 1921 se situó totalmente dentro del perímetro de los 12 cuarteles centrales del Distrito Federal, y creció de 344 000 a 615 000 habitantes. En esa época, el Distrito Federal se dividía en 12 delegaciones y 12 cuarteles; estos últimos se definían legalmente como la "ciudad de México" y, para los propósitos de este trabajo, su superficie se denominará *ciudad central*. Tal delimitación se mantuvo hasta 1970, cuando ya fue muy evidente que la ciudad central, que políticamente constituía la ciudad de México, correspondía cada vez menos al área urbana propiamente dicha. Esta diferenciación entre la ciudad virtual (definición política) y la real, que persiste hasta la actualidad, se inició en 1930, cuando la ciudad central alcanzó 1 029 068 habitantes y la ciudad de México (real), 1 048 970, al empezar a crecer hacia las delegaciones de Coyoacán y Azcapotzalco (véase el cuadro 1). A partir de ese año comenzó su expansión en algunas zonas de las delegaciones que rodean a la ciudad central, como Tacubaya, La Villa y San Ángel, donde se produce el cambio de uso del suelo de habitacional a comercial, que señala el fin de una primera etapa de crecimiento caracterizada por el aumento en términos absolutos y relativos en la población residente en la ciudad central.

Segunda etapa: expansión periférica, 1930-1950

A partir de los años treinta algunas de las delegaciones que conforman el primer contorno que envuelve a la ciudad central destacan por su significativo dinamismo. De 1930 a 1940 este primer anillo de delegaciones tuvo una tasa de crecimiento demográfico de 5.4% anual, mientras que los 12 cuarteles de la ciudad central lo hacían a un rítmo de 3.5% anual, lo cual muestra una clara desaceleración. Sin embargo, en 1930 la parte central absorbía 98.1% de los habitantes de la ciudad de México, que para fines prácticos eran aún equivalentes (véase el cuadro 1). Entre 1940 y 1950 la población de la ciudad de México se elevó de 1.6 a 2.9 millones; de los 1.3 millones adicionales, 61% se ubica en la ciudad central y 39% restante, en las delegaciones del primer contorno. Éstas continúan absorbiendo cada vez más a la población migrante y experimentan una tasa de crecimiento de 10.3% entre 1940 y 1950, mientras que la parte central lo hace a un rítmo de 4.3 por ciento.

Junto con la población, las actividades económicas empiezan a ubicarse fuera de la ciudad central y se inicia el proceso de descentralización intraurbana de la actividad económica. La primacía de la ciudad central muestra una clara disminución al bajar su participación demográfica de 98.1% en 1930 a 78.3% en 1950. La expansión de la trama urbana ocurrió principalmente en la parte norte del Distrito Federal, pues en ese último año llegó hasta los límites del Estado de México, hecho que marca el inicio de su crecimiento hacia dicha entidad federativa.

Tercera etapa: dinámica metropolitana, 1950-1980

La Ley Orgánica del Distrito Federal del 29 de diciembre de 1970 derogó los 12 cuarteles y los transformó en cuatro delegaciones, por lo que el Distrito Federal quedó políticamente dividido en 16 delegaciones.[3] Esta ley orgánica, lo mismo que su revisión de 1973, mencionaba en su artículo 1° al "Distrito Federal o ciudad de México...", lo cual hacía equivalentes ambas expresiones desde el punto de vista político. Como se verá, a

[3] Las nuevas delegaciones fueron: Benito Juárez, Cuauhtémoc, Miguel Hidalgo y Venustiano Carranza. Estas cuatro delegaciones constituyen la unidad territorial denominada *ciudad central* en el cuadro 1 y equivalen a los antiguos 12 cuarteles.

partir de 1950 la diferenciación entre el concepto político de la ciudad de México, o ciudad virtual, y la ciudad real será cada vez mayor.

Esta tercera etapa se caracteriza por el tejido urbano de la ciudad de México que empieza a extenderse en los años cincuenta a los municipios limítrofes del Estado de México; en un principio a Tlalnepantla y, posteriormente, a Naucalpan, Chimalhuacán y Ecatepec. De esta suerte, en 1960 la ciudad de México tiene 4.9 millones de habitantes y la ciudad central únicamente 2.8; esto es, 57.6% del total y cada vez va siendo menos significativa (véase el cuadro 1). Importa destacar, sin embargo, que al expandirse hacia otra entidad federativa sufre una importante metamorfosis cualitativa, pues técnicamente hablando se convierte en el área urbana de la ciudad de México (AUCM). Conceptualmente, suele considerarse que si los municipios y delegaciones que forman un primer círculo en torno al área urbana presentan características económicas y sociales que exijan una alta articulación con ella, éstos forman una zona envolvente que se denomina *zona* (o *área) metropolitana*. A partir de 1960, por ende, técnicamente hablando existirán la población de la ciudad central que se ha estado considerando; la del Distrito Federal que políticamente se le define como "ciudad de México" desde 1970; el área urbana de la ciudad de México, que constituye la ciudad real y está formada por el tejido continuo existente en las dos entidades, y su zona metropolitana —conformada por las unidades administrativas donde se asienta el área urbana—, más las que (aunque no tengan parte de ésta) se encuentren altamente articuladas con ella. Puesto que tales transformaciones han ocurrido en distintas épocas durante todo el siglo XX, es confuso estar cambiando de unidad de análisis en un mismo trabajo y, principalmente, al no haber una delimitación empírica rigurosa de todos estos ámbitos a través del tiempo, se ha optado por denominar ciudad de México al conjunto de delegaciones y municipios que a partir de 1950 contienen parte del tejido urbano, el cual se adapta básicamente al concepto de área metropolitana de la ciudad de México (AMCM).[4]

En los años sesenta se incorporaron siete municipios para formar un área metropolitana de 11 municipios y las 16 delegaciones del Distrito Federal, que en 1970 alcanzaron una población total de 8.8 millones. En los setenta se agregan otros 10 para constituir dicha área con 21 municipios y las 16 delegaciones correspondientes, esto es, 37 unidades

[4] Al considerar a la población total de los municipios y delegaciones que tienen parte de la mancha urbana, en sentido estricto no se incluye a todos los municipios metropolitanos. La identificación empírica de éstos, sin embargo, no fue posible hacerla comparable en el tiempo, pero en términos demográficos el sesgo que lo anterior representa es muy pequeño. La diferencia en superficie, sin embargo, resulta muy significativa, como se muestra para 1990 en el cuadro 4 de este artículo.

políticas. Hacia 1980 la ciudad de México contaba con 13 millones de habitantes, de los cuales a la ciudad central sólo le correspondían 18.9%. Adicionalmente, se observa que el Distrito Federal representa 64% de la población de la urbe, cifra que marca la diferencia entre la ciudad virtual y la real (véase el cuadro 1). Tal dinámica de expansión trajo consigo el acercamiento de este extenso conglomerado con otras áreas metropolitanas menores de las ciudades que la rodean, lo cual dio lugar a un nuevo ámbito de concentración territorial.

Megalópolis en surgimiento, 1980

Cuando dos o más de las zonas metropolitanas de un sistema de ciudades altamente integrado se traslapan, al conjunto se le denomina megalópolis. En 1980, en el centro del país estaban las áreas o zonas metropolitanas de las siguientes ciudades: ciudad de México, Toluca, Puebla y Cuernavaca.[5] En la década de los ochenta, el área metropolitana de la ciudad de México (AMCM) se traslapó con el área metropolitana de Toluca (AMT), lo cual constituyó técnicamente hablando un "conglomerado de corte megalopolitano". El AMCM es con mucho el principal centro de esta concentración, pues en 1990 tenía 15.3 millones de habitantes, mientras que la de Toluca presentaba únicamente 827 000. En 1995 la ciudad de México elevó su población a 16.7 millones, de los cuales la ciudad central representó únicamente 10.5%; o sea que, demográficamente hablando, quedó como el apéndice central de una metrópoli constituida por las 16 delegaciones del Distrito Federal y 33 municipios conurbados del Estado de México, esto es, por 49 unidades políticas (cuadro 1 y mapa 1). La ciudad virtual representada por el Distrito Federal reduce su importancia a 51% de la población total, aunque entre 1990-1995 creció únicamente a un rítmo de 0.3% anual, mientras que los municipios conurbados mexiquenses lo hacían a 3% anual, tasas que al proyectarse hacia 1998 indican que el Distrito Federal contaba con 48.8% de la población metropolitana, lo cual lo deja en posición minoritaria, por lo que los municipios mexiquenses pueden ya constituir la mayor parte de la ciudad real, al menos demográficamente hablando. Quizá es el momento de plantear la necesidad de unificar políticamente a la ciudad de México, según se define jurídicamente, con la ciudad existente en realidad, y, consecuentemente, hay necesidad de crear una autoridad metropolitana que esté en posibilidades de llevar a cabo las obras indispensables de

[5] En el siguiente inciso se especifican los municipios (y delegaciones para el caso del Distrito Federal) que conforman tales áreas o zonas metropolitanas.

CUADRO 1. *Distribución de la población total por unidades territoriales básicas, ciudad de México, 1900-1995*

Unidades territoriales	*1900*	*1910*	*1921*	*1930*	*1940*	*1950*	*1960*	*1970*	*1980*	*1990*	*1995*
					Población total						
a. Ciudad central	344 721	471 066	615 367	1 029 068	1 448 422	2 249 221	2 829 756	2 824 402	2 450 617	1 957 290	1 760 359
b. Distrito Federal	541 516	729 753	903 063	1 220 576	1 757 530	3 239 840	5 178 123	6 914 314	8 360 192	8 351 044	8 489 007
c. Ciudad de México[a]	344 721	471 066	615 367	1 048 970	1 559 782	2 872 334	4 909 961	8 752 968	12 991 931	15 274 257	16 689 107
					Porcentajes						
d. a/b (%)	63.66	64.55	68.14	84.31	82.41	69.42	54.65	40.85	28.87	23.44	20.74
e. a/c (%)	100.00	100.00	100.00	98.10	92.86	78.31	57.63	32.27	18.86	12.81	10.55
f. b/c (%)	157.09	154.92	146.75	116.36	112.68	112.79	105.46	78.99	64.35	54.67	50.87
					Tasas de crecimiento[b]						
a. Ciudad central	3.17	2.44	6.27	3.54	4.38	2.32	−0.02	−1.36	−2.27	−1.86	
b. Distrito Federal	3.03	1.94	3.63	3.78	6.14	4.79	3.04	1.85	−0.01	0.29	
c. Ciudad de México[a]	3.17	2.44	6.51	4.12	6.13	5.50	6.18	3.89	1.67	1.58	

FUENTE: Para 1900-1960: Gustavo Garza (1990), "El carácter metropolitano de la urbanización en México, 1900-1988", *Estudios Demográficos y Urbanos,* vol. 5, núm. 1, enero-abril, México, El Colegio de México. Para 1970-1995: Gustavo Garza (1997), "Normatividad urbanística virtual en la ciudad de México", en Gustavo Garza y Fernando Rodríguez (comps.), *Normatividad urbanística en las principales metrópolis de México,* México, El Colegio de México.

[a] Hasta 1921 coincide con la ciudad central. De 1930 a 1950 se extiende dentro del Distrito Federal hacia las delegaciones que rodean a la ciudad central. A partir de 1960 se transforma en zona metropolitana al expandirse hacia algunos municipios del Estado de México, situación que se mantiene desde entonces hasta llegar a absorber 33 municipios mexiquenses en 1995 (véase el cuadro 2).

[b] Tasa geométrica de crecimiento. Las diferencias de años entre los censos se calcularon con base en la fecha en que cada uno se llevó a cabo, y son las siguientes: para 1900-1910 se consideró una diferencia de 10.0027 años; para 1910-1921, de 11.1013; para 1921-1930, de 8.4602; para 1930-1940, de 9.8164; para 1940-1950, de 10.2575; para 1950-1960, de 10.0136; para 1960-1970, de 9.6465; para 1970-1980, de 10.3562; para 1980-1990, de 9.7753, y finalmente para 1990-1995, de 5.6548 años.

MAPA 1. *Área metropolitana de la ciudad de México*

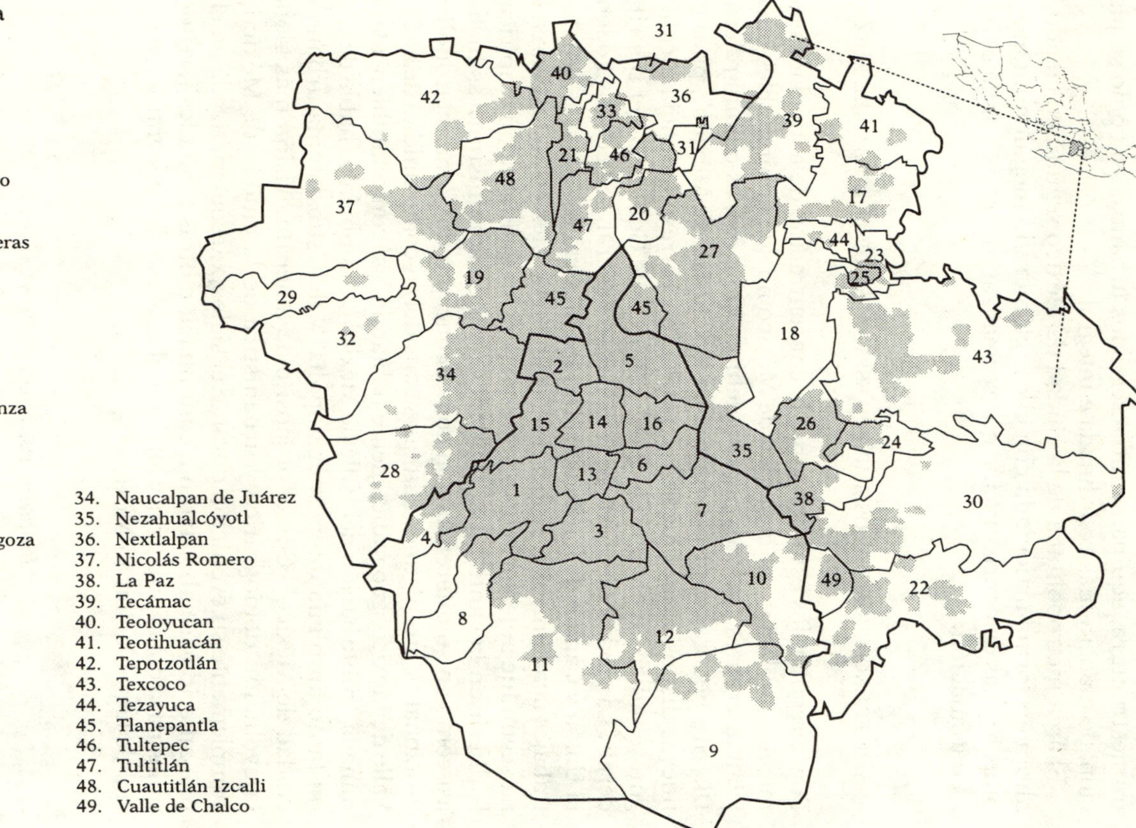

Área metropolitana

Distrito Federal

1. Álvaro Obregón
2. Azcapotzalco
3. Coyoacán
4. Cuajimalpa
5. Gustavo A. Madero
6. Iztacalco
7. Iztapalapa
8. Magdalena Contreras
9. Milpa Alta
10. Tlahuac
11. Tlalpan
12. Xochimilco
13. Benito Juárez
14. Cuauhtémoc
15. Miguel Hidalgo
16. Venustiano Carranza

Estado de México

17. Acolman
18. Atenco
19. Atizapán de Zaragoza
20. Coacalco
21. Cuautitlán
22. Chalco
23. Chiautla
24. Chicoloapan
25. Chiconcuac
26. Chimalhuacán
27. Ecatepec
28. Huixquilucan
29. Isidro Fabela
30. Ixtapaluca
31. Jaltenco
32. Jilotzingo
33. Melchor Ocampo
34. Naucalpan de Juárez
35. Nezahualcóyotl
36. Nextlalpan
37. Nicolás Romero
38. La Paz
39. Tecámac
40. Teoloyucan
41. Teotihuacán
42. Tepotzotlán
43. Texcoco
44. Tezayuca
45. Tlanepantla
46. Tultepec
47. Tultitlán
48. Cuautitlán Izcalli
49. Valle de Chalco

infraestructura, equipamiento y servicios urbanos, así como su planeación, de manera más coordinada e integral.

El área metropolitana de la ciudad de México seguirá creciendo, pero ahora en forma articulada con el conglomerado megalopolitano y con otras formas de concentración que se analizarán con mayor detenimiento a continuación.

Diferenciación de los ámbitos espaciales de la ciudad de México

Por lo regular, los estudios sobre la concentración de actividades económicas y población en la ciudad de México no son comparables pues utilizan diferentes criterios para su delimitación. Así, es común referirse al Distrito Federal como sinónimo de la "ciudad de México", pues en las nuevas disposiciones legales se ratifica su correspondencia jurídica según se indica en el capítulo 2 del Estatuto de Gobierno del Distrito Federal: "La ciudad de México es el Distrito Federal, sede de los Poderes de la Unión y Capital de los Estados Unidos Mexicanos". Es más usual en los trabajos académicos considerar a la ciudad de México como el área urbana según fue anteriormente definida; pero su delimitación empírica suele diferir en la cantidad de unidades político-administrativas incluidas, así como en su diferenciación con el concepto de "zona metropolitana". Adicionalmente, algunos enfoques consideran como unidad de análisis al Valle de México, geográficamente hablando, así como también a la denominada "conurbación del Valle de México".[6] También se habla de manera un tanto ambigua de la "megalópolis" y del "subsistema urbano de la ciudad de México". Con el propósito de tener una visión más global de la evolución demográfica y urbanística de la ciudad de México (que complemente su evolución durante el siglo XX, esquematizada en el acápite anterior), se abordarán a continuación otras unidades territoriales útiles para conceptualizar y analizar el proceso de concentración territorial de la población en México.

La concentración metropolitana

A partir de los años sesenta, como se vio, la dinámica del área metropolitana de la ciudad de México (AMCM) se elevó notablemente y en 1970 alcanzó una población de 8.7 millones, de los cuales 6.9 se localizaban

[6] El Programa General de Desarrollo Urbano del Distrito Federal de 1996 menciona conceptos como "corona regional", "megalópolis de la región centro", "metrópolis del Valle de México", sin definirlas adecuadamente (Departamento del Distrito Federal, 1996: 10).

en el Distrito Federal, y 1.8 en 11 municipios conurbados del Estado de México. En 1980 su población creció a 13 millones de habitantes y en los años setenta alcanzó una tasa de crecimiento anual de 3.9%; fue de 1.9% en el Distrito Federal y en los municipios conurbados del Estado de México, de 9.3% (cuadro 2).

En 1990 el AMCM absorbió a 15.3 millones de personas, de las cuales 8.4 habitan en el Distrito Federal y 6.9 en 28 municipalidades mexiquenses. La tasa de crecimiento anual entre 1980 y 1990 se reduce notablemente a 1.67%: −0.01% en el Distrito Federal y 4.2% en los municipios conurbados. Según la información definitiva del *Conteo de Población y Vivienda de 1995,* el AMCM tiene una población de 16.7 millones de habitantes, subdivididos en 8.5 en el Distrito Federal y 8.2 en 33 municipios del Estado de México (cuadro 2). El Distrito Federal se mantiene aún como la entidad con la mayor población metropolitana, aunque entre 1990 y 1995 observa una tasa de crecimiento anual de únicamente 0.29% que, sin embargo, supera el valor negativo de la década anterior y muestra cierta reactivación de su dinámica demográfica. No obstante, resulta considerablemente menor que el porcentaje de 3.04% de los municipios conurbados (véase el cuadro 2). Si se proyectan estas tasas para 1998, el AMCM tendrá 17.5 millones, los cuales se distribuyen en 8.5 millones en el Distrito Federal y nueve en los municipios conurbados del Estado de México, los cuales absorben a la mayoría de su población.

La expansión demográfica de la metrópoli supone un crecimiento paralelo de su tejido o mancha urbana, que constituye la estructura material en la cual se asientan las actividades económicas y la población, así como donde se presenta su problemática más visible; constituye también el ámbito natural para la aplicación de planes, políticas y acciones de los diferentes niveles de gobierno. La información del tejido urbano proviene de diversas fuentes y no es del todo comparable, pero permite tener una idea aceptable de su extensión y densidad de población.

En 1900 la ciudad de México era una localidad de 344 000 habitantes distribuidos en 2 714 hectáreas y una densidad de 127 habitantes por hectárea (hab./ha). A mediados del siglo XX la urbe adquiere una dimensión considerable al alcanzar una población de 2.9 millones que presentaba una densidad ligeramente menor de 125 hab./ha. Entre 1950 y 1970 el AMCM creció a una tasa anual de 6.9%, alcanzó 8.8 millones de habitantes en 1970 y un tejido urbano de 68 260 hectáreas, que significaron 128 hab./ha, esto es, una magnitud ligeramente más elevada que la observada con anterioridad (véase el cuadro 3). En los siguientes años su tasa de crecimiento se redujo a 3% anual y su densidad en 1990 fue de 90 hab./ha, la menor registrada desde 1900. Esto se deriva de su expansión física cada vez mayor hacia los municipios conurbados periféricos del Estado

CUADRO 2. *Población total,* AMCM, *1970-1995*[a]

Unidad administrativa	Población				Tasa de crecimiento[b]			
	1970	1980	1990	1995[c]	1970-1980	1980-1990	1990-1995	1970-1995
TOTAL ÁREA METROPOLITANA	8 752 968	12 991 931	15 274 257	16 689 107	3.89	1.67	1.58	2.53
DISTRITO FEDERAL	6 914 314	8 360 192	8 351 044	8 489 007	1.85	−0.01	0.29	0.80
1. Álvaro Obregón	523 461	604 643	651 752	676 930	1.40	0.77	0.67	1.00
2. Azcapotzalco	535 890	568 701	481 334	455 131	0.58	−1.69	−0.98	−0.63
3. Benito Juárez	590 750	514 404	413 520	369 956	−1.33	−2.21	−1.95	−1.80
4. Coyoacán	346 520	566 252	649 027	653 489	4.86	1.41	0.12	2.49
5. Cuajimalpa de Morelos	37 498	86 725	121 344	136 873	8.43	3.50	2.15	5.15
6. Cuauhtémoc	929 418	769 097	604 303	540 382	−1.81	−2.44	−1.96	−2.08
7. Gustavo A. Madero	1 195 145	1 431 919	1 285 821	1 256 913	1.76	−1.09	−0.40	0.20
8. Iztacalco	479 692	539 476	454 599	418 982	1.14	−1.74	−1.43	−0.52
9. Iztapalapa	539 898	1 199 582	1 511 366	1 696 609	8.01	2.39	2.07	4.54
10. Magdalena Contreras	77 838	164 558	197 772	211 898	7.50	1.90	1.23	3.96
11. Miguel Hidalgo	586 537	512 756	412 564	364 398	−1.29	−2.20	−2.17	−1.83
12. Milpa Alta	34 256	50 788	64 545	81 102	3.88	2.48	4.12	3.40
13. Tláhuac	64 477	139 595	209 594	255 891	7.74	4.25	3.59	5.49
14. Tlalpan	136 027	350 934	491 654	552 516	9.58	3.51	2.09	5.59
15. Venustiano Carranza	717 697	654 360	526 903	485 623	−0.89	−2.19	−1.43	−1.50
16. Xochimilco	119 210	206 402	274 947	332 314	5.44	2.98	3.41	4.06
ESTADO DE MÉXICO	1 838 654	4 631 739	6 923 212	8 200 100	9.33	4.20	3.04	5.97
1. Atizapán de Zaragoza	46 964	186 394	321 496	427 444	14.24	5.73	5.17	8.94
2. Coacalco de Berriozábal	14 259	90 078	155 124	204 674	19.48	5.72	5.02	10.88
3. Cuautitlán	40 937	36 056	49 835	57 373	−1.22	3.37	2.52	1.32
4. Chimalhuacán	20 805	56 766	247 163	412 014	10.18	16.24	9.46	12.28
5. Ecatepec	227 177	721 979	1 242 498	1 457 124	11.81	5.71	2.86	7.47
6. Huixquilucan	34 570	71 710	134 565	168 221	7.30	6.65	4.03	6.33
7. Naucalpan	390 911	669 159	802 282	839 723	5.33	1.87	0.81	3.01
8. Nezahualcóyotl	598 286	1 230 604	1 281 237	1 233 868	7.21	0.41	−0.66	2.85
9. La Paz	33 641	91 431	137 478	178 538	10.14	4.26	4.73	6.69
10. Tlalnepantla	376 906	713 614	716 863	713 143	6.36	0.05	−0.09	2.50
11. Tultitlán	54 198	125 643	251 393	361 434	8.46	7.35	6.63	7.64
12. Atenco	14 976	21 643	27 988		3.84	4.65		
13. Cuautitlán Izcalli		157 717	333 285	417 647		7.95	4.07	

14. Chicoloapan	25 138	58 452	71 351	9.02	3.59
15. Chalco	71 817	108 829	175 521	4.34	8.82
16. Chiautla	9 672	15 059	16 602	4.63	1.74
17. Chiconcuac	10 296	14 463	15 448	3.54	1.17
18. Ixtapaluca	71 350	140 104	187 690	7.15	5.31
19. Nicolás Romero	103 291	187 817	237 064	6.31	4.20
20. Tecámac	77 432	125 682	148 432	5.08	2.99
21. Texcoco	96 616	143 175	173 106		3.41
22. Acolman		44 142	54 468		3.79
23. Melchor Ocampo		26 677	33 455		4.08
24. Teoloyucan		42 803	54 454		4.35
25. Tepotzotlán		40 440	54 419		5.39
26. Tezoyuca		12 664	16 338		4.61
27. Tultepec		48 269	75 996		8.36
28. Valle de Chalco "Solidaridad"		219 773	287 073		4.84
29. Isidro Fabela			6 606		3.99
30. Jaltenco			26 238		2.15
31. Jilotzingo			12 412		5.46
32. Nextlalpan			15 053		5.61
33. Teotihuacán			39 183		4.17

FUENTES: Para 1970, 1980 y 1990: INEGI, *IX, X, XI Censos Generales de Población y Vivienda;* y para 1995: INEGI (1996), *Conteo de Población y Vivienda: 1995, Resultados definitivos,* México, INEGI. La delimitación del ÁMCM se tomó para 1970 de Unikel, Ruiz y Garza (1976: 117); para 1980: Negrete y Salazar (1986: 124), y para 1990: INEGI (1994: 78).

[a] *i)* Ante la incongruencia observada en los datos finales del censo de 1980 a los cuales se había agregado por omisión 10.055% para las delegaciones del Distrito Federal y 13.918% para los municipios conurbados, se realizó un ajuste a partir de los valores recolectados sin imputación y se añadió 4% por defecto de omisión; *ii)* a la información del Distrito Federal en 1990 se le añadió 1.4% y a los municipios del Estado de México, 2%, según ajuste del ejercicio de proyecciones realizado por el Conapo.

[b] Tasa geométrica de crecimiento. Las diferencias de años entre los censos se calcularon con base en la fecha en que cada uno se llevó a cabo, y son las siguientes: para 1970-1980 se consideró una diferencia de 10.3562 años; para 1980-1990, de 9.7753; para 1990-1995 se consideraron 5.6548 años; finalmente, entre 1970 y 1995 la diferencia considerada fue de 25.7863 años. Las fechas de los censos y el conteo son las siguientes: 28 de enero de 1970, 4 de junio de 1980, 12 de marzo de 1990 y 5 de noviembre de 1995.

[c] Chalco tenía 288 599 habitantes en 1990, pero en 1994 se creó el municipio Valle de Chalco Solidaridad, con 90% de la superficie de Chalco y el resto de Ixtapaluca, La Paz y Chicoloapan, principalmente. Con base en el cálculo de la población en la superficie cedida, en 1990 Chalco tendría 108 695 habitantes (más 2% del ajuste).

[d] Municipios que inician su incorporación al área metropolitana hacia 1995, según información de la Dirección General de Planificación del Estado de México. Para calcular su tasa de crecimiento de 1990 a 1995 se consideró su población censal de 1990.

CUADRO 3. *Extensión del tejido urbano y densidad de población, AMCM, 1900-1990*

Año	*Tejido urbano (ha)*	*Población total*	*Densidad (hab./ha)*
1900	2714	344721	127
1950	22989	2872334	125
1960	47070	4909961	104
1970	68260	8752968	128
1980	107973	12991931	120
1990	169564	15274257	90
1995	186372	16698107	90

FUENTE: Información del tejido urbano para 1900-1980 del Departamento del Distrito Federal, *Diagnóstico integrado y propuesta de estrategia,* Secretaría de Desarrollo Urbano y Vivienda, México, Universidad Autónoma Metropolitana-Xochimilco, julio de 1995 (mimeo); 1990, del cuadro 4; 1995 corresponde a una estimación que considera la densidad de población de 1990 constante de 89.55 hab./ha.

de México, que en las primeras etapas de su incorporación al área metropolitana tenían densidades muy reducidas.

Por esta y otras razones, las delegaciones del Distrito Federal y los municipios conurbados mexiquenses presentan considerables diferencias en sus densidades. En general, en 1990 el área urbana del Distrito Federal es más densa que los municipios conurbados; la primera tiene 109 y los segundos, 73 hab./ha. Dentro del Distrito Federal, adicionalmente, hay también diferencias muy acentuadas en las densidades de sus delegaciones. En un extremo se encuentra el área urbana de Milpa Alta (con 25 hab./ha) y en el otro, Iztacalco (con 209) (cuadro 4). En los municipios conurbados del Estado de México está en un extremo Isidro Fabela con 15 hab./ha y en el otro, Nezahualcóyotl con 255, el cual constituye la unidad administrativa más densamente poblada de la metrópoli.

En síntesis, en 1990 el AMCM tiene una superficie urbanizada de 169564 hectáreas donde habitan 15.3 millones de personas; presenta acusadas diferencias de densidades en las 16 delegaciones y en los 32 municipios que abarca. La superficie territorial total de estas 38 unidades administrativas es de 4747 kilómetros cuadrados, de los cuales el tejido urbano representa únicamente 35.7% y la diferencia la constituye un territorio envolvente del área urbana, esto es, parte de su zona metropolitana según fue definida en el inciso anterior, pero que no fue posible delimitar con mayor rigor técnico (véase el cuadro 4).[7] Los 16.7 millones de

[7] El área metropolitana considerada para 1990 que se presenta en el cuadro 2 corresponde a la utilizada por el INEGI en el trabajo titulado *Encuesta de ingresos y gastos de los hogares del área metropolitana de la ciudad de México,* publicado en 1994. Otra delimitación del mismo

personas del AMCM en 1995 tendrían un tejido urbano de 186 372 hectáreas de mantenerse constante la densidad de 1990. En el lustro de 1990-1995, por ende, el tejido urbano se elevó anualmente en 3 160 hectáreas y la población, en 282 970 personas, cifras que muestran el esfuerzo adicional anual que las autoridades correspondientes tienen que realizar en materia de dotación de infraestructura y servicios urbanos.

El AMCM, con sus 16.7 millones de personas y sus 1 864 km² en 1995, constituye la segunda ciudad del mundo en lo que corresponde a población y presenta una compleja problemática en términos urbanísticos (déficit habitacional, irregularidad en la tenencia de la tierra, insuficiencia de algunos servicios públicos e infraestructura, deterioro de las edificaciones, entre los principales problemas), económicos (desempleo y subempleo elevados, recesión económica, desocupación de inmuebles comerciales, insuficiencia de recursos financieros, expansión de la economía subterránea, etc.), sociodemográficos (marginalidad social, elevada inmigración a zonas periféricas, creciente delincuencia e inseguridad pública), así como problemas ecológicos que deterioran gravemente su ecosistema.

Independientemente de su problemática, esta monumental concentración de personas, infraestructura y actividades económicas ejerce una gran influencia en todo el territorio nacional por su carácter de centro urbano de primer rango en el sistema de ciudades mexicanas. Adicionalmente, su gran masa económica y demográfica determina el comportamiento del resto de las localidades que constituyen su *hinterland* o área de influencia inmediata, lo cual da lugar a otros ámbitos de concentración espacial que deben ser considerados para determinar el carácter y la compleja índole de la concentración económica y demográfica en México. En lo que sigue se describe la evolución de otras unidades territoriales más extensas que presentan una alta interacción interna con la ciudad de México.

INEGI excluye los municipios de Chiautla, Chiconcuac y Tezoyuca, pero mantiene el mismo número de 27 al incorporar a Jaltenco, Nextlalpan y Zumpango, al norte del área metropolitana (INEGI, 1993). Se considera más adecuada la primera de ellas, pues estos tres últimos municipios aún no presentan evidencias de estar conurbados con el área metropolitana, mientras que los otros tres sí. A los 27 municipios del INEGI se le agregaron Isidro Fabela, Jaltenco, Jilotzingo, Nextlalpan y Teotihuacán, que se encuentran en transición para constituir parte del área urbana de la metrópoli, según lo considera la Dirección General de Planificación del Estado de México. Adicionalmente, se agregó el nuevo municipio Valle de Chalco, creado en 1994 en territorio y con población del municipio de Chalco, según estimaciones del INEGI de sus magnitudes correspondientes. Se tendría que realizar un estudio técnico de las características socioeconómicas y demográficas de los municipios que rodean a este conjunto de 49 unidades para determinar si pueden ser considerados como parte de su zona metropolitana. Sea como fuere, la unidad utilizada contiene prácticamente a la totalidad de la población que pudiera obtenerse de cualquier nueva delimitación.

Cuadro 4. *Superficie total, urbana y densidad de población,* amcm, *1990*

Unidad administrativa	*Área total (km²)*	*%*	*Área urbana (km²)*	*%*	*Población*[a]	*Densidad urbana (hab./ha)*
Total área metropolitana	4 746.50		1 695.64	35.72	15 134 380	89.25
Distrito Federal	1 499.10	100.00	769.25	51.31	8 351 044	108.56
1. Álvaro Obregón	93.70	100.00	70.56	75.30	651 752	92.37
2. Azcapotzalco	34.50	100.00	33.50	97.10	481 334	143.68
3. Benito Juárez	28.00	100.00	26.71	95.39	413 520	154.82
4. Coyoacán	59.20	100.00	54.09	91.37	649 027	119.99
5. Cuajimalpa de Morelos	72.90	100.00	28.65	39.30	121 344	42.35
6. Cuauhtémoc	32.00	100.00	32.00 [b]	100.00	604 303	188.84
7. Gustavo A. Madero	91.50	100.00	87.26	95.37	1 285 821	147.36
8. Iztacalco	21.80	100.00	21.80 [b]	100.00	454 599	208.53
9. Iztapalapa	124.50	100.00	113.74	91.36	1 511 366	132.88
10. Magdalena Contreras	62.20	100.00	19.20	30.87	197 772	103.01
11. Miguel Hidalgo	46.80	100.00	46.80 [b]	100.00	412 564	88.15
12. Milpa Alta	268.60	100.00	26.35	9.81	64 545	24.50
13. Tláhuac	88.40	100.00	35.77	40.46	209 594	58.59
14. Tlalpan	309.70	100.00	82.83	26.75	491 654	59.36
15. Venustiano Carranza	30.70	100.00	30.70 [b]	100.00	526 903	171.63
16. Xochimilco	134.60	100.00	59.29	44.05	274 947	46.37
Estado de México	3247.40	100.00	926.39	28.53	6 783 336	73.22
1. Acolman	52.50	100.00	20.60	39.24	44 142	21.43
2. Atenco	139.70	100.00	5.09	3.64	21 643	42.52
3. Atizapán de Zaragoza	75.00	100.00	64.83	86.44	321 496	49.59
4. Coacalco de Berriozábal	45.00	100.00	17.17	38.16	155 124	90.35
5. Cuautitlán	37.40	100.00	10.97	29.33	49 835	45.43
6. Cuautitlán Izcalli	111.60	100.00	76.00	68.10	333 285	43.85
7. Chalco	273.60	100.00	51.83	18.94	108 829	21.00
8. Chiautla	25.00	100.00	3.72	14.88	15 059	40.48

9. Chicoloapan	63.70	100.00	8.46	13.28	58 452	69.09
10. Chiconcuac	17.50	100.00	3.62	20.69	14 463	39.95
11. Chimalhuacán	33.70	100.00	30.42	90.27	247 163	81.25
12. Ecatepec	126.20	100.00	118.96	94.26	1 242 498	104.45
13. Huixquilucan	109.90	100.00	23.27	21.17	134 565	57.83
14. Isidro Fabela	58.70	100.00	3.60	6.13	5 294	14.71
15. Ixtapaluca	206.10	100.00	28.95	14.05	140 104	48.40
16. Jaltenco	38.70	100.00	5.69	14.70	23 259	40.88
17. Jilotzingo	143.70	100.00	0.72	0.50	9 191	127.65
18. La Paz	36.90	100.00	24.41	66.15	137 478	56.32
19. Melchor Ocampo	32.50	100.00	6.30	19.38	26 677	42.34
20. Naucalpan	154.90	100.00	74.99	48.41	802 282	106.99
21. Nextlalpan	50.00	100.00	7.34	14.68	11 057	15.06
22. Nezahualcóyotl	62.00	100.00	50.33	81.18	1 281 237	254.57
23. Nicolás Romero	206.10	100.00	37.37	18.13	187 817	50.26
24. Tecámac	137.40	100.00	39.29	28.60	125 682	31.99
25. Teoloyucan	35.00	100.00	14.04	40.11	42 803	30.49
26. Teotihuacán	68.70	100.00	10.66	15.52	31 096	29.17
27. Tepotzotlán	208.80	100.00	20.02	9.59	40 440	20.20
28. Texcoco	503.50	100.00	46.66	9.27	143 175	30.58
29. Tezoyuca	17.50	100.00	4.41	25.20	12 664	28.72
30. Tlalnepantla	82.50	100.00	67.64	81.99	716 863	105.98
31. Tultepec	22.50	100.00	12.30	54.67	48 269	39.24
32. Tultitlán	71.10	100.00	36.73	51.66	251 393	68.44

FUENTE: Área total con base en datos del Consejo Nacional de Población (1994), *La población de los municipios de México (1950-1990)*, México. El área urbana es un cálculo con base en datos de las AGBE urbanas del INEGI, elaboradas en el Laboratorio de Sistemas Geográficos de Información de la Coordinación de Cómputo de El Colegio de México, dentro del proyecto de María Eugenia Negrete.

[a] La población total difiere de la del cuadro 2, pues en este presente cuadro se agregan los cinco municipios que se incorporan entre 1990 y 1995 y se excluye el Valle de Chalco Solidaridad por no disponer de datos acerca de su superficie (véase el cuadro 2).

[b] En estas delegaciones la fuente utilizada indica un área urbana ligeramente superior a la total, por lo que se sustituyó por esta última.

El subsistema urbano de la ciudad de México

El sistema de ciudades de un país está constituido por el total de localidades urbanas jerarquizadas según algún criterio cuantitativo o cualitativo, generalmente la cantidad de habitantes. En México el sistema de ciudades de 1995 estuvo constituido por 350 localidades con más de 15000 habitantes, ordenadas según su tamaño de población: en el extremo más alto está el AMCM con 16.9 millones de habitantes y, en el opuesto, la pequeña ciudad de Santa Rosa Treinta, Morelos, con 15039 personas. Según la interacción socioeconómica que presenten, así como su contigüidad física, es posible identificar subsistemas de ciudades que constituyen unidades territoriales de importancia para el análisis de la dinámica de la urbanización y la distribución territorial de las actividades económicas y la población.

En una delimitación de los subsistemas urbanos con base en información censal de 1970, se identificaron tres tipos de subconjuntos urbanos: un subsistema de la ciudad de México; 10 subsistemas de alta interacción interna y nueve ciudades aisladas. El primer subsistema incluye a la ciudad de México y a las localidades urbanas de su contorno que registraron un flujo superior a los 2000 vehículos diarios: Toluca, Puebla, Cuernavaca, Querétaro y Pachuca (véase Unikel, Ruiz y Garza, 1976: 95 y el mapa 2). La ciudad de México domina a todas las regiones del país, pero con estas ciudades presenta un alto nivel de articulación y conforma un ámbito espacial propio que debe ser considerado tanto en el análisis teórico como en la práctica de la planificación. Es necesario señalar que este tipo de delimitación de subsistemas urbanos es arbitrario, pues si se eleva el flujo a 3000 vehículos diarios se reduce la cantidad de ciudades del subsistema o, si se reduce a 1000, ésta se eleva. Los subsistemas urbanos presentan, por tanto, una gran relatividad y su delimitación debe ajustarse a los propósitos específicos que se persigan.

Se han hecho otros intentos de identificar subsistemas urbanos en México que, al menos para el caso del de la ciudad de México, modifican significativamente al anterior y evidencian su gran relativismo. En 1991, el Consejo Nacional de Población delimitó 31 subsistemas de ciudades en México a partir de los 79 principales centros urbanos del país; al parecer aplicó un modelo gravitacional con información de la población, el flujo de llamadas telefónicas y la distancia entre pares de ciudades (Conapo, 1991: 24 y 31). Entre los subsistemas definidos se encuentra el de la ciudad de México: es el único que contiene un lugar central de rango 1, esto es, el área metropolitana de la ciudad de México, que ejerce una influencia significativa en todo el sistema urbano nacional. Se señala que dentro del subsistema hay cinco ciudades importantes ampliamente

MAPA 2. *Subsistema urbano y megalópolis del área metropolitana de la ciudad de México, 1995*

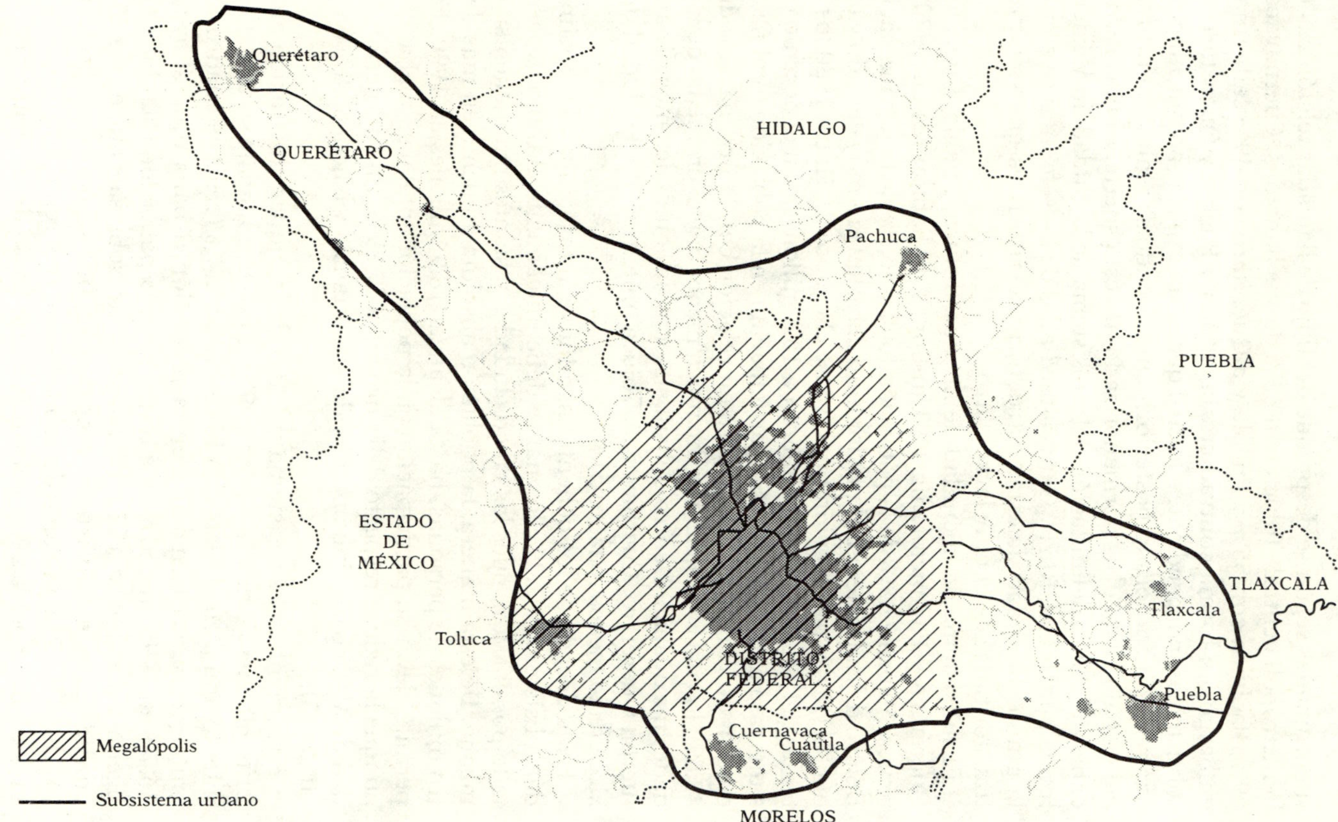

subordinadas según se desprende del flujo de llamadas telefónicas hacia la metrópoli central: Toluca con 63% de sus llamadas, Cuernavaca con 69%, Pachuca con 55% y Puebla y a Querétaro con 49% cada una. Sin embargo, en forma contradictoria, sitúan a Puebla y Querétaro como subsistemas independientes, lo cual queda sin explicar porque ninguno de los tres es incorporado posteriormente cuando se realiza en un tomo II del trabajo su análisis pormenorizado. De esta suerte, es más recomendable utilizar la delimitación del subsistema de la ciudad de México realizada por Unikel, Ruiz y Garza a mediados de los setenta si se considera la gran estabilidad de estas estructuras territoriales que sólo pueden transformarse en el muy largo plazo.

El subsistema de la ciudad de México, Toluca, Puebla, Cuernavaca, Querétaro y Pachuca tenía 10.3 millones de habitantes en 1970, que representaban 21.3% de la población total y 46.1% de la urbana nacional. Dentro del subsistema, el predominio del AMCM era muy elevado y absorbía 85.1% de su población total (véase el cuadro 5). Hacia 1980 los habitantes del subsistema aumentaron a 15.3 millones y en el decenio creció a una tasa anual de 3.9%. Su participación en la población total nacional crece a un rítmo de 22.9%, pero en relación con la urbana se reduce a 42.6%, lo cual evidencia una dinámica menor que el promedio de las ciudades mexicanas. Dentro del subsistema, las ciudades más dinámicas fueron Querétaro, Cuernavaca y Toluca, mientras que la ciudad de México creció menos (cuadro 5).

En la década de los ochenta disminuye la tasa anual de crecimiento del subsistema a 2.2%, lo cual se debe únicamente al freno experimentado por el AMCM, pues las cinco ciudades restantes mantienen su dinamismo. De esta manera, la población absoluta aumenta en más de cuatro millones de personas, hasta alcanzar 18.9 millones en 1990. Esto le permite elevar su participación en la población total nacional a 23.26%, aunque la reduce respecto de la urbana a 37.89%. En su interior, la ciudad de México continuó perdiendo importancia y bajó a 80.8% (véase el cuadro 5).

Finalmente, el subsistema urbano de la ciudad de México alcanzó 21.6 millones de habitantes en 1995 y elevó ligeramente su tasa de crecimiento anual en el lustro de 1990-1995 a 2.4% (véase el cuadro 5). Sin embargo, su participación en la población urbana total se redujo a 36.7% en 1995, mientras que respecto de la población total lo hizo más ligeramente al bajar a 23.65%. No obstante, sobresale que en los 25 años considerados el subsistema más que duplicó su población total al pasar de 10.3 a 21.6 millones de habitantes, lo cual representa casi una cuarta parte de la población total y más de un tercio de la urbana del país.

Cuadro 5. *Subsistema urbano del área metropolitana de la ciudad de México, 1970-1995*

	1970	%[a]	%[b]	*1980*	%[a]	%[b]	*1990*	%[a]	%[b]	*1995*	%[a]	%[b]
Población total nacional	48 225 238	100.00		66 845 833	100.00		81 249 645	100.00		91 158 290	100.00	
Población urbana nacional	22 323 769	46.29	100.00	35 973 556	53.81	100.00	49 877 480	61.39	100.00	58 706 620 [d]	64.40	100.00
Subsistemas de la Ciudad de México	10 286 287	21.33	46.08	15 337 444	22.94	42.64	18 901 041	23.26	37.89	21 555 788	23.65	36.72
Megalópolis de la ciudad de México	9 133 607	18.94	40.91	13 591 215	20.33	37.78	16 101 420	19.82	32.28	17 890 397	19.63	30.47
1. Ciudad de México[c]	8 752 968	18.15	39.21	12 991 931	19.44	36.12	15 274 257	18.80	30.62	16 898 316	18.54	28.78
2. Toluca	380 639	0.79	1.71	599 284	0.90	1.67	827 163	1.02	1.66	992 081	1.09	1.69
Resto del subsistema	1 152 680	2.39	5.16	1 746 229	2.61	4.85	2 799 621	3.45	5.61	3 665 391	4.02	6.24
3. Puebla	774 665	1.61	3.47	1 140 332	1.71	3.17	1 789 800	2.20	3.59	2 181 224	2.39	3.72
4. Cuernavaca	177 162	0.37	0.79	278 397	0.42	0.77	450 305	0.55	0.90	555 374	0.61	0.95
5. Querétaro	116 018	0.24	0.52	216 941	0.32	0.60	385 503	0.47	0.77	679 757	0.75	1.16
6. Pachuca	84 835	0.18	0.38	110 559	0.17	0.31	174 013	0.21	0.35	249 036	0.27	0.42
					(tasas de crecimiento[e])							
Población total nacional			3.20			2.02			2.06			
Población urbana nacional			4.71			3.40			2.92			
Subsistemas de la ciudad de México			3.93			2.16			2.35			
Megalópolis de la ciudad de México			3.91			1.75			1.88			
1. Ciudad de México			3.89			1.67			1.8o			
2. Toluca			4.48			3.35			3.27			

CUADRO 5. *(Concluye.)*

	1970	%[a]	%[b]	*1980*	%[a]	%[b]	*1990*	%[a]	%[b]	*1995*	%[a]	%[b]
Resto del subsistema			4.09			4.95			4.88			
3. Puebla			3.80			4.72			3.56			
4. Cuernavaca			4.46			5.04			3.78			
5. Querétaro			6.23			6.06			10.55			
6. Pachuca			2.59			4.75			6.54			

FUENTE: Para la ciudad de México se obtuvo la información de 1970 a 1995 de Gustavo Garza (1997), "Normatividad urbanística virtual en la ciudad de México", en Gustavo Garza y Fernando Rodríguez (comps.), *Normatividad urbanística en las principales metrópolis de México,* México, El Colegio de México. Los datos de Toluca, Puebla, Cuernavaca, Querétaro y Pachuca de 1970-1990 se obtuvieron de Gustavo Garza y Salvador Rivera (1995), *Dinámica macroeconómica de las ciudades en México,* tomo I, México, INEGI, El Colegio de México, IIS-UNAM (cuadro 1.7). La población nacional se tomó de Conapo (1994), *La población de los municipios de México, 1950-1990,* México, Conapo; y la población urbana nacional de 1970 y 1980 de Conapo (1994), *Evolución de las ciudades de México, 1900-1990,* México, Conapo. La población urbana nacional de 1995 son elaboraciones efectuadas por el Conapo con base en INEGI (1996), *Estados Unidos Mexicanos, Conteo de Población y Vivienda, 1995. Resultados definitivos, tabulados básicos,* México, INEGI.

[a] Porcentaje respecto de la población total nacional.

[b] Porcentaje respecto de la población urbana nacional.

[c] Se refiere a la zona metropolitana de la ciudad de México que está constituida por las 16 delegaciones del Distrito Federal, 37 municipios del Estado de México y uno de Hidalgo (véase G. Garza, 1996.

[d] Cifra correspondiente a 350 ciudades de más de 15 000 habitantes, incluyendo 29 zonas metropolitanas.

[e] Tasa geométrica de crecimiento. Las diferencias de años entre los censos se calcularon con base en la fecha en que se llevó a cabo y son las siguientes: para 1970-1980 se consideró una diferencia de 10.3562 años; para 1980-1990, de 9.7753; para 1990-1995 se consideraron 5.6548 años.

La megalópolis de la ciudad de México

Desde mediados del siglo XX los países desarrollados experimentaron una transformación en la organización territorial de sus actividades económicas y población, caracterizada por la urbanización periférica de muy baja densidad y la incorporación funcional de pequeñas localidades a las áreas metropolitanas, lo cual produce tejidos urbanos policéntricos con estructuras y relaciones socioeconómicas espacialmente más complejas.

Se denomina *megalópolis* a la superficie que comprende la unión o traslape de dos o más áreas metropolitanas, la cual puede ser parte o el total de una región urbana polinuclear. El término fue acuñado por Jean Gottman para referirse a la franja continua de poblados urbanos de la costa este de los Estados Unidos con Nueva York como ciudad central, pero que se prolonga por Massachusetts, Rhode Island, Connecticut, New Jersey, Delawere, el distrito de Columbia y la mayor parte de Maryland, Pennsylvania y el estado de Nueva York. Una concentración mayor existe en Japón, donde la megalópolis Tokaido está constituida por Tokio, Yokohama, Nagoya, Kioto, Osaka y Kobe, entre las principales metrópolis. En Inglaterra se tiene la región del Gran Londres, también una de las más complejas aglomeraciones existentes, al igual que la Île-de-France en el caso francés y el conglomerado Ruhr-Rhin en Alemania, entre las más conocidas.

En el caso mexicano se tiene al subsistema urbano central que en 1998 estaba constituido por las siguientes unidades: *i)* el área metropolitana de la ciudad de México, que incluye las 16 delegaciones del Distrito Federal y 33 municipios del Estado de México;[8] *ii)* el área metropolitana de Puebla-Tlaxcala, conformada por 22 pequeños municipios, de los cuales 14 pertenecen al estado de Puebla y ocho al de Tlaxcala;[9] *iii)* el área metropolitana de Toluca, de seis municipios;[10] *iv)* el area metropolitana de Cuernavaca, constituida por el municipio de ese nombre más Temixco y Jiutepec, con la posibilidad de que se extienda para el municipio de Emiliano Zapata y hacia Cuautla mediante la incorporación de Yautepec (Gustavo Garza y Salvador Rivera, 1995: 103).

[8] Las delegaciones y municipios que constituyen el AMCM se pueden ver en el cuadro 2 y el mapa 1.

[9] En el estado de Puebla se tienen los siguientes municipios en su área metropolitana, ordenados en forma decreciente según población: Puebla, Atlixco, San Martín Texmelucan, San Pedro Cholula, Tepeaca, Huejotzingo, San Andrés Cholula, Amozoc, Cuautlancingo, Coronango, Ocoyucan, Juan C. Bonilla, San Miguel Xoxtla y Cuautlinchán. Los municipios metropolitanos en la parte de Tlaxcala, en ese mismo orden, son: Santa Ana Chiautempan, Tlaxcala, Xicohtzingo, San Pablo del Monte, Zacatelco, Papalotla de Xicoténcatl, Tenancingo y José María Morelos (Gustavo Garza y Salvador Rivera, 1995: 103).

[10] El área metropolitana de Toluca está formada por los municipios de Toluca, Metepec, Zinacantepec, Lerma, San Mateo Atenco y Mexicalcingo (Garza y Rivera, 1995; 103).

El crecimiento del AMCM adquirió un carácter megalopolitano en los años ochenta cuando se unieron, como ya se señaló, las áreas metropolitanas de la ciudad de México y Toluca, al poder incluir ambas indistintamente al municipio de Huixquilucan (vecino del municipio de Lerma), que forma parte del AMT, y a las delegaciones de Miguel Hidalgo y Cuajimalpa, que pertenecen a la primera. En otras palabras, el AMCM se podría extender hasta Toluca, o la de esta ciudad hasta todas las delegaciones del Distrito Federal; pero al ser ya áreas metropolitanas dan lugar a un conglomerado megalopolitano. Por ser la capital del país la urbe principal, se le puede denominar megalópolis de la ciudad de México (Gustavo Garza *et al.*, 1987: 419).

Esta megalópolis se encuentra en una etapa inicial de evolución, pues su desarrollo completo llevará décadas o aun siglos, pero actualmente es el núcleo central del subsistema de ciudades de la ciudad de México (véase el mapa 2). De esta suerte, en 1980 la megalópolis absorbía 13.6 millones de personas que representaban 88.6% de la población del subsistema y 37.8% de la urbana nacional. Entre 1980 y 1990 la megalópolis elevó su cantidad de habitantes a 16.1 millones y experimentó un aumento absoluto de 2.5 millones en la década de los ochenta (cuadro 5). Sin embargo, pierde importancia relativa dentro del subsistema y reduce su participación a 85.2%, al igual que disminuye a 32.3 su porcentaje de la población urbana total. En 1995 la megalópolis alcanzó una población de 17.9 millones, aunque continúa reduciendo su participación relativa y llegó a 83% de la población del subsistema y a 30.5% de la urbana nacional.

Como se aprecia en el cuadro 5, la pérdida de importancia relativa de la megalópolis se refleja en el diferencial de su tasa de crecimiento respecto del resto de ciudades del subsistema y del total urbano. Así, mientras que entre 1980 y 1990 la población urbana nacional creció a 3.4% anual, la megalópolis lo hizo en 1.8%, pero en el resto de las ciudades del subsistema urbano fue de 5%, notablemente superior a ambas. Entre 1990 y 1995 repuntó el crecimiento de las ciudades del subsistema a 2.4% anual, probablemente como reflejo de la recuperación parcial del crecimiento económico en los primeros cuatro años de ese lustro, antes de la acentuada crisis económica de 1995. Es muy probable que en la medida en que se reanude el crecimiento económico, como ha ocurrido en 1996 y 1997, el resto de ciudades del subsistema mantendrá su dinamismo. De tal suerte, más que continuar el declive relativo de la megalópolis, éste experimentará saltos territoriales y demográficos a medida que se le incorporen las áreas metropolitanas adyacentes que presentan crecimientos relativamente acelerados. En un primer momento, a partir de la segunda década del siglo XXI se le agregarán Pachuca y Puebla, con lo que la megalópolis recuperará la importancia relativa de 1980. En las décadas posteriores se anexarán las áreas metropolitanas de Cuernavaca (que se habrá unido con Cuautla-Yautepec y Querétaro, y esta última seguramente habrá incorporado a su área metropolitana los municipios de Pedro Escobedo y San Juan del Río). Hacia mediados del siglo XXI dicho conglomerado megalopolitano, formado por seis áreas metropolitanas y una serie de pequeñas ciudades aisladas, concentrará alrededor de 40% de la población urbana nacional. Tal concentración de población de más de 50 millones de personas representará un grave riesgo para la sustentabilidad de su ecosistema, además de que requerirá multimillonarias obras de infraestructura y servicios, por lo que es altamente recomendable que se establezcan políticas de descentralización que frenen su crecimiento y logren establecer una distribución territorial más equilibrada de la población nacional.

La zona conurbada del centro del país

En los años setenta se realizó en México una serie significativa de acciones de carácter territorial que culminó con la Ley General de Asentamientos Humanos de 1976 y el Plan Nacional de Desarrollo Urbano de 1978. El gobierno federal consideró que la acentuación de los desequilibrios territoriales y sectoriales en el país amenazaba la posibilidad de continuar con el acelerado crecimiento económico experimentado desde los años cuarenta, lo cual desafortunadamente se materializó con una crisis del tipo de cambio del peso mexicano en 1976; desde entonces se ha presentado un proceso recurrente de recesiones cuyo más reciente suceso fue el *crack* de 1995.

La Ley de Asentamientos Humanos de 1976, cuya más reciente reforma se realizó en 1993, establece la concurrencia entre municipios, estados y Federación para la regulación de los asentamientos en el territorio nacional, fija las normas básicas para planear los centros de población y define los principios para que el Estado ejerza sus atribuciones correspondientes a las provisiones, usos y destinos de la tierra de las localidades.[11] En su versión de 1993, la ley consta de 60 artículos estructurados en cinco capítulos: capítulo I: Disposiciones generales; capítulo II: De la concurrencia y coordinación de autoridades; capítulo III: De la planeación del ordenamiento territorial de los asentamientos humanos y del desarrollo urbano de los centros de población; capítulo IV: De las conurbaciones; y

[11] La Ley de Asentamientos Humanos fue adicionada en 1981, reformada en 1983 y se le realizaron importantes adecuaciones en 1993. Sin embargo, estos objetivos básicos siguen vigentes.

capítulo V: De las regulaciones a la propiedad en los centros de población. Para los propósitos de este trabajo interesa únicamente el relacionado con las conurbaciones del país, capítulo existente desde su primera versión de 1976.

La Ley General de Asentamientos Humanos define en su artículo 20 que la conurbación ocurre "Cuando dos o más centros de población situados en territorios municipales de dos o más entidades federativas formen o tiendan a formar una continuidad física y demográfica..." En estos casos, "la federación, las entidades federativas y los municipios respectivos, en el ámbito de sus competencias, planearán y regularán de manera conjunta y coordinada el fenómeno de conurbación de referencia, con apego a lo dispuesto en esta Ley". La delimitación de las zonas conurbadas deberá realizarse de manera conjunta por los tres niveles de gobierno; aunque la ley de 1976 fue aprobada el 20 de mayo, el 6 de octubre de ese año se expidió un decreto donde se delimita la zona conurbada del centro del país, cuyo centro es la ciudad de México. Esta zona resulta de unir las cabeceras de los municipios de los estados de Hidalgo, México, Morelos, Puebla y Tlaxcala con el Distrito Federal, incorpora áreas de una extensión de 30 kilómetros que colindan con el sistema ecológico del Valle de México, o bien con las carreteras que unen a la capital del país con las ciudades de Toluca, Puebla, Cuernavaca, Tlaxcala y Pachuca. La zona conurbada del centro del país (ZCCP) incluye, así (además de las 16 delegaciones del Distrito Federal), 86 municipios de los estados señalados (véase el nombre de cada municipio en la nota *a* del cuadro 6). Su extensión territorial total es de 15 435 km^2 y se localiza entre los meridianos 99°45' y 97°48' de longitud Oeste y los paralelos 18°45' y 20°12' de latitud Norte. Independientemente de si la delimitación fue o no técnicamente bien diseñada, importa destacar que la ZCCP constituye una unidad territorial con una existencia legal que posibilitaría enmarcar la planeación del centro del país y un ámbito de referencia para el análisis del área metropolitana de la ciudad de México.

En 1980 la ZCCP presentaba una población de 15.6 millones, esto es, ligeramente mayor que los 15.3 del subsistema de la ciudad de México (cuadros 5 y 6). Dicha diferencia se explica por la incorporación de una serie de municipios no urbanos que se encuentran en la periferia de las ciudades principales de la zona, lo cual en parte se compensa por la ciudad de Querétaro, que forma parte del subsistema, pero no de la conurbación oficial. Hacia 1990, sin embargo, esta diferencia se invierte ligeramente y el subsistema presenta 18.9 millones y la conurbación, 18.7, cifra que se eleva en 1995, cuando se tienen 21.6 y 20.4 millones, respectivamente (véanse los cuadros 5 y 6). Las tasas de crecimiento del subsistema, la megalópolis y la conurbación muestran que esta última es menos dinámica y pierde importancia relativa más rápidamente en relación con la población urbana nacional, de lo cual se puede desprender que constituye una unidad menos homogénea que las dos anteriores, aunque puede ser adecuada para propósitos de planear en el largo plazo los usos y destinos de todo su extenso territorio. Desafortunadamente, en el marco de la estrategia neoliberal establecida en México a partir de 1986, la planeación nacional del desarrollo urbano ha sido relegada, y poco se hace en materia de acopio de reservas territoriales para la expansión futura de las localidades que conforman la conurbación, cuyo crecimiento está supeditado a las leyes del mercado inmobiliario y a la especulación del suelo (véase Garza, 1998: 12-20).

La metamegalópolis del siglo XXI (conclusiones)

No existe un ámbito territorial único para el estudio de la ciudad de México, y la determinación de cuál seleccionar entre los anteriormente presentados dependerá de los fines que se persigan. Para propósitos de la planeación territorial, las opciones están determinadas por el órgano administrativo correspondiente, pues el gobierno del Distrito Federal sólo puede plantear la regulación de su territorio, así como el del Estado de México la de los municipios conurbados. El área metropolitana de la ciudad de México en su conjunto sólo podría ser planeada por comisiones metropolitanas con atribuciones ejecutivas, en las que intervinieran tanto el gobierno federal como los estatales y municipales correspondientes, en espera de que en el futuro pudiera instaurarse algún tipo de gobierno metropolitano.

Es importante señalar que la determinación del ámbito territorial más adecuado para el análisis y planeación de la ciudad de México es un problema técnico relativamente secundario frente a la decisiva importancia de conceptualizar adecuadamente su índole, carácter, problemática y perspectivas futuras. Para esto, sin embargo, es indispensable considerar que el incipiente conglomerado de tipo megalopolitano continuará extendiéndose dentro de su subsistema de ciudades. Hacia el año 2020 se le anexarán las áreas metropolitanas de Puebla y Cuernavaca, así como la ciudad de Pachuca, para concentrar alrededor de 30 millones de personas. La expansión continuará y se incorporará el área metropolitana de Querétaro, con lo que se traslaparía con la región urbana del Bajío (constituida principalmente por León, Celaya, Guanajuato, Irapuato, Salamanca y Silao). La posibilidad de que se materialice este planteamiento prospectivo originaría el surgimiento de una gran aglomeración que podría denominarse la "metamegalópolis del centro de México", la cual

CUADRO 6. *Zona conurbada del centro del país, 1970-1995*[a]

	1970	%[b]	%[c]	*1980*	%[b]	%[c]	*1990*	%[b]	%[c]	*1995*	%[b]	%[c]
Población total nacional	48 225 238	100.00		66 846 833	100.00		81 249 645	100.00		91 158 290	100.00	
Población urbana nacional	22 323 769	46.29	100.00	35 973 556	53.81	100.00	49 877 460	61.39	100.00	58 706 620 [d]	64.40	100.00
Zona conurbada del centro del país	10 617 225	22.02	47.56	15 645 412	23.40	43.49	18 702 842	23.02	37.50	20 436 598	22.42	34.81
1. Distrito Federal	6 914 314	14.34	30.97	8 360 192	12.51	23.24	8 351 044	10.28	16.74	8 489 007	9.31	14.46
2. Estado de México	2 506 179	5.20	11.23	5 473 105	8.19	15.21	8 023 506	9.88	16.09	9 229 647	10.12	15.72
3. Puebla	710 357	1.47	3.18	1 113 401	1.67	3.10	1 411 696	1.74	2.83	1 641 281	1.80	2.80
4. Tlaxcala	82 634	0.17	0.37	110 630	0.17	0.31	156 245	0.19	0.31	177 239	0.19	0.30
5. Morelos	292 695	0.61	1.31	423 181	0.63	1.18	529 936	0.65	1.06	615 985	0.68	1.05
6. Hidalgo	111 046	0.23	0.50	164 903	0.25	0.46	230 415	0.28	0.46	283 439	0.31	0.48

FUENTE: Estado de México, Puebla Morelos, Tlaxcala e Hidalgo en 1970, 1980 y 1990, de INEGI, *IX, X y XI Censos Generales de Población y Vivienda,* México, INEGI; y para 1995: INEGI (1996), *Conteo de Población y Vivienda, 1995, Resultados definitivos,* México, INEGI. Para el Distrito Federal, se obtuvo la información de 1970 a 1995 de Gustavo Garza (1996), *Normatividad urbanística virtual en la ciudad de México* (mimeo).

[a] Para calcular la población de los estados que se incluyen en la zona conurbada del centro del país, se asumió la población de sus municipios que se consideran en la declaratoria de su existencia, que apareció el 6 de octubre de 1976 en el *Diario Oficial de la Federación.* Los municipios del Estado de México son 54: Acolman, Amecameca, Atenco, Atizapán de Zaragoza, Axapusco, Ayapango, Coacalco, Cocotitlán, Coyotepec, Cuautitlán Izcalli, Chalco, Chautla, Chicoloapan, Chiconcuac, Chimalhuacán, Ecatepec, Huehuetoca, Huixquilucan, Isidro Fabela, Ixtapaluca, Jaltenco, Jilotzingo, Juchitepec, La Paz, Lerma, Melchor Ocampo, Metepec, Naucalpan, Nextlalpan, Nezahualcóyotl, Nicolás Romero, Nopaltepec, Ocoyoacac, Otumba, Papalotla, San Martín de las Pirámides, San Mateo Atenco, Tecámac, Temamatla, Temascalapa, Tenango del Aire, Teoloyucan, Tepetlaoxtoc, Tepotzotlán, Texcoco, Tesoyuca, Tlalnepantla, Tlalmanalco, Toluca, Tultepec, Tultitlán y Zumpango. Los municipios de Puebla son 13: Chiautzingo, Coronango, Cuatlancingo, Huejotzingo, Puebla, San Felipe Teotlalcingo, San Martín Texmelucan, San Matías Tlalancaleca, San Miguel Xoxtla, San Salvador el Verde, San Pedro Cholula, Tlahuapan y Tlaltenango. Los municipios de Tlaxcala son seis: Calpulalpan, Ixtacuixtla, Mariano Arista, Panotla, Tlaxcala y Totolac. Los municipios de Morelos son nueve: Atlatlahuacan, Cuautla, Cuernavaca, Huitzilac, Tepoztlán, Tlalnepantla, Tlayacapan, Totolapan y Yautepec. Los municipios de Hidalgo son cuatro: Pachuca, Tizayuca, Tolcayuca y Zapotlán.

[b] Porcentaje respecto de la población total nacional.

[c] Porcentaje respecto de la población urbana nacional.

[d] Cifra correspondiente a 350 ciudades de más de 15 000 habitantes, incluidas 29 zonas metropolitanas.

TASAS DE CRECIMIENTO[e]

Zona conurbada del centro del país	3.81	1.84	1.58
1. Ciudad de México	1.85	– 0.01	0.29
2. Toluca	7.83	3.99	2.51
3. Puebla	4.44	2.46	2.70
4. Cuernavaca	2.86	3.59	2.25
5. Querétaro	3.62	2.33	2.70
6. Pachuca	3.89	3.48	3.73

[e] Tasa geométrica de crecimiento. Las diferencias de años entre los censos se calcularon con base en la fecha en que cada uno se llevó a cabo, y son las siguientes: para 1970-1980 se consideró una diferencia de 10.3562 años; para 1980-1990, de 9.7753; para 1990-1995 se consideraron 5.6548 años.

constituiría una superconcentración que absorbería más de la mitad de las actividades económicas y de la población nacional a mediados del siglo XXI, acentuaría gravemente los desequilibrios territoriales y pondría en peligro sus ecosistemas.

Bibliografía

Comisión de Conurbación del Centro del País (1981), *Plan de ordenación de la zona conurbada del centro del país,* México.

Congreso de la Unión (1993), *Ley General de Asentamientos Humanos,* Colección Leyes y Códigos, México, Porrúa.

Consejo Nacional de Población (1991), *Sistema de ciudades y distribución de la población de México,* México, tomo I.

Departamento del Distrito Federal (1996), *Programa General de Desarrollo Urbano del Distrito Federal,* versión 1996, México.

Garza, Gustavo *et al.* (coords.) (1987), *Atlas de la ciudad de México,* Departamento del Distrito Federal, México, El Colegio de México.

———, y Salvador Rivera (1995), *Dinámica macroeconómica de las ciudades en México,* México, INEGI, El Colegio de México, IIS-UNAM.

——— (1996), Normatividad urbanística virtual en la ciudad de México, mimeo.

——— (1998), "Global economy, metropolitan dynamics and urban policies in Mexico", Urban Affairs Association, 28th Annual Meeting, Fort Worth, Texas, USA, 22-25 de abril (ponencia).

Instituto Nacional de Estadística, Geografía e Informática (1970, 1980, 1990), *IX, X y XI Censos Generales de Población y Vivienda,* México, INEGI.

——— (1996), *Conteo de Población y Vivienda, 1995. Resultados definitivos,* México, INEGI.

Secretaría de la Presidencia (1976), "Decreto por el que se declara zona conurbada la comprendida por las áreas circulares generadas por un radio de 39 kms. cada una, y cuyos centros están constituidos por los puntos de intersección de la línea fronteriza entre los estados de México y Morelos con el Distrito Federal", en *Diario Oficial de la Federación,* 6 de octubre, México, Presidencia de la República.

Unikel, Luis, Crescencio Ruiz y Gustavo Garza (1976), *El desarrollo urbano de México,* México, El Colegio de México.

United Nations (1997), *Population Newsletter,* Population Division, Nueva York, junio.

IV. LOS PROCESOS SEUDODEMOGRÁFICOS Y LAS FAMILIAS

FAMILIAS Y HOGARES: PERVIVENCIAS Y TRANSFORMACIONES EN UN HORIZONTE DE LARGO PLAZO

María de la Paz López, Vania Salles y Rodolfo Tuirán

Introducción

La familia —en su diversidad— constituye una rica fuente que permite hacer inferencias acerca de la índole y características de la sociedad en que vivimos y de los grupos que la conforman. La investigación especializada ha destacado las conexiones y vínculos existentes entre los macroprocesos (económicos, políticos, culturales, demográficos), y las relaciones interpersonales de hombres y mujeres en la cotidianidad de la vida familiar (Anderson, 1980). Un renovado interés por la familia se expresa en la investigación histórica sobre aspectos tan diversos como las funciones tanto doméstica como de producción, así como su papel en la transición al capitalismo, los lazos familiares en el periodo de formación y consolidación del Estado-nación y en los sistemas de alianza matrimonial entre las élites, además de otros aspectos.

Debido a la complejidad de la realidad familiar y considerando que varios elementos vinculados con la familia son tratados en otros capítulos de este libro, en el presente capítulo abordamos un grupo selecto de temas. En primer término, ponemos de relieve algunos cambios en la vida familiar ocurridos sobre todo en los últimos 20 años, sin que esto impida aludir a las transformaciones acaecidas en México en épocas más lejanas. La carencia de datos y las fuertes limitaciones existentes para reconstruir la realidad de la familia de la década de los setenta, nos impelen a concentrar la exposición en el periodo más reciente, tomando en cuenta la información de censos, de algunas encuestas sociodemográficas y de valores. Como la familia y sus relaciones básicas no pueden ser estudiadas al margen de fenómenos demográficos como la nupcialidad, la fecundidad y la mortalidad, nos ocuparemos también de dar un breve panorama de su evolución, para lo cual introducimos información referida al inicio del presente siglo y a periodos más recientes, aunque siempre acotada a cuestiones con influencia en la vida familiar.

El presente trabajo se compone de tres secciones. La primera contiene un conjunto de definiciones y aproximaciones al estudio de la familia, las cuales son retomadas en el curso del análisis de los datos y de las evidencias empíricas disponibles. Aspectos del contexto histórico en el que se ha desenvuelto la familia mexicana se presentan en la segunda parte y se amplían en la tercera, que —con base en un enfoque sociodemográfico— se ocupa de estudiar la situación de la familia mexicana en los últimos 20 años, con hincapié en sus rasgos de continuidad y cambio. Este apartado contiene además referencias a la perspectiva de género que, desde un espectro multidisciplinario, formula argumentos y hallazgos sobre el papel que desempeña la familia como instancia productora y reproductora de las asimetrías entre hombres y mujeres. En las conclusiones, retomamos algunos de los puntos centrales desarrollados en el texto y señalamos los principales hallazgos.

La centralidad de la familia: conceptos y visiones

Además de ser unidad básica de la sociedad, la familia constituye un ámbito fundamental de la experiencia de los individuos (socialización) y es reconocida como piedra de toque de la estructura y organización de la vida cotidiana y de la acción social. Todo ello nos permite aludir una realidad compleja y multidimensional, que puede ser definida desde distintos puntos de vista.

La familia conforma un ámbito de relaciones sociales de naturaleza íntima en el cual interactúan personas de sexos y generaciones distintos que conviven en un mismo contexto afectivo. En su seno se constituyen fuertes lazos de solidaridad; se entretejen relaciones de poder y autoridad; se reúnen y distribuyen los recursos para satisfacer las necesidades básicas de los miembros del grupo; se definen obligaciones, responsabilidades y derechos con arreglo a las normas culturales y de acuerdo con la edad, el sexo y la posición en la relación de parentesco de sus integrantes. La vida en familia contiene múltiples símbolos, tintes valorativos y resonancias afectivas y evoca en cada uno de sus miembros un conjunto infinito de imágenes, representaciones y recuerdos que se manifiestan mediante los sentidos, las emociones y los afectos. De esta manera, la vida en familia representa una experiencia única, que es vivida y sentida de manera diferente de acuerdo con la posición que los individuos guardan en la relación de parentesco, y según el sexo y la edad.

En su conformación, la familia transmite las señas de identidad a sus miembros (apellidos, herencia genética, capital simbólico) y articula las líneas de parentesco. Como institución social, constituye una realidad que se reproduce según pautas de adaptabilidad a los contextos, a las épocas y a los distintos tipos de sociedad. En tanto marco institucionalizador de la vida, por medio de la familia se instaura una genealogía y se produce una filiación.

En el devenir histórico, la familia ha mostrado una doble fuerza: su capacidad de adaptación y su poder de resistencia. Por un lado, las familias resienten la presión de una serie de reglas y normas que se originan en el tejido institucional más amplio, como es el caso del Estado y las Iglesias. Ello hace que se encuentren condicionadas por un conjunto de leyes, códigos civiles y preceptos religiosos. Además, las realidades familiares inspiran políticas públicas de diversa índole que afectan de distintas maneras a sus miembros. Por otro lado, factores tales como las tendencias demográficas, los cambios socioculturales, las recesiones económicas, el desempleo, las guerras, las hambrunas, la innovación tecnológica y los cambios en los valores colectivos así como los sistemas axiológicos tienden a influir sobre la dinámica, estructura y organización interna de la familia. Ésta tiene una gran flexibilidad, rasgo que le permite adaptarse a las cambiantes condiciones de carácter social, económico, institucional y cultural.

Hay pautas de continuidad (de índole simbólica e institucional) que trascienden a cada individuo y generación. En el seno de la familia, por ejemplo, se procesan las influencias culturales del entorno. Sin embargo, sería equivocado pensar que la familia y las relaciones que se entablan en su interior funcionan sólo como cadenas de transmisión de la cultura, pues en la intimidad de la vida familiar se forja un sinnúmero de elementos que orientan la vida de sus miembros. Por ello, puede afirmarse que cada familia —tomada como un ámbito de relaciones sociales de naturaleza íntima, idiosincrásicamente constituido— es única y diferente de las demás.

También se forja la familia una representación de sí misma, que es construida y retocada en la vida cotidiana por la acumulación de las múltiples experiencias que acompañan la vida familiar. Portadora de su propia historia, la familia incorpora sus vivencias en un sistema unificador dando significado a su acción y al mundo que la rodea, alimentando permanentemente la vida de sus miembros. El papel desempeñado por las relaciones familiares en los procesos de socialización primaria de los individuos la refrenda como un espacio privilegiado para lograr este objetivo. Así por ejemplo, la psicología y el psicoanálisis (tal como algunas investigaciones sociológicas) han destacado el papel que desempeñan las relaciones familiares como instancia rectora de procesos fundamentales del desarrollo psíquico y emocional de las personas. Además de permitir al sujeto la adquisición del lenguaje, la familia opera como espacio de reproducción de las pautas de conducta y las normas de sociabilidad. Más aún, la familia conforma un ámbito decisivo en la formación de identidades (entre ellas la de género), de inculcación de roles o papeles socialmente producidos, así como de comportamiento y hábitos que marcan la historia del individuo a lo largo de su trayectoria en diferentes ámbitos.

Conceptuación de la familia

Con frecuencia los términos *hogar* y *familia* se confunden o se emplean indistintamente. Sin embargo, hay algunas diferencias entre ellos que conviene precisar, ya que ambos constituyen puntos de partida y maneras diferentes de aproximarse al objeto de estudio. El vocablo *familia* es de origen latino y apareció en Roma como derivado de *famulus,* que "debió designar el conjunto de los esclavos y servidores que vivían bajo un mismo techo [...] después, la casa en su totalidad: por una parte, el señor, y, por otra, la mujer, los hijos y los criados que vivían bajo su dominación [...]. Por extensión de su sentido, 'familia' vino a designar a los *agnati* [parientes paternos] y los *cognati* [parientes maternos, y posteriormente, por extensión, el conjunto de los parientes de sangre], y se convirtió en sinónimo de *gens'* [comunidad formada por todos los que descienden de un mismo antepasado]" (véase Emout y Meillet, citados por F. Zonnabend, 1988, tomo I, p. 17).

Gonzalbo (1996: 303), refiriéndose a contextos más afines al mexicano, afirma que según las leyes castellanas, la familia —en su connotación patriarcal—[1] se conformaba por las personas que vivían en la casa a las órdenes del señor e incluía "los parientes, servidores y allegados de cualquier condición".

No fue sino hasta finales del siglo XVIII y principios del XIX cuando, en las sociedades occidentales, los diccionarios empiezan a hacer hincapié en una definición de familia anclada en los lazos de parentesco, y posteriormente, por obvios, se elimina de su definición la presencia —anteriormente obligada— de tales lazos.

Las raíces históricas del vocablo *familia* indican que de él surgieron al menos dos acepciones: la de corresidencia (dimensión espacial) y la de parentesco (dimensión relacional). Su evolución sirve para advertir que los círculos de pertenencia que evocan las diversas acepciones del término *familia* tienden a variar de amplitud según el contexto, la época, los grupos sociales y étnicos.

En la actualidad el concepto de "familia" suele referirse al vínculo conyugal, a los hijos y a la parentela, mientras que el de "hogar" se remite

[1] El patriarcado, tomado como una relación social y por tanto como relación de poder (Weber, 1978), ha tenido una fuerte implantación en la sociedad mexicana.

al conjunto de personas que comparten un mismo espacio de existencia, es decir, alude a la noción de "cohabitación", del compartir el techo y los recursos fundamentales para la reproducción cotidiana. De esta manera, un hogar puede estar formado por una o varias familias y puede agregar o no personas con o sin parentesco.

Los esfuerzos de operacionalización del concepto de "familia" en la investigación sociodemográfica han intentado distinguir entre la familia de residencia y la familia de interacción:

En el primer caso, el término *familia* tiene un sentido más restringido e introduce el criterio de cohabitación entre personas ligadas por lazos de parentesco, lo que conduce al término *hogar,* el cual alude a un espacio (la vivienda, la casa) y a las personas que en él habitan. En una acepción más amplia, el hogar es una microorganización social que forma el cuadro de referencia cotidiano de los individuos y sus familias y en cuyo derredor se organiza la residencia, que constituye la dimensión espacial del hogar.[2]

En el segundo caso, la corresidencia no tiene significación y sí lo tienen los vínculos e interacciones que mantienen los grupos familiares emparentados entre sí, aun cuando no compartan la misma vivienda. Según esta acepción, el término *familia* excede el ámbito espacial del hogar y designa al grupo de individuos vinculados entre sí por lazos consanguíneos, consensuales o jurídicos, que constituyen complejas redes de parentesco actualizadas de manera episódica a través del intercambio, la cooperación y la solidaridad. La articulación de dichas redes implica una serie de reglas, pautas culturales y prácticas sociales referidas al comportamiento entre parientes. Entendida de esta manera, la familia se extiende en círculos concéntricos de tenues graduaciones que se ensanchan a medida que las relaciones e intercambios familiares pierden intensidad (Durán, 1988). Éstos carecen de fronteras claramente identificables: sus límites son un tanto borrosos y varían de cultura a cultura, de región a región y de una clase social a otra. Más aún, dichas fronteras se expanden o se contraen de acuerdo con necesidades históricas cambiantes. Sin embargo, siempre hay un núcleo de parientes reconocidos que forman parte de un "nosotros" intensamente afectivo que otorga identidad social al grupo y que en la práctica opera como unidad de solidaridad e intercambio.

Las modalidades que adoptan las diferentes facetas de la vida familiar dependen del tipo de inserción de los hogares en el contexto social en que se desenvuelven, así como de su capacidad de respuesta y adapta-

[2] Dadas las características de las fuentes de datos y los conceptos que éstas captan, el análisis de la información que se utiliza en el presente trabajo se inscribe, la mayor parte de las veces, en dicha acepción (véase López e Izazola, 1995).

ción a los cambios de carácter histórico, socioeconómico, cultural y demográfico. Dependen igualmente no sólo de las redes sociales producidas y reproducidas entre los parientes, sino también de la índole de las relaciones entabladas entre las personas que comparten el hogar. Dichas relaciones a menudo se dan en el marco de asimetrías relacionales que generan pautas de convivencia sumamente desiguales entre géneros y generaciones. Por ello, es de gran importancia descodificar las relaciones familiares para entender los procesos que ocurren dentro del hogar.

Breve referencia a la historia de la familia

Cambios sociales de diversa índole han influido en la vida y en las relaciones familiares, así como en el surgimiento de nuevas modalidades de organización del espacio hogareño en México. Dichos cambios, lejos de presentar un desarrollo lineal y vertiginoso, han ocurrido paulatinamente y con frecuentes vaivenes, sin un sentido unívoco.

Si sólo consideramos el siglo XIX, podemos decir que las modificaciones en la vida familiar se produjeron enmarcadas en la sucesión de las generaciones según ritmos muy desiguales que varían de acuerdo con la clase social de pertenencia, la inserción urbana o rural de los hogares y las características particulares de la sociedad de referencia. Para sistematizar algunos rasgos de estas modificaciones —tarea que será emprendida en el próximo apartado—, es importante destacar algunos aspectos del contexto global que sirven de telón de fondo de cambios específicos.

Aunque persista la empresa doméstica urbana, el pequeño taller familiar y el grupo doméstico campesino, ya no es posible continuar caracterizando a la familia en general como una unidad de producción, dada la paulatina erosión de la unidad productiva predominantemente anclada en las relaciones familiares (Horkheimer, 1968; Parsons, 1980). Ello ha supuesto un movimiento de separación y de especialización de los espacios institucionales, lo cual provoca que los lugares y ámbitos de trabajo dejen de ser gradualmente los mismos que los de la vida hogareña. En este proceso, el papel desempeñado por hombres y mujeres en el hogar se ve profundamente modificado (Staples, 1994).

Algunas funciones que eran anteriormente desempeñadas por la familia se trasladan de manera gradual a instituciones sociales como las escuelas, los centros de capacitación laboral, los hospitales y las casas-hogar para los ancianos; mientras que en la familia se produce una especialización en torno a las funciones afectivas y reproductivas (Horkheimer, 1968; Anderson, 1980; Parsons, 1980; Stone, 1990; Lash, 1996), lo que entraña un cambio decisivo en los límites público y privado: "allá donde pueden localizarse las primeras fisuras de viejas normas o los más firmes bastiones de antiguas tradiciones" (Gonzalbo, 1991: 1).

La erosión del poder patriarcal se da paralelamente a un proceso cada vez mayor de individuación que engloba la gestación y afianzamiento de la autonomía de los miembros que componen el grupo familiar.[3] Aunque hoy se pueda corroborar la presencia de rasgos patriarcales en la estructuración de relaciones familiares, éstos se combinan (en ciertas familias) con pautas más democráticas de gestión familiar, lo cual otorga mayor complejidad a los perfiles de las familias.

Las transformaciones en la familia no pueden ser adecuadamente aquilatadas si se dejan de lado los rasgos contextuales en que se insertan, marcados por lo que se denomina, en términos laxos, "el modelo occidental de familia". Dicho modelo repercute de múltiples maneras en las configuraciones familiares en México. Calvo (1991: 311) ilustra este fenómeno recalcando, por ejemplo, que en el periodo colonial la "adopción del matrimonio cristiano" debe ser considerada como una influencia marcante del modelo occidental de familia sobre las uniones y la formación de la pareja, pues éste tiene en los ordenamientos cristianos sobre el matrimonio una de sus bases.

A pesar de las inmensas afinidades con el modelo indicado, la realidad mexicana presenta ineludibles rasgos originales. A las costumbres indígenas, transmitidas y mediadas principalmente por las familias mestizas y criollas, se suman las herencias de la cultura negra que —mediante la esclavitud— se implanta en algunas zonas de la Nueva España. Así, la familia se desarrolla incorporando códigos, costumbres y reglas consuetudinarias provenientes de distintas culturas, las cuales sirven de marco orientador de un número variado de relaciones organizadoras de la vida familiar.

Con el transcurso del tiempo, tanto los códigos como las costumbres y reglas se reproducen y se resignifican al amparo de la consolidación de preceptos y prácticas derivadas de la moral cristiana (que van más allá de las relativas al matrimonio), fuertemente anclada en el patriarcado, que a su vez, en el pasado, funcionaba como eje organizador de la sociedad, del poder y de las relaciones humanas en general. Por tener tal importancia, el patriarcado debe ser visto como un proceso social y por ello

[3] Sobre al patriarcado en general y su peso sobre las relaciones familiares, véase García González (1994) y Barceló (1997). Esta última autora argumenta que, a inicios del siglo XX, "la autoridad del padre era indiscutible dentro de la familia por su poder ordenador, ya que la ausencia de dicha autoridad podía ocasionar el desorden del hogar" (Barceló, 1997: 91). Para ejemplos relativos al siglo XVIII, véase Rabell (1991) con señalamientos sobre la subordinación femenina y sus variaciones regionales.

legitimado mediante instituciones tan básicas como, por ejemplo, el Estado y la Iglesia católica.

Amorós (1990), al estudiar la condición femenina alude al patriarcado y lo señala como un eje clave para el entendimiento de la subordinación. El patriarcado consiste en un fenómeno que no sólo acompaña el devenir de la familia moderna desde sus albores, sino que está presente en el feudalismo y en la antigüedad clásica (Horkheimer, 1968), lo cual hace posible verlo como una figura persistente.

En espacios que no fueron la cuna del modelo occidental de familia —como América Latina—, el patriarcado también deja sus huellas en un sinnúmero de instituciones y se constituye en una especie de *constructum* macrosocialmente producido que conforma ideologías, prácticas, costumbres, instituciones; interviene, desde luego, en el conjunto del tejido social (Salles, 1992).[4] Los patrones patriarcales de organización familiar (que forman parte de las instituciones tradicionales de la sociedad mexicana) se ven reforzados, en el siglo pasado, por una política de Estado que regula el comportamiento familiar con el establecimiento de un marco jurídico manifiesto en distintos aspectos de la legislación que, no obstante, reproducen valores patriarcales, como por ejemplo la Ley del Matrimonio Civil (1859), los Códigos Civiles de 1870 y 1884 (Pérez Duarte, 1994).

La participación del Estado en la reglamentación de la vida familiar otorga un componente secular a los controles y contrarresta así la injerencia de la Iglesia católica en la cuestión de los matrimonios. Dicha injerencia sufre un duro golpe con "la pronunciación de las llamadas Leyes de Reforma". Entre las leyes destaca la que se dictó el 23 de julio de 1859, denominada la Ley del Matrimonio Civil (Pérez Duarte, 1994: 45); pero no es sino con la Ley de Relaciones Familiares (LRF) de 1917 con la cual se explicitan más tajantemente las características no católicas del matrimonio. Con base en el examen del texto, Pérez Duarte (1994: 45) indica que en la LRF el matrimonio es definido como un contrato civil.

Los contenidos de los códigos civiles mexicanos que rigen la familia —desde finales del siglo pasado y hasta el actual— han buscado institucionalizar tanto las relaciones como las estructuras y las funciones del grupo familiar. Las reglas, en muchos casos, son inducidas por los grupos en el poder para facilitar el control social o (como en el caso de México) para legitimar la familia patriarcal, según lo estipulan aún hoy los Códigos de algunos estados de la República. Aunque la cobertura de

[4] En un estudio reciente (Johnson, 1997) se subrayan los aspectos contemporáneos del fenómeno. El rasgo patriarcal que históricamente ha dado significado a variadas culturas y diferentes regímenes sociales —como los implicados en la concepción moderna de "sociedad"— sigue vigente en nuestro tiempo, aunque con características diferentes de las que poseía en los tiempos pasados. Véase también Castells (1998).

las reglas contenidas en los códigos no siempre logra un grado universal de aceptación, al regular la vida en familia constituyen manifestaciones de la relación entre el Estado y los protagonistas de la vida familiar (Pérez Duarte, 1994).

El marco jurídico que rige las relaciones familiares en el siglo XX

Una fuente relevante de estudio de los cambios en la familia se centra en el análisis de los códigos mexicanos que rigen la vida familiar. Mediante su examen puede observarse que gradualmente se introducen modificaciones en el concepto de "familia" debilitando, en cierta medida, algunos de sus atributos previos.

En el siglo XX, diversos cambios fueron introducidos en los códigos vigentes en el siglo XIX. Las primeras transformaciones se inician con la Revolución mexicana, que reformula disposiciones presentes en los códigos de 1870, promulgados por Benito Juárez (que empezó a regir en marzo de 1871), y el de 1884, promulgado por Manuel González (que inició su vigencia a partir del 11 de junio de ese mismo año). Estos códigos tuvieron como marco de orientación ciertos principios ya integrados en otros códigos, como el napoleónico.

Los dos Códigos mexicanos incluían restricciones para la mujer y la colocaban ineludiblemente en grado de inferioridad respecto del hombre en diversos aspectos de al vida civil ("Código Civil comentado", 1993), situación que paulatinamente cambió en los códigos y leyes del siglo XX, sin que se lograran extirpar varias de las desventajas que afectan a las mujeres. En los códigos del siglo pasado (1870 y 1884) se atribuía sólo al hombre el ejercicio de la patria potestad sobre los hijos, no se reconocía la adopción, ni se aceptaba la disolución del vínculo conyugal. En relación con el último aspecto, se afirma que el matrimonio consistía en "una sociedad legítima de un solo hombre con una sola mujer que se unen en vínculo indisoluble para perpetuar su especie y ayudarse a llevar el peso de la vida" (citado en Pérez Duarte, 1994: 45). Estos aspectos sufrirían cambios —como lo veremos más adelante— con La Ley de Relaciones Familiares (LRF) de 1917.

El análisis de las modificaciones en las leyes no puede apartarse de las referencias a los cambios en la sociedad. En efecto, la investigación histórica realizada en México destaca que las transformaciones experimentadas por la sociedad, la economía y la cultura en general repercutieron de múltiples maneras en las mentalidades, el comportamiento, la organización y la vida familiar, lo cual ocasiona que el marco jurídico entre en un estado de caducidad.

Antes de que terminara el siglo XIX nuevos y variados elementos se incorporan al panorama social (Staples, 1994): los espacios urbanos se abren a las innovaciones tecnológicas y culturales, lo cual introduce cambios en la organización de los hogares urbanos distanciándolos de los hogares rurales. Asimismo, se transforman las pautas que rigen la división sexual del trabajo y el espacio funcional de la casa. La frecuencia y naturaleza de los encuentros y relaciones entre personas de una misma familia se modifican y se agilizan con la introducción del ferrocarril, el teléfono y el telégrafo.

Como señala Staples (1994: 30):

> en el ambiente urbano hubo muchas innovaciones tecnológicas y culturales [...] gracias a las lámparas de gas y a los coches de alquiler (jalados por caballos o mulas, por supuesto) hubo más vida nocturna [...]. El mundo empezaba a moverse más de prisa [...]. El siglo XIX introdujo, debido a la tecnología, sobre todo, una sutil modificación de la familia al transformarla de unidad económica a una dedicada a la reproducción de sí misma y de sus valores culturales [...] se creó un espacio sagrado llamado "hogar" [...] un padre exigente y una madre mediadora, "reina del hogar", satisfecha de ser la madre, esposa y ama de casa perfectas.

Las visiones familiares predominantes hacia finales del siglo XIX y principios del XX estaban, en gran medida centradas en el riesgo y temor a la enfermedad y muerte, lo cual introduce incertidumbre a la cotidianidad (Lavrin, 1991). Tales visiones no son sustituidas, sino más bien agudizadas, cuando las familias hacen frente a las realidades impuestas por la violencia social de la Revolución mexicana, otra fuente de incertidumbres y de amenazas a la normalidad de la vida cotidiana (Lavrin, 1991).

Durante la época revolucionaria, la población vivió situaciones inéditas que tuvieron profundas repercusiones para la sociedad y la vida familiar. La sobrevivencia de los núcleos familiares exigió nuevas estrategias de vida, y en este marco sobresale el papel de las mujeres que demostraron ser más que "reinas del hogar" para convertirse —en muchos casos— en sostenes de la familia en condiciones adversas.[5]

Pasado el periodo revolucionario, y como un resultado de los grandes cambios que introduce la Revolución mexicana en la sociedad, se integraron modificaciones en el concepto tradicional de "familia" y se matizaron ciertos rasgos que en la sociedad porfiriana de inicios de siglo reproducían patrones patriarcales de organización familiar, como por ejemplo el ma-

[5] Tales afirmaciones son más plausibles justamente porque la investigación histórica ha contribuido a romper con la imagen femenina estereotipada, lo cual ha permitido formular nuevas interrogantes sobre la participación de las mujeres en las sociedades en que vivieron (Cicerchia, 1997).

trimonio que se daba más bien como un arreglo entre familias que como una decisión sustentada en la iniciativa de los cónyuges.

En términos del marco jurídico —como se señaló—, se expidió la Ley de Relaciones Familiares (LRF). Venustiano Carranza anunció al Congreso Constituyente, en 1916, que promulgaría leyes para establecer la familia sobre "bases más racionales y justas, que elevaran a los consortes a la alta misión que la sociedad y la naturaleza ponen a su cargo". En efecto, al año siguiente se expidió la Ley de Relaciones Familiares (LRF), por considerar que "las ideas modernas sobre la igualdad, ampliamente difundidas y aceptadas en casi todas las instituciones sociales, no han llegado a influir convenientemente en la familia" (LRF, 1917: 2). La ley, aun cuando no tuvo el carácter federal, fue adoptada en el Distrito y territorios federales y en varios estados de la República y postuló bases de igualdad y reciprocidad entre los esposos. En materia de bienes, estableció un régimen absoluto de separación cuando éstos estuvieran indivisos.

Dicha disposición tomó en cuenta que "la mujer y muy especialmente la mexicana [...] ha sido frecuentemente víctima de explotaciones [...] que el Estado debe impedir" (1917: 3). Se dispuso, a diferencia de legislaciones previas, que el patrimonio fuera administrado de común acuerdo; que cada uno de los cónyuges conservara la administración y propiedad de sus bienes personales y los frutos de éstos y la completa capacidad para contratar y obligarse. La ley dejó asentado "que ambos cónyuges tienen derecho a considerarse iguales en el seno del hogar", de donde se siguieron algunas prerrogativas para la mujer. Sin embargo, predicó una rígida división sexual del trabajo, al reiterar la obligación del marido de sostener a la familia, sin perjuicio de que la mujer coadyuvase a tal sostenimiento; pero advirtió igualmente que el trabajo de la mujer casada no debía alejarla del cumplimiento de su primer deber: el cuidado directo de los hijos y del hogar.

La patria potestad se entendió como un conjunto de deberes que la naturaleza impone a los cónyuges en beneficio de la prole. Se renovaron los requisitos para contraer matrimonio y se estableció la adopción como medio para hacer ingresar a la familia un hijo que no lo fuera naturalmente de los esposos, lo cual cristalizaba las aspiraciones de los matrimonios que no hubiesen procreado (LRF, 1917).

La situación de los hijos naturales mejoró al suprimirse la calificación de "espúreos", al facilitárseles su reconocimiento y legitimación y al otorgarles los derechos para llevar el apellido de quien los reconoce, ser alimentados y percibir porción hereditaria en las mismas condiciones que cualquier otro hijo (LRF, 1917).

Una medida sumamente novedosa que cambia radicalmente las disposiciones de 1874 sobre la perdurabilidad del matrimonio es el establecimiento del divorcio, que se integra en el capítulo VI, artículo 75, de la LRF (1917). En ella se destaca que "el divorcio disuelve el vínculo del matrimonio y deja a los cónyuges en aptitud para contraer otro". Así se especifica que el matrimonio puede disolverse durante la vida de los cónyuges, por mutuo y libre consentimiento o por las causas graves que establecen las leyes locales, lo cual los habilita para contraer una nueva unión legítima.

Un nuevo Código Civil fue expedido por Plutarco Elías Calles en 1928 y entró en vigor el 1° de octubre de 1932 para el Distrito y territorios federales, en materia común, y para toda la República en materia federal. Con este Código quedó abrogado el del 31 de marzo de 1884. Se abrogó también la Ley de Relaciones Familiares de 1917. En este nuevo Código Civil se establece en términos más claros la igualdad jurídica para mujeres y hombres. En el artículo segundo se especifica lo siguiente: "la capacidad jurídica es igual para el hombre y la mujer; en consecuencia la mujer no queda sometida, por razón de su sexo, a restricción alguna en la adquisición y ejercicio de sus derechos civiles". Desde 1917, en la Ley de Relaciones Familiares se inicia la corriente legislativa en este sentido (véase Código Civil comentado, 1993: 4).

La equiparación jurídica del hombre y la mujer trajo un conjunto amplio de efectos: se dispuso que la mujer tuviera en el matrimonio autoridad y consideraciones jurídicas iguales al marido; que de común acuerdo arreglaran todo lo relativo a la educación de los hijos; se determinó que la mujer pudiera, sin necesidad de autorización marital, asumir un empleo o ejercer una profesión con tal de que no descuidara la dirección y los trabajos del hogar. En el ordenamiento de 1932 se estableció la equiparación de las causales de divorcio en lo que se refiere al hombre y a la mujer, y se confirmó la separación por mutuo consentimiento. Además, se reiteró la tesis de la igualdad ante la ley de los hijos legítimos y los naturales. Se protegió igualmente a la concubina (mujer que vive en unión libre o casada solamente por la Iglesia, con un hombre soltero) y a los hijos nacidos del concubinato (véase Código Civil comentado, 1993).

En el ordenamiento señalado, la mujer no pierde la patria potestad sobre los hijos de los matrimonios anteriores, aun cuando contraiga nuevas nupcias. Se estableció como impedimento para contraer matrimonio padecer sífilis, tuberculosis o alguna enfermedad crónica o incurable, hacer uso excesivo y habitual de bebidas embriagantes o de drogas enervantes. Se obligó a que, al contraer matrimonio, forzosamente los cónyuges pactaran acerca de si establecían comunidad o separación de bienes; por este medio se buscaba garantizar debidamente los intereses de la esposa (véase Código Civil comentado, 1993).

La vida familiar en el México contemporáneo es aún regida por el Código Civil de 1932. Es conocido el hecho de que los códigos familiares muchas veces tienen una duración larga, mientras que la vida en familia depende de arreglos flexibles y de contingencias cotidianamente vividas. La caducidad de los códigos frente a la realidad que buscan normar hace que se establezcan distancias entre lo que estipulan las leyes y las prácticas concretas en las relaciones familiares.

A partir de 1932, México ha pasado por cambios y transformaciones sociales profundas que han impuesto la necesidad de introducir varias reformas al Código Civil. Simultáneamente a las transformaciones acaecidas en el país se afianzan y consolidan movimientos sociales que luchan por la ampliación de los derechos humanos y las garantías constitucionales. Éstos propician el ambiente para la reivindicación de un marco jurídico para sintetizar principios que rijan de manera renovadora tanto las relaciones interpersonales como las de los ciudadanos con el Estado.

En dicho marco cobra importancia el movimiento feminista que, al proponer cambios en la situación de la mujer, afecta las pautas instituidas que orientan y norman las relaciones familiares. Varios de los cambios promovidos por las mujeres mexicanas se insertan en un contexto internacional sensible a las reivindicaciones femeninas. Como, por ejemplo, las recomendaciones que emanaron de la ONU a mediados de la década de los setenta para eliminar todas las formas de discriminación contra la mujer. A éstas se suman las plataformas de acción de las cuatro conferencias mundiales sobre la mujer. En el contexto, se introducen, a partir de la década de los setenta, varias reformas al Código Civil de 1932. Entre ellas destacan las de 1974, que se refieren a los derechos y obligaciones que nacen del matrimonio. En este marco sobresale el artículo 162, que establece, por un lado, el deber de asistencia mutua de los cónyuges y de contribución a los fines del matrimonio y, por otro, el derecho a decidir sobre el número y espaciamiento de los hijos (Código Civil comentado, 1993).

Anteriormente, la persona obligada a sostener el hogar era el hombre, y como no se hacía ninguna mención al respecto, se consideraba que por ello era el hombre quien tenía mayores derechos en el marco del matrimonio. Con las transformaciones introducidas en 1974 se reitera la igualdad doméstica de la pareja, independientemente de las aportaciones económicas de cada uno; pero, de hecho, el poder económico que aún ejerce el marido en muchos de los hogares mexicanos es determinante de la estructura familiar, donde sigue desempeñando el papel de proveedor, debido a una inveterada costumbre en ese sentido. El 31 de diciembre de 1974 se reformó el artículo 4° de la Constitución mexicana, de manera que "el varón y la mujer son iguales ante la ley". Esta declaración tiene un sentido más amplio que el solo concepto referido a la capacidad jurídica (Código Civil comentado, 1993: 127).

Las reformas indicadas entrañan cambios importantes, pero el conjunto del Código de 1932 aún no ha sido sustituido. Por ello, prosiguen las acciones organizadas que reivindican la necesidad de un nuevo Código Civil. Entre ellas encontramos diversas expresiones feministas que han hecho propuestas concretas para adecuar la legislación en la materia a las nuevas relaciones de la familia mexicana, y que acentúan la existencia de problemas de desigualdad entre hombres y mujeres en el seno del hogar.

Ya hemos señalado que los códigos familiares muchas veces tienen una larga duración, mientras que la vida en familia depende de arreglos y de situaciones vividas. La caducidad de los Códigos frente a la realidad que buscan normar hace que se establezcan distancias entre lo que estipulan las leyes y las prácticas concretas en las relaciones familiares. Tal fue el caso del efecto que tuvo la Ley del Matrimonio Civil de 1859, cuyas disposiciones empezaron a surtir efecto hasta 1929, con la obligación de "los ministros de cualquier culto a exigir de los contrayentes el acta de matrimonio civil antes de proceder al matrimonio religioso [...] esta medida fue decisiva en el incremento de los matrimonios civiles" (Quilodrán, 1974: 36).

Las estadísticas disponibles permiten comprobar que sólo a partir de 1930 la nupcialidad legal en México se incrementa frente a otros tipos de unión (Quilodrán, 1974) y que este fenómeno guarda vínculos con disposiciones y códigos previamente promulgados. Este hecho puede ser interpretado desde una perspectiva cultural y destaca la importancia de las reglas sociales —cristalizadas en códigos y leyes— sobre los comportamientos individuales y familiares.

COMPONENTES DEL CAMBIO FAMILIAR: UNA PERSPECTIVA SOCIODEMOGRÁFICA

La investigación sobre la familia en México, relegada como un campo de estudio no prioritario hace algunas décadas, cobró auge desde los ochenta, imponiéndose como un tema de gran relevancia que, al lado de varios otros, propone nuevas maneras de interpretar lo social. Estudios recientes de la historia —en distintos campos disciplinarios— mediante el examen de datos antiguos y con el apoyo de nuevos métodos, han hecho visibles situaciones familiares poco conocidas. Asimismo, las aportaciones de la sociología, la etnología, la antropología y la demografía se han renovado permanentemente y han arrojado luz tanto sobre la organización y la vida familiar como sobre aquellos fenómenos demográficos considerados clave para su entendimiento. En este marco, las investigaciones orientadas por el enfoque de género[6] —que se realizan por la vía de la información sociodemográfica convencional, los estudios cualitativos y la incorporación de fuentes históricas —examinan, desde un punto de vista crítico, las normas, reglas y relaciones que rigen la vida familiar, por lo que revelan la índole de los vínculos que unen a los cónyuges y dan cuenta de los conflictos que acompañan la búsqueda de una mayor equidad de género y de generaciones en el ámbito doméstico.

El enfoque de género, además, propone temas e interpretaciones novedosas y explora asuntos vinculados con los procesos que influyen en el acceso y control de recursos y en la distribución del poder en el espacio familiar, la división sexual del trabajo, el grado de autonomía femenina en el seno de la familia, la educación y la capacidad de las mujeres para generar ingresos, así como su participación en la toma de decisiones y en las relaciones familiares.

Desde la perspectiva sociodemográfica de la función reproductiva de la familia, particularmente del ciclo de vida familiar, los niveles de nupcialidad, fecundidad y mortalidad han tenido repercusiones directas sobre la composición y estructura familiares, así como sobre el número y espaciamiento de los hijos presentes en el hogar, como veremos en los párrafos siguientes. Sus efectos demográficos netos pueden comprobarse en el acortamiento del periodo reproductivo de las mujeres; en la disminución del número de niños en el hogar, y en el descenso en el número de años que los padres pasan con hijos pequeños y jóvenes en la casa.

Con base en fuentes de información diversa que permiten acercamientos a la estructura y organización familiar, en los párrafos que siguen trataremos de identificar un conjunto de pautas de comportamiento demográfico relevantes que inciden en las transformaciones observadas en la vida familiar; pondremos de manifiesto, además, la persistencia de determinados tipos de organización y relaciones familiares que significan procesos de resistencia al cambio.

Cambios en la mortalidad y la fecundidad: efectos sobre la familia

El régimen demográfico de México durante la primera parte del siglo XIX se caracterizó por la prevalencia de elevados, aunque fluctuantes, nive-

[6] Dicho enfoque recalca que las diferencias sexuales se traducen mediante muy diversos mecanismos, en desigualdades sociales entre hombres y mujeres (en términos económicos, sociales y políticos, entre otros), lo cual es el fundamento de la subordinación femenina (Lamas, 1986; Ariza y Oliveira, 1998; Salles, 1994).

les de mortalidad y natalidad. Poco es lo que se sabe acerca del comportamiento de los fenómenos demográficos en México durante la última parte del siglo XIX y las primeras décadas del siglo XX. A pesar de ello, la investigación en esta área ha logrado esbozar un panorama general de la evolución de la población y de los factores del cambio demográfico a lo largo del siglo XX.[7] Aunque no es posible contar con cifras precisas y confiables, se calcula que hacia finales del siglo XIX y principios del siglo XX la esperanza de vida al nacimiento de la población del país se situaba ya en un nivel próximo a los 30 años, que era similar al registrado en Europa occidental a mediados del siglo XVIII (véanse Mier y Terán, 1991; Zavala, 1999).

Después de la Revolución mexicana comienza un largo proceso de reformas y de institucionalización política en México, que da lugar a profundos cambios estructurales reflejados gradualmente en un mejoramiento en las condiciones de vida de la población y en un aumento considerable de la esperanza de vida al nacimiento: de alrededor de 36 años en 1930 a 73.6 años en 1997. Uno de los componentes más importantes del aumento de la sobrevivencia es la disminución de la mortalidad infantil. Mientras que alrededor de 180 de cada 1 000 recién nacidos en 1930 fallecía antes de cumplir su primer aniversario, en 1997 este indicador se redujo a menos de 30 por cada 1 000.

Las consecuencias del descenso de la mortalidad son múltiples y diversas e influyen en diferentes aspectos de la vida familiar. Es evidente que la prevalencia de una alta mortalidad y una baja esperanza de vida limitan el tiempo de convivencia intergeneracional (de padres, hijos y nietos), lo cual da origen a pautas menos ordenadas en las trayectorias de vida de los individuos. La disminución de la mortalidad trajo consigo la ampliación del tiempo potencial de convivencia familiar, lo que abrió la posibilidad de multiplicar y transformar los eventos y sucesos significativos que ocurren en el interior de las familias.

Los mayores niveles de sobrevivencia alcanzados han permitido incrementar de manera significativa la proporción de hombres y mujeres que logran llegar con vida a la edad de contraer matrimonio y fundar una familia. Asimismo, han permitido aumentar considerablemente el número potencial de años que las parejas pueden mantenerse unidas sin ser disueltas por la muerte de uno de los cónyuges, lo cual aplaza entre los sobrevivientes la experiencia de la viudez. Una consecuencia adicional del descenso en la mortalidad sobre la dinámica de las familias es la menor probabilidad de que los padres experimenten la muerte de uno o más de

[7] Se estima que entre 1895 y 1910 la tasa bruta de natalidad (TBN) variaba entre 45 y 50 nacimientos por cada 1000 habitantes, mientras que la tasa bruta de mortandad (TBM) se encontraba en el orden de entre 30 y 35 defunciones por cada 1000 habitantes.

sus hijos antes de cumplir la mayoría de edad, al tiempo que los hijos pasan más tiempo en calidad de tales. La muerte prematura de los hijos constituía, en el pasado, una experiencia más frecuente que alteraba el equilibrio emocional de sus miembros.

Es sabido además que la caída de la mortalidad —en ausencia de cambios significativos en los patrones de fecundidad y nupcialidad— promueve una descendencia cada vez más numerosa, en tanto que las uniones disueltas por el fallecimiento de uno de los cónyuges tienden a reducirla. Este efecto puede advertirse si centramos nuestra atención en la evolución seguida por la descendencia final de las mujeres mexicanas nacidas entre 1861 y 1951. De acuerdo con Zavala, la descendencia final aumentó considerablemente entre quienes nacieron después de 1900. El alza constante culmina con el grupo de generaciones de 1932-1936 y a partir de las generaciones siguientes se torna evidente el inicio del descenso de la fecundidad en México (Zavala, 1990a). Dicha disminución, que empezó a manifestarse hacia fines de los años sesenta, tuvo su origen en un cambio de actitudes y prácticas respecto de la familia y la maternidad adoptado por un grupo de mujeres urbanas, comparativamente más educadas que las de generaciones previas, cuya primera unión se inició algo más tarde. Ellas empezaron a controlar su descendencia a partir de los 30 años de edad (Juárez y Quilodrán, 1996). La reducción de la prole se produjo inicialmente en los nacimientos de orden elevado (cinco y más) y gradualmente se extendió a los de orden más bajo. A partir de este grupo de generaciones, las prácticas orientadas a limitar la descendencia comenzaron a difundirse entre los diferentes grupos sociales (Juárez y Quilodrán, 1996).

La fecundidad ha seguido una trayectoria descendente desde finales de la década de los setenta: pasó de un nivel de alrededor de 7.0 hijos promedio por mujer a cerca de 2.6 hijos en 1997.[8] La transición de la fecundidad ha descansado, en buena medida, en la modificación de las preferencias e ideales reproductivos de las parejas mexicanas, de las familias y en la difusión de la práctica anticonceptiva.[9]

La caída de la fecundidad ha permeado de manera paulatina a distintos sectores y grupos de población, entre otras razones por los cambios ocurridos en la esfera simbólica, en el nivel de las percepciones sobre la mujer

[8] Sin embargo, conviene recordar que la fecundidad de las mujeres que se encuentran en situación de marginación social continúa siendo elevada, como ocurre con aquéllas sin instrucción escolar y en las regiones con población rural e indígena. Hoy las mujeres que viven en áreas rurales tienen alrededor de dos hijos más, en promedio, que las que habitan en zonas metropolitanas, mientras que las mujeres sin instrucción tienen una descendencia de más del doble de las que logran terminar la primaria (Conapo, 1995b).

[9] En el país, la práctica anticonceptiva de las mujeres creció de 30% en 1976 a 67.6% en 1997 (Conapo, 1997a).

y la familia en su función reproductiva. Así, por ejemplo, hoy en día la gran mayoría de hombres y mujeres mexicanas (ocho de cada 10) está convencida de que los eventos reproductivos pueden ser planeados por anticipado; esto habla de la consolidación de un conjunto de valores, actitudes y destrezas que favorecen el espíritu de previsión y planeación entre los individuos y las familias, lo cual se ejemplifica con las preferencias reproductivas de las parejas. En dicho sentido, el acceso cada vez mayor de la población en edad fértil a los métodos anticonceptivos ha contribuido a cristalizar las preferencias reproductivas de las parejas mexicanas (Encuesta de Comunicación en Planificación Familiar de 1996).

Más allá de las percepciones, en el nivel de las prácticas, es importante recalcar que hoy en día parejas de grupos y sectores sociales del país buscan medios para limitar su descendencia. Un indicador de ello es la prevalencia cada vez mayor del uso de métodos anticonceptivos en casi todos los sectores sociales.

El descenso de la fecundidad ha repercutido en cambios significativos en las cargas de trabajo de las mujeres dedicadas a la atención de niños pequeños. Para ilustrarlo, conviene señalar que en 1970 más de 55% de las mujeres tenía, al final de su vida reproductiva, seis hijos o más, y dedicaba a la crianza de niños y niñas, en promedio, alrededor de 25 años entre el nacimiento de su primer hijo y el momento en que el último cumplía seis años de edad. En contraste, alrededor de 45% de las mujeres tiene actualmente dos hijos o menos al final de su vida reproductiva y dedica a su crianza cerca de 10.5 años. Este hecho tiene importantes repercusiones en la trayectoria de vida de los hijos y de los padres y en las relaciones familiares, así como en las cargas de trabajo de las mujeres, lo que propicia cambios en su posición en la familia (Conapo, 1995b). Un efecto colateral de este hecho demográfico es el relativo a los costos de la vejez para las familias, los cuales —ante el precario sistema de seguridad social del país— se distribuyen entre un menor número de hijos.

Los fenómenos descritos han tenido, de manera conjunta, diversas consecuencias en la familia que van desde el número de parientes conviviendo en el espacio doméstico familiar, las redes y extensiones parentales, hasta los patrones de socialización, dinámica familiar y formas de organización de la vida hogareña. Los cambios aludidos, junto con otros ocurridos en la esfera de las percepciones —que serán abordados adelante—, han ocasionado que el desarrollo de la familia experimente modificaciones cuyas repercusiones se manifiestan ya de manera contundente en la organización y dinámica familiares, mientras que otras aún tienen una incipiente presencia que la investigación social no logra desentrañar todavía. Baste mencionar el escaso acercamiento que ésta ha realizado a los procesos simbólicos de las alteraciones familiares, entre otras razones por la escasez de datos cuantitativos y cualitativos en la materia.

Relaciones sexuales premaritales[10] *y formación familiar*

A pesar de que la demografía histórica y la antropología han llevado a cabo una considerable cantidad de estudios sobre la formación familiar, las pautas de elección del cónyuge y los patrones de residencia, hay dificultades para conocer las formas y el calendario del inicio de las relaciones sexuales premaritales y sus vínculos con la vida familiar.

Afortunadamente, para el periodo reciente hay datos que destacan que las primeras relaciones sexuales ocurridas antes del matrimonio han aumentado en los últimos años. Así, por ejemplo, entre las mujeres pertenecientes a la generación 1940-1949, 8.4% tuvo su primera relación sexual antes del matrimonio (antes de cumplir 25 años de edad) y 3.5% había tenido alguna experiencia sexual y permanecía sin unirse a los 25 años; para la generación 1965-1969, en cambio, esas proporciones se incrementan a 19.0 y 4.3%, respectivamente. Sin embargo, cabe destacar que las mujeres con alguna experiencia sexual antes de cumplir los 25 años disminuyeron de 85.2 a 78.0% entre ambas cohortes (Conapo, 1996a).[11] De las mujeres que nacieron en la década 1940-1949, 18.7% inició su vida marital antes de cumplir 16 años, y 58% antes de los 20; en contraste, de las nacidas entre 1965 y 1969, lo hicieron 10% y 39%, en las edades respectivas (Conapo, 1996a).

La actividad sexual se percibe y ejerce de manera diferente entre hombres y mujeres. En diversos países, los hombres comparados con las mujeres reportan haber tenido encuentros sexuales más tempranamente, haber tenido un gran número de parejas y un periodo prolongado entre la iniciación sexual y el matrimonio. Estas diferencias en el comportamiento sexual entre hombres y mujeres varían de acuerdo con grupos diferenciados culturalmente.

En efecto, se observan distinciones notables marcadas por la edad a la que los jóvenes y las jóvenes inician relaciones sexuales. En la ciudad de México (1993), por ejemplo, 8.5% de las mujeres tuvo relaciones sexuales entre los 15 y los 17 años, y 20.4% entre los18 y los 19 años; entre los hombres las proporciones fueron significativamente más altas (31.3% y 61.8%, respectivamente). Estos datos apuntan que la edad promedio al

10 Un análisis acabado sobre el tema de la sexualidad puede encontrarse en el capítulo respectivo de esta obra, elaborado por Ivonne Szasz.

11 Las mujeres urbanas experimentan en mayor medida la actividad sexual premarital (19.4%) que las rurales (10.7%). Véase el capítulo de Szasz.

primer coito para las mujeres era de 17 años y 15.7 para los hombres. Mientras que los hombres se inician en la actividad sexual con parejas de 18.4 años en promedio, las mujeres lo hacen con parejas de 20.6 años. Ellas en su mayoría (69%) inician la vida sexual con el novio; ellos también la inician con su novia pero en menor medida (54%). Algunos de los datos disponibles revelan que entre los adolescentes y los jóvenes alguna vez unidos de la ciudad de México es frecuente que un embarazo haya influido para que el matrimonio se llevara a cabo (Sandoval, 1994).

Por otro lado, la ocurrencia de concepciones prenupciales y de nacimientos fuera del matrimonio puede vincularse con distintos factores. Entre ellos destacan: *i)* la existencia de pautas de mayor libertad sexual; *ii)* el relativo debilitamiento de los controles sociales que canalizan la sexualidad preferentemente al matrimonio; *iii)* la escasa o poco eficiente práctica de la anticoncepción entre la población joven de México; y *iv)* las prácticas machistas que orillan a muchas jóvenes a demostrar su fertilidad al varón antes del matrimonio o unión conyugal.

De acuerdo con los datos de una encuesta realizada en 1976, 14% de los primeros nacimientos entre mujeres de entre 15 y 49 años de edad ocurrieron antes o durante los primeros seis meses del matrimonio o la unión. No obstante lo anterior, datos recientes sugieren que las generaciones más jóvenes tienen una mayor propensión a experimentar nacimientos o concepciones prenupciales: entre la generación de 1945-1949 la proporción es de 10.5%, mientras que entre las personas pertenecientes a la generación de 1960-1964 es de 16.6% (Conapo, 1996a).

No obstante el incremento de las concepciones prenupciales (de acuerdo con los datos aludidos), los embarazos y nacimientos siguen siendo eventos que se realizan tradicionalmente dentro del matrimonio, concebido todavía como ámbito privilegiado para la expresión de la sexualidad y la experiencia sexual regular de hombres y mujeres. Sin embargo, en el presente la práctica sexual exclusivamente dentro del matrimonio es cuestionada en determinados sectores de la población. Para el caso mexicano, por ejemplo, hay resultados empíricos que aluden a este tema. Cuando se pregunta a los mexicanos acerca del inicio de las relaciones sexuales, dos de cada tres desaprueban que las mujeres tengan relaciones sexuales antes del matrimonio y alrededor de uno de cada dos opina en el mismo sentido respecto de las experiencias sexuales premaritales de los varones. Asimismo, alrededor de 55% manifiesta estar de acuerdo en que el matrimonio debe ser la única forma de vivir en pareja, en tanto que la proporción restante acepta que las parejas pueden vivir juntas, aun sin estar casadas. La proporción de personas que dice no estar de acuerdo con la unión libre no varía según el sexo de los entrevistados, pero sí tiende a disminuir marcadamente con la edad y a aumentar con la escolaridad o el ingreso de las personas (Beltrán, Castaños, Flores, Meyenberg, 1994).

Por su parte, la población femenina es, aparentemente, en relación con este tema, más conservadora que la masculina: 69% (contra 62%) está en desacuerdo en que las mujeres tengan relaciones sexuales antes del matrimonio, y alrededor de 54% (contra 38%) tampoco las favorece en los hombres. Cabe hacer hincapié en lo ya dicho respecto de que los más jóvenes, los más educados y los de ingreso más elevado aceptan, en mayor medida, las relaciones sexuales premaritales (Beltrán, Castaños, Flores, Meyenberg, 1994).

En México, la edad a la primera unión ha tenido ligeras variaciones: para las mujeres la edad media era, en 1930, de 21.9 y pasó a 22.9 en 1995; para los hombres esta edad pasó de 24.6 a 25.1 en el mismo periodo (Quilodrán, 1998).[12]

La edad a inicio de la vida conyugal está fuertemente relacionada con el nivel educativo de las mujeres. Datos recientes muestran que entre las de la generación de 1960-1969, por cada una que ha terminado la escuela primaria y se une antes de los 16 años, tres lo hacen sin haber concluido la primaria y casi sin tener ninguna instrucción (Conapo, 1995a).

La edad a la primera unión está influida por la cultura. La capacidad de decisión, la libre elección de la pareja y el control sobre la sexualidad y los procesos reproductivos son aspectos que se relacionan con el inicio de la vida conyugal y el calendario de la vida reproductiva de las parejas. Algunos datos sugieren, por ejemplo, que la postergación del matrimonio generalmente coincide con la postergación del nacimiento del primer hijo (Conapo, 1996a), tema que se trata en el siguiente apartado.

El nacimiento del primer hijo y de los hijos subsecuentes

El nacimiento del primer hijo es un evento que suele marcar, al igual que el matrimonio, el inicio del proceso de formación familiar. La práctica de tener al menos un hijo es casi universal entre las parejas mexicanas, y esto sucede, por lo general, en un intervalo relativamente corto de tiempo después de contraída la unión. Si se analiza este hecho a la luz de la cohorte de nacimiento de las mujeres, se advierte que el intervalo entre al matrimonio y el nacimiento del primer hijo es un poco más largo entre las mujeres jóvenes que entre las que pertenecen a generaciones más antiguas (Tuirán, 1993).

[12] Véanse los capítulos correspondientes al tema de nupcialidad, de José Gómez de León, y al tema del matrimonio, de Julieta Quilodrán.

Una visión de conjunto del proceso de expansión familiar obliga a examinar los patrones predominantes en relación con el intervalo transcurrido entre un nacimiento y otro. Los datos disponibles señalan que alrededor de 91% de las mujeres que dio a luz a su primer hijo entre 1957 y 1959 tuvo a su segundo hijo antes de que transcurrieran 60 meses de iniciado el intervalo. En contraste, sólo 76% de las mujeres que tuvieron a su primer hijo en 1987 y 1989 tuvieron al segundo antes de alcanzar la duración indicada. Además, la evidencia indica que las mujeres que tuvieron a sus dos primeros hijos en los años ochenta los espaciaron bastante más que quienes tuvieron a sus hijos en los cincuenta o sesenta (una mediana de 27 y 21 meses, respectivamente). Un patrón semejante, aunque algo más marcado que éste, se observa en los intervalos entre los nacimientos siguientes (Tuirán, 1993).

La adopción relativamente incipiente de la anticoncepción entre las mujeres pertenecientes a las generaciones más antiguas ocurrió a una edad más elevada, por lo cual dicha práctica parece haber estado dirigida a evitar nacimientos de orden elevado. El uso de anticonceptivos ha tendido a variar entre las generaciones más recientes según la edad a la primera unión y de acuerdo con las características socioeconómicas de las mujeres. Puede decirse, en términos generales, que tales pautas han propiciado dos modalidades de conformación familiar. El primer patrón se caracteriza por la formación temprana de las uniones y la existencia de intervalos cortos entre los nacimientos. En estos casos, las mujeres terminan su vida reproductiva con una descendencia muy numerosa, aun cuando en cierto momento decidan incorporar la práctica de la anticoncepción. Dicha pauta se observa con mayor frecuencia entre las mujeres urbanas y rurales que cuentan con un nivel educativo bajo y no tienen antecedentes de participación en el mercado de trabajo (Zavala, 1990b).

El segundo patrón se caracteriza por la postergación del primer embarazo y el uso de métodos anticonceptivos modernos para espaciar los nacimientos y alcanzar una menor descendencia. Este comportamiento se observa con más claridad entre las mujeres urbanas de mayor escolaridad, económicamente activas y con actitudes modernas frente a la reproducción. Esta situación trae consigo un mayor intervalo protogenésico[13] y una marcada reducción del periodo de procreación, lo cual resulta relevante para la dinámica familiar, tanto en términos del acortamiento de la etapa de conformación y expansión de la familia como para la vida en familia. Estudios diversos revelan que de las pautas de formación y expansión familiar depende, en gran medida, la organización de la vida en el hogar.

[13] Intervalo transcurrido entre el inicio de la unión conyugal y el nacimiento del primer hijo.

La disolución de las uniones conyugales: divorcio y separación

En nuestra sociedad, la indisolubilidad de las uniones matrimoniales se remonta a la tradición judeocristiana, y se refleja en los preceptos del Estado que consideraba el mantenimiento de la institución del matrimonio como un asunto de orden público y no privado. La indisolubilidad del matrimonio sufre cambios en 1917, año en el cual aparece la Ley de Divorcio (enmarcada en la Ley de Relaciones Familiares [LRF]). Antes de esto, la ruptura del matrimonio sólo podía darse —además de la viudez— por el recurso de la *nulidad* que apela a los requisitos de la validez del matrimonio. Se especifican tres causas de nulidad que prevalecen hasta nuestros días: que exista error acerca de la persona con quien se casa; impedimentos de diversa índole para la celebración del matrimonio y falta de las formalidades establecidas para su celebración (véase Pérez Duarte, 1994: 89).

Inseparablemente ligada a las transformaciones en los derechos y deberes relacionados en el ejercicio de la vida en pareja y de ésta con la prole, se aprecia una relativa "fragilización" de los lazos matrimoniales que apunta también a una pérdida de vigencia de los controles sociales promovidos tanto por la religión y las Iglesias como por el Estado sobre la vida de los cónyuges. La legalización de las separaciones, mediante la instauración del divorcio en países que no lo permitían, ilustra el último aspecto indicado.

Las tendencias seguidas por la disolución conyugal[14] influyen en las trayectorias de vida de cónyuges e hijos, lo cual da lugar a formas de vida más complejas, hasta cierto punto novedosas y a una gama de arreglos familiares muy amplia, entre los que destaca la formación de familias reconstruidas (es decir, formadas por personas separadas o divorciadas con o sin prole).

A pesar de la insuficiente información sobre divorcios, separaciones y abandono —y su subestimación—, es conocida una clara tendencia al aumento de las rupturas conyugales, en los últimos años, en los países de la región latinoamericana (Ramírez, 1995). México no es la excepción, aunque dicha tendencia es menos marcada.

La gráfica 1 muestra la evolución de los riesgos relativos de disolución del primer matrimonio durante la década de los ochenta y el primer quin-

[14] En México, además de la muerte de alguno de los cónyuges, los ordenamientos civiles de la República establecen dos tipos de disolución conyugal: la disolución jurídica del vínculo matrimonial o divorcio y la nulidad (véase Pérez Duarte, 1994). La disolución conyugal se da también por la separación de los cónyuges —que se realiza de común acuerdo o no— aunque ésta no llegue a trámites jurídicos. Una variante cercana a esta modalidad es el abandono del hogar por uno de los cónyuges, fenómeno difícil de captar cuantitativamente.

quenio de los noventa.[15] En ella se aprecian fluctuaciones de dichos riesgos que han sido interpretadas por Gómez de León y por Quilodrán como efectos de las oscilaciones en la profundidad de las crisis económicas de los últimos años. En términos generales, la gráfica también muestra cómo los riesgos de la disolución se han incrementado —aunque ligeramente— en los últimos años.

Al comparar las trayectorias conyugales de las mujeres de las generaciones de 1940-1949 y 1950-1959, se observan pocos cambios. La proporción de mujeres que disolvió una primera unión consensual fue de 18% en ambas generaciones; no obstante, fue sólo de 10% cuando se trataba de una unión legalizada (Conapo, 1996).

Solís y Medina (1996: 87) al analizar un grupo de mujeres unidas por primera vez antes de cumplir 30 años encuentran que, en 1995, 10.5% de ellas había disuelto su primera unión a causa de divorcio o separación, mientras que 85.3% habían permanecido unidas; de este universo solamente 4.1% habían enviudado.[16] Este conjunto de datos provenientes de diversas fuentes atestiguan algunas de las modalidades que toman los procesos de separación y divorcio; pero de su análisis se desprende que tales procesos muestran aumentos apenas paulatinos. Estadísticamente, cabe recalcar que el número de rupturas familiares en México es menor al observado en otros países de la región latinoamericana.[17]

La frecuencia del divorcio y la separación manifiesta comportamientos distintos entre grupos sociales específicos. En general, el índice de rupturas conyugales se ha incrementado entre las personas que pertenecen a las generaciones más recientes, las que se casan a edades tempranas y entre las uniones de más reciente formación (Ramírez, 1995). De acuerdo con estimaciones de Gómez de León, el riesgo de ruptura conyugal alcanza su máximo durante los primeros años del matrimonio y disminuye a medida que aumenta su duración (véase gráfica 2).[18]

Se ha observado también que entre hombres y mujeres que tienen una profesión hay proporciones más altas de divorciadas que de divorciados. En la gráfica 3, se observa el comportamiento de las profesionistas frente al divorcio, el cual contrasta con las proporciones de la población

[15] Estimaciones de José Gómez de León; véase el capítulo correspondiente a nupcialidad.

[16] Datos provenientes de la ENPF levantada por Conapo en 1995. El grupo de mujeres que los autores analizan son las de 15-59 años que habían, hasta el momento de la encuesta, experimentado una unión, y lo habían hecho antes de cumplir 30 años. La muestra fue de 802 mujeres (Solías y Medina, 1996).

[17] De acuerdo con Ramírez (1995), México presenta niveles similares a los de Bolivia en la proporción de mujeres que han disuelto su primera unión conyugal; proporciones mayores se aprecian en Venezuela, Colombia y República Dominicana.

[18] Para mayores detalles sobre la evolución y heterogeneidad de la disolución de uniones véanse los capítulos de las pp. 207-241 y 242-270, en este libro.

GRÁFICA 1. *Índice sintético de la intensidad de la disolución de primeros matrimonios, 1995**

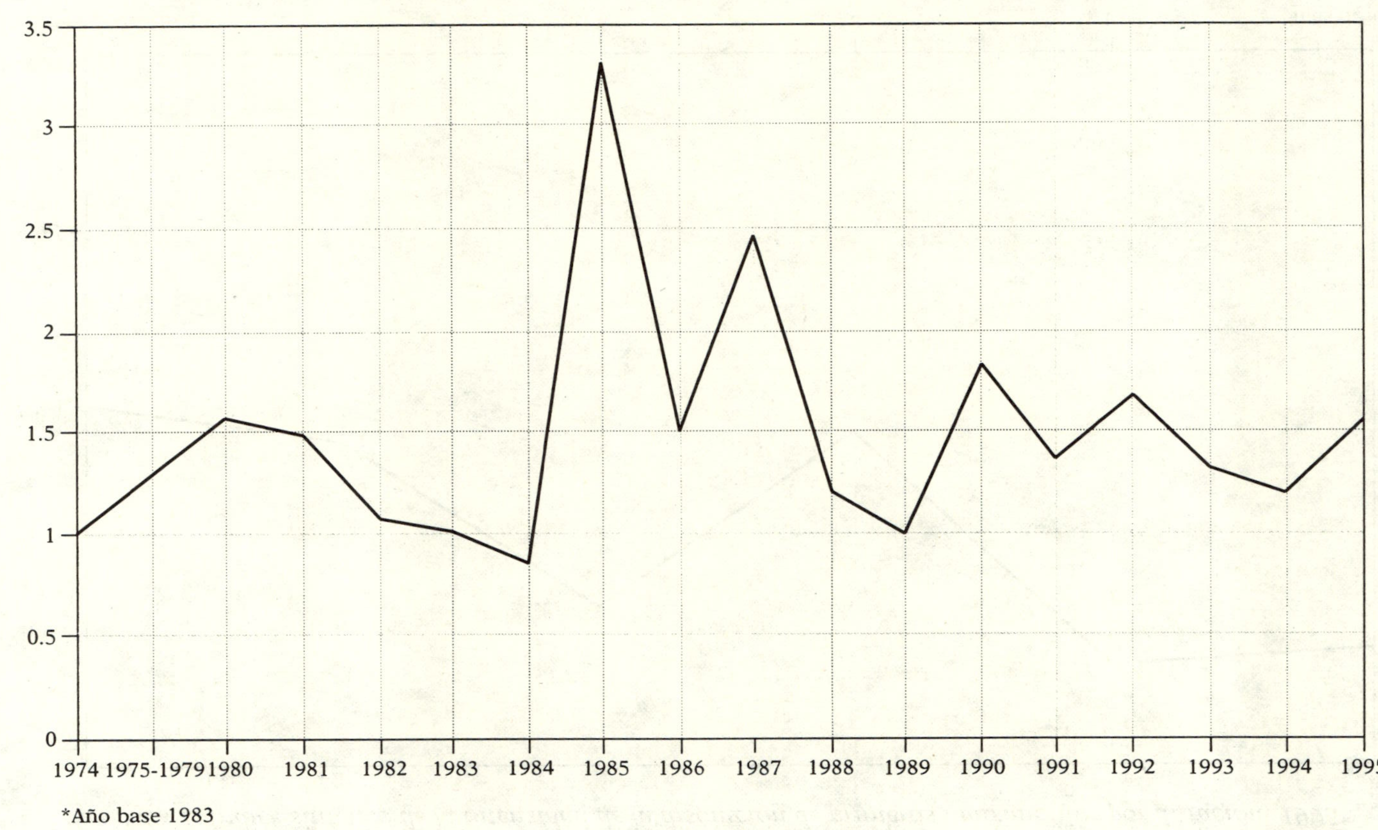

*Año base 1983

GRÁFICA 2. *Índice sintético de la intensidad de la disolución de primeros matrimonios por duración, 1995**

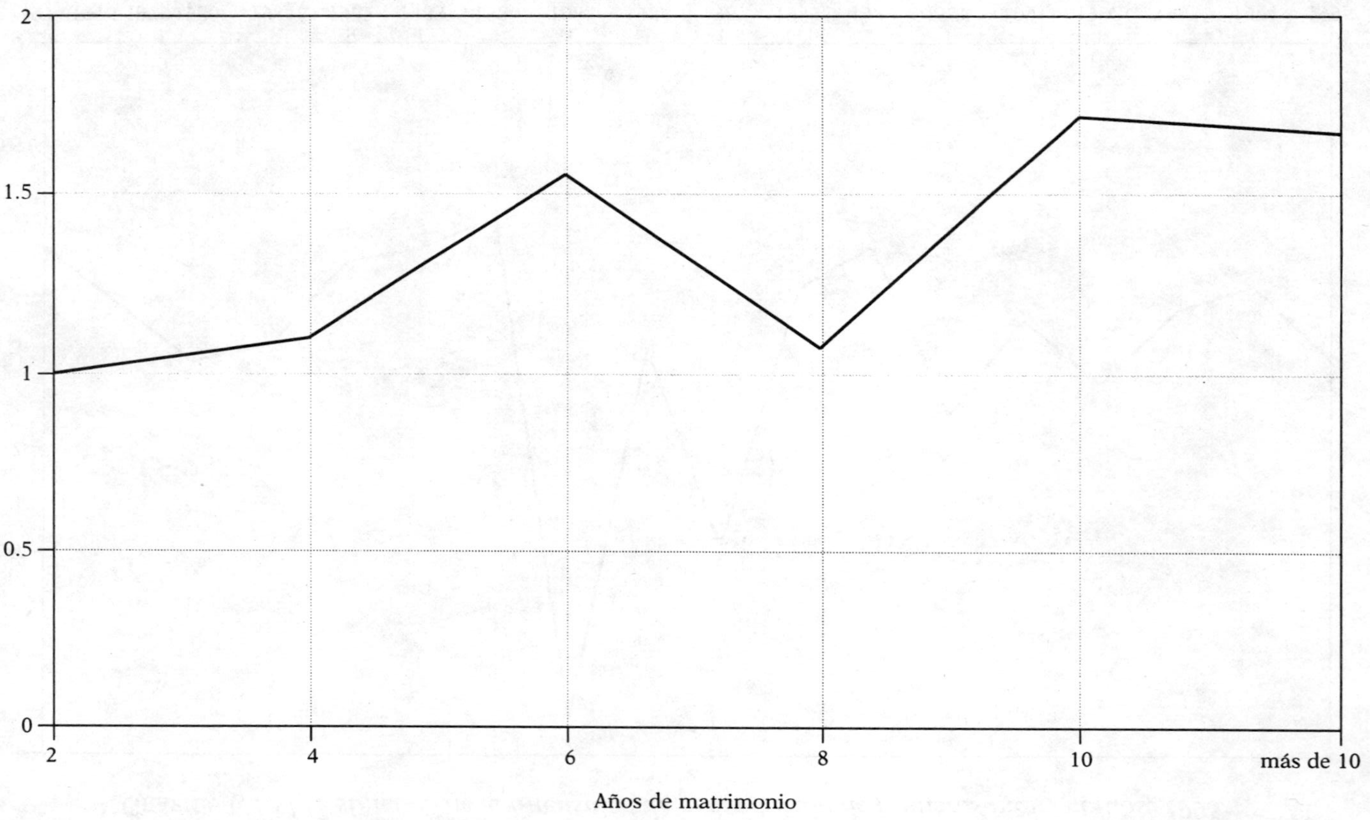

femenina total. Otro elemento notable es que el grupo de edad de las divorciadas se ubica en mayor medida entre los 45 y los 50 años. De la comparación con los hombres, se nota una más baja proporción de varones divorciados entre los profesionistas, fenómeno que ocurre igualmente en la población total masculina. Entre los profesionistas se observa que la incidencia mayor del divorcio ocurre preferentemente en los grupos de edad que oscilan entre los 45 años y más; pero este dato puede recibir otra interpretación: los hombres divorciados tienden a casarse nuevamente, con lo que cambian su estado civil.

A su vez, los datos sobre las separaciones tienen un comportamiento distinto (gráfica 4), en el que la variable "profesión" parece no desempeñar un papel importante; pero se advierte que tanto entre la población total femenina como entre las profesionistas las proporciones de mujeres separadas son más elevadas que las de los varones. Otra vez cabe la hipótesis de que, después de separados, los hombres vuelven a unirse con otras parejas.[19]

Desde la perspectiva de las "connotaciones simbólicas" y en el ámbito de las percepciones, cabe hacer notar que para los mexicanos se percibe el éxito o fracaso en el matrimonio desde una gran variedad de perspectivas; una de las más importantes es que para preservar el vínculo matrimonial debe haber fidelidad,[20] *respeto*, y *aprecio* mutuo, así como *comprensión* y *tolerancia* en la pareja. De hecho, estos aspectos son considerados como *muy importantes* por 75% de las personas o más. Le siguen las *relaciones sexuales satisfactorias* y la presencia de *niños* (aspectos privilegiados por más de 50% y menos de 75% de los entrevistados). Un tercer grupo de respuestas (resaltado por más de 25% y menos de 50% de los entrevistados) tienen que ver con la disponibilidad de un *ingreso adecuado*, la pertenencia de la pareja a un *mismo estrato social*, la posibilidad de tener una *buena vivienda*, de *vivir separados de la familia política*, de compartir *creencias religiosas* y *tareas domésticas*, así como tener *gustos e intereses en común* (Encuesta Mundial de Valores, 1991).

El incremento —aunque moderado— de los divorcios y la disolución de uniones evidencia que las realidades y expectativas referidas a la perdurabilidad de los lazos conyugales han sufrido cambios que transforman la conocida aseveración "hasta que la muerte nos separe" (antes formulada como una certeza) en una prescripción cuyo contenido ha tendido a ser

[19] Hay que considerar también que los datos no distinguen los abandonos del hogar, fenómeno que tiene lugar más frecuentemente entre la población masculina.

[20] En relación con este tema conviene señalar que en una encuesta levantada en la ciudad de México se preguntó si los entrevistados creían que el hecho de que más mujeres trabajen y estudien ha provocado un aumento en la infidelidad femenina, a lo cual 48% contestó afirmativamente y otro 48%, negativamente. Sólo el restante 4% dijo no tener una opinión al respecto (véase Sandoval, 1994).

GRÁFICA 3. *Proporción de personas divorciadas (total y profesionistas) por grupos de edad según sexo, 1990*

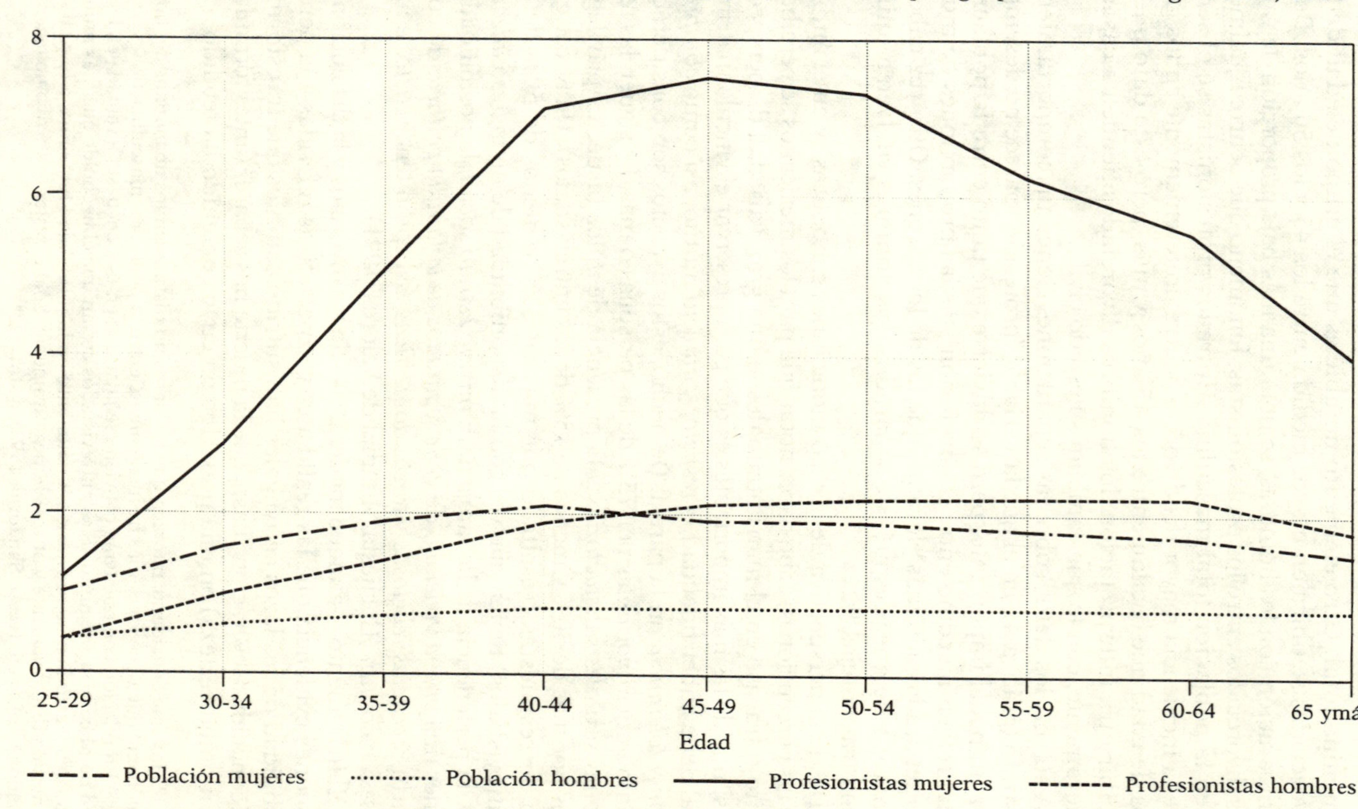

FUENTE: INEGI, *XI Censo General de Población y Vivienda, 1990,* Aguascalientes, México.

GRÁFICA 4. *Proporción de personas separadas (total y profesionistas) por grupos de edad según sexo, 1990*

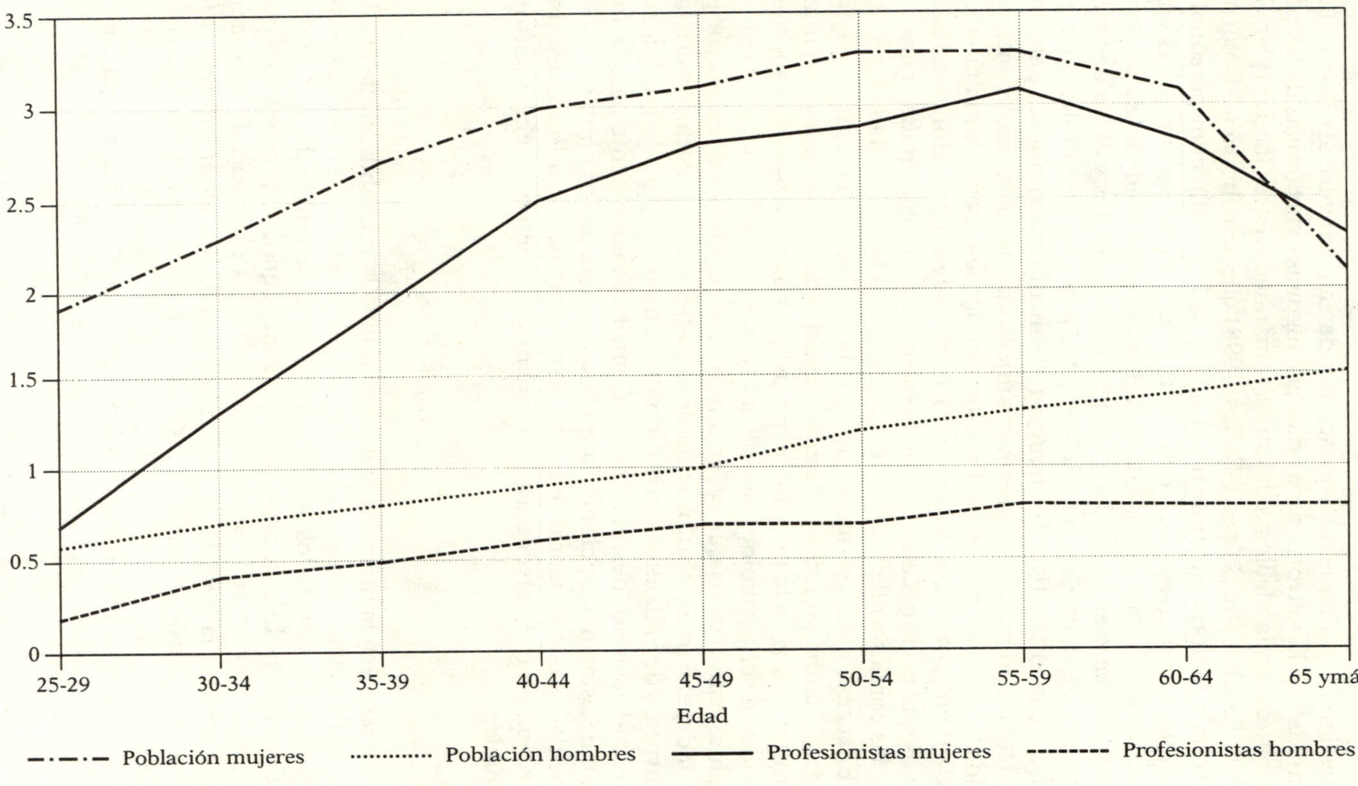

FUENTE: INEGI, *XI Censo General de Población y Vivienda, 1990,* Aguascalientes, México.

cuestionado, aunque tal aspiración todavía encuentre arraigo en la cotidianidad de la mayoría de las parejas. Algunas expectativas de las parejas inspiradas en la ideología del amor romántico (véase Goode, 1980; Stone, 1979; Lasch, 1996; López y Salles, 1998) que sensibiliza a los partícipes de una relación a atribuir un alto valor a la satisfacción personal —en términos eróticos y amorosos—, tiende a hacer más frágil el vínculo matrimonial y, por tanto, a disminuir su perdurabilidad. Dicha ideología subyace, por ejemplo, a las posturas más vigilantes y exigentes frente a la infidelidad, que en el pasado era tratada con cierta tolerancia por la pareja con el objetivo de mantener el vínculo matrimonial, pero que en la actualidad pasa por un enjuiciamiento tachado de intolerante por algunos y de justo por otros. En este sentido, se observa también una pérdida de importancia del valor normativo de aseveraciones tales como "Ojos que no ven, corazón que no siente", antes esgrimidas para justificar las condescendencias mutuas referidas a la infidelidad.

El acceso cada vez más mayor de la población femenina a la educación así como su incorporación a la actividad económica —temas que serán tratados en la próxima parte del presente texto— son aspectos que tienden a ser percibidos por diversos sectores de la sociedad como elementos estratégicos que contribuyen tanto a promover un mayor grado de independencia y autonomía de la mujer, como a definir y cristalizar proyectos de vida alternativos, donde el matrimonio y la familia no son percibidos como "destino único". Contribuye igualmente para la formación de estas percepciones la menor vigencia de los controles sociales vinculados con la moral religiosa, lo que ha coadyuvado a cuestionar la percepción (y la vivencia) del matrimonio como un sacramento indisoluble.

Viudez[21]

El descenso en la mortalidad ha disminuido la probabilidad de que la pareja se disuelva como consecuencia de la muerte de uno de los cónyuges, lo cual aplaza entre los sobrevivientes la experiencia de la viudez. Este hecho ha tenido una profunda incidencia en las percepciones que las personas tienen de la vida en pareja, en las prácticas de formación y expansión de la familia, la multiplicación de los acontecimientos familiares y la transformación de las trayectorias de vida individual en itinerarios complejos.

La esperanza de vida al momento de la unión se ha incrementado de manera sostenida en el transcurso de este siglo. Así, por ejemplo, el nivel

[21] Los datos utilizados en esta sección fueron tomados de Tuirán (1998).

de la mortalidad prevaleciente en 1895 permitía en promedio —en ausencia de divorcio o separación— entre 16.8 y 18.3 años de sobrevivencia común de las parejas (según si el marido o la esposa moría primero). Hoy, el incremento en la esperanza de vida promete a la pareja la existencia común durante al menos 40 años.

La edad media del cónyuge sobreviviente a la muerte de su pareja también se ha incrementado significativamente: de 41.6 a 67.2 años en el caso de los hombres y de 39.8 a 63.8 años en el caso de las mujeres, ambos en el periodo comprendido entre 1895 y 1990.

El periodo medio de viudez ha tendido a disminuir de 17.7 a 13.3 años entre hombres y de 19.5 a 17.8 años entre las mujeres a lo largo del mismo lapso. Dicha tendencia se explica porque las ganancias en la sobrevivecia (luego de que se han alcanzado niveles elevados) tienden a ser cada vez menores en las edades más avanzadas.

Debido a la mayor longevidad de las mujeres, la proporción de esposas que sobrevive a la muerte de su cónyuge ha tendido a aumentar de manera sostenida con el paso del tiempo: de 53.1% en 1895 a 65.6% en 1990. La edad media del cónyuge sobreviviente al momento de sobrevenir su propia muerte se ha incrementado de 59 a cerca de 81 años en ambos sexos. Como consecuencia de los cambios citados, la viudez ha cedido su lugar, entre las generaciones más recientes, a la separación y el divorcio como modalidades predominantes de disolución conyugal (Quilodrán, 1993).

Trabajo femenino, contribución económica, educación de las mujeres y situación en la familia: nuevas pautas de convivencia familiar

Uno de los cambios más importantes acaecidos en otras esferas de la vida social que atañen a la vida familiar consiste en la creciente y sostenida incorporación de las mujeres al mercado laboral y al sistema de educación formal. Al analizar el primer aspecto se comprueba que el número de mujeres insertas en el mercado de trabajo aumentó de manera considerable en los últimos 25 años: la tasa de participación económica femenina se duplicó (de 17.6% en 1970 a 35% en 1995).[22] La explicación de la magnitud de este cambio rebasa los elementos exclusivamente económicos y nos remite a las transformaciones que se observan en los papeles de género.

En algunos casos el trabajo extradoméstico obedece a una elección y a una realización personal. En muchos otros, la actividad económica fuera

[22] INEGI, Censo de 1970 y Encuesta Nacional de Empleo, 1995 (véase DGE, 1972 e INEGI, 1996a).

del hogar no constituye una decisión, sino que es producto de la necesidad de sobrevivencia de la familia. Generalmente, estos casos se enmarcan en condiciones de trabajo muy desfavorables (en el sector informal de la economía y en actividades de baja productividad), con remuneraciones insatisfactorias y largas jornadas de trabajo. En términos generales puede decirse que, con la incorporación de las mujeres al mercado de trabajo se ha hecho más evidente la discriminación y subordinación de que son objeto; ambas son padecidas por las mujeres en su vida laboral pero varían de acuerdo con los distintos sectores de la actividad económica. Esta incorporación de la mujer al mundo público, vía el mercado de trabajo, ha generado importantes cambios dentro de la familia, ya sea modificando, ya sea redefiniendo las posiciones y papeles entre los miembros, lo cual con frecuencia ha sido fuente de tensiones adicionales en la familia, especialmente entre la pareja (García y Oliveira, 1995). Las transformaciones de la situación de la mujer dentro de la familia cuestionan la división tradicional de tareas (el hombre como proveedor y la mujer como abastecedora de servicios domésticos) y de la misma manera trastocan las estructuras de poder en el ámbito familiar que han girado tradicionalmente en torno al hombre.

La inserción femenina en la actividad extradoméstica ha sido examinada a la luz de diversos factores, como los relativos a los cambios en la estructura productiva, el deterioro del poder adquisitivo de los salarios (y por ende de los niveles de vida) y la proliferación de estrategias de sobrevivencia de las familias (Oliveira *et al.*, 1996).

El incremento en la participación de las mujeres en el mercado de trabajo se traduce en un aumento en su contribución económica al presupuesto familiar. Para muchas familias esta aportación es indispensable. En uno de cada tres hogares las mujeres contribuyen al ingreso familiar; en uno de cada cinco, el ingreso principal lo genera una mujer, y en uno de cada 10 una mujer es la única proveedora de ingresos (Conapo, 1997b). Asimismo, según datos de 1994 (INEGI, 1996b), el porcentaje del ingreso hogareño que aportan las mujeres en los tres deciles de menores ingresos oscila alrededor de 17%, y se eleva de manera paulatina en los siguientes deciles de ingreso, hasta alcanzar alrededor de 30% en el penúltimo decil. Entre los hogares rurales la participación de las mujeres se mantiene relativamente estable: alrededor de 7.5% en los primeros cinco deciles y se eleva gradualmente hasta 16.7% en el último decil de ingresos (Conapo, 1997b).

No obstante la relevancia que cobra la aportación de ingresos que hacen las mujeres a sus familias, éstas continúan a cargo de las responsabilidades domésticas de manera casi exclusiva y, en muchos casos, realizan importantes actividades de gestión comunitaria. En este sentido, resalta la doble y hasta triple jornada de trabajo de las mujeres.[23] La carga de trabajo para ellas es continua; mientras que 90.5% de las mujeres activas realizan algún tipo de trabajo doméstico, los hombres activos lo hacen en 62.4% de los casos. Éstos dedican 39.9 horas en promedio a la semana al trabajo extradoméstico y las mujeres, 32.7 horas. Cuando se trata sólo del trabajo doméstico, los hombres invierten 11.9 horas, en contraste con 28.4 de las mujeres. Cabe destacar que el periodo de inversión de mayor número de horas tanto en el trabajo doméstico como extradoméstico por parte de las mujeres se da justamente en las edades reproductivas: 28 a 31 horas en promedio en el trabajo doméstico y entre 37.6 y 34.3 horas en las edades de 20 a 49 años (INEGI, 1996a).

Si bien la participación de las mujeres en las actividades extradomésticas podría propiciar ganancias en la equidad de género, los datos muestran que al no disminuir las cargas de trabajo doméstico, los costos son muy elevados: con mayores cargas de trabajo, sin soportes de ayuda, con una seguridad social precaria[24] que sólo alcanza a las trabajadoras insertas en la economía formal, en condiciones regulares de empleo (IADB, 1996).

El hecho de que las mujeres participen cada vez más en las actividades extradomésticas no necesariamente acarrea una mayor participación en las decisiones y el control de los recursos del hogar. En términos generales, los textos especializados han mostrado que un factor importante en el bienestar de la familia lo constituye la distribución y el control de los recursos familiares. Algunos estudios hechos para contextos distintos del mexicano, por ejemplo, muestran que las mujeres tienen poca influencia en las decisiones importantes del hogar y a menudo se limitan a decidir sobre las compras de comida (Dwyer y Bruce: 1988; Haddad y Kanburt, 1989, citados en Moser, 1996: 55).

Para el caso mexicano, algunas investigaciones indican que la distribución del ingreso intrafamiliar es desigual entre géneros (Benería y Roldán 1987; Chant, 1991) y que el destino del ingreso es diferente cuando la mujer lo percibe. Según Folbre (1987), es más probable que el ingreso controlado por la mujer se invierta en salud, nutrición y educación de la prole y que el ingreso controlado por el hombre incluya más gastos en alcohol y bienes de consumo para adultos.

[23] Las estrategias y patrones de uso del tiempo se modifican de acuerdo con la forma e inestabilidad del papel de la maternidad. En general, la participación de las mujeres en el mercado laboral no las exime de sus responsabilidades: muchas mujeres sacrifican el tiempo de descanso y esparcimiento frente a las responsabilidades del hogar (Lloyd y Duffy, 1995).

[24] En 1991, 67.4% de la PEA ocupada masculina y 59.7% de la femenina carecía de prestaciones sociales; cinco años después este indicador se había incrementado a 70.1% y 64.9% para hombres y mujeres, respectivamente (ENE, 1995). Se considera "población ocupada con prestaciones" la que al menos tiene servicios médicos (INEGI/STPS, 1992; INEGI, 1996a).

La otra gran transformación protagonizada por las mujeres en el seno de la familia se deriva del mejoramiento de su posición en la escala educativa. En 1970 la brecha en las tasas de analfabetismo entre hombres y mujeres era de casi ocho puntos porcentuales; hacia 1995 ésta se había reducido a 4.3. Las tasas de asistencia escolar de la población femenina de 6 a 14 años se incrementaron de 63.2% en 1970 a 91.41% en 1995. El incremento entre las mujeres de 15 a 24 años fue aún más notable[25] (gráfica 5).

Un principio ampliamente aceptado es que la educación tiene múltiples influencias en el nivel de la dimensión simbólica y las percepciones de las personas, con repercusiones en las trayectorias de vida, en la calidad y tipo de trabajo que se logra, impactando además fenómenos demográficos de envergadura tales como el inicio de la vida sexual, marital y reproductiva. El surgimiento de fenómenos tan complejos como la autovaloración y la autoestima también se asocian con la educación (aunque no se reduzcan a ella), creando una constelación de nuevas prácticas como por ejemplo la de tomar decisiones que atañen a diversos ámbitos de la vida individual y familiar. Entre ellas destacan las decisiones de con quién y cuándo tener relaciones sexuales, de usar o no métodos anticonceptivos, la determinación del número y espaciamiento de los hijos.

La investigación, al detectar esta situación, identifica ciertas cohortes de mujeres pioneras en las nuevas prácticas sexuales y reproductivas; dichas mujeres son caracterizadas con los siguientes rasgos: "haber nacido después de 1941, haberse casado después de los 20 años en unión legal, vivir en un área metropolitana y contar con escolaridad equivalente a la primaria completa y con un cónyuge profesional o de nivel afín" (Juárez y Quilodrán, 1996: 118).

En relación con el vínculo educación/participación económica de las mujeres, datos del INEGI para 1995, señalan que las mujeres sin instrucción o que no terminaron la primaria tenían una tasa de participación económica de 27.5%, mientras que las que lograron tener acceso a estudios postsecundarios alcanzaron una tasa de 52.3% (véase INEGI, 1996a).

Si observamos las tasas de participación económica femenina por edad, encontramos cambios notables en el periodo 1970-1995, ya que para el primero la tasa más alta de participación (25%) se ubicaba en los grupos de edades de 15 a 19 y de 20 a 24, para descender posteriormente de manera drástica a niveles menores de 20%. Hoy en día, las mujeres activas tienen un patrón de participación distinto: se mantienen en la ac-

[25] Las tasas de asistencia escolar de los niños fueron de 65.5% en 1970 y de 92.9% en 1995.

GRÁFICA 5. *Distribución porcentual de los hogares por tamaño, México, 1976-1995*

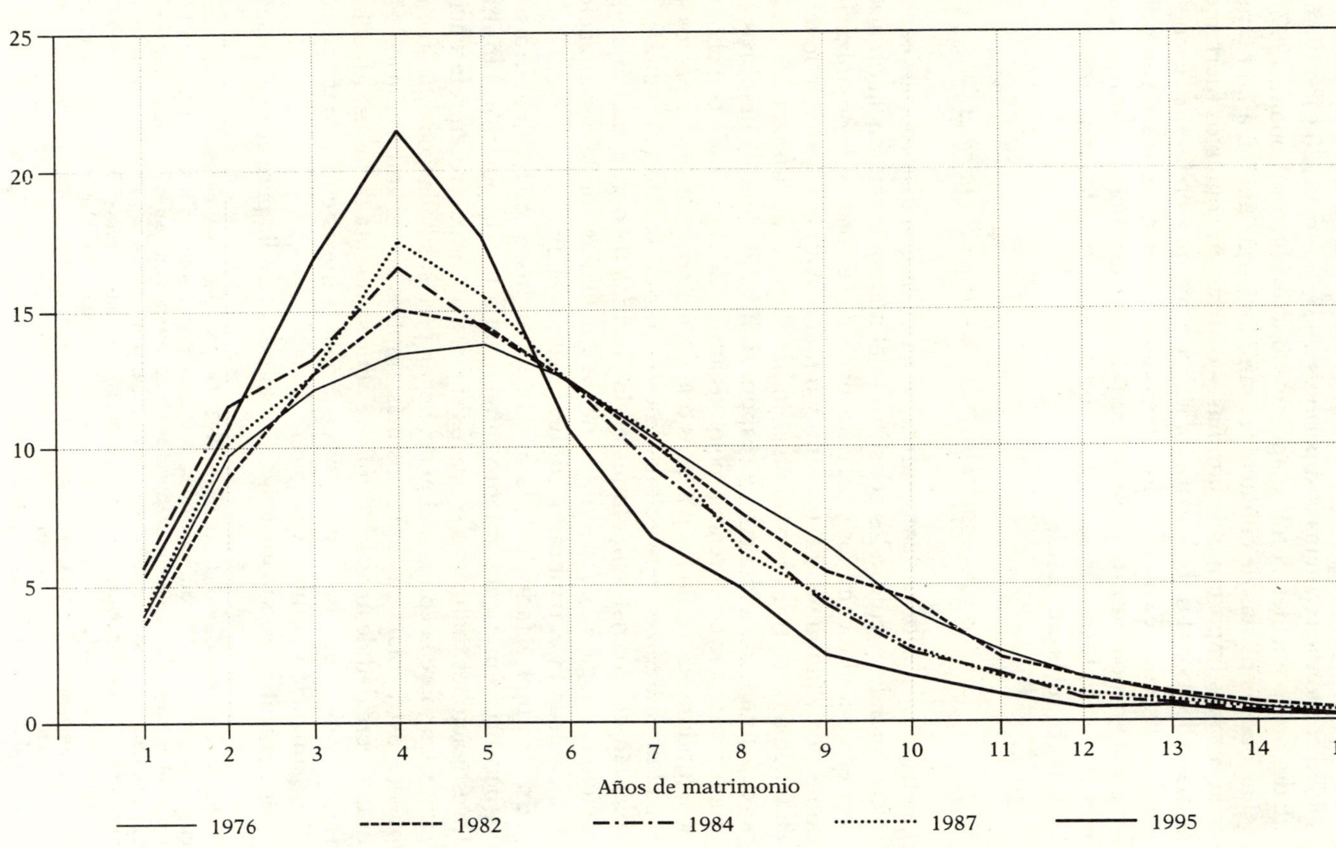

tividad económica (con tasas superiores a 43%) entre los 20 y los 39 años, edades que coinciden con la etapa reproductiva (INEGI/Pronam, 1997).

Las nuevas pautas de convivencia familiar —que atañen a un número cada vez más importante de familias— ocurren en contextos fuertemente marcados por el trabajo extradoméstico femenino, en los que se cuenta con la consecuente contribución económica de las mujeres a la reproducción del grupo doméstico. A esta red de circunstancias se suman también, como lo hemos mencionado con anterioridad, los mayores logros educativos de las mujeres.

Tamaño y composición de las familias y los hogares

Las transformaciones demográficas vinculadas con los procesos económicos, sociales y culturales constituyen el marco de referencia obligado para entender los cambios y permanencias de las formas de organización doméstica y familiar, su estructura y tamaño. Asimismo, sirven de telón de fondo a otras transformaciones en las maneras de interactuar, en las percepciones sobre deberes y responsabilidades de los miembros del grupo, y aun para comprender mejor las formas de vinculación con el mundo extradoméstico. En los párrafos que siguen abordaremos aspectos sobre el tamaño, la composición y la estructura doméstica, los cuales se vinculan con transformaciones en las formas de organización de las relaciones hogareñas, ineludiblemente vinculadas con la organización de la sociedad y el panorama cultural más amplio.

En términos estadísticos, la investigación histórica hasta ahora sólo ha permitido un acercamiento tangencial a la composición familiar. Investigaciones realizadas sobre los siglos XVIII y XIX ofrecen referencias puntuales sobre la composición del hogar, pero sus hallazgos difícilmente pueden extrapolarse a contextos más amplios que el comunitario.[26] La gran diversidad de arreglos familiares que se rescata de los estudios históricos y de la demografía histórica señala la inexistencia de un patrón de organización familiar y hogareña.

En general, la escasa investigación sobre la familia para el siglo pasado

[26] Investigaciones como las de Kanter (1992), Grajales (1991) y Anderson (1980) muestran claras diferencias en las composiciones familiares. De acuerdo con Kanter (1992), en 1771 las familias españolas tenían alrededor de 48% de arreglos nucleares, mientras que los indígenas tenían 63.7% de este tipo de arreglos. Una diferencia notable se aprecia en los núcleos múltiples (formados por varias familias) que constituyen 40.5% entre los españoles, mientras que entre los indígenas es de 25.8%; Grajales (1991) y Anderson (1980), por su parte, encuentran en Atlixco y Guadalajara, respectivamente, una importante proporción de personas solas y de hogares de individuos sin parentesco alguno; presumiblemente, tales arreglos respondían a las formas de organización del trabajo ligadas con procesos de migración.

y principios del presente carece de evidencias empíricas y series estadísticas. Sin embargo, la historia —con sus métodos propios de reconstrucción de la realidad— nos ofrece interpretaciones de suma utilidad para entender ciertos aspectos de la evolución de la familia. Por ejemplo, se sabe que luego de la instauración del Estado liberal (a mediados del siglo XIX) se esperaba de él que se hiciera responsable de funciones necesarias para la reproducción de la sociedad (que antes estaban a cargo de la familia), como por ejemplo la socialización de los hijos, el cuidado de los enfermos y los ancianos. No obstante, no es sino después de esta etapa que, en el marco del proyecto modernizador del porfiriato, se crean y expanden instituciones que otorgan nuevas funciones a la escuela y con ello se amplía su radio de acción y abarcabilidad a dicho espacio institucional; el Estado asume el papel de subsidiario en las tareas de cuidado de los grupos de población dependientes (ancianos, menores, minusválidos) mediante la provisión de servicios educativos, de salud y de seguridad social para los trabajadores afiliados a las instituciones respectivas (Barbieri, 1983).

Aunque no se encuentran indicadores precisos que vinculen estos hechos con los cambios familiares, se tiene evidencias de que (con el desarrollo más consolidado de la sociedad urbano-industrial) se afianzaron medidas y políticas en materia de salud pública y seguridad social,[27] hecho que causó una suerte de erosión de las funciones previamente llevadas a cabo por la familia.

Desde el punto de vista de la cultura, se encuentran muchas referencias a la denominada crisis de la familia[28] en diferentes momentos y coyunturas. Tales referencias suelen abundar antes y después de fenómenos sociales nuevos y de cambios sociales de envergadura. En los años sesenta, por ejemplo, sobre todo en la literatura (véanse por ejemplo los relatos literarios de Carlos Monsiváis, 1995) y en el cine, son captadas algunas percepciones sobre la crisis de la familia y sobre la incompatibilidad generacional. Estos años tuvieron la huella de movimientos sociales y culturales que se relacionan con un malestar social, pero también

[27] Entre 1937 y 1943 el país experimentó importantes transformaciones en materia de salud pública: primero se creó el Departamento de Salud Pública, que seis años después se convertiría en la secretaría responsable de la atención de la salud. La seguridad social, impulsada también en la época, igualmente al amparo del proyecto modernizador del país, hace acto de presencia el 5 de abril de 1943. En la década siguiente se crean organismos como la Casa de la Asegurada y el Centro de Seguridad Social para el Bienestar Familiar, cuyos propósitos de apoyo al bienestar familiar rebasaban el ámbito de la salud social. En 1972 la Ley Federal del Trabajo establece la obligatoriedad del servicio de guardería para madres trabajadoras; en 1973 la Nueva Ley del Seguro Social retoma dicha obligatoriedad.

[28] Algunos autores hablan del "desgaste de la vida familiar en la sociedad contemporánea" (Lasch, 1996).

—de manera particular— con una transformación en los valores relacionados con la familia y la libertad sexual entre las jóvenes generaciones.

Muchos de los niños de la década de los cuarenta y de los cincuenta fueron los rebeldes y *hippies* de las dos décadas siguientes, en las que se manifestó con singular fuerza la revolución sexual, el feminismo,[29] la contracultura y el surgimiento de estilos de vida en pareja alternativos. Un sector de estudiantes que alcanzaba niveles de educación medio y superior adoptaba un discurso contestatario y cuestionaba a sus padres, la vida familiar y valores dominantes a través de sus preferencias musicales y su participación política. En muchas partes del orbe, la familia se repensaba en términos de propuestas de vida en común, sustentada en la solidaridad grupal, según una "esperanza" de vida grupal. En México estas propuestas asumieron un carácter excepcional y escaso,[30] pero no por ello dejaron de tener presencia en la mente de los jóvenes que se rebelaban ante la autoridad y el carácter patriarcal de la familia. Paralelamente corría la exigencia de una mayor libertad sexual apuntalada por la proliferación del uso de métodos anticonceptivos; pero la circulación de "ideas novedosas" sobre la vida familiar y los cuestionamientos a ésta no fueron lo bastante contundentes para desestabilizar los fundamentos del carácter patriarcal de las familias y de la formación de parejas.

Desde una lectura hecha a partir del comportamiento de ciertos indicadores sociodemográficos, la familia parecía estar fortalecida por un auge en los matrimonios[31] y por la constitución de proles numerosas (véase también Quilodrán, 1996). Tales comportamientos demográficos eran impulsados por una política de población claramente pronatalista plasmada en la Ley del Seguro Social y la Ley de Población de 1936 y 1947. No fue sino hasta 1974 en que entró en vigor la nueva Ley de Población con

[29] Desde mediados de los sesenta se observa la presencia de los movimientos feministas. Nacidos en los países occidentales desarrollados, se expandieron al mundo del *subdesarrollo* (Barbieri, 1983).

[30] A finales de los sesenta y principios de los setenta se observan en México intentos aislados de familias comunales que muy rápidamente mostraron signos de desgaste que condujeron, en el corto plazo, a su desaparición.

[31] Después de la terminación de la lucha y al finalizar la segunda Guerra Mundial y hasta 1960, se observan en el país una serie de cohortes ampliadas —respecto a la tendencia general de crecimiento— que correspondieron a una "recuperación demográfica" luego de la presencia de cohortes sucesivamente reducidas entre 1915 y 1920 y entre 1929 y 1945. La recuperación económica de los años veinte (impulsada por la acumulación de capital y la apertura de la inversión extranjera), así como la posterior restauración de la economía al cese de la Gran Depresión, sirvieron como telón de fondo a este restablecimiento demográfico (véase Gómez de León, 1993). Los contingentes numerosos de población de esos años contribuyeron al "auge" matrimonial que se inicia en los cuarenta y que se prolonga hasta los sesenta, acompañado también de un apogeo en la descendencia de las parejas de este periodo (una especie de *baby boom).*

una política orientada a reducir el crecimiento demográfico mediante el control natal. La continua caída de la mortalidad, sobre todo la infantil, y el sostenido nivel elevado de la fecundidad trajeron como resultado la ampliación del tamaño de los núcleos familiares, en un momento en que las separaciones y divorcios constituían todavía excepciones estadísticas.

El análisis de las modificaciones de la familia exige buscar en qué sentido los procesos modernizadores y los cambios culturales manifiestos en nuevos estilos de vida y percepciones sobre la familia propician configuraciones familiares distintas y reorganizaciones en la vida hogareña; asimismo, entraña reconocer hasta qué punto se modifican las estructuras familiares y si las relaciones de poder y autoridad entre sexos y generaciones perviven en sus formas más prevalentes o se transforman en determinados sectores, aunque los arreglos familiares, en general, no cambien. Los datos de las encuestas sociodemográficas (EMF, 1976 y Enaplaf, 1995) muestran que las transformaciones ocurridas en los últimos 20 años en las tipologías familiares y hogareñas no han sido muy grandes. Por lo contrario, se cuenta con evidencias de que, en términos de las relaciones (tanto entre sexos como entre generaciones) la organización familiar está cambiando de manera significativa.

Si tomamos el tamaño de las familias como una alusión a las formas de organización familiar y del hogar,[32] podemos comprobar que ha habido variaciones en el tiempo. Diversas razones están detrás de dicho fenómeno y pueden ubicarse tanto en el ámbito interno como en el exterior de la vida familiar. Por un lado están los comportamientos reproductivos en las familias, así como los patrones y estrategias de sobrevivencia del grupo doméstico. Por otro, inciden las formas de organización residencial imperantes. A pesar de que no se dispone de datos a gran escala, puede afirmarse, por ejemplo, que la alta mortalidad en el siglo pasado limitaba el tamaño de las familias aun cuando la fecundidad fuese elevada; pero encontramos también algunos estudios que documentan incrementos en el tamaño de la familia en el siglo XIX, marcados por el ritmo de expansión de la economía capitalista en la medida en que las familias se incorporaban a la producción para el mercado (Johnson, 1978, citado por Cicerchia, 1997).

[32] El tamaño del hogar (TPH) es un indicador clásico en los estudios empíricos de la demografía y la sociología de la familia (Laslett, 1969; Lee, 1982; Parsons, 1980; William Goode, 1980) que ha sido utilizado tradicionalmente como una aproximación preliminar para evaluar la complejidad de los arreglos familiares. Laslett (1969), por ejemplo, se apoyó en el supuesto común de que una familia de gran tamaño es más compleja que una familia pequeña. Con esa lógica, el historiador inglés pensó que cuando el TPH era grande había bases suficientes para asumir una elevada prevalencia de familias extensas y de núcleos múltiples en la sociedad y, en contraste, cuando era pequeño se podía suponer la mayor presencia de la familia de núcleo simple. Cabe aclarar sin embargo que la complejidad de la estructura familiar está definida por el número de posiciones en la relación de parentesco, que contiene el grupo doméstico y no por el número de sus miembros (Lee, 1982).

En el curso de la transformación demográfica mexicana, en cambio, el tamaño promedio del hogar (TPH) registra las siguientes características: *a)* en la etapa en que tiene lugar una disminución acelerada de la mortalidad (es decir, después del 1940) —acompañada generalmente por una fecundidad elevada y relativamente constante— ocurre un aumento gradual del TPH; y, *b)* la tendencia al aumento del TPH se detiene e incluso se revierte una vez que inicia la etapa siguiente de la transición demográfica, definida por una caída pronunciada de la fecundidad.[33]

La experiencia empírica disponible ilustra claramente la trayectoria señalada: el TPH aumentó sistemáticamente entre 1940 y 1960, año a partir del cual comenzó a declinar gradualmente. Así, en los últimos 20 años se aprecia el incremento de la proporción de familias pequeñas, con menor descendencia. En 1970, el número promedio de miembros por hogar era de 5.3, y en 1995 alcanzaba 4.6. El descenso de la fecundidad observado en los últimos 20 años se ha dado con distinta intensidad en las zonas rurales y urbanas; por consiguiente, este hecho se ha reflejado en una disminución diferencial del tamaño del hogar. Si bien en 1976 el tamaño medio de los hogares no mostraba diferencias en contextos rurales y urbanos, en 1995 éstas son marcadas: 5.1% en áreas rurales y 4.3% en las más urbanizadas.[34]

Con el objeto de identificar algunos de los rasgos característicos relacionados con esta tendencia, incluimos la gráfica 6. En ella se podrá apreciar que entre 1976 y 1995 ocurrió un aumento constante y notorio de la proporción de hogares pequeños —principalmente los constituidos por cuatro personas— y la consecuente disminución del peso relativo de los hogares de mayor tamaño. La tendencia descrita probablemente persistirá y se profundizará en el curso de los años siguientes, conforme avance el proceso de transición demográfica en el país.

Al descenso del tamaño medio de los hogares debe de haber contribuido también la tendencia cada vez mayor hacia estilos de vida individuales más independientes en determinados segmentos de la población, así como el incremento relativo de la población anciana que muestra una propensión mayor a vivir sola (como veremos adelante). En ambos casos, las personas que determinan vivir solas o se ven forzadas a ello lo hacen ya sea porque alcanzan una mayor longevidad o porque son jóvenes pertenecientes a determinados sectores económicos —que alcanzan una mejoría material— y pueden organizar una vida independiente de los padres antes de contraer nupcias. Influyen también en este hecho las condiciones de vivienda prevalecientes en las ciudades, cuyos espacios se

[33] Véanse capítulos correspondientes a este tema en el presente libro (pp. 147-167 y 168-203).

[34] Cien mil habitantes y más (INEGI, 1997).

GRÁFICA 6. *Distribución porcentual de los hogares por tamaño, México, 1976-1995*

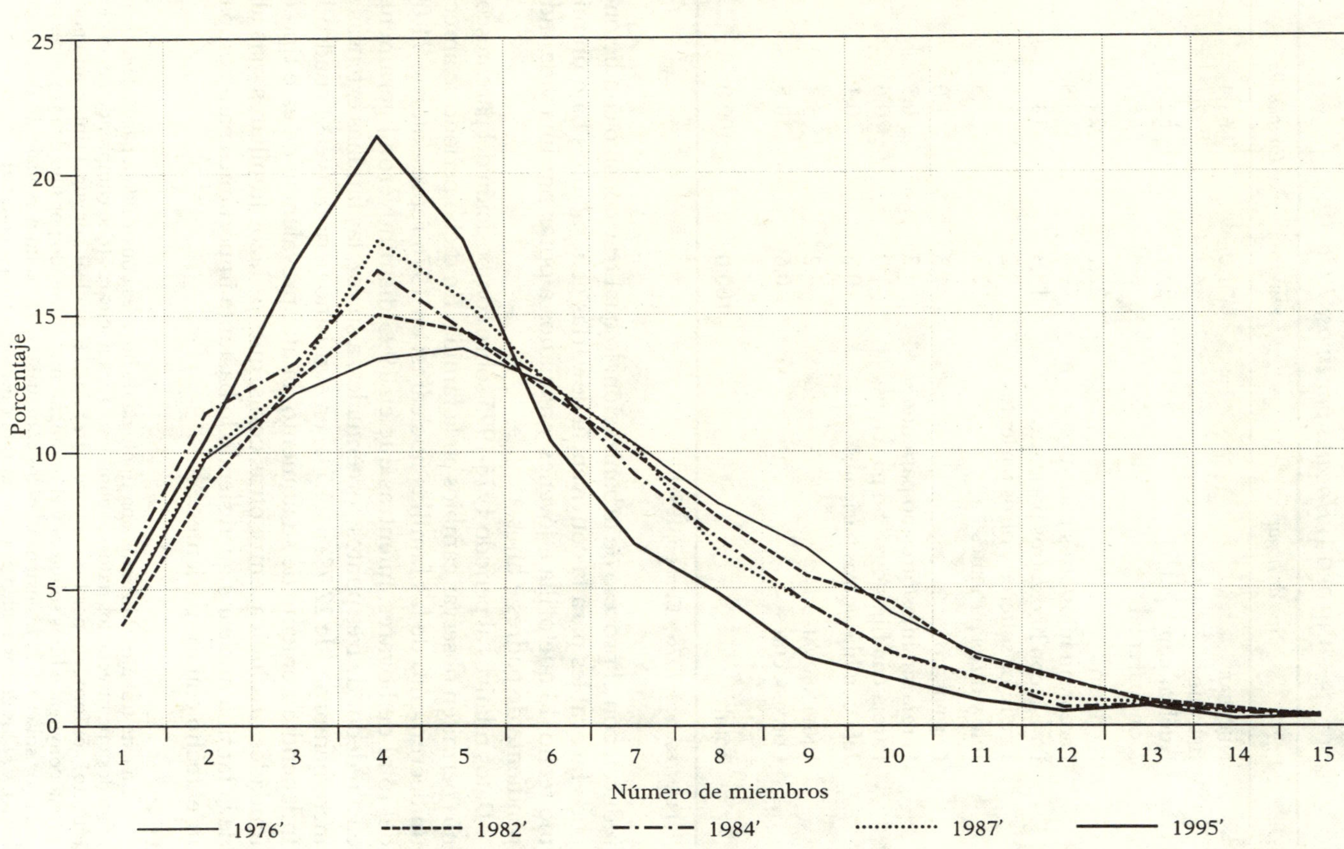

CUADRO 1. *Hogares por tipos, 1976-1995*

Tipo de hogar	EMF-76	*Enaplaf-95*
NUCLEAR	71.0	68.4
Estricto	6.1	7.1
Nuclear conyugal	58.1	52.8
Monoparental	6.8	8.5
EXTENSO	22.7	24.7
Pareja sin hijos/otros parientes	1.4	3.8
Pareja con hijos/otros parientes	13.3	13.7
Jefe/hijos solteros y otros parientes	5.2	3.7
Jefe y otros parientes	2.8	3.5
COMPUESTO	1.5	1.0
Pareja sin hijos/otros no parientes	0.2	0.3
Pareja con hijos/otros no parientes	1.0	0.6
Jefe con hijos/otros parientes	0.3	0.1
UNIPERSONAL	4.2	5.4
Corresidentes	0.6	0.5
Total	100.0	100.0

FUENTES: DGE, 1976 y Conapo, 1995b.

reducen con el proceso de urbanización, lo cual trae consigo condiciones poco favorables para la convivencia de varias generaciones bajo un mismo techo, lo que orilla a jóvenes y ancianos a optar por una vida independiente de padres e hijos.

Datos relativos al periodo 1976-1995 sobre composición del parentesco[35] nos permiten observar cambios en la familia. En dicho periodo se aprecia un decremento de las familias nucleares: en 1976 representaron 71.0% del total de hogares, mientras que en 1995 disminuyeron ligeramente, en alrededor de tres puntos porcentuales; a su vez, las familias extensas se incrementaron (de 22.7% a 24.7%) en el mismo periodo (véase cuadro 1). Independientemente de su aumento, la alta prevalencia de este tipo de unidades nos indica, entre otras cosas, que los lazos familiares más allá de la familia nuclear siguen siendo lo bastante importantes para compartir el techo con los parientes.

[35] En este trabajo utilizamos una tipología de hogares construida a partir de las posibilidades que ofrecen los datos disponibles: *a)* los nucleares (que comprenden el nuclear estricto, conformado por los cónyuges sin hijos), el nuclear conyugal (integrado por la pareja conyugal e hijos solteros) y el monoparental (formado por uno de los padres con sus hijos solteros); *b)* los extensos; *c)* los compuestos; *d)* los unipersonales (o de personas solas), y *e)* los de corresidentes (formados por personas sin parentesco).

El descenso relativo de familias nucleares que muestran los datos disponibles para el periodo podría considerarse mayor si tomamos en cuenta sólo a las familias nucleares con hijos solteros, es decir, la familia conyugal tradicional. En 1976 éstas representaban 58.1% de los hogares y en 1995 habían disminuido a 52.8%. Tal hecho ocurre de manera paralela al incremento de las familias sin hijos y de hogares monoparentales[36] (6.1% a 7.1%, y de 6.8% a 8.5%, respectivamente). En su modalidad extensa (que incluye además parientes), las familias monoparentales pierden presencia (5.2% a 3.7%, entre 1976 y 1995, respectivamente). Este hecho, aunado al incremento de dicho tipo de unidades sin parientes convivientes, puede interpretarse como una tendencia de los arreglos mencionados para hacer vida independiente; lo cual ocurre, en buena medida, por el peso que hoy en día tienen estos arreglos dirigidos por mujeres que conviven sin pareja con su prole.[37]

Entre arreglos familiares de tipo extenso, destaca el incremento de las parejas sin hijos que viven con parientes (1.4% a 3.8% en el periodo). Algunas razones de tal aumento pueden atribuirse a la migración, que ocasiona la ampliación de los hogares en los lugares de atracción, lo cual da cabida a la integración de familiares. También influye en este hecho la escasez de vivienda que entre los sectores pobres y populares urbanos conduce a las jóvenes parejas a iniciar su vida conyugal con la familia de origen de uno de ellos, generalmente del varón, aun cuando estos arreglos residenciales sean temporales en tanto que aquéllas logran consolidar un espacio habitacional propio (Varley, 1996). Adicionalmente, la mayor presencia de población senescente (producto del alargamiento de la esperanza de vida) repercute también en el incremento de familias de este tipo.[38] A pesar de la diversidad observada en la organización de parentesco de las familias, los datos muestran la primacía de los hogares que giran alrededor de una pareja conyugal; hoy constituyen cerca de 78.3% de todos los hogares, aunque su peso relativo vaya en descenso (en 1976 representaban 80.1%).

Muchos de los cambios reseñados han sido trazados directa o indirectamente por los cambios demográficos. El tamaño y composición de los hogares se modificaron, por un lado, de acuerdo con el incremento en el número de parientes disponibles. La estructura del hogar de mediados de los setenta contiene, sin duda, el efecto neto que debió haber causado

[36] Hogares monoparentales de tipo nuclear, es decir, uno de los padres y sus hijos solteros.

[37] Algunos estudios señalan que las mujeres jefas, abandonadas o separadas de sus parejas, son más propensas a restructurar sus hogares de manera independiente. Las madres solteras, por lo contrario, generalmente se quedan a vivir en los hogares de sus padres, en hogares de tipo extenso, principalmente por razones financieras (Moser, 1996).

[38] Según datos de Conapo (Enaplaf, 1995a), 44.6% de los hogares que tienen al menos una persona anciana son de tipo extenso.

el aumento de la fecundidad de los años previos, así como la disminución de la mortalidad (sobre todo la infantil). Las variaciones que apreciamos en los últimos 20 años, por su parte, sintetizan —sobre todo— el efecto del descenso de la fecundidad.

Sin duda, los efectos demográficos sobre la vida familiar son muy importantes, pero no lo son menos los factores culturales que han actuado como catalizadores (ya sea activando o retrasando el efecto de los factores demográficos). Una de las repercusiones de tales cambios ha sido la relativa a la distancia generacional de los distintos estadios del ciclo vital. La infancia y la adolescencia se han retrasado; en el pasado todavía reciente, estas etapas terminaban más temprano, cuando los jóvenes adquirían importancia económica para sus familias. Actualmente, dichas etapas se prolongan con el alargamiento de la vida escolar. Por otro lado, el periodo reproductivo de hombres y mujeres se ha reducido; al mismo tiempo, el periodo de senectud se prolonga, lo cual afecta a un mayor número de personas. Tales transformaciones dan lugar a patrones de convivencia distintos.

Un cambio importante en las pautas de los hogares (que combinan los efectos de las transformaciones demográficas y económicas) es la que se refiere a los patrones residenciales y de vida hogareña de las personas senescentes. En 1976, 4.2% de los hogares era de solitarios; en 1995, la proporción aumentó a 5.4%; este cambio es ligeramente más marcado entre las mujeres que viven solas pues pasaron de 16.2% a 18.3% (véase el cuadro 2).

Las transformaciones hasta aquí señaladas se refieren, sobre todo, a la composición parental de los arreglos hogareños; empero, esta visión resulta incompleta si no incorporamos el ciclo vital de las familias,[39] ya que en él se resume una parte importante de los eventos o hechos demográficos que ocurren en ellas: la unión conyugal, el nacimiento del primero y último hijo, la salida de los hijos del núcleo familiar y la muerte de uno de los dos cónyuges; aunque también están presentes las pautas culturales de convivencia familiar.[40] Desafortunadamente, en este terreno la sociodemografía ha avanzado muy poco, y las referen-

[39] Las distintas fases por las que atraviesa la familia han sido conceptualizadas desde diferentes perspectivas por diversos autores. En su mayoría, dichas construcciones han sido criticadas por la rigidez de la secuencia temporal de los eventos que marcan las fases incluidas en sus tipologías. De las trayectorias definidas escapan muchas familias, sobre todo cuando se trata de arreglos parentales complejos, cuyos ritmos en sus ciclos vitales difieren de los patrones típicos.

[40] Recurrimos a los datos disponibles en las encuestas analizadas para acercarnos a una manera de abordar el ciclo vital familiar: la edad de los hijos en el núcleo primario del hogar. Este enfoque excluye por supuesto las unidades domésticas que no tienen un núcleo primario: hogares de corresidentes, personas solas y jefes que comparten la unidad doméstica con parientes distintos del núcleo familiar.

CUADRO 2. *Distribución de hogares jefaturados por mujeres según el parentesco, 1976-1995*

Tipo de hogar	*EMF-76*	*Enaplaf-95*
NUCLEAR	44.20	49.40
Estricto	0.50	1.20
Nuclear conyugal	2.30	5.70
Monoparental	6.80	42.50
EXTENSO	36.10	31.40
Pareja s/hijos/otros parientes	0.10	1.10
Pareja c/hijos/otros parientes	0.90	2.50
Jefe c/hijos solteros/otros parientes	26.10	15.80
Jefe y otros parientes	9.00	12.00
COMPUESTO	1.50	0.40
Pareja s/hijos y otros no parientes	0.10	0.10
Pareja c/hijos y otros no parientes	0.00	0.00
Jefe con hijos y otros no parientes	1.40	0.30
Unipersonal	16.20	18.30
Corresidentes	2.00	0.50
Total	100.0	100.0

FUENTES: DGE, 1976 y Conapo, 1995b.

cias históricas disponibles no dan cuenta de tan importante aspecto de la vida familiar. Los datos disponibles que permiten hacer una reconstrucción de la composición familiar vinculada con la composición del parentesco son de fecha reciente.[41]

La proporción de hogares tanto en la etapa de extensión como en la de contracción (es decir, con hijos menores de 15 años y en una combinación de menores y mayores de 15 años) disminuyó de 41.9% a 37.4% y de 19% a 14%, respectivamente, entre 1976 y 1995. Tal hecho es indicativo del tiempo cada vez más corto que las familias pasan en estas fases de su ciclo vital, en un contexto de reducción de la prole. Por lo contrario, los hogares en fase de contracción concluida se han incrementado (de 15% a 22% en el periodo), lo cual refleja el proceso de envejecimiento de la población mexicana y consecuentemente de los hogares. A este hecho se agrega la proporción cada vez mayor de hogares extensos, situación que se relaciona también con las pautas residenciales de la población de menores ingresos, las cuales en una importante proporción comprenden a los arreglos con hijos casados que deciden pasar un

[41] La fuente de datos más lejana de que disponemos es la Encuesta Mexicana de Fecundidad de 1976.

periodo en la casa de sus padres, con el fin de consolidar un ahorro (ya sea para enganche de una vivienda o para la construcción, si disponen de un terreno) que permita la independencia residencial (véase Varley, 1996).

Arreglos monoparentales y jefatura femenina

La elevada mortalidad en México en los siglos XVIII y XIX está relacionada con un fenómeno que ha atraído la atención de historiadores y demógrafos: la prevalencia de una elevada proporción de unidades domésticas jefaturadas por mujeres.[42] Aunque se ha especulado mucho acerca de la existencia de viudas en los asentamientos novohispanos,[43] no hay duda de que la muerte del cónyuge dejaba a la mujer y a los integrantes de la familia sumidos casi siempre en un estado económico crítico, lo que obligaba a muchas de ellas a hacerse cargo del hogar;[44] por ello no es casual encontrar que la viudez en la Nueva España era sinónimo de pobreza. El análisis de Kanter pone en evidencia —al igual que lo han hecho

[42] Se ha observado que 32% de los hogares en la ciudad de México en 1811 tenían a una mujer como jefa de hogar (Arrom, 1988: 383). En la ciudad de Antequera (Oaxaca), poblado en el que "el proceso de mestizaje era sumamente intenso", la proporción de jefas representaba 39% de las unidades domésticas en 1777 (Rabell, 1991: 275). García González (1994) encontró que aproximadamente 34% de los hogares situados en el cuartel número 8 de la ciudad de Zacatecas en 1827 tenían al frente a una mujer. Asimismo, Anderson (1980: 238) ha reportado que la cuarta parte de las unidades domésticas de Guadalajara en 1821 estaba en la misma situación. Cabe destacar que los estudios que abordan dicha temática generalmente están referidos a áreas urbanas. Una de las pocas excepciones es el caso de Atlixco (Puebla), ejemplo de una pequeña villa situada a mitad del camino entre el mundo rural y el urbano. En este poblado, 25% de los hogares en 1972 estaban encabezados por mujeres (Grajales, 1991).

[43] McCaa (1989) argumentaba que el número de viudas en la Nueva España bien puede explicarse por razones demográficas. La esperanza de vida diferencial por sexo —que era menor para los varones—, la diferencia de edades entre hombres y mujeres al momento de contraer matrimonio —que era superior para el sexo masculino— y un mercado matrimonial menos estrecho para los hombres —que favorecía por tanto la mayor frecuencia de los varones a contraer segundas nupcias—, eran algunas de las condiciones que concurrían para que hubiera una proporción elevada de viudas, generalmente muy superior a la de viudos (McCaa, 1989).

[44] En la ciudad de Antequera (Oaxaca) las viudas representaban, en 1777, 61% de los hogares con jefas mujeres (Rabell, 1991), mientras que en Atlixco en 1972 (Grajales, 1991) y en Guadalajara en 1821 (Anderson, 1980) significaba 80% y 75% de las unidades con esa característica, respectivamente. Kanter (1992) sostiene que la elevada proporción de hogares encabezados por mujeres, principalmente viudas, no era privativo de las ciudades novohispanas. También en las zonas rurales predominantemente indígenas, como es el caso de Tenango del Valle en el siglo XVIII, es posible encontrar este fenómeno. En ese poblado, 21.9% de los hogares españoles en 1770 eran encabezados por viudas, mientras que en los hogares indígenas ocurría así en 18.3% de los casos. Estos porcentajes no son tan diferentes a los observados en Antequera (Oaxaca), ciudad en la que 25% y 14% del total de hogares españoles e indígenas, respectivamente, eran jefaturados por viudas (Rabell, 1991).

Anderson (1980), Arrom (1988) y McCaa (1989)— la vulnerabilidad económica y social de las viudas, quienes, abrumadas por sus responsabilidades, y en un medio hostil y de desconfianza hacia su condición, se veían obligadas a luchar por conservar sus tierras (u otros bienes); incluso tenían que recurrir a los juzgados de la Colonia para defender sus derechos.

Aunque no se dispone de datos para finales del siglo pasado y principios del actual, algunos trabajos (Kuznesof y Oppenheimer, 1985; McCaa, 1989) señalan la importante prevalencia de hogares con jefas en el periodo de transición a la economía capitalista, lo cual está vinculado con el desarrollo de industrias domésticas sustentadas en mano de obra familiar (Cicerchia, 1997). El primer estudio realizado sobre hogares dirigidos por mujeres en 1976 —en el nivel nacional para países menos desarrollados— reportó que de 10% a 46% de las mujeres mayores de 20 años se clasificaron como jefas de hogar con antecedente de divorcio, separación, viudez o madre soltera (Lloyd y Duffy, 1995). Se calcula que hoy día cerca de una quinta parte de las familias latinoamericanas son monoparentales (CEPAL/Celade, 1995).

A pesar de que la viudez sigue siendo un factor importante en la asunción de la jefatura femenina, en la actualidad, la existencia de hogares con jefatura femenina obedece a diversos factores: embarazo adolescente y embarazo en ausencia de una relación conyugal, divorcio, separaciones y abandono; en conjunto, han contribuido al paulatino incremento de los hogares jefaturados por mujeres. En este hecho influye también el aumento de la migración masculina. Detrás de estos fenómenos figuran los aspectos culturales de la vida de la pareja, el relativo debilitamiento de vínculos que unen a los cónyuges y las dificultades para establecer otros nuevos de carácter más durable, sobre todo entre las mujeres que han experimentado la ruptura familiar.

Los hogares con jefatura femenina, en su inmensa mayoría, son de mujeres sin cónyuge (divorciadas, separadas, viudas, abandonadas), quienes viven con su prole o en compañía de otros parientes.[45]

La cada vez mayor atención que reciben los hogares dirigidos por mujeres es atribuida no sólo al aumento de su prevalencia y su condición de vulnerabilidad, sino a su centralidad para entender la condición femenina. Los análisis de los procesos de formación de este tipo de unidades han evidenciado, desde la perspectiva de las relaciones familiares, las asimetrías e inequidades entre hombres y mujeres, ya que el incremento de estas unidades —sobre todo entre mujeres en edades reproductivas— es, la mayor parte de las veces, resultado de rupturas familiares que revelan las relaciones asimétricas, inequitativas y poco satisfactorias entre hombres y

[45] Por lo contrario, los hogares dirigidos por hombres que no tienen cónyuges viviendo con ellos son escasos en México, aunque con tendencias a incrementarse.

mujeres. Desde esta perspectiva se vincula el tema de la familia con el de la condición femenina. Los hogares dirigidos por mujeres han resultado un campo fértil para ilustrar los cambios en los papeles tradicionales entre los miembros de la familia; en ellos se hace visible el papel protagónico de las mujeres en la organización y manutención del grupo doméstico (Oliveira, Eternod y López: 1996).

En la actualidad, se estima que en México, de aproximadamente 20 millones de hogares, alrededor de 3.4 millones tienen como cabeza a una mujer, es decir, 17.3%,[46] lo cual significa que, si tomamos en cuenta el tamaño promedio de dichas unidades (3.5 miembros por hogar), alrededor de 12 millones de personas organizan su vida cotidiana en este tipo de arreglos. En un periodo de 25 años, en términos absolutos, tales unidades prácticamente se duplican. En 1976, en las áreas rurales representaban alrededor del 10%; hoy alcanzan casi 13%. Pero el aumento más importante se dio en las áreas urbanas (15.0% frente a 19.2% en el periodo); en las ciudades de más de 100 000 habitantes, la proporción llega a alcanzar incluso 25%.

Un aspecto destacado en los textos dedicados al estudio de este tipo de unidades es el relativo a la condición social de las mujeres que se hacen cargo de sus familias. Muchas investigaciones han señalado que una de las tendencias más importantes de la década pasada ha sido el incremento de los hogares dirigidos por mujeres y que son los más propensos a ser pobres o a vivir en estado de vulnerabilidad (Folbre, 1991; Schaffner y Kremen, 1990; Buvinic, 1990, citados en IADB, 1996). En el caso mexicano esta tendencia no es del todo clara. Trabajos recientes señalan que dicho tipo de unidades son propensas a vivir situaciones de vulnerabilidad pero no necesariamente son más pobres que los dirigidos por hombres (véase Rubalcava, 1996, y Parker, 1998).

[46] Las estadísticas acerca de madres jefas de hogar y hogares de padres solteros indican la prevalencia de hogares encabezados por mujeres pero no aportan una exacta medición por las siguientes razones: *1)* el jefe de hogar está determinado subjetivamente por los que responden a la encuesta dado que generalmente se da el nombre de un hombre adulto del hogar aunque no sea económicamente activo o su residencia sea irregular. Así, los datos acerca de los jefes de familia dicen poco acerca de la estructura económica real de los hogares. Más aún, los hogares dirigidos por mujeres están subrepresentados en el número de hogares sostenidos por mujeres, quienes en su mayoría son madres; *2)* los términos *hogar* y *familia* no son sinónimos. Los datos de jefe de hogar nos dicen poco acerca de la organización económica de estas familias; *3)* muchos de los hogares dirigidos por mujeres o por padres solteros están sostenidos por mujeres, pero otros no. En algunos hogares dirigidos por mujeres no hay hijos y algunos que sí tienen están dirigidos por abuelas, tías y por mujeres no relacionadas con los niños. Asimismo, hay hogares de madres y mujeres solteras sostenidos principalmente por los esposos o hermanos. Por tales consideraciones, resulta difícil establecer una medida exacta de este tipo de unidades; sin embargo, se puede decir que las estadísticas disponibles constituyen un parámetro para acercarnos a ellas.

Oliveira *et al.* (1996) destacan los factores que más afectan a las mujeres jefas de hogar por el hecho de ser mujeres y jefas: *a)* los obstáculos culturales y jurídicos que les impiden acceder a determinados beneficios que sí logran obtener sus contrapartes masculinos; *b)* la escasa presencia de varones adultos económicamente activos;[47] *c)* la mayor propensión de las jefas de hogar a depender de las redes parentales para poder competir en el mercado laboral (lo que puede traducirse en menor autonomía en fases tempranas del ciclo vital familiar); *d)* la segregación ocupacional a la que hacen frente las jefas, al igual que otras mujeres relacionadas con sus bajos niveles educativos, así como la incompatibilidad de horarios que les permitan cumplir con sus tareas domésticas.

En tal tenor, se señalan desventajas que se derivan de este tipo de hogares; su vulnerabilidad se atribuye, en parte, a su dependencia del sector informal y a las menores oportunidades de acceso a los beneficios sociales que caracterizan el trabajo femenino; además, dichos hogares suelen enviar un mayor número de miembros al mercado de trabajo, y en muchos casos sus niños tienden a trabajar a temprana edad por lo cual abandonan la escuela y perpetúan de esta manera la pobreza o los estados de vulnerabilidad.[48]

En conjunto, las estadísticas sobre jefatura femenina muestran un aspecto de la protagonicidad de las mujeres en el ámbito doméstico en su desempeño como jefas. Sin embargo, no permiten dar visibilidad a las transformaciones ocurridas en el nivel de las relaciones entre las personas de diferente sexo y generación que comparten un hogar. Aunque no se dispone de series históricas, en la actualidad es posible corroborar el deterioro de las funciones del hombre proveedor (sostén de la familia) y la diversificación en la composición del ingreso global familiar, lo cual, sin duda, tiene repercusiones en la organización familiar y doméstica.

A MANERA DE CONCLUSIONES

Hasta aquí hemos hecho breves alusiones a hallazgos de la investigación tanto sociodemográfica como histórica, lo cual nos permite destacar al-

47 Recordemos que se trata de hogares que, en su mayoría, reconocen la jefatura femenina en función de la ausencia de un cónyuge varón.

48 De acuerdo con estimaciones recientes, las jefas de hogar tienen, en promedio, más edad que los jefes varones (respectivamente, 52 y 43 años). También se detecta que en 20% de hogares jefaturados por mujeres la jefa no sabe leer ni escribir. Alrededor de 37% de los hogares de jefas corresponde a arreglos monoparentales en los cuales la mujer vive sola con sus hijos. Además, se comprueba también que en poco más de 20% de este tipo de unidades las jefas, además de vivir con sus hijos, comparten la vida doméstica con otros parientes (INEGI, 1993).

gunos elementos que están presentándose en la dinámica familiar —principalmente en las zonas urbanas—, sobre todo durante el siglo XX. Se observó el paulatino desdibujamiento de la línea divisoria entre el espacio privado de la vida cotidiana y la esfera pública, concretado tanto en la aparición de sistemas institucionales como en la formulación de una legislación de protección del orden social (específicamente familiar) que otorga mayor protagonismo y legitimidad a las mujeres como sujetos de derecho (además de los apartados anteriores, véase también Cicerchia, 1997; Alberto, 1988). Las transformaciones en el marco jurídico (aunque no abarquen todos los aspectos requeridos para mejorar de forma profunda las situación de las mujeres y sus familias) constituyen pautas importantes que anuncian nuevos compromisos culturales, nuevas percepciones y el surgimiento de nuevas subjetividades que trastocan la vida familiar. Asimismo, es preciso destacar otros elementos:

- Si bien la evidencia empírica sobre las estructuras familiares y domésticas nos muestra familias y unidades domésticas relativamente estables, a lo largo del trabajo ha sido posible identificar importantes cambios en el ámbito demográfico que afectan la vida familiar, aunque sus efectos sean lentos.
- La sociedad mexicana transita por un proceso de democratización de la vida política. Éste, sin duda, tendrá importantes repercusiones en el desarrollo de la familia, que poco a poco abandona los rasgos patriarcales que aún perviven, ya que hay una influencia de doble alcance entre lo que ocurre en la vida política en general y lo que sucede en las instituciones de la sociedad, entre ellas la familia. Es posible que, a su vez, la institución familiar transformada refuerce los comportamientos democráticos en el ámbito político, como ha ocurrido en otros contextos.
- Aunque el papel que las mujeres han desempeñado en la vida familiar ha girado básicamente en torno a sus funciones reproductivas y de crianza de los hijos, se ha destacado en el *corpus* del capítulo el papel protagónico del trabajo extradoméstico, indispensable, en muchos casos para la sobrevivencia material del grupo doméstico.
- Los cambios observados en los patrones de participación de las mujeres en el mercado de trabajo han estado acompañados por transformaciones en el tiempo que gastan haciéndose cargo de los hijos, consecuencia del descenso de la fecundidad, que a su vez se relaciona con el control de sus prácticas reproductivas. Frente a la reducción de la prole, el ejercicio de la maternidad tiene una menor influencia en la realización de actividades extradomésticas. Así pues, las fuerzas sociales y económicas repercuten y moldean la redefinición de los papeles femeninos en la sociedad y por ende en la familia. El incremento en la escolaridad de las

mujeres y en su participación en espacios públicos constituyen síntomas importantes de los cambios en la familia al tiempo que manifiestan cambios profundos en la cultura. El balance de los trabajos domésticos y extradomésticos se ha dificultado por la resistencia al cambio que muestra la sociedad. Las mujeres *proveedoras* y jefas de hogar tienen que hacer frente a las consecuencias de las visiones estereotipadas de los papeles femeninos.

• En el ámbito económico, la prolongada crisis ha ejercido también una influencia decisiva en la manera como las familias organizan su vida familiar para hacer frente a sus embates.

• El envejecimiento paulatino de la población, y por ende de los hogares, apunta en un futuro no muy lejano al surgimiento de situaciones inéditas en las familias. Las formas tradicionales de organización familiar están adecuándose a esta nueva realidad y tendrán que cambiar en la medida en que las familias encuentren mayores dificultades para proveer soporte a sus ancianos, frente al precario sistema de seguridad social vigente en el país.

Las transformaciones de las familias y de las formas de organización doméstica han sido graduales. En general, las estructuras familiares y los patrones de comportamiento de índole tradicional han prevalecido más allá de la presencia de momentos críticos y factores de cambio que han incidido en la estabilidad familiar. Si bien se analizan aspectos de estabilidad y continuidad de la vida hogareña, se han destacado los factores que reflejan la riqueza de las relaciones intrafamiliares que son dinámicas y cambiantes según los ciclos y ritmos de vida familiar. Aunque puede hablarse de relaciones dinámicas y cambiantes, es necesario no perder de vista que la actualidad está marcada por la coexistencia de lo tradicional con formas contemporáneas de organización doméstica y de vida familiar

Frente a tal panorama, en el cual los cambios económicos, políticos y sociodemográficos se amalgaman, es difícil pensar que las relaciones familiares y la organización doméstica permanecerán inalteradas.

Bibliografía

Alberro, Solange (1988), "La familia conversa novohispana: familia hispana", en Pilar Gonzalbo (comp.), *Familias novohispanas. Siglos XVI al XIX*, México, El Colegio de México.

Amorós, Celia (1990), *Mujer, participación, cultura política y Estado,* Buenos Aires, Ediciones de la Flor.

Anderson, Michael (comp.) (1980), *Sociología de la familia,* México, Fondo de Cultura Económica.

Apple, Michael, y Philip Wexler (1984), "Capital cultural y transmisiones educativas: ensayo sobre clases, códigos y control", en Bernstein, *Hacia una teoría de las transmisiones educativas* México, CISE-Universidad Nacional Autónoma de México, edición mimeografiada.

Ariza, Marina, y Orlandina de Oliveira (1998) "Propuesta de un marco analítico general de las inequidades de género y clase", en Orlandina de Oliveira, Marina Ariza, Marcela Eternod, María de la Paz López y Vania Salles, La condición femenina: una propuesta de indicadores, México, Sociedad Mexicana de Demografía/Consejo Nacional de Población, noviembre, mimeo.

Arizpe, Lourdes (1989), *Cultura y desarrollo, una etnografía de las creencias,* México, El Colegio de México/Universidad Nacional Autónoma de México/Porrúa.

Arrom, Silvia (1988), *Las mujeres en la ciudad de México 1790-1857,* México, Siglo XXI Editores.

Barbieri, Teresita de (1983) "Políticas de población y la mujer. Antecedentes para su estudio", *Revista Mexicana de Sociología,* año XLV, vol. XLV/núm. 1, enero-marzo, Instituto de Investigaciones Sociales-UNAM, México.

Barceló, Raquel (1997), "Hegemonía y conflicto en la ideología porfiriana sobre el papel de la mujer y la familia", en Soledad González y Julia Tuñón (comps.), *Familias y mujeres en México: del modelo a la diversidad,* México, El Colegio de México/Programa de Investigaciones y Estudios sobre la Mujer.

Batlia, Srilatha (1993), Empoderamiento de las mujeres en Asia del Sur. Conceptos y prácticas, mimeo.

Beltrán, U., F. Castaños, J. Flores y Y. Meyenberg (1994), *Los mexicanos de los noventa: una escuela de actitudes y valores. Parte I,* México, Instituto de Investigaciones Sociales de la Universidad Nacional Autónoma de México.

Benería, L., y M. Roldán (1987), *The Crossroads of Class and Gender: Industrial Homework, Subcontracting and Household Dynamics in Mexico City,* Chicago, Universtiy of Chicago Press.

Bridenthal, R. (1982), "The family: The view from a room of her own", en T. Barrie y M. Yalom (comps.), *Rethinking the Familiy,* Nueva York, Longman.

Bruce, J., C. B. Lloyd, A. Leonard (1995), *Families in Focus: New Perspec-*

tives on Mothers, Fathers and Children, Nueva York, The Population Council.

Calvo, Thomás (1991), "Matrimonio, Iglesia y sociedad en el occidente de México: Zamora", en Pilar Gonzalbo (comp), *Familias novohispanas. Siglos XVI al XIX,* México, El Colegio de México.

Castells, Manuel (1998), "Patriarcado: movimientos sociales, familia y sexualidad en la era de la información", en Manuel Castells, *La era de la información. Economía, sociedad y cultura,* vol. 2, Madrid, Alianza Editorial.

Castle, Sara (1993), Intra-hosehold female status differentials in rural Mali: variations in maternal resources for children's illness management and day care, ponencia presentada en la reunión de la IUSSP, 'Women and Demographic Change in Sub-Saharan Africa", Dakar, marzo.

Comisión Económica para América Latina (CEPAL) (1994), *Familia y futuro,* Santiago de Chile, CEPAL.

Cicerchia, Ricardo (1997), "Familia, género y sujetos sociales: propuestas para otra historia", en Soledad González y Julia Tuñón (comps.), *Familias y mujeres en México,* México, El Colegio de México.

Código civil comentado (1993), México, Instituto de Investigaciones Jurídicas de la Universidad Nacional Autónoma de México, mimeo.

Consejo Nacional de Población (Conapo) (1995a), *Informe preliminar,* México, Conapo.

——— (1996b), *Encuesta Nacional de Planificación Familiar,* México, Conapo.

——— (1996a), *Indicadores básicos de salud reproductiva y planificación familiar,* México, Conapo.

——— (1996b), *Encuesta de comunicación en planificación familiar,* México, Conapo.

——— (1997a), *La situación demográfica en México,* México, Conapo.

——— (1995b), *Boletín,* 15 de mayo, México, Conapo.

——— (1998), *La situación demográfica en México,* México, Conapo.

Dirección General de Estadística (1976), *IX Censo General de Población y Vivienda 1970,* México.

Durán, M. (1988), "Hogares y familias. Dos conceptos en busca de definición", en *Las familias monoparentales,* Ministerio de Asuntos Sociales, Madrid, Serie Debates núm. 5.

Folbre, Nancy (1987), "Family strategy, feminist strategy", *Historical Methods,* vol. 20, núm. 3.

——— (1991), "Women on their own: Global patterns of female headship", en *The Women and International Develpment Annual,* vol. 2, mayo, Boulder, Westview Press.

García, Brígida, Humberto Muñoz y Orlandina de Oliveira (1980), *Hogares y trabajadores,* México, El Colegio de México.

———, y Orlandina de Oliveira (1994), *Trabajo femenino y vida familiar en México,* México, Instituto de Investigaciones Sociales de la Universidad Nacional Autónoma de México/El Colegio de México.

García Castro, María (1994), El valor de la familia: familia y valores sociales. Cambios y permanencias, ponencia presentada en el coloquio "Relaciones Familiares y Cultura Contemporánea", mimeo, México, Consejo Nacional para la Cultura y las Artes, noviembre.

García González, Francisco (1994), "Política y familia en Zacatecas en el siglo XIX", en P. Gonzalbo y C. Rabell, *La familia en el mundo iberoamericano,* México, IISUNAM.

Gómez de León, J. (1993), "Variaciones en el tamaño relativo de las cohortes, 1845-1985", *Demos, Carta Demográfica sobre México,* núm. 6, México.

Gonzalbo, Pilar (coord.) (1991), *Familias novohispanas. Siglos XVI al XIX,* México, El Colegio de México.

——— (1996), "Las cargas del matrimonio. Dotes y vida familiar en la Nueva España", en Pilar Gonzalbo y Cecilia Rabell, *Familia y vida privada en la historia de Iberoamérica,* México, El Colegio de México.

———, y Cecilia Rabell (1996), *Familia y vida privada en la historia de Iberoamérica,* México, El Colegio de México.

Goode, William (1980), "Una perspectiva sociológica de la disolución conyugal", en M. Anderson (comp.), *Sociología de la familia,* México, Fondo de Cultura Económica.

Grajales, Agustín (1991), "Hogares de la villa de Atlixco a fines de la colonia: estados, calidades y ejercicios de sus cabezas", en Pilar Gonzalbo (coord.), *Familias novohispanas. Siglos XVI al XIX,* México, El Colegio de México.

Horkheimer, Max (1968), *Teoría crítica,* Buenos Aires, Amorrortu.

Instituto Nacional de Estadística, Geografía e Informática (INEGI)/ Secretaría del Trabajo y Previsión Social (STPS) (1992), *Encuesta Nacional de Empleo, 1991,* Aguascalientes, INEGI.

——— (1993), *Encuesta Nacional de la Dinámica Demográfica,* México, Aguascalientes, INEGI.

——— y Secretaría del Trabajo y Previsión Social (1996a), *Encuesta Nacional de Empleo, 1995,* Aguascalientes, INEGI.

——— (1996b), *Encuesta Nacional de Ingresos y Gastos de los Hogares 1994,* Aguascalientes, INEGI.

Instituto Nacional de Estadística, Geografía e Informática (INEGI)/Programa Nacional de la Mujer (Pronam) (1997), *Hombres y mujeres en México,* Aguascalientes, INEGI.

Inter-American Development Bank (IADB) (1996), *Women in the Americas: Bridging the Gender Gap,* Washington, D. C., The Johns Hopkins University Press.

Johnson, A. (1978), "The impact of market agriculture on family and household structure in nineteenth-centrury Chile", *Hispanic American Historical Review,* núm. 58 (4), pp. 625-648.

——— (1997), *The Gender Knot: Unraveling Our Patriarchal Legacy,* Filadelfia, Temple University Press.

Juárez, Fátima, y Julieta Quilodrán (1996), "Mujeres pioneras del cambio reproductivo en México", en Fátima Juárez Quilodrán y María Eugenia Zavala, *Nuevas pautas reproductivas en México,* México, El Colegio de México.

———, Julieta Quilodrán y María Eugenia Zavala (1996), *Nuevas pautas reproductivas en México,* México, El Colegio de México.

Kanter, D. (1992), "Viudas y vecinos, milpas y magueyes. El impacto del auge de la población en el valle de Toluca: el caso de Tenango del Valle en el siglo XVIII", *Estudios Demográficos y Urbanos,* núm. 19, pp. 19-34, México, El Colegio de México.

Kellerhals, Jean, *et al.* (1987), "Les sociologues face aux mutations de la famille", *L'Année Sociologique,* núm. 37, París.

Kuznesof, E., y R. Oppenheimer (1985), "The familiy and society in nineteenth century Latin America: An historiographical introduction", *Journal of Family History,* pp. 215-234.

Lamas, Martha (1986), "La antropología feminista y la categoría de género", *Nueva Antropología,* núm. 30, México.

Lash, Christopher (1996), *Refugio en un mundo despiadado. Reflexión sobre la familia contemporánea,* Barcelona, Gedisa.

Laslett, P. (1969), "Size and structure of the household in England over three centuries", *Population Studies,* vol. 23, pp. 199-223.

Lavrin, A. (comp.) (1991), *Sexualidad y matrimonio en la América Hispánica. Siglos XVI-XVIII,* México, Consejo Nacional para la Cultura y las Artes / Grijalbo.

Lee, G. (1982), *Family Structure and Interaction. A Comparative Analysis,* Minneapolis, University of Minnesota Press.

Ley de Relaciones Familiares (1917), Poder Ejecutivo, Venustiano Carranza, México, edición económica.

Locoh, T. (1996), "De la démographie, des femmes et des hommes", en T. Locoh, A. Labourie-Racapé y Ch. Tichit (comps.), *Genre et dévoloppement: des pistes à suivre,* París, Centre Francais sur la Population et le Développement, diciembre.

López, María de la Paz, y Haydea Izazola (1995), *Perfil censal de los hogares y las familias en México,* México, INEGI / SSA-IISUNAM.

López, María de la Paz (1998) "Situación de las mujeres y acceso a vivienda y servicios básicos", en Orlandina de Oliveira *et al.*, La condición femenina: una propuesta de indicadores, Sociedad Mexicana de Demografía/Consejo Nacional de Población, noviembre, mimeo, México.

López, María de la Paz, y Vania Salles (1998), Los vaivenes en la conyugalidad, México, El Colegio de México, mimeo.

Lloyd, C., y N. Duffy (1995), "Families in transition", en J. Bruce, C. B. Lloyd y A. Leonard, *Families in Focus. New Perspectives on Mothers, Fathers and Children,* Nueva York, The Population Council.

McCaa, Robert (1989), "Women's position, family and fertility decline in Parral (México), 1777-1930", *Annales de Demographie Historique,* París.

Mier y Terán, Marta (1991), "Dinámica de la población en México: 1895-1990. El gran cambio demográfico", *Demos, Carta Demográfica sobre México,* núm. 4, México.

———, y Cecilia Rabell (1993), "Inicio de la transición a la fecundidad en México", en *Transición demográfica en América Latina,* Asociación Brasileña de Estudios Poblacionales (ABEP)-Celade-Iussp-Prolap-Somede, pp. 618-657.

Monsiváis, Carlos (1995), *Los rituales del caos,* México, Era.

Narro, J., y J. Moctezuma (1992), *La seguridad social y el Estado moderno,* México, Instituto Mexicano del Seguro Social/Fondo de Cultura Económica/Instituto de Seguridad Social y Servicios Sociales de los Trabajadores del Estado.

Ojeda de la Peña, Norma (1992), "La importancia de las uniones consensuales", *Demos, Carta Demográfica sobre México,* núm. 1, México.

Oliveira, Orlandina de, Marina Ariza, Marcela Eternod, María de la Paz López y Vania Salles (1996), La condición femenina: una propuesta de indicadores, mimeo, México, Sociedad Mexicana de Demografía/Consejo Nacional de Población.

Parker, Susan (1998), Bienestar y jefatura femenina en los hogares mexicanos, mimeo, México, Progresa.

Parsons, Talcott (1980), "La familia en la sociedad urbano-industrial de los Estados Unidos", en M. Anderson (comp.), *Sociología de la familia,* México, Fondo de Cultura Económica.

Pérez Duarte, Alicia E. (1994), *Derecho de familia,* México, Fondo de Cultura Económica.

Ponce, D., Ana Irene Solórzano y Antonio Alonso (1993), "Lentas olas de sensualidad", *El nuevo arte de amar,* México, Cal y Arena.

Poder Ejecutivo Federal (1995), *Programa Nacional de Población 1995-2000,* México, Presidencia de la República.

Population Program-East-West Center (1996), "La condición de la mujer y el cambio demográfico", *La potenciación de la mujer y el cambio demográfico: Qué sabemos?*, Population Program Honolulu.

Quesnel, André, y Susana Lerner (1988), "Espacio familiar en la reproducción social", en Orlandina de Oliveira, Marielle Pepin y Vania Salles (comps.), *Grupos domésticos y reproducción cotidiana,* México, El Colegio de México/Coordinación de Humanidades/Porrúa.

Quilodrán, Julieta (1974), "Evolución de la nupcialidad en México, 1900-1970", *Demografía y Economía,* vol. 8, núm. 1, México, pp. 34-49.

Quilodrán, Julieta (1988), "Implicaciones demográficas y sociales de la dinámica de uniones", en Orlandina de Oliveira, Marielle Pepin y Vania Salles (comps.), *Grupos domésticos y reproducción cotidiana,* México, El Colegio de México/Coordinación de Humanidades/Porrúa.

——— (1990), "Variaciones, niveles y tendencias de la nupcialidad", en *Memorias de la IV Reunión Nacional de Investigación Demográfica en México,* tomo II, México, Instituto Nacional de Estadística, Geografía e Informática/Sociedad Mexicana de Demografía, abril.

——— (1992), "La nupcialidad. Los cambios más relevantes", *Demos, Carta Demográfica sobre México,* núm. 5, México.

——— (1993), Conyugal histories: an analysis for México, mimeo, México, presentado a la Internacional Population Conference/Congres International de la Population, Montreal, agosto 24-septiembre.

——— (1992), "Cambios y permanencias en la nupcialidad en México", *Revista Mexicana de Sociología,* Instituto de Investigaciones Sociales de la Universidad Nacional Autónoma de México, año LV, núm. 1, enero-marzo, México, pp. 17-40.

——— (1996), Disparidades regionales: diferencias en el descenso de la fecundidad", en Fátima Juárez, Julieta Quilodrán y María Zavala, *Nuevas pautas reproductivas en México,* México, El Colegio de México.

Rabell, Cecilia (1991), "Estructuras de la población y características de los jefes de los grupos domésticos de Antequera (Oaxaca), 1977", en Pilar Gonzalbo (coord.), *Familias novohispanas. Siglos XVI al XIX,* México, El Colegio de México.

Ramírez, Valeria (1995), *Cambios en la familia y en los roles de la mujer,* Santiago de Chile, Celade.

Renne, Elisha (1993), "Changes in adolescent sexuality and the perception of virginity in a southwestern Nigerian village", en *Health Transition Review,* suplemento al volumen 3.

Rubalcava, Rosa María (1996), "Hogares con primacía de ingreso femenino", en María de la Paz López (comp.), *Hogares, familias: desigualdad, conflicto, redes solidarias y parentales,* México, Sociedad Mexicana de Demografía.

Rubin, Gayle (1986), "El tráfico de mujeres: Notas sobre la 'economía política' del sexo", *Nueva Antropología,* vol. VIII, núm. 30, noviembre, México (pp. 95-146).

Salles, Vania (1992), "Familias en transformación y códigos por transformar", en Cecilia Loría (comp.), *Familias en transformación y códigos por transformar: construyendo las propuestas políticas de las mujeres para el código civil,* México, Grupo de Educación Popular con Mujeres (GEM).

Salles, Vania (1994), "Nuevas miradas sobre la familia", en María Luisa Tarrés (comp.), *La voluntad de ser,* México, Programa Interdisciplinario de Estudios de la Mujer (PIEM)/El Colegio de México.

Salles, Vania (1998), "Familia y grupo doméstico campesino: algo de teoría y método", en María Tarrío y Luciano Concheiro (coords.), *La sociedad frente al mercado,* México, UAM Iztapalapa/La Jornada Ediciones.

Sandoval, Germán (1994), "Inicio de relaciones sexuales y uso de método anticonceptivo en la población adolescente y joven del área metropolitana de la ciudad de México", en *Memorias de la IV Reunión de Investigación Demográfica en México,* vol. I, México, 1996.

Scott, Joan (1988), "Genre: une catégorie utile d'analyse historique", *Le genre de l'histoire. Les cahiers du griff,* núm. 37, París, Ed. Tierce.

Segalen, Martine (1992), *Antropología histórica de la familia,* Madrid, Taurus Universitaria.

Singly, François de (1993), *Sociologie de la famille contemporaine,* París, Éditions Nathan.

Solís, P., y M. E. Medina (1996), "El efecto de la fecundidad sobre la disolución de uniones en México", *Sociológica,* año 11, núm. 32, México.

Staples, Anne (1994), "Historia de la familia, siglo XIX mexicano", *Saber Ver,* número especial, *Retrato de familia,* junio, México, Fundación Cultural Televisa.

Stone, Lawrence (1990), *Familia, sexo y matrimonio en Inglaterra, 1500-1800,* México, Fondo de Cultura Económica.

Tuirán, Rodolfo (1993), "Estrategias familiares de vida en época de crisis: el caso de México", en Comisión Económica para América Latina, *Cambios en el perfil de las familias: la experiencia regional,* Santiago de Chile, pp. 319-354.

——— (1994a), "Trayectorias de vida familiar en México: una perspectiva histórica", ponencia para el Coloquio Familia y Redes Sociales, Aguascalientes, México.

Tuirán, Rodolfo (1994b), "Vivir en familia: hogares y estructura familiar en México", *Comercio Exterior,* julio, México.

Tuirán, Rodolfo (1994c), "Familia y sociedad en el México contemporáneo", *Saber Ver,* número especial: *Retrato de familia,* México, Fundación Cultural Televisa.

——— (1998), *Demographic Change and Family and Non-Family Related Life Course in Contemporary Mexico,* tesis de doctorado, The University of Texas.

Valery, A. (1996), "Women heading households: Some more equal than others", *World Development,* vol. 24, núm. 3, pp. 505-520, Londres.

United Nations (s. f.), The living arrangements of women and their children in the developing world: A demographic profile, Naciones Unidas, mimeo.

Weber, Max (1978), *Economía y sociedad,* México, Fondo de Cultura Económica.

Zavala, María Eugenia (1990a), "México en el umbral de la transición demográfica", en *Historia e Populaçâo,* Asociación Brasileña de Estudios Poblacionales (ABEP)/International Union for Scientific Study of Population (IUSSP).

——— (1990b), "Políticas de población en México", *Revista Mexicana de Sociología,* vol. LII, núm. 1, enero-marzo, Instituto de investigaciones Sociales de la Universidad Nacional Autónoma de México.

Zonnabend, F. (1988), "De la familia. Una visión etnológica del parentesco y la familia", en *Historia de la familia,* tomo I, Madrid, Alianza Editorial.

EVOLUCIÓN DEL INGRESO MONETARIO DE LOS HOGARES EN EL PERIODO 1977-1994

Rosa María Rubalcava[1]

Introducción

El presente trabajo examina la evolución del ingreso de los hogares como indicador del nivel de vida de la población. La estrategia analítica que se sigue demanda manipular bases de datos por hogar que sólo están disponibles para los años 1977, 1984, 1989, 1992 y 1994, por lo cual el estudio se limitará al periodo 1977-1994.[2] La decisión de tomar al hogar como unidad de análisis para abordar el estudio de dicho tema se basa en desarrollos conceptuales relativamente recientes que provienen de la antropología, la demografía, la economía y la sociología.

Becker (1991) resalta que los estudios de corte económico se interesaron poco por los hogares en el pasado: "aparte de la teoría de Malthus del cambio poblacional, los economistas casi ni notaron a la familia antes de los años cincuenta". Importante pionero en el campo es Simon Kuznets; para él, la familia es una categoría teórica amplia que remite a redes extensas de relaciones:

> La familia, entendida en sentido amplio de miembros con lazos de sangre, matrimonio o adopción que comparten intereses comunes, es importante como unidad para el análisis económico por el supuesto de que toma decisiones conjuntas en lo relativo a la generación y asignación del ingreso, ya sea de manera continua y permanente, o en forma intermitente y con rango limitado. La po-

[1] La autora agradece los comentarios que recibió en las reuniones preparatorias del libro, tanto de los editores como de los demás autores. Asimismo, reconoce las invaluables aportaciones de Harley Browning, Mercedes González de la Rocha y Orlandina de Oliveira, quienes ayudaron a concretar el presente artículo. Mención especial merecen los valiosos señalamientos de Fernando Cortés, lector de varios borradores. Expreso también mi aprecio por el trabajo computacional del matemático Jesús Zamora en la integración de los archivos magnéticos y el procesamiento de la información, y por el apoyo documental y bibliográfico de la licenciada Tatiana Verdugo, así como por el esmero en la mecanografía de los cuadros que efectuó María del Carmen Laureles.

[2] Los datos de estas bases, además de estar disponibles, proporcionan información comparable sobre el ingreso de los hogares. El ingreso que se considera en el presente trabajo es el que destinan los hogares a su subsistencia cotidiana: ingreso corriente monetario. Cuando no sea necesaria la precisión conceptual, los términos *hogar, grupo doméstico,* y *familia* se usarán indistintamente con el fin de dar fluidez a la lectura del texto.

sibilidad de esa acción conjunta convierte a la familia en una unidad útil para el estudio de las desigualdades de ingreso, la oferta de mano de obra, la formación de capital y el ahorro (Kuznets, 1978: 187).

Este autor utiliza rasgos de los hogares, como el número total de miembros ("tamaño del hogar"), o su descomposición en el número de menores y de adultos, para definir tipos de hogares que merecen distinguirse por sus efectos sobre la desigualdad de la distribución del ingreso (Kuznets, 1982).[3] En parte debido a los trabajos de Kuznets y Becker, los economistas han empezado a desarrollar teorías basadas en que las decisiones de los individuos se toman en el seno de sus grupos domésticos (Sen, 1990; Dasgupta, 1993).

La importancia teórica de la familia también se reconoce en diferentes campos de la investigación social; sin embargo, se considera que el estudio de su diversidad de formas y variantes regionales merece mayor atención y se reconoce que no es posible analizar ni interpretar los cambios económicos, políticos, sociales y demográficos sin referirlos al ámbito de las familias y su evolución (CEPAL, 1993; Tuirán, 1993a).

En México, muchas investigaciones sociodemográficas y de antropología social han significado un apoyo muy importante para los análisis del ingreso familiar efectuados a partir de información agregada. Algunos estudios de caso en profundidad, y otros de mayor alcance, proveen descripciones y explicaciones que, aunque referidas a escalas de observación reducidas, ayudan a fundamentar las inferencias derivadas de los datos agregados.[4]

Por su parte, los estudios de los mercados de trabajo han mostrado a la familia como mediadora en las decisiones relativas al trabajo, en especial en la utilización de la fuerza de trabajo (García, Muñoz y Oliveira, 1982; González de la Rocha y Escobar, 1991); pero los hogares no se encuentran en un vacío social sino que, por lo contrario, experimentan

[3] El análisis empírico de la distribución del ingreso familiar ha sido tratado tradicionalmente por la economía mediante agregados estadísticos que ofrecen algunas facilidades operativas. Los análisis se han basado en *deciles de hogares,* 10 grupos que incluyen, cada uno, a 10% de los hogares; los deciles se definen ordenando previamente a los hogares en forma ascendente según su ingreso total (la suma del que perciben todos sus miembros). Para propósitos de una apreciación económica general, dicha estrategia es adecuada porque permite examinar la evolución de la participación de los diferentes deciles de hogares y sintetiza en el cálculo de índices de desigualdad que facilitan las comparaciones en el tiempo y entre zonas, regiones o países. Otros estudios de la distribución del ingreso de los hogares que tratan temas cercanos a la economía (niveles de vida, pobreza, crecimiento económico, desigualdad, etcétera), en su mayoría recurren también a los deciles de hogares (Cortés, 1994; Serra, 1994; Aspe y Beristáin, 1992; Hernández Laos 1992; Martínez, 1989; Altimir, 1982; Navarrete, 1975).

[4] La bibliografía sobre el tema es muy vasta; las referencias en detalle están en el trabajo ya citado de Cortés y Rubalcava (1991).

las consecuencias positivas y negativas, para su bienestar, de la evolución macroeconómica y la política social.

En los 20 años que abarca la información de este estudio (1977-1994), México pasó de la bonanza petrolera al agobio de la deuda externa y recurrió a variadas búsquedas de solución para reemprender la senda del crecimiento económico. En un principio se aplicaron medidas para ajustar la economía y, posteriormente (hacia finales del decenio de 1980), se procedió a iniciar el camino de la reforma económica (Cortés, 1995b).

Las medidas de política que se implantaron tienen complejos ciclos de retroalimentación y producen secuelas de desocupación y pobreza que, en definitiva, acaban por absorberse en los hogares. Es incuestionable que las familias resienten dichas transformaciones y reaccionan para tratar de restituir las pérdidas económicas que la crisis ocasiona en sus ingresos. Las respuestas de los hogares ofrecen explicaciones satisfactorias al hecho de que los índices agregados de desigualdad de la distribución del ingreso familiar no mostraran (entre 1977 y 1984) los efectos concentrados que se esperaban, dada la severidad de las medidas de ajuste y estabilización que se aplicaron en 1982 (Cortés y Rubalcava, 1991).

La familia desempeña la doble función de, por una parte, mediar las decisiones de los individuos y, por la otra, amortiguar las alteraciones macroeconómicas y las imperfecciones de los mercados, incluidos los laborales. El presente estudio se propone ampliar el conocimiento sobre tales aspectos. La estrategia que se aplica utiliza como puerta de entrada el ingreso monetario que obtienen las personas; ésta es la variable que permite entender al trabajo como medio de vida y a la vida, como curso de acciones en que el trabajo es un motor fundamental. En lo que sigue se analizan las modalidades y formas en que los núcleos familiares generan el ingreso monetario que permite su diaria subsistencia; asimismo se examina su evolución. Con este fin, el análisis toma como punto de partida los principales hallazgos y tendencias en la evolución de los mercados de trabajo y los confronta con los recursos que —según los estudios etnográficos— han utilizado las familias para satisfacer sus necesidades, así como con los cambios demográficos recientes que reportan las investigaciones.

Desde una perspectiva socioeconómica y demográfica, la información sobre el ingreso de los hogares ofrece la posibilidad de complementar los estudios etnográficos que han examinado prolijamente las estrategias que siguen los grupos domésticos para sobrevivir, y han ofrecido descripciones detalladas de las variadas maneras en que las familias utilizan sus recursos para generar los ingresos que exige su subsistencia cotidiana. La familia se reconoce también importante en la generación de ingresos, de ahí que la encuestas tomen como unidad última de registro a los hogares; pero su papel en lo que se refiere a los rasgos principales de dichos ingresos —en especial sus montos y fuentes de origen— no ha sido examinado con la profundidad que merece.

Éste, como todos los estudios empíricos, requiere definiciones operativas que permitan registrar algunas características de sus unidades. En el análisis se usará la definición de "hogar" que utiliza el Instituto Nacional de Estadística, Geográfica e Informática (INEGI) en las encuestas de hogares: "El conjunto de personas, unidas o no por lazos de parentesco, que residen habitualmente en una vivienda y se sostienen de un gasto para comer. Una persona que vive sola, o que no comparte gastos con otras aunque viva en la misma vivienda también constituye un hogar" (INEGI, 1993b: 5).

INGRESOS MONETARIOS DE LOS HOGARES: ANÁLISIS POR FUENTES DE ORIGEN Y PERCEPTORES

La información que utilizamos procede de la Encuesta Nacional de Ingresos y Gastos de los Hogares (ENIGH), en sus levantamientos de 1977, 1984, 1989, 1992 y 1994 (INEGI, 1981, 1990, 1992, 1993a, 1995).[5] De acuerdo con esta encuesta, la tres fuentes (o componentes) más importantes del ingreso corriente monetario de los hogares —por tener el mayor número de perceptores— son: remuneraciones al trabajo, renta empresarial y transferencias. Es conveniente presentar la definición de cada fuente para después continuar el análisis que se desarrollará en paralelo a la exposición de las tendencias en algunos factores que influyen en la generación de ingreso familiar (INEGI, 1993a).

Remuneraciones al trabajo (pagos por trabajo para un patrón). Es la suma de las percepciones monetarias que obtienen los miembros del hogar como pago por su trabajo para un empleador. Este grupo incluye a hogares cuyos miembros son asalariados agrícolas, empleados del sector privado o trabajadores del sector público, y es muy heterogéneo en cuanto a ocupaciones y categorías ocupacionales. Los rubros que incluye dicho componente son: sueldos, salarios y horas extras; comisiones y propinas; aguinaldos, gratificaciones y premios; primas vacacionales; y reparto de utilidades (en este análisis se incluyeron también los ingresos procedentes del trabajo en cooperativas de producción).

Renta empresarial (ingresos por la explotación de negocios propios). Es la suma de los ingresos que obtuvieron los miembros del hogar, proce-

[5] El Instituto levantó otra ENIGH en 1996, pero sus bases de datos no estaban disponibles al momento de elaborar este artículo. Las encuestas captan también ingresos no monetarios (en especie); no obstante, de decidió excluirlos porque en las bases de datos se atribuyen al hogar sin permitir distinguir las percepciones de cada persona.

dente de trabajo por cuenta propia o por utilidades de un negocio propio. En ambos casos puede tratarse de actividades agrícolas, aunque por el predominio de hogares urbanos (76% según la ENIGH de 1994), esta fuente capta principalmente ingresos de trabajadores del sector informal y microempresarios (Cortés, 1997). Los rubros que incluye son: negocios industriales, negocios comerciales, prestación de servicios, procesos de materias primas, negocios agrícolas y negocios pecuarios.

Transferencias (ingresos procedentes de otros hogares o de instituciones). Esta fuente incluye remesas monetarias procedentes de otros hogares, tanto del país como del extranjero (principalmente de los Estados Unidos), y diversos pagos que reciben los hogares de instituciones. Los rubros que incluyen son: jubilaciones y pensiones (de invalidez, viudez, orfandad, etc.); indemnizaciones de seguros: indemnizaciones por despido y accidentes de trabajo, becas y donativos de instituciones (en 1994 incluye también los apoyos en efectivo del Procampo), regalos y donativos procedentes de otros hogares dentro del país y regalos y donativos que se originan fuera del país. Las tres fuentes incluyen heterogeneidades ocupacionales que, aunque no se tratan en el análisis, se mencionan ocasionalmente para ayudar a una mejor comprensión de los resultados obtenidos.

En este análisis mostraremos que la relación entre ingreso y trabajo dista mucho de ser obvia y que —desde el primer acercamiento al ingreso monetario de los hogares— es necesario establecer que no todo trabajo genera ingreso, ni todo ingreso procede del trabajo. El foco de nuestra atención está en los hogares y por ello examinaremos algunas características que permiten diferenciar las estrategias domésticas de generación de ingresos y su evolución en el periodo de más de tres lustros que cubre el estudio. Los cambios principales ocurridos en el país en los ámbitos económico, social y demográfico tienen efectos sobre los individuos; los efectos no son siempre directos sino que están mediados de manera importante por las familias. En los años recientes se ha documentado la aplicación de diversas medidas de política social que, por su repercusión en el ingreso de los hogares, inspiran el presente análisis.

En la generalidad de los casos, el recurso principal para obtener ingresos monetarios —sin considerar a los propietarios del capital— es la fuerza de trabajo de las personas, quienes (con su actividad económica) generan el ingreso familiar. Sin embargo, cuando no resulta fácil encontrar trabajo —o cuando las entradas monetarias de los trabajadores son exiguas— cobran importancia formas no laborales de allegarse ingresos, como la renta de bienes muebles e inmuebles, ayudas de personas o instituciones, jubilaciones y pensiones, indemnizaciones, liquidación de activos y retiro de fondos de ahorro, entre otras.

Las opciones antes mencionadas no son igualmente asequibles a todos los hogares. Los que tienen varios miembros en edades activas encuentran más y mejores maneras de combinar su condición familiar, intereses y capacidades, con opciones laborales compatibles para atender las necesidades del grupo doméstico. Por otra parte, el entorno económico y cultural de los hogares condiciona las oportunidades abiertas para la generación de ingresos así como las posibilidades que tengan las familias para aprovecharlas. Este acercamiento al ingreso de los hogares en un periodo de crisis, a partir de una mirada desde el campo de la sociología económica, no puede ignorar el vacío de propuestas para examinar la composición interna de los hogares y su organización doméstica como factores que ayuden a entender los cambios en la distribución del ingreso de los hogares y su desigualdad.

Un hogar puede estar constituido por miembros que perciben entradas monetarias de diferentes fuentes, y esto constituye un obstáculo para clasificarlo según el origen de sus ingresos. En efecto, si se privilegia a uno de los perceptores (por ejemplo al jefe), el grupo doméstico quedaría incluido en una categoría, mientras que si se considera al cónyuge, podría incluírsele en otra. ¿Cómo aproximarse a una buena clasificación que tome en cuenta la composición interna de los hogares? En otros términos, ¿cómo diferenciar unívocamente a los hogares? O, simplemente, ¿cómo agruparlos?

Entre las formas posibles se decidió agrupar a los hogares de acuerdo con el componente con mayor peso relativo en el motivo del ingreso monetario familiar. Esta agrupación surge de una premisa básica: los hogares que dependen de la misma fuente comparten condiciones similares en su entorno, sobre todo en lo relativo a la manera en que se ven afectados (positiva o negativamente) por las medidas de política económica. La distribución de los hogares por componente es el punto de partida para examinar las diferencias de ingreso dentro de cada grupo y sus transformaciones en el periodo estudiado, a la vez que un recurso que garantiza trabajar con cierta homogeneidad económica, conveniente para destacar particularidades en los rasgos de interés.

Las fuentes que originan los ingresos operan como banda de transmisión de las medidas de la política económica y, por lo mismo, son decisivas para los hogares, en especial la que predomina en el ingreso familiar. Con el propósito de dar una idea de los grupos de hogares en que se basa este trabajo, el cuadro 1 presenta su distribución de acuerdo con la fuente que origina la parte principal del ingreso corriente monetario familiar, según cálculos elaborados a partir de la base de datos de la Encuesta Nacional de Ingresos y Gastos de los Hogares más reciente, la de 1994 (los correspondientes a las encuestas anteriores están en los cuadros

CUADRO 1. *Hogares por fuente que predomina en el ingreso corriente monetario (ENIGH 1994)*

Fuente predominante	*Hogares (número y porcentaje)**
Remuneraciones al trabajo	12 186 066 (62.7%)
Renta empresarial	4 628 565 (23.8%)
Transferencias	2 381 047 (12.3%)
Nacional (total de hogares)	19 383 078 (98.8%)

FUENTE: Cálculos propios, a partir de la base de datos de la ENIGH 1994 (INEGI).
* La suma porcentual de hogares es 98.8%; el restante 1.2% corresponde a los hogares (187 400) en que predomina alguno de los dos componentes excluidos ("renta de la propiedad" y "otros ingresos"; véase la nota al calce anterior), o bien que no declararon ingreso monetario. En algunos hogares el ingreso máximo no correspondió sólo a una fuente sino que pudo haber "empate" entre varias, en cuyo caso se optó por asignar el máximo de acuerdo con el orden de importancia de los tres componentes considerados en el total nacional.

2, 4, y 5).[6] Es necesario recordar que un hogar puede generar ingresos de uno, dos o tres componentes; pero se le incluyó sólo en un grupo, definido a partir del componente con monto más elevado.

Este cuadro muestra que en 1994 poco menos de dos tercios de los hogares del país se sostienen principalmente por el trabajo asalariado; la cuarta parte lo hace por la explotación de negocios propios y poco más de uno de cada 10 obtiene su ingreso principal de transferencia que recibe de otros hogares, ya sea del país o del extranjero, o bien de instituciones. Los tres cuadros siguientes presentan una síntesis de los principales movimientos que experimentó el ingreso de los hogares entre 1977 y 1994. Su información es muy variada; a continuación se destacan únicamente las tendencias más relacionadas con los objetivos de este trabajo.

Diversas fuentes de información muestran que los salarios reales sufrieron un descenso considerable a partir de 1982, el cual se prolongó hasta 1989, y desde entonces parecen haberse recuperado gradualmente, aunque sin volver al nivel que tenían en 1977; tendencia que se confirma con todas las series de salarios disponibles (Cortés, 1997).

A pesar de que los ingresos familiares engloban otros conceptos o fuentes de origen, además de los salarios, los ingresos monetarios que registran las ENIGH para el conjunto nacional de hogares también muestran en parte este comportamiento dado el predominio de los hogares con remuneraciones de trabajo. En el cuadro 2 se advierte, en el conjunto nacional, una caída de 3% en el ingreso total del hogar entre 1977 y 1984, y después un ascenso gradual que ya en 1994 significa un incremento real de

[6] Ya se mencionó que en 1996 se hizo otro levantamiento de la encuesta, pero las bases de datos no estaban aún disponibles (al momento de escribir este artículo).

20% respecto del inicio ($996 contra $832). Por lo contrario, el ingreso por perceptor desciende 15% entre 1977 y 1984, y al final del periodo aún no alcanza a recuperarse respecto de 1977. Gracias a que el número de miembros por hogar decrece y los perceptores de ingreso monetario aumentan, el ingreso per cápita también aumenta.[7]

Las tendencias que manifiestan los ingresos de los diversos grupos domésticos están relacionados con condiciones socieconómicas que son peculiares a la fuente que origina el ingreso monetario más importante de los hogares. Dicha tesis será el objeto privilegiado en lo que resta de este trabajo; para investigarla se examinan las fuentes principales del ingreso familiar: trabajo asalariado, explotación de negocios propios y transferencias.

Los hogares que se sostienen de remuneraciones al trabajo son la gran mayoría (67% en 1977). Sin embargo, se redujeron 9% entre 1977 y 1984; a partir de entonces, se incrementan hasta llegar a 62.7% en 1994. En este subconjunto, los ingresos de los hogares siguen la pauta del conjunto nacional, descrita antes; los montos por perceptor bajan hasta 1989 y luego inician su recuperación, aunque en 1994 todavía no superan la remuneración real promedio de 1977. Por su parte, los ingresos per cápita demuestran también el efecto francamente compensador de la combinación de tamaños de hogar decrecientes con perceptores en aumento.

El segundo grupo, por su número, es el de los hogares con primacía de ingreso por actividades empresariales (poco más de la cuarta parte de los hogares en 1977), con un máximo de 29.4% en 1984. Los ingresos medios por hogar en esta fuente son crecientes hasta 1992, pero en 1994 vuelven a su nivel de 1989. Cabe resaltar que, en los casi 20 años considerados, los ingresos por perceptor procedentes de remuneraciones a asalariados y de negocios propios cambiaron su relación y el orden de sus montos: en 1977 los asalariados obtienen ingresos mayores (casi 25%) que los de perceptores por negocios propios. Esta relación se invierte a partir de 1984, año en que el ingreso por perceptor de renta empresarial es 15% más alto, diferencia que se acentúa en 1989 y 1992, cuando alcanzó casi 40%. Sin embargo, en 1994 ambos promedios prácticamente se equiparan, con ventaja mínima para la renta (8%). Si se atiende a los estudios sobre los mercados laborales, dichos cambios se explican por la combinación de dos movimientos: por un lado, la precarización del trabajo asalariado y la participación laboral de las mujeres, sobre todo en actividades por cuenta propia en el sector informal; y, por

[7] A primera vista parece contradictorio que en época de crisis aumenten los perceptores de ingreso en los hogares. Una explicación convincente descansa en la expansión del sector informal que satisfizo la demanda por bienes y servicios sustitutos más baratos (Cortés, 1997).

otro, las alzas de las percepciones en tal sector (consúltense, en esta obra, los trabajos de Cortés, así como de García y Pacheco).

El hecho de que los ingresos monetarios por perceptor de los dos componentes más importantes se aproximen, sin que haya cambios en las proporciones de hogares en cada uno, parece obedecer más a fluctuaciones de los mercados laborales que a estrategias económicas familiares.

En cambio, las variaciones de la relación entre los ingresos per cápita no son tan marcadas, pese a que en los hogares con predominio de renta empresarial casi se duplicaron entre 1977 y 1994. En 1977 las entradas monetarias per cápita en los hogares de asalariados superaban a los "empresarios" en 44% ($ 204 contra $ 142); esta diferencia se redujo a 8% en 1984 y se invirtió en 1989 y 1992, lo cual favoreció a estos últimos en 20% y 9%, respectivamente. En 1994, la ventaja vuelve a cambiar de sentido, aunque las remuneraciones al trabajo sólo son 6% más altas ($ 284 contra $ 269). Los cambios en el ingreso por perceptor no se reflejan cabalmente en el ingreso per cápita debido al papel amortiguador que desempeña la estrategia de utilizar fuerza de trabajo del hogar en la generación de ingresos. Los hogares de asalariados —en relación con los que ganan principalmente renta empresarial— intensificaron más la explotación del trabajo de sus miembros en 1984, lo cual moduló la reducción salarial. Este mecanismo operó hasta 1992; sin embargo, no alcanzó a neutralizar la ventaja de los ingresos de negocios propios, por lo que el ingreso per cápita de los asalariados se situó por debajo, mientras que en 1994 casi se iguala en ambas fuentes. ¿Es éste un signo de estabilidad de la economía?, o, ¿quizá producen los hogares este efecto igualador por incrementar constantemente el uso de su fuerza de trabajo secundaria?[8]

Muchas investigaciones demográficas, sociológicas y etnográficas (basadas en datos nacionales, regionales y locales, tanto sincrónicos como diacrónicos) han concluido que una de las estrategias que siguieron los hogares pobres para nacer frente a la crisis fue la utilización más intensa de su fuerza de trabajo (González de la Rocha, 1988; Oliveira, 1988; Selby, 1988; Barberi, 1989; Cortés y Rubalcava, 1991; Tuirán, 1993b, González de la Rocha, 1994: 136-139; Escobar y González de la Rocha, 1995; Cortés, 1995a y 1995b; Hernández-Licona, 1997: 547-560). El análisis del cuadro 2 permite profundizar en estos hallazgos. En efecto, si bien tanto los asalariados como los que viven de la explotación de negocios propios usan por igual este recurso, desempeña un papel más marcado en el caso de los primeros. Más adelante se amplía la discusión tomando en cuenta los factores explicativos de este comportamiento diferencial.

[8] La fuerza de trabajo secundaria está integrada por los niños y los adolescentes, las mujeres y los ancianos. Se sabe que sus ingresos por trabajo son menores que los de los hombres de 18 a 65 años, edades de la mayor actividad laboral.

CUADRO 2. *Total de hogares: ingreso monetario por tres fuentes principales e indicadores seleccionados según año de la* ENIGH

*Fuentes e indicadores**	*1977*	*1984*	*1989*	*1992*	*1994*
NACIONAL					
Núm. de hogares	11150732	14928655	15912528	17786015	19383078
% del total nacional**	99.6%	99.6%	99.7%	99.8%	99.7%
*Ingresos mensuales promedio (miles de pesos de 1989)****					
Total del hogar	$ 832	$ 809	$ 889	$ 947	$ 996
Per cápita	$ 190	$ 198	$ 223	$ 247	$ 270
Por perceptor	$ 671	$ 571	$ 590	$ 640	$ 659
Características del hogar					
Núm. de miembros	5.56	5.11	4.97	4.75	4.63
Núm. de perceptores	1.55	1.58	1.70	1.69	1.74
REMUNERACIONES AL TRABAJO					
Núm. de hogares	7502185	8756808	10225911	11431175	12186066
% del total nacional	67.0%	58.4%	64.1%	64.2%	62.7%
Ingresos mensuales promedio (miles de pesos de 1989)					
Total del hogar	$ 918	$ 857	$ 848	$ 960	$ 1091
Per cápita	$ 204	$ 203	$ 205	$ 245	$ 284
Por perceptor	$ 713	$ 548	$ 533	$ 600	$ 683
Características del hogar					
Núm. de miembros	5.73	5.21	5.10	4.87	4.84
Núm. de perceptores	1.65	1.74	1.81	1.81	1.87
RENTA EMPRESARIAL					
Núm. de hogares	2881719	4400450	3977500	4346527	4628565
% del total nacional	25.8%	29.4%	24.9%	24.4%	23.8%
Ingresos mensuales promedio (miles de pesos de 1989)					
Total del hogar	$ 647	$ 766	$ 1017	$ 1055	$ 992
Per cápita	$ 142	$ 188	$ 247	$ 268	$ 269
Por perceptor	$ 576	$ 628	$ 738	$ 831	$ 736
Características del hogar					
Núm. de miembros	5.56	5.33	5.19	4.98	4.65
Núm. de perceptores	1.35	1.37	1.52	1.46	1.55

CUADRO 2. *(Concluye.)*

*Fuentes e indicadores**	*1977*	*1984*	*1989*	*1992*	*1994*
TRANSFERENCIAS					
Núm. de hogares	687546	1521608	1442773	1777465	2381047
% del total nacional	6.1%	10.2%	9.0%	10.0%	12.3%
Ingresos mensuales promedio (miles de pesos de 1989)					
Total del hogar	$ 603	$ 592	$ 656	$ 623	$ 490
Per cápita	$ 189	$ 169	$ 205	$ 201	$ 181
Por perceptor	$ 539	$ 471	$ 465	$ 439	$ 369
Características del hogar					
Núm. de miembros	3.69	4.14	3.68	3.61	3.66
Núm. de perceptores	1.29	1.31	1.45	1.51	1.44

* Indicadores generados a partir de las bases de datos de la Encuesta Nacional de Ingresos y Gastos de los Hogares (ENIGH).

** Los hogares excluidos son los que no declararon ingreso monetario.

*** Salario mínimo general mensual en agosto de 1989: zona urbana, $274.8; zona rural, $229.2.

Los hogares cuyo ingreso principal procede de transferencias, esto es, de fuentes ajenas al trabajo, constituyen un conjunto cuya evolución es singular; su importancia proporcional se duplicó en el periodo y llegó a 12.3% del total de hogares del país en 1994. Los ingresos de este grupo sobresalen por ser de menor monto; el ingreso por perceptor se redujo sistemáticamente en el periodo hasta llegar a una pérdida de 32% respecto del valor inicial ($ 369 contra $ 539). Asimismo, se ha ampliado la brecha con los que corresponden a los perceptores de los dos componentes ya analizados; mientras que al inicio del periodo las transferencias medias por perceptor equivalían a 94% del ingreso por negocios propios ($ 539 contra $ 576), a menos de 20 años de distancia disminuyeron a la mitad y es el único grupo que presenta —al final del periodo considerado— un ingreso real per cápita menor que en 1977 ($ 181 contra $ 189).

Las transformaciones que explican estas diferencias son la proliferación de formas de ingreso basadas sobre todo en remesas de familiares que se reciben tanto del país como de los mexicanos que emigran temporalmente a los Estados Unidos para trabajar.[9] Las remesas monetarias son

[9] Algunos artículos recientes sobre la remesa de los migrantes se encuentra en el número 35 de la revista *Ciudades* de la Universidad Autónoma de Puebla, julio-septiembre de 1997. Entre otros, participan P. Arias, J. Durand, F. Lozano, D. Massey y E. Parrado. Pueden consultarse también: Conapo, 1997; Gómez de León y Tuirán, 1996; Browning y Corona, 1995.

una expresión de la operación de redes de apoyo que constituyen lo que algunos autores han denominado "capital social" (Lomnitz, 1975). El comportamiento de las remesas evidencia la extraordinaria fragilidad económica de estos hogares, por la irregularidad con que se reciben y por sus bajos montos. Asimismo, otros estudios han encontrado que los hogares más pobres entre los pobres también presentan aislamiento social, y, por tanto, dichas redes solidarias difícilmente actúan en su favor (González de la Rocha, 1997).

Otro rubro de las transferencias que refuerza las tendencias de las remesas son las pensiones. En los años en análisis hubo un acelerado proceso de jubilaciones que, en parte, responde al proceso de envejecimiento de la población, pero también resulta de prácticas patronales durante la aplicación de las medidas de ajuste que dieron opción de retiro voluntario anticipado a los asalariados de mayor edad o antigüedad, y hasta los animaron a ello, en especial a empleados del sector público.

En los tres grupos destacan los efectos del descenso de la fecundidad en el periodo.[10] En la composición de los ingresos se aprecian indicios de diferencias relacionadas con el momento del ciclo doméstico en que se encuentran los hogares. Como lo han señalado diversos autores, se carece de estudios que den cuenta de la evolución de las familias; asimismo, se requieren datos que capten sus cursos de vida y permitan ahondar en las interrelaciones entre el tiempo de vida familiar y el tiempo individual (Oliveira *et al.*, 1998), así como analizar al hogar en un sentido procesual y diacrónico (González de la Rocha, 1997a).

Lo que sí puede afirmarse con la información estadística comparada de que disponemos para este análisis es que los hogares con predominio de salarios son de mayor tamaño, lo cual indica que se hallan en etapa de expansión, seguidos por los que tienen primacía de ingreso por negocios propios, que tal vez se encuentran en la fase de consolidación; y, finalmente, los hogares que viven de transferencias son los que tienen menos miembros, lo cual, en general, puede significar que están en momentos de fisión. Se trata de un primer paso para lograr un entendimiento más profundo acerca del comportamiento diferencial de uno y otros tipos de hogar en los momentos en que se aplican medidas de ajuste económico. Sabemos que los trabajadores dependientes recurrieron en mayor medida que los autónomos a la fuerza de trabajo familiar. Esto fue posible, en parte, porque tienen mayor disponibilidad.

Como síntesis parcial puede afirmarse que en los hogares se entrecru-

[10] El Programa Nacional de Población 1995-2000 dice: "La fecundidad ha sido el principal determinante del cambio demográfico en México durante las últimas tres décadas, lapso en que la tasa global de fecundidad descendió de 7 a 2.9 hijos por mujer" (PNP, 1995: 12).

zan el trabajo y el ingreso como resultado de decisiones y opciones del grupo a lo largo de su ciclo de vida. La permanencia del hogar como unidad económica requiere una estructura de relaciones entre sus miembros y de éstos con su entorno económico.

Los nuevos perceptores de ingresos monetarios

Hasta ahora hemos visto que, a partir de la crisis de 1982, los hogares con menos ingreso y con fuerza de trabajo potencialmente utilizable tuvieron a su alcance la posibilidad de dirigirla hacia la generación de ingresos monetarios adicionales que permitieran compensar —así fuera parcialmente— las pérdidas sufridas. Lo mismo puede sostenerse respecto del apoyo económico de las redes sociales y de las entradas procedentes de pagos institucionales, como pensiones, jubilaciones y subsidios.

Hay suficiente evidencia acumulada por las investigaciones para afirmar que los nuevos perceptores fueron sobre todo mujeres. En la línea de análisis que se ha seguido hasta aquí, cabe examinar si las tres fuentes importantes del ingreso monetario de los hogares en México muestran por igual este aumento de la participación femenina.

La incorporación de las mujeres al trabajo remunerado, o su condición de perceptoras de transferencias, tiene trascendencia en la organización doméstica al punto de convertirse en un elemento transformador del tipo de familia predominante: al nuclear que depende económicamente del ingreso de un varón, el jefe del hogar (González de la Rocha, 1997b; Barbieri, 1997). Del presente análisis surgen algunas preguntas: ¿hay alguna relación entre el ingreso monetario de las mujeres y la jefatura masculina? También se ha dicho que el ingreso de las mujeres es un complemento para la economía familiar, que viene a suplir la insuficiencia del ingreso masculino. ¿Será ésta su función en todos los hogares?

La información del cuadro 3 proporciona elementos que permiten apreciar algunos matices. Sin tomar en cuenta los componentes de ingreso, se advierte en los hogares una tendencia hacia una proporción decreciente de los que dependen en lo económico exclusivamente de un hombre: el jefe de familia. El cambio más importante, como era de esperarse, se observa entre 1977 y 1984, época en que los jefes pierden cuatro puntos porcentuales en su papel de proveedores principales, lo cual se advierte en las proporciones de hogares que pasan de 74.4% a 70.3%, respectivamente. En 1994, con dos puntos menos que 10 años antes, la proporción de hogares en que el jefe-hombre es el perceptor con mayores entradas monetarias es 68.1%. ¿Tendrá relación la pérdida de importancia de la jefatura masculina con la participación de las mujeres en el

CUADRO 3. *Hogares: evolución de la organización doméstica para la generación de ingresos monetarios por fuente de mayor cuantía en el ingreso familiar según año de la* ENIGH *(los montos de los ingresos son mensuales, expresados en miles de pesos de 1989)*

Organización doméstica	*1977*	*1984*	*1989*	*1993*	*1994*
NACIONAL					
Ingreso máximo jefe-hombre (%)	74.4%	70.3%	69.4%	69.3%	68.1%
Con ingreso femenino (%)	40.0%	41.1%	42.8%	44.3%	48.0%
Ingreso promedio femenino	$417	$462	$487	$508	$510
Ingreso promedio por hogar	$1 143	$906	$1 024	$1 083	$1 102
REMUNERACIONES AL TRABAJO					
Ingreso máximo jefe-hombre (%)	74.8%	73.6%	70.2%	69.7%	68.8%
Con ingreso femenino (%)	48.4%	41.3%	42.3%	44.5%	47.1%
Ingreso promedio femenino	$418	$486	$481	$549	$578
Ingreso promedio por hogar	$1 292	$1 080	$1 063	$1 191	$1 299
RENTA EMPRESARIAL					
Ingreso máximo jefe-hombre (%)	81.1%	79.0%	79.9%	80.5%	78.0%
Con ingreso femenino (%)	14.5%	29.3%	33.7%	34.0%	41.3%
Ingreso promedio femenino	$353	$331	$442	$396	$392
Ingreso promedio por hogar	$452	$706	$1 113	$1 071	$968
TRANSFERENCIAS					
Ingreso máximo jefe-hombre (%)	45.3%	29.5%	37.7%	41.2%	46.0%
Con ingreso femenino (%)	53.3%	72.4%	68.1%	65.6%	65.4%
Ingreso promedio femenino	$466	$469	$455	$477	$378
Ingreso promedio por hogar	$518	$533	$572	$648	$497

mercado de trabajo? En lo que sigue se tratará de responder a esta pregunta.

La incorporación de ingreso monetario femenino a los hogares es siempre ascendente en el periodo en estudio; sin embargo, el incremento más importante ocurre entre 1989 y 1994, y no en el primer lapso, como se habría anticipado. Esta falta de sincronía puede considerarse como un signo de que las estrategias domésticas tienen compases de espera antes de traducirse en los resultados deseados. En 1977, 40 de cada 100 hogares tenían ingreso de mujeres; en 1992 ya eran 44, y en 1994 esta participación ascendió a 48. No obstante, cabe preguntarse: ¿qué pretendían lograr los hogares con el ingreso monetario de las mujeres?

La importancia del ingreso femenino para la economía doméstica era relativamente menor en 1977, año en que generaba alrededor de la tercera parte del total familiar ($417 de $1 043); en 1984 cambió para significar la mitad ($462 de $906), y después descendió ligeramente; en 1994 su importancia relativa es de 46% en el ingreso familiar ($510 de $1 102). Con el fin de apreciar el efecto del ingreso monetario de las mujeres en el hogar, a continuación se comparan los ingresos de los hogares que cuentan con este recurso (presentados en el cuadro 3) contra los correspondientes referidos a todos los hogares de cada grupo, incluidos en el cuadro 2.

De la comparación resulta que el ingreso de las mujeres pasa de ser relativamente marginal al inicio del periodo, a convertirse en una parte significativa para la economía de las familias. Es notable que en 1977 los hogares con participación monetaria femenina tengan un ingreso 37% más alto que el conjunto total de hogares del cuadro 2, ya analizado ($1 143 contra $832), y después, a partir de 1984, muestren sólo una ventaja mínima, con altibajos entre 15% (en 1989: $1 024 contra $889) y 11% (en 1994: $1 102 contra $996). Este indicio permite conjeturar que antes de la crisis el ingreso femenino era un complemento para incrementar el bienestar de los miembros del hogar y que después fue un recurso para contener la reducción de los ingresos; empero, para afirmarlo con certidumbre habría que examinar con profundidad algunas características de los grupos, en especial la relación entre el ingreso per cápita y la cantidad de mujeres perceptoras de ingresos monetarios, cuestiones que no tratamos en este trabajo.

Hemos señalado que la fuente principal del ingreso del hogar es un indicador que informa parcialmente sobre la situación social y económica del grupo. Cabe entonces preguntarse si la evolución de los ingresos monetarios de los hogares manifiesta particularidades propias del componente preponderante.

Al diferenciar por fuentes del ingreso familiar, los hogares en que la parte más importante procede del trabajo asalariado presentan, en lo general, el comportamiento ya descrito. Como rasgo distintivo destaca que en 1977 los hogares con contribución salarial superaban en ingresos al promedio de los hogares de este conjunto en 41% ($1 292 contra $918) y, a partir de entonces, año con año, aunque conservan su ventaja, ésta se redujo a 26% en 1984 ($1 080 contra 857) y a 20% en 1994 ($1 299 contra $1 091).

En los hogares en que la fuente más importante es la renta empresarial se advierte el modelo convencional de organización familiar. El ingreso principal es del hombre cabeza de familia: en ocho de cada 10 hogares, casi sin cambio en el periodo. Lo sobresaliente en este grupo es la participación de las mujeres en la generación de ingresos monetarios. En 1977 sólo 14.5% de estos hogares contaba con sus aportaciones, lo cual era perfectamente esperable —como ya se dijo— son los más apegados al arreglo económico más frecuente, pero la crisis muestra su efecto al haberse duplicado esta proporción en los siete años transcurridos hasta 1984 (29.3%). El estancamiento macroeconómico posterior hizo que la proporción aumentara cinco puntos más entre 1984 y 1989, y permaneciera luego sin cambio hasta 1992; finalmente, en 1994 asciende a 41.3% (aumento de 7.3% en los dos años). Parte de la explicación de este comportamiento es el aumento del sector informal al que ya se ha hecho referencia; pero lo más sorprendente es que la participación de estas mujeres, como se verá a continuación, fue una respuesta a la compresión de los ingresos de sus familias.

Si se compara el ingreso medio de los hogares con contribución femenina en que predomina el componente de renta empresarial, presentado en los cuadros 2 y 3, contra el que corresponde a todos los hogares con predominio de negocios propios (véase el cuadro 2), se aprecia que en 1977 era 30% más reducido ($452 contra $647), y en los cuatro momentos siguientes los montos son muy parecidos (en 1994 el ingreso promedio en el conjunto de hogares con predominio de ingreso empresarial es $992 y, de éstos, los que cuentan con ingreso femenino tienen $968: 2.4% menos). Con las salvedades ya señaladas para los hogares asalariados, este resultado permite inferir que al parecer los hogares de los trabajadores por cuenta propia tuvieron que recurrir al trabajo de las mujeres para no ver sus ingresos seriamente mermados, y no —como se advierte en el caso de los asalariados— con el propósito de aumentar su monto. Como apoyo a esta afirmación, nótese la regularidad de los ingresos per cápita en los hogares con ingresos femeninos: en el grupo de salarios son siempre más altos; en cambio, en los de renta empresarial son similares.

Tomando en cuenta que los hogares con primacía de transferencias muestran (en los indicadores ya analizados) valores que llevan a suponer que se encuentran en un momento avanzado de su ciclo de vida, no sorprende encontrar en ellos la mayor diferencia respecto del modelo de hogar convencional. En 1977 sólo 45.3% se apega a la organización económica más tradicional, proporción que desciende bruscamente hasta 29.5% en 1984, para después ascender otra vez, de manera gradual: 37.7% en 1989, 41.2% en 1992, y 46% en 1994. Es importante destacar que estos hogares que viven de ingresos no procedentes del trabajo incorporan en mayor medida ingresos femeninos. De poco más de la mitad en 1977, pasan a 72.4% en 1984, y después la proporción se estabiliza en más o menos dos de cada tres.

Esta participación femenina tan elevada permite anticipar que las mayores contribuciones de las mujeres en proporción al ingreso del hogar serán de los niveles económicos más bajos. Al comparar el cuadro 3 con el 2 se advierte que no es así; los hogares con ingreso femenino presentan un promedio menor que el conjunto en el cual predominan las transferencias sólo hasta 1989; en 1992 los superan en 4%, y ya en 1994 ambos son casi iguales ($497 contra $490, respectivamente).

Puede conjeturarse que el descenso tan marcado en términos reales que muestran, en 1994, los ingresos de las familias en que predominan las transferencias se debe a los subsidios en efectivo del nuevo Programa de Apoyos Directos al Campo (Procampo), cuyas primeras transferencias se otorgaron en mayo de 1994. Aparentemente resulta contradictorio que un subsidio ocasione una reducción de ingresos; sin embargo, esto puede deberse a un posible cambio de fuentes. Cabe suponer que en algunos hogares rurales con muy bajas percepciones procedentes de negocios propios agrícolas o pecuarios, el subsidio se haya convertido en el componente monetario más importante (Cuéllar, 1990). En tal caso, la clasificación en que se basa este análisis los excluye del grupo de renta empresarial y los integra al conjunto con predominio de transferencias, con el efecto muy probable de reducir el ingreso promedio de estos últimos y elevar el de los primeros.

Como resumen parcial de los resultados obtenidos en esta sección, se concluye que las fuentes de ingresos de las personas indican vocación, preferencias y capacidades, pero a la vez expresan las oportunidades abiertas en el entorno y las posibilidades que los hogares tuvieron para aprovecharlas.[11]

Asimismo, comprobamos que las llamadas "estrategias de supervivencia" se refieren a la gama amplia de respuestas de los hogares que se expresan en los ingresos familiares como resultante de la interacción con ámbitos ajenos al control y capacidad de decisión de sus miembros. Específicamente, la contribución monetaria de las mujeres muestra el incuestionable efecto de incrementar el ingreso familiar en los hogares con predominio de salarios, y de contener su caída en los que viven de negocios propios.

Por último, los desfases entre los momentos de aplicación de las políticas de ajuste y los que corresponden a cambios perceptibles en los ingresos familiares permiten afirmar los siguiente: es probable que las medidas económicas que afectan a los componentes de manera más o menos abrupta no puedan asimilarse con la misma rapidez en los hogares.

El ingreso monetario de los hogares según el sexo del jefe económico

Una vez observado que la incorporación de las mujeres en el mercado de trabajo produjo cambios importantes en la organización doméstica (en el papel de perceptores de ingresos, o sólo consumidores, de sus miem-

[11] Empleamos el término *capacidades* con el sentido de *oportunidades reales* que le asignan Amartya Sen y Martha Nussbaum (1987: 36).

bros), surge la inquietud por saber si los efectos sobre los ingresos de los hogares que ya se analizaron mostrarán algunos rasgos peculiares dependiendo del sexo del perceptor con preeminencia en el ingreso de la familia. En otra palabras, trataremos de ver si el sexo del *jefe económico* condiciona la fuente que predomina en el hogar y la evolución del monto de sus ingresos porque, sin duda, la situación social y económica del grupo dependen en mucho de su suerte.

Con ese propósito se examinan dos situaciones extremas: hogares donde el mayor ingreso monetario lo generá un hombre, situación que se califica como *jefatura económica masculina,* y hogares donde la primacía económica corresponde a una mujer, *jefatura económica femenina.* Se analizan, en cada caso, a partir de los mismos indicadores del cuadro 2, pero sólo se destacan las diferencias más importantes: respecto del conjunto total de los hogares o entre hombre y mujer.

a) *Jefatura económica masculina*

En el cuadro 4 se aprecia que la importancia del hombre como perceptor del mayor ingreso en el hogar declinó de 83% de los hogares en 1977, a 77.8% en 1984 y después ha presentado leves fluctuaciones. En 1994, en 77.6 de cada 100 hogares un hombre genera la mayor proporción del ingreso monetario familiar.

La recuperación de los niveles de ingresos en estos hogares parece ser más efectiva que en el conjunto general que presenta el cuadro 2. En 1989, con $ 916, rebasan en 10% el ingreso de 1977, y la tendencia continúa hasta 1994, con 23.3% más que al inicio ($ 1 022 contra $ 829). En cuanto a sus rasgos demográficos, los miembros por hogar son más que los correspondientes al conjunto total de hogares, y los perceptores de ingresos son un poco menos. Las tendencias de estos dos indicadores coinciden con las ya descritas; el tamaño del hogar es decreciente (en 1994 tienen casi una persona menos que al inicio del periodo) y la cantidad de perceptores de ingreso monetario por hogar va siempre en ascenso, con 13% más al final de los 17 años transcurridos (pasa de 1.5 a 1.7 miembros).

El efecto combinado del ingreso en aumento, el tamaño decreciente del hogar y la mayor utilización de la fuerza de trabajo hizo que los ingresos per cápita aumentaran continuamente en estos hogares donde el mayor ingreso es masculino, al mismo tiempo que por perceptor se aprecia una reducción mínima (1.3%: de $ 692 a $ 683) entre 1977 y 1984, para mostrar después un alza permanente en términos reales. En 1989 el incremento por perceptor respecto de 1984 es de 6.6%; entre 1989 y 1992 aumenta 7.9% y en 1994, 3.4% adicional en relación con 1992; las mejoras significan en total 18.9% entre 1977 y 1994. Tales resultados muestran que los rasgos que se considera que corresponden a los hogares en general presentan diferencias cuando el perceptor del mayor ingreso es hombre.

Al comparar por fuentes contra el cuadro 2, cuando el ingreso más importante es masculino se advierte un predominio ligeramente más alto de los hogares del componente salarial, así como su menor disminución entre 1977 y 1984 (de 69.5% a 62.7%, mientras que la proporción de hogares en el total de asalariados cayó de 67.0% a 58.4%).

Entre 1977 y 1984 aumentaron 5.4% los hogares donde predominó la expansión de un negocio propio y donde además un hombre genera el mayor ingreso del grupo doméstico. Los movimientos en sus ingresos son, en general, similares a los descritos para el grupo correspondiente en el total de los hogares (véase cuadro 2). Como rasgo peculiar de los hombres destaca que en 1989 el ingreso promedio por perceptor que tiene origen en renta empresarial es 48% mayor al que obtienen los asalariados ($ 947 contra $ 639), ventaja que sorprende si se toma en cuenta que en 1977 estos últimos recibían 17% más ($ 717 contra $ 613). En 1994 los ingresos de ambos se acercan, al reducirse a 10.8% la diferencia, en favor de los que reciben renta ($ 920 contra $ 830).

Estos movimientos muestran claramente que la vía del sector informal permitió obtener mayores ingresos en los primeros años posteriores a la crisis de 1982, pero también indican que cuando las condiciones se estabilizan los ingresos por remuneraciones al trabajo y por negocios propios tienden a igualarse. Esto puede deberse a los límites del propio sector informal como opción para elevar los ingresos de los desplazados del trabajo para un patrón en vista de que la presencia masiva de trabajadores informales puede acarrear una reducción generalizada en las percepciones de los segmentos más bajos.

Los ingresos per cápita, que en 1989 son 34% más elevados en el grupo de "empresarios" que en el de sus contrapartes asalariados ($ 263 contra $ 196), se acercan en 1992, y ya en 1994 son prácticamente iguales. La explicación reside también en que, en los hogares en que priman las remuneraciones, son más los perceptores de ingreso en relación con el total de miembros.

Salvo las jubilaciones, las transferencias no son, entre los hombres, una opción permanente para sostener al hogar. Por lo mismo, en el cuadro 4 llama la atención el continuo aumento relativo de estos hogares que al final del periodo más que se duplicaron: en 1977 eran 3.5% de los hogares con *jefatura económica masculina;* en 1994, 7.9%. El ingreso por perceptor es la mitad, en 1994, que el correspondiente al grupo de hogares en que predominan los salarios ($ 418 contra $ 830), y el ingreso por miembro del hogar es 35% más bajo ($ 180 contra $ 274). El número de

CUADRO 4. *Hogares con jefatura económica masculina: ingreso monetario por tres fuentes principales e indicadores seleccionados según año de la* ENIGH

*Fuentes e indicadores**	*1977*	*1984*	*1989*	*1992*	*1994*
NACIONAL					
Núm. de hogares	9255108	11614494	12427684	13890878	14905586
% del total nacional**	83.0%	77.8%	78.1%	78.1%	77.6%
*Ingresos mensuales promedio (miles de pesos de 1989)****					
Total del hogar	$ 829	$ 826	$ 916	$ 974	$ 1022
Per cápita	$ 181	$ 196	$ 224	$ 242	$ 268
Por perceptor	$ 692	$ 683	$ 738	$ 796	$ 823
Características del hogar					
Núm. de miembros	5.77	5.28	5.14	4.93	4.80
Núm. de perceptores	1.50	1.53	1.64	1.63	1.70
REMUNERACIONES AL TRABAJO					
Núm. de hogares	6436875	7276907	8375021	9247821	9895086
% del total nacional	69.5%	62.7%	67.4%	66.7%	66.4%
Ingresos mensuales promedio (miles de pesos de 1989)					
Total del hogar	$ 885	$ 834	$ 834	$ 942	$ 1070
Per cápita	$ 192	$ 195	$ 196	$ 230	$ 274
Por perceptor	$ 717	$ 647	$ 639	$ 729	$ 830
Características del hogar					
Núm. de miembros	5.82	5.28	5.19	4.98	4.984
Núm. de perceptores	1.57	1.66	1.73	1.72	1.79
RENTA EMPRESARIAL					
Núm. de hogares	2460988	3718380	3345078	3742360	3855595
% del total nacional	26.6%	32.0%	26.9%	26.9%	25.9%
Ingresos mensuales promedio (miles de pesos de 1989)					
Total del hogar	$ 680	$ 808	$ 1084	$ 1112	$ 1048
Per cápita	$ 142	$ 190	$ 263	$ 277	$ 276
Por perceptor	$ 613	$ 740	$ 947	$ 1009	$ 920
Características del hogar					
Núm. de miembros	5.82	5.50	5.33	5.17	4.81
Núm. de perceptores	1.33	1.32	1.48	1.44	1.53

CUADRO 4. *(Concluye.)*

*Fuentes e indicadores**	*1977*	*1984*	*1989*	*1992*	*1994*
TRANSFERENCIAS					
Núm. de hogares	320396	486915	554025	774975	1176237
% del total nacional	3.5%	4.2%	4.5%	5.6%	7.9%
Ingresos mensuales promedio (miles de pesos de 1989)					
Total del hogar	$ 700	$ 757	$ 882	$ 697	$ 493
Per cápita	$ 194	$ 203	$ 257	$ 216	$ 180
Por perceptor	$ 622	$ 655	$ 733	$ 572	$ 418
Características del hogar:					
Núm. de miembros	4.47	3.97	3.57	3.51	3.78
Núm. de perceptores	1.34	1.36	1.46	1.48	1.53

* Indicadores generados a partir de las bases de datos de la Encuesta Nacional de Ingresos y Gastos de los Hogares (ENIGH).

** Los hogares excluidos son los que no declararon monetario.

*** Salario mínimo general mensual en agosto de 1989: zona urbana, $274.8; zona rural, $229.2.

perceptores de ingreso es muy parecido al del grupo que vive de negocios propios, y en 1994 son iguales. Un rasgo que distingue a los hogares que viven de transferencias es su tamaño, mucho más reducido que en los otros dos conjuntos (3.78, contra 4.94 de los hogares de asalariados y 4.81 de los empresarios, en 1994).

En los hogares en que el perceptor de transferencias monetarias es un hombre y éstas son el componente de mayor importancia en el ingreso familiar, se aprecia el efecto casi inmediato que tuvo la aplicación de una medida de política económica. Los subsidios en efectivo del Procampo benefician sobre todo a hombres cuyos hogares están a tal punto desvalidos económicamente que una transferencia como ésta, sin ser cuantiosa, al parecer los hizo pasar del grupo en que predominan los ingresos por negocios propios (como es el caso de los trabajadores agrícolas por cuenta propia) al de transferencias, con el consecuente acercamiento de los promedios de ingresos respectivos.

b) *Jefatura económica femenina*

Una transformación social de la mayor importancia tiene que ver con la participación económica de las mujeres. Se sabe que hasta 1982 las mujeres que se incorporaban al mercado laboral eran sobre todo jóvenes, urbanas, sin hijos y educadas (Christenson, García y Oliveira, 1989; García y Oliveira, 1990). A partir de ese momento las mujeres aumentaron de manera muy significativa su presencia como trabajadoras remuneradas, sólo que ahora predominan las casadas con hijos pequeños, bajos niveles educativos y pertenecientes a hogares pobres (García y Oliveira, 1992). Comienzan así a gestarse transformaciones de gran envergadura en los hogares, en especial en su organización doméstica.

Aunque hayan aumentado las mujeres con trabajo extradoméstico, creemos que los arreglos familiares más comunes en nuestra sociedad permiten anticipar que son muy pocos los hogares en que el ingreso monetario principal lo genera una mujer. Los datos demuestran que esta apreciación no es correcta, según se advierte en el cuadro 5, ya que de 17% en 1977, estos hogares aumentan 5.2% en 1984, proporción que permanece, con ligeras fluctuaciones, hasta 1994.

Entonces, la idea de que a los hogares mexicanos los sostiene, en lo económico, el trabajo de los hombres, debe matizarse ante la evidencia que manifiesta que en poco más de uno de cada cinco, el mayor ingreso monetario lo percibe una mujer (en total, 4 303 043 hogares en 1994). En estos hogares puede decirse que hay una *jefatura económica femenina*, en especial cuando el ingreso de las mujeres es el único; sin embargo, aun en este caso resulta habitual que el jefe declarado sea un hombre. En el cuadro 5 se advierte que a pesar del aumento de la participación femenina en la conformación del ingreso familiar, en la mayor parte de los hogares el ingreso principal sigue siendo el jefe varón.[12]

Las peculiaridades de estos hogares en los indicadores que hemos venido analizando hacen ver la necesidad de mayor investigación sobre su organización y curso de vida. Al comparar las cifras del cuadro 5 con las de los hombres (cuadro 4) se advierte que el ingreso familiar de las mujeres fue ligeramente mayor que el de aquéllos en 1977 ($ 844 contra $ 829), pero en los demás años observados siempre resultó menor.

Los ingresos per cápita de los hogares con *jefatura económica femenina* son más altos que en los hogares con predominio de ingreso masculino, a pesar de que los ingresos por cada perceptora son más bajos. En este resultado influye el menor tamaño de sus grupos domésticos y la mayor cantidad de perceptores de ingreso monetario.

Las remuneraciones al trabajo son también la fuente más importante del ingreso entre las jefas económicas; sin embargo, su primacía es menor que en el caso de los hombres. Entre las mujeres, cobran mayor importan-

[12] En las estadísticas de hogares que genera el INEGI, el indicador de jefatura no permite apreciar la importancia de la participación de las mujeres en la conformación del ingreso monetario familiar.

CUADRO 5. *Hogares con jefatura económica femenina: ingreso monetario por tres fuentes principales e indicadores seleccionados según año de la* ENIGH

*Fuentes e indicadores**	*1977*	*1984*	*1989*	*1992*	*1994*
NACIONAL					
Núm. de hogares	1 895 624	3 314 161	3 484 844	3 895 137	4 303 043
% del total nacional**	17.0%	22.2%	21.9%	21.9%	22.4%
*Ingresos mensuales promedio (miles de pesos de 1989)****					
Total del hogar	$ 844	$ 747	$ 794	$ 852	$ 905
Per cápita	$ 231	$ 205	$ 219	$ 263	$ 276
Por perceptor	$ 571	$ 518	$ 551	$ 590	$ 618
Características del hogar					
Núm. de miembros	4.53	4.52	4.33	4.10	4.02
Núm. de perceptores	1.78	1.74	1.87	1.91	1.86
REMUNERACIONES AL TRABAJO					
Núm. de hogares	1 065 310	1 479 901	1 840 664	2 183 354	2 290 980
% del total nacional	56.2%	44.7%	52.8%	56.0%	53.2%
Ingresos mensuales promedio (miles de pesos de 1989)					
Total del hogar	$ 1 119	$ 969	$ 914	$ 1 035	$ 1 183
Per cápita	$ 276	$ 238	$ 243	$ 309	$ 330
Por perceptor	$ 692	$ 570	$ 559	$ 654	$ 736
Características del hogar					
Núm. de miembros	5.15	4.91	4.64	4.43	4.39
Núm. de perceptores	2.11	2.14	2.16	2.21	2.21
RENTA EMPRESARIAL					
Núm. de hogares	417 849	682 070	632 423	604 167	772 970
% del total nacional	22.0%	20.6%	18.1%	15.5%	18.0%
Ingresos mensuales promedio (miles de pesos de 1989)					
Total del hogar	$ 452	$ 536	$ 660	$ 699	$ 708
Per cápita	$ 139	$ 182	$ 163	$ 215	$ 234
Por perceptor	$ 353	$ 419	$ 514	$ 549	$ 543
Características del hogar					
Núm. de miembros	4.04	4.42	4.44	3.58	3.84
Núm. de perceptores	1.48	1.62	1.71	1.57	1.63

CUADRO 5. *(Concluye.)*

*Fuentes e indicadores**	*1977*	*1984*	*1989*	*1992*	*1994*
TRANSFERENCIAS					
Núm. de hogares	366 462	1 034 693	887 405	1 002 490	1 204 810
% del total nacional	19.3%	31.2%	25.5%	25.7%	28.0%
Ingresos mensuales promedio (miles de pesos de 1989)					
Total del hogar	$ 518	$ 515	$ 516	$ 566	$ 486
Per cápita	$ 184	$ 153	$ 173	$ 190	$ 486
Por perceptor	$ 466	$ 449	$ 445	$ 479	$ 424
Características del hogar					
Núm. de miembros	3.51	4.22	3.74	3.69	3.54
Núm. de perceptores	1.25	1.28	1.43	153	1.36

* Indicadores generados a partir de las bases de datos de la Encuesta Nacional de Ingresos y Gastos de los Hogares (ENIGH).

** Los hogares excluidos son los que no declararon monetario.

*** Salario mínimo general mensual en agosto de 1989: zona urbana, $274.8; zona rural, $229.2.

cia los ingresos procedentes de negocios propios, así como de transferencias, estas últimas recibidas sobre todo en forma de ayudas monetarias de otros hogares.

En 1984, la reducción drástica en la proporción de hogares que dependen de salarios en este grupo ofrece un indicio para afirmar que las mujeres sufrieron con mayor severidad que los hombres la compresión salarial. Entre 1977 y 1984, los salarios dejaron de ser la opción de ingreso principal para 11.5% de los hogares sostenidos por mujeres (56.2% contra 44.7%), mientras que en el caso de los hombres, según se vio, la reducción fue de 6.8% (69.5% contra 62.7%).

Lo más notable es que el trabajo en algún negocio propio tampoco abrió oportunidades para las mujeres trabajadoras de quienes depende su grupo familiar. Estos hogares, que son 22% al inicio, se redujeron a 20.6% en 1984, 18.1% en 1989 y 15.5% en 1992. Sólo en 1994 muestran un aumento proporcional leve, año en que representan 18 de cada 100.

¿Qué camino tomaron entonces todas las mujeres a quienes la crisis hizo perder los ingresos del trabajo con que sostenían a sus familias? Los resultados del cuadro 5 dan bases para aseverar que en un primer momento recibieron dinero de otros hogares para sobrevivir. En 1984 la proporción de hogares que vive de estos envíos aumenta de manera considerable: de 19.3% en 1977 pasa a 31.2%. Evidentemente sus hogares son los que presentan la situación económica más adversa, con un ingreso per cápita de $ 153, contra $ 182 de los hogares de las que se dedican a un negocio propio, y $ 238 de las asalariadas.

Los datos de las ENIGH señalan que una vez que un hogar llega a depender de transferencias no parece haber retorno. El ingreso per cápita desciende de manera muy importante y convierte a estos hogares en un grupo social de gran vulnerabilidad, no sólo por los ingresos tan exiguos sino, sobre todo, por la irregularidad con que los reciben y la incertidumbre respecto de su monto.[13]

Al parecer el recurso del sector informal es buena opción de ingresos, suficientes para sostener un hogar, sobre todo para los hombres. Posiblemente la acumulación, aunque sea mínima, que exige esta vía, constituye un impedimento para que las asalariadas obtengan de dicha fuente el mismo nivel de ingresos. Asimismo, la llegada de los hombres a los segmentos bajos del comercio y los servicios por cuenta propia pudo haber desplazado a las mujeres ocupadas en tales sectores.

Las jefas económicas de los hogares tienen que hacer frente a varias desventajas. Entre ellas destacan que sus ingresos como perceptoras son más bajos y que, al parecer, son las primeras perjudicadas por las fluctuaciones en los mercados de trabajo. En cuanto a las diferencias por fuentes, entre las asalariadas, a pesar de todo, los ingresos per cápita en sus hogares son siempre mayores que los de sus contrapartes masculinos, sin importar el año de observación. En este resultado influye tanto el tamaño más reducido de sus hogares como la mayor cantidad de perceptores de ingresos monetarios a que recurren para compensar la insuficiencia de sus propias remuneraciones.

En los hogares que obtienen la mayor parte del ingreso de negocios propios, la mayor edad de las jefas económicas —seguramente aunada a menor escolaridad— constituye una desventaja que no alcanza a contrarrestarse por el hecho de tener menos miembros y más perceptores que los hombres.

Cuando predominan las transferencias y el mayor riesgo lo percibe una mujer, los hogares muestran algunas particularidades. Su tamaño no siempre es mayor sino que fluctúa en relación con el de los hombres; además —al contrario de los otros dos componentes—, hay menos perceptores que en los de los hombres, lo cual constituye un indicio de que se trata de hogares a la vez envejecidos y feminizados.[14] La combinación

[13] Este resultado es independiente del sexo del *jefe económico* del hogar.

[14] Bien puede tratarse de un conjunto de hogares con muy bajo ingreso que encontramos en un trabajo anterior, basado en la información del censo de población de 1990. De acuerdo con una tipología basada en el sexo del jefe y de los perceptores, los hogares con

que resulta de estos rasgos son los ingresos per cápita más bajos de todos, con excepción de 1994, año en que los hombres sufren una reducción considerable que los equipara a los de las mujeres.

Un resultado importante es que en todos los grupos examinados —independientemente de la fuente y del año— los ingresos por perceptor son más bajos en los hogares con *jefatura económica femenina.*

CONCLUSIONES

La evolución del ingreso de los hogares en los últimos años (desde 1977 hasta antes de la nueva crisis detonada en diciembre de 1994) expresa sólo parcialmente los efectos que tuvieron las medidas económicas aplicadas para ajustar la economía en los diferentes momentos. Las reacciones de estos núcleos —garantes de la reproducción económica y social— demuestran que no son inertes y evidencian que en los sectores con menores ingresos las estrategias familiares presentan limitaciones pero, sobre todo, agotamiento.

El ciclo de vida de las personas se expresa también en sus posibilidades para generar ingresos monetarios y en la organización doméstica dirigida a conformar el ingreso familiar. Los cambios pasan casi inadvertidos porque significan acomodar estructuras de familias, cuyas estrategias poco se aprecian en los montos de sus ingresos. Al tomar en cuenta las fuentes de las que los hogares obtienen sus ingresos y diferenciarlos según la jefatura económica, masculina o femenina, el análisis permite apreciar una realidad distinta.

Hay bases para afirmar que hay una asociación entre la fuente principal que origina el ingreso familiar y el ciclo de vida doméstico. Las familias más jóvenes —que parecieran ser las que se sostienen sobre todo de salarios— pudieron recurrir al trabajo de sus miembros en mayor medida por su disponibilidad de fuerza de trabajo. Los hogares maduros muestran preferencia por la explotación de negocios propios pero, por ser de menor tamaño, enfrentan mayores restricciones para aumentar sus perceptores de ingresos. La transferencia (más como regalos, donativos y remesas de otros hogares que como pensiones, jubilaciones o subsidios) aparecen como el final, no siempre feliz, de la historia económica de los hogares.

Las fuentes que originan los ingresos monetarios también muestran "preferencias". Las remuneraciones al trabajo están más abiertas hacia los jefes y jefas económicos más jóvenes y, en los momentos más álgidos de la contracción salarial, fue notable que los ingresos de estos perceptores

jefatura masculina y sólo mujeres entre sus perceptores conforman el tipo con ingresos más bajos (Cortés y Rubalcava, 1995: 26).

perdieron su primacía sobre los procedentes de negocios propios. Es evidente que aprovechar dicha ventaja resulta preferentemente prerrogativa de los varones. Se comprobó que en todos los grupos de hogares —independientemente de la fuente y del año— los ingresos por perceptor son más bajos cuando las mujeres son *jefas económicas*.

La participación femenina en la generación de ingresos monetarios muestra gran diversidad de rasgos; en los hogares en que prima el componente asalariado, su contribución siempre aparece como un recurso para mejorar el bienestar del hogar, a juzgar por los mayores ingresos per cápita. En cambio, en los que viven de renta empresarial fue evidente su incorporación al trabajo remunerado con el fin de contener la reducción del ingreso del hogar. El incremento (importante en 1984) de los hogares que viven de las transferencias dirigidas a mujeres resalta como signo de que, para ellas, la reducción salarial no tuvo el paliativo del trabajo por cuenta propia, y la única salida ante la compresión de sus ingresos fueron los regalos y donativos de otros hogares.

Vistos desde el ingreso de las familias, los mercados laborales, en general, parecen dejar a las mujeres sólo los espacios que por cualquier razón no ocupan los hombres, y las desalojan cuando éstos llegan, ya sea por primera vez o de regreso. Entonces, puede afirmarse que las estrategias domésticas, en especial las de las mujeres, encuentran limitaciones básicas para aprovechar las posibilidades que ofrecen los mercados laborales, por su condición femenina, por su edad y por la situación demográfica de sus hogares.

Es indudable que la crisis de 1982 caló muy hondo en los hogares mexicanos. Al escudriñar en sus ingresos advertimos cambios que pueden calificarse como *acomodos estructurales*, en tanto evidencian que los núcleos familiares modificaron su organización; es decir, las relaciones entre sus miembros, las cuales definen la estructura del hogar. Igualmente, cambiaron las relaciones de los hogares con su entorno —en especial en las esferas del trabajo y del consumo— con el fin de responder a las restricciones que impusieron las transformaciones económicas de los años en estudio.

Pareciera que una manera de conciliar los tiempos rápidos de las medidas económicas con los tiempos lentos de la vida de los hogares es mediante arreglos flexibles que les permitan responder a las presiones del entorno económico sin desestabilizar su estructura, esto es, sin poner en riesgo la existencia del propio grupo.

Cabe destacar que el efecto que tuvieron las respuestas de las familias fue mantener sus ingresos en niveles más o menos estables. Finalmente, es posible concluir el análisis de la evolución de los ingresos familiares afirmando que una cantidad significativa de los hogares efectuaron, en el periodo considerado, cambios fundamentales en sus arreglos domésticos con un propósito primordial: conservar su lugar en la escala social.

Bibliografía

Altimir, Óscar (1982), "La distribución del ingreso en México: 1950-1977", en Banco de México, *Distribución del ingreso en México (ensayos)*, México, Serie Análisis Estructural, Banco de México.

Aspe, Pedro, y Javier Beristáin (1992), "Toward a first estimate of the evolution of inequality in Mexico", en P. Aspe y P. S. Sigmund, *The Political Economy of Income Distribution in Mexico,* Nueva York, Holmes & Meier Publishers, Inc.

Barbieri, Teresita de (1989), "La Mujer", *México, Demos, Carta Demográfica sobre México,* núm. 2, México.

——— (1997), "Cambios en la situación de la mujer", en *Demos, Carta Demográfica sobre México,* núm. 10, México.

Becker, Gary S. (1991), *A Treatise on the Family,* Cambridge, Massachusetts, Harvard University Press.

Browning, Harley, y Rodolfo Corona (1995), "La emigración inesperada de los chilangos", *Demos, Carta Demográfica sobre México,* múm. 18, México.

Comisión Económica para América Latina (CEPAL) (1993), *Cambios en el perfil de las familias: la experiencia regional,* Santiago de Chile, CEPAL-UNICEF.

Christenson, Bruce, Brígida García y Orlandina de Oliveira (1989), "Los múltiples condicionantes del trabajo femenino en México", *Estudios Sociológicos,* vol. VII, núm. 20.

Consejo Nacional de Población (Conapo) (1977), "Nuevas orientaciones del flujo migratorio laboral México-Estados Unidos", en *Migración Internacional,* núm. 1, mayo-junio, México.

——— (1995), *Programa Nacional de Población 1995-2000,* Poder Ejecutivo Federal, Secretaría de Gobernación, México.

Cortés, Fernando (1995a), "El ingreso de los hogares en contextos de crisis, ajuste y estabilización: un análisis de su distribución en México, 1977-1992", *Estudios Sociológicos,* vol. XIII, núm. 37, enero-abril.

——— (1995b), "Procesos sociales y demográficos en auxilio de la economía neoliberal: un análisis de la distribución del ingreso en México durante los ochenta", *Revista Mexicana de Sociología,* núm. 2, abril-junio.

Cortés, Fernando (1996), "La evolución en la desigualdad del ingreso familiar durante la crisis de los ochenta", en María de la Paz López (comp.), *Hogares, familias: desigualdad, conflicto, redes solidarias y parentales,* México, Sociedad Mexicana de Demografía.

——— (1977), *La distribución del ingreso en México en épocas de estabilización y reforma económica,* México, en prensa.

———, y Rosa María Rubalcava (1995), *El ingreso de los hogares,* México, INEGI/El Colegio de México/IIS-UNAM.

——— (1991), *Autoexplotación forzada y equidad por empobrecimiento,* México, El Colegio de México, Serie Jornadas, núm. 120.

Cuéllar, Óscar (1990), "Las familias campesinas numerosas viven menos mal", *Demos, Carta Demográfica sobre México,* núm. 12, México.

Dasgupta, Partha (1993), *An Inquiry into Well-Being and Destitution,* Nueva York, Clarendon-Oxford.

Escobar Latapí, Agustín (1990), "Auge y crisis de un mercado de trabajo: los talleres manufactureros de Guadalajara, antes y después de 1982", en G. De la Peña *et al.* (comps.), *Crisis, conflicto y sobrevivencia: estudios sobre la sociedad urbana en México,* México, Universidad de Guadalajara/CIESAS.

Escobar, Agustín, y Mercedes González de la Rocha (1995), "Crisis, restructuring and urban poverty in Mexico", *Environment and Urbanization,* vol. 7, núm. 1, abril.

García, Brígida, y Orlandina de Oliveira (1994), *Trabajo femenino y vida familiar en México,* México, El Colegio de México.

Gómez de León, José, y Rodolfo Tuirán (1996), La migración mexicana hacia Estados Unidos: continuidad y cambio, mimeo, México.

González de la Rocha, Mercedes (1997a), "Hogares de jefatura femenina en México: patrones y formas de vida", mimeo.

——— (1997), "The erosion of the survival model: urban household responses to persistent poverty", ponencia presentada en el taller Gender, Poverty and Well-Being: Indicators and Strategies, UNRISD-UNDP-CDS, Triviandrum, Kerala, 24-27 de noviembre.

——— (1994), *The Resources of Poverty: Women and Survival in a Mexican City,* Blackwell, Oxford.

——— (1988), *Economic Crisis, Domestic Reorganization and Women's Work in Guadalajara,* Universidad de California en San Diego, La Jolla/CIESAS.

——— (1986), *Los recursos de la pobreza: familias de bajos ingresos en Guadalajara,* Guadalajara, El Colegio de Jalisco/CIESAS.

Hernández Laos, Enrique (1992), *Crecimiento económico y pobreza en México: una agenda para la investigación,* México, CIIH-UNAM.

Hernández Licona, Gonzalo (1997), "Oferta laboral familiar y desempleo en México. Los efectos de la pobreza", *El Trimestre Económico,* vol. LXIV (4), octubre-diciembre.

Instituto Nacional de Estadística, Geografía y Estadística (INEGI) (1981), *Encuesta Nacional de Ingresos y Gastos de los Hogares (ENIGH-1977),* Aguascalientes, INEGI.

Instituto Nacional de Estadística, Geografía y Estadística (INEGI) (1990), *Encuesta Nacional de Ingresos y Gastos de los Hogares (ENIGH-1984),* Aguascalientes, INEGI.

——— (1992), *Encuesta Nacional de Ingresos y Gastos de los Hogares (ENIGH-1989),* Aguascalientes, INEGI.

——— (1993a), *Encuesta Nacional de Ingresos y Gastos de los Hogares (ENIGH-1992),* Aguascalientes, INEGI.

——— (1993b), *Encuesta Nacional de Ingresos y Gastos de los Hogares (ENIGH-1992),* Aguascalientes, INEGI.

——— (1995), *Encuesta Nacional de Ingresos y Gastos de los Hogares (ENIGH-1994),* Aguascalientes, INEGI.

Kuznets, Simon (1982), *Distributions of Households by Size: Diferences and Trends,* New Haven, Yale University, Economic Growth Center, Center Paper núm. 324.

——— (1978), *Size and Age Structure of Family Households: Exploratory Comparisons,* New Haven, Yale University, Economic Growth Center, Center Paper núm. 1, 272.

Lomnitz, Larissa (1975), *Cómo sobreviven los marginados,* México, Siglo XXI Editores.

Lozano Ascencio, Fernando (1997), "Remesas: ¿fuente inagotable de divisas?", *Ciudades,* 35, Revista Trimestral de la Red Nacional de Investigación Urbana, SEP, Universidad Autónoma de Puebla, julio-septiembre.

Martínez Hernández, Ifigenia (1989), *Algunos efectos de la crisis en la distribución del ingreso en México,* México, Instituto de Investigaciones Económicas, Facultad de Economía, UNAM.

Martínez de Navarrete, Ifigenia (1975), *La distribución del ingreso en México: tentativa de diagnóstico y política,* México, Línea.

Massey, Douglas S., y Emilio Parrado (1993), "Migradollars: the remitances and savings of Mexican migrants to the United States" (borrador), Chicago, University of Chicago, Population Research Center, octubre.

Oliveira, Orlandina de, Marcela Eternod y María de la Paz López (1998), 'Familia en el análisis sociodemográfico', mimeo.

Oliveira, Orlandina de (1988), "El empleo femenino en tiempos de recesión económica: tendencias recientes", ponencia presentada en el Coloquio sobre Fuerza de Trabajo Femenina Urbana, México, UNAM.

Pacheco, Edith (1997), "Cambios en la población económicamente activa: 1900-1995", *Demos, Carta Demográfica sobre México,* núm. 1, 10, México.

Programa Nacional de Población (Conapo).

Rubalcava, Rosa María (1996), "Hogares con primacía de ingreso femenino", en María de la Paz López (comp.), *Hogares, familias: desigualdad, conflicto, redes solidarias y parentales,* México, Somede.

Selby, Henry, *et al.* (1990), "La familia urbana mexicana frente a la crisis", en G. de la Peña *et al.* (comps.), *Crisis, conflicto y sobrevivencia: estudios sobre la sociedad urbana en México,* México, Universidad de Guadalajara/CIESAS.

Sen, Amartya y Martha Nussbaum (1987), *The Standard of Living,* Cambridge, Cambridge University Press.

Sen, Amartya (1990), "Cooperation, inequality and the family", en Geoffrey McNicoll y Mead Cain (comps.), *Rural Development and Population: Institution and Policy,* Nueva York, The Population Council, Oxford University Press.

Serra Puche, Jaime (1994), "La distribución del ingreso, las condiciones macroeconómicas y las políticas industriales y comerciales en México", México, conferencia dictada en el Centro de Estudios Económicos de El Colegio de México, noviembre de 1994.

Tuirán, Rodolfo (1995), "Familia y valores: cambios y 'arraigos' tradicionales", *Demos, Carta Demográfica sobre México,* núm. 18, México.

——— (1993a), "Vivir en familia: hogares y estructura familiar en México, 1976-1987", *Comercio Exterior,* julio, México.

——— (1993b), "Las respuestas de los hogares de sectores populares urbanos frente a la crisis: el caso de la ciudad de México", en Raúl Béjar Navarro y Héctor Hernández Bringas (coord.), *Población y desigualdad social en México,* México, CRIM-UNAM.

PARTICIPACIÓN ECONÓMICA FAMILIAR EN LA CIUDAD DE MÉXICO HACIA FINALES DEL SIGLO XX

Brígida García y Edith Pacheco

INTRODUCCIÓN

La gran mayoría de los individuos que conforma la sociedad mexicana organiza su manutención cotidiana y generacional de manera conjunta en sus hogares o unidades domésticas.[1] Éste es un punto de partida de gran importancia para entender cabalmente los niveles y características del trabajo extradoméstico y del doméstico, que permiten la sobrevivencia diaria y la reposición de las distintas generaciones.

Desde la perspectiva del mercado de trabajo, hay que tener en cuenta que la participación de hombres y mujeres en la actividad económica se ve condicionada, facilitada y obstaculizada por los demás miembros de sus unidades domésticas con quienes establecen una división de tareas y responsabilidades. La pertenencia a un hogar entraña entonces compartir una experiencia de vida en común; de esa manera, se reciben estímulos y se hace frente a obstáculos en lo que respecta a la acción individual (García, Muñoz y Oliveira, 1982).

La relevancia de las unidades domésticas para explicar los niveles y características de la ocupación y la desocupación se hace más evidente en etapas económicas difíciles. La supervivencia de hombres y mujeres puede depender en gran medida del apoyo de los otros miembros de sus unidades domésticas; de esa manera puede explicarse que se acepten o autogesten ocupaciones que proporcionan ingresos bajos, o que se puedan experimentar periodos prolongados de desempleo o incapacidad cuando no existe el respaldo gubernamental o privado para esos propósitos (Margulis, Rendón y Pedrero, 1981).

La división de tareas domésticas que se establece dentro de los hogares también puede limitar u obstaculizar la participación de algunos miem-

[1] En este capítulo utilizamos los términos *familia, hogar* y *unidad doméstica* de manera intercambiable, salvo que hagamos alguna referencia en sentido contrario. Nos referimos al grupo de personas que comparten una residencia y un presupuesto común, y que en el caso de México está conformado la mayor parte de las veces por personas unidas por lazos de parentesco.

bros en el mercado laboral. Como se sabe, mediante el trabajo doméstico —generalmente no reconocido como trabajo— se satisfacen las necesidades cotidianas de reposición de la fuerza de trabajo (preparación y consumo de alimentos, aseo de la vivienda y de la vestimenta personal), así como la crianza y la socialización de los hijos. La responsabilidad diferencial por el trabajo doméstico entre sexos y generaciones (las mujeres adultas generalmente se hacen cargo de llevarlo a cabo) hace que algunos integrantes de las unidades domésticas más que otros estén disponibles para participar en la actividad económica remunerada.

Con base en las premisas anteriores, y en virtud de que el objetivo general del libro es reconstruir tendencias en los fenómenos sociodemográficos a lo largo del siglo, en este capítulo estudiamos la participación económica desde la perspectiva de las familias (participación económica familiar), así como sus principales características, para el caso de la ciudad de México en el periodo 1970-1995. El lapso y lugar escogidos tienen su origen en la disponibilidad de información y en la importancia que reviste la capital para la vida económica, política y social del país. Asimismo, la ciudad de México ha sido la zona estudiada con mayor frecuencia y de manera más sistemática en lo que respecta a la participación laboral de los integrantes de sus hogares.

En una primera sección sintetizamos los principales antecedentes en el país sobre nuestro objeto de estudio, con el propósito de ubicar la relevancia y pertinencia del análisis a largo plazo para el caso de la ciudad de México. Aquí distinguimos las transformaciones ocurridas antes y después de la crisis económica de los años ochenta por considerar que dicha crisis abrió un parteaguas al final del siglo XX en lo que respecta al cambio en el modelo de desarrollo y al deterioro de los niveles de vida de las familias mexicanas.

En una segunda sección nos centramos en el estudio de tendencias en la participación económica de adultos y adolescentes de ambos sexos, en hogares con jefes hombres y jefes mujeres de distintos sectores sociales. Algunas investigaciones realizadas en los años ochenta hacían hincapié en la mayor presencia en el mercado de trabajo de mujeres adultas y jóvenes de ambos sexos provenientes de hogares pobres como una respuesta al deterioro de las condiciones de vida. Nosotras sostenemos que a mediados de los años noventa también debemos prestar atención a las estrategias puestas en marcha por los sectores medios, entre los cuales es elevada la participación económica de las mujeres adultas como una medida para asegurar un mínimo nivel de vida y la reproducción de las nuevas generaciones.

En tercer lugar, analizamos las características de la inserción laboral de los integrantes de los hogares en 1995, teniendo en cuenta distintos sectores sociales y también unidades domésticas dirigidas por hombres y por mujeres. Nuestro interés en esta parte es analizar las condiciones ocupacionales de las jefas y los jefes que suponemos que han empeorado debido las sucesivas crisis económicas, además de lo que se esperaría que ocurriese en esta dirección con el resto de la mano de obra familiar (esposas, hijos, otros parientes), comúnmente denominada "fuerza de trabajo secundaria".[2] Desde esta perspectiva, nos interesó sobre todo estudiar las características ocupacionales de las jefas de hogar y de los miembros de sus hogares, pues se trata de un sector que se ha considerado como especialmente vulnerable frente a las transformaciones económicas y sociales. En la última parte del capítulo ofrecemos una síntesis de los resultados obtenidos y una breve propuesta de líneas de investigación prioritarias para futuros trabajos.

Antecedentes

En México se dispone de una buena cantidad de estudios que ha permitido clarificar las relaciones entre la estructura y organización de las unidades domésticas y los diferentes tipos de trabajo en distintos momentos históricos y contextos regionales (urbanos y rurales). El desarrollo de esta línea de estudios ha estado estrechamente ligado a la documentación de las estrategias de sobrevivencia que ponen en marcha importantes sectores de la población más desposeída del país, ya sea porque siempre han enfrentado una situación económica difícil o porque ésta se ha intensificado a raíz del momento en que empieza a agotarse el modelo de desarrollo basado en la sustitución de importaciones (mediados de los años setenta). Sin embargo, es importante dejar claro que las estrategias de sobrevivencia abarcan una gama amplia de actividades más allá de la intensificación o la diversificación del trabajo extradoméstico o el doméstico.[3] Tales actividades pueden incluir modificaciones en los patrones de consumo, migraciones de distintos tipos, reactivaciones de las redes de apoyo familiares y no familiares, o transformaciones en el tamaño y la composición de las unidades domésticas para hacer frente al deterioro en los niveles de vida (véase Oliveira, Pepin-Lehalleur y Salles, 1989;

[2] El concepto "jefatura de hogar" que utilizamos en este trabajo es necesariamente elegido en las fuentes que manejamos. Se trata en todos los casos de la jefatura declarada, es decir, de la persona reconocida como tal, a veces con base en criterios de autoridad y costumbre y no necesariamente de manutención económica.

[3] El trabajo extradoméstico comprende las actividades remuneradas y no remuneradas que contribuyen a producir bienes y servicios para el mercado. Este trabajo incluye la actividad económica asalariada, por cuenta propia, así como la realizada por patrones y familiares no remunerados. En contraste, el trabajo doméstico es el encaminado a la producción de bienes y servicios para el consumo privado de los integrantes de los hogares.

González de la Rocha, Escobar y Martínez, 1990; Cortés y Cuéllar, 1990; García y Oliveira, 1994a; Tuirán, 1993). A continuación retomamos algunos de los principales hallazgos de los estudios disponibles como un antecedente necesario que permita mostrar la relevancia y oportunidad de nuestro análisis del caso de la ciudad de México.

Los estudios sociodemográficos sobre hogares y trabajo en México se han centrado en el análisis del trabajo extradoméstico.[4] La referencia al trabajo doméstico generalmente se hace para entender la disponibilidad que tienen los distintos miembros para participar en el mercado de trabajo o la sobrecarga que enfrentan cuando desempeñan distintos tipos de actividades. No obstante, como ya se mencionó, la intensificación de la actividad doméstica es una dimensión importante *per se* que ha sido también tomada en cuenta en algunos estudios sobre las estrategias de sobrevivencia.

Un primer objetivo común de las diferentes investigaciones sobre hogares y trabajo extradoméstico es analizar la cantidad de personas por hogar —en principio diferenciadas por edad y sexo— que participa en la actividad económica así como las circunstancias que acompañan una mayor o menor participación económica familiar. En un segundo momento es frecuente que se analicen los diferentes tipos de inserción laboral de los distintos integrantes de los hogares, las condiciones de trabajo que enfrentan y los resultados en términos de ingreso individual, familiar o per cápita. Generalmente se espera que a mayor pobreza, mayor participación laboral; pero las limitaciones impuestas (tanto por la estructura del mercado de trabajo como por la estructura sociodemográfica de las unidades) no siempre permiten que los hogares más pobres sean los que tengan más perceptores de ingreso, ya sea en términos absolutos o relativos. En muchos casos también es importante tener presente que las investigaciones permiten comprobar que ha sido la mayor participación económica familiar la que ha llevado a modificar las condiciones de pobreza.

¿Qué ocurría con anterioridad a la crisis de los años ochenta?

Los estudios disponibles que cubren el periodo previo a la crisis de los años ochenta —tanto en zonas urbanas como en rurales— indican que, entre las unidades domésticas menos privilegiadas, eran las campesinas y

[4] Esta parte del capítulo se apoya en revisiones ya realizadas sobre familia y trabajo o sobre estudios de estrategias de sobrevivencia en México, y hace hincapié en los resultados referentes al caso de la ciudad de México. Véanse, en especial, Oliveira, Pepin-Lehalleur y Salles, 1989; García y Oliveira, 1994a; Tuirán, 1993.

las dirigidas por trabajadores por cuenta propia las que ofrecían un espacio más propicio para que sus miembros participasen en las actividades económicas, muchas veces dentro de las mismas unidades. Dicho de otra manera, en estos casos los hogares permitían la articulación y combinación de la producción económica, así como el ejercicio del trabajo doméstico, lo cual redundaba en una elevada utilización de la fuerza de trabajo disponible (Pepin-Lehalleur y Rendón, 1983; Zúñiga *et al.*, 1986).

En el caso de la ciudad de México, se encontró en momentos de expansión económica (inicio de los años setenta) un panorama diversificado en lo que respecta a la participación económica de los integrantes de los hogares. Por un lado, también en este caso las unidades domésticas dirigidas por trabajadores por cuenta propia —muchas de ellas pobres— registraban una elevada participación económica familiar; pero por otro lado también se observaron altos niveles de participación económica en las familias de sectores medios, las que más contaban con mujeres adultas con la escolaridad requerida por los mercados de trabajo urbanos en expansión, y las que podían recurrir al apoyo de las empleadas domésticas. En contraste con las situaciones anteriores, en los hogares pobres que basaban su manutención en el trabajo asalariado manual del jefe del hogar (obreros y trabajadores de los servicios), se registraron bajos niveles de inserción laboral familiar, especialmente si estaban en las primeras etapas del ciclo vital y tenían hijos chicos. En estos hogares las mujeres presentaban bajos niveles de escolaridad y no habían recurrido en gran medida a la estrategia del autoempleo, tal vez porque las condiciones económicas no eran muy apremiantes o porque las necesidades impuestas por el trabajo doméstico y los hijos pequeños lo impedían (García, Muñoz y Oliveira, 1982).

Es relevante tener explícitamente en cuenta las estructuras sociodemográficas de las unidades domésticas como condicionantes de la participación económica familiar, sobre todo la femenina. Por lo general, se ha demostrado que tanto la etapa del ciclo vital como la composición de parentesco de los hogares son rasgos que permiten discriminar de manera significativa diferentes niveles de incorporación familiar al mercado de trabajo. Los hogares en etapas avanzadas del ciclo vital, así como las unidades extendidas y compuestas en las cuales hay una mayor cantidad de miembros y tienen la posibilidad de contar con ayuda para el desempeño del trabajo doméstico, son las que registran mayor número relativo de integrantes que participan en los mercados de trabajo (véase García, Muñoz y Oliveira, 1982; Pepin-Lehalleur y Rendón, 1983; Margulis y Tuirán, 1986; Zúñiga *et al.*, 1986; Giner de los Ríos, 1989; Izazola, 1991).

Transformaciones en los años ochenta

Consideraciones generales

Al iniciarse la década de los ochenta, una etapa de crecimiento económico sostenido llegó a su fin. El país hizo frente a una fuerte crisis de deuda externa y severas medidas de ajuste fueron parcialmente adoptadas e impuestas por bancos y organismos internacionales. Comenzó a ponerse en marcha un nuevo modelo de desarrollo centrado en el intercambio comercial con el exterior, basado en una profunda restructuración de la producción y de las relaciones capital-trabajo, así como en la restricción de los salarios y de los subsidios a los productos básicos, y en la privatización de la economía. La nueva estrategia se ha acompañado de crisis económicas recurrentes, y tres lustros después son aún inciertas las posibilidades que ofrece para alcanzar el crecimiento y el desarrollo sostenido. Más bien se ha documentado un crecimiento de la pobreza y una polarización en la distribución del ingreso, especialmente en los años en que los salarios han descendido en forma brusca y las devaluaciones han sido más fuertes (véase Boltvinik, 1995; Garza, 1996; Cortés, 1997).

En un contexto de deterioro económico y de polarización de las diferencias sociales, se ha registrado en el país, a partir de 1982, un aumento acentuado en la cantidad de mujeres adultas y de varones jóvenes que participan en la actividad económica (Tuirán, 1993). En lo que respecta a la mano de obra femenina, el deterioro en las condiciones de vida ha llevado a movilizar una oferta potencial de fuerza de trabajo, sobre todo constituida por mujeres de mayor edad y unidas conyugalmente, que han tratado de amortiguar la caída en los ingresos reales en gran parte mediante ocupaciones autogestionadas. Según los resultados de algunas investigaciones, en pocos años la crisis ha sido de tal magnitud que aún la presencia de los hijos chicos perdió su importancia para restringir la inserción laboral de las mujeres adultas (véase García y Oliveira, 1994b).[5]

Los estudios sobre estrategias de sobrevivencia en los hogares (los cuales se han multiplicado en estos últimos lustros) han permitido

[5] La participación femenina en el mercado de trabajo viene incrementándose paulatinamente en México desde los años cincuenta en asociación estrecha con la modernización, urbanización y aumento de los niveles de escolaridad en el país. No obstante, se ha demostrado en varios trabajos que la aceleración en la participación económica de las mujeres que tuvo lugar en los años ochenta se originó en gran medida en las estrategias de sobrevivencia de las familias. Un dato que sin duda apunta en este sentido es que los empleos no asalariados, de más bajo ingreso, fueron las que mostraron un incremento más acelerado entre las ocupaciones femeninas en esos años (véase García y Oliveira, 1994b).

seguir más de cerca los mecanismos puestos en marcha, así como los resultados que se han obtenido en términos de participación económica familiar. Las investigaciones son de diferente índole, y hasta ahora han tendido a predominar las referidas a las áreas urbanas, aunque también están las que analizan las cambiantes situaciones rurales y campesinas. La metodología seguida puede descansar en grandes muestras y ser predominantemente cuantitativa, así como seguir de cerca a una determinada cantidad de familias y ofrecer un análisis cualitativo en el cual se describen detalladamente las estrategias puestas en marcha. Los ejes del estudio de la participación económica familiar que han continuado recibiendo atención prioritaria han sido la cantidad absoluta o relativa de integrantes de las familias que se incorporan a la actividad económica, las características ocupacionales y el ingreso individual, familiar o per cápita, así como las diferencias que se presentan en los distintos indicadores según sectores sociales y rasgos sociodemográficos de las unidades domésticas (véanse González de la Rocha, 1986; González de la Rocha y Escobar, 1989; Jusidman, 1989; Aranda, 1990; Lara, 1990; Rosa, 1990; Selby *et al.*, 1990; Tuirán, 1993; Barrón, 1994; Castillo y Dickinson, 1994; Villarreal, 1994).

En algunas de estas investigaciones, "participación económica familiar" es sinónimo de "unidad" y "cohesión" dentro de las unidades; en otras más bien se analiza el resultado del esfuerzo conjunto sin que se hagan explícitos los conflictos y contradicciones que engloba este proceso de transformación; y en otras más bien se reconoce la posible presencia de elementos o efectos perniciosos, pero no se cuenta con información específica para analizarlos. Tales posturas teóricas y metodológicas comenzaron a ser seriamente cuestionadas hacia finales de los años ochenta, principalmente por autores interesados en analizar la participación económica femenina desde una perspectiva de género.

En la nueva serie de estudios que se ha producido desde la perspectiva de género, se hace hincapié en el conflicto y en el ejercicio de poder en los cambios que tienen lugar en la división del trabajo, así como en la carga diferencial que representa para algunos miembros de las unidades (por ejemplo, las mujeres-madres en los sectores pobres urbanos y campesinos) la responsabilidad conjunta de tareas domésticas y extradomésticas (véanse Benería y Roldán, 1987; Lailson, 1990; González de la Rocha, Escobar y Martínez, 1990; Chant, 1991; García y Oliveira, 1994b). Es importante tener en cuenta los resultados de tales estudios, pues permiten conocer los efectos del aumento en la participación económica familiar sobre las relaciones entre sexos y generaciones que se gestan dentro de las unidades domésticas.

Principales hallazgos

Un primer resultado de varios estudios para zonas urbanas es el hecho de que han sido los integrantes de los hogares de más bajos ingresos que viven en ciudades con una estructura productiva y ocupacional muy diversa (ciudad de México, Oaxaca, Tijuana, Guadalajara) quienes hicieron frente a las etapas más difíciles de la crisis intensificando su participación en la actividad económica (véanse, para la ciudad de México, Inco, 1989 y Tuirán, 1993; asimismo, González de la Rocha y Escobar, 1989, para Guadalajara; Selby *et al.*, 1990, para Oaxaca y otras 10 ciudades; y Rosa, 1990, para Tijuana).

Los resultados de la investigación de Tuirán (1993) para la ciudad de México, que se basa en información recolectada mediante la técnica del panel por el Instituto Nacional del Consumidor (entrevistas realizadas a intervalos a un mismo grupo de familias), indican que fue en las unidades domésticas de más bajos ingresos donde aumentó de manera más tangible la cantidad de perceptores de ingreso por hogar; no obstante, dicho estudio también muestra que los hogares de sectores medios ya contaban con una cantidad de perceptores elevada desde el inicio del periodo de observación (1985-1988). Cabe señalar que el tipo de ocupaciones que más aumentó en este caso fue la ocupación no fija (es decir, con ingresos y condiciones de trabajo inestables), por oposición a las ocupaciones fijas, que se han visto seriamente restringidas con la nueva orientación del modelo de desarrollo. Asimismo, si se analiza el índice que relaciona la participación económica familiar con la fuerza de trabajo disponible, se llega a la conclusión de que éste también aumentó de manera considerable en los hogares de menores ingresos, debido principalmente a lo que ocurrió con las mujeres mayores de 19 años.

¿Qué repercusión ha tenido la mayor incorporación de los integrantes de los hogares en el mercado laboral sobre el bienestar familiar en diferentes grupos sociales? ¿Qué significado ha tenido para las relaciones entre sexos y generaciones dentro de las unidades domésticas? En lo que toca a las condiciones materiales de vida, se verá a continuación que tanto los trabajos realizados a nivel macro para el país en general como los llevados a cabo en los hogares de diferentes ciudades coinciden en señalar que, efectivamente, la estrategia de intensificar y diversificar el trabajo extradoméstico —en gran parte mediante ocupaciones autocreadas, no fijas— logró un objetivo inmediato de mejorar el nivel de vida o más bien de aminorar la tendencia hacia un deterioro mayor.

Investigaciones realizadas con las encuestas nacionales de ingreso-gasto permiten afirmar que las respuestas de las familias y de sus miembros permitieron contrarrestar la tendencia hacia una mayor polarización en la distribución del ingreso, especialmente durante la segunda mitad de los años ochenta (véase Cortés, 1997). De igual manera, las investigaciones llevadas a cabo con hogares urbanos demostraron —sobre todo en el caso de los hogares de más bajos ingresos y con mayor cantidad de miembros en edades activas— que la mayor participación económica redundó en un mayor ingreso familiar, aunque no necesariamente en un mayor ingreso per cápita (González de la Rocha y Escobar, 1989; Rosa, 1990; Selby *et al.*, 1990; Tuirán, 1993; Villarreal, 1994). Hay que recalcar que los autores de las diversas investigaciones son cuidadosos en señalar que se obtienen mejoras dentro de márgenes modestos, y que también profundizan en los límites a los que hacen frente las estrategias de sobrevivencia, como por ejemplo los efectos negativos que tiene el abandono de la escuela en el caso de los jóvenes y la sobrecarga laboral en el caso de las mujeres adultas.

En realidad, cada vez se cuenta con mayor evidencia sobre los costos, los conflictos y el ejercicio de poder que ocurren en el cambio en la división del trabajo que está teniendo lugar dentro de los hogares mexicanos (véase Barbieri y Oliveira, 1986; González de la Rocha, Escobar y Martínez, 1990; García y Oliveira, 1994b; Oliveira *et al.*, 1996). Importa tener en cuenta dos aspectos principales: uno es la sobrecarga de trabajo que se genera para unos miembros de las familias a diferencia de otros. Para las mujeres adultas, es muy frecuente que el desempeño del trabajo extradoméstico se aúne a una fuerte carga de trabajo doméstico, sobre todo en los sectores pobres. Información reciente proporcionada por las encuestas nacionales de ocupación permite estimar que las mujeres mexicanas de 12 años y más trabajan en promedio 9.3 horas más a la semana que los hombres, si se tiene en cuenta el trabajo doméstico y el extradoméstico (Oliveira *et al.*, 1996, con información de la Encuesta Nacional de Empleo —ENE— de 1995).

Un segundo aspecto son las tensiones, conflictos y posible violencia doméstica que desencadenan las transformaciones en los roles desempeñados por hombres y mujeres. Aunque éste es un aspecto en el cual no podremos profundizar con los datos de encuestas que utilizaremos, es útil tener como trasfondo algunos hallazgos de investigación sobre el particular. Algunos autores han atribuido el abandono de los hogares y la irresponsabilidad en el caso de algunos hombres a la situación de escasez de opciones que enfrentan para desempeñar el rol de proveedores para el que fueron socializados (véase Kaztman, 1993). Asimismo, gran parte de las mujeres pobres considera que no les compete la función de proveedoras y que desempeñan las actividades económicas sólo porque el ingreso del marido no alcanza para garantizar la manutención de sus hogares (véase García y Oliveira, 1994b). De esta manera, la condición familiar puede convertirse en crítica; de hecho, algunas investigaciones proponen la hipótesis de que es en las unidades domésticas donde tienen lugar transformaciones importantes en los roles económicos (por ejemplo, mujeres que se encargan totalmente de la manutención), tras las cuales se puede registrar un mayor grado de violencia doméstica (véase García y Oliveira, 1994b; Acosta, 1997).

Dada la tradicional importancia que atribuyen los hombres mexicanos a su rol de proveedores —y las mujeres a su roles de madres—, resulta fundamental actualizar nuestro conocimiento sobre la medida en la que los integrantes de las unidades domésticas comparten con el jefe la manutención económica, al mismo tiempo que desempeñan otros roles familiares. Se trata de una revolución silenciosa dentro de los hogares mexicanos que es preciso seguir estudiando en lo referente a su magnitud, rapidez, extensión, principales características y significado para hombres y mujeres. Aunque en los momentos más agudos de la crisis de los años ochenta fueron los sectores más pobres los que respondieron lanzando una mayor cantidad de sus miembros al mercado de trabajo, es posible formular la hipótesis de que la prolongación de las dificultades económicas y la integración de México a los mercados trasnacionales ha contribuido a borrar cada vez más las diferencias entre sectores sociales en cuanto a la magnitud de la participación económica familiar. No obstante, esto no significa que la inserción laboral de los distintos miembros de los hogares sea de la misma índole, especialmente cuando se comparan los grupos más y menos favorecidos.

La participación económica familiar en el caso de la ciudad de México

Como mencionamos, hemos escogido centrar nuestro análisis de datos en el caso de la ciudad de México pues es aquí donde se han estudiado de manera más sistemática las variaciones en la participación económica familiar en distintos momentos históricos (véanse, en especial, García, Muñoz y Oliveira, 1982; Inco, 1989; Tuirán, 1993). Asimismo, hay que recordar que todavía en 1995 en la ciudad de México se concentraba alrededor de 19% de la población del país y, en 1990, 31% del producto interno bruto (*Conteo Nacional de Población y Vivienda, 1995;* Garza y Rivera, 1995). Casi al final del siglo XX la ciudad capital continúa siendo sede del poder político y de gran parte del poder económico en México.

En los cuadros 1 y 2 se presentan datos comparables para 1970 y 1995 sobre el porcentaje de adultos y de adolescentes en el mercado de trabajo según su posición en la estructura de parentesco en los hogares con je-

CUADRO 1. *Participación económica familiar en hogares de diferentes sectores sociales, ciudad de México (jefatura masculina, 1970 y 1995) (porcentajes)*

	Sectores medios		*Sectores populares*		*Total*[a]	
	1970	*1995*	*1970*	*1995*	*1970*	*1995*
			Adultos[b]			
Esposas	22.0	38.0	14.9	27.1	–	31.6
Hijas	64.1	46.3	60.3	47.6	–	47.9
Parientes mujeres	31.4	38.6	37.2	38.2	–	37.2
Hijos	59.3	51.7	79.2	57.8	–	57.6
Parientes hombres	75.0	65.8	84.1	75.4	–	69.9
			Adolescentes[c]			
Mujeres	10.4	8.2	10.0	5.5	-	6.3
Hombres	18.7	13.9	25.5	16.5	-	15.5

[a] Incluye hogares con jefes inactivos (6.6%), buscadores de trabajo (3.9%) y ocupados con información insuficientemente específica (4.2%).

[b] 18-64 años.

[c] 12-17 años.

FUENTES: 1970: García, Muñoz y Oliveira (1982); 1995: Encuesta Nacional de Empleo Urbano (ENEU), segundo trimestre, INEGI. Cálculos propios.

fes varones de diferentes sectores sociales. En los cuadros 3 y 4 se muestra la misma información para los hogares con jefas mujeres en 1995, puesto que desafortunadamente no se contó con información comparable para 1970.[6]

Antes de analizar estos datos hay que tener en cuenta que 1970 y 1995 representan momentos muy distintos en lo que respecta a la situación económica imperante en la ciudad de México. Asimismo, interesa recordar que estamos analizando un tramo de 25 años y que dicho análisis nos ofrece una visión de largo alcance donde operan factores tales como el incremento en la asistencia escolar además de los factores económicos y sus fluctuaciones coyunturales. Al inicio de los años setenta todavía no se habían presentado signos de estancamiento o de deterioro en el modelo de crecimiento por sustitución de importaciones, lo cual ocurrió a

[6] Los datos de los cuadros 1 y 2 no incorporan a los desocupados o buscadores de trabajo. Esta decisión se tomó para preservar la comparabilidad entre 1970 y 1995. En la investigación de donde proviene la información para 1970 (García, Muñoz y Oliveira, 1982) las tasas de participación económica familiar sólo se refieren a la población ocupada, pues hay que recordar que, salvo en coyunturas específicas, los niveles de desocupación abierta han sido tradicionalmente bajos en la ciudad de México y en el país.

CUADRO 2. *Participación económica familiar en hogares de diferentes sectores sociales, ciudad de México (jefatura femenina 1995) (porcentajes)*

	Sectores medios	*Sectores populares*	*Total*[a]
		Adultos[b]	
Esposas	100.0	61.1	83.6
Hijas	46.2	45.0	54.1
Parientes mujeres	38.1	56.1	41.6
Hijos	69.6	73.6	70.3
Parientes hombres	72.6	76.3	76.3
		Adolescentes[c]	
Mujeres	12.8	18.0	15.6
Hombres	13.2	21.7	17.0

[a] Incluye hogares con jefas inactivas (30.6%), buscadoras de trabajo (3%) y ocupadas con información insuficientemente específica (0.6%).

[b] 18-64 años.

[c] 12-17 años.

FUENTES: 1970: García, Muñoz y Oliveira (1982); 1995: Encuesta Nacional de Empleo Urbano (ENEU), segundo trimestre, INEGI. Cálculos propios.

mitad de esa década y con mayor fuerza en los años ochenta. Por lo contrario, 1995 fue extremadamente difícil porque en este año el país se vio sumergido de nuevo en una importante crisis que hizo postergar las esperanzas de que la nueva estrategia económica orientada hacia el exterior representara una opción de crecimiento y desarrollo sostenido. En ese año de 1995 el producto interno bruto descendió 6.9%, situación que no había tenido lugar desde hacía medio siglo, la moneda se devaluó en la mitad de su valor y la inflación alcanzó el 52% a pesar del estancamiento económico. En dicho contexto, es preciso señalar que la ciudad capital ha sido uno de los lugares más afectados por las sucesivas crisis económicas y que su estructura industrial se ha visto gravemente mermada por la competencia con el exterior (véase Oliveira y García, 1996).

Conforme a los hallazgos de los estudios revisados con anterioridad, la comparación de los años 1970-1995 en términos económicos nos llevaría a esperar un aumento en la participación familiar en el mercado de trabajo. Sin embargo, hay que considerar también que la asistencia escolar en el nivel medio y medio superior entre los mexicanos más jóvenes se incrementó en forma considerable en el lapso objeto de atención. Según datos de los censos de población de 1970 y 1990, las tasas de asistencia escolar para las edades 15-24 se elevaron en esos años de 10%

CUADRO 3. *Características ocupacionales de la mano de obra familiar adulta (entre 18 y 64 años), hogares de sectores medios (jefatura masculina, 1995)*

Características de la mano de obra familiar adulta	*Jefes*	*Esposas*	*Hijos(as) y otros parientes*	*No parientes*	*Total*
A. *Ingresos*	100.0 (1 439)	100.0 (524)	100.0 (511)	100.0 (83)	100.0 (2 557)
Gana más de 4 salarios mínimos	35.8	26.1	19.0	3.2	29.7
Gana más de 2 a 4 salarios mínimos	31.3	29.5	24.3	6.7	28.8
Gana más de 1 a 2 salarios mínimos	26.2	31.9	39.4	83.2	31.7
Gana igual o menos que un salario mínimo	6.7	12.5	17.3		
B. *Posición en la ocupación*					
Asalariado(a)	67.3	67.9	75.4	93.6	69.9
Por cuenta propia	22.8	16.1	15.6	5.3	19.4
No remunerado(a)	0.4	13.7	8.2	1.1	4.7
Patrón(a)	9.5	2.3	0.8	–	6.0
C. *Prestaciones*					
Con prestaciones de salud	58.0	57.1	51.7	55.7	56.5
Con otras prestaciones	2.3	3.6	4.0	23.8	3.6
Sin prestaciones	38.3	24.6	34.8	19.4	34.2
No especificado	1.4	14.6	9.5	1.1	5.7

FUENTE: Encuesta Nacional de Empleo Urbano (ENEU), segundo trimestre, INEGI. Cálculos propios.

CUADRO 4. *Características ocupacionales de la mano de obra familiar adulta (entre 18 y 64 años), hogares de sectores populares (jefatura masculina, 1995) (porcentajes)*

Características de la mano de obra familiar adulta	*Jefes*	*Esposas*	*Hijos(as) y otros parientes*	*No parientes*	*Total*
A. *Ingresos*	100.0 (1 613)	100.0 (446)	100.0 (843)	100.0 (18)	100.0 (2920)
Gana más de 4 salarios mínimos	8.8	3.8	4.1	–	7.6
Gana más de 2 a 4 salarios mínimos	33.7	20.5	20.6	22.7	28.1
Gana más de 1 a 2 salarios mínimos	48.3	51.5	54.6	65.5	50.6
Gana igual o menos que un salario mínimo	9.2	24.2	20.6	11.8	14.5
B. *Posición en la ocupación*					
Asalariado(a)	59.2	61.3	75.9	84.7	64.5
Por cuenta propia	34.5	26.9	16.3	15.3	28.0
No remunerado(a)	0.2	11.2	6.7	–	3.7
Patrón(a)	5.9	0.6	0.9	–	3.6
C. *Prestaciones*					
Con prestaciones de salud	41.5	40.0	45.4	20.2	42.3
Con otras prestaciones	2.7	5.9	4.1	27.6	3.7
Sin prestaciones	54.9	41.7	42.0	47.3	49.1
No especificado	0.9	12.3	8.5	4.9	4.8

FUENTE: Encuesta Nacional de Empleo Urbano (ENEU), segundo trimestre, INEGI. Cálculos propios.

a 29% en el caso de las mujeres y de 16% a 32% en el de los hombres para el país tomado en su conjunto (véase INEGI/Unifem, 1995).

La importancia de las transformaciones en la asistencia escolar, entre otros aspectos, nos llevó a distinguir entre la participación económica de *adultos* (18-64 años) y de *adolescentes* (12-17 años). De igual manera, para asegurar la comparabilidad con estudios previos, inicialmente hemos organizado la información distinguiendo entre hogares con jefes *asalariados* y *por cuenta propia*, ya que estas últimas unidades domésticas han mostrado ser contextos propicios para la participación económica familiar. También hemos considerado de especial importancia analizar por separado lo que ocurre en los hogares de *sectores medios* y en los de *sectores populares o pobres*, siempre que el número de casos y el interés en preservar la comparabilidad nos lo haya permitido. Agrupamos dentro de los *sectores medios* a los hogares con jefes que realizan ocupaciones no manuales, es decir, a los profesionistas, técnicos, funcionarios, trabajadores administrativos y comerciantes establecidos; por su parte, consideramos dentro de los *sectores populares (pobres, con mayores desventajas socioeconómicas o con mayores carencias)* a las unidades con jefes con ocupaciones manuales, esto es, obreros, comerciantes ambulantes y trabajadores de los servicios.[7]

Hogares con jefes hombres

Adultos y adolescentes en el mercado de trabajo

Si observamos ahora el cuadro 1, llama poderosamente la atención que en casi todas las instancias son las esposas y las parientes mujeres adultas las que han aumentado sensiblemente su participación en el mercado de trabajo en los años considerados. Es un hecho de gran trascendencia porque se trata de las mujeres que tienen a su cargo en mayor medida las responsabilidades domésticas y el cuidado de los hijos pequeños; el incremento en su actividad económica supone una transformación paulatina pero sistemática en la división social del trabajo que asignaba a hombres y a mujeres adultos roles económicos y domésticos diferenciados. Estos datos también nos indican una posible sobrecarga de trabajo para las mujeres adultas con responsabilidades familiares, porque es conocido que la participación de los hombres en las tareas domésticas no ha experimentado importantes cambios en las últimas décadas (véanse

[7] Diversas investigaciones han demostrado que la ocupación manual está generalmente vinculada a menores ingresos, menor educación, peores condiciones de trabajo y un *status* social más bajo que el correspondiente a la ocupación no manual (véanse Muñoz, Oliveira y Stern, 1981; Bronfman *et al.*, 1990; García y Oliveira, 1994).

INEGI/Unifem, 1995; Oliveira *et al.*, 1996; García, Blanco y Pacheco, en prensa). Dicha sobrecarga es sin duda más importante en los sectores sociales menos privilegiados donde no se cuenta con el apoyo de las empleadas domésticas a tiempo parcial o total.

Por lo que respecta a las hijas y los hijos, el cuadro 1 nos indica un descenso importante en sus niveles de participación económica, acompañado probablemente de un aumento en su asistencia escolar. En 1995, 23% de las hijas adultas y 27% de los hijos se declararon como "estudiantes", en comparación con 17.8% y 1.5% en quehaceres domésticos, respectivamente (información no presentada en los cuadros). Para las nuevas generaciones el efecto escolaridad ha sido entonces muy importante y en el largo plazo, a pesar de las necesidades económicas, la asistencia escolar de los hijos e hijas mayores de 18 años probablemente se ha incrementado de manera acentuada en todos los sectores sociales. Sin embargo, también debe tenerse en cuenta que todavía en 1995 los porcentajes de participación económica para hijos e hijas adultas se mantenían por encima de los correspondientes a las esposas y otras parientes mujeres.[8]

Si observamos el cuadro 2, también el descenso en los niveles de participación económica es importante para los y las adolescentes de 12 a 17 años en todos los sectores sociales. En 1995, 74.1% del total de los adolescentes varones y 83% de las adolescentes mujeres se declararon como "estudiantes". Esta información no es necesariamente incompatible con los hallazgos de estudios previos que nos indican que en coyunturas específicas en los hogares de la capital también se ha observado una mayor participación económica de los jóvenes. Lo que este conjunto de datos permite afirmar es que, a largo plazo, la estrategia de sobrevivencia y reproducción puesta en marcha (de manera implícita o explícita, en armonía o en conflicto) es el aumento de la carga económica de las mujeres adultas que también tienen a su cargo responsabilidades familiares, acompañado de una mayor exigencia en la preparación escolar de las nuevas generaciones.[9]

El caso de los parientes hombres (hermanos, tíos, primos y padres del jefe, de 18 a 64 años, entre otros) resulta, asimismo, importante porque a lo largo de los años también han visto descender sus niveles de participación

[8] Además, si se incorpora a los buscadores de trabajo, las tasas correspondientes a los hijos de ambos sexos suben y se agranda la diferencia que todavía hay entre su participación económica y la de las esposas.

[9] Es importante señalar que el efecto a largo plazo de la escolaridad en la ciudad de México es probablemente mayor que en el resto del país. En coyunturas específicas sabemos que la ocupación de jóvenes ha aumentado en la ciudad capital; también algunas fuentes nacionales indican que las tasas de participación económica de jóvenes de ambos sexos menores de 24 años han tendido a aumentar en las últimas décadas (véase Navarrete, 1998).

económica, aunque en mucha menor medida que los hijos de ambos sexos. Esto puede haber ocurrido por diversas razones. Es probable que aquí también tenga lugar un efecto de mayor asistencia escolar entre los hombres jóvenes que viven en casa de parientes, o que llegan de otras partes del país a vivir de esa manera, para aprovechar las facilidades educativas cada vez mayores en el nivel superior que se han visto notoriamente expandidas en la ciudad de México en los 25 años objeto de interés. Además, hay que ver de otra manera el efecto escolaridad, porque es muy posible que los parientes o los hijos e hijas sigan estudiando aun cuando no perciban con claridad opciones de participación en el mercado de trabajo ni tengan asegurado algún sostén económico. También es posible conjeturar que entre los parientes hombres se encuentran muchos trabajadores desalentados que no buscan participar económicamente porque consideran que no existen las oportunidades, porque perciben que están desapareciendo con rapidez o ellos mismos han sido víctimas de reajustes y despidos.

Diferencias según sectores sociales

En los cuadros 1 y 2 (y también en los cuadros 3 y 4) presentamos tasas de participación económica familiar según sectores sociales para 1995 comparables con las calculadas por García, Muñoz y Oliveira (1982) para 1970.[10] Los agrupaciones consideradas son hogares con jefes *asalariados medios y populares* y hogares con *jefes trabajadores por cuenta propia*. De la comparación de ambos años queda claro que, a pesar del aumento generalizado en la participación económica de las esposas, en 1995 aquellas que pertenecían a los *sectores populares (asalariados)* registraban una menor participación económica (24.5%) que las de otros sectores sociales: alrededor de 35% para *sectores medios asalariados y por cuenta propia* (cuadro 1). Este dato podría llevarnos a la conclusión de que la respuesta de estas esposas a las transformaciones económicas no es de la misma magnitud que en otros sectores sociales, pero antes habría que tener en cuenta las posibles diferencias en las estructuras por edad y educación involucradas. Las esposas en hogares de *sectores populares* son más jóvenes que las de otros sectores (33.5% tienen menos de 30 años de edad en comparación con 27.4% y 22.6% para los *sectores medios* y *por cuenta propia,* respectivamente —información no presentada en los cuadros—),

[10] García, Muñoz y Oliveira (1982) consideran por separado la participación económica familiar en hogares con jefes asalariados (manuales y no manuales) y por cuenta propia. Sin embargo, el desglose publicado en ese trabajo sobre los trabajadores por cuenta propia permite la separación entre manual y no manual que fue necesaria para construir la agrupación simplificada que ahora analizamos.

lo cual muy probablemente implica mayor presencia de hijos pequeños, lo que, sabemos, restringe la participación laboral.

De todos modos, la información de 1995 permite afirmar, de la misma manera que la de 1970, que tanto en los hogares de *sectores medios asalariados* como en los de *trabajadores por cuenta propia* tiene lugar un involucramiento importante de las esposas en la actividad laboral, tal vez en este último caso porque las mujeres adultas son las que más poseen los requisitos de escolaridad y capacitación que demandan el comercio y los servicios modernos en la ciudad de México.

En el caso de los *sectores por cuenta propia*, no es sólo en los hogares con una situación económica más precaria *(jefes comerciantes ambulantes* y *trabajadores de los servicios)* donde las esposas participan más. En 1995 —según información no presentada en los cuadros— el porcentaje de esposas en el mercado de trabajo en hogares de jefes *profesionistas* y *técnicos que trabajan por cuenta propia* es 40%, la cifra más elevada entre las agrupaciones consideradas. De modo que dicha información nos indica que la presencia de las esposas en el mercado de trabajo es un hecho importante que se está extendiendo en diferentes sectores sociales en la capital de la República (aunque con motivaciones y resultados distintos) (véanse Estrella, 1996, y Zenteno, 1997, sobre otras ciudades del país).

La participación económica de parientes acusa diferencias poco marcadas entre los sectores sociales, especialmente en 1995. No sucede así con los hijos e hijas. Es posible observar con claridad que en los hogares de sectores medios los hijos e hijas participan en mucha menor medida en la actividad económica que los de otros sectores sociales, por lo que estas cifras indirectamente indican las mejores oportunidades que existen en dichos hogares para la asistencia escolar, tanto de hijos adultos como de adolescentes, sobre todo en 1995 (cuadros 1 y 2). Treinta y siete por ciento de las hijas adultas de *sectores medios* y 45% de los hijos se declararon como estudiantes en ese año de 1995, en comparación con 20.9% y 29.9% para los *sectores populares* y 23.1% y 21.7% para los *trabajadores* por cuenta propia, respectivamente (información no presentada en los cuadros). Es el tipo de información que nos permite apreciar uno de los mecanismos más importantes de reproducción social de los grupos más privilegiados en el mediano plazo, a diferencia de lo que ocurre con los estratos menos favorecidos.

Hogares con jefatura femenina

Las hogares con jefas mujeres constituían 17% de las unidades domésticas de la ciudad de México en 1995.[11] La evidencia existente en el caso

[11] Los hogares que tienen en su jefatura a una mujer en la ENEU de 1995 (segundo tri-

del país nos indica que no todos estos hogares son necesariamente pobres, pero hay grupos importantes de ellos que pueden ser particularmente vulnerables, ya sea porque la jefa tiene escasa escolaridad y percibe muy poco dinero por su participación en el mercado de trabajo, o porque es la principal o única responsable por la manutención de hijos pequeños y la realización de las tareas domésticas (Salles y Tuirán, en prensa; Acosta, 1997).

Cuando los hogares de jefas cuentan con integrantes en edades activas, se ha encontrado que éstos presentan una más elevada participación económica que los miembros de hogares con jefes hombres. Dicho hallazgo generalmente se atribuye a la necesidad económica imperante en estos hogares, puesto que las características de las jefas mujeres en cuanto a escolaridad y capacitación sólo les permiten obtener ingresos muy reducidos. También es posible conjeturar que en los hogares sostenidos por mujeres priva una división del trabajo doméstico y extradoméstico menos rígida que en las unidades de jefes varones, aunque algunas autoras sostienen que las jefas tienden a reproducir con nitidez el sistema de privilegios para los hijos y parientes varones que se observa en el resto de las unidades domésticas (véanse Chant, 1991; González de la Rocha, 1988).

Se observa en las últimas columnas de los cuadros 3 y 4 que, efectivamente, los porcentajes de adultos y adolescentes en el mercado de trabajo en los hogares de jefas sin distinguir sector social tienden a ser más elevados que los analizados con anterioridad (cuadros 1 y 2). Nos interesa subrayar el caso de los y las adolescentes (cuadro 4) que presentan porcentajes que en muchos casos duplican los de hogares con jefes varones (cuadro 2). Hay que tener presente que se trata de jóvenes de ambos sexos que no están en la escuela o que combinan la asistencia escolar con una ocupación de tiempo parcial que les permite obtener algún dinero para solventar sus necesidades o las de sus hogares. Tal información sobre los y las adolescentes puede considerarse también como un indicador indirecto de la vulnerabilidad económica de muchos de los hogares cuyo sostenimiento depende de una mujer.

En lo que respecta a las diferencias por sectores, encontramos, al igual que en el caso de los jefes hombres, que los hijos e hijas —así como los parientes hombres y mujeres— en *los sectores medios asalariados* participan en menor medida en la actividad económica que lo que sucede en los demás grupos (cuadros 3 y 4).[12] Se trata sin duda de un sector de

mestre) son 634 de un total de 4210 (15%). Estas cifras incluyen tanto a las jefas que trabajan como a las que no trabajan, motivo por el cual no coinciden con los totales que se muestran en los cuadros 5 y 6, pues éstos solamente se refieren a la población ocupada.

12 Las hijas también presentan una situación similar a la de hogares con jefes hombres donde no se observan diferencias en la participación económica según sector social, pero

jefas que cuenta con relativamente mejores condiciones de vida, lo cual les puede permitir enfrentar en alguna medida los gastos educacionales de las generaciones más jóvenes. Estos hallazgos nos llevan a reafirmar la heterogeneidad que hay en la población de jefas, sin que por ello dejemos de reconocer la situación particularmente vulnerable de las jefas más pobres.

CARACTERÍSTICAS DE LA MANO DE OBRA FAMILIAR EN UNIDADES DOMÉSTICAS DE DIFERENTES SECTORES SOCIALES

Analizar el monto de la participación económica familiar constituye un primer paso necesario para entender las diferentes opciones individuales y familiares de sobrevivencia y reproducción. No obstante, también resulta imprescindible profundizar en las características que presenta la inserción de los diferentes integrantes de los hogares en el mercado de trabajo para conocer con mayor detalle los posibles beneficios o desventajas que pueden traer las transformaciones observadas.

También desde la perspectiva del mercado de trabajo resulta fundamental identificar los segmentos de dicho mercado que están siendo alimentados por individuos que ocupan diferentes posiciones en la estructura de parentesco de los hogares. A los miembros que no son jefes se les denomina frecuentemente "mano de obra secundaria" y es común que presenten peores condiciones de trabajo y más bajas remuneraciones que los jefes. Sin embargo, una transformación tan importante como la que se ha operado en la estrategia de desarrollo y en los mercados de trabajo en México puede haber llevado a deteriorar también la situación ocupacional de los jefes y a que sus características se acerquen a las de la mano de obra secundaria.[13]

Hogares con jefatura masculina

En los cuadros 5 y 6 se presenta una serie de características ocupacionales sobre los jefes y la mano de obra familiar en hogares de *sectores medios* (cuadro 5) y de *sectores populares* (más pobres) (cuadro 6) con jefes varones.

Parte de la información que se presenta en el cuadro 5 es congruente con lo que se esperaría sobre los jefes y la mano de obra familiar en estos

sí en los porcentajes de estudiantes: 27% son estudiantes en los *sectores medios* y 12%, en los *sectores populares*.

[13] Las características de la mano de obra familiar se presentan sólo para el año de 1995 (cuadros 3, 4, 5 y 6) porque no se obtuvieron datos estrictamente comparables en todas las categorías para 1970 en la investigación de García, Muñoz y Oliveira (1982).

CUADRO 5. *Características ocupacionales de la mano de obra familiar adulta (entre 18 y 64 años), hogares de sectores medios (jefatura femenina, 1995) (porcentajes)*

Características de la mano de obra familiar adulta	*Jefes*	*Esposas*	*Hijos(as) y otros parientes*	*No parientes*	*Total*
A. *Ingresos*	100.0 (198)	100.0 (12)	100.0 (131)	100.0 (7)	100.0 (348)
Gana más de 4 salarios mínimos	24.0	10.5	9.2	–	17.8
Gana más de 2 a 4 salarios mínimos	29.7	18.5	36.2	61.1	32.4
Gana más de 1 a 2 salarios mínimos	35.5	62.9	44.9	25.9	39.4
Gana igual o menos que un salario mínimo	10.8	7.8	9.7	61.1	10.4
B. *Posición en la ocupación*					
Asalariado(a)	73.1	23.3	63.5	71.8	67.7
Por cuenta propia	24.2	76.7	22.0	28.2	25.4
No remunerado(a)	0.4	–	12.5	–	4.9
Patrón(a)	2.3	–	2.0	–	2.0
C. *Prestaciones*					
Con prestaciones de salud	64.0	15.4	44.6	59.2	54.8
Con otras prestaciones	2.4	13.8	5.3	12.6	4.1
Sin prestaciones	33.2	70.8	36.9	28.2	35.9
No especificado	0.4	–	13.2	–	5.2

FUENTE: Encuesta Nacional de Empleo Urbano (ENEU), segundo trimestre, INEGI. Cálculos propios.

CUADRO 6. *Características ocupacionales de la mano de obra familiar adulta (entre 18 y 64 años), hogares de sectores populares (jefatura femenina, 1995) (porcentajes)*

Características de la mano de obra familiar adulta	*Jefes*	*Esposas*	*Hijos(as) y otros parientes*	*No parientes*	*Total*
A. *Ingresos*	100.0 (219)	100.0 (4)	100.0 (198)	100.0 (2)	100.0 (423)
Gana más de 4 salarios mínimos	0.8	15.5	4.9	48.0	3.0
Gana más de 2 a 4 salarios mínimos	12.1	21.3	14.8	–	13.3
Gana más de 1 a 2 salarios mínimos	57.4	63.2	60.2	52.0	58.7
Gana igual o menos que un salario mínimo	29.6	–	20.1	–	24.9
B. *Posición en la ocupación*					
Asalariado(a)	60.9	63.2	71.2	100.0	65.9
Por cuenta propia	36.5	36.8	20.7	–	29.0
No remunerado(a)	0.9	–	5.6	–	3.1
Patrón(a)	1.7	–	2.4	–	2.0
C. *Prestaciones*					
Con prestaciones de salud	35.1	–	40.3	48.0	37.2
Con otras prestaciones	7.6	–	5.3	–	6.4
Sin prestaciones	55.2	100.0	47.6	52.0	52.1
No especificado	2.1	–	6.8	–	4.2

FUENTE: Encuesta Nacional de Empleo Urbano (ENEU), segundo trimestre, INEGI. Cálculos propios.

sectores medios. Los jefes —que constituyen más de la mitad del total de la fuerza de trabajo en dicho grupo— tienen una posición relativamente más privilegiada en términos de ingreso que el resto de la mano de obra familiar. No obstante, contrario a lo que podría esperarse, los jefes están más representados que las esposas y los demás miembros de las familias en las posiciones por cuenta propia. En otras palabras, los jefes de *sectores medios* desempeñan ocupaciones por cuenta propia en importante medida, por lo que dichas ocupaciones en la ciudad de México en los años noventa no son solamente actividades marginales que permiten a las esposas y a los otros parientes complementar el ingreso familiar. Puede tratarse de opciones elegidas por jefes de familias en los *sectores medios*, ya sea porque están en una etapa del ciclo vital en la cual invierten lo acumulado en etapas previas en pequeños negocios o establecimientos de servicios, o porque esta alternativa es la que efectivamente mejor les permite a cualquier edad mantener un mínimo nivel de vida. Estudios previos para la ciudad de México y otras ciudades del país han señalado que una posible consecuencia de los controles salariales en momentos específicos ha sido convertir la ocupación no asalariada en una opción que permita obtener mejores niveles de ingreso que las posiciones asalariadas (Pacheco, 1995; Roberts, 1993; Pries, 1992).

Es interesante apuntar que —según se esperaba— las esposas, hijos(as) y otros(as) parientes están peor situados que los jefes en términos de ingreso. Asimismo, la mayor presencia de esposas, hijos(as) y otros(as) parientes entre las ocupaciones no remuneradas nos indica que también en los *sectores medios* se recurre a la estrategia de los negocios basados en la mano de obra familiar que no percibe ingresos por su participación económica.

En lo que respecta a prestaciones, sólo 60% del conjunto de la fuerza de trabajo (jefes y demás miembros) en los *sectores medios* se encuentra protegido, lo cual es un signo preocupante por ser dicho sector el que está relativamente mejor ubicado en la estratificación social de la ciudad capital. Dentro de dicho conjunto, los hijos son los que están menos cubiertos, aunque las diferencias no son muy marcadas.

Los hogares de estos sectores presentan, como se suponía, una situación mucho menos privilegiada que la analizada con anterioridad en términos de ingreso y condiciones de trabajo. No obstante, aun dentro de estos márgenes los jefes —que representan también alrededor de la mitad de esta fuerza de trabajo— se encuentran mejor situados que el resto de la mano de obra familiar (cuadro 6).

Los jefes de *sectores populares* también están más representados que los integrantes activos de sus hogares entre las posiciones por cuenta propia. De modo que se trata de una estrategia más extendida de lo que se pudiera esperar entre todos los jefes de hogar en la ciudad de México, aunque con ella se obtengan distintos resultados en los diferentes sectores sociales. También se presenta la tendencia complementaria en el caso de los hijos(as); es decir, en 76% de los casos ellos(as) son asalariados(as). Las esposas, por su parte, son las que más participan en las estrategias laborales no remuneradas, al igual que lo que ocurre en los *sectores medios.*

Hay que hacer hincapié en que las distintas opciones ocupacionales de los miembros de los hogares en los *sectores populares* se llevan a cabo en un contexto de precariedad. Por una parte, menos de 50% de dicha mano de obra cuenta con prestaciones sociales, aunque los hijos están relativamente mejor situados que los padres en cuanto a prestaciones (cuadro 6). Por la otra, al calcular los ingresos totales y per cápita —obtenidos por trabajo— de estos y otros tipos de hogares (cuadro 7) es posible comprobar que las familias más pobres en la ciudad de México sólo alcanzan a obtener *la mitad de lo que perciben las unidades domésticas más privilegiadas.* Tales datos de ingreso total y per cápita en el nivel familiar, aunque sólo reflejan situaciones promedio, son muy indicativos de la polarización social existente en la ciudad de México a mediados de los años noventa.[14]

Resultados cuando la cabeza del hogar es mujer

Como se indicó, las unidades domésticas dirigidas por mujeres generalmente son ubicadas como pobres e identificadas en el ámbito de las políticas públicas como un sector social que merece consideración particular. No obstante, en el caso de México ha resultado clara la necesidad de afinar los criterios para conceptualizar la pobreza a fin de identificar mejor los hogares con jefatura femenina que se encuentran en el peldaño más bajo de la estratificación social (véanse Echarri, 1995; López, 1996; Salles y Tuirán, 1998; Acosta, 1997).

Una buena parte de las jefas de hogar de más edad no desempeñan tareas extradomésticas, son viudas y se mantienen con el patrimonio acumulado en años pasados, o con las aportaciones de las hijas(os). Es posible que si las características de los hogares de estas mujeres se consideran junto con los de jefas que participan laboralmente y tienen dependientes económicos, el conjunto no ofrezca rasgos particulares de privación (véase

[14] En términos metodológicos, es útil explicitar las diferencias en los cálculos de los indicadores que se presentan en los diferentes cuadros de este capítulo. En los cuadros 1-6, los indicadores fueron calculados para agregados de individuos que residen en los hogares de diferentes sectores sociales; en cambio, la índole misma de los indicadores de ingreso que se presentan en el cuadro 7 nos llevó a calcular un ingreso total y uno per cápita para *cada hogar,* y luego obtener las cifras promedio.

CUADRO 7. *Ingresos y tamaño de los hogares en los distintos sectores sociales*

	Sectores medios	*Sectores populares*
A. *Ingresos medios de los hogares con jefatura masculina* (pesos de 1995)		
Total	$ 3 838	$ 1 872
Per cápita	$ 1 064	$ 444
B. *Ingresos medios de los hogares con jefatura femenina* (pesos de 1995)		
Total	$ 2 964	$ 1 433
Per cápita	$ 1 214	$ 389
C. *Tamaño promedio de los hogares*		
Con jefatura masculina	4.3	4.8
Con jefatura femenina	3.4	4.1

FUENTE: Encuesta Nacional de Empleo Urbano (ENEU), segundo trimestre, INEGI. Cálculos propios.

Echarri, 1995). Nosotras, en cambio, estamos interesadas en aclarar el panorama de las jefas que participan en el mercado de trabajo y la situación de la fuerza de trabajo de sus hogares (cuadros 5, 6 y 7).

Las jefas que participan laboralmente *—en sectores medios y más pobres—* presentan una posición más precaria en términos de ingreso que la correspondiente a los jefes varones. Esta información confirma que dichas mujeres, como individuos, enfrentan una situación doblemente difícil debido a los problemas de su inserción ocupacional y a la ausencia del compañero, lo cual es muy frecuente en el caso de tales hogares.

En lo que concierne al beneficio que en principio obtendrían las jefas de la participación laboral de los integrantes de sus familias, es útil remitirnos a los ingresos familiares totales y per cápita que se presentan en el cuadro 7. La situación que permite describir este cuadro es diferente para los hogares con jefas de sectores medios y más pobres. Por una parte, aunque las *jefas más privilegiadas* perciben menos en promedio que los jefes, los ingresos per cápita de sus hogares son más elevados dado que tienen un tamaño promedio menor. En cambio, la situación que se observa para las *jefas más pobres* es la más precaria de todas las analizadas. Tanto los ingresos totales como los per cápita son los más bajos de toda la ciudad. Nadie podría negar que este último es un grupo de jefas muy pauperizado que merecería atención especial en la política económica y social.

Consideraciones finales

Uno de los objetivos de este capítulo ha sido el análisis de tendencias durante 25 años (1970-1995) de la participación económica en la ciudad de México desde la perspectiva familiar. La inserción laboral de las personas se ve restringida o facilitada por el hecho de que organizan su manutención de manera conjunta con los demás integrantes de sus hogares o unidades domésticas. Si adoptamos esta perspectiva podemos entender mejor las respuestas que ofrecen los individuos frente al deterioro en las condiciones de vida, el hecho de que acepten determinadas condiciones de trabajo o prefieran autocrear distintos tipos de ocupaciones, así como también las estrategias que ponen en marcha los jóvenes en comparación con las personas de mediana y más edad por contar o no contar con un sostén económico básico en sus familias.

Uno de los resultados más importantes ha sido el relacionado con *el aumento de la participación económica de las esposas y parientes mujeres adultas* en la ciudad de México cuando la cabeza del hogar es hombre. Éste ha sido uno de los principales mecanismos que se han puesto en marcha para enfrentar situaciones de deterioro económico y de cambio en el modelo de desarrollo con una orientación hacia el exterior. Tales estrategias de las mujeres adultas son conocidas en términos generales, pero nuestro trabajo ha podido documentar su extensión en varios sectores sociales, con motivaciones y resultados seguramente diferentes. Es decir, nuestro análisis de más largo plazo muestra que la mayor participación laboral de mujeres adultas no sólo ha sido una respuesta de los hogares de más bajos ingresos, sino también de unidades domésticas de sectores medios con mano de obra más escolarizada que, al igual que en el pasado, ha sabido aprovechar la permanencia o expansión de las oportunidades económicas en la ciudad de México.

Otro hallazgo interesante ha sido el referido a la participación económica de la mano de obra familiar compuesta por hijas e hijos —adultos y adolescentes— en los hogares que son mantenidos por un hombre. Este trabajo conduce a delinear la imagen de la mayor incorporación de jóvenes en el mercado de trabajo, lo cual ha ocurrido en el pasado en coyunturas específicas de inflación acelerada y descenso correspondiente en los niveles de vida. De hecho, nuestros datos indican un descenso en la presencia de hijas e hijos —adultos y adolescentes— en el mercado de trabajo en el lapso de 25 años analizado, probablemente debido al efecto a largo plazo de la mayor asistencia escolar. Tal interferencia entre fenómenos cobra mucha trascendencia. Es muy probable que las mayores exigencias de credenciales en el mercado de trabajo, así como la apertura cada vez mayor de instituciones de educación media y superior en el caso de la ciudad de México, hayan contribuido de manera paulatina a trasladar las demandas de apoyo en el caso de las familias desde los hombros de las y los hijos hacia los de las esposas, madres y otras parientes adultas. Con esto se ha generado para ellas una sobrecarga de trabajo doméstico y extradoméstico, como se ha ido señalando en muchos trabajos.

En este punto cabe recuperar también otra reflexión hecha en el presente capítulo sobre la mayor permanencia en las instituciones educativas y su posible conexión con el descenso de la participación económica de hijos(as) y adolescentes. Dicha permanencia puede también constituir una alternativa a la falta de empleos mejor remunerados, y el mismo argumento se podría aplicar a lo ocurrido con la presencia económica de los parientes hombres, la cual también ha descendido a lo largo del tiempo.

En lo que respecta a las características que presenta la inserción laboral de los integrantes de las unidades domésticas en la ciudad capital, cabe hacer una reflexión en primer lugar sobre la importancia que todavía en 1995 tienen los hombres dentro del conjunto de la mano de obra familiar que sale de los hogares de los cuales son responsables. Los hombres que son la cabeza del hogar representan poco más de 50% de dicha mano de obra, tanto en sectores medios como en sectores más pobres. De modo que, a pesar de las transformaciones observadas, en ellos se ubica una buena parte de la responsabilidad por la manutención económica, y en muchos casos lo que ha cambiado es su papel de proveedores exclusivos.

Era previsible que en los sectores medios se registrara una situación más privilegiada en términos de ingresos del jefe y de los demás miembros activos de sus hogares. Sin embargo, un dato que no se esperaba fue *la importante proporción que alcanzaron los jefes que trabajan por cuenta propia en estos sectores medios.* También la información respecto de la mayor presencia de esposas, hijos(as) y otros(as) parientes en el trabajo no remunerado apunta a que en los *sectores medios* se ha expandido el negocio o la prestación de servicios con la participación de la mano de obra familiar no remunerada como un medio de sostener o mejorar el *status* social.

La diferenciación socioeconómica entre *sectores medios y populares* resultó, una vez más, sorprendente. Tanto los jefes como la mano de obra familiar se encuentran peor situados en términos de ingreso en los *sectores populares (obreros, trabajadores de los servicios, vendedores ambulantes)* de lo que ocurre en los *sectores medios (profesionales, técnicos, funcionarios, trabajadores administrativos, comerciantes establecidos).*

Las diferencias en términos de ingreso familiar y per cápita en sus hogares son también muy acentuadas, pues los más pobres sólo alcanzan a percibir en promedio la mitad de lo que obtienen los más privilegiados. Por último, es importante hacer notar que también entre los grupos más desposeídos se percibe que están en juego las estrategias que combinan mejor ingreso relativo y más trabajo por cuenta propia para los jefes, y lo contrario para la mano de obra familiar.

Al final de este capítulo se abordó la condición socioeconómica de las *jefas mujeres que participan en el mercado de trabajo,* así como *las características de la fuerza de trabajo que sale de sus hogares.* Nuestros resultados ratifican los hallazgos de otros estudios que indican una mayor participación económica en dichos hogares, pero esto sólo se percibe con mayor claridad en el caso de los y las adolescentes. En lo que toca a la mano de obra familiar adulta no siempre se confirma una mayor participación económica en las unidades domésticas de jefas —especialmente en lo que respecta a las hijas mujères y otras parientes—, lo cual se puede deber en parte a la mayor necesidad que existe en dichos hogares de que sus integrantes femeninos se hagan cargo del trabajo doméstico mientras la jefa participa laboralmente.

Nuestro estudio permite llegar a la conclusión de que las jefas que participan en el mercado de trabajo enfrentan como individuos peores condiciones de trabajo que los jefes hombres, tanto en los sectores de *profesionistas* y *técnicos como* en los de *obreros* y *trabajadores de los servicios.* Asimismo, las características de la fuerza de trabajo que sale de los hogares con *jefas mujeres de sectores populares (menos favorecidos)* y los ingresos de dichas familias llevan a ratificar los planteamientos que identifican a dicho sector como especialmente vulnerable y sujeto de atención especial por parte de las políticas públicas.

Bibliografía

Acosta Díaz, Félix (1997), Estructura familiar, hogares con jefatura femenina y bienes en México, borrador de tesis de doctorado en Población, México, Centro de Estudios Demográficos y de Desarrollo Urbano de El Colegio de México.

Aranda, Josefina (1990), "Género, familia y división del trabajo en Santo Tomás Jalieza", *Estudios Sociológicos*, vol. 7, núm. 22, enero-abril, p. 322.

Arias, Patricia (1992), "Dos nociones en torno al campo", en *Ajuste estructural, mercados laborales y TLC*, México, El Colegio de México / Fundación Friedrich Ebert / El Colegio de la Frontera Norte, pp. 229-242.

Barrón, María Antonieta, Teresa Rendón y Mercedes Pedrero (1994), Documento sobre trabajo femenino preparado para la IV Conferencia de la Mujer, México, Unifem (sin publicar).

Barbieri, Teresita de, y Orlandina de Oliveira (1986), "Nuevos sujetos sociales: la presencia política de las mujeres en América Latina", *Nueva Antropología*, núm. 30, México, pp. 5-29.

Benería, Lourdes y Marta Roldán (1987), *The Crossroads of Class and Gender. Industrial Homework, Subcontracting and Household Dynamics in Mexico City*, Chicago, The University of Chicago Press, 204 pp. Traducción al español: Lourdes Benería y Marta Roldán (1992), *Las encrucijadas de clase y género. Trabajo a domicilio, subcontratación y dinámica de la unidad doméstica en la ciudad de México*, México, El Colegio de México/Fondo de Cultura Económica (Economía Latinoamericana).

Boltvinik, Julio (1995), "La evolución de la pobreza en México entre 1984 y 1992, según CEPAL-INEGI", *Sociológica*, septiembre-diciembre.

Bronfman, Mario, Brígida García, Fátima Juárez, Orlandina de Oliveira y Julieta Quilodrán (1990), *Social Sectors and Reproduction in Mexico*, Demographic and Health Surveys, Further Analysis Series, núm. 7, The Population Council, Demographic and Health Surveys, Institute for Resource Development/Macro Systems, p. 30.

Castillo, María Teresa, y F. Dickinson (1994), "Estado, ecología y estrategias de sobrevivencia en un municipio rural de Yucatán", en Etelberto Ortiz Cruz (coord.), *Estrategias de sobrevivencia frente a la crisis y las políticas de cambio estructural*, México, Universidad Autónoma Metropolitana, pp. 123-132.

Cortés, Fernando (1997), *La distribución del ingreso en México en épocas de estabilización y reforma económica,* tesis de doctorado en Ciencias Sociales, Centro de Investigaciones y Estudios Superiores en Antropología Social (CIESAS)/Universidad de Guadalajara, diciembre.

———, y Óscar Cuellar (1991), *Crisis y reproducción social de los comerciantes del sector informal*, México, Miguel Porrúa/Facultad Latinoamericana de Ciencias Sociales (Flacso).

Chant, Silvia (1991), *Women and Survival in Mexican Cities. Perspectives on Gender, Labour Markets and Low-Income Households*, Manchester, Manchester University Press.

Echarri Cánovas, Carlos Javier (1995), "Hogares y familias en México: una aproximación a su análisis mediante encuestas por muestreo", *Estudios Demográficos y Urbanos*, vol. 10, núm. 2, mayo-agosto, El Colegio de México, México, pp. 245-294.

Encuesta Nacional de Empleo (ENE) 1988, 1991, 1993 y 1995, México, Instituto Nacional de Estadística, Geografía e Informática (INEGI)/Secretaría del Trabajo y Previsión Social (STPS)/Dirección General de Empleo.

Encuesta Nacional de Empleo Urbano (ENEU) (diversos trimestres y años), Instituto Nacional de Estadística, Geografía e Informática (INEGI).

Estrella, Gabriel (1997), *Reporte de resultados del proyecto de investigación "Dinámica de la integración de la mujer a los mercados laborales urbanos de México; 1988-1994"*, Monterrey, Tijuana, Asociación Mexicana de Población, 81 pp.

Estrella, Gabriel, y René Zenteno (1998), "Dinámica de la integración de la mujer a los mercados laborales urbanos de México, 1988-1994", Participación Femenina, Relaciones de Género y Bienestar Familiar, Asociación Mexicana de Población, pp. 113-209.

García, Brígida, y Orlandina de Oliveira (1994a), "Trabajo y familia en la investigación sociodemográfica de México", en Francisco Alba y Gustavo Cabrera (comps.), *La población en el desarrollo contemporáneo de México,* México, El Colegio de México, pp. 251-279.

——— (1994b), *Trabajo femenino y vida familiar en México*, México, El Colegio de México.

García, Brígida, Humberto Muñoz y Orlandina de Oliveira (1982), *Hogares y trabajadores en la ciudad de México*, México, El Colegio de México/Instituto de Investigaciones Sociales de la UNAM, 202 pp.

García, Brígida, Mercedes Blanco y Edith Pacheco (en prensa), "Género y trabajo extradoméstico en México", en Brígida García, *Mujer, género y población en México*, México, Sociedad Mexicana de Demografía/El Colegio de México.

Garza, Enrique de la (1996), "El nuevo estilo de desarrollo en México", en Enrique de la Garza (coord.), *Políticas públicas alternativas en México,* México, La Jornada Ediciones/Centro de Investigaciones Interdisciplinarias en Ciencias y Humanidades de la Universidad Nacional Autónoma de México, pp. 11-52.

Garza, Gustavo, y Salvador Rivera (1994), *Dinámica macroeconómica de las ciudades en México*, México, Instituto de Investigaciones Sociales de la Universidad Nacional Autónoma de México/Instituto Nacional de Estadística, Geografía e Informática (INEGI), Serie Monografías Censales de México (Mocemex).

Giner de los Ríos, Francisco (1989),"Microindustria y unidad doméstica", en Orlandina de Oliveira *et al.*, *Grupos domésticos y reproducción cotidiana*, México, Miguel Ángel Porrúa/UNAM/El Colegio de México, pp. 217-234.

González de la Rocha, Mercedes (1986), *Los recursos de la pobreza. Familias de bajos ingresos en Guadalajara*, México, El Colegio de Jalisco/Centro de Investigaciones y Estudios Superiores en Antropología Social (CIESAS)/Secretaría de Programación y Presupuesto (SPP), 268 pp.

González de la Rocha, Mercedes (1988), "De por qué las mujeres aguantan golpes y cuernos: un análisis de hogares sin varón en Guadalajara", en Luisa Gabayet *et al.* (comps.), *Mujeres y sociedad. Salarios, hogar y acción social en el occidente de México*, Guadalajara, El Colegio de Jalisco/Centro de Investigaciones y Estudios Superiores en Antropología Social (CIESAS), pp. 205-227.

——— (1989), "Crisis, economía doméstica y trabajo femenino en Guadalajara", en Orlandina de Oliveira (coord.), *Trabajo, poder y sexualidad*, México, Programa Interdisciplinario de Estudios de la Mujer (PIEM)/El Colegio de México, pp. 159-175.

González de la Rocha, Mercedes, y Agustín Escobar (1986), "Crisis y adaptación: hogares de Guadalajara", Memoria de la III Reunión Nacional de Investigación Demográfica en México, México, Sociedad Mexicana de Demografía.

González de la Rocha, Mercedes, Agustín Escobar y María de la O Martínez Castellanos (1990), "Estrategias *versus* conflicto. Reflexiones para el estudio del grupo doméstico en época de crisis", en Guillermo de la Peña *et al.* (comps.), *Crisis, conflicto y sobrevivencia*, México, Universidad de Guadalajara/Centro de Investigaciones y Estudios Superiores en Antropología Social (CIESAS), pp. 351-367.

INEGI), *Conteo Nacional de Población y Vivienda (1995)*, Aguascalientes.

Instituto Nacional del Consumidor (Inco) (1989), "El gasto alimentario de la población de escasos recursos de la ciudad de México", *Comercio Exterior*, vol. 39, núm. 1, enero.

Instituto Nacional de Estadística, Geografía e Informática y United Nations Fund for Women (INEGI-Unifem) (1995), *La mujer mexicana: un balance estadístico al final del siglo XX*, México, INEGI/Unifem, México.

Instituto Nacional de Geografía e Informáctica (INEGI), *Conteo Nacional de Población y Vivienda 1995*, Aguascalientes, INEGI.

Izazola Conde, Haydea (1991), *Aspectos sociodemográficos de la organización social del trabajo en el Tabasco petrolero*, tesis de doctorado en Ciencias Sociales con especialidad en Estudios de Población, México, Centro de Estudios Demográficos y de Desarrollo Urbano (CEDDU), El Colegio de México.

Jusidman, Clara (1989), "Evolución del empleo y los mercados de trabajo en México", Memorias de la III Reunión Nacional de Investigación Demográfica en México, México, Sociedad Mexicana de Demografía.

——— (1990), "Evolución del empleo y los mercados de trabajo en México", III Reunión sobre Investigación Demográfica en México, México, Sociedad Mexicana de Demografía.

Kaztman, Rubén (1993), "¿Por qué los hombres son tan irresponsables?", en CEPAL, *Cambio en el perfil de las familias: la experiencia regional*, Santiago de Chile, pp. 110-121.

Lara, S. de (1990), "El impacto socioeconómico de la crisis sobre la clase media", en Soledad Loaeza y Claudio Stern (comps.), *Las clases medias en la coyuntura actual*, serie Cuadernos del Centro de Estudios Sociológicos, México, El Colegio de México.

Lailson, Silvia (1990), "Las obreras en sus hogares", en Guillermo de la Peña *et al.* (comps.), *Crisis, conflicto y sobrevivencia*, Guadalajara, México, Universidad de Guadalajara / CIESAS.

López, María de la Paz (comp.) (1996), *Hogares, familias: desigualdad, conflicto, redes solidarias y parentales,* México, Sociedad Mexicana de Demografía (Somede), México.

López, María de la Paz, y Haydea Izazola (1992), *El perfil censal de los hogares y las familias en México,* México, monografías censales, INEGI, Secretaría de Salud / IIS / UNAM.

Margulis, Mario, y Rodolfo Tuirán (1986), *Desarrollo y población en la frontera norte. El caso de Reynosa*, México, El Colegio de México.

Margulis, Mario, Teresa Rendón y Mercedes Pedrero (1981), "Fuerza de trabajo y estrategias de supervivencia en una población de origen migratorio: colonias populares de Reynosa", *Demografía y Economía*, El Colegio de México, vol. XV, núms. 3 y 47, pp. 265-311.

Mier y Terán, Marta (1992), "Descenso de la fecundidad y participación laboral femenina en México", *Notas de Población,* Santiago, Centro Latinoamericano de Demografía, año XX, núm. 56, pp. 143-171.

Mummert, Gail (1992), "Dios, el norte y la empacadora: la inserción de hombres y mujeres rurales en mercados de trabajo extralocales", en *Ajuste estructural, mercados laborales y TLC*, México, El Colegio de México, Fundación Friedrich Ebert / El Colegio de la Frontera Norte, pp. 243-256.

Muñoz, Humberto, Orlandina de Oliveira y Claudio Stern (1981), *Migración y desigualdad social en la ciudad de México*, México, Instituto de Investigaciones Sociales de la UNAM / El Colegio de México.

Navarrete, Emma Liliana (1998), "Participación económica de los jóvenes en los noventa", avances de tesis de doctorado en Población, Centro de Estudios Demográficos y de Desarrollo Urbano, El Colegio de México.

Oliveira, Orlandina de, y Brígida García (1996), "Cambios recientes en la fuerza de trabajo industrial mexicana", *Estudios Demográficos y Urbanos*, vol. 11, núm. 2, mayo-agosto, pp. 229-262.

Oliveira, Orlandina de, Marielle Pepin-Lehalleur y Vania Salles (comps.), (1989), *Grupos domésticos y reproducción cotidiana,* México, UNAM/Miguel Ángel Porrúa / El Colegio de México.

Oliveira, Orlandina de, Marina Ariza, Marcela Eternod, María de la Paz

López y Vania Salles (1996), *Informe final. La condición femenina en México: una propuesta de indicadores*, Sociedad Mexicana de Demografía (Somede) y Consejo Nacional de Población (Conapo), México, noviembre.

Oliveira, Orlandina de, y Vania Salles (1989), "Acerca del estudio de los grupos domésticos: un enfoque sociodemográfico", en Orlandina de Oliveira, Marielle Pepin-Lehalleur y Vania Salles (comps.), *Grupos domésticos y reproducción cotidiana*, México, UNAM / Miguel Ángel Porrúa/El Colegio de México, pp. 11-37.

Pacheco, Edith (1995), Heterogeneidad laboral en la ciudad de México a fines de los ochenta, tesis de doctorado en Ciencias Sociales con especialidad en Estudios de Población, México, Centro de Estudios Demográficos y de Desarrollo Urbano de El Colegio de México.

Pepin-Lehalleur, Marielle, y Teresa Rendón (1983), "Las unidades domésticas campesinas y sus estrategias de reproducción", en Kirsten de Appendini, Marielle Pepin-Lehalleur, Teresa Rendón y Vania A. de Salles, *El campesinado en México: dos perspectivas de análisis*, México, El Colegio de México, pp. 13-125.

Pries, Ludger (1992), "Del mercado de trabajo y del sector informal. Hacia una sociología del empleo: trabajo asalariado y por cuenta propia en la ciudad de Puebla", en *Ajuste estructural, mercados laborales y TLC*, México, El Colegio de México / Fundación Friedrich Ebert / El Colegio de la Frontera Norte, pp. 129-177.

Roberts, Bryan (1993), "Enterprise and labor markets: the border and the metropolitan areas", *Frontera Norte*, El Colegio de la Frontera Norte, vol. 5, núm. 9, enero-junio, pp. 33-65.

Rosa, Martín de la (1990), "Estrategia popular para tiempos de crisis", en Guillermo de la Peña y otros (comps.), *Crisis, conflicto y sobrevivencia*, Guadalajara, Universidad de Guadalajara / Centro de Investigaciones y Estudios Superiores en Antropología Social (CIESAS).

Salles, Vania, y Rodolfo Tuirán (en prensa), "¿Cargan las mujeres con el peso de la pobreza?: puntos de vista de un debate", en Brígida García (coord.), *Mujer, género y población en México*, México, Sociedad Mexicana de Demografía / El Colegio de México.

Selby, Henry A., Arthur D. Murphy y S. A. Lorenzer (1990), *The Mexican Urban Household Organizing for Self-Defense*, Austin, University of Texas Press.

Tuirán, Rodolfo (1993), "Estrategias familiares de vida en época de crisis: el caso de México", en Comisión Económica para América Latina y el Caribe (CEPAL), *Cambios en el perfil de las familias: la experiencia regional*, Chile, Santiago de Chile, pp. 319-354.

Villarreal, Diana (1994), "Estrategias de sobrevivencia y cambios en las condiciones de vida de las familias de Fomerrey (estudio de caso)", en Etelberto Ortiz Cruz (coordinador), *Estrategias de sobrevivencia frente a la crisis y las políticas de cambio estructural*, México, Universidad Autónoma Metropolitana, pp. 219-234.

Welti, Carlos (1997), "Cambios en la fecundidad", *Demos,* vol. 10, pp. 16-18.

Zenteno, René (1997), Los determinantes de la oferta de trabajo urbano femenino durante los inicios de la crisis económica reciente en México, ponencia presentada en la Reunión de la Asociación de Estudios Latinoamericanos (LASA), Guadalajara, 16-19 de abril.

Zúñiga, Elena, Daniel Hernández, Catherine Menkes y Carlos Santos (1986), *Trabajo familiar, conducta reproductiva y estratificación social. Un estudio en las áreas rurales de México*, México, Instituto Mexicano del Seguro Social / Programa de Investigaciones Sociales sobre Población en América Latina / Academia Mexicana de Investigación en Demografía Médica, A. C.

CONDICIONES DE VIDA DE LOS NIÑOS EN MÉXICO, 1960-1995. El entorno familiar, la escolaridad y el trabajo

Marta Mier y Terán Rocha y Cecilia Rabell Romero

Introducción

En 1990, la población menor de 15 años en México era de 31 millones, cerca del doble de la que se contaba en 1960.[1] Dicho crecimiento rápido de la población infantil en las últimas tres décadas no ha sido homogéneo en el tiempo: la tasa de crecimiento anual fue casi de 4% entre 1960 y 1970 y, debido al descenso de la fecundidad, se redujo a menos de la mitad en las dos últimas décadas. En este último periodo disminuyó el peso relativo de la población infantil en la población total; no obstante, aún en 1990, cuando la población era menos joven, uno de cada tres habitantes del país tenía menos de 15 años.

Durante el periodo de 1960 a 1995 tuvieron lugar procesos de índole diversa que afectaron de manera especial la organización familiar y la actividad de los niños. Entre los procesos demográficos se encuentra la reducción continua de la mortalidad, el rápido descenso de la fecundidad a partir del final de la década de 1960, la frecuente migración del campo a la ciudad y, en las últimas décadas, entre ciudades y hacia los Estados Unidos, además de la incorporación cada vez mayor de la mujer en el mercado de trabajo. En el periodo de referencia ocurre también la expansión del sistema educativo en los niveles de primaria y secundaria. Estos procesos han tenido lugar en un contexto de estancamiento económico a partir de la década de 1980 y que persiste hasta finales del periodo analizado.

Desde un punto de vista sociológico, la familia es la institución en la que tradicionalmente nace y se cría la gran mayoría de los niños. En ella adquieren una serie de conocimientos, habilidades, valores y normas que los forman y capacitan para ingresar al mundo adulto. Además, la familia proporciona los cuidados y el afecto que constituyen el apoyo emocional necesario para su desarrollo físico y psicológico adecuado. Entre los miembros de la familia se tejen las redes de obligaciones y responsabilidades que

[1] Definimos a la población infantil como la que tiene menos de 15 años. Elegimos este límite de edad para lograr la comparabilidad con la mayoría de los estudios sobre el tema.

constituyen la vía de socialización del niño. Por estas razones, prácticamente todas las teorías que intentan explicar las diferencias en aspectos como el desempeño escolar de los niños, o sus logros laborales ulteriores, parten del análisis de características de las familias.

La pregunta general que guió este capítulo tiene que ver con la relación entre los principales rasgos familiares y características personales de los niños, así como sobre la educación formal y el trabajo infantil en México. El análisis abarca el periodo comprendido entre 1960 y 1995.

Las fuentes de datos son las muestras de los censos de población de 1960, 1970 y 1990, la Encuesta Mexicana de Fecundidad (1976) y la Encuesta Nacional de Planificación Familiar (1995). La existencia de muestras censales permitió individualizar a cada niño y vincular sus características personales y familiares con ciertos aspectos de su escolaridad y participación laboral en tres momentos en el tiempo, lo que permite un seguimiento en los últimos 30 años. La muestra del censo de 1960 es de 1.5%, mientras que las de los dos más recientes es de 1%. El número de casos que a lo largo del trabajo aparece en los cuadros, se refiere al número de niños de las muestras censales.

Como los registros de las muestras censales que usamos fueron por individuo y no incluyeron características de sus hogares, recurrimos a las encuestas para observar las características de las familias.[2] El uso de los datos de la Encuesta Mexicana de Fecundidad (1976) permitió una comparación de las familias en el tiempo, pero como en esta encuesta se desconoce la escolaridad de los niños, su utilidad en nuestro trabajo fue limitada. En el análisis más detallado sobre los niños y sus familias incluimos sólo la información de la Encuesta Nacional de Planificación Familiar (1995) referida a los seis estados de la República con mayores índices de marginación.[3]

Los censos se levantaron en distintas épocas del año, lo que pudiera afectar la comparación en el tiempo de actividades que sean estacionales, como la asistencia a la escuela y el trabajo infantil. En 1960, el levantamiento del censo fue en el mes de junio; el de 1970, en enero y el de 1990, en marzo. En los tres casos, el levantamiento tuvo lugar durante el

[2] A partir de la información del cuestionario de hogar, construimos un archivo con la información correspondiente a las características personales del niño, de su madre, del jefe del hogar y de la estructura familiar; cada registro corresponde a un niño menor de 15 años.

[3] Debido al diseño de muestra de dicha encuesta, no es posible desglosar la información sobre estos temas para todo el país. De los nueve estados con grandes tamaños de muestra, elegimos los seis que tuvieron los mayores índices de marginación; tales índices se elaboraron a partir de la información del censo de 1990. Los estados que elegimos fueron: Chiapas, Guerrero, Hidalgo, Oaxaca, Puebla y Veracruz. Llevamos a cabo el análisis bivariado de la encuesta con los datos ponderados y no expandidos; en el análisis multivariado no aplicamos los ponderadores.

periodo de clases.[4] El trabajo infantil, con frecuencia vinculado a la agricultura de subsistencia, varía significativamente entre una época del año y otra. El censo de 1960 se levantó durante la temporada de siembra; los dos últimos censos, durante una época de poca actividad en la agricultura, por lo que, comparativamente, habría una menor asistencia a la escuela y una mayor participación laboral infantil en el primer censo.

No empleamos el censo de 1980 porque —como ha sido reconocido por las autoridades encargadas de generar información demográfica— tuvo graves problemas en sus distintas etapas, desde su planeación hasta la elaboración de tabulaciones.

La gran mayoría de los estudios cuantitativos sobre la educación primaria y secundaria en México se han basado en la información que proporciona la Secretaría de Educación Pública (SEP). Tales estadísticas no permiten un seguimiento individual de la trayectoria escolar ni cubren a la totalidad de los niños; además, las cifras que se refieren a la población que asiste a los distintos grados no están clasificadas según la edad ni la generación de los niños. Optamos por usar información de los censos de población porque nos interesa poder fijar magnitudes referidas al total de niños de distintas edades para tener una aproximación probabilística de los procesos. En el caso de los niños que no asisten a la escuela, se dispone de información retrospectiva sobre su desempeño escolar. Otras ventajas de los datos censales son la posibilidad de vincular la escolaridad con otras características de los niños y, en este tema, la información es comparable a lo largo del tiempo.

En el caso del trabajo infantil, los análisis son escasos y se basan en encuestas especializadas en empleo. Las principales limitaciones de la información censal para estudiar el trabajo infantil son la omisión de la participación laboral de los niños que declaran el estudio como ocupación principal, los cambios en la forma de captar la ocupación principal de un censo a otro y la falta de capacitación de los agentes censales para captar las sutilezas del trabajo infantil. No obstante, los censos son la única fuente que abarca el total de los niños del país y proporciona información desde 1960. Analizamos con cautela los datos censales y los complementamos con los de la encuesta, que incluyen tanto la actividad principal como la actividad secundaria.

No incorporamos al análisis el efecto de la recesión económica porque las fuentes empleadas proporcionan información de momento que no

[4] En 1960 la mayoría de escuelas del país laboraban de febrero a noviembre, de manera que la fecha del censo ocurrió a la mitad del periodo. En 1970, el calendario escolar ya era homogéneo en todo el país y las clases; desde entonces hasta la fecha se imparten de septiembre a junio, por lo que el levantamiento de los censos de 1970 y de 1990 tuvo lugar también durante el periodo de clases.

permite un seguimiento continuo ni frecuente. En los 20 años que separan a los dos últimos censos, ocurren múltiples transformaciones y es imposible distinguir los efectos de la crisis en la economía, en los cambios ocurridos durante el periodo. La encuesta proporciona sólo una observación de momento.

La unidad de análisis son casi siempre los niños aunque, en el estudio de las características familiares con los datos de la encuesta, usamos a las familias con niños menores de 15 años como unidad. En el tema del entorno familiar, incluimos en el análisis de la información censal a todos los niños menores de 15 años. En el estudio de la escolaridad, dependiendo de la pertinencia, incluimos a los niños a partir de los seis años, a partir de los ocho años, o del grupo de edad de 12 a 14 años. En cuanto al trabajo infantil, sólo analizamos la experiencia de los niños de 12 a 14 años. Elegimos esta delimitación de edades porque el término de la escuela primaria, que suele ocurrir alrededor del decimosegundo aniversario, marca el fin de una etapa en la vida de los niños, a partir de la cual el abandono de la escuela y el inicio de la vida laboral son más frecuentes en ciertos sectores de la población.[5]

Usamos el concepto "entorno familiar" que incluye los casos en los que el niño vive en una familia constituida por personas con las que no está emparentado. El entorno familiar puede ser sinónimo de "hogar", unidad formada por personas que conviven y comparten alimentos, emparentadas o no. En los censos y en la encuesta que usamos se aplicó este concepto. Sin embargo, como trabajamos con niños que viven casi siempre (97% de los casos) con por lo menos uno de sus padres, consideramos que podíamos usar también el término *familia* que —además de la convivencia y del hecho de compartir los gastos de alimentación— entraña relaciones de parentesco entre los integrantes. Las diferencias según el sexo constituyen uno de los principales ejes analíticos en los estudios sobre familias y hogares, pero en la parte dedicada al entorno familiar optamos por no incluir el sexo de los niños en los resultados que presentamos en el texto porque las diferencias no resultaron significativas.

Tampoco incluimos en el análisis a los niños de la calle que rompieron los vínculos con sus familias, viven en la calle y se mantienen de trabajos en el sector informal (Moerman, 1996). La mayoría de estos niños no es captada en los censos de población ni en las encuestas dirigidas a hogares porque no residen en viviendas.

En el análisis de los datos de la encuesta se procedió de la siguiente manera: con el fin de controlar la posición socioeconómica y de observar

[5] Asimismo, las preguntas sobre trabajo en los dos últimos censos se plantean a la población de 12 o más años.

las desigualdades entre sectores sociales, dividimos a las familias (de acuerdo con la ocupación del jefe) en tres sectores socioeconómicos: agrícola, popular y medio,[6] porque consideramos las relaciones intrafamiliares tambien forman parte de espacios sociales y culturales a los que nos podemos aproximar a partir de esta clasificación por sectores socioeconómicos.[7] En el análisis bivariado trabajamos los datos ponderados y no expandidos. En los modelos multivariados excluimos a los niños que no vivían con sus madres y, para evitar problemas en el cálculo de los errores de los parámetros, sólo incluimos a un niño de cada hogar.[8]

Dividimos el capítulo en tres secciones. En la primera presentamos la evolución del entorno familiar de los niños en las últimas tres décadas y buscamos responder a la pregunta sobre el vínculo entre la organización familiar y las condiciones de vida de los niños. La segunda sección está dedicada al análisis del proceso de escolarización de los niños a partir de 1960; estudiamos los principales rasgos de este proceso, la influencia de las desigualdades sociales y su evolución, así como el efecto de las características socioeconómicas y de estructura de las familias en el atraso y abandono escolares. En la última sección presentamos una caracterización del trabajo infantil, analizamos la influencia de las condiciones laborales en el atraso escolar y, por último, evaluamos el efecto de las características familiares en la actividad —estudio y/o trabajo— de los niños.

Entorno familiar de los niños

En esta sección describimos el entorno familiar de los niños y su evolución entre 1960 y 1995. La primera pregunta es si los niños conviven con ambos padres, sólo con uno de ellos, o con ninguno; con cuántos hermanos viven y, cuando no son hijos, con quién viven. Analizamos la relación de parentesco

[6] En el sector agrícola están las familias cuyos jefes desempeñan actividades agrícolas o ganaderas; en el sector popular, las de jefes con actividades manuales no agrícolas; en el medio, las de jefes con actividades no manuales y no agrícolas. Se eliminaron algunos casos en los que el jefe de familia trabajaba en la agricultura y tenía más de cinco empleados; estos casos fueron muy pocos y sus características, muy distintas de las del resto del sector. Los vendedores ambulantes están incluidos en el sector popular. Agradecemos a la doctora Brígida García el habernos sugerido esta clasificación e indicado la manera de operacionalizarla.

[7] Esta clasificación en tres sectores es pertinente pues marca también diferencias significativas en el ingreso familiar y en la escolaridad de los jefes. El ingreso per cápita familiar en el sector medio es significativamente más elevado que en los otros dos sectores. Los jefes de las familias del sector medio tienen una escolaridad significativamente superior y los del sector agrícola, una escolaridad significativamente más baja.

[8] Para los niños que no residían con su madre —10% del total de niños de la muestra de los seis estados y de un sólo niño por familia— no había información sobre algunas variables clave en el análisis, por lo que decidimos excluirlos.

del niño con el jefe de la familia en las localidades rurales y en las localidades más pobladas para ver si hay diferencias en los patrones de convivencia. Además, nos preguntamos si la posición del niño en su grupo familiar —ser o no hijo del jefe— está vinculada con su asistencia a la escuela, su atraso escolar y con el hecho de que trabaje. En una segunda parte, dividimos a las familias, según su estructura, en tres tipos: familias monoparentales, nucleares y extensas. El objeto de estas divisiones es analizar diversas características de las familias y de los jefes dentro de cada tipo de familia, en cada uno de los sectores socioeconómicos a los que pertenecen. Buscamos diferencias significativas entre familias monoparentales, nucleares y extensas en características como el sexo, la edad, el estado civil y la escolaridad del jefe, el ingreso per cápita y el número de adultos no empleados con los que cuenta la familia. La pregunta que nos hicimos fue si los patrones de organización familiar están relacionados con la asistencia escolar y con el trabajo infantil y, de ser así, cuáles eran las características de jefes y familias que influyen en las condiciones de vida de los niños.

En las sociedades actuales se experimentan cambios en los procesos socioeconómicos y demográficos que, entre otras consecuencias, están modificando la estructura y la composición de las familias en las que viven niños. Los procesos más relacionados con tales modificaciones son el descenso de la fecundidad, la sobrevivencia cada vez mayor de las parejas relacionada con la reducción de la mortalidad, el aumento en la disolución voluntaria de las uniones, la participación laboral cada vez mayor de las mujeres y el envejecimiento de la población. Las investigaciones, sobre todo en países desarrollados, se han centrado en el análisis de las consecuencias que dichos cambios en las familias han tenido en el desarrollo de los niños. En especial, se ha estudiado el efecto que tienen la disolución de uniones, la vida en familias monoparentales y "reconstituidas", así como el número de hermanos sobre el desempeño escolar de los niños y sobre su ulterior inserción ocupacional.

En América Latina, las formas de organización familiar predominantes son la familia nuclear, la extensa y la monoparental encabezada por la madre[9] (De Vos, 1995). La elevada proporción de familias extensas es uno de los rasgos característicos del área; este tipo de arreglos suele estar conformado por una madre soltera o separada que, junto con sus hijos, vive con otros parientes (Richter, 1988).[10]

En la región también ha habido cambios en los patrones de organización familiar que podrían tener diversos efectos en las condiciones de bienestar de los niños; en varios trabajos se afirma que en las dos últi-

[9] Consideramos como familias extensas a todas aquellas donde, además de padre y/o madre e hijos, hay otros parientes corresidiendo.

[10] Las viudas con sus hijos integran familias monoparentales.

mas décadas ha aumentado la proporción de uniones consensuales y de hogares encabezados por mujeres sin cónyuge (CEPAL, 1993; Bruce *et al.*, 1995). Sin embargo, la información no parece concluyente puesto que dicha tendencia se observa sólo en algunos de los países para los que se tiene información. La migración hacia las ciudades ha imprimido su huella en las formas de organización de las familias latinoamericanas; una parte de las que están dirigidas por mujeres y de las familias extensas es resultado de la mayor migración rural-urbana femenina. El descenso de la fecundidad ha modificado las trayectorias de vida de las madres —que dedican menos años a la crianza de los hijos— y ha alterado las relaciones intrafamiliares de los niños, quienes ahora tienen menos hermanos. La mayor sobrevivencia de personas en edades avanzadas ofrece a los niños más posibilidades de relacionarse, e incluso convivir, con los abuelos en familias extensas. Otros dos procesos que tienen repercusiones sobre las condiciones de bienestar de los niños son la creciente escolaridad de la población y la inserción cada vez mayor de las mujeres en el mercado laboral.

A pesar de que se ha escrito mucho sobre los rasgos y la especificidad de las familias latinoamericanas, poco se sabe acerca de las repercusiones que tienen estos patrones de organización en las condiciones de vida de los niños. La bibliografía sobre el tema señala que en los hogares dirigidos por mujeres los niños alcanzan un menor nivel de escolaridad que cuando hay un jefe varón; y la razón que se aduce es que en este tipo de familias hay más carencias económicas y sus miembros tienen niveles educativos más bajos. Por lo contrario, las familias extensas ejercen una influencia positiva en el rendimiento escolar de los niños (CEPAL, 1993).[11]

Otro tema relacionado con las condiciones de vida de los niños es el trabajo infantil. A pesar de que se puede plantear que la decisión de que los niños trabajen es tomada por los padres (vale decir, en el nivel del grupo familiar), son escasos los estudios sobre las relaciones entre la organización familiar y el trabajo infantil en los países en desarrollo. Las dos características que se suelen relacionar con el trabajo de los niños son el sexo del jefe —los niños trabajan más en familias encabezadas por mujeres— y el tamaño de las familias (Knaul y Parker, 1998).

Relaciones de convivencia de los niños

En la bibliografía sobre las condiciones de bienestar de los niños, los autores coinciden en afirmar que el mejor indicador de bienestar es el hecho

[11] En el trabajo de CEPAL (donde se aborda el tema de la organización familiar y el desempeño escolar en América Latina) se afirma que los hogares extensos ejercen una influencia positiva en el desempeño de los niños; pero desgraciadamente no se explican las razones de ello.

CUADRO 1. *Niños según convivencia con su madre en 1976 y 1995*
Porcentajes

Convivencia con la madre:	*1976*	*1995*
Madre con pareja	88	85
Madre sin pareja	7	10
Sin madre	5	5
TOTAL 100	100	
Número de casos	34 124	21 201

NOTA: Niños de 0 a 14 años.

de que el niño conviva con su madre porque ella se encarga del cuidado y la crianza de los muy pequeños, y es la principal responsable del desarrollo de los hijos (Lloyd y Desai, 1992); los padres son menos tomados en cuenta que las madres, quizá porque no suelen interactuar tanto con sus hijos. En México, casi todos los niños (95%) viven con sus madres tanto en 1976 como en 1995 (cuadro 1). El único cambio observable en las dos últimas décadas es el leve aumento (3%) de la proporción de niños que viven con madres sin pareja.[12] La mortalidad materna es causa de 5% de los casos de niños que no viven con su madre (De Vos, 1995).[13]

El número de hijos es una variable que suele incluirse en casi todos los estudios. Esta variable fue considerada determinante a partir de los trabajos de Blake (1986, 1989), en los que la autora demuestra que el número de hermanos es uno de los factores que más incide en el desempeño escolar de niños y jóvenes, sólo superado por el nivel educativo del padre, una vez que se controla el *status* socioeconómico de la familia. La teoría de la producción en el hogar *(household production theory)*,[14] sostiene que los recursos materiales, afectivos e intelectuales de la familia se "diluyen" entre los hijos y plantea porqué cuanto menos hermanos, mayor el rendimiento y los logros de cada uno de ellos (Becker, 1965, 1981). Esta teoría, ampliamente probada y corroborada en diversos países desarrollados, supone que los hijos compiten en situaciones semejantes. Ahora bien, no todas las experiencias confirman los postulados de dicha teoría.

[12] En otros países de América Latina, hacia finales de la década de 1970-1979, la proporción de niños que vive con madres no unidas era más elevada que en México, donde es de 7%. En Colombia y República Dominicana es casi el doble (14% y 15%) y en Brasil y Perú es el 9% (Bruce *et al.*, 1995).

[13] De acuerdo con datos de la Encuesta Mundial de Fecundidad levantada a finales de la década de 1970-1979, en otros países de América Latina la proporción de niños que no vive con su madre es siempre más alta que en México: oscila entre 7% en Costa Rica y 12% en República Dominicana y Panamá) (De Vos, 1995).

[14] Otros autores definen de distinta manera los recursos familiares; en general, se refieren a recursos económicos, nivel educativo de los padres y tiempo que éstos dedican a los niños.

GRÁFICA 1. *Distribución de los niños según el número de hermanos*

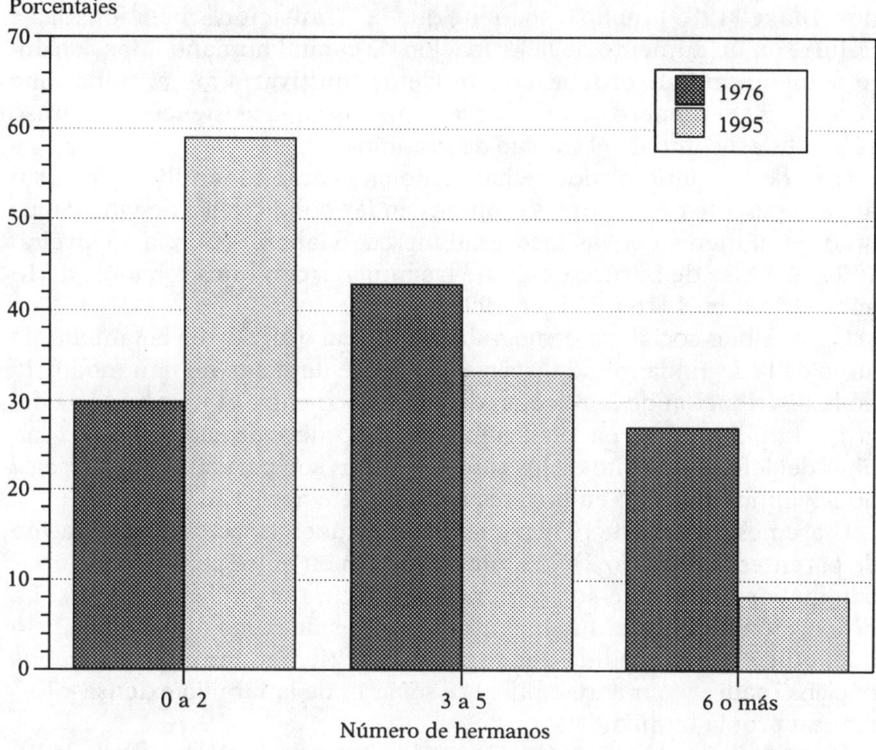

Por ejemplo, un estudio sobre los logros escolares y su relación con el número y sexo de los hermanos en Japón muestra que los padres no distribuyen los recursos de manera equitativa: el hijo mayor (o la hija mayor en caso de que no haya varones) recibe más que los demás porque, de esta manera, se respeta la tradición y los padres se aseguran un apoyo en la vejez (Kaneda, 1998).

En México, un cambio notable en la estructura familiar es la reducción de la descendencia; los niños conviven cada vez con menos hermanos. En 1976 lo más frecuente era tener de tres a cinco hermanos, mientras que en 1995 los niños solían no tener más de dos; la experiencia de convivir con seis o más hermanos se ha convertido en asunto del pasado (gráfica 1). Estamos presenciando el paso de una sociedad en la que las personas crecieron en familias numerosas a otra donde lo más frecuente son familias de dos o tres hijos. Tal proceso tiene interesantes repercusiones ya que una buena parte de las políticas públicas relacionadas con el bienestar de las familias se justifican, implícitamente, con el esquema de la "dilución" de recursos dentro de la familia; en especial, este esquema resulta fácil de aplicar en dicha fase de reducción acelerada del número de hermanos. Blake (1989) incluso sostiene que la "transición" mencionada se traduce en un aumento de la formación de capital humano. Más adelante someteremos a prueba con modelos multivariados el papel que desempeña el número de hijos de las familias en la asistencia y el atraso escolares así como en el trabajo de los niños.

Otro de los cambios que se han dado en el ámbito familiar, y que sin duda repercute de múltiples maneras en las condiciones de vida de los niños es el ingreso de las madres al mercado laboral (García y Oliveira, 1994). La tasa de participación de las mujeres con hijos menores de 15 años es 16% en 1976 y 33% en 1995.

Los cambios sociales y demográficos que han ocurrido en la familia a lo largo de la segunda mitad de este siglo aparentemente no han modificado la distribución de la relación de parentesco entre el niño y el jefe del grupo familiar; tanto en 1960 como en 1990 nueve de cada 10 niños son hijos del jefe; en el resto de los casos los niños son parientes del jefe; casi no hay niños viviendo en hogares donde el jefe no sea su pariente.[15]

Usaremos el censo de 1990 para ilustrar algunos aspectos de tal relación de parentesco (cuadro 2). Los niños que tienen entre cero y cinco años con mayor frecuencia son parientes; es decir, no son hijos del jefe. La proporción de hijos aumenta entre los niños de cinco años y más,[16] lo que indica que, a medida que transcurre el tiempo familiar,[17] algunos núcleos (padre y/o madre e hijos) se separan de la familia extensa y forman su propia familia.

Los datos de este censo permiten además un análisis detallado de los vínculos de parentesco que tienen los niños con el jefe del hogar, cuando no son sus hijos (cuadro 3). Los niños que no son hijos del jefe viven en familias extensas y encontramos que los más pequeños son quienes con mayor frecuencia se encuentran en tal situación. Los abuelos desempeñan un papel importante en la vida de estos niños, en especial cuando son menores de cinco años; las familias extensas de tres generaciones constituyen el entorno familiar más frecuente. Los niños más grandes tienden en mayor medida a vivir en familias encabezadas por tíos o hermanos. El proceso referido revela la trayectoria de algunas de las familias extensas que primero están dirigidas por el abuelo (o abuela) y luego por algún miembro de la generación siguiente (tíos), e incluso de la generación del

[15] En ambas fechas, 91% de los niños era de hijos del jefe; 8%, otros parientes y 1% no parientes. En 1970, por la manera como se captó a las familias, casi todas aparecen como nucleares y 97% de los niños figura como hijos.

[16] Las diferencias entre los grupos de edad de los niños son significativas.

[17] Tiempo referido a la evolución de la familia desde su formación hasta su disolución.

CUADRO 2. *Niños según su parentesco con el jefe (%), 1990*

	Hijo	*Pariente*	*No pariente*	*Total*	*Número de casos*
Edad					
0-4	89	10	1	100	99 278
5-9	92	7	1	100	103 768
10-14	93	6	1	100	101 654
TOTAL	91	8	1	100	304 700

niño; en otros casos puede no deberse a la trayectoria de la familia extensa, sino al desplazamiento del niño con sus padres y hermanos.

La relación de parentesco de los niños con el jefe de la familia puede estar vinculada con su asistencia y atraso escolares y con la frecuencia con la que trabajan. Dado que el jefe de la familia tiene mayor capacidad de decisión y de control sobre los recursos que otros miembros, sus hijos deberían estar en una posición relativamente mejor que la ocupada por niños que no son sus hijos.

Con el objeto de analizar el atraso escolar, construimos un índice de asistencia con dos categorías: nivel adecuado o inadecuado. Como el ciclo escolar básico es de seis años y la edad de ingreso es a los seis años, consideramos que el nivel escolar es inadecuado cuando los niños de ocho o más años cursan primero de primaria; de los nueve o más, segundo, y así sucesivamente; si los niños de 14 años asisten a algún grado anterior al segundo año del ciclo secundario se considera que asisten en el nivel inadecuado.

Decidimos analizar la asistencia y el atraso escolares según el tamaño de la localidad de residencia del niño, pues sabemos que hay importantes diferencias en la oferta educativa en las áreas rurales.[18] En las localidades

CUADRO 3. *Parentesco con el jefe de niños que no son sus hijos (%), 1990*

	Hermano	*Nieto*	*Sobrino*	*Otro*	*Total*	*Número de casos*
Edad						
0-4	1	86	10	3	100	10 100
5-9	3	80	13	4	100	7 295
10-14	10	61	18	11	100	6 451
TOTAL	4	78	13	5	100	23 846

[18] Dividimos a las localidades en dos grupos: menos de 2 500 habitantes (rurales) y 2 500 y más (no rurales). Elegimos esta división porque es la que nos permite hacer comparaciones entre los tres censos que usamos.

CUADRO 4. *Asistencia al nivel adecuado, al nivel inadecuado e inasistencia escolar, según parentesco con el jefe (%), 1990*

		Nivel adecuado	*Nivel inadecuado*	*No asiste*	*Total*	*Número de casos*
Localidades						
Menos de 2500	Hijo	60	18	22	100	57036
	Pariente	60	18	22	100	2894
	No pariente	43	21	36	100	300
2500 o más	Hijo	80	11	9	100	112693
	Pariente	77	12	11	100	9044
	No pariente	59	15	26	100	991

NOTA: Niños de 6 a 14 años.

pequeñas no hay diferencias ni en la asistencia ni en el atraso escolares entre los niños que son hijos del jefe y los que son otros parientes; la posición del niño dentro de la familia no parece tener consecuencias (cuadro 4). En las localidades no rurales los hijos asisten con mayor frecuencia en el nivel adecuado que los otros parientes, y las diferencias son significativas. Un caso especial, aunque muy poco frecuente, lo constituyen los niños que no tienen relación de parentesco alguno con el jefe; tales niños tienen un desempeño escolar muy deficiente ya que muchos están atrasados y una elevada proporción ni siquiera asiste a la escuela.

El vínculo entre el trabajo infantil y la posición del niño en la familia es similar a la encontrada en el caso de la escolaridad. En las localidades rurales, hijos y otros parientes del jefe trabajan en igual medida (cuadro 5). Provisionalmente, podemos concluir que en estas localidades, de acuerdo con los índices que usamos, los niños que son hijos del jefe y los que son otros parientes parecen tener los mismos apoyos y estímulos familiares para su educación formal y responder a similares condiciones para trabajar. En las localidades mayores, los otros parientes trabajan con mayor frecuencia que los hijos del jefe y la diferencia es significativa. En todas las localidades los pocos niños no emparentados con el jefe trabajan mucho más; no es de sorprender, pues con frecuencia dichos niños viven en tales hogares porque allí trabajan.

Tipo de familia, asistencia y atraso escolar, y trabajo

Una manera más directa de abordar el análisis del entorno familiar de los niños es tomando en cuenta las formas como se organizan las familias. En México —al igual que en otros países de América Latina— predominan

CUADRO 5. *Tasa de participación laboral infantil según parentesco con el jefe (%), 1990*

		Tasa (%)	*Número total de niños*
Localidades			
Menos de 2 500	Hijo	11	17 943
	Pariente	10	918
	No pariente	19	129
2 500 o más	Hijo	5	36 122
	Pariente	7	2 894
	No pariente	29	480

NOTA: Niños de 12 a 14 años.

las familias nucleares, son muy frecuentes las extensas y hay un número cada vez mayor, aunque reducido, de arreglos monoparentales. En la década de 1970-1979, el análisis de los tipos de familia en seis países de América Latina[19] revela que 61% de los niños vivían en familias nucleares; sólo 6%, en monoparentales y 33% en extensas.[20] En México la situación es algo distinta: una mayor proporción de niños (71%) vivía en familias nucleares, y la proporción de niños que vivían en familias monoparentales (4%) es menor que en cualquiera de los otros países estudiados. Además, al analizar la probabilidad que tenían los niños de vivir en familias no nucleares, en los seis países, se encontró que existían diferencias entre las capitales, otras ciudades y las áreas rurales; debido a las migraciones de madres con hijos que se desplazan del campo a la ciudad aumentó la proporción de niños que vivían en familias extensas en las ciudades (Cantú Gutiérrez, 1994; De Vos, 1995).

A pesar de las modificaciones en los procesos sociodemográficos de las últimas décadas en México,[21] la estructura de las familias en las que viven los niños de hoy es semejante a la de hace 20 años. En 1995, 68% de los niños vivían en familias nucleares; 6%, en monoparentales y 26%, en extensas.[22] La proporción de familias monoparentales —casi todas encabe-

[19] Colombia, Costa Rica, República Dominicana, México, Panamá y Perú.

[20] La información proviene de la Encuesta Mundial de Fecundidad, en la que la información sobre la estructura familiar se captó por generación. Con este sistema no es posible distinguir a hijos de sobrinos; asimismo, se sobrestima la proporción de familias monoparentales y nucleares.

[21] Los cambios que podrían propiciar la formación de familias monoparentales son todos los que favorecen la independencia de las mujeres; por ejemplo, la mayor participación laboral y el aumento en la escolaridad femeninas.

[22] Consideramos nucleares a las familias integradas por padre, madre e hijos solteros; las formadas por un solo progenitor y los hijos solteros son monoparentales y las consti-

zadas por mujeres— ha aumentado muy poco. Con información de censos y encuestas se ha llegado a la misma conclusión.[23] En especial, Tuirán analiza las cohortes de mujeres nacidas en 1927-1941 y 1946-1960 y no encuentra casi diferencias en la proporción de mujeres separadas y divorciadas a distintas edades. Este autor plantea que la estabilidad es un rasgo importante de los matrimonios en México (1998).[24] Dichas afirmaciones van en contra del discurso feminista, que sostiene que, por diversas razones —en especial por el ingreso cada vez mayor de las mujeres al mercado de trabajo— hay un notable aumento de grupos familiares encabezados por mujeres con hijos y sin pareja en México así como en otros países de América Latina (Safa, 1998).

Aun cuando las proporciones de los distintos arreglos familiares no han variado en el tiempo, debe tomarse en cuenta que las familias no nucleares son resultado de procesos muy diversos que, ellos sí, han cambiado. En áreas rurales, tradicionalmente la familia extensa está relacionada con el acceso y formas de explotación de los recursos que pertenecen al grupo, y los miembros tienen una gran interdependencia basada en fuertes lazos de solidaridad. Las migraciones también han imprimido rasgos específicos a la organización familiar cuando, por ejemplo, el hombre emigra temporalmente y la mujer e hijos conviven con parientes (De Vos, 1995). En las ciudades, la decisión de formar parte de una familia extensa puede ser resultado de estrategias de sobrevivencia en sectores pobres o también puede deberse a un evento fortuito, como la pérdida del empleo, la muerte de un miembro, la separación de la pareja. En todo caso, el que las personas recurran, por unos u otros motivos, a la organización familiar extensa revela la fuerza de este modelo en nuestra cultura.

En países desarrollados, la investigación sobre las consecuencias que tienen las distintas estructuras familiares en las condiciones de vida de los hijos (su salud y bienestar emocional durante la infancia y sus logros educativos y ocupacionales como adultos jóvenes) ha tenido resultados opuestos. Muchos estudios han demostrado que la ruptura de la pareja parental y la vida en familias monoparentales afectan de manera negativa el nivel de escolaridad alcanzado por los hijos, aun cuando entre los in-

tuidas por cualquiera de las dos anteriores con un pariente más fueron denominadas extensas. De esta manera, las extensas incluyen dos tipos de organizaciones: con un solo núcleo y parientes, o con dos o más núcleos.

[23] Según los censos de población de 1970 y 1990, encontramos que entre las mujeres de 30 a 34 años la proporción de divorciadas y separadas pasa de 3.8 a sólo 4.5 en 20 años, aumento a todas luces insignificante. Como la frecuencia de la viudez disminuyó, las mujeres sin pareja, alguna vez unidas, representan 6% tanto en 1970 como en 1990.

[24] Según este autor, la proporción de mujeres divorciadas y separadas de las dos cohortes mencionadas en el texto oscila entre 1.9 y 4.0 a los 30 y 35 años, y alrededor de 7% a la edad de 50 años.

vestigadores hay discrepancias en torno a los factores que más inciden en los niños: deterioro económico, descenso del *status, stress* o pérdida de apoyo emocional (Amato y Keith, 1991). En otros estudios se concluye que los niños que crecen en familias constituidas por los padres biológicos tienen más logros que los niños de tipos alternativos de familias (madre-hijos, padrastro-madre-hijos, padre-madrastra-hijos). Estos hallazgos apoyan a la mayoría de las teorías sociológicas, económicas y psicológicas que, por distintas razones, suponen que la familia "intacta" es la que mejor se adapta a la sociedad moderna y, en consecuencia, la que mejor provee a los niños de lo que éstos necesitan para su buen desempeño educativo y su ulterior inserción laboral; los niños que crecen en otros tipos de familia se desempeñan menos bien. De ahí que las familias monoparentales encabezadas por mujeres hayan sido consideradas desventajosas para los niños. Los autores de dichos estudios aducen varios motivos para explicar estas diferencias pero, en la mayoría de los casos, las razones económicas son las que parecen pesar más: la proporción de familias pobres entre las monoparentales es mayor que en los otros tipos de organización; además, las monoparentales tienen otras restricciones sociales y limitaciones afectivas (Fitzgerald Krein y Beller, 1988; Astone y McLanahan, 1991; Gage, Sommerfelt y Piani, 1997). Sin embargo, estudios recientes dan resultados distintos: los niños que crecen en familias monoparentales encabezadas por mujeres no tienen destinos esencialmente distintos de los de familias "intactas". Si se controla la situación socioeconómica de la familia, las diferencias en relación con las familias intactas se vuelven muy tenues o dasaparecen. En consecuencia, se está cuestionando el mito que Biblarz y Raftery (1998), en un excelente trabajo crítico, denominan "la patología del matriarcado".[25]

La problemática analizada suele girar en torno a la comparación entre las familias dirigidas por ambos padres y las otras, ya que estos estudios se han hecho en países desarrollados donde hay una muy elevada y cada vez mayor proporción de niños que viven sólo con su madre o con uno de sus padres biológicos y un padrastro o madrastra. Hay mucha menos investigación acerca de los efectos que tiene el hecho de vivir en familias extensas, y los hallazgos son contradictorios: se sostiene que, como en las familias extensas el índice de dependencia es menor, la situación de los niños debe ser mejor porque es menos probable que tengan que trabajar (Richter, 1988) y porque el costo de la educación es compartido por

[25] Biblarz y Raftery (1998) revisan los estudios realizados en los Estados Unidos y llegan a conclusiones interesantes. Estos autores señalan que los hallazgos contradictorios (en estudios que con frecuencia parten de las mismas bases de datos) se deben a varias razones pero, sobre todo, a las variables que los investigadores consideran exógenas (educación de los padres, posición socioeconómica de los padres, raza, etcétera).

varios adultos y no sólo por los padres (Lloyd y Blanc, 1996); los autores que incluyen en su análisis la escolaridad de los padres y de otros miembros adultos han descubierto que en las familias extensas ésta es menor, por lo que resulta probable que también los niños alcancen un nivel educativo inferior al de niños que viven en familias nucleares (Richter, 1988; De Vos, 1995).

En México, la distribución de los distintos tipos de familia varía de acuerdo con el sector socioeconómico al que pertenece la familia. En este trabajo dividimos a las familias en tres sectores, tal como lo explicamos en la introducción. Las familias extensas son frecuentes en los tres sectores —casi uno de cada tres arreglos familiares con niños es extenso—, aunque en el sector agrícola hay una mayor proporción de familias extensas. Las familias monoparentales, en cambio, son significativamente más escasas entre los agricultores (3%) y más comunes en los sectores popular y medio (13 y 10%) (gráfica 2).[26]

Analizaremos ahora algunos rasgos demográficos de los jefes de las familias para caracterizar a los distintos tipos y ver si hay diferencias en los sectores. Los jefes de las familias nucleares son relativamente jóvenes: en promedio tienen 44 años en el sector agrícola y 41 años en los otros dos. La casi totalidad de estos jefes son hombres casados o en unión libre.

Los jefes de las familias monoparentales tienen también alrededor de 42 años en promedio. En el sector agrícola, las pocas familias de dicho tipo están encabezadas tanto por hombres como por mujeres viudas y separadas. En los sectores popular y medio la gran mayoría está dirigida por mujeres (95 y 84%, respectivamente) viudas y separadas.

Los jefes de las familias extensas tienen en promedio más edad que en los dos tipos anteriores de familias. En el sector agrícola, la edad promedio de los jefes es la más elevada de todos los grupos: 52 años. Además de la edad, las familias extensas del sector agrícola están casi todas encabezadas por hombres (97%) unidos o casados. En el sector popular, las familias extensas tienen características muy distintas: la edad media de los jefes es de 46 años y sólo tres de cada cuatro son jefes varones que casi en todos los casos están casados o unidos. Las jefas son mujeres separadas o viudas. En el sector medio, los jefes tienen también 46 años en promedio, y seis de cada siete son hombres casados o unidos.

Nos preguntamos si hay diferencias en las condiciones económicas entre los distintos tipos de familia, es decir si una determinada forma de organización familiar entraña ventajas o desventajas económicas para el grupo familiar.[27] Después de varias pruebas en las que obtuvimos resultados

[26] A partir de aquí, la información de la Encuesta Nacional de Planificación Familiar (1995) se refiere a los seis estados con índices más elevados de marginación.

[27] Medir la situación económica del grupo familiar es un proceso complejo. El ingreso cap-

GRÁFICA 2. *Familias según tipo de organización y sector socioeconómico, 1995 (Porcentajes)*

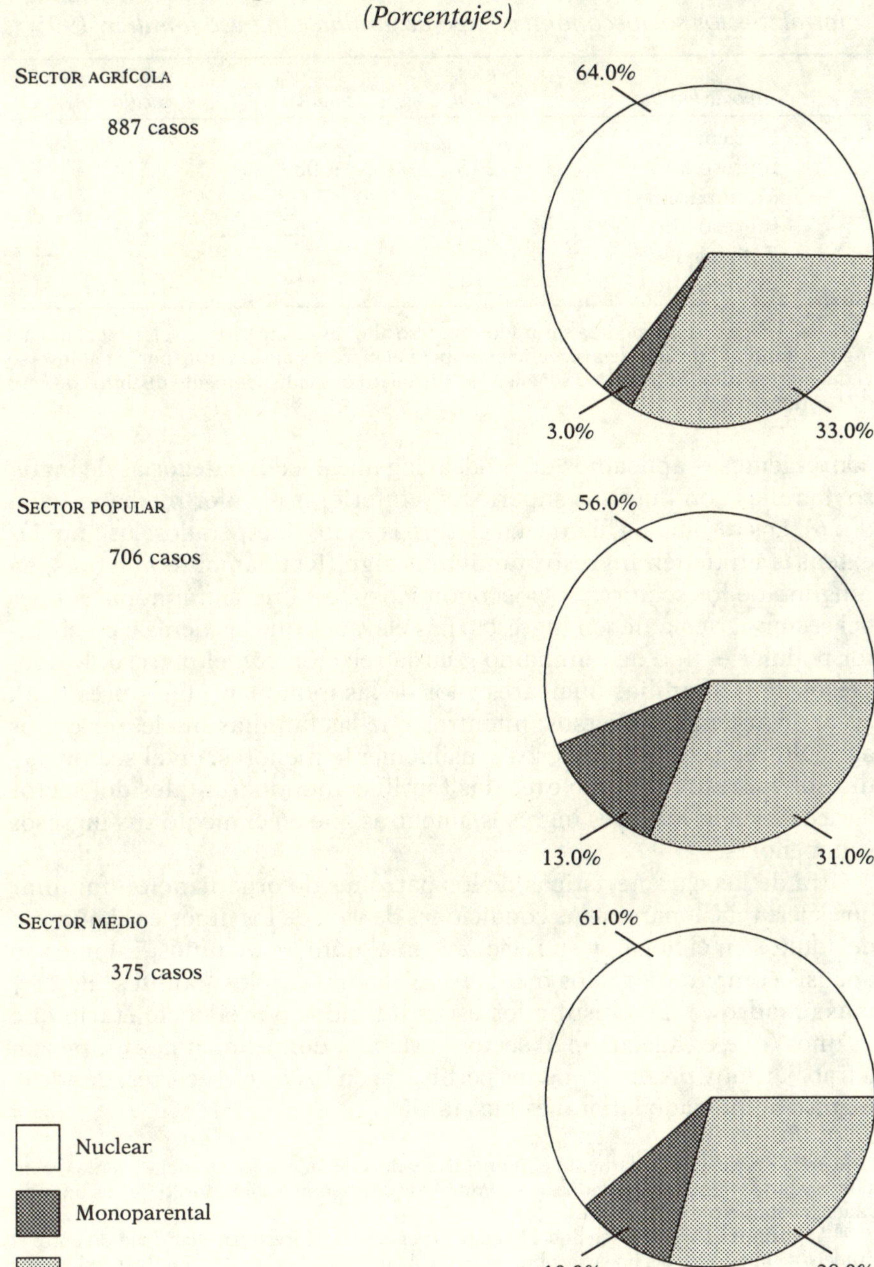

CUADRO 6. *Coeficientes de las interacciones de orden tres del modelo log lineal. Sector socioeconómico, tipo de familia e ingreso familiar, 1995*

Tipo de familia	*Sector agrícola*	*Sector popular*	*Sector medio*
Nuclear			
Ingreso alto	– .247*	– .067	.314*
Monoparental			
Ingreso alto	.266*	– .065	– .201
Extensa			
Ingreso alto	– .019	.132	– .113

NOTA: Aplicamos un modelo saturado; "ingreso alto" es el superior al valor mediano del ingreso familiar. El valor de los coeficientes para el ingreso bajo se omite por ser el inverso al del ingreso alto. El asterisco señala a los parámetros estadísticamente distintos de cero ($|Z| > 1.96$).

convergentes,[28] aplicamos un modelo log lineal a dos categorías de ingreso: familias con ingresos superiores o inferiores al valor mediano (cuadro 6). Los resultados fueron, en ciertos aspectos, inesperados: las familias extensas no tienen ingresos familiares significativamente mayores, en ninguno de los sectores socioeconómicos; las familias monoparentales del sector agrícola tienen ingresos más elevados que las demás; en el sector popular el tipo de familia no guarda relación con el ingreso. Los ingresos de las familias nucleares y los de las monoparentales presentan comportamientos inversos: mientras que las familias nucleares de los agricultores perciben ingresos sensiblemente menores, en el sector medio sus ingresos son mayores; las familias monoparentales del sector agrícola tienen mayores ingresos, mientras que en el medio sus ingresos son menores.

Otra de las características de los patrones de organización familiar que suele relacionarse a las condiciones de vida de los niños es el número de adultos en el hogar, y su relación con el número de niños. En nuestro análisis comparamos a los menores de 15 años con los "adultos" de 15 y más (cuadro 7). Los resultados están influidos por el corte etario que usamos (que es adecuado al sector agrícola), donde los niños empiezan a trabajar muy pronto, y menos pertinente en los otros sectores, donde el ingreso al mercado laboral es más tardío.

tado en la encuesta es solamente el monetario y deja de lado transferencias, rentas, pensiones y otros bienes acumulados, así como ingresos no monetarios, por lo que es un indicador incompleto y coyuntural.

[28] Aplicamos un modelo log lineal al ingreso per cápita (ingreso familiar dividido entre el número de miembros del hogar) y obtuvimos resultados muy semejantes. También aplicamos el modelo a la variable "hacinamiento" (véase sección II, inciso *c);* los resultados corroboran lo encontrado en el cuadro 7.

CUADRO 7. *Número medio de menores (m), de adultos (a), y proporción media de adultos (pr a) por familia, 1995*

	Sector agrícola			*Sector popular*			*Sector medio*		
	m	*a*	*pr a (%)*	*m*	*a*	*pr a (%)*	*m*	*a*	*pr a (%)*
Nuclear	3.0	3.1	52	2.3	2.9	54	2.0	2.8	57
Monoparental	2.3	2.4	52	1.9	2.0	52	1.9	2.1	52
Extensa	3.0	4.5	59	2.7	3.9	60	2.5	3.7	62

NOTA: Los menores tienen de 0 a 14 años y los adultos, 15 años o más. Las diferencias en la proporción de adultos, según tipo de familia, son estadísticamente significativas.

La familia extensa tiene una proporción de adultos significativamente mayor que la nuclear, en todos los sectores. A pesar de contar con mayor fuerza de trabajo, las familias extensas, casi todas encabezadas por hombres de mayor edad, no tienen un ingreso significativamente más elevado. En el sector agrícola, las familias nucleares y monoparentales tienen una proporción similar de adultos; *a priori,* se esperaría que las monoparentales tuviesen una menor proporción de adultos que las nucleares, pero esto no sucede así porque en estas familias (dirigidas por mujeres viudas y separadas) hay menos hijos que son, además, de mayor edad. En el sector popular tampoco hay diferencias entre nucleares y monoparentales. En el sector medio, en cambio, la proporción de adultos en las familias nucleares es más elevada que en las monoparentales.

Diversos autores han señalado que hay relación entre el grado de escolaridad de los padres y el tipo de familia en el que viven los niños en México. Se ha observado que mujeres que viven en áreas rurales y que tienen niveles bajos de educación tienen mayores probabilidades de separarse o enviudar y, entonces, de integrarse a otra familia o agregar miembros a la suya, es decir, de vivir en familias extensas (Richter, 1988; De Vos, 1995). Utilizamos la escolaridad del jefe para caracterizar los diferentes patrones familiares porque consideramos que el nivel educativo es uno de los principales "recursos" con que cuenta la familia y que opera mediante formas de estímulo, apoyo y expectativas en relación con los hijos. Dado que el nivel del jefe suele ser más alto, preferimos usar la escolaridad del jefe y no la de la madre[29] porque suponemos que las expectativas sobre la educación de los hijos se forman a partir del nivel más alto alcanzado por alguno de los padres.

En el cuadro 8 se presentan los resultados de la aplicación del modelo log lineal que revelan diferencias significativas en el nivel educativo se-

29 En las familias monoparentales encabezadas por mujeres, la madre es también la jefa.

CUADRO 8. *Coeficientes de las interrelaciones de orden tres del modelo log lineal. Sector socioeconómico, tipo de familia y escolaridad del jefe (%), 1995*

Tipo de familia	*Sector agrícola*	*Sector popular*	*Sector medio*
Nuclear			
Terminó la primaria	− .083	− .116*	.199*
Monoparental			
Terminó la primaria	.211*	.003	− .214*
Extensa			
Terminó la primaria	− .128	.113	.015

NOTA: Aplicamos un modelo saturado. El valor de los coeficientes de la categoría "no terminó la primaria" se omite por ser el inverso al de "terminó la primaria". El asterisco señala a los parámetros estadísticamente distintos de cero ($|Z| > 1.96$).

gún el tipo de familia. En el sector agrícola, los jefes y las jefas de las familias monoparentales terminan la primaria con mayor frecuencia que los jefes de las extensas y nucleares. En el sector popular, a pesar de ser hombres más jóvenes, los jefes de las familias nucleares son los que tienen un perfil educativo más desfavorable. En el sector medio, en cambio, los jefes de las familias nucleares tienen la escolaridad más alta y las jefas de las familias monoparentales, la más baja.

Como mencionamos, diversos autores sostienen que el nivel educativo en las familias extensas es más bajo. Nuestros datos, al controlar el sector socioeconómico, muestran algo distinto: ni en el sector agrícola ni en el popular la escolaridad de los jefes de las familias extensas es inferior a la de los jefes de las nucleares. El hecho de que en el sector agrícola la escolaridad sea más baja y los arreglos familiares extensos más frecuentes explica por qué, al no controlar por sector, la escolaridad de los jefes de las familias extensas aparece como más baja.

La pregunta central que nos planteamos es si las condiciones de vida de los niños, medidas a partir de sus estudios y su trabajo,[30] dependen de los patrones de organización familiar y, de ser así, cuáles son las características de estos patrones que inciden más en la situación de los niños. Aplicamos un modelo log lineal a niños de 12 a 14 años en el que buscamos las interacciones entre el sector socioeconómico al que pertenece la familia del niño, el tipo de familia en el que vive y si el niño asiste a la escuela y/o trabaja (cuadro 9). En el sector agrícola, el tipo de familia

[30] Consideramos que el niño "trabaja" cuando recibe remuneración por actividades económicas; también cuando declara hacer trabajo familiar no remunerado. Sólo excluimos de esta clasificación los quehaceres domésticos.

CUADRO 9. *Coeficientes de las interrelaciones de orden tres del modelo log lineal. Sector socioeconómico, tipo de familia y actividad del niño, 1995*

	Tipo de familia		
	Nuclear	*Monoparental*	*Extensa*
Sector agrícola			
Sólo estudia	.028	– .152	.124
Estudia y trabaja	– .201*	.446*	– .245*
Sólo trabaja	.173	– .294	.121
Sector popular			
Sólo estudia	– .067	.157	.090
Estudia y trabaja	– .111	.028	.083
Sólo trabaja	.178	– .185	.007
Sector medio			
Sólo estudia	.039	– .005	– .034
Estudia y trabaja	.312	– .474*	.162
Sólo trabaja	– .351	.479*	– .128

NOTA: Niños de 12 a 14 años; aplicamos el modelo saturado; el asterisco señala los parámetros estadísticamente distintos de cero (riesgo de 5% y prueba bilateral).

influye en las actividades de los niños cuando éstos combinan escuela y trabajo: la familia monoparental recurre a esta solución de manera significativamente más frecuente que la nuclear y la extensa, sin duda como forma de que los niños no dejen de ir a la escuela y, a la vez, contribuyan a la fuerza de trabajo familiar. Por ello, hay también un número menor al esperado de niños que sólo trabajan entre las familias monoparentales.

En el sector popular las actividades de los niños son independientes de la organización familiar. Este resultado es sorprendente si se parte de la idea de que, en muchos casos, el tipo de familia responde a estrategias de subsistencia encaminadas a aumentar la fuerza de trabajo familiar. Habría que concluir que, a diferencia del sector agrícola, en el popular dichas estrategias no incluyen a los niños menores de 15 años.

En el sector medio hay muy pocos niños que trabajan; sin embargo, en las familias monoparentales hay más niños que sólo trabajan, y menos que trabajan y estudian, que lo que cabría esperar si el tipo de familia fuera independiente de las actividades de los niños. En este caso suponemos que hay varias razones que se conjugan para que los niños que dejan la escuela sean presionados para que trabajen. En tales hogares, en su mayoría encabezados por la madre y donde no hay padre presente, puede haber razones psicológicas y también económicas que expliquen lo anterior.

Una visión de conjunto sobre el entorno familiar de los niños

En la presente sección la pregunta que guió el análisis fue si hay formas de organización familiar que propician mejores condiciones de vida para los niños. Después de revisar varios rasgos de las familias nucleares, monoparentales y extensas podemos afirmar que la respuesta a esta pregunta es compleja porque los rasgos que caracterizan a los distintos tipos de familia se combinan de manera diferente en cada uno de los sectores.

En el sector agrícola hay diferencias significativas entre tipos de familias en cuanto a la proporción de niños que estudian y trabajan. Las familias monoparentales, aunque son poco frecuentes, tienen características especiales. Los jefes son tanto hombres como mujeres y su nivel educativo es mayor que el de los jefes de los otros tipos de familia; el ingreso per cápita es más elevado que en las nucleares y similar al de las extensas; la proporción de adultos es semejante a la de las nucleares. Estas características señalan que las familias monoparentales agrícolas están relativamente mejor que las demás. Suponemos que cuando la madre o el padre, sin pareja pero con hijos, no tienen condiciones mínimas de subsistencia, se integran a otro núcleo familiar. Por tanto, los jefes que no se agregan a otra familia tienen condiciones ventajosas y desarrollan estrategias para que sus hijos no dejen de estudiar. Estos niños trabajan probablemente para poder seguir estudiando y rara vez abandonan del todo los estudios.

El análisis de la información del Censo de 1990 nos llevó indirectamente a las mismas conclusiones. Hay que tener en cuenta que las familias monoparentales de los agricultores son sólo 3% del total de familias, de manera que su peso en los resultados del análisis bivariado es nulo. Los datos del censo nos mostraron que, en las localidades de menos de 2 500 habitantes, no hay diferencias significativas ni en el atraso escolar ni en el trabajo infantil entre los hijos de los jefes y los niños que tienen otra relación de parentesco con el jefe (y que, por definición, viven en familias extensas).

En el sector popular ha de explicarse por qué la organización familiar no afecta significativamente el trabajo y la asistencia escolar de los niños. En dicho sector prácticamente todas las familias monoparentales están encabezadas por mujeres, pero tales jefas tienen una escolaridad mayor que la de los jefes de familias nucleares; esta diferencia explica por qué las familias monoparentales tienen ingresos semejantes a los de las nucleares, a pesar de contar con una menor proporción de adultos. Las familias extensas tienen otras características: en su mayoría están encabezadas por hombres de más edad, cuyo nivel escolar es superior al de los jefes de familias nucleares; dichas familias tienen la proporción de adultos más alta e ingresos per cápita semejantes a los de los otros dos tipos. Ventajas y desventajas parecen compensarse y, como resultado, no hay una forma de organización familiar que favorezca las condiciones de vida de los niños.[31]

El sector medio es el único en el que encontramos que las familias monoparentales, encabezadas en su mayoría por mujeres (84%), tienen características desfavorables que inciden en la asistencia a la escuela y el trabajo de los niños. Las jefas tienen edades semejantes a los jefes de familias nucleares, pero tienen menor educación formal que ellos e ingresos per cápita más bajos. Por tratarse de mujeres de edades medias, tienen hijos mayores y sus familias tienen la misma proporción de adultos que las nucleares. La menor escolaridad y los ingresos más bajos explican por qué los niños de familias monoparentales abandonan más la escuela y trabajan más que los de las otras familias. En este sector tambien hay una forma de organización que beneficia significativamente a los niños: la familia nuclear. Dichas familias tienen los ingresos más altos y los jefes tienen el nivel educativo más elevado, rasgos que explican por qué pocos niños abandonan la escuela y más de los esperados trabajan y estudian.

Escolaridad de los niños

En esta sección se analiza el proceso de escolarización de los niños a partir de 1960. Primero describimos los principales rasgos del proceso de escolarización de los niños de seis a 14 años entre 1960 y 1990; analizamos la cobertura, la edad de ingreso y el atraso escolar, la proporción de niños que termina la escuela primaria en las edades adecuadas y la probabilidad de ingreso a la escuela secundaria. Además, para conocer a la población que no aprueba ningún grado en la escuela, así como la que la abandona precozmente, estudiamos el último grado aprobado entre los niños que no asisten. En una segunda parte, el análisis se centra en las desigualdades educativas. La pregunta que nos planteamos es cuál es el efecto de las desigualdades sociales en la educación formal de los niños y cómo es su evolución en este periodo de rápida expansión. Nos preguntamos sobre el efecto del tamaño de la localidad de residencia, de la pertenencia a algún grupo indígena y del sexo del niño. Los indicadores

[31] Nuestro análisis, por limitaciones de los datos, no toma en cuenta otros mecanismos mediante los cuales se expresan la solidaridad y el apoyo que suelen ofrecer las redes de parentesco a las familias nucleares y a las monoparentales. En un estudio sobre desempeño escolar de niños israelíes —judíos y musulmanes—, Shavit y Pierce (1991) encuentran que el efecto negativo de las condiciones socioeconómicas de las familias nucleares musulmanas se atenúa gracias a la existencia de redes de apoyo de parientes que ayudan a los padres a criar a sus hijos.

de la educación formal que analizamos son la asistencia a la escuela, la asistencia en el nivel adecuado, la terminación de la primaria y el ingreso a la secundaria. Además, estudiamos la influencia de las características socioeconómicas y de estructura de la familia en la asistencia y el atraso escolares de los niños en tres sectores socioeconómicos. Suponemos que los recursos económicos, educativos, de tiempo y afectivos de que disponen las familias y la forma de administrarlos influyen en la asistencia y aprovechamiento escolares; también suponemos que el vínculo entre los recursos y estos aspectos del desempeño escolar difiere de un sector socioeconómico a otro. En cada sector buscamos diferencias significativas según grado de hacinamiento, escolaridad de la madre, convivencia con ambos padres o sólo con la madre, número de hijos, la presencia en el hogar de adultos no empleados, la existencia de un negocio familiar y el sexo del niño.

En 1960 había 8.5 millones de niños de seis a 14 años, de los cuales sólo 2.9 millones, una tercera parte, asistían a la escuela; en 1990 la población de esas edades era de 18.8 millones y asistían a la escuela 16.3 millones, es decir cinco de cada seis niños.[32] Dicho cambio en el panorama escolar forma parte de la transición educativa que se está dando en muchos de los países en vías de desarrollo. En este proceso, se consolida un nuevo concepto de la niñez como consecuencia de diversos factores: el trabajo infantil tiene cada vez menos demanda[33] y, a la vez, la mano de obra adulta adquiere mayor calificación, lo que explica que las familias ya no consideren que el trabajo de los niños es indispensable y que valoren la formación escolar; la existencia de escuelas y de escolares hace que las familias vean a los niños como personas dependientes que tienen que pasar por un periodo de formación de varios años antes de poder ingresar al mundo adulto; la duración de la niñez se extiende (Caldwell *et al.*, 1985).

Hacia mediados de este siglo, casi todos los gobiernos de los países de América Latina adquirieron conciencia de la necesidad de escolarizar a la población para formar los recursos humanos que requería la industrialización (CEPAL-UNESCO, 1992; Muñoz Izquierdo, 1998). Las acciones gubernamentales encaminadas a dar respuesta a esta necesidad de escolarización se vieron muy presionadas por el rezago en la materia y por el rápido crecimiento de la población de edades escolares —en especial en las zonas urbanas— como consecuencia de la migración del campo a la ciudad.

[32] En 1960, la estimación que obtenemos del número de alumnos que asistía a la escuela a partir de la muestra censal difiere mucho (50%) de la proporcionada por la SEP. Las estadísticas de esta secretaría sobrestiman la población que asiste a la escuela.

[33] Usando información restrospectiva sobre las generaciones de 1935-1955 en México, se encuentra que 40% de los hombres ingresó por vez primera a la fuerza de trabajo antes de los 12 años. Entre las generaciones 1977-1982 esta proporción se redujo a la mitad (Knaul y Parker, 1998).

En México, la respuesta a tales condiciones es el Plan Nacional de Once Años, de 1959 a 1970, que marca el inicio de una etapa de expansión acelerada de la matrícula escolar de primaria. Se empezó por dotar de escuelas a las localidades de más de 1 000 habitantes; a partir de 1970, les tocó el turno a las localidades más pequeñas y apartadas. En 1976 se puso en marcha un programa cuyo primer objetivo era que todos los niños terminaran la primaria y que 90% de los egresados de primaria se inscribieran en secundaria. En 1980 terminó la etapa de expansión de la escuela primaria, con el supuesto de que en dicho nivel ya era posible recibir a todos los niños que quisieran ingresar.

En cuanto a la escuela secundaria, de acuerdo con estimaciones oficiales, en 1988 se había satisfecho la demanda de secundaria en áreas urbanas, aunque no en las rurales (Centro de Estudios Educativos, 1993).

Hacia finales de la década de 1980-1989, el hincapié de los programas educativos se traslada a cuestiones relacionadas con la calidad de la enseñanza. La propuesta es elevar la calidad de la enseñanza para subsanar las graves deficiencias de la enseñanza impartida en primaria, que se reflejan en una eficiencia terminal de apenas 55%. Si bien se considera que el sistema escolar cubre 98% de la demanda inicial a primaria, en la educación secundaria aún queda 18% de la demanda real por atender (Schmelkes, 1994; Ibarrola, 1995).

Varios países latinoamericanos tuvieron una evolución similar a la mexicana; por ejemplo, en 1960 Colombia y Ecuador tenían una tasa bruta de matrícula en primaria muy semejante a la cifra que las autoridades educativas de México proporcionaron a los organismos internacionales (alrededor de 80 de cada 100 niños).[34] Países más avanzados en materia educativa como Argentina, Brasil y Venezuela tenían tasas cercanas a 100. En 1984-1986, todos los países citados tenían tasas que oscilaban alrededor de 110 (UNICEF, 1989). Hacia 1988, los problemas de cobertura estaban prácticamente resueltos en la región puesto que 90% de los niños de seis a 11 años asistía a la escuela. Sin embargo, la calidad de la enseñanza y la capacidad de retención de los sistemas escolares son bajas; la mitad de los niños escolarizados abandona la escuela antes de terminar primaria, y la tasa de repetición (30%), es una de las más altas del mundo (CEPAL-UNESCO, 1992).[35]

[34] Dicha razón se calcula refiriendo el total de población inscrita en primaria al total de población del grupo de edad que corresponde a este nivel escolar de acuerdo con las disposiciones jurídicas. Como puede haber niños mayores y menores que las edades oficiales inscritos en la primaria, la razón puede ser superior a 100.

[35] Las cifras publicadas por los organismos internacionales son muy poco consistentes; por ejemplo, según el Anuario Estadístico de la CEPAL, publicado en 1996, en México la tasa de matrícula de niños de seis a 11 años fue de 100 a partir de 1985.

Proceso de escolarización entre 1960 y 1990

En México, la evolución de la proporción de niños que asiste a la escuela muestra grandes cambios en la segunda mitad del siglo XX de acuerdo con las cifras censales. En 1960 sólo 34% de los niños de seis a 14 años declaran que asisten a la escuela. En 1970, el Plan Nacional de Once Años ha logrado grandes avances puesto que sólo una tercera parte de los niños no asistía a la escuela. En los 20 años siguientes los logros se dieron a un paso más lento ya que en 1990 una séptima parte de los niños aún no asistía a la escuela (cuadro 11). El incremento en la asistencia escolar de los niños más pequeños, de seis a 11 años, es acentuado y continuo de 1960 en adelante, pero entre los niños mayores el cambio en los últimos 20 años es relativamente modesto. Tal proceso, como veremos más adelante, está ligado a problemas de ingreso a la secundaria.

Entre 1960 y 1990, el aumento en la cobertura, debido en parte al incremento en el número de aulas, ha ido acompañado por un ingreso cada vez más temprano y acorde con las edades recomendadas por la SEP. Por ejemplo, entre los niños de seis y siete años, el aumento en la asistencia es notable: mientras en 1960 sólo asistían 20% de los niños, en 1990 iban 85%.

El ingreso tardío también puede observarse por medio de las proporciones de niños que asisten a las distintas edades. En 1960 y 1970 las edades en las que la asistencia es mayor son entre 10 y 12 años,[36] mientras que en 1990 a partir de los ocho años se observa una mayor proporción de niños que asisten a la escuela.

La asistencia en el nivel adecuado o inadecuado está vinculada con el ingreso tardío, con la reprobación y/o repetición del año escolar y con la práctica de una asistencia muy irregular a la escuela. Este indicador es importante porque el atraso escolar en muchos casos antecede a la deserción (Muñoz Izquierdo, 1988; Knaul y Parker, 1998). Una explicación de tal relación es que, cuando los niños se atrasan, los padres consideran que la inversión en su educación ha fracasado y que los costos son demasiado altos para la familia (Caldwell, 1985).

Según los datos censales (gráfica 3), en México la asistencia en el nivel adecuado era de sólo 16% en 1960, creció al doble en 1970 y ascendió a 74% en 1990. Además de que más niños ingresan a la escuela a la edad adecuada, otra razón que contribuye a esta tendencia es el descenso de los índices de repetición, que bajaron de 16 a 10% entre 1970 y 1990 (Centro de Estudios Educativos, 1993). Por otra parte, con información retrospectiva se ha encontrado que la edad a la que los niños abandonan

[36] Hasta 1982, el sistema educativo incorporó a niños de localidades en las que no había dichos servicios con anterioridad, independientemente de su edad (Centro de Estudios Educativos, 1993).

GRÁFICA 3. *Asistencia escolar en el nivel adecuado, en el nivel inadecuado e inasistencia, según edad de los niños (%), 1960-1990*

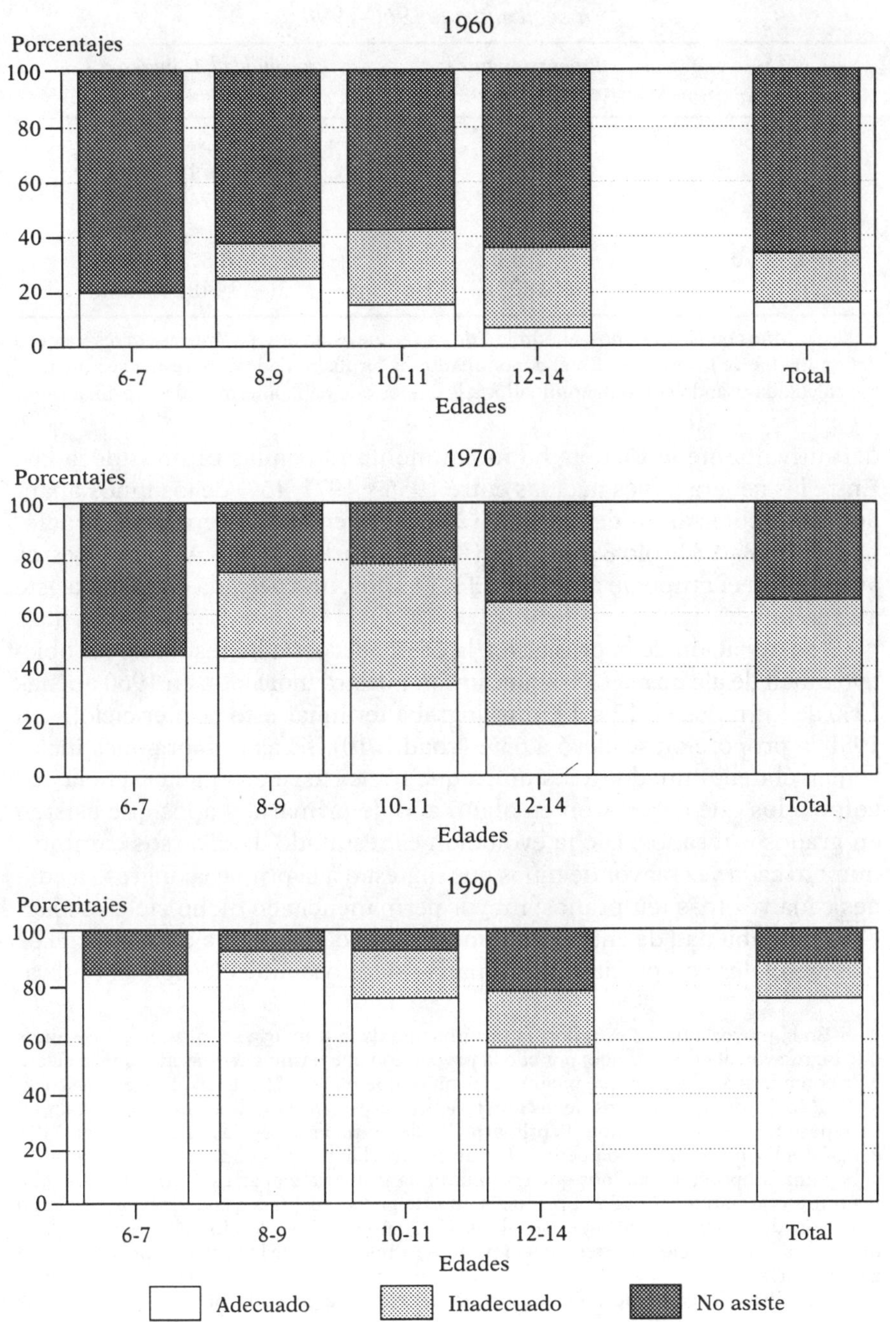

CUADRO 10. *Niños que terminan primaria y probabilidad de ingreso a secundaria, 1960-1990*

	Proporción que termina primaria (%)	*Probabilidad de ingreso a secundaria*
1960	12	0.54
	(37 605)	(4 171)
1970	23	0.74
	(37 579)	(8 204)
1990	63	0.87
	(62 803)	(39 448)

NOTA: Niños de 12 a 14 años; el número de casos que está entre paréntesis corresponde al denominador de los índices. En el denominador la "probabilidad de ingreso a secundaria" fue calculada usando como denominador a los niños que habían terminado la primaria.

definitivamente la escuela ha ido aumentando en las últimas décadas. Entre las generaciones nacidas entre 1955 y 1977, 15% de los niños abandona la escuela antes de cumplir 12 años, mientras que en las generaciones de 1978-1984 sólo 8% lo hace (Knaul y Parker, 1998). A pesar de estos avances, en el grupo de niños de 12 a 14 años, uno de cada cinco no asiste a la escuela.

La terminación de la primaria a la edad adecuada ha resultado un objetivo difícil de alcanzar.[37] De acuerdo con nuestro indicador, en 1960 apenas 12% de los niños de 12 a 14 años lograba terminar este primer ciclo, y en 1990 la proporción se elevó a 63% (cuadro 10).[38] Las proporciones incluyen en el denominador a los niños que nunca asistieron a la escuela, así como a los que desertaron en algún año de primaria y a los que asisten en grados atrasados. Dicha evolución es resultado de diversos cambios: número cada vez mayor de niños que ingresan a la primaria; ingreso a edades cada vez más tempranas; mayor permanencia en dicho ciclo escolar.

La probabilidad de entrar a secundaria —o de ingresar a cursos técnicos o comerciales con primaria terminada—[39] es bastante elevada; el umbral

[37] En la mayoría de los estudios, la terminación de la primaria se mide entre los niños que ingresaron al primer grado; por ello la proporción que termina es más alta que la calculada con nuestro indicador que incluye a los niños que nunca ingresaron al sistema escolar.

[38] El indicador que usamos tiene características especiales: los niños de 12 años han tenido poco tiempo para terminar la primaria; los de 13, un año más; los de 14, dos años. Por ello, entre los niños de 12 no puede haber atraso escolar, mientras que entre los de 13 y 14 sí hay una proporción de niños que terminaron la primaria con atraso. En consecuencia, los niños que han terminado la primaria en este grupo de edades constituyen un grupo seleccionado positivamente, en especial los de 12 años. Dicha selección de niños hace que disminuya la proporción que termina la primaria y que aumente la probabilidad de ingreso a secundaria.

[39] Las cifras del censo de 1990 (cuadro 16 del resumen general) muestran que sólo 4%

está en la terminación de la primaria porque, una vez concluida, el ingreso al ciclo siguiente es más frecuente. En 1960 sólo poco más de la mitad de los niños que terminaban a tiempo la primaria ingresaban a secundaria, en 1970 tres cuartas partes ingresaban al segundo ciclo y en 1990 la proporción se elevó a 87%.

En 1990, 21% de los niños entre 12 y 14 años no asistían a la escuela (véase gráfica 3). La información censal nos permite conocer ciertas características de estos niños (sexo, tamaño de la localidad de residencia y dominio de una lengua indígena) y el último año que aprobaron. Cabe señalar que algunos de ellos pueden haber vuelto a la escuela después de levantado el censo, por tanto no tenemos forma de saber si la no asistencia registrada es temporal o definitiva.

Las cifras de la gráfica 4 revelan lo siguiente: en 1960, de los niños de 12 a 14 años que no asistían a la escuela, 28% no habían aprobado ningún grado y probablemente tampoco habían asistido alguna vez a la escuela; en 1970, esta proporción se redujo a 14% y 20 años después fue de 4%. Esto quiere decir que a partir de principios de la década de 1980-1989, prácticamente todos los niños asistieron a la escuela y aprobaron por lo menos un grado. Es indudable que en 30 años ha habido avances y que la deserción escolar que era más frecuente antes de terminar la primaria, en 1990 se concentró entre niños que acabaron su primer ciclo escolar.

Escolaridad y desigualdad

Los resultados de las políticas de expansión de la educación básica y los efectos de la "década perdida" (de 1980 a 1989) en los sistemas educativos en América Latina han estimulado la reflexión y el debate en torno a la capacidad de estos sistemas de generar justicia social. En el conjunto de países hay ingreso tardío, repetición elevada (los alumnos permanecen alrededor de siete años en el sistema y sólo aprueban cuatro grados), deserción temporal y deserción definitiva temprana (se inicia alrededor de los 13 años). Además, los problemas se concentran en áreas rurales, en la población marginal urbana y en los grupos indígenas (CEPAL, 1992). Tales deficiencias en el desempeño escolar se deben a dos conjuntos de factores: los vinculados con las condiciones socioeconómicas de las familias y los contextos en los que están insertas, así como los relacionados con las características de la oferta escolar.[40] En la década de 1980-1989 se discutió

de los niños de 12 a 14 años que ha aprobado la primaria y un grado más ha cursado estudios técnicos o comerciales.

[40] Los programas de estudio son rígidos y poco atingentes, hay una elevada proporción de escuelas con un docente único, ha disminuido la preparación y calidad de los nuevos do-

GRÁFICA 4. *Último grado aprobado por niños que no asisten a la escuela (%), 1960-1990*

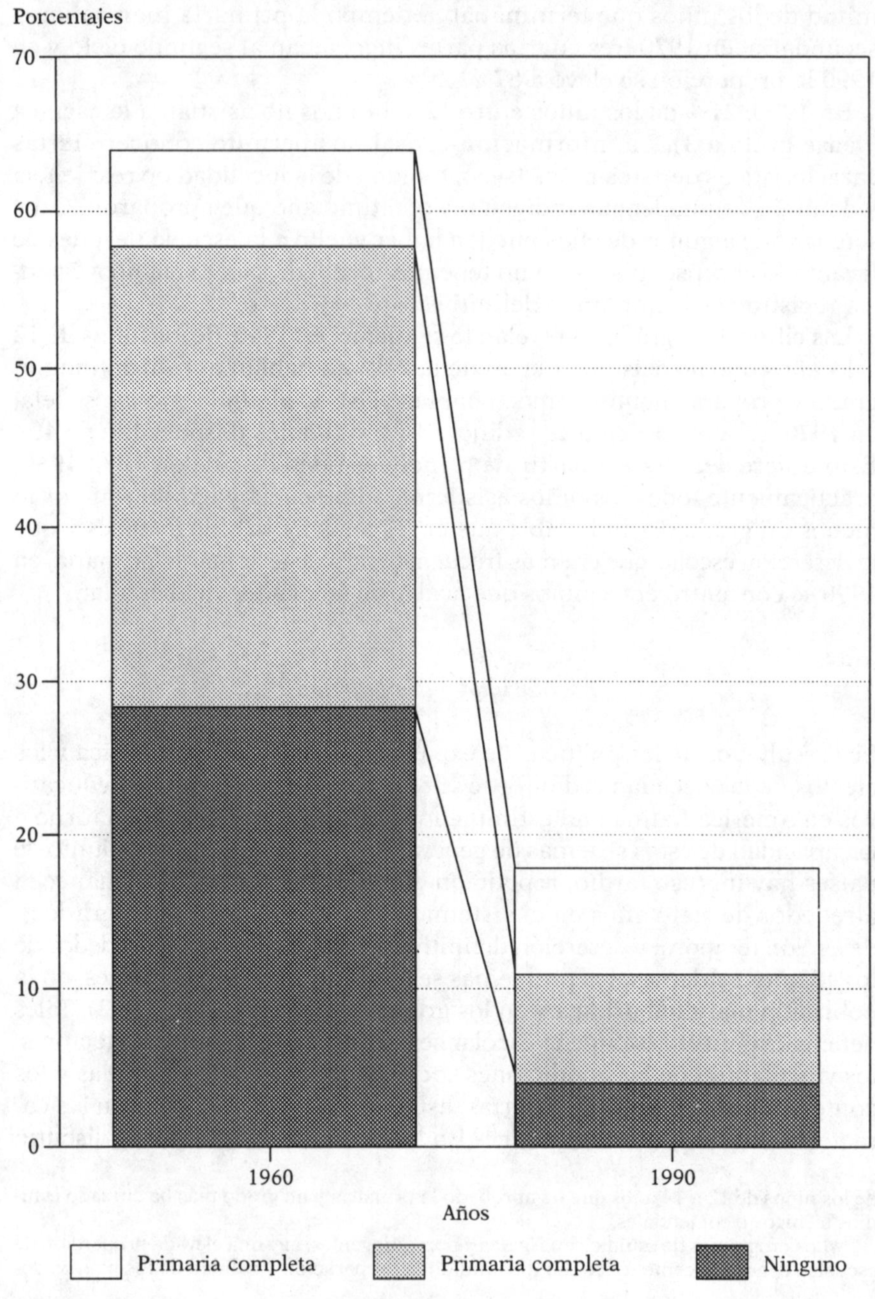

la parte que desempeñaba cada conjunto de variables en el aprovechamiento escolar, tomando en cuenta el grado de desarrollo de las sociedades (Thiesen *et al.*, 1983, citado por Centro de Estudios Educativos, 1993).[41]

Las deficiencias comprobadas por los organismos internacionales en la región describen bien lo encontrado en México. En nuestro país, los estudios sobre dicho tema suelen explicar las desigualdades a partir de las diferencias en diversas características de la familia del niño: la situación socioeconómica, las condiciones de salud y de nutrición, la escolaridad de los padres que incide en las actitudes y conductas hacia la escolaridad de los niños, y los aspectos culturales (Muñoz Izquierdo, 1988; Schmelkes, 1994). Por otro lado, influye también la calidad de los insumos escolares, cuyos indicadores serían los recursos con los que cuenta la escuela, el ambiente escolar y del aula, así como el contexto cultural en que se desarrollan la enseñanza y el aprendizaje (Centro de Estudios Educativos, 1993).

Diversas investigaciones han mostrado que la oferta escolar dista mucho de ser homogénea; las desigualdades se observan en aspectos tales como la mayor precariedad de las escuelas ubicadas en áreas alejadas, el menor número de horas de clase recibidas por los niños cuanto más rural es la localidad, la menor experiencia de los maestros de escuelas rurales y urbanas marginadas, la localización de las escuelas incompletas y unitarias en las zonas más pobres del país, entre otros (Muñoz Izquierdo, 1988; Martínez Rizo, 1992; Ibarrola, 1995). En el nivel regional, los estudios muestran que los indicadores de eficiencia escolar están relacionados con los niveles de pobreza de los estados (Martínez Rizo, 1992; Centro de Estudios Educativos, 1993; Bracho, 1995).

El estudio de Schmelkes (1994) sobre escuelas en cinco zonas del estado de Puebla muestra que hay grandes variaciones en la calidad de la oferta educativa, y que las diferencias marcadas se observan entre las escuelas urbanas de clase media y el resto (área urbana marginal, áreas rurales desarrollada y marginal, zona indígena). Es interesante la manera como la autora observa que las desigualdades en la calidad de los recursos humanos y materiales de la escuela se manifiestan en diferencias en los resultados del proceso educativo mediante el alfabetismo funcional, la relevancia de los conocimientos aprendidos, el uso funcional de las matemáticas y la preservación de la salud individual y colectiva.

Es innegable que la calidad de la escuela está vinculada a la situación social y económica de la población que asiste y, de tal manera, la escuela

centes, quienes, además, son enviados a los primeros grados de las escuelas rurales, etcétera (CEPAL y UNESCO, 1992).

[41] Estos autores llegan a la conclusión de que los antecedentes familiares de los estudiantes tienen mayor fuerza explicativa en los países desarrollados, mientras que en los que están en vías de desarrollo tienen más efecto los insumos escolares.

reproduce y perpetúa las marcadas desigualdades sociales (Schmelkes, 1994).

Con los datos de los censos analizamos la magnitud y significancia de las desigualdades en distintos indicadores de la educación formal de los niños. Las variables explicativas que tomamos en cuenta son: tamaño de localidad de residencia (menores de 2 500 habitantes y de 2 500 y más), sexo del niño y dominio de una lengua indígena.

El tamaño de la localidad de residencia está vinculado con diversos factores que inciden en las condiciones escolares de los niños; como ya vimos, los programas de expansión del sistema de educación básica favorecieron, en una primera etapa, a las localidades grandes. Actualmente, las escuelas en zonas rurales tienen menos recursos, materiales y humanos. La división por tamaño de localidad también divide a las familias dedicadas a la agricultura de subsistencia de las que se dedican a la agricultura comercial y a las otras actividades. Aunque burda, esta división separa a los núcleos de población rural más pobres de los demás. Dadas las condiciones económicas de las áreas rurales y los escasos requerimientos de formación escolar de los empleos en dichas zonas, es probable que los padres tengan menos aspiraciones educativas respecto de sus hijos. Otro aspecto importante de tal división es que en las áreas rurales se mantiene una división más tradicional de los papeles masculino y femenino que podría reflejarse en diferencias en la asistencia a la escuela de niños y niñas.

Estas diferencias en la escolaridad de niños y niñas son importantes no sólo por razones de igualdad de oportunidades, sino también porque tienen repercusiones en el bienestar del grupo familiar. En las poblaciones en vías de desarrollo se espera que mediante la educación de las niñas se logre una menor fecundidad, tasas más bajas de mortalidad infantil, juvenil y materna, más educación y mejores cuidados a los niños, reducir la desigualdad entre géneros en el interior de la familia y una edad femenina al matrimonio más tardía (Lloyd *et al.,* 1998). En la mayoría de los países de América Latina no se han encontrado diferencias por sexo en la asistencia a los niveles primarios de educación formal, aunque sí se ha observado que en secundaria hay una proporción ligeramente más elevada de niñas que asisten a la escuela. En el nivel regional no se ha trabajado la información para saber si hay diferencias en la proporción de niños y de niñas que abandonan el sistema educativo sin haber terminado un ciclo escolar (Stromquist, 1995).

La población indígena es uno de los grupos más pobres y marginados del país, de acuerdo con prácticamente todos los indicadores empleados. Dado que el censo permite identificar a quienes hablan una lengua indígena, usaremos ese dato para analizar los niveles de escolaridad entre los niños indígenas.[42] Decidimos comparar a los niños hablantes con los otros niños de localidades de menos de 2 500 habitantes porque, según las cifras censales, la mayoría de los niños que declaran ser hablantes reside en estas localidades.[43] Al igual que sucede con otros indicadores de marginación, la población indígena infantil es la que tiene peores condiciones de escolaridad. La política indigenista impulsada por el gobierno a partir de la creación del Instituto Nacional Indigenista (1948) consideraba como elementos clave la castellanización y la alfabetización ya que su objetivo era "integrar" a los indígenas a la cultura nacional. Los magros resultados de estas políticas que no reconocían los derechos de los grupos étnicos a mantener su propia cultura han llevado a las autoridades a aplicar en las regiones indígenas un sistema de educación primaria bilingüe y bicultural a partir de los últimos años de la década de 1970 (Dirección General de Educación Indígena, 1998).

a) *Desigualdad en las condiciones escolares en 1990*

Con los datos del censo de 1990 analizamos el efecto de las desigualdades según el tamaño de la localidad de residencia, el sexo del niño y el dominio de una lengua indígena en la asistencia escolar, la asistencia en el nivel adecuado, en la conclusión de la primaria y en el ingreso a la secundaria.

La comparación entre los niños de 12 a 14 años según el tamaño de localidad es asombrosa: cuando viven en localidades de menos de 2500 habitantes, 37% asiste a la escuela y cursa el nivel adecuado; una tercera parte asiste pero está atrasada; y 30% restante no asiste (cuadro 11). En las localidades más pobladas la situación es muy diferente: dos terceras partes de los niños asisten al nivel adecuado, una quinta está atrasada y sólo una séptima parte no asiste a la escuela.

Las diferencias por sexo son más acentuadas en las localidades pequeñas donde los patrones tradicionales están arraigados. En tales localidades la proporción de niños y niñas que asisten al nivel adecuado es la misma; las diferencias radican en que más niños que niñas asisten a un nivel inadecuado, mientras que entre las niñas el abandono de la escuela

42 Sabemos que el criterio lingüístico dista mucho de ser ideal, ya que no todos los que hablan lo declaran y, sobre todo, porque la identidad indígena no se reduce al dominio de una lengua; se trata de poblaciones que comparten un territorio o comunidad y otras muchas condiciones socioculturales y que, en su mayoría, viven en economías campesinas de subsistencia. Además, estamos conscientes de que al aplicar la categoría de indígena a grupos étnicos que son muy diferentes entre sí, estamos borrando multitud de rasgos específicos y diferencias que pueden ser tan grandes o más que las que se dan entre los grupos indígenas y los demás (Stavenhagen, 1983).

43 En 1990, 74% de los niños de 12 a 14 años que declaran hablar una lengua indígena viven en localidades de 2500 o menos habitantes.

CUADRO 11. *Asistencia al nivel adecuado, al nivel inadecuado e inasistencia escolares según tamaño de localidad de residencia y dominio de lengua indígena (%), 1990*

	Localidades de 2 500 habitantes o más	*Localidades de menos de 2 500 habitantes*	*Hablantes de lengua indígena en localidades de menos de 2 500 habitantes*
NIÑOS			
Nivel adecuado	67	37	24
Nivel inadecuado	20	33	46
No asisten	13	30	30
NÚMERO DE CASOS	21 134	10 200	2 060
NIÑAS			
Nivel adecuado	69	36	18
Nivel inadecuado	16	24	36
No asisten	16	40	46
NÚMERO DE CASOS	21 225	9 866	2 053

NOTA: Niños de 12 a 14 años; número total de casos entre paréntesis.

es más frecuente.[44] Hay 10% más de niñas que de niños que no asisten a la escuela; en este caso, podemos suponer que las familias prefieren que los niños sigan en la escuela aunque estén atrasados, pero las niñas abandonan la escuela.

Concluir los estudios de primaria es un umbral que marca simbólicamente el fin de una etapa en la vida de los niños, especialmente en las áreas rurales. A partir de ese momento es más probable que las niñas abandonen la escuela y que los niños empiecen a trabajar. En las localidades de menos de 2 500 habitantes, menos de la mitad de los niños y niñas de 12 a 14 años ha terminado la primaria (cuadro 12). En las localidades mayores, siete de cada 10 niños termina dicho ciclo escolar a esas edades. En el cuadro anterior vimos que niños y niñas asisten en la misma proporción al nivel adecuado a su edad; sin embargo, de acuerdo con el cuadro 12, la proporción de niños que termina a tiempo la primaria es significativamente menor que la de las niñas en ambos tamaños de localidad. La explicación de estas diferencias es que entre los niños hay una menor proporción que termina la primaria a tiempo, pero también hay una mayor proporción que permanece en el sistema educativo en un grado inadecuado.

[44] Las diferencias por sexo son significativas en los dos tamaños de localidad.

CUADRO 12. *Niños que terminan la primaria y probabilidad de ingreso a secundaria según tamaño de la localidad de residencia y dominio de lengua indígena, 1990*

	Proporción que termina la primaria (%)	*Probabilidad de ingreso a secundaria*
LOCALIDADES DE 2 500 O MÁS HABITANTES		
Niños	69	0.93
Niñas	73	0.91
Total	71	0.92
Número de casos	42 547	30 018
LOCALIDADES DE MENOS DE 2 500 HABITANTES		
Niños	45	0.75
Niñas	49	0.67
Total	47	0.71
Número de casos	20 256	9 430
HABLANTES DE LENGUA INDÍGENA EN LOCALIDADES DE MENOS DE 2 500 HABITANTES		
Niños	30	0.72
Niñas	25	0.65
Total	27	0.69
Número de casos	3 052	827

NOTA: Niños de 12 a 14 años; entre paréntesis, el número de casos usado en el denominador de los índices. El denominador de las probabilidades de ingreso a secundaria es el número de niños que terminó la primaria.

Una vez terminada la primaria, la probabilidad de ingreso a la secundaria es prácticamente universal en las localidades grandes (92%); en las pequeñas esta probabilidad es aún baja: 71% (cuadro 12). En 1990, el paso difícil sigue siendo la terminación de la primaria a tiempo.

En el ingreso a la secundaria sí hay diferencias por sexo tanto en las localidades grandes como en las chicas: ingresan menos niñas que niños.[45] Aparentemente, en este momento se definen las opciones impuestas por los papeles de "proveedor" para los niños y de ama de casa y madre para las niñas. Las familias conocen las ventajas que tiene la escolarización para lograr mejores empleos para los varones y están dispuestas a enfrentar los gastos que exige el hecho de mantener a los niños en la escuela, incluso considerando que el costo de oportunidad puede ser percibido por la familia como más alto entre los niños (en la sección sobre trabajo infantil veremos que hay más niños con empleos remunerados que niñas).

[45] En las localidades de más de 2500 habitantes la diferencia entre niños y niñas es de sólo 2%, pero es estadísticamente significativa.

Las condiciones escolares de los niños indígenas son muy desfavorables, comparadas con las de otros niños que viven en localidades chicas (cuadro 11). La proporción que asiste a la escuela es similar (62% y 65%, respectivamente), pero entre los niños y niñas el rezago escolar es mucho mayor. En la población indígena se observan las diferencias por sexo más marcadas: casi la mitad de las niñas de 12 a 14 años no asiste a la escuela, mientras que sólo una tercera parte de los niños no lo hace. Además, la proporción de niñas que asiste al grado adecuado es menor que entre los varones, situación que no se da en ningún otro de los cortes analíticos que hemos hecho.

La terminación de la primaria es otro indicador claro de las pésimas condiciones de esta población infantil: sólo una cuarta parte de los niños de 12 a 14 años ha terminado la primaria (cuadro 12). Sin embargo, los niños que terminan la primaria a tiempo tienen la misma probabilidad de ingresar a secundaria que los otros niños de localidades menores de 2 500 habitantes. El único caso que hemos encontrado en que hay diferencias significativas por sexo en la proporción que termina la primaria es entre los niños indígenas: 30% de los niños y 25% de las niñas. La discriminación por sexo se mantiene en el ingreso a secundaria ya que las probabilidades de niños y niñas son significativamente diferentes.

Otro indicador del atraso y marginación de las poblaciones indígenas es la proporción de niños de 12 a 14 años que no asiste a la escuela y que no ha aprobado ningún grado; en las localidades rurales, 6% de los niños y niñas de estas edades se encuentra en dicha situación, pero entre la población indígena tal índice es 12% entre los niños y 20% entre las niñas.

b) *Las desigualdades escolares en el tiempo: 1960-1990*

En la bibliografía sobre la educación en México, varios autores que analizan aspectos cualitativos de la educación sostienen que ésta tiende a reproducir e incluso a ampliar las desigualdades socioeconómicas (Centro de Estudios Educativos, 1993; Muñoz Izquierdo, 1998). Otros sostienen que en las primeras etapas de crecimiento de la oferta educativa las diferencias aumentan pero que, a partir de un cierto umbral, empiezan a disminuir. Por ejemplo, un análisis del número promedio de años aprobados y de la desviación estandar (en población de 15 años y más), con base en información censal de los estados —entre 1960 y 1990—, revela que las desigualdades regionales tienden a disminuir (Bracho, 1995).

Para indagar sobre la evolución de las desigualdades entre 1960 y 1990, tomamos las dos variables que ya hemos analizado —terminar la primaria a tiempo e ingresar a secundaria— y revisamos, con los datos censales, la manera como se relacionan con las otras variables explicativas. Estimamos, para cada uno de los años, modelos multivariados de regresión logística que proporcionan la magnitud del efecto de cada variable explicativa, manteniendo constante el efecto de las demás. La ventaja de este método es que las magnitudes obtenidas son comparables en el tiempo. Los modelos proporcionan las razones de momios (e^B) que reflejan la medida en que cambian los momios de la probabilidad de que ocurra un evento (p/1 − p) al pasar de la categoría de referencia a la otra categoría de las variables explicativas.[46]

En el cuadro 13 aparecen las razones de momios para las probabilidades de no terminar la primaria y de no ingresar a la secundaria, entre los niños de 12 a 14 años. En el caso de la primaria, los resultados muestran que las desigualdades por tamaño de localidad (y según la condición de hablante de una lengua indígena) tienden a disminuir en el tiempo. No hay diferencias entre niños y niñas en los dos primeros censos; en 1990 aparece una ligera ventaja entre las niñas. De las variables explicativas, la condición de indígena es la variable que tiene mayor efecto negativo sobre la terminación de la primaria. En 1990 el efecto es menor; una posible razón es la puesta en marcha de los programas de educación bilingüe.

Los resultados del modelo del ingreso a secundaria tienen la tendencia opuesta: las desigualdades se mantienen o se acentúan, pero no disminuyen. En 1960, la discriminación tenía lugar durante la primaria y los pocos niños que la terminaban tenían probabilidades relativamente altas de entrar a secundaria. En 1990 los factores de discriminación tienen menor efecto durante la primaria y mayor peso en el ingreso a secundaria. Como ya no hay una selección tan fuerte durante la primaria, la selección se da en el ingreso a la secundaria. De todas formas, subsisten condiciones discriminatorias en contra de los niños que viven en localidades rurales, las niñas y los niños indígenas, que limitan su posibilidad de desarrollo ulterior.

El tamaño de localidad de residencia, que en 1960 tenía un efecto relativamente leve, adquiere mucho mayor peso en 1990; entre 1960 y 1970 la probabilidad de ingreso a secundaria de niños residentes en localidades pequeñas no varió, mientras que la de niños de localidades grandes creció mucho y de ahí la diferencia cada vez mayor que refleja la e^B (1.2 y 3.7). Entre 1970 y 1990 se dio un proceso semejante, aunque menos pro-

[46] Dado que nuestro objetivo era comparar la evolución del efecto de las variables explicativas, tuvimos que emplear solamente las variables disponibles a partir de 1960; esta solución impone limitaciones a los resultados de los modelos; el tamaño de la localidad de residencia absorbe los efectos de múltiples aspectos no incluidos en el modelo (acceso a escuelas, escolaridad de los padres, situación socioeconómica de la familia, etcétera). A su vez, la constante, que en todos los casos resulta significativa.

CUADRO 13. *Modelos de regresión logística. Razones de momios* (e^B) *de la probabilidad de no haber terminado la primaria y de no ingresar en secundaria, 1960-1990*

	1960	*1970*	*1990*
PROBABILIDAD DE NO HABER TERMINADO LA PRIMARIA			
Localidades rurales	4.0***	4.4***	2.6***
Sexo femenino	1.0	1.0	0.8***
Hablante de alguna lengua indígena	5.1***	4.5***	3.2***
Constante (B)	10.2***	10.2***	9.2***
− 2 L L	24683	35318	72167
x^2 del modelo	33410 ***	45323 ***	9245 ***
Grados de libertad	4	4	4
PROBABILIDAD DE NO INGRESAR A SECUNDARIA			
Localidades rurales	1.2**	3.7***	4.7***
Sexo femenino	1.3***	1.9***	1.5***
Hablante de alguna lengua indígena	1.1	1.3	1.3***
Constante (B)	− 0.2	− 7.3***	− 8.7***
− 2 L L	5732	8746	27460
x^2 del modelo	24 ***	710 ***	3008 ***
Grados de libertad	4	4	4

NOTA: Niños de 12 a 14 años. Las categorías de referencia son: localidades de 2500 habitantes o más; sexo masculino; no hablante de lengua indígena. Se controló la edad de los niños. En los modelos sobre el ingreso a secundaria sólo se incluyó a los niños que habían terminado la primaria.

Nivel de significancia: * $p < 0.1$ ** $p < 0.01$ *** $p < 0.001$

nunciado. Sin duda esta situación se debe a que la oferta de escuelas secundarias continúa siendo mucho menor en las localidades pequeñas.

En el ingreso a secundaria el efecto de género es notorio. La probabilidad de ingreso a secundaria es consistentemente menor entre las niñas. En 1990, a pesar de que más niñas terminan a tiempo la primaria que los niños, tienen menor probabilidad de ingresar al ciclo siguiente.

El efecto negativo de la condición de indígena sólo aparece en 1990. Antes, los pocos niños indígenas que terminaban primaria ingresaban a secundaria en igual proporción que los demás niños que vivían en localidades del mismo tamaño; en 1990 hay un grupo mayor que termina la primaria y, entre ellos, las probabilidades de entrar en secundaria son menores que entre los otros niños. La explicación de este hecho puede provenir de la combinación de decisiones familiares y de opciones ofrecidas por las escuelas secundarias. Además, el proceso de selección que los desfavorece tiene lugar en las localidades grandes donde vive una cuarta parte de los niños hablantes que tienen entre 12 y 15 años. Esta conclusión se desprende de la comparación de los resultados del análisis multivariado con los del bivariado; en éste, donde sólo incluimos localidades pequeñas, no se observa discriminación alguna.

c) *Desigualdades escolares y sector socioeconómico. Características familiares y personales y algunos aspectos del desempeño escolar*

En los estudios sobre el desempeño escolar de los niños que se centran en las interacciones entre las características de las familias y el rendimiento escolar, las condiciones socioeconómicas constituyen el grupo de factores que más explica las desigualdades en los logros escolares. Otro conjunto de factores que se ha destacado en los estudios más recientes —tanto sobre países desarrollados como en vías de desarrollo— se refiere a la estructura de la familia, en especial a la convivencia del niño con sus padres (Fitzgerald Krein y Beller, 1988; Knodel y Wongsith, 1991; Lloyd y Blanc, 1996; Jonsson y Gähler, 1997; Anh, Knodel, Lam y Friedman, 1998). Usamos la división por sectores —agrícola, popular y medio— para analizar el efecto que tienen y la manera como interactúan las condiciones socioeconómicas y estructurales de las familias en dos aspectos del desempeño escolar: la asistencia a la escuela y el grado cursado en relación con la edad del niño.

Supusimos que las familias cuentan con recursos económicos, educativos, de tiempo y afectivos que repercuten en los logros escolares de sus hijos. Estos recursos pueden ser evaluados mediante diversas variables. El ingreso per cápita y el grado de hacinamiento en la vivienda son indicadores razonables de la situación económica de la familia; el hacinamiento, además, refleja condiciones materiales que propician o inhiben el trabajo escolar en casa.[47] Otra variable que incluimos fue la existencia de un negocio familiar en el sector popular.[48] La inclusión de esta variable se debe a que en el análisis bivariado observamos que el trabajo infantil se encuentra negativamente relacionado con la situación escolar pero,

[47] Para construir la variable de hacinamiento usamos dos variables: *1)* la existencia de por lo menos un cuarto además de los dormitorios y la cocina; *2)* el número de personas en cada dormitorio. Consideramos que el hacinamiento es "alto" cuando duermen más de dos personas en una habitación y no hay otro cuarto, además de la cocina y dormitorios. El hacinamiento es "bajo" cuando duermen dos o menos personas en cada habitación y hay un cuarto adicional. La categoría de "medio" refiere a cuando una de las dos condiciones no es la mejor.

[48] En el sector medio prácticamente no hay negocios familiares, mientras que en el agrícola las características del trabajo infantil en este tipo de empresa eran similares a las del trabajo remunerado. Además, no nos quedan claros los criterios usados en la encuesta para distinguir entre la participación de los niños en las labores domésticas, en el cuidado de animales y en faenas agrícolas.

cuando los niños trabajan en empresas familiares y no reciben remuneración, el trabajo infantil no parece tener efectos tan nocivos en la escolaridad.

La presencia en el hogar de mujeres mayores de 15 años que no tienen un empleo remunerado es un factor que puede estar vinculado con el tiempo que los adultos, madre o parientes femeninos, dedican a los niños; además, dicha variable es una forma indirecta de observar el trabajo materno. Usamos tal variable para las familias del sector medio. Por la manera como la organización de la familia responde, en cierta medida, a estrategias económicas en los sectores popular y agrícola, la presencia de adultos de cualquier sexo que no trabajen refleja la existencia de fuerza de trabajo familiar no dedicada a la obtención de recursos monetarios. Por ello, esta variable interactúa con el trabajo infantil y, por ende, con la escolaridad de los niños. Como vimos en la sección sobre el entorno familiar, una importante variable, presente en prácticamente todos los estudios sobre dichos temas, es el número de hijos que se aproxima al número de niños que deben compartir los recursos familiares.[49]

Para evaluar los recursos educativos con los que cuenta la familia, empleamos la escolaridad de la madre.[50] De acuerdo con la teoría, la educación de los padres está relacionada con las expectativas de la familia sobre los logros escolares de los niños y con la capacidad de apoyo familiar en cuestiones escolares.

La convivencia con el padre y/o la madre refleja un conjunto de condiciones afectivas porque se puede suponer que los niños que no viven con uno de sus padres biológicos tienen carencias emocionales. Además, la falta de uno de los padres puede privar a la familia y a los niños de una parte de las redes sociales de apoyo.[51]

[49] Con los datos de la encuesta, observamos algunas familias que han terminado de constituir su descendencia y otras en proceso de formación, puesto que nuestra muestra incluye a familias con niños menores de 15 años. Este hecho limita el análisis del número de hijos cuando se pretende que dicha variable represente la descendencia final de las familias; no obstante, es una buena aproximación del número de niños que residen en el hogar.

[50] Usamos la escolaridad de la madre y no la del jefe del hogar para evitar los efectos de la colinearidad con la variable sobre la convivencia con el padre y/o la madre. Como en México la escolaridad de las mujeres es menor que la de los hombres, si hubiésemos usado la escolaridad del jefe (o jefa), pudiera haber habido colinealidad entre la variable de escolaridad y el sexo del jefe. El sexo del jefe está inevitablemente relacionado con la convivencia (cuando el jefe es mujer, resulta poco probable que el niño conviva con su padre y su madre) por lo que hay colinealidad entre escolaridad del jefe y convivencia con los padres.

[51] Operacionalizamos la convivencia con los padres en una variable dicotómica: vive con ambos padres, o vive sólo con la madre; en esta última categoría se incluyó a los niños que no residían con su padre biológico, ya fuera que su madre tuviera o no pareja. Cuando el padre biológico no está presente, son pocas las madres que tienen pareja: sólo 2% de los niños que conviven con su madre lo hacen también con un padrastro.

CUADRO 14. *Sector medio. Modelo de regresión logística. Razón de momios (e^B) de la probabilidad de asistir en la escuela al nivel inadecuado, 1995*

Variables	e^B
HACINAMIENTO	*
Bajo	1.00
Medio	3.20
Alto	7.02*
ESCOLARIDAD DE LA MADRE	*
Secundaria completa o más	1.00
Primaria completa	1.34*
Primaria incompleta	1.56*
Ninguna	6.45*
CONVIVENCIA	
Madre y padre	1.00
Sólo madre	− 8.64***
SEXO DEL NIÑO	
Niño	1.00
Niña	0.35*
CONSTANTE	− 8.96***
− 2 L L	120.78
x^2 del modelo	31.11
Grados de libertad	8

NOTA: Niños de 8 a 14 años. Se controló por edad del niño. Las variables excluidas de la ecuación por no ser significativas son: ingreso per cápita, presencia en el hogar de mujeres mayores de 15 años sin empleo remunerado y número de hermanos.

Nivel de significancia: * $p < 0.1$ ** $p < 0.01$ *** $p < 0.001$

Estas variables que hemos descrito fueron usadas para el análisis de los niños cuyas familias pertenecen al sector medio. Dado que estos niños muy rara vez no asisten a la escuela, decidimos solamente analizar si el nivel en el que asisten es el adecuado a su edad. Incluimos en el análisis a los niños de ocho a 14 años. Empleamos un modelo de regresión logística (cuadro 14).[52]

Los resultados del modelo son interesantes; lo que más incide en el atraso escolar de los niños del sector medio es si conviven con ambos padres o sólo con la madre. Este hallazgo concuerda con numerosos estudios hechos en poblaciones de países desarrollados, y en especial en los Estados Unidos, en los cuales se ha comprobado que los niños que se

[52] El sector medio es el menos numeroso. Para tener más observaciones, incluimos a niños de ocho a 14 años. Además, como los niños del sector medio prácticamente no trabajan, las características de las familias afectan de manera semejante a los niños de todas las edades.

crían con ambos padres terminan niveles más altos de escolaridad que los que crecen con sólo uno de ellos (Astone y McLanahan, 1991). De acuerdo con los datos que analizamos, los niños que no viven con su padre tienen fuertes desventajas que no se pueden atribuir sólo a menos recursos económicos, ya que la variable de ingreso per cápita no resultó significativa y en el modelo la variable de hacinamiento aparece como control. Tampoco se puede explicar esta desventaja por la falta de tiempo dedicado al niño, ya que la variable sobre la ausencia en el hogar de mujeres adultas no fue significativa. De acuerdo con la teoría de la producción doméstica, los principales recursos que la familia proporciona a los niños son tiempo y dinero, y ambos son más escasos cuando falta uno de los padres; entonces, lo que explicaría el mayor atraso escolar de los niños que analizamos sería la falta de tiempo paterno (Fitzgerald Krein y Beller, 1988).

Las teorías sociológicas que intentan explicar las consecuencias de un determinado tipo de familia en los niños enfocan distintos aspectos de la estructura y dinámica familiares. La teoría de la socialización subraya el papel determinante que tienen las actitudes de los padres *(parenting)* sobre los hijos. Apelando a esta teoría, las causas del deficiente desempeño escolar de los niños del sector medio podrían también tener un origen psicológico y estar relacionadas con la falta de apoyo emocional, de figura masculina de autoridad y de control, que se dan en familias donde el padre está ausente; otra posible explicación estaría vinculada con la tesis del efecto que tienen los conflictos familiares, según la cual las rupturas maritales por divorcio, separación, muerte o abandono, causan alteraciones en el equilibrio emocional de los niños, que se traducen en atraso escolar, abandono de los estudios y menores niveles de educación formal (Jonsson y Gähler, 1997; Biblarz y Raftery, 1998).

En el sector medio, se trata de niños con sus necesidades básicas satisfechas, que viven casi siempre en familias nucleares (por lo que los costos económicos de su educación son responsabilidad de los padres), no trabajan y casi todos asisten a la escuela. Por ello, podríamos compararlos con niños de países desarrollados y suponer que el número de hermanos puede ser una variable explicativa importante en la teoría de la dilución de recursos familiares, que sostiene que estos recursos, económicos y de tiempo, se diluyen conforme aumenta el número de hijos.

Fue sorprendente que no resultara significativo el número de hijos porque en los análisis bivariados (no incluidos en el texto) aparece como una variable de suma importancia y porque en la bibliografía especializada referida tanto a poblaciones de países asiáticos en desarrollo como a poblaciones desarrolladas, casi siempre se observa una relación negativa entre el número de hijos y sus logros escolares (Lloyd, 1994). En otros trabajos se ha demostrado que el vínculo entre el número de hijos y su desempeño escolar se explica por un problema de endogeneidad (Anh, Knodel, Lam y Friedman, 1998), consistente en que las familias que controlan su descendencia también son las que valoran más la educación formal. Este problema no se presenta en nuestro análisis por dos razones: controlamos la condición socioeconómica mediante el sector, la educación de la madre y el grado de hacinamiento en la vivienda; el número de hijos no corresponde a la descendencia final de las familias que aún no terminan de constituirse.

Las otras variables del modelo se comportan de manera esperable: el hacinamiento sólo es significativo cuando es alto, es decir cuando las condiciones materiales de espacio en la vivienda son precarias; la escolaridad de la madre es significativa y tiene una tendencia monotónica, pero el riesgo de atraso escolar aumenta mucho entre los hijos de madres sin escolaridad.

El modelo muestra que en la escuela las niñas del sector medio se atrasan menos que los niños. Este resultado es novedoso porque usualmente el mayor atraso de los niños se relaciona con el hecho de que combinen trabajo y estudio más que las niñas. Sin embargo, en dicho sector los niños no trabajan, así que la explicación de su atraso escolar debe buscarse más bien en las condiciones del desarrollo psicológico e intelectual ligadas al género.

Para analizar a los niños del sector popular, aplicamos un modelo diferente a un grupo más restringido de niños. Como en este sector hay una proporción alta de niños de 12 a 14 años que no asisten a la escuela,[53] la variable dependiente del modelo tiene tres categorías: asiste en el nivel adecuado, en el nivel inadecuado y no asiste. Empleamos entonces un modelo de regresión logística multinomial.[54]

[53] De los niños de estas edades, 14% no asiste a la escuela, y la inasistencia está relacionada con el trabajo infantil, que es más frecuente a partir de los 12 años.

[54] En este modelo se calculan coeficientes cuyo denominador es la probabilidad de la categoría de referencia de la variable dependiente (asiste en el nivel adecuado); en realidad, los coeficientes proporcionan la relación entre dos probabilidades. Dichos coeficientes no pueden interpretarse como si fueran probabilidades independientes, por lo que es necesario transformarlos para obtener directamente el efecto de las variables explicativas en las probabilidades. En lugar de tener el logaritmo de los momios ($\log(P/(1-P))$) de la regresión logística binaria, con este modelo multinomial se obtiene el logaritmo de las razones de las probabilidades ($\log(P_2/P_1)$ y $\log(P_3/P_1)$); tales razones tienen como denominador la probabilidad de la categoría de referencia de la variable dependiente. Se tiene que $\log(P_2/P_1)$ es una función monotónica creciente de P_2/P_1, pero P_2 no necesariamente también lo es; P_2/P_1 puede aumentar cuando ambas P_1 y P_2 disminuyen. Por ello, hay riesgos en la interpretación de los coeficientes y se recomienda trabajar directamente con las probabilidades (Retherford y Kim Choe, 1993). Sustituimos con los valores de uno, cero o el valor medio de las variables en las ecuaciones del modelo y obtuvimos estimaciones de las probabilidades de las tres categorías de la variable dependiente para cada una de las categorías de las variables explicativas.

CUADRO 15. *Sector popular. Probabilidad de asistir al nivel adecuado, al nivel inadecuado y de no asistir a la escuela. Modelo de regresión multinomial, 1995*

	Probabilidad de			
	asistir al nivel adecuado	*asistir a un nivel inadecuado*	*no asistir*	*Número de casos*
HACINAMIENTO				
Bajo y medio	85	13	2	148
Alto	66	24	10	132
ESCOLARIDAD DE LA MADRE				
Primaria completa o más	82	14	4	122
Primaria incompleta	82	15	3	95
Ningún grado	55	32	13	63
CONVIVENCIA				
Madre y padre	81	14	5	216
Sólo madre	62	34	5	64
NÚMERO DE HIJOS				
1 a 4	79	16	5	240
5 o más	67	28	5	40
ADULTOS EN EL HOGAR SIN TRABAJO REMUNERADO				
Sí	77	19	3	196
No	76	14	11	84
NEGOCIO FAMILIAR				
No	77	18	6	240
Sí	80	18	2	40
SEXO DEL NIÑO				
Niña	75	16	8	149
Niño	78	19	3	131

NOTA: Niños de 12 a 14 años.

La pregunta más relevante se refiere a las condiciones que propician el que los niños no asistan a la escuela porque en el sector popular más de una sexta parte no lo hacía en 1995 (cuadro 15). Las categorías en las que el riesgo de no asistir a la escuela es más alto son la falta de escolaridad de la madre, la ausencia de adultos en el hogar y el hacinamiento alto.

La probabilidad de que el niño no asista es cuatro veces superior cuando la madre no aprobó ningún grado escolar y cuando no hay adultos en el hogar; el hacinamiento alto tiene un efecto aún mayor. El modelo nos está mostrando el efecto de la pobreza sobre la asistencia escolar mediante la escolaridad de la madre y las condiciones de la vivienda.[55] El hecho de que no haya en el hogar adultos sin empleo remunerado no necesariamente tiene relación con la pobreza, pero actúa sobre la asistencia a la escuela por medio del trabajo infantil, tal como veremos más adelante.[56]

La existencia de un negocio familiar es una variable importante que tiene efectos positivos sobre la escolaridad de los niños. Supusimos que en hogares donde había negocios familiares, los niños participarían en estas actividades económicas y se atrasarían en la escuela, en vez de dejar de asistir. El efecto encontrado resultó diferente: cuando hay negocio familiar, la probabilidad de que los niños no asistan es menor y su probabilidad de atraso no aumenta. Se suele sostener que, en condiciones de pobreza, las familias que tienen un negocio se hallan en mejores condiciones económicas. Esto no es así en el sector popular donde las familias mencionadas tienen peores condiciones de vivienda que las otras.[57] En este sector sí hay un claro efecto de la discriminación por sexo: la probabilidad de que las niñas no asistan a la escuela es casi el triple que la de los niños.

El modelo es interesante porque muestra que las condiciones que inciden en la no asistencia a la escuela difieren de las que afectan el atraso escolar. Las variables referidas a características de la estructura familiar —la convivencia con la madre o con ambos padres y el número de hijos— influyen mucho en el atraso escolar, a diferencia de lo que ocurre con la asistencia a la escuela. Si el niño convive sólo con la madre y si en la familia hay cinco o más hijos, la probabilidad de que se atrase aumenta cerca del doble. En este caso puede plantearse que hay dilución de los recursos familiares (tiempo de los padres dedicado a los niños), puesto que se controlan las variables que reflejan la condición socioeconómica de la familia. El grado de hacinamiento y la escolaridad de la madre tienen también un efecto fuerte.

En el sector agrícola aplicamos el mismo modelo que en el popular porque una cuarta parte de los niños de 12 a 14 años no asiste a la escuela. Los resultados muestran que el factor clave es que todos los adultos del hogar tengan empleo remunerado (cuadro 16). Ello es así porque los

[55] Excluimos la variable de ingreso per cápita porque en las diversas pruebas que incluían el hacinamiento nunca resultó significativa.

[56] En este modelo no introdujimos el trabajo infantil porque hay endogeneidad entre dicha variable y la asistencia a la escuela. En la sección referida al trabajo infantil aplicamos modelos en los que el problema de endogeneidad en tales variables está resuelto.

[57] En un modelo log lineal saturado, las interacciones de orden dos entre las variables "grado de hacinamiento" y "existencia de negocio famililiar", en este sector, muestran que hay significativamente menos familias con negocio familiar que viven en condiciones de hacinamiento bajo, más en condiciones de hacinamiento medio e igual que las demás familias cuando el hacinamiento es alto.

CUADRO 16. *Sector agrícola. Probabilidad de asistir al nivel adecuado, a un nivel inadecuado y de no asistir a la escuela. Modelo de regresión multinomial, 1995*

	Probabilidad de			
	asistir al nivel adecuado	*asistir a un nivel inadecuado*	*no asistir*	*Número de casos*
HACINAMIENTO				
Bajo y medio	58	31	11	167
Alto	43	35	22	273
ESCOLARIDAD DE LA MADRE				
Primaria completa o más	68	25	7	71
Primaria incompleta	54	28	17	184
Ningún grado	36	42	22	185
CONVIVENCIA				
Madre y padre	49	33	18	410
Sólo madre	48	42	10	30
NÚMERO DE HIJOS				
1 a 4	52	32	16	270
5 o más	45	37	19	170
ADULTOS EN EL HOGAR SIN TRABAJO REMUNERADO				
Sí	52	33	15	363
No	35	35	30	77
SEXO DEL NIÑO				
Niña	45	31	24	222
Niño	52	36	12	218

NOTA: Niños de 12 a 14 años.

niños que no asisten a la escuela suelen trabajar, especialmente cuando la necesidad es apremiante y todos los adultos disponibles, hombres y mujeres, están ya empleados. El hacinamiento y la escolaridad de la madre se comportan en la forma esperada. En las familias con muchos hijos la probabilidad de no asisistir a la escuela es ligeramente superior. Cuando los niños conviven sólo con la madre tienen un riesgo más bajo de no asistir a la escuela que cuando viven con ambos padres; sin embargo, los niños que viven con ambos padres se atrasan menos y la madre sola opta por seguir mandando a los hijos a la escuela, aunque vayan atrasados. Nuevamente encontramos diferencias por género: las niñas tienen una probabilidad menor de asistir a la escuela.

En el desempeño escolar encontramos que los niños del sector agrícola se atrasan más que las niñas, probablemente porque trabajan fuera del hogar. Las demás variables se comportan igual que en el sector popular.

La educación de los niños en México: una síntesis

Los avances en materia educativa de las últimas tres décadas son innegables. La cobertura de la escuela primaria se hace prácticamente universal, la asistencia en el grado adecuado a la edad se generaliza y la deserción se da después de periodos más prolongados de permanencia escolar. No obstante, aún en 1990, una proporción considerable de niños no termina los estudios primarios a tiempo y, entre los niños en edades de asistir a la secundaria, el abandono de la escuela es frecuente.

En la presente sección intentamos caracterizar en términos cuantitativos este periodo de expansión del sistema educativo. En especial, quisimos investigar sobre la evolución de las desigualdades en las condiciones educativas. Observamos cambios distintos en los dos niveles educativos analizados. En la terminación a tiempo del ciclo primario, las desigualdades entre los niños según tamaño de la localidad de residencia y dominio de alguna lengua indígena se redujeron, y no percibimos discriminación alguna hacia las niñas. En la conclusión de la primaria en México, se ha alcanzado el umbral al que hacen alusión algunos autores, a partir del cual las desigualdades tienden a reducirse. La situación es distinta en el ingreso a secundaria. En este nivel no se ha logrado llegar a dicho umbral: se acentúan las diferencias por tamaño de la localidad, aparece por primera vez en 1990 un efecto discriminatorio hacia los niños indígenas y permanece la condición de desventaja entre las niñas. Al generalizarse el término puntual de la primaria, se reduce la selectividad de los que lo logran y disminuyen las desigualdades; no obstante, la carencia de oportunidades para continuar los estudios de secundaria hace que la selectividad se transfiera al siguiente ciclo y que las desigualdades se acentúen en el ingreso a secundaria.

La otra pregunta que guió esta sección fue sobre el efecto de las variables socioeconómicas y de estructura de las familias en la educación formal de los niños. Observamos que las condiciones educativas de los niños son distintas en los tres sectores socioeconómicos analizados, y que el efecto de las características de la estructura familiar difiere de un sector a otro. En el sector medio, prácticamente todos los niños asisten a la escuela y el único factor de la estructura familiar que propicia su atraso escolar es la ausencia del padre en el hogar. Esta variable tiene también una influencia importante en el atraso escolar de los niños de los otros dos sectores. De tal manera, ya sea mediante la carencia de tiempo paterno, apoyo emocional, autoridad, o mediante el conflicto que plantea la separación de la pareja de los padres, los niños de los tres sectores que no viven con su padre tienen mayores probabilidades de atraso escolar.

De las otras variables sobre la estructura familiar, el número elevado de hijos de la familia propicia el atraso escolar entre los niños de los sectores popular y agrícola. En estos sectores, la dilución de los recursos entre los hermanos de familias numerosas impide que los niños tengan un mejor aprovechamiento en la escuela; en el sector medio no se observa el efecto de la dilución de los recursos familiares.

La presencia de adultos sin empleo remunerado en el hogar favorece que los niños de los sectores popular y agrícola vayan a la escuela y que los de este último sector asistan al nivel adecuado. Como se verá en la próxima sección, hay un estrecho vínculo entre el trabajo de los niños y el de los adultos del hogar, particularmente en el sector agrícola, lo que explica la mayor asistencia y aun el mejor aprovechamiento entre los niños cuyas familias cuentan con adultos en el hogar sin empleo remunerado. En el sector medio, en las familias en las que la madre trabaja y no hay mujeres adultas sin empleo remunerado, los niños no se atrasan más, lo que indica que los padres o la madre sola se organizan de manera que los niños tengan el apoyo necesario para seguir adecuadamente sus estudios.

En el sector popular, la existencia de un negocio familiar favorece que los niños asistan más a la escuela y no propicia el atraso. En este caso, la familia parece tener clara la importancia de la educación formal de los niños y puede controlar las condiciones de su trabajo.

Es importante señalar que, como se esperaba, los recursos familiares educativos y las condiciones materiales de vida de los niños influyen de manera decisiva en el aprovechamiento escolar de los niños de los tres sectores y en la asistencia de los sectores popular y agrícola.

Por último, la condición femenina favorece a las niñas del sector medio, mientras que en los otros sectores sucede lo contrario. Las niñas del sector medio se atrasan menos que los niños. En el sector popular, pero sobre todo en el agrícola, las niñas asisten con menor frecuencia a la escuela. Esto coincide con los hallazgos del análisis de la información censal en cuanto al menor ingreso a secundaria de las niñas en las localidades pequeñas. La diferenciación de los papeles de niños y niñas hacia el inicio de la adolescencia, que hace que se valore más la educación formal de los varones, persiste en los sectores sociales más tradicionales.

Trabajo infantil

En esta sección, dedicada al trabajo infantil, primero comparamos las tasas de participación laboral entre 1960 y 1990 para determinar si la proporción de niños que trabaja ha disminuido durante este periodo; dado que una proporción cada vez mayor de niños ingresa al sistema escolar, esperaríamos que los niños trabajen cada vez menos. También estimamos la participación laboral de niños y niñas, según tamaño de localidad, para establecer si hay diferencias en las tendencias de uno y otro sexo, en localidades rurales y en las de mayor tamaño, donde no predominan las actividades agrícolas. Además, describimos las principales ocupaciones que han desempeñado los niños entre 1970 y 1990, el tipo de trabajo que hacen, remunerado y familiar no remunerado, y el número de horas semanales que dedican al trabajo. En esta parte usamos información censal.

En la segunda parte de la presente sección intentamos responder a dos preguntas; primero quisimos saber si el trabajo afecta el rendimiento escolar de los niños. Tomamos en cuenta el tipo de trabajo que desempeñan los niños y el número de horas semanales que dedican a trabajar; asimismo, buscamos las interrelaciones entre dichas condiciones laborales y el atraso escolar de los niños. La segunda pregunta parte del supuesto de que las actividades del niño —estudiar, trabajar o realizar ambas actividades—, responden a una estrategia familiar, y que la decisión puede estar vinculada a características estructurales y socioeconómicas de las familias. Por lo tanto, analizamos las interrelaciones entre las variables del niño y las de su familia, así como las actividades desempeñadas por el niño.

A pesar de que el tema es importante, los estudios sobre el trabajo de los niños en México son muy escasos; algunos se han centrado en los niños de la calle, tema al que las sociedades modernas son particularmente sensibles. Hay también análisis del trabajo infantil en ciertos sectores, pero prácticamente no hay investigaciones que incluyan el trabajo de todos los niños.

Las preguntas de investigación que nos hicimos parten de la idea de que el trabajo no necesariamente es nocivo para el desarrollo de los menores. Organismos como la Organización Internacional del Trabajo aceptan que, en situaciones excepcionales, el trabajo infantil puede no ser tan perjudicial. De acuerdo con dicha organización, en los países en vías de desarrollo (y en especial en poblaciones indígenas donde hay una economía natural) el trabajo infantil puede ser poco perjudicial si se realiza en instituciones en las que el niño recibe formación.[58] Estudios

[58] Los organismos internacionales tienen, por lo general, una posición fuertemente opuesta al trabajo infantil y buscan formas para erradicarlo puesto que sostienen que es perjudicial para el desarrollo de los niños. La Convención de los Derechos de los Niños, ratificada por México en 1990, estipula que los niños tienen derecho a ser protegidos de la explotación económica. En la legislación mexicana vigente (artículo 123 de la Constitución y artículos 22, 23, 173 a 180 de la Ley Federal del Trabajo) está prohibida la utilización del trabajo de menores de 14 años, y de jóvenes de 14 y 15 años que no hayan termi-

empíricos han mostrado que hay casos en que las condiciones de los niños son peores cuando ni siquiera pueden tener una actividad económicamente productiva.[59] En México, Knaul y Parker (1998) plantean que el trabajo del niño puede ser positivo en la medida en que le ayuda a pagar los gastos escolares. Un criterio para determinar si el trabajo es nocivo es la medida en que está relacionado con el atraso o con la inasistencia escolares. Por ello, en las dos últimas partes de esta sección analizamos el trabajo infantil y sus posibles relaciones con dichos aspectos del desempeño escolar.

Tasas de participación laboral infantil y ocupaciones desempeñadas por los niños entre 1960 y 1990

El tema del trabajo infantil toca fibras sociales sensibles y hay una opinión unánime sobre sus efectos casi siempre dañinos; pero en América Latina hay también una sorprendente falta de estudios que permitan responder a preguntas fundamentales tales como si la proporción de niños que trabajan ha aumentado o disminuido durante las últimas décadas. En México hay opiniones encontradas. Algunos autores, influidos por la participación cada vez mayor de mujeres y adolescentes en el mercado laboral, infieren que esta tendencia también se da entre los niños (Bensusán, 1980). En otro trabajo, basado en información retrospectiva, se ha encontrado una tendencia descendente en las últimas cuatro décadas (Knaul y Parker, 1998).

Establecer la frecuencia con la que trabajan los niños y ver cómo ha evolucionado de 1960 a 1990, usando información censal, es una tarea difícil porque el concepto de "trabajo" que se aplicó en los distintos censos no es comparable. En 1960 se captó la ocupación principal (de la que el empadronado obtiene la mayor parte de sus ingresos) de las personas de ocho años y más.[60] En 1970 se registró la actividad principal durante la semana anterior al levantamiento del censo entre personas de 12 y más años; cuando la actividad era remunerada bastaba con que la persona hubiera trabajado una hora por semana; pero cuando trabajaba

nado su educación obligatoria, salvo casos de excepción en que a juicio de la autoridad competente haya compatibilidad entre los estudios y el trabajo (Bensusán, 1980; Sahagún Linares, 1996).

[59] En un estudio en tres zonas rurales de Indonesia se descubrió que los hogares que tenían empresas familiares en las que participaban los niños, podían costear mejor su educación que aquellos en los que los niños no participaban económicamente (Tirtosudarmo *et al.*, 1998).

[60] En la hoja censal de 1960 no aparece el límite de edad a partir del cual aplicar la pregunta sobre ocupación, y tampoco el periodo de referencia.

en un negocio familiar y no recibía pago debía haberlo hecho durante 15 o más horas en la semana. En 1990 se preguntó también sobre la actividad principal realizada en la semana anterior a partir de la misma edad que en el censo de 1970, pero esta vez no se impusieron restricciones de número de horas.

A fin de poder comparar las observaciones de los distintos censos, decidimos estudiar a los niños de 12 a 14 años para los que hay información de 1960 a 1990.

En los dos últimos censos, en la actividad principal las categorías "trabajo remunerado", "trabajo familiar" y "estudio" son excluyentes. Cuando la actividad principal de los niños es el estudio, pero también trabajan, quedan registrados sólo como estudiantes, por lo que en estos censos se subestima la participación laboral infantil. Otro problema es que el trabajo familiar no remunerado, muy frecuente entre los niños, es difícil de captar ya que depende de la percepción que tiene el grupo familiar, y la comunidad, de las obligaciones de los niños a las distintas edades. Además, no siempre es clara la línea divisoria entre las tareas domésticas y las que forman parte de una "empresa" familiar tradicional, especialmente en áreas rurales (Pedrero, s. f.).

Tomando en cuenta estas consideraciones, las tasas de participación de los niños de 12 a 14 años, que incluyen trabajo remunerado y familiar, son las siguientes: 8% en 1960, 12% en 1970 y 7% en 1990. Parecería que el trabajo infantil primero aumenta y luego disminuye.

La cifra del censo de 1960 parece, entonces, demasiado baja. Además, en este censo la falta de una definición clara del concepto sugiere que las información recabada es incompleta. En consecuencia, decidimos usar dichos datos con cautela.

La cifra obtenida a partir de la muestra del censo de 1970 es levemente menor que la de la Encuesta Mexicana de Fecundidad de 1976: 13%. La tasa de participación en 1990 (7%) es muy inferior a la obtenida en la Encuesta Nacional de Empleo (1991), que es cercana a 18%.[61] En suma, los niveles de participación laboral de los niños, según las muestras de los censos, son muy bajos porque sólo reflejan la actividad considerada como principal.[62]

En la gráfica 5 aparecen las tasas según el sexo del niño y el tamaño de su localidad de residencia. Las diferencias entre los dos primeros

[61] Hacia 1995, la tasa calculada con información de la Enaplaf es de 7%, mientras que según la Encuesta Nacional de Empleo (1995) es de 19%.

[62] La diferencia en las proporciones se debe a la manera de captar la información. En los censos y encuestas de fecundidad se pregunta sobre la *actividad principal;* sólo en la encuesta de 1995 se pregunta sobre alguna actividad secundaria. En cambio, en las encuestas sobre empleo se inquiere si "dedicó, la semana anterior, *alguna parte de su tiempo a una o varias de las actividades* siguientes (sigue lista de actividades)".

GRÁFICA 5. *Tasas de participación laboral según tamaño de localidad y sexo del niño (%), 1960-1990*

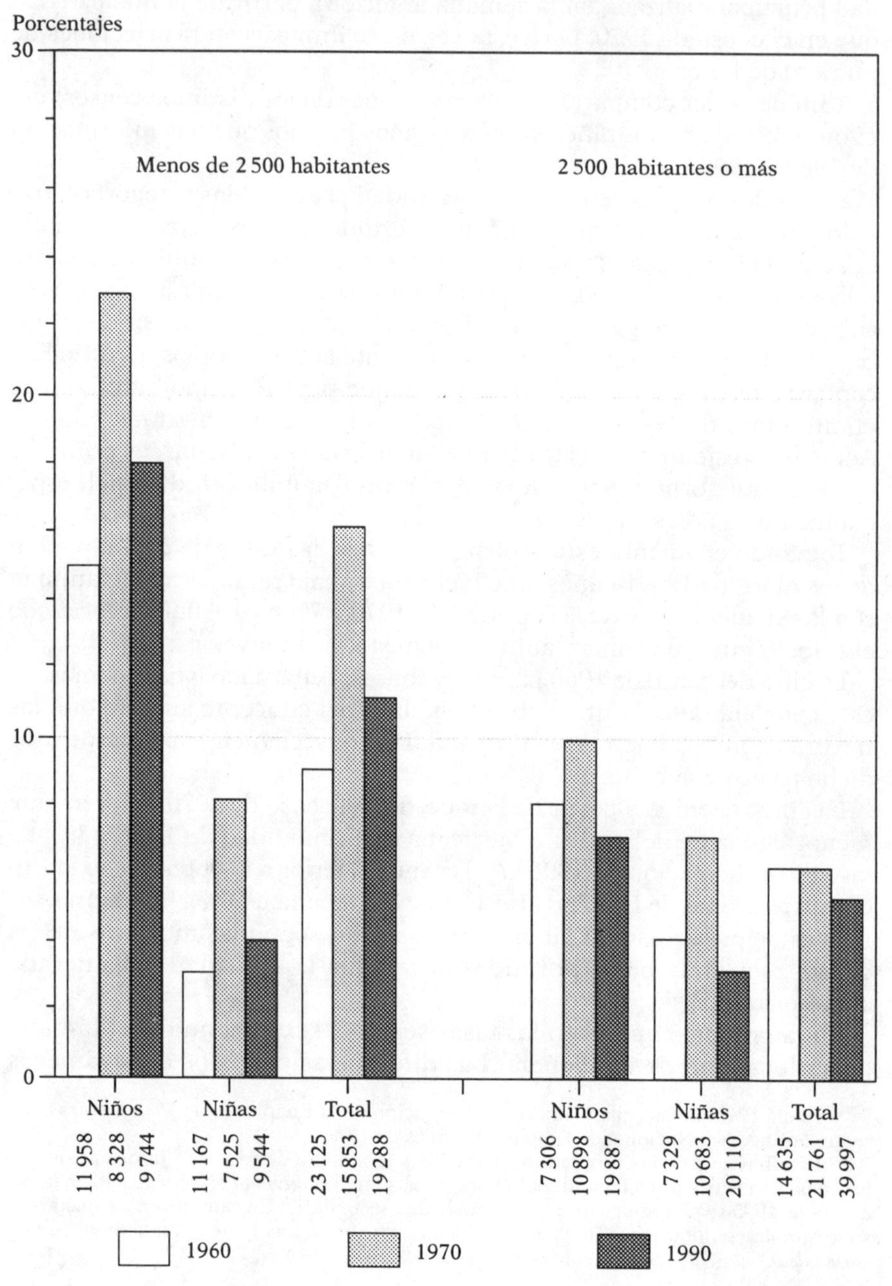

censos no deben interpretarse como tendencias ya que, como vimos, las cifras en 1960 están muy subestimadas. Entre 1970 y 1990, a pesar de la distinta definición de trabajo que repercute en mayores tasas de participación en 1990, se observa una reducción importante del trabajo infantil en estas dos décadas. Además, las cifras muestran que los niños desempeñan con mayor frecuencia trabajo remunerado y familiar que las niñas, y que en las localidades pequeñas ambos trabajan más que en las grandes. Como veremos más adelante, las niñas tienen, además, fuertes cargas de trabajo doméstico.

En otros países de América Latina las tasas de participación laboral infantil también son mucho más elevadas en las áreas rurales que en las urbanas; en Brasil, por ejemplo, las tasas de los niños de 10 a 14 años son de 33% en áreas rurales y de 13% en las urbanas. En Colombia los valores referidos a niños de 12 a 14 años son de 25% y 8%, respectivamente. La relación entre la proporción de niños y de niñas que trabajan en estos países es semejante a la encontrada en México: más del doble entre los varones en áreas urbanas y más del triple en áreas rurales (Bossio, 1996).

En México, al igual que en otros países de América Latina, el trabajo infantil se concentra en el sector agrícola, donde la población vive en condiciones más precarias, hay menos escuelas y se requiere menor capacitación para trabajar. En 1970, cerca de 40% de la PEA está en el sector agrícola, mientras que, entre los niños que trabajan, más de 60% lo hace en ese sector. Los grandes cambios que se dieron en la estructura de la PEA entre 1970 y 1990 se reflejan de manera tenue en el empleo infantil. En 1990 sólo 22% de la población ocupada se dedicaba a actividades agropecuarias, pero 50% de los niños que trabajan lo hacen en el sector primario.

La distribución del trabajo infantil según el sector de la economía muestra diferencias entre niños y niñas (cuadro 17). Entre los varones hay una gran concentración en la agricultura y la ganadería; entre las niñas las ocupaciones están más dispersas: aunque las más frecuentes se ubican en el sector de servicios, las niñas también realizan actividades en la agricultura y la ganadería, la artesanía y la industria. En estos 20 años ha habido algunos cambios en el perfil de actividades de los niños. Hay menos niños dedicados a la agricultura y a la ganadería, y más obreros, artesanos, comerciantes y vendedores. Las niñas trabajan menos en el sector de servicios y, al igual que los niños, más como artesanas y obreras.[63]

[63] Según la Encuesta Nacional de Empleo (1988), la distribución del trabajo de los niños de 12 y 13 años según sector económico es, en el sector agropecuario: 52% (varones) y 22% (niñas); en la manufactura, 16% (varones) y 36% (niñas); en el comercio, 15% (varones) y 24% (niñas); en los servicios, 16% (varones) y 19% (niñas) (Pedrero, s.f.).

CUADRO 17. *Ocupación principal según sexo del niño (%), 1970-1990*

	1970		*1990*	
	Niños	*Niñas*	*Niños*	*Niñas*
Agricultura y ganadería	68	17	58	20
Obreros y artesanos	13	10	21	17
Comerciantes y vendedores	5	7	9	9
Servicios	4	48	5	41
Otros	9	18	7	13
Número de casos	2480	945	3154	951

NOTA: Niños de 12 a 14 años.

En 1990, la revisión de las principales ocupaciones agrícolas que desempeñan los niños muestra que además de trabajar en los cultivos tradicionales de maíz y frijol también lo hacen en cultivos comerciales, como las hortalizas, el café, el cacao y los frutales. Las investigaciones sobre niños jornaleros en los valles de Sinaloa y Mexicali, donde se cultivan hortalizas, muestran que el desarrollo de la agricultura de exportación, a partir de la década de 1970-1979, ha traído consigo la incorporación de niños, hijos de los trabajadores, en condiciones muy desfavorables; los niños trabajan largas jornadas y deben desarrollar un gran esfuerzo físico. Hay que señalar que en Mexicali se contrata más a niñas que a niños (Guerra Ochoa, 1996; López Limón, 1996; Moreno Mena, 1996). En la industria, el ámbito donde más se contrata trabajo infantil es en la construcción; los niños varones se desempeñan como albañiles y peones; además, hay niños trabajando en la industria metalúrgica y de construcción de maquinaria. Otro sector en el que trabajan los menores (niños y niñas) es el comercio, en el que muchos se declaran "empleados", lo cual indica que no se trata de actividades de venta ambulante, que pueden tener un horario muy flexible y están muy subregistradas en el censo puesto que no aparecen entre de las principales ocupaciones.[64] En el sector de servicios se emplea sobre todo a niñas como sirvientas domésticas y como cuidadoras de ancianos, enfermos y niños en casas particulares.

El trabajo de los niños se desarrolla en condiciones muy diversas que incluyen desde actividades socialmente marginadas (venta callejera, mendicidad, prostitución, etcétera) hasta las que desempeñan en el ámbito familiar. De hecho, en la década de 1980-1989 la Organización Internacional del Trabajo (OIT) sostenía que, en economías poco desarrolladas y en familias rurales, el trabajo familiar no remunerado forma

[64] Incluimos las ocupaciones en las que había 50 o más casos entre los niños y 20 o más entre las niñas (2% de los niños que trabajan).

CUADRO 18. *Tasas de participación laboral según tipo de trabajo: remunerado, familiar y quehaceres domésticos (%), 1970 y 1990*

	1970		*1990*	
	Niños	*Niñas*	*Niños*	*Niñas*
Trabajo remunerado	11.8	6.9	9.0	3.6
Trabajo familiar sin pago	3.1	0.0	2.0	0.0
Quehaceres domésticos	3.1	35.6	1.0	19.1
Total	18.0	42.5	12.0	22.7
Número de casos	3451	7880	3569	6 730

NOTA: Niños de 12 a 14 años; el número de casos corresponde a los niños y niñas que declaran trabajar.

parte del proceso de socialización y permite transmitir experiencias de padres a hijos. Interesa entonces analizar las distintas formas de trabajo para así poder explicar los efectos que tienen en la vida de los niños.

Si incluimos a los quehaceres domésticos en el propio hogar cuando éstos son declarados como ocupación principal, las niñas trabajan con bastante mayor frecuencia que los niños (cuadro 18). Por otro lado, las cifras señalan que el trabajo familiar no remunerado está muy subregistrado, sobre todo entre las niñas.[65] Estas observaciones coinciden con lo encontrado en otros trabajos donde, además, se muestra que en áreas rurales las niñas y las jóvenes se emplean mucho menos en actividades destinadas a la producción para el mercado (Knaul y Parker, 1998).

A pesar de que el trabajo familiar no remunerado es muy frecuente entre los niños, es un tema poco estudiado. Se tiende a pensar que en esta forma de trabajo el niño está más protegido, labora menos horas, con horarios más flexibles y sin necesidad de traslado, y por tanto puede dedicar más tiempo a estudiar. Además, hay autores que sostienen que favorece la adquisición de habilidades y destrezas transmitidas de padres a hijos. Otros investigadores ponen en duda la bondad en el plano jurídico de esta forma de inserción laboral, ya que el niño no tiene una relación contractual con el patrón (Bensusán, 1980).

En un intento por indagar acerca de las características que tiene el trabajo familiar no remunerado —en oposición al remunerado—, analizamos las ocupaciones que desempeñan los niños en uno y otro casos, a partir de la información de la Enaplaf (1995). En esta encuesta se captó la actividad principal y la secundaria, por lo que el subregistro del trabajo familiar no remunerado es mucho menor que en los censos. Los datos muestran que la mayor parte del trabajo familiar (más de 60%) se da en

[65] Knaul y Parker (1998) encuentran que 25% de los niños de 8 a 17 años que trabajan declaran ser trabajadores familiares no remunerados en México.

actividades agropecuarias, distribución esperable ya que la muestra que usamos se refiere a los seis estados menos desarrollados del país. De los niños que hacen trabajo familiar, 40% tiene ocupaciones diversas; el comercio concentra 13% de los casos; una pequeña proporción de los niños (5%) se desempeña como peón y ayudante en la industria metalúrgica, lo cual indica que esta forma de trabajo también se realiza fuera del ámbito doméstico.

Un hallazgo inesperado fue que la distribución de las ocupaciones remuneradas es muy similar a la encontrada en el trabajo familiar no remunerado, y que la única diferencia notable es la alta frecuencia del trabajo doméstico en casa ajena (13%). Tal similitud en las distribuciones de los dos tipos de trabajo abre nuevas interrogantes acerca de las características del trabajo familiar, que pueden no ser tan distintas de las del remunerado. Habría también que conocer cuál es la posición que ocupa el familiar para el que el niño trabaja, puesto que las condiciones laborales del propio niño dependen mucho de si trabaja para un patrón, un empleado o alguien que labora por cuenta propia.

Quisimos también comparar el número de horas semanales trabajadas y encontramos que los valores de las medianas en actividades remuneradas son sumamente altos: la mitad de los niños trabaja 40 horas semanales o más y la mitad de las niñas, 36. Como esperábamos, en los trabajos no remunerados, las jornadas son mucho menos prolongadas: los valores medianos son 24 y 21 horas, respectivamente.[66]

La duración de la jornada laboral está relacionada con la no asistencia a la escuela; aunque no podemos saber cuál es el sentido de la relación porque no conocemos el contexto institucional, en especial la posibilidad de acceso a escuelas secundarias, sí podemos señalar que quienes trabajan más de 48 horas semanales prácticamente no van a la escuela.[67] Dado que analizamos información derivada de observaciones de momento, no podemos saber si los niños permanecen en el trabajo o en la escuela; en otros estudios, basados en observaciones dinámicas, se ha mostrado que con frecuencia hay movilidad entre la escuela y el trabajo.[68]

[66] Según datos del censo de 1990, la duración mediana de la jornada de trabajo remunerado entre niños y niñas es de 48 horas por semana, y cuando el trabajo es sin pago es de 42 para niños y 30 para niñas. Estas larguísimas jornadas revelan que para una alta proporción de los niños que declaran que su ocupación principal es el trabajo resulta imposible conciliarlo con la escuela. El trabajo familiar, aunque menos intenso que el remunerado, también ocupa una buena parte del día.

[67] Entre los que trabajan de 35 a 45 horas, 57% no asiste; entre los que trabajan de 16 a 34 horas, la proporción es 27%; entre los que trabajan hasta 15 horas, es de 12%.

[68] Knaul y Parker (1998) encuentran que los niños que hacen trabajo en casa regresan a estudiar con mayor frecuencia que los que trabajan fuera de casa.

Escuela y trabajo infantil

a) *Tipo de trabajo y rendimiento escolar*

Una de las cuestiones que más nos interesa es determinar si el trabajo incide en el atraso y la asistencia escolares y, de ser así, si hay diferencias entre el efecto del trabajo remunerado y el del trabajo familiar; además, nos preguntamos si hay un umbral en el número de horas a partir del cual predominan los efectos nocivos del trabajo. En la bibliografía sobre este tema hay un debate en torno al efecto del trabajo infantil sobre los niveles educativos alcanzados y la ulterior inserción laboral, cuando se trata de jornadas laborales cortas, de menos de 15 a 20 horas. En México, el estudio ya citado de Knaul y Parker demuestra que el número de horas dedicadas al estudio disminuye drásticamente cuando las jornadas laborales son de 30 horas semanales o más: cuando los niños trabajan entre 16 y 30 horas semanales estudian un promedio de 24 horas por semana; cuando trabajan más horas, sólo dedican seis horas al estudio.

El retraso escolar es un factor importante en el desarrollo del niño, pues se ha demostrado que es la variable que más incide en el abandono de la escuela. Knaul y Parker (1998) encuentran que la probabilidad de abandono de la escuela aumenta 6% entre niños que se atrasan uno o más años en la escuela. Aplicamos una regresión logística para estimar el efecto combinado del tipo de trabajo y la duración de la jornada laboral sobre el atraso escolar, medido por la asistencia al nivel adecuado o al inadecuado, entre los niños que asisten a la escuela (cuadro 19).[69]

Las razones de momios muestran que el número de horas trabajadas por semana es determinante, y que el tipo de trabajo, familiar o remunerado, no influye de manera decisiva en la probabilidad de asistir al nivel adecuado. Los niños que trabajan hasta 20 horas, sin remuneración, tienen un atraso escolar similar al de los niños que no trabajan; cuando trabajan más de 20 horas su probabilidad de atraso aumenta significativamente. En trabajos remunerados, cuando la duración es corta, se observa un efecto en el sentido esperado, pero éste no es significativo; cuando trabajan más de 20 horas el efecto es muy fuerte y significativo.[70] El trabajo

[69] Excluimos a quienes no asisten a la escuela porque hay endogeneidad entre el trabajo infantil y la asistencia a la escuela. Algunas variables que no controlamos en el modelo, como la ausencia de escuelas secundarias, propician el que los niños de 12 a 14 años trabajen. Algunas características de las familias difíciles de medir (como su sistema de valores en relación con la educación formal y el trabajo) pueden influir sobre ambas variables del modelo.

[70] Podemos suponer que el trabajo remunerado tiene horarios fijos, mientras que en el familiar no remunerado éstos son más flexibles, y que esta flexibilidad ayuda a hacer más compatibles trabajo y escuela.

CUADRO 19. *Modelo de regresión logística. Razones de momios (e^B) de la probabilidad de asistir en la escuela al nivel inadecuado, 1995*

Tipo de trabajo y duración semanal	e^B
No trabaja	1.00
Sí trabaja	
No remunerado hasta 20 horas	0.90
No remunerado más de 20 horas	2.22**
Remunerado hasta 20 horas	1.56
Remunerado más de 20 horas	2.45*
Trabajo doméstico	4.26***
Constante (B)	− 0.98***
− 2 LL	2 190
x^2 del modelo	261 ***
Grados de libertad	7

NOTA: Niños de 12 a 14 años; se controló por sector socioeconómico y grado de hacinamiento en la vivienda; significancia: $p < 0.005$***, $p < 0.01$**, $p < 0.05$*.

doméstico es el que mayor infuencia negativa tiene sobre el desempeño escolar; sin embargo, por la manera como fue captado en esta encuesta, no es del todo comparable con los otros dos tipos de trabajo.[71]

b) *El trabajo y el estudio: influencia del sector socioeconómico y de la familia*

La segunda pregunta planteada es determinar cuáles son los factores familiares —económicos y estructurales— que influyen en las decisiones tomadas por la familia en relación con las actividades del niño, es decir los que afectan la decisión de que el niño trabaje, estudie o realice ambas actividades. En la sección sobre educación vimos la influencia de las variables familiares sobre algunos aspectos del desempeño escolar pero, como no incorporamos el trabajo infantil, no pudimos explicar la inasistencia de los niños a la escuela, ni tampoco una parte del atraso escolar. Ahora, aplicamos una regresión logística multinomial a los niños de 12 a 14 años, en la que el trabajo infantil forma parte de la variable dependiente. Sólo analizamos los sectores popular y agrícola porque en el sector medio prácticamente ningún niño trabaja.

[71] El trabajo doméstico se captó sólo cuando era declarado como la ocupación principal del niño o niña, mientras que el remunerado y el familiar podían ser, también, ocupaciones secundarias. Además, no se preguntó el número de horas trabajadas en quehaceres domésticos.

CUADRO 20. *Sector popular. Probabilidad de sólo estudiar, estudiar y trabajar y sólo trabajar, 1995. Modelo de regresión multinomial*

	Probabilidad de			
	sólo estudiar	*estudiar y trabajar*	*sólo trabajar*	*Número de casos*
HACINAMIENTO				
Bajo y medio	94	3	2	148
Alto	84	6	10	132
ESCOLARIDAD DE LA MADRE				
Primaria completa o más	91	6	3	122
Primaria incompleta	91	5	4	95
Ningún grado	85	2	12	63
CONVIVENCIA				
Madre y padre	92	3	5	216
Sólo madre	85	11	4	64
NÚMERO DE HIJOS				
1 a 4	90	5	5	240
5 o más	93	2	5	40
ADULTOS EN EL HOGAR SIN EMPLEO REMUNERADO				
Sí	93	4	3	196
No	82	7	11	84
NEGOCIO FAMILIAR				
No	91	4	6	240
Sí	81	18	1	40
SEXO DEL NIÑO				
Niña	89	3	8	149
Niño	92	5	3	131

NOTA: Niños de 12 a 14 años.

Al analizar cada sector por separado se reduce la disparidad de los ámbitos económico y educativo, lo cual resulta necesario porque no controlamos variables del contexto tales como las características de la demanda de mano de obra, en especial de la infantil, los salarios o la disponibilidad de escuelas.

En el sector popular las estrategias familiares están encaminadas a lograr que los niños estudien: la probabilidad de sólo estudiar es de 90% entre todos los niños. Las cifras del cuadro 20 muestran que los niños tienen mayores probabilidades de sólo estudiar cuando el nivel de hacinamiento es bajo o medio y hay fuerza de trabajo disponible en el hogar; dicha fuerza de trabajo puede influir porque los adultos realizan el trabajo doméstico y las niñas pueden entonces ir a la escuela. Otra posible explicación es que si hay adultos que no están empleados es porque la familia no tiene necesidades apremiantes de ingresos adicionales, o bien porque no hay demanda de empleo ni para los adultos ni para los niños.

La opción de trabajar y estudiar es poco frecuente en este sector, pero aumenta notablemente cuando hay un negocio familiar. Como ya vimos en la sección sobre educación, los niños que trabajan en negocios familiares no se atrasan más en la escuela que los que no trabajan; además, asisten con mayor frecuencia a la escuela que los niños en cuyas familias no hay negocios familiares. Es indudable que las familias perciben que el trabajo infantil en negocios familiares no tiene efectos nocivos en la escolaridad de sus hijos. Otra condición que propicia que los niños trabajen y estudien es el convivir sólo con la madre. Sin embargo, en la sección sobre educación vimos que los niños que conviven sólo con su madre se atrasan en la escuela mucho más que los que viven con ambos padres. Podemos suponer que las madres solas, bajo fuertes presiones económicas, procuran que los hijos trabajen y sigan asistiendo a la escuela, aun cuando se atrasen.

Alrededor de 5% de los niños de este sector sólo trabaja. Hay varios factores que aumentan las probabilidades de que los niños trabajen y dejen la escuela: en condiciones de hacinamiento alto la probabilidad es cuatro veces mayor; cuando la madre no tiene escolaridad y cuando no hay adultos sin empleo en el hogar, las probabilidades son dos veces mayores. Estas tres variables reflejan la limitación de recursos económicos, educativos y sociales de las familias. La bajísima probabilidad de que los niños sólo trabajen cuando la familia tiene un negocio confirma lo descrito en el párrafo anterior acerca de la relación entre la asistencia a la escuela y el trabajo familiar. Las niñas tienen una probabilidad mayor que los niños de sólo trabajar, acorde con lo encontrado en la sección sobre educación en la que vimos que una mayor proporción de niñas no asiste a la escuela. A diferencia del sector medio, donde no hay indicios de patrones que discriminen a las niñas, en este sector sí podemos suponer que las familias están menos renuentes a dejar que las niñas abandonen la escuela y se dediquen sólo a trabajar.

El comportamiento de la variable "número de hijos" es interesante porque señala que la dilución de recursos puede explicar diferencias en los patrones escolares y de trabajo infantil en ciertas condiciones. Los niños de familias numerosas trabajan igual que los de familias pequeñas, pero su desempeño escolar resulta mucho más deficiente puesto que su probabilidad de atraso es casi el doble de la de los niños de familias pe-

CUADRO 21. *Sector agrícola. Probabilidad de sólo estudiar, estudiar y trabajar y sólo trabajar, 1995. Modelo de regresión multinomial*

	Probabilidad de			
	sólo estudiar	*estudiar y trabajar*	*sólo trabajar*	*Número de casos*
HACINAMIENTO				
Bajo y medio	86	4	11	167
Alto	74	4	22	273
ESCOLARIDAD DE LA MADRE				
Primaria completa o más	85	3	12	71
Primaria incompleta	78	4	18	184
Ningún grado	74	4	22	185
CONVIVENCIA				
Madre y padre	79	4	18	410
Sólo madre	87	4	10	30
NÚMERO DE HIJOS				
1 a 4	80	3	16	270
5 o más	77	4	18	170
ADULTOS EN EL HOGAR SIN EMPLEO REMUNERADO				
Sí	82	3	15	363
No	60	11	29	77
SEXO DEL NIÑO				
Niña	75	2	24	222
Niño	81	7	12	218

Nota: Niños de 12 a 14 años.

queñas, como se vio en la sección anterior. Entonces, podemos inferir que su atraso no se debe a que trabajan y estudian, sino al hecho de vivir en familias numerosas.

En el sector agrícola, la probabilidad de que los niños sólo estudien es más baja que en el sector popular: 79%. Los niños se dedican al estudio cuando las condiciones de hacinamiento son bajas o medias y la escolaridad de la madre es más alta, es decir cuando hay más recursos económicos y educativos en la familia (cuadro 21). El peso que tiene la carencia de recursos económicos se refleja también en la variable referida a la existencia de adultos no empleados; esta variable influye notablemente en la probabilidad de que los niños sólo estudien.

La opción de trabajar y estudiar es poco frecuente en dicho sector, y la mayoría de las variables que estamos analizando no influye en ella. Sin embargo, cuando todos los adultos están empleados, la probabilidad de que los niños trabajen, además de estudiar, aumenta notablemente. Otro factor que incide es el sexo del niño. La diferencia de papeles entre niños y niñas es marcada: las familias se esfuerzan por lograr que los varones no dejen de estudiar y, de ser necesario, ellos trabajan y estudian. Las niñas, en cambio, estudian menos.

De los niños de este sector, 17% sólo trabaja. Todas las variables del modelo, salvo el número de hijos, influyen en la frecuencia del trabajo infantil. Las familias agrícolas de escasos recursos económicos y educativos desarrollan una estrategia de subsistencia basada en el aprovechamiento de la fuerza de trabajo familiar. El patrón más usual es que las familias recurran a la fuerza de trabajo adulta y, cuando no hay ningún adulto desempleado en la familia, recurran a la fuerza de trabajo infantil. Cuando se da esta última situación, uno de cada tres niños trabaja. Si a estos niños agregamos los que trabajan y estudian, resulta que, cuando no hay adultos desempleados, 40% de los niños trabaja.

La convivencia sólo con la madre desestimula el trabajo infantil: cuando los niños viven con ambos padres tienen una mayor probabilidad de sólo trabajar que cuando conviven solamente con su madre. Como vimos en la primera sección dedicada al entorno familiar, en el sector agrícola prácticamente no hay familias monoparentales encabezadas por mujeres (2% del total de familias del sector). Entonces, los niños que no conviven con el padre viven en familias extensas donde hay una mayor proporción de adultos. Ello explica que estos niños trabajen menos.

Nuevamente podemos señalar una marcada discriminación contra las niñas: una de cada cuatro trabaja y su probabilidad de trabajar es el doble de la de los niños.

El número de hijos influye muy levemente en la actividad de los niños: la probabilidad de sólo estudiar es 3% más elevada cuando viven en familias pequeñas.

Principales hallazgos sobre el trabajo infantil

El primer objetivo de esta sección fue caracterizar el trabajo de los niños en México. A pesar de las dificultades para obtener estimaciones comparables de los niveles de participación laboral de los niños, podemos afirmar que el inicio de las actividades económicas sucede cada vez a edades más tardías. Es decir, hay una reducción de las tasas de participación en el tiempo; no obstante, aún en 1995 el trabajo infantil es frecuente, pues uno de cada cinco niños de 12 a 14 años trabaja.

Las actividades laborales de los niños se concentran en los sectores más tradicionales de la economía: los varones en la agricultura y la ganadería, y las niñas en el servicio doméstico. Los primeros desempeñan con mayor frecuencia trabajos remunerados, mientras que las niñas se dedican a quehaceres domésticos. La duración de las jornadas es muy prolongada cuando el trabajo es remunerado pero, aun en los casos en los que el trabajo no recibe un pago, la semana laboral de la mayoría de los niños es de más de 20 horas.

La otra pregunta que planteamos en esta sección es si el trabajo infantil es nocivo en el aprovechamiento del niño en la escuela. Observamos que la duración de la jornada laboral es un elemento clave pues el aprovechamiento escolar de los niños que trabajan menos de 20 horas semanales es semejante al de los niños que no trabajan. Contrariamente a lo esperado, el hecho de que el niño participe en labores remuneradas o en labores familiares sin remuneración no afecta significativamente el atraso escolar del niño.

La tercera pregunta que guió esta sección es si las características socioeconómicas y de estructura de las familias influyen sobre la actividad de los niños en los dos sectores donde hay trabajo infantil. Observamos que en el sector popular la estrategia de las familias está encaminada a lograr que los niños estudien y, en la medida de lo posible, a que no trabajen: sólo cinco de cada 100 niños estudia y trabaja y la misma proporción no asiste a la escuela y trabaja. En el sector agrícola también predomina el estudio, aunque 17% de los niños de 12 a 14 años ya no asiste a la escuela y se dedica a trabajar; en este sector son pocos los niños que logran hacer compatible los estudios con el trabajo.

De las variables sobre la estructura familiar, la ausencia del padre en el hogar tiene un efecto importante sobre la asistencia de los hijos, pero de manera distinta en cada sector: en el popular propicia que el niño trabaje, aunque sin abandonar sus estudios, y en el agrícola favorece una mayor asistencia a la escuela. Ello sugiere que las mujeres solas valoran más la educación formal de los hijos y, en la medida de sus posibilidades, desarrollan estrategias para que los niños continúen sus estudios.

Un número elevado de hijos en la familia no influye en la actividad de los niños. Al controlar la condición socioeconómica de la familia, niños de familias numerosas o pequeñas se dedican a las mismas actividades en los dos sectores.

La otra variable sobre la estructura de las familias, la presencia de adultos sin empleo remunerado en el hogar, es un factor decisivo de la actividad infantil. En el sector popular, con mayor frecuencia los niños asisten y no trabajan cuando en el hogar hay adultos en estas condiciones. Entre los niños del sector agrícola, la ausencia de adultos sin empleo remunerado en el hogar propicia que los niños trabajen, ya sea que deban abandonar la escuela o que puedan conciliar ambas actividades. Ello puede explicarse por diferencias en la demanda de trabajo, que afectan tanto el trabajo de los adultos como el de los niños. También puede aducirse que lo anterior resulta de la estrategia de algunas familias de emplear toda la fuerza de trabajo disponible, aun la de los niños.

El negocio familiar en el sector popular propicia, como se esperaba, una elevada participación de los niños en el trabajo, pero impide que abandonen la escuela. Si añadimos a esto que la existencia de un negocio familiar no afecta el aprovechamiento en la escuela, podemos concluir que la existencia de un negocio familiar tiene un efecto positivo en el desarrollo de los niños.

Las variables socioeconómicas (grado de hacinamiento y escolaridad de la madre) tienen un efecto significativo en las actividades que desempeñan los niños, aunque es diferente en cada sector. Las condiciones de vida precarias, reflejadas en un grado de hacinamiento alto, propician que los niños del sector popular trabajen con mayor frecuencia, ya sea que continúen estudiando o que abandonen la escuela; en el agrícola, en cambio, lo que propicia es un mayor abandono de los estudios. El nivel de escolaridad más elevado de las madres favorece una mayor asistencia en los dos sectores. Resulta interesante que sólo en el sector popular los hijos de mujeres con mayor escolaridad logren conciliar con mayor frecuencia estudios y trabajo.

En ambos sectores priva una fuerte discriminación hacia las niñas. Ésta se hace evidente en el mayor abandono de los estudios y en el hecho de que el desempeño de ambas actividades sea menos frecuente entre las niñas.

Reflexiones finales

En esta investigación llegamos a una serie de conclusiones que matizan lo que se ha encontrado en otros estudios. A veces, nuestras observaciones contradicen opiniones muy difundidas pero que carecen de sustento riguroso porque se basan en la generalización de resultados hallados en otras sociedades. Quizá el resultado más sugerente es que no hay cambios en los patrones de convivencia de los niños: al igual que hace 20 años, en 1995 la gran mayoría de los niños viven con su padre y su madre. La evolución de los patrones familiares de sociedades desarrolladas, en especial de la norteamericana, caracterizados por la frecuencia cada vez mayor de arreglos familiares "alternativos", generó la idea de que en México y en otras sociedades latinoamericanas se estaba gestando un proceso similar. Los procesos de cambio sociodemográficos que se dieron en otras poblaciones también ocurrieron en México, pero los datos que analizamos muestran que la estructura familiar mexicana tiene gran capacidad de adaptarse a los nuevos procesos sin cambiar, por lo menos mientras los hijos son aún pequeños.

Muy pocos niños viven en familias encabezadas por la madre y tal pareciera que este arreglo familiar no va a ser frecuente en un futuro cercano porque la solución que encuentran las madres con hijos pequeños es constituir, o integrarse a, una familia extensa. En todo caso, las familias encabezadas por mujeres han sido muy estudiadas pues se considera que conforman uno de los grupos más vulnerables de la sociedad. Los resultados de nuestra investigación muestran que, desde el punto de vista de las condiciones de estudio y de trabajo de los niños, estas familias pueden favorecer o entorpecer el desarrollo de los niños, según el sector socioeconómico. El análisis por sector proporciona elementos que enriquecen nuestra visión y nos lleva a concluir que las condiciones de vida de los niños son el resultado de la manera como se combinan las características familiares, entre sí y con el contexto social. De ahí que las familias monoparentales resultan ventajosas en el sector agrícola y francamente desventajosas en el medio.

La reducción en el número de hermanos con los que conviven los niños es un proceso que altera las relaciones familiares y que tiene importantes repercusiones en las políticas públicas dirigidas al bienestar de la familia. "Menos hijos para darles más" puede ser una buena motivación en el nivel individual, pero no necesariamente es cierto que familias pequeñas aseguren que mejore la formación escolar del capital humano. De hecho, encontramos que el número de hermanos sólo incide en el atraso escolar de los niños del sector popular y que esta variable tiene un efecto muy leve en el abandono de los estudios. Ello es así porque la educación básica es gratuita y las familias, numerosas o pequeñas, pagan costos relativamente bajos por tener a sus hijos en la escuela. El número de hermanos tampoco influye en el trabajo infantil; tal resultado sorprende pues se esperaría que, por lo menos en el sector agrícola —donde muchas de las familias se organizan para aprovechar toda su fuerza de trabajo disponible—, los niños de familias numerosas trabajaran más que los otros. Estas familias tienen más necesidades y más fuerza de trabajo. La cuestión es compleja porque aunque es probable que los hijos mayores de familias numerosas sí trabajen más, también es probable que los menores trabajen menos. Los efectos se compensan y no hay entonces diferencias significativas en el trabajo infantil entre familias numerosas y pequeñas.

Otro gran cambio en las condiciones de vida de los niños de la segunda mitad del siglo XX ha sido la asistencia cada vez mayor a la escuela primaria y, en menor medida, a la secundaria. Por ello, consideramos que es importante aportar elementos al debate sobre la tendencia de las desigualdades según tamaño de la localidad de residencia, dominio de una lengua indígena y sexo. Comprobamos que las desigualdades en la asistencia escolar tienden a disminuir en el ciclo primario, pero se mantienen en el secundario, resultado muy preocupante que revela que aún hay serias diferencias en las oportunidades de acceso a la escuela entre los niños.

Las diferencias de género en el desempeño escolar y en el trabajo infantil no resultaron tan directas. En la primaria, el indicador que analizamos —terminar la primaria a tiempo— no revela ninguna diferencia entre niños y niñas, salvo entre niños hablantes de una lengua indígena, entre quienes observamos que menos niñas terminan la primaria a tiempo. Otro hallazgo inesperado fue que las niñas se atrasan menos en la escuela que los niños, en todas las situaciones que analizamos. Si tomamos en cuenta el mayor atraso de los niños, el hecho de que la misma proporción de niños que de niñas termine a tiempo la primaria nos indica que las niñas dejan de ir a la escuela más que los niños. Pareciera que algunos padres valoran más la escolaridad de los hijos varones; los niños permanecen más tiempo en la escuela aunque se atrasen, mientras que las niñas, aunque vayan a tiempo, abandonan sus estudios. En el ingreso a la secundaria el efecto del género es mucho más claro y fuerte: las niñas inician este ciclo escolar en menor proporción que los niños, y este patrón no ha variado en los últimos 30 años. La discriminación contra las niñas es más acentuada en las localidades rurales y entre los hablantes de alguna lengua indígena. Al analizar el trabajo infantil, las diferencias de género son grandes: hay dos veces más niñas que se dedican sólo a trabajar que niños. En cambio, la combinación de estudio con trabajo es más frecuente entre los varones, lo que refuerza la idea de que los padres valoran mucho más la educación formal de los hijos varones.

El análisis de los efectos del trabajo infantil también aporta conclusiones inesperadas: las ocupaciones remuneradas no son diferentes de las desempeñadas sin retribución, y sus efectos en el desempeño escolar son semejantes. Las diferencias provienen no del tipo de trabajo, sino de la duración de la jornada laboral, que es de cerca de 40 horas cuando el trabajo es remunerado y de alrededor de 20 cuando es familiar. Cuando los niños trabajan más de 20 horas semanales, o se atrasan en la escuela o no asisten. Un caso especial es el de la participación en un negocio familiar: estos niños no se atrasan más que los otros en la escuela y no abandonan sus estudios.

A lo largo de la investigación pudimos corroborar la necesidad de que se lleven a cabo más estudios sobre las condiciones de vida de los niños en

México; en múltiples ocasiones tuvimos que recurrir a los resultados de estudios realizados en otros contextos sociales y culturales, generalmente de países desarrollados, para explicar lo que observamos. Las teorías explicativas se adecuan, en muchos casos, a la situación de los niños del sector medio mexicano, pero no a la de los otros dos sectores. Es evidente la falta de trabajos empíricos que sustenten modelos de interpretación aplicables a estos sectores.

Podemos afirmar que los cambios que han ocurrido en la sociedad mexicana en la segunda mitad del siglo XX están definiendo una nueva identidad del concepto social de "niñez". De manera directa, la escolarización cada vez mayor de padres e hijos y las características del mercado laboral confluyen para cambiar la manera en que la sociedad, y los padres, valoran a la niñez; en todos los sectores sociales se percibe a la niñez como una fase de la vida durante la cual el niño debe recibir educación formal. Esta nueva valoración plantea un cambio en las expectativas de los padres respecto de sus hijos, cambio que explica muchos de los comportamientos que analizamos. A pesar de su relevancia, este proceso social sólo ha sido observado, indirectamente, en estudios sobre patrones reproductivos.

Otro aspecto muy relacionado con esta nueva concepción social de la niñez es el de las relaciones entre los miembros de la familia que tienden a ser cada vez más igualitarias. Sin embargo, en el presente trabajo encontramos que en amplios sectores de la población persisten formas de discriminación contra las niñas a partir de los 12 años. En dichas edades se definen los papeles femeninos que, en muchos casos, exigen que las niñas dejen la escuela y hagan trabajo doméstico en casa, lo cual limita sus opciones futuras. Este tema merece la atención prioritaria en los estudios de género.

Hay otras muchas preguntas de investigación que surgieron, en especial cuando analizamos el trabajo infantil. Antes de poder emitir juicios sobre los efectos del trabajo infantil, habría que indagar acerca de las características del trabajo de los niños en los sectores más pobres y si el trabajo es una forma útil de aprendizaje. Asimismo, habría que conocer los efectos que tiene el trabajo familiar no remunerado, el cual, según nuestras observaciones, puede tener consecuencias tan negativas como el trabajo remunerado. Otro tema que no puede ser descuidado es el del trabajo doméstico, ocupación principal de casi la mitad de las niñas que trabajan, a partir de los 12 años. Para concocer mejor las características del trabajo infantil se requieren investigaciones en las que se observe la manera como los niños distribuyen el tiempo entre el trabajo y el estudio.

Bibliografía

Amato P. R., y B. Keith (1991), "Separation from a parent during childhood and adult socioeconomic attainment", *Social Forces,* 70: 187-206.

Anh, T. S., J. Knodel, D. Lam, J. Friedman (1998), "Family size and children's education in Vietnam", *Demography,* 35 (1): 57-70.

Astone, N. M., y S. McLanahan (1991), "Family structure, parental practices, and high school completion", *American Sociological Review,* 56 (3): 309-320.

Bensusán, G. (1980), "El trabajo de los niños en México", en E. Mendeievich, *El trabajo de los niños,* Ginebra, Suiza, Organización Internacional del Trabajo.

Biblarz, T. J., y A. E. Raftery (1998), "Family structure, educational attainment, and socioeconomic success: rethinking the 'pathology of matriarchy'", Families and Inequalities Research Group Working Paper núm. 98-02, Department of Sociology, University of Southern California.

Blake, J. (1986), "Number of siblings, family background and the process of educational attainment", *Social Biology,* 33 (1-2): 5-21.

Blake, J. (1989), *Family Size and Achievement*, Berkeley, University of California Press.

Bossio Rotondo, J. C. (1996), "La OIT y el trabajo infantil. Una perspectiva latinoamericana", A. Brizzio de la Hoz (comp.), *El trabajo infantil en México*, México, Universidad Veracruzana/Fondo de Naciones Unidas para la Infancia/Organización Internacional del Trabajo, pp. 8-26.

Bracho, T. (1995), "Distribución y desigualdad educativa en México", *Estudios Sociológicos,* XIII (37): 24-54.

Bracho, T., y A. Zamudio (1997), "El gasto privado en educación. México, 1992", *Revista Mexicana de Investigación Educativa*, II (4): 323-347.

Brizzio de la Hoz, A. (comp.) (1996), *El trabajo infantil en México*, México, Universidad Veracruzana/Fondo de Naciones Unidas para la Infancia/Organización Internacional del Trabajo.

Browning, Harley L., y Waltraut Feindt (1973a), "Selectividad de migrantes a una metrópoli en un país en desarrollo: estudio de un caso mexicano", J. Balán, H. Browning y E. Jelin (comps.), *Migración, estructura ocupacional y movilidad social. El caso de Monterrey*, México, Instituto de Investigaciones Sociales de la UNAM, pp. 63-77.

Browning, Harley L., y Waltraut Feindt (1973b), "Status migratorio y posición socioeconómica en una metrópoli de un país en desarrollo: el caso de Monterrey", en J. Balán, H. Browning y E. Jelin (comps.), *Migración, estructura ocupacional y movilidad social. El caso de Monterrey*, México, Instituto de Investigaciones Sociales de la UNAM, pp. 78-95.

Bruce, J., C. B. Lloyd y A. Leonard (1995), "Introduction", en *Families in Focus. New Perspectives on Mothers, Fathers, and Children*, Nueva York, Population Council, pp. 1-5.

Caldwell, J. C. (1965), "Extended family obligations and education: A study of an aspect of demographic transition among Ghanian University students", *Population Studies*, 19 (2): 183-199.

Caldwell, J. C., P. H. Reddy y P. Caldwell (1985), "Educational transition in rural South India", *Population and Development Review*, 11 (1): 29-51.

Cantú Gutiérrez, J. J. (1994), "La migración a las grandes ciudades del país: principales características", *Memorias de la IV Reunión Nacional de Investigación Demográfica en México*, tomo II, México, Instituto Nacional de Estadística, Geografía e Informática/Sociedad Mexicana de Demografía, pp. 263-279.

Cantú Gutérrez, J. J., y R. Luque (1990), "Migración a la zona metropolitana de la ciudad de México", *Demos*, Coordinación de Humanidades de la Universidad Nacional Autónoma de México/Fondo de Población de las Naciones Unidas/Instituto Nacional de Estadística, Geografía e Informática, pp. 17-18.

Centro de Estudios Educativos A. C. (1993), *Educación y pobreza*, México, Consejo Consultivo del Programa Nacional de Solidaridad/El Nacional.

Comisión Económica para América Latina (1993), *Cambios en el perfil de la familia: la experiencia regional*, Chile, CEPAL.

——— (1996) *Anuario Estadístico de América Latina y el Caribe*, Chile, Naciones Unidas.

———, UNESCO (1992), *Educación y conocimiento: eje de la transformación productiva con equidad*, Santiago de Chile.

Correa, R. (1988), "Educación inicial y preescolar en América Latina", en C. Muñoz Izquierdo (comp.), *Calidad, equidad y eficiencia de la educación primaria: estado actual de las investigaciones en América Latina*, México, Centro de Estudios Educativos, A. C., pp. 79-119.

Chant, S. (1997), *Women-Headed Households. Diversity and Dynamics in the Developing World*, Londres, MacMillan Pres Ltd.

Desai, S. (1992), "Children at risk: The role of family structure in Latin America and West Africa", *Population and Development Review* 8 (4): 689-717.

——— (1995), "When are children from large families disadvantaged? Evidence from cross-national analyses", *Population Studies*, 49 (2): 195-210.

Dirección General de Educación Indígena (1998), "Memoria de Gestión. Febrero 1996-junio 1998", México, Subsecretaría de Educación Básica y Normal de la Secretaría de Educación Pública.

Dirección General de Estadística (1969), *Anuario Estadístico del los Esta-*

dos Unidos Mexicanos, 1966-1967, México, Secretaría de Industria y Comercio.

Durrant, V. (1998), "Children's work and schooling in rural Pakistan: missed opportunities or limited options?", Population Association of America's Annual Meeting, Chicago, Ill.

Fawcett, J. (1983), "Perceptions of the value of children: satisfactions and costs", Bulatao *et al.*, (comps.), *Determinants of Fertility in Developing Countries. A Summary of Knowledge*, Washington, D. C., National Academy Press.

Festy, P. (1994), "L'enfant dans la famille. Vingt ans de changement dans l'environment familial des enfants", *Population*, 6, París, Institut National d'Etudes Démographiques.

Fitzgerald Krein, Sh., y A. H. Beller (1988), "Educational attainment of children from single-parent families: differences by exposure, gender, and race", *Demography*, 25 (2): 221-234.

Gage, A. J., A. E. Sommerfelt y A. Piani (1997), "Household structure and childhood inmunization in Niger and Nigeria", *Demography*, 34 (2): 295-309.

García, B., y O. de Oliveira (1994), *Trabajo femenino y vida familiar en México*, México, El Colegio de México.

Goldstein, A., Guo Zhigang y S. Goldstein (1997), "The relation of migration to changing household headship patterns in China, 1982-1987", *Demography*, 34 (2): 75-84.

Guerra Ochoa, M. T. (1996), "El trabajo de niños jornaleros agrícolas en los valles de Sinaloa", en A. Brizzio de la Hoz (comp.), *El trabajo infantil en México*, México, Universidad Veracruzana / Fondo de Naciones Unidas para la Infancia / Organización Internacional del Trabajo, pp. 75-82.

Hayashi, L. (1992), *La educación mexicana en cifras*, México, El Nacional, 418 pp.

Hernández, D. (1986), "Childhood in socio-demographic perspective", *Annual Review of Sociology*, 12: 159-180.

Ibarrola, María de (1995), "Dinámicas de transformación en el sistema educativo mexicano", en J. M. Puryear y J. J. Brunner (comps.), *Educación, equidad y competitividad económica en las Américas: Un proyecto de diálogo interamericano*, vol. II: *Estudios de caso*, Interamer 40 / OEA, Series Educativas.

Institut National de la Statistique et des Etudes Economiques (1997), "Mesurer la pauvreté aujourd'hui", *Economié et Statistique*, Francia (8-10).

Instituto Nacional de Estadística, Geografía e Informática (1993), *Los niños en México*, México, INEGI.

Instituto Nacional de Estadística, Geografía e Informática/Secretaría de Trabajo y Previsión Social (1993), *Encuesta Nacional de Empleo 1991*, México.

———, ——— (1993), *Encuesta Nacional de Educación, Capacitación y Empleo 1991*, México.

———, ——— (1996), *Encuesta Nacional de Empleo, Edición 1995*, México.

Jonsson, J., y M. Gähler (1997), "Family dissolution, family reconstitution, and children's educational careers: recent evidence for Sweden", *Demography,* 34 (2): 277-293.

Juárez, F. (1996), "La formación de la familia y la movilidad a las áreas metropolitanas en México: un nuevo enfoque de la interacción entre los eventos demográficos", F. Juárez *et al., Nuevas pautas reproductivas en México*, México, El Colegio de México, pp. 147-198.

Kaneda, T. (1998), "The effects of gender composition and birth order of siblings on educational attainment: the Japanese case", Population Association of America's Annual Meeting, Chicago, Ill.

King, E. (1987), "The effect of family size on family welfare", en G. Johnson y R. Lee (comps.), *Population Growth and Economic Development: Issues and Evidence*, Madison, University of Wisconsin Press, pp. 373-411.

King, M., y S. Preston (1990), "Who lives with whom? Individual *versus* household measures", *Journal of Family History,* 15 (2): 117-132.

King, V. (1998), "Education and grand parenting roles", Population Association of America's Annual Meeting, Chicago, Ill.

Kitson, G. C., y L. A. Morgan (1990), "The multiple consequences of divorce: a decade review", *Journal of Marriage and the Family,* 52: 913-924.

Knaul, F. M., y S. Parker (1998), "Patterns over time and determinants of early labor force participation and school drop out: evidence from longitudinal and retrospective data on Mexican children and youth", Population Association of America's Annual Meeting, Chicago, Ill.

Knodel, J., *et al.* (1989), "Family size and children's education in Thailand: evidence from a national sample", *Demography,* 28: 119-132.

———, *et al.* (1990), "Family size and the education of children in the context of rapid fertility decline", *Population and Development Review,* 15 (1): 31-62.

———, y M. Wongsith (1991), "Family size and childre's education in Thailand: evidence from a national sample", *Demography,* 28 (1): 119-131.

Lamphere, L. (1974), "Strategies, cooperation and conflict among women in domestic groups", en M. Rosaldo, y L. Lamphere (comps.), *Woman, Culture and Society*, Stanford, Stanford University Press, pp. 97-113.

Latapí, P. (1964), *Diagnóstico educativo nacional*, México, Centro de Estudios Educativos, Librería Manuel Porrúa.

Lefranc, Ch., y S. Thave (1994), "L' évolution de l'environment familial des enfants", *Population*, núm 6, INED, París.

León, H. (1996), "La Convención de los Derechos de los Niños y el trabajo infantil", en A. Brizzio de la Hoz (comp.), *El trabajo infantil en México*, México, Universidad Veracruzana/Fondo de Naciones Unidas para la Infancia/Organización Internacional del Trabajo, pp. 4-7.

Lloyd, C., y A. Blanc (1996), "Children's schooling in Sub-Saharan Africa: the role of fathers, mothers and others", *Population and Development Review,* 22 (2): 265-298.

Lloyd, C., y A. J. Gage-Brandon (1994), "High fertility and children's schooling in Ghana: sex differences in parental contributions and educational outcomes", *Population Studies,* 48 (2): 293-306.

Lloyd, C., y B. Mensh y W. Clark (1998), "The effects of primary school quality on the educational participation and attainment of Kenyan girls and boys", Population Association of America's Annual Meeting, Chicago, Ill.

Lloyd, C., y S. Desai (1991), "Children's living arrangements in comparative perspective", en *Demographic and Health Surveys Conference, Proceedings,* vol. III: 1623-1643, Columbia, Maryland, IRD Macro International.

Lloyd, B. C., y N. Duffy (1995), "Families in transition", en J. Bruce *et al., Families in Focus. New Perspectives on Mothers, Fathers and Children,* Nueva York, Population Council, pp. 5-23.

López Limón, M. G. (1996), "El trabajo infantil en la 'globalización' y la agricultura de exportación", A. Brizzio de la Hoz (comp.), *El trabajo infantil en México*, México, Universidad Veracruzana/Fondo de Naciones Unidas para la Infancia/Organización Internacional del Trabajo, pp. 61-74.

Martínez, C., e I. Szasz (1994), "La actividad de los niños: una dimensión ausente en el análisis de la fecundidad rural", *Memorias de la IV Reunión Nacional de Investigación Demográfica en México,* tomo II, Sociedad Mexicana de Demografía/Instituto Nacional de Estadística, Geografía e Informática, abril, pp. 368-373.

Martínez Rizo, F. (1992), "La desigualdad educativa en México", *Revista Latinoamericana de Estudios Educativos*, vol. XXII, núm. 2: 59-120. México.

McDaniel, A., y E. Zulu (1994), "Mothers, fathers and children: regional patterns in child-parent residence in sub-Saharan Africa", Population Association of America's Annual Meeting, Miami, Florida.

Mier y Terán, M. (1996), "The implications of Mexico's fertility decline for women's participation in the labour force", en J. M. Guzmán *et al.* (comps.), *The Fertility Transition in Latin America*, Clarendon Press Oxford: 323-342.

Mier y Terán, M., y C. Rabell (1993), "Inicio de la transición de la fecundidad en México. Descendencias de mujeres nacidas en la primera mitad del siglo XX", *Revista Mexicana de Sociología*, vol. LV (núm. 1): 41-81.

Moerman, C. (1996), "Los niños de la calle en México Distrito Federal. Encuentro y trabajo con un grupo de niños del centro de la ciudad (noviembre de 1995 a junio de 1996)", Mémoire de maitrise d'Espagnol, Faculté del Lettres et Sciences Humaines, Université de Rouen.

Montgomery, M. R., y A. Kouamé (1993), "Fertility and schooling in Côte d'Ivoire: is there a tradeoff?", World Bank, Africa Technical Department, Human Resources and Poverty Division, Technical Working Paper núm. 11.

Moreno Mena, J. A. (1996), "Empleo infantil en el sector agrícola del valle de Mexicali. Algunas características socioeconómicas", A. Brizzio de la Hoz (comp.), *El trabajo infantil en México*, México, Universidad Veracruzana/Fondo de Naciones Unidas para la Infancia/Organización Internacional del Trabajo, pp. 95-103.

Muller, E. (1984), "Income, aspirations and fertility in rural area of less developed countries", en W. Schutjer y S. Stokes (comps.), *Rural Development and Human Fertility*, Nueva York, MacMillan, pp. 121-150.

Mummert, G. R. (1979), *La participación de niños y ancianos en la actividad económica: el caso de una comunidad rural de México*, tesis presentada para optar al grado de maestría en demografía, México, El Colegio de México.

Muñoz, H., O. de Oliveira y C. Stern (1977), "Diferencias socioeconómicas entre nativos y migrantes: comparación entre las ciudades de Monterrey y México", en H. Muñoz, O. de Oliveira y C. Stern (comps.), *Migración y desigualdad en la ciudad de México*, Instituto de Investigaciones Sociales-Universidad Nacional Autónoma de México/El Colegio de México, pp. 61-73.

Muñoz, H., y H. Suárez Zozaya (1993), "Población y educación", *Demos, Carta Demográfica sobre México*, pp. 32-33, México.

Muñoz Izquierdo, C. (1988), *Calidad, equidad y eficiencia de la educación primaria: estado actual de las investigaciones realizadas en América Latina*, México, Centro de Estudios Educativos, A. C.

Oliver, R. (1994), "Fertility and child schooling in Ghana: evidence of a quality/quantity tradeoff", Population Association of America's Annual Meeting, Miami, Florida.

Page, H. (1989), "Childbearing *vs.* childrearing: coresidence of mother and child in Sub-Saharan Africa", en R. Lesthaeghe (comp.), *Reproduction and Social Organization in Sub-Saharan Africa*, Berkeley, University of California Press.

Parker, S., y F. Knaul (1997), "Employment and child care strategies among Mexican women with young children", México, Centro de Investigación y Docencia Económicas, División de Economía, núm. 75.

Pedrero, M. (s. f), "Trabajo de menores en México", México, Centro Regional de Investigaciones Multidisciplinarias", UNAM, mimeo.

Pittman, J. F., y D. Blanchard (1996), "The effects of work history and timing of marriage on the division of household labour: a life-course perspective", *Journal of Marriage and the Family,* 58: 78-90.

Presidencia de la República/Nacional Financiera (1963), *50 años de Revolución Mexicana en cifras*, México.

Quilodrán, J. (1993), "Cambios y permanencias de la nupcialidad en México", *Revista Mexicana de Scociología,* LV (1): 17-40.

——— (1998), *Le mariage au Méxique. Evolution nationale et typologie régionale,* Bruselas, Academia Bruylant.

Retherford, R. D., y M. K. Choe (1993), *Statistical Models for Causal Analysis,* Nueva York, John Wiley and Sons.

Richter, K. (1988), "Union patterns and children's living arrangements in Latin America", *Demography,* 25 (4): 553-566.

Rodríguez, G., y N. Goldman (1995), "An assessment of estimation procedures for multilevel models with binary responses", *Journal of the Royal Statistical Society*, serie A, 158 (1): 73-89.

Rodríguez, P. G. (1986), "Expansión y crisis de la educación primaria en México (una visión histórica)", *Revista Latinoamericana de Estudios Educativos,* 16 (3-4).

Rojas Flores, J. (1996), *Los niños cristaleros: Trabajo infantil en la industria. Chile, 1880-1950*, Santiago de Chile, Ediciones de la Dirección de Bibliotecas, Archivos y Museos.

Rosero-Bixby, L. (1996), "Nuptiality trends and fertility transition in Latin America", en J. M. Guzmán *et al.* (comps.), *The Fertility Transition in Latin America*, Oxford, Clarendon Press, pp. 135-150.

Safa, H. (1998), "Prólogo", M. González de la Rocha (comp.), *Divergencias del modelo tradicional: hogares de jefatura femenina en América Latina,* México, Centro de Investigaciones y Estudios Superiores en Antropología Social, en prensa.

Sahagún Linares, A. (1996), "Panorama del trabajo infantil en México", A. Brizzio de la Hoz (comp.), *El trabajo infantil en México,* México, Universidad Veracruzana/Fondo de Naciones Unidas para la Infancia/Organización Internacional del Trabajo.

Sánchez Muñohierro, L. (1996), "La familia jornalera: seno del niño en situación especialmente difícil", A. Brizzio de la Hoz (comp.), *El trabajo infantil en México*, Universidad Veracruzana/Fondo de Naciones Unidas para la Infancia/Organización Internacional del Trabajo, pp. 27-37.

Shavit, Y., y J. L. Pierce (1991), "Sibship size and educational attainment in nuclear and extended families: Arabs and Jews in Israel", *American Sociological Review*, 56: 321-330.

Schmelkes, S. (1994), "La desigualdad en la calidad de la educación primaria", *Revista Latinoamericana de Estudios Educativos*, México, vol. XXIV, núms. 1 y 2: 13-38

Smock, P. J. (1994), "Gender and the short-run economic consequences of marital disruption", *Social Forces*, 73: 243-262.

Stavenhagen, R. (1983), "Aspectos socioculturales de la desigualdad y la equidad en México", en C. Bazdresch Parada *et al.*, *Igualdad, desigualdad y equidad en España y México*, Madrid, Instituto de Cooperación Iberoamericana/El Colegio de México, pp. 499-520.

Stern, C. (1977), "Migración, educación y marginalidad", en H. Muñoz, O. de Oliveira y C. Stern (comps.), *Migración y desigualdad en la ciudad de México*, México, Instituto de Investigaciones Sociales-UNAM/El Colegio de México, p. 101-112.

Stromquist, N. P. (1995), "Educación y equidad en la América Latina contemporánea", *La Educación*, año XXXIX, núm. 121, vol. II, Organización de Estados Americanos.

Tansel, A. (1993), "School attainment, parental education and gender in Côte d'Ivoire and Ghana", Yale University, Economic Growth Center, Discussion Paper núm. 692.

Thomson, E., T. Hanson y S. McLanahan (1994), "Family structure and child well-being: economic resources *vs.* parental behaviors", *Social Forces*, 73 (1): 221-242.

Tienda, M., y S. Ortega Salazar (1982), "Las familias encabezadas por mujeres y la formación de núcleos extensos: una referencia al Perú", *Economía y Demografía*, 16 (1): 64-89.

Tirtosudarmo, R., *et. al.* (1998), "Child labor and schooling: the case of Nusa Tenggara provinces in Eastern Indonesia", Population Association of America's Annual Meeting, Chicago, Ill.

Toulemon, L. (1994), "La place des enfants dans l'histoire des couples", *Population*, núm. 6. INED, París.

Tuirán, R. (1998), *Demographic change and family and non-family related life course patterns in contemporary Mexico*, tesis presentada en la Universidad de Texas en Austin.

UNESCO (1995), *Anuario Estadístico*, Nueva York, UNESCO Publishing/Bernan Press.

UNICEF (1989), *The State of World´s Children*, Nueva York, Naciones Unidas.

Verdera, F. (1995), *El trabajo infantil en el Perú*, Lima, Organización Internacional del Trabajo/Instituto de Estudios Peruanos.

Vos, S. M. de, (1995), *Household Composition in Latin America*, Nueva York, Plenum Press.

LA POBLACIÓN EN EDADES AVANZADAS

Patricio Solís

UNO de los grandes retos sociales a los que México hará frente en el siglo XXI es el envejecimiento poblacional. Si bien en la actualidad sigue siendo "un país de jóvenes" (34% de sus habitantes tiene menos de 15 años), las grandes transformaciónes demográficas que ha experimentado durante los últimos 60 años han abierto la puerta a un profundo reacomodo en la estructura por edades de la población, que se expresará durante las próximas décadas en el incremento en números relativos y absolutos de la población en edades avanzadas.

Estos cambios tendrán un efecto significativo en el perfil de demandas y necesidades de la población. Por ello, una de las tareas inmediatas de la investigación sociodemográfica en México es profundizar en el estudio del proceso de envejecimiento poblacional, no sólo desde una perspectiva estrictamente demográfica, sino también mediante el análisis de las condiciones de vida y los principales problemas de las personas en edades avanzadas.

A pesar de algunos esfuerzos notables, los frutos de la investigación sociodemográfica sobre el envejecimiento en México son aún escasos. El estudio de la vejez no es, en absoluto, uno de los temas privilegiados entre los académicos dedicados a los temas de población. La escasez de trabajo sistemático dificulta la tarea de construir un "estado del arte" o presentar un estudio que describa la evolución en la situación social y problemas de los viejos en 100 años de cambio demográfico. Como opción, en este capítulo optamos por presentar un panorama general de algunas características sociodemográficas actuales de la población envejecida en México.

El capítulo está dividido en cinco secciones. En la primera describimos brevemente algunos de los rasgos demográficos más sobresalientes del proceso de envejecimiento en México. Las siguientes cuatro secciones están dedicadas a temas recurrentes en la investigación sociodemográfica sobre la vejez: la prevalencia de incapacidades y problemas de salud; los entornos residenciales; los flujos de apoyo familiar y comunitario y, finalmente, el trabajo y el retiro de la actividad económica en las edades avanzadas. El trabajo concluye con algunas observaciones sobre las necesidades futuras en la investigación sociodemográfica y las políticas públicas en torno al envejecimiento demográfico.

LA DEMOGRAFÍA DEL ENVEJECIMIENTO

En la actualidad, 6.2 millones de mexicanos (6.5% de la población total del país) tienen 60 años o más.[1] En términos comparativos, este porcentaje corresponde al de una población joven (cuadro 1). Es equivalente al de países como Sudáfrica, India, Ecuador o República Dominicana; menor al de países como Argentina, Cuba, China y Corea del Sur; y mucho menor al que registran Italia, Suecia, Francia o Uruguay, cuyas poblaciones se encuentran entre las más envejecidas del planeta.

El porcentaje de personas con 60 años o más de edad es un indicador útil para evaluar el grado de envejecimiento actual de la sociedad mexicana en comparación con el de otras naciones. No obstante, equivale a una fotografía que no permite apreciar la continuidad y aceleración del envejecimiento demográfico en el transcurso del tiempo. En efecto, el incremento de la población en edades avanzadas tiene su origen en el descenso de la mortalidad y la fecundidad, procesos que comenzaron en nuestro país hace ya varias décadas.

Las tasas de crecimiento de la población por grupos de edades entre 1950 y 2030 (gráfica 1) revelan las tendencias que han activado el envejecimiento demográfico en México.[2] En la década de los cincuenta, la población menor de 15 años de edad era la que crecía más rápido. De hecho, su tasa de crecimiento aumentó de 3% a 4% en ese decenio. La población en edades avanzadas, por su parte, registraba tasas de crecimiento moderadas. Dicho orden sufrió alteraciones significativas a partir de la segunda mitad de la década de los sesenta, de las cuales derivan directamente las tendencias actuales en las tasas de crecimiento de la población por grupos de edades.

El primer cambio fue la notable disminución en la tasa de crecimiento demográfico de los menores de 15 años. Tal reducción ha significado que la población de niños y jóvenes haya alcanzado ya su máximo histórico (aproximadamente 32.8 millones en 1996). Asimismo, las cuantiosas generaciones de niños nacidos en los cincuenta y sesenta comenzaron a rebasar los 15 años de edad, lo que aceleró el ritmo de incremento de la población que contaba entre 15 y 59 años. Por último, la tasa de crecimiento de la población mayor de 60 años —que durante los sesenta y el primer lustro de los setenta se mantuvo relativamente estable en alrededor

[1] Aunque no hay una frontera cronológica clara que permita definir la vejez, para fines de clasificación estadística consideramos a la población en edades avanzadas como la que tiene 60 años o más. La cifra de 6.2 millones corresponde a 1998.

[2] Las tasas señaladas, así como todos los indicadores demográficos referentes a México utilizados en esta sección, provienen de Conapo (1996).

GRÁFICA 1. *Tasas de crecimiento demográfico por grupos de edades, México, 1950-2030*

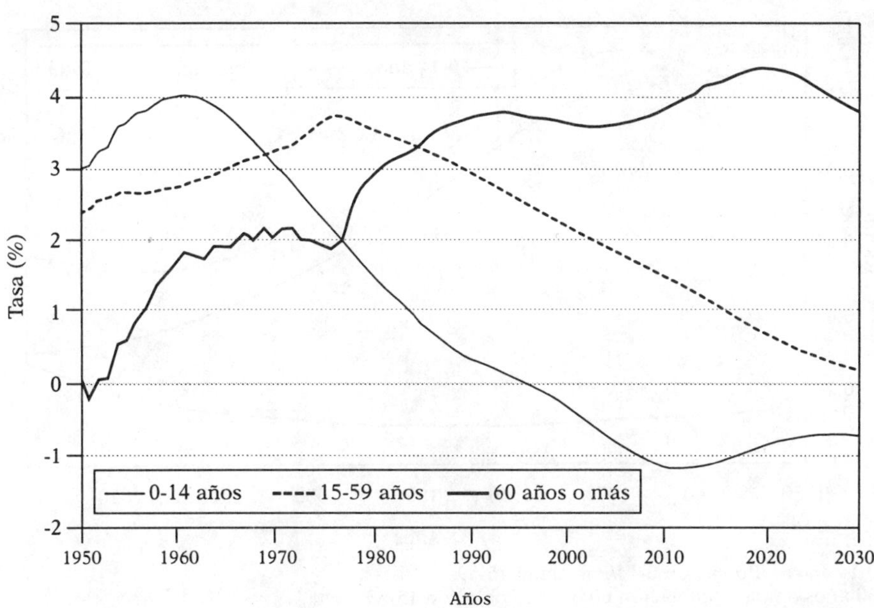

de 2% anual—[3] comenzó a aumentar de manera sostenida a partir de 1978: se estima en 2.9% anual durante 1980; 3.3% en 1985, 3.7% en 1990 y 3.7% en 1996. Esta tendencia (junto con la caída en la tasa de crecimiento de la población entre 15 y 59 años desde finales de los setenta) ha propiciado que en el presente la población en edades avanzadas sea el grupo de edades con mayor crecimiento. Como puede observarse claramente en la gráfica 1, dicho orden se mantendrá hasta 2030.

La consecuencia lógica de esas grandes transformaciones es el incremento relativo de la población en edades avanzadas, que representará 6.9% de la población total en el año 2000, 8.8% en 2010 y 17.2% en 2030. En números absolutos, la población con 60 años o más de edad aumentará a 6.85 millones de personas en 2000, 9.84 millones en 2010 y 22.40 millones en 2030. Cabe hacer notar que tales incrementos no se distribuirán uniformemente entre ambos sexos: la sobremortalidad masculina —ocasionada por la conjunción de diversos factores biológicos y sociales— suele producir una "feminización" en el proceso de envejecimiento de-

[3] Tal estabilidad puede ser explicada por el hecho de que durante este periodo llegaron a los 60 años de edad los miembros de las cohortes que nacieron entre 1900 y 1916, cuyo monto se vio disminuido tanto por el incremento de la mortalidad como por la reducción de la fecundidad durante la fase armada de la Revolución mexicana.

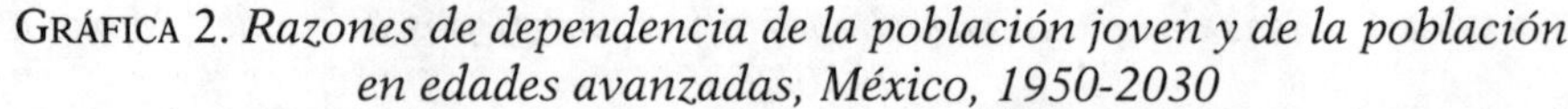

GRÁFICA 2. *Razones de dependencia de la población joven y de la población en edades avanzadas, México, 1950-2030*

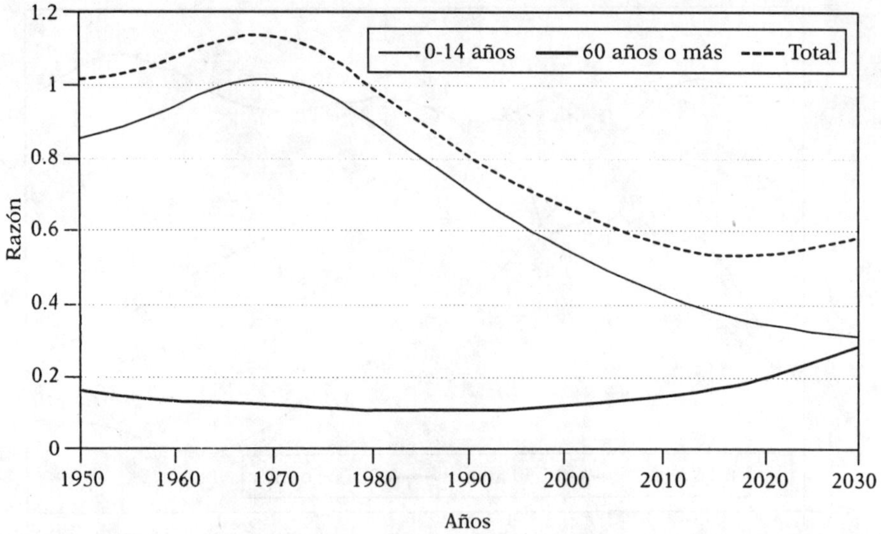

0-14 años = Población 0-14/Población 15-59
60 años o más = Población 60 o más/Población 15-59

mográfico. Así, en la actualidad 55% de las personas mayores de 60 años y 60% de las mayores de 75 son mujeres. De mantenerse las tendencias mencionadas, en el año 2030 habrá 12 millones de mujeres en edades avanzadas.

Durante las décadas pasadas, el rejuvenecimiento de la población mexicana[4] propició el incremento de las inversiones destinadas a atender las demandas de los jóvenes, entre las que destacan salud y educación. Sin embargo, durante los próximos años el peso de las necesidades se trasladará paulatinamente de los niños y jóvenes hacia los viejos. Una manera de apreciar el perfil demográfico de esta transición en los focos de demandas es el seguimiento de las llamadas "razones de dependencia". Se estima que actualmente hay 11 personas mayores de 60 años por cada 100 adultos en edades intermedias. Dicha razón aumentará a 14 por cada 100 en 2010, 19 por cada 100 en 2020 y a 27 por cada 100 en 2030. Simultáneamente, disminuirá el número de menores de 15 años por cada 100 adultos en edades intermedias, hasta alcanzar 30 por cada 100 en el

[4] El cual se aprecia claramente en el número de menores de 15 años por cada 100 personas en edades intermedias (gráfica 2) —que aumentó de 85 en 1950 a 100 a principios de los setenta— al tiempo que el número de personas en edades avanzadas por cada 100 adultos en edades intermedias disminuyó de 16 en 1950 a 12 a inicios de los setenta y a 10 en 1985.

CUADRO 1. *Clasificación de 185 países según el porcentaje de población con 60 años o más, 1996*

%	*País*
> 15%	*Poblaciones envejecidas*
24	Mónaco
22	Grecia, Italia
21	Bélgica, Bulgaria, España, San Marino, Suecia
20	Alemania, Francia, Japón, Portugal, Reino Unido
19	Austria, Croacia, Dinamarca, Hungría, Letonia, Luxemburgo, Noruega, Suiza, Ucrania
18	Bosnia-Herzegovina, Eslovenia, Estonia, Finlandia, República Checa, Rumania, Serbia
17	Bielorrusia, Georgia, Holanda, Lituania, Uruguay
16	Australia, Canadá, Estados Unidos, Rusia
15	Eslovaquia, Irlanda, Islandia, Malta, Montenegro, Nueva Zelanda, Polonia
10%-15%	*Poblaciones "maduras"*
14	Andorra, Chipre, Liechtenstein, Macedonia
13	Argentina, Israel, Moldavia, Puerto Rico
12	Barbados, Cuba
11	Armenia, Taiwán
10	Dominica, Kasajstán
6%-9%	*Poblaciones jóvenes*
9	Angola, Azerbaiyán, Chile, China, Corea del Sur, Jamaica, Singapur
8	Albania, Cabo Verde, Sri Lanka, Gabón, Líbano, Mauricio, Reunión, Tailandia, Trinidad y Tobago, Túnez, Turquía
7	Bahamas, Brasil, Costa Rica, El Salvador, Panamá, San Vicente y las Granadinas, Santa Lucía, Surinam, Vietnam
6	Bolivia, Brunei, Colombia, Corea del Norte, Ecuador, Granada, Guinea Ecuatorial, Guyana, Haití, India, Indonesia, Lesotho, Malasia, Marruecos, México, Pakistán, Paraguay, Perú, República Dominicana, Samoa, Sudáfrica, Uzbekistán, Venezuela
> 6%	*Poblaciones muy jóvenes*
5	Argelia, Bangladesh, Belice, Botswana, Camerún, Congo, Egipto, Fiji, Filipinas, Guatemala, Honduras, Irán, Laos, Liberia, Libia, Madagascar, Malí, Mongolia, Namibia, República Centroafricana, Sierra Leona, Somalia
4	Afganistán, Angola, Bahrein, Burundi, Camboya, Chad, Djibouti, Etiopía, Gambia, Ghana, Guinea, Guinea-Bissau, Irak, Jordania, Kenia, Malawi, Maldivas, Nepal, Nicaragua, Nigeria, Omán, Papúa y Nueva Guinea, Ruanda, Senegal, Siria, Tanzania, Yemen, Zaire, Zimbabwe
3	Arabia Saudita, Benín, Costa de Marfil, Emiratos Árabes Unidos, Kuwait, Mauritania, Mozambique, Nigeria, Qatar, Sudán, Swazilandia, Togo, Uganda, Zambia

FUENTE: Estimación propia con base en International Data Base, IPS, US Census Bureau, 1997.

año 2030. En otras palabras, al inicio de la cuarta década del próximo siglo vivirá en México casi la misma cantidad de viejos que la de jóvenes.

Los retos que derivan del envejecimiento demográfico en México comprometen a diversos ámbitos institucionales. Por una parte, se encuentran las presiones que el incremento de la población en edades avanzadas ocasionará sobre la cobertura y calidad de los sistemas de pensiones. A esto se suma el desafío que plantea la atención a la salud en un marco donde se incrementan las enfermedades crónicas y degenerativas, cuyo tratamiento es más costoso que el de los males infectocontagiosos. Por último, el envejecimiento de la población también pondrá a prueba las redes de apoyo familiar intergeneracional, que verán restringido su tamaño debido al descenso de la fecundidad. El bienestar futuro de la sociedad mexicana depende, en buena medida, de la oportunidad y efectividad con que pueda responder a los problemas derivados de tales retos.

Problemas de salud y deterioro funcional

El deterioro de las condiciones de salud es una de las mayores amenazas a la calidad de vida de las personas en edades avanzadas. Conforme aumenta la edad, el riesgo de experimentar enfermedades crónicas se incrementa significativamente. Además, las consecuencias de los pequeños accidentes y episodios de morbilidad sobre la vida cotidiana de las personas suelen ser mayores. Por ello, estudiar tanto la prevalencia de problemas de salud como las condiciones de deterioro funcional de la población en edades avanzadas puede ayudarnos a conocer mejor su grado de bienestar y condiciones de vida.

La Encuesta Nacional sobre la Sociodemografía del Envejecimiento,[5] realizada por el Consejo Nacional de Población y el DIF durante el segundo semestre de 1994, nos permite explorar algunos rasgos generales de la incidencia de problemas de salud sobre las personas en edades avanzadas en México. Según los resultados de esta encuesta, 35.2% de las personas con 60 años o más declaró haber estado enfermo en su propia casa en algún momento durante los seis meses previos a la entrevista; 6.1% sufrió algún accidente o intoxicación y 7.6% estuvo hospitalizado. Si agrupamos a quienes sufrieron al menos uno de estos eventos, encon-

[5] De aquí en adelante ENSE 1994. Ésta fue la primera encuesta de cobertura nacional destinada al estudio de las condiciones de vida de las personas en edades avanzadas residentes en hogares. Su tamaño de muestra fue de 5 339 personas con 60 años o más de edad. Para mayores detalles en torno a las características muestrales y conceptuales de esta encuesta, consúltese Conapo-DIF (1994).

CUADRO 2. *Porcentaje de personas con 60 años o más que declararon haber sufrido diversos problemas de salud* por grupos de edades, 1994*

Tipo de problema	*Grupos de edades* 60-64	65-74	75-84	85 y más	60 y más
Enfermo en casa	30.4	31.9	45.5	48.6	35.2
Accidente o intoxicación	5.6	6.1	6.5	7.6	6.1
Hospitalizado	6.6	7.2	11.1	5.4	7.6
Alguno de los anteriores	34.0	36.1	50.0	50.4	39.1
(n)	*1 705*	*2 132*	*973*	*349*	*5 159*

* En los seis meses previos a la entrevista.
FUENTE: Estimaciones propias con base en la ENSE 1994.

tramos que en un lapso de seis meses 39.1% de las personas en edades avanzadas tuvo algún problema de salud.

Tales porcentajes varían considerablemente con la edad (cuadro 2). Las diferencias por grupos de edades en la proporción de personas que sufrieron diversos problemas de salud señalan que la vulnerabilidad de las personas en edades avanzadas se incrementa notablemente después de los 75 años. El porcentaje de personas que estuvieron enfermas en casa aumenta de alrededor de 30% entre los 60 y 74 años a 45.5% entre los 75 y los 84 años. La proporción de personas que fueron hospitalizadas también se incrementa de manera significativa; en cambio, la fracción de personas que tuvo algún accidente o intoxicación no sufre cambios drásticos con la edad, sino que se incrementa paulatinamente, hasta alcanzar 7.6% entre quienes tienen 85 años y más.

Un hecho que llama la atención es que la proporción de personas que sufre problemas de salud no cambia significativamente entre quienes tienen 75-84 años y quienes rebasan los 85 años de edad. Hay incluso una reducción en la proporción de personas que fueron hospitalizadas, que pasa de 11.1% a 5.4%. No disponemos de elementos para explicar este fenómeno, pero cabe la posibilidad de que responda a un patrón de selectividad relacionado con las condiciones de salud. Según esta hipótesis, las condiciones similares de salud entre los dos grupos de edades se deben a que quienes tienen 85 años o más están seleccionados entre quienes fueron más sanos cuando tenían entre 75 y 84 años, mientras que la población que actualmente tiene entre 75 y 84 años de edad está integrada tanto por personas sanas como por quienes tienen problemas de salud.

Otra de las manifestaciones del deterioro en las condiciones de salud es la incapacidad de las personas para realizar por sí mismas ciertas actividades cotidianas. Los tipos de actividades más importantes para eva-

CUADRO 3. *Porcentajes de personas con 60 años o más que declararon incapacidad para realizar sin ayuda actividades de la vida diaria, según actividad y grupos de edades, 1994*

	Grupos de edades				
	60-64	*65-74*	*75-84*	*85 y más*	*60 y más*
ACTIVIDADES DE LA VIDA DIARIA (AVD)					
Desplazarse entre habitaciones	3.1	4.4	9.1	24.7	6.3
Llegar al inodoro a tiempo	4.3	4.7	10.4	27.3	7.2
Bañarse	3.7	4.3	10.1	28.4	6.8
Vestirse y desvestirse	3.2	3.7	6.9	23.7	5.5
Entrar y salir de la cama	3.0	3.3	7.5	22.7	5.4
Alimentarse	3.0	3.0	7.5	24.0	5.3
Alguna AVD (deterioro funcional)	*7.5*	*8.3*	*20.6*	*47.4*	*13.1*
ACTIVIDADES INSTRUMENTALES DE LA VIDA DIARIA (AIVD)					
Salir de casa	10.1	17.7	32.9	59.5	21.0
Caminar tres cuadras o 300 metros	10.8	16.4	35.0	59.9	21.1
Tomar medicamentos	5.5	9.1	17.2	39.5	11.6
Manejar su dinero	4.8	7.4	21.7	42.2	11.7
(n)	*1 703*	*2 129*	*971*	*347*	*5 150*

Fuente: Estimaciones propias con base en la ENSE 1994.

luar la independencia física de los sujetos son las actividades de la vida diaria (AVD) y las actividades instrumentales de la vida diaria (AIVD) (Kempen y Suurmeijer, 1990; Ostbye *et al.*, 1997). Las AVD remiten al cuidado directo personal, como bañarse, vestirse, ir al baño o moverse en el espacio doméstico, mientras que las AIVD son actividades que tienen importancia en ciertos ambientes físicos y sociales, tales como ir de compras, preparar alimentos, realizar tareas domésticas o salir de casa a un lugar lejano.

El cuadro 3 muestra, para 1994, la proporción de personas con 60 años o más de edad que se declararon incapaces de realizar diversas AVD y AIVD sin ayuda. Puede notarse, en primer lugar, una clara tendencia al incremento de las incapacidades con la edad. La realización de AVD no representa un problema para la gran mayoría de quienes tienen entre 60 y 65 años, pero sí lo es para uno de cada cuatro mayores de 85 años: 24.7% no puede desplazarse por sí solo entre habitaciones; 27.3% no alcanza a llegar al inodoro a tiempo; 28.4% no puede bañarse; 23.7% no logra vestirse o desvestirse; 22.7% no puede salir o entrar a la cama y 24.0% no consigue alimentarse sin ayuda. Algo similar ocurre con las incapacidades en AIVD, que en términos generales son más frecuentes. Entre los mayores de 85 años, 59.5% no puede salir solo de casa; 59.9% no puede caminar tres cuadras o 300 metros; 65.3% no alcanza a cortarse las uñas de los pies y 39.5% no es capaz de tomar por sí mismo sus medicamentos.

Un indicador que resume la prevalencia de este tipo de problemas de salud es la proporción de personas que se declararon incapaces para realizar al menos una AVD. Esta condición, a la que llamamos "deterioro funcional", es sufrida sólo por 13.1% de las personas con 60 años o más. No obstante, la fracción de personas con deterioro funcional se incrementa notablemente con la edad: de 7.5% entre los 60 y 64 años aumenta a 8.3% entre los 65 y 74 años, a 20.6% entre los 75 y 84 años y a 47.4% después de los 85 años.

Llama la atención que, tal como ocurre con los problemas de salud, la prevalencia del deterioro funcional en México se amplía notablemente después de los 75 años. Esto indica nuevamente que para muchas personas los problemas de salud de la vejez comienzan sólo 10 o 15 años después de haber ingresado a lo que comúnmente se conoce como la "tercera edad". Dicho fenómeno (que no sólo se observa en México sino también en otros países) revela la necesidad de distinguir entre la vejez sin incapacidades y la fase posterior de dependencia y deterioro, a la que algunos han llamado "cuarta edad".

En términos generales, tanto la prevalencia de los problemas de salud como del deterioro funcional son mayores entre las mujeres y en las localidades rurales (cuadro 4). Llama la atención que en ambos casos las diferencias por sexo tiendan a incrementarse con la edad. De hecho, tanto los problemas de salud como el deterioro funcional atacan en proporciones semejantes a los hombres y mujeres que tienen entre 60 y 64 años (34.0% y 7.5%, respectivamente); pero son mucho más frecuentes entre las mujeres de edades más avanzadas: después de los 85 años de edad, 57.5% de las mujeres declaró problemas de salud y 55.5% padecían de deterioro funcional, frente a 40.8% y 34.8% de los hombres, respectivamente. Esto parece indicar que si bien la longevidad de las mujeres es mayor —lo que se refleja en la diferencia en las esperanzas de vida entre ambos sexos—, sus condiciones de salud en la vejez son menos favorables que las de los hombres.

De acuerdo con tales prevalencias, actualmente alrededor de 800 000 personas mayores de 60 años presentan problemas de deterioro funcional en México; el número de personas en edades avanzadas que sufrió un problema de salud recientemente alcanzaría el orden de 2.4 millones. De mantenerse los niveles de prevalencia, dichas cifras aumentarán a 1.3 millones y 3.8 millones de personas en 2010 y a 3.0 millones y 8.9 millones en 2030, respectivamente. La magnitud de estos números, que incluso

CUADRO 4. *Porcentajes de personas de 60 años o más que declararon haber sufrido algún problema de salud o deterioro funcional, según sexo y tamaño de la localidad, por grupos de edades, 1994*

	Grupos de edades				
	60-64	*65-74*	*75-84*	*85 y más*	*60 y más*
PROBLEMAS DE SALUD*					
Hombres	33.5	33.4	44.1	40.8	35.9
Mujeres	34.4	39.4	55.9	47.5	42.2
Menor que 5 000 habitantes	38.3	41.4	54.7	54.4	44.7
Mayor que 5 000 habitantes	31.7	32.7	45.9	44.8	35.2
DETERIORO FUNCIONAL**					
Hombres	7.6	5.2	16.0	34.8	9.8
Mujeres	7.4	11.0	24.9	55.5	15.8
Menor que 5 000 habitantes	10.6	9.6	19.4	50.7	16.1
Mayor que 5 000 habitantes	5.8	7.4	21.6	42.9	11.0

* Agrupa a quienes estuvieron enfermos en casa, tuvieron un accidente o intoxicación o fueron hospitalizados en los seis meses anteriores a la entrevista, o los dos casos.
** Incluye a quienes declararon incapacidad para realizar sin ayuda al menos una AVD.
FUENTE: Estimaciones propias con base en la ENSE 1994.

podría corresponder a una previsión conservadora,[6] revela la dimensión del reto que representará la atención a la vejez para la salud pública en México. Por ello, es de suma importancia diseñar estrategias que permitan atajar con anticipación los problemas de salud ocasionados por el envejecimiento demográfico, tanto a través de medidas preventivas que procuren reducir la incidencia de enfermedades crónicas, accidentes e intoxicaciones en la vejez, como mediante adecuaciones en la infraestructura de servicios hospitalarios que permitan responder con eficacia cada vez mayor a las demandas derivadas de un contexto epidemiológico donde la morbilidad ocasionada por enfermedades crónicas y degenerativas va ganando importancia frente a otros tipos de enfermedades.

ENTORNOS RESIDENCIALES

Uno de los aspectos más relacionados con el bienestar en las edades avanzadas es la calidad de la integración de los viejos a distintos grupos

[6] Tal sería el caso si, en ausencia de cambios sustanciales en las acciones preventivas, se presenta un aumento tanto en la incidencia de las enfermedades crónicas como en las incapacidades para realizar AVD. Dicho incremento puede tener lugar si el descenso de la mortalidad propicia una menor selectividad en la población que alcanza las edades avanzadas, de tal manera que personas a quienes se les evitó una muerte prematura puedan resultar más propensas a sufrir enfermedades crónicas e incapacidades.

de pertenencia, como la familia, los barrios y las comunidades. La expresión más inmediata de esta red de relaciones sociales es el grupo de personas con las que el adulto mayor comparte su residencia. Dicho grupo de "corresidentes" es, en la mayor parte de los casos, la fuente principal tanto de intercambios afectivos —requisito indispensable para la salud física y mental en tal etapa del curso de vida— como de apoyo material y económico ante situaciones de urgencia o necesidad. Por ello, el estudio de los entornos residenciales resulta esencial para comprender mejor las condiciones de vida de las personas en edades avanzadas.

En esta sección clasificamos los entornos residenciales con base en dos atributos que reflejan la posición del adulto mayor en el ámbito doméstico: la jefatura del hogar y la situación de pareja. Cabe hacer notar que esta clasificación, a diferencia de la que se usa comúnmente cuando se toma como unidad de análisis a los hogares, atribuye la jefatura del hogar tanto a quienes se declararon "jefes" como a sus cónyuges.[7] El cruce de estas dos características produce cuatro categorías: *a)* jefes con pareja (jefe unido o cónyuge del jefe), *b)* jefes sin pareja (jefes no unidos); *c)* no jefes con pareja (no jefes ni cónyuges del jefe unidos); *d)* no jefes sin pareja (no jefes desunidos o solteros).

En el cuadro 5 se presenta la distribución porcentual de la población con 60 años o más según la clasificación descrita (incluyendo algunas subcategorías importantes) para distintos momentos entre 1976 y 1994. Tales resultados muestran que hay gran estabilidad en los entornos residenciales de las personas en edades avanzadas. Quienes conforman parejas y poseen la jefatura del hogar constituyen la mayoría y fluctúan en un rango de 55.4% (1976) a 58.7% (1992). A dicho grupo le siguen quienes no tienen pareja pero poseen la jefatura del hogar, con porcentajes que se sitúan entre 20.0% (1987) y 24.1% (1990). La suma de estos dos grupos, que reúnen a todas las personas en edades avanzadas que se encuentran ligadas a la jefatura del hogar, representa, en todos los años, cerca de 80% del total de mayores de 60 años, lo que significa que en México la gran mayoría de las personas en edades avanzadas mantienen una posición central en sus unidades residenciales.

Por otro lado, puede notarse que la mayoría de las personas que no detenta la jefatura del hogar se encuentra desunida. En 1994, 18.1% de los mexicanos mayores de 60 años se encontraba en tal situación. En contras-

[7] Esto responde a que el objetivo principal de nuestro análisis es explorar la posición de las personas en edades avanzadas a través de un lente que privilegia las relaciones intergeneracionales sobre las intragineracionales. Desde esta perspectiva, tanto los(as) "jefes" como los(as) "cónyuges" del jefe componen la generación que ocupa la posición de control de la unidad doméstica, a diferencia de las personas en edades avanzadas que ocupan la posición de "padre" o "madre" del jefe, que, temporalmente, han cedido el control a alguno de sus hijos.

CUADRO 5. *Entornos residenciales de las personas con 60 años o más, 1976-1994*

	Año				
	1976	*1987*	*1990*	*1992*	*1994*
Jefe del hogar con pareja	55.4	58.3	56.6	58.7	56.3
Sólo con la pareja	14.8	15.1	14.5	15.7	17.1
Con la pareja y otros miembros	40.6	43.2	42.1	43.1	39.2
Jefe del hogar sin pareja	22.3	20.0	24.1	23.4	22.0
Solo (hogar unipersonal)	6.8	5.7	8.2	8.6	7.1
Con otros miembros	15.5	14.3	15.9	14.8	14.9
No jefe con pareja	2.1	3.0	4.2	2.4	3.6
En el hogar de un hijo	–	2.0	2.7	2.0	3.1
En otro hogar	–	1.0	1.5	0.4	0.5
No jefe sin pareja	20.2	18.7	15.1	15.5	18.1
En el hogar de un hijo	–	12.7	8.5	10.6	11.6
En otro hogar	–	6.0	6.6	4.8	6.5
TOTAL	*100.0*	*100.0*	*100.0*	*100.0*	*100.0*
(n)	*4 118*	*2 568*	*49 820*	*18 853*	*5 150*

NOTAS: Se considera como "jefe" tanto a la persona que se declara jefe del hogar como a su cónyuge. Algunas subcategorías no pueden ser estimadas para 1976, debido al diseño del cuestionario de la encuesta.

FUENTE: Estimaciones propias con base en EMF 1976, ENFES 1987, Muestra del Censo 1990, ENADID 1992 y ENSE 1994.

te, es bastante inusual encontrar personas unidas que se encuentran desligadas de la jefatura del hogar: 3.6% en 1994.

El cuadro 6 presenta, para 1990, una clasificación más detallada de los entornos residenciales de las personas en edades avanzadas, aunque conserva como base las cuatro categorías arriba descritas. Dada la estabilidad que se registra entre 1976 y 1994, dichos resultados podrían ofrecer una idea de la organización actual de las unidades domésticas entre las personas en edades avanzadas. Destaca, en primer lugar, que la mayoría (64.3%) detenta la jefatura del hogar y convive en entornos domésticos conformados exclusivamente por miembros del propio núcleo familiar o las familias integradas por éstos: 28.1% comparten su hogar con hijos solteros (22.2% tiene pareja y 5.9% no está unido); 21.7% con hijos unidos, yernos, nueras y/o nietos (15%, unido y 6.7%, sin pareja) y 14.5% vive sólo con su pareja, lo cual sugiere que son relativamente pocos los adultos en edades avanzadas que experimentan el llamado "nido vacío". Por último, sólo 8.2% de los mayores de 60 años mantiene la jefatura del hogar y comparte su residencia con otros parientes o no parientes.

CUADRO 6. *Entornos residenciales de las personas en edades avanzadas, 1990*

	% respecto del total	*% en la categoría*
Jefe del hogar con pareja	56.6	100.0
Sólo con la pareja	14.5	25.6
Con hijos solteros	22.2	39.2
Con hijos unidos, yernos, nueras y/o nietos	15.0	26.4
Con otros parientes	3.4	6.1
Con no parientes	1.5	2.7
Jefe del hogar sin pareja	24.1	100.0
Hogar unipersonal	8.2	34.0
Con hijos solteros	5.9	24.6
Con hijos unidos, yernos, nueras y/o nietos	6.7	27.8
Con otros parientes	2.3	9.4
Con no parientes	1.0	4.2
No jefe del hogar con pareja	4.2	100.0
En el hogar de un hijo soltero	0.3	7.8
En el hogar de un hijo unido, yerno o nuera	2.4	55.9
En el hogar de otro pariente	1.2	28.0
En el hogar de un no pariente	0.3	8.3
No jefe del hogar sin pareja	15.1	100.0
En el hogar de un hijo soltero	1.1	7.5
En el hogar de un hijo unido, yerno o nuera	7.4	48.9
En el hogar de otro pariente	5.4	35.5
En el hogar de un no pariente	1.2	8.1
TOTAL	*100.0*	–
(n)	*49820*	–

FUENTE: Estimación propia con base en la muestra del 1% del XI Censo General de Población y Vivienda 1990.

Quienes no detentan la jefatura del hogar tampoco suelen controlar los recursos de la unidad doméstica. Las condiciones de vida de estas personas, por tanto, dependen en buena medida de los lazos que los unen a otros miembros del hogar. En México, casi 20% de las personas con 60 años o más no ejerce la jefatura del hogar y, como ya se señaló, la mayor parte no tiene pareja. Dentro de este grupo, la mitad (50.7%) reside en unidades domésticas encabezadas por algún hijo unido, yerno o nuera; mientras que sólo 7.3% reside en los hogares encabezados por hijos solteros. La proporción que reside en los hogares encabezados por otros parientes (34.2%) es el segundo grupo más numeroso; por último, 7.8% reside en hogares donde no hay relación de parentesco con el jefe. Estos números revelan que la mayoría de las personas en edades avanzadas que no detentan la jefatura del hogar se integra a unidades domésticas que conforman otros familiares, sobre todo sus hijos unidos u otros parientes. La familia, y especialmente los hijos, representan la principal opción residencial para quienes envejecen y no mantienen un hogar propio.

La conformación de hogares unipersonales es uno de los temas más recurrentes en el estudio de los entornos residenciales de las personas en edades avanzadas. Tal como ocurre con los otros tipos de organización residencial, la fracción de personas de 60 años o más residentes en hogares unipersonales ha permanecido relativamente constante en los últimos 20 años: representaba 6.8% en 1976, 5.7% en 1987, 8.2% en 1990 y 7.1% en 1994. Estas proporciones son considerablemente menores a las que se observan en los países industrializados, donde el porcentaje de personas en edades avanzadas que viven solas se ha incrementado sistemáticamente durante las últimas décadas (Kinsella, 1990; Kramarov, 1995; Albert y Cattell, 1994). En cambio, son relativamente similares a los que se observan en otros países latinoamericanos (De Vos, 1995). Estas diferencias ponen de relieve los contrastes entre las naciones latinoamericanas y algunos países desarrollados en la organización de la vida familiar y doméstica de las personas envejecidas.

Las proporciones de personas en edades avanzadas que viven solas difieren notablemente según el estado civil, la edad y el sexo (cuadro 7). Entre quienes se encuentran unidos, apenas 0.4% vive en hogares unipersonales, frente a 19.3% de los solteros y los divorciados y 17.4% de los separados o viudos. La fracción de personas que viven solas equivale a 6.3% entre quienes tienen 60 y 64 años, inferior al 13.4% registrado entre los mayores de 85 años. Por su parte, 9.1% de las mujeres viven solas, frente a 5.7% de los hombres. Estas diferencias muestran un hecho obvio: no estar unido es una condición básica para conformar un hogar unipersonal.[8] Lo que no es tan claro es si las diferencias por sexo y grupos de edades pueden atribuirse exclusivamente al hecho de que la proporción de desunidos es mayor en estos dos grupos.

Las tablas de doble entrada que se presentan en el cuadro 8, donde se comparan las proporciones de personas que viven solas por sexo y edad una vez controlado el estado civil, son útiles para clarificar este último punto. Puede observarse que, en iguales situaciones maritales, las proporciones de hombres que viven solos son mayores que las de mujeres. Así, 24.0% de los solteros mayores de 60 años conforman hogares unipersonales, frente a 16.8% de las solteras, mientras que 22.6% de los viudos,

[8] Este patrón coincide con resultados obtenidos en distintos países latinoamericanos (De Vos, 1995) donde se ha encontrado que la situación marital es el principal determinante del tipo de entorno residencial al que se integran las personas en edades avanzadas.

CUADRO 7. *Proporción de personas que viven solas según situación conyugal, sexo y grupos de edades, 1994*

	%
ESTADO CIVIL	
Actualmente unido	0.4
Soltero	19.3
Divorciado, separado o viudo	17.4
SEXO	
Hombres	5.7
Mujeres	9.1
GRUPOS DE EDADES	
60-64	5.3
65-74	7.0
75-84	10.2
85 y más	13.4

FUENTE: Estimaciones propias con base en la ENSE 1994.

divorciados o separados viven solos, en comparación con 15.9% de las mujeres en la misma situación marital.

Estos resultados demuestran que el exceso de hogares unipersonales entre las mujeres se debe principalmente a las diferencias en la composición por estado civil. También señalan que todo estudio sobre las diferencias de género en la conformación de hogares unipersonales en la vejez debe tomar en cuenta tanto las causas demográficas como sociológicas que llevan a una mayor proporción de mujeres a permanecer solteras, divorciadas o viudas en la vejez.

El análisis de las diferencias por grupos de edades produce resultados similares. Las proporciones de personas que viven solas no varían notablemente con la edad, siempre y cuando se consideren grupos con situaciones maritales similares. Nuevamente, estos hallazgos indican que el incremento con la edad en la proporción de personas que viven solas se relaciona con los cambios en el estado civil y, particularmente, con el aumento en la proporción de divorciados, separados y viudos.

Si bien es cierto que la situación marital es un factor importante en la definición de los entornos residenciales de las personas en edades avanzadas, hay otras características que contribuyen a incrementar el riesgo de conformar un hogar unipersonal. Algunas de ellas pueden ser identificadas al analizar los resultados de un modelo de regresión logística (cuadro 9) donde incluimos únicamente a las personas mayores de 60 años que no están unidas, con el fin de controlar el efecto de la situación marital. Puede observarse que, una vez controladas características como la edad,

CUADRO 8. *Proporción de personas que viven solas según sexo y edad, por situación marital, 1994*

	*Diferencias por sexo, controlando por situación marital**			
	Hombres		*Mujeres*	
Actualmente unido	0.4	(76.2)	0.3	(43.3)
Soltero	24.0	(4.3)	16.8	(7.5)
Divorciado, separado o viudo	22.6	(19.5)	15.9	(49.2)
TOTAL	5.7	(100.0)	9.1	(100.0)

	*Diferencias por grupos de edades, controlando por situación marital**							
	60-64		*65-74*		*75-84*		*85 y más*	
Actualmente unido	0.4	(68.0)	0.4	(61.1)	0.4	(48.5)	1.2	(23.2)
Soltero	20.9	(5.6)	15.8	(6.3)	27.3	(4.8)	20.0	(9.9)
Divorciado, separado o viudo	15.4	(26.4)	17.9	(32.6)	18.8	(46.7)	17.2	(66.9)
TOTAL	5.3	(100.0)	7.0	(100.0)	10.3	(100.0)	13.3	(100.0)

* Los números entre paréntesis muestran la distribución porcentual por situación marital dentro del grupo de referencia.

FUENTE: Estimaciones propias con base en la ENSE 1994.

la disponibilidad de hijos, la situación laboral y la condición de deterioro funcional, no hay diferencias significativas entre hombres y mujeres en los momios de conformar un hogar unipersonal (en todo caso, el mayor riesgo corresponde a los hombres, tal como lo indicaban los resultados presentados en el cuadro 8).

Los resultados del modelo señalan que contar con hijos disminuye el riesgo de que las personas mayores de 60 años conformen un hogar unipersonal. Los momios de vivir solo diminuyen más de 60% entre los adultos mayores que tienen hijos, en comparación con quienes no tienen hijos sobrevivientes. También puede apreciarse que la composición por sexo de los hijos no altera notablemente los riesgos de que las personas en edades avanzadas vivan solas (en todos los casos las razones de momios fluctúan entre 0.36 y 0.40), lo cual indica que el motivo fundamental por el cual el riesgo de vivir solo disminuye es contar con hijos con los cuales establecer residencia[9] y no su composición por sexo.

[9] La carencia de información impide analizar el efecto de la disponibilidad de otros parientes —sobrinos, hermanos, etc.—, o evaluar en qué medida tal disponibilidad disminuye debido a la distancia física —por ejemplo, cuando los hijos viven en otras ciudades— o a la incapacidad económica (los parientes no pueden sostener económicamente al adulto mayor). Sin embargo, el efecto vinculado con la presencia de hijos señala que la disponibi-

CUADRO 9. *Efectos de diversas variables sobre el riesgo de que las personas mayores de 60 años vivan solas. Modelo de regresión logística, 1994*

	Razones de momios
SEXO	
Hombres	1.00
Mujeres	0.79
HIJOS SOBREVIVIENTES	
Sin hijos	1.00
Sólo hijos hombres	0.40*
Sólo hijas mujeres	0.36*
Con hijos de ambos sexos	0.37*
CONDICIÓN DE ACTIVIDAD	
No trabaja y no recibe pensión	1.00
No trabaja y recibe pensión	1.38
Trabaja	1.94*
DETERIORO FUNCIONAL	
Con deterioro funcional	1.00
Sin deterioro funcional	1.73*
ESTADO CIVIL	
Soltero	1.00
Separado, divorciado o viudo	1.98*
EDAD	
60-64	1.00
65-74	1.23
75-84	1.69*
85 y más	1.64*
n = 2136	
– 2 LL = 1 838.3	
Chi cuadrada del modelo = 76.9	

* Significancia < a 0.05.

NOTA: En este modelo fueron excluidas las personas unidas.

FUENTE: Estimaciones propias con base en la ENSE 1994.

Por otra parte, los momios de que las personas de 60 años o más vivan solas son prácticamente el doble (aumentan 94%) entre quienes trabajan, en relación con quienes no trabajan ni reciben pensión. Cabe señalar que, en el grupo conformado por los adultos mayores que no trabajan, no se presentan diferencias significativas entre quienes reciben y quienes

lidad de parientes cercanos es un factor determinante en la conformación de hogares unipersonales en la vejez.

no reciben pensión. Los bajos montos de las pensiones y la consiguiente incapacidad para sufragar los costos de un hogar independiente, podrían explicar este hallazgo. Adicionalmente, la ausencia de deterioro funcional[10] se traduce en el incremento en la probabilidad de conformar un hogar unipersonal: entre quienes no manifestaron deterioro funcional, los momios relacionados con la conformación de un hogar unipersonal son 79% mayores que entre quienes sí lo hicieron.

Estos resultados indican que los factores relacionados con el riesgo de que las personas mayores de 60 años vivan solas pueden clasificarse en dos amplios grupos: los que determinan la disponibilidad de personas con quienes vivir (en este caso hijos, pero probablemente también parientes cercanos) y los que se relacionan con las condiciones de independencia del adulto mayor. La disponibilidad de parientes cercanos u otras personas que puedan proporcionar un techo para vivir se asocia negativamente al riesgo de que las personas mayores de 60 años vivan solas. En cambio, mantener la independencia física —vinculada estrechamente con la edad y el deterioro funcional—, así como la independencia económica —relacionada con la permanencia en la actividad económica—, incrementa la probabilidad de que las personas en edades avanzadas conformen un hogar unipersonal.

Por último, es importante señalar que la disponibilidad de parientes y la independencia física y económica no son interpretados exactamente igual por distintos grupos sociales. En todo caso, conforman ciertas condiciones estructurales a partir de las cuales los individuos elaboran el significado de las situaciones y definen su escenario de acciones. Las diferencias culturales desempeñan un papel central en este proceso de construcción de significados. Así, por ejemplo, la estructuración de un sistema de hábitos o disposiciones que valoran positivamente la autonomía e independencia en la vejez (esto es, de una cultura que reconoce que mantener una residencia individual y ser independiente en el ámbito doméstico constituye la mejor opción para los viejos) puede ser un factor clave para explicar la alta proporción de personas en edades avanzadas que viven solas en los países industrializados. En contraste, el predominio de valores y disposiciones que favorecen el apoyo familiar y el intercambio afectivo cotidiano con los viejos puede contribuir a disminuir la proporción de personas en edades avanzadas que viven solas.[11] En México, el

[10] La condición de deterioro funcional, tal como se precisó antes, es definida como la incapacidad para realizar sin ayuda alguna las actividades de la vida diaria (AVD).

[11] Tal sería el caso de países asiáticos como Japón, donde la proporción de adultos mayores que viven solos es muy inferior a la de otras naciones con similares niveles de desarrollo, como los Estados Unidos o Alemania, lo cual se ha explicado por la centralidad de los lazos familiares en la conformación de la cultura japonesa, en contraste con la individuali-

estudio de dichos patrones culturales y su influencia en la conformación de los entornos residenciales en la vejez son escasos, por lo que el avance en esta línea de investigación constituye una tarea pendiente en la sociología del envejecimiento.

APOYO INFORMAL EN LA VEJEZ

La relación entre la edad y la posición de los individuos en los sistemas de intercambio social, familiar y comunitario es una de las dimensiones fundamentales en la demarcación de las trayectorias y transiciones del curso de vida. Si bien es cierto que las transiciones que definen el paso de la juventud a la vida adulta marcan el fin de una prolongada etapa de dependencia y el inicio de la vida productiva, también debe reconocerse que algunas décadas después la sucesión de eventos como el retiro de la actividad económica, la pérdida paulatina de las capacidades físicas, el cambio de papeles familiares relacionado con el crecimiento de los hijos y la viudez, suelen acarrear un incremento en las demandas y necesidades materiales y emocionales. Por ello la vejez suele ser concebida como una etapa en la que se incrementa paulatinamente la dependencia.

En México, como ocurre en la mayor parte de los países (Albert y Cattell, 1994), tales demandas y necesidades son satisfechas principalmente por la familia, con participación ocasional de otras redes de apoyo comunitario. Esto se aplica incluso a la ayuda económica y a la asistencia médica, pues el apoyo institucional —otorgado principalmente por las instituciones de seguridad social— es muy limitado.[12]

Los patrones de intercambio de servicios y asistencia que comprenden a los miembros de distintas generaciones, entre los cuales se incluye el apoyo informal a la vejez,[13] constituyen una de las principales dimensiones de la solidaridad intergeneracional.[14] En esta sección describimos,

zación de las sociedades occidentales. Kinsella (1990) presenta algunas cifras que ilustran tal diversidad.

[12] Sobre el apoyo institucional, basta señalar que, según la ENSE 94, durante el año anterior a la entrevista sólo 13.6% de las personas mayores de 60 años recibieron pensión; 45.2%, ayuda médica institucional; 6.4%, ayuda en dinero, vales o descuentos y 2.1%, ayuda en especie.

[13] Utilizamos el término *apoyo informal* para distinguir a este tipo de apoyo del proveniente de los servicios institucionales.

[14] McChesney y Bengston (1988) y Roberts y Bengston (1990) identifican seis dimensiones importantes en el estudio de la solidaridad intergeneracional: *la estructura familiar intergeneracional,* o el patrón de redes de parentesco delimitado por el entorno espacial al que hacen frente los miembros de la familia con el transcurso del tiempo; *el afecto,* definido como la naturaleza y el grado de sentimientos positivos entre los miembros de la familia; *la asociación,* es decir, la frecuencia y los patrones de interacción en varios tipos de actividades; *el consenso* o el grado de similitud en valores, actitudes y opiniones entre padres e hijos; *el intercambio,* definido como el grado en que los miembros de la familia intercambian

con base en algunos resultados de la ENSE 1994, las formas y fuentes de apoyo dirigidas a las personas en edades avanzadas, con hincapié en tres tipos de apoyo: físico (que incluye, entre otras, la ayuda para vestirse, ir al baño o al médico), en especie (despensa, comida, etc.) y económico. Sólo consideramos los apoyos con frecuencia mensual o mayor.

Algunas características del apoyo informal

En México, siete de cada 10 personas en edades avanzadas reciben algún tipo de ayuda por parte de un familiar, amigo o vecino, lo que confirma la extensión e importancia de las redes de apoyo informal como fuente de asistencia para las personas que llegan a la vejez. La frecuencia con que se presenta cada uno de los tres tipos de transferencias indica que la ayuda en especie es la más común: 54.1% de los mayores de 60 años recibieron ayuda en forma de despensa, víveres, comida o algún otro insumo durante el mes anterior a la encuesta. También es frecuente la ayuda económica: 47% recibió alguna transferencia de dinero o vales. Finalmente, 21.8% recibió apoyo físico.

Si bien tales datos señalan que la ayuda en especie es la más frecuente, también debe tomarse en cuenta que en muchos casos las personas reciben simultáneamente distintos tipos de apoyo. En 1994, casi 70% de las personas que recibieron apoyo en especie disfrutaban de algún otro tipo de apoyo —ya sea económico, físico o ambos—. Esta proporción es similar para quienes recibieron apoyo económico, e incluso se incrementa a 93% entre quienes recibieron apoyo físico.

La frecuencia de estas mezclas de apoyo aparece en el cuadro 10. Puede notarse que el patrón más común de asistencia informal consiste en una mezcla de apoyo económico y en especie: 18% de las personas de 60 años o más recibieron ambos tipos de apoyo. Le siguen en importancia quienes sólo recibieron apoyo en especie (16.9%), los tres tipos de apoyo en forma simultánea (13.2%) y apoyo económico (12.6%). En contraste, las personas que sólo recibieron apoyo físico apenas representan 1.5% de la población con 60 años o más. Esto parece indicar que, a diferencia de como ocurre con quienes reciben los otros dos tipos de apoyo, prácticamente todas las personas que reciben apoyo físico requieren apoyos adi-

servicios o asistencia y, por último, la *solidaridad normativa,* que refiere al grado en que se comparten las percepciones en torno a la responsabilidad filial. Creemos, junto con Albert y Cattell (1994), que la especificación de estos dominios constituye una aproximación fructífera para la caracterización de las relaciones familiares y un importante, aunque inexplorado, camino para el análisis de los lazos intergeneracionales en diferentes contextos culturales.

CUADRO 10. *Distribución de las personas mayores de 60 años según el tipo de apoyo que reciben, por grupos de edades, 1994*

	Grupos de edades				
*Tipo de apoyo**	*60-64*	*65-74*	*75-84*	*85 y más*	*60 y más*
No recibió	29.5	32.3	21.7	13.4	28.1
Solamente apoyo físico	1.2	1.4	1.7	2.6	1.5
Solamente apoyo en especie	15.3	18.0	17.1	16.5	16.9
Solamente apoyo monetario	18.8	12.9	13.2	9.6	12.6
Apoyo físico y en especie	4.5	4.4	9.3	22.0	7.6
Apoyo físico y monetario	1.4	1.7	2.2	2.1	1.9
Apoyo en especie y monetario	19.7	19.0	17.3	13.9	18.0
Los tres tipos de apoyo	9.5	10.2	17.4	19.9	13.2
TOTAL	*100.0*	*100.0*	*100.0*	*100.0*	*100.0*

* Se consideran sólo los apoyos con frecuencia mensual o mayor.

FUENTE: Estimaciones propias con base en la ENSE 1994.

cionales, lo que muy probablemente se relaciona con la presencia conjunta de deterioro funcional, carencias materiales y económicas.

El aumento de la edad suele estar vinculado con la pérdida de ingresos por trabajo y con el incremento del deterioro funcional, lo que acentúa la necesidad de apoyo proveniente de otras fuentes. En México, la proporción de personas que no recibe apoyos familiares decrece significativamente en las edades muy avanzadas: representa 13.4% en los mayores de 85 años, frente a 29.5% en el grupo conformado por quienes tienen entre 60 y 64 años. Por otra parte, llama la atención que con la edad se incrementa la proporción de personas que reciben apoyo físico, así como la fracción que recibe dos o más tipos de apoyo; esto parece ser resultado de la mayor fragilidad física que acarrea la edad avanzada.

¿Quiénes son los proveedores de apoyo?

Los apoyos informales a las personas en edades avanzadas precisan de alguien "del otro lado de la línea", es decir, de individuos atentos a las necesidades del adulto mayor y dispuestos a otorgar cuidados en situaciones de necesidad. En México, esta tarea es desempeñada principalmente por los hijos (cuadro 11), que se hacen cargo de 54.6%, 52.2% y 70.0% del total de apoyos físicos, en especie y económicos que reciben

CUADRO 11. *Distribución de los apoyos que recibieron a las personas mayores de 60 años según el sexo y el parentesco de las personas que los otorgaron, por tipo de apoyo, 1994*

	Físico	*En especie*	*Monetario*	*Total*
SEXO				
Hombres	36.1	37.9	61.4	47.9
Mujeres	63.9	62.1	38.6	52.1
TOTAL	*100.0*	*100.0*	*100.0*	*100.0*
PARENTESCO				
Esposo(a)	14.0	20.3	12.6	17.5
Hijo(a)	54.6	52.2	70.0	57.6
Yerno o nuera	6.0	7.4	3.4	5.7
Nieto(a)	7.7	4.5	3.2	4.7
Otro pariente	11.9	10.6	8.7	10.2
No pariente	5.8	5.0	2.1	4.3
TOTAL	*100.0*	*100.0*	*100.0*	*100.0*

FUENTE: Estimaciones propias con base en ENSE 1994.

las personas mayores de 60 años. Esto confirma que los hijos desempeñan un papel clave en la conformación de las redes sociales que proporcionan respaldo a quienes llegan a la vejez. Por otra parte, cabe destacar que la cooperación de los hijos, junto con la de la pareja, yernos y nueras, nietos y otros parientes, suma casi 96% del total de apoyos que reciben las personas en edades avanzadas, lo que revela que en México el apoyo informal a la vejez es básicamente un asunto familiar.

Un hecho que llama la atención es que el sexo de las personas que otorgan ayuda a las personas mayores de 60 años varía notablemente según el tipo de apoyo. Las mujeres se hacen cargo de 63.9% y 62.1% del total de apoyos físicos y en especie, mientras que sólo contribuyen con 38.6% de los apoyos económicos. Este fenómeno, que de cierta manera reproduce en la atención a la vejez los papeles tradicionales de las mujeres como "cuidadoras" y de los hombres como "proveedores económicos", puede deberse tanto a una distribución de las labores de apoyo de acuerdo con los papeles y tareas esperados de cada género, como a la simple indisponibilidad de dinero por parte de las mujeres, originada en su limitada participación en la actividad económica.

Algunos factores relacionados con la ausencia de apoyo informal

Una vez descritas algunas características generales de quienes otorgan apoyo a las personas en edades avanzadas, queda por analizar cuáles factores incrementan el riesgo de no recibir apoyo informal en la vejez. En primer lugar, debe reconocerse que muchas personas en edades avanzadas no reciben apoyo simplemente porque no lo necesitan. Por tanto, es importante considerar el grado de necesidad o "demanda" de apoyo informal. No obstante, también es posible prever situaciones donde, a pesar de que haya necesidades y demandas, el apoyo informal no se concreta debido a que no se dispone de parientes u otras personas que puedan otorgarlo. Por ello, la disponibilidad u "oferta" de apoyo también desempeña un papel importante al explicar por qué algunas personas no reciben ayuda informal.

La importancia de algunos factores ligados a la "demanda" y la "oferta" de apoyo puede analizarse por medio de un modelo de regresión logística que, con base en los datos de la ENSE 94, evalúa las diferencias en el riesgo de no recibir apoyo informal según algunas características de los mayores de 60 años (cuadro 12).

El primer grupo de características se relaciona con la "demanda" de apoyo. En primer lugar, se encuentran la edad y el deterioro funcional, que suelen ser indicadores del estado físico y la necesidad de apoyo de diversos tipos. No es sorprendente, por tanto, que con el aumento de la edad y el deterioro funcional decrezca la probabilidad de que las personas no reciban ayuda informal: los momios correspondientes a no recibir apoyo disminuyen 30% entre quienes tienen entre 75 y 84 años y casi 50% entre quienes tienen 85 años o más, en comparación con quienes tienen entre 60 y 64 años. También decrecen 36% entre las personas con deterioro funcional, en relación con las personas sin incapacidades para realizar actividades de la vida diaria.

La vinculación entre la demanda de apoyo y la condición laboral puede ser explicada por su correlación con el ingreso. La gran mayoría de las personas que trabajan cuentan con un ingreso monetario, lo que supone que su necesidad de apoyo económico por parte de familiares u otras personas es menor a la de quienes no trabajan.

De igual manera, quienes no trabajan pero reciben ingresos por pensión cuentan con su propia fuente de ingresos, por lo que construimos una categoría adicional para este grupo. Los resultados del modelo sugieren que, efectivamente, el riesgo de no recibir apoyo es significativamente menor para las personas de 60 años y más que no trabajan y no reciben pensión, en comparación con quienes trabajan. En cambio, no se aprecian diferencias significativas en el riesgo de no recibir apoyo entre los trabaja-

CUADRO 12. *Efectos de diversas variables sobre el riesgo de que las personas mayores de 60 años no reciban apoyo informal. Modelo de regresión logística, 1994*

	Razones de momios
VARIABLES RELACIONADAS CON LA DEMANDA DE APOYO	
Edad	
60-64	1.00
65-74	1.15
75-84	0.70*
85 y más	0.52*
Deterioro funcional	
Sin deterioro funcional	1.00
Con deterioro funcional	0.64*
Condición de actividad	
Trabaja	1.00
No trabaja y recibe pensión	1.09
No trabaja y no recibe pensión	0.56*
VARIABLES RELACIONADAS CON LA DISPONIBILIDAD DE APOYO	
Hijos sobrevivientes y condición marital	
Soltero	1.00
Con hijos y desunido	1.14
Con hijos y unido	1.95*
Sin hijos y unido	2.92*
Sin hijos y desunido	2.66*
Tipo de hogar	
No unipersonal	1.00
Unipersonal	2.81*
OTRAS VARIABLES	
Tamaño de localidad y sexo	
Menos de 5 000 habitantes y hombres	1.00
Menos de 5 000 habitantes y mujeres	0.74*
Más de 5 000 habitantes y hombres	0.84
Más de 5 000 habitantes y mujeres	0.78*
n = 5 005	
− 2 LL = 5 538.2	
Chi cuadrada del modelo = 377.2	

* Significancia < 0.05.

FUENTE: Estimaciones propias con base en la ENSE 1994.

dores y los pensionados. Con base en estos resultados, es posible afirmar que contar con ingresos propios (ya sea por trabajo o pensión) incrementa las posibilidades de que las personas no reciban apoyo informal en la vejez.

Tal como señalamos anteriormente, los hijos y la pareja constituyen la principal fuente de apoyo informal a la vejez en México. El estado civil y la presencia de hijos sobrevivientes, por tanto, son un indicador de la "oferta" de apoyo informal, esto es, de la disponibilidad de personas que pueden ofrecer ayuda al adulto mayor. Los resultados del modelo confirman que las personas desunidas sin hijos —es decir, las que no disponen de ningún miembro del núcleo familiar— son las que registran el mayor riesgo de no recibir apoyo informal (sus momios son 2.66 veces mayores a los de los solteros). Por su parte, quienes están unidos pero no tienen hijos sobrevivientes registran el doble de momios de no recibir apoyo que las personas solteras. Un hecho que llama la atención es que sean precisamente las personas solteras quienes registran menor propensión a no recibir apoyo. Quizás esto se deba a que muchas de ellas han mantenido a lo largo de su vida una condición de dependencia dentro de sus familias, la cual no fue rota por el matrimonio y/o la conformación de un hogar independiente.

Otro fenómeno que se relaciona directamente con la disponibilidad de apoyo es la composición de la unidad doméstica. Quienes conforman unidades unipersonales constituyen un caso extremo de ausencia de fuentes de apoyo en el hogar. Tal carencia se traduce en un importante incremento en el riesgo de no recibir apoyo, equivalente a un aumento de 181% en los momios, en comparación con quienes comparten su residencia con otras personas.

Por último, puede notarse que, una vez controladas otras variables, el riesgo de no recibir apoyo es menor entre las mujeres. Esto indica que, además de los factores considerados en el modelo, hay otros fenómenos que no fueron considerados y que influyen significativamente en la utilización de apoyo informal por parte de hombres y mujeres. Las herramientas disponibles no nos permiten discernir en qué medida estas diferencias responden a desigualdades no percibidas en las condiciones materiales o de salud, o bien reflejan pautas culturales que demarcan, mediante las determinaciones de género, la cantidad y frecuencia "aceptables" de apoyo que pueden recibir hombres y mujeres. En todo caso, esta incógnita, como muchas otras vinculadas con las pautas culturales que regulan las estrategias de intercambio intergeneracional, refleja la necesidad de profundizar en la investigación sociodemográfica de la vejez en México.

TRABAJO Y RETIRO EN LAS EDADES AVANZADAS

La vejez se relaciona muy frecuentemente con el abandono de la actividad económica. El mismo término *tercera edad,* utilizado tantas veces en sustitución de *vejez,* hace referencia a la etapa de retiro e inactividad que sucede a las edades "formativa" —niñez y adolescencia— y "productiva" —vida adulta—. No obstante, como veremos más adelante, ser viejo en México no es sinónimo de estar "retirado"; en primer lugar, porque muchas de las personas en edades avanzadas —principalmente mujeres— nunca tuvieron experiencia laboral distinta de las actividades domésticas y, en segundo lugar, porque buena parte de quienes sí tuvieron tal experiencia siguen trabajando en la vejez.

Las tasas de participación económica por sexo reflejan esta doble realidad (cuadro 13). En 1991, 15.4% de las mujeres de 60 años o más pertenecía a la población económicamente activa (PEA) (Pedrero, 1993; Pichardo, 1994). Si bien es cierto que las mujeres inactivas conforman la mayoría (84.6%), sería errado catalogarlas como retiradas, pues se sabe que muchas de ellas nunca desempeñaron alguna actividad económica. Entre los hombres, en quienes la experiencia laboral es prácticamente universal, las cifras son contrastantes: la tasa de participación en la actividad económica alcanza 63.2%, lo que equivale a casi dos de cada tres personas de 60 años o más. Estos niveles de participación son muy superiores a los que se observan en muchos países industrializados, donde la fracción de hombres económicamente activos no suele exceder 30% (Treas y Bengston, 1982).

La tasas de participación en la actividad económica por edades muestran que, en términos generales, la proporción de personas activas disminuye progresivamente con la edad. Entre los hombres de 60 a 64 años, las tasas de participación casi alcanzan 80% y, aunque decrecen con el incremento de la edad, aún así llegan a 42% en el grupo de 80 a 84 años. Por su parte, la fracción de mujeres que participan en la actividad económica varía de 21.8% a 7.5%, respectivamente.

Otro hecho notable es que las tasas de participación económica en la vejez son mayores en las localidades de menor tamaño. En 1991, 43.7% de las personas de 60 años o más —residentes en localidades con menos de 100 000 habitantes— eran económicamente activas, frente a 30.7% de las personas residentes en localidades mayores. Estas diferencias probablemente reflejan las disparidades estructurales en la conformación de los mercados laborales entre los ámbitos urbanos metropolitanos y los entornos rurales, donde la cobertura de los sistemas de pensiones es más limitada.

CUADRO 13. *Tasas específicas de participación en la actividad económica según sexo y tamaño de localidad, por grupos de edades, 1991*

Grupos de edades	*Hombres*	*Mujeres*	*Total*
60-64	79.9	21.8	49.7
65-69	71.0	17.5	43.5
70-74	58.6	15.0	36.0
75-79	41.6	8.3	21.9
80-84	42.0	7.5	23.5
TOTAL	*63.2*	*15.4*	*38.0*

	Tamaño de localidad		
Grupos de edades	*< 100 000 habitantes*	*> 100 000 habitantes*	*Total*
60-64	56.3	41.8	49.7
65-69	52.3	34.8	43.5
70-74	42.6	34.0	36.0
75-79	26.4	25.5	21.9
80-84	30.9	13.3	23.5
TOTAL	*43.7*	*30.7*	*38.0*

FUENTE: Pedrero (1993) y Pichardo (1994).

Esta simple revisión de las tasas de participación en la actividad económica para la población de 60 años o más confirma que en México ser "viejo" no equivale a estar retirado. Tal panorama contrasta con lo que ocurre en muchos países desarrollados, donde el retiro de la actividad económica constituye una transición "institucionalizada", pues la gran mayoría de las personas la experimenta y ocurre en un rango relativamente corto de edades —alrededor de los 60 o 65 años—. Tal proceso de institucionalización, cuyo origen histórico es relativamente reciente, se ha apoyado en dos ejes estructurales: la creciente "salarización" de la fuerza de trabajo y el desarrollo de los sistemas de pensiones (Atchley, 1982).

Los límites de la institucionalización del retiro de la actividad económica en México se explican, en buena medida, por la expansión incompleta de estos dos ejes estructurales. Quienes en la actualidad tienen 60 años o más han experimentado durante el curso de su vida activa condiciones estructurales caracterizadas por la coexistencia de relaciones laborales de corte salarial y otras modalidades productivas de tipo informal, en las cuales los trabajadores no tienen acceso a los beneficios de la seguridad social, entre ellos las pensiones para el retiro. Asimismo, la mayoría de los pensionados reciben montos que no garantizan su independencia económica,[15] por lo que muchos se ven obligados a trabajar para completar el gasto.

Como consecuencia, la población en edades avanzadas se encuentra sujeta a una especie de "institucionalización parcial" del retiro. Quienes a lo largo de su vida activa trabajaron dentro de los márgenes de la economía formal y después pudieron disfrutar de una pensión digna, se han retirado con facilidad. En cambio, el camino hacia la vida inactiva es más difícil para los que trabajaron en la economía "informal", o que no cuentan con pensión que garantice un ingreso suficiente. Para ellos el abanico de opciones se encuentra limitado a seguir trabajando, o bien a procurarse fuentes alternativas de ingresos.

Algunas particularidades del proceso de "institucionalización parcial" del retiro en México se reconocen al analizar, mediante el ajuste de modelos multivariados, los factores que contribuyen al incremento del retiro entre las personas en edades avanzadas. Con tal objeto, elaboramos un modelo de regresión logística con base en los datos de la ENSE 1994,[16] aplicado a todas las personas mayores de 60 años que tuvieran alguna experiencia laboral. La variable dependiente es la condición de activo o retirado del adulto mayor; las variables independientes se dividen en tres grupos: disponibilidad de apoyos institucionales (acceso a pensión y servicios médicos institucionales), disponibilidad de apoyos informales (número y sexo de los hijos; utilización de la fuerza de trabajo del resto de los miembros del hogar) y características individuales (el resto de las variables).

Los resultados del modelo (cuadro 14) confirman que la propensión a experimentar el retiro es mayor entre quienes disponen de apoyos formales. Para las personas que cuentan con servicios médicos pero no están incluidas en programas de pensiones —generalmente familiares de algún trabajador con esa prestación—, los momios relacionados con el retiro se incrementan 2.64 veces respecto de quienes no cuentan con apoyos institucionales. Este incremento es aun mayor —3.68 veces— para quienes cuentan con pensión y servicios médicos. Aunque tales efectos son significativos, su repercusión debe ser ponderada por la escasa cobertura de la seguridad social entre la población en edades avanzadas: en 1994 la mitad de las personas de 60 años o más con experiencia laboral no tenía acceso a servicios de salud, mientras que más de 80% no estaban incluidos en ningún programa de pensiones.[17]

[15] En 1990, 65% de los pensionados de 60 años o más recibían una pensión de monto inferior a 1.5 salarios mínimos (Ham, 1993).

[16] Este modelo es una versión simplificada de los presentados en Solís (1995).

[17] La cobertura de los sistemas de salud y pensiones se obtuvo con base en los datos de la misma ENSE 1994.

Cuadro 14. *Efectos de diversas variables sobre el riesgo de que las personas mayores de 60 se hayan retirado. Modelo de regresión logística, 1994*

	Razones de momios
Acceso a pensión y servicios médicos institucionales	
Sin pensión ni servicios médicos	1.00
Sin pensión y con servicios médicos	2.64*
Con pensión	3.68*
Número y sexo de los hijos	
Sin hijos	1.00
Menos de tres hijos sin predominio de hombres	1.15
Menos de tres hijos con predominio de hombres	2.03*
Más de tres hijos sin predominio de hombres	1.71*
Más de tres hijos con predominio de hombres	1.78*
Utilización de la fuerza de trabajo del resto de los miembros del hogar	
Ninguna	1.00
Hasta 25%	1.46*
Entre 25% y 49%	1.44*
50% o más	1.62*
Sexo y situación conyugal	
Hombre casado o unido	1.00
Hombre divorciado, separado o viudo	1.94*
Hombre soltero	3.54*
Mujer casada o unida	4.17*
Mujer divorciada, separada o viuda	3.38*
Mujer soltera	3.86*
Edad	
60-64 años	1.00
65-69 años	1.31*
70-74 años	1.61*
75-79 años	3.11*
80 o más años	6.20*
Tamaño de la localidad	
Menos de 100 000 habitantes	1.00
Más de 100 000 habitantes	1.21*
n = 3301	
− 2 LL = 3 856.1	
Chi cuadrada del modelo = 650.1*	

* Significancia < que 0.05

Nota: En el modelo incluimos sólo a quienes tenían alguna experiencia laboral.

Fuente: Estimaciones propias con base en la ENSE 1994.

Ante la carencia de pensiones y otras fuentes de apoyo institucionales, los apoyos informales surgen como opción para las personas en edades avanzadas. En el modelo estadístico incluimos la presencia de hijos sobrevivientes y la utilización de fuerza de trabajo adicional en el hogar como indicadores de la disponibilidad de este tipo de apoyos. El apoyo económico es fundamental para optar por el retiro y, por ello, la mayor parte de este apoyo es proporcionado por los hijos varones;[18] por ello, decidimos dividir al número de hijos según la composición dominante de sus sexos. Por su parte, la utilización de la fuerza de trabajo adicional en el hogar indica la relación entre el número de residentes distintos del adulto mayor que trabajan (y por tanto aportan ingresos) y el número total de consumidores, lo que constituye una medida de la disponibilidad de ingresos adicionales dentro del hogar.

Los coeficientes obtenidos luego de ajustar el modelo indican que tanto la presencia de los hijos como el grado de utilización de fuerza de trabajo adicional en el hogar inciden significativamente sobre el riesgo de que las personas en edades avanzadas hayan experimentado el retiro. Contar con hijos sobrevivientes es un factor que facilita la transición a la vida en inactividad. Los momios relacionados con el retiro son aproximadamente 1.75 veces mayores para quienes tienen cuatro hijos o más —independientemente de su composición por sexo— que para quienes no tienen hijos. En el caso de quienes tienen entre uno y tres hijos, la composición por sexo de la descendencia parece ser un factor importante, pues el riesgo de experimentar el retiro sólo se incrementa (en comparación con quienes no tienen hijos) para quienes tienen dos o tres hijos varones. Este hallazgo indica que, cuando se tienen pocos hijos, la presencia de hijos varones —proveedores fundamentales de apoyo económico— facilita significativamente el retiro de la actividad económica.

La propensión al retiro también es mayor entre quienes residen en hogares donde hay otros trabajadores. Cuando el adulto mayor no es la única fuente de ingresos dentro de la unidad doméstica (es decir, cuando hay algún porcentaje mayor que cero en el grado de utilización de fuerza de trabajo adicional), el riesgo de estar retirado se incrementa significativamente. La presencia de otros trabajadores como factor que inclina positivamente la balanza entre productores y consumidores dentro de la unidad doméstica parece constituir un escenario que facilita el abandono de la actividad económica por parte de los miembros de mayor edad en el hogar.

Finalmente, otras características individuales afectan la transición a la

[18] Tal como se muestra en la sección dedicada a apoyos informales, dentro de este mismo capítulo.

vida inactiva. En este tercer grupo destacan la edad y la combinación entre sexo y estado conyugal: la propensión al retiro se incrementa considerablemente con la edad, de manera tal que el riesgo de estar retirado es 6.20 veces mayor para las personas mayores de 80 años que para quienes tienen entre 60 y 65 años. Por su parte, las mujeres muestran un riesgo mayor que los hombres de experimentar el retiro, mientras que el estado civil parece ejercer un efecto contrario por sexo, pues para los hombres no unidos los momios vinculados con el retiro se incrementan, mientras que para las mujeres solteras disminuyen, aunque no significativamente.

Los resultados del modelo apoyan la perspectiva según la cual el retiro de la actividad económica en México experimenta un proceso de institucionalización parcial, que se manifiesta en la coexistencia de factores institucionales (el acceso a pensiones y servicios institucionales de salud) y no institucionales (la disponibilidad de apoyo familiar y la dinámica económica del hogar) como determinantes del abandono de la actividad económica. Detrás de este proceso se encuentra la heterogeneidad del desarrollo económico mexicano durante las últimas décadas, que no sólo marcó las trayectorias laborales de quienes en la actualidad tienen 60 años o más, sino que extiende su influencia hasta el presente, al determinar la estructura de opciones —amplia para algunos, limitada para la mayoría— que tienen frente a sí las personas en edades avanzadas en su transición a la vida en inactividad.

El estudio del retiro de la actividad económica en las edades avanzadas es un instrumento que nos permite anticipar algunos de los mayores problemas que traerá el envejecimiento demográfico en México durante las próximas décadas. Además de los desafíos actuariales que representa diseñar un sistema de pensiones sustentable a mediano y largo plazos (problema al que se ha intentado dar solución en años recientes mediante reformas de fondo en la seguridad social), un reto fundamental es ampliar la cobertura de los sistemas de pensiones. En este sentido, basta señalar que en 1990 sólo 53% de la población económicamente activa tenía acceso a algún plan de pensiones (Ham, 1993). ¿De dónde obtendrán ingresos en la vejez las nutridas cohortes que componen el restante 47%? Asimismo, es importante considerar el notable decremento en la fecundidad durante las últimas décadas, que probablemente debilitará las redes informales de apoyo familiar, integradas sobre todo por los hijos. Una vez consideradas estas circunstancias, es posible entender por qué el bienestar de las personas en edades avanzadas constituye uno de los principales retos de la nación hacia el siglo XXI.

CONSIDERACIONES FINALES

En este capítulo hemos tratado diversos aspectos relativos a la población en edades avanzadas en México. Al final de cada sección presentamos algunos comentarios generales sobre los hallazgos en cada uno de los respectivos temas, con la intención de que sirvan como conclusiones preliminares, útiles para evaluar qué sabemos y qué resta por investigar en torno a la situación de las personas en edades avanzadas. Por tanto, nuestros comentarios últimos no buscan resumir los resultados particulares de este trabajo, sino situar el problema del envejecimiento demográfico en el horizonte de los retos a los que hará frente la sociedad mexicana durante las próximas décadas.

Los problemas relacionados con el envejecimiento en los países industrializados pueden servir como ejemplo del tipo de desafíos a los que harán frente México y muchas otras naciones en desarrollo durante el próximo siglo. Entre estos retos se encuentra la escasez de mano de obra joven en el mercado de trabajo, los altos costos de la atención médica y los montos cada vez más altos de capital que deben ser destinados a los sistemas de pensiones. A dichos problemas "estructurales" se ha sumado la necesidad de generar una nueva conciencia social que haga posible la integración social de los viejos. Algunos de estos problemas no fueron previstos con suficiente oportunidad en el pasado, por lo que su solución ha resultado más costosa, lo cual debiera servir como lección para México, que aún cuenta con varias décadas para idear soluciones que respondan a los desafíos que va a plantear el envejecimiento demográfico.

En el ámbito de las políticas sociales, tal vez el mayor reto para México es atacar la insuficiente cobertura de los sistemas de pensiones y los problemas relacionados con la institucionalización del retiro. Actualmente, los programas de pensiones sólo cubren a la mitad de la población económicamente activa. De continuar las condiciones actuales, muchos trabajadores envejecerán sin una pensión que les permita retirarse dignamente de la actividad económica, tal como le ha ocurrido a muchos viejos de hoy. Dado que la generación de recursos para ampliar el sistema de pensiones se lleva varias décadas, la atención de este problema requiere acciones inmediatas. Esto demuestra que muchos de los problemas del envejecimiento demográfico en México no son "retos a futuro", sino desafíos a los que debe hacerse frente ahora.

El diagnóstico de los problemas del envejecimiento demográfico en México debe partir de un análisis detallado de las similitudes de este proceso respecto de otras naciones, así como de sus características particulares. La sociodemografía puede contribuir sustancialmente a dicha tarea, mediante el estudio de la interrelación entre los procesos demográficos y los cambios sociales que afectan la situación de las personas en edades avanzadas. Por ello, resulta indispensable incrementar la investigación sociodemográfica sobre el envejecimiento en México. Aunque se cuenta ya con algunas aportaciones importantes en la materia, el estado del conocimiento es aún embrionario en temas como las condiciones de salud en la vejez, las redes de apoyo informal y las transferencias intergeneracionales, los factores que se relacionan con la conformación de los entornos residenciales y el abandono de la actividad económica. Para contribuir con dicha tarea, hemos procurado realizar en este capítulo un análisis exploratorio en cada uno de los temas mencionados que pueda ser útil como punto de partida para posteriores investigaciones.

Para avanzar en el estudio de los problemas del envejecimiento se requiere también contar con datos actualizados sobre la materia. La ENSE 1994, a la cual recurrimos a menudo en este trabajo, debe constituir el punto de partida para el levantamiento periódico de información en torno a aspectos tan importantes como la salud, el deterioro funcional, las condiciones económicas y la solidaridad intergeneracional hacia las personas en edades avanzadas. Dicha información sería de suma utilidad para evaluar la evolución en la situación de las personas en edades avanzadas.

Finalmente, es importante avanzar en el análisis cualitativo del envejecimiento en México. La disponibilidad de instrumentos de carácter cuantitativo, tales como la ENSE 1994 u otras encuestas y censos, nos permite desarrollar líneas de investigación que clarifican algunos rasgos estructurales del proceso de envejecimiento demográfico. No obstante, poseemos poca información en torno a la manera como tales fenómenos estructurales se "acoplan" con las percepciones, disposiciones y actitudes de los mexicanos ante la vejez. Sabemos, por ejemplo, que los principales proveedores de apoyo informal son los hijos y que priva una distribución sesgada en las tareas de apoyo según el sexo. También sabemos que las personas mayores que cuentan con ingresos propios suelen recibir menos apoyo familiar. Sin embargo, no tenemos un conocimiento detallado en torno al grado de consenso o conflicto relacionado con los intercambios intergeneracionales. Tampoco hemos analizado las diferencias entre grupos sociales o los cambios con el tiempo en los sistemas de percepciones que guían la solidaridad intergeneracional. La respuesta a estas y otras incógnitas requiere no sólo investigación de carácter cuantitativo, sino también estudios cualitativos que nos permitan ingresar al mundo de los valores, las actitudes, los hábitos y las creencias.

Bibliografía

Albert, S., y M. G. Cattell (1994), *Old Age in Global Perspective: Cross-cultural and Cross-national Views,* Nueva York, G. K. Hall & Co.

Atchley, R. (1982), "Retirement as a social institution", *Annual Review of Sociology,* Col. 8, p. 263.

Consejo Nacional de Población (Conapo) (1996), Proyecciones de la población de México y de las entidades federativas, 1990-2030, mimeo, marzo, México, Consejo Nacional de Población.

——— (1994), *Encuesta Nacional sobre la Sociodemografía del Envejecimiento en México. Resultados,* México, Conapo / DIF.

Ham, R. (1993), "Envejecimiento demográfico y seguridad social. La insuficiencia de las pensiones por vejez", *Demos,* núm. 6.

Hosmer, D., y S. Lemeshow (1989), *Applied Logistic Regression,* Nueva York, John Wiley and Sons.

Kempen, G., y T. Suurmeijer (1990), "The development of a hyerarchical polychotomous ADL-IADL scale for noninstitutionalized elders", *The Gerontologist,* agosto, vol. 30, núm. 4, p. 497(6).

Kinsella, K. (1990), *Living Arrangements of the Elderly and Social Policy. A Cross-national Perspective,* International Population Reports, Staff paper núm. 52, Washington, D. C., U.S. Bureau of the Census.

Kramarov, E. (1995), "The elderly who live alone in the United States: historical perspectives on household change", *Demography,* vol. 32, núm. 3, p. 335.

McChesney, K. Y., y V. L. Bengston (1988), "Solidarity, integration and cohesion in families", en D. J. Mangen, V. L. Bengston y P. H. Landry (comps.), *Measurement of Intergenerational Relations,* California, Sage Publications.

Ostbye, T., S. Tyas, I. McDowell y J. Koval (1997), "Reported activities of daily living: agreement between elderly subjects with and without dementia and their caregivers", *Age and Ageing,* marzo, vol. 26, núm. 2, p. 99(8).

Pedrero, M. (1993), "Condiciones de trabajo en la vejez", en Memorias del Seminario sobre Envejecimiento en México (mimeo.), México, Somede.

Pichardo, A. (1994), *El trabajo en la tercera edad,* tesis de licenciatura en actuaría, México, Universidad Nacional Autónoma de México.

Roberts, R., y V. L. Bengston (1990), "Is intergenerational solidarity an unidimensional construct? A second test of a formal model", *Journal of Gerontology: Social Sciences,* vol. 45, núm. 1, p. S12.

Solís, Patricio (1995), *El retiro como transición del curso de vida en México,* tesis de maestría en población, Flacso, Sede México.

Treas, J., y V. L. Bengston (1982), "The demography of mid- and late-life transitions", en *The Annals of the American Academy of Political and Social Sciences,* núm. 464, p. 11.

Vos, S. de (1995), *Household Composition in Latin America,* Nueva York, Plenun Press.

V. ASPECTOS SOCIOECONÓMICOS DE LA POBLACIÓN

LA FUERZA DE TRABAJO EN MÉXICO: UN SIGLO DE CAMBIOS

Orlandina de Oliveira, Marina Ariza y Marcela Eternod

Introducción

El objetivo de este capítulo es ofrecer un panorama de la evolución de la fuerza de trabajo en México a lo largo de un siglo marcado por hondas transformaciones en los órdenes político, económico y social. Destacamos en primer lugar las conexiones entre los diversos modelos de desarrollo, la división social y por género del trabajo, así como la distinta propensión laboral de hombres y mujeres, de la cual dan muestra los niveles de las tasas de participación económica en cada momento histórico. Exponemos, en segundo lugar, el efecto de los principales cambios económicos (industrialización y terciarización) sobre la composición sectorial de la fuerza de trabajo, su nivel relativo de recepción de salario y la tendencia al predominio de uno u otro sexo (masculinización o feminización). Las transformaciones sectoriales son vistas como el eje que dinamiza y permite entender la evolución de largo plazo en la fuerza de trabajo y su estructuración en un momento dado. La terciarización es objeto de una atención especial en la medida en que constituye, sin duda, el cambio secular más importante. Analizamos, en tercer lugar, el tipo (la calidad) del empleo en el que se inserta la mayoría de la población trabajadora mexicana en nuestros días, como una manera de profundizar en el sentido que estos cambios han tenido para los sectores trabajadores en los años en que el siglo toca a su fin. Examinamos, en último lugar, la calidad diferencial del empleo de hombres y mujeres como una manifestación más de las inequidades de género alrededor de las cuales se organiza el mercado de trabajo.

Realizamos dicho análisis respetando las pausas marcadas por periodos históricos muy bien delimitados por la investigación socioeconómica: *1)* los años de auge y caída del modelo agroexportador (1895 a 1930); *2)* el periodo de desarrollo estabilizador (1930 a 1970), que comprende la instalación (1930-1950) y la consolidación (1950-1970) del crecimiento por sustitución de importaciones, y *3)* las décadas de transición hacia un nuevo modelo de desarrollo basado en la exportación de manufacturas, con dos subperiodos: el de agotamiento del modelo anterior (1970-1979) y el de crisis y restructuración económica (1980-1995).[1]

Para el examen de las transformaciones de la fuerza de trabajo en los dos primeros periodos, nos servimos de la información disponible en todos los censos de población que permiten el estudio de los aspectos laborales. En el tercer periodo nos apoyamos además en los datos que suministran las diversas encuestas de ocupación, la Encuesta Continua de Ocupación de 1979 y las Encuestas Nacionales de Empleo de 1988, 1991 y 1995.

PARTICIPACIÓN ECONÓMICA DE LA POBLACIÓN

Expondremos a continuación las tendencias globales de la participación económica de la población mexicana a lo largo del siglo. La comparación entre distintos censos, y entre éstos y las encuestas de ocupación, engloba una serie de limitaciones que provienen de los cambios en las definiciones, los periodos de referencia y las formas de captación de la información, que dificultan la apreciación de las tendencias y limitan el alcance de las generalizaciones.[2] Al examinar las pautas generales, se describen los rasgos que singularizan la participación económica masculina y femenina, los cambios en el perfil por edad y las interrelaciones entre las pautas de participación y la división sexual del trabajo en cada momento histórico.

Tendencias generales y diferencias por sexo[3]

Entre 1895 y 1995, la población mexicana mantiene un nivel promedio de participación neta de alrededor de 50%; no obstante, la tendencia más sostenida durante el siglo es hacia la baja. De hecho, los niveles de

[1] Los cambios ocurridos en la fuerza de trabajo en distintos momentos han sido analizados con anterioridad por diversos autores: Muñoz y Oliveira (1976) comparan las dos etapas del periodo de sustitución de importaciones; Rendón y Salas (1987) examinan primero de manera sistemática los tres primeros periodos y luego los años ochenta (Rendón y Salas, 1993); Oliveira (1989) estudia en detallle los años de crisis económica de los ochenta y, junto con García (1990), contrasta el lapso 1950-1970 con los decenios de los setenta, ochenta y noventa (García y Oliveira, 1994, 1997); por último, García (1996) profundiza a su vez en el periodo 1991 y 1995.

[2] Estas limitaciones se abordan en una nota de aclaración metodológica que hemos puesto después de las consideraciones finales y antes de la bibliografía.

[3] La participación económica de la población ha sido uno de los procesos que más atención ha recibido de los especialistas, por lo que al respecto disponemos de abundante bibliografía: véanse, entre otros, Morelos, 1972; García, 1975, 1992; Rendón y Salas, 1987 y 1993; Oliveira, 1989; Mier y Terán, 1992; Welti y Figueroa, 1994; García y Oliveira, 1994; Pacheco y Parker, 1996.

participación económica caen sistemáticamente entre 1895 y 1970, y no se remontan sino hasta el último cuarto de siglo, cuando alcanzan los valores exhibidos 100 años atrás. Si bien una parte no despreciable de este descenso expresa los efectos del cambio en los esquemas conceptuales de medición de la actividad económica,[4] otra no menos importante recoge la incidencia de procesos más complejos sobre la participación económica de la población. En términos generales, el intervalo que analizamos acota buena parte de las profundas transformaciones que el proceso de desarrollo económico desencadena en la estructura social. La evaluación de tales repercusiones excede sin duda las pretensiones de este artículo; conviene de todos modos recordar lo que investigaciones previas han destacado al respecto. Los conocidos estudios de Durand (1975), Recchini y Wainerman (1977), Morelos (1972), Standing (1978), García (1975) y otros, realizados en los años setenta, determinaron que el descenso relativo en los niveles generales de participación obedecía a la combinación de un conjunto de factores —económicos, demográficos y culturales— vinculados al proceso de desarrollo económico, con un efecto diferencial sobre la fuerza de trabajo en hombres y mujeres.

En el caso particular de México, Rendón y Salas (1987), al comprobar la tendencia secular al descenso en los niveles generales de actividad económica, destacan que los aspectos que la explican varían de acuerdo con el subperiodo histórico de que se trate, y que precisamente por ello deben ser analizados de manera contextualizada.[5] Es evidente que dicha tendencia esconde comportamientos diferenciales de la participación por sexo. La participación económica de los hombres excede a la de las mujeres a lo largo del siglo, pero la disimilitud entre ambas presenta variaciones significativas. Observada con detenimiento, la relación entre ellas expresa un fuerte ensanchamiento de la distancia entre 1921 y 1930-1950, así como una disminución progresiva a partir de entonces (gráfica 1). En los últimos años del siglo XIX y primeros del XX, los hombres participan en promedio casi seis (5.7) veces más que las mujeres en la actividad económica extradoméstica. Sin embargo, a consecuencia de un repliegue extraordinario de la fuerza de trabajo femenina entre 1910

[4] Véase la nota metodológica ya mencionada.

[5] De acuerdo con estos autores, durante los tres primeros decenios del siglo XX, la contracción de la participación se explica principalmente por el estancamiento de la actividad económica, lo cual ocasionó que el aumento de la fuerza de trabajo se situara por debajo del crecimiento demográfico, a pesar de que éste era de por sí lento. A partir de los años cincuenta habrían confluido dos procesos: la población se expandió a un ritmo inusitado y la agricultura perdió su capacidad de incorporar nuevos trabajadores, lo que de nuevo evitó un incremento sustancial de las tasas de actividad (Rendón y Salas, 1987: 229). Es importante señalar que las afirmaciones de estos autores se basan en el análisis de las tasas brutas de actividad, que son más sensibles a los cambios en la estructura por edad de la población. En nuestro caso nos apoyamos en las tasas refinadas de actividad.

GRÁFICA 1. *Tasas netas de participación económica por sexo y relación hombres-mujeres, 1895-1995*

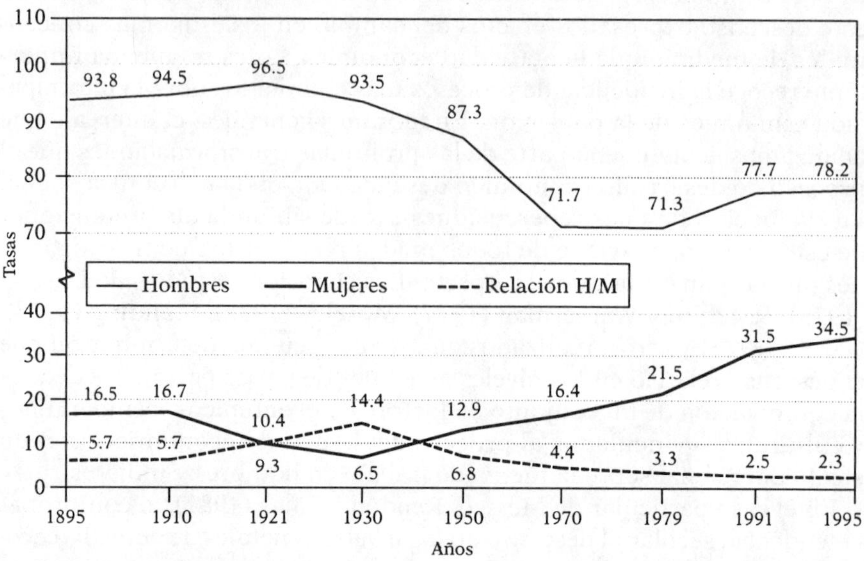

y 1930, el hiato crece hasta alcanzar en este último año una magnitud de 14.3. Así pues, la caída ocurrida en el nivel global de la participación en este primer tercio de siglo (1895-1930) recoge la fuerte contracción en la actividad económica de las mujeres (del orden de 60%); la participación de los hombres, por lo contrario, se mantuvo en una tasa promedio de 94.5%. En el subperiodo siguiente, 1930-1970, el descenso de alrededor de 9.7% en el nivel global de participación da cuenta de un comportamiento inverso: la disminución de aproximadamente 23% en la tasa neta de actividad masculina y el repunte de la femenina, después de haber alcanzado el nadir del siglo en el año de 1930; a partir de entonces, las diferencias no han dejado de acortarse. En el último subperiodo, 1970-1995,[6] se armonizan las tendencias al crecimiento de la participación masculina y femenina, pero con un incremento relativo mucho

[6] Tal subperiodo experimentó fuertes cambios en la dinámica económica y el funcionamiento de los mercados de trabajo. En él tuvieron lugar tanto la crisis del modelo económico de sustitución de importaciones y la transformación y apertura de la economía, como la terciarización, la restructuración de la planta industrial y la feminización del mercado de trabajo en sentido general. Dichos procesos estuvieron acompañados de crisis cíclicas que pusieron en peligro la estabilidad económica y minaron sensiblemente la capacidad de compra de los sectores trabajadores. El periodo abarca, por tanto, tendencias contrapuestas y heterogéneas que dificultan la manera como deben ser interpretadas en cuanto a su repercusión sobre la composición por sexo de la fuerza de trabajo, entre otros aspectos.

mayor en las mujeres (110.3%) que en los hombres (9.0%). La participación femenina, que venía creciendo sostenidamente desde 1930, se acelera en este último cuarto de siglo y es seguida, aunque a un ritmo mucho más lento, por un aumento no despreciable de la actividad económica de los hombres en los ochenta. En nuestros días, la tasa de participación de ellos en el trabajo extradoméstico es casi poco más de dos veces superior a la de ellas; o, lo que es lo mismo, la participación económica de las mujeres se aproxima a la mitad del nivel de la de los hombres.

Como ha sido ampliamente documentado, el desarrollo produce en términos generales una presión hacia la homogeneización de la pauta de participación por edad, más marcada en la fuerza de trabajo de los hombres (Morelos, 1972; Durand, 1975; Recchini y Wainerman, 1977; Standing, 1978; García, 1975). La demanda laboral que las actividades industriales plantean y la organización del trabajo que las acompaña establecen límites formales para el intervalo de vida activa. Por un lado, los requerimientos cada vez mayores de calificación que estas actividades suponen hacen necesario prolongar el periodo de formación escolar, lo cual retrasa la edad de ingreso en el mercado de trabajo; por otro, el establecimiento de una edad de retiro reduce significativamente la participación económica de los grupos situados en el extremo superior. Ambos aspectos tienen como contrapartida deprimir las tasas globales de actividad.[7]

El efecto del proceso de desarrollo sobre el patrón de participación por edad es distinto en hombres y mujeres debido al fuerte condicionamiento de género en la organización de la división sexual del trabajo, y por ende en la propensión a trabajar en actividades extradomésticas. En el caso de los hombres, este condicionamiento se traduce en una pauta de elevada y sostenida participación a lo largo de la vida activa. Como lo han señalado algunos autores (Standing, 1981: 67), en la mayoría de las sociedades industrializadas, la institución del matrimonio y la estructura familiar misma contribuyen a desarrollar una firme inclinación laboral en los hombres en la medida en que ejercen presión sobre ellos para lograr la satisfacción de una serie de necesidades de consumo.[8] En las

[7] Otros factores de índole estrictamente demográfica afectan el nivel que puedan alcanzar las tasas de participación económica. En los momentos tempranos del proceso de transición demográfica, cuando la fecundidad es elevada y la mortalidad registra sus primeros descensos importantes, la expansión de los grupos situados en la base de la pirámide poblacional presiona hacia la baja la tasa global de participación económica. En etapas posteriores, el descenso de la fecundidad ocasiona el efecto inverso.

[8] Las distintas pautas de formación familiar traen de por sí variaciones significativas en el patrón de participación por sexo y edad, las que no han sido ponderadas con justeza en el análisis habitual de la participación económica. En sociedades con una alta inestabilidad familiar, una fuerte presencia de uniones consensuales y de hogares a cargo de una mujer (como las afrocaribeñas, por ejemplo), las mujeres han mostrado históricamente

mujeres, por lo contrario, la segregación entre la producción y la reproducción condiciona permanentemente el modo de participación económica, lo cual da lugar a pautas muy diversas.[9]

En el caso de México,[10] la información disponible para los años 1950-1995 confirma el descenso importante de la participación económica de ambos sexos en los grupos de edad más jóvenes (12-14 años) y más viejos (45-64) a medida que el proceso de desarrollo avanza (Morelos, 1972; García, 1975), así como la intensificación de la actividad económica de los grupos centrales con edades comprendidas entre los 15 y los 64 años (gráfica 2). En efecto, en los últimos 45 años (1950-1995), las tasas de actividad de los jóvenes de 12 a 14 años y las de los mayores de 65 años han descendido en 28.6% y 33.1%, respectivamente; mientras que la de los grupos situados entre los 20 y los 44 años ha experimentado incrementos cercanos o superiores a 40%.

Al evaluar las tendencias recientes en la participación por sexo y edad encontramos como dato llamativo la mayor permanencia relativa de las mujeres en el mercado de trabajo en la etapa reproductiva. En contraste con lo que sucedía en los años setenta, en las décadas de los ochenta y los noventa las mujeres mexicanas en edad fértil no abandonan de manera tan frecuente el mercado de trabajo para dedicarse a la vida familiar (Pedrero y Rendón, 1982; García y Oliveira, 1994). Como consecuencia de ello, la brecha entre los niveles de participación de hombres y mujeres —considerablemente amplia en la etapa de procreación— ha empezado a acortarse a pasos acelerados en los años en que el siglo toca a su fin. Entre 1970 y 1995 se han registrado descensos de al menos 18 puntos porcentuales en las diferencias en las tasas de actividad masculina y femenina entre los 30 y los 45 años (gráfica 3).

La disparidad en los respectivos niveles de participación puede tomarse como indicador del grado de inequidad en el acceso al trabajo extradoméstico que sufren las mujeres. México presenta una disimilitud promedio de 54.4 puntos porcentuales entre las tasas de participación de hombres y mujeres en el intervalo reproductivo de edad. Esta diferencia se acerca a la de los países mediterráneos (España e Italia) y a la de Irlanda, que se caracterizan por una disparidad de entre 40 y 60 pun-

altísimos y sostenidos niveles de actividad económica a lo largo de la vida reproductiva; en contraste, en algunos casos (Jamaica), los hombres dan cuenta de una "débil" o "insuficiente" inclinación laboral (Standing, 1981; Ariza, 1995).

[9] Además de la mediación de la organización familiar, el grado preexistente de integración femenina en las actividades agrícolas, el tipo de explotación agraria, las pautas de unión conyugal y la mayor o menor apertura cultural de género son factores que intervienen en el efecto que el proceso de desarrollo puede desencadenar en la participación económica de las mujeres (Boserup, 1970; Durand, 1975; Youssef, 1978; Standing, 1981; Stichter, 1990).

[10] Por problemas de comparabilidad, el análisis de la participación por edad sólo puede realizarse desde 1950; el de sexo y edad, únicamente a partir de 1970.

GRÁFICA 2. *Tasas específicas de participación económica por sexo, 1970, 1991 y 1995*

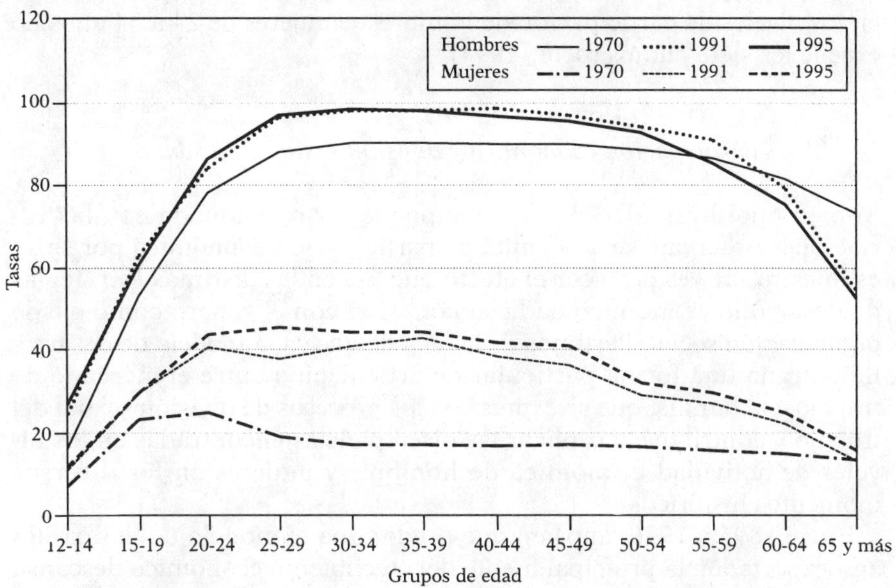

GRÁFICA 3. *Diferencias porcentuales de participación económica hombre-mujer, 1970 y 1991*

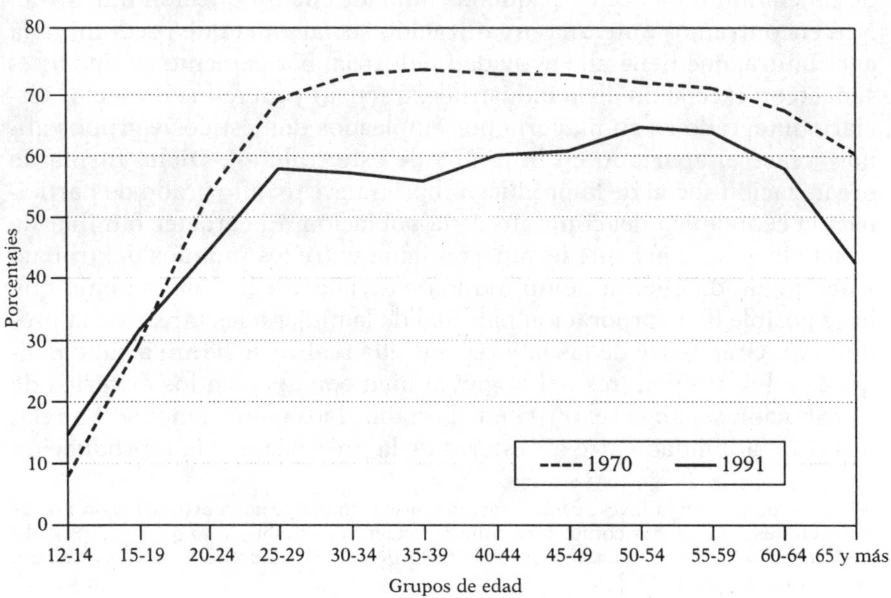

tos; pero es muy elevada en relación con la de los países europeos de mayor equidad relativa, como Suecia y Finlandia, en los que la brecha en los niveles de participación de hombres y mujeres de 24 a 54 años no excede los siete puntos (OCDE, 1994).

Participación económica y división sexual del trabajo

Si bien una diversidad de factores puede ser relacionada con las variaciones observadas en la pauta de participación económica por sexo, es nuestro interés destacar el efecto que tienen las distintas estrategias de desarrollo económico dada su conexión con el género como eje de organización social. Partimos de la idea de que cada modelo de desarrollo entraña una forma particular de articulación entre el mercado de trabajo y la familia, que se expresa en los procesos de división sexual del trabajo y contribuye a explicar las discrepancias encontradas en los niveles de actividad económica de hombres y mujeres en los diversos momentos históricos.

Entre 1895 y 1930, años en que predomina el modelo de desarrollo agroexportador, la principal fuente del crecimiento económico descansa en la exportación de metales y productos agrícolas.[11] La producción tiene lugar a partir de una multitud de unidades económicas familiares que generan bienes, tanto para la subsistencia como para el mercado, y de un conjunto menor de pequeñas unidades de producción industrial. Nos encontramos ante una organización social en la que predomina la agricultura, que tiene una actividad industrial básicamente de tipo artesanal (con excepción de la industria extractiva) y un reducido sector terciario integrado en su mayoría por empleados domésticos y grupos afines (véase el apartado en la p. 883 de este trabajo). Dicha forma de organización social de la producción promueve un alto grado de participación económica del conjunto de la población. El carácter familiar de la actividad, que permite la superposición entre los mundos del trabajo y del hogar, da cuenta de un modo de división sexual del trabajo que hace posible la incorporación habitual de la mujer a las tareas de la producción. Gran parte de las labores que ella realiza se llevan a cabo dentro o en los alrededores del hogar, si bien con apego a los criterios de distribución según el sexo y la edad establecidos culturalmente. La relativa compatibilidad entre las esferas de la producción y la reproducción

[11] De acuerdo con la investigación sociohistórica, en el último cuarto del siglo XIX las ocupaciones catalogadas como "femeninas" crecieron a mayor ritmo que las "masculinas", lo que en parte explica las elevadas tasas de participación de las mujeres en ese momento (Rendón, 1990: 33).

que aquí tiene lugar se expresa con claridad en la menor discrepancia en los niveles respectivos de participación económica de hombres y mujeres. En efecto, entre 1895 y 1910 los hombres participan casi seis veces más que las mujeres; o, dicho de otra manera, la actividad económica de la mujer es aproximadamente 17% de la del hombre.

Como hemos señalado, en este primer tercio del siglo XX ocurre un giro importante en la pauta de participación por sexo: entre 1910 y 1930 la actividad económica femenina desciende aproximadamente 60%, lo que dispara la diferencia entre ambos niveles de participación a 14.3 puntos; es el momento de mayor disimilitud relativa a lo largo de estos 100 años en el grado de inclusión de hombres y mujeres en la actividad económica extradoméstica. Dicha alteración recoge el efecto que tuvieron las transformaciones de la organización económico-social sobre la composición de la fuerza de trabajo, sin minimizar las repercusiones de los importantes acontecimientos sociales y políticos que sacudieron al país en las primeras décadas del siglo.[12]

La retirada de la mujer del mercado de trabajo obedece principalmente al efecto del cambio de la producción artesanal a la industrial sobre su disposición a participar en la actividad extradoméstica. Por un lado, el despegue del proceso de industrialización afectó selectivamente las industrias con predominio de mano de obra femenina. Por otro, el cambio en la escala y la índole de la actividad productiva pusieron fin a la relativa armonía entre las esferas de la producción y la reproducción, base en la que se sustentaba la pauta de participación anterior por sexo.[13] Se produce aquí, según lo corroboran diversos autores (Rendón y Salas, 1987; Rendón, 1990), un fortalecimiento del esquema tradicional de división sexual del trabajo, una relativa polarización genérica en la distribución de las tareas productivas y reproductivas, en la medida en que el nuevo esquema de producción demanda dedicar tiempo total al trabajo en jornadas laborales continuas y regulares. La capitalización de la producción que promueve la industrialización favorece en términos generales el empleo masculino (Kuznesof, 1992). El relativo predominio de los hombres en el mercado de trabajo es así uno de los rasgos sobresalientes de este subperiodo histórico (Rendón, 1990).

[12] Varios sucesos ocurridos en las dos primeras décadas del siglo tuvieron un efecto negativo sobre la actividad económica y la disposición laboral en sentido general: la crisis de 1906-1907, la Revolución y la inestabilidad social y política que las acompañaron.

[13] Rendón (1990) adjudica el descenso espectacular de las ocupaciones femeninas en este primer tercio del siglo a dos factores concomitantes: *a)* la modernización de las industrias tradicionales como la textil, la del vestido y la alimentaria; *b)* la falta de estímulo al trabajo agrícola femenino que produjo la eliminación de las haciendas como sistema de producción, lo que tuvo un efecto negativo en el proceso de incorporación de las mujeres a las tareas agrícolas, asalariadas o no.

Entre 1930-1970, momento de expansión y consolidación del modelo de desarrollo por sustitución de importaciones, el hombre prevalece de manera global en la fuerza de trabajo. La conformación de la mano de obra industrial y de los grandes grupos de trabajadores asalariados como rasgos sobresalientes de este periodo es consecuencia de un esquema de producción que tiene en el impulso a la industrialización y la capitalización de la agricultura sus principales ejes de acumulación. La división sexual del trabajo conserva los rasgos de relativa polarización genérica en la distribución de las tareas productivas y reproductivas, característicos de los últimos años del periodo anterior. Se trata del tipo de organización familiar que más se aproxima en términos ideales al modelo del jefe proveedor.

El entorno demográfico que prevalece en dicho momento histórico es de aceleración del crecimiento poblacional, con una importante presión sobre las funciones reproductivas de la mujer, dadas las elevadas tasas de fecundidad y la no complementariedad entre los ámbitos de la producción y la reproducción. El considerable tamaño promedio de las familias y los bajos niveles de escolaridad son dos factores más que condicionan negativamente las posibilidades de participación económica de las mujeres.

No obstante, la propia dinámica de crecimiento de los sectores y subsectores económicos durante el periodo de "desarrollo estabilizador" promueve condiciones que favorecen en el mediano y largo plazos la gradual inserción económica de las mujeres. En efecto, como se verá más adelante, el estímulo a las actividades terciarias que ocasiona el auge de la actividad industrial abre de nuevo las puertas a la paulatina incorporación de la mujer a la actividad económica extradoméstica. Es así como —después del fuerte distanciamiento ocurrido en el periodo precedente— las tasas de participación económica masculina y femenina inician un débil pero sostenido proceso de acercamiento a partir del lento despegue de la actividad económica de las mujeres, observable ya en la misma década de los treinta.

La acentuada (aunque decreciente) disparidad en los niveles de actividad económica entre hombres y mujeres que predomina entre 1930 y 1970 se reduce a pasos agigantados en el último cuarto de siglo (1970-1995) y se observa una menor segregación relativa en la distribución de los trabajos doméstico y extradoméstico. Esta progresiva tendencia a la menor desigualdad en el nivel de participación por sexo recoge a su vez el efecto de un complejo conjunto de factores (económicos y demográficos) sobre la disposición a trabajar. La expansión y la diversificación del sector terciario, el crecimiento y la restructuración de la planta industrial, el establecimiento de industrias de exportación, los traslados masivos campo-ciudad, el incremento de la escolaridad y el descenso de la fecundidad son algunos de los factores de largo plazo que se destacan como causas de que la participación económica femenina se haya acelerado en estas últimas décadas (Oliveira, 1989). En un esfuerzo de generalización puede afirmarse que mientras la industrialización sustitutiva promovió principalmente la demanda de fuerza de trabajo constituida por hombres, la terciarización se abrió paso mediante una inequívoca feminización del mercado de trabajo, como tendremos oportunidad de argumentar a continuación.

TERCIARIZACIÓN Y FEMINIZACIÓN DE LA FUERZA DE TRABAJO

Tal y como aconteció en los países desarrollados en otro momento histórico, América Latina ha experimentado durante el siglo XX un importante proceso de terciarización.[14] Éste, que se verifica tanto en momentos de expansión como de crisis económica,[15] ha estado acompañado de la especialización y diversificación cada vez mayores de los servicios, por lo general intensivos en mano de obra. No obstante, en contraste con los países industrializados, los países en desarrollo se caracterizan por un sector terciario de menor tamaño, menos diversificado y con predominio de los servicios distributivos, sociales y personales (Bennett y Tucker, 1979; Giarini, 1987; Daniels, 1993; Oliveira y Roberts, 1994; García y Oliveira, 1994). Además, en América Latina este sector alberga contigentes mucho más heterogéneos de mano de obra que en las regiones desarrolladas; de ahí la constante preocupación por evaluar el significado que ha adquirido su crecimiento en diferentes momentos históricos.[16] Las controversias han girado en torno al carácter excesivo,

[14] La terciarización cada vez mayor de la fuerza de trabajo constituye una tendencia en curso en los países desarrollados desde el siglo pasado. A mediados del siglo XIX, por ejemplo, más de 30% de la mano de obra de Inglaterra se ubicaba dentro del terciario. A principios del siglo XX, la cifra era superior a 40% de la población activa (Lee, 1979, citado por Daniels, 1993). En la actualidad, más de 70% de la fuerza de trabajo de un conjunto de países desarrollados (Canadá, los Estados Unidos, países nórdicos) se concentra en este sector de actividad.

[15] Hay evidencias históricas en los países desarrollados que muestran cómo los servicios pueden crecer tanto en épocas de auge como de recesión económica. En los años sesenta, el aumento de la mano de obra en este sector de actividad en las economías desarrolladas estuvo relacionado con la prosperidad nacional e individual, con bajas tasas de desempleo y un marcado aumento del producto y de la productividad en las industrias manufactureras. En la siguiente década hubo una reducción del crecimiento económico y la mano de obra en los servicios siguió expandiéndose (UNCTAD, 1989a, citado por Daniels, 1993).

[16] Véanse García, 1975; Muñoz y Oliveira, 1976; Rendón y Salas, 1987; García, 1988; Oliveira y García, 1990 y 1993; García y Oliveira, 1994 y 1997.

"desmedido" (o no) de la terciarización.[17] En los años setenta se hablaba en América Latina de una hinchazón o "sobreterciarización", entendida como una incorporación excesiva de la mano de obra en actividades terciarias de muy baja calificación y escasa remuneración, tales como los servicios personales y el comercio ambulante. Estas actividades eran vistas como refugio de mano de obra que, expulsada del sector agropecuario, no encontraba cabida en el sector industrial de la economía. Posteriormente surgieron otras interpretaciones que refutaban las anteriores y vinculaban el crecimiento del terciario con el dinamismo del proceso de industrialización en algunos países de la región, como Brasil y México.[18] A partir de los ochenta, en un marco de crisis de las economías latinoamericanas, de una sustantiva reducción del Estado benefactor y de un aumento de los niveles de pobreza, han cobrado vigencia las explicaciones que vinculam el crecimiento del sector terciario con la expansión de las actividades no asalariadas de baja calificación, propias del sector informal urbano. Se subraya, en el mismo sentido, la pérdida de capacidad del sector industrial para absorber mano de obra aun en países que, como México, habían sobresalido por un fuerte dinamismo en dicho sector (Rendón y Salas, 1992, 1993; García y Oliveira, 1994; García, 1996).

Para ahondar en el estudio de las características que ha asumido la terciarización en México, analizamos en este apartado el crecimiento y la salarización[19] de la mano de obra en la manufactura y en el terciario (así como en sus diferentes subsectores) en diversos periodos históricos. Señalamos en seguida las diferencias entre la población activa masculina y femenina, amén de las vinculaciones entre los procesos de terciarización y de feminización de la fuerza de trabajo.

El proceso de expansión, diversificación y asalariamiento de la mano de obra no agrícola

Los cambios sectoriales de la fuerza de trabajo en México a lo largo del siglo XX han sido verdaderamente importantes. La mano de obra en las

[17] Una sistematización de ellas se encuentra en Oliveira, 1975; Muñoz y Oliveira, 1979, García, 1988, entre otros.

[18] Para América Latina, Francisco de Oliveira (1972) ofrece una interpretación sobre el crecimiento del terciario a partir de las modalidades que asume la acumulación de capital; Paulo Singer (1971) propone una reclasificación del terciario y Katzman (1984) analiza los cambios sectoriales de la fuerza de trabajo.

[19] Varios autores han utilizado el peso relativo de la mano de obra asalariada como una forma de evaluar la ampliación de las actividades capitalistas dentro de los diferentes sectores económicos (Muñoz y Oliveira, 1976; García, 1988).

actividades agropecuarias ha disminuido 2.6 veces su peso relativo, mientras que la del terciario (el comercio y otros tipos de servicios) se ha ampliado casi cuatro veces.[20] La expansión de las actividades terciarias ha sido de tal magnitud que, de acuerdo con las definiciones internacionales, México se ha transformado a mediados de los noventa en una economía de servicios, dado que aloja a más de la mitad de su mano de obra en este sector de actividad. En ese mismo lapso, la mano de obra industrial ha reducido ligeramente su participación relativa (cuadro 1 y gráfica 4).

La modernización y diversificación de las actividades industriales y terciarias en el curso de la centuria han sido igualmente significativas. Entre 1895 y 1995, la mano de obra industrial empleada en la producción de bienes de consumo final se redujo de manera considerable, pero la dedicada a la fabricación de bienes intermedios, de capital y de consumo duradero casi se quintuplicó (cuadro 2 y gráfica 5). En el mismo sentido, los subsectores del terciario más vinculados con el proceso de urbanización e industrialización (servicios sociales, al productor y distributivos) ampliaron su participación relativa; mientras los servicios personales perdieron relevancia (cuadro 3 y gráfica 6).[21] Como consecuencia de un conjunto de procesos de cambio socioeconómico, entre los que destacan la urbanización, el cambio tecnológico y la modernización económica, la diversificación de la producción, la ampliación del mercado interno, del comercio internacional y el turismo, el desarrollo de la tecnología de información y comunicación, así como las políticas de ajuste, estabilización y apertura comercial —amén de las crisis económicas por las que ha atravesado el país en varios momentos históricos (Rendón y Salas, 1987; García, 1988; Oliveira y García, 1987)—, la mano de obra en la industria y en el terciario ha presentado importantes fluctuaciones a lo largo del siglo.[22]

[20] En este apartado utilizamos dos agrupaciones del sector terciario. En un primer momento, diferenciamos únicamente entre los servicios y el comercio. Posteriormente, utilizamos, al igual que otros autores, la clasificación —propuesta por Browning y Singelman (1972)— que divide al terciario en cuatro subsectores: los *servicios distributivos*, que incluyen el comercio, las comunicaciones y el transporte; los *servicios al productor* agrupan los servicios financieros, el alquiler de inmuebles y los servicios profesionales; los *servicios sociales*, que incluyen los servicios de educación y médicos y la administración pública y la defensa; y los *servicios personales*, que abarcan los servicios de esparcimiento, restaurantes y hoteles, de reparación, aseo y limpieza y domésticos. Esta clasificación ha sido de gran utilidad en el estudio de la índole del proceso de terciarización de la fuerza de trabajo.

[21] Es importante tener en cuenta que, junto con los procesos de expansión o reducción de la mano de obra en los sectores y subsectores de actividad económica, han ocurrido transformaciones sustanciales en su contenido que dificultan la comparación de distintos periodos.

[22] Para análisis de los países desarrollados, véanse Browning y Singelmann (1972); Dicken (1992); Daniels (1993); OCDE (1994), entre otros.

CUADRO 1. *Distribución de la población económicamente activa por grandes sectores de actividad, 1895-1995*

Sector de actividad y sexo	*1895*	*1910*	*1921*	*1930*	*1950*	*1970*	*1979*	*1991*	*1995*
TOTAL	*4606009*	*5492215*	*5058521*	*5352226*	*8270725*	*12955057*	*19077000*	*30348669*	*33721993*
	100.0	*100.0*	*100.0*	*100.0*	*100.0*	*100.0*	*100.0*	*100.0*	*100.0*
Agropecuario	64.7	65.5	70.2	67.8	58.3	39.4	29.1	27.0	24.9
Industria	19.1	18.8	13.4	14.1	14.1	20.5	21.2	17.0	16.0
Construcción	1.1	1.5	1.2	1.3	3.0	4.8	6.4	6.2	5.4
Servicios	10.5	9.1	9.1	11.0	15.7	25.1	29.4	33.8	35.2
Comercio	4.6	5.1	6.1	5.8	8.9	10.2	13.9	16.0	18.5
Hombres	3893596	4632817	4577065	4980617	n. d.	10488800	14483000	21105097	22888101
	100.0	100.0	100.0	100.0	n. d.	100.0	100.0	100.0	100.0
Agropecuario	76.2	76.3	76.9	72.3	n. d.	46.1	36.5	34.1	31.3
Industria	12.1	12.1	10.9	12.8	n. d.	20.3	21.0	16.3	16.7
Construcción	1.3	1.8	1.3	1.4	n. d.	5.8	8.3	8.6	7.7
Servicios	6.0	5.0	5.3	8.2	n. d.	18.8	22.8	28.4	30.4
Comercio	4.4	4.8	5.6	5.3	n. d.	9.0	11.4	12.6	13.9
Mujeres	712413	859398	481456	371609	n. d.	2466257	4594000	9243572	10833892
	100.0	100.0	100.0	100.0	n. d.	100.0	100.0	100.0	100.0
Agropecuario	1.5	7.3	6.3	6.9	n. d.	10.8	5.7	10.9	11.1
Industria	57.1	55.2	37.9	30.9	n. d.	21.2	21.8	18.7	14.6
Construcción	0.0	0.0	0.0	0.0	n. d.	0.8	0.6	0.5	0.5
Servicios	35.3	31.0	44.9	49.7	n. d.	52.0	50.1	46.2	45.5
Comercio	6.1	6.5	10.9	12.5	n. d.	15.2	21.8	23.7	28.3

n. d. información no disponible.

NOTA: En 1991 y 1995, se refiere a la población ocupada. Excluye a los no especificados en rama de actividad y a los trabajadores en los Estados Unidos.

FUENTES: Los datos de 1895 a 1970 fueron tomados de Teresa Rendón y Carlos Salas, "Evolución del empleo en México, 1895-1980", en *Estudios Demográficos y Urbanos*, vol. 2, núm. 2, mayo-agosto, México, El Colegio de México, p. 200; el resto se refiere a las siguientes encuestas: SSP, *Encuesta Continua Sobre Ocupación*, 1979, primer trimestre; INEGI-STPS, *Encuesta Nacional de Empleo*, 1991 y 1995.

GRÁFICA 4. *Porcentaje de población económicamente activa por grandes sectores de actividad, 1895-1995*

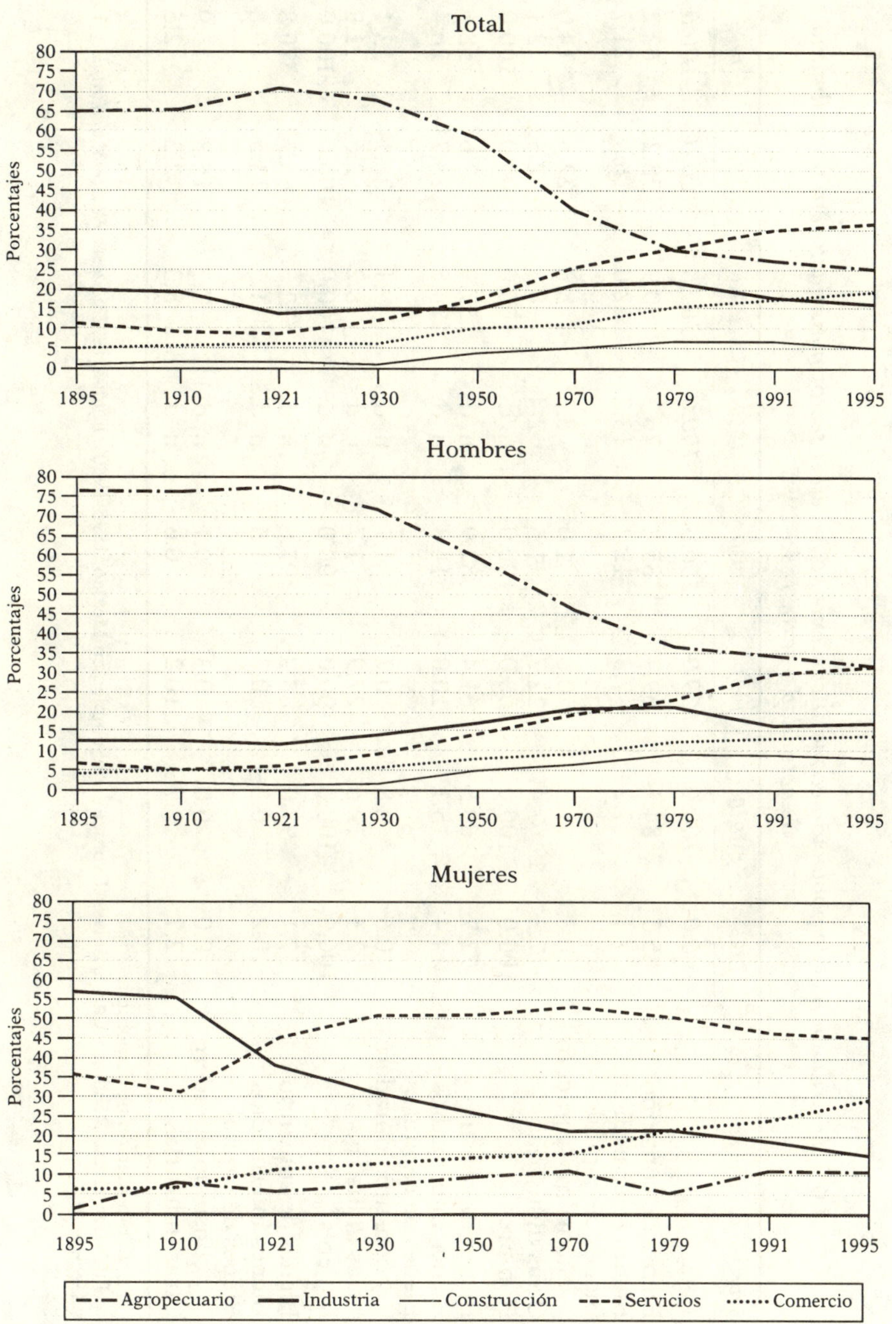

CUADRO 2. *Distribución de la población económicamente activa en el sector manufacturero por subrama de actividad y sexo, 1895-1995*

Subrama de actividad y sexo	*1895*	*1910*	*1921*	*1930*	*1950*	*1970*	*1991*	*1995*
TOTAL	*100.0*	*100.0*	*100.0*	*100.0*	*100.0*	*100.0*	*100.0*	*100.0*
Bienes de consumo	85.3	84.1	69.4	85.3	76.1	60.9	58.2	62.2
Bienes intermedios	7.1	7.2	7.3	12.2	13.2	22.0	16.8	21.7
Bienes de capital y consumo duradero	0.3	1.3	0.6	1.0	8.3	8.8	22.5	14.0
Otras industrias	7.3	7.4	22.7	1.5	2.4	8.3	2.5	2.1
Hombres	100.0	100.0	100.0	100.0	n. d.	100.0	100.0	100.0
Bienes de consumo	72.7	69.5	61.4	82.9	n. d.	57.9	52.6	58.6
Bienes intermedios	14.4	15.1	10.0	14.3	n. d.	24.8	18.7	26.4
Bienes de capital y consumo duradero	0.6	2.8	0.7	1.1	n. d.	9.1	26.1	13.1
Otras industrias	12.3	12.6	27.9	1.7	n. d.	8.2	2.6	1.9
Mujeres	100.0	100.0	100.0	100.0	n. d.	100.0	100.0	100.0
Bienes de consumo	97.1	97.0	88.7	97.8	n. d.	72.5	68.7	70.8
Bienes intermedios	0.2	0.3	0.8	1.5	n. d.	11.5	13.3	10.8
Bienes de capital y consumo duradero	0.0	0.0	0.3	0.1	n. d.	7.7	15.8	15.9
Otras industrias	2.7	2.7	10.2	0.6	n. d.	8.3	2.2	2.5

n. d. información no disponible.

FUENTES: Teresa Rendón y Carlos Salas, "Evolución del empleo en México, 1895-1980", INEGI-STPS, *Encuesta Nacional de Empleo,* 1991 y 1995.

GRÁFICA 5. *Porcentaje de población económicamente activa en el sector manufacturero por subrama de actividad, 1895-1995*

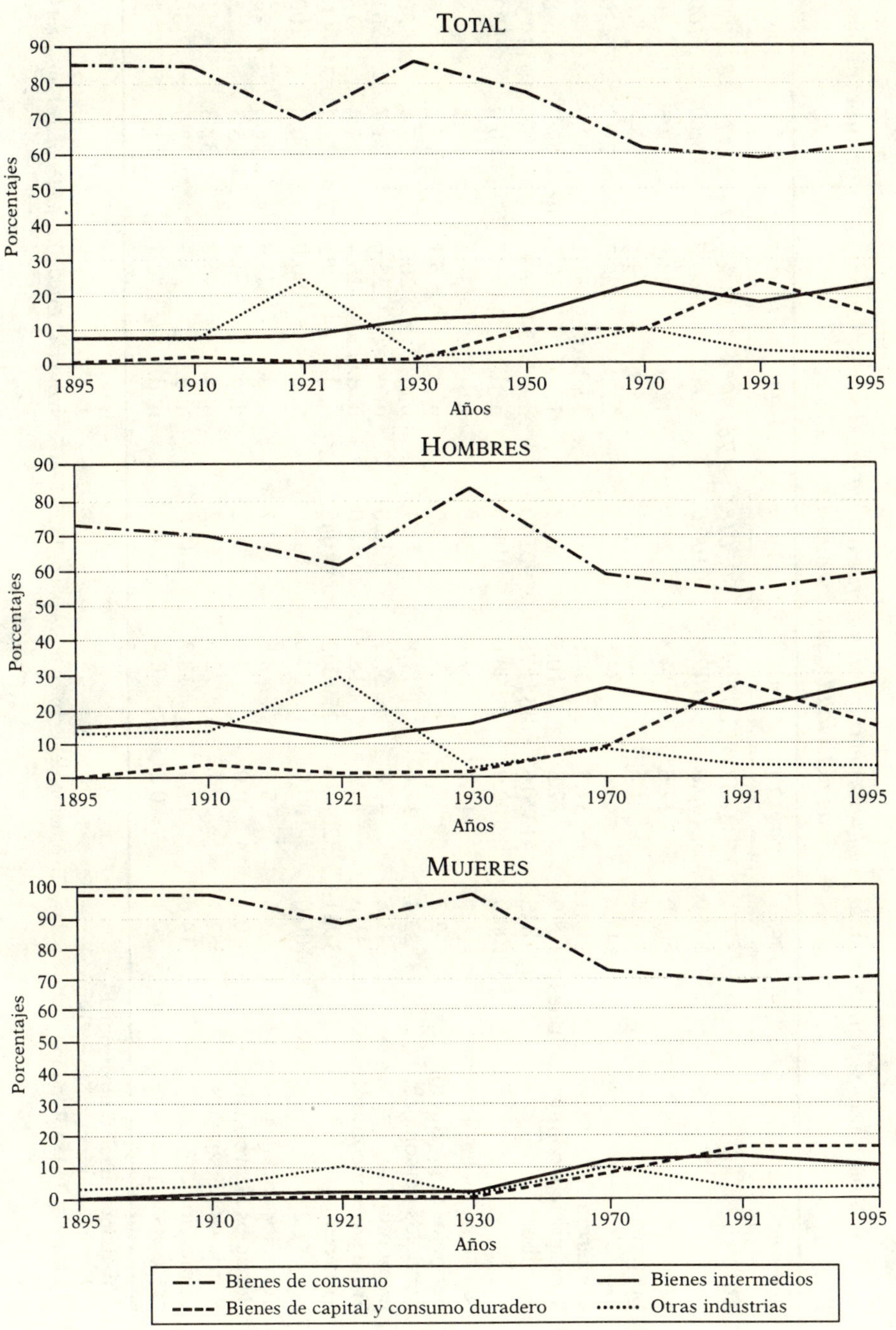

CUADRO 3. *Distribución de la población económicamente activa en el sector "servicios" por subrama de actividad y sexo, 1895-1995*

Subrama de actividad y sexo	*1895*	*1910*	*1921*	*1930*	*1950*	*1970*	*1991*	*1995*
TOTAL	*683 776*	*733 637*	*692 041*	*805 018*	*1 761 905*	*3 843 660*	*14 827 115*	*18 117 687*
	100.0	*100.0*	*100.0*	*100.0*	*100.0*	*100.0*	*100.0*	*100.0*
Servicios sociales	11.0	12.6	14.3	24.6	18.9	23.5	23.5	20.5
Servicios al productor	1.4	1.6	2.1	1.5	4.1	4.6	6.4	6.1
Servicios personales	48.6	43.6	34.5	27.5	27.8	30.3	29.8	30.8
Comercio	30.1	34.4	38.6	33.1	37.2	31.1	32.6	34.5
Transporte y comunicaciones	8.9	7.8	10.5	13.3	12.0	10.5	7.7	8.1
Hombres	389 845	413 516	432 678	590 970	n. d.	2 424 653	8 363 103	10 119 547
	100.0	100.0	100.0	100.0	n. d.	100.0	100.0	100.0
Servicios sociales	16.9	18.1	17.6	28.5	n. d.	23.2	21.3	18.0
Servicios al productor	2.3	2.9	3.1	2.0	n. d.	5.1	7.2	6.9
Servicios personales	23.4	17.6	11.8	12.7	n. d.	20.7	27.4	30.5
Comercio	41.8	47.8	50.9	38.8	n. d.	35.6	31.7	31.4
Transporte y comunicaciones	15.6	13.6	16.6	18.0	n. d.	15.4	12.4	13.2
Mujeres	293 931	320 121	259 363	214 048	n. d.	1 419 007	6 464 012	7 998 140
	100.0	100.0	100.0	100.0	n. d.	100.0	100.0	100.0
Servicios sociales	3.1	5.5	8.8	13.7	n. d.	23.9	26.5	23.8
Servicios al productor	0.1	0.0	0.1	0.2	n. d.	3.7	5.3	5.1
Servicios personales	82.1	77.1	72.5	68.2	n. d.	46.8	32.8	31.1
Comercio	14.6	17.2	18.2	17.5	n. d.	23.5	33.9	38.4
Transporte y comunicaciones	0.1	0.2	0.4	0.4	n. d.	2.1	1.5	1.6

n. d. información no disponible.

NOTA: Excluye el rubro de "otros servicios".

FUENTES: Teresa Rendón y Carlos Salas, "Evolución del empleo en México, 1895-1980"; INEGI-STPS, *Encuesta Nacional de Empleo*, 1991 y 1995.

GRÁFICA 6. *Porcentaje de población económicamente activa en el sector "servicios" por subrama de actividad, 1895-1995*

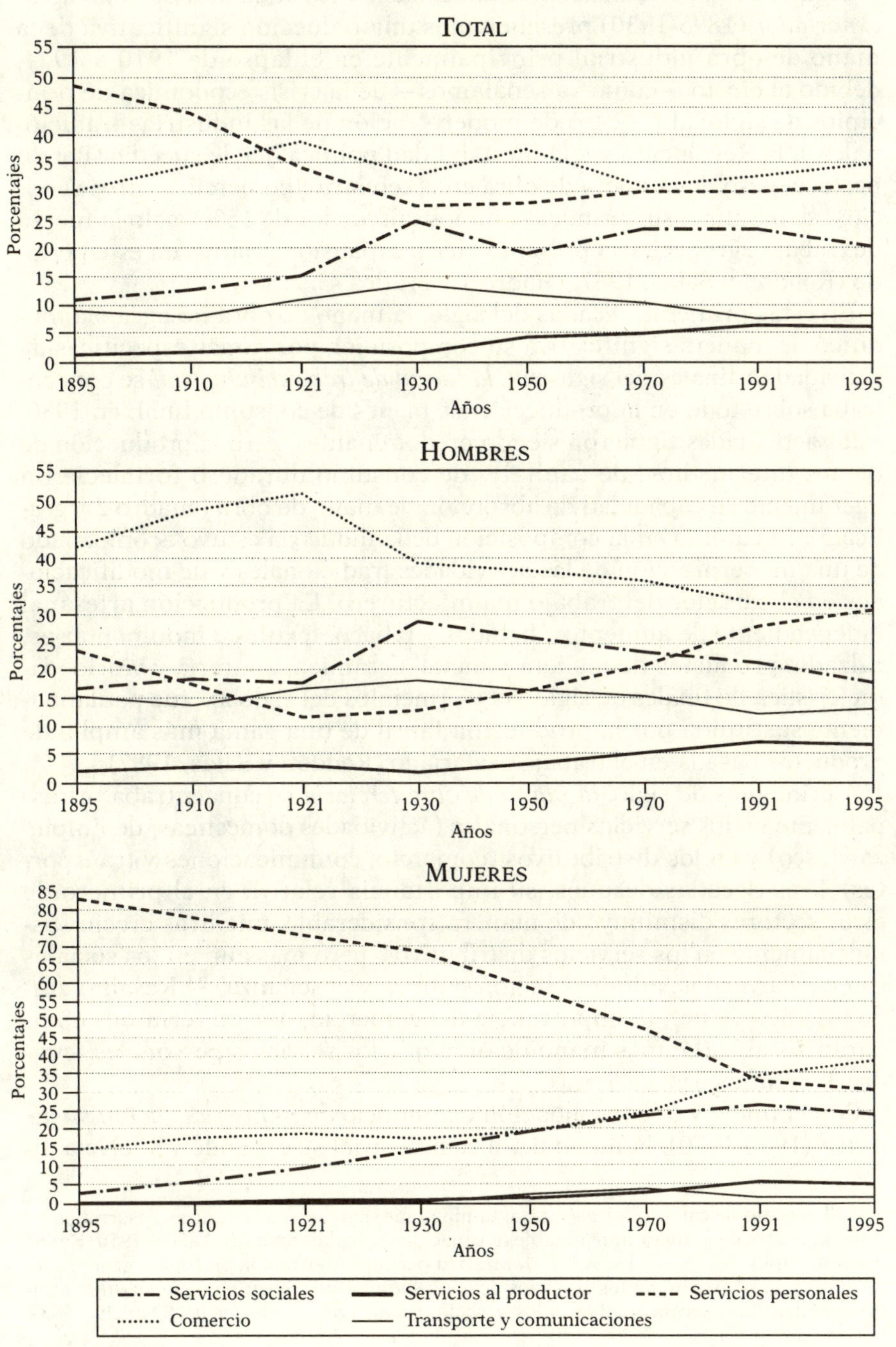

Siguiendo la periodización establecida, en los años de *desarrollo agroexportador* (1895-1930) presenciamos una reducción significativa de la mano de obra industrial principalmente en el lapso de 1910 a 1921, debido al efecto —como ya señalamos— de la crisis económica de principios de siglo, al proceso de modernización de las industrias tradicionales, a la Revolución y a la inestabilidad política que le sucedió. Por su parte, el peso de la mano de obra en el terciario (comercio y otros servicios) se mantuvo sin grandes cambios (alrededor de 15%); sólo la fuerza de trabajo agropecuaria presentó cierta expansión relativa en este periodo (Rendón y Salas, 1987: cuadro 1 y gráfica 4).

En estas primeras décadas del siglo, la mano de obra no agrícola modificó de manera significativa su composición por ramas específicas de actividad. A finales del siglo XIX, *la fuerza de trabajo industrial* se concentraba sobre todo en la producción de bienes de consumo final; en 1930, estas actividades siguieron siendo predominantes, pero la producción de bienes intermedios, de capital y de consumo duradero fortalecieron ligeramente su capacidad de absorción de mano de obra (cuadro 2 y gráfica 5). El cambio en la composición de la industria estuvo acompañado de una modernización de las actividades tradicionales y de modificaciones en el carácter del trabajo manufacturero. La producción artesanal independiente de alimentos, bebidas y tabaco, textiles e indumentarias, calzado, productos de madera y metal, cerámica, alfarería y vidrio, característica de finales de siglo XIX y principios del siglo XX, fue paulatinamente sustituida por la producción fabril de una gama más amplia de productos basada en el trabajo asalariado (Rendón y Salas, 1987).

A principios de siglo, *la mano de obra terciaria* se concentraba principalmente en los servicios personales (actividades domésticas, de limpieza y aseo) y en los distributivos (comercio, comunicaciones y transportes). Tres décadas después, su importancia relativa en el primero de estos sectores disminuyó de manera considerable, mientras creció sustancialmente en los servicios distributivos, pero más aún en los sociales (fuerzas armadas, administración pública y enseñanza).[23] Resalta, desde los años veinte, la importancia del comercio, que en términos comparativos absorbe más mano de obra que los servicios personales (cuadro 3 y gráfica 6).

Con el inicio y la consolidación del modelo de *industrialización sustitutiva* (1930-1970), la mano de obra industrial se expande y vuelve a al-

[23] El proceso de cambio intrasectorial también fue marcado en los países desarrollados, como lo ilustra de manera muy notable la situación de Inglaterra entre 1850 y 1950. En los primeros años del siglo, el servicio doméstico perdió importancia en forma acentuada, mientras que se expandían los servicios de educación, salud y el empleo en la administración pública. También se ampliaron los servicios financieros y comerciales (Daniels, 1993).

terar su presencia relativa en las distintas ramas de actividad: pierde importancia en las industrias de bienes de consumo final, pero más que se duplica en la producción de bienes intermedios, de capital y de consumo duradero (cuadro 2 y gráfica 5); asimismo, fortalece el ya acentuado proceso de salarización (García, 1988).[24]

Conjuntamente con la ampliación y diversificación del sector industrial, entre 1930 y 1970 se duplica la proporción de mano de obra en el sector terciario (cuadro 1 y gráfica 4). Varios autores señalan que la marcada terciarización de la fuerza de trabajo ocurrida en los años de auge del modelo de desarrollo estabilizador (1950-1970) estuvo estrechamente vinculada con la expansión del sector industrial (García, 1975 y 1988; Rendón y Salas, 1987; Muñoz y Oliveira, 1976; Muñoz, 1985; García y Oliveira, 1994). En efecto, es posible corroborar que los *servicios al productor* (de escasa presencia en las primeras décadas del siglo) y los *personales* aumentaron su participación relativa durante las cuatro décadas de sustitución de importaciones (cuadro 3 y gráfica 6). La expansión de los servicios modernos (financieros, profesionales y técnicos, de seguros y de alquiler de bienes inmuebles) se vincula con la mayor complejidad y dinamismo de la producción industrial. Sin embargo, en 1970 no llegaban a absorber a 5% de la población activa en el terciario.[25]

En contraste, en el mismo año los servicios personales proporcionaban empleo a cerca de 30% de la población económicamente activa (PEA) del sector terciario. Su ampliación se relaciona con la elevación del nivel de vida de la población (la cual demanda cada vez más servicios de restaurantes, hoteles, recreación, reparaciones de autos), así como con el desarrollo de la industria turística.

El comercio absorbió proporciones cada vez mayores de la PEA terciaria al inicio del periodo (1930-1950); pero en las décadas subsiguientes (1950-1970) su expansión fue menos acentuada que la de las otras ramas de los servicios. Durante estos últimos años, la moderadamente creciente absorción del comercio se debió —entre otros aspectos— al aumento de grandes tiendas comerciales, de supermercados y empresas distribuidoras de autos y, aunque en menor medida, también de las actividades por cuenta propia (Muñoz, 1985; García y Oliveira, 1994). En dicho periodo (1950-1970) los servicios sociales incorporan también importantes contingentes de mano de obra debido a la inversión públi-

[24] En 1950, los asalariados representaban 70.7% de la población ocupada en el sector industrial y en 1970 alcanzaron 78.1% (García y Oliveira, 1994).

[25] En los países desarrollados, los servicios al productor emplean montos mucho más elevados de mano de obra. En 1970, los Estados Unidos, por ejemplo, tenían a cerca de 10% de su población activa ocupada en los servicios financieros y empresariales (Daniels, 1993).

ca en los rubros de educación y salud, y la expansión del empleo en los gobiernos federal y local (cuadro 3 y gráfica 6) (Blanco, 1995).

Durante los años de agotamiento del modelo de sustitución de importaciones (1970-1979) —a pesar de la pérdida en el dinamismo de la inversión pública y privada, la reducción del ritmo de crecimiento del producto industrial, el aumento de la inflación, la devaluación del peso y la fuga de capitales—,[26] la importancia relativa de la PEA industrial total y asalariada en la minería, la energía y la manufactura se mantuvo gracias al breve repunte de la economía en los últimos años de la década (Rendón y Salas, 1987; García, 1988; Negrete, 1988; García y Oliveira, 1994). Sin embargo, a diferencia de los decenios anteriores, la expansión de la PEA industrial en este periodo histórico es inferior a la del terciario debido sobre todo a los ritmos acelerados de absorción de la mano de obra en el comercio (García, 1988; García y Oliveira, 1994).

La ampliación de las actividades comerciales en estos años ha sido objeto de diversas interpretaciones. Algunos autores sostienen que es principalmente el fruto de la expansión del capital y del trabajo asalariado (Rendón y Salas, 1987); otros, sin objetar esta afirmación, llaman la atención acerca del aumento de los trabajadores por cuenta propia en dicho subsector de actividad (García, 1988; García y Oliveira, 1994). En verdad, a partir de los años setenta se acentúa la heterogeneidad del sector comercio, el que aloja formas muy variadas de utilización de la mano de obra. Si bien es cierto que el empleo asalariado se expande, el ritmo de crecimiento de los trabajadores por cuenta propia es mucho mayor (García y Oliveira, 1994).

En los años de *ajuste, crisis económica y apertura comercial* (1979-1995) se revierte por primera vez la tendencia de rápida expansión del empleo industrial iniciada en los cincuenta. Con base en diferentes fuentes de información, varios analistas han mostrado la manera como la industria nacional —excepción hecha de las maquiladoras— ha sido afectada por las crisis y las políticas económicas puestas en vigor en esos años, y cómo ello ha provocado la contracción sistemática de la PEA industrial (cuadro 1 y gráfica 4).[27] Esta contracción se deja ver en la disminución de los trabajadores asalariados por el efecto combinado de los cambios tecnológicos, del cierre de empresas y el aumento de las importaciones (García y Oliveira, 1994; Gutiérrez Garza, 1997, citado por Gar-

[26] Véanse Tello, 1979; Escalante, 1981; Ros, 1985; Rendón y Salas, 1987; Oliveira y García, 1993; García y Oliveira, 1997.

[27] Véanse, para un análisis de la mano de obra industrial: Garza, 1991; Rendón y Salas, 1992; García y Oliveira, 1994 y 1997; García, 1997. Sobre el grado de dinamismo de la producción industrial, véase Velazco Arregui, 1989, y Reyes Heroles González Garza, 1990, entre otros.

cía, 1997).[28] A pesar de ello, el proceso de salarización de la mano de obra industrial recupera su tendencia ascendente en la primera mitad de los noventa (1991-1995).[29]

En el contexto de escaso dinamismo del sector industrial que predomina en los años de crisis y restructuración económica, la mano de obra en el sector terciario ha tenido un importante crecimiento. Si bien entre 1979-1991 el comercio y los otros servicios se ampliaron con ritmos similares, en el primer lustro de los noventa la tasa de crecimiento del comercio fue muy superior a la de aquéllos.[30] En ambos subperiodos, la cantidad de trabajadores por cuenta propia creció más que la de los asalariados; y en el comercio dicha tendencia se ha acentuado a principios de los noventa.[31]

La dinámica de crecimiento de los diferentes subsectores del terciario pone de manifiesto un cambio importante en la índole del proceso de terciarización en México en los años de crisis y restructuración económica. En contraste con lo que sucedía en el periodo de desarrollo estabilizador, en los ochenta y principios de los noventa los servicios al productor y los servicios sociales crecen más lentamente que los servicios personales y el comercio, mientras que las actividades por cuenta propia se expanden a ritmos más elevados que las asalariadas (García y Oliveira, 1994; ENE, 1991 y 1995; García, 1996 y 1997).

La división sexual del trabajo extradoméstico

El proceso de transformación sectorial de la fuerza de trabajo descrito engloba tendencias muy disímiles de cambio en la población activa masculina y femenina. La participación diferencial de hombres y mujeres en la manufactura y en el terciario —así como en los distintos subsectores de éste— deja al descubierto los procesos de división sexual del trabajo (intersectorial e intrasectorial) en los mercados de trabajo.

Como hemos documentado con anterioridad, la expansión y la diversi-

[28] Entre 1979 y 1991, los asalariados bajaron de 79.9% a 76.5% de la PEA industrial; no obstante, su reducción es mucho más acentuada en los servicios y el comercio (García y Oliveira, 1994).

[29] En 1995 la importancia relativa de los asalariados asciende hasta 80% de la fuerza de trabajo industrial (datos de la ENE, 1995). La disminución de la mano de obra en la manufactura entre 1991 y 1995 es en realidad resultado de las tasas de crecimiento negativas de los trabajadores no asalariados (los patrones, los trabajadores por cuenta propia y no remunerados; cálculos hechos a partir de la ENE, 1991, y de la ENE, 1995).

[30] Entre 1991 y 1995 la tasa de crecimiento del comercio fue de 6.6 frente a la de 3.7 de los otros servicios (ENE, 1991 y 1995).

[31] Entre 1991 y 1995 el ritmo de crecimiento de los trabajadores por cuenta propia en el comercio fue de 9.2 y el de los asalariados, de 5.3 (ENE, 1991 y 1995).

ficación del terciario (aunadas a los cambios de la actividad industrial) han estado relacionadas con un considerable aumento de la presencia femenina en la economía y una reducción de la brecha entre la actividad laboral de hombres y mujeres. En este apartado nos interesa examinar en qué medida la participación económica cada vez mayor de las mujeres —que se ha dado en un marco de profundas transformaciones socioeconómicas— ha estado acompañada de alteraciones en la división sexual del trabajo extradoméstico. Analizamos para ello los cambios en la proporción de varones y mujeres ocupados en las actividades industriales y terciarias a lo largo del siglo, así como la presencia relativa de las mujeres frente a los varones en tales actividades. Este último indicador nos permite hablar del "mayor" o "menor" grado de feminización de un sector de actividad u ocupación en diversos momentos históricos.[32]

a) División sexual del trabajo intersectorial e intrasectorial

En México, lo mismo que en otros países de América y Europa, ha prevalecido una clara división sexual entre el trabajo agrícola y el no agrícola. A lo largo del siglo XX, la población masculina se ha dedicado en su mayoría —si bien de modo decreciente— a las labores agropecuarias; las mujeres, a las no agropecuarias.[33]

La división sexual del trabajo no agrícola ha presentado a su vez cambios notables en los 100 años analizados. A finales del siglo XIX, la proporción de mujeres en la industria era casi cinco veces la de los varones; en 1930 esta diferencia se había reducido a 2.4 veces, y al terminar el siglo XX se ha invertido: el peso relativo de los varones en la industria en 1995 es ligeramente superior al de las mujeres (cuadro 1 y gráfica 4). En efecto, el proceso de modernización tecnológica de las industrias tradicionales en las primeras décadas del siglo, la transformación del trabajo artesanal en fabril y la pérdida de importancia de la producción de bienes de consumo final contribuyeron a una marcada disminución en la PEA industrial femenina.[34]

Dicha disminución se ha mantenido hasta finales del periodo de susti-

[32] Como es habitual en los estudios sobre el tema, consideramos una actividad como "feminizada" cuando cuenta con una proporción de mujeres superior a la correspondiente en la población total ocupada.

[33] Es importante tener en cuenta que la participación femenina en las actividades agrícolas por lo general es subestimada debido a las dificultades de captación de información (Wainerman y Recchini, 1981).

[34] Entre 1895 y 1995, la mano de obra industrial femenina disminuyó de 57% a 14.5% y la masculina se expandió de 12.1% a 16.7% (cuadro 1). Estudios realizados en otros contextos históricos registran, del mismo modo, un descenso importante en el empleo feme-

tución de importaciones. Durante los años de transición del modelo de desarrollo, el sector industrial conserva su importancia relativa, tanto en la población masculina como en la femenina. No obstante, la fuerte contracción de la actividad industrial en los ochenta y principios de los noventa ha traído de nueva cuenta un descenso relativo de la mano de obra industrial femenina, así como una marcada disminución —por primera vez en lo que va del siglo— de la mano de obra industrial masculina (cuadro 1). En consecuencia, la participación de hombres y mujeres en las actividades industriales a mediados de los noventa es menos desigual que a principios de siglo.

El marcado proceso de terciarización de la mano de obra ocurrido en el país, sobre todo en la segunda mitad de siglo, ha contribuido también a una mayor homogeneización sectorial de la PEA en lo que corresponde a las mujeres. En 1895, la proporción de ellas en el terciario era casi cuatro veces superior a la de los varones; en 1930 la diferencia se incrementa ligeramente a 4.6 veces, pero a partir de 1970 disminuye. A mediados de los noventa, la presencia femenina en el terciario sigue siendo superior a la masculina, pero la disimilitud se ha reducido a 1.7 veces.[35] Desde los años setenta la presencia femenina en el comercio ha crecido sustancialmente. Este aspecto, que introduce un nuevo factor de diferenciación entre mujeres y varones en el seno mismo del terciario (cuadro 3, gráfica 6), merece ser destacado habida cuenta de la disminución cada vez mayor de las diferencias en la presencia masculina y femenina en la industria y los servicios que hemos observado últimamente.

Diferentes grados de feminización[36] de los sectores económicos

Otra manera de analizar los cambios en el proceso de división sexual del trabajo (intersectorial e intrasectorial) es mediante las variaciones en los índices de feminización de la fuerza de trabajo. La segregación

nino en la manufactura a medida que el proceso de industrialización toma cuerpo y se modernizan los sectores productivos tradicionales (Tilly y Scott, 1987).

35 Debido a la marcada concentración de la PEA masculina en la agricultura, no es sino hasta los años ochenta cuando la participación de los varones en el terciario supera a su participación en el agropecuario. En contraste, la concentración de las mujeres en el terciario se puede apreciar desde los años veinte.

36 El concepto de "feminización" es utilizado para designar el incremento de la presencia de las mujeres en relación con los varones tanto en la fuerza de trabajo en general como en sectores económicos u ocupaciones específicas. Se sostiene que una actividad es feminizada cuando cuenta con una mayor presencia de mujeres en comparación con el total de la fuerza de trabajo, y su análisis se hace a partir de la utilización de indicadores sencillos: la proporción de mujeres en una determinada actividad (ocupación, sector o rama), la división entre el número de mujeres en una determinada actividad y el porcentaje de mujeres en la fuerza de trabajo (Oliveira, Ariza y Eternod, 1996; García, 1999).

GRÁFICA 7. *Índices de feminización de la población económicamente activa por grandes sectores de actividad, 1895-1995*

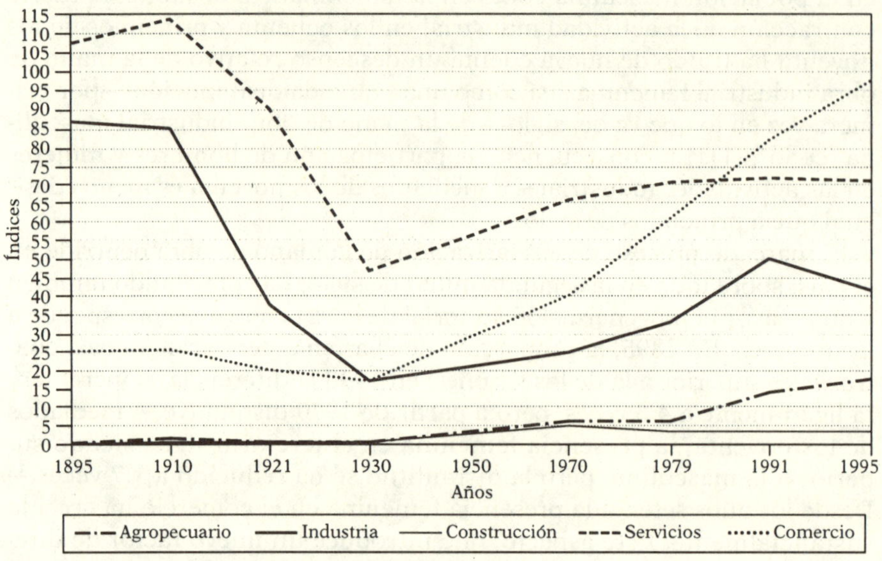

por sexo entre las actividades agrícolas y no agrícolas se manifiesta ya desde finales del siglo pasado, por ejemplo, en la elevada masculinización de las labores del campo. En 1895 solamente cuatro mujeres por cada 100 hombres realizaban labores en el sector agropecuario; 100 años después la cifra sigue siendo baja (cuadro 4 y gráfica 7).

La producción industrial —que a principios de siglo se caracterizaba por una elevada feminización de la mano de obra— ha experimentado un importante proceso de masculinización como resultado de la salida masiva de las mujeres de tales actividades en las primeras décadas del siglo.[37] Será únicamente durante los años ochenta cuando —en un contexto de fuerte contracción de la actividad industrial en general— la expansión de las industrias de exportación contribuya a incrementar el grado de feminización de la actividad industrial hasta a 50 mujeres por cada 100 hombres en 1991 (cifra superior a la presencia femenina en la PEA total).[38] No obstante, este proceso se revierte en la primera mitad de los noventa, cuando vuelve a disminuir la presencia femenina respecto

[37] En efecto, a finales de la centuria pasada había 86 mujeres por cada 100 hombres en el sector industrial; tres décadas después esta cifra se había reducido a 18, y en 1970 ascendió a 24.5 (cuadro 4).

[38] Posiblemente la marcada reducción de la mano de obra masculina en la industria haya contribuido, también, a su mayor feminización.

CUADRO 4. *Índices de feminización de la población económicamente activa por grandes sectores de actividad, 1895-1995*

Sector de actividad	*1895*	*1910*	*1921*	*1930*	*1950*	*1970*	*1979*	*1991*	*1995*
Total	*18.3*	*18.6*	*10.5*	*7.5*	*n. d.*	*23.5*	*31.7*	*43.8*	*47.3*
Agropecuario	0.4	1.8	0.9	0.7	n. d.	5.5	4.9	14.0	16.8
Industria	86.0	84.8	36.6	18.0	n. d.	24.5	32.9	50.0	41.3
Servicios	107.9	113.4	88.9	45.4	n. d.	65.2	69.7	71.3	71.0
Comercio	25.7	25.4	20.3	17.6	n. d.	39.5	60.9	82.5	96.5

n. d. información no disponible

NOTA: En 1991 y 1995, se refiere a la población ocupada. Excluye rubros no especificados de rama de actividad y los trabajadores en los Estados Unidos.

FUENTES: Teresa Rendón y Carlos Salas, "Evolución del empleo en México, 1895-1980"; SPP, *Encuesta Continua sobre Ocupación*, 1979, primer trimestre; INEGI-STPS, *Encuesta Nacional de Empleo*, 1991 y 1995.

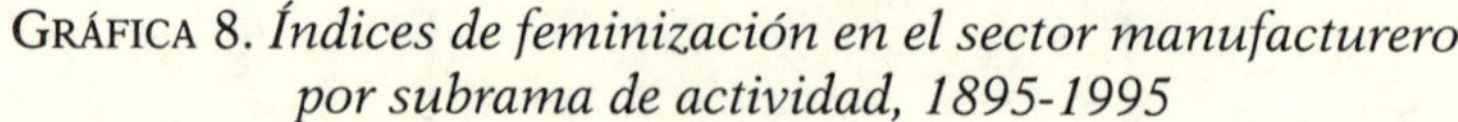

GRÁFICA 8. *Índices de feminización en el sector manufacturero por subrama de actividad, 1895-1995*

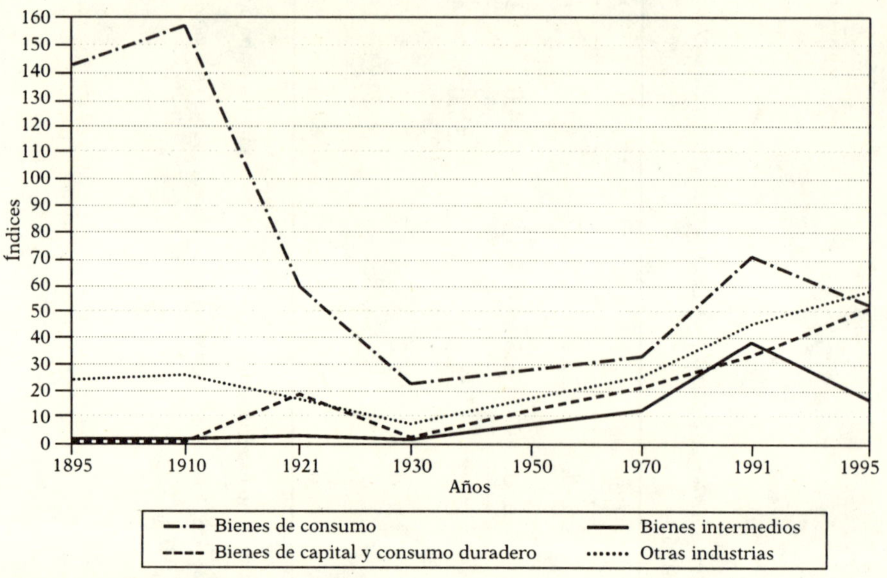

de la masculina (cuadro 4 y gráfica 7). Muy probablemente el proceso de masculinización de las actividades industriales que ha tenido lugar a finales del siglo XX se relaciona con los cambios tecnológicos en las industrias de exportación (Carrillo, 1991, citado por García, 1997). Tal y como aconteció en las primeras décadas del siglo, los procesos de modernización de las actividades manufactureras han repercutido en una menor absorción o incluso en la expulsión de mano de obra femenina.

En contraste con el sector agropecuario y la manufactura, el sector terciario ha presentado a lo largo de esta centuria un elevado grado de feminización. Ya en las primeras décadas del siglo la presencia femenina en este sector de actividad era muy superior a la existente en la fuerza de trabajo en su conjunto, pese a la salida de las mujeres del mercado de trabajo debido a la reducción del trabajo artesanal. Tanto en los años de la industrialización por sustitución de importaciones como en los de crisis y restructuración, en las actividades terciarias predominaban las mujeres, pese al aumento relativo de la población activa masculina en este sector de actividad.

Es importante destacar que la tendencia a la masculinización de las actividades industriales y de feminización del terciario oculta diferencias importantes dentro de los sectores. Así por ejemplo, la producción de bienes de consumo final —en la que predominaban las mujeres a

CUADRO 5. *Índices de feminización en el sector manufacturero por subrama de actividad, 1895-1995*

Sector de actividad y sexo	*1895*	*1910*	*1921*	*1930*	*1950*	*1970*	*1979*	*1991*	*1995*
TOTAL	*107.3*	*112.8*	*41.7*	*19.1*	*n. d.*	*26.0*	*n. d.*	*53.4*	*42.7*
Bienes de consumo	143.3	157.4	60.2	22.5	n. d.	32.5	n. d.	69.8	51.6
Bienes intermedios	1.4	1.8	3.3	2.1	n. d.	12.1	n. d.	38.1	17.4
Bienes de capital y consumo duradero	0.0	0.0	17.1	1.2	n. d.	22.0	n. d.	32.3	51.8
Otras industrias	23.5	24.5	15.3	6.7	n. d.	26.4	n. d.	44.6	56.8

n. d. información no disponible.

FUENTES: Teresa Rendón y Carlos Salas, "Evolución del empleo en México, 1895-1980"; INEGI-STPS, *Encuesta Nacional de Empleo,* 1991 y 1995.

principios de siglo y que se realizaban de manera artesanal en el ámbito doméstico— fueron las más afectadas por la modernización industrial, lo que contribuyó a la disminución de la presencia femenina en ellas (cuadro 5 y gráfica 8).[39] Pero las mujeres siguen participando en porcentajes considerables en ramas específicas de actividad en las industrias de consumo. En los últimos años del siglo XIX ellas se concentraban en los oficios de costurera, cigarrera, fabricante de petates, florista, molendera y tortillera.[40] En 1930, su participación relativa continuaba siendo mayoritaria en la confección de ropa y sombreros para mujeres, así como en la elaboración de masa, tamales, tortillas y atole *(Censo de Población,* 1930). Después de cuatro décadas de industrialización sustitutiva, en 1970 la feminización de algunas ramas de la industria de consumo es aún notable: las mujeres representan 63% de la mano de obra dedicada a la fabricación de prendas de vestir. De igual modo, la fabricación de textiles y de artículos de palma, carrizo y mimbre ha permanecido también desde inicios del siglo a cargo de las mujeres.

Con la diversificación de las actividades industriales han surgido otras ramas de producción de bienes intermedios, de capital y consumo duradero que han incorporado cada vez más mano de obra de mujeres, tales como la fabricación de artículos de papel y cartón, productos farmacéuticos y medicinales, jabones, detergentes y artículos de tocador, productos eléctricos y electrónicos.[41] La presencia de las mujeres en las industrias de bienes de capital y de consumo duradero se eleva considerablemente entre 1930 y 1970, pero no será sino hasta mediados de los noventa cuando el grado de feminización de estas industrias se equipare al de las de bienes de consumo final y supere al de la PEA en su conjunto (cuadro 5 y gráfica 8).

Dentro del propio sector terciario, la presencia de las mujeres en relación con la de los hombres se ha incrementado en los diferentes tipos de servicios, con la excepción de los personales. En estos últimos, al finalizar el siglo XIX, había 264.6 mujeres por cada 100 hombres; 100 años después dicha cifra se había reducido a 80.8. El comercio y, en especial, los servicios sociales muestran un significativo proceso de feminización desde las primeras décadas del siglo; en los servicios al productor, se ha manifestado sólo a partir del proceso de sustitución de importaciones (cuadro 6 y gráfica 9).

[39] En efecto, en 1895 había 143.3 mujeres por cada 100 hombres en estas actividades y en 1930, solamente 22.5.

[40] Según el censo de población de 1895, las mujeres representaban entre 100 y 70% de la población ocupada en estas actividades.

[41] En estas ramas industriales, la presencia femenina es superior a 25% de la población ocupada en la rama, cifra superior a la participación de las mujeres en el total de la actividad industrial (minería, energía e industria) [*Censo de Población*, 1970, cuadro 27].

GRÁFICA 9. *Índices de feminización de la población económicamente activa en el sector servicios por subrama de actividad, 1895-1995*

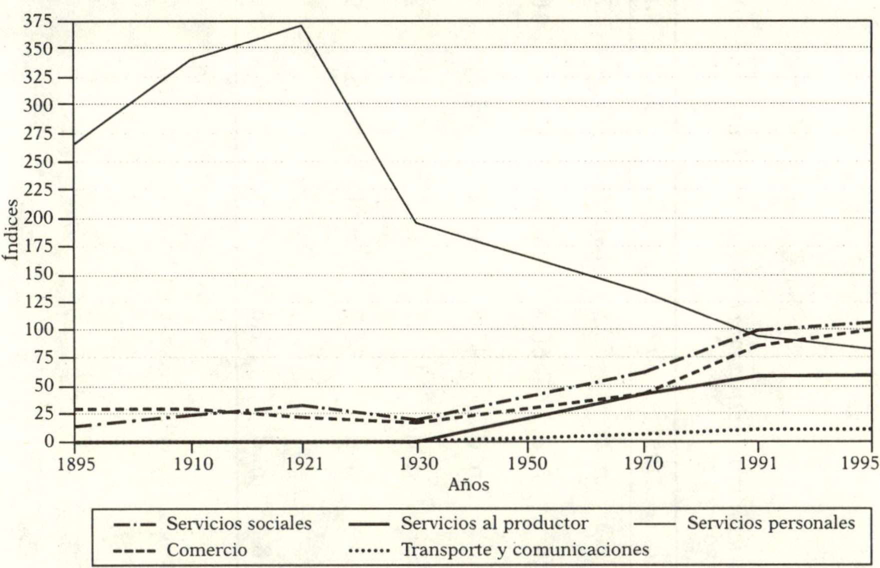

El hecho de que las mujeres dejaran de predominar en ramas en las que lo hacían a principios de siglo (sector manufacturero), de que en otras disminuyera el grado de su feminización (servicios personales) y de que en unas más se haya debilitado su relativa masculinización (industrias de bienes de consumo duradero y de capital, los servicios sociales y el comercio), habla de la mutación de la adscripción de sexo de los sectores económicos; es decir, de la manera como se modifica la concepción de lo adecuado para uno u otro sexos, de los cambios en la construcción de género. No obstante, aunque la redefinición de las actividades económicas masculinas y femeninas durante el siglo es constante, la división del trabajo extradoméstico entre hombres y mujeres continúa normando la distribución de éstas en la manufactura y en el terciario, si bien de manera más flexible.

La calidad de los empleos a mediados de los noventa

Una manera de apreciar el sentido de los procesos que hemos venido analizando es evaluar la calidad de los empleos en que se inserta la mayoría de la población mexicana trabajadora. La preocupación cobra trascendencia especial en el prolongado contexto de crisis y restructura-

CUADRO 6. *Índices de feminización de la población económicamente activa en el sector "servicios" por subrama de actividad, 1895-1995*

Sector de actividad	*1895*	*1910*	*1921*	*1930*	*1950*	*1970*	*1979*	*1991*	*1995*
TOTAL	*75.4*	*77.4*	*59.9*	*36.2*	*n. d.*	*58.5*	*n. d.*	*77.3*	*79.0*
Servicios sociales	14.0	23.5	29.9	17.4	n. d.	60.4	n. d.	96.3	104.4
Servicios al productor	1.2	0.4	3.1	4.0	n. d.	42.9	n. d.	57.2	58.7
Servicios personales	264.6	339.5	369.3	194.0	n. d.	132.1	n. d.	92.3	80.8
Comercio	26.4	27.9	21.4	16.3	n. d.	38.7	n. d.	82.6	96.5
Transporte y comunicaciones	0.5	1.0	1.5	0.8	n. d.	7.8	n. d.	9.6	9.4

n. d. información no disponible.

NOTA: Excluye el rubro de "otros servicios".

FUENTES: Teresa Rendón y Carlos Salas, "Evolución del empleo en México, 1895-1980"; INEGI-STPS, *Encuesta Nacional de Empleo*, 1991 y 1995.

ción económica del país en los últimos años. Como es sabido, una buena parte de las investigaciones que abordan dicho tema señala el deterioro de las condiciones de trabajo como uno de sus rasgos sobresalientes, el cual suele ser evaluado mediante el análisis de la precariedad de las ocupaciones. En la medida en que el trabajo asalariado se considera a menudo como un empleo que proporciona ventajas comparativas respecto del trabajo por cuenta propia, las discrepancias en las proporciones entre ambos tipos de actividad suelen utilizarse como expresión, en sí misma, de "precariedad". Sin duda, el hecho de que los trabajadores por cuenta propia carezcan de un contrato de trabajo, de ingresos fijos y de prestaciones y se les considere (de acuerdo con ciertas definiciones) como parte del sector informal,[42] ha contribuido a que tal hecho sea visto no pocas veces como sinónimo de "precariedad".

Estudios recientes muestran, sin embargo, que las actividades por cuenta propia no deben ser consideradas *a priori* como sinónimo de "deterioro" en las condiciones de trabajo. Sucede que, en un contexto de fuerte contracción de los niveles salariales, los trabajadores por cuenta propia pueden llegar a recibir mayores ingresos que los asalariados, como han documentado en México investigaciones recientes (Pacheco Gómez Muñoz, 1995; Roberts, 1993; Oliveira y García, 1987).

Abordamos en este apartado el análisis de la calidad de los empleos que ofrecen los distintos sectores y subsectores económicos como una manera de profundizar en el conocimiento de las repercusiones que tiene el proceso cada vez mayor de terciarización que experimenta la actividad económica. Al hacerlo nos valemos del examen de un conjunto seleccionado de indicadores que hace posible observar con más precisión la índole del empleo que cada sector o subsector ofrece. Algunos de estos indicadores, como la proporción de trabajadores en pequeñas empresas, el ingreso por hora o la ausencia de seguridad social, son utilizados recurrentemente como medidas del deterioro o empobrecimiento del empleo. Otros, como el porcentaje de trabajadores no manuales altamente calificados y el promedio de escolaridad, son indicativos más bien de una elevación o mejoría de las condiciones de trabajo y la oferta laboral. En conjunto, estos indicadores proporcionan indirectamente una idea de cuán escaso es el empleo no precario, bajo el supuesto de que a un incremento de la calificación de la fuerza de trabajo debería corresponder una mejoría de las condiciones laborales en que ésta se inserta (Gallie *et al.*, 1996).

En el análisis de la calidad relativa del empleo nos centramos sólo en

[42] Una discusión de estos aspectos se recoge en PREALC, 1983; Portes y Benton, 1984; Klein y Tokman, 1988, entre otros autores.

la población asalariada porque entendemos que el sentido que estos indicadores adquieren se encuentra afectado por las evidentes discrepancias entre ambos tipos de empleo y que, para hablar de la precariedad del trabajo por cuenta propia, habría que construir indicadores específicos que tomaran en cuenta los rasgos que lo caracterizan.[43]

El panorama que se obtiene del examen de los indicadores mencionados es de acentuadas variaciones en la calidad del empleo en los distintos sectores y subsectores económicos y de considerable heterogeneidad en las condiciones de trabajo. Hay, por un lado, sectores con *altos niveles de precariedad laboral* (como los servicios personales) en los que el porcentaje de trabajadores no manuales es inferior a 8% y la escolaridad promedio ronda los ocho años. Se trata de un ámbito económico con un alto porcentaje de trabajadores empleados en pequeñas empresas (64.1%), desprovistos en su mayoría (58.1%) de seguridad social y con ingresos por hora muy por debajo de la media global (cuadro 7).

El comercio, la manufactura y el transporte más las comunicaciones aparecen como sectores con *niveles moderados de precariedad laboral,* mientras los servicios al productor y los servicios sociales se revelan como los espacios privilegiados del mercado de trabajo, con los niveles *de precariedad laboral más bajos* en términos comparativos. En efecto, en ellos el porcentaje de trabajadores no manuales calificados oscila entre 36.8% y 50% de la fuerza de trabajo; los que carecen de seguridad social no llegan a 20% y sólo una minoría labora en pequeñas empresas (13.8% y 2.1%). Disfrutan, asimismo, de los ingresos por hora más altos en el conjunto de la fuerza de trabajo asalariada.

El carácter precario del empleo adquiere un sentido distinto en las subpoblaciones masculina y femenina de la fuerza de trabajo. Diversas investigaciones documentan diferencias importantes en los niveles de precariedad de hombres y mujeres en las principales zonas metropolitanas del país entre 1986 y 1992, y destaca —en contraste con la fuerza de trabajo femenina— un aumento de la mano de obra masculina asalariada que carece de prestaciones laborales (Oliveira y García, 1997). Una hipótesis interpretativa indica que los hombres han incrementado su participación en empleos menos protegidos pero que ofrecen mejores salarios; por su parte, las mujeres lo han hecho en trabajos con protección laboral, aunque mal remunerados, con la finalidad de asegurar-

[43] Como es sabido, buena parte de los indicadores que se utilizan para evaluar la precariedad de los empleos ha sido construida teniendo como referencia las condiciones que imperan en el trabajo asalariado; de ahí que resultan de escaso valor empírico a la hora de examinar el trabajo por cuenta propia. El esfuerzo realizado por aplicar nuestra serie de indicadores al análisis de este último mostró que la mayoría de ellos perdía fuerza explicativa. Sólo conservaban capacidad de discriminación el ingreso y la escolaridad.

se el acceso a ciertos servicios básicos para la familia (Oliveira y García, 1997).

Hallazgos más recientes referidos al país en su conjunto indican que entre 1991 y 1995 —periodo de agudización de la crisis y de restructuración económica— se ha verificado un proceso global de precarización de la fuerza de trabajo (asalariada y no asalariada), con un efecto negativo más fuerte en las mujeres, aunque los hombres han sufrido también un importante deterioro de sus condiciones de trabajo que no debe ser menospreciado (García, 1997).[44]

Dada la participación cada vez mayor de la mujer en el trabajo extradoméstico, así como la estrecha relación entre terciarización y feminización de la economía, conviene examinar si la división sexual del trabajo extradoméstico entre industria y servicios (al igual que la propia diversidad de éstos) se relaciona o no con un mayor deterioro de las condiciones laborales de las mujeres. Incluiremos para ello otra serie de indicadores, como la discriminación salarial y el grado de segregación ocupacional, construidos para captar aspectos puntuales de la desigualdad de género en el mercado de trabajo.[45]

Tanto en los sectores de alta como de baja precariedad laboral, los indicadores revelan de manera sistemática una peor situación relativa de las mujeres. Así, en los servicios personales —un subsector que emplea 26.7% de la fuerza de trabajo femenina asalariada y que figura entre los de fuerte precariedad— los porcentajes de mujeres que trabajan en pequeñas empresas (o en jornadas de tiempo parcial y que carecen de seguridad social) exceden siempre a los de los hombres. Ocurre lo mismo en el extremo opuesto: en los nichos con mejores condiciones laborales, como los servicios sociales y al productor. También en ellos las mujeres trabajan más frecuentemente en pequeñas empresas y cumplen jornadas de tiempo parcial, a pesar de que en conjunto conforman una fuerza de trabajo más calificada, según queda de manifiesto en los porcentajes respectivos de trabajadores no manuales altos (cuadro 7).

Los índices de discriminación salarial confirman que las mujeres per-

[44] En relación con la masculina, la presencia femenina ha crecido más entre los trabajadores no asalariados, los que laboran en establecimientos con menos de cinco empleados, los que ganan menos del salario mínimo y los que carecen de prestaciones laborales (García, 1997).

[45] La discriminación salarial alude a una forma específica de la inequidad de género: la retribución económica desigual y en perjuicio de las mujeres en un puesto de trabajo, pese a que cuenten con el mismo nivel de escolaridad que los hombres. Por su parte, el concepto de "segregación ocupacional" recoge el grado de relativa simetría o asimetría de la estructura ocupacional en su distribución por sexo la medida en que ésta no permite el acceso igualitario de ambos componentes de la fuerza de trabajo al abanico de opciones laborales disponibles en un momento dado. Véase al respecto, entre otros: Oliveira, Ariza y Eternod, 1996; Parker, 1996; Reskin, 1984; Reskin y Hartmann, 1986.

CUADRO 7. *Nivel de precariedad de la población asalariada por sector de actividad y sexo según indicadores selectos, 1995*

Sector de actividad y sexo	*% en pequeñas empresas*	*% de tiempo parcial*	*% sin seguridad social*	*Ingreso por hora**	*% de trabajadores no manuales altos*	*Índice de segregación*	*Índice de feminización*	*Escolaridad promedio*	*Índice de discriminación salarial*
TOTAL	*29.6*	*18.1*	*36.3*	*7.4*	*17.0*	*0.330*	*52.2*	*8.7*	*0.16*
Hombres	28.7	13.3	39.0	7.4	13.7	8.3			
Mujeres	18.1	27.1	31.3	7.3	23.4	9.4			
Actividades agropecuarias	54.1	22.0	82.5	3.8	1.4	0.058	7.4	4.3	0.11
Hombres	56.4	21.2	82.8	3.8	1.4	4.3			
Mujeres	22.0	32.2	78.3	3.5	1.2	4.4			
Industria no manufacturera[a]	38.0	6.7	54.3	6.2	7.7	0.704	5.1	6.8	0.44
Hombres	39.8	6.6	56.1	6.1	7.5	6.6			
Mujeres	6.7	7.8	21.0	6.8	10.6	10.5			
Industria manufacturera[b]	12.0	6.9	17.7	6.6	8.2	0.108	38.3	8.5	0.30
Hombres	12.8	6.2	17.8	7.0	8.9	8.6			
Mujeres	6.9	8.8	17.3	5.3	6.6	8.4			
Comercio	40.4	10.6	36.9	7.6	7.8	0.256	59.8	8.7	0.95
Hombres	37.3	10.3	36.4	9.1	8.0	8.4			
Mujeres	10.6	11.1	37.7	5.2	7.2	9.3			
Transporte y comunicaciones	19.2	7.8	28.2	7.6	9.2	0.598	25.4	9.2	0.08
Hombres	20.1	6.6	31.3	7.4	8.4	8.7			
Mujeres	7.8	12.6	16.4	8.7	12.8	11.0			
Servicios al productor[c]	13.8	11.4	18.9	12.0	36.8	0.369	75.2	11.7	0.37
Hombres	10.5	9.6	19.2	13.5	41.8	11.5			
Mujeres	11.4	13.9	18.6	10.1	30.2	11.9			

Servicios sociales[d]	2.1	36.0	8.8	11.1	50.7	0.279	107.5	11.8
Hombres	0.5	25.8	7.9	10.9	42.0	11.4		
Mujeres	36.0	45.5	9.6	11.4	58.8	12.1		
Servicios personales[e]	64.1	22.4	58.1	5.0	5.8	0.429	109.4	7.0
Hombres	48.6	14.0	52.9	5.7	9.1	7.9		
Mujeres	22.4	30.0	62.9	4.4	2.7	6.1		

NOTA: En el total se excluye a los trabajadores en los Estados Unidos y el no especificado de "sector de actividad"; además, de los sectores de actividad diferentes del de "actividades agropecuarias" se excluyen los agricultores.

* En el cálculo del ingreso por hora se consideró a la población asalariada que recibió ingreso y la que especificó cantidad de horas.

[a] Incluye minería, construcción, electricidad, gas y agua.

[b] Incluye productos alimenticios, bebidas y tabaco; industria textil; industria del cuero y del calzado; industria de la madera y el papel; industrias química, del hule, plástico, vidrio y cemento; refinación de petróleo, derivados y petroquímica básica, y otras industrias manufactureras.

[c] Incluye servicios financieros, seguros, alquiler de bienes inmuebles y servicios profesionales y técnicos.

[d] Incluye servicios educativos, médicos, de salud y asistencia social, de administración pública y de defensa.

[e] Incluye servicios de restaurantes, de hoteles, de esparcimiento, deportivos y recreativos, de alquiler de bienes muebles y otros servicios personales.

FUENTE: INEGI-STPS, *Encuesta Nacional de Empleo, 1995.* Reprocesamiento.

ciben remuneraciones inferiores a los hombres en la mayor parte de las ocupaciones, aun cuando cuenten con los mismos niveles de escolaridad que ellos.[46] La discriminación salarial se verifica tanto en los sectores de alta como de baja o moderada precariedad laboral y es particularmente acentuada en el comercio y en los servicios al productor.[47]

En lo que se refiere a la segregación ocupacional, se observa en el mismo sentido una considerable heterogeneidad en el grado de separación entre ocupaciones "femeninas" y "masculinas" en cada sector o subsector económico. En conjunto, el sector terciario presenta un grado de segregación más alto que el de la industria manufacturera. En este caso uno de los subsectores de mayor segregación ocupacional es también el más precario: el de los servicios personales, empleador por excelencia de mano de obra femenina. Para garantizar dentro de él un acceso equitativo de las mujeres a la estructura ocupacional —suprimir la segregación—, sería necesario redistribuir alrededor de 42.9% de su fuerza de trabajo entre las distintas ocupaciones existentes en la actualidad.[48] Por su parte, los subsectores de mejores condiciones de trabajo —los servicios sociales y al productor— y el comercio presentan niveles moderados de segregación ocupacional (27.9%, 36.9% y 25.6%, respectivamente); mientras la manufactura aparece como el sector que mayor igualdad de oportunidades ofrece (10.8%) en términos relativos a la inserción ocupacional de las mujeres.

El examen que hemos realizado de la calidad del empleo disponible en el sector terciario y la industria manufacturera en el último lustro del siglo XX tiene como nota distintiva la considerable heterogeneidad de las condiciones de trabajo. Hay, por un lado, sectores con empleos de alta calidad (o baja precariedad), como los servicios sociales y al productor, donde entre una tercera parte y la mitad de la fuerza de trabajo empleada es no manual, tiene altos niveles de escolaridad e ingresos por hora bastante por encima del promedio nacional. Estos sectores de "mejores" condiciones laborales apenas dan empleo a una cuarta parte de la fuerza de trabajo asalariada (25.4%; ENE, 1995). De hecho, la mayoría de los asalariados se concentra en sectores de alta o moderada precariedad laboral, aunque más en los segundos que en los primeros.

Es importante destacar que la participación creciente y sostenida de la mujer en la fuerza de trabajo asalariada en este fin de siglo ha tenido

[46] Los índices de discriminación se calculan a partir del salario promedio por hora de hombres y mujeres, y se despeja el efecto de las diferencias en sus niveles de escolaridad.

[47] De acuerdo con la información proporcionada por la Encuesta Nacional de Empleo de 1995, estos dos subsectores absorben cerca de 20% de la fuerza de trabajo femenina (INEGI-STPS).

[48] Este valor se encuentra muy por encima de la cifra correspondiente para toda la estructura ocupacional (33%).

lugar de manera desigual y heterogénea. Los indicadores de precariedad sugieren en sentido general que las mujeres tienen peores condiciones de trabajo que los hombres, expresado ello en los porcentajes más elevados de empleados en pequeñas empresas a tiempo parcial, y en las discrepancias en los ingresos por hora promedio entre unos y otras. No obstante, de manera agregada, la fuerza de trabajo femenina asalariada tiene porcentajes superiores de trabajadores no manuales y más altos niveles de escolaridad que la masculina.

La consideración de dos medidas específicas de la desigualdad de género con la finalidad de profundizar en estas diferencias (discriminación salarial y segregación ocupacional) permitió corroborar dos evidencias empíricas: *1)* que las mujeres son objeto de un trato inequitativo en las compensaciones salariales que reciben por el trabajo desempeñado y que éste no obedece a sus discrepancias de capital humano respecto de los hombres (discriminación salarial); *2)* que la estructura ocupacional no da lugar a un acceso equitativo a las oportunidades de empleo en los diferentes sectores y subsectores económicos, sino que —por lo contrario— mantiene grados diversos de separación o de segregación ocupacional con base en la diferencia sexual que conforma la fuerza de trabajo.

Como parece evidente, el hecho de que el sexo constituya un criterio central de adscripción de la fuerza de trabajo acarrea desventajas sistemáticas a las mujeres en cuanto a las opciones disponibles para ellas en el mercado de trabajo. En virtud de atributos socioculturales construidos a partir de la diferencia sexual, es claro que las mujeres cuentan con un rango limitado de opciones laborales, y éstas no les generan los mismos niveles salariales que a los hombres. Cuando acceden a las mismas ocupaciones, son retribuidas inequitativamente por razones distintas de su calificación laboral. De hecho, desconocemos la medida en que la discriminación salarial es principalmente el producto del acceso limitado de las mujeres a las ocupaciones en los distintos sectores económicos (segregación ocupacional horizontal) o dentro de ellos (segregación vertical). Su indagación ameritaría elaborar complejos indicadores que permitieran decantar el efecto de la diferenciación ocupacional en sí misma sobre la discrepancia salarial, entre otros aspectos.[49]

[49] La variación salarial dentro de una misma actividad encierra tanto el efecto de la diferencia ocupacional en sí como el de la segregación. Investigaciones realizadas en otros contextos sociales atribuyen a la segregación ocupacional entre 35 y 40% de la brecha salarial existente entre hombres y mujeres (Reskin, 1984).

Consideraciones finales

El análisis de las repercusiones de las diversas estrategias de desarrollo sobre la constitución de los sectores económicos nos ha permitido describir la evolución de la fuerza de trabajo en México en el lapso de una centuria: 1895-1995. Estas repercusiones han sido evaluadas en su incidencia sobre las variaciones de la participación económica, la discrepancia relativa en los niveles de actividad de hombres y mujeres, la conexión que ello guarda con la división sexual del trabajo como eje de organización social, así como la calidad de los empleos disponibles para el grueso de la población mexicana trabajadora en los años en que el siglo toca a su fin.

Cada periodo o subperiodo histórico deja así una impronta distintiva en la conformación de los sectores trabajadores. Los años de desarrollo agroexportador (1895-1930) acarrean fuertes transformaciones en la actividad manufacturera (modernización tecnológica, contracción del trabajo artesanal), así como en la composición interna del sector terciario (disminución de los servicios personales, crecimiento de los distributivos y sociales), que ya desde los años veinte era un ámbito significativo de absorción de mano de obra femenina. La pérdida de importancia del trabajo artesanal produjo una drástica reducción de la presencia de la mujer en la industria y en términos generales en la fuerza de trabajo.

Como en otros contextos históricos, el tránsito de la economía agrícola a la industrial ocasionó una separación entre las esferas de la producción y de la reproducción, así como un fortalecimiento del esquema tradicional de división sexual del trabajo, el cual —como es sabido— asigna a los varones una acentuada participación en las actividades productivas y relega a las mujeres al ámbito de la reproducción. Esta mayor polarización genérica tuvo como contrapartida un ensanchamiento de la discrepancia entre los niveles de participación de hombres y mujeres: fue el momento de mayor disimilitud relativa a lo largo del siglo; asimismo, junto con ella coexistió una clara distribución sexual del trabajo entre sectores económicos y dentro de éstos. Las actividades no agrícolas, las industrias de bienes de consumo final y los servicios personales fueron —ya desde estas décadas iniciales— los espacios laborales de mayor presencia femenina.

También el periodo de despegue y consolidación de la industrialización por sustitución de importaciones (1930-1970) produce cambios decisivos en el perfil de la fuerza de trabajo mexicana. El pujante dinamismo industrial y el estímulo al crecimiento de los sectores modernos del terciario contribuyeron a replegar la fuerza laboral masculina fuera del sector agropecuario y promovieron su incorporación a la manufactura y los servicios. Se registra, al mismo tiempo, un repunte gradual de la participación económica femenina, consecuencia directa de la expansión y diversificación de las actividades terciarias.

En términos generales, la estrategia de industrialización por sustitución de importaciones estuvo vinculada con una pronunciada masculinización del sector manufacturero y con una feminización del terciario; ello entrañó que (a pesar del notable cambio sectorial de la mano de obra a que esta estrategia dio lugar) persistiera hasta el final del periodo una clara división sexual del trabajo entre sectores económicos, así como una fuerte discrepancia entre las tasas de actividad de hombres y mujeres. No obstante, es necesario señalar que la mayor presencia de las mujeres en la producción de bienes intermedios, de capital y de consumo duradero, representó en sí misma un factor de flexibilidad dentro del esquema de división sexual del trabajo prevaleciente en la manufactura.

En los años de agotamiento del modelo de sustitución de importaciones (1970-1979) y en los de crisis y restructuración económica (1979-1995), las transformaciones más importantes acontecieron en el sector terciario. Las mujeres, pero sobre todo los varones, incrementaron de manera considerable en dicho periodo su presencia en este sector de actividad. En el contexto de contracción de la producción industrial que lo caracteriza, han proliferado las formas de trabajo no asalariadas (trabajo por cuenta propia), así como también el grado de heterogeneidad del terciario.

En realidad, en el prolongado periodo de crisis y restructuración económica (1979-1995) que caracteriza el final de la centuria, se observa un cambio en la índole del proceso de terciarización. A diferencia de lo que ocurría en el periodo de desarrollo estabilizador, las actividades terciarias se expanden en la actualidad principalmente gracias al dinamismo del comercio —y dentro de él, al de las actividades por cuenta propia— que en los años ochenta y noventa absorbe fuerza de trabajo a un ritmo superior al de los servicios sociales y al productor.

En contraste con lo ocurrido en décadas precedentes, se acelera en este periodo el crecimiento de la participación económica femenina y se modifican las pautas de participación por edad. Las mujeres abandonan en menor medida el mercado de trabajo en la etapa de la procreación; como consecuencia, se reducen significativamente las discrepancias entre las tasas de actividad masculina y femenina. Tanto este aspecto como la mayor homogeneidad intrasectorial e intersectorial indican una distribución por sexos menos inequitativa en las tareas de la producción y la reproducción. Persisten, sin embargo, como tuvimos ocasión de demostrar, importantes grados de segregación ocupacional en los diversos sectores y subsectores económicos.

¿Cuáles han sido las repercusiones del cambio en la índole del proceso de terciarización para la calidad de los empleos disponibles en la actualidad? El análisis de la información existente para mediados de los años noventa ha puesto en evidencia que los subsectores que perdieron dinamismo en los años de crisis y restructuración son los que mejores condiciones de trabajo ofrecen a la población (servicios sociales y al productor); y que los que crecieron fueron precisamente los más precarios (comercio y servicios personales). A partir de estos resultados podemos afirmar que el significado de la terciarización en los últimos años no ha sido otro que la reducción de los empleos asalariados más ventajosos para la fuerza de trabajo, los de mayor calificación y mejores condiciones de trabajo.

En cuanto a la relación entre terciarización, feminización y desigualdad de género, el contexto de pérdida de dinamismo de los subsectores del terciario que mejores opciones de empleo otorgan a las mujeres (servicios sociales y al productor), así como la alta o cada vez mayor feminización de otros más precarios (como ocurre con los servicios personales y las actividades comerciales), arrojan un balance poco alentador para el conjunto de la fuerza de trabajo femenina. Si bien es cierto que la crisis y la restructuración económica han producido un deterioro generalizado de las condiciones de trabajo, es importante hacer hincapié en que éste ha sido más intenso para la mano de obra femenina.

A pesar de la reducción de las discrepancias en la participación económica de hombres y mujeres, y de la mayor homogeneidad intersectorial e intrasectorial, las inequidades de género intervienen todavía activamente en la organización del mercado de trabajo en el ocaso del siglo XX. Los indicadores analizados revelan que las mujeres trabajadoras se encuentran en peor situación relativa que los hombres, tanto en los sectores de alta como de baja precariedad laboral, y que además son objeto de situaciones de discriminación salarial. No es fortuito que los sectores de mayor precariedad sean también los de mayor segregación ocupacional, es decir, los que menos igualdad de oportunidades brindan a las mujeres trabajadoras.

Aclaraciones metodológicas

La evaluación de la participación económica de la población mexicana a lo largo del siglo XX presenta importantes obstáculos metodológicos que es necesario precisar. Su complejidad se deriva en gran medida de que en el transcurso de la centuria se ha dado la conformación del sistema nacional de producción de información y de la estructura institucional que lo sostiene. La comparación histórica se torna particularmente difícil cuando se trata de intervalos prolongados, como es el caso que nos ocupa. En el lapso comprendido entre 1895 y 1995 se modificaron no sólo los conceptos, sino los métodos, las técnicas y los modos de explotación de la información, por citar sólo algunas de las dimensiones más evidentes. A grandes rasgos, pueden reconocerse dos grandes momentos en la historia censal nacional: 1895-1940 y 1950-1990.

En el primero de ellos, *1895-1940,* la construcción de la información relativa a la condición económica de la población se centra en identificar la ocupación habitual de las personas;[50] no se distingue entre actividad e inactividad económica ni se procura determinar con claridad la condición de desocupación de dichas personas. A partir del concepto de "trabajador remunerado" —en el que se basa la medición de la actividad económica durante estos años— se indagan las características ocupacionales de los individuos *per se,* y no la situación efectiva en que se encuentran en el mercado de trabajo. Al contabilizar la información, se incluye a todos los que declaran tener un oficio, ocupación o profesión, aunque no lo desempeñen en el momento del levantamiento; asimismo, se deja de lado a los que carecen de él, sin tomar en cuenta si están procurando desempeñar alguna ocupación en dicho momento. Varios de los censos que se aplicaron durante esta época no incluyen un límite mínimo de edad y tampoco un periodo de referencia.[51]

En la segunda mitad del siglo, *1950-1990,* se modifican sustancialmente los criterios al adoptarse como eje conceptual el enfoque de la "fuerza de trabajo", según el cual no se persigue conocer la ocupación habitual de las personas, sino la condición real de actividad o inactividad económica[52] en que se encuentran respecto del mercado de trabajo.

[50] La sistematización de la información estadística disponible sobre la población económicamente activa ha sido abordada con anterioridad en diversos trabajos. El más importante de éstos es el de Clara Jusidman (1975), que cubre los censos de 1895 a 1970. El INEGI ha revisado y actualizado esta investigación y agregó los censos de 1980 y 1990, así como la Encuesta Nacional de Empleo Urbano y la Encuesta Nacional de Empleo, en las que también se apoya la presente investigación: INEGI, Dirección General de Estadística (DGE), 1986, 1988, 1992a, 1992b, 1992c, 1992d.

[51] La edad mínima se introduce por primera vez en el censo de 1930, y ha presentado variaciones desde entonces: seis años en 1930, 12 en 1950, ocho en 1960 y 12 de nuevo a partir de 1970. El periodo de referencia no se introduce explícitamente sino hasta el censo de 1970.

[52] En este sentido, la noción de "actividad económica" persigue evaluar la disponibilidad relativa de la población en edad de trabajar (intervalo de vida activa), a realizar cualquier tarea que conduzca a la obtención de algún ingreso o salario, o a contribuir sin remuneración a la producción económica familiar (trabajo familiar no remunerado). Se contabiliza tanto a los que realizan esta actividad como a los que están buscándola abiertamente.

Es sabido que el concepto se utilizó por primera vez en los Estados Unidos en el censo de 1940 (Jusidman, 1975), y que tuvo su origen en la necesidad de cuantificar la magnitud del desempleo a raíz de la crisis económica que ocasionó la Gran Depresión de los años veinte. Esta catástrofe social puso de manifiesto la importancia estratégica de conocer el efecto de las fluctuaciones económicas sobre el trabajo y la desocupación en sentido general.

El límite de edad y el periodo de referencia son dos aspectos centrales y complementarios de este concepto. A partir de ellos es posible construir las categorías que conforman la noción de "actividad económica" (activos/inactivos, ocupados/desocupados). La participación se determina gracias a la indagación sistemática de las características económicas de un segmento de la población (la que se encuentra dentro del intervalo de edad indicado), en un lapso determinado (periodo de referencia). Se establecen ciertos requisitos para considerar a una persona ocupada o desocupada (cantidad mínima de horas, búsqueda de empleo, etc.); si hay superposición, se da preferencia a la ocupación sobre la desocupación.

El censo de 1950 es de hecho el primer censo mexicano que incorpora el concepto de "población económicamente activa", aun cuando denota cierta ambigüedad en su uso.[53] No es sino hasta el censo de 1970 cuando se establece un marco conceptual congruente para la medición de la población económicamente activa: se diferencia nítidamente por vez primera entre las categorías de "ocupado", "desocupado", "activo" e "inactivo". Desde entonces, el criterio decisivo para considerar que una persona es "ocupada" pasó a ser el desempeño efectivo de una actividad económica, cualquiera que ésta fuera, durante el periodo de referencia, y no el hecho de contar o no con un oficio o profesión (Jusidman, 1975; INEGI, 1992).[54]

[53] Así, en el censo de 1950 se observa cierta contraposición entre los conceptos de "población económicamente activa" y "fuerza de trabajo". Mientras que el primero incluye a los que trabajaron efectivamente la semana anterior y a los que no lo hicieron pero declararon tener un oficio, profesión o actividad, el segundo restringe este último grupo a un lapso limitado: las 12 semanas previas a la realización del censo. Fue la introducción de tres preguntas adicionales en la propia boleta censal (una para comprobar si la actividad se ejerció la semana anterior; otra para determinar si se realizó una segunda actividad, además de la principal; y una tercera para averiguar la cantidad de días realmente trabajados), lo que permitió afinar la condición de actividad de las personas. La formulación en sí de la pregunta aludía sólo a la ocupación o profesión habitual de las personas. Ambos conceptos se manejan en el censo de 1950 y denotan cierta tensión en la transición del esquema de "trabajador remunerado" al de "fuerza de trabajo" (Jusidman, 1975).

[54] En este censo se considera "económicamente activa" a la población que durante la semana de referencia realizó algún trabajo a cambio de un ingreso; tenía un empleo, trabajo o negocio, pero no asistió en la semana anterior debido a enfermedad, vacaciones o alguna causa similar; buscó trabajo durante esa semana; y trabajó al menos 15 horas en

Como era de esperarse, el cambio en los conceptos en los que se apoya la medición ha traído consecuencias importantes sobre la evaluación de dichos procesos, a las que hay que añadir —entre otros— los problemas derivados de las diferencias en el modo como se ha explotado la información o de la calidad del levantamiento censal en sí. Los estudiosos del tema han determinado, por ejemplo, que el cambio de conceptos entre los censos de 1950 a 1970 fue un factor más importante en el descenso en los niveles globales de participación de la fuerza de trabajo observado entre esos años que la variación en la estructura por edad o cualquier otro factor de índole demográfica (García, 1975).[55] Muestran también que la medición de la actividad económica en la población femenina es más sensible al cambio de conceptos que la masculina, en parte por los múltiples condicionamientos que pesan sobre ella y la inadecuación de las categorías al tipo de actividades que realizan (Jusidman, 1975; Recchini y Wainerman, 1981).[56]

En términos generales, las mediciones que se apoyan en el concepto de "ocupación habitual" arrojan valores más elevados del nivel de actividad económica al incluir de suyo una parte de los inactivos, y no restringir el periodo ni la edad en la que se indaga la situación económica de los entrevistados.

Las encuestas de empleo[57] son otra de las fuentes regulares de información mediante las cuales se ha realizado la medición de la población económicamente activa y han permitido profundizar en las características socioeconómicas de la actividad laboral y la desocupación. En ellas se utiliza más de un periodo de referencia para captar la participación económica de grupos de población sujetos a la estacionalidad de determinadas actividades, o que entran y salen con frecuencia de la actividad económica por diversas razones (García, 1994). Suelen ser instrumentos

algún negocio familiar sin retribución (INEGI, DGE, "Revisión del concepto de población económicamente activa en los censos de 1992").

[55] La autora muestra que el crecimiento demográfico y los cambios en la estructura por edad tuvieron sólo una influencia secundaria. En conjunto, el cambio en los criterios censales ocasionó una sobrestimación de los inactivos respecto del año de 1950. La otra parte del descenso se atribuye a los progresos en materia social que tienden a reducir la participación en los grupos situados en los extremos del intervalo de la vida activa (García, 1975: 31).

[56] Al recoger las observaciones de Jaffe y Stewart, Jusidman (1975: 16) resalta que el descenso relativo del esquema conceptual de "trabajador remunerado" al de "fuerza de trabajo" es notoriamente más acentuado en las mujeres que en los hombres, lo que obviamente afecta también los niveles globales de participación.

[57] Las encuestas de empleo se iniciaron a principios de los años setenta: en 1973 se levantó la Encuesta Continua de Mano de Obra (ECMO); a partir de 1975, la Encuesta Continua de Ocupación (ECO). En 1981 se llevó a cabo la Encuesta Nacional de Empleo Urbano (ENEU), basada en una profunda revisión de la ECSO. En la actualidad, la ENEU cubre 43 zonas urbanas y desde 1996 se levanta por entidad federativa. Se tienen Encuestas Nacionales de Empleo para los años 1988, 1991, 1993, 1995 y 1996.

idóneos para obtener una imagen adecuada de las características económicas de la población, en la medida en que se empeñan en captar de manera fidedigna los distintos tipos de trabajadores (asalariados, por cuenta propia, no remunerados) que integran la población económicamente activa y las distintas condiciones de empleo, de tiempo parcial o completo.

Bibliografía

Ariza, Marina (1995), "Migración, familia y participación económica: mujeres migrantes en una ciudad caribeña", ponencia presentada en el XX Congreso de la Asociación Latinoamericana de Sociología, Comisión de Trabajo sobre "Migraciones y Fronteras", México, 2 de octubre.

Bennett, W. A., y Tucker T. A. (1979), "Structural determinants of the size of the service sector: an international comparison", *Working Paper,* núm. 4, Canberra, Bureau of Industry Economics.

Blanco, Mercedes (1995), *Empleo público en la administración central mexicana: evolución y tendencias (1920-1988),* México, CIESAS, colección Miguel Othón de Mendizábal.

Boserup, Ester (1970), *Women's Role in Economic Development,* Nueva York, St. Martin's Press.

Browning, Harley, y Joachim Singelmann (1972), *Sectorial Transformation of the Labor Force: A Working Paper,* Austin, Population Research Center, University of Texas.

Daniels, P. W. (1993), *Service Industries in the World Economy,* Oxford, Blackwell.

Dicken, P. (1992), *Global Shift,* Londres, Paul Chapman.

Dirección General de Estadística (1979), *Encuesta Continua de Ocupación* (ECSO), 1er. trimestre, México.

——— (1987), *Censo General de la República Mexicana,* verificado el 20 de octubre de 1895, México.

Durand, John D. (1975), *The Labor Force in Economic Development,* Princeton, N. J., Princeton University Press.

Escalante, Juan Antonio (1981), "Restauración y transición en el modelo de desarrollo. Apuntes para una interpretación del periodo 1977-1979", en Rolando Cordera (comp.), *Desarrollo y crisis de la economía mexicana,* México, Fondo de Cultura Económica (Lecturas de *El Trimestre Económico,* núm. 39), pp. 707-722.

Gallie, Duncan, *et al.* (1996), *Changing Forms of Employment: Organizations, Skills and Gender,* Nueva York, Routledge.

García, Brígida (1975), "La participación de la población en la actividad económica", *Demografía y Economía,* vol. IX, núm. 1, México, El Colegio de México, pp. 1-31.

García, Brígida (1988), *Desarrollo económico y absorción de la fuerza de trabajo en México: 1950-1980,* México, El Colegio de México.

——— (1992), "La feminización de la actividad económica", *Demos, Carta Demográfica sobre México,* México, IIS-UNAM, pp. 23-24.

——— (1996), "Fuerza de trabajo en 1995. Las implicaciones del nuevo modelo de desarrollo", *Demos, Carta Demográfica sobre México,* México, Instituto de Investigaciones Sociales-UNAM.

——— (1997), "Economic restructuring, women survival and transformation in Mexico", ponencia presentada en el Seminario "Female Empowerment and Demographic Processes", Suecia, 21-24 de abril (mimeo).

——— (1999), "Reestructuración económica y feminización del mundo de trabajo", ponencia presentada en la Reunión sobre Aplicación del Enfoque de Género en las Políticas Públicas, organizado por la Comisión Nacional de la Mujer, la campaña El Banco Mundial en la Mira de las Mujeres, 24 de marzo de 1999, ciudad de México

García, Brígida, y Orlandina de Oliveira (1994), "La medición de la población económicamente activa en México al inicio de los años noventa", *Estudios Demográficos y Urbanos,* vol. 9, núm. 3, septiembre-diciembre, El Colegio de México, pp. 579-608.

——— (1997), "¿Qué sabemos de nuevo sobre la participación femenina en los mercados de trabajo?", en *Memoria del II Seminario de Investigación Laboral: Participación de la Mujer en el Mercado Laboral,* México, STyPS-Programa de Impulso a la Investigación Laboral 1996-2000.

Garza, Gustavo (1991), "Dinámica industrial en la ciudad de México, 1940-1988", *Estudios Demográficos y Urbanos,* vol. 6, núm. 1, enero-abril, El Colegio de México, pp. 209-214.

Giarini, Orio (comp.) (1987), *The Emerging Service Economy,* Nueva York, Pergamon.

Instituto Nacional de Estadística, Geografía e Informática (INEGI) y Secretaría del Trabajo y Previsión Social (STPS) (1988), *Encuesta Nacional de Empleo,* México.

——— (1991), *Encuesta Nacional de Empleo,* Mexico, INEGI.

——— (1995), *Encuesta Nacional de Empleo,* Mexico, INEGI.

Jusidman, Clara (1975), "El concepto de población económicamente activa en los censos".

Katzman, Rubén (1984), "Notas sobre las transformaciones sectoriales del empleo en América Latina", en *Memorias del Congreso Latinoamericano de Población y Desarrollo,* tomo I, México, El Colegio de México / Programa de Investigaciones Sociales sobre Población en América Latina-Universidad Nacional Autónoma de México, pp. 301-334.

Klein, Emilio, y Victor Tokman (1988), "Sector informal: una forma de utilizar el trabajo como consecuencia de la manera de producir y no viceversa. A propósito del artículo de Portes y Benton", *Estudios Sociológicos,* núm. 6, pp. 205-212.

Kuznesof, Elizabeth A. (1992), "Women, work and the family in Latin America: a life course perspective on the impact of changes in mode of production and women's lives and productive roles", *El Poblamiento de las Américas,* vol. 2, pp. 71-103, México.

Mier y Terán, Marta (1992), *Descenso de la fecundidad y participación laboral en México,* México, Instituto de Investigaciones Sociales-UNAM.

Morelos, José (1972), "Niveles de participación y componentes de cambio de la población activa de México, 1950-1970", *Demografía y Economía,* vol. VI, núm. 3.

Muñoz, Humberto, y Orlandina de Oliveira (1976), "Migración, oportunidades de empleo y diferenciales de ingreso en la ciudad de México", *Revista Mexicana de Sociología,* año XXXVIII, núm. 1, pp. 51-84.

——— (1979), "Algunas controversias sobre la fuerza de trabajo en América Latina", en Rubén Katzman y José Luis Reina (comps.), *Fuerza de trabajo y movimientos laborales en América Latina,* México, El Colegio de México, pp. 29-50.

——— (1985), "Algunas contribuciones empíricas y reflexiones sobre el estudio del sector terciario", *Ciencia,* vol. 36, núm. 1, pp. 17-28.

Negrete Salas, María Eugenia (1988), "Cambios en la estructura y distribución de la fuerza de trabajo en México: la dimensión regional, 1950-1980", en *Memorias de la III Reunión Nacional sobre Investigación Demográfica,* tomo I, México, Sociedad Mexicana de Demografía, pp. 621-641.

Oliveira, Francisco de (1972), "A economia brasileira: crítica à razâo dualista", *Estudos Cebrap,* núm. 2, oct.-dic., pp. 3-82, São Paulo.

Oliveira, Orlandina de, (1975), *Industrialization, migration and entry labor force changes in Mexico City, 1930-1970,* tesis de doctorado, Department of Sociology, University of Texas.

——— (1989), "Empleo femenino en México en tiempos de recesión económica: tendencias recientes", en Jennifer Cooper, Teresita de Barbieri *et al.* (comps.), *Fuerza de trabajo femenina urbana en México. Características y tendencias,* México, Universidad Nacional Autónoma de México-Porrúa, pp. 29-66.

Oliveira, Orlandina de, Marina Ariza y Marcela Eternod (1996), *Trabajo e inequidad de género,* tesis de doctorado, en Orlandina de Oliveira (coord.), *La condición femenina: una propuesta de indicadores. Informe final,* México, Somede / Conapo.

Oliveira, Orlandina de, y Brígida García (1987), "El mercado de trabajo en la ciudad de México, en *Atlas de la ciudad de México,* El Colegio de México/Departamento del Distrito Federal, pp. 140-145.

Oliveira, Orlandina de, y Brígida García (1990), "Expansión del trabajo femenino y transformación social en México: 1950-1987", en varios autores, *México en el umbral del milenio,* México, El Colegio de México.

——— (1993), "Cambios socioeconómicos y dinámica de los mercados de trabajo en México: 1950-1992", México, El Colegio de México (mimeo).

——— (1997), "Socioeconomic transformation and labor markets in urban Mexico", en Richard Tardanico y Rafael Menjívar Lavin (comps.), *Global Restructuring, Employment and Social Inequality in Urban Latin America,* Boulder-Col., Rienner Publisher, North South Center.

———, y Bryan Roberts (1994), "Urban growth and urban social structure in Latin America, 1930-1990", en Leslie Bethel (comp.), *The Cambridge History of Latin America,* vol. VI, parte 1: *1920 to the Present,* Cambridge, Cambridge University Press, pp. 253-324.

Organización para la Cooperación y el Desarrollo Económico [OCDE] (1994), *Women and Structural Change. New Perspective,* París, OCDE.

Pacheco, E., y S. Parker (1996), Participación económicamente activa femenina en el México urbano. Un breve recuento y algunos hallazgos recientes", *Problemas del Desarrollo,* 106, vol. 27, julio-septiembre, pp. 21-33.

Pacheco Gómez Muñoz, Edith (1995), *Heterogeneidad laboral en la ciudad de México a fines de los ochentas,* tesis de doctorado en población, México, Centro de Estudios Demográficos y de Desarrollo Urbano de El Colegio de México.

Parker, Susan (1996), "Niveles salariales de hombres y mujeres: diferencias por ocupación en las áreas urbanas de México", ponencia presentada en la V Reunión Nacional de Investigación Demográfica en México, México, Somede.

Pedrero Nieto, Mercedes, y Teresa Rendón (1982), "El trabajo de la mujer en México en los setentas", en Secretaría de Programación y Presupuesto, *Estudios sobre la mujer 1. El empleo y la mujer. Bases teóricas, metodológicas y evidencia empírica,* México, pp. 437-456. Serie Lecturas III.

Portes, Alejandro, y Lauren Benton (1984), "Industrial development and labor absorption: a reinterpretation", *Population and Development Review,* vol. 10, núm. 4, diciembre, pp. 589-611. Traducción al español: Alejandro Portes y Lauren Benton (1987), "Desarrollo industrial y absorción laboral: una reinterpretación", *Estudios Sociológicos,* El Colegio de México, vol. 5, núm. 13, enero-abril, pp. 111-138.

Programa Regional del Empleo en América Latina y el Caribe (PREALC)

(1983), *Empleo y salarios,* Santiago de Chile, Organización Internacional del Trabajo.

Rendón, Teresa (1990), "Trabajo femenino remunerado en el siglo XX. Cambios, tendencias y perspectivas", Elia Ramírez Bautista e Hilda R. Dávila Ibáñez, *Trabajo femenino y crisis en México: tendencias y transformaciones actuales,* México, Universidad Autónoma Metropolitana-Xochimilco, pp. 19-51.

Rendón, Teresa, y Carlos Salas (1987), "Evolución del empleo en México: 1895-1980", *Estudios Demográficos y Urbanos,* vol. 2, núm. 2, mayo-agosto.

——— (1992), "El mercado de trabajo no agrícola en México. Tendencias y cambios recientes", *Ajuste estructural, mercados laborales y Tratado de Libre Comercio,* México, Centro de Estudios Sociológicos de El Colegio de México/Fundación Friedrich Ebert/El Colegio de la Frontera Norte, pp. 13-31.

——— (1993), "El empleo en México en los ochenta. Tendencias y cambios", *Comercio Exterior,* vol. 43, núm. 8, agosto, pp. 717-730.

Reskin, Barbara F. (1984), *Sex Segregation in the Workplace. Trends, Explanations, Remedies,* Washington, National Academy Press.

Reskin, Bárbara, y Heidi I. Hartmann (comps.) (1986), *Women's Work, Men's Work. Sex Segregation on the Job,* Washington, D. C., National Academy Press.

Reyes Heroles González Garza, Jesús (1990), "Reestructuración industrial en México: hacia una política industrial de base", en James W. Wilkie y Jesús Reyes Heroles González Garza (coords.), *Industria y trabajo en México,* México, Universidad Autónoma Metropolitana-Azcapotzalco, pp. 91-129.

Roberts, Bryan (1993), "Enterprise and labor markets: the border and the metropolitan areas", *Frontera Norte,* El Colegio de la Frontera Norte, vol. 5, núm. 9, enero-junio, pp. 33-65.

Ros, Jaime (1985), "La crisis económica: un análisis general", en Pablo González Casanova y Héctor Aguilar Camín (coords.), *México ante la crisis,* vol. 1, México, Siglo XXI, pp. 135-142.

Secretaría de Economía Nacional, Dirección General de Estadística, *V Censo de Población, 1930,* México.

Secretaría de Industria y Comercio, Dirección General de Estadística, *IX Censo de Población, 1970,* México.

Singer, Paulo (1971), "Força de trabalho e empego no Brasil: 1920-1969", *Cadernos Cebrap,* núm. 3, São Paulo, Centro Brasileiro de Análise e Planejamento.

Standing, Guy (1978), *Labour force participation and development,* Ginebra, Organización Internacional del Trabajo.

Standing, Guy (1981), *Unemployment and Female Labour: A Study of Labour Supply in Kingston, Jamaica,* Nueva York, St. Martin's Press.

Stichter, Sharon (1990), *Women, Employment and the Family in the International Division of Labour,* Filadelfia, Temple University.

Tello, Carlos (1979), *La política económica en México,* México, Siglo XXI.

Tilly, Louise, y Joan W. Scott (1987), *Women, Work and Family,* Nueva York, Holt, Rinehart and Winston.

Velazco Arregui, Edur (1989), "Crisis y reestructuración industrial en México", en Jesús Lechuga y Fernando Chávez (coords.), *Estancamiento económico y crisis social en México, 1983-1988,* México, Universidad Autónoma Metropolitana-Azcapotzalco, pp. 231-266.

Wainerman, Catalina, y Zulma Recchini de Lattes (1981), *El trabajo femenino en el banquillo de los acusados. La medición censal en América Latina,* México, Terranova y Population Council.

Welti, Carlos, y B. Figueroa (1994), "La investigación en México sobre participación de la mujer en la actividad económica en áreas urbanas y los efectos en su condición social", en Javier Alatorre *et al.* (coords.), *Las mujeres en la pobreza,* México, Grupo Interdisciplinario sobre Mujer, Trabajo y Pobreza (Gimtrap) / El Colegio de México, pp. 121-177.

Youssef, Nadia H. (1978), "The status and fertility patterns of Muslim women", en L. Beck y N. Keddie (comps.), *Women in the Muslim World,* Cambridge, Massachussets, Harvard University Press, pp. 70-85.

DISTRIBUCIÓN DEL INGRESO Y POBLACIÓN EN EL MÉXICO CONTEMPORÁNEO

Fernando Cortés

Introducción

Este trabajo se propone estudiar los efectos que han tenido las estrategias que pusieron en acción los hogares para paliar las consecuencias que tuvieron las sucesivas crisis sobre la distribución del ingreso y su evolución en el tiempo.

Para algunos ya son 20 años de crisis: para otros, casi 15. Los primeros consideran que el inicio se localiza en la devaluación de 1976, mientras que los segundos, en la de 1982. Lo que sí es claro es que aún no se ha alcanzado (en 1996) el ingreso per cápita de 1981, y que de 1982 en adelante ha habido oscilaciones marcadas.

Es notable observar que, pese a la caída de los salarios[1] —especialmente desde 1982—, el aumento en la tasa de desocupación o la quiebra de una gran cantidad de empresas (particularmente pequeñas y medianas), los ingresos de los hogares no han caído en la misma magnitud (Cortés y Rubalcava: 1991). Aún más, las reducciones fueron más fuertes en unas clases sociales que en otras, según las épocas, las crisis, o sus fases y la orientación global del modelo económico. No son pocos los trabajos que se proponen identificar quiénes o cuáles grupos sociales cargaron con el costo de la crisis (Nelson, 1992).

Una serie de investigaciones que se citarán oportunamente a lo largo de este texto concluyen que los hogares reaccionan en defensa de sus condiciones de vida cuando las medidas de política económica las lesionan significativamente. Las estrategias se orientan a aumentar el ingreso o bien a reducir los gastos. En este trabajo se consideran únicamente las primeras; las de gastos no se analizan.

Los efectos de las políticas económicas son diferenciales por clases

[1] Esta afirmación se basa en el comportamiento del salario mínimo. Las remuneraciones medias en la industria manufacturera, en la maquiladora de exportación y en el sector formal de la industria de la construcción caen hasta 1988 y de ese año en adelante exhiben un leve crecimiento que se detiene con la crisis de diciembre de 1994. Hay que hacer notar que el aumento en las remuneraciones medias no necesariamente refleja aumentos en la tasa de salarios.

sociales. Lo mismo ocurre con las estrategias de ingreso. En consecuencia, el monto de recursos monetarios de que dispone un hogar es resultante de las decisiones que toman los hogares respecto del uso de su capital productivo (incluido el capital humano). En este estudio nos interesa identificar las estrategias de ingreso que siguieron los hogares entre 1977 y 1994, examinar sus efectos y reconstruir cuál habría sido la distribución del ingreso en México si los hogares, especialmente los de menos recursos, no hubiesen utilizado los medios a su alcance para impedir o suavizar la caída en su capacidad adquisitiva.

Para analizar la distribución del ingreso y sus tendencias se cuenta con los microdatos de las Encuestas Nacionales de Ingresos y Gastos de los Hogares (ENIGH), realizadas por la Secretaría de Programación y Presupuesto en 1977 y por el Instituto Nacional de Estadística, Geografía e Informática (INEGI) en los años 1984, 1989, 1992 y 1994.

Las ENIGH están estratégicamente localizadas. Entre 1977 y 1984, tuvo lugar la política de estabilización y ajuste, implantada a raíz de la crisis de comercio exterior que explotó en agosto de 1982. Durante este lapso, el producto interno bruto creció a una tasa promedio anual de 3.8% y la población lo hizo a un ritmo 2.57%. Sin embargo, la tasa de crecimiento del PIB en este periodo es engañosa porque está fuertemente influida por la "primavera" petrolera. De 1978 a 1981 creció a una tasa anual de 6.2%, en tanto que en 1983 y 1984 fue prácticamente igual a cero. En el periodo 1984 a 1989 ocurrió la segunda crisis petrolera y sobrevino un cambio en el modelo económico; el PIB creció en promedio apenas a un ritmo de 1% anual, mientras que la población lo hizo a 2.17%. Después de 1989 se entró en francos procesos de apertura comercial y privatización, el PIB aumentó a un ritmo de 3.6% anual, lo cual superó el de la población, que se expandió a un ritmo de 1.95% anual. Éste es el trasfondo en el cual transcurre el análisis que se presentará en las secciones siguientes.

A continuación se hace una serie de precisiones respecto de la información que se analizará; en la sección de la página 926, sobre la base de la información publicada por los organismos oficiales, se presentan las tendencias en la distribución del ingreso monetario entre 1977 y 1994, según deciles de ingreso monetario; en la sección subsiguiente (p. 928) se vuelve sobre el mismo tema de la sección anterior, pero esta vez presentando los datos distribuidos por deciles de ingreso per cápita; en la penúltima sección (p. 933) se estudia la relación entre las consecuencias de la transición demográfica y el aumento en la cantidad de perceptores por hogar, y en la última (p. 939), el efecto que tiene sobre la distribución del ingreso la autoexplotación de la fuerza de trabajo de los hogares. Al final se consignan las principales conclusiones del estudio.

ALGUNAS PRECISIONES ACERCA DE LOS DATOS

Al analizar las ENIGH, las conclusiones pueden estar influidas tanto por la cobertura de la muestra como por el grado de subestimación del ingreso. La primera de estas alteraciones tiene su origen en el hecho de que los factores que se aplican a los hogares para expandir los datos a la población dependen de la información que proporcionan los censos de población. Así, por ejemplo, las ponderaciones de la ENIGH de 1977 se basan en las proyecciones del censo de 1970; las de la ENIGH de 1984 y de 1989, en las del censo de 1980, y las de 1992 y 1994, en las del censo de 1990. Estas proyecciones pueden estar desvirtuadas tanto por la calidad de los datos censales como por la precisión de las estimaciones. La confiabilidad de los datos del censo de 1980 ha sido motivo de debate, lo que se agrava por el hecho de que las estimaciones pierden precisión a medida que se alejan de la base. Al considerar simultáneamente estos dos argumentos se pone en duda la calidad de la medición, lo que estaría afectando mucho las comparaciones entre 1977 y 1984 y entre 1989 y 1992, ya que en esos casos el factor de expansión proviene de censos distintos. Adicionalmente, en este último lapso se hace más notable la carencia de precisión en las proyecciones, ya que son nueve los años separan a 1989 de la base (1980).

La segunda fuente de alteración es particularmente importante en estudios longitudinales como el que se presenta aquí. En efecto, se reconoce ampliamente que las encuestas nacionales de ingresos y gastos de los hogares tienden a subestimar los ingresos, y que el grado de subestimación es mayor en los hogares "ricos" que en los "pobres" (si fuese constante, el estudio de la evolución de los ingresos a lo largo del tiempo no se vería afectado). Para juzgar la cobertura de las ENIGH se suele recurrir a estimaciones del ingreso de los hogares a partir de Cuentas Nacionales. Cálculos preliminares muestran que la cobertura de las ENIGH en México ha aumentado con el transcurso del tiempo, por lo que una porción del crecimiento en el ingreso entre los años analizados puede ser nada más que un efecto derivado del aumento en la calidad del instrumento.

Los dos factores mencionados están limitando la validez de los hallazgos. A pesar de que es posible emplear los métodos ya establecidos, o bien diseñar los propios, para corregir estos sesgos debe tomarse en cuenta que una parte importante de lo que se sabe sobre la evolución de la desigualdad en el país se ha construido con los datos publicados en las ENIGH. En este trabajo se emplearán las cifras oficiales con el propósito de insertar los resultados dentro del conocimiento establecido. Se deja para otra oportunidad el tratamiento *in extenso* de los métodos de ajuste.

El ingreso corriente total reportado por las ENIGH de 1984, 1989, 1992 y 1994, incluye valores monetarios y no monetarios. Los primeros registran las remuneraciones al trabajo, el producto derivado de la explotación de negocios propios, renta del capital y de propiedades percibidas por la operación de cooperativas, transferencias y otros ingresos. Los segundos contienen estimaciones del valor del autoconsumo, del alquiler de la vivienda propia, prestada o recibida como prestación, de los regalos en especie y de los pagos no monetarios percibidos por los miembros de los hogares. La ENIGH de 1977 cubre todos los rubros del ingreso monetario incluidos en las otras encuestas. Además, recabó información sobre el alquiler imputado de la vivienda y el autoconsumo; sin embargo, la publicación oficial y los microdatos sólo entregan información sobre el ingreso monetario, lo cual obstaculiza la comparación con las ENIGH de 1984, 1989, 1992 y 1994. He aquí una de las razones que llevaron a limitar el estudio a la evolución del *ingreso monetario.* Hay que precisar que la medición de este concepto tiene una pequeña diferencia con la cifra oficial porque no incluye el rubro "otros ingresos". Se decidió quitar este componente con el argumento de que registra la contrapartida de disminuciones en el patrimonio (por ejemplo, ingresos obtenidos por la venta de automóviles). Otra de las razones que ha llevado a restringir el estudio al ingreso monetario es la medición del valor estimado de la vivienda. No es claro cuáles son los criterios tomados en cuenta por el entrevistado para responder a esta pregunta, a los que se agregan los inconvenientes que entraña cualquier método de estimación.

A tales consideraciones de carácter del todo empírico —que atenta contra la comparabilidad de las cifras— hay que agregar otra, aunque ésta es eminentemente conceptual. Varios análisis realizados en algunas ciudades del país han mostrado que los hogares de escasos recursos respondieron a las medidas de política aumentando la cantidad de los perceptores, especialmente mujeres, viejos, jóvenes y niños (González de la Rocha, 1988; Selby, 1990; Tuirán, 1993). Evidencia indirecta ha confirmado estas tendencias en el nivel nacional (Oliveira, 1988; Barbieri, 1989; Cortés y Rubalcava, 1991), a la vez que se ha podido medir la repercusión que tuvo la intensificación del esfuerzo productivo sobre el ingreso de los hogares (Cortés, 1995b). Dado que en este trabajo interesa destacar los esfuerzos emprendidos para aumentar los recursos económicos de los que se apropia el hogar, resulta claro que el centro debe ser el ingreso monetario. El ingreso corriente total incluye conceptos que más bien se relacionan con la estrategia de sustituir consumo antaño satisfecho en el mercado (autoconsumo), así como imputaciones de valores que poco tienen que ver con la consecución de los recursos necesarios para enfrentar la reproducción cotidiana.

LA DISTRIBUCIÓN DEL INGRESO DE LOS HOGARES: 1977 A 1994

El cuadro 1 se construyó a partir de publicaciones oficiales y muestra una síntesis de la distribución del ingreso monetario según deciles para 1977, 1984, 1989, 1992 y 1994, y sus correspondientes índices de Gini.

Entre 1977 y 1984 (periodo en que se aplicó la política de estabilización y ajuste), los siete deciles inferiores aumentaron su participación relativa. Las pérdidas de los dos siguientes fueron despreciables, no así las del décimo. Estos cambios en la repartición del pastel hicieron que la concentración cayera de 0.496 en 1977 a 0.456 en 1984. Entre 1984 y 1989 —periodo en que se declara muerto al modelo sustitutivo de importaciones y se inicia el proceso de cambio estructural—, se ven menguadas las partes que se llevaron los nueve primeros deciles; el décimo es el único que gana. Obviamente, estos movimientos se tradujeron en un alza de los niveles de desigualdad. Se perfila así un cambio en la tendencia observada desde que se dispone de información muestral relativamente comparable. Entre 1989 y 1992 —después de algunos años de operación del nuevo modelo económico—, se observan, otra vez, cambios en las participaciones relativas que necesariamente se traducen en mayor des-

CUADRO 1. *Participación porcentual en el ingreso monetario, según deciles de ingreso monetario: 1977 a 1994*

Deciles	*1977*	*1984*	*1989*	*1992*	*1994*
I	0.9	1.2	1.1	1.0	1.0
II	2.0	2.7	2.5	2.3	2.3
III	3.1	3.9	3.5	3.4	3.3
IV	4.3	5.0	4.6	4.4	4.3
V	5.8	6.3	5.8	5.5	5.3
VI	7.4	7.7	7.2	6.8	6.7
VII	9.5	9.7	9.0	8.7	8.4
VIII	12.5	12.4	11.4	11.3	11.2
IX	17.7	17.0	15.9	16.1	16.3
X	36.7	34.2	39.0	40.5	41.2
TOTAL	*100.0*	*100.0*	*100.0*	*100.0*	*100.0*
Índice de Gini	0.496	0.456	0.490	0.509	0.514

FUENTES: Secretaría de Programación y Presupuesto, *Encuesta de Ingresos y Gastos de los Hogares,* 1977; INEGI-SPP, *Encuesta Nacional de Ingresos y Gastos de los Hogares* (ENIGH 1984); INEGI-SPP, *Encuesta Nacional de Ingresos y Gastos de los Hogares* (ENIGH 1989); INEGI, *Encuesta Nacional de Ingresos y Gastos de los Hogares* (ENIGH 92); INEGI, *Encuesta Nacional de Ingresos y Gastos de los Hogares* (ENIGH 94).

igualdad. En efecto, los deciles primero al séptimo ven disminuida su participación relativa; el octavo y noveno prácticamente la mantienen, en tanto que los sectores más pudientes de la sociedad (décimo decil) nuevamente obtienen una ganancia significativa. A pesar del breve lapso que media entre 1992 y 1994, se observan cambios en las participaciones relativas que refuerzan la tendencia en favor de mayores niveles de desigualdad. De hecho, en ese periodo los dos deciles inferiores mantienen sus participaciones relativas, desde el tercero hasta el octavo experimentan pérdidas, y sólo ganan el noveno y el décimo (fueron más pronunciadas las ganancias que obtuvo este último).

Tales datos permiten hacerse una idea de los cambios que ha experimentado la inequidad durante casi 20 años. Este periodo se puede extender a casi tres décadas, si se le aplican los hallazgos a los que llegaron otros estudios. En efecto, la investigación realizada sobre la distribución del ingreso ha concluido que entre 1963 y 1977 tuvo lugar una caída sistemática en los niveles de desigualdad como resultado del crecimiento, a lo largo de todo el periodo, de la participación relativa de los deciles inferiores (del primero al séptimo) combinada con pequeñas variaciones del octavo y noveno y una caída sistemática del 10% superior (E. Hernández Laos, 1992: 88). La primera crisis fuerte vivida después de la "primavera" petrolera (1978 a 1981) fue atacada dentro del marco del modelo de sustitución de importaciones. A pesar de la severidad de la crisis y del efecto que tuvo sobre las variables macroeconómicas, se siguió observando la misma tendencia que caracterizó a los años de bonanza económica; esto se tradujo en una nueva disminución del índice de Gini entre 1977 y 1984. Tal tendencia se quiebra y revierte en 1989 debido a que, desde ese año en adelante, aumenta sistemáticamente la participación del 10% más rico de la sociedad. Hay que dejar asentado que justamente ésos son los primeros años de la aplicación de la nueva política económica.

Un reexamen del periodo de 1977 a 1994

Las fuentes oficiales presentan la información en deciles de hogares según su ingreso monetario. Para construirlos se ordenan por ingreso (de menor a mayor); luego se parte la distribución en 10 trozos iguales que agrupan, cada uno, 10% de los hogares. Es evidente que este procedimiento clasifica en los deciles más altos no sólo a los hogares que tienen mejores condiciones de vida, sino también a los que a pesar de ser relativamente pobres tienen muchos perceptores, cuyas aportaciones a la formación del presupuesto del hogar son pequeñas, pero que sumadas pueden llegar a conformar un total apreciable. Desde el punto de vista de las condiciones de vida a las que pueden acceder los miembros de los grupos domésticos, hay que tomar en cuenta que la masa monetaria disponible se hace más pequeña cuanto mayor es el tamaño del hogar. Esta relación perturba la medición. Sería deseable que quedaran jerarquizados según el ingreso por persona del hogar, independientemente de cuántos miembros formen parte de él. Por ejemplo, los grupos domésticos que tienen muchos miembros y suman un volumen importante de ingreso, pero que a cada uno en promedio le toca poco, deberían estar en los deciles bajos y no en los altos. Para controlar los efectos del tamaño sobre la decilización se podría utilizar el ingreso por perceptor o el ingreso per cápita. Se decidió focalizar el análisis, en primera instancia, sobre el ingreso per cápita, para posteriormente considerar el control de la cantidad de perceptores.

La distribución de los hogares según deciles de ingreso per cápita garantiza que esta variable quede monótonamente ordenada. Ahora bien, el cálculo del índice de Gini requiere que se obtenga la participación de cada decil en el total, pero ¿qué es el total del ingreso per cápita? Esta pregunta tiene una respuesta obvia cuando se trata del ingreso monetario, puesto que es el tamaño del pastel que hay que repartir. De ahí en adelante todas las interpretaciones son claras. Dado que la suma de los ingresos per cápita por decil no es igual al ingreso per cápita total, podría optarse por construir la distribución del ingreso monetario de los hogares según los deciles de ingreso monetario per cápita. Este procedimiento presenta el inconveniente de que la distribución puede ser no decreciente a lo largo de los deciles. Nótese que el ingreso correspondiente a los deciles es no decreciente siempre que se use para decilizar la misma variable que se distribuye; por ejemplo, si los deciles son de ingreso monetario, la distribución de esta variable será no decreciente. Esto quiere decir que el segundo decil tendrá un ingreso mayor que el primero, menor que el tercero y así hasta llegar al décimo. Lo mismo ocurre con los deciles de ingreso per cápita: el ingreso per cápita del segundo decil es mayor que el del primero y menor que el del tercero. Pero cuando se distribuye el ingreso según los deciles de ingreso per cápita ya no hay razón alguna para que el del segundo decil sea mayor que el del primero y menor que el del tercero. Este hecho trae consecuencias catastróficas para el cálculo del índice de Gini: se requiere que la distribución de la variable sobre la cual se aplica sea no decreciente (Cortés y Rubalcava, 1984: 68-71).

A este problema se agrega otro. Supongamos que a 10% de los hogares ordenados de acuerdo con el ingreso monetario per cápita le corresponde 1% del ingreso: ¿daría lo mismo si fuesen hogares unipersonales que si fuesen numerosos? Nótese que al calcular el ingreso per cápita de los hogares se hizo una operación deseable: tomar en cuenta no sólo el monto del ingreso sino también cuántas personas lo comparten. De este modo se elimina el efecto del tamaño del hogar; sin embargo, desde el punto de vista de la desigualdad, debe considerarse tanto el ingreso por persona como la cantidad de éstas. La manera de resolver este problema consiste en estudiar la distribución de los ingresos individuales.

¿Deciles de hogares o de personas?

En los análisis de la desigualdad suele examinarse la distribución del ingreso de los hogares o la de los individuos. Esta última opción disuelve los hogares y acentúa el ángulo de los perceptores. Sin embargo, la calidad de vida no sólo tiene que ver con cuánto gano, sino también con el entorno familiar en que vivo. Hay que tomar en cuenta que en los hogares hay una serie de gastos fijos, que son compartidos por los miembros del grupo doméstico y que difícilmente se pueden imputar a alguno en particular; además, hay una serie de decisiones en lo referente a gastos e ingreso del hogar (como es la inserción laboral de los miembros) que no se toman individualmente, sino que resultan de decisiones nacidas en el seno del grupo doméstico (García, Muñoz y Oliveira, 1982).

En resumen, el problema que se enfrenta es el siguiente. Por una parte se ha llegado a la conclusión de que se deben construir deciles de ingreso per cápita, pero que sería conveniente tomar en cuenta el tamaño de los hogares. Esto conduce a examinar la posibilidad de analizar los ingresos individuales; pero este camino presenta la desventaja de romper la atadura del individuo con su grupo. Para eliminar las dificultades planteadas por una u otra vías, se puede seguir la estrategia de ordenar los hogares por el ingreso monetario per cápita y repetir tantas veces ese hogar como miembros tenga, para luego proceder a construir los deciles. Tal solución permite estudiar la distribución del ingreso individual sin romper la atadura de los miembros con sus hogares. De hecho, entonces, la ordenación respeta las correcciones que introduce el cálculo del ingreso por miembro, pero al repetir la observación se reconstituye el ingreso del hogar, con lo cual la distribución de esta variable siempre será no decreciente a lo largo de los deciles. Como resultado, se tiene la *distribución del ingreso monetario según deciles de individuos-hogares ordenados según el ingreso per cápita* que en aras de la brevedad, en lo sucesivo se denominarán deciles de ingreso monetario per cápita.

Aun cuando en sentido estricto son deciles de individuos (incluyen a la totalidad de miembros de la población), se ha decidido utilizar la fórmula individuos-hogares para subrayar la diferencia con los deciles de individuos (que suelen ser de perceptores) y de hogares, a la vez que señalar que el procedimiento no rompe el vínculo de las personas con sus hogares. Además, se decidió llamarlos "deciles de ingreso per cápita" en lugar de "deciles de individuos-hogar", con el propósito de dejar en claro que la variable utilizada para ordenar los hogares fue su ingreso per cápita. Es innegable que esta denominación se aparta de la *ortodoxia,* pero se adoptó para recalcar el papel de la variable de ordenación. La distribución del ingreso monetario por hogar aporta información adicional para examinar los cambios en mayor detalle. Con el fin de interpretar correctamente las cifras, se debe notar que, por construcción, los deciles de ingreso per cápita tienen la misma cantidad de personas.

La desigualdad según deciles de ingreso per cápita

El cuadro 2 muestra las participaciones relativas de los deciles en la distribución del ingreso monetario, según deciles de ingreso per cápita. La caída de la desigualdad que se observó entre 1977 y 1984 tuvo su origen en el aumento de la participación relativa de los ocho primeros deciles y la disminución en el noveno y el décimo. Entre 1984 y 1989 creció la concentración del ingreso monetario de los hogares; el alza se debió a que 90% de los hogares experimentó una caída en su participación relativa en el pastel, y sólo ganó el décimo decil. El mismo fenómeno se repite entre 1989 y 1992, aunque esta vez el octavo y el noveno mantienen una participación relativamente constante.

En fecha posterior, pero cercana al lapso en que se pusieron en práctica las medidas de estabilización y ajuste (dentro del marco de sustitución de importaciones, con una economía en contracción), se observó una vez más la tendencia que había mostrado la desigualdad en la distribución del ingreso en el pasado: disminución de la concentración por aumentos en las participaciones relativas del 80% más pobre y caída en la del 20% más rico. En 1989, en los primeros años de aplicación de las medidas de "cambio estructural" con crecimiento en los ingresos medios por hogar (Cortés, 1997: 57), cae la participación relativa del 90% inferior de la estratificación social y sólo gana el 10% más rico. Este mismo perfil se repite en 1992 y 1994.

Los cambios en las participaciones relativas, según deciles de ingreso per cápita, se sintetizan en los coeficientes de Gini que se presentan en el cuadro siguiente. En el último renglón están las cifras publicadas por los organismos oficiales: Secretaría de Programación y Presupuesto (SPP) para 1977 y el Instituto Nacional de Estadística, Geografía e Informática (INEGI) para los años 1984, 1989, 1992 y 1994.

CUADRO 2. *Participación porcentual de los deciles de ingreso monetario per cápita en el ingreso monetario*

Deciles	*1977*	*1984*	*1989*	*1992*	*1994*
I	1.0	1.4	1.1	1.0	1.0
II	2.0	2.5	2.3	2.1	2.1
III	2.9	3.6	3.3	3.1	3.0
IV	4.0	4.6	4.4	4.0	3.9
V	5.2	5.8	5.5	5.1	5.0
VI	6.6	7.3	6.7	6.3	6.2
VII	8.5	9.2	8.5	8.1	8.0
VIII	11.6	12.0	11.0	10.8	10.0
IX	17.1	16.8	15.6	15.9	15.5
X	41.2	36.8	41.6	43.6	44.7
TOTAL	*100.0*	*100.0*	*100.0*	*100.0*	*100.0*
Índice de Gini	0.526	0.577	0.508	0.532	0.538
Gini, SPP e INEGI	0.496	0.456	0.490	0.509	0.514

FUENTE: Cálculos propios, a partir de los microdatos de las cinco encuestas.

La información muestra que entre 1977 y 1984 continuó la tendencia decreciente del índice de Gini; sin embargo, se revierte a partir de 1984. Tanto la información oficial como la elaborada a partir de los microdatos, no ajustada a Cuentas Nacionales, muestran el mismo panorama.

Las cifras del cuadro 2 permiten establecer una correlación, mas no un vínculo causal, entre las modificaciones al modelo de desarrollo y la desigualdad en la distribución del ingreso: *se observa una marcada polarización social. En la época del modelo de sustitución de importaciones, la tendencia fue de una disminución lenta pero sistemática de la desigualdad, ya sea en épocas de auge o de contracción económica; mientras que en los años de aplicación del modelo neoliberal se observó un rápido proceso de polarización en la distribución del ingreso, acompañada por un claro distanciamiento de los polos.*

EL USO DE LA FUERZA DE TRABAJO Y LA EVOLUCIÓN DE LA DESIGUALDAD

Tomando como base el aumento del ingreso real por hogar, suele colegirse que el funcionamiento de la economía ha llevado mejores condiciones materiales de vida para la población. Sin embargo, parece que esta conclusión es, por decir lo menos, apresurada. Es probable que el aumento se deba a la autoexplotación de sus recursos humanos. La mayor tensión económica podría ser una de las respuestas posibles a la disminución de los ingresos reales. Ahora bien, en el marco de una caída franca en la tasa de remuneración de los trabajadores (como ha ocurrido en México de 1982 en adelante), se abren varios caminos para incrementar el flujo de dinero. Una posibilidad es conseguir un segundo o tercer empleo, de manera que si bien el ingreso percibido en el empleo principal cae en términos reales, se compensa por el que se obtiene de trabajos adicionales. También podría aumentarse la cantidad de dinero ganado trabajando más horas. Pero no son éstas las únicas estrategias disponibles: cabe la posibilidad de poner a laborar a más gente; así no se reflejaría cabalmente el efecto de la disminución del salario sobre el ingreso del hogar: si bien cada miembro gana menos, los recursos monetarios con que cuentan hasta podrían, en un caso límite, aumentar. Los hogares no necesariamente absorben pasivamente los efectos de una política recesiva. *En defensa de su status social y de sus condiciones de vida, pueden emplear el recurso de la fuerza de trabajo.*

En esta sección se intentará dilucidar si los hogares mexicanos siguieron o no algunas de las estrategias señaladas para absorber los efectos de la recesión económica. Hay que notar que el análisis será parcial, en tanto que probablemente pusieron en práctica una serie de medidas defensivas por el lado del gasto, como por ejemplo recortar la canasta de consumo, sustituir productos caros por baratos, producir internamente bienes que antaño se compraban en el mercado, etc. Sin embargo, el estudio de estas vías queda fuera del alcance del presente trabajo.

Las ENIGH de 1984, 1989, 1992 y 1994 brindan información suficiente para darnos una idea de las estrategias que efectivamente pusieron en práctica los hogares para compensar los efectos de las políticas económicas recesivas sobre las condiciones de vida de la población. Lamentablemente, no se tuvo acceso a información equivalente, ya fuese publicada o en microdatos, para la ENIGH de 1977. Al parecer el cuestionario no incluyó preguntas en lo referente a trabajo secundario y tampoco a la cantidad de horas trabajadas. Por ello el cuadro que sigue sólo presenta información para el periodo 1984 a 1994.

Estos datos son elocuentes. En efecto, las cifras indican que los miembros de los hogares no consiguieron empleos adicionales. La *cantidad media de empleos* por hogar cayó leve pero significativamente ($t = 967.7$) entre 1984 y 1989, y se mantuvo relativamente constante entre este año y 1994.

El total de horas trabajadas fue el mismo, alrededor de 47.8 horas semanales entre 1984 y 1992, y cayó en aproximadamente dos horas en 1994.[2]

[2] Dados los tamaños de muestra, todas las diferencias son estadísticamente significativas.

CUADRO 3. *Promedios de cantidad de empleos, de las semanas trabajadas por mes, de horas trabajadas por semana en el empleo principal y secundario, y del total de horas trabajadas a la semana*

Extensión e intensidad del empleo	*Años*			
	1984	*1989*	*1992*	*1994*
Empleos por hogar	1.33	1.15	1.16	1.13
Semanas trabajadas en empleo principal	3.80	3.79	n.d.	n.d.
Horas trabajadas en empleo principal	43.42	44.59	44.53	43.09
Horas trabajadas en empleo secundario	4.37	3.35	3.24	2.68
Total de horas trabajadas	*47.79*	*47.93*	*47.77*	*45.77*

FUENTE: Cálculos propios, a partir de los microdatos de las cuatro encuestas.

Antes de sacar cualquier conclusión a partir de tal dato, es necesario complementarlo con la cantidad de semanas trabajadas en el mes. Este promedio se mantuvo en el orden de 3.8 por mes (no hay información para 1992 ni para 1994 porque el cuestionario no incluyó la pregunta). Sobre la base de estas dos cifras se llega a la conclusión de que los hogares tampoco echaron mano de la estrategia de hacer más intensa la jornada de trabajo para enfrentar las condiciones económicas adversas. En todo caso, la evidencia pareciera indicar que la jornada laboral de los perceptores es elástica hacia la disminución de la actividad, pero no a su intensificación: cuando mejoran las condiciones económicas, la cantidad de horas cae, pero no aumenta cuando empeoran.

Las horas trabajadas por semana en el empleo principal fluctúan levemente entre 43.1 y 44.6 a la semana. Si bien todas estas diferencias son estadísticamente significativas, la variación es pequeña, por lo que es posible concluir que no fue éste el camino que se siguió para combatir la recesión. Sí es un hecho notable que entre 1984 y 1989 hubo una caída de aproximadamente una hora *en el empleo secundario.*

En definitiva, *el análisis de la información del cuadro 3 permite sostener que los efectos de la recesión económica sobre los ingresos de los hogares no hicieron que sus miembros buscaran empleos adicionales ni tampoco que intensificaran sus jornadas de trabajo.*

Otro de los caminos es el incremento en el uso de la fuerza de trabajo, es decir, más miembros del hogar obtienen ingresos cotidianos. Según las fuentes oficiales, la cantidad promedio de perceptores por hogar

Sin embargo, no lo son desde el punto de vista sustantivo. Esto quiere decir que si bien 47.8 y 47.9 horas de trabajo por semana difieren estadísticamente para todos los propósitos prácticos, no reflejan cambios en la intensidad de la jornada laboral.

pasó de 1.53 en 1977 (SPP, s. f.: 23) a 1.58 en 1984 (INEGI, 1989: 6), alcanzó 1.67 en 1989 (INEGI, 1992: 9), 1.69 en 1992 (INEGI, 1993: 12) y 1.73 en 1994 (INEGI, 1995: 12). Es evidente que el crecimiento sistemático de quienes aportaron ingresos afecta el volumen de entradas monetarias percibidas por los hogares. Esto quiere decir que una parte del cambio observado en el ingreso y su distribución no tiene su origen en las bondades del modelo económico, sino en el aumento en la intensidad del único recurso de que disponen vastos sectores de la población: su fuerza de trabajo. Las entradas que perciben los grupos domésticos no sólo dependen de cuánto obtiene cada perceptor, sino también de la cantidad de miembros que aportan a la conformación del ingreso del hogar.

Ahora bien, la investigación sociodemográfica ha identificado tres procesos que pueden elevar la tasa de perceptores por hogar:

i) La caída de la mortalidad y de la fecundidad (una de las fases de la transición demográfica) causa un envejecimiento de la población, por lo que cada vez habría más miembros del hogar en edad de trabajar (Gustavo Cabrera, 1990: 251) y, por consiguiente, una mayor proporción de hogares en esta situación.
ii) Una estrategia para paliar los efectos de la caída en las tasas salariales y el aumento en la desocupación en las actividades económicas estructuradas.
iii) Mayor participación laboral femenina, como resultado del proceso de modernización y desarrollo de la economía que expandió actividades económicas que emplean preferentemente a mujeres (García y Oliveira, 1990: 350).

La información contenida en el Programa Nacional de Población: 1995-2000, elaborado por Conapo (1995), la incluida en este mismo libro, así como las distribuciones construidas a partir de las ENIGH según edades (de las madres, de los hijos mayores, de los hijos menores o del promedio de edades de los hijos por hogar), aportan evidencia que apoya la idea de que los efectos de la transición demográfica aún no se hacen sentir en las edades laborales. Dicha conclusión apoya la hipótesis que se sostiene en este trabajo. El incremento observado en la cantidad de perceptores por hogar se debe a que respondieron a la caída en sus condiciones de vida aumentando la cantidad de aportantes. Se podría argumentar en contra de esta hipótesis que el mayor esfuerzo productivo desplegado por los hogares sólo es un reflejo de las tendencias demográficas. Si éste fuese el caso, entonces observaríamos un alza en la cantidad de personas en edades adultas y más perceptores por hogar. La validez empírica de esta última afirmación no concuerda con la in-

CUADRO 4. *Promedio de miembros por hogar, según edades, en 1977, 1984, 1989, 1992 y 1994*

	Años				
Edades en años	*1977*	*1984*	*1989*	*1992*	*1994*
14 o menos	2.59	2.18	1.92	1.79	1.69
De 15 a 19	0.66	0.56	0.60	0.55	0.51
De 20 a 24	0.48	0.45	0.45	0.45	0.45
25 o más	1.99	1.84	2.02	1.97	1.97

FUENTE: Cálculos propios, a partir de los microdatos de las cinco encuestas.

formación disponible a que nos hemos referido ni tampoco con los datos del cuadro que sigue.

El promedio de miembros por hogar de 14 o menos años muestra una tendencia claramente decreciente, y en ella se refleja el efecto de la transición demográfica. La situación no es tan nítida en el grupo de 15 a 19 años de edad, ya que la conclusión dependerá de la manera como se miren los datos. Si se centra la atención en los extremos, se concluiría que este grupo también sufrió el efecto de la transición demográfica. Sin embargo, si se consideran las cinco observaciones no se puede sostener tal idea debido a que éstas oscilan: baja en 1984 respecto de 1977; sube en 1989 respecto de 1984 y vuelve a caer en 1992 y 1994 en relación con 1989. Aún resta la interpretación que se basaría en dudar del dato de la ENIGH 84 y en observar simultáneamente los cuatro restantes. En este caso se tendría una leve y sostenida tendencia a la disminución del promedio de miembros por hogar entre 1977 y 1994. Sea cual sea la interpretación del efecto de la transición demográfica en el grupo de 15 a 19 años, la conclusión es que la disponibilidad de fuerza de trabajo joven se ha mantenido o caído levemente en el periodo analizado.

No sucede lo mismo con la reserva de fuerza de trabajo adulta. En efecto, la cantidad media de miembros con edades de más de 20 años prácticamente se mantuvo constante entre 1977 y 1994. En el tramo de edades comprendido entre 20 y 24 años de edad, la cantidad media de miembros por hogar fue de 0.45 (levemente superior en 1977: 0.48) y en el grupo de los más grandes oscila levemente alrededor de dos personas; la excepción es, otra vez, el dato levemente inferior (1.84) de 1984. La información que proporciona el cuadro 4 refuta contundentemente la hipótesis que sostiene que el aumento observado en la cantidad de perceptores por hogar se debe a que creció la cantidad de adultos por hogar.

En conclusión, el análisis del cuadro anterior, enriquecido con la información del Programa de Población, lleva a concluir que la transición demográfica aún no afecta la reserva de fuerza de trabajo a disposición de los hogares, sino que su efecto se ha constreñido a los sectores de la población que se insertan en el sistema educativo. *Por lo tanto, la evidencia disponible permite descartar la posibilidad de interpretar el aumento en la cantidad de perceptores por hogar como un reflejo de los procesos demográficos que está experimentando el país.* Esta última afirmación coincide con la que sostiene el estudio realizado por Rodolfo Tuirán (1993a: 21), quien plantea que entre 1976 y 1987 la distribución de la cantidad de hogares no muestra una tendencia clara a partir de la cual se pueda afirmar que hayan aumentado proporcionalmente más los hogares en las etapas maduras del ciclo vital.

Aún resta considerar la posibilidad de que el crecimiento en la cantidad de perceptores por hogar tenga su origen en una mayor participación femenina. Así es, se trata de un fenómeno observable y bien documentado estadísticamente, pero hay que diferenciar la mayor participación laboral femenina originada en el aumento de la escolaridad y en el movimiento por conquista de espacios de igualdad de la participación impulsada por el agobio económico. Los estudios muestran que el primer fenómeno tuvo lugar durante la década de los setenta, en tanto que el segundo fue preponderante en los años de crisis que se viven hasta hoy. En efecto, durante los setenta ingresaron al mercado de trabajo las mujeres que vivían en zonas urbanas, eran jóvenes, solteras, sin hijos y con un buen nivel educativo (Christenson, García y Oliveira, 1989: 258-274; García y Oliveira, 1990: 362-365), mientras que en los ochenta fueron mujeres casadas con bajos niveles educativos, con hijos pequeños, quienes salieron a trabajar para ayudar a solventar los gastos imprescindibles de la reproducción cotidiana y que vivían en hogares en condiciones económicas precarias (García y Oliveira, 1992: 371-378).

El mayor ingreso derivado de la lucha emancipadora de la mujer ayuda a paliar las consecuencias materiales de la crisis económica. Sin embargo, no se podría afirmar lo mismo de las mujeres que son impulsadas por la pobreza a abandonar el hogar en busca de los recursos imprescindibles para solventar la reproducción cotidiana (González de la Rocha *et al.*, 1990: 359-363; Welti y Rodríguez, 1994: 141-144). Por lo tanto, la intensificación del esfuerzo productivo de los hogares es una consecuencia directa del deterioro en las condiciones económicas de los sectores más desfavorecidos del país, los cuales, para defender sus precarios niveles de vida, no tienen otra opción que recurrir al trabajo femenino, al de los viejos y al de los miembros en edad escolar (González de la Rocha, 1988; Oliveira, 1988; Selby, 1990; Barbieri, 1989; Cortés y Rubalcava, 1991; Tuirán, 1993b). *El aumento en el ingreso derivado de la autoexplotación de los miembros del hogar, que suele contabilizarse como un logro económico, de-*

bería anotarse en el "debe", ya que tiene un claro costo social en términos de capital humano y es un factor que tenderá a perpetuar la pobreza y la desigualdad en el futuro.

A estas alturas del análisis se dispone de un conjunto de antecedentes que llevan a sostener la hipótesis de que una buena medición del efecto de la política económica sobre las condiciones de vida de la población *debe controlar no sólo el efecto que tienen sobre el ingreso los cambios en los precios y en la cantidad de hogares, sino también el esfuerzo económico desplegado por la población, es decir, el efecto que tiene sobre el ingreso el incremento en la cantidad de perceptores, aumento que se originó en el deterioro de las condiciones de vida de los hogares por las crisis económicas.*

El efecto que tiene la cantidad de perceptores sobre la desigualdad

En la sección de la página 896 se explicitó una serie de consideraciones que planteaban los sesgos que introducen los factores de expansión sobre las tendencias del ingreso. Ahora se ha llegado a la conclusión de que se debe controlar el efecto que tiene el cambio en la cantidad de perceptores por hogar. Para contender con ambas fuentes de modificación se ha desarrollado una ecuación que permite someterlas a control.[3]

En el anexo se demuestra que:

$$\Delta Y_{d,t} = Y_{d,t}\,(r+p+h+rp+ph+rph),$$

donde el término de la izquierda simboliza la variación del ingreso en un decil cualquiera, entre el año t y el año base 0. $Y_{d,0}$ representa el ingreso del decil d en el año base; r, p, y h son las tasas de variación entre 0 y t del ingreso por perceptor, de la cantidad de perceptores por hogar y la cantidad de hogares, respectivamente. Esta ecuación permite identificar los componentes del cambio en el ingreso entre dos momentos cualquiera. Los productos del ingreso del año base por r, p y h generan las partes que se deben a la variación del ingreso por perceptor, de la cantidad de perceptores por hogar y de la cantidad de hogares, respectivamente. Los restantes términos muestran los efectos originados en la variación simultánea de dos o tres de estos factores.[4]

[3] El tamaño de la población es igual a la suma de los factores de expansión. Éstos se estiman a partir del censo anterior más próximo. La ecuación de descomposición controla simultáneamente los sesgos que derivan de los censos y del esfuerzo productivo de los hogares.

[4] La ecuación del cambio en el ingreso entre *0* y *t* descompone linealmente los efectos, y como tales las variaciones entre diferentes tiempos son aditivas.

La ecuación de descomposición muestra que la distribución observada del ingreso no sólo refleja los cambios en las percepciones de cada generador de ingresos, sino que también se ve afectada por procesos demográficos y sociales. El ingreso de cada decil depende de la retribución que percibe cada individuo, de la cantidad de perceptores que emplea el grupo doméstico y de la cantidad de hogares. Cada una de estas fuentes tendrá un efecto diferencial sobre la distribución del ingreso, según la manera como afectan la repartición del total entre el conjunto de deciles. Normalmente, el efecto que tiene la cantidad de hogares sobre la distribución del ingreso se controla construyendo deciles de hogares; sin embargo, en este trabajo no se ha podido seguir dicho procedimiento debido a que se han construido deciles de ingreso per cápita (véase la sección "Un reexamen del periodo de 1977 a 1994").

Para tener una evaluación de las repercusiones de la política macroeconómica sobre la economía de las unidades domésticas, es necesario controlar o eliminar del ingreso monetario las partes que dependen de los factores demográficos y sociales. Esto es equivalente a preguntarse: ¿cuál habría sido la distribución del ingreso si los procesos demográficos que afectan la evolución de la cantidad de hogares y los procesos sociales que modulan la manera como responden a la política macroeconómica se hubiesen mantenido constantes? Este interrogante puede reformularse de la siguiente manera: si el ingreso monetario contuviera sólo el efecto del cambio de las retribuciones por perceptor, ¿cuál habría sido la distribución del ingreso? En realidad, lo que interesa es despejar del ingreso monetario las variaciones que se deben a factores extraeconómicos; así se tendría una idea del efecto de la política macroeconómica sobre la distribución del ingreso. Como puede observarse, esta preocupación nos lleva a una situación similar a un experimento de laboratorio; sin embargo, no es necesario ir tan lejos para elaborar una respuesta: basta con suponer en la ecuación de descomposición que tanto p como h son iguales a cero.

En estas condiciones la ecuación se reduce a:

$$\Delta Y = rY_0$$

con

$$Y_t = Y_0 + \Delta Y.$$

Con base en estas igualdades se calculó el ingreso debido exclusivamente a factores económicos (que por brevedad se denominará "ingreso simulado"). Una vez que se aplican estas ecuaciones se obtiene la parte del ingreso que depende únicamente de factores económicos. Con dicha información se genera la participación relativa de los deciles en el ingreso simulado.

El cuadro que sigue muestra la participación de los deciles de ingreso monetario per cápita en el ingreso simulado. En cada casilla hay dos cifras. La primera reproduce, para facilitar la lectura, los datos del cuadro 4 relativos a la participación porcentual de cada decil en el ingreso monetario. La segunda es la participación en el ingreso simulado.

CUADRO 5. *Participación porcentual en el ingreso monetario simulado, según deciles de ingreso monetario per cápita*

Deciles	*1977**		*1984*		*1989*		*1992*		*1994*	
I	1.0	1.0	1.4	1.4	1.1	1.2	1.0	0.9	1.0	0.9
II	2.0	2.0	2.5	2.6	2.3	2.4	2.1	2.0	2.1	2.0
III	2.9	2.9	3.6	3.9	3.3	3.2	3.1	3.0	3.0	3.0
IV	4.0	4.0	4.6	4.3	4.4	4.2	4.0	4.0	3.9	3.9
V	5.2	5.2	5.8	5.7	5.5	5.1	5.1	5.0	5.0	5.0
VI	6.6	6.6	7.3	6.8	6.7	6.4	6.3	6.2	6.2	6.2
VII	8.5	8.5	9.2	8.1	8.5	8.3	8.1	7.5	8.0	8.4
VIII	11.6	11.6	12.0	11.2	11.0	10.0	10.8	10.9	10.0	10.5
IX	17.1	17.1	16.8	15.5	15.6	15.7	15.9	15.4	15.5	16.2
X	41.2	41.2	36.8	40.5	41.6	43.5	43.6	45.0	44.7	44.6
TOTAL	*100.0*	*100.0*	*100.0*	*100.0*	*100.0*	*100.0*	*100.0*	*100.0*	*100.0*	*100.0*

* Debido a que se tomó 1977 como año base, las participaciones relativas de las dos series en ese año son iguales.

FUENTE: Cálculos propios, a partir de los microdatos de las cinco encuestas.

En los años de 1984, 1989 y 1992 destaca el hecho de que la participación de los hogares del décimo decil es mayor en el ingreso simulado que el observado. Esto quiere decir que, en general, los deciles restantes ganaron un poco más por emplear productivamente a su fuerza de trabajo. Los datos muestran que en 1984 fueron los hogares de los sectores populares urbanos (cuarto al séptimo deciles) y la clase media (octavo y noveno deciles) los que realizaron los mayores esfuerzos económicos. Es decir, la desigualdad en la distribución del ingreso monetario habría sido mucho mayor si los trabajadores de las empresas industriales localizadas en las ciudades y los trabajadores por cuenta propia (oficinistas, vendedores, etc.) que laboran en las zonas urbanas del país no hubiesen recurrido al único activo abundante que poseen: sus mujeres y sus hombres.[5]

[5] Para esta descripción se tomó la composición de los deciles según sectores sociales presentada por Cortés (en prensa: 35-49).

CUADRO 6. *Índices de Gini del ingreso simulado y del ingreso monetario, según deciles de ingreso monetario per cápita*

	1977	*1984*	*1989*	*1992*	*1994*
Ingreso simulado	0.526	0.491	0.511	0.541	0.541
Ingreso monetario	0.526	0.477	0.508	0.532	0.538

FUENTE: Cálculos propios, a partir de los microdatos de las cinco encuestas.

En 1994 no se registran diferencias mayores, lo que nos informa que la estrategia de intensificar el uso de la mano de obra disponible en el hogar no tuvo ningún efecto sobre la desigualdad. Estos movimientos de detalle se sintetizan en los coeficientes de Gini que se presentan en el cuadro 6. Para facilitar la lectura hemos repetido los valores del índice de Gini del cuadro 5. Si bien los índices de Gini del ingreso simulado son todos mayores que los del ingreso monetario, desde 1984 en adelante el perfil de estos coeficientes es el mismo: caída en 1984 y alzas en 1989 y 1992.[6] Sin embargo, en 1984 la disminución de la desigualdad en la distribución del ingreso simulado fue menos pronunciada y el aumento en la concentración en los años 1989 y 1992, mucho más marcado. Esto quiere decir que el esfuerzo productivo de los hogares ha tenido como efecto disminuir la desigualdad en la distribución del ingreso o, puesto en otros términos, *si la población no hubiese reaccionado a las medidas políticas usando más intensivamente la fuerza de trabajo, la concentración del ingreso de los hogares habría sido sustancialmente mayor.*

Anteriormente se señaló que el análisis realizado por Hernández Laos mostraba que entre 1963 y 1984 se produjo una paulatina disminución en la desigualdad y que ésta se originaba en un aumento en la participación de los deciles intermedios en detrimento de los hogares localizados en los deciles superiores. El análisis de la parte del ingreso que refleja los efectos económicos muestra que, durante el lapso de 1977 a 1984, la caída en la desigualdad se debió a que la política de ajuste implantada a partir de 1982 está relacionada con un aumento del ingreso por perceptor de la mitad más pobre de la población y con una disminución de la mitad restante. En 30% de los hogares más pobres está la mayor parte de la población agrícola y en el siguiente 20% se hallan preferentemente los sectores marginales urbanos.

Entre finales de 1986 y 1987 México culmina el proceso de abandono del modelo de sustitución de importaciones. Concomitantemente, se observa un aumento sostenido y sustancial en la concentración del ingreso

[6] A primera vista pareciera que 1994 es una excepción a esta regularidad. Sin embargo, debe observarse que la diferencia de los coeficientes del ingreso monetario es casi cero.

monetario simulado hasta 1994. Esta tendencia tiene su origen en la pérdida sostenida del ingreso por perceptor del 70 al 80% más pobre de la población en favor de los retantes 20 y 30%. La evidencia muestra que hay correlación entre el tipo de modelo y la evolución de la desigualdad en la distribución del ingreso. Durante el predominio del modelo de desarrollo estabilizador disminuye sistemáticamente la desigualdad y en la época del modelo neoliberal esa tendencia se revierte. Aún más, en el desarrollo sustitutivo, a la caída tendencial en la desigualdad se sumó un aumento sostenido en el producto. La combinación de ambas fuerzas se tradujo en una disminución sistemática y persistente de la pobreza. En la era del modelo neoliberal el crecimiento ha sido escaso o nulo, lo que combinado con el aumento en la concentración del ingreso necesariamente conduce a concluir que la pobreza debe de haber aumentado.[7]

Conclusiones

Durante el periodo comprendido entre los años 1977 y 1994 ocurrieron dos crisis económicas. En medio de la tempestad es difícil suponer que los hogares se abandonaron a la deriva. Hay que tomar en cuenta que para un contingente no despreciable de pobres las precarias condiciones económicas les pueden dejar en la situación de no tener dinero suficiente para adquirir su sustento cotidiano. Otros las sufren al agudizarse la intensidad de la pobreza que los aqueja; y también los hay que podrían cambiar de situación social: de no emprender acciones para mitigar los efectos de la recesión, caerían sin más en las redes de la pobreza.

Uno de los resortes para amortiguar la caída en sus presupuestos podría ser recargar el trabajo sobre los hombros de sus perceptores. En el presente estudio mostramos que no utilizaron dicha estrategia. Durante el periodo que se cubre, no se observó ningún cambio significativo, positivo o negativo, en la cantidad de empleos que desempeñó cada persona, y tampoco en la cantidad de horas trabajadas a la semana ni en las semanas trabajadas por año. Este resultado es claramente comprensible si recordamos las condiciones macroeconómicas prevalecientes en el país. Dada la contracción que afectó a la economía, la preocupación era, más bien, no perder el empleo.

A partir de la información disponible, es perfectamente observable que entre 1977 y 1994 tuvo lugar un aumento continuo (no decreciente, aunque con periodos de mayor aceleración que otros) de la cantidad de

[7] Esta afirmación contradice la conclusión del estudio INEGI-CEPAL (1993) según el cual la pobreza disminuyó entre 1989 y 1992, y apoya los planteamientos críticos expresados por Julio Boltvinik (1995), quien concluye que al parecer la pobreza aumentó en ese periodo.

perceptores por hogar. Esta tendencia podría haber sido el reflejo de la etapa de la transición demográfica por la que pasa México; es decir, después de haber disminuido previamente la mortalidad, seguida por la caída en la fecundidad, sería de esperar que la "edad promedio de los hogares" aumentara; o, puesto en otros términos, que la cantidad de grupos domésticos en la etapa "madura" creciera. En estas circunstancias —y suponiendo que las normas que rigen las edades de la inserción laboral de los miembros jóvenes no hayan cambiado—, podría pensarse que el crecimiento de la relación perceptores por hogar no sería sino una consecuencia demográfica. En este trabajo examinamos detenidamente el comportamiento de varias mediciones referidas al ciclo de vida de los hogares. Todas las indicaciones que obtuvimos concuerdan con otros estudios y con el Plan Nacional de Población, elaborado por el Consejo Nacional de Población, cuyos datos muestran, por así decirlo, que la transición demográfica aún no se hace presente en las edades que comprenden la fuerza de trabajo.

Nuestro estudio concluyó que la autoexplotación a que sometieron los hogares a sus miembros fue forzada por las circunstancias económicas. La respuesta a las restricciones en los presupuestos familiares, ocasionadas por la recesión, fue poner más gente a trabajar. Incluso el proceso de "feminización de la fuerza de trabajo" durante la década de los ochenta (del cual han dado cuenta numerosas investigaciones) puede verse como una manifestación más de la estrategia que siguieron los hogares en defensa de sus condiciones de vida.

Ante la necesidad de paliar las condiciones laborales adversas, los hogares aumentan la cantidad de perceptores. Dicha estrategia se pone en práctica usando por lo menos uno de los siguientes mecanismos: *i)* emplear a los miembros del grupo doméstico cuyo sexo, edad y calificación satisfacen alguna demanda laboral, es decir, para los que hay mercado; *ii)* mantener dentro del mismo grupo doméstico a los miembros de los matrimonios recién constituidos, lo que tiene la ventaja lateral de evitar los costos de montar una nueva familia; *iii)* incorporar nuevas personas de otros núcleos con perceptores que se suman a los del grupo original; en este caso, además, los costos fijos unitarios de la vida cotidiana caen al distribuirse entre más miembros. Estas dos últimas opciones se manifiestan en un aumento en la proporción de hogares no nucleares (González de la Rocha, 1988; Chant, 1988; Selby, 1990; López e Izazola, 1995: 9-12; Escobar, 1996: 562).

Los ajustes económicos de 1982 y 1986-1987 propinaron los golpes más severos a las economías familiares. Los mayores aumentos en la participación económica de los miembros de los hogares se observaron, justamente, en los periodos de 1977 a 1984 y 1984 a 1989. La tasa de aumento en los perceptores decayó después de este último año. Ello puede deberse a que se agotó la disponibilidad de mano de obra en los hogares (Escobar, 1996: 559), a que las condiciones económicas en ese periodo no fueron tan gravemente restrictivas —como en los anteriores— o a una combinación de ambos factores. Obviamente, este punto amerita llevar a cabo investigaciones específicamente dirigidas a dilucidar las posibles explicaciones.

En síntesis, el conjunto de medidas de política económica puesto en práctica para remontar la crisis de comercio exterior que explotó en 1982 fue el detonante para que los hogares movilizaran su fuerza de trabajo. Tenemos, por una parte, la decisión de aplicar una política recesiva ortodoxa y, por la otra, la reacción de los hogares en defensa de sus precarias condiciones de vida. ¿Qué relación tienen todos estos procesos con la desigualdad en la distribución del ingreso? Tal pregunta es total y absolutamente pertinente. No son evidentes las ligas entre los fenómenos que habría ocasionado la política de estabilización y ajuste y la evolución de la desigualdad en la distribución del ingreso. No son prístinas las razones por las cuales podríamos esperar que la movilización de la fuerza de trabajo familiar culmine en menor desigualdad. Desde el punto de vista estrictamente lógico, no hay una relación necesaria entre ambos fenómenos; por ejemplo, el aumento en los perceptores podría dejar inalterada la distribución del ingreso si todos los hogares hicieran lo mismo de modo que no cambien sus posiciones relativas y, en el extremo, podría causar, al menos teóricamente, un aumento en la desigualdad si se distanciaran suficientemente los que disponen de más mano de obra. Aun más, resulta paradójico a primera vista que, después de la aplicación de una política tan dolorosa, la desigualdad en la distribución del ingreso monetario hubiese continuado descendiendo hasta culminar en 1984 con el más bajo nivel histórico desde 1963.

Del presente trabajo se desprenden dos temas que requieren más análisis. Por un lado, hay que explicar por qué el aumento en la cantidad de perceptores ocasionó una desconcentración en la distribución del ingreso en México. Por otro, habría que identificar los mecanismos sociales que permitan entender la relación que se ha observado entre modelos de desarrollo y distribución del ingreso.

Bibliografía

Barbieri, Teresita de (1989), "La mujer", *Demos 2, Carta Demográfica sobre México,* México.

Boltvinik, Julio (1995), "La evolución de la pobreza en México entre 1984 y 1992, según CEPAL-INEGI", *Sociológica*, Universidad Autónoma Metropolitana-Azcapotzalco, México, septiembre-diciembre.

Cabrera, Gustavo (1990), "Políticas de población y cambio demográfico en el siglo XX", en Centro de Estudios Sociológicos, *México en el umbral del milenio*, México, El Colegio de México, 1990.

Consejo Nacional de Población (Conapo) (1995), *Programa Nacional de Población: 1995-2000*, México, Poder Ejecutivo Nacional.

Cortés, Fernando (1995a), "El ingreso de los hogares en contextos de crisis, ajuste y estabilización: un análisis de su distribución en México, 1977-1992", *Estudios Sociológicos*, vol. XIII, núm. 37, México, enero-abril.

——— (1995b), "Procesos sociales y demográficos en auxilio de la economía neoliberal. Un análisis de la distribución del ingreso en México durante los ochenta", *Revista Mexicana de Sociología*, vol. LVII, núm. 2, abril-junio, pp. 73-90.

——— (en prensa), *La distribución del ingreso en México en épocas de estabilización y reformas económicas*, México, El Colegio de México.

———, y Rosa María Rubalcava (1984), *Técnicas estadísticas para el estudio de la desigualdad social*, México, El Colegio de México.

——— (1991), *Autoexplotación forzada y equidad por empobrecimiento*, Jornadas 120, México, El Colegio de México.

——— (1995), *El ingreso de los hogares*, México, INEGI / El Colegio de México/Instituto de Investigaciones Sociales-UNAM.

Chant, Sylvia (1988), "Mitos y realidades de la formación de familias encabezadas por mujeres: el caso de Querétaro, México", en L. Gabajey *et al.*, *Mujeres y sociedad. Salario, hogar y acción social en el occidente de México*, Guadalajara, El Colegio de Jalisco / Centro de Investigaciones y Estudios Sociales en Antropología Social-Occidente.

Christenson, Bruce, Brígida García y Orlandina de Oliveira (1989), "Los múltiples condicionamientos del trabajo femenino en México", *Estudios Sociológicos*, vol. VII, núm. 20.

Escobar, Agustín (1996), "Mexico: Poverty as Politics and Academic Disciplines", en Else Oyen, S. M. Miller y Syed Abdus Samad (comps.), *Poverty, a Global Review: Handbook on International Poverty Research*, Oslo, Scandinavian University Press.

García, Brígida, Humberto Muñoz y Orlandina de Oliveira (1982), *Hogares y trabajadores en la ciudad de México*, México, El Colegio de México/Instituto de Investigaciones Sociales-UNAM.

García, Brígida, y Orlandina de Oliveira, (1994), *Trabajo femenino y vida familiar en México*, México, El Colegio de México.

——— (1990), "Expansión del trabajo femenino y transformación social en México: 1950-1987", en Centro de Estudios Sociológicos, *México en el umbral del milenio,* México.

González de la Rocha, Mercedes (1988), "Economic crisis, domestic reorganization and women's work in Guadalajara", UCSD La Jolla / Centro de Investigaciones y Estudios Sociales en Antropología Social-Occidente.

González de la Rocha, Mercedes, Agustín Escobar y María de la O. Martínez Castellanos (1990), "Estrategias *versus* conflicto. Reflexiones para el estudio del grupo doméstico en época de crisis", en Guillermo de la Peña, Juan Manuel Durán, Agustín Escobar y Javier García de Alba (comps.), *Crisis, conflicto y sobrevivencia. Estudios sobre la sociedad urbana en México,* Guadalajara, Jalisco, Universidad de Guadalajara/Centro de Investigaciones y Estudios Sociales en Antropología Social.

Hernández Laos, Enrique (1992), *Crecimiento económico y pobreza en México: una agenda para la investigación,* Centro de Investigaciones Interdisciplinarias, UNAM.

Instituto Nacional de Estadística, Geografía e Informática (INEGI) / Secretaría de Programación y Presupuesto (SPP) (1990), México, *Encuesta Nacional de Ingresos y Gastos de los Hogares (ENIGH 1984),* México, Instituto Nacional de Estadística, Geografía e Informática.

——— (1992), *Encuesta Nacional de Ingresos y Gastos de los Hogares (ENIGH 1989),* México, Instituto Nacional de Estadística, Geografía e Informática.

——— (1993), *Encuesta Nacional de Ingresos y Gastos de los Hogares (ENIGH 92),* México, Instituto Nacional de Estadística, Geografía e Informática.

——— (1995), *Encuesta Nacional de Ingresos y Gastos de los Hogares (ENIGH 94),* México, Instituto Nacional de Estadística, Geografía e Informática.

Instituto Nacional de Estadística, Geografía e Informática (INEGI) / Comisión Económica para América Latina (CEPAL) (1993), *Magnitud y evolución de la pobreza en México, 1984-1992. Informe metodológico,* México, INEGI.

López, María de la Paz, y Haydea Izazola (1995), *El perfil censal de los hogares y las familias en México,* INEGI, Aguascalientes, México.

Nelson, Joan (1992), "Poverty, equity, and politics of adjustment", en Stephan Haggard y Robert Kaufman (comps.), *The Politics of Economic Adjustment,* Princeton, Princeton University Press.

Oliveira, Orlandina de (1988), "El empleo femenino en tiempos de recesión económica: tendencias recientes", ponencia presentada al coloquio sobre "Fuerza de Trabajo Femenina Urbana", México, UNAM.

Selby, Henry, Arthur D. Murphy y Stephen A. Lorenzen (1990), *The Mexican Urban Household: Organizing for Self Defense*, Texas, University of Texas Press.

Secretaría de Programación y Presupuesto (SPP) (s. f.), *Encuesta Nacional de Ingresos y Gastos de los Hogares (ENIGH 1977)*, México.

Tuirán, Rodolfo (1993a), "Las respuestas de los hogares de sectores populares urbanos frente a la crisis: el caso de la ciudad de México", en Raúl Béjar Navarro y Héctor Hernández Bringas (coords.), *Población y desigualdad social en México*, México, CRIM-UNAM.

——— (1993b), "Familia", *Demos 6, Carta Demográfica sobre México*, México.

Welti, Carlos, y Beatriz Rodríguez (1994), "La investigación en México sobre participación de la mujer en la actividad económica en áreas urbanas y los efectos en su condición social", en Grupo Interdisciplinario sobre Mujer, Trabajo y Pobreza (Gimtrap), *Las mujeres en la pobreza*, México, El Colegio de México.

ANEXO

Descomposición de la distribución del ingreso por deciles

Sea

$$\Delta Y_{d,t} = Y_{d,t} - Y_{d,0}$$

la variación en el ingreso total del decil d en el lapso transcurrido entre los tiempos 0 y t.

El ingreso del decil genérico d en un tiempo t cualquiera se puede escribir de la siguiente manera:

$$Y_{d,t} = \frac{Y_{d,t}}{P_{d,t}} \frac{P_{d,t}}{H_{d,t}} H_{d,t}$$

para $t = 0, 1, 2, 3,...$ en que $Y_{d,t}$, $P_{d,t}$, y $H_{d,t}$ simbolizan el ingreso, la cantidad de perceptores y de hogares del decil d en cualquier momento del tiempo.

Si el ingreso por perceptor ($Y_{d,t}/P_{d,t}$), la cantidad de perceptores por hogar ($P_{d,t}/H_{d,t}$) y de hogares $H_{d,t}$ variaron entre los tiempos 0 y t a tasas r, p y h, respectivamente, entonces la ecuación se puede rescribir de la siguiente manera:

$$Y_{d,t} = \frac{Y_{d,0}}{P_{d,0}} (1 + r) \frac{P_{d,0}}{H_{d,0}} (1 + p) H_{d,0} (1 + h).$$

Al sustituir esta ecuación en $\Delta Y_{d,t}$ y arreglando convenientemente los términos, se llega a:

$$\Delta Y_{d,t} = \frac{Y_{d,0}}{P_{d,0}} \frac{P_{d,0}}{H_{d,0}} H_{d,0} [(1 + r)(1 + h) - 1]$$

$$\Delta Y_{d,t} = \frac{Y_{d,t}}{P_{d,t}} \frac{P_{d,t}}{H_{d,t}} H_{d,t} - \frac{Y_{d,0}}{Y_{d,0}} \frac{P_{d,0}}{P_{d,0}} H_{d,0}.$$

Simplificando y desarrollando:

$$\Delta Y_{d,t} = Y_{d,0} [r + p + h + rp + ph + rph]$$

En el caso particular en que sólo varía el ingreso manteniendo constantes la cantidad de perceptores y de hogares, se tiene que:

$$\Delta Y_{d,t} = Y_{d,0} - rY_{d,0}$$

DINÁMICA Y CARACTERÍSTICAS DE LA POBREZA EN MÉXICO

Julio Boltvinik

En la sección siguiente se presenta la evolución de la pobreza en México entre 1963 y 1994, así como de sus factores determinantes. Este análisis histórico se basa en la aplicación del método de medición conocido como "línea de pobreza" (LP) en su variante de canasta normativa de satisfactores esenciales (CNSE). Los rasgos generales de este método se explican en la sección primera del anexo metodológico. En la sección de la página 956 se presentan la magnitud y las características de la pobreza en México en 1992; para este fin se utiliza otro procedimiento, el método de medición integrada de la pobreza (MMIP) que se explica en lo general en la sección segunda del anexo metodológico. Por último, con base en los resultados de la sección anterior, en la de la página 961 se analizan las características sociodemográficas de los "pobres", contrastándolas con las de los "no pobres" en los siguientes aspectos: tamaño de los hogares, estructura por edades, participación en la actividad económica, factores determinantes de la proporción de población ocupada, descomposición de las diferencias de ingresos entre "pobres" y "no pobres", análisis de las fuentes de ingresos de los hogares y, por último, posición en la ocupación. El material del perfil sociodemográfico es muy abundante y, dadas las limitaciones de espacio de este ensayo, me he visto obligado a dejar fuera la relación que tienen con la pobreza aspectos como el tipo de hogar, el sexo y la edad de quien ejerce la jefatura del hogar, la ocupación principal y la rama de actividad de los ocupados. La selección de lo que sí incluí estuvo guiada por el intento de construir un hilo de exposición coherente centrado en los aspectos determinantes del ingreso del hogar, aunque sin agotarlos.

Evolución de la pobreza, 1963-1994. Factores determinantes

Evolución de la pobreza

Aplicando la canasta normativa de satisfactores esenciales (CNSE), Enrique Hernández Laos (1992) ha calculado, mediante el método de la línea de pobreza,[1] la incidencia de la pobreza y de la pobreza extrema en México en 1963, 1968, 1977 y 1984.[2] Asimismo, a partir de ciertos supuestos, ha hecho una estimación de la pobreza en 1981, lo cual permite tener una visión de largo plazo de la evolución de la pobreza en el país. En esta sección reseño los resultados de su análisis y, a la luz de información reciente sobre la distribución y los niveles del ingreso, calculo los niveles de la pobreza en México en 1989, 1992 y 1994. En el cuadro 1 resumo los resultados alcanzados por Hernández Laos y añado mis propias estimaciones y las de un grupo de estudiantes.

Las tendencias que este cuadro muestra son las de una rápida reducción en la proporción de población en pobreza en el periodo 1963-1968 (a una tasa media anual de −1.3%), una muy rápida baja entre 1968 y 1977 (−2.46% anual) y una aceleradísima disminución entre 1977 y 1981 (aun-

[1] El método de línea de pobreza, llamado método indirecto por A. Sen, intenta medir la capacidad económica del hogar para satisfacer las necesidades básicas. El procedimiento consiste en definir un monto mínimo de ingresos (o de consumo) per cápita, que permita al hogar tal satisfacción. Al comparar los ingresos o el consumo de los hogares con la línea de pobreza, se clasifican como "pobres" aquellos cuyo ingreso (consumo) esté por debajo del nivel mínimo. El procedimiento anotado en el anexo metodológico, el de la CNSE, es una de las maneras —aunque no la más usual— para definir la línea de pobreza. Consiste en definir detalladamente cada uno de los rubros específicos (satisfactores) y sus cantidades, que se requieren en el hogar para satisfacer una amplia gama de necesidades humanas (alimentación, educación, salud e higiene, vivienda, comunicaciones y transporte, calzado y vestido, recreación y cultura). Este procedimiento para llegar a la línea de pobreza contrasta con el usual, seguido entre otros por la CEPAL y el gobierno de los Estados Unidos, y que consiste en definir detalladamente sólo los alimentos; se procede después a multiplicar el costo de éstos por un factor para obtener la línea de pobreza. Para una discusión de los métodos de medición de la pobreza, véase Julio Boltvinik (1995, Segunda Parte, así como 1994).

[2] En el texto que sigue se omite el análisis de la pobreza extrema, porque la manera como la mide Hernández Laos, la que apliqué en la Coordinación General del Plan Nacional de Zonas Deprimidas y Grupos Marginados (Coplamar) en 1982, me parece ahora inadecuada. La pobreza extrema fue definida como la población que tiene ingresos inferiores al costo de una canasta llamada "submínima", que corresponde a los rubros de alimentación, vivienda, salud e higiene y educación de la CNSE. Esta manera de recortar los satisfactores de una canasta es inadecuada, ya que se eliminan necesidades completas como transporte, vestido y calzado, en las cuales incluso los más pobres tienen que gastar algo. La manera correcta de acercarse a una conceptualización de la pobreza extrema y a una medición coherente de ella consiste en desarrollar y operacionalizar la distinción entre pobreza absoluta y relativa; en la primera se incluye solamente lo indispensable para la satisfacción de todas las necesidades en condiciones de dignidad, mientras que en la segunda se toman en cuenta además los elementos de participación en el estilo de vida socialmente dominante y de reducción del trabajo doméstico extremo. He emprendido esta vía en forma experimental en mis trabajos de medición de la pobreza, así como en los resultados que aquí se presentan. La canasta de satisfactores que permite calcular la línea de pobreza extrema, a la que he llamado canasta normativa de satisfactores de subsistencia (CNSS), tiene un carácter horizontal, esto es, comprende todas las necesidades, pero en cada una de ellas selecciona exclusivamente los rubros estrictamente indispensables para satisfacer las necesidades en condiciones de dignidad. Por ejemplo, la CNSS no incluye previsión alguna para el consumo de alimentos fuera del hogar ni el refrigerador doméstico.

CUADRO 1. *Evolución de la pobreza en México, 1963-1992 (porcentajes de la población nacional)*

	1963	*1968*	*1977*	*1981*[a]	*1984*	*1989*[a]	*1992*	*1994*[a]
Total de pobres	*77.5*	*72.6*	*58.0*	*48.5*	*58.5*	*64.0*	*65.2*	*65.2*
Tasa media anual		−1.3	−2.5	−4.6	6.5	1.8	0.6	0.0

FUENTES: 1963, 1968, 1977, 1981 y 1988: E. Hernández Laos (1993); 1992: Jana Boltvinik, *et al.*, 1994[a], 1989, 1992; y 1994: estimaciones propias.

[a] Cifras estimadas: para 1981: Hernández Laos; para 1989 y 1992: Julio Boltvinik.

que en este caso se trata de una estimación, ya que no se cuenta con una encuesta de Ingresos y Gastos para 1981): 4.6% anual. Así, en 18 años se habría logrado reducir a menos de la mitad la pobreza de más de las tres cuartas partes de la población. Sin embargo, después de 1981 ocurriría un brusco cambio de tendencia por el cual la pobreza no sólo habría dejado de disminuir sino que habría empezado a aumentar aceleradamente; tres años después alcanzó 58.5%, lo que significaría una tasa media anual de crecimiento de 6.5%. El porcentaje de pobreza en 1984 que calcula es ligeramente superior al de 1977. Para estimar la pobreza en 1981 el autor aplicó al monto del ingreso de este año la estructura por deciles de la distribución del ingreso de 1977.

El ingreso entre 1984 y 1989 sufrió un proceso de concentración muy agudo (cuadro 2). Contamos con una estimación de la pobreza en México en 1992 realizada por un grupo de estudiantes de economía del ITAM con un procedimiento enteramente comparable con el de Hernández Laos.[3] La evaluación de la situación en 1989 y 1994 con el mismo procedimiento queda, en cambio, por llevarse a cabo. Entre 1984 y 1989 el consumo privado per cápita —un indicador que refleja lo que pasó con el ingreso de los hogares— disminuyó en la economía en su conjunto a una tasa media anual de −1.2%. Si a esto añadimos el aumento en la concentración del ingreso (Gini de 0.43 al 0.47; cuadro 2), veremos que el aumento de la pobreza tiene que haber sido acelerado. Todos los estudios disponibles concluyen que, en efecto, entre 1984 y 1989 la pobreza aumentó.[4]

Aunque entre 1989 y 1992 —a diferencia del periodo anterior— el PIB creció más rápido que la población, la diferencia fue pequeña, por lo

[3] Véase Jana Boltvinik *et al.* (1994). Se trata de un grupo de estudiantes de economía del ITAM que reprodujo el procedimiento de cálculo de Hernández Laos. La única diferencia es que no contó con el acceso a los microdatos y basó sus estimaciones en los datos publicados de la ENIGH 92.

[4] Entre estos estudios están los de INEGI-CEPAL (1993), el del Banco Mundial (1993), el de Lustig y Mitchell (1994) y el de Mejía y Vos (1997).

CUADRO 2. *Coeficientes de Gini de la distribución del ingreso de los hogares. Ingreso total, monetario y no monetario, 1984, 1989, 1992 y 1994*

Año	*Ingreso total*	*Ingreso monetario*	*Ingreso no monetario*
1984	0.4292	0.4562	0.5506
1989	0.4694	0.4889	0.5921
1992	0.4749	0.5086	0.5404
1994	0.4770	0.5137	0.5335

FUENTE: Cuadros 4, 5 y 6 de las ENIGH 1984 (tercer trimestre), 1989, 1992 y 1994.

que el ingreso per cápita aumentó muy poco y, dado el deterioro en la distribución del ingreso monetario observado entre esos años, la pobreza debió de haber aumentado también, pero menos rápido que en los años anteriores. Puesto que el nivel de la pobreza en México estaba en 1984 en 58.5% (cuadro 1) y en 1992 en 65.2%, la línea de pobreza cortaba la curva de ingresos de los hogares en el tramo superior del decil 6 de hogares o en la mitad del 7. Por lo anterior, y dejando un margen de un decil hacia abajo, la clave para saber lo ocurrido entre 1989 y 1992 en materia de incidencia de la pobreza está en determinar si el ingreso real de los deciles 5, 6 y 7 continuó deteriorándose. Con datos de las ENIGH 1989 y 1992, sin ajustar a cuentas nacionales, analicé (Boltvinik, 1994) esta evolución y llegué a la siguiente conclusión: *al aplicar dos correcciones indispensables a los datos —la manera de deflactar la renta imputada y la eliminación de los regalos en ambos años—, el ingreso total por hogar en los deciles 5, 6 y 7 se reduce entre 1989 y 1992 en 3.1, 2.7 y 1.6%.* En consecuencia, la pobreza entre 1989 y 1992 debió de aumentar, aunque en una proporción pequeña. Con tales antecedentes, y los cálculos para 1984 y 1992 presentados en el cuadro 1, estimo la incidencia de la pobreza en 1989 en 64%. Con un análisis similar, llegué a la conclusión de que el ingreso real per cápita del decil 7 permaneció constante entre 1992 y 1994, por lo cual la pobreza entre ambos años permaneció constante. Antes de la crisis de diciembre de 1994, estábamos acercándonos a los niveles de pobreza de los sesenta y habíamos rebasado con mucho los niveles de pobreza de 1977. Ahora, a principios de 1998, después de la crisis de 1994, debemos de estar cerca de los niveles de 1968, lo cual indica que no es una la década perdida sino prácticamente tres.

Factores determinantes

El crecimiento económico acelerado que se observó en el periodo 1970-1981 estuvo acompañado de disminuciones de la desigualdad en la distribución del ingreso (funcional y familiar) y de la pobreza por ingresos, así como de una notable mejoría en la satisfacción de necesidades sociales específicas. Casi como contrapunto, en el periodo 1981-1992 el estancamiento económico estuvo acompañado de aumentos en las dos formas de concentración del ingreso y en la pobreza por ingresos, así como de una desaceleración importante, pero sin retrocesos, en los avances en la satisfacción de las necesidades específicas (Boltvinik, 1994).

Tres variables pueden concebirse como las determinantes macroeconómicas del nivel de ingresos corrientes de la población trabajadora: *1)* la tasa de dependencia, que expresa la cantidad de personas que deben sostenerse con cada ocupación remunerada; *2)* el producto medio por ocupación, y *3)* la participación de los trabajadores en el producto medio. Naturalmente, el producto de la segunda y tercera variables es la remuneración media por ocupación, la cual al dividirse entre la tasa de dependencia tiene como resultado el ingreso per cápita de la población trabajadora.

El contraste entre los dos periodos analizados es enorme. En el primero (1970-1981), las tres variables se mueven favorablemente para elevar el ingreso per cápita de la población trabajadora; mientras que en el segundo (1981-1991), dos de los tres factores (la tasa de dependencia y la participación de los trabajadores en el producto medio) muestran cambios desfavorables. En consecuencia, *el ingreso per cápita de la población trabajadora aumentó entre 1970 y 1981 en 54.4%, mientras que entre 1981 y 1991 disminuyó en 37%.*

En el aumento del nivel de vida en el primer periodo, la mayor contribución provino del incremento en el producto medio por ocupación, seguida por la disminución en la tasa de dependencia y, con mucho menor peso, por el alza de la participación de los trabajadores en el producto. Es decir, *el mecanismo básico por el cual se elevó el nivel de vida de los trabajadores fue la creación de más ocupaciones cada vez más productivas. Si no hubiese habido cambio en la participación de los trabajadores en el producto, el ingreso per cápita habría aumentado de todas maneras en 47.6% (87.5% del aumento observado).*

En el segundo periodo, la variable que fundamentalmente explica el deterioro del nivel de vida de los trabajadores es la baja en la participación de las remuneraciones en el producto. Esta baja fue de 31.2%, mientras que en el periodo anterior el aumento había sido de sólo 5%. En segundo lugar, pero con un peso de menos de la mitad de la variable anterior, se sitúa el aumento en la tasa de dependencia. La tercera variable (el producto medio por ocupación remunerada) siguió creciendo, lo que hubiese significado —por sí solo— un leve aumento en el nivel de vida. Es decir, *la reducción en el nivel de ingresos de la población que trabaja se operó en los ochenta mediante una drástica baja de su participación en el producto, que significó una disminución sustancial de sus remuneraciones reales (a pesar del aumento en el producto medio) y fue complementado con un aumento en la tasa de dependencia resultante del estancamiento económico.*

En el primer periodo, el aumento se explica por movimientos en lo que los economistas llaman la economía real: la cantidad de ocupaciones y su productividad; *en el segundo periodo, el juego de las variables reales* (disminución relativa de las ocupaciones —expresada en la tasa de dependencia— y el leve aumento en la productividad media del trabajo) *habría tenido como resultado una disminución leve del nivel de ingresos per cápita de la población: 7.8%. Sin embargo, el cambio en el precio relativo de la fuerza de trabajo al cual la política económica puesta en práctica no es ajena, significó por sí solo una pérdida cuatro veces mayor. El progreso técnico y la acumulación de capital explican los movimientos del primer periodo, mientras que los del segundo son casi sólo resultado de cambios en los principales precios relativos de la economía.*

Esta evidencia macroeconómica se confirma con los datos de los hogares captados por las encuestas de ingresos y gastos. En efecto, los cambios de tendencias antes observados se reflejan en aumentos en la concentración del ingreso y en la pobreza que contrastan con las reducciones que venían manifestando en los años sesenta y setenta. El análisis realizado confirma que *los aumentos en la concentración del ingreso familiar y en la pobreza por ingreso no sólo ocurren entre las encuestas de 1984 y 1989, sino también entre 1989 y 1992.* Ahora sabemos también que el ingreso familiar continuó su tendencia a la concentración entre 1992 y 1994 (cuadro 2).

Cuando se analiza la evolución de la satisfacción de necesidades específicas, también se encuentra un contraste importante entre ambos periodos, pero éste es de índole diferente. *Si bien en las variables antes analizadas (variables de flujo todas ellas), relacionadas con los ingresos corrientes de los hogares, la década de los ochenta tiene que ser caracterizada como de empeoramiento de las condiciones de vida de la población que vive de su trabajo —en materia de educación, vivienda y sus servicios, atención a la salud y seguridad social—, dicha década en realidad se caracteriza por el mejoramiento en las condiciones de vida de la población, pero a un ritmo mucho menos acelerado que en los setenta.*

Una primera razón de esta diferencia sustancial en las tendencias de los ochenta radica en la índole de las variables analizadas. Como se dijo antes, las variables de ingresos y de ocupaciones son variables de flujo. En las variables de flujo, el nivel de hoy no está atado, fuertemente al menos, al nivel alcanzado ayer. Mi nivel de ingresos hoy puede ser de cero, aunque ayer haya sido muy alto. En las variables de acervo *(stocks)*, el nivel de hoy está determinado en gran medida por los niveles alcanzados ayer. Las viviendas que tenían agua entubada ayer casi seguramente la tendrán hoy.

Una segunda razón se deriva de que en las necesidades analizadas predomina una *forma de acceso no mercantil*, ya sea porque la provisión se hace por la vía de las transferencias públicas (como en educación, atención a la salud y servicios de agua y drenaje) o por la de la autoproducción (como ocurre con la vivienda). Las necesidades que se satisfacen por la vía de transferencias públicas, lo que constituye la porción del ingreso que se conoce también como el salario social, se comportó de manera diferente de la del salario privado en la crisis. El ajuste de los servicios de educación y de salud no se llevó a cabo reduciendo el volumen del empleo y del servicio, sino abatiendo los salarios reales. Esto es, la cantidad de médicos, enfermeras, maestros no dejó de crecer, y la reducción del gasto en términos reales (cuando las series de gasto se deflactan con un índice general de precios)[5] se hizo en buena medida a costa de su salario. Fue notable, de todas maneras, cómo el crecimiento en los servicios se desaceleró en relación con la década anterior, y es muy probable que en muchos casos haya ocurrido una baja en su calidad.

Ante las modas de privatización de la esfera de lo social, ante los intentos de "racionalización" del gasto y de eliminación de subsidios, es conveniente anteponer esta experiencia: los niños no dejaron de ir a la escuela en los ochenta, pese a la pauperización de sus padres, *porque la educación es gratuita*. Las instituciones de la esfera social desempeñaron en los ochenta un papel de protección, seguramente insuficiente, contradictorio y desigual, que sin embargo debemos valorar y defender.

MAGNITUD Y CARACTERÍSTICAS DE LA POBREZA EN MÉXICO EN 1992

Introducción

En lo que sigue se presentan los resultados básicos del cálculo de la pobreza y la estratificación social en México utilizando el método de medición

[5] En un ensayo todavía inédito, llevé a cabo un análisis de la evolución del gasto público, particularmente del social, deflactando las series con su deflactor implícito en cuentas nacionales. Al hacerlo así, la evolución del gasto resulta muy distinta de la que usualmente se presenta; en el caso de este último, no se identifica la tendencia fuerte y sistemática a la baja.

integrada de la pobreza (MMIP), a partir de los microdatos de la Encuesta Nacional de Ingresos y Gastos de los Hogares de 1992, previo ajuste de los datos de ingresos a cuentas nacionales.[6] La información se desagregó para seis tipos de localidad (cinco urbanas y una rural). Las urbanas son: zona metropolitana de la ciudad de México (ZMCM); áreas urbanas de más de 500 000 habitantes (metrópolis); capitales de estado y ciudades de más de 100 000 habitantes; localidades de 15 000 a 100 000 habitantes, localidades de 2 500 a 15 000 y áreas rurales. Para cada uno de estos tipos de localidades y para el total nacional se ha obtenido la población que pertenece a cada uno de los estratos en los que se ha clasificado a los hogares nacionales y a sus ocupantes con base en el método de medición integrada de la pobreza (MMIP).

Incidencia de la pobreza y estratificación social con el método de medición integrada de la pobreza (MMIP), nacional y por tamaño de localidad

De los 84.5 millones de personas que poblaban el país en 1992, 56.3 millones (que conformaban 10.8 millones de hogares y que representaban 66.6% de la población nacional) eran "pobres", y 33.8 millones (39.9%) eran "pobres extremos" (cuadro 3).[7] Al descomponer el grupo de los "pobres extremos" en los dos estratos que lo conforman, observamos que los "indigentes" —los peor situados— representaban 26.2% de la población nacional (22.2 millones) y los "muy pobres" 13.7% (11.6 millones).[8] Quedan entonces como "pobres moderados" 22.6 millones, 26.7% de la población nacional. En resumen, 66.6% de la población es "pobre" (en 1992) y 33.4%, "no pobre". *De los pobres,* 39.3% es "indigente"; 20.6%, "muy pobre" —por lo tanto, 59.9% es "pobre extremo"— y 40.1%, "pobre moderado" (última columna, cuadro 3).

[6] Las encuestas de hogares, en México y en otros países, subestiman mucho el nivel de ingresos de los hogares. Por esta razón es necesario ajustarlos a cuentas nacionales. El procedimiento que se siguió para el ajuste de la base de datos aquí utilizada, realizado conjuntamente por Fernando Cortés y Julio Boltvinik, mejora en algunos aspectos el usualmente utilizado en América Latina por la CEPAL y que en México han aplicado Enrique Hernández Laos (1992), así como éste y Julio Boltvinik (en prensa). Las innovaciones adoptadas consisten, en primer lugar, en haber utilizado fuentes adicionales —notablemente los censos económicos— para estimar la renta empresarial y la de la propiedad, así como haber aplicado las legislaciones del impuesto sobre la renta y del IMSS y del ISSSTE para calcular los impuestos y las aportaciones a estas instituciones. Los materiales descriptivos del procedimiento utilizado aún están inéditos.

[7] El rubro "pobre extremo" es igual a la suma de los estratos "indigentes" y "muy pobres".

[8] Quedan clasificados como "indigentes" los hogares y personas que, en promedio, satisfacen menos de la mitad del conjunto de normas mínimas definidas por los dos métodos parciales; los "muy pobres" son los que satisfacen entre la mitad y menos de dos terceras

CUADRO 3. *Estratificación e incidencia de la pobreza. Nacional. Método de medición integrada de la pobreza* (MMIP)

Estratos	*Personas (millones)*	*% del total*	*% del subtotal*
Pobres extremos (1 + 2)	33.8	39.9	59.9
1. Indigentes	22.2	26.2	39.3
2. Muy pobres	11.6	13.7	20.6
3. Pobres moderados	22.6	26.7	40.1
Total de pobres (1 + 2 + 3)	*56.3*	*66.6*	*100.0*
4. Con Sanbri*	7.7	9.1	27.4
5. Clase media	12.8	15.2	45.6
6. Clase alta	7.6	9.0	27.1
Total de no pobres (4 + 5 + 6)	*28.2*	*33.4*	*100.0*
Población total	*84.5*	*100.0*	

* Satisfacción de necesidades básicas y requerimientos de ingresos.

Los 28.2 millones de personas "no pobres" (33.4% de la población) han sido clasificadas en tres estratos de la siguiente manera: con satisfacción de necesidades básicas y de requerimientos de ingresos (Sanbri): 7.7 millones, 9.1% de la población; en la clase media: 12.8 millones, 15.2%; y en la clase alta: 7.6 millones, 9% de los habitantes del país.[9]

Si quisieran verse estos resultados en términos de los deciles de población que se usan para el análisis de la distribución del ingreso, podríamos decir —de manera aproximada— que, en el nivel nacional, los tres primeros deciles corresponden a los "indigentes"; el decil 4, a los "muy pobres", por lo cual los primeros cuatro deciles corresponden a los "pobres extremos"; del decil 5 a la mitad del 7 corresponden a los "pobres moderados"; de la mitad del 7 a la mitad del 8, con Sanbri; de la mitad del 8 y el 9, a la "clase media", y sólo el decil superior está constituido por la "clase alta".[10]

partes de las normas, y los "pobres moderados" son los que satisfacen entre dos tercios y menos de 95% de las normas; a partir de este último nivel no se consideran "pobres".

[9] Los estratos se conformaron clasificando en SANBRI a los que tienen una I (MMIP) [esto es, una intensidad de la pobreza aplicando el método de medición integrada] entre 0.05 y − 0.09 (es decir, alrededor de la norma) en la clase media cuando dicho indicador vale entre − 0.1 y − 0.49 y, por último, en la clase alta cuando el valor es menor que −0.5. La simetría entre este límite y el de los indigentes (0.5) debe interpretarse en el siguiente sentido: la clase alta comienza a partir de la mitad entre el valor de las normas y el valor máximo usado para la reescalación, y se puede identificar conceptualmente como el punto arriba del cual no se puede aumentar el bienestar en la dimensión específica. De esta manera, el requisito mínimo de la clase alta es que se encuentre más allá de la mitad entre la norma y ese punto de máxima satisfacción. Los "indigentes" —simétricamente— están entre la mitad de la norma y la máxima insatisfacción posible.

[10] La ordenación de los hogares que resulta en la estratificación presentada, sin embargo, no es la usada en la distribución del ingreso por dos razones: primero, porque es una ordena-

La incidencia de la pobreza y la estructura de los estratos muestra diferencias según el tipo de localidad; es notablemente más alta la incidencia de la pobreza en el medio rural que en el urbano (cuadro 4). La incidencia de la pobreza es significativamente más alta en el campo que en la ciudad: 86.6% *vs.* 59.1%. Son más de 23 puntos porcentuales de diferencia; además, si se consideran los porcentajes de "no pobres", se apreciará la enormidad del contraste: 40.9% en el contexto urbano y sólo 13.4% en el rural, es decir tres veces más en el primero que en el segundo. Entre los distintos contextos urbanos, las diferencias no son tan grandes. En primer lugar, como era de esperarse, la pobreza disminuye al aumentar el tamaño de localidad. En las muy pequeñas, de carácter semiurbano (de 2 500 a 15 000 habitantes), la incidencia de la pobreza es bastante cercana a la rural: 78.5%; disminuye a medida que aumentamos el tamaño: a 68.7% en las de 15 000 a 100 000 habitantes. El salto más grande se presenta entre este grupo y el de ciudades de más de 100 000 habitantes, donde baja a 52.6%, permanece constante en las metrópolis (áreas urbanas mayores de 500 000 habitantes) y baja sólo 2% en la zona metropolitana de la ciudad de México (ZMCM). Esto establece claramente dos segmentos de incidencia de la pobreza: los rurales y de localidades menores a 100 000 habitantes (donde la incidencia de la pobreza es siempre mayor que las dos terceras partes), y las ciudades de más de 100 000 habitantes, donde la incidencia se sitúa cerca de la mitad de la población (cuadro 4).

Las diferencias entre áreas no se reducen al porcentaje global de pobreza, sino también a la estructura por estratos de los "pobres". Las diferencias urbano-rurales se hacen mayores: 65.3% de los habitantes rurales son "pobres extremos" (suma de "indigentes" y "muy pobres"), mientras que el porcentaje correspondiente para el total urbano es menos de la mitad de aquél: 30.4%. Si se compara la proporción de "indigentes", el contraste es aún más fuerte: en el medio rural, 50.9% se encuentra en esta situación; mientras que en las ciudades la cifra correspondiente es tres veces más baja: 16.9%. Es decir, mientras que en el medio rural la estructura interna de los "pobres": 51-14-21 (tomando los tres estratos simples: "indigentes", "muy pobres" y "pobres moderados"), es tal que los "indigentes" constituyen con mucho el estrato más numeroso, en el medio urbano los más importantes son los "pobres moderados" y la estructura es casi la inversa: 17-14-29. En el otro extremo de la escala social, los contrastes son todavía más acentuados. En la clase media el porcentaje urbano es casi el triple del rural (2.9 veces): 18.5% *vs.* 6.4%, y en la clase alta la proporción es cinco veces mayor: 11.6% *vs.* 2.3%.

ción basada no sólo en el ingreso, sino también en el tiempo de trabajo y en la satisfacción de necesidades cotejadas directamente; segundo, porque el concepto de "ingreso" manejado es el de adulto (varón) equivalente y no el de ingreso per cápita o ingreso total del hogar.

CUADRO 4. *Estratificación e incidencia de la pobreza (H) por tipo de localidad,* MMIP. *Porcentajes de la población total de cada contexto geográfico*

Estratos del MMIP	*Urbano total*	ZMCM	*Metropolitano*	*Más de 100 000*	*15 000 a 100 000*	*2 500 a 1 500*	*Rural*	*Nacional*
Pobres extremos	30.4	22.6	22.8	24.4	42.9	46.3	65.3	39.9
Indigentes	16.9	10.3	11.1	12.5	25.8	30.5	50.9	26.2
Muy pobres	13.5	12.3	11.7	11.9	17.0	15.8	14.4	13.7
Pobres moderados	28.7	27.7	29.8	28.2	25.8	32.2	21.3	26.7
Total de pobres	*59.1*	*50.3*	*52.6*	*52.6*	*68.7*	*78.5*	*86.6*	*66.6*
Con Sanbri	10.8	13.3	10.5	13.6	8.7	7.0	4.7	9.1
Clase media	18.5	21.4	22.2	21.0	14.3	10.7	6.4	15.2
Clase alta	11.6	15.1	14.7	12.9	8.4	3.8	2.3	9.0
Total de no pobres	*40.9*	*49.7*	*47.4*	*47.4*	*31.3*	*21.5*	*13.4s*	*33.4*
Población total	*100.0*	*100.0*	*100.0*	*100.0*	*100.0*	*100.0*	*100.0*	*100.0*

En la ZMCM, las metrópolis y las ciudades de más de 100 000 habitantes, las estructuras son similares. En ellas no sólo hay menor proporción de "pobres" que en los otros contextos, sino que la estructura está mucho menos cargada a la indigencia y a la pobreza extrema. De hecho, al pasar de ciudades de más de 100 000 a las de 15 000 a 100 000, hay un salto muy notable en las proporciones de la indigencia y de la pobreza extrema (de 12.5% a 25.8% y de 24.4% a 42.9%), casi tan acentuado como el que se produce al pasar de las localidades de 2 500 a 15 000 a las rurales (de 30.5% a 50.9% y de 46.3% a 65.3%). En el extremo superior de la escala social, las estructuras de la ZMCM, las metrópolis y las ciudades de más de 100 000 habitantes son otra vez muy similares. Sólo la clase alta tiene una presencia cada vez mayor que se relaciona con el tamaño, aunque las diferencias son pequeñas: 15.1%, 14.7% y 12.9% (cuadro 4).

Examínense ahora las contribuciones de cada una de estas áreas a la población de cada uno de los estratos (cuadro 5). Mientras que en el medio rural habita 27.4% de la población del país, en él vive 35.6% de "pobres". En contraste, el medio urbano participa en la población nacional con 72.6% y en el total de pobres con 64.4%. Visto así, sin tomar en cuenta la intensidad de la pobreza, el fenómeno de la pobreza aparece como predominantemente urbano, lo cual se vería matizado a medida que tomáramos en cuenta dicha dimensión (ya que los "pobres" del medio rural son más pobres), lo cual no podemos hacer aquí por falta de espacio.[11]

Las diferencias se acentúan cuando se analizan los extremos de la pirámide social: en el medio rural habita 53.2% de los "indigentes", 44.8% de los "pobres extremos" y sólo 7% de la "clase alta". En las áreas urbanas mayores (ZMCM, metrópolis y ciudades de más de 100 000 habitantes), que según hemos visto constituyen los contextos geográficos mejor situados, vive 48.2% de la población nacional, 37.4% de los "pobres", sólo 20.5% de los "indigentes" y 27.9% de los "pobres extremos", pero 76.8% de la "clase alta" y 69.7% de los "no pobres".

PERFIL SOCIODEMOGRÁFICO DE LOS POBRES

Introducción

En la sección anterior analizamos las dimensiones de la pobreza y contestamos a las preguntas: ¿cuántos son los pobres?, ¿cómo se distibuyen en estratos en función de la intensidad de su pobreza?, ¿cómo se distribuye

[11] En Boltvinik (en prensa), muestro que una vez que la cantidad de personas pobres se vuelve homogénea con base en la intensidad de la pobreza y se obtiene la cantidad de "pobres" equivalentes, la mayor parte de éstos vive en localidades rurales.

CUADRO 5. *Distribución geográfica de la población de cada estrato por tipo de localidad. Porcentajes del total nacional del estrato.* MMIP

Estratos del MMIP	*Total urbano*	ZMCM	*Metropolitano*	*Más de 100 000*	*15 000 a 100 000*	*2 500 a 15 000*	*Total rural*	*Nacional*
Pobres extremos	55.19	10.67	9.94	7.31	12.13	15.84	44.81	100.00
Indigentes	46.82	7.40	7.37	5.72	11.13	15.89	53.18	100.00
Muy pobres	71.18	21.20	13.76	24.75	14.04	15.75	28.82	100.00
Pobres moderados	78.11	19.50	19.41	12.64	10.91	16.45	21.89	100.00
Total de pobres	*64.37*	*14.21*	*13.74*	*9.45*	*11.64*	*16.08*	*35.63*	*100.00*
Con Sanbri	85.79	27.33	19.92	17.75	10.73	10.47	14.21	100.00
Clase media	88.53	26.46	25.39	16.50	10.62	9.58	11.47	100.00
Clase alta	92.99	31.41	28.28	17.08	10.46	5.79	7.01	100.00
Total de no pobres	*88.99*	*28.04*	*24.68*	*17.00*	*10.61*	*8.80*	*11.01*	*100.00*
Población total	*72.58*	*18.82*	*17.38*	*11.97*	*11.30*	*13.65*	*27.42*	*100.00*

NOTA: La suma del total urbano más el total rural arroja el total nacional.

CUADRO 6. *Tamaño del hogar por estratos según áreas urbana o rural (cantidad media de personas por hogar)*

Estratos del MMIP	*Urbano*	*Rural*	*Nacional*
Pobres extremos	5.40	5.79	5.56
Indigentes	5.66	6.01	5.84
Muy pobres	5.10	5.12	5.10
Pobres moderados	4.78	4.73	4.76
Total de pobres	*5.07*	*5.48*	*5.21*
Con Sanbri	4.48	4.80	4.52
Clase media	4.07	4.32	4.09
Clase alta	3.36	3.37	3.36
Total de no pobres	*3.93*	*4.27*	*3.96*
Población total	*4.53*	*5.28*	*4.72*

ésta en la geografía del país? En la presente sección buscamos responder a preguntas específicas relacionadas con la genérica: ¿quiénes son los pobres? En esencia, se trata de dar una explicación de las diferencias de nivel de vida entre los hogares en términos de sus características demográficas y económicas y de hacer hincapié en las laborales.

Tamaño y estructura etárea de los hogares según estratos de pobreza

Hay una asociación casi perfecta entre mayor pobreza y mayor tamaño del hogar. Los hogares rurales son más numerosos que los urbanos, pero la diferencia no es muy grande: 5.3 *vs*. 4.5. El contraste entre hogares "pobres" y "no pobres" es mayor que entre los de los medios urbano y rural. Mientras que los hogares "pobres" urbanos por el MMIP son, en promedio, de 5.1 personas, los "no pobres" del mismo ámbito son sustancialmente más pequeños: 3.9; esta distancia "pobres-no pobres" es aún más amplia en el medio rural: 5.5 *vs*. 4.3 (cuadro 6). Tanto en el medio urbano como en el rural, los hogares "indigentes" son con mucho los más numerosos: más de seis personas en el medio rural y 5.7 en el urbano.

El cuadro 7 presenta la estructura etárea de la población nacional por estratos del MMIP. Ahí puede apreciarse que la población adulta representa un porcentaje creciente del hogar a medida que nos desplazamos desde "indigentes" (52%) hasta "clase alta" (81%), con lo cual el complemento, los no adultos o suma de infantes (de cero a menos de tres años) y niños

CUADRO 7. *Estructura de edades y ocupados en los hogares por estrato. Total Nacional.* MMIP. *Personas promedio por hogar y porcentajes del total de personas en el hogar*

	*Infantes**		*Niños**		*Adultos**		*Ocupados*	
Estratos	*Cantidad*	*%*	*Cantidad*	*%*	*Cantidad*	*%*	*Cantidad*	*%*
Pobres extremos	0.61	11	1.89	34	3.06	55	1.59	27.2
Indigentes	0.70	12	2.10	36	3.04	52	1.59	27.3
Muy pobres	0.51	10	1.48	29	3.16	62	1.59	31.2
Pobres moderados	0.43	9	1.14	24	3.19	67	1.75	36.8
Total de pobres	*0.52*	*10*	*1.56*	*30*	*3.13*	*60*	*1.66*	*31.9*
Con Sanbri	0.41	9	0.99	22	3.12	69	1.80	39.9
Clase media	0.29	7	0.70	17	3.11	76	1.69	41.2
Clase alta	0.20	6	0.44	13	2.72	81	1.17	34.8
Total de no pobres	*0.32*	*8*	*0.67*	*17*	*2.97*	*75*	*1.55*	*39.1*
Población total	*0.42*	*9*	*1.23*	*26*	*3.07*	*65*	*1.62*	*34.3*

* Infantes: de cero a menos de tres años; niños: de tres a menos de 15 años; adultos: de 15 y más.

(de tres a menos de 15 años) representan una proporción entre los "indigentes" (48%) de más del doble de la de "clase alta" (19%). En números absolutos, las distancias son todavía más contrastantes. Mientras que en los hogares "indigentes" hay en promedio 2.1 niños y 0.7 infantes, o un total de 2.8 no adultos por hogar, entre la "clase alta" solamente encontramos 0.44 niños y 0.2 infantes, o un total de 0.64 no adultos, menos de la cuarta parte que entre los "indigentes".

Participación en la actividad económica y tipos de inactividad por estratos del MMIP

El tamaño mayor y la composición etárea más joven de los hogares "pobres" deben verse reflejados en la proporción de personas económicamente activas y en la cantidad de ocupados en el hogar. Llamaremos *proporción de población ocupada (o/n)* al cociente entre la cantidad de ocupados *(o)* y el número total de miembros del hogar *(n)*. Igualmente, la presencia de los menores dificulta la actividad económica de los adultos, especialmente de las mujeres, lo cual debe reflejarse en la proporción de adultos activos —que se conoce como la "tasa de participación de la población en edad de trabajar" (ET)— en la población económicamente activa (PEA/ET). Al multiplicar la tasa de participación por la tasa de ocupación *(o*/PEA), se obtiene lo que podemos llamar la *proporción de adultos ocupados (o*/ET). Tanto *o*/*n* como *o*/ET pueden concebirse como determinantes de la pobreza por ingresos de los hogares.

En el cuadro 8 se analizan ambas proporciones en relación con los estratos de pobreza en todo el país, urbano y rural. Un poco más de la mitad de los adultos del país está ocupada *(o*/ET = 51%). Además, dada la proporción de adultos en la población total (ET/*n)* (cuadro 7), que es de 65%, resulta una proporción de población ocupada *(o/n)* de 34.3%. Es decir: sólo un poco más de la tercera parte de las personas del país tiene actividad económica generadora de ingresos.

Este indicador tiene una asociación muy clara con el nivel de vida en los primeros cuatro estratos: asciende continuamente desde los "indigentes" hasta el estrato con Sanbri, baja a partir de ahí y llega a su mínimo entre "la clase alta". Describe una U invertida y muestra un rango de variación muy significativo. La mayor parte de las variaciones entre estratos se explica por la fuerte diferencia de proporciones de ocupados entre las mujeres. El rango de variación entre los varones es mucho menor (cuadro 8).[12]

[12] Esta informacion no se muestra en los cuadros debido a la falta de espacio.

CUADRO 8. *Proporción de población y de adultos ocupados por estratos del* MMIP. *Nivel nacional*

Estratos	*Proporción de adultos ocupados (o / ET)*			*Proporción de población ocupada (o / n)*		
	Total	*Urbano*	*Rural*	*Total*	*Urbano*	*Rural*
Pobres extremos	48.9	48.1	49.8	28.6	28.4	29.0
Indigentes	48.8	48.4	49.0	27.3	27.2	27.4
Muy pobres	49.0	47.8	52.0	31.2	29.8	34.5
Pobres moderados	52.6	52.3	53.7	36.8	36.4	38.2
Total de pobres	*50.5*	*50.3*	*50.9*	*31.9*	*32.3*	*31.3*
Con Sanbri	56.8	56.9	56.2	39.9	40.3	37.6
Clase media	53.8	54.4	49.3	41.2	41.9	36.1
Clase alta	44.2	44.2	43.5	34.8	34.8	35.5
Total de no pobres	*51.8*	*51.9*	*50.5*	*39.1*	*39.4*	*36.5*
Población total	*51.0*	*51.0*	*50.8*	*34.3*	*35.2*	*32.0*

La proporción de población ocupada es el resultado de multiplicar la proporción de adultos ocupados por la proporción de adultos en la población total: $(o/n) = (o/\text{ET}) \times (\text{ET}/n)$. Dado que en ambos factores los hogares "pobres" muestran valores mucho más bajos que los "no pobres", es evidente que su multiplicación tendrá como resultado en diferencias aun mayores. En efecto, si la proporción de adultos ocupados arroja una diferencia máxima de ocho puntos porcentuales entre el estrato Sanbri y los indigentes, en la proporción de población ocupada la distancia máxima es ya de 13.9 puntos porcentuales y se encuentra entre los "indigentes" (27.3%) y la "clase media" (41.2%) (cuadro 8).

Las tres cuartas partes de la población adulta inactiva están constituidas por mujeres, proporción que no tiene un rango muy amplio de variación entre estratos (cuadro 9). Prácticamente siete de cada 10 mujeres inactivas se dedican a los quehaceres domésticos, el rubro de inactividad más importante, con 53% de los inactivos de ambos sexos. Sigue en importancia el rubro "estudiantes", que representa 36.5% de dicho total. En ambas categorías se encuentran, entonces, casi nueve de cada 10 inactivos (89.5%). El resto se reparte entre pensionados (2.9%), rentistas (0.4%), incapacitados (4.7%) y otros (2.4%). Esta estructura varía de acuerdo con el nivel de vida, lo cual muestra las desventajas de la pobreza e indica la ampliación de la brecha futura. En efecto, las proporciones de queha-

CUADRO 9. *Estructura del tipo de inactividad económica según estratos del* MMIP. *Porcentajes del total de inactivos*

	Total inactivos por sexo			*Tipos de inactividad*							
					Estudiantes						
Estratos	*Suma*	*Masculinos*	*Femeninos*	*Quehaceres domésticos*	*Total*	*Masculinos*	*Femeninos*	*Pensionados*	*Rentistas*	*Incapacitados*	*Otros inactivos*
Pobres extremos	100.00	25.02	74.98	56.82	33.38	16.57	16.81	1.34	0.14	5.14	3.07
Indigentes	100.00	23.48	76.52	58.82	31.49	15.24	16.25	0.92	0.14	5.01	3.57
Muy pobres	100.00	27.68	72.32	53.37	36.71	18.85	17.85	2.10	0.24	5.35	2.20
Pobres moderados	100.00	25.10	74.90	50.82	38.30	18.39	19.91	3.16	0.34	5.58	1.75
Total de pobres	*100.00*	*25.06*	*74.94*	*54.63*	*35.24*	*17.24*	*18.01*	*1.99*	*0.26*	*5.32*	*2.56*
Con Sanbri	100.00	29.30	70.70	46.91	42.56	22.16	20.40	5.39	0.26	3.83	1.10
Clase media	100.00	25.60	74.40	49.36	39.76	20.00	19.76	6.08	0.24	3.04	1.52
Clase alta	100.00	26.18	73.82	52.37	34.62	18.80	15.82	3.53	3.37	1.93	4.34
Total de no pobres	*100.00*	*27.33*	*72.67*	*48.86*	*39.97*	*20.72*	*19.25*	*5.29*	*0.88*	*3.16*	*1.91*
Población total	*100.00*	*25.67*	*74.33*	*53.02*	*36.53*	*18.21*	*18.32*	*2.93*	*0.40*	*4.65*	*2.41*

ceres domésticos (54.6% *vs.* 48.9%) y de incapacitados (5.3% *vs.* 3.2%), dos tipos de inactividad que no reflejan ventajas ni constituyen inversión para el futuro, son mayores entre los "pobres" que entre los "no pobres", en tanto que son significativamente menores la de "estudiantes" (35.2% *vs.* 40%) —que constituye inversión en el llamado "capital humano"— y la de pensionados (2% *vs.* 5.3%) y rentistas (0.3% *vs.* 0.9%), que reflejan el acceso a sistemas de jubilación o a capital acumulado.

Factores determinantes de la proporción de población ocupada (o/n)

Una manera de sintetizar muchos de los aspectos demográficos y de participación en la fuerza de trabajo que se han venido analizando hasta ahora se logra descomponiendo la proporción de población ocupada (PPO) en tres elementos, de la siguiente manera:

$$\text{PPO} = o/n = (\text{PEA}/\text{ET})\,(\text{ET}/n)$$

Es decir, la PPO es igual al producto de la tasa de empleo (*o*/PEA) —cuyo complemento es la tasa de desempleo—, la tasa de participación económica (PEA/ET) y la proporción de la población en edad de trabajar (ET/*n*). La primera depende, a corto plazo, de las condiciones económicas, de tal manera que en la recesión cae y en el auge aumenta. La segunda depende de factores económicos —en épocas de crecimiento económico rápido habría presiones que aumentarían la PEA— y de una serie de prácticas sociales (sobre la participación de la mujer en la actividad económica, sobre la edad de incorporación de los jóvenes a la actividad económica y de retiro de los viejos, etc.). La tercera es estrictamente demográfica y está determinada por factores como tasas de nupcialidad, natalidad, mortalidad, etcétera.

Analicemos esta descomposición para la estratificación de línea de pobreza (LP), que en principio debiera tener la más estrecha relación con las variables en cuestión pues sólo considera el ingreso de los hogares.[13] Los "pobres" tienen en los tres componentes valores más bajos que los "no pobres", lo cual significa que sus menores proporciones de población ocupada derivan del efecto combinado de las desventajas acumuladas en los tres. Tienen tasas de empleo más bajas (más altas de desempleo que los "no pobres"): 0.951 *vs.* 0.970, o expresadas como tasas de desem-

[13] Note el lector que en la sección anterior los datos presentados se referían a los estratos con base en el MMIP, mientras que aquí se presentan con base en los estratos de ingresos de los hogares (LP).

pleo, 4.9% *vs.* 3.0%. Tienen tasas de participación (PEA/ET) más bajas: 0.469 *vs.* 0.542. Por último, tienen una proporción de población en edad de trabajar más baja: 0.651 *vs.* 0.744:

$$o/n \text{ (pobres por LP)} = 0.290 = 0.951 \times 0.469 \times 0.651,$$
$$o/n \text{ (no pobres por LP)} = 0.391 = 0.970 \times 0.542 \times 0.744$$

Como consecuencia de estas diferencias acumulativas, la proporción de población ocupada entre los "pobres" por LP es 74% de la de los "no pobres"; cuando su tasa de empleo representa 98%, su tasa de participación es de 86.5% y su proporción en edad de trabajar, 87.5%. Estas distancias son mucho mayores si se comparan situaciones de los estratos extremos ya que, como ocurre con otras variables que hemos analizado, la proporción de población ocupada crece desde los "indigentes" por LP —donde alcanza su nivel más bajo (0.246)— hasta la clase alta (0.415). Entre estos extremos, las diferencias se manifiestan como sigue:

$$o/n \text{ (indigentes por LP)} = 0.246 = 0.953 \times 0.435 \times 0.592,$$
$$o/n \text{ (clase alta LP)} = 0.415 = 0.967 \times 0.550 \times 0.779$$

En este caso la o/n de "indigentes" es sólo 59.3% de la correspondiente a "clase alta" (ésta es 1.7 veces mayor que aquélla), mientras que las proporciones entre los componentes son: tasas de empleo (98.6%), tasas de participación (79.1%) y proporción en edad de trabajar (76.0%). (Estos datos no se presentan en los cuadros.)

Descomposición del ingreso monetario per cápita de los hogares por estratos de LP

El ingreso *monetario* per cápita de los hogares[14] depende, por una parte, de los factores que determinan la proporción de personas ocupadas en el hogar y, por la otra, del nivel de ingresos de cada uno de estos ocupados. Si sólo los ocupados percibiesen ingresos, el ingreso per cápita se podría descomponer de la siguiente manera:

$$y/n = (y/o)\ (o/n)$$

[14] El ingreso no monetario, particularmente la partida de renta imputada de la vivienda, que representa la mayor parte de éste, es claramente un atributo del hogar y no de los individuos; y por tanto, no puede analizarse en relación con los ocupados y los perceptores.

es decir que los factores explicativos del ingreso per cápita serían o/n y el ingreso promedio de los ocupados, y/o. La existencia de perceptores de ingresos que no están ocupados (otros perceptores, denotados como OP) obliga a añadir un término a la expresión anterior y a modificar el primero:

$$y / n = (y_o / o)\ (o/n) + (y_{op} / \mathrm{OP})\ (\mathrm{OP} / n) = (y_o + y_{op}) / n,$$

donde denotamos el ingreso corriente monetario con y, y el ingreso corriente laboral monetario con y_o; ingresos corrientes monetarios (los que obtienen otros perceptores no ocupados), con y_{OP}.

La cantidad de perceptores inactivos o desocupados no es despreciable. Representaron en 1992 11% de todos los perceptores en el nivel nacional. Su presencia es mayor entre los hogares "no pobres" que entre los "pobres", 13% *vs.* 10%. El máximo —muy por arriba de todos los demás estratos— se alcanza en la clase alta, con 25%, y el mínimo, en el estrato con SRI (6%). Sin embargo, dado que el ingreso laboral por ocupado (y_o/o) es casi el doble de los ingresos por otro perceptor $(y_{\mathrm{OP}}/\mathrm{OP})$, resulta que la participación de este ingreso en el ingreso monetario captado por la encuesta es de sólo 5.7%. La escasa importancia de este ingreso (en la encuesta) justifica concentrarnos en el ingreso de los ocupados mediante una versión ligeramente modificada de la primera desagregación mostrada arriba:

$$y_o//n) = (y_o/O_y)\ (O_y/n),$$

donde o_y se refiere a los ocupados que perciben ingresos; excluye, por tanto, a los ocupados no remunerados.[15] Los tres términos de esta expresión se presentan en el cuadro 10 para los estratos de LP. Al comparar dos estratos (cualesquiera que ellos sean), se puede discernir la contribución que cada uno de los factores (del lado derecho de la ecuación) hace a las diferencias en el ingreso per cápita entre dichos estratos. Este cálculo permite descomponer las diferencias de ingreso per cápita entre el estrato de más altos ingresos y el de más bajos en tres elementos:[16]

a) El primero, al que llamaremos la "diferencia atribuible a las distintas

[15] La proporción o_y/n es, por tanto, la proporción de población ocupada y que percibe ingresos. Es, sin duda, la proporción más adecuada para el análisis que se presenta a continuación.

[16] La fórmula para llevar a cabo la descomposición es la siguiente (en ella se denota con el subíndice "2" al estrato superior y con el subíndice "1" al inferior):

$$\begin{aligned}(y_o/n)_2 - (y_o/n)_1 = {} & [(o_y/n)_2\,(y_o/o_y)_1 - (o_y/n)_1\,(y_o/o)_1] + \\ & + [(o_y/n)_1\,(y_o/o_y)_2 - (o_y/n)_1\,(y_o/o_y)] + \\ & + [(o_y/n)_2 - (o_y/n)_1]\,[(y_o/o_y)_2 - (y_o/o_y)_1]\end{aligned}$$

CUADRO 10. *Ingreso per cápita, ingreso por ocupado y proporción de población ocupada por estratos de* LP. *Nivel nacional*

Estrato LP	*Ingreso de los ocupados por persona* y_o/n *(miles)**	*Ingreso medio de los ocupados remunerados* $y/_on$ *(miles)**	*Proporción de ocupados remunerados en la población* o_y/n
Pobres extremos	90.03	353.37	0.255
Indigentes	78.20	325.82	0.240
Muy pobres	121.63	413.39	0.294
Pobres moderados	154.33	480.59	0.321
Total de pobres	*109.54*	*398.45*	*0.275*
Con SRI**	281.36	746.81	0.377
Clase media	464.77	1 244.06	0.374
Clase alta	1 750.87	5 448.65	0.321
Total de no pobres	*753.90*	*2 091.09*	*0.361*
Población total	*399.51*	*1 274.62*	*0.313*

* Sólo ingreso de los ocupados.
** SRI: satisfacción de requerimientos de ingresos.

tasas de ocupación" (o_y/n), se obtiene de restarle el ingreso per cápita del estrato 1 al producto de la tasa de ocupación del estrato 2 por el ingreso medio de los ocupados en el estrato 1, de tal manera que la única diferencia entre ambos términos sea justamente la tasa de ocupación.

b) El segundo elemento (y_o/n), al que llamamos diferencia atribuible a la diferencia de ingresos medios de los ocupados, hace exactamente la operación contraria: ahora el ingreso per cápita del estrato más pobre se compara con el resultado hipotético que resultaría de multiplicar la tasa de ocupación de éste con el ingreso por ocupado de los mejor situados, de tal manera que toda la diferencia sea atribuible a la diferencia en el ingreso por ocupado.

c) El tercer término es el efecto combinado de las dos variables. En tal caso, por tanto, lo que se hace es multiplicar las diferencias de los dos componentes. A éste lo denominamos efecto mixto.

Los resultados de dicha descomposición (cuadro 11) permiten conocer en qué medida la diferencia de ingresos entre "pobres" y "no pobres" se explica por los factores sociodemográficos que están detrás de o_y/n, y en qué medida por los factores económicos que determinan el nivel medio

CUADRO 11. *Descomposición de las diferencias de ingreso laboral per cápita. Nivel nacional. Valor absoluto y porcentajes de los diferentes factores*

Estratos comparados (ingreso laboral per cápita del primer estrato menos el del segundo)	*Aportaciones en porcentajes*				*Aportaciones absolutas (miles)*		
	o_y/n	y_o/o	*mixto*	*dif. en* y_o/n* *(miles)*	o/n	y_o/o	*mixto*
Pobres moderados-Pobres extremos	36.46	50.41	13.13	64.30	23.44	32.41	8.43
Muy pobres-Indigentes	40.68	48.39	10.93	43.43	17.66	21.02	4.75
Pobres moderados-Muy pobres	34.01	60.46	5.53	32.70	11.12	19.77	1.81
SRI-Pobres moderados	21.04	67.30	11.66	127.03	26.73	85.49	14.81
No pobres-Total de pobres	5.29	72.21	22.49	644.36	34.12	465.31	144.93
Clase media-con SRI	−1.29	102.14	−0.86	183.41	−2.36	187.34	−1.57
Clase alta-Clase media	−5.05	122.14	−17.08	1 286.10	−65.01	1 570.80	−219.70
Clase alta-Indigentes	1.58	73.51	24.91	1 672.67	26.50	1 229.51	478.00

* Sólo ingreso de los ocupados.
SRI: satisfacción de requerimientos de ingresos.

de ingresos de los ocupados *(y_o/n)*. La comparación más importante es entre el conjunto de "pobres" y el de "no pobres". Los primeros tienen un ingreso "laboral" (es decir, relacionado con alguna ocupación) per cápita semestral de 109 500 pesos, mientras el de los "no pobres" es siete veces más alto: 753 900 pesos. Estas cifras resultan, por una parte, de ingresos medios de los ocupados "pobres" de 398 500 pesos, contra cinco veces más entre los "no pobres": 2 091 900 pesos. Por otra parte, se derivan de diferencias en la proporción de ocupados: 0.275 entre "pobres" y 0.361 entre "no pobres" (1.3 veces más). Intuitivamente, al ver estas cifras sabemos que el primer factor debe de tener un peso explicativo mayor.

El cálculo de la descomposición precisa esta intuición, lo cual se muestra en el cuadro 11. Ahí puede verse la descomposición en los tres términos de dicha fórmula. La diferencia en el ingreso laboral per cápita es de 644 400 pesos entre "pobres" y "no pobres". De ellos, 34 100 pesos, que equivalen a 5.3%, se explican por la diferencia en o_y/n, 465 300 se explican por la diferencia en y_o/o, que equivale a 72.2%, y 144 900 (22.5%) se explican por el efecto combinado de ambos factores. Si quisiéramos de manera tajante dividir el efecto total entre los dos factores, podríamos excluir del cálculo de las aportaciones porcentuales el elemento mixto. De tal manera, tendríamos una diferencia explicable por uno de los dos factores en forma aislada de 499.43 (suma de 34.12 y 465.31). De este total, 93.2% es explicado por las diferencias en el ingreso medio de los ocupados y sólo 6.8% restante, por las diferencias en el indicador ocupacional.

Se impone, pues, la conclusión siguiente: *a pesar de la clarísima asociación entre los factores demográficos que determinan* o_y/n *(proporción de la población en edad de trabajar, tasa de participación y tasa de empleo) y el nivel de vida, éstos explican menos de la décima parte de la diferencia del ingreso laboral per cápita entre "pobres" y "no pobres". El resto, más de nueve décimas partes, se explica por el ingreso promedio de los ocupados y nos remite, por tanto, como explicación fundamental de la pobreza por ingresos, a los bajos ingresos de los ocupados que viven en estos hogares.*

Sin embargo, al comparar estratos contiguos, no siempre se mantiene la conclusión anterior. Si se observa la columna 2 del cuadro 11 (que se refiere a la aportación porcentual de las diferencias en o_y/n a la diferencia de ingresos laborales per cápita), destaca que estas aportaciones son mucho más altas en los primeros tres renglones, en los cuales las comparaciones son entre estratos de "pobres". En efecto, o_y/n explica entre un tercio y 40% de las diferencias en el ingreso per cápita entre estratos de "pobres". En cambio, al comparar entre sí estratos "no pobres", la aportación de o_y/n es negativa. Resulta positiva pero muy pequeña al comparar "pobres" y "no pobres", salvo en la comparación entre el estrato con SRI y "pobres moderados", en que asciende a 21%.

Cuanto mayor es el peso de o_y/n en la explicación de las diferencias de ingresos per cápita, y menor correlativamente es el peso de y_o/o_y, nos ubicamos en situaciones con menores diferencias en materia de inserción laboral. Es decir, en esa medida los estratos son más parecidos en términos laborales y sus diferencias de ingresos reflejan, sobre todo, diferencias en el ciclo de vida, tamaño de la familia y estructura etárea.[17]

Ingresos de los ocupados según sexo y aportación del jefe del hogar

Esta sección desagrega el ingreso de los ocupados por sexo y analiza la contribución del jefe del hogar a su ingreso total. En ambos casos se trata sólo del ingreso monetario y la estratificación utilizada es la de LP.

En el nivel nacional, las mujeres ocupadas (que representan 29% de los ocupados), generan un poco menos de la quinta parte (18%) del ingreso que hemos llamado laboral. Las otras cuatro quintas partes (82%) constituyen la contribución de los ocupados varones. Naturalmente, el hecho de que los ingresos de las mujeres ocupadas representen una proporción menor del total de ingresos de los ocupados que la que representan en la ocupación total, refleja menores percepciones medias que las del sexo masculino. Entre estratos hay diferencias leves. Las mujeres en el conjunto de hogares "pobres" y "no pobres" contribuyen con la misma proporción. Sin embargo, esta contribución es más baja en los hogares "indigentes" (16%), asciende a medida que subimos por la escala del nivel de vida y llega a su máximo en el estrato Sanbri y en "clase media" (23%), para descender abruptamente en "clase alta" (14%), donde llega a su nivel más bajo.

[17] En Boltvinik (1994a), comparé los resultados de dos ejercicios de descomposición de diferencias de ingresos, similares en lo metodológico a la aquí presentada. El primer ejercicio de descomposición (realizado en el nivel nacional con base en los microdatos de la ENIGH 89) llegaba a resultados enteramente similares a los aquí obtenidos, es decir, el grueso de la diferencia en el ingreso per cápita entre "pobres" y "no pobres" se explicó por la diferencia de percepciones por ocupado. El segundo ejercicio de descomposición fue realizado con base en una encuesta llevada a cabo por El Colegio de México en cuatro colonias populares de la zona metropolitana de la ciudad de México, y en él las diferencias de ingresos per cápita fueron explicadas en su mayor parte por las diferencias en la proporción de ocupados. Al confrontar la aparente paradoja, surgió el interrogante de si ambos resultados eran contradictorios y contesté que no, que al estudiar los asentamientos populares uno trabaja básicamente con gente pobre. Incluso algunos resultan "no pobres" en términos de la medición debido a condiciones demográficas excepcionalmente favorables. Los resultados tocan una diferencia esencial entre lo que podría llamarse "pobreza estructural" —hogares cuyos perceptores tienen habilidades y educación con una baja capacidad de generar ingresos— y "pobreza temporal" o "pobreza del ciclo de vida", producto de las bajas proporciones de ocupados.

El ingreso medio de las mujeres ocupadas en el país fue de 691 000 viejos pesos mensuales de agosto de 1989, mientras que la de los hombres ascendió a 1361 millones. Como se ve, la diferencia es muy grande: el ingreso de cada ocupado masculino es el doble del femenino. Estas diferencias, sin embargo, son mucho mayores entre los "no pobres" (2.4 a 1) que entre "pobres" (1.4 a 1). Las diferencias son particularmente sobresalientes en la clase alta (3.4 a 1). Los extremos en la desigualdad de percepciones (siempre en el nivel nacional) resultan de comparar a las mujeres de hogares "pobres" e "indigentes" con los hombres "no pobres". Éstos perciben nueve veces más ingresos que las mujeres "pobres", mientras que los hombres de clase alta tienen una percepción promedio 43.5 veces más alta que las mujeres "indigentes". Las percepciones medias de los hombres de clase alta urbana son casi 100 veces (97.7) más altas que las de las mujeres indigentes del medio rural.

La proporción que el ingreso percibido por el jefe del hogar refleja por una parte la dependencia que se establece de una sola fuente de ingresos, pero también puede reflejar las aspiraciones y las normas sociales. El jefe de los hogares mexicanos aporta 70.2% en promedio del ingreso de éstos, proporción un poco más alta en el medio rural (73.5%) que en el urbano (69.8%). En el medio urbano esta proporción describe una "U" que tiene su punto alto de la izquierda en los hogares "indigentes" (75.4%), desciende drásticamente hacia los hogares "muy pobres" (64.4%) y poco a poco a los "pobres moderados" (64.1%). Empieza a subir lentamente con el estrato de satisfacción de requerimientos de ingresos (64.8%) y lo hace de manera muy acelerada hacia la clase media (70.5%) y alta (89.8%), donde alcanza su máximo. En el medio rural no se discierne una tendencia tan clara en el brazo descendente de la "U", pero es igualmente claro en el ascendente. La clase alta del medio rural tiene la dependencia más considerable de los ingresos del jefe (94.1%).

Desigualdad y fuentes del ingreso por estratos

Los contrastes de nivel de ingresos entre estratos y las participaciones de los estratos en el ingreso total de los hogares muestran la grave desigualdad que prevalece en el país. En el nivel nacional, los hogares pobres por LP exclusivamente —en los que habita 47.5% de la población del país— perciben sólo 12.1% del ingreso de los hogares. Los "no pobres" por LP, por su parte (52.5% de la población), perciben casi nueve décimas del ingreso de los hogares (87.9%). Aún más contrastantes son las participaciones en población y en ingreso de los dos estratos extremos: los indigentes y la clase alta. Los primeros representan 18.4% de la población nacional y perciben sólo 3.1% del ingreso de los hogares. La clase alta por LP (7.2% de las personas) percibe cerca de la mitad del ingreso (47.2%).

Las diferencias en ingresos por hogar y por adulto equivalente son enormes entre estos grupos: los "pobres" en conjunto tienen ingresos medios mensuales por hogar (pesos de agosto de 1989) de 705 000 pesos y un ingreso por adulto equivalente a 161 000, pesos; mientras que los "no pobres" los superan cinco veces en el primer dato y 6.4 veces en el segundo: $3.517 y $1.04 millones, respectivamente. Los hogares "indigentes" del país tienen un ingreso mensual medio de 517 000, mientras que los de "clase alta" tienen un ingreso medio 22.3 veces más alto; el contraste en ingreso por adulto equivalente entre estos dos estratos es de 37.5 veces. Los verdaderos extremos se encuentran, empero, cuando se comparan los "indigentes" del medio rural contra la "clase alta" del medio urbano, cuyos ingresos por adulto equivalente superan a los primeros en 52.5 veces. Hasta aquí los comentarios sobre los niveles y desigualdad del ingreso total. Analicemos ahora las fuentes del ingreso monetario y no monetario.

Los estratos de ingresos no se distinguen sólo por el nivel de éstos, sino también por las diversas estructuras de sus fuentes. Para el conjunto de los hogares del país, el ingreso no monetario representa 15% del total (ajustado a cuentas nacionales). El ingreso de los pobres tiene un componente no monetario mucho mayor que el de los no pobres: 22.3% *vs.* 14.0%. La mayor parte de este ingreso (13.6 puntos porcentuales entre los hogares pobres) es alquiler imputado de la vivienda propia, que es un ingreso virtual. La proporción de los ingresos monetarios en el total aumenta, con algunas excepciones, a medida que vamos desde "indigentes" por LP hasta "clase alta" (76.4% a 91.5%). Particularmente clara es la tendencia decreciente del alquiler imputado de la vivienda desde "indigentes" (14.9%) hasta "clase alta" (5.9%).

En el universo de hogares del país, la "renta empresarial" (ingresos derivados de negocios propios o de trabajo por cuenta propia) es la fuente principal de ingresos de los hogares. Representa 51% del ingreso total de los hogares y 60% del monetario.[18] El ingreso por remuneraciones del trabajo representa 24.7% del total y 29% del monetario. Este resultado se explica, sin embargo, por la altísima concentración del ingreso monetario, y particularmente del proveniente de la renta empresarial, en los hogares "no pobres": 88.9% del primero y 95.9% del segundo son percibidos por los

[18] Este resultado sorprenderá a quien consulte los datos publicados de la ENIGH 92 o la base de datos. En éstos, la fuente principal, con mucho, del ingreso de los hogares son las remuneraciones por trabajo. Una vez efectuados los ajustes a cuentas nacionales, no obstante, la composición cambia sustancialmente, debido al enorme grado de subestimación de la renta empresarial no sólo en ésta sino en todas las ENIGH.

hogares "no pobres". Entre los "pobres", las dos terceras partes del ingreso monetario provienen de remuneraciones del trabajo (66.4% en el nivel nacional), mientras que entre los "no pobres" la fuente principal es la renta empresarial (64.7%). Ésta se encuentra sumamente concentrada: casi dos terceras partes en los hogares de "clase alta" (64.7%), los cuales captan un poco más de la mitad del ingreso monetario total (50.8%). En el otro extremo, los hogares "indigentes" perciben sólo 2.8% del ingreso monetario y 0.9% de la renta empresarial.

Las remuneraciones del trabajo, sueldos y salarios más prestaciones monetarias son percibidas también mayoritariamente por los "no pobres": 74.7%. El estrato que concentra una mayor proporción de las remuneraciones del trabajo es la "clase media" (33.8%), seguida del estrato SRI (satisfacción de requerimientos de ingresos) con 23.6%. Aunque estas remuneraciones constituyen casi las dos terceras partes de su ingreso monetario, los "indigentes" por LP (que representan 18.4% de la población del país) perciben sólo 6.2% del total de ellas.

La renta de la propiedad (alquileres e intereses) representa 5.6% del ingreso nacional de los hogares que se encuentra casi totalmente concentrado en la clase alta: 91.3% del rubro; empero, lo anterior, más que un resultado empírico, está implícito en el procedimiento de ajuste a cuentas nacionales, ya que la ENIGH 89 capta una fracción insignificante por este concepto. Por último, las transferencias se distribuyen de manera muy similar a las remuneraciones al trabajo, en parte por el alto peso de las transferencias de la seguridad social (pensiones y jubilaciones, sobre todo), lo cual muestra que la seguridad social tiende a reproducir la desigualdad salarial.

Posición en la ocupación por estratos

En la subsección 5 concluimos que la mayor parte de las diferencias de ingresos entre "no pobres" y "pobres" se explica por las diferencias de ingresos promedio de los ocupados de uno y otro grupos. El análisis de la inserción ocupacional de "pobres" comparada con la de "no pobres" (así como a todo lo largo de los estratos de nivel de vida) permite entender esas diferencias de ingresos de los ocupados. El análisis aquí presentado queda incompleto ya que sólo se presenta uno de tres indicadores ocupacionales: el de posición en la ocupación. Quedan sin análisis la ocupación principal y la rama de actividad. El vínculo entre los indicadores ocupacionales y los ingresos no se hace, sin embargo, directamente, sino que éste queda establecido indirectamente mediante el estrato al que perte-

CUADRO 12. *Posición en la ocupación por condición de pobreza por* LPT

	Asalariado	*Por cuenta propia*	*Patrón*	*Trabajadores sin retribución*
Nacional	66.0	20.4	5.4	8.1
Pobres	72.4	16.8	2.5	8.2
No pobres	60.0	23.8	8.0	8.1
Urbano	73.0	16.9	4.9	5.1
Pobres	83.3	11.1	1.5	4.1
No pobres	65.8	21.0	7.3	5.9
Rural	45.4	30.6	6.7	16.9
Pobres	53.2	26.8	4.4	15.3
No pobres	28.4	39.1	11.9	20.4

NOTA = Porcentajes horizontales.

necen. El análisis se hace con base en los estratos de LPT[19] para relacionar las diferencias en la ocupación con una clasificación de hogares directamente vinculada a los ingresos.

Los asalariados constituyen el grupo más numeroso en el país. Dos de cada tres ocupados son asalariados (66%). El segundo grupo en importancia numérica son los trabajadores por cuenta propia, que son 20.4% de los ocupados. En tercer lugar se encuentran los trabajadores (familiares y no familiares) sin retribución (8.1%), lo cual resulta sorprendente. En cuarto lugar quedan los patrones, que constituyen 5.4% del total (cuadro 12). Aunque no se muestra en el cuadro, la ENIGH 92 permite la desagregación de los patrones en los que tienen de uno a cinco trabajadores y los que tienen más de cinco. La mayoría de los patrones se encuentra en el primer grupo (4.1%), mientras en el segundo sólo se ubica 1.3% de todos los ocupados. Naturalmente, las diferencias en esta estructura entre "pobres" y "no pobres" y entre el medio rural y el urbano son nuestro principal interés. El cuadro 12 resume las principales diferencias entre "pobres" y "no pobres".

En el país, los "pobres" se ocupan en posiciones asalariadas en mayor proporción que los "no pobres" (72.4% *vs.* 60%), en menor medida en puestos de trabajo por cuenta propia (16.8% *vs.* 23.8%), en mucha menor proporción como patrones (2.5% *vs.* 8%) y trabajan casi igual sin retribución (8.2% *vs.* 8.1%). Estos contrastes se mantienen en general en ambos medios.

[19] La estratificación por LPT incluye, además de los ingresos, un indicador de exceso de trabajo.

En el medio urbano, empero, el carácter asalariado de la mayoría de los "pobres" es mucho más claro que en el rural. Los "pobres urbanos" se ocupan abrumadoramente como asalariados (83.3%), 17.5 puntos porcentuales más que los "no pobres" (65.8%), pero por cuenta propia se desempeña casi sólo la mitad de los "no pobres" (11.1% *vs.* 21%). Curiosamente, en este medio hay menor proporción de trabajadores sin retribución entre "pobres" que entre "no pobres" (4.1% *vs.* 5.9%). La proporción de patrones es casi cinco veces mayor entre "no pobres" que entre "pobres" (1.5% *vs.* 7.3%) (cuadro 12).

En el medio rural, la proporción de asalariados entre los "pobres", aunque también mayoritaria, es mucho menor que en las ciudades: 53.2%. Los "no pobres" del medio rural resultan el único de los cuatro grupos de condición de pobreza ("pobres" o "no pobres" "urbanos" o "rurales") que se dedica minoritariamente al trabajo asalariado: 28.4%; entre los "no pobres" predomina el trabajo por cuenta propia y el no remunerado (que casi siempre lo complementa); entre ambas categorías representan la mayoría de los ocupados: 59.5%. Al igual que en el medio urbano, los "pobres" desempeñan en bastante menor medida los papeles de "por cuenta propia" y de patrones que los "no pobres". En este último caso, casi cinco veces menos.

Hasta aquí hemos visto las probabilidades que tienen "ocupados", "pobres" y "no pobres", de los medios urbano y rural, de ser asalariados, por cuenta propia, etc. Llegamos con ello a afirmaciones como: "la mayoría de los pobres son asalariados". Podemos también mirar el universo desde una posición ocupacional y preguntarnos cómo se distribuyen entre "pobres" y "no pobres", y en general entre estratos; así puede medirse la incidencia de la pobreza (o de cualquier estrato) dentro de cada posición en la ocupación y contestar preguntas como si la mayoría de los trabajadores por cuenta propia fuera pobre.

En el nivel nacional (esto no se presenta en los cuadros), los asalariados en su conjunto tienen 53.1% de probabilidad de ser "pobres" por LPT, lo que resulta de una probabilidad de 49.1% de ser "pobres" si son asalariados no agropecuarios y de 87.4% si son jornaleros rurales. En el medio urbano estas probabilidades son más bajas que en el medio rural. Para el total de asalariados, las probabilidades de ser "pobres" son 47.3% y 80.4% en los medios urbano y rural, respectivamente. Para los asalariados no agropecuarios las probabilidades respectivas son 46.1% y 74.1%, en tanto que resultan casi iguales para los asalariados agropecuarios de uno y otro medio (85% y 88.2%). Los trabajadores por cuenta propia son mayoritariamente "no pobres" por LPT (60.1% en el nivel nacional). Sin embargo, esto resulta de situaciones contrapuestas en los medios urbano y rural: en el primero, casi tres de cada cuatro trabajadores por cuenta propia son "no pobres" (72.7%), mientras que en el segundo son sólo dos de cada cinco (39.9%). Casi la mitad de los trabajadores sin retribución son pobres por LPT en el nivel nacional (48.6%), pero ello resulta de la situación rural donde casi las dos terceras partes lo son (62.3%), y en el medio urbano donde sólo una tercera parte lo es (33.3%).

Resalta una conclusión: la incidencia sustancialmente más baja de la pobreza entre trabajadores por cuenta propia y trabajadores familiares sin retribución que entre los asalariados en ambos medios geográficos.[20]

Naturalmente, la inmensa mayoría de los patrones es "no pobre" por LPT (77.1% en el nivel nacional) y sólo 22.9% es "pobre". Aunque el hecho se presenta tanto en el campo como en la ciudad, lo hace en muy diverso grado. Resulta igualmente diversa la situación entre patrones de empresas grandes y pequeñas. En el medio urbano sólo 12.6% de los patrones es pobre (un poco más de la mitad del dato nacional), mientras que en el medio rural el porcentaje casi se cuadruplica (45%). El contraste entre los patrones grandes y pequeños no es tan notable: es "pobre", en el nivel nacional, 24.1% de los patrones pequeños y 19% de los grandes.

Miremos ahora las diferencias que se presentan entre los diferentes estratos, lo que tampoco se muestra en los cuadros. Miremos primero cada uno de ellos. Preguntémonos quiénes son los indigentes por LPT en términos de posición en la ocupación. Abrumadoramente, los indigentes urbanos son asalariados no agropecuarios (75.5%), aunque están presentes también los agropecuarios (7.4%), lo que totaliza 82.8% de asalariados. Asimismo, 9.8% de los trabajadores lo son por cuenta propia y 5.7%, sin retribución. En conclusión, los "indigentes" urbanos son abrumadoramente asalariados. De los "indigentes" rurales, por su parte, un poco más de la mitad son asalariados (55.5%, que se compone en una proporción inusitadamente alta de asalariados no agropecuarios, 25.8 puntos, y agropecuarios, 29.8%). Entre estos "indigentes" rurales hay muchos más trabajadores por cuenta propia (26.8%) y no remunerados (14.8%). De esta manera tenemos que decir que —a diferencia de los "indigentes urbanos"— los indigentes rurales no pertenecen abrumadoramente a una posición ocupacional, sino a dos: asalariados y por "cuenta propia" (suponiendo que los ayudantes familiares no retribuidos están relacionados con éstos). Entre los "muy pobres urbanos" por LPT encontramos una estructura muy parecida a la de los "indigentes urbanos". Práctica-

[20] El lector debe tener en cuenta, no obstante, que el procedimiento de ajuste a las cuentas nacionales que se utilizó tiende a subestimar la pobreza de los trabajadores por cuenta propia al homologarlos, para fines de corrección de ingresos, con los empresarios, dado que la fuente de ingresos de ambos ha sido clasificada como "renta empresarial".

mente se conservan las proporciones de asalariados (85%) y de trabajadores por cuenta propia (11.4%) que encontramos entre los "indigentes". El único cambio significativo es una alteración pequeña, pero significativa, en las proporciones de agropecuarios y no agropecuarios entre los asalariados. El resto de la estructura es prácticamente igual. La estructura de actividad de los "muy pobres rurales" es muy parecida a la de los "indigentes". Más de cuatro de cada cinco pobres moderados urbanos por LPT siguen siendo asalariados (82.8%), aunque se observa un aumento significativo en la proporción de trabajadores por cuenta propia (12.4% *vs.* 5.9% entre los muy pobres). Fuera de estos cambios —que, como se observa, son pequeños—, la estructura de posición en la ocupación sigue siendo esencialmente la misma.

De esta manera se concluye que entre los estratos de "pobres" no hay diferencias importantes en la estructura de la posición en la ocupación, de tal modo que la del conjunto de "pobres" antes presentada refleja razonablemente bien a todos los estratos. Podemos concluir que para todos los "pobres urbanos" por LPT es válida la afirmación de que están integrados abrumadoramente por asalariados.

Los "pobres moderados" rurales por LPT tienen, en contraste con el medio urbano, diferencias sustanciales con los "muy pobres": disminuye de manera considerable la proporción de asalariados (46.2% *vs.* 54.3% entre los muy pobres) y aumenta ligeramente la presencia de trabajadores por cuenta propia (27.2% *vs.* 26.5%) y la de trabajadores no remunerados (17.3% *vs.* 14.4%); entre ambos constituyen una proporción casi igual a la de los asalariados: 44.5% de los "pobres moderados". Si añadimos al menos a los patrones con uno a cinco trabajadores (que representan 23.4% del total), podríamos concluir que la mayoría de los "pobres moderados rurales" pertenece al "modo de producción campesino". De esta manera *(contrario senso* de lo asentado para el medio urbano), tenemos que sostener que la estructura promedio de los "pobres rurales" no refleja lo que acontece en sus estratos, en los que se manifiesta una heterogeneidad en la posición de la ocupación mucho mayor que la del medio urbano.

BIBLIOGRAFÍA

Boltvinik, Jana C., Jorge Creixell, Mari Carmen Díaz, Regina García Cuéllar y Antonio López Puerta (1994), "Estimación de la pobreza y la pobreza extrema en México. Ajuste a Cuentas Nacionales", México, Instituto Tecnológico Autónomo de México (ITAM) (inédito).

Boltvinik, Julio (1984), "Satisfacción desigual de las necesidades esenciales en México", en Carlos Tello y Rolando Cordera (coords.), *La desigualdad en México*, México, Siglo XXI, pp. 17-64.

Boltvinik, Julio (1986a), "Sistema de necesidades y modo de vida en México", *Investigación Económica*, vol. XLV, núm. 175, México, Facultad de Economía, UNAM, enero-marzo de 1986, pp. 169-204.

——— (1986b), "Modo de producción estatal y satisfacción de necesidades esenciales en México", *Investigación Económica*, vol. XLV, núm. 177, México, Facultad de Economía, UNAM, julio-septiembre, pp. 195-244.

Boltvinik, Julio (1990), *Pobreza y necesidades básicas. Conceptos y métodos de medición*, Caracas, Programa de las Naciones Unidas para el Desarrollo (PNUD).

——— (1992), "El método de medición integrada de la pobreza. Una propuesta para su desarrollo", *Comercio Exterior*, Revista del Banco Nacional de Comercio Exterior, México, vol. 42, núm. 4, abril, pp. 354-365.

——— (1994a), "La satisfacción de las necesidades esenciales en México en los setentas y ochentas", en Pablo Pascual y José Woldenberg (comps.), *Desarrollo, desigualdad y medio ambiente*, México, Cal y Arena, pp. 99-175.

——— (1994b), "The relative weight of economic and demographic variables on poverty in Mexico", ponencia presentada en el seminario Perspectivas Sociológicas del Mercado de Trabajo: un Taller sobre Enfoques Mexicanos y Norteamericanos, México, El Colegio de México, 24 y 25 de febrero de 1994.

——— (1995), *Pobreza y estratificación social en México*, Aguascalientes, INEGI, 111 pp.

——— (1996), "Evolución y magnitud de la pobreza en México", *Estudios Económicos y Demográficos*, núm. 32, México, El Colegio de México.

——— (en prensa), capítulo 5: "Incidencia e intensidad de la pobreza en México. 1989", y capítulo 6: "Perfil sociodemográfico de los pobres", en J. Boltvinik y E. Hernández Laos (en prensa), *La pobreza y la distribución del ingreso en México*, México, El Colegio de México.

Coordinación General del Plan Nacional de Zonas Deprimidas y Grupos Marginados (Coplamar), (1982), *Necesidades esenciales y estructura productiva en México*, México, Presidencia de la Republica, Anexo.

——— (1983), *Macroeconomía de las necesidades esenciales en México*, México, Siglo XXI.

Gobierno de la República de Bolivia (1993), Ministerio de Desarrollo Humano, *Mapa de pobreza. Una guía para la acción social*, La Paz, Anexo metodológico.

Hernández Laos, Enrique (1992), *Crecimiento económico y pobreza en México: Una agenda para la investigación,* México, Centro de Investigaciones Interdisciplinarias, Universidad Nacional Autónoma de México.

Lustig, Nora, y Ann Mitchell (1994), "Poverty in times of austerity: Mexico in the 90's", ponencia presentada en la XII Reunión Latinoamericana de la Econometric Society, Caracas.
Mejía, José A., y Rob Vos (1997), *Poverty in Latin America and The Caribbean. An Inventory 1980-1995*, Washington, Banco Interamericano de Desarrollo.

ANEXO METODOLÓGICO

Se explican aquí brevemente los dos métodos utilizados en este trabajo: línea de pobreza en sus variantes de canasta normativa de satisfactores esenciales (CNSE) y el método de medición integrada de la pobreza (MMIP).

El método de línea de pobreza basado en la canasta normativa de satisfactores esenciales (CNSE)

Desarrollé la variante de la canasta normativa de satisfactores esenciales (CNSE) como parte de los trabajos de investigación de Coplamar (véase Coplamar, 1982 y 1983). El primer paso de esta metodología consiste en determinar los requerimientos de bienes y servicios de los individuos que conforman un hogar durante un periodo determinado, por ejemplo un año. En el caso de los bienes durables es necesario distinguir entre la cantidad requerida y el uso familiar anual; el primero es mayor que el segundo. Por ejemplo, la familia requiere una estufa pero sólo usa —desgasta o deprecia— 0.10 estufas anualmente (si la vida útil de la estufa se estima en 10 años). En los no durables (por ejemplo, alimentos) las cifras son iguales. La canasta está definida por el vector de cantidades del uso anual. Es éste el que debe multiplicarse por los precios de los bienes para obtener el costo anual de cada rubro. La suma de los costos anuales de todos los rubros constituye el costo anual de la CNSE; dicho costo constituye la línea de pobreza, la cual se compara con los ingresos o el consumo del hogar para definir si el hogar es pobre o no.

En el cálculo de los requerimientos normativos surgen dos problemas fundamentales. *En primer lugar*, la sustentación de las normas de las que dichos requerimientos se derivan. Éste es el problema más complejo en los estudios de pobreza y sobre el que menos acuerdo hay. Una de las vertientes de la discusión (entre las concepciones absoluta y relativa de la pobreza) puede verse como la polémica entre dos visiones de los umbrales mínimos debajo de los cuales se presentan las situaciones de pobreza: sobrevivencia física y normas socialmente determinadas.[21] En la construcción de la CNSE se partió de un doble criterio: por una parte, la realidad del país, reflejada en los bienes y servicios de consumo frecuente; por otra, la legislación que expresa tanto realidades como objetivos que hay que alcanzar. La operacionalización del primer concepto se logró mediante el análisis de las prácticas de consumo del decil 7 de la población nacional según la Encuesta Nacional de Ingresos y Gastos de los Hogares (ENIGH) de 1977. El segundo criterio consideró los derechos que la legislación otorga, tanto los sociales —para todos los habitantes— como los de clase. Con estas bases se llegó a una definición operacional: la CNSE, que expresa un concepto de pobreza relativa.

En segundo lugar, la lista de requerimientos totales debe clasificarse en dos grupos. Por una parte, los que habrán de ser satisfechos por la vía del consumo privado, es decir, cuyo costo deberá ser financiado por las familias y, por otra, el que habrá de ser financiado por el gasto público (gubernamental o de instituciones de seguridad social). *Sólo los rubros del primer tipo deben conformar la línea de pobreza*, puesto que ésta se compara con los ingresos o con los gastos de consumo privados de los hogares. Aquí caben dos procedimientos. El más simple consiste en definir para todos los hogares, de manera idéntica, cuáles rubros entran en cada categoría. Otro, más arduo, consiste en formar esta clasificación para cada hogar según sus condiciones particulares de acceso a las transferencias públicas. En la CNSE de Coplamar se adoptó el primer camino: los satisfactores que habrían de lograrse con cargo al gasto gubernamental o a la seguridad social fueron los servicios de educación primaria y secundaria (tanto para menores como para adultos), la prestación de los servicios de salud, así como la instalación y mantenimiento de la infraestructura de agua y drenaje; el acceso a dichos servicios sería entonces por vía de las transferencias públicas. El resto de los rubros debería ser financiado por los hogares, lo que supone su acceso por las vías mercantil o de autoproducción.[22] Dicha división única y para todos los hogares facilitó los cálculos pero subestimó el nivel de la línea de pobreza ya que, por ejemplo, la población que no tiene acceso a servicios de salud gratuitos se ve obligada a sufragar los gastos en la materia, pero éstos no se consideran en la línea de pobreza.

La línea de pobreza (LP) resultante se compara entonces con los ingresos de los hogares. Aquí nuevamente hicimos una simplificación en Coplamar. El cálculo de la línea de pobreza se hizo para la familia promedio de cada decil, según el tamaño y composición media de sus hoga-

[21] Para una síntesis de la discusión, véase J. Boltvinik (1990), pp. 26-30.

[22] Para el análisis de las formas de acceso a los satisfactores, véase J. Boltvinik (1984, 1986a y 1986b).

res. Lo más exacto es hacer esto para cada hogar, lo que se puede lograr calculando la CNSE por persona o por adulto equivalente, de tal manera que la LP aplicable a cada hogar resulte de multiplicar este costo unitario por la cantidad de unidades en cada hogar.

EL MÉTODO DE MEDICIÓN INTEGRADA DE LA POBREZA (MMIP)

Rasgos generales del método y del procedimiento específico utilizado

El MMIP combina dos metodologías previas: por una parte, la de LP en su variante de CNSE que acabamos de explicar y, por la otra, la de necesidades básicas insatisfechas (NBI) en su versión mejorada (véase Boltvinik, 1992, así como Gobierno de la República de Bolivia, 1993). Su fundamento es la siguiente concepción de las fuentes de bienestar de los hogares y la crítica de los métodos de LP y de NBI a partir de ésta:

> Dadas sus necesidades, cuya variabilidad se suele subestimar, la satisfacción de las necesidades básicas de una persona o de un hogar depende de las siguientes seis fuentes de bienestar: *a)* el ingreso corriente; *b)* los derechos de acceso a servicios o bienes gubernamentales de carácter gratuito (o subsidiados); *c)* la propiedad, o derechos de uso, de activos que proporcionan servicio de consumo básico (patrimonio básico acumulado); *d)* los niveles educativos, las habilidades y destrezas, entendidos no como medios de obtención de ingresos, sino como expresiones de la capacidad de entender y hacer; *e)* el tiempo disponible para la educación, la recreación, el descanso y para las labores domésticas, y *f)* los activos no básicos o la capacidad de endeudamiento del hogar.
>
> Entre algunas de estas fuentes de bienestar cabe la posibilidad de sustitución. Con un mayor ingreso se pueden sustituir algunos derechos de acceso, atendiendo necesidades como salud y educación privadamente, o sustituir la no propiedad de algunos activos de consumo (verbigracia, rentar una vivienda). Esta sustituibilidad no es perfecta, sin embargo. Con ingresos adicionales no se puede sustituir la falta de tiempo disponible para educación y recreación; si no están desarrolladas las redes básicas de agua y drenaje, no será posible (o será muy caro) acceder a estos servicios.
>
> La limitación principal de los métodos de línea de pobreza y de necesidades básicas insatisfechas (tal como éstos se han venido aplicando en América Latina) consiste en que proceden, el primero, como si la satisfacción de necesidades básicas dependiera solamente del ingreso o del consumo privado corriente de los hogares; el segundo, en sus aplicaciones usuales (haciendo caso omiso del último indicador), elige indicadores de satisfacción de necesidades que en América Latina dependen básicamente de la propiedad de activos

> de consumo (vivienda) o de los derechos de acceso a servicios gubernamentales (agua, eliminación de excretas y educación primaria), por lo cual implícitamente deja de tomar en cuenta las demás fuentes de bienestar.
>
> Es decir, el método de LP no toma en cuenta las fuentes *b* a *f* cuando se compara la línea de pobreza con el ingreso del hogar, o las fuentes *b* a *e* cuando se compara con el consumo. Por su parte, el método de NBI, tal como se ha venido aplicando en América Latina, deja de considerar el ingreso corriente y las fuentes *d* a *f*. Es decir, ambos tienen una visión parcial de la pobreza, por lo cual tienden a subestimarla. En la medida en que las fuentes de bienestar consideradas por ambos métodos son distintas, de inmediato podemos concluir que, más que procedimientos alternativos, como se les suele considerar, son complementarios (J. Boltvinik, 1992, p. 355).

El MMIP se desarrolla para tomar cabalmente en cuenta estas fuentes de bienestar de las personas. Para lograr la plena complementariedad de los dos métodos en los que se apoya se requiere precisar cuáles necesidades se detectarán por el método de NBI y cuáles vía LP. En principio, deberían trabajarse por NBI todas las que dependan conceptualmente o de manera preponderante —y para la mayor parte de los hogares— del gasto público (consumo e inversión), de la inversión acumulada del hogar, y del tiempo disponible de las personas del hogar. Quedarían para ser analizadas por LP las necesidades que dependan fundamentalmente del consumo privado corriente.

En consecuencia, debería identificarse por NBI la satisfacción de las siguientes necesidades: *i)* Servicios de *agua y drenaje*; *ii) nivel educativo de los adultos* y *asistencia escolar de los menores*; *iii) electricidad*; *iv) vivienda*; *v) mobiliario y equipamiento del hogar*; *vi) tiempo libre para recreación*.

Los casos de *atención a la salud, a la reproducción biológica* y de *seguridad (social)* —puesto que pueden satisfacerse mediante servicios gratuitos o privados— requieren un tratamiento mixto. Si las personas no tienen acceso a los servicios gratuitos (y su ingreso no les permite la atención médica privada y seguros privados), las necesidades en cuestión se considerarán insatisfechas.

Quedarían como necesidades cuya satisfacción-insatisfacción se verificaría exclusivamente por LP las de: *vii) alimentación*; *viii) vestido, calzado y cuidado personal*; *ix) higiene personal y del hogar*; x) *transporte* y *comunicaciones básicas; xi)* adicionalmente, casi todas las necesidades identificadas por NBI entrañan gastos corrientes por parte del hogar, que deben ser considerados para fijar el nivel de la línea de pobreza; *xii)* las necesidades de *recreación, información* y *cultura* imponen a las familias requisitos de tipo mixto: por una parte, es necesaria la disponibilidad de tiempo, pero por otra casi siempre resulta necesario incurrir en una serie de gastos (equipo para hacer deporte, boletos para espectáculos, gastos de transporte, etc.). La solución ideal sería identificar directamente su (in)satisfacción. No es mala solución tampoco identificar la disponibilidad de tiempo libre por NBI e incorporar los gastos monetarios requeridos a la línea de pobreza; *xiii)* en los hogares en los cuales todos o algunos miembros carecen de acceso a servicios gratuitos de *salud* y a *cobertura de la seguridad social*, el costo privado de atención de estas necesidades se incluirá en la LP o el gasto realizado se descontará del ingreso antes de compararlo con la LP.

En la aplicación aquí presentada, seis dimensiones se consideraron por el método de necesidades básicas insatisfechas (MNBI) o método directo y una por un procedimiento mixto (salud y seguridad social). Las seis dimensiones de NBI son: *i) inadecuación de la calidad y cantidad de la vivienda*, que se forma, a su vez, de dos subdimensiones: inadecuación en la calidad de la construcción (tal como se expresa en los materiales utilizados en muros y techos así como en los recubrimientos utilizados en pisos) e inadecuación de cantidad de espacio por ocupante, o hacinamiento, medida por la relación entre cada uno de los tipos de espacios de la vivienda (dormitorios, cocina y cuartos multiuso) y la cantidad de sus ocupantes. El índice sintético de inadecuación de la vivienda resulta de la multiplicación de los dos indicadores; *ii) inadecuación de las condiciones sanitarias*, que se integra por los indicadores de agua, drenaje y baño; *iii) inadecuación de otros servicios*, que se integra por los indicadores de electricidad y teléfono; *iv) inadecuación del patrimonio básico*, que constituye un indicador de una de las fuentes de bienestar y no de una necesidad específica en particular (algo enteramente similar a lo que ocurre con el ingreso). En la norma se incluyen equipos domésticos relacionados con las necesidades de alimentación, higiene y recreación, entre otras; *v) rezago educativo*, que se construye a partir de los indicadores de alfabetismo, asistencia escolar y nivel de instrucción; *vi) exceso de tiempo de trabajo*, como indicador inverso de tiempo disponible para educación, recreación y trabajo doméstico (también indicador de una de las fuentes de bienestar).

El procedimiento mixto se utiliza en el indicador *vii), inadecuación de acceso a la atención a la salud y a la seguridad social*.

La satisfacción de las demás necesidades se identifica por el método indirecto o de la línea de pobreza (LP), comparando el ingreso por adulto equivalente de los hogares con las líneas de pobreza y de pobreza extrema también expresadas por adulto equivalente.

El procedimiento general de NBI mejorado empieza al construir un indicador de logro, lo que supone otorgar puntajes a variables como las antes citadas, así como definir la norma mínima en cada dimensión. Este indicador se estandariza al dividirlo entre el puntaje de la norma, de tal manera que la variable queda expresada en números de veces de ésta.

Con ello la variable pierde la unidad de medida original en la que estaba expresada y se convierte en un número puro. El siguiente paso es uniformar, al máximo posible, el rango de variación de los indicadores estandarizados, para lo cual se reescalan los valores superiores a la norma —cuando el máximo observable rebase el valor 2— para acotarlos entre más de 1 y 2. Con ello se busca que todos los indicadores de logro queden en el rango de 0 a 2, con la norma en el 1. El último paso es reconvertir este indicador a uno de carencia, al restar su valor de 1 y dejar el rango de los indicadores de carencia entre −1 y +1, con la norma en el 0. Los valores positivos expresan carencias: el 0, equilibrio; los valores negativos, bienestar. Lamentablemente, no en todos los indicadores se pudo lograr el rango total de variación, por lo que algunos de ellos son indicadores de carencia que sólo varían del 0 al +1.

Se obtienen seis indicadores de carencia por NBI, uno mixto y uno de LP *para cada hogar*. Los indicadores sintéticos de cada una de las cinco primeras dimensiones de NBI y el indicador mixto se combinan mediante una media aritmética ponderada para obtener el indicador integrado de NBI en cada hogar, que indica el grado de insatisfacción del conjunto de las necesidades verificadas directamente o intensidad de la pobreza por NBI: $\mathrm{I(NBI)}_j$. Por otra parte, el indicador de exceso de trabajo y el de ingresos se combinan en un indicador compuesto de tiempo-ingresos, que resulta de dividir el ingreso entre un índice de exceso de tiempo de trabajo, antes de compararlo con la LP, para obtener la intensidad de la pobreza por ingresos-tiempo: $\mathrm{I(LPT)}_j$. Con el fin de integrar las cinco dimensiones de NBI y la mixta entre sí, así como su indicador sintético con el de la dimensión ingresos-tiempo, se utiliza un sistema de ponderadores de costos que se deriva de la estructura de costos que proporciona la CNSE.

Al integrar así las dimensiones de LP-tiempo, I(LPT), y el de NBI, I(NBI), se obtiene el indicador integrado de I(MMIP) para cada hogar, que indica si éste es pobre o no y la intensidad de su pobreza.

Una vez identificada la población "pobre" y la "no pobre", tanto por cada uno de los métodos parciales como por el integrado, se procede a:

a) Clasificar a la población "pobre" en tres estratos según la intensidad de su pobreza, y a la población "no pobre" en otros tres estratos según sus condiciones de riqueza.

b) Para cada estrato, y para el conjunto de la población pobre, se calculan los principales índices de pobreza: la incidencia (H), la intensidad (I) y el grado (HI).

VI. PROSPECTIVAS DEMOGRÁFICAS

PROYECCIONES DE POBLACIÓN PARA EL NUEVO SIGLO: EL PROCESO DE ENVEJECIMIENTO DE LA POBLACIÓN MEXICANA

José Gómez de León Cruces y Virgilio Partida Bush

INTRODUCCIÓN

Las proyecciones de población han formado parte de la bibliografía demográfica del país desde hace casi medio siglo. Con el paso de los años se advierten cambios no sólo en la metodología y las premisas sobre el futuro comportamiento de las variables demográficas, sino también en el reconocimiento de los ejercicios prospectivos como una herramienta útil para la planeación social y económica, más allá de meros cálculos académicos sobre el futuro de la población.

La evolución demográfica de México se conoce cada vez con mayor precisión debido, por un lado, a la creciente cantidad y calidad de las fuentes de datos y, por el otro, al desarrollo de metodologías más completas y adecuadas a la realidad demográfica de nuestro país. Si bien actualmente podemos elaborar proyecciones de población sobre bases más sólidas, las previsiones del futuro comportamiento de la fecundidad, la mortalidad y la migración siguen revistiendo cierto grado de complejidad.

A raíz de que México adoptó una política de reducción del crecimiento demográfico a mediados de los años setenta, ha sido costumbre hacer proyecciones programáticas, en las cuales se fijan metas específicas para las variables demográficas. Con esta variante se busca encauzar las acciones destinadas al descenso del crecimiento poblacional, principalmente las correspondientes a la disminución de la fecundidad.

En este trabajo usamos las proyecciones nacionales más recientes elaboradas por el Consejo Nacional de Población (Conapo), las cuales parten de los resultados definitivos del *Conteo de Población y Vivienda 1995.* A diferencia de ejercicios anteriores, donde el método de los componentes demográficos se aplica desde una perspectiva unirregional, en las nuevas previsiones se adopta un esquema birregional, con el cual se busca resaltar la importancia de la migración internacional entre México y los Estados Unidos, cuyas dimensiones, intensidad y características son únicas en el mundo. En esta modalidad interactúan tres poblaciones: los nacidos en México que viven en el país, los mexicanos residentes en los Estados Unidos y los extranjeros residentes en México. El modelo birregional se aplica exclusivamente a los mexicanos que viven en México y en los Estados Unidos; la población extranjera que reside en México se proyecta de manera unirregional.

El objetivo de este capítulo es describir los principales cambios en cuanto al volumen y estructura por edad de la población nacional que se derivan de las proyecciones demográficas, relacionados como las demandas de salud, educación, empleo y vivienda. Con el fin de evaluar el efecto que en el largo plazo tienen las hipótesis alternativas, se presentan tres escenarios basados en distintas premisas: fecundidad, mortalidad y migración.

La proyección "programática"

Las perspectivas futuras de la mortalidad por edad y sexo se obtuvieron al extrapolar la tendencia del fenómeno observada durante el periodo 1960-1995,[1] mediante la utilización de un modelo aditivo-multiplicativo que retiene tanto la estructura por edad y sexo de las probabilidades de fallecer como su velocidad de cambio. De acuerdo con estas previsiones, la esperanza de vida (panel izquierdo de la gráfica 1) aumentaría de 73.6 años en 1995 (71.3 para hombres y 75.9 para mujeres) a 75.3 (73.1 y 77.6) en el año 2000, a 78.1 (76.0 y 80.2) en el año 2010, a 80.4 (78.4 y 82.3) en el 2020 y, finalmente, a 83.7 años (82.0 para hombres y 85.5 para mujeres) en el 2050. La vida media de los mexicanos al final del horizonte de la proyección sería ligeramente mayor a la observada para Japón en fechas recientes. Cabe señalar que los incrementos previstos para la esperanza de vida al nacimiento equivalen a una reducción promedio en todas las edades de 55% global entre 1995 y 2050 —digamos un promedio anual de 1%—, que es menor a la cifra de 59% registrada para el periodo 1960-1995, un promedio anual de casi 2%.

Tales reducciones implican que la tasa de mortalidad infantil descendería de 31 decesos de menores de un año de edad por cada 1 000 nacimientos en 1995 a 25 en el año 2000, a 18 en el 2010, a 13 en el 2020 y a 7 en el 2050. Aunque se prevé que la esperanza de vida en 2050 fuese como la actual de Japón, la probabilidad de fallecer en el primer año de vida proyectada para México a mediados del próximo siglo sería, sin embargo, mayor a la tasa actual de 5 por cada 1 000 de dicho país asiático.

En las proyecciones sobre la fecundidad se buscó un modelo que reprodujera los cambios observados desde 1962 —cuando el fenómeno alcanzó

[1] Las tendencias mencionadas se presentan en nuestro capítulo sobre mortalidad, en este libro.

GRÁFICA 1. *Esperanza de vida al nacimiento y tasa global de fecundidad, 1950-2050*

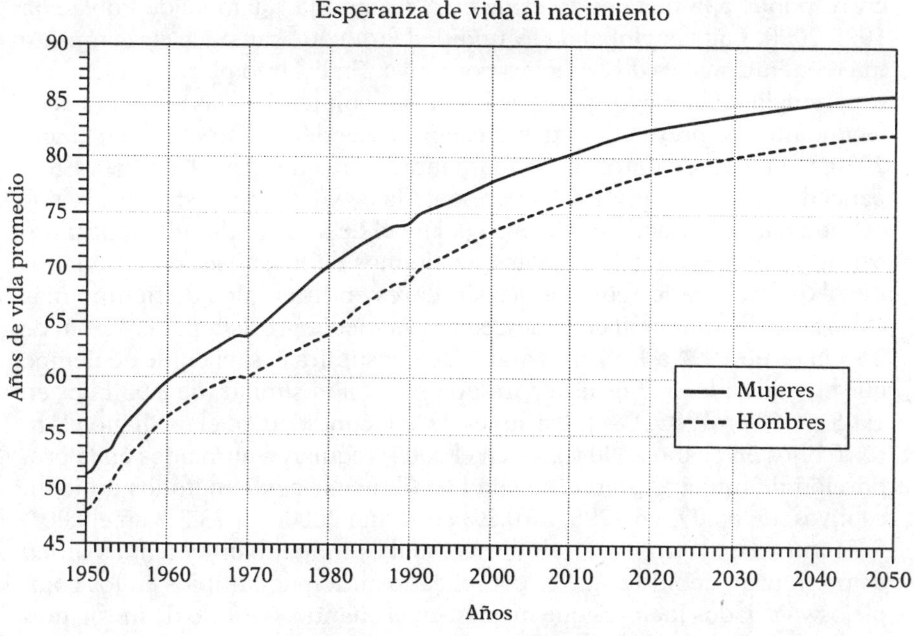

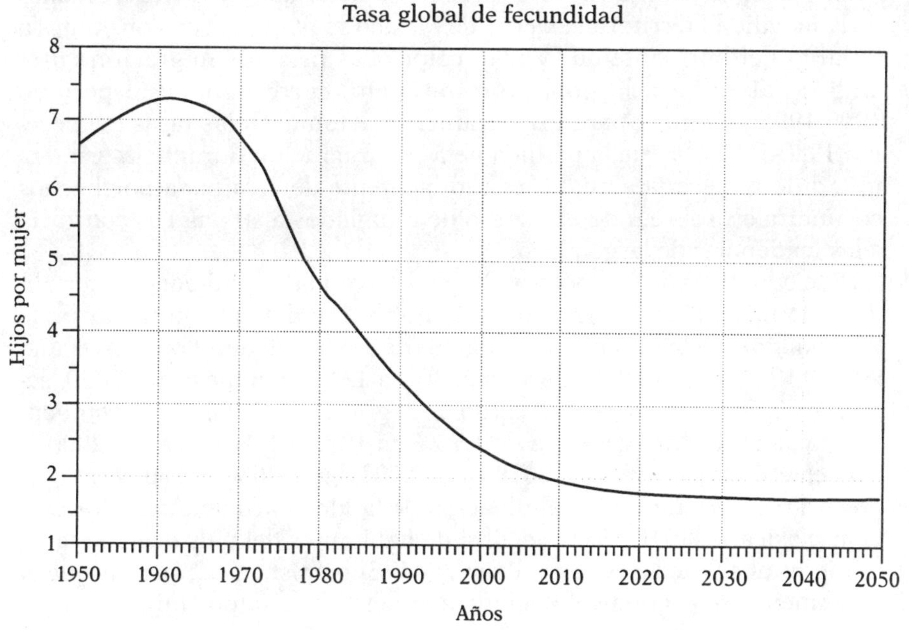

su máximo histórico— tanto en nivel como en composición por edad; el objetivo era alcanzar el reemplazo intergeneracional en el año 2005, lo cual corresponde a la meta establecida en el Programa Nacional de Población 1995-2000. La tasa global de fecundidad (TGF) que satisface el reemplazo intergeneracional es de 2.11 hijos por mujer. En el largo plazo, siguiendo la experiencia de la mayor parte de los países con tendencias semejantes de fecundidad, se prevé que este indicador descenderá a 1.68 hijos en el año 2030, y a partir de entonces se mantendrá constante hasta el 2050. En el panel derecho de la gráfica 1 se presenta la evolución prevista para la TGF.

Si bien la velocidad de descenso del nivel de la fecundidad puede parecer acelerada, conviene señalar que algunos de los países desarrollados han experimentado reducciones similares en intervalos de tiempo más cortos. La disminución en la descendencia media prevista para México de 2.93 hijos en 1994 a 1.68 en el año 2030 consumirá casi el doble de tiempo que el requerido en Noruega para una reducción similar: de 2.93 hijos en 1965 a 1.68 en 1985. Las previsiones de la fecundidad en el mediano plazo (2.40 hijos en el año 2000 y 2.11 en el 2005) requieren aumentos en la proporción de mujeres unidas en edad fértil, usuarias de métodos anticonceptivos, de 66.0% en 1995, a 70.2% en el año 2000, y a 73.3% en el 2005.

El futuro de la migración internacional es indudablemente más difícil de prefigurar, debido a que es complicado anticipar cambios en los complejos y variados factores que inciden en el cuantioso éxodo de mexicanos hacia los Estados Unidos. Así, se prefiere suponer que los niveles recientes de la movilidad territorial externa de México se mantendrán constantes a lo largo del horizonte de la proyección. Las tasas de migración entre ambos países para la población mexicana corresponden al periodo 1990-1995; mientras para los extranjeros se tomaron las tasas del decenio 1980-1990, ya que la pérdida neta por migración durante la primera mitad de la década actual (presumiblemente determinada por hechos coyunturales, sobre todo el regreso de refugiados a su país) es contraria a las tendencias de largo plazo.

Si se cumplieran las hipótesis adoptadas para la fecundidad, la mortalidad y la migración internacional, la población del país aumentaría de 92.1 millones de habitantes a mediados de 1995 a 99.6 millones en el año 2000, 112.2 en el 2010, a 128.9 en 2030 y a 131.6 millones en el 2050, según se aprecia en el panel izquierdo de la gráfica 2. La tasa de crecimiento total, a su vez, descendería de 1.73% en 1995 a 1.44 en el año 2000, a 0.99 en el 2010, a 0.39 en el 2030 y a −0.20% en el 2050. Se advierte que, por primera vez desde la culminación de la lucha armada de la Revolución mexicana (1910-1921), la cifra de habitantes del país decrecería en números absolutos a partir del año 2044. Si bien se puede pensar que el decremento se origina sólo debido a la pérdida neta por migración, en

GRÁFICA 2. *Población y tasas de crecimiento, 1995-2050*

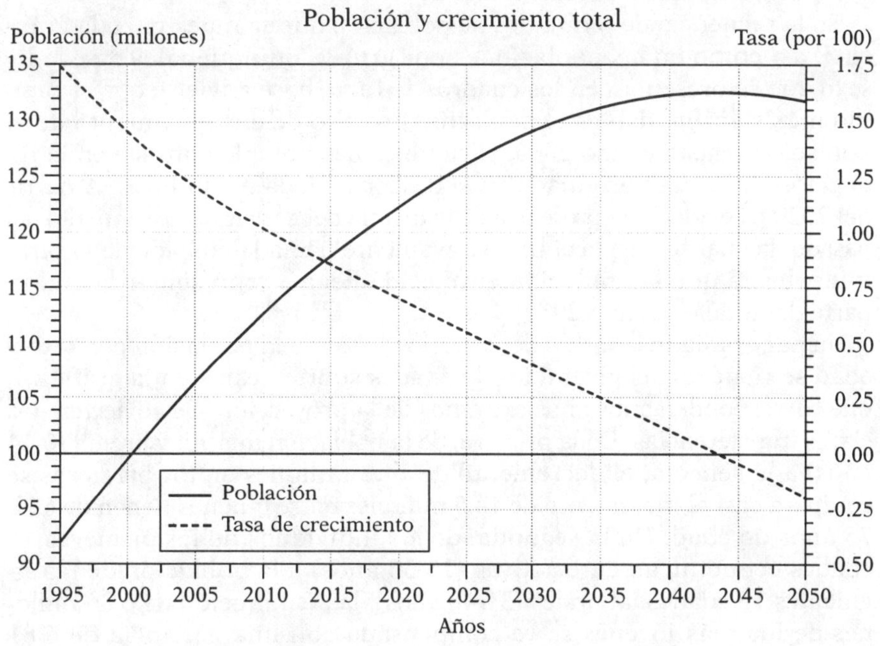

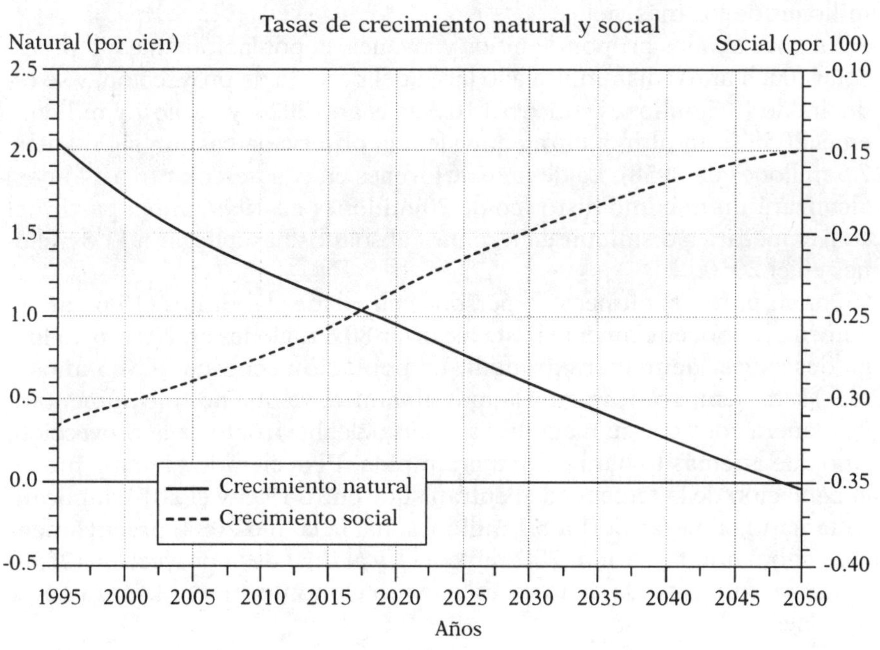

el lado derecho de la gráfica 2 se observa que el crecimiento natural también sería negativo a partir del año 2049.

En la secuencia de pirámides de población que se muestra en la gráfica 3, así como en las poblaciones por grupos quinquenales de edad y sexo que se presentan en los cuadros 1, 1a y 1b, se advierte que el cambio más significativo es el paulatino proceso de envejecimiento de la población. Hasta el año 2010, el cambio más notable consiste en la reducción de la base originada en el descenso de la fecundidad. A partir del 2020 es evidente la presencia de la inercia del acelerado crecimiento del pasado, la cual se desplaza progresivamente hacia la cúspide de la pirámide, hasta que la población envejecida llega a representar la cuarta parte del total en el año 2050.

Un panorama más nítido del cambio global de la población por sexo y edad se tiene en las pirámides de edades sobrepuestas en la gráfica 4, que corresponden a los años extremos de la proyección. Se advierten dos claras transferencias. En la primera, de la población infantil y juvenil (0-14 años) a la senecta, el decremento de 14.2 millones en los primeros se equipara casi al incremento de 14.5 millones entre quienes tienen de 65 a 75 años de edad. En la segunda, de los individuos de las primeras 15 edades económicamente activas (15-30 años) a la población de las siguientes 15 edades laborales (31-45 años), la disminución de 6.86 millones de los más jóvenes se ve compensada con una ganancia de 6.81 millones de los más viejos.

En cuanto a los grupos de niños y jóvenes, la población en edad preescolar (0 a 5 años) disminuirá a lo largo del periodo de proyección, y se reducirá de 13.5 millones en 1995 a 10.3 en el año 2020, y a sólo 7.4 millones en el 2050 (esta última cifra equivale a la observada casi un siglo antes: 7.5 millones en 1958). La de niños y jóvenes en edad escolar (6 a 14 años) alcanzará un máximo histórico de 20 millones en 1999, año a partir del cual empezará a disminuir en términos absolutos hasta llegar a 11.8 millones en el 2050.

Por su parte, el número de personas en edades laborales (15-64 años) aumentará moderadamente hasta alcanzar 80.8 millones en 2031, para luego descender de manera gradual. La población senescente (65 años o más) será demográficamente la más dinámica, ya que no sólo aumentará de manera continua su magnitud a lo largo del horizonte de la proyección, sino que además lo hará de manera rápida. El acelerado crecimiento de la población de la tercera edad entraña que entre 1995 y el 2014 duplicará su tamaño, al pasar de 4 a 8.1 millones; hacia el año 2034, prácticamente se habrá quintuplicado (20.2 millones), y al final de la proyección (2050) se habrá multiplicado ocho veces, cuando el monto supere la cifra de 32 millones.

GRÁFICA 3. *Pirámides de población, 1995-2050*

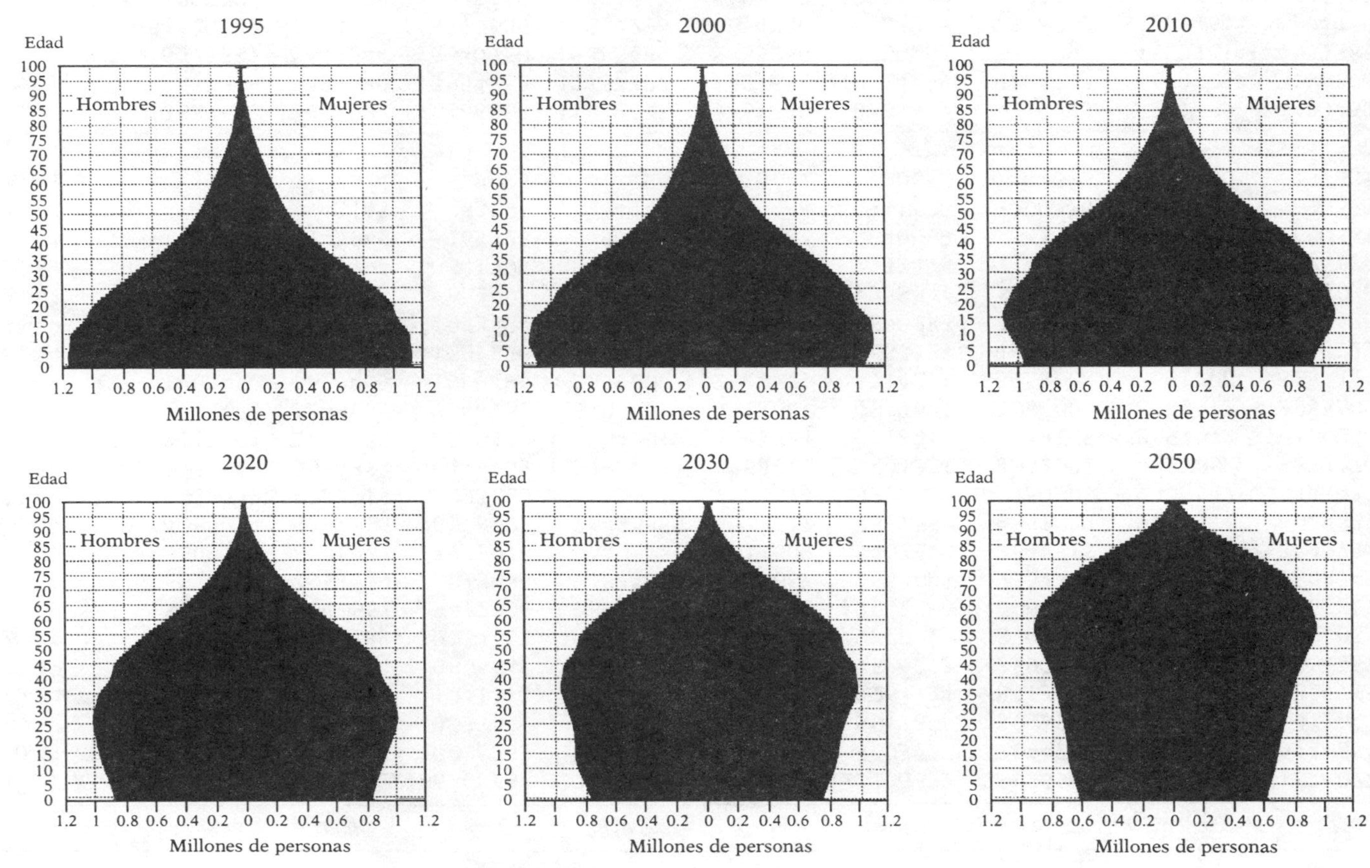

CUADRO 1. *Población total a mitad de año por grupos de edad, 1995-2050*

Edad	*1995*	*2000*	*2005*	*2010*	*2015*	*2020*	*2030*	*2040*	*2050*
Total (años)	91 992 164	99 582 251	106 306 438	112 230 723	117 494 347	122 106 672	128 926 906	132 178 593	131 576 077
0-4	11 327 238	10 778 048	10 086 733	9 485 106	9 025 069	8 605 277	7 644 247	6 832 926	6 141 551
5-9	11 241 690	11 174 044	10 633 621	9 957 705	9 368 371	8 917 376	8 048 997	7 121 938	6 412 647
10-14	10 804 676	11 105 434	11 041 513	10 510 660	9 844 934	9 264 124	8 412 106	7 476 109	6 684 715
15-19	10 106 037	10 516 774	10 806 548	10 746 224	10 232 417	9 586 293	8 590 179	7 756 077	6 864 452
20-24	9 365 763	9 738 182	10 134 432	10 419 392	10 364 081	9 872 221	8 708 105	7 911 096	7 033 067
25-29	8 150 289	9 047 552	9 417 036	9 809 432	10 092 318	10 042 360	8 969 480	8 043 103	7 265 867
30-34	6 854 138	7 933 719	8 818 489	9 183 777	9 575 663	9 858 688	9 354 783	8 259 557	7 508 745
35-39	5 509 247	6 701 437	7 775 016	8 649 315	9 014 009	9 407 218	9 649 815	8 630 418	7 745 796
40-44	4 365 354	5 397 156	6 578 402	7 643 555	8 511 717	8 877 553	9 557 527	9 083 114	8 028 822
45-49	3 427 532	4 269 914	5 295 066	6 463 531	7 522 574	8 386 570	9 150 301	9 405 947	8 425 427
50-54	2 758 126	3 338 383	4 175 104	5 192 204	6 350 021	7 404 354	8 632 902	9 323 862	8 879 174
55-59	2 265 601	2 661 555	3 238 147	4 064 891	5 073 293	6 218 417	8 119 105	8 894 078	9 169 290
60-64	1 818 675	2 149 095	2 540 766	3 106 969	3 918 607	4 910 671	7 064 005	8 278 912	8 983 509
65-69	1 400 452	1 678 469	1 999 499	2 379 600	2 928 871	3 714 211	5 758 068	7 582 206	8 358 161
70-74	1 022 495	1 239 024	1 501 275	1 804 511	2 166 428	2 687 123	4 332 575	6 308 957	7 456 722
75-79	676 845	848 549	1 043 794	1 280 540	1 557 908	1 890 283	3 034 670	4 791 987	6 393 125
80-84	468 218	509 885	652 793	817 153	1 019 638	1 258 841	1 950 055	3 231 637	4 796 030
85-89	274 156	303 794	341 795	448 439	574 857	732 176	1 141 156	1 906 202	3 095 686
90-94	117 179	142 048	163 123	190 785	258 582	340 999	565 995	926 870	1 600 381
95-99	32 969	42 165	53 791	64 140	78 948	111 020	200 450	336 117	595 575
100 o más	5 484	7 024	9 495	12 794	16 041	20 897	42 385	77 480	137 335
0-5	13 583 689	12 986 902	12 166 355	11 430 535	10 864 580	10 361 951	9 219 793	8 231 386	7 400 652
6-11	13 414 528	13 429 980	12 954 762	12 157 197	11 407 834	10 824 559	9 804 262	8 670 426	7 798 876
12-14	6 375 387	6 640 644	6 640 750	6 365 739	5 965 960	5 600 267	5 081 295	4 529 161	4 039 385
15-64	54 620 762	61 753 767	68 779 006	75 279 290	80 654 700	84 564 345	87 796 202	85 586 164	79 904 149
65 o más	3 997 798	4 770 958	5 765 565	6 997 962	8 601 273	10 755 550	17 025 354	25 161 456	32 433 015

FUENTE: Conapo (1999).

CUADRO 1a. *Población masculina a mitad de año por grupos de edad, 1995-2050*

Edad	*1995*	*2000*	*2005*	*2010*	*2015*	*2020*	*2030*	*2040*	*2050*
Total (años)	45 600 353	49 357 321	52 668 746	55 576 517	58 156 275	60 416 342	63 750 548	65 316 150	64 978 704
0-4	5 753 294	5 476 843	5 127 758	4 823 612	4 591 148	4 378 756	3 891 045	3 478 906	3 127 390
5-9	5 703 778	5 673 050	5 401 487	5 060 575	4 762 964	4 535 305	4 095 716	3 625 062	3 264 772
10-14	5 469 675	5 628 691	5 600 128	5 333 873	4 998 647	4 705 803	4 276 006	3 801 755	3 400 308
15-19	5 082 210	5 295 633	5 447 365	5 421 059	5 165 143	4 841 869	4 342 806	3 923 512	3 473 801
20-24	4 652 390	4 859 307	5 063 487	5 212 288	5 189 279	4 946 859	4 369 105	3 972 888	3 533 926
25-29	4 001 852	4 467 139	4 671 413	4 874 017	5 022 157	5 002 798	4 476 280	4 019 144	3 633 957
30-34	3 349 214	3 882 523	4 339 535	4 541 131	4 744 616	4 893 702	4 654 851	4 117 167	3 747 732
35-39	2 666 954	3 266 145	3 797 112	4 248 360	4 449 776	4 655 149	4 792 017	4 296 082	3 862 390
40-44	2 116 899	2 606 614	3 199 520	3 726 947	4 175 001	4 377 208	4 735 846	4 514 581	3 999 563
45-49	1 663 820	2 064 584	2 551 305	3 137 081	3 661 875	4 107 933	4 518 988	4 664 681	4 190 580
50-54	1 336 470	1 615 013	2 013 052	2 496 653	3 076 472	3 599 293	4 245 932	4 612 074	4 407 915
55-59	1 093 130	1 284 017	1 560 641	1 954 121	2 434 346	3 006 957	3 965 640	4 382 853	4 539 973
60-64	872 442	1 030 521	1 218 838	1 490 027	1 876 000	2 348 402	3 418 571	4 054 981	4 428 600
65-69	663 367	798 260	951 117	1 133 129	1 395 261	1 767 573	2 761 273	3 675 806	4 090 746
70-74	475 818	580 192	706 214	849 608	1 021 760	1 268 652	2 044 795	3 016 322	3 610 320
75-79	307 487	389 087	481 760	594 027	723 727	880 079	1 414 490	2 254 822	3 043 970
80-84	207 413	227 459	293 812	370 176	464 273	574 083	892 924	1 481 245	2 228 949
85-89	118 594	131 784	149 071	197 135	254 136	325 163	508 521	850 830	1 395 386
90-94	49 605	60 108	69 044	81 061	110 583	146 487	244 224	401 133	693 023
95-99	13 698	17 481	22 227	26 460	32 643	46 142	83 858	140 792	249 490
100 o más	2 243	2 870	3 860	5 177	6 468	8 429	17 210	31 514	55 913
0-5	6 898 481	6 598 626	6 184 468	5 812 548	5 526 588	5 272 367	4 692 861	4 190 796	3 768 466
6-11	6 803 714	6 816 071	6 578 784	6 176 956	5 798 681	5 504 291	4 988 267	4 412 810	3 970 212
12-14	3 224 552	3 363 887	3 366 121	3 228 556	3 027 490	2 843 206	2 581 639	2 302 117	2 053 792
15-64	26 835 381	30 371 496	33 862 268	37 101 684	39 794 665	41 779 870	43 520 036	42 557 963	39 818 437
65 o más	1 838 225	2 207 241	2 677 105	3 256 773	4 008 851	5 016 608	7 967 745	11 852 464	15 367 797

FUENTE: Conapo (1999).

CUADRO 1b. *Población femenina a mitad de año por grupos de edad, 1995-2050*

Edad	*1995*	*2000*	*2005*	*2010*	*2015*	*2020*	*2030*	*2040*	*2050*
Total (años)	46 391 811	50 224 930	53 637 692	56 654 206	59 338 072	61 690 330	65 176 358	66 862 443	66 597 373
0-4	5 573 944	5 301 205	4 958 975	4 661 494	4 433 921	4 226 521	3 753 202	3 354 020	3 014 161
5-9	5 537 912	5 500 994	5 232 134	4 897 130	4 605 407	4 382 071	3 953 281	3 496 876	3 147 875
10-14	5 335 001	5 476 743	5 441 385	5 176 787	4 846 287	4 558 321	4 136 100	3 674 354	3 284 407
15-19	5 023 827	5 221 141	5 359 183	5 325 165	5 067 274	4 744 424	4 247 373	3 832 565	3 390 651
20-24	4 713 373	4 878 875	5 070 945	5 207 104	5 174 802	4 952 632	4 339 000	3 938 208	3 499 141
25-29	4 148 437	4 580 413	4 745 623	4 935 415	5 070 161	5 039 562	4 493 200	4 023 959	3 631 910
30-34	3 504 924	4 051 196	4 478 954	4 642 646	4 831 047	4 964 986	4 699 932	4 142 390	3 761 013
35-39	2 842 293	3 435 292	3 977 904	4 400 955	4 564 233	4 752 069	4 857 798	4 334 336	3 883 406
40-44	2 248 455	2 790 542	3 378 882	3 916 608	4 336 716	4 500 345	4 821 681	4 568 533	4 029 259
45-49	1 763 712	2 205 330	2 743 761	3 326 450	3 860 699	4 278 937	4 631 313	4 741 266	4 234 847
50-54	1 421 656	1 723 370	2 162 052	2 695 551	3 273 549	3 805 061	4 386 970	4 711 788	4 471 259
55-59	1 172 471	1 377 538	1 677 506	2 110 770	2 638 947	3 211 460	4 153 465	4 511 225	4 629 317
60-64	946 233	1 118 574	1 321 928	1 616 942	2 042 607	2 562 269	3 645 434	4 223 931	4 554 909
65-69	737 085	880 209	1 048 382	1 246 471	1 533 610	1 946 638	2 996 795	3 906 400	4 267 415
70-74	546 677	658 832	795 061	954 903	1 144 668	1 418 471	2 287 780	3 292 635	3 846 402
75-79	369 358	459 462	562 034	686 513	834 181	1 010 204	1 619 730	2 537 165	3 349 155
80-84	260 805	282 426	358 981	446 977	555 365	684 758	1 057 131	1 750 392	2 567 081
85-89	155 562	172 010	192 724	251 304	320 721	407 013	632 635	1 055 372	1 700 300
90-94	67 574	81 940	94 079	109 724	147 999	194 512	321 771	525 737	907 358
95-99	19 271	24 684	31 564	37 680	46 305	64 878	116 592	195 325	346 085
100 o más	3 241	4 154	5 635	7 617	9 573	12 468	25 175	45 966	81 422
0-5	6 685 208	6 388 276	5 981 887	5 617 987	5 337 992	5 089 584	4 526 932	4 040 590	3 632 186
6-11	6 610 814	6 613 909	6 375 978	5 980 241	5 609 153	5 320 268	4 815 995	4 257 616	3 828 664
12-14	3 150 835	3 276 757	3 274 629	3 137 183	2 938 470	27 757 061	2 499 656	2 227 044	1 985 593
15-64	27 785 381	31 382 271	34 916 738	38 177 606	40 860 035	42 784 475	44 276 166	43 028 201	40 085 712
65 o más	2 159 573	2 563 717	3 088 460	3 741 189	4 592 422	5 738 942	9 057 609	13 308 992	17 065 218

FUENTE: Conapo (1999).

GRÁFICA 4. *Priámides de póblación, 1995 y 2050*

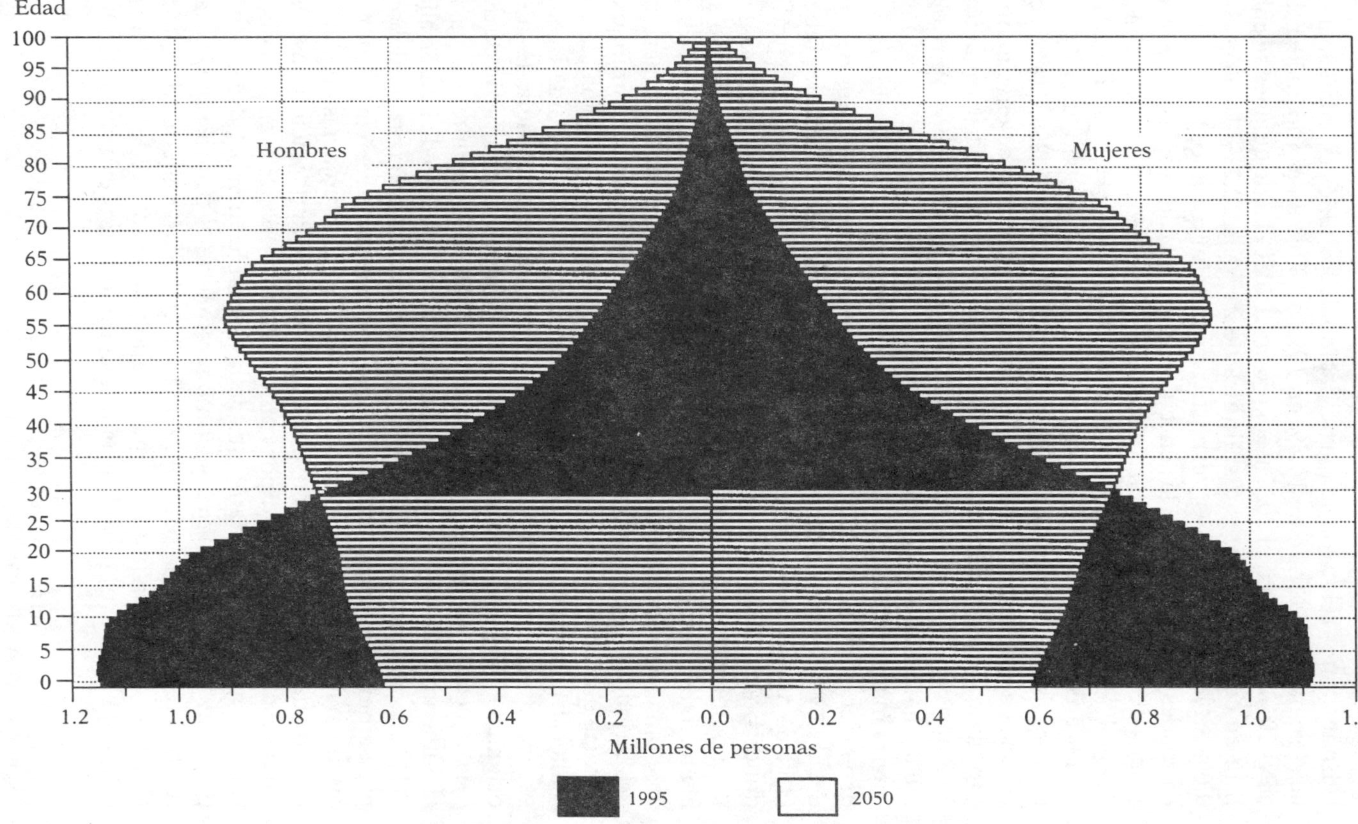

En términos relativos, la participación de los niños en edades preescolares se habrá reducido de 14.8% en 1995 a 13.0% en el año 2000, a 10.2% en el 2010, a 7.2% en el 2030 y a 5.6% en el 2050. La de quienes se encuentran en edades escolares disminuirá de 21.5% a 20.2%, 16.5%, 11.5% y 9.0% en los mismos años, respectivamente. En cambio, las poblaciones en edades de trabajar y en la senectud abarcarán cada vez mayores proporciones de la población total: la concentración de la primera aumentará de 59.4% en 1995 a 62.0% en el año 2000, a 67.1% en el año 2010 y a 68.1% en el 2030, para descender a 60.7% en el año 2050; la del grupo de mayor edad se incrementará de 4.3% a 4.8%, 6.2%, 13.2% y 24.6% en los mismos años, respectivamente. El paulatino proceso de envejecimiento propiciará un gradual aumento en la edad media de la población: de 25.2 años en 1995 a 26.7 en el año 2000, a 30.3 en el 2010, a 38.1 para el 2030 y a 45.1 años en el 2050.

Otra manera de ver el proceso de envejecimiento es mediante la razón de dependencia *demográfica,* que consiste en la suma de menores de 15 años de edad y mayores de 65 dividida entre las personas en edades laborales (15 a 64 años). La evolución de este indicador se presenta en la gráfica 5, donde puede observarse cómo los componentes del crecimiento natural no modifican con la misma fuerza la estructura por edad de la población: el efecto del descenso en la fecundidad antecede al de la mortalidad. En efecto, la rápida caída de la razón de dependencia, en la primera mitad del periodo de la proyección, se debe sobre todo a la franca disminución de la parte que corresponde a los niños y adolescentes (0-14 años), la cual se halla estrechamente vinculada a la reducción de la fecundidad y apenas se ve contrarrestada por el leve aumento en la dependencia de la vejez, originada en el descenso de la mortalidad. Una vez que la razón de dependencia alcanza su mínimo histórico en el año 2020, el repunte se origina por el aumento de la población senecta (debido al descenso de la mortalidad).

Es útil comparar las nuevas proyecciones del Conapo con las elaboradas previamente por esta institución, así como con las realizadas por otros organismos como se muestra en el cuadro 2. Las diferencias en el número total de habitantes se deben, por un lado, a que la población base es distinta en cada ejercicio[2] y, por otro, a las discrepancias en las hipótesis sobre el futuro comportamiento de las variables demográficas —principalmente de la fecundidad—, como se advierte al contrastar el aumento relativo respecto de la población de 1990 en la parte inferior del cuadro 2. El efecto de las distintas premisas adoptadas se puede observar en el siguiente caso extremo: si se asume la dinámica prevista por la Oficina

[2] La proyección del Conapo de 1989 parte del censo de 1980; la de 1995 del censo de 1990, y la más reciente del conteo de población de 1995.

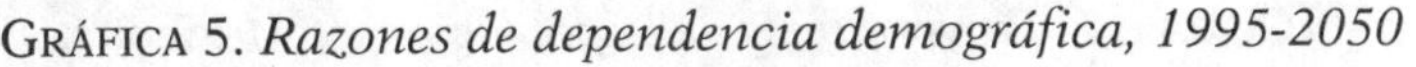

GRÁFICA 5. *Razones de dependencia demográfica, 1995-2050*

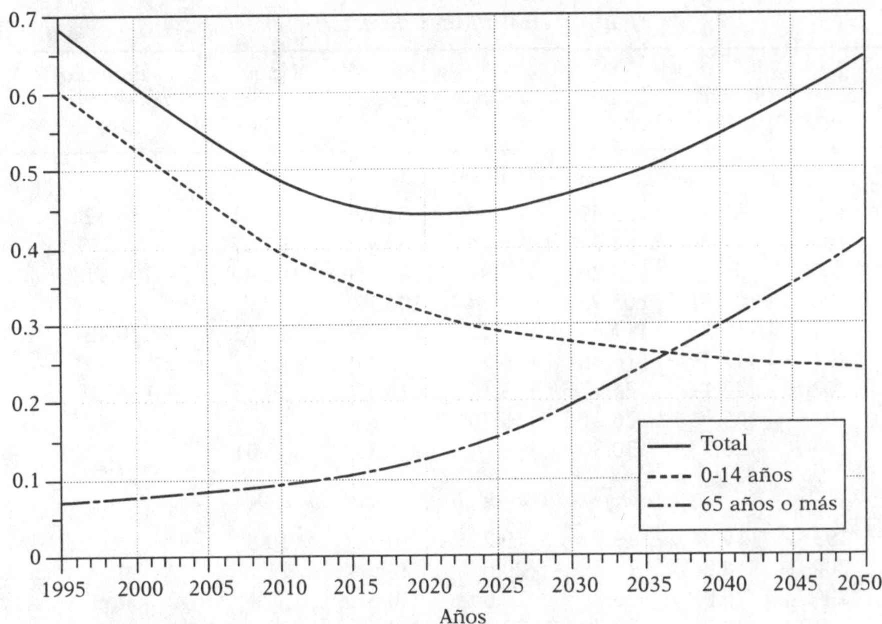

de Censos de los Estados Unidos (véase la última columna del panel inferior del cuadro 2) y se adopta la población estimada por el Conapo para 1990, el volumen de habitantes en el año 2020 sería de casi 134 millones, en lugar de los 122 millones proyectados por el Conapo; es decir, una diferencia de 12 millones (9.6% de exceso respecto de 122), cifra aún mayor a la prevista por el Conapo para el año 2044, cuando la población del país alcanzaría su máximo histórico de 132.4 millones.

En la siguiente sección veremos que los diferentes plazos establecidos para alcanzar el reemplazo generacional son más determinantes de las divergencias en el ritmo de crecimiento que las hipótesis adoptadas para la mortalidad y la migración internacional. Así, las diferencias entre las proyecciones incluidas en el cuadro 2 se deben principalmente a las premisas asumidas para la fecundidad futura:

- En las proyecciones más recientes del Conapo (1995 y 1998) se establece que la fecundidad seguirá descendiendo hasta 2030, después de alcanzar en 2005 el reemplazo demográfico.
- En la hipótesis de fecundidad "baja" de la versión de 1989 del Conapo, en la variante "media" de las Naciones Unidas y en las proyecciones del Banco Mundial se supone que, una vez alcanzado el reemplazo

CUADRO 2. *Proyecciones de la población de México según diversas fuentes, 1990-2030 (Cifras en millones de personas)*

Año	*Conapo 1998*[a]	*Conapo 1995*[b]	*Conapo 1989*[c]	*Banco Mundial 1994*[d]	*Naciones Unidas 1994*[e]	*US Bureau of the Census 1994*[f]
			Población:			
1990	83.84	83.49	87.50	81.72	84.51	85.12
1995	92.06	91.61	96.46	90.46	93.67	
2000	99.58	99.20	104.97	98.79	102.41	102.91
2005	106.31	105.90	112.84	106.72		
2010	112.23	111.68	120.12	114.02	117.65	120.12
2015	117.49	116.88	126.89	121.17		
2020	122.11	121.77	133.14	128.46	130.65	136.10
2025	125.96	126.27	138.70	135.61		
2030	128.93	130.30		142.33	143.01	
			Incremento porcentual respecto de 1990			
1995	9.8	9.7	10.2	10.7	10.8	
2000	18.8	18.8	20.0	20.9	21.2	20.9
2005	26.8	26.8	29.0	30.6		
2010	33.9	33.8	37.3	39.5	39.2	41.1
2015	40.1	40.0	45.0	48.3		
2020	45.7	45.8	52.2	57.2	54.6	59.9
2025	50.2	51.2	58.5	65.9		
2030	53.8	56.1		74.2	69.2	

[a] Conapo (1999).
[b] Conapo (1995).
[c] Conapo (1989). Hipóstesis de fecundidad baja.
[d] Bos *et al.* (1994).
[e] United Nations (1995). Hipótesis de fecundidad media.
[f] Bureau of the Census (1994).

demográfico (en 2010 en esas proyecciones), el nivel de la fecundidad se mantendría constante.

- En las previsiones de la Oficina de Censos de los Estados Unidos se supone que al final del horizonte de la proyección (2020) aún no se habría alcanzado el reemplazo demográfico.

Las hipótesis que sirven de base para las recientes proyecciones del Conapo indican que la transición demográfica se habrá completado al final de la proyección (gráfica 6). El envejecimiento paulatino de la estructura por edades propiciará un aumento gradual de la tasa bruta de

GRÁFICA 6. *Transición demográfica de México, 1950-2050*

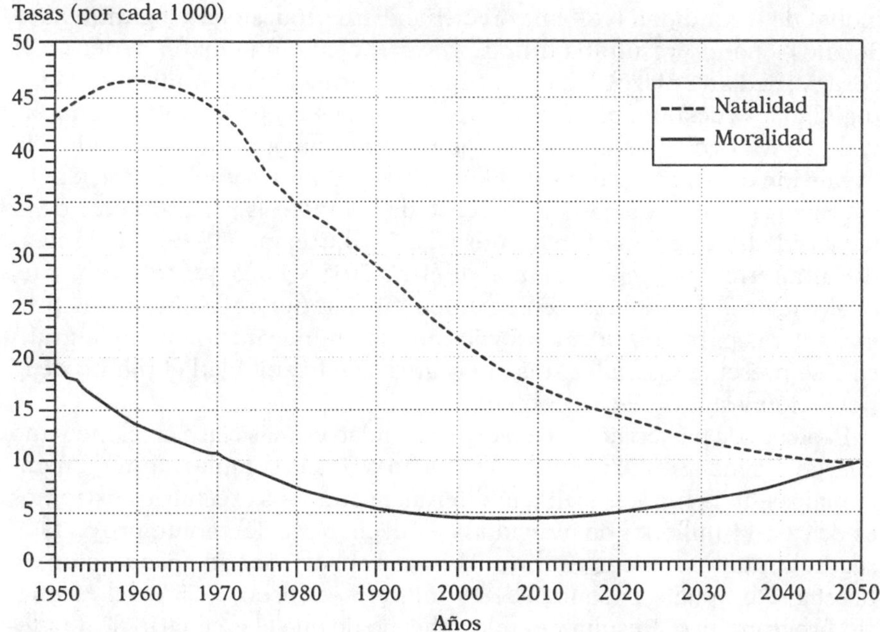

mortalidad y la fecundidad, por debajo del reemplazo generacional, favorecerá el continuo descenso de la tasa de natalidad, de tal suerte que a partir de 2049 no sólo se habrá completado la transición demográfica, sino que incluso el país experimentará una progresiva disminución de su población por crecimiento natural, fenómeno que ocurrirá por vez primera desde la culminación del periodo revolucionario (1910-1921).

ESCENARIOS ALTERNATIVOS

Las previsiones de la fecundidad, la mortalidad y la migración internacional que describimos en la sección previa constituyen el *escenario programático;* es decir, son las metas de crecimiento demográfico que tiene el Conapo para el corto, mediano y largo plazos. Cuando se hacen proyecciones, comúnmente se ofrecen escenarios alternativos con el fin de ofrecer una franja dentro de la que pueden variar el tamaño, la estructura y la tasa de crecimiento de la población futura. En esta sección se presentan escenarios comparados que permiten observar la repercusión que tienen, sobre todo en el largo plazo, las modificaciones en las hipótesis adoptadas para las variables demográficas.

Por lo regular se proponen tres alternativas para la fecundidad futura, donde, por lo general, en la hipótesis alta se mantiene constante la tasa global de fecundidad (TGF) más reciente. Este supuesto era legítimo hace 30 años, cuando resultaba difícil prever el efecto que iban a tener en el corto y mediano plazos los programas de planificación familiar; en la actualidad, es cuestionable ante el rápido descenso de la fecundidad observado en México a partir de 1970 y la importancia que se ha otorgado a la expansión de los programas de planificación familiar y salud reproductiva. Si se retiene el patrón de descenso de la hipótesis programática de la fecundidad —que denominaremos *baja*—, el Conapo (1999) ha planteado las alternativas *media* y *alta* al diferir a 2015 y 2025, respectivamente, el alcanzar el reemplazo demográfico. Si se retienen las premisas programáticas para la mortalidad y la migración internacional, en la gráfica 7 se presentan para las tres alternativas de fecundidad el monto de la población y su tasa de crecimiento.

El efecto de postergar la meta de fecundidad es más claro en el mediano y largo plazos. En 2025, cuando se alcanzaría el reemplazo intergeneracional según la hipótesis alta, la diferencia entre los escenarios extremos es de casi 11 millones de individuos, es decir, 8.3% del monto proyectado según la premisa programática. Al final del horizonte de proyección, la brecha se amplía a poco más de 19 millones, es decir, 14.5% del escenario programático. Resulta notable el hecho de que el escenario de alta fecundidad difiere el decremento poblacional a la segunda mitad del siglo próximo, mientras que el intermedio lo mantiene en la primera mitad (iniciaría en 2047).

En el caso de la mortalidad, rara vez se establecen hipótesis alternativas; no obstante, aquí adoptamos dos panoramas más conservadores a fin de analizar la sensibilidad del riesgo de morir en la proyección. Asimilando las previsiones programáticas de Conapo a la hipótesis de *baja* mortalidad, se establece la variante *media* como aquella en que la esperanza de vida al final del horizonte de la proyección sería de 79.2 años para hombres y 83.1 años para mujeres; y la hipótesis *alta* como aquella donde la vida media ascendería a 76.6 y 80.7 años para hombres y mujeres, respectivamente. Repitiendo las hipótesis programáticas de la fecundidad y la migración internacional, en la gráfica 8 se presenta el cambio en el número de habitantes y la tasa de crecimiento debido a la modificación de las previsiones de la mortalidad.

Claramente, el efecto resulta menor que en el caso de la fecundidad: ahora en 2025 la diferencia entre los escenarios extremos es apenas de algo más de dos millones de personas y, a mediados del siglo próximo, de menos de siete millones, que equivalen a sólo 5.1% de la población proyectada según la hipótesis de baja mortalidad. También se observa que el

GRÁFICA 7. *Proyecciones de la población de México según tres hipótesis del año en que se alcanzaría la fecundidad de remplazo, 1995-2050*

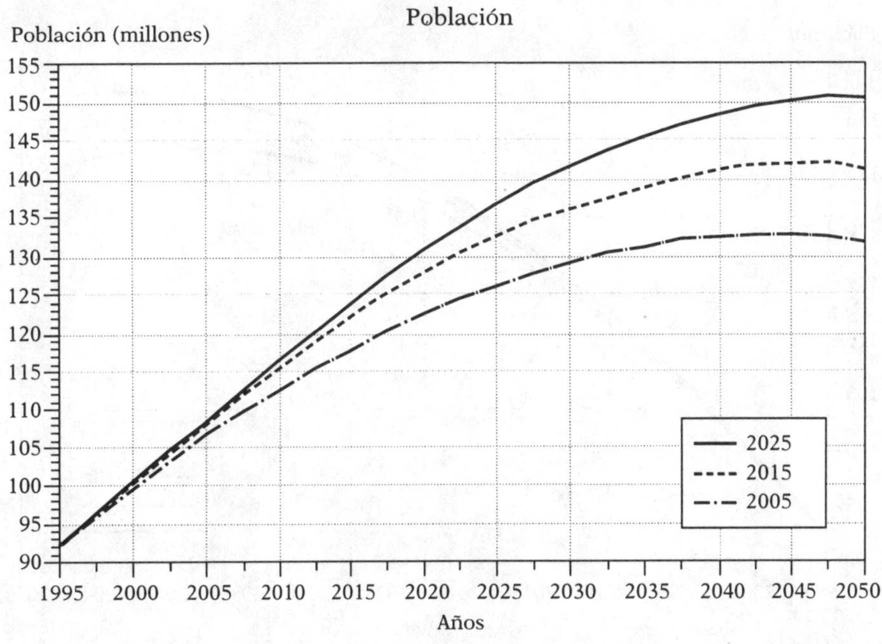

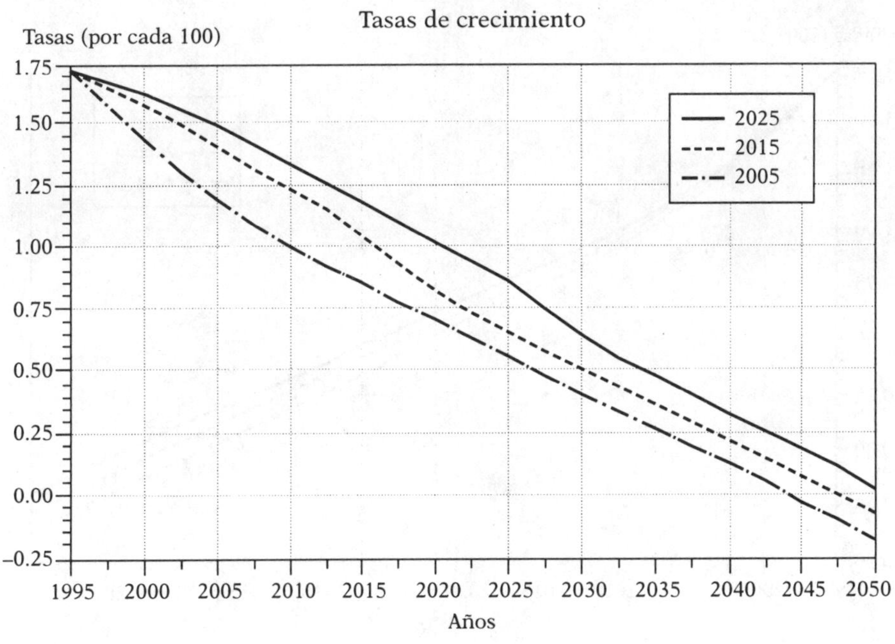

GRÁFICA 8. *Proyecciones de la población de México según tres hipótesis de la mortalidad futura, 1995-2050*

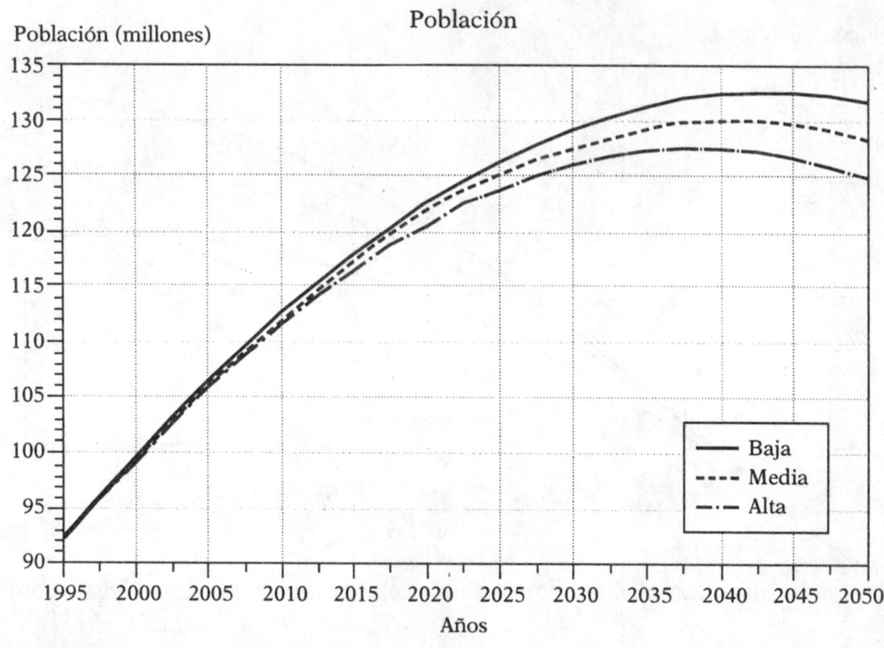

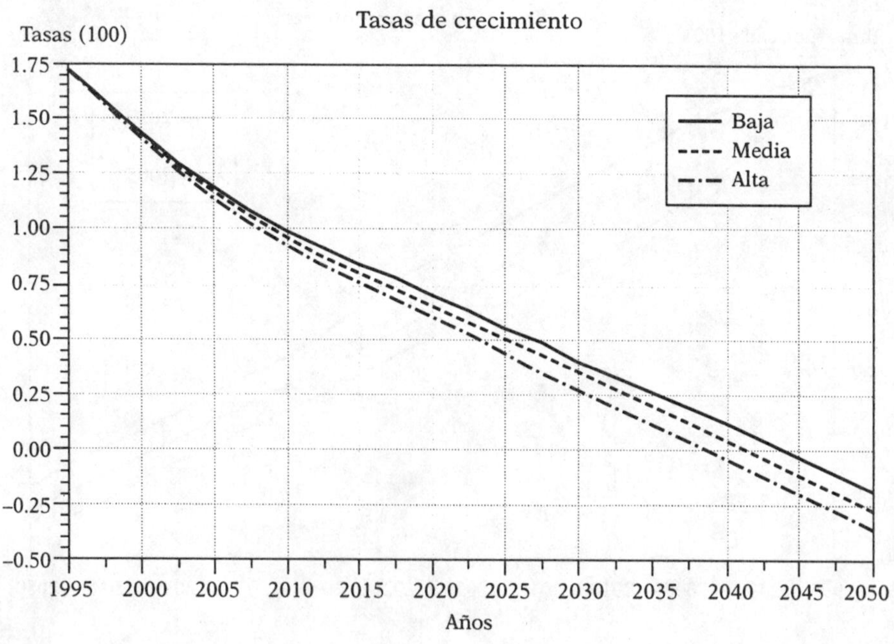

descenso más pausado del riesgo de fallecer adelanta cinco años (de 2044 a 2039) el decremento demográfico respecto del escenario programático.

Con el fin de evaluar la repercusión que tiene la incidencia futura de variables socioeconómicas relevantes en la intensidad de la emigración de México hacia los Estados Unidos, utilizamos los resultados del trabajo de Tuirán, Partida y Ávila (1998), donde se contrastan condiciones que —ligadas a la evolución de los mercados laborales de las dos naciones— alivian o agudizan las presiones migratorias.

Entre los cuatro escenarios alternativos, elegimos los dos que propician las menores y las mayores tasas de crecimiento demográfico de México. En la gráfica 9 se advierten diferencias de apenas 1.61 millones en 2025 y de 4.26 millones en 2050 en el número de habitantes de México entre las situaciones extremas. El estrecho margen que cubren los límites indica que factores relacionados con la tradición migratoria de más de 100 años y las redes sociales aparentemente ejercen mayor influencia en la emigración internacional que la repercusión que tienen las fluctuaciones económicas en los mercados laborales de ambas naciones.

Dentro de la gama de escenarios demográficos futuros que hemos prefigurado, se delinean dos situaciones extremas: una de población y tasa de crecimiento mínimas, que equivale a alcanzar el reemplazo demográfico en 2005, alta mortalidad y tasas máximas de emigración hacia los Estados Unidos; la otra, de cifras máximas, corresponde a la consecución del reemplazo demográfico en 2025, mortalidad programática y mayor retención de potenciales emigrantes hacia el vecino país del Norte.

En la gráfica 10, se contrastan dichos escenarios extremos con la proyección programática. La mayor proximidad de esta última al escenario de crecimiento mínimo se debe a que en ambas situaciones se prevé alcanzar el reemplazo intergeneracional en 2005, y la fecundidad es el factor más determinante de la variación en el monto de la población. Después de haber mostrado las diferentes combinaciones de las condiciones extremas de la mortalidad, la fecundidad y la migración, concluimos que la mayor parte de la diferencia de 30.2 millones de personas, que separa a los panoramas extremos en 2050, se debe el hecho de postergar 20 años el logro del reemplazo demográfico (18.1 millones o 59.9%) y, en menor grado, a la mayor reducción del riesgo de fallecer (7.0 millones o 23.4%), así como a las situaciones límite de la migración internacional (5.1 millones o 16.8%).

En las razones de dependencia demográfica (que se presentan en la gráfica 11) se observa que, tanto para el indicador global como para la parte infantil y adolescente, el escenario programático se sitúa dentro de las situaciones extremas de crecimiento poblacional, como es de esperarse; por lo contrario, la dependencia de la vejez sale del rango de variación.

GRÁFICA 9. *Proyección de la población de México según tres hipótesis de la emigración futura de mexicanos a los Estados Unidos, 1995-2050*

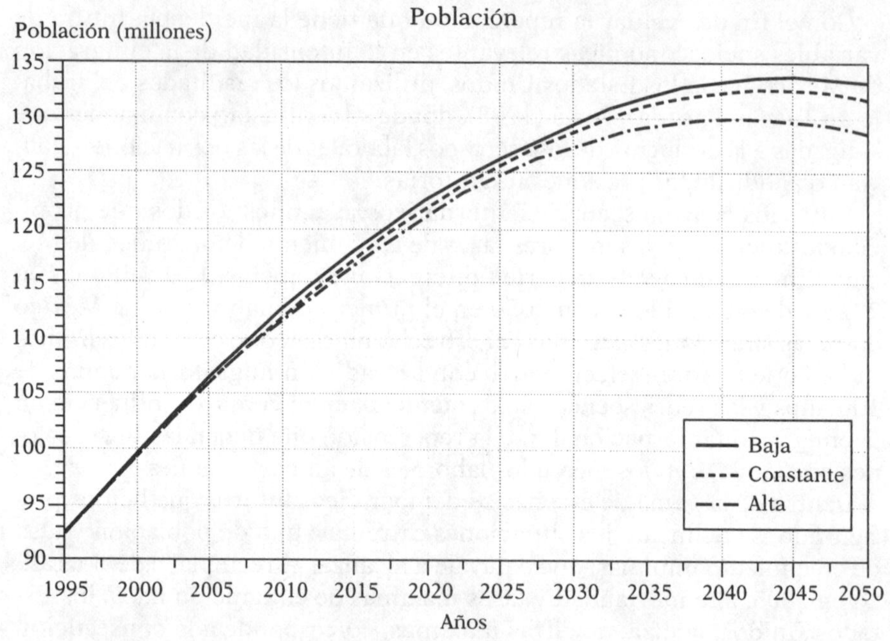

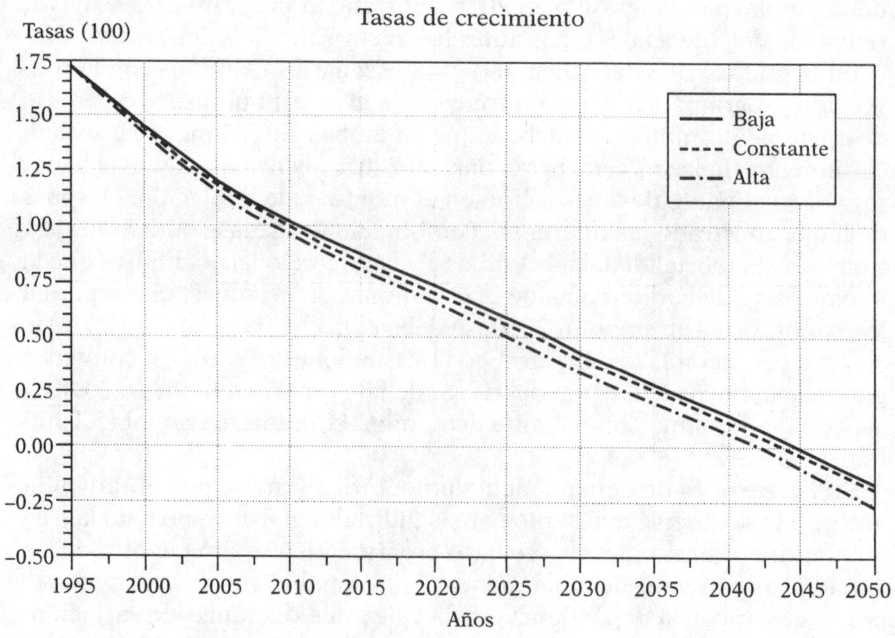

GRÁFICA 10. *Proyecciones de la población de México según hipótesis demográficas extremas y programáticas, 1995-2050*

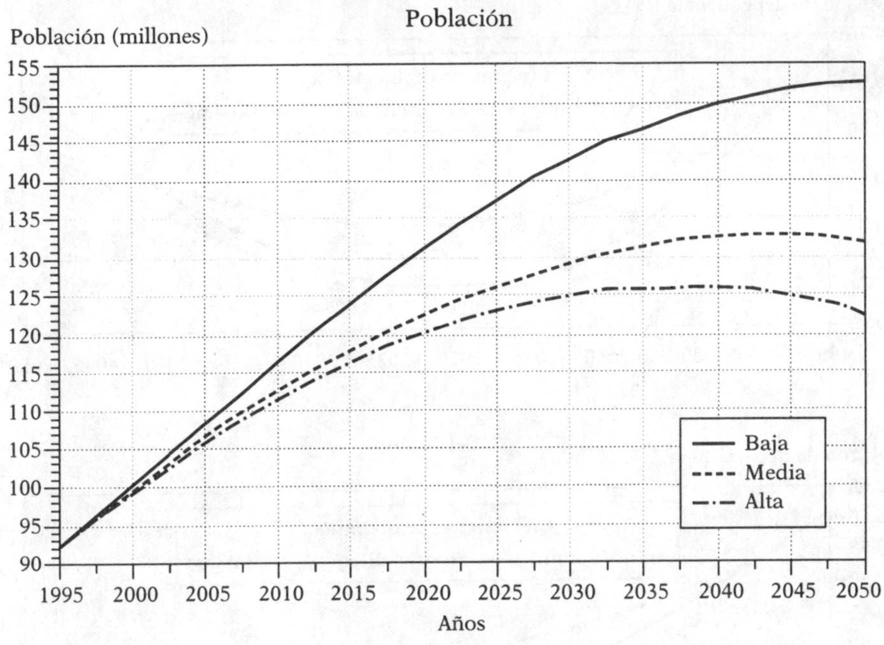

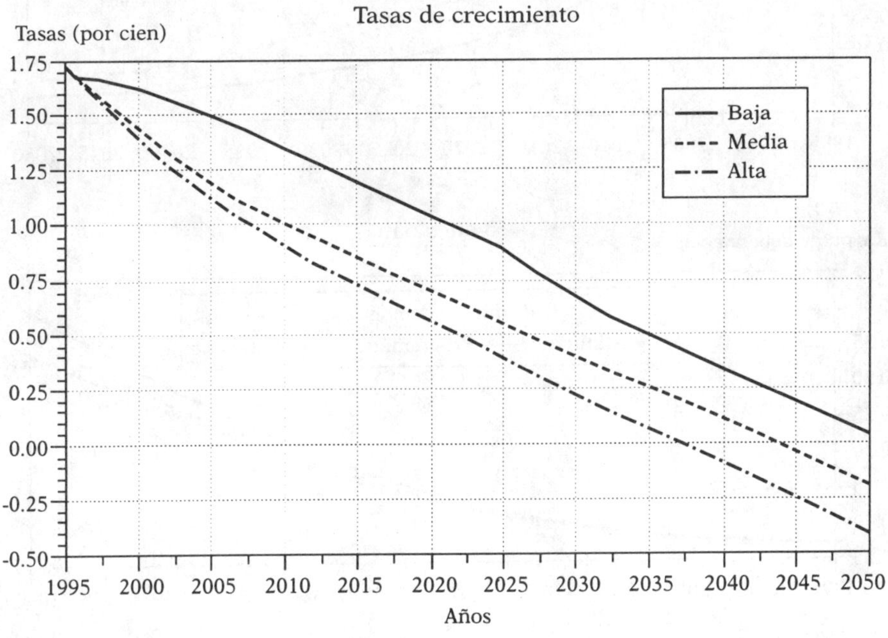

GRÁFICA 11. *Razones de dependencia demográfica según hipótesis demográficas extremas y programática, 1995-2050*

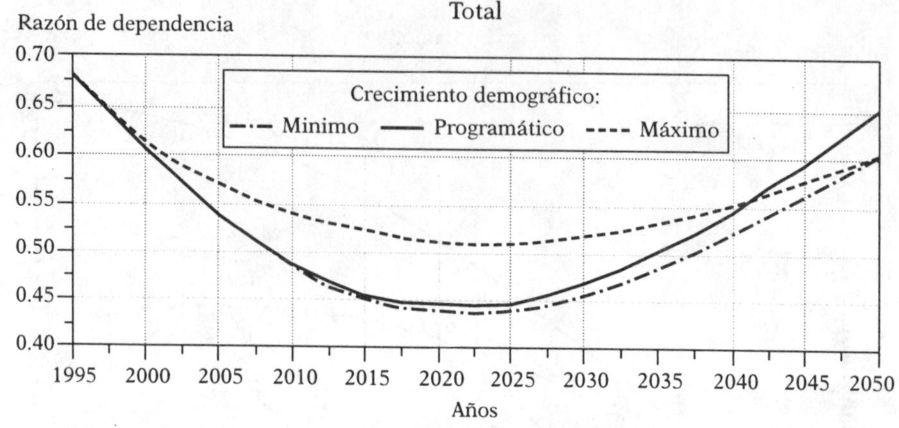

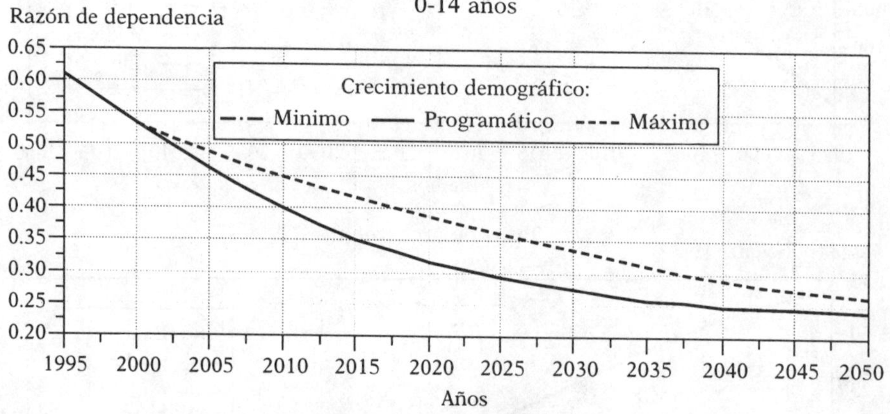

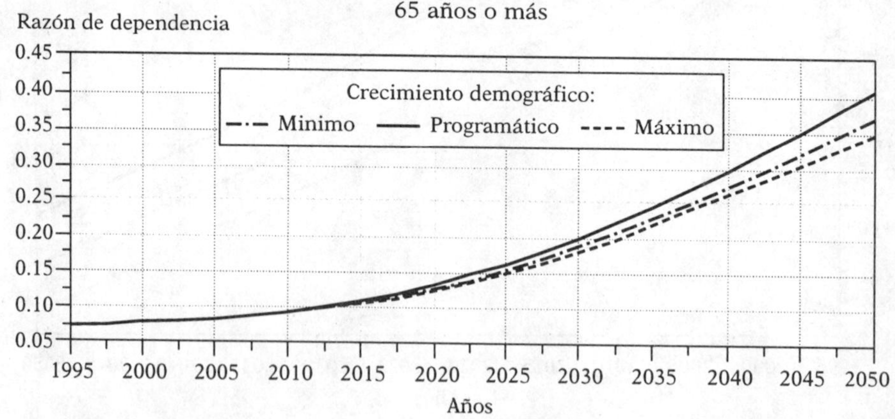

Esto último se debe principalmente a que en el escenario programático se conjugan los niveles bajos de fecundidad con los niveles bajos de mortalidad, de tal manera que, por un lado, se observa una menor población en edades laborales jóvenes que en el escenario de máximo crecimiento poblacional; y, por el otro, un crecimiento más acelerado de la población de la tercera edad que según el panorama mínimo. Este hecho se corrobora en la gráfica 12, donde contrastamos las pirámides de edades para los tres escenarios. Se advierte que la mayor fecundidad en la proyección de más alto crecimiento demográfico propicia una menor razón de dependencia, y que en el escenario de más bajo crecimiento (donde se adopta la hipótesis de mortalidad alta) es donde las razones de dependencia se aproximan más a las de la proyección programática. Conforme este proceso se agudiza con el paso del tiempo, la razón de dependencia global según el escenario programático no sólo se aleja progresivamente de la situación de crecimiento mínimo, sino que incluso se sale del rango comprendido por los panoramas extremos de aumento poblacional a partir de 2042.

Demandas socioeconómicas inherentes a la proyección programática

Los cambios en la estructura por edad de la población plantean modificaciones en las esferas social, económica, política y cultural. Dentro de la variada gama de aspectos en los que repercute la dinámica demográfica en el largo plazo, en esta sección sólo abordaremos los relacionados con las futuras demandas de educación básica, empleo, salud y vivienda.

Educación

Se prevé que la población en edad de asistir a la escuela primaria (6 a 11 años) se mantendrá más o menos constante, en 13.4 millones entre 1995 y 2000, para luego descender gradualmente hasta 7.8 millones en 2050, como se puede ver en el cuadro 3. La matrícula de inicio de cursos de educación primaria representaba 98.4% del total de niños y jóvenes en edad de asistir a ese nivel educativo en 1995.[3] Si suponemos que la cobertura crecerá linealmente hasta ser total en 2000, la demanda de educación primaria equivale a la población total de ese grupo etario durante la primera mitad del próximo siglo (véase el cuadro 3). Esta tendencia entraña que en

[3] La matrícula de 1995 considerada aquí incluye a los jóvenes de 11 años inscritos en secundaria y excluye a los niños de cinco años que asisten a primaria.

GRÁFICA 12. *Pirámides de población 2050*

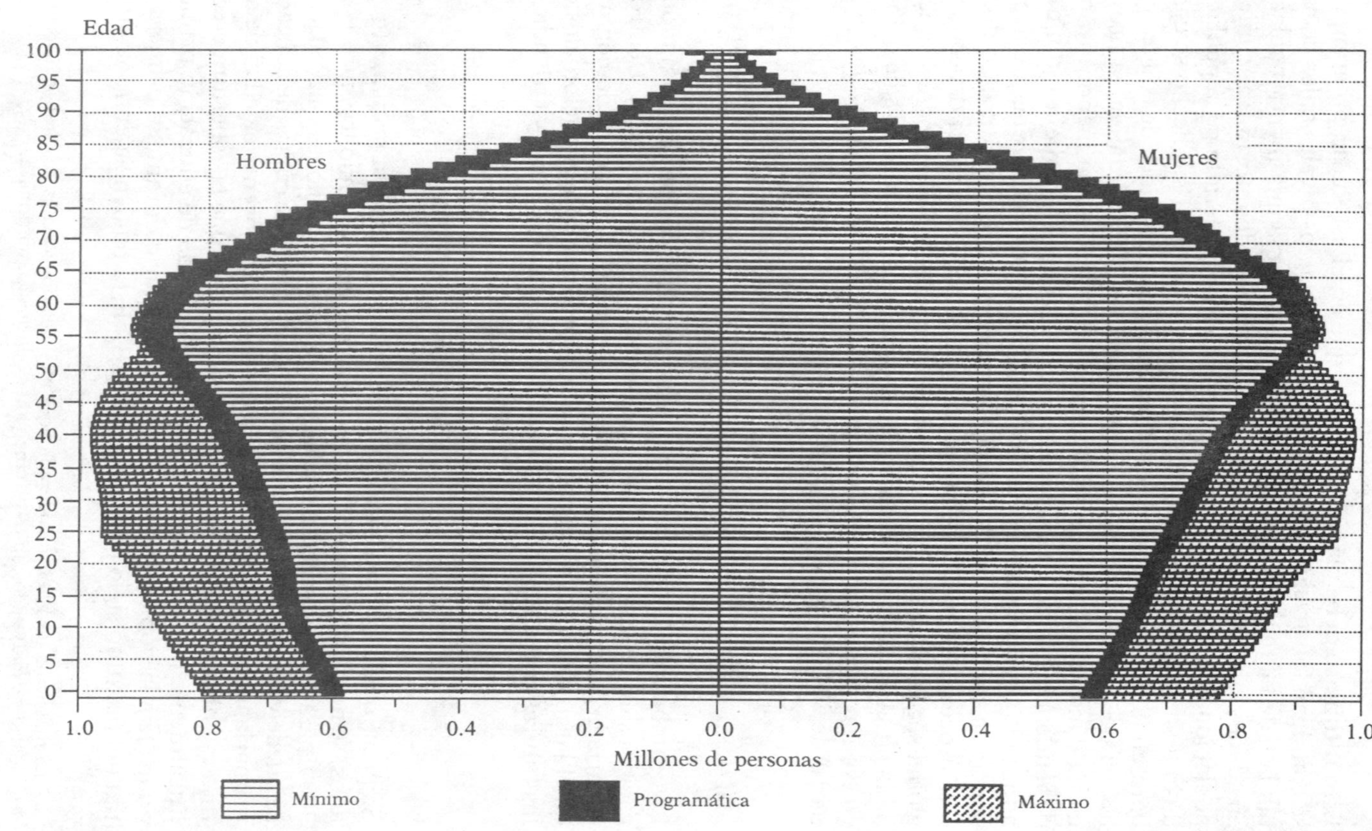

CUADRO 3. *Matrícula de educación básica y cobertura, 1995-2050*

	Población		*Matrícula*		*Cobertura*	
Año	*Primaria 6-11*	*Secundaria 12-14*	*Primaria 6-11*	*Secundaria 12-14*	*Primaria 6-11*	*Secundaria 12-14*
1995	13414528	6375387	13199972	3651060	98.4	57.3
2000	13429980	6640644	13429980	4512387	100.0	68.0
2005	12954762	6640750	12954762	5221889	100.0	78.6
2010	12157197	6365739	12157197	5685688	100.0	89.3
2015	11407834	5965960	11407834	5965960	100.0	100.0
2020	10824559	5600267	10824559	5600267	100.0	100.0
2030	9804262	5081295	9804262	5081295	100.0	100.0
2040	8670426	4529161	8670426	4529161	100.0	100.0
2050	7798876	4039385	7798876	4039385	100.0	100.0

el mediano y largo plazos podrá reducirse la carga sobre los maestros necesarios para satisfacer la demanda. Si se mantiene constante el promedio de 25.6 alumnos por maestros de 1995, se requerirá cada vez menos personal docente, como se puede ver en el panel izquierdo del cuadro 4. Así, la disminución en la demanda de educación primaria permitirá aumentar la cantidad de recursos asignados por estudiante; o bien, en el corto plazo, iniciar programas encaminados a transferir docentes a niveles superiores de educación, lo cual exigiría intensos procesos de capacitación.

El número de jóvenes en edad de asistir a la educación secundaria (12 a 14 años), en cambio, aumentará de 6.37 millones en 1995 a 6.64 millones en 2000, y permanecerá casi constante hasta 2005, para luego bajar progresivamente hasta cuatro millones en 2050. Puesto que la cobertura en

CUADRO 4. *Recursos humanos para educación básica y salud, 1995-2050*

	Personal docente			*Médicos y enfermeras*		
Año	*Primaria*	*Secundaria*	*Total*	*Médicos*	*Enfermeras*	*Total*
1995	516051	206099	722150	119434	168170	287604
2000	525043	254720	779763	129288	250651	379939
2005	506465	294771	801236	138018	340815	478833
2010	475284	320952	796236	145710	437130	582840
2015	445988	336773	782761	152544	457632	610176
2020	423185	316130	739315	158532	475596	634128
2030	383296	286834	670130	167387	502161	669548
2040	338969	255667	594636	171608	514824	686432
2050	304896	228020	532916	170826	512478	683304

CUADRO 5. *Población económicamente activa por sexo, 1995-2050*

	Población económicamente activa			*Porcentaje respecto de la población de 12 años o más de edad*		
Año	*Hombres*	*Mujeres*	*Total*	*Hombres*	*Mujeres*	*Total*
1995	25 023 256	11 545 769	36 569 025	54.9	24.9	39.8
2000	28 536 580	15 278 296	43 814 876	57.8	30.4	44.0
2005	32 044 240	17 432 558	49 476 798	60.8	32.5	46.5
2010	35 369 755	19 235 544	54 605 299	63.6	34.0	48.7
2015	38 313 512	20 746 726	59 060 238	65.9	35.0	50.3
2020	40 747 118	21 909 983	62 657 101	67.4	35.5	51.3
2030	43 922 355	23 165 397	67 087 752	68.9	35.5	52.0
2040	44 839 749	23 136 393	67 976 142	68.7	34.6	51.4
2050	43 613 777	22 132 571	65 746 348	67.1	33.2	50.0

1995 es significativamente menor que en la primaria (57.3%), supusimos que será total sólo a partir de 2015; de esa manera se cumpliría con las metas para el año 2000 establecidas en el Programa de Desarrollo Educativo 1995-2000. En los cuadros 5 y 6 se advierte que la matrícula de secundaria, y por ende el personal docente,[4] iniciará el descenso en 2015; es decir, una vez que se alcance la cobertura universal. Nuevamente, amén de elevar la asignación de recursos por escolar, bien se pueden

CUADRO 6. *Hogares y viviendas particulares, 1995-2050*

Año	*Hogares*	*Viviendas particulares*	*Población en hogares*	*Miembros por hogar*	*Ocupantes por vivienda*
1995	19 891 313	19 403 409	91 574 687	4.6	4.7
2000	23 466 477	22 890 880	99 126 664	4.2	4.3
2005	27 338 415	26 667 845	105 817 344	3.9	4.0
2010	31 392 351	30 622 344	111 712 837	3.6	3.6
2015	35 514 212	34 643 102	116 953 626	3.3	3.4
2020	39 524 133	38 554 665	121 549 105	3.1	3.2
2030	46 465 711	45 325 977	128 346 132	2.8	2.8
2040	51 273 333	50 015 675	131 576 270	2.6	2.6
2050	53 496 211	52 184 029	130 952 941	2.4	2.5

[4] Para determinar el número de maestros, se mantuvo constante el promedio de 17.7 alumnos por docente observado en 1995.

anticipar programas enfocados a la capacitación de maestros para ser transferidos a la educación media superior e incluso superior.

Salud

Las perspectivas futuras de las demandas de salud se pueden analizar desde diversos ángulos: uno de ellos consiste en el número de médicos y enfermeras necesario para satisfacer la demanda, el cual se presenta en el panel derecho del cuadro 4. Mantuvimos constante el promedio de 1995 de 770 habitantes por médico, ya que cumple la recomendación internacional de menos de 1 000; pero aumentamos gradualmente el número de enfermeras por médico, del promedio de 1.41 registrado en 1995 a la propuesta internacional de tres en 2010; es decir, conservamos fija esa relación hasta el final de la proyección. Así, mientras el personal médico crecerá a la misma tasa que la población total, el monto de enfermeras deberá incrementarse en más de 50% al cabo de los primeros 15 años si se quiere alcanzar la recomendación internacional en 2010.

El proceso de envejecimiento de la población va acompañado de un número cada vez mayor de personas que presentan algunos rasgos indicativos de deterioro funcional, ya sea en actividades básicas o de movilidad dentro o fuera de la vivienda. Estadísticas correspondientes a 1994 indican que 42.9% de las personas de 65 años o más de edad padecen de algún deterioro funcional, el cual se presenta con más frecuencia en las mujeres (50.1%) que en los hombres (34.4%). Entre quienes presentan deterioro, casi dos terceras partes (62.5%) no pueden desarrollar actividades en el exterior de la vivienda y el resto (37.5%) tiene impedimentos físicos o mentales para llevar a cabo actividades básicas o de movilidad dentro de la vivienda. El deterioro en actividades de movilidad fuera de la vivienda es más común en los hombres (67.4%) que en las mujeres (59.7%).

Si mantenemos constantes esas proporciones de personas de la tercera edad con algún tipo de deterioro funcional, el número de personas envejecidas que presentaría impedimentos físicos o mentales ascendería de 1.7 millones en 1995 a 2.0 millones en 2000, a 3.0 millones en 2010, a 7.3 millones en 2030 y a 15.1 millones en 2050. No obstante, tales previsiones pueden considerarse conservadoras, pues es probable que —al alargarse la sobrevivencia de los individuos— a quienes se les evite una muerte prematura sean más propensos a padecer algún tipo de deterioro funcional en la vejez. Es necesario iniciar programas de capacitación de personas dedicadas al cuidado de ancianos que padezcan de deterioro funcional, quizá no de tan alto grado de especialización como una enfermera, pero cuyo número posiblemente represente algunos miles, acaso millones, adicionales al de médicos y enfermeras previsto para 2050.

Asimismo, la presencia cada vez mayor de viejos en la sociedad promoverá un cambio paulatino en el perfil del gremio de los médicos: cada vez habrá más cardiólogos, oncólogos, geriatras y gerontólogos y menos obstetras y pediatras.

Empleo

Dos procesos complementarios propiciarán un acelerado aumento en la demanda de empleo en el corto y mediano plazos: por un lado, la inercia del rápido crecimiento demográfico del pasado, que se traducirá en significativos incrementos de la población en edades de trabajar; por el otro, la incorporación cada vez mayor de las mujeres en el mercado laboral. En este apartado se presentan proyecciones de la población económicamente activa (PEA) que retoman ese panorama; se conservan fijas las tasas de retiro de la actividad de ambos sexos y las de ingreso masculinas y se mantenien en continuo ascenso las de entrada femeninas. Los datos de base provienen de los niveles de inserción en la actividad económica recogidos en la Encuesta Nacional de Empleo de 1995, 1996 y 1997, así como la movilidad laboral captada por la Encuesta Nacional de Empleo Urbano de 1994 a 1997. La evolución de la PEA se presenta en el cuadro 5.

En la demanda futura de empleos se distinguen claramente dos etapas. La primera abarca hasta 2015, cuando el número de puestos de trabajo requeridos aumenta a razón de más de un millón por año; la segunda cubre los últimos 35 años y en ella no sólo se frena marcadamente el incremento, sino incluso se torna negativo a partir de 2038, cuando la PEA alcanzaría el máximo histórico de 68 millones. En la contención del ritmo de crecimiento (tanto de la PEA como de la proporción que representa de la población de 12 años o más) intervienen dos factores: por un lado, cada vez resulta más lento el ascenso de la participación femenina, ya que al aumentar más rápido la población que trabaja que la que no lo hace, los retiros de la actividad también se incrementan más rápido que los ingresos; y, por otro lado, la población de mayor edad crece de manera más acelerada que los de menor edad, lo cual atribuye un peso mayor al rango etario donde son más bajos los niveles de inserción en la actividad.

En el rápido crecimiento de la demanda hasta 2015, que entraña la creación de casi 27 de los 32 millones de empleos necesarios para satisfacer el máximo previsto en 2038, no hay lugar para la especulación, ya

GRÁFICA 13. *Razones de dependencia económica, 1995-2050*

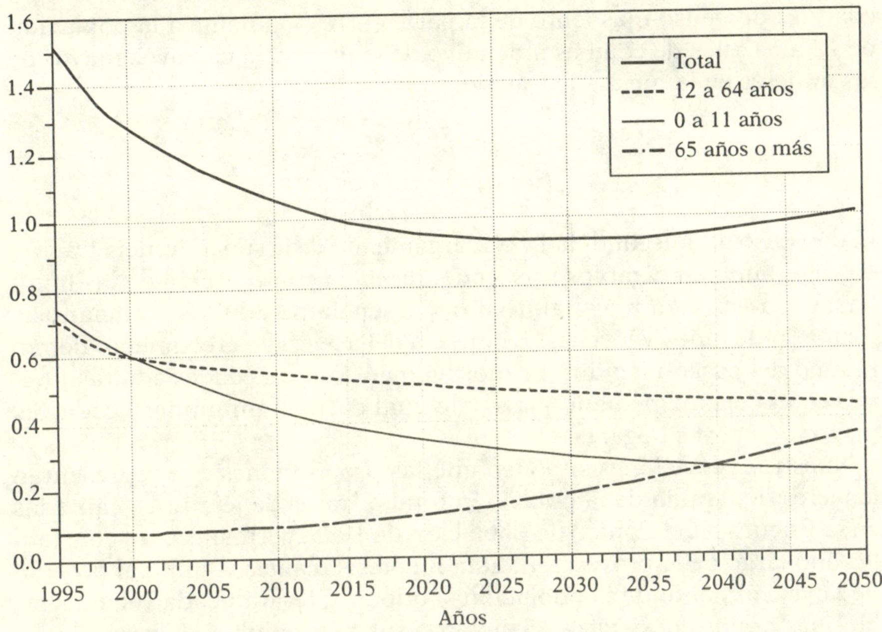

que casi todos los que formarán parte de la PEA de 2015 ya estaban presentes en 1995. En efecto, si mantenemos constantes los niveles de participación por edad de 1997, los trabajadores de 20 años o más de edad en 2015 (presentes en 1995) ascenderían a 53.2 millones; es decir, al aumento de la inserción femenina y a la incorporación de las generaciones que nacerán de 1995 a 2003 (12 a 19 años en 2015) sólo corresponden 5.8 millones de empleos en 2015, prácticamente la décima parte del requerimiento total de ese año.

En las razones de dependencia económica (población inactiva dividida entre la activa) de la gráfica 13, se advierte que, si bien el descenso es similar al de la dependencia demográfica (gráfica 3), el ascenso es más pausado en los años finales de la proyección.[5] Esto se debe a que la inserción de los viejos en la actividad no es despreciable, ya que casi un tercio de ellos formará parte de la mano de obra a lo largo de la proyección. No obstante, el crecimiento más acelerado de la población senecta que la que se encuentra en edades laborales (15-64 años) origina el rápido ascenso

[5] De la misma manera que en la dependencia demográfica, la población inactiva de cada grupo de edad (0-11, 12-64 y 65 años o más) se divide entre el monto total de la PEA.

del componente senil en el índice de dependencia económica, aunque se mantengan los niveles de participación en las personas de la tercera edad. El descenso más lento de la parte correspondiente a la población de 12 a 64 años de edad es indicativo de la presencia cada vez mayor de las mujeres en la fuerza de trabajo.

Hogares y vivienda

El descenso de la fecundidad y el alargamiento de la supervivencia traerán consigo también cambios trascendentes en la composición de las familias: cada vez será más habitual la presencia de adultos y ancianos y menor la de niños y jóvenes. La inercia del acelerado crecimiento demográfico del pasado incidirá primordialmente en las edades adultas jóvenes en el corto y mediano plazos, lo cual entraña un número cada vez mayor de nuevos hogares.

Nuestras previsiones suponen que las proporciones que representan los jefes de familia de la población total o "tasas de jefatura", captadas en la Encuesta del Conteo de Población de 1995, permanecerán constantes a lo largo de la proyección. Esta hipótesis plantea —junto al proceso de envejecimiento de la población— que proliferarán cada vez más las familias donde coexistan ancianos con sus hijos adultos. Los resultados se presentan en el cuadro 6.

Al cabo de los primeros 25 años de la proyección, el número de hogares prácticamente se habrá duplicado, con un aumento a razón de casi 800 000 por año. A partir de 2020 el incremento medio anual disminuirá a menos de 500 000. La evolución prevista para el número de los hogares plantea los mismos aumentos proporcionales en las viviendas que los han de albergar, pues se supone que el promedio de 1.025 hogares por vivienda de 1995 prevalecerá hasta 2050. Si las premisas adoptadas se cumplieran, el parque habitacional debiera incrementarse en casi 19 millones de viviendas durante los primeros cinco lustros de la proyección y poco menos de 14 millones adicionales en las siguientes tres décadas. Consecuencia directa del descenso de la fecundidad es la disminución del tamaño medio de la familia (como se puede ver en el cuadro 6), que llega casi a la mitad en 2050 que al inicio de la proyección.

Al suministro de agua potable y energía eléctrica requerido por esos 33 millones de viviendas que debieran edificarse en el futuro, debe agregarse el rezago de 2.8 y 1.3 millones, respectivamente, en 1995. Es indudable que la satisfacción de esos servicios en el futuro representa un reto de grandes proporciones, debido a que cada vez resulta más difícil dotar de agua potable y energía eléctrica a todos los habitantes del país.

Conclusiones

La actual situación demográfica de México permite prever que la mortalidad y la fecundidad continuarán descendiendo en el futuro previsible; la transición demográfica del país se completará hacia mediados del próximo siglo. La pérdida neta por migración seguirá caracterizada por el éxodo de mexicanos hacia los Estados Unidos: se espera que se mantenga en casi 300 000 personas al año hasta 2010, para luego disminuir gradualmente hasta llegar a 200 000 a mediados del siglo XXI. La conjugación de las hipótesis apunta a que la población de México comenzará a decrecer a partir de 2044, hecho que se registrará por primera vez desde la culminación de la Revolución mexicana (1910-1921).

La disminución de la fecundidad —marcada por la meta oficial vigente, que consiste en alcanzar el nivel de remplazo intergeneracional en 2005— y el alargamiento de la sobrevivencia continuarán propiciando el envejecimiento en la estructura por edad. Este proceso demográfico traerá consigo profundas transformaciones en las esferas social, económica, política y cultural. El incipiente crecimiento en el número de niños y jóvenes, que se tornará negativo en los primeros años del próximo siglo, acarreará cambios decisivos en la infraestructura humana y material de los servicios educativos, sobre todo los correspondientes a primaria y secundaria.

A su vez, la inercia del alto crecimiento demográfico del pasado —junto a una incorporación cada vez mayor de la mujer en la fuerza de trabajo— propiciará un sensible aumento en la demanda de empleo, de tal suerte que el monto de la PEA aumente 60% entre 1995 y 2015, lo cual acarrea la creación de más de un millón de empleos anuales durante esos cuatro lustros. La misma inercia demográfica originada en el pasado repercutirá en un rápido ascenso del número de hogares y viviendas, aunque el tamaño promedio de las familias se reducirá casi a la mitad (de 1995 a 2050) como consecuencia del descenso de la fecundidad.

Mientras México necesitó seis decenios para duplicar la vida media de su población y seis lustros para reducir a menos de la tercera parte su fecundidad, a las naciones económicamente más desarrolladas les ha tomado casi dos siglos alcanzar tales logros. Así, mientras el primer mundo ha tenido tiempo suficiente para programar la satisfacción de las demandas derivadas del paulatino envejecimiento de su población, nuestro país debe diseñar y operar —con cierta celeridad— políticas y acciones destinadas a satisfacer las demandas que emanan de la última fase de la transición demográfica.

Bibliografía

Bos, E., M. T. Vu, E. Massiah y R. A. Bulatao (1994), *World Population Proyections 1994-95*, Baltimore, World Bank y Johns Hopkins University Press.

Bureau of the Census (1994), *World Population Profile: 1994*. Washington, D. C., U. S. Department of Commerce, Bureau of the Census.

Consejo Nacional de Población (Conapo) (1989), Proyecciones de la población de México 1980-2025, México, Consejo Nacional de Población, mimeo, noviembre.

——— (1995), "Estimación de la población base y proyecciones de población 1990-2030", México, Consejo Nacional de Población, mimeo.

——— (1999), *Proyecciones de la población de México 1996-2050*, México, Consejo Nacional de Población.

United Nations (1995), *World Population Prospects. The 1994 Revision*. Nueva York, (Clave ST/ESA/SER. A/145).

Tuirán, R., V. Partida y J. L. Ávila (1998), "Desarrollo económico, libre comercio y migración mexicana hacia Estados Unidos en el nuevo milenio", ponencia presentada en el seminario sobre Migración, Libre Comercio e Investigación Regional en Norteamérica, organizado por la OECD y el gobierno de México.

ÍNDICE ANALÍTICO

ÍNDICE

El dominio de la acción: políticas públicas y derechos reproductivos

III. El hombre y el espacio

La dimensión espacial: movilidad territorial, asentamiento de población y medio ambiente

IV. Los procesos sociodemográficos y las familias

V. Aspectos socioeconómicos de la población

VI. PROSPECTIVAS DEMOGRÁFICAS

Este libro se terminó de imprimir y encuadernar en diciembre de 2001 en los talleres de Impresora y Encuadernadora Progreso, S. A. de C. V. (IEPSA), Calz. San Lorenzo, 244; 09830 México, D. F. En su composición, parada en el Taller de Composición Electrónica del FCE, se emplearon tipos New Aster de 14, 12, 10:12, 9:11 y 8:9 puntos. La edición, que consta de 3 000 ejemplares, estuvo al cuidado de *Maribel Madero Kondrat*.